巴巴罗萨

德国入侵苏联的内幕

BARBAROSSA UNLEASHED

—— 上册 ——

CRAIG W. H. LUTHER

[德] 克雷格·W.H. 卢瑟 —— 著　　小小冰人 —— 译

江苏凤凰文艺出版社
JIANGSU PHOENIX LITERATURE AND ART PUBLISHING

图书在版编目（CIP）数据

巴巴罗萨：德国入侵苏联的内幕：全2册 /（德）
克雷格·W.H.卢瑟著；小小冰人译. —— 南京：江苏凤
凰文艺出版社，2020.10
ISBN 978-7-5594-4352-6

Ⅰ.①巴… Ⅱ.①克… ②小… Ⅲ.①德国对苏联突
然袭击（1941）- 史料 Ⅳ.① E512.9

中国版本图书馆 CIP 数据核字 (2020) 第 159327 号

巴巴罗萨：德国入侵苏联的内幕：全2册

Barbarossa Unleashed: The German Blitzkrieg through Central
Russia to the Gates of Moscow, June–December 1941

[德] 克雷格·W. H. 卢瑟 著　小小冰人 译

责任编辑	孙金荣
策划制作	指文图书
特约编辑	顾超逸　童星
装帧设计	王星
出版发行	江苏凤凰文艺出版社
	南京市中央路 165 号，邮编：210009
网　址	http://www.jswenyi.com
印　刷	重庆共创印务有限公司
开　本	787毫米×1092毫米 1/16
印　张	69
字　数	1089千
版　次	2020年10月第1版
印　次	2020年10月第1次印刷
书　号	ISBN 978-7-5594-4352-6
定　价	249.80元（全2册）

江苏凤凰文艺版图书凡印刷、装订错误，可向出版社调换，联系电话 025-83280257

谨将此书献给我亲爱的父亲和母亲。

"你兄弟的血，有声音从地里向我哀告。"

（创世纪 4:10）

出版说明

　　我在撰写本书时，参考的完全是德文版或英文版地图，没有使用俄文版地图。关于苏联城镇名称的一致性拼写，我主要依靠戴维·格兰茨或埃文·莫兹利这些专家近期出版的关于1941—1945年苏德战争的著作。我还使用了格兰茨上校慷慨提供的苏联中部地图。但某些时候，特别是翻译德军东线将士的战地军邮或日记条目的时候，我遇到了地图上无法找到的无名村镇，而这些村镇大多被战火摧毁，日后再也没有重建。这种情况下，我采用了原来的德文拼写。对苏联人物（元帅、将军等）名称的正确拼写，我同样遵循了格兰茨、莫兹利和其他专家的最常用写法，还参照了《牛津二战指南》(I. C. B. 迪尔主编)。

　　我还设法对德国和苏联军队采用合理而又一致的写法。德国集团军的番号用表示数字的单词加以拼写，例如德国"Fourth Army"，而苏联集团军的番号则以数字标出，例如苏联"31 Army"。军事部队，无论编制大小，也无论隶属德国还是苏联，通常以部队番号加上部队类型这种方式表述，例如3 Panzer Group、9 Army Corps、24 Panzer Corps、6 Infantry Division、77 Infantry Regiment 等。有时候我也使用缩写，例如第9军写为9 AK，第6步兵师写作6 ID。翻译德文文本（信件、私人日记、部队的官方战时日志）和自行阐述时，某些情况下会提及师和团级以下部队，我使用经过缩写的德国部队番号，例如III./PzRgt 18（以此代替第18装甲团第3营），或3./IR 18（以此代替第18步兵团第3连）。虽说这种方式看上去不够一致，但从节省篇幅的角度看是合理的，而且还能在翻译某些资料时保留些原始的"德国味"。不熟悉德国军事术语的读者可查阅书中的"缩略语列表"[①]。

整部著作的叙述中，我采用了世界上绝大多数国家共用的日期标注标准，也就是按照日、月、年顺序排列的公历小字节序。例如，1.6.1941 表示 1941年6月1日，而不是与美语用法一致的 1941 年 1 月 6 日。书中表述距离时通常使用公里，但引文以英里表述距离时，我原样保留，没有把它们转换成公里。对时间的表述，书中采用三种不同方式，包括 0315 hours、3.15 in the morning，以及 3:15 a.m.。

---

① 译注：本书中文版完整译出了所有缩写，因而没有附上这份缩略语列表。另，本书以德方视角为主，对苏军武器的描述多有采用德制口径的情况，普通德军士兵也未必能正确掌握苏军武器的各项数据，因此所声称的口径及其他数据可能与实际不符。

序　言

"1941年战局是希特勒1940年12月18日相关作战方案的结果，整个战争后续进程的战略和军事政策悉数建立在该方案的基础上，但这份方案已经宣告失败。"（装甲兵上将瓦尔特·K.内林，《德国装甲兵史，1916—1945年》）

第二次世界大战结束后，我的父亲这样写道。1941年6月22日灰蒙蒙的晨光中，也就是阿道夫·希特勒派遣久经沙场的德国国防军入侵苏联那一天，他率领第18装甲师，会同另外250万德军将士跨过苏德边界，匆匆奔向未知而又悲惨的命运。

1941年是个决定命运的年份，那起重大事件发生60多年后的"最后时刻"，一位军事历史学家的著作问世了。近十年来，他采访了大批前德国国防军成员（也就是自1941年6月起，作为侵苏士兵经历过那段岁月的人），询问他们的个人看法，聆听他们的个人经历，并且查阅了大量私人信件、日记和他们对相关经历的记录，而老兵们则心甘情愿地把这些资料交给他使用。

他们讲述了自己经历过的事件、境遇和状况，历历往事留存在这些普通德国军人的记忆中，他们当年被称作Landser（相当于1941—1945年美军士兵"GI"的称谓）。

这位作者和一群老兵赶赴俄罗斯，一同探访1941年的战场。他们甚至会见并结识了现在住在那里的居民。游历期间，这位作者落入一帮歹徒手中，全凭好运和德国老兵的帮助，他才得以全身而退。

这部著作向读者们呈现了意识形态斗争那令人难以置信的残酷性，这种斗争源自两种世界观之间的冲突。一方面是纳粹主义，另一方面是斯大林主义，双方的普通士兵在意识形态冲突的背景下展开无情的厮杀，有时甚至超越了人类的底线。

1945 年以后，阿尔及利亚、中南半岛，特别是越南爆发了更多与之类似的无情战斗。时至今日，伊拉克和阿富汗依然如此。这些战斗造成了更多的流血牺牲，但是应该对此负责的政客们显然不会受到任何合乎逻辑的影响。

作者力图通过查阅大量保留至今的中央集团军群参战官兵（从普通士兵到高级将领）的私人记录、官方文件和其他书面遗存，探讨战场上的军人普遍存在的情绪，并把它传达给读者。书中描绘的不是傲慢之师或"传教军队"的肖像，而是关于服从、勇气、英勇无畏、恪尽职守（哪怕职责与个人信念相反）的画卷。

作者讲述了很多骇人听闻的细节，以此展现东线德军士兵承受的身心压力。更确切地说，士兵们面对的是一种过分要求，许多情况下，这种要求导致普通人的内心不堪重负。作者还描述了他们出色的纪律，以及个人乃至各部队展现出的非凡毅力，尽管面对坚决而又勇敢的对手时，愤怒感和复仇欲可能让他们跨过这些界限。

俄罗斯的乡村广袤、空阔、气候恶劣，但民众淳朴而宽容，德国军人对此既难以想象，又充满好奇和同情。一些民众甚至对德国军人表现出强烈的友善，至少在有组织的游击战引发暴行，希特勒及德军领导层强制推行灭绝政策前是这样——这些行径逐渐把俄国民众推向了德国军队的对立面。

不过这幅"战斗全景画"的作者眼界开阔，远远超越了双方士兵遭遇的所有境况，他构设起相关事件的一个总体框架，从而提供了一份近乎新闻报道的记述，将个人经历升华为更为宏观的政治和战略态势。可以说，这些记述以一种按时间推移的效应呈现，一方面源自柏林、莫斯科、伦敦和华盛顿的当前报告，另一方面则出自各军事指挥部，例如希特勒设在东普鲁士的狼穴。这便于读者全方位地认识、理解相关事件，进而评估其原因和结果。

同时，军事专家和历史学家会看到大量经过证实的资料，它们都是这部著作极高学术质量的有力证明。

作者力图超越意识形态，超越那段历史带给世界的偏见、仇恨和清算，为当年那些前线将士建立一座纪念碑。实际上，这些人只是做了德国和苏联政府命令他们做的、他们不得不去做的事。

献给在东线为祖国而战的将士们！

献给所有军人！

克里斯托夫·内林

德国埃森市

2012 年 3 月

前 言

"真理是具体的。"（格奥尔格·W. F. 黑格尔）

"没有抽象的真理，真理总是具体的。"（弗拉基米尔·伊里奇·列宁）

在反思历史学家协会这个组织的基本使命时，已故的芭芭拉·W. 塔奇曼（她的诸多著作毫不抽象）把这项使命简化为三个字。"讲故事。"她恳切地说道。历史就是一个故事，但故事又是什么呢？E. M. 福斯特提供了一个颇具诗意的定义：要是我告诉你国王去世了，王后后来也死了，那么，这只是一系列事件；可如果我告诉你国王死了，王后也因悲伤过度而去世，那么，这就是个故事，因为它会使故事的讲述者和故事的读者或聆听者感同身受。以这种方式阐述的故事赋予历史活力，并成为"当代傲慢自大的一剂解药"——我们自认为所做、所想、所感受的一切在某种程度上优于我们之前几代人的行为、思想和感觉。[1]

拙著的目的是讲述这样一个故事——一支现在备受憎恶的军队的将士们，在另一个时间和地点，奋战并牺牲于一场史无前例的战争。本书有三个目标：首先，用普通德国士兵的眼睛来看中央集团军群1941年夏季跨过苏联中部的推进，探讨阿道夫·希特勒突然入侵苏联的"巴巴罗萨"行动的开始阶段。用已故德国哲学家威廉·R. 拜尔的话来说，就是从"下方的具体生活"[2]展开——士兵们沿一条绵延数百公里的血腥战线跨过构成主防线的广阔田野、起伏山丘、茂密森林和无边沼泽。其次，本书会详尽阐述德国军队沿中央方向进军时发生的重大战术和战役事件。最后，书中还全面叙述了来自"指挥桌"的观点——希特勒和他的总参谋部舒适地待在战线后方，他们的作战态势图上画满意味着死亡和湮灭的红蓝箭头。虽然本书的重点始终是德国人在夏季战役中的经历（以简要介绍德军在 1941 年秋季和随后的冬季战役中攻向莫斯科郊外而告终），但我也没有忽略斯大林及其将领的担忧、计划和行动。另外，本书还详细探讨了希特勒决定入侵苏联的战略和意识形态基础，以及德国陆军总参谋部拟制的计划。

为实现"来自下方"这一视角的关键目标（实际上，这个视角提供了关于该主题的许多新细节），我基本上依靠个人回忆录、军邮、私人日记、战斗报告、照片和德国退伍军人组织（战争结束 60 多年来，这些组织依然活跃）自行出版的部队史。多年来，我一直同数十位原德国国防军士兵保持通信联系，这些迄今为止没有公开过的资料，大多由他们慷慨提供。自 2002 年年底以来，我联系上近 100 位 1941 年在苏联中部参加过战斗的德国老兵，这些八九十岁的原东线士兵尽职尽责地完成了我的调查问卷，解答了我的许多疑问，以他们的个人资料为我提供了一个名副其实的"宝库"。事实证明，这一切对本书的创作极为珍贵。令人难过的是，自我开始写作本书以来，已有数十位老兵撒手人寰，这使我无可挽回地失去了通过亲身经历者深入了解东线残酷战事的机会。

当然，这也归咎于我直到最后时刻才开始接触少数幸存的东线老兵。到 2002 年秋季，参加过二战的 1700 万到 1800 万德国士兵（苏联约有 1000 万二战老兵）大多已去世，而那些仍活着的老兵，数量正以每天数百人的速度减少（在美国，1600 万二战老兵中每天约有 1000 人离世）。可正如我很快发现的那样，那些仍活着的老兵中，不少人认为是时候讲述他们不同寻常的故事了。结果，出版和未出版的个人记述在近年来形成一股最具价值的涓涓细流（如果不能称之为大潮的话）。不止一位德国老兵向我暗示，随着生命尽头的临近，是时候"提笔写作"了，或者以今天的话来说，是时候"在键盘上打字"并给儿孙们留下一份关于他们在希特勒第三帝国和现代总体战的大锅中生活的记述了。

鉴于德国背负了巨大历史包袱，大多数情况下，德国的军事、社会历史学家和战后的德国军队对当年德国国防军普通士兵的个人记述没什么兴趣，这一点不足为奇。但在某些人看来，这种情况意味着德国学术界和德国对二战理解方面一个最令人遗憾的缺陷。直到战争结束四十多年后的 1987 年，威廉·R.拜尔才强烈呼吁为来自"最底层"（ganz unten）的观点提供一个中心位置，从而彻底改变战争的研究方式。他援引19世纪德国卓越的哲学家格奥尔格·W. F. 黑格尔的说法,敦促学者着手评估可怜的步兵(或他所说的"Schuetze Arsch")在二战中的经历:

> 对所有事情的考量必须从"底层"开始,或至少从一个对等的观察位置……苏格拉底、笛卡尔和许多其他思想家,服役期间的军衔都很低……实际上,从"下方"处理事务和事件的这些人,描述的是真理,客观的真理。[3]

但就德国学术界而言,这种呼吁基本上犹如"旷野之声"。弗莱堡大学的现代史教授沃尔弗拉姆·韦特近期(2002年)注意到:

> 德国的历史学术研究,对普通军人相关经历的关注远远落后于英语国家。大多数士兵的情况尤是如此,这就意味着他们在战争机器中顺从地充当齿轮,从未引起对他们的负面形象的关注……
>
> 德国国防军的记录中,"小兵"或"普通士兵"往往只在部队实力和损失报告中充当未提及姓名的统计数据,以一种匿名的形式存在。不同编制的军事部队的日志和其他官方资料通常不会提到普通士兵的姓名。战后撰写的团史、指挥官出版的日记和记述同样如此。在他们麾下服役的人员依然籍籍无名,从来没有人报道过这些普通士兵平素的艰辛和战斗经历。这就解释了历史档案中关乎这一主题的资料寥寥无几的原因。据估计,弗莱堡的德国军事档案馆内关于普通士兵的资料,不到馆藏资料的1%。相比之下,斯图加特当代史图书馆却把购买士兵的信件并把它交给研究人员使用列为首要工作。
>
> 如果考虑到这一点,再对军事史研究加以审视,我们就会发现,学者们的相关研究长期集中在整个军队中的一小部分人身上,也就是三军将领和他们助手,以及陆军和海军总参谋部的军官……这种观点……仍占据绝对主导地位。[4]

二战期间在德国空军某轰炸机联队服役的一位老兵,扼要地阐述了当代德国军队(联邦国防军)对当年德国国防军里的"小兵"和"普通士兵"的态度:

1978年夏季到1988年夏季是我职业生涯的最后十年，我在德国陆军军事史研究所的制图部门担任主管。在这个职位上，我向研究所当时的许多历史学家，甚至包括研究所所长和首席历史学家建议，现在迫切需要通过老兵组织与那些战争幸存者交谈、通信，特别是德国空军飞行部队的那些人，从而获得飞行日志副本、对相关经历的阐述，以及其他文件。

可他们都说"不"——因为我们这些学者和历史学家主要研究的是德国空军的领导和规划、指挥结构、职权、指挥链的"高层人物"。我甚至建议德国联邦军事档案馆把此事委派给军事史研究所，可还是毫无结果。[5]

在 20 世纪 80 年代，令人沮丧的环境里出现了一丝微弱的希望，个别历史学家或感兴趣者开始推出以沃尔弗拉姆·韦特所说的"小人物/普通士兵的战争"为主题的著作。[6] 联邦国防军近期也采取措施同普通士兵对话，例如，他们正在收集德国士兵支援北约在阿富汗持续行动的相关经历。可联邦国防军、任何一所大学，以及所有的学术机构，在系统性收集并记录二战老兵相关经历方面的努力仍以悲剧收场，这些老兵们的个人故事现在永远远去了。这种失败与美国近期的举措形成了鲜明对比，例如在新奥尔良大学的艾森豪威尔中心，数百名原美国陆军士兵和经历过 1944 年 6 月诺曼底登陆的老兵参加了已故历史学家斯蒂芬·E. 安布罗斯主导多年、雄心勃勃的口述历史项目。[7]

当然，我很清楚过度依赖这种个人资料的危险性。一名士兵从前线写信回家，或书写他的私人日记，是一种最微小的视角，他也许能准确描述"一两棵树木"，却无法定义"整片森林"（由于经历了可怕的战事，他可能无法，甚至不愿对此加以描述）。战后书写的回忆录（实际上，作者在书中所描述的事件发生后已准备了五六十年）可能会造就一部令人惊叹的深刻著作，但也可能引来对作者记忆的质疑。另外，德国国防军有时候会做出残酷的行径，他们参与到针对苏联军人和平民的暴行中，毫无疑问，这会导致回忆录作者对当时发生的可怕事件做出一种具有高度选择性的回忆。H. J. 施罗德指出："我们还必须强调，通过军邮、日记、生平采访、自传和其他历史资料收集零碎的经历，永远无法拼接出苏德战争期间普通士兵们战争经历的完整画面。"因此，必须使用"补充资料，以证实实际上已被我们称作具有集体历史价值的某些个人的、传记性的经历"。换句话说，要把普通士兵的观点牢牢嵌入一幅通过研究大量原始资料获得的更广阔的"画面"，这样对历史研究来说才最有价值。[8]

可正如奥默·巴托夫所写的那样，一起历史事件，哪怕它像东线战争那般庞大、可怕和致命，"来自下方"的观点也必须"在很大程度上依靠个人的经历、观察和记忆，尽管我们可以怀疑个人证词的事实准确性，可我们离不开这些东西"[9]。与德国老兵通信多年后，我经常发现他们对重要事件的记忆精准得令人惊讶。毕竟，对他们当中的大多数人来说，东线战事的严酷考验是他们这一生中最可怕、最富戏剧性、最有意义的经历，永远不会被战后平民生活中的任何经历超越。另外，就像近期一篇关于记忆和人类大脑的文章注意到的那样："有些人的记忆较为模糊，而另一些人……一辈子都清晰透彻……悲剧和耻辱似乎会受到最严重的侵蚀，通常却具有最不堪承受的准确性。"[10]

为补充老兵们的资料，也为了给本书提供一个学术性基础，我一直在仔细查询与我的主题密切相关的档案。我在弗莱堡的德国联邦军事档案馆（BA–MA）收集了相关档案资料，其中包括在东线中央地段作战的德军部队的战时日志、特别报告和其他文件。我还"开采"了斯图加特当代史图书馆收藏的数以千计的德国军邮。另外，位于柏林军邮档案馆的另一个战地邮局也让我收获颇丰。多年的研究工作还使我探访了美国亚拉巴马州麦克斯韦空军基地的空军历史研究部（那里拥有对德国空军相关资料的出色收藏）、宾夕法尼亚州卡莱尔兵营美国陆军军事历史研究所（这里有个庞大的图书馆，还藏有二战结束后德军将领为美国陆军驻欧部队所从事的专项研究的大量资料）、加州斯坦福大学的胡佛研究所，当然还有华盛顿特区的国家档案馆。

我还仔细阅读了大量已出版的，同我的主题紧密相关的一手和二手资料。令人遗憾的是，由于缺乏俄文技能，我不得不严重依赖美国陆军退役上校戴维·格兰茨的著作，从而解决"山的另一边"的问题，也就是斯大林、苏联最高统帅部的情况，以及苏联红军的组织、装备和运作。研究1941—1945年苏德战争的西方学者的确要感谢格兰茨上校，他付出了艰苦卓绝的努力，从苏联和红军将士的视角着眼，以无与伦比的清晰度和详细度，栩栩如生地描绘了这场战争。格兰茨的诸多著作持续构成挑战和刺激，迫使学者们重新评估东线的大部分战事。

　　最后我要强调，由于本书的主要角色是德军步兵、坦克组员或飞行员，我力图洞悉（主要是通过士兵们的日记和信件）东线德军的文化——他们的信仰是什么，他们为何而战，他们如何应对前所未有的压力和东线战斗的残酷性。我还简要地审视了德国士兵对斯大林统治下的苏联的反应——这个国家的土地和人民，这个国家的落后和贫困，以及被讥讽地描述为"苏维埃天堂"的东西，都让德国士兵深感震惊。本书虽然并未试图美化或诋毁德国国防军的机构或其作战士兵，但还是在第九章详细探讨了苏德双方的战争犯罪问题。我真诚地希望书中讲述的许多故事的读者们，能发现关于1941年夏季东线战事的新细节，在这场战役中，中央集团军群的普通士兵跨过苏联中部，始终牢记他们的唯一目标——莫斯科！

注释

1. D. McCullough, "*Knowing History and Knowing Who We Are*, " in: *Imprimis*, Apr 05.

2. "*Unten, wo das Leben konkret ist.*" 引自H. J. Schroeder, *Die gestohlenen Jahre*, 2, f.n. 4。

3. 引自H. J. Schroeder, *Die gestohlenen Jahre*, 2, f.n. 4。

4. W. Wette, *The Wehrmacht*, 175-76.

5. Ltr, Hans Gaenshirt to C. Luther, 11 Jan 03.

6. 德文为"Krieg des kleinen Mannes"，参见W. Wette, *Der Krieg des kleinen Mannes. Eine Militaergeschichte von unten* (Munich, 1992)。

7. 安布罗斯博士寻找并收集诺曼底登陆美军老兵相关经历的努力始于20世纪80年代初期。这些信息通过问卷调查、磁带录音收集，可能的情况下也安排当面采访。安布罗斯去世后，寻找并采访当年老兵的工作在2004年前后移交给了新奥尔良的二战博物馆。Telecon Intvw, Dr Craig Luther with Michael Edwards, Eisenhower Center, 1 Mar 11.

8. H. J. Schroeder, "*German Soldiers' Experiences*," in: *From Peace to War: Germany, Soviet Russia and the World, 1939-1941*, B. Wegner (ed.), 310-11.

9. O. Bartov, "*Von unten betrachtet: Ueberleben, Zusammenhalt und Brutalitaet an der Ostfront,* "in: *Zwei Wege nach Moskau*, B. Wegner (Hg.), 340.

10. J. Foer, "*Remember This*, " in: *National Geographic*, 44, 53.

致 谢

关于这部著作的酝酿，我必须深深地感谢数十位非同一般的人，没有他们慷慨而又耐心的帮助，本书根本无法完成。尽管我诚惶诚恐地写下这番感激之辞，可正如黑夜终将来临那样，我可能会漏下某些重要的贡献者，这一点敬请原谅。在我要感谢的众多人士当中，一些人提供的帮助对本书至关重要。

首先是 1941 年沿莫斯科方向从事战斗的数十位德国老兵，为回应我的求助，他们提供了堪称丰富多彩的信息，这些私人性质的人文细节很难在部队战时日志或其他幸存的官方记录中见到。原第 106 步兵师的炮兵瓦尔特·福尔默先生提供了大力支持，2005 年 5 月，他甚至安排我跟他的老兵团队一同前往俄罗斯的勒热夫，探访昔日的战场并会晤苏联退伍老兵。已故的海因里希·施托克霍夫先生（第 6 步兵师）为我提供了许多颇具价值的资料并耗费若干时间抄写军邮信件。奥托·威尔先生（第 5 装甲师）为我提供了他个人回忆录的副本（当时尚未出版）和许多照片，时至今日，我们依然保持着亲密的友谊，每周都会通过电话畅谈一番。骑士铁十字勋章获得者恩斯特 – 马丁·莱茵（第 6 步兵师）在家里慷慨地为我提供了住处，不仅送给我一本如今难以获得的珍贵团史，还接受了我的个人访谈。另外还有许多老兵（人数太多，无法在此逐一提及）为我提供了他们的军邮、回忆录、照片和其他一些重要的个人文件，这些资料极大地丰富了本书的叙述，我必须对他们深表感激。令人悲伤的是，他们中的许多人已经过世了，随着他们的去世，2002 年时尚且存在的、为后人保留他们个人叙述的短暂机会之窗永远关闭了。

除了这些老兵，我还要诚挚地感谢专业同行、老兵们的朋友和家人、敬业的档案管理员、图书管理员和数量太多无法在此一一提及的其他人士，没有他们的帮助，本书无法完成。专业同行中，我必须首先感谢于尔根·弗尔斯特博士，他是德国最优秀的军事历史学家之一，也是个慷慨的人，不断为我提供重要的文件和研究资料，而且是主动为之，丝毫不需要我"施加压力"。丹尼斯·E. 肖沃尔特博士是美国最优秀的军事历史学家之一，他亲切和善，主动耗费了许多宝贵时间阅读我的手稿，并提供了我急需的帮助和鼓励。埃文·莫兹利博士也是一位苏德战争史领域的杰出作者，在我需要时及时地伸出了援手，戴维·M. 格兰茨上校同样如此。我要就几个重要事项特别感谢格兰茨上校：他为我提供了苏军主要指挥员的照片，允许我使用他收藏的东线战场态势图；最重要的是，他友善而又耐心地回复了我对"山的另一边"的许多疑问。约翰内斯·哈佩先生慷慨提供了已故父亲的文件，他的父亲海因里希·哈佩是一名医生，也是一位东线老兵，所撰写的关于东线战事的著作是有史以来最出色的个人记述之一。[1]我还要向德国的文献出版社深表谢意，因为他们出版了一些德军总参谋部每日态势图极为出色的彩色复制品，这些地图以大胆的蓝色线条记录了中央集团军群沿通往莫斯科的道路实施的"闪电战"，实际上，我敢说如果没有这些地图，我很难写就这部著作。我还要感谢本德出版社的罗杰·本德先生，他填补了本书使用的照片集里的一些空白。

牛津大学中世纪和现代语言学院的博士后助理研究员马德琳·布鲁克博士承担了本书德英翻译97%的工作量，她对手稿中数以百计的军邮、日记条目和另一些德文文本的优雅翻译，怎样称赞都不为过。布鲁克女士对我这部著作"溺爱"有加，就好像是她自己写的那样，和她一同工作非常愉快。我还要感谢美国新罕布什尔州达特茅斯学院通识教育研究生杰西卡·格恩西女士，她仔细阅读了手稿，发现几个愚蠢的语法错误，从而把我从极度的尴尬中解救了出来。

加州爱德华兹空军基地图书馆出色的工作人员同样不能忽略，他们耐心回应了我索取图书和文章的数百个要求。理查德·贝克先生和宾夕法尼亚州卡莱尔兵营美国陆军军事历史研究所的好心工作人员，一次次对我索取文件资料的要求做出回应，为我提供了相关书籍、文章和历史研究，没有这些帮助，我即便劳碌多年也会一无所获。

书中使用的照片，此前大多从未发表过，基本上是亨利图片社勤奋的、颇具技术才华的工作人员翻拍的，加州贝克斯菲尔德市的这个图片社已有数十年历史，照片的效果非常出色！如果不提及德国军事出版物《战友》就是我的失职，这是一份"针对老兵和新兵的独立期刊"，2002年到2009年间，这份杂志体贴地刊登了我发布的大量启事，最终使我联系上许多东线老兵，他们讲述了我写在这本书中的故事。

此外需要指出的是，如果缺少玛丽安娜·米特夫人、克里斯托夫·内林先生、克劳斯·舒曼先生的名字，这份感谢名单就不能说完整。米特夫人已故的丈夫埃里希是一名Ju-52飞行员，执行的首次任务是1943年1月飞入斯大林格勒包围圈。她抄写回忆录、日记和军邮，把原始资料中难以辨认的花体德文改写为易读的标准德文，为这种烦琐的工作耗费了大量时间。多年来，她的振奋情绪、求知欲和温暖情谊为我提供了急需的鼓励。克里斯托夫·内林是德国装甲兵上将瓦尔特·K.内林的儿子，从一开始就大力支持我，批评我偶尔冒出的古怪想法，为我提供相关材料，并以他关于德国国防军及其历史的丰富知识做出许多有益的指导。克劳斯·舒曼的父亲1941年在北方集团军群的战斗中阵亡，多年来他也为我提供了急需的鼓励，以及他本人从东线老兵那里收集到的一些很有帮助的一手文件。我深深地感激这三位挚友。

最后我必须承认，对我来说，写作的经历无疑是一场艰辛的奋斗，不用说，许多作者的情况都是如此。书中的每一句话，每一处转折，都可能导致令人崩溃的自我怀疑。我写得对吗？这真是我想要说的吗？这让我想起伏尔泰的出色警句："持笔写作就是在从事一场战争。"受挫沮丧时，无从找到恰当的语句时，我便以伏尔泰的智慧聊以自慰。本书出现的一切错误，都由我本人负责，我请求历史法庭对本书做出仁慈的判决。

注释

1. H. Haape (in association with D. Henshaw), *Moscow Tramstop. A Doctor's Experiences with the German Spearhead in Russia* (London, 1957).

引 言

　　"德国的策划者为何如此自信，以致铸成大错？他们并非愚蠢之辈，不仅训练有素，还拥有多年军事经验。他们认为自己仔细考虑过所有可能性，并相信所得出的结论是有效的。可最终他们却做出了军事史上最狂妄的举动。"（杰弗里·P. 梅加吉）[1]

　　"我们的军人必须保持东线那种几乎可称之为神话的英雄主义。"（约瑟夫·戈培尔，1941年11月22日）[2]

　　"如果说曾有过一场残酷的战争，那就是苏德战争。"（马丁·范克勒韦尔德）[3]

　　1941年6月22日投入苏联欧洲地区的田野、森林、广袤平原和草原的德国军队，可能是前所未见的、最优秀的战斗力量。这是个大胆的说法。当然，你也许会提出异议，仅举几个例子即可，亚历山大大帝和恺撒的军队，拿破仑的大军，甚至还有罗伯特·E. 李麾下的北弗吉尼亚军队那些衣衫褴褛、赤足而行的老兵，肯定也应当在神话传说中的"瓦尔哈拉阵亡将士神殿"里占有特殊地位。这种看法也许没错。但构成德国东线军队、遂行"巴巴罗萨"入侵的310万名将士，具有某些独一无二的特殊性。在军事学说、训练、经验、武器效能和（取得）战场胜利方面，至少现代欧洲从未出现过与之类似的军队。

　　1939年9月到1941年6月，短短21个月的战争中，德国国防军赢得了一连串空前绝后的胜利。他们在 37 天内征服波兰，而第一次世界大战期间曾与德国血腥对峙近四年的法国，仅仅抵抗了 42 天就耻辱地投降了，更不必说其他低地国家了。德国人还大胆地展现出主动性和灵活性，没等英国增援挪威便一举征服后者。尽管英国并没有在德国空军 1940 年夏季和秋季的大规模轰炸下屈服，可是大多数观察家认为，这只是希特勒的胜利大军遭遇的一个小小挫折而已。1941 年春季，德国国防军的摩托化部队没有进行太多准备，就以一场辉煌的胜利横扫希腊和南斯拉夫，为希特勒确保了"巴巴罗萨"行动的巴尔干侧翼。在北非，埃尔温·隆美尔如入无人之境，而德军伞兵也占领了具有战略重要性的克里特岛。德国人在战争初期阶段的阵亡总数，"以（20 世纪的）血腥标准来看……微不足道"，只有大约 11 万人。[4]

截至 1941 年 6 月，希特勒统治的第三帝国，北起北极圈上方的北角，东南延伸到巴尔干半岛，南至地中海。德国武装力量赢得蔚为壮观的胜利有很多原因。首先，我们不应忘记，1935 年到 1936 年间大力重整军备的德国显然已占得先机，法国、英国和其他潜在对手的军备工作要慢得多。实际上，德国人早在 20 年代魏玛共和国时期就已悄然着手重新武装。相比之下，西方列强重建武装力量的努力受到选民（多为和平主义者）的妨碍，有时候甚至承诺彻底裁撤军备。面对阿道夫·希特勒构成的威胁，英国和欧洲大陆的反应极为迟钝。[5]

到 1939 年 9 月，纳粹德国已建成一部军事机器，其训练、装备、纪律和领导都优于欧洲邻国的武装部队，但德国人巧妙地隐藏了这部机器的诸多缺陷：重要原材料严重短缺，飞机和其他技术装备即将过时，更不用说经济体制仍处在和平模式下。两次世界大战之间，德国人吸取了第一次世界大战的经验教训，广泛利用 1914—1918 年首度运用于战场的新技术，这一点做得比其他欧洲国家更为成功。由此赢得的胜利创造了德国国防军战无不胜的神话，这个神话随着他们一次次取得胜利而变得更加令人信服。另外，1941 年春季，德国在欧洲大陆仅剩的对手是苏联，但苏联的军事能力显然不那么令人钦佩。的确，苏联红军 1939 年在波兰的表现，更重要的是 1939 年年末和 1940 年年初在芬兰的挫败，使希特勒和他的统帅部得出一个致命的结论：德国军队只需要 10 ~ 12 周就可以彻底粉碎苏联。1941 年 4 月 18 日，在德国军方对红军这个对手所做的一场典型的评估中，第 4 集团军参谋长京特·布卢门特里特上校指出："会有一场历时 14 天的激烈战斗，届时希望我们能赢得胜利。"当然，这种想法受到了德国种族和文化优越感的推动。[6]

因此，希特勒部署在东部的军队 1941 年夏季入侵苏联时，带着一种近乎不可思议的乐观情绪。德国元首从一开始就试图把这场战争描绘为先发制人的行动，也就是预防或阻止对方"迫在眉睫、势不可挡"的威胁。可情况并非如此，现存记录表明，"巴巴罗萨"行动发起前几个月，希特勒及其统帅部几乎没有担心过苏联即将入侵德国的可能性。尽管如此，今天对苏联档案的新研究似乎支持了希特勒的立场：作为一项预防措施，先行入侵苏联很可能是合理的——虽然这场行动"所防范的威胁尚未形成"，但它很可能在不久以后的某个时刻出现。[7]

"巴巴罗萨"行动始于 1941 年 6 月 22 日，最初几天和几周的作战行动似乎与德国先前从事的战争如出一辙。地面，东线德军的摩托化先遣力量深深楔入苏联境内，以无情的战术精确性粉碎数十个红军师；空中，德国空军驱散苏联航空兵，取得显著优势，并在关键地区实现了绝对制空权。中央战线，陆军元帅费多尔·冯·博克指挥的中央集团军群迅速穿过白俄罗斯，辖内两个实力强大的装甲集群实施了一连串辉煌的合围机动，先是在 6 月底到 7 月初在别洛斯托克和明斯克，然后是 7 月到 8 月在斯摩棱斯克。据以色列军事历史学家马丁·范克勒韦尔德说，德军在苏联遂行的夏季攻势是"历史上最伟大的机动战"。

就战备、军事学说、进攻行动可用兵力和领导力来说，德国武装力量在当年夏季趋于顶峰……这番无与伦比的成就，关键在于战役作战，这种作战样式获得装甲和机械化部队的支援，磨砺成"闪电战"……协同一致的机动甚至超过火力，形成这种战法的关键……单就战役才华而言，德国军队可以说无与伦比。[8]

但从"巴巴罗萨"行动的最初几小时起，战场上就出现了令人不安的征兆。虽然一些红军士兵很愿意放下武器（特别是从苏联占领的波兰、乌克兰或波罗的海诸国征召的士兵），但更多苏军士兵以德国人迄今为止从未见过的勇气和顽强实施抵抗。1941 年 6 月 22 日，德军发起"巴巴罗萨"行动当晚，第 6 步兵师的军医海因里希·哈佩在他的日记中以悲痛的语句描述了战局首日的情形：

对苏战局首日。我们度过了最艰难的一天！俄国人激烈抵抗，誓死不降，我们不得不多次展开近距离厮杀。就在刚才，半小时前，我们的士兵用步枪枪托又干掉四个俄国人。仅一天工夫，我们团的伤亡已超过整个法国战局期间的损失（21人阵亡，48人重伤）。我们成了敌人的攻击重点。团里的六名军医，一人阵亡（头部中弹），另一人负伤。另外还有四名医护兵阵亡。除少数掩体尚未被打垮，我们已沿整条战线逼退俄国人。这里的战斗依然艰巨。我有许多工作要做，往往不得不冒着重机枪火力包扎伤员。我今天没吃任何东西，就喝了点水。我们已经与己方补给线隔断！[9]

7月和8月，德国人不安地注意到，作战地图上红色箭头的数量不断增加，红军根本没有在东线德军"闪电战"的重压下崩溃，相反，他们投入越来越多的兵团。德军每消灭对方一个集团军，就有另一个集团军取而代之。把它歼灭后，又有其他集团军加入苏军战斗序列。战争爆发后第14天（1941年7月3日），德国陆军总参谋长弗朗茨·哈尔德将军在日记中说德国已基本赢得这场战争，可几周后的8月11日，他又对俄国"巨人"的恢复能力深感惊讶，并承认严重低估了对方。[10]希特勒、德军最高统帅部和前线将领开始紧张起来。[11]

远离哈尔德设在东普鲁士幽暗森林中的"指挥桌"、身处苏联前线的德军将士很快意识到这是一场与众不同的战争——交战双方都不会手下留情。战争开始后出现了一种残酷的暴行和反暴行的辩证逻辑。德军将士被苏联红军的战术惊呆了，在他们看来，对方的打法残忍狡猾，太过卑鄙，令他们愤怒的是，经常发现失踪的战友已被红军士兵杀害（通常会被大卸八块）[12]，于是，他们也以相应的暴行展开报复。

1941—1945年的苏德战争是一场生死存亡之战，他们相互间的仇恨因种族主义和多年来粗俗而又卑劣的宣传而加剧。从这个意义来讲，东线战争显著的野蛮性早已注定。尽管奥古斯汀曾给出忠告，战争唯一的目的是实现一场更好的和平[13]，可是阿道夫·希特勒却在身边顾问的大力支持下抱有其他想法，埃文·莫兹利在他关于苏德战争的新著中指出，"入侵苏联前，德国的突袭（无论是在前线还是后方）就被策划为有史以来最残忍的军事行动"，不仅具有军事性，还兼具残酷的帝国主义和意识形态特性[14]。另外，苏联从一开始就无情地从事战争，经常超出国际法范畴。

许多德国士兵陷入暴力和不人道的深渊，相关训练使他们把对手视作一个劣等种族，因而犯下严重违反战争法的罪行。但与莎士比亚戏剧中一个疯狂的君王不同，整个军队（更不必说整个民族了）不能决定让自己变得邪恶。我的观点是，身处苏联前线的绝大多数普通军人带着尊严在战争法范畴内从事战斗（这得到了近期德国学术研究的支持）。[15] 可即便比例很小，涉嫌战争犯罪的人也多达数十万。吉多·克诺普指出：

近年来，德国国防军的犯罪问题得到了更细致的研究……结果是多方面的：针对平民和军人犯下的无数罪行，国防军部队参与其中，尤以东线为甚。可那里也不乏德国士兵一次次遵从他们的良心行事的实例。但在这个领域，无法一言以蔽之。诸如"一些""许多"或"全部"之类的用语留下一股陈腐的余味。大多数人没有责任，少数人的罪责很重。可不管怎么说，"太多人"不仅对犯罪心知肚明，还参与到实施犯罪的密谋中。保守估计，至少有5%的国防军士兵卷入战争犯罪，这意味着仅在东线就有50万人。[16]

东线德军的快速兵团势不可挡地向东进击，把徒步行军的步兵远远甩在身后时，后者（超过德军整个入侵力量的75%）竭力向前追赶，他们不停地行进，每天50公里，穿过由简陋道路、原始森林、广阔沼泽构成的一片陌生而又严酷的地形，一直受到1941年夏季"邪恶三巨头"——闷热、无处不在的沙尘、维生的水储不足——的困扰。人员和牲畜被推到耐力的极限。士兵们累垮了，数千匹德国和西欧的驮马死在途中。许多部队很快就遭遇了严重的后勤困难，这是德国懈怠的规划和苏联公路、铁路设施不足造成的恶果。

截至1941年7月10日，也就是开战后不到三周，德军在东线的阵亡总数（包括6月22—30日的25000人）已等于或超过1940年整个法国战局期间的阵亡和失踪人数。八周内，东线德军的阵亡人数超过10万[17]，相当于过去所有战局阵亡人数的总和。用托马斯·霍布斯的话来说，东线德军士兵的生命"污秽、粗野而又短暂"。据一份资料称，一名德军少尉的平均预期寿命为18天，连长约为21天，营长略微超过一个月。[18]

到 1941 年 9 月底——中央集团军群即将向莫斯科发起最后的突击，尽管以失败告终——东线德军（各军兵种）遭受的致命伤亡已超过 18.5 万，平均每天 1830 人。[19] 相比之下，德国在 1939 年的波兰战局中阵亡、失踪 1.4 万人，平均每天不到 400 人；在 1940 年的法国战局期间阵亡、失踪约 4 万人，平均每天 950 人。[20] 这两场战局持续的时间分别是 35 天和 42 天。而在苏联，根本看不到尽头，这场计划中的短暂"闪电战"已沦为令人绝望的消耗战，东线德军的实力不断萎缩，每 48 小时的阵亡人数相当于一个团。

当然，这场消耗战也给苏联红军造成了重大影响，战争初期阶段，他们持续遭受的损失比德国人大得多。实际上，苏联部署在边境附近的数个集团军几周内便灰飞烟灭，西方面军在德国中央集团军群的攻击下首当其冲，截至 1941 年 7 月 9 日，不可归队减员（阵亡、被俘、失踪）已超过 34 万人。[21] 之后的几周，苏联第二梯队集团军也惨遭屠戮。东线德军占有明显的战术优势，保持着一种相当有利的伤亡交换比。战争最初几个月，他们粉碎苏军数十个集团军的同时，不断给对方造成比自身伤亡更大的损失，毙伤或俘虏几百万红军士兵。例如，中央集团军群宣称，截至 1941 年 8 月初，他们在别洛斯托克—明斯克和斯摩棱斯克这两场合围战中俘获 50 多万名俘虏。[22]

尽管遭受到如此可怕、史无前例的损失，可斯大林的领导和苏联红军的组织并没有在希特勒军队的反复冲击下崩溃。德国人很快就沮丧地发现，苏联的体制虽说可能不太人道（或许正因为如此），却比他们认为的更加稳固。另外，苏联人在某些事情上做得相当出色。例如，他们知道如何有效使用铁路，把新动员的集团军（由新兵和预备役人员组成）运往战场。他们的动员体系也非常成功，整个 1941 年为战场添加了数十个新锐集团军。苏联最终阻挡住希特勒的军队，另一个关键因素是军人和平民付出了巨大的牺牲。在一个全面动员的经济体制下，男人、女人和孩子在乌拉尔山脉以外的工厂里长时间从事劳动，生产出大量坦克、火炮和炮弹，而希特勒统治下的德国基本上仍处于和平时期的状态。交战双方后方战线这种惊人的不对等是导致"巴巴罗萨"行动最终失败的一个主要原因。

虽说东线德军取得惊人的胜利，可 1941 年 7 月中旬到月底，德军的进展开始放缓。与希特勒及其统帅部的一致期望截然相反的是，苏联根本没有崩溃，而是继续实施顽强抵抗，其效力不断加强。此时，元首与他那些将领在战略上的根本性分歧爆发开来，而在策划对苏战争时，他们轻而易举地忽略了这种分歧。这是个众所周知的故事：德军将领希望继续攻往莫斯科，他们认为红军会集结主力保卫苏联首都，那里也是斯大林统治下的苏联的神经中枢；但希特勒更看重政治和经济方面，他把目光投向两翼——北方是列宁格勒和波罗的海地区，南方则是乌克兰的产粮区和顿巴斯的工业区。

1941 年 7 月底和 8 月初，就在希特勒和他那些将领争执不下之际，中央集团军群沿数百公里长的战线转入代价高昂的阵地战。希特勒直到 8 月底才做出最终决定：中央集团军群留在原地，抽调一个完整的装甲集群挥师向南进入乌克兰，莫斯科这个目标稍后再说。虽说此举的结果是另一场蔚为壮观的合围战（这次发生在基辅周围），但许多历史学家把希特勒这项决定视为"巴巴罗萨"行动的转折点：持续数周的犹豫不决导致希特勒没能在斯摩棱斯克交战后立即挥师莫斯科，从而使德军丧失了秋雨到来前向苏联首都发起决定性冲刺的良机（雨季致使军队的一切移动变为不可能）。但我并不赞同这种观点，原因会在第十一章解释。

作战行动转向侧翼之际（中央集团军群还把快速力量北调，协助进攻列宁格勒），面对苏军反复发起的反突击，冯·博克的步兵力量坚守他们的战壕、掩休和防空洞，为此遭到严重消耗。距离莫斯科仅 300 公里的叶利尼亚镇周围的战斗尤为残酷，苏军炮兵的猛烈轰击让人想起第一次世界大战。第 6 步兵师的军医海因里希·哈佩，在 1941 年 8 月 24 日的日记中描述了沿中央集团军群过度拉伸的战线进行的阵地战的性质：

1941年8月24日

我们师负责据守一条46公里长的防线，抗击敌人持续不断的冲击，我们营摊到4公里防线。这是一项艰巨的任务！我们已构设阵地，妥善的野战工事配有掩体、战壕等，现在就等俄国人进攻了！俄国人的确在两处取得突破，我们犯了个愚蠢的错误，但几小时后，敌人被击退并付出了惨重的代价。反冲击期间，我们发现第1营阵亡11名士兵。哥萨克高呼着令人毛骨悚然的"乌拉，乌拉！"突然冲向我方防线，那些士兵用机枪和步枪射击，抵抗到最后一人。由于我们占有优势，这些敌人最终在近战中被打垮，倒毙在他们的武器旁。[23]

直到 1941 年 9 月 30 日，中央集团军群才发起直奔莫斯科的"台风"行动。尽管他们取得了更壮观的胜利，可"巴巴罗萨"行动已告失败。实际上，"台风"行动是一场本不应该实施的临时性冒险，因为本该在 9 月 30 日前定下决心。1941 年 11 月，实力受损、疲惫不堪的中央集团军群向莫斯科发起最后的殊死冲刺，可为时已晚。酷寒天气降临在战场上，武器装备突然失效，坦克和车辆无法启动。从一开始就不完善的补给体系开始彻底崩溃，导致德军将士缺乏食物、弹药和冬装。但他们依然恪尽职守地向前跋涉，一路奔向莫斯科，他们现在大多编为一个个规模较小的诸兵种合成战斗群。非同寻常的是，尽管遭遇了前所未有的艰难困苦，可他们的士气基本未受影响（这个令人惊讶的事实得到许多幸存下来的军邮和私人日记的证实）。小股德军士兵实际上已到达苏联首都郊外，他们在那里看到，城内的探照灯和高射炮搜寻着偶尔到访莫斯科的少量德国轰炸机。

但他们已到达终点，克劳塞维茨所说的"顶点"早已过去——希特勒的中央集团军群跨过别列津纳河、西德维纳河和第聂伯河，向前挺进约 1000 公里，直抵莫斯科城下，现在仅剩下一具空壳。随后，在 1941 年 12 月初，灾难不期而至：苏联红军重建并悄然集结预备力量后，趁气温陡降之际对中央集团军群暴露的侧翼发起打击。德国军队危险地暴露在外，这场反攻让他们猝不及防。为避免陷入重围并遭到歼灭，博克集团军群余部缓缓后撤，红军迅速展开追击。到 1942 年 1 月，苏军已把这场反攻扩大为沿整个东线实施的一场全面攻势，中央集团军群不得不竭力抗击逼近中的合围铁钳。到 2 月中旬，德军的顽强防御，加上进攻中的红军犯下的错误，让战线在中央集团军群前出最远处以西 100 ~ 200 公里的地方暂时稳定下来。

这番叙述只是简要介绍莫斯科战役和红军的反攻，"巴巴罗萨"行动失败的原因应当加以详细剖析。托尔斯泰在他关于拿破仑战争的史诗小说《战争与和平》中辩称，历史事件的真实原因并不易知。出于对他的尊敬，我先从几个观察评论说起。其中最重要的是，德国人 1941 年进攻苏联之所以失败，是因为他们的实力严重不足。德国国防军的东线军队，尽管训练、经验和纪律都很出色，但人员数量不足，装甲战车、飞机太少，无法成功应对苏联战区前所未有的地域幅度和独特挑战。评估德国人在战役前制定的作战和后勤计划时，你会对它的不完整性和肤浅的乐观精神感到震惊。另外，这些计划也没有为任何一场战争都会发生的不可避免的意外、挑战和无法预见的危机做好准备。当然，德国的军事规划者应该明白这些。实际上，他们的确对此心知肚明，他们了解历史，很清楚冯·毛奇元帅曾告诫过，没有任何计划能在同敌主力发生接触后依然有效[24]，而克劳塞维茨也曾强调武装冲突中不确定性和偶然性的必然作用。

计划中有缺陷，没能投入一支实力雄厚的军队，没有做好执行独特的、包含前所未有挑战的任务的准备，这是人类常见的缺点造成的。这个缺点就是狂妄自大，往往导致许多潜在征服者雄心勃勃的计划功亏一篑。希特勒和他的军事顾问深深地陶醉于1941年春季前赢得的壮观胜利，高估德军实力的同时低估苏联红军的能力。在他们看来，德国国防军战无不胜，没有德国军人无法完成的任务，也没有任何作战行动会让他们望而却步。毕竟，德国长期以来的死对头法兰西共和国，曾在1914—1918年的四年多时间里阻挡住德意志帝国陆军，而1940年仅抵抗了六周就彻底崩溃了。

但"巴巴罗萨"计划显然是一项无法完成的任务。从一开始，入侵苏联的德军将士就肩负起太多的职责，对他们的要求远远超出其耐力极限。他们深入异国他乡，从事着激烈的战斗，一次次赢得辉煌的战术性胜利，并把对己方有利的伤亡交换比保持到最后一刻，可实力对比是个简单的算术题：敌人铺天盖地，他们有太多的士兵、太多的坦克、太多的火炮、太多的飞机。苏联人同样以坚韧的斗志顽强奋战，随着战争的继续，他们的战术和战役智慧与日俱增。总之，希特勒及其军事顾问预计会在10～12周内结束的对苏战争，将持续1418个可怕的日夜，并导致超过400万名德军将士丧生，其中包括死于苏联战俘营的110万人。[25]

至于中央集团军群编成内的德军士兵，1941年战局失败后，他们再也没能进军莫斯科。接下来的两年半时间里，他们实施了一场相当成功的防御作战，最终被苏军1944年庞大的夏季攻势（"巴格拉季昂"战役）歼灭。寥寥无几的幸存者现在几乎已被遗忘，中央战区发生的这场日耳曼人的悲剧粉碎了盘踞在白俄罗斯的德国军队，使红军前出到东普鲁士近郊。我希望在接下来的叙述中重现中央集团军群将士的故事，他们在1941年深具决定性的夏季和秋季一路杀到莫斯科城下，最后却以失败告终。

注释

1. G. P. Megargee, *War of Annihilation*, 26.

2. R. G. Reuth (Hg.), Joseph Goebbels. *Tagebuecher*, Bd. IV, 1708.

3. M. van Creveld, *The Changing Face of War*, 156.

4. J. Keegan, *Second World War*, 173; R. Overmans, *Deutsche militaerische Verluste*, 241. 相比之下，到1914年年底，也就是第一次世界大战爆发五个月后，德国共损失84万人，其中约15万人殒命。参见W. Hubatsch, *Deutschland im Weltkrieg*, 57-58。

5. J. Record, "*Appeasement Reconsidered*",19. 想了解两次世界大战之间的英法绥靖和军备政策的话，这份研究就很有帮助，其中指出，"法国采取绥靖政策的根据是，其军队无力对德国展开行动"。

6. J. Foerster & E. Mawdsley, "*Hitler and Stalin in Perspective*," in: *War in History*, 68-69.

7. C. Bellamy, *Absolute War*, 102. 正如贝拉米指出的那样，先发制人战争的概念在国际法中有一种"高贵的血统"，而预防性战争的概念不太能得到"法律支持"。关于斯大林精心准备对德国发动一场最终进攻的惊人新研究，可参阅B. Musial, Kampfplatz Deutschland. *Stalins Kriegsplaene gegen den Westen* (Berlin, 2008)。

8. M. van Creveld, *Air Power and Maneuver Warfare*, 93-94.

9. *Tagebuch Haape*, 22.6.41 (unpublished diary).

10. C. Burdick & H.-A. Jacobsen (eds.), *The Halder Diary 1939-1942*, 446, 506.

11. 德国历史学家约翰内斯·许尔特在他出色的著作《希特勒的陆军将领》一书中，引用了东线德军高级指挥官1941年7月和8月写给他们妻子的信。这些信件表明，战争刚刚开始几周，红军的顽强抵抗和遭受灾难性损失后的恢复能力就让德军元帅和将领们深感震惊。这些人很早就清楚，他们在东线从事的是一场完全不同的战争。参见J. Huerter, *Hitlers Heerfuehrer. Die deutschen Oberbefehlshaber im Krieg gegen die Sowjetunion 1941/42* (Munich, 2006)。

12. 西方国家对1941—1945年苏德战争的学术研究，无论是过去还是现在，往往着重强调德国人在东线的战争罪行。奇怪的是，德国军事历史学家近年来也对这方面的研究痴迷不已。相反，苏联犯下的战争罪行一直被低估，甚至被忽略，只有极少数著作（立即能想到的是阿尔弗雷德·M. 德·扎亚斯的《德国国防军战争罪行调查》）涉及这个问题。但本书的一个次要目标便是以一种较为均衡的手段处理战争罪行这个主题，从而帮助读者弄清真相。

13. Lt.-Col. Paul Yingling, "*A failure of Generalship*," in: *Armed Forces Journal*, May 07.

14. E. Mawdsley, *Thunder in the East*, 12.

15. 近期，德国历史学家克里斯蒂安·哈特曼对1941—1942年部署在苏联前线的五支德军部队做了详细研究，他令人信服地指出，战争罪行固然严重，但犯罪者的数量相对较少。哈特曼正确地强调了这样一个事实：大多数犯罪行为（枪杀平民、掠夺财物、虐待并杀害苏军俘虏等）发生在德军占领的人烟稀少的后方地域，而不是主战线上，前线的绝大多数士兵完全沉浸在他们合法的战斗职责中。参见C. Hartmann, *Wehrmacht im Ostkrieg. Front und militaerisches Hinterland 1941/42* (Munich, 2009)。

16. G. Knopp, *Die Wehrmacht – Eine Bilanz*, 11.

17. R. Overmans, *Deutsche militaerische Verluste im Zweiten Weltkrieg*, 277.

18. A. Naumann, *Freispruch fuer die Deutsche Wehrmacht*, 372.

19. R. Overmans, *Deutsche militaerische Verluste im Zweiten Weltkrieg*, 277.

20. I.C.B. Dear (ed.), *The Oxford Companion to World War II*, 707; J. Keegan, *The Second World War*, 47; R. L. Dinardo, *Germany's Panzer Arm*, 109.

21. Col.-Gen. G. F. Krivosheev (ed.), *Soviet Casualties and Combat Losses*, 111.

22. 据一份资料称，德国人1941年保持着1∶11的伤亡交换比，但这个数字肯定有些夸大。参见J. Mosier, *Cross of Iron*, 181。

23. *Tagebuch Haape*, 24.8.41; K.-J. Thies, *Der Ostfeldzug - Ein Lageatlas*, "Lage am 24.8.1941 abds., Heeresgruppe Mitte."

24. 在毛奇看来，"任何作战计划都无法准确掌握与敌主力首次遭遇后的情势……指挥官在整个战役期间必须根据不可预测的情况做出决定。因此，所有连续的战争行为都不是执行一项预先制定的计划，这是在军事智慧指导下采取的自发行动。"H. Holborn, "*The Prusso-German School,*" in: *Makers of Modern Strategy*, P. Paret (ed.), 290.

25. R. Overmans, *Deutsche militaerische Verluste*, 265; F. W. Seidler (Hg.), *Verbrechen an der Wehrmacht*, 44; A. M. de Zayas, *The Wehrmacht War Crimes Bureau*, 305, f.n. 11; R. Traub, "*Versklavt und vernichtet,*" in: *Der Zweite Weltkrieg*, S. Burgdorff & K. Wiegrefe (Hg.), 169. 德国在二战中蒙受的不可归队减员，约75%出现在东线。苏联遭受的损失大得多，想了解其伤亡人数的最准确估计，可参阅Col.-Gen. G. F. Krivosheev (ed.), *Soviet Casualties and Combat Losses in the Twentieth Century* (London, 1997)。

目录

第一章
初期策划和准备
（1940 年 7—12 月）

"战略不过是对良好常识的运用而已。"（陆军元帅冯·毛奇）

"最好的战略首先是在总兵力上，然后是在决定性地点上始终保持强大力量。"（卡尔·冯·克劳塞维茨）

"随时准备着就是了。"（莎士比亚，《哈姆雷特》）①

贡比涅停战协定（1940 年 6 月）

美国记者兼战地通讯员威廉·L. 夏伊勒在他那部关于希特勒第三帝国的杰出著作中写道，六月"总是（巴黎）这个富丽堂皇的首都最可爱的一个月份"。1940 年 6 月中旬，夏伊勒再度造访巴黎，但这次肯定怀着撕心裂肺的心情，因为他是跟随德国军队来到这里。1940 年 6 月 14 日，法国人处于崩溃的边缘，德军第 87 步兵师辖内部队顺利进入巴黎这座不设防的城市，成千上万的巴黎居民（实际上也包括整个世界的人）都极为震惊地观看着这一幕。[1]

---

① 译注：这句话（"随时准备着就是了"）采用的是朱生豪先生的译文，梁实秋先生的译文是"最好听天由命"。若是联系剧中上下文，后者似乎更精准；但在用于本书时，前者大概更恰当。

虽说战斗仍在继续，可结果已经不存在疑问——直到最近仍是欧洲大陆军事最强国的法兰西战败了。德国人仅用六周就实现了他们在第一次世界大战中耗时四年也没能完成的壮举。希特勒入侵波兰两天后的 1939 年 9 月 3 日，法国对德国宣战。接下来几个月里，双方展开了一场"空拳练习"，直到 1940 年春季，史称"虚假的战争"。希特勒对此极不耐烦，想在 1939 年秋季进攻法国，但恶劣的天气和他手下那些将领更理智的判断占了上风。这场进攻被推迟到 1940 年春季，这也使德国人能够改进战役计划，并且更好地训练、装备、准备他们的军队。

德国针对法国和低地国家（荷兰、比利时、卢森堡）的西方战局最终在 1940 年 5 月 10 日发起。德国国防军投入一股运作出色的地空合成力量（装甲兵、摩托化步兵、步兵、炮兵、中型轰炸机与俯冲轰炸机部队等），迅速打垮了缺乏准备、反应缓慢的对手。德军装甲力量从阿登森林出击，这是法国人始料未及的突击方向。到战局第四天（5 月 13 日），德国人在色当渡过默兹河，实现了一场决定性突破。随后，德军机械化部队的行动重心（Schwerpunkt）[2] 转变为迅速向西进击，直奔英吉利海峡。到 5 月 18 日，德军诸装甲师横扫第一次世界大战的战场，这个过程使希特勒变得神经兮兮，他对暴露在外的装甲先锋部队担心不已。5 月 20 日，一个德国装甲军的下辖部队已在阿布维尔附近到达海峡，10 天内取得了行进约 320 公里的进展。法国陆军和英国远征军的精锐力量背靠大海，被困在一个大口袋里。希特勒于 5 月 24 日命令他的装甲部队在距离敦刻尔克约 25 公里处停止前进，此地是（英法）联军手中仅剩的一座海港。在很大程度上，也多亏他这个决定，法国和英国才得以在 6 月 3 日前撤离了包括整个英国远征军在内的大约 37 万名联军将士。[3]

英国人退出战斗后，法国人孤军苦战，战败的军队士气低落。在赢得一场场胜利的德国人看来，接下来要做的不过是实施扫荡行动。希特勒的军队转身向南，迅速突破法国军队的"魏刚防线"——说实话，这根本不是什么防线。6 月 14 日，德军进入巴黎，"三天后，他们挤在和平咖啡馆的露台上，很高兴自己成为世界旅游之都的观光客"。6 月 17 日，刚刚组建法国新政府的贝当元帅通过广播告诉法国民众，他正同德国人进行停战谈判。[4]

　　这就把我们带到了夏伊勒先生的描述中。6 月 19 日，他"听闻"希特勒打算在某个地方对贝当请求的停战"提出条件"。毫无疑问，元首对这种历史性反讽深感快意，而且明显正在寻求报复，因为他想在 1918 年 11 月 11 日、德意志帝国向法国及其盟国投降的同一地点——贡比涅森林中的一小片空地上——提出自己的停战条件。6 月 19 日下午，夏伊勒驱车赶到那里，发现德国陆军工兵"正在拆毁仍存有福煦元帅旧卧车的博物馆的墙壁，而 1918 年的停战条约就是在那个车厢里签订的"。夏伊勒离开时，工兵们已经拆掉墙壁，正把车厢推到空地中央的铁轨上。他们说，这就是 1918 年 11 月 11 日清晨 5 点德国使节签署停战协定时，车厢所停放的确切地点。[5]

　　两天后（1940 年 6 月 21 日），夏伊勒回到贡比涅森林，以"观看希特勒最新、最大的胜利场面……"

　　这是我所记得的法国最美丽的一个夏日。六月的阳光暖洋洋地洒落在壮丽的树木上——榆树、橡树、柏树和松树——把一片令人神清气爽的树荫投在通往小小的圆形空地的林荫道上。下午 3 点 15 分，希特勒乘坐他的大型奔驰车赶来，同行的还有戈林、布劳希奇、凯特尔、雷德尔、里宾特洛甫和赫斯，他们穿着各种各样的制服，唯一的帝国元帅戈林还在摆弄他的元帅权杖。他们在 200 码①外的阿尔萨斯—洛林雕像前下车，雕像上覆盖着德国军旗，以免元首看见那柄硕大的宝剑（我曾在以前更快乐的日子来参观过，所以还记得它）。这是一柄属于 1918 年赢得胜利的协约国的宝剑，插在一只有气无力的鹰身上，这只鹰代表霍亨佐伦王朝的德意志帝国。希特勒朝纪念碑瞥了一眼，随后大步向前走去。[6]

　　夏伊勒打量着这位德国独裁者的面孔，他在日记中草草写道，这副面孔看上去"严肃、庄重，但充满复仇的神情"。在另一座法国胜利纪念碑前短暂停留并表达了自己的轻蔑后，希特勒和随行人员走入用于举行停战谈判的车厢。

---

　　① 编注：为准确表达数据，中文版保留了原书的英制单位。1 码=0.9144 米，200 码=182.88 米。下文出现该单位时，读者可自行换算。

元首坐在了福煦元帅 22 年前坐过的那把椅子上。几分钟后，法国代表团到达，为首的是在色当指挥第 2 集团军的查理·洪齐格将军。夏伊勒觉得他们"（看上去）神情颓丧"，但也认为他们"保持着一种悲剧性的尊严"。德国陆军总参谋长弗朗茨·哈尔德将军当晚在日记中写道，法国代表团"事先未被告知他们会在 1918 年谈判的地方接受停战条件，这种安排显然令他们深感震惊，起初还有点不太高兴……（陆军总司令）担心法国人不会接受"[7]。

国防军最高统帅部（OKW）[8]参谋长威廉·凯特尔向法国人宣读停战条款序文后，希特勒及其随行人员离开车厢，把谈判工作留给了这位参谋长。但凯特尔已收到严格指示，不得偏离本国元首亲自拟定的条件。洪齐格读了停战条款，随后立即向德国人指出，这些条款太"冷酷无情"，在他看来，这比 1918 年法国向战败的德国提出的条件还要严厉得多。他和他的代表团摆出挑战姿态，据理力争并提出抗议，结果使这场谈判——关于处理法国战俘、遣返法国国内的反纳粹流亡者、割让领土给德国等问题，最重要的是关于如何处理法国海军——拖延到了 22 日。到这一天下午 6 点 30 分，心力交瘁的凯特尔发出最后通牒：法国必须在一小时内接受或拒绝停战条款。别无选择的法国政府屈服了。1940 年 6 月 22 日下午 6 点 50 分，洪齐格和凯特尔在停战协定上正式签字。[9]

几天后的 6 月 28 日凌晨 3 点 30 分，希特勒离开设在布吕利－德珀舍的大本营，乘坐由他的私人飞行员汉斯·鲍尔驾驶的飞机[10]，飞往巴黎郊外的勒布尔热机场。希特勒从那里乘车前往巴黎，这是他第一次，也是唯一一次探访这座城市。飞机于清晨 6 点前不久到达，随后包括武装警卫在内的车队驶过寂静、显得几乎有些冷清的街道。希特勒快速参观了巴黎最著名的建筑物和地标，包括凯旋门、埃菲尔铁塔、卢浮宫和著名的歌剧院——这是他在求学时期最钦佩的建筑，最后还拜谒了荣军院的拿破仑墓。离开墓地时，他告诉身边的随从："这是我这一生中最伟大、最美好的时刻。"游览巴黎期间，希特勒下令拆除两座一战纪念碑，这道命令得到了不折不扣的执行。他于上午 8 点 30 分离开巴黎[11]，回到当地机场，还命令鲍尔在城市上空兜几圈，随后返回了大本营。满怀喜悦之情的希特勒告诉他的建筑师朋友阿尔贝特·施佩尔："得见巴黎是我一生的梦想。今天如愿以偿，我已经说不出自己是何等幸福。"[12]

对 1940 年法国战局的反思

法国战败后，阿道夫·希特勒到达权力巅峰。他和他的第三帝国及德国国防军统治的欧洲包含从北极圈上方到波尔多，从英吉利海峡到波兰东部布格河的广阔地域。这名第一次世界大战期间的下士和团传令兵现在成了"德国征服者中最伟大的人物"[13]。他在德国民众中的声望也到达顶峰，他的政治地位和权力无人能比。对德国军事情报局（阿布维尔）高级军官汉斯·奥斯特上校这样的反希特勒密谋集团成员来说，法国的失败是一场毁灭性打击。奥斯特的同僚赖因哈德·施皮齐回忆，德国军队进入巴黎使得对希特勒及其帝国的所有批评都"陷入沉默"，而获胜的将士返回柏林也引发了纯粹的狂热情绪。美国记者霍华德·K. 史密斯指出："六年中的绝大多数时间我都待在德国，这是我唯一一次见到……德国人喜极而泣。"希特勒终于在 7 月初返回自己的首都，他乘坐的汽车沿一条铺满鲜花的道路驶向帝国总理府。新闻报道称："从安哈尔特车站到总理府一英里①长的路线成为一条缀满绿色、红色、蓝色、黄色的芬芳大道，两侧挤满欢呼的民众。元首经过时，他们都大喊大叫，陷入了一种疯狂的歇斯底里状态。"[14]

暴露希特勒后续意图的是，法国战局刚刚结束，他就告诉自己的国防军最高统帅部参谋长："我们现在展示了自己的能力。凯特尔，相信我，同法国战局相比，对俄国的战争不过是场小把戏（Sandkastenspiel）。"[15]法国战局的胜利固然壮观，但它却掩盖了取得胜利的原因和德国总体军事实力方面某些令人不快的真相，其中一些直到近期才得以曝光。虽然我们无须为此大费周折，但这些话题也值得稍加探讨。

当时的观察家们认为，德国国防军在法国赢得的惊人胜利是战争新样式另一个更具说服力的例子，这种战争基于机械化力量、飞机和无线电通讯的独特组合展开，可称之为"闪电战"，尽管希特勒本人不愿意使用这个术语。[16]德国人在 20 世纪 30 年代开创了新技术，在 1939 年 9 月把它用于波兰。这就是当时的"传统观点"，也是战后数十年里历史学家们的普遍看法。当然，法

---

① 编注：为准确表达数据，中文版保留了原书的英制单位。1 英里=1609.344 米≈1.61 千米。下文出现该单位时，读者可自行换算。

国战局被视为"闪电战"的神话，是"闪电战"在二战期间最辉煌、最成功的展示。的确，德国人投入大量坦克和战机，1940年5月13日在色当赢得战斗，从而达成了一场决定性突破，这在历史上尚属首次。[17] 可实际发生的事情与看上去的情况并不完全一样。

近期的学术研究[18]表明，德军总参谋部为法国战局拟定的计划虽然具有大胆创新的特点，但从根本上说还是谨慎有加。这场战局最终以"闪电战"的样式展开，与其说是计划和意图的结果，不如说是一连串偶然、无法预知的事件所致，其中就包括联军的惨败和一名装甲兵将领的机会主义行径，当然还包括意外和机会。这方面的一个例子是：到战局第三天，德军装甲主力在阿登森林的狭窄通道陷入一场大规模交通堵塞，几乎动弹不得，约4.1万部车辆从默兹河一路延伸到了后方250公里的莱茵河！[19] 联军本来可以发起空袭，在德军装甲部队投入战斗前将其粉碎，可他们没能利用这一良机。相反，有份报告称德军坦克已渡过默兹河（事实证明这纯属捏造），法国军队惊慌失措（所谓的"比尔松恐慌"），其防线像一座"纸牌屋"那样坍塌，从而使德军在色当取得了突破。随之而来的快速"闪电战"并非计划中的行动——主要是装甲部队指挥官海因茨·古德里安肆意妄为，有时候甚至是他违反上级命令所造成的结果。他的装甲军在色当取得戏剧性和意想不到的成功，深受鼓舞的古德里安无视上级的命令，立即指挥自己的装甲力量冲出登陆场，以惊人的速度奔向海峡，就像一位作者所写的那样[20]，他们在此过程中产生了一种类似雪崩的效应，迫使其他装甲部队紧紧跟随在他们身后。德军的行动就此形成一股自身的动力，总参谋部有时候甚至丧失了对这些行动的控制。虽说深入探讨会超出本书范畴，但其中突出的一点就是：法国战局根本没有作为一场"闪电战"加以策划和执行，在至关重要的头几天里，这场战局甚至处于千钧一发之际，完全是无从猜测或预见的事件使命运女神对德国人展露了笑容。[21]

虽然这种评论不无道理，但德国人冒着遭受重创的风险在法国赢得的胜利确实蔚为壮观。德国军队（陆军和空军）只损失了163213人，包括29640名不可归队减员。[22] 实际上，自1939年9月以来，德国武装部队仅伤亡20多万人，其中包括6万名不可归队减员。若以今天的标准来看，这些数字似乎偏多——但仅仅是德皇军队在一场会战中（如1916年的索姆河战役）持续出现的伤亡人数的一半。[23] 这里再引用另一个数字加以对比：德意志帝国陆军在 1918 年 3—7 月的"米夏埃尔"行动中损失超过 88 万人，这场孤注一掷的最终行动试图扭转第一次世界大战的局势；在战役首日，也就是 1918 年 3 月 21 日 [24]，德方的损失就多达 7.8 万人。

德国国防军为他们赢得的胜利和随之而来的"无敌"神话深感自豪，这一点可以理解。而他们在物资和军事学说方面的严重缺陷在之后才显现出来，并造成了致命后果。最值得注意的是，德国武装力量并没有为一场大规模战争做好准备，德国的经济同样如此。他们并没有为这样一场战争认真制订计划，却于 1939 年 9 月贸然投入其中。令人惊讶的事实是，他们没有为西线的进攻制订任何策略。[25] 实际上，德国人在战争前 10 个月里赢得的胜利除了要归功于其军队发挥的效力，在很大程度上还得益于对手缺乏准备。

一个令人震惊的事实是，截至 1940 年 5 月，德国国防军只有 10% 的部队实现了摩托化，且具备遂行"闪电战"的能力；其他部队仍依靠步行，行进速度与腓特烈大帝或拿破仑的军队相差无几，更适合打阵地战，而非快速机动战。战前时期，第三帝国的军事规划者已决定建立一支主要由传统步兵师构成的大规模军队，而不是一支主要由适合实施一场战役性机动作战（operativen Bewegungskrieg）的摩托化部队组成的小型精锐军队。这个决定说明德国军事规划者几乎没有为"闪电战"做好准备，给他们造成决定性影响的仍是第一次世界大战以及其中惨烈消耗战带来的惨痛经历。法国战局之后，德国人把装甲师的数量增加了一倍（主要通过大幅度削减每个师的坦克数量来实现），准备遂行对苏战争，但这种堪称"矛尖"的兵团仍只是（德军的）一小部分力量。[26] 另外，徒步行进的步兵与少量彻底实现摩托化的部队之间的能力差距较大，这意味着东线德军指挥官将面临几乎无法克服的战术难题。

尽管如此，1941 年 6 月的"巴巴罗萨"行动确实是德国人基于"闪电战"概念刻意为之的一场战役。受到"色当奇迹"和自以为得自 1940 年"经验教训"的诱惑，他们沦为幻想的受害者，而这种幻想还曾在第一次世界大战前令阿尔弗雷德·冯·施利芬伯爵痴迷不已：一场快速机动战可以迅速而又果断地击败拥有物质优势之敌，这种运动战将在一场决定性歼灭战（也就是德国人常说的 Vernichtungsschlacht）中到达顶点。[27] 换句话说，在哈尔德将军和他的同僚看来，法国战局毫无疑问地证明了取得战斗胜利仅仅是制订适当作战方案的问题[28]，哪怕对付比德国大得多的工业强国（例如苏联）亦是如此。这种想法是严重曲解1940年经验教训的结果，它会给德国的军事学说——也必然会给侵苏行动的策划工作——造成致命影响，最终导致了德国军队在莫斯科城外的冰天雪地里遭遇挫败。

对英国的战略设想和试探

同时代的大多数人认为，战胜法国（Sieg ueber Frankreich）对希特勒来说"是一场巨大的个人胜利"[29]。战争的后续进程，乃至欧洲的命运都将在接下来的几个月内呈现，并且主要取决于德国独裁者做出何种决定，正如其宣传部长约瑟夫·戈培尔在1940年7月12日的日记中所写的那样："所有人都在等待元首的决定。"[30]尽管存在这种广为流传的看法，可是德国在1940年夏季的整体战略态势确实脆弱得令人惊讶。许多学者都提到德国在法国战局结束后这段过渡期的战略困境，而在希特勒看来，直到1940年12月签发入侵苏联的"巴巴罗萨"行动训令后，他才最终解决了这种两难局面。虽说问题无法解答，但其中的关键很简单：德国如何才能顺利结束战争？如何在英国人、美国人和苏联人集中他们的物资力量并使帝国陷入一场旷日持久的消耗战（实际上就是1914—1918年战争的重演）之前战胜他们？这的确是个两难局面，但同样可以肯定，德国在当年（1940年）夏季面临的情况是个简单的悖论：她是欧洲大陆大部分地区无可争议的主人，可本国的政治家和军人一旦无法迅速而又果断地克服战略难题，她在未来几年里就必然面临注定的失败。

在德国看来，主要威胁来自其侧翼的两个大国——英国和苏联。当然，尽管美国仍保持中立，可罗斯福总统在接下来几个月领导他的国家与英国越走越近，这种中立也变得愈发充满敌意。简言之，在谈到参加近期的欧洲战争时，美国公众舆论呈"三级分化"——孤立主义、干涉主义和"两个极端之间的灰色地带"。但罗斯福总统恰恰站在"干涉主义者阵营的顶峰"[31]；因此，希特勒估计美国会参战，且很可能是在1942年。[32]苏联的问题更加紧迫。虽说德国人掌握的详细情况寥寥无几（德国情报部门几乎无法渗透苏联这个堪称完美的"反谍报国家"），可总的说来，他们很清楚苏联人正大张旗鼓地重整军备。

对方的行径越来越具有威胁性：1940 年 6—7 月，俄国人趁德国人忙于西面的战事而占领波罗的海诸国；更令德方不安的是，对方还从罗马尼亚人手中攫夺了比萨拉比亚和北布科维纳，使其边境线更加靠近罗马尼亚油田，而这些油田对德国的战争努力至关重要。另外，在希特勒和斯大林于 1939 年 8 月签订条约后，德国与苏联之间的关系以经济合作为特征，实际上使德国的战争努力愈发依赖苏联的石油、粮食、橡胶、矿石和其他资源。当然，长远来看，德国人不会容忍其战争机器的启动需要仰仗斯大林的善行。实际上，希特勒对此极不耐烦，在 1940 年秋季就考虑过入侵苏联——"（下属们）好不容易才说服他放弃如此冒险的一项计划"[33]。

1940 年下半年里，希特勒展开一系列外交活动，试图利用佛朗哥的西班牙、维希法国和其他欧洲盟国实现自己的各种计划。但此举基本属于辅助措施，并未触及问题核心。实际上，希特勒很可能在 1940 年夏季就已得出结论，他面临的困境只有一个切实可行的解决方案，而且它（该方案）位于东面。为了准备同美国"摊牌"——美国在德国独裁者此时的战略思考中竟发挥了如此大的作用，这一点令人惊讶[34]——他需要俄国的石油、粮食和煤。只有对东方巨人（苏联）实施帝国式的征服，再建立一个自给自足的大陆基地，希特勒才有可能成功挑战美国和英国的海空力量。

上述话题超出了本书范畴，现在言归正传。法国沦陷后，德国及其欣喜若狂的独裁者当前面临的挑战是对付大英帝国。众所周知，元首对英国人情有独钟，毕竟他们是一个与自己同种族的勤劳民族。希特勒认为有两个方案可选：其一，用一项总体外交协议勒令英国退出战争，这种和解方式将解决欧洲和全球所有悬而未决的问题；其二，倘若对方冥顽不化，德国就会使用武力迫使其屈服。后一个方案很快成为现实，并给德国带来了实实在在的麻烦。德国军队结构和军事学说方面的问题又一次显现出来：德国海军的水面舰队实力太弱，无法对英国的生存构成威胁；他们的潜艇部队固然强大，可（潜艇）数量太少[35]，无法完成切断那个岛国海上交通线的任务。令人畏惧的德国空军主要用于为地面力量提供战术支援，并不适合发动战略空战，他们装备的双引擎轰炸机在航程和载弹量上都存在不足，而战斗机主要是梅塞施密特 Bf-109——这虽是一款堪称出色的战机，但航程和滞空时间同样不够。

但在希特勒看来，其主要选择是和平而非战争。他真诚地寻求同英国人达成一项和约：

希特勒对继续打击英国人的策略犹豫不决。在德军于西线赢得胜利时，他的目标一直是实施一场"决定性打击"，从而迫使英国人接受被逐出欧洲大陆的结果。他仍希望德军在西线取得的胜利足以达成这一目标。他不愿看到大英帝国分崩离析，认为这只会使其他强国（如日本、美国、苏联）受益。但1940年5月10日出任英国首相的丘吉尔决心将战争进行到底。为强调这一点，皇家空军空袭了德国西部城市，皇家海军炮击了法国舰队停泊在阿尔及利亚米尔斯克比尔港的部分舰艇，以防其（舰艇）落入德国人手中。

希特勒面临着他自己造成的两难境地。其海军力量不足以成功入侵英国，至少在他掌握制空权之前是做不到这一点的。因此，德国独裁者开始考虑让英国接受和平的一切可行方案。在山上的度假屋仔细思索一周后，希特勒于7月19日在国会大厦发表胜利演讲，他最后一次呼吁英国人认清形势……尽管英国人对此反应冷淡，可是希特勒一连数日都抱有幻想，希望自己的演讲能让对方改变态度。直到英国外交大臣哈利法克斯勋爵于1940年7月23日发表广播讲话，希特勒才接受这个现实——英国人拒绝他的和平建议已成定局。[36]

英国拒不求和使希特勒失去了西线胜利中最大的潜在政治回报。[37] 为迫使这个岛国妥协，他四处寻求替代方案。在早些时候（1940年7月16日），德国独裁者下达训令，要求为1940年8月中旬入侵英国进行准备。但他仍对自己的海军力量能否赢得这样一场冒险深感怀疑，这场入侵很快就被推迟了，最早于9月中旬展开。他还考虑过其他选择，比如同西班牙的佛朗哥相配合，攻占英国人控制的直布罗陀要塞。此举若能成功，英国海军便会失去地中海的西入口。不过归根结底，他始终保持着对苏联的关注。希特勒认为英国"在军事方面已趋于绝望"，但对方继续战斗的事实让他慌了手脚。1940年7月13日，他向哈尔德指出——问题的关键在于俄国。哈尔德在当天的日记中写道："元首对英国坚持不愿媾和的态度深感困惑。他认为（我们对此也有同感）答案是英国对俄国寄予了希望……"[38] 几天后的7月21日，希特勒同他那些军事顾问召开会议，谈到入侵英国的困难和英国寄希望于苏联这一话题。据此，德国陆军总司令部开始研究在东部展开一场战局（所要达成）的具体目标。[39]

迈向对苏战争的第一步（1940 年 7 月）

戴维·欧文在他颇具争议的著作《希特勒的战争》中写道："坦能堡并非对希特勒更具吸引力的大本营驻地。"这座营地位于黑森林深处，四面环绕着高耸的松树，由一些木制营房和混凝土暗堡（其中有一些设在地下）构成。1940 年 6 月底和 7 月初，希特勒在这里待了一周，大多数时候都是暴雨倾盆。意大利驻德国大使赶到这里拜望德国元首，希特勒拐弯抹角地表示本国正处于"重大新任务"的边缘，但他没有说明这些任务究竟是什么。德国独裁者告诉他的国防军副官鲁道夫·施蒙特上校，自己正在认真考虑是否要对俄国发动入侵。希特勒似乎还对他的外交部部长里宾特洛甫提到了这个话题。[40]

此时，希特勒的军事顾问们意识到元首正在考虑一场对苏战争。据此，陆军总司令瓦尔特·冯·布劳希奇将军（他很快就和另一些高级将领一起被擢升为元帅，这是元首对他们赢得法国战局的奖励）[41] 命令陆军总司令部工作人员对这种可能性"进行一些作战方面的思考"。另外，东线外军处（Fremde Heere Ost）也接到指示，对苏联军队在德国当面的部署情况加以调查——这个陆军部门负责评估关于苏联的军事情报并分析对方的意图和战略。最后，陆军总司令部派驻国防军指挥参谋部（WFSt）的伯恩哈德·冯·洛斯贝格中校着手起草入侵苏联的计划——很可能告知了他在国防军最高统帅部的上司、炮兵上将阿尔弗雷德·约德尔——并评估了希特勒相关意图的可行性。[42]

1940 年 7 月中旬，希特勒敦促布劳希奇审核当年秋季进攻苏联的前景。7 月 21 日，德国独裁者在柏林帝国总理府会晤了布劳希奇、海军总司令雷德尔和戈林的参谋长耶顺内克。据哈尔德的日记记载，元首坚称他"不会让军事—政治主动权脱离自己的掌握"。他滔滔不绝地告诉这些将领，必须采取必要的政治和军事措施来保护（对本国而言）重要的石油进口，否则罗马尼亚和俄国的供应会在某种程度上受到威胁（实际上不太可能发生）。他说理想的策略是立即入侵英国并结束战争，并且指示雷德尔在一周内汇报入侵行动的前景，还声称这场入侵最迟会在 9 月中旬发起。他还指出，倘若"海狮"行动（计划中入侵英国的行动）的准备工作无法在 9 月初完成，"就有必要考虑其他计划"。希特勒这番话的意思是，他会把关乎英国的一切决定推迟到明年春季，并在今年秋季挥师俄国。他已获悉——我，我们尚不清楚他是如何知道的——德国军队可在 4 ~ 6 周内为下一场进攻行动完成变更部署。希特勒称己方的战略目标是："粉碎俄国军队，或至少尽可能多地攻占俄国领土，从而阻止敌人空袭柏林和西里西亚工业区。希望能尽量深入俄国腹地，以便我们的空中力量粉碎俄国的战略地区。"[43]

7 月 26 日，希特勒来到贝格霍夫，这座山间别墅位于上萨尔茨堡、巴伐利亚阿尔卑斯山脉的贝希特斯加登上方。1923 年 4 月，希特勒首次游历 900 ~ 1000 米高的上萨尔茨堡（距离他的奥地利故乡很近），当时就被这里的宁静、草地和森林迷住了。1924 年年底，希特勒从兰茨贝格监狱获释后回到山上，并在那里完成了《我的奋斗》的第二部分。他先是寻求租赁，后来又买下瓦亨费尔德屋，这座小木屋到 1936 年已被翻修并扩建为贝格霍夫别墅。此番改建毫不考虑成本和劳力，使用的材料包括意大利的大理石、波西米亚的精美石材和南美洲的贵重木料。希特勒在这里纵情于他作为世界政治家的角色，招待了德国和世界上最著名的一些人物，例如英国前首相戴维·劳合·乔治这种政坛元老、温莎公爵（原先的英国国王爱德华八世，他于 1936 年 12 月放弃王位，迎娶美国社交名媛沃利斯·辛普森）、拳击手马克斯·施梅林、著名女飞行员和希特勒的崇拜者汉娜·赖奇、演艺界人士和诺贝尔奖获得者，甚至包括英国历史学家阿诺德·J. 汤因比。同样是在这里，希特勒将于（1940 年）年底之前下达元首令，就此打开"巴巴罗萨"行动的"开关"。[44]

但这一点（打开"开关"）在此时尚未实现。接下来几天里，德国元首同巴尔干诸国领导者和俄国人进行了一连串会晤。众所周知，苏联夺取了罗马尼亚的比萨拉比亚和布科维纳省，并在那里部署了包括骑兵和机械化部队在内的重兵集团。希特勒对苏联空军逼近罗马尼亚宝贵的油田深感担忧，因为这些油田对德国正在付出的战争努力至关重要。他在 7 月 28 日举行的一场会议上坚称："欧洲长期以来的政治局面必须加以改变。一个国家只有不再担心遭受敌人的空袭，才有可能实施长远的经济计划。"一天上午，在贝格霍夫大厅结束预定的军事会议后，希特勒询问国防军最高统帅部作战局局长约德尔将军在冬季到来前对苏联展开一场闪电式打击有多大的可能。[45]

　　他（希特勒）解释说，他本人完全清楚斯大林同德国签订1939年条约的意图是打开欧洲的战争闸门。但出乎斯大林意料的是，希特勒这么快就击败了法国人——这就是俄国人在六月下旬仓促占领波罗的海诸国和罗马尼亚部分省份的原因。俄国人沿边界线不断加强军事力量，而德国人驻扎在那里的仍是原来的五个师，这就不难看出俄国人还想获得些什么。希特勒担心斯大林会在当年秋季轰炸或入侵罗马尼亚的油田——这样一来，俄国就可以随心所欲地讹诈德国。届时，希特勒便无力发动冬季反攻。据他所知，到次年春季，俄国人将集中全部军事潜力对付自己。自彼得大帝以来，俄国的目标就没有改变过——她想吞并整个波兰并使保加利亚在政治上归化俄国，然后是芬兰，最后是达达尼尔海峡。希特勒认为德国同俄国的战争不可避免，面对这种情况，最好现在（今年秋季）就发动进攻，延期只会对俄国有利。[46]

　　约德尔是个头脑清醒的军事分析家，对此提出了异议。他对德国国防军能在短短几个月内完成从西线（前往东线）的部署变更，并为如此庞大的行动做好准备表示怀疑。但一贯恪尽职守的他还是答应立即弄清楚这个方案的可行性。几天后，约德尔带着作战局对秋季进攻苏联的前景的分析回到贝格霍夫——"他在贝格霍夫硕大的大理石桌上摊开铁路交通图，现实情况让他不得不劝告希特勒，单从运输方面看，在当年秋季进攻俄国就是不可能做到的"[47]。

　　大约在同一时刻，希特勒也向国防军最高统帅部参谋长威廉·凯特尔元帅提出了秋季入侵苏联的设想。虽然凯特尔素以"毫无骨气的元首支持者"著称——"他有野心但缺乏天赋，忠诚但毫无个性"[48]，但在这次勇敢地表达了自己的观点。凯特尔支持自己下属约德尔的看法，称德国在波兰新占领的交通和补给设施并不足以充当对苏战争的基地，战争很可能会延续到冬季。他确实对希特勒的意图深感不安，甚至在当年 8 月请求同这位独裁者进行一场"短暂会晤"，随后写了一份个人备忘录阐述自己的不同意见。没过多久，他就把这份手写备忘录呈送希特勒。元首对此深感不悦，并在随之而来的冲突中"粗暴地批评了"这位国防军最高统帅部参谋长。凯特尔提交辞呈，请求派他负责前线指挥工作。尽管希特勒"严词拒绝"凯特尔的意见，可是他（前者）别无选择，只得屈从于国防军最高统帅部顾问们的专业判断，放弃了在秋季发动进攻的一切企图。他命令国防军最高统帅部把增强波兰德占区的铁路运输能力列为最优先事宜，并严令改善东部的补给设施和防空掩护条件。[49]

1940 年 7 月最后一天，希特勒与高级军事顾问们在贝格霍夫召开会议，会上他对进攻苏联的可能性的苦思冥想到达了顶点。会议开始后，海军总司令雷德尔元帅详细阐述了读者们可以在哈尔德所写的日记中读到的那些内容。雷德尔的发言反映出海军策划人员的意见，他宣称入侵英国的行动无法早于 9 月中旬实施，并赞成把这场行动推迟到 1941 年春季。但希特勒希望暂时不做决定。德国独裁者指出，事情"会随着时间的推移变得更加困难"，应当立即展开空中行动。倘若空战结果并非尽如人意，就停止入侵英国的准备工作。希特勒继续说道，在另一方面，"要是我们发现英国人正处于崩溃状态，而且其影响会很快显现出来，那么，我们就将发动（对英国的）入侵"[50]。

雷德尔离开后，希特勒对登陆英国的"技术可行性"表示怀疑，并且补充说，空袭和 U 艇的攻击虽然有可能取得决定性战果，但需要一两年时间才能发挥出全部效力。他随后谈及问题的核心，陆军总参谋长的速记记录下了希特勒的思路（着重体是哈尔德标记的）：

英国人寄希望于俄国人和美国人。如果英国人对俄国人的希望破灭，那么他们对美国人的希望也将泯灭，因为消灭俄国人会极大增强**日本人在远东的力量**……**俄国人是英国人最为依赖的因素。**伦敦肯定发生了某些事情！……英国人本来已经彻底倒下，现在又站了起来。（我们）截获了电话交谈记录。俄国对西欧局势的迅速发展大为不安。它要做的仅仅是暗示，暗示自己不希望见到一个过于强大的德国，英国便会抱有希望……**倘若粉碎俄国，英国的最后希望就会被打破。**届时，德国将成为欧洲和巴尔干的统治者。**决定如下：对俄作战是这场斗争的组成部分，必须消灭俄国。时间定于1941年春季。**[51]

希特勒继续指出，越快消灭苏联越好。他还说，这场进攻只有"一举铲
除苏联"才算实现目标——事实证明，虽说许多作战细节在未来几个月里可能
发生变化，但这个信念像北极星那样引导着德国人的策划工作。希特勒随后概
述了这场行动的展开，具体细节我们不再详述。他设想，德国需要 180 个师完
成后续任务，其中 120 个师用于东方战局。[52] 正如这位独裁者两天前在私底下
告诉约德尔的那样，进攻将于 1941 年 5 月发起。[53]

在与会的军事领导人里，没有谁（包括布劳希奇和哈尔德）[54]"敢提出异
议或其他战略方案"，以确保帝国在欧洲的长期霸权。[55] 历史学家伊恩·克肖
指出，这是个"重大决定，也许是整个战争期间最重要的决定"[56]。在英国人
表明继续战斗的决心仅仅几天后，希特勒就做出这个决定，这揭示了他没能同
英国人达成和议与他决定入侵苏联之间的因果关系。但极具讽刺意味的是，希
特勒的这个决定（相关军事机构立即据此展开一系列策划工作）建立在了严重
误判其英国对手的基础之上。已故德国历史学家安德烈亚斯·希尔格鲁贝尔在
深入分析 1940—1941 年间英美战略规划时指出：

> 令人惊讶的是，苏联并没有参与到（英国和美国的）长期战略规划当
> 中，这份处于草拟阶段的计划是为了击败德国和日本。因此，美国和英国计
> 划单独进行一场全球战争，以对付德国和日本。与希特勒在他的局势分析中
> 所作的假设不同，美国和英国的优势是其海空力量，两国在策划过程中从未
> 考虑过把苏联拉入"反希特勒联盟"，以形成一柄"大陆之剑"的必要性。
> 相反，截至 1941 年 6 月中旬，英国领导层一直认为苏联的立场……是非常可
> 疑的。几乎直到 1941 年 6 月 22 日德国发动侵苏战争前的最后一刻，英国方面
> 仍认为自己面临两种选择：要么和希特勒一同进攻苏联，要么（这种可能性
> 不大）支援遭受希特勒入侵的苏联。但他们（英方）觉得后者（苏联）的抵
> 抗不太可能坚持很久。[57]

希特勒的"英国寄希望于俄国和美国"这一假设给他 1941 年转向东方的
决心施加了强大的影响，可事实证明，这种假设并不正确。接下来几个月里，
虽说英国与美国的关系越来越近，战略规划也变得更加活跃，但英国从来没有

把苏联视为她的"大陆之剑"。当然，这主要归因于英国对社会主义国家抱有一种深深的不信任感，另外也低估了苏联作为一个军事强国的实力。毫无疑问的是，美国军方和民间决策者也持有这类观点。

苏联——希特勒"真正的战争"？

数十年来，阿道夫·希特勒的传记作者和第三帝国历史学家一直在试图弄清他为何做出 1941 年入侵苏联的致命决定——这个决定最终毁掉了他的帝国，其本人亦于 1945 年 4 月 30 日在柏林帝国总理府下的暗堡内自杀身亡。有人认为这是 1940 年 7 月到 1941 年 6 月间不断发展的战略性军事态势的紧迫性所致；也有人这样强调，相关原因在于希特勒自 20 世纪 20 年代以来所持的种族和意识形态理念；还有人坚信（原因）是上述两个方面的综合。尽管如此，近期的学术研究还是得出结论，希特勒入侵苏联是因为这是他一直以来最想进行的战争。用曼弗雷德·梅塞施密特在德国准官方二战史第四卷《入侵苏联》引言中的话来说，这是"希特勒真正的战争"（eigentlicher Krieg）。[58] 这个重要观点得到了伊恩·克肖的支持，他在自己那部杰出的希特勒传记的第二卷中称："东部战争将决定欧洲大陆的未来，这的确是希特勒的战争。"[59]

但梅塞施密特也指出，这种观点强烈暗示了入侵苏联并不单纯意味着"仅仅是设法摆脱战略困境"[60]。我们已在前文谈及这种战略困境，现总结如下：在法国沦陷、英国决定继续战斗后，希特勒需要找到一种保住主动权的办法，并在美国参战（很可能于 1942 年）前做出（在欧洲大陆）有利于帝国的决定。为有效挑战英美同盟（即"创造公平竞争的环境"），他需要把整个欧洲大陆掌握在手中，这一点只能通过征服俄国来实现。这将使德国直接控制俄国的重要原料（石油、矿石、橡胶、粮食等），从而凭借强大的欧洲基地实现经济方面的自给自足（autarky）。克肖再次指出："希特勒认为（经济）自给自足是安全的基础。正如他在 20 年代中期一再声称的那样，征服东方将为德国提供安全保障。"[61] 在这里，我们见到的是希特勒的长远规划目标（一如他在《我的奋斗》一书中的叙述）与当前战略需求的混合。但从更实际的角度看，考虑到德国武装力量的结构和学说，与苏联进行一场陆地战争显然是"德国唯一能实施的战争，就像他们无力入侵英国所表明的那样"[62]。尽管英国仍在西面（也就是德国后方）保持着一种潜在威胁，可是 1941 年的希特勒对此毫不担心。因此，对苏战争取得"闪电般的"胜利完全可以实现，不会导致帝国陷入两线作战。

虽说以上因素似乎足以表明希特勒发动"对苏战争是合乎逻辑的下一步的本能"[63]，但这远远不够。倘若向前追溯，人们就会发现从 20 世纪 20 年代中期到"巴巴罗萨"行动发起，希特勒的思想中存在的强烈的持续性因素。他在《我的奋斗》一书中称，征服俄国是德国的"使命"。[64] 他认为人口密度过高是对国家的一种威胁，由于德国人口不断增加，德国需要更多的"生存空间"（Lebensraum），而这种空间只能从东方获得。[65] 到 20 世纪 30 年代，希特勒的思想变得更加激进。在 1933 年至 1939 年间，德国独裁者数次出人意料地同他那些将领谈及自己的政策所要实现的最终目标，从而使他们接受了以显而易见的种族和意识形态色彩在东方实施暴力扩张的主张。其中一次（与将领的谈话）发生在战争爆发前不久的 1939 年 2 月，他告诉与会人员，德国现有的生存空间不足，必须获得更大的生存空间。他还明确阐述了即将到来的战争的性质："一场纯粹的意识形态战争，即一场有意识的民族和种族战争。"[66]

就人类社会而言，这种意识形态之争会在 1941 年 6 月 22 日后以一种令人恐惧的方式显现出来。希特勒发动的对苏战争看上去更像 19 世纪里的一场欧洲殖民战争，而不是现代军事冲突。德国的占领政策早在侵苏战争爆发前就已形成，在战争开始后变得越来越激进——它要求东部被占领地区无情地实现德国化，也就是与德国人或拥有日耳曼血统的欧洲人再融合。为此付出代价的是当地斯拉夫人，其中有数百万人将被活活饿死，另外数百万人会遭受奴役或被消灭，而作为"布尔什维主义"最终传播者的犹太人将被灭绝。在希特勒看来，布尔什维主义和犹太主义不可分割，也无从区分；因此，消灭苏联也就意味着铲除了世界犹太民族的一个重要中心。归根结底，希特勒把德国与苏联之间的战争设想成了一场不可避免的对抗——两种相互排斥的世界观展开你死我活的斗争，这种斗争会在一场种族灭绝战争中到达高潮。[67] 大约 30 年前，安德烈亚斯·希尔格鲁贝尔就阐述了希特勒东方战争构想的四个基本的，而且明显重叠的纲领性目标，时至今日这种见解仍具有其合理性：

　　a：消灭苏联的"犹太—布尔什维克"统治精英，包括其传说中的生物主体，即欧洲中东部的数百万犹太人。

　　b：在俄国这些地区为德国定居者获取殖民空间被视为（实施东方战争的）最佳途径。

　　c：在奥斯特兰（白俄罗斯、立陶宛、拉脱维亚、爱沙尼亚）、乌克兰、莫斯科和高加索这四个"帝国总督辖区"消灭大批（进行抵抗的）斯拉夫民众，并迫使剩下的人服从德国当局。但1941年的战事进程没能跟上计划时间表，德国人只建起了前两个总督辖区，领导这些辖区的是希特勒所说的德国"总督"——他借鉴了殖民大国的"理想"模式，也就是大英帝国在印度推行的制度……

　　d：为应对敌人实施的封锁，德国当局在欧洲大陆控制的"辽阔地域"必须实现自给自足。为此，被征服的东部地区将提供一个据说取之不尽的原料和粮食仓库。这似乎是希特勒的帝国在战争中战胜英美两大海上强国的先决条件，对未来任何一场可以想象的"新世界大战"来说同样如此。1941年5月2日下达给"东方经济工作处"的指导方针早已这样预料，仅是俄国为德国军队提供食物这一项目标就意味着"数百万人"会被饿死。[68]

　　在发动对苏战争前几个月里，希特勒小心翼翼地隐藏自己的种族灭绝和殖民计划，甚至没有告诉他那些将领（前者向众多将领解释，他的目标完全在传统军事与战略方面）。直到1941年3月底，距离"巴巴罗萨"行动实施仅剩几周时，将领们才获悉这场迫在眉睫的斗争的真实性质，也就是德国的"殖民任务"要求介入一场"两种意识形态之间的冲突"。为此，德国国防军不得不参与这场"灭绝战"。[69] 不管怎样，这段简短的分析已经完全表明，德国独裁者对入侵苏联的渴求远远超出了他征服大英帝国（希特勒本人所假定）的"大陆之剑"（即苏联），从而迫使英国退出战争的愿望。

　　这番讨论引出了一个重要问题：从阿道夫·希特勒的角度看，除了入侵苏联，是否还存在其他切实可行的战略替代方案？ 1940年最后几个月里，确实有几项不同建议作为东方扩张政策的替代方案出现过，其中一项出自德国外交部部长约阿希姆·冯·里宾特洛甫，另两项则由德国海军人士提出。我们再来看看希尔格鲁贝尔的描述：

a：里宾特洛甫的政治理念是建立一个"从马德里到横滨"的欧亚大陆块（包括苏联），其矛头直指大英帝国和美国。

b：德国海军总司令雷德尔提出的基本战略构想是把战争重点调整到地中海和中东，并指向西北非，以获得一个广阔的战略和原料基地，从而在大西洋对大英帝国和美国实施一场成功的海空战争。

c：潜艇部队总司令邓尼茨坚持要求立即集中全部战争努力，进行一场"全面"潜艇战以切断英国与美国之间的海上连接，以潜艇控制大西洋上的交通线，从而使美国的军力无法进入欧洲，不过目前实际可用的潜艇数量必须得到大幅增加。[70]

但希特勒拒绝接受这三个"选择"，因为它们没能解决他认为德国当前所面临的最重要挑战——消灭苏联。德国海军将领的构想甚至都没有考虑到元首的纲领性东方目标。希尔格鲁贝尔认为，德国海军实际上指望着苏联保持中立，甚至成为本国盟友，他们希望进行一场与希特勒的设想完全不同的战争！而里宾特洛甫的"大陆块"概念针对的也是英国人和美国人，甚至把苏联人视为一个潜在盟友。虽然出于纯粹的战术原因，希特勒曾在 1940 年秋季的短短几周内对里宾特洛甫的建议表现出兴趣，但他从未认真地将其纳入自己的计划。[71]实际上，尽管存在这种战术机动（的实施可能），可是希特勒的首要目标——至少在欧洲大陆是如此[72]——始终是摧毁并奴役苏联，利用其民众、土地和资源。法国沦陷后，希特勒敏锐地意识到，解决苏联问题的一个短暂的机会之窗敞开了。德国国防军正处于实力的巅峰，而苏联虽在迅速重整军备，却没有为战争做好准备。希特勒意识到，绝不能把对苏战争推迟到 1942 年，因为苏联届时会做好准备，美国也很可能参战[73]，机会之窗（到那时）便会突然关闭。但归根结底，于 1941 年 6 月发动进攻的决定并不是通过常规军事与战略计划的实用主义或机会主义评估突然做出的。相反，正如我们所知，它深深地、不可改变地被嵌入了希特勒的意识形态里。从这个意义上说，最终清算令人痛恨的"犹太—布尔什维克分子"的决定也标志着他毕生事业的顶点。对苏战争已不可避免。这是一场希特勒的战争。

对苏战争的军事准备（1940 年 7—12 月）

1940 年 7 月 31 日，希特勒在贝格霍夫召开会议，首次宣布他决定来年春天对俄国采取行动，但在此之前，元首的军事规划机构已开始主动从事一些初步策划工作。会议结束后，这类（策划）工作亦带着一种更强烈的目的感继续进行。但在探讨细节前，我们应当做出一些总体评论。冯·毛奇元帅曾把卓越的组织和战略规划能力与"明白战争中什么是可能的，什么是不可能的敏锐意识"结合起来。[74] 元帅知道，德国处于欧洲中心，很容易在多条战线上同时遭受攻击。尽管在担任帝国总参谋长的几十年（1857—1887 年）时间里努力克服这种困境，可他最终还是没有为德国的战略窘境找到切实可行的解决方案，从而避免战争沦为一场漫长而又彻底的消耗战。他对战争的前景越来越悲观。1890 年，他在国会大厦门前发表了最后一次公开声明，预言伴随着公众热情的高涨，未来的战争可能会持续"7 年甚至 30 年时间"，并粉碎现有的社会秩序。[75]

但到 1940 年中期，德国的军事规划者早已忽略毛奇对可能性的敏锐直觉，更不必说他对地缘政治脆弱的德国从事战争的前景所持的悲观态度了。当然，他们（这些军事规划者）很清楚不得不同时在不止一条战线上进行战斗的危险，可随着法国战败、英国遭到重创，他们已不太担心两线作战问题。他们几乎一致认为，即将在东部展开的战争持续时间不会超过数周，最多几个月——毕竟德国武装力量在任何一处都能赢得胜利，其作战学说可谓无与伦比。希特勒向凯特尔保证，对俄国发动的战争不过是场"小把戏"。

可这种几乎有些不可思议的极度自信显然会给德国的规划工作造成有害影响。这里仅举一个例子：陆军总司令部（OKH）的策划人员对未来几个月所做的几乎每一个假设（任务所需要的部队编成规模、燃油消耗率等）都很乐观，甚至有些过于乐观。历史学家罗尔夫-迪特尔·米勒说："为突袭苏联而开始他们的初步作战考虑时，参与者表现出了一种轻率的乐观主义（leichtfertiger Optimismus），而且策划过程中这个特点一直保持到了最后。"[76] 实际上，这种自信使他们只为即将到来的战争集结起了最低程度的预备力量，毕竟一场短暂的"闪电战"几乎不需要预备队。[77] 东线德军在很大程度上不得不以其战争首日所掌握的资源进行一切战斗。[78]

一个相关，甚至更大的问题随之出现：虽然克劳塞维茨"总是强调即便在战争中，战略也应服从政治，但他也强调政治符合现实的必要性：'战争艺术的首要义务和权利在于阻止政治提出违背战争本质的要求。'毛奇完全赞同这种观点"[79]。可随着悲剧性结果到来的前景愈发明显，德国总参谋部几乎摈弃了军人的这种"首要义务"。而"政治"——在希特勒决定入侵苏联这种情况下——早已远离了"现实"。事实证明，这场战争的目标远远超出了德国国防军有限的能力。以几代人的后见之明来看，很难想象德国军事规划者为何会对当时的军事—战略现实视而不见。他们从未质疑过元首的目标（无论是实际性的还是道德性的），即试图调集比在西线规模稍大些的军力吞并苏联整个欧洲部分。进军巴黎的路程不过几百公里，欧洲公路的状况也很理想，可哪怕如此，仍有大批坦克和车辆发生故障。相比之下，从分隔德国与苏联的分界线到莫斯科的距离约为 1000 公里，道路（大多是沙路）和铁路的状况恶劣至极。但由于胜利似乎唾手可得，德国军事规划者认为大批步兵可在 1941 年 8 月撤离苏联，大批机械化部队则会在 9 月撤出。[80]正如我们很快将见到的那样，东线德军会为这些疯狂、毫无根据的假设付出沉重的代价。"政治"提出的要求太多，远远超出了德军将士的能力。到头来，这必将沦为德军总参谋部的一场悲剧性道德失败。用克劳塞维茨的话说，这种失败是因为"违背了战争的本质"。

希特勒基本上把对苏战争的军事策划工作交给了自己的总参谋部，陆军总司令部直到 1940 年 12 月初才向他简要汇报作战意图。1940 年 7 月，陆军总司令部在巴黎东南方约 50 公里的枫丹白露设立总部。枫丹白露宫曾属于法国国王，该地区的历史可追溯到 12 世纪。几个世纪以来，有 30 多位法国君主在此居住过。1940 年 7 月 3 日，哈尔德首次同他的作战处长汉斯·冯·格赖芬贝格上校讨论苏联问题，（这件事）就发生在枫丹白露。两人通过假设得出的结论是，对苏联实施的一场打击会彻底粉碎英国继续进行战争的希望。[81]

作为（对苏相应计划的）第一步，哈尔德下令对苏军实力和部署情况展开情报调查，并委派一名经过特别挑选的总参军官（第 18 集团军参谋长埃里希·马克斯少将），对发起一场战略性战役加以研究。为防范俄国人的意外之举，德军已采取预防措施，一些步兵 / 装甲 / 摩托化师（共 20 多个师）跟随第 18 集团军司令部，从西线向东变更部署。虽然大部分策划工作由陆军总司令部负责，但国防军最高统帅部的某些部门也参与其中，包括瓦尔特·瓦利蒙特少将（他是约德尔的副手）领导的国防处、步兵上将格奥尔格·托马斯 [①] 领导的国防经济与军备局。[82]

7月22日，哈尔德开始更细致地研究苏联问题。接下来几天里，他同格赖芬贝格、东线外军处负责人商讨了绘图和信号通信事宜。基于这些讨论，他就侵苏战争的潜在要求得出了一些非常初步的结论。例如，他认为入侵兵力应为100个师，还需要4～6周时间集结这股力量。更重要的是，他迅速得出这样一个结论：要想解决征服俄国的战略问题，唯一可行的方案是以陆军全力攻向莫斯科。[83] 除了具有明显的政治和心理价值，莫斯科（及相关地区）还是个处于领先地位的工业中心——截至1941年，它对苏联战时经济的重要性至少同列宁格勒或乌克兰相当。除此之外，它还是苏联铁路网的中心枢纽。[84] 在整个策划过程中（以及1941年战局期间），德国陆军总参谋部始终坚持直接攻向莫斯科的理念，并视之为赢得胜利的必要条件。因此，在苏德战争爆发几周前，德国总参谋部的一份内部刊物指出："俄国中部是俄国的核心，如果一股强大的外来武装力量将其夺取，就会导致整个俄国陷入瘫痪，庞大苏维埃国家剩余部分之间的联系也会松弛下来。从长远看，将其（中部地区）夺取甚至有可能摧毁俄国。俄国中部迄今为止最重要的目标是莫斯科。"[85]

针对希特勒下达于7月底的口头命令，德国军方迅速着手改善东普鲁士和波兰占领区内的运输及补给设施。采取这番措施的指令被称为"建设东方"（Aufbau Ost），于1940年8月7日由国防军最高统帅部参谋长凯特尔签署。[86] 为响应元首于7月31日做出的决定，德国军方还把陆军力量增加到了180个师。法国战局结束后实施的部分复员导致一些部队遭到解散，现在也予以重建——若算上这些部队，陆军实力会增加60个师。这番再动员几乎影响到了陆军现有的每一个兵团，因为后者（各兵团）必须为新组建的师调拨一批经验丰富的老兵。这些新建师于1940—1941年的冬季组建完毕，其中包括10个装甲师（与1940年5月相比，装甲师的数量翻了一番）和8个额外的摩托化步兵师（对这个话题的详细探讨参见本书第三章）。[87]

---

① 译注：托马斯领导的是国防经济局，到1941年该局才改称"国防经济与军备局"。另外，本书作者对德军将领的军衔描述采用了同美军对等的原则，例如原文中瓦利蒙特是"准将"，中文版在翻译过程中已对全书做出相应修改。

马克斯将军于 7 月 29 日赶到枫丹白露的陆军总司令部（总部），同哈尔德交换意见后，他立即开始了研究工作。他仅用五天（到 8 月 5 日）就完成了这项工作，相关报告被称为"东方作战草案"（Operationsentwurf Ost）。"马克斯"计划是一项全面调查，也"彻底反映出哈尔德对苏作战的理念，并为更细致的参谋工作奠定了基础"[88]。该计划指出，陆军的主要任务是从普里皮亚季沼泽[89]北面发起一场强有力的突击，打击并歼灭苏联军队，尔后攻往"苏联经济、政治、精神中心"莫斯科，因为夺取这座城市会"粉碎苏俄的凝聚力"[90]。攻占莫斯科后，德军主力会转身向南，同南面的己方军队集群相配合，共同夺取乌克兰。战争的最后阶段是沿一条宽大战线向前挺进，至少到达罗斯托夫—高尔基—阿尔汉格尔斯克一线，从而消除苏军轰炸机空袭德国本土的可能性。为完成这些任务，马克斯提出入侵力量由 147 个德国师组成，其中包括 24 个装甲师和 12 个摩托化师。这股力量还应获得陆军总司令部预备队全部 44 个师（包括 4 个装甲师和 4 个摩托化师）的加强。遂行这场战争需要的时间估计为 9 ~ 17 周。[91]

据马克斯设想，决战将在最初几周沿边境及其附近进行，装甲力量会唱主角。这份研究报告还认为德国国防军在数量方面仅占少许优势，但在训练、经验和质量方面拥有明显优势。一旦德国军队突破红军边境防御并朝苏联腹地发展胜利——马克斯认为——苏军的指挥控制体系就会崩溃，从而使德军能够逐一消灭敌人。[92] 也就是说，计划中几乎完全一致的自信假设源于他们对苏联及其武装力量缺乏真正的了解。[93] 另外，尽管大多数军官赞同马克斯的计划，可是希特勒没有——至少不是全盘接受。在他看来，成功遂行边境交战后，德军应占领北方的列宁格勒并控制波罗的海地区，然后再攻往莫斯科。另外，元首更看重夺取关键的经济目标，而军方强调的往往是军事因素。[94] 这是希特勒与他的陆军总司令部就东方战争应当如何进行产生严重冲突的起源，尽管这种冲突在战争策划阶段被掩饰或被直接忽略，可是随着 1941 年夏季对苏战局关键时刻的到来，双方的冲突也爆发了。

在这段时期拟制的另一份作战计划由陆军总司令部派驻国防军指挥参谋部的代表冯·洛斯贝格中校负责。虽然不清楚洛斯贝格从事这番研究的起因，但这份草案至少使他的上司约德尔将军能够了解对苏战争的初期策划活动。虽说约德尔是希特勒的首席军事顾问，可他缺乏陆军总参谋长哈尔德将军的机构资源，后者能"更好、更直接地获知陆军的问题"[95]。有关这方面的一个例子是，德军赢得法国战局后，约德尔于6月30日提交的备忘录中甚至没有考虑过进攻苏联以迫使英国退出战争这种方式。不过，由于希特勒在7月21日同陆军总司令布劳希奇的商讨（这件事）——也许还要更早，约德尔肯定知道发动东部战争的事宜正在考虑中。不管怎样，他于7月29日告诉身边的工作人员，希特勒计划在1941年5月发动对苏战争。[96]

洛斯贝格的"东部战争研究"以他儿子的名字"弗里茨"为代号[97]，于1940年9月15日完成。据戴维·欧文说，这份计划"与1941年夏季真正发起的战局存在惊人的相似之处……（而且）毫无疑问，它构成了希特勒后来对苏联大战略的基础"[98]。无论如何，洛斯贝格的作战理念似乎对希特勒有关即将到来的战争的思考具有一种显而易见的影响力。这位中校拟制的计划显然与马克斯将军的计划相似。最值得注意的是，洛斯贝格的作战计划还设想德国军队会在普里皮亚季沼泽北面展开主要努力，部署在那里的一个德国集团军群负责合围明斯克地区的苏军，尔后攻往莫斯科。强大的装甲力量应沿这个方向投入，利用明斯克—莫斯科公路向前挺进。但洛斯贝格随后的观点与马克斯不同：粉碎第聂伯河—西德维纳河一线之敌后，强大的快速力量应转身向北，夺取波罗的海沿岸、列宁格勒和喀琅施塔得的苏联海军基地，从而通过海路，确保矿石继续从斯堪的纳维亚半岛运来，并保证（德方）入侵力量的北翼持续获得补给。只有完成了这些任务，德军才能继续实施夺取莫斯科的行动。[99]和马克斯一样，洛斯贝格认为德国空军的首要任务是沿主要突击方向支援陆军的地面行动，比如切断苏联铁路交通网。虽然洛斯贝格没有明确阐述最终军事目标，但他提出了一条遥远的最终线：从阿尔汉格尔斯克起，穿过高尔基和伏尔加河，最后直至顿河。[100]

这两份研究都基于遂行入侵的德国军队明显优于苏联红军这种坚定的信念。但与马克斯所做的研究不同，洛斯贝格对苏联这个潜在军事对手表现出了更强烈的轻蔑之情：

只能把俄国人的指挥视为笨拙无比，俄国的铁路网和使用这些铁路网的指挥所严重不足，这使得他们每一次新的展开都会遭受极大阻力并耗费相当长的时间……

将在俄国南方作战行动中发挥重要作用的一个巨大优势是，俄国人很快会在乌克兰遭遇到内部困难，在我方"阿布维尔"二处所从事工作的指导下，切断通往乌克兰寥寥无几的铁路线便可使这些困难发挥影响。占领乌克兰后，估计一个运作良好的"政府"会很快按照我们的意愿成立，这将减轻（我方军队）对后方广阔地域实施监督的压力……

从领土角度看，最终军事目标主要取决于德国赢得初期胜利后，俄国是否会从内部发生崩溃以及这种崩溃何时发生。丢失西部地区和入海口后，俄国人似乎不太可能保持其能力，即便把他们位于乌拉尔的军备地域考虑在内亦是如此。[101]

1940 年 9 月 3 日，哈尔德任命第 6 集团军参谋长弗里德里希·保卢斯中将为陆军总司令部第一军需长（即负责作战事务的副总参谋长）。公认的装甲专家保卢斯在这个职位上作为哈尔德的副手展开工作，负责协调陆军总司令部针对潜在的东部战争进行的一切策划工作。他依据马克斯将军和法伊尔阿本德中校[102]的研究付出努力，并同陆军总司令部作战处紧密配合，进一步制订作战细节，规划德国军队针对苏联的集结和展开。保卢斯积极投身这项工作，经常同哈尔德热烈讨论到深夜。两人建立起一种信任和友谊的纽带，这种关系还很快发展成了两个家庭之间的来往。[103]

到 9 月中旬，保卢斯已完成德国军队东部部署的初步计划。以此为基础，他一丝不苟地建立了实施对苏战争的总体概念。保卢斯赞同希特勒的观点，他估计俄国人的实力为 188 个师，己方击败对方所需的兵力不会超过 128 个师。东线外军处支持这种看法，他们提交的情况报告估计红军只有 50 ~ 75 个"较好"的师（接下来几个月里，东线外军处不断向上修改这个数值，也就是提高估计数量）。但从根本上说，保卢斯的基本战役理念与马克斯的观点非常接近。[104]

当年 10 月，德国陆军总司令部迁离枫丹白露，来到柏林以南约 30 公里的措森，前德意志帝国陆军训练中心就设在那里。战争剩下的日子里，陆军总司令部（及其成员）一直待在庞大的地下掩体和 1939 年 9 月战争爆发前刚刚完工的高射炮塔里。习惯于工作到深夜的保卢斯经常把文件带回家——当然不是机密文件，而是关于苏联地理和气候的地图及资料等。可这样一来，他就无法对两个当中尉的儿子隐瞒自己的工作。最重要的是，他瞒不过自己的妻子"科卡"（康斯坦斯）。对保卢斯来说，这种情况很快导致了对他所从事工作的性质令人很不愉快的讨论。忙于策划战争细枝末节的保卢斯很少有时间思考他这种行为中固有的潜在道德问题，可他的妻子另有想法。简言之，她从道德和宗教方面强烈反对入侵苏联，认为其前景是"非正义的"，甚至是"灾难性的"。保卢斯理解妻子的反对意见，可他只是个执行命令的军人，不管怎样都不应为相关政策负责。后来，保卢斯的一个儿子回忆起了这对夫妻之间发生的一场特别激烈的争执[105]：

> 不管怎么说，有一天，当着我们两个孩子的面（我们俩当时都是中尉），她就这个问题强烈指责我们的父亲。父亲反驳道，这是政策问题，没人征求过他自己的意见。事实上，的确有一些重要的军事观点支持这种（侵苏）行动。母亲又问，我们的士兵（实际上指的是她的两个儿子）会遭遇些什么，能在战争中幸免于难吗？父亲回答道，1941年就赢得决定性胜利大有可能，他也希望如此……这场战争甚至可能在4～6周后便宣告结束。或许整个俄国遭受初期打击后就会像"纸牌屋"那样坍塌下来。[106]

10月29日，保卢斯向陆军总司令部简要汇报了自己目前为止的计划。之后，该计划被并入一份参谋研究（Denkschrift）中，并提交给了哈尔德审阅。11月，陆军总司令部再次讨论起这些规划文件，并同陆军军需总监和远程侦察部门达成一致。[107]11月13日，保卢斯的研究成果成为元首会议的讨论主题。11月18—19日，保卢斯再次向陆军总司令部简要汇报了他的方案（冯·布劳希奇元帅也在场），并获得了好评。[108]

到1940年11月下旬，陆军总司令部的战争计划（主要基于哈尔德的作战见解，最初由马克斯粗略的研究工作加以表述，保卢斯又以持续几周时间一丝不苟的参谋工作予以完善）基本完成。保卢斯的传记作者托尔斯滕·迪德里希提供了这方面的详情：

在战局第一阶段，（德国军队）应歼灭第聂伯河—西德维纳河一线以西的红军主力，并阻止对方尚具战斗力的部队向东退却。这一点不存在异议。但"巴巴罗萨"计划基于陆军总司令部的想法（即哈尔德的想法），他们认为战局第二阶段的主要突击应针对莫斯科，北部和南部作战行动的主要目标是确保侧翼安全。而希特勒倾向于夺取苏联北部和南部对战时经济极具价值的地区，以此作为德国军队实施重建的物质基础。尽管如此，他（德国独裁者）起初还是批准了陆军总司令部的方案。[109] 由于这样一场战争会造成庞大的补给和供应问题，战局目标暂时定于前出到列宁格勒—斯摩棱斯克—第聂伯河一线，后续推进视供应和补给情况而定。[110]

尽管马克斯、保卢斯等人在很大程度上给出了乐观的假设，但很明显，德国人并未指望自己能获得绝对数量优势——在这方面，他们的对手居于上风。德国陆军只有通过削弱某些地段，才能在主要突击地点建立起局部优势。时间因素也比之前任何一场战局更为紧迫，只有 5—10 月这个时间段能提供有利于主要军事行动的条件。到 10 月下旬雨季就会来临，它会把道路变为泥潭，导致军队无法移动。接下来便是俄国可怕的冬季！"很明显，每个决定和举措都得在时间的紧迫压力下做出。"这样一来，成功就取决于东部军队数量有限的装甲师和摩步师在极大纵深内实现快速、决定性的突破，继而包围并歼灭红军主力的能力。[111]

数周乃至数月的策划工作中出现了诸多假设，它们最终会通过两场主要图上演习加以检验，这两场演习都由保卢斯主持。11 月 29 日，第一场兵棋推演在措森的"迈巴赫 1 号"掩体内进行。应邀参加推演的人员包括陆军总司令部新任作战处长阿道夫·霍伊辛格上校，他是个"冷静的分析型思想家，能说一口流利的俄语……而且非常勤奋，'小鲁登道夫'是同僚们对他的称呼"[112]。第二场推演于 12 月 3 日举行，这场推演证明（或者说给出）了德国军队到达明斯克—基辅一线后展开后续行动的可能性。他们通过这两场推演得出的最重要看法是，部署于两翼的集团军群的主要任务是为中央集团军群提供侧翼掩护，后者会沿明斯克—斯摩棱斯克方向实施"决定性"推进，直扑莫斯科。进军第聂伯河的初期阶段结束后，德军会按计划拥有一次历时三周的战役间歇，从而延伸他们的补给线并为部队提供补充和物资储备。他们对莫斯科的进攻会在战局发起后第 40 天实施。[113]

1940 年 12 月 5 日，一场关于战争后续阶段的、议题广泛的会议在柏林帝国总理府召开。陆军总司令部（布劳希奇和哈尔德）首次向希特勒简要汇报了对苏作战计划。出席会议的还有国防军最高统帅部负责人凯特尔和约德尔。布劳希奇首先发言，除了一些常规问题，他还谈及实施对苏战争的时间要求。随后发言的希特勒坚称："俄国的武装力量在物资和人员方面，特别是领导力方面无法同德国国防军相提并论。因此，现在发起对苏战争（对德方）特别有利。"他接着说道，可以预料的是，"一旦俄国军队遭受到沉重打击，他们的崩溃就会比 1940 年的法军更加剧烈"[114]。

希特勒说完后，哈尔德详细介绍了作战方案。他首先阐述俄国战区的地理特点，随后谈到了苏联的军工生产中心，其中最重要的那些位于列宁格勒、莫斯科和乌克兰地区。他接着说道，普里皮亚季沼泽把俄国战区分成北部和南部地区，北部地区的公路和铁路网更好，为大规模机动提供了更有利的条件。哈尔德还说（事实证明他的说法是错误的），很明显，苏联统帅部把他们的主力集中在苏德分界线附近。德军的意图是阻止苏军后撤，使对方无法在第聂伯河及西德维纳河以西建立一条绵亘防线——这个决定性任务将由德军装甲"楔子"完成。进攻行动会投入三个集团军群：北方集团军群攻向列宁格勒；实力最强的中央集团军群从华沙地区出发直奔莫斯科；南方集团军群攻往乌克兰的基辅。德方入侵力量由大约 105 个步兵师和 32 个装甲／摩托化师组成。战局最终目标是（推进至）伏尔加河一线和阿尔汉格尔斯克地区。[115]

希特勒原则上批准这份计划，并且补充说："首要目标是阻止俄国人撤入一道绵亘防线。"他认为德国军队"必须推进到东面足够远的地方，这样一来，俄国空中力量再也无法攻击帝国；相反，德国空军却能袭击并摧毁俄国的军工生产中心"。希特勒随后详细阐述了他希望加以运用的作战原则。他指出，尽管自己同意陆军总司令部的作战方案，可是他的作战理念与陆军总参谋长所说的那些存在根本性不同。简言之，他寻求的是以北方和南方集团军群的偏心突击在侧翼取得决定性战果，而不是在中央地区以一场向心突击攻往莫斯科。实际上，初期交战顺利完成后，中央集团军群不应攻向莫斯科，而应做好调集强大力量转身向北的准备，协助包围盘踞在波罗的海地区的红军部队。[116] 在南方，德国军队会朝基辅附近的第聂伯河展开一场辅助突击，然后转向东南方，包围乌克兰西部的苏联军队。正如哈尔德在当天日记中所写的那样，会议开始后没多久，希特勒就说出了莫斯科"不太重要"[117]。

很明显，布劳希奇和哈尔德当时都没有对此提出任何反对意见。陆军总参谋长仅指出计划中部队在东部的集结需要约八周时间，从1941年4月初或中旬开始，这种集结无法长时间欺瞒俄国人。不管怎样，希特勒、陆军总司令部和国防军最高统帅部就战局开始阶段达成了一致：德国军队必须把大股红军部队包围并歼灭在第聂伯河—西德维纳河一线以西并阻止强大的敌军撤入俄国腹地。[118] 哈尔德可能这样认为：他与元首的分歧长远来看没有太大影响，因为一旦德国军队在中央地区强有力的挺进形成攻往莫斯科的势头（在此之前席卷一切），那就没有谁胆敢在实现目标前阻止这股势头。

次日，约德尔将军指示工作人员把12月5日的会议结果汇编成新指令，其中便包括一道基于陆军相关计划和希特勒所做评述（而形成）的侵苏指令。[119]

从不列颠战役到柏林：重要的军事、外交、政治事件（1940年7—12月）

虽然省略了这段叙述的主题，但我们会简要探讨1940年7月到1941年4月间几起重要的军事、外交和政治事件，它们对德国即将在东部展开的战争造成了影响。其中两起事件（英国上空的空战和战火延伸到巴尔干半岛）直接影响到了德国为"巴巴罗萨"行动所做的军事准备，而另外两起事件（苏联外交人民委员到访柏林和罗斯福再度当选，这两件事都发生在1940年11月）则加强了希特勒转身对付苏联的决心。

历史学家约翰·基根在他的二战史研究中宣称，法国战局"虽然因其短暂和果断而轰动，但仍是一场传统军事战争"。可以肯定，德国人的战术创新，特别是他们独特的诸兵种合成战术和在空中密接支援下大量使用坦克为德国国防军快速而又决定性的胜利做出了不小贡献。但这场胜利（的获得）更多地归因于联军"战略，军队结构和战争、心理、物质准备方面的缺陷，这些缺陷深埋于西方民主国家对自身在第一次世界大战期间所经历的痛苦的反应中"[120]。

相比之下，不列颠战役"是一场真正的革命性战争，因为这是自人类飞上天空以来，首次把飞机作为遂行一场战役的手段，试图在没有陆海军干预或支援的情况下，粉碎敌人的意志和抵抗能力"[121]。可事实并非如此。德国人以空中力量袭击不列颠群岛（关于这场行动的流行语是"不列颠战役"），在短短几个月内以失败告终——这是德国人在军队结构、军事学说和训练方面存在缺陷，以及在战术和战役上发生错误所导致的不可避免的结果。

赫尔曼·戈林元帅于 1940 年 6 月 30 日下达的作战令引发了德国对英国的空战。德国空军从 7 月展开空中攻势，（攻势）在 9 月中旬对伦敦实施的一场大规模昼间空袭中到达顶点。这场攻势持续到了 1941 年冬季，并逐渐缩减为夜间空袭。德国空军没能实现目标——既没有摧毁英国战斗机司令部，也没有粉碎对方的雷达设施或重要工业中心。他们最终还没能打垮英国民众的士气。德国空军没有完成任务——Bf-109 战斗机性能出色，但航程较短、滞空时间不足，这就意味着己方的轰炸机经常无法获得充分保护。而德军轰炸机（大批亨克尔、道尼尔和容克斯战机翱翔在英国上空）由于载弹量一般，并不适用于一场战略轰炸。德国空军司令部竭力寻找合适的战术和战役模式，可始终未能如愿。几周后，他们的损失不断增加。用历史学家威廉姆森·穆雷的话来说，德国空军截至 1940 年 9 月的飞机损失数"给人的印象是，他们的飞机和机组人员已然耗尽"。由于无法夺取英吉利海峡和不列颠群岛上方的空中优势，希特勒于 9 月 17 日推迟了"海狮"行动。[122]

实际上，德国空军的损耗率一直居高不下，这导致他们的作战行动难以为继。仅 1940 年 8 月 13—19 日这一周，德国人就报销了 284 架飞机，约占其总实力的 7%。整个 8 月里，他们因各种原因损失 774 架飞机，约占其可用飞机总数的 18.5%。1940 年 7—9 月（即不列颠战役的高潮），德国空军损失的飞机数量超过了 1600 架，约占其总实力的 37%。在这三个月里，德国人损失的轰炸机超过 600 架，在 10—12 月又损失 384 架（各种原因所致）。如果加上法国战局期间的损失，在 1940 年 5—9 月，德国空军共折损 3000 多架战机，占其初始实力的 57%。[123] 整个 1941 年春季里，这种流血牺牲一直在持续（这是巴尔干战局和克里特岛作战行动的结果，夺取这些地方严重消耗了德国空军的运输机队），直到"巴巴罗萨"行动发起。

关键问题在于：经过长达 21 个月的战争后，即将发动侵苏战局的德国陆军基本完好无损；而投身东部战争的德国空军恰恰相反，他们的战机和无法被取代的机组人员损失严重，发动对苏战争意味着他们的作战投入会大幅增加。由于德国军事工业的持续生产勉强弥补了这种损失，德国空军在 1941 年 6 月 21 日拥有的飞机数量与 1940 年 5 月 11 日大致相当——4882 架与 4782 架（含所有类型）。另外，在投入到侵苏战局时，他们轰炸机的数量少了 200 架。[124] 有更多证据表明，德国在发动对苏战争时，其各方面资源都是不足的。

虽然在英国上空进行的空战遭遇挫败，但希特勒仍对战争的总体进程持乐观态度。1940 年 10 月 4 日，德国独裁者和他的意大利盟友贝尼托·墨索里尼在勃伦纳山口会晤（希特勒于八天后彻底取消"海狮"行动，仅将其作为一场欺骗战役，力图把俄国人的注意力从自己即将在东部实施的兵力集结上移开），德国的独裁者向意大利的领袖保证："这场战争已然胜利！剩下的不过是时间问题。"[125] 三天后，德国军队进驻盟国罗马尼亚，"朝建立一条针对俄国的绵亘东线这个目标又迈进了一步"[126]。

10 月中旬，希特勒乘坐他的"亚美利加"号专列离开德国，前往法国。10 月 22 日，他在德国占领区的蒙图瓦尔会晤维希法国副总理皮埃尔·赖伐尔。元首希望说服赖伐尔，让他同意对英国采取更加积极的政策。前者向后者保证，英国的失败已经成为定局。次日，希特勒和他的专列向南驶往法国边境的昂代伊，在那里会晤西班牙领导人弗朗西斯科·佛朗哥将军。尽管希特勒一再恳求，但佛朗哥还是拒绝了与德国结盟的提议；另外，他也不同意德国军队从西班牙过境，攻击英国人控制的直布罗陀要塞。[127] 这位德国独裁者随后返回蒙图瓦尔，对佛朗哥拒绝他的请求深感愤怒。他在蒙图瓦尔会晤了贝当元帅并对后者施压，要求维希法国与德国展开更紧密的合作，便于"日后以最有效的方式同英国作战"。他和贝当的会谈虽然气氛更为友好，但结果仍没有好到哪里去。结束与西班牙、法国领导人的会晤后，希特勒在返程途中告诉凯特尔和约德尔，对苏战争必须在明年发起。几天后，希特勒提醒他的军方领导人，俄国仍是"欧洲最大的问题"，并且在"这场伟大的决战到来时，我们必须尽最大努力做好准备"。[128]

1940 年 10 月 28 日，意大利军队突然从阿尔巴尼亚（他们在一年半之前征服该国）入侵希腊，这导致希特勒的外交奔走骤然失色。消息传来时，德国独裁者正乘坐"亚美利加"号专列从慕尼黑前往佛罗伦萨，赶去会晤墨索里尼，后者兴高采烈地迎接了他："元首，我们正在进军！"[129] 但希特勒极为恼怒，认为意大利人此举是个严重的战略失误。尽管德国人早在 9 月下旬便发出明确警告，不要在巴尔干地区兴风作浪，可意大利人拒绝了这项建议。不幸的是，他们仓促发起了希腊战局，但"既未做好准备，也没有进行战略规划"[130]。希腊人计谋频出，他们在山区构设的阵地迫使意大利展开了代价高昂的正面冲击，遭受严重损失。获得增援后，希腊人于 11 月中旬发起反攻，导致入侵者混乱后撤。虽说墨索里尼孤注一掷般地投入预备力量（有些部队还获得了德军战机的支援），可到月底时，他的整个入侵力量还是被赶出希腊，并退回到了阿尔巴尼亚。[131]

也许是担心即将到来的灾难，在英国占领克里特岛和爱琴海的利姆诺斯岛之后，希特勒于 11 月 4 日指示国防军最高统帅部参谋人员，为德国军队拟制一份取道罗马尼亚和保加利亚，入侵希腊的作战计划。没过两周（具体是在 11 月 12 日），希特勒签发第 18 号元首令，这道指令预计针对希腊的作战行动将在 1941 年 1 月发起[132]；一个月后（12 月 13 日），国防军最高统帅部发布第二道指令（第 20 号元首令），概述了以"马里塔"行动作为代号的希腊战局，要求于 1941 年 3 月占领爱琴海北部海岸，必要的话，（德军）将攻占整个希腊。[133]

希特勒"有理由担心……希腊巩固击败墨索里尼的胜利而造成的糟糕局面"[134]。墨索里尼莽莽撞撞入侵希腊后的几个月里，英国人在东地中海和北非的行动越来越激进，给意大利人造成了严重损失，希腊人最终也同意几个英国师开入其本土。希特勒担心英国人会寻求重建另一条"萨洛尼卡战线"（1916—1918 年），这条战线曾在第一次世界大战期间给德国人带来麻烦。令德国独裁者更为焦虑的是，英国轰炸机有可能打击罗马尼亚宝贵的普洛耶什蒂油田，这些轰炸机已被部署到了皇家空军设在希腊和地中海的新机场。另外，希特勒意识到了东南欧的经济对德国的战争努力同样至关重要——德意志帝国 50% 的粮食和牲畜、45% 的铝土矿（铝矿石）、90% 的锡、40% 的铅和 10% 的铜都来自这片地区。[135]

英国远征军直到 1941 年三四月份才到达希腊本土。此时，爆发于南斯拉夫的一场政变（1941 年 3 月 27 日）加剧了巴尔干地区骚乱，这场政变由一群敌视德国的南斯拉夫空军军官发起。希特勒在 1941 年 4 月 6 日对此做出回应，以一场闪电般的攻势侵入希腊和南斯拉夫。月底之前，这两个国家都与德国签订了停战协议。[136]

六个月后德国人牢牢控制了东南欧，墨索里尼 1940 年 10 月入侵希腊引发的一连串事件最终宣告结束。虽说希特勒肯定会在发起"巴巴罗萨"行动前占领这片地区（即便没有墨索里尼的"帮助"），但德国人插手巴尔干地区还是在战略和战役方面对侵苏战争产生了重大影响。从积极的一面看（也就是以希特勒的视角），夺取希腊和南斯拉夫确保了德国南翼的安全，这是进攻苏联不可或缺的先决条件。可反过来看，这场战局"再次给德国受损的军事资源造成消耗，并在很大程度上加剧了德国国防军的过度拉伸"[137]。我们的话题又一次跑得太远了，应该就此打住——1941 年巴尔干战局对德国侵苏战争的影响（许多历史学家仍坚信这场战局给"巴巴罗萨"行动的发起造成了致命延误）会在第二章详细讨论。

最后是 1940 年秋季发生的两起事件，它们加强了希特勒清算东方"巨人"的决心。首先是富兰克林·D. 罗斯福于 1940 年 11 月 5 日再次当选美国总统，史无前例地进入了第三个任期。罗斯福赢得 55% 的选票，击败了共和党候选人温德尔·威尔基，威尔基对罗斯福关于欧洲战争所持的"鹰派"立场持批评态度。虽然美国对在不到一代人的时间内第二次卷入欧洲战争的可能性有多大存在严重分歧，但罗斯福明确表达了自己的理念：美国对外政策的一个长期原则是，不能让某个敌视美国利益的强国主宰欧洲。因此，罗斯福拒绝放弃英国，以免这个伟大的岛国走上法国的道路。虽然美国——从严格的法律意义上说——持中立立场，但她会给英国和其他友好国家提供大量物质援助，以便这些国家抵抗德国及其他轴心国列强。诚如罗斯福总统在 12 月 29 日那场著名演讲中指出的那样，美国"会成为民主国家的兵工厂"。不到三个月（1941 年 3 月 11 日），他签署了租借法，承诺支持那些抵抗轴心国列强的国家。[138]

第二起重要事件是苏联外交人民委员维亚切斯拉夫·莫洛托夫于 1940 年 11 月 12—13 日到访柏林。在为期两天的谈判中，莫洛托夫的对手、德国外交部部长里宾特洛甫试图说服苏联加入德国、意大利、日本于近期签署的《三国同盟条约》。但莫洛托夫对此提出异议。他（苏联外交人民委员）与希特勒本人的直接会谈也没能获得更好的结果。或许是为了强调这一切纯属徒劳，11月13日，在苏联大使馆举办的"庆祝"晚宴由于英国轰炸机光临柏林上空而突然中断，会谈转移到了里宾特洛甫的防空地下室。德国外交部部长坚称英国已被击败，各轴心国即将瓜分大英帝国，而莫洛托夫答道："那么，我们为何要坐在这个防空洞里呢？"[139]

这场以"相互猜疑和潜在敌意"为特点的会谈没能取得任何成果。希特勒认为它（这番会谈）"完全证明了自己的观点，即德国和苏联的利益存在冲突，两国永远无法和平共处，一场碰撞不可避免"。他（希特勒）"把莫洛托夫的到访视作某种证明，自7月以来设想的进攻绝不能推迟"[140]。两天后，希特勒下令在拉斯滕堡附近的东普鲁士森林深处修建一座战地指挥部。[141]12月3日，希特勒前去探望日后指挥中央集团军群的陆军元帅费多尔·冯·博克。博克在日记里写道："元首再次在柏林看望我，并祝我60岁生日快乐。"

他（希特勒）冷静而又清晰地看到了大局的明暗两面……他对英国态势的评估没有发生变化，登陆计划目前似乎暂时搁置。德国空军和潜艇部队的活动会在新的一年里大大加强，承担起对英战争的主要任务。东部问题变得尖锐起来。据说俄国同美国有来往，因此，俄国与英国之间（存在联系）也大有可能。坐视这种情况发展是危险的。但如果消灭俄国人，英国人在欧洲大陆上击败我们的希望就会荡然无存，特别是因为日本人会给美国人的有效干预造成麻烦，这能确保我们后方的安全。[142]

在希特勒看来，战略局势终于变得更加清晰，这似乎要求他采取后续行动。尽管海军和其他人士提出替代方案，可德国要想摆脱战略困境，重新掌握主动权，并在欧洲大陆上建立足以挑战美国工业和军事力量的强大地位，唯一的办法就是征服苏俄。有很多对1940—1941年间希特勒所持战略进行的杰出研究，其中安德烈亚斯·希尔格鲁贝尔的著作颇具说服力地总结了这些问题：

与 1940 年 9 月末相比，希特勒在当年年底对整体局势的评估大为简化，而且……（相关评估）让他想到了一个实施"全球闪电战"的即兴计划，似乎只有这个方案才能让他摆脱从 1940 年 6 月底开始，（由其本人所发现的）自身陷入的两难境地。更准确地说，这种困难境地早在 1939 年 9 月 3 日便已出现。希特勒试图通过全球政治结盟（《三国同盟条约》或"大陆块"计划），或通过吸引其他国家（如西班牙和维希法国）加入对英战争，决定性地提高自己面对盎格鲁撒克逊列强时的政治和战略地位。但他为此付出的一切努力均告失败，仅仅证明了以这种方式实现该目标的尝试纯属徒劳。

所有期望都已发生逆转。英国（希特勒无法通过政治或军事手段，逼迫该国签订一项妥协性质的和约）与目前仅仅在形式上保持中立的美国之间联盟般的关系并没有像希特勒期望的那样，在《三国同盟条约》形成的一场两洋战争的威胁下偏离其政治路线，反而越走越近。这两个几乎已经结盟的盎格鲁撒克逊海上强国拥有更大潜力，两国在全球各地掌握着更多的资源，并把德国在欧洲大陆西部和南部掌握的领土与其海外控制地隔离开来。从长远看，随着美国不断加强军备，战争必然会变得对德国不利。最后一点——盎格鲁撒克逊列强的优势暂时不会对德国的战略和战役举措产生重大影响，因为美国 1940 年中期刚开始重整军备，不可能迅速赶上抢先起步的德国，特别是在装备陆军部队（的能力）方面。但这种影响会在 1942 年中期前后出现。倘若希特勒届时无法彻底改变欧洲表面辉煌，实则充满不确定性的政治和战略局势，德国从 1939 年秋季开始，独自以一连串"闪电战"实施的欧洲战争便会具有一场资源战和消耗战的特征（就如 1914—1918 年间的那场世界大战）。在这场战争中，西方列强不断增强，最终具有压倒性的优势迟早会导致德国彻底失败。

毫无疑问，希特勒对西线战争棘手情况的评估可谓实事求是。武装力量的各军种负责人没有向他提出任何建议，特别是海军总司令雷德尔元帅——他认为（考虑到武装力量下辖各军种的有限视野，这一点完全可以理解）对驻扎在地中海和中东的英国军队实施一场大规模战略行动就有可能改变不利于德国的整体局面，从而摆脱困境……必须指出的是，希特勒在 1940 年掌握的武力手段根本不足以对英国展开一场决定性打击，更不必说同时对付两个盎格鲁撒克逊强国了……

希特勒评估西线战争局势的务实态度与他对德国在东部实施军事行动的可能性所得出的夸大其词、充满意识形态语调的种族神话判断截然不同，现在回想起来，他对苏联潜力的低估实在令人难以理解。消灭苏联的战争潜力似乎为希特勒提供了摆脱（进行）西线战争所造成困境的唯一出路。仅仅实施一场持续几周的"闪电战"就够了——希特勒不仅期望它彻底改变整体战局，还相信有可能同时实现他长期为之奋斗的伟大目标：在苏联的废墟上建立一个东部帝国。因此，在德国独裁者看来，有关东部的军事解决方案成了取得"决定性转折"并一举实现所有目标的重要"机会"……他认为1940年至1941年冬季的"替代方案"不是地中海战略或东部的一个军事解决方案，也不是一个"大陆块"或对苏联的一场进攻，而是把彻底消灭苏联视为一个基本前提，从而决定性地改变战争，使之有利于己方，并在东部实现他的战争目的。当然，这也包括关乎西方列强的目的，即（让这些国家签署）"投降协定"。[143]

越过雷池："巴巴罗萨"指令（1940 年 12 月 18 日）

如前所述，陆军总司令部于 12 月 5 日在柏林向希特勒简要汇报侵苏方案时，这份计划仍以原先的代号"奥托"为名。[144] 两周后，在希特勒最终为即将发起的行动签署指令时，"奥托"被另一个更加傲慢的代号——"巴巴罗萨"替代。这次称谓的变化似乎是希特勒的个人决定。[145]

腓特烈一世（约 1123—1190 年），绰号"巴巴罗萨"，于 1152 年成为神圣罗马帝国皇帝。这个绰号源自他颌下的红胡子。他是个"大胆而又熟练的指挥官"，也是个"精明的统治者"。他在 1188 年参加第二次十字军东征，于次年率领有史以来最庞大的中世纪十字军杀向巴勒斯坦，却在 1190 年 6 月横渡格克苏河（位于今天的土耳其）时坠马溺亡。他在日耳曼民间传说中成了与英国亚瑟王相当的人物。据传，他长眠在莱茵河畔基夫豪泽尔的一座山下，某天会从这个安息之处现身，再次召唤自己的军队。对 1941 年的攻势而言，这是个颇具煽动性的"恰当"代号，"对中世纪辉煌的回忆充满傲慢，对中世纪残酷行径的暗示则充满恐吓意味"[146]。

国防军最高统帅部作战局局长约德尔将军于 12 月 17 日在贝格霍夫向希特勒提交"巴巴罗萨"指令初稿，但被后者直接否决。这份文件明确归纳了陆军总司令部的主要意图，也就是德军主力经明斯克—斯摩棱斯克攻往莫斯科，但忽略了希特勒于 12 月 5 日在柏林会议上提出的建议，即指令中应规定取道波罗的海地区，向列宁格勒发起主要突击。[147] 按照希特勒的要求，这道指令进行了重新拟制，并以大号"元首字体"再次打出，于次日（12 月 18 日）呈交希特勒[148]，经其签署后作为"第 21 号元首令——'巴巴罗萨'方案"下达。这份文件只打印了九份副本，"印有'绝密'两个字的深红色封面上配有一条黄色对角线"，而且这道指令"只会被传达给军官"。[149]

指令开头处这样写道："德国国防军必须做好准备，甚至在对英国的战争结束前，即以一场快速征战粉碎苏俄（Sowjetrussland in einem schnellen Feldzug niederzuwerfen）。"进攻的所有准备工作务必在 1941 年 5 月 15 日前完成。应当以"楔入敌深远纵深的装甲先遣力量率领下的果敢作战"歼灭俄国西部地区的红军主力，并阻止敌人撤入本国纵深腹地。这场战局的最终目标是"大致沿伏尔加河—阿尔汉格尔斯克一线建立一道针对俄国亚洲部分的防线"。如有必要，可由德国空军摧毁乌拉尔残存的工业区。[150]

指令第三部分（"作战的实施"）明确表示，这份文件主要采用了国防军最高统帅部的计划，也就是洛斯贝格中校进行的研究，并提出"一旦击败第聂伯河—西德维纳河一线前方之敌，强大的快速兵团就应当从中央转向北面"[151]：

A. 陆军[根据提交给我（即希特勒）的计划]：

战区被（普里皮亚季）沼泽分为南部和北部地区，主要突击应在北部地区实施。那里将投入两个集团军群。

在两个集团军群中，更靠南的那个集团军群（位于整条战线中央）受领的任务是以强大的装甲和摩托化兵团从华沙周围及其北部地区实施突击，粉碎白俄罗斯境内之敌。这将创造条件，从而使强大的快速力量转身向北，与从东普鲁士朝列宁格勒这个总方向突击的北方集团军群协同歼灭在波罗的海地区行动的敌军。只有在完成这项首要任务并占领列宁格勒和喀琅施塔得后，才可继续实施旨在攻占重要交通枢纽和军备工业中心莫斯科的进攻行动。

只有在俄国人的抵抗异常迅速地发生崩溃时，才有理由同时进攻两个目标。[152]

德国人的目标显而易见：夺取列宁格勒、整个波罗的海地区，歼灭盘踞在那里的红军部队——两者被列为比攻占莫斯科这个苏联政治、心理、交通中心更优先的目标。在希特勒与他那些军事顾问的讨论中，这个目标也变得"显而易见"。德国独裁者把夺取苏联从事战争必不可少的经济中心视为这场战局的"主要目标"，而哈尔德认为此举会分散力量，继而导致对莫斯科发起的决定性突击缺乏兵力。[153] 但德国陆军总参谋长对这道指令的反应是——又一次没有进行任何争辩或抗议。相反，他继续耐心拟制了一份符合他个人想法的作战计划。当自己的计划与希特勒的想法出现差异时，哈尔德直接忽略，并继续自己的工作，就好像他和他的元首完全达成了一致。[154] "巴巴罗萨"行动开始后，哈尔德继续秘密进行自己的工作，力图以他的作战理念实施这场战争，有时候甚至会对自己的元首耍些阴谋诡计。

打开对苏战争"开关"后，希特勒离开贝格霍夫，前往英吉利海峡与他的将士共度圣诞。与圣诞精神依稀类似的某种东西正支配着希特勒：

他指示德国空军暂时停止对英国的轰炸，等圣诞节过了再说。随后是两周漫无目的的遨游……凯特尔、哈尔德和约德尔下辖作战局里的大多数人已休假。希特勒和他的私人随从乘坐配备特别防空设施的列车前往西线，进行圣诞旅行。他想视察托德组织为控制海峡沿岸而修建的巨型火炮炮台——这些炮台被命名为"大选帝侯""西格弗里德""格奈森瑙"；还想与戈林的战斗机和轰炸机中队机组人员一同庆祝节日……希特勒的一名秘书写信告诉朋友："自12月21日以来，我们马不停蹄，圣诞节是在法国海岸的加来和敦刻尔克度过的。23日，在布伦，当我们坐在专列餐车里用餐时，英国人来了，并开始轰炸，我方高射炮轰鸣着还击。尽管我们被引入一条安全的隧道——两端都有防空列车守卫——我还是情不自禁地觉得'有点奇怪'……我在新年前夜的情绪可不应该仅仅是痛苦。"[155]

在整个被占领的欧洲，如丹麦、法国、波兰这些地方，无数德军将士兴高采烈、开怀畅饮，满怀对未来的希望并享受着圣诞节和新年。主要的敌人——法国——已被征服，英国很快也会步其后尘。不管怎样，他们无比信赖的元首会找到胜利结束战争的办法。在当年春季赢得伟大的胜利后，第 87 步兵师的炮兵军官西格弗里德·克纳佩中尉和成千上万名德国士兵一样，已在被占领的法国度过了几个月时间。6 月中旬，因为在巴黎郊外负伤（负伤地点离这座城市非常近，他当时甚至能看见埃菲尔铁塔），中尉错过了该师胜利进入法国首都的入城式。经过几个月的疗养休假，他在当年 9 月归队，但先去巴黎玩了几天。他在歌剧院看演出，参观了巴黎圣母院和凯旋门，甚至登上过埃菲尔铁塔。[156]

克纳佩的炮兵连（获得晋升后，他现在已经担任连长）驻扎在伯夫龙河畔康代的乡村地区，他的连部设在伯夫龙河与卢瓦尔河交汇处附近的一座城堡里。克纳佩在战后的"反思"中回忆道：

我们驻防康代，我觉得这里比自己在德国休养期间的条件好很多。在德国，一切都是配给的——食物、衣服、汽油等。但在康代，我们可以去餐馆用餐，或是购买任何想要的东西，根本不需要什么配给卡。我们可以从当地农民手中购买到我们想要的任何食物。我甚至能找个裁缝做一条马裤，再买一双马靴，这也不需要配给卡……我们中的一些人偶尔还会使用从当地居民那里收缴来的猎枪，沿着卢瓦尔河打野鸡……周末时，我们会两三个人结伴，乘火车前往巴黎。[157]

获得探亲假后，克纳佩和他的家人共度了平安夜与圣诞节——所有德国人都怀着极其庄严的信念欢庆他们的节日。生活真美好！虽然军纪严明、要求严格，但他"很喜欢军队的生活"。当然，克纳佩不可能预见到即将来临的 1941 年所蕴含的东西：1941 年 12 月初，他所在的师艰难地前进到莫斯科郊外，他再度负伤，这次伤在了头部。在几所医院短暂治疗后，他于 1941 年圣诞节期间回到莱比锡的家中，并去当地医院探望自己身负重伤、备受煎熬的弟弟弗里茨——后者的身上满是褥疮，只能靠注射吗啡止痛。[158]1941 年将以悲痛和不幸告终。

希特勒很快就返回贝希特斯加登上方的山间别墅，同他的情妇埃娃·布劳恩，以及由副官、工作人员组成的"家庭"共度新年。1940 年是以如此伟大而又壮观的胜利作为开始，随后是一段时间的停滞和不确定，最终以希特勒决定发动有史以来最大规模的战争达到顶点。这位独裁者在对德国国防军发表的新年致辞中宣称："1941 年会以迎来我们历史上最伟大的胜利而圆满告终。"[159]

评价德国 1940 年的策划

至少从理论上说，"巴巴罗萨"计划明确而又简洁：德军装甲先锋会在第聂伯河及西德维纳河以西地域实施一场壮观的歼灭战，合围并消灭红军主力——这是一场超级"坎尼会战"，其教义源自克劳塞维茨、老毛奇和施利芬的理论。如前所述，与 1939 年的波兰战局和 1940 年的法国战局不同，对苏战局从一开始就被设想为一场真正的"闪电战"，德国军队施以一轮毁灭性打击（所造成）的结果会在几周内决定整场战争。简言之，希特勒和他的总参谋部希望在战略层面像老毛奇那样展开行动——逐一孤立并击败每个对手；而在战役和战术层面像施利芬那般行事——通过一场大规模歼灭战，在短暂的战争中粉碎敌人。这样一来，他们就能克服德国在中欧的位置以及人力和物力资源不足所造成的传统困境。以色列前军官耶胡达·L.瓦拉赫指出，施利芬的观点认为"彻底歼灭对手总是最有利的，因为这可以让胜利一方腾出所有力量用于其他任务"，实现这个目标的最佳途径是"包围和从后方展开攻击"。[160] 希特勒、哈尔德等人吸取了施利芬的经验教训。

实际上，希特勒等人认为，在包围并歼灭第聂伯河—西德维纳河以西的红军部队后，这场战争基本上已经宣告结束；剩下的不过是实施扫荡行动并追击到苏联腹地，消灭侥幸逃脱的敌军并到达最终地理目标。德国规划者预计，初期交战结束后，对方的抵抗会变得很轻微。德国人的情报主要来自在苏联领土上方实施的绝密高空侦察飞行，这使他们明确掌握了苏联红军在距离苏德边界数百公里纵深内的部署情况。可除此之外，他们对苏联潜在的力量和部署情况几乎一无所知。德国人认为红军主力位于边境地区附近，一旦歼灭这些敌人，就没有什么需要加以解决的了。然而这是个致命的假设。

当然，负责拟制战役计划细节的人员绝非蠢货。他们完全清楚，就时间、地理和可用资源而言，俄国战区会构成前所未有的挑战，而他们正在努力解决这些问题。时间相当有限，俄国的战役季节最早从 5 月下旬开始，持续到 9 月。雨水、泥泞和大雪会给之后的作战行动（特别是给机械化力量）造成严重破坏。同波兰或法国战区相比，俄国战区极其"庞大"。1939 年 9 月，德国军队从东普鲁士和西里西亚向波兰发起两路主要突击，分别前进了 105 公里与 240 公里。1940 年法国战局期间，德国军队最远的推进纵深不过 400 公里左右（装甲力量渡过默兹河，前出到海峡沿岸），而他们对付法军和低地国家军队的战线长度不到 250 公里。相比之下，德国国防军不得不沿一条超过 1200 公里长的战线展开侵苏战争。[161] 另外，就像洛斯贝格指出的那样，随着德军从苏德边境向东挺进，漏斗形战线会不可避免地伸展，导致德国军力分散在一片更宽大的作战区域[162]，而创造一个拥有明确重心的作战挑战也更趋复杂[163]。当然，鉴于苏联的辽阔领土，这是"巴巴罗萨"行动固有的问题。可如果德国的"闪电战"无法迅速击败苏联，这个问题就会变得越来越难处理。

虽说存在几条大河、广阔的沼泽地和原始森林，但这片战区并没有对现代军队的移动构成重大障碍（明显的例外仅仅是其广袤性）。[164] 不过，克服俄国欧洲地区堪称"恶劣"的公路和铁路基础设施是个真正棘手的难题，会导致奋战在俄国纵深处的德国东线军队的移动和补给严重恶化。整个苏联只有 8.2 万公里长的铁路线，并使用与德国、西欧和波兰德占区完全不同的轨距[165]，这些铁路必须换成标准轨距，而这是一项极其耗费时间、需要大量人力的工作。在不到 140 万公里长的道路中，有 113 万公里完全是乡村小径，另有 24 万公里号称"全天候道路"，可其中只有 6.4 万公里为硬面道路。[166]这些统计数据中固有的后勤和作战行动问题为克劳塞维茨定义的"摩擦"提供了教科书般的范例，这种现象将导致德国人的东进变得复杂而又缓慢。此类摩擦往往会造成难以解决的问题，而这些问题恰恰是本书在讲述德军将士时的一个中心主题。

德国人在竭力克服这些问题，以及对苏战争中可能出现的其他各种挑战。但他们最终没有理会这些困难和问题，或是受到各种乐观假设的诱惑——而这些假设构成了他们所有策划工作的基础。大家只能对这样一个惊人的事实深感震惊：为遂行"巴巴罗萨"行动，德国人计划投入的总兵力仅仅略多于 1940 年德军在攻势第二阶段部署到西线的力量。从作战空间看，德国国防军在东部地区约 260 万平方公里的土地上展开行动，而在 1940 年赢得胜利的战场面积仅为 13 万平方公里。[167] 以上这番探讨的潜在主题是，希特勒及其将领过于高估己方武装部队的能力，对苏联的军事实力却不屑一顾。他们认为，这场"闪电战"一旦发起，就会按其原计划顺利展开，并迅速取得决定性战果；而苏联人因其固有的社会、政治和军事弱点，在遭到德国人压倒性、不可避免的打击后必然会发生崩溃。

尽管这种总体评论很有意义，可是分析德国的侵苏计划仍然需要更深入地了解以下几个主题：（a）除了初期行动，没有明确的计划；（b）过度依赖作战策划；（c）缺乏实施这场战争所需要的资源；（d）情报部门工作不力；（e）后勤计划的失败。我们将在下文中简要探讨每一个主题。

除了初期行动，没有明确的计划

根据希特勒的指示，"巴巴罗萨"行动计划明确规定，在越过边界完成合围战后，中央集团军群强大的摩托化力量会转向北面，协助肃清波罗的海地区并夺取列宁格勒。当然，布劳希奇、哈尔德、陆军总司令部作战策划者另有想法，他们对莫斯科痴迷不已，认为攻占该城就可以结束整场战争。希特勒与将领们的这种根本性分歧在策划阶段还可以被忽视或略过不提，但自 7 月中旬起双方就战局第二阶段的重心问题发生争执，这种分歧甚至在历时五周的冲突中到达了顶点。实际上，读者可以这样认为，从 1941 年 8 月起，德国人在东部的作战行动便纯属即兴而为：

许多最高级别的军队指挥官做出的反应令人费解，他们在三个可能的重心之间犹豫不决。作为受过作战艺术教育的原总参军官，这些司令官无疑从这种踌躇中看出了一种对决策和挥霍军力不负责任的恐惧。受罪的是他们的部队。在边境交战第一阶段结束后，有一份战役计划却没有明确的重心，军事专家只能将之判断为构思不佳。再一次出现的情况是，装甲兵将领（因为他们考虑的是快速行动、广阔的空间和富有前瞻性的决策）对希特勒与陆军总参谋部之间这种削弱己方力量的争执提出了批评。[168]

作战规划的首要任务

正如我们见到的那样，德军总参谋部从西线胜利中获得的一个主要经验教训是，作战计划是成功的关键，是包治百病的灵丹妙药（令人遗憾的是，他们因此忽略了后勤、情报和战争艺术的其他方面）。实际上，德国军队长期以来的传统过于强调战争的战役和战术层面，这种传统可追溯到老毛奇时期，而冯·施利芬伯爵继续发展了这种趋势，把战争理论简化为纯粹的军事事务。[169] “巴巴罗萨”指令反映出了这种传统——这道指令充满作战细节，却没有从总体上为实施战争提供一份全面计划（也就是说，它不曾涉及至关重要的政治和经济因素）。如果考虑到这是一份最高级别的政府规划文件，由国家元首和武装部队总司令阿道夫·希特勒签署，这种情况就不免令人惊讶了。可元首有一种令人不安的倾向，他过度痴迷作战问题（这本应是总参谋部的分内之事），而不是制订更广泛的战略蓝图。耶胡达·瓦拉赫评论道：“仔细读读第 21 号元首令就会得出这样一种印象，这份不同寻常的文件……具有与 1905 年的施利芬计划相同的弱点。指令中没有阐述战略构想，仅仅涉及战役或战术建议，并未触及、讨论真正的战略问题。”[170]

国防军最高统帅部拟制的这道指令过于侧重战役方面的问题，其中部分原因是他们接受德国总参谋部培养（所以造成了这种必然结果），这使他们对指导战争的国家政策方面的更大的问题几乎一无所知。近期推出德国陆军元帅瓦尔特·莫德尔传记的以色列学者马塞尔·斯坦称：

瓦尔特·格利茨撰写了迄今为止唯——部详尽的莫德尔传记，于1975年首次出版的这部著作名为“莫德尔——防御战略”。晚些时候还推出了平装版，书名被改为“莫德尔——陆军元帅和他在鲁尔的最后战役”。前一个书名颇具欺骗性，就连莫德尔的崇拜者也很少把他描述为一名战略家。德国国防军在第二次世界大战中缺乏战略家——虽然高级指挥官作为总参军官接受过全面培训，但他们对跟战略紧密相关的政治和经济因素根本不具有必要的洞察力。另外，即便他们确实具有，这种洞察力也在战争期间被第1号元首令剥夺了，这道指令把个人见识严格限制在其本人（各个高级指挥官）负责的领域。就连莫德尔也不了解战争的整体态势。[171]

装甲兵将领赫尔曼·霍特率领四个装甲集群中的一个攻入苏联，后来就1941年夏季作战行动撰写了一部见解深刻的著作。他在谈到"巴巴罗萨"计划时指出："值得注意的是，这道指令主要解决战役命令，即便这些命令与陆军总司令协商过，实际上也只是负责俄国战区的军事领导人（即陆军总司令）的职责。另一方面，在战略领域，这道指令几乎没有提及战争的更高目标。"[172]霍特在此引用了老毛奇对战略目标和战役目标的区分，前一个概念涉及更高的战争目标（例如一个国家的首都和该国的力量），而后者针对敌方武装力量，歼灭敌军是为了实现更高的目标。霍特甚至提出这样一个问题："希特勒打算如何结束这场战争，他真的想清楚了吗？"[173]

用于战局的力量不足

无论怎样强调德国于1941年进攻苏联的"动力严重不足"（这一事实）都不为过。[174]只要把这场行动同1940年战局加以简单对比，就能看出这个显而易见的事实。1940年5—6月，部署在西线的德国军队约为140个师（有118个师用于第一阶段的进攻）、2439辆坦克、7378门火炮，以及3578架战机——其中有2589架用于1940年5月10日的行动。[175]然而在东部，为了在一片极其广阔的战区击败世界上最庞大的军队，德国人投入约150个师，仅配备了3648辆坦克和突击炮、7146门火炮和2255架做好战斗准备的飞机。[176]读者们可以自行计算、对比一下——简单地说，德国人对胜利充满信心，对他们的敌人不屑一顾，因而打算以一股与1940年（所投入的部队）大致相当的力量击败苏联人。

这并不是说德国陆军在1940年6月到1941年6月间没有取得明显进步。事实上，这种进步确实存在。德国步兵获得了更好的武器，比如在"巴巴罗萨"行动发起前，他们就得到了少量经过改进的反坦克武器，尽管事实证明这些武器无法对付苏军更重型的坦克。德军装甲师的数量也从10个增加到了20个，但装甲师个数的增加在很大程度上是通过减少每个装甲师的坦克辆数来实现的（这个问题将在第三章详细探讨），坦克产量的不足迫使德国人采取了这种无奈之举。截至1940年，德国工厂每年仅能制造2200辆坦克。在1940年下半年，这些工厂平均每个月只生产了182辆坦克。1941年前六个月里，坦克产量略有上升，达到了每个月 212 辆，但全年平均月产量仅为 271 辆，这根本无法补足前线的消耗。[177] 突击炮是一种与坦克类似的武器，对东线德军步兵而言颇具价值，可这种武器在 1941 年后六个月里总共只生产了 285 辆。[178]

在苏联，德国人很快就发现自己缺乏一切：坦克、飞机、车辆、燃料、弹药，而最缺的是战斗步兵。德军各步兵连在战争开始后的几周甚至几个月里保持着较高的耗损率，但德国国内的补充军只为侵苏战争准备了 30 万 ~ 40 万名补充兵，夏季结束时这些补充兵几乎都已被送上前线。[179] 陆军总司令部预备队的状态并不好，侵苏战争开始时，只有 28 个师作为预备队[180]，到 1941 年 8 月初这些师大多已被投入战场[181]。1941 年 10 月，中央集团军群发起"台风"行动，攻往莫斯科时，他们手头几乎已经没有可用的预备力量。

1941 年的德国空军是一股"强大的力量"。与其苏联同行相比，德军飞行员的训练更佳，战斗经验也更丰富。德国空军的部队结构根据飞机类型编成，总体而言，这些飞机明显优于苏联空军装备的型号。[182] 可正如我们指出的那样，德国空军在 6 月 22 日做好战斗准备的飞机不到 2500 架（甚至比他们在 1940 年 5 月掌握的飞机数量还少得多），可他们需要执行的任务反而比去年的西方战局更具挑战性。

面对我们所能想象的每一个领域的短缺，可以得出的结论是，东线德军在苏联实施的是一场"穷人的战争"。侵苏战争爆发后，迅速出现的灾难性资源短缺给德国陆军和空军的作战行动造成了明显妨碍。希特勒让东线军队"挨饿"的决定严重加剧了这个问题，后者急需的新坦克、引擎、车辆和其他武器装备都被扣下，用于装备新的师，为日后的新任务加以准备。实际上，甚至没等"巴巴罗萨"行动开始，希特勒就已经考虑在世界上的其他地方展开新攻势了。身处苏联的德军将士不得不以他们手头现有的东西进行战斗。

情报工作失误

德国人把他们侵苏战争的策划工作建立在了灾难性的拙劣情报基础上。1933 年，在希特勒命令所有德国军事人员撤离苏联后，德国军事情报局一直"不太关注俄国"[183]。德国仍有一名武官派驻莫斯科，可一向多疑的苏联人不允许任何外国武官离开这座首都城市，并严格限制他们获取相关情报。另外，与许多国家不同，苏联从不发表关于其军队的年度"白皮书"。因此，列强（当然也包括德国）无法真正了解俄国现有的军事实力或潜力。[184] 但真正的情况甚至比这更糟糕：

历史上可能从未有人根据这么少的情报发起如此重大的战役。相关机构只为希特勒（更不必说为下级指挥部门）提供了关于俄国人的最不充分的信息。他们只能确定一件事：德国战斗人员具有先天优势。其他一切都是传言、猜测，以及不可靠计算的产物。[185] 海军上将卡纳里斯（德国军事情报局局长）告诉凯特尔，阿布维尔对俄国一无所知。他们无法派遣间谍，也没有地图（可供使用）。军队无线电监测站的监听范围受到严格限制。东线外军处呼吁德国空军加强航拍侦察，因为印制地图并下发给部队需要八周时间。俄国飞机工业的情况仍是个未解之谜，其面纱只能被逐渐揭开。近期的迹象表明，对方正以令人不安的速度提升产量……

缺乏适当的情报是最终导致灾难的根本原因。哈尔德于（1941年）2月3日自信地告诉元首，德国军队面对的红军仅占有少许数量优势，对方的兵力为155个师；而到4月初，这个数字上升（正如芬兰人和日本人多次指出的那样）到了247个师；四个月后，德国陆军承认，目前确定有360个红军师在实施抵抗，但他们（入侵一方）已经无法撤出俄国。[186]

"巴巴罗萨"行动发起之前几个月里，德国人掌握的大多数情报是通过空军对苏联西部实施的高空侦察获得的[187]，这些关于边界线以外数百公里纵深的情报相当准确，可德方对更东面的情况依然知之甚少。通过监听边境地区红军的无线电通信，德国人还掌握了有关苏军实力和部署的情报，但阿布维尔在苏联境内展开间谍活动的尝试几乎都以失败告终。一般来说，德国人倾向于严重低估苏联军队的规模和实力，这种可恶的怪癖在整个战争期间一直持续，尽管里夏德·盖伦于1942年春季接掌东线外军处后，德国的情报分析得到了明显改善。到1941年夏末，德国人发现自己面对的是红军的"第二战略梯队"，这一梯队获得了调自苏联内陆的大量苏军预备队师的加强。

此时，德方情报工作的失误太过明显，"一场歼灭战早已沦为一场消耗战"[188]。可令人费解的是，陆军总司令部和希特勒设在东普鲁士的大本营仍保持着乐观态度[189]——直到 1941 年 12 月前几日，苏军用一场冬季反攻最终粉碎了他们残存的一切幻想。

后勤方面的失败

德国历史学家霍斯特·布格说，希特勒"由于对后勤方面的考虑不充分而输掉了第二次世界大战"[190]。这一观点不足为奇："后勤从来没有在德国军队里占据重要地位。早在 1848—1849 年，后来成为威廉一世皇帝的那个人就认为后勤是普鲁士军队编成中最弱的部分。就连著名的毛奇和施利芬也因为后勤不直接参与作战而对其不屑一顾，他们之后的军官们同样秉持这种态度，尤以隆美尔为甚。"[191]

到 20 世纪，那些庞大工业国家的大规模军队开始依赖后勤，并将其视为进行战争的重要因素。现代战争需要数量庞大的燃料、弹药、食物、衣物和装备，这些物品首先必须加以生产、采购、运输，最终要分发给前线作战部队。[192] 尽管后勤对成功实施战争具有决定性意义，但在 1939—1945 年间，德国武装部队把它视为官僚，而不是军人负责的领域。这是一种危险的误解，并且在东线德军最终的灾难中发挥了重要作用。

德国入侵苏联是有史以来规模最大的军事行动。这场战争固有的后勤挑战令人震惊，仅陆军的每日需求量就很庞大。一个步兵师每天会消耗包括食物、弹药、燃料、装备、零部件等在内的约 170 吨补给，装甲师或摩托化师的需求甚至超过了这个数字。[193] 跨过从波罗的海到黑海的战线，有 300 多万名将士、60 万部车辆和数量（较车辆而言）大致相当的马匹必须每天获得补给，这里的气候和地理条件也与德国国防军在过去面对的情况大不相同。对部署在东部的德国野战军队来说，确保以上任务顺利完成是陆军总司令部军需总监（陆军负责补给和行政的副总参谋长）爱德华·瓦格纳少将面临的艰巨挑战，他的主要任务是为陆军和占领区军事管理部门制订后勤计划。瓦格纳于 1940 年 8 月 1 日接到指示，随后开始为即将到来的侵苏战争拟制后勤计划。到 1940 年 11 月，他的工作已基本完成。[194]

瓦格纳手下的后勤规划者得出的基本结论是，德国陆军的补给体系能够支持一场越过边界约 500 公里的推进，也就是说己方军队可以到达第聂伯河—西德维纳河一线；超出该线的话，他们就无法确保后勤计划依然有效。鉴于作战总前提是一场快速的、"闪电战"般的挺进，针对战局第一阶段，瓦格纳和陆军总司令部几乎把他们运送补给物资的希望完全寄托在了公路，而非铁路上。这种想法背后的逻辑是，没人指望能在战争头两周里使用苏联境内高效的铁路系统，因为有太多的不确定因素——尽管预计己方会取得较快进展，可究竟有多快，以及苏联的铁路线和机车在多大程度上及何种情况下会落入德国人手中都是不可预知的。[195]

但补给物资通过公路运输的"物质基础"（即机动车辆的运输能力）简直"薄弱得令人担忧"。即便在第一阶段，瓦格纳将军也需要以"不同寻常的、复杂的解决方案"设计出补给体系。[196] 另外，计算、研究和图演表明，一旦德国军队跨过第聂伯河—西德维纳河一线，东线德军的补给就得依赖于铁路的有效运作，因为这一过程（也就是实施补给）涉及的距离实在太远。德国人从一开始就意识到有必要把夺取的苏联宽轨距铁路改为较窄的德国轨距标准，但他们希望尽量节省改装时间，因而会严重依赖苏联的铁路设施（铁路线、火车头和车厢），可这方面的实际情况也令他们大失所望。[197] 不管怎样，很明显的一点是，只要超过 500 公里这个范围，德军就只有依靠汽车和铁路的结合，才能实现补给物资的有效运输。[198]

为解决即将到来的战争中的诸多后勤挑战，瓦格纳采取了各种临时性举措。例如，为了给三个集团军群配备必要的运输能力，即建立所谓的"大运输区"（Grosstransportraum）[199]，他从各徒步步兵师中抽调最重要的摩托化运输力量，将其交给各集团军群，从而提升了后者的运输能力——南方达到 15880 吨，中部达到 25020 吨，北方达到 12750 吨[200]。为应对机动车辆的减少，各步兵师获得了约 1.5 万辆马拉大车。为增加装甲集群的行进距离，他们为坦克配备了两轮拖车，每部拖车携带两个 200 升的油桶，有些坦克还把一些 20 升的油罐绑在炮塔上。另外，每辆坦克都塞满了两倍于正常载荷的弹药，从而使车组成员在战斗最初阶段实现了自给自足。[201] 由于后勤计划预见到了东线军队最大程度就地取材的可能性，每个集团军群都建立起了处理缴获补给物资的特别中心。[202]

虽说采取了这些措施，但与统帅部的作战计划一样，瓦格纳的后勤计划也存在严重的基本缺陷——这份计划只确定了战局第一阶段的相关细节，作战行动最初几周后的后勤全凭即兴而为。让情况变得更糟的是，为野战军队提供补给的努力受到了重要战争物资短缺的影响，橡胶轮胎和燃料的情况最令人担忧。为囤积对苏战争所需的燃料库存，国防军最高统帅部参谋长凯特尔元帅于1940 年秋季对陆军的燃料消耗实施了最严格的控制。尽管如此，到 1941 年春季，他们储备的燃料也没能超过三个月的消耗量（柴油只有一个月的消耗量），预计最早到 1941 年 7 月就会出现短缺。实际上，燃料、机油、零配件[203] 和其他关键物品的持续短缺会成为东方战局一个烦人的话题，并且无情地降低德国军队的战斗力[204]。

正如一位作者指出的那样，"巴巴罗萨"行动是在"后勤薄弱"的基础上发展出来的。[205] 历史学家戴维·斯塔赫尔支持这个观点，他指出："其他一切的阿喀琉斯之踵就是后勤。"[206]1941 年 6 月 22 日之后，德国陆军越是深入苏联，其补给状况就变得越来越糟糕。事实证明，德国人对燃料、油料、弹药和零配件消耗的乐观假设错得无可救药，而他们的坦克、卡车和其他车辆在苏联欧洲地区恶劣的道路上正以一种惊人的比例发生故障。实际上，坦克和其他车辆因"磨损"导致的消耗往往大于敌人的行动给它们造成的损失。铁路运输能力从一开始就是不足的，且随着时间的推移变得越来越紧张（尽管德国人付出了巨大努力，把苏联铁路改为标准轨距，并把铁路终端向前推移）。到 1941 年冬季，它已经彻底崩溃。当然，首先承受这种后勤噩梦的自然是沿主战线部署的德军将士。截至 1941 年秋季，他们的食物、弹药、武器和零配件都已出现短缺（而且情况通常很严重），就连基本必需品，例如衣物、剃须刀片和信纸也供不应求。他们中的大多数人没得到冬装，而这些冬装被堆放在后方仓库，直到 1942 年年初才运抵前线。这种情况迫使他们从俄国百姓那里弄来各种各样的服装，或是从阵亡和被俘的红军士兵身上窃取衣物，在零下 20 摄氏度、零下 30 摄氏度，甚至是零下 40 摄氏度的酷寒中奋力求生。

赫尔穆特·施蒂夫中校于 1941 年年末在德国第 4 集团军担任作训处长（Ia）。1941 年 12 月 7 日，星期天，他从莫斯科郊外的一个指挥所写信给他的妻子，信中描述了大批德国士兵在苏联度过第一个冬季时感受到的痛苦和背叛：

如果我的话语太过尖刻，请原谅我！可你绝对无法理解这一点。真实的战争与荒谬的宣传向你描述的情况完全不同。在这里，我们每天都身处险境。这就是我们觉得遭到出卖的原因。但我们会以某种方式处理——只是没有夸张的话语！否则这个人只能陷入绝望之中，并且发疯……

……每场十字军东征对我们而言都一样，我们在这里仅仅为自己的生存而战，在每天、每个小时，抗击地面、空中和各个方面都具有数倍优势的敌人。后方没有给我们派来任何增援，恰恰相反，三个师……过早撤离，德国空军几乎拿走了一切。鉴于这里的条件，我们现有的"冬季装备"（对使用者而言）简直是一种侮辱。我们的对手可以在一周内从西伯利亚调来十个新锐师，每个人都穿着毡靴、绗缝的外套和裤子，戴着毛皮帽（这意味着俘虏们只能光脚走路并最终死去，因为我们的人会穿上他们的衣物和靴子）。敌人的空中优势相当大（他们在昼间出动得非常频繁，轰炸机在空中轰鸣时，霍贝上尉和我最终趴在了地上）。

就此搁笔，反正你不会理解我。不管怎样，这里（我所处地方）位于莫斯科前方，是所有高雅社会的交汇点。

附上衷心的问候和亲吻
赫尔穆特[207]

1944年7月20日，拉斯滕堡大本营发生暗杀希特勒的事件后，作为德国抵抗组织成员的赫尔穆特·施蒂夫少将被捕，在遭受酷刑后被押上臭名昭著的人民法庭受审。施蒂夫于8月8日被判处死刑，当天就被绞死在了柏林的普勒岑塞监狱。

注释

1. W. L. Shirer, *Rise and Fall of the Third Reich*, 741；参见网址 http://www.lexikon-der-wehrmacht.

2. Schwerpunkt，重心或主要努力点。

3. J. Keegan, *Second World War*, 78; I.C.B. Dear (ed.), *Oxford Companion to World War II* , 326; K.-H. Frieser, "*Die deutschen Blitzkriege: Operativer Triumph – strategische Tragoedie,* " in: *Die Wehrmacht – Mythos und Realitaet*, R.-D. Mueller & H.-E. Volkmann (Hg.), 188–91; I. Kershaw, *Hitler 1936–1945: Nemesis*, 295.

4. J. Keegan, *Second World War*, 84; M. Gilbert, *Second World War*, 98.

5. W. L. Shirer, *Rise and Fall of the Third Reich*, 741–42.

6. Ibid., 742.

7. W. L. Shirer, *Rise and Fall of the Third Reich*, 742–43; C. Burdick & H.-A. Jacobsen (eds.), *The Halder Diary 1939–1942*, 213.

8. 简称OKW，全称Oberkommando der Wehrmacht，通常被称为国防军最高统帅部，是希特勒的个人指挥部。

9. W. L. Shirer, *Rise and Fall of the Third Reich*, 743–45.

10. 鲍尔在回忆录中称，浓雾彻底笼罩了希特勒大本营外的机场，迫使他"盲目起飞"。参阅H. Baur, *Mit Maechtigen zwischen Himmel und Erde*, 192。

11. 这个时间出自马丁·吉尔伯特的说法，因为它似乎具有某种意义。鲍尔在回忆录中称，他们于清晨5点到达勒布尔热机场，仅过了一小时左右，他、希特勒其余随行人员便回到机场。如果鲍尔的记述准确无误，这肯定是一场"旋风"之旅——在一小时内游历了巴黎! M. Gilbert, *Second World War*, 102; H. Baur, *Mit Maechtigen zwischen Himmel und Erde*, 192.

12. M. Gilbert, *Second World War*, 102. 另见C.G. Sweeting, *Hitler' s Personal Pilot*, 137。

13. W. L. Shirer, *Rise and Fall of the Third Reich*, 746.

14. R. Moorhouse, *Berlin at War*, 61–63.

15. K.-H. Frieser, "*Die deutschen Blitzkriege: Operativer Triumph – strategische Tragoedie,*" in: *Die Wehrmacht - Mythos und Realitaet*, R.-D. Mueller & H.-E. Volkmann (Hg.), 192.

16. 1941年11月8日，"巴巴罗萨"行动到达高潮之际，希特勒在慕尼黑例行庆祝1923年未遂的"啤酒馆政变"时告诉他那些老同志："我从未使用过'闪电战'这个词，因为这个词愚蠢至极。可如果有个词适用于描述这场战役，那一定就是它。在此之前，从未有过像苏联这样的庞大帝国在这么短的时间内被粉碎、被击败。"引自M. Vogt (Hg.), *Herbst 1941 im "Fuehrerhauptquartier,"* X 。

17. K.-H. Frieser, "*Die deutschen Blitzkriege: Operativer Triumph – strategische Tragoedie,*" in: *Die Wehrmacht - Mythos und Realitaet*, R.-D. Mueller & H.-E. Volkmann (Hg.), 190.

18. 最值得一提的是卡尔-海因茨·弗里泽尔于1995年出版、颇具挑战意味的著作，*Blitzkrieg-Legende. Der Westfeldzug 1940*。

19. 时至今日，这依然是欧洲历史上最严重的一场交通堵塞。

20. K.-H. Frieser, "*Die deutschen Blitzkriege: Operativer Triumph – strategische Tragoedie,*" in: *Die Wehrmacht – Mythos und Realitaet*, R.-D. Mueller & H.-E. Volkmann (Hg.), 190.

21. Ibid., 188–91.

22. 具体的伤亡数字根据不同的资料来源而存在差异。以上数字摘自I.C.B. Dear (ed.), *Oxford Companion to World War II*。德军在法国战局中的另一项损失是：失踪人数稍稍超过1.3万人。

23. R. Moorhouse, *Berlin at War*, 65.

24. T. Weber, *Hitler's First War*, 208, 212.

25. I. Kershaw, *Hitler 1936–45: Nemesis*, 284. 正如克肖指出的那样："（他们）根本没有明确的想法。在武装部队的三大军种里，装备最佳的是德国空军。但就算是该军种，其军备计划针对的也是1942年，而非1939年。"

26. K.-H. Frieser, "*Die deutschen Blitzkriege: Operativer Triumph – strategische Tragoedie,*" in: *Die Wehrmacht - Mythos und Realitaet*, R.-D. Mueller & H.-E. Volkmann (Hg.), 186.

27. Ibid., 192.

28. 正如我们见到的那样，德国军方长期存在一种痴迷于战争的战役层级，而忽略总体战略问题的传统。简言之，战争的战役层级与战术和战略不同，涉及战场上军、集团军、集团军群的移动。战役问题主导了德国对苏战争的策划工作。

29. 这句话出自Bernd Wegner, "*Hitlers Krieg? Zur Entscheidung, Planung und Umsetzung des 'Unternehmens Barbarossa,'*" in: *Verbrechen der Wehrmacht*, C. Hartmann, J. Huerter & U. Jureit (Hg.), 31。

30. Ibid., 31.

31. R. Kirchubel, "*Operation Barbarossa and the American Controversy over Aid to the Soviet Union,*" 2 (unpublished paper).

32. P. Johnson, *Modern Times*, 375.

33. Ibid., 375.

34. 正如伟大的德国历史学家安德烈亚斯·希尔格鲁贝尔指出的那样，到1940年7月下旬，美国已成为希特勒战略考虑的重点："因此，美国成了希特勒总体战略的关键因素（Angelpunkt），这一点出现得比预期更早。" A. Hillgruber, *Der Zweite Weltkrieg 1939–45*, 45.

35. 战争开始时，德国仅有57艘U艇，其中有27艘是远洋型，其余都是近海短程型。德国海军的战前扩充计划，即所谓的"Z计划"设想的是建造一支由300艘潜艇组成的水下舰队，德国潜艇部队司令卡尔·邓尼茨认为这个数量足以绞杀英国。但他直到1942年7月才实现该目标。J. Keegan, *Second World War*, 105–06.

36. J. Wright, *Germany and Origins of Second World War*, 167–68.

37. B. Wegner, "*Hitlers Krieg? Zur Entscheidung, Planung und Umsetzung des 'Unternehmens Barbarossa,'*" in: *Verbrechen der Wehrmacht*, C. Hartmann, J. Huerter & U. Jureit (Hg.), 31–32.

38. C. Burdick & H.-A. Jacobsen (eds.), *The Halder Diary 1939–1942*, 227.

39. J. Wright, *Germany and Origins of Second World War*, 167–68.

40. D. Irving, *Hitler's War*, 138–39.

41. 擢升陆军元帅的将领还包括法国战局中的三位集团军群司令——伦德施泰特、莱布和博克。希特勒此次还批准了另一些军衔擢升：戈林荣升"帝国元帅"，哈尔德擢升大将，约德尔晋升炮兵上将。N. von Below, *At Hitler's Side*, 67–68.

42. H. Boog, et al., *Germany and the Second World War*, Vol. IV, 270. (以下简称GSWW)。整个二战期间，德国军队始终缺乏统一指挥。简单地说，德国武装力量最高统帅部（OKW，即国防军最高统帅部）负责除东线战区以外的所有战区，而东线战区由陆军总司令部（OKH）负责。因此，武装力量最高统帅部作战局局长约德尔需要通过洛斯贝格的研究掌握相关情况。但应当指出的是，希特勒在1941—1942年间关于对苏战争的所有重要训令都是通过武装力量最高统帅部下达的，后者实际上充当了德国元首的私人军事指挥部。

43. C. Burdick & H.-A. Jacobsen (eds.), *The Halder Diary 1939–1942*, 230–31.

44. V. Dahm, et al. (Hg.), *Die toedliche Utopie*, 53–70.

45. D. Irving, *Hitler's War*, 148–49.

46. Ibid., 149.

47. Ibid., 149.

48. 这段尖刻的评论出自约翰·惠勒-班尼特，参见他的*The Nemesis of Power: The German Army in Politics*, 1918–1945 (London, 1964), 429–30。(引自I.C.B. Dear, *Oxford Companion to WWII*, 508。)

49. C. von Luttichau, *Road to Moscow* (unpublished manuscript), I:17; W. Gorlitz (ed.), *Memoirs of Field-Marshal Keitel*, 121–23.

50. C. Burdick & H.-A. Jacobsen (eds.), *The Halder Diary 1939–1942*, 241–43; I. Kershaw, *Hitler 1936–45: Nemesis*, 307.

51. C. Burdick & H.-A. Jacobsen (eds.), *The Halder Diary 1939–1942*, 244.

52. Ibid., 245.

53. *GSWW*, Vol.IV, 253.

54. 尽管布劳希奇和哈尔德起初都在私下里持怀疑态度（从军事角度着眼，他们认为最好同苏联人继续保持"友谊"，直到击败英国人，从而避免两线作战），但两人大体上都不反对希特勒的想法，也没意识到击败苏联这项任务超出了德国军队的能力。J. Loeffler, *Brauchitsch – Eine politische Biographie*, 221–22.

55. J. Foerster, *Wehrmacht im NS-Staat*, 170.

56. I. Kershaw, *Fateful Choices*, 68.

57. A. Hillgruber, *Der Zweite Weltkrieg*, 56–57.

58. *GSWW*, Vol.IV, 2; *DRZW*, Bd.IV, xiv.

59. I. Kershaw, *Hitler 1936–45: Nemesis*, 389.

60. *GSWW*, Vol.IV, 2.

61. I. Kershaw, *Hitler 1936–45: Nemesis*, 402.

62. J. Wright, *Germany and Origins of Second World War*, 169–71.

63. 同上。

64. G. Knopp, *Die Wehrmacht. Eine Bilanz*, 88.

65. L. Yahil, *The Holocaust*, 243–44.

66. G. Megargee, *War of Annihilation*, 7.

67. R. G. Reuth, *Hitler‑Eine politische Biographie*, 525; L. Yahil, *The Holocaust*, 244. 亚希勒写道："在整个战争被视为两种相互冲突的意识形态之间的对抗，而犹太人被看作人类社会的分裂力量之后，他们的毁灭就被视为战争努力中不可或缺的一部分。"

68. A. Hillgruber, *Der Zweite Weltkrieg*, 65.

69. D. Stahel, *And the World held its Breath*, 70 (unpublished manuscript). [特别感谢戴维·斯塔赫尔在*Operation Barbarossa and Germany's Defeat in the East* (Cambridge, 2009)一书出版前，慷慨地把他的手稿提供给了本书作者。]

70. A. Hillgruber, *Der Zweite Weltkrieg*, 45–46.

71. Ibid., 46.

72. 1940年至1941年的冬季，希特勒的战略思考甚至已经超出俄国——他设想的是迅速击败俄国后，同德国的轴心盟友意大利及日本相配合，展开一场"全球闪电战"（Weltblitzkrieg），目标是"把美国孤立在西半球"。参见A. Hillgruber, *Der Zweite Weltkrieg*, 48–49。

73. 1940年12月17日，希特勒告诉约德尔："我们必须在1941年解决欧洲大陆的所有问题，因为美国人会从1942年起插手干预。"H.–A. Jacobsen, *Der Zweite Weltkrieg in Chronik*, 34; P. E. Schramm (Hg.), *Kriegstagebuch des OKW*, Bd. I, 996.

74. 参见G. E. Rothenberg, "*Moltke, Schlieffen, and the Doctrine of Strategic Envelopment,*" in: *Makers of Modern Strategy*, P. Paret (ed.), 296–310。

75. Ibid., 310.

76. R.–D. Mueller, *Der letzte deutsche Krieg*, 81.

77. 德国历史学家霍斯特·布格指出："预备力量的问题和后勤问题一样，传统上会受到德国军事思想的忽视……克劳塞维茨、毛奇、施利芬从未对战略预备队多加考虑，因为他们认为决战总是发生在战争开始时。"H. Boog, "*Higher Command and Leadership in the German Luftwaffe, 1935-1945,*" in: *Air Power and Warfare*, A. F. Hurley & R. C. Ehrhart (eds.), 151.

78. 关于德国军方策划对苏战争的详细描述，可参阅*GSWW*, Vol. IV的相关章节。

79. G. E. Rothenberg, "*Moltke, Schlieffen, and the Doctrine of Strategic Envelopment,*" in: *Makers of Modern Strategy*, P. Paret (ed.), 298.

80. A. Hillgruber, *Der Zweite Weltkrieg*, 48–49.

81. *GSWW*, Vol. IV, 244–45.

82. C. von Luttichau, *Road to Moscow*, II:1–3.

83. Ibid., I:18; II:4.

84. E. Mawdsley, *Thunder in the East*, 70.

85. *Generalstab des Heeres* (*Nur fuer den Dienstgebrauch!*), "*Militaergeopolitische Angaben ueber das Europaeische Russland, Zentral Russland (ohne Moskau),*" Berlin, 15. Mai 1941, quoted in: J. Piekalkiewicz, Schlacht um Moskau, 16.

86. C. von Luttichau, *Road to Moscow*, I:17. 到1940年7月，德国人对更好的铁路基础设施的要求已变得急迫起来。

87. B. Mueller-Hillebrand, *Das Heer 1933-1945*, Bd. II, 76-79.

88. C. von Luttichau, *Road to Moscow*, II:10.

89. 普里皮亚季沼泽位于白俄罗斯与西乌克兰之间，构成了苏联最大的单一天然屏障，有效地把西部边境地区分成了两个独立地域。1941年时，这片沼泽由沼泽地和原始森林构成，由北向南延伸240公里，由西向东伸展480多公里。沼泽地始于苏德边界外，伸向布列斯特-立托夫斯克东南方，其间分布有许多溪流，这些溪流汇入普里皮亚季河、第聂伯河及别列津纳河。除了少量人为修建的交通路线，这片沼泽几乎无法通行，当然冰冻时期除外。沼泽北面相对密集的交通网（公路和铁路）有利于德军展开主要突击。E. M. Howell, *Soviet Partisan Movement*, 2; C. von Luttichau, *Road to Moscow*, II :5-6; A. Seaton, *The Russo-German War*, 55.

90. 马克斯报告中的原始德文写的是"Seine Eroberung zerreisst den Zusammenhang des russischen Reiches"，摘自W. K. Nehring, *Geschichte der deutschen Panzerwaffe*, 215。

91. C. von Luttichau, *Road to Moscow*, II :4-11; W. Murray, *Strategy for Defeat*, 77-78.

92. W. Murray, *Strategy for Defeat*, 77-78.

93. A. Hillgruber, *Die Zerstoerung Europas*, 259.

94. W. Murray, *Strategy for Defeat*, 77-78.

95. *GSWW*, Vol.IV, 270.

96. 同上。

97. D. Irving, *Hitler's War*, 142.

98. Ibid., 142, 163. 欧文写道："关于洛斯贝格的灵感，相关资料说法不一。战争结束后他本人私下宣称，因为一个偶然的机会他自己主动起草了这份计划，不是根据某人（例如约德尔）的指示才这样做的。但他的一位表兄弟在接受审讯时说，大约是在（1940年）8月，洛斯贝格告诉他，元首委派他（洛斯贝格）从事这项初步研究。"Ibid., 142, f.n. 5. 此外，据杰弗里·P. 梅加吉称，这项研究是根据约德尔的命令进行的。G. P. Megargee, *Inside Hitler's High Command*, 105.

99. A. Hillgruber, *Die Zerstoerung Europas*, 260; *GSWW*, Vol.IV, 273-74; G. Niepold, "*Plan Barbarossa,*"in: D. M. Glantz (ed.), *Initial Period of War*, 69. 尼波尔德在1941年还是一名年轻的参谋人员，当时担任保卢斯将军的私人参谋。据他说，国防军最高统帅部（OKW）于1940年12月把洛斯贝格的计划呈送给了希特勒。

100. *GSWW*, Vol. IV, 270-74.

101. A. Hillgruber, *Die Zerstoerung Europas*, 260.

102. 显然，哈尔德在委派马克斯从事相关研究的同时，还指示格哈德·法伊尔阿本德中校展开了类似工作。法伊尔阿本德于1940年7月被调入陆军总司令部作战处。他负责"收集苏联方面的情报，计算对方空中力量的作战范围，评估芬兰和罗马尼亚可能持有的态度，以此作为第18集团军图上演习和部署指示的基础"。参见GSWW, Vol.IV, 243-45。

103. T. Diedrich, *Paulus*, 158-61.

104. Ibid., 163.

105. Ibid., 162.

106. Ibid., 162. 保卢斯信心十足的解释没能说服他的妻子。她利用各种书籍盘问自己的丈夫，其中就包括科兰古描述拿破仑大军在俄国遭遇惨败的著作。

107. 1940年10月，罗韦尔中校收到希特勒直接下达的绝密命令：由他负责组织一个远程侦察中队，从高空对苏联西部实施航拍侦察。这些秘密飞行始于当年冬末，使用经过特别改装的亨克尔He-111、道尼尔Do-215B2、容克斯Ju-88B和Ju-86P，最后两款飞机的飞行高度可达33000英尺与39000英尺[①]，这在当时是个耸人听闻的高度。远程飞行"几乎是为战争第一阶段获取重要情报资料的唯一途径"。参见P. Carell, *Hitler Moves East*, 60。

108. T. Diedrich, *Paulus*, 158; C. von Luttichau, *Road to Moscow*, Ⅱ:11.

109. 陆军总司令部于1940年12月5日在柏林向希特勒汇报这份计划，希特勒予以批准。

110. T. Diedrich, *Paulus*, 164.

111. C. von Luttichau, *Road to Moscow*, Ⅱ:12-13.

112. S. J. Lewis, *Forgotten Legions*, 156, f.n. 32. 霍伊辛格于1940年10月1日出任陆军总司令部作战处处长，先前担任这一职务的是汉斯·冯·格赖芬贝格。*Adolf Heusinger* [Bundesministerium der Verteidigung (Hg.)], 109-10.

113. T. Diedrich, *Paulus*, 164. 第三场，也是最后一场兵棋推演于1940年12月7日，在措森的陆军总司令部总部进行。Ibid., 166.

114. P. E. Schramm (Hg.), *Kriegstagebuch des OKW*, Bd. Ⅰ, 205.

115. Ibid., 208-09.

116. 希特勒认为夺取波罗的海地区和列宁格勒非常重要，这也许是受到了洛斯贝格的影响。读者们应该记得这一点，洛斯贝格在他的研究报告中强调了占领这些地区的重要性。不管怎么说，波罗的海地区和列宁格勒始终在希特勒对苏作战的想法中占据着重要地位。

117. P. E. Schramm (Hg.), *Kriegstagebuch des OKW*, Bd. Ⅰ, 209; C. von Luttichau, *Road to Moscow*, Ⅱ:33-34; C. Burdick & H.-A. Jacobsen (eds.), *The Halder Diary 1939-1942*, 294.

118. T. Diedrich, *Paulus*, 166.

119. C. von Luttichau, *Road to Moscow*, Ⅱ:34.

120. J. Keegan, *Second World War*, 88.

121. Ibid., 88.

122. W., Murray, *Strategy for Defeat*, 52.

123. Ibid., 50-55.

[①] 编注：为准确表达数据，中文版保留了原书的英制单位。1英尺=0.3048米，33000英尺=10058.4米，39000英尺=11887.2米。下文出现这些单位时，读者可自行换算。

124. Ibid., 80.

125. M. Gilbert, *Second World War*, 130.

126. Ibid., 130–31.

127. 面对佛朗哥的顽固态度，希特勒于1941年1月放弃了夺取直布罗陀的计划（代号"费利克斯"）。I. Kershaw, *Fateful Choices*, 85.

128. M. Gilbert, *Second World War*, 133–34; I. Kershaw, *Fateful Choices*, 82–83; C. Burdick & H.-A. Jacobsen (eds.), *The Halder Diary 1939–1942*, 279.

129. M. Gilbert, *Second World War*, 134–35.

130. W. Murray, *Strategy for Defeat*, 73.

131. J. Keegan, *Second World War*, 144–45.

132. 虽然巴尔干地区有一些突发事件，但希特勒一直都在关注俄国。这方面的一个例子是，他在第18号元首令中指出："根据口头命令，为东部所做的一切准备工作应继续进行。一旦陆军呈报基本作战计划并得到我的批准，关于这方面的后续指令就会下达。"引自M. Gilbert, *Second World War*, 141。

133. G. E. Blau, *German Campaigns in the Balkans*, 5–7 (CMH Pub. 104–4).

134. J. Keegan, *Second World War*, 146.

135. J. Keegan, *Second World War*, 146; D. Stahel, *And the World held its Breath*, 96.

136. J. Keegan, *Second World War*, 156–57.

137. D. Stahel, *And the World held its Breath*, 97.

138. R. Kirchubel, "*Operation Barbarossa and the American Controversy over Aid to the Soviet Union*," 2–3.

139. M. Gilbert, *Second World War*, 141.

140. I. Kershaw, *Fateful Choices*, 262.

141. K.-J. Thies, *Der Ostfeldzug – Ein Lageatlas*, vii.

142. K. Gerbet (ed.), *GFM Fedor von Bock, The War Diary*, 193–94.

143. A. Hillgruber, *Hitlers Strategie*, 388–92.

144. C. Burdick & H.-A. Jacobsen (eds.), *The Halder Diary 1939–1942*, 292–94. "奥托"至少是哈尔德和陆军总司令部工作人员使用的称谓。而洛斯贝格和国防军最高统帅部使用的代号是"弗里茨"。

145. I. Kershaw, *Hitler 1936–45: Nemesis*, 335.

146. C. Bellamy, *Absolute War*, 126.

147. H. Hoth, *Panzer-Operationen*, 30–31.

148. 这份总共11页的文件"部分出自约德尔的手笔——这位文体大师的德文口语简洁明了，另一部分出自希特勒笔下"。D. Irving, *Hitler's War*, 190–91.

149. C. Bellamy, *Absolute War*, 126.

150. H. R. Trevor-Roper, *Hitler's War Directives*, 49. 这道指令的德文文本可参阅W. Hubatsch (Hg.), *Hitlers Weisungen fuer die Kriegfuehrung*, 84–88。

151. G. Niepold, "*Plan Barbarossa*," in: D. M. Glantz (ed.), *Initial Period of War*, 69. 据尼波尔德称，这道指令"基于国防军最高统帅部的计划"。

152. H. R. Trevor-Roper, *Hitler's War Directives*, 50-51.

153. G. Niepold, "Plan Barbarossa," in: D. M. Glantz (ed.), *Initial Period of War*, 69.

154. G. P. Megargee, *Inside Hitler's High Command*, 131-32.

155. D. Irving, *Hitler's War*, 192-93.

156. S. Knappe, *Soldat*, 181-91.

157. Ibid., 191-95.

158. Ibid., 195-242.

159. M. Domarus, *Hitler - Reden und Proklamationen*, Bd. II, 1643.

160. J. L. Wallach, *Dogma of the Battle of Annihilation*, 42. 瓦拉赫的著作深入分析了克劳塞维茨和施利芬的理论,以及这些理论对德国在两次世界大战中实施作战行动的影响。在他看来,施利芬对希特勒的作战思想造成了重大影响。

161. E. Mawdsley, *Thunder in the East*, 41-42.

162. 1940年法国战局期间,古德里安所辖装甲军的作战正面很少超过25公里,而在苏联,他率领的装甲集群的正面战线达到了130公里甚至更宽。一般说来,在东线作战的各德军师、军和集团军所据守的正面战线宽度远远超过了相关学说的设想。D. Showalter, *Hitlers Panzers*, 160.

163. J. L. Wallach, *Dogma of the Battle of Annihilation*, 270.

164. 如果发生一场两线战争,老毛奇元帅本人"尽管在他的部署计划中倾向于率先进攻俄国,可是因为被俄国空间造成的困难彻底吓住,实际并未考虑过征服俄国领土……冯·施利芬伯爵拒绝接受'大东线部署计划',因为他认为俄国的空间,也就是其广袤性和交通困难并不适合赢得一场快速、具有决定性的胜利。他的继承者小毛奇也放弃了'大东线部署计划'的后续研究工作"。1913年,德国大总参谋部(the German Great General Staff)拟制了一份关于俄国战术的秘密备忘录,其中有一段强调了俄国的地形问题,包括道路状况恶劣、修筑道路和桥梁的材料缺乏、各城镇间距离遥远、沼泽过于广袤、气候条件复杂、精准地图缺失等。这些问题几乎都会对德国在1941年的侵苏行动产生不利影响。Ibid., 265-66.

165. 德国和波兰德占区使用标准轨距(1435毫米)铁路,而苏联人使用的是宽轨距(1528毫米)铁路,这是沙皇时代的遗产。为接收苏联遵照1939年条约运往本国的大批粮食和原料,德国人不得不在苏德边境建造两座专门的轨距转换场。"巴巴罗萨"行动开始后,这两座铁路转换场也成为重要的铁路中心。"Deutsche Reichsbahn",参见网址 www.feldgrau.com。

166. E. F. Ziemke & M. E. Bauer, *Moscow to Stalingrad*, 14.

167. J. Lucas, *War on the Eastern Front*, 3.

168. J. Huerter, *Hitlers Heerführer*, 293.

169. H. Boog, "Higher Command and Leadership in the German Luftwaffe, 1935-1945," in: *Air Power and Warfare*, A. F. Hurley & R. C. Ehrhart (eds.), 150. 布格写道:"毛奇与克劳塞维茨不同,前者把政治同战争分开,希望政治家不要干涉将领从事战争的职责。施利芬将军……制定了一份几乎独立自主的机械化战争计划,忽略了1914年的外交。著名的施利芬计划并非一份缜密的战争计划,也没能解决一场战争中有关政治和经济的问题。"Ibid., 150.

170. J. L. Wallach, *Dogma of the Battle of Annihilation*, 271.

171. M. Stein, *GFM Walter Model*, 12.

172. H. Hoth, *Panzer-Operationen*, 33.

173. Ibid., 33-34. 据霍特称，"巴巴罗萨"计划阐述的战役目标太过乐观，甚至有些理想化："打击位于更东面的军备中心，这项任务随后会交给德国空军完成。这纯属幻想。当时，德国轰炸机的突破纵深为1000公里。哪怕成功到达计划中的伏尔加河—阿尔汉格尔斯克线（就一场持续3~4个月的战役而言，这肯定无法实现），相应轰炸机的航程也不足以覆盖乌拉尔工业区……（这些机型）不适合从事战争。即便攻占斯维尔德洛夫斯克，事情同样不会就此了结。众所周知，自1928年以来，俄国人在西伯利亚的库兹涅茨克地区发展起了一个更庞大的工业中心，加上乌拉尔工业区，两者占整个苏联地区的12%。"Ibid., 35.

174. P. Johnson, *Modern Times*, 377-78.

175. K.-H. Frieser, "*Die deutschen Blitzkriege: Operativer Triumph - strategische Tragoedie*," in: *Die Wehrmacht - Mythos und Realitaet*, R.-D. Mueller & H.-E. Volkmann (Hg.), 185; *GSWW*, Vol. IV, 217.

176. *GSWW*, Vol.IV, 92-93, 364.

177. 德国的坦克产量直到1942年春季才达到每月400辆。C. Winchester, *Hitler's War on Russia*, 129; D. Stahel, *And the World held its Breath*, 81; R. L. DiNardo, *Germany's Panzer Arm*, 16; E. Bauer, *Panzerkrieg*, 113.

178. 发起侵苏战役时，部署在东部的德国军队只拥有250辆突击炮，这些突击炮被分配给了11个营和5个独立连。E. Bauer, *Panzerkrieg*, 113.

179. 哈尔德在1941年8月26日评论道："10月1日后，我们会耗尽我们所有的补充兵。"1941年9月1日，陆军总司令部指出："在目前这种人员短缺的情况下，我们已不可能完全补齐伤亡人员。"以上均引自K. Reinhardt, *Moscow - The Turning Point*, 66-67, f.n. 26。

180. OKH Gen St d H/Op.Abtl（Ⅲ），"*Kriegsgliederung Barbarossa*," Stand 18.6.41, in: K. Mehner (Hg.), *Geheime Tagesberichte*, Bd. 3.

181. D. Stahel, *And the World held its Breath*, 224.

182. R. Muller, *The German Air War in Russia*, 33.

183. S. J. Lewis, *Forgotten Legions*, 129.

184. Ibid., 129.

185. 安德烈亚斯·希尔格鲁贝尔指出："东线外军处于1941年1月1日发布的'苏联战时武装力量'手册以一种极其鲜明的态度表明，从整体上看，相关文件的具体价值寥寥无几，德国的军事策划却以此作为基础。手册中，德方承认他们对苏方的战斗序列几乎一无所知，但仍然认为红军'不适合从事现代战争，面对一支配备现代化武器并获得大胆领导的战斗力量，他们无法实施坚决的抵抗'，甚至对此坚信不疑。"A. Hillgruber, *Die Zerstoerung Europas*, 264-65.

186. D. Irving, *Hitler's War*, 205-06.

187. 虽然德国空军收集到了一些出色的战术情报，但他们在评估苏联空军实力方面做得很差劲。比如，他们低估了苏联可用战机的数量，而且"不负责任地忽视了"苏联飞机在设计方面的重大技术进步。"德国空军全面评估苏联军事力量时出现失误，给接下来几年的战略层面和战局第一阶段的战术行为造成了可怕的后果。"参阅R. Muller, *The German Air War in Russia*, 41.

188. E. Mawdsley, *Thunder in the East*, 85-86.

189. J. Huerter, *Hitlers Heerfuehrer*, 313.

190. H. Boog, "*Higher Command and Leadership in the German Luftwaffe, 1935–1945*," in: *Air Power and Warfare*, A. F. Hurley & R. C. Ehrhart (eds.), 142.

191. Ibid., 151.

192. "*Snapshots from History, Logistical Vignettes*," in: "*Air Force Journal of Logistics*," Vol. XXXIV, Nr. 1&2 (2010).

193. C. Hartmann, *Wehrmacht im Ostkrieg*, 39.

194. C. von Luttichau, *Road to Moscow*, II :16; D. Stahel, *And the World held its Breath*, 91; *GSWW*, Vol. IV, 1107.

195. K. Schueler, "*The Eastern Campaign as a Transportation and Supply Problem*," in: *From Peace to War*, B. Wegner (ed.), 208–09.

196. Ibid., 209.

197. 德国策划人员"认为没有理由担心不同的轨距或苏联人的破坏行为会造成严重问题。相反，在制订计划的过程中，德国人对其对手的藐视使他们产生了一种坚定的期望——他们会在较短时间内夺取俄国大部分宽轨铁路系统，因此铁路网（可能）遭受的破坏微乎其微，铁路车辆的损失也会很小……德国人认为他们会接管俄国的大部分铁路网和铁路车辆，而这些设施都处于可用状态；但苏联人从最初的猝不及防恢复过来后，立即采取大规模疏散和破坏措施，德国人的期望迅速破灭……"结果，德国人"不得不把俄国的宽轨铁路改为德国标准轨距，其（相关行动）规模要比最初的设想大得多"。Ibid., 210.

198. Ibid., 209.

199. 大运输区负责用汽车把补给物资从铁路终端送到前线各个师驻地。它由各集团军群直接控制，并与"小纵队区"（Kleinkolonnenraum）相区别，后者（"小纵队区"）隶属各个师。D. Stahel, *And the World held its Breath*, 89.

200. 瓦格纳"还在德国和德占领土搜罗他所能找到的每一辆卡车，并把这些车辆交给了大运输区"。G. Megargee, *Inside Hitler's High Command*, 123. 另外一些卡车是从法属北非和瑞士搜罗而来的。D. Stahel, *And the World held its Breath*, 90–92.

201. D. Stahel, *And the World held its Breath*, 92.

202. G. Megargee, *Inside Hitler's High Command*, 124.

203. 在苏联作战的德国军队使用了2000种不同型号的车辆，这导致有关零配件的问题大为加剧。仅中央集团军群就要为其辖内五花八门的各种车辆储备100多万个零配件。M. van Creveld, *Supplying War*, 150–51.

204. G. Megargee, *Inside Hitler's High Command*, 123; J.L. Wallach, *Dogma of the Battle of Annihilation*, 277; M. van Creveld, *Supplying War*, 150. 对法国和低地国家的征服改善了德国的原材料状况，这对德国的装甲力量至关重要。截至1941年年底，德国从被占领的法国搜罗到了10.5万吨钢铁和91万吨废金属。R. L. DiNardo, *Germany's Panzer Arm in WW II*, 13.

205. R. L. DiNardo, *Germany's Panzer Arm in WW II*, 23.

206. D. Stahel, *And the World held its Breath*, 88.

207. H. Muehleisen (Hg.), *Hellmuth Stieff Briefe*, 140–41.

第二章
火车、飞机、卡车和马匹：进攻集结（1941 年 1—5 月）

"亲爱的弗里德兴！我们会在（1941年）4月18日动身出发，实际上就是今天，但整个计划已经暂停，对我们来说很可能没有任何用处了。我们在这段服役期里过得非常平静，也许他们很快就会把我们再次送回家，这并不是不可能的。"（阿洛伊斯·朔伊尔，第197步兵师，1941年4月18日）[1]

"自从我们到达拉斯滕堡地区，每次调动都会使我们进一步向东。谁要是还没猜到这是要同俄国摊牌，那他肯定是个白痴。我们还收到了下一轮训练的指导方针，涉及在俄国作战需要注意的事项和那里的地形地貌。师属部门使用俄语翻译（这件事）也让我们产生了联想。这些翻译都是移民！"（H.-J. 迪斯梅尔，第6步兵师）[2]

"我不认为战争会在今年结束。为熬过德国光荣命运的这一年，德国人民需要付出很多。这是一场生存或毁灭之战。"（海因里希·哈佩，第6步兵师，1941年5月1日）[3]

希特勒何时做出入侵苏联的最终决定？

"巴巴罗萨"指令并没有为发动侵苏战争设置预定日期——该指令只是宣称，关于这场战争的所有准备工作必须在 1941 年 5 月 15 日前完成。这是否意味着希特勒在 1940 年 12 月 18 日签署这份文件时，还没有就侵苏战争做出最终决定？哈尔德显然是这样认为的，或者说，这至少是他在战争结束后不久推出的《军事统帅希特勒》一书中的说法：

> 1940 年 12 月，希特勒向三军下达他的命令，即"巴巴罗萨"指令，为进攻俄国进行军事准备，以防苏德关系发生根本性变化。这是一项准备措施，并不等于做出了任何决定。必须承认的是，政治家有权拖延到最后一刻（才真正做出最终决定）。希特勒何时下定了决心，这个问题可能已无法确定……但可以这样认为，在巴尔干战局迅速赢得胜利后，希特勒决心已定，因为在这场战局进行期间，俄国人对希特勒的敌意已经明确无误地表现了出来。[4]

约德尔也持类似观点，这不足为奇。到战争结束后的 1946 年，他在纽伦堡的牢房里口述了以下内容，同样试图把希特勒进攻苏联一事辩解为先发制人：

> 在此期间（即 1941 年春季），大批俄国军队部署到德国和罗马尼亚边境，战争的幽灵已然形成，希特勒先发制人的想法纯属自欺欺人。从那时起，全世界便听到了许多与纽伦堡审判的主题如出一辙的声音，这是一种警告：不要发动这场入侵。[5]所有人都认为这是希特勒自己的想法。这两点都是历史事实。法庭可以明辨是非和真假。我不想关注这里做出的任何裁决，宁愿相信所有军人都看到了来自东方的危险，他们或多或少都抱有与希特勒相同的担心。危险是否真的如此严重，政治手段能否缓解这种危险，众人意见不一。这些问题我们只能留待日后做出裁定。在这里，我们唯一感兴趣的是希特勒对发动战争一事的影响，关于这一点必须指出的是：实施侵苏战争的决定——"巴巴罗萨"计划——完全是他个人做出的决策。尽管如此，直到 1941 年 4 月 1 日，他才最终下定决心。在此期间发生了一件事，尽管它把我们对几乎完成部署的苏联军队（所要实施）的进攻行动推延了大约 4～5 周[6]，可对希特勒而言，这起事件犹如一座灯塔，使他看清了斯大林的真实意图。

在南斯拉夫政府加入《三国同盟条约》当晚，贝尔格莱德发生军事政变，政府被推翻了。希特勒勃然大怒，他立即召见陆军总司令和帝国外交部部长。德国独裁者拒绝接受先通过外交途径弄清南斯拉夫新政府政治立场的任何建议。在他看来，对方（南斯拉夫人）与俄国人是盟友，"倘若我们（德国人）入侵希腊，他们（南斯拉夫人）就会准备朝我们后背插上一刀，并急于同英国人会合，而后者已于（1941年）3月初在比雷埃夫斯登陆"。实际上，南斯拉夫军队立即被部署到了本国边境各处。从（1941年）4月6日起，他们被临时投入作战的德国军队打垮，没过几周便完全崩溃了。[7]

希特勒最高军事顾问的这种"见解"并没有打动西方历史学家，后者得出的结论截然不同。伊恩·克肖说，进攻苏联的决定"于1940年7月31日正式做出"，希特勒指示他那些将领做好在来年春季同俄国人作战的准备。虽然自己的战略冲动在接下来几个月（1940年8—10月）里似乎"奇怪地摇摆不定……犹豫不决、优柔寡断，甚至有些虚弱"，但德国独裁者很快就"回到既定路线上，这是一条他从未真正偏离的路线：尽快对苏联发动入侵……"[8]格哈德·魏因贝格也强调了召开于7月31日的贝格霍夫会议的重要意义[9]，安德烈亚斯·希尔格鲁贝尔和其他历史学家则把1940年11月时莫洛托夫履行访问柏林使命的失败视为分水岭事件。查尔斯·冯·吕蒂肖甚至走得更远，他坚持认为希特勒是在1940年11月27日至12月5日间的某个时候做的决定，即俄国人开始在巴尔干地区采取更加积极的行动之后。[10]还有些历史学家强调了罗斯福于1940年11月初连任造成的影响——这对希特勒来说"不啻一起具有特殊恶兆的事件"[11]。

尽管存在一些细微差别，但以上历史学家普遍的认识是，希特勒在1940年年底的确做出不可动摇的决定，准备来年向东发起进攻，第21号元首令仅仅确认了他在数周或数月前早已确定的行动的具体过程。这种共识是合理的。本书第一章简要阐述了希特勒在1940年夏秋季面临的战略困境，并指出德国表面上在欧洲大陆上占据主导地位，可实际上要比看上去虚弱得多。安德烈亚斯·希尔格鲁贝尔的说法极具洞察力：这是因为美国犹如隐约可见的幽灵，笼罩在希特勒的"千年帝国"之上。[12]德国独裁者意识到，本国现有的欧洲基地（在 1940 年时）太过脆弱，无法挑战英美的海空力量，他预计这场（同英美海空军的）对抗会在 1942 年发生。希特勒的战争机器需要更多资源——更多的面包、更多的石油、更多的铁矿石、更多的煤炭——而且只能从一个地方获得这些资源，那就是俄国。只有征服苏联（或至少是她的欧洲部分）并攫夺其资源，德国独裁者才有望实现自给自足，以此来对抗美国无与伦比的工业力量。

不过，希特勒最紧缺的资源还是时间。他可以缺少石油[13]，但不能没有时间，这就解释了他赢得西方战局后，打算在 1940 年秋季挥师苏联的原因。审视军事战略局面时，他知道自己的国防军（训练有素、装备精良、经验丰富，最重要的是多次赢得胜利）永远不会比 1941 年时更强大，而此时的红军显然没有做好准备。但对方很快会完成战备，很可能是在 1942 年。届时，美国人也会对德国人步步紧逼。无所作为会永久丧失主动权，导致本就狭窄的机会之窗无可挽回地砰然关闭。希特勒绝不会这样做，因为这意味着他和第三帝国的终结。如此看来（也就是从希特勒的角度出发），德国独裁者做出在 1941 年春季入侵苏联的决定非常合理[14]，远非某些历史学家所说的"疯狂"或"发疯"。[15] 这为希特勒提供了在全球范围内展开竞争，以一场"全球闪电战"（Weltblitzkrieg）来夺取世界霸权的唯一机会。[16] 马丁·范克勒韦尔德对此评论道：

> 1941 年的德国人是否强大到能以一场两线战争击败苏联人？这一点也许值得怀疑。但希特勒没能同英国人达成政治解决方案，也没能以军事手段消除英国人带来的威胁，因此很难看出他（在当时）还有什么别的选择。对苏战争或许是一场冒险，可毫无疑问的是，这场战争对第三帝国的存亡至关重要，即便没人相信苏联的进攻迫在眉睫。[17]

引申一下范克勒韦尔德的观点：就算希特勒于 1940 年成功地把英国人逐出战争，他在东部发动战争的要求也不会改变。不管怎么说，作为一名战略思想家，德国独裁者还是具有某些天赋的。在 1940 年夏季——最迟是当年秋季——他肯定会得出这种重要结论。做出如是判断的时间（即得出相关结论的时间）最接近他做出不可撤销的最终决定的时间。

贝格霍夫会议（1941年1月9日）

虽然哈尔德已经休假[18]，但希特勒还是于1941年1月9日再次把许多最资深的军事顾问召至贝格霍夫。此时，这座山间别墅已覆盖上一层厚厚的冬雪。与会人员包括凯特尔、约德尔、布劳希奇、海空两军参谋长，以及外交部部长里宾特洛甫。这场军事会议开始后，希特勒首先概述了整体军事态势。夺取直布罗陀的计划现已放弃，因为佛朗哥拒不支持该计划。但希特勒对这样一个事实感到担忧：他的意大利盟友在利比亚被英国人，在阿尔巴尼亚被希腊人击退。虽说意大利人在北非的挫败和自己的战略没什么关系，德国独裁者却担心这种失败会造成一种不利的心理影响。因此，他一改先前立场，决定向北非派遣一支小规模机械化部队和部分空中力量，以加强意大利人的阵地，这股军力后来成了埃尔温·隆美尔有名的"非洲军团"的核心。[19]而阿尔巴尼亚构成了更大的挑战，因为希特勒希望在挥师俄国前控制巴尔干地区。他还担心英国人介入希腊——在这里，对方可以通过空中行动危及意大利和罗马尼亚的油田，甚至开辟一条支援俄国人的路线。[20]

但元首最关注的仍是俄国，他说1941年的战略重点最终是苏联。希特勒确信苏联失败后大英帝国就会投降或崩溃，他还指出，战胜苏联还能获得一项特别有利的附带利益，即解除日本的后顾之忧，使其以强大的海军力量对付美国。这一系列事件甚至可能迫使罗斯福领导下的美国置身欧洲战争之外。德国独裁者接着说道，苏联现在极易遭受攻击，这种机会是绝无仅有的：苏联武装力量毫无领导，"是个没有头颅的泥足巨人"，但低估俄国人是错误的。他指出，必须尽可能以最强大的力量遂行打击任务，不能仅仅迫使俄国人退到一条宽大的绵亘防线上，而应当"达成最猛烈的突破"[21]。他还说，这场战役"最重要的任务"是：

迅速切断波罗的海地区……俄国境内的路程也许很远，但不会比德国国防军已经克服的路程更远。作战目标必须是歼灭俄国军队，夺取最重要的工业区，破坏其他工业区，特别是叶卡捷琳堡地区（即莫斯科以东2000公里）的那些（工业区）；另外，必须占领巴库地区。

粉碎俄国意味着德国面临的问题将获得极大的缓解。然后，东部只需要保留40～50个师，陆军规模可以缩减，整个军备工业的生产集中于空军和海军领域。[22]

希特勒说，征服俄国后，德国最重要的工业应当迁至东方，在那里本国工业体系可以免遭敌人的空袭。帝国随后会处于"无懈可击"（unangreifbar）的状态。元首的结论是，俄国庞大的空间包含了"无可估量的财富"（unermessliche Reichtuemer），控制这些财富后德国可以从事一场全球规模的战争，且毫无失败之虞。[23]

这场会议"值得注意，因为这是希特勒把波罗的海地区视为首要战略目标的迄今为止最明确的表述"（他再次把莫斯科降为次要目标）[24]，也是他首次把石油丰富的巴库地区列为一个主要目标。希特勒的目光早已越过苏联，投向了同美国海空力量可能发生的对抗，他明确无误地指出，在粉碎苏联后，德国军备生产的重点应从陆军调整到空军和海军领域。

虽然希特勒保持着一种纯粹的乐观态度，但在为"巴巴罗萨"行动奠定基调时，德国策划者们仍在很大程度上面临着难以逾越的障碍。1月28日，陆军总参谋长哈尔德主持了一场由陆军和空军高级军官参与的会议，讨论应该为即将到来的行动做什么准备工作。卡车对陆军实现摩托化，以及弥补后勤设备的不足这一缺陷至关重要，尽管预计存在30%的需求缺口，可是卡车生产仍然处于低优先级状态。为弥补这种短缺，征用法国军队的装备并向瑞士发出额外请购单似乎成了两大切实可行的解决方案。另一个紧迫的问题是轮胎供应不足，这一情况造成的瓶颈不仅影响库存，还影响到了国防军的整个轮式车队。（国防军最高统帅部下辖）国防经济与军备局局长格奥尔格·托马斯将军指出，虽然每个月需要1.3万吨橡胶，但是德国工业部门只能得到7300吨，现有库存会在1941年2月底耗尽，相应的补充来自从南美突破封锁的船只和从中南半岛订购的约1.2万吨橡胶。另有2.5万吨购自法国（产自所属殖民地），可日本人不愿发货。燃料库存短缺让问题更加复杂，这种情况已被描述为"严重"，相关预测表明，现有供给只能满足军队在东部的展开和为期两个月的作战行动。[25]若是考虑到战役第一阶段的后勤补给几乎完全由汽车运输实现，令人不安的经济指标还会更加突出。正如哈尔德在日记中所写的那样：

1月28日的会议：

……

3. 任务：

a. 投入所有可用力量。

b. 以一场快速战役粉碎俄国。

4. 战役执行应具备以下特点：

a. 至第聂伯河的大空间（即汽车运输能力）＝卢森堡至卢瓦尔河河口。

b. 速度。不得停顿！不能等待铁路运输。（部队行进）取决于汽车运输。

c. 增加机动性（相比1940年）：共有33个快速部队，含摩托化炮兵、工兵、通信兵等。

　　由于无法指望铁路运输达到预期速度（铁路可能被破坏，运输过程亦会受水道、沟壑的影响），持续的作战行动只能依靠汽车运输。[26]

东部展开令和初期集结（1941 年 1—5 月）

　　当"巴巴罗萨"指令（第21号元首令）制定了在东部进行战争的基本概念和指导方针后，陆军总参谋部便力图更清晰地突出作战计划和时间表。通过一系列目的明确的活动，总参策划者拟制了陆军展开令，该指令的初稿于1月22日发布，最终版本在1月31日呈交哈尔德。[27] 当日中午，冯·布劳希奇元帅和哈尔德将军一同迎接了日后在苏联指挥作战行动的三位集团军群司令——威廉·冯·莱布骑士元帅（北方）、费多尔·冯·博克元帅（中央）、格尔德·冯·伦德施泰特元帅（南方）——以商讨这道新指令。这是陆军总司令和陆军总参谋长首次会见三位普鲁士元帅并交换意见。[28]

　　这番讨论中至少出现了一次令人尴尬的场面。哈尔德断言德国军队会在两条主要河流障碍（西德维纳河—第聂伯河一线）之前与红军交战并击败对方，冯·博克元帅询问，他凭什么认为敌人会在两条河流前实施战斗和抵抗，而不是撤入苏联纵深腹地。哈尔德对此有些吃惊，不得不承认"这种情况有可能发生"[29]。他的回答无法让博克感到安心，后者刚结束为期几个月的病假返回工作岗位，这是他首次听到关于战局计划的详细介绍。但不管怎么说，哈尔德"这几个月亲自监督策划工作，绝不会因为整个理论构想受到质疑而将其放弃"[30]。

作为对"巴巴罗萨"指令的回应，陆军总司令部的展开计划指出：苏联会被"一场快速战局粉碎"，必要的话该战局会在对英战争结束前发起[31]；作战行动以这样一种方式进行——强大的装甲楔子（Panzerkeile）深入苏军防线，击败苏联西部的红军，迂回并包围敌战斗部队主力，阻止对方完整地撤入苏联内陆。虽然哈尔德向博克承认存在"发生意外的可能性"，但陆军策划人员仍然坚信红军会在西德维纳河—第聂伯河一线以西迎战德国军队。据他们估计，苏联人的战略是依托沿苏德分界线新构建的野战筑垒防御体系和原有的斯大林防线实施抵抗——后一道防线主要沿旧苏波边界和罗马尼亚边境延伸分布。[32]

陆军总司令部的指令也为三个集团军群列出了各自的主要任务。普里皮亚季沼泽以南，冯·伦德施泰特元帅的南方集团军群会以强大的装甲力量从卢布林地域出击，突破敌防线，与己方从罗马尼亚展开的辅助突击相配合，歼灭盘踞在加利西亚和乌克兰西部之敌。该集团军群应攻往基辅，夺取该城下游方向的第聂伯河河段对岸登陆场，从而渡过该河，深入苏联南部以发展胜利。沼泽地以北，冯·博克元帅将指挥三个集团军群中实力最强大的中央集团军群，首先是在别洛斯托克和明斯克周边实施一场合围，歼灭部署在白俄罗斯的红军，随后以装甲力量向东进击，夺取距离莫斯科不到400公里的斯摩棱斯克。一旦实现这些初期目标（或者说完成第一阶段任务），该集团军群就应以强大的快速力量转向北面，支援冯·莱布元帅的北方集团军群，后一个集团军群（北方）从东普鲁士出击，穿过波罗的海地区，歼灭沿途遭遇的苏军部队，并朝列宁格勒这个总方向攻击前进。应当提醒德军部队，在战役初期，不要对空中支援的力度抱太大的期望，还应当做好应对（敌人有可能发动的）化学战的准备。三个集团军群沿主要战线的行动由陆军总司令部掌握控制，而国防军最高统帅部在东方战局中能够发挥的作用、施加的影响非常有限，仅限于遥远的北方。部署在那里的少量德国军队负责夺取佩察莫并攻往摩尔曼斯克。[33]

　　陆军总司令部的作战意图，就像他们在展开计划中所表述的那样，严格遵循了第21号元首令中的指导方针，而第21号元首令又体现了希特勒多次下达的指示中的精神：边境交战结束后，德国军队应进入波罗的海地区并攻往列宁格勒。但陆军也谨慎地指出，倘若苏联军队发生迅速而又全面的崩溃，中央集团军群或许可以放弃向北进攻的计划（即支援莱布），选择继续攻往莫斯科。布劳希奇签署的这道展开令"保留了陆军总司令部自己的作战目标，但一如既往的是，这些目标与希特勒的指示有所不同"[34]。

　　（陆军总司令部）表面上的接受不过是另一种欺骗行径，目的是在他们必须让步的方面表现出有所退让……但布劳希奇和哈尔德知道，他们的理由和说服力有限，无法影响希特勒的论证，因而决定悄然颠覆本国元首的计划。此举不应被视为反抗希特勒及其政权——这纯属军事问题，旨在以陆军总司令部认为更有效的方式为希特勒赢得战争。这种沉默的阴谋是达到目的的手段，因而是为政权服务而不是反对它。几乎可以肯定的是，密谋者仅限于陆军总司令部最高级别的军官和制订任何一项正式行动计划所涉及的人员，就算真出了什么事情也不为人知……同希特勒打交道非常困难，最严重的后果是被迫"因病辞职"。这些将领等待着时机，准备在关键时刻强行实施自己的计划，他们确信战局第二阶段之前发生的事情会证明直接攻往莫斯科（这一行动）的内在价值。对即将到来的战争满怀信心的整体信念再次被确定下来。他们认为苏联军队虽然规模庞大，但完全敌不过德国国防军及其无情的"闪电战"，在战局第二阶段没有比直接攻往苏联首都更重要的事情。一场短暂、获胜的战争已成定局，不允许给出"德军受挫"或"苏军实施反击"这种可怕的预测。问题仅仅是如何最好地赢得一场毫无疑问会取胜的战争。海因茨·古德里安大将后来评论道："所有与我交谈的国防军最高统帅部和陆军总司令部人士都表露出了一种不可动摇的乐观主义情绪，而且完全不接受批评或反对意见。"在"巴巴罗萨"行动中指挥第2集团军的马克西米利安·冯·魏克斯男爵大将也持类似观点，他在战后写道："发动战争时，他们（陆军总司令部成员等）低估了一个难以战胜的敌人，还怀着源自以往战局，认为这次依旧能取得惊人速胜的傲慢。"[35]

陆军总司令部展开令还包括一份复杂的时间表，该表针对的是德国军队在东部的集结和展开。虽然德军在进入苏联初期依靠卡车运输获得后勤支援，但进攻力量的集结主要通过铁路实现——这是一项巨大的挑战，需要数千列火车把德国武装部队约四分之三的力量运到新战区。1940 年 10 月，国防军给德国铁路管理部门[36]下达新指示，要求后者扩建东部铁路的车站、铁路线和其他基础设施，目标是在 1941 年 5 月 10 日前把铁路运力（包含运输和卸载）增加一倍以上。整个工作都打着"奥托"方案[37]的幌子进行。接下来几个月里，这份方案具体涉及铁路线和相关设施，包括增设新的东西向铁路线、新的车站、站台、信号装置，扩建电话网，以及其他方面的改善。得益于"奥托"方案，穿过帝国边境，驶向东部的火车流量从每天约 80 列增加到了每天最多超过 200 列，部队成员、坦克、车辆、装备和补给物资得以按计划到达目的地。1941 年 2 月到 7 月中旬，的确有 1 万多列火车在东部卸载，但显而易见的是，在德国军队集结期间，德国和波兰的铁路线仍未延伸到极限。[38]

陆军总司令部的展开计划要求这场庞大的人员和物资调动分五个阶段实施（第五个阶段，也就是最后一个阶段在作战行动发起后执行，主要是对陆军总司令部预备队进行调遣）。[39]简单地说，大部分徒步步兵师将在初期阶段运送；出于安全原因，装甲和摩托化兵团的铁路运输会在入侵发起前最后几周进行。[40]公路运输主要在各卸载点和更为靠前的集结地域之间进行，并且通过精心规划融入了铁路运输方案，以确保人员、装备和补给物资顺畅流动。发动入侵三周前，到达东部的新兵团不得越过塔尔努夫—华沙—柯尼斯堡一线。越过这道"看不见的障碍"的酌情处置权掌握在各集团军群和集团军手里。调动进入最后阶段时，任何执行过程必须谨慎荫蔽，这就意味着大部分机动，特别是对于装甲部队的调动只能在夜间进行。[41]

最严格的安全措施涵盖了行动所有阶段，获准了解相关计划的人数也被控制在最低限度。为欺骗俄国人，德方诡称入侵英国的计划和准备工作仍在继续进行。为 1941 年 5 月中旬的侵苏行动所做的一切准备工作必须及时完成。人员和物资的这场庞大调动涉及的机制极为复杂，因而到 1941 年 3 月 10 日之后，也就是预定的发起攻击日期大约九周前，相应部队（及物资装备等）便不能进行任何重大调动了。[42]

当然，甚至可以说早在认真执行"巴巴罗萨"行动集结工作之前，德国人就已经把相当一部分力量驻扎在了东部。截至 1940 年夏末，这些部队被置于冯·博克元帅和 B 集团军群控制之下（参见本章"冯·博克元帅受命"一节）。1940 年 7 月 20 日，这股兵力共有 23 个师，到年底增加为 34 个师。但由于巴尔干地区的局势很不明朗，这些师中有 4 个驻扎在了奥地利。1941 年 2 月初，陆军总司令部又从波兰占领区抽调 4 个师开赴东南方，导致博克仅剩下 26 个师（还有 2 个用于"巴巴罗萨"行动的师驻扎在罗马尼亚）。为对苏战争实施的战略集结（共 145 个师）于 2 月 7 日开始时，仍有 117 个师必须通过铁路与公路运输相结合的方式调动。由于介入了巴尔干战役，其中有 22 个师需要调动两次。[43] 东部铁路集结的前三个阶段是：第一阶段——2 月 7 日到 3 月 17日；第二阶段——3 月 16 日到 4 月 10 日；第三阶段——4 月 13 日到 5 月 20 日。以上三个阶段会完成大部分步兵师的展开。[44]

第 6 步兵师也在这些需要调动的兵团之列。经历法国战局后，该师先是沿与维希法国的分界线驻扎在普瓦捷附近。1940 年 9 月，他们又被调到了诺曼底地区田园诗般的科唐坦半岛，在那里守卫海岸线，防范英国军队的一切登陆企图，并为最终流产的"海狮"行动进行准备。[45] 虽然这场战争在战胜法国后似乎平息下来，但该师全体官兵在接下来几个月里展开了艰苦而又彻底的训练，这种训练使第 6 步兵师于 1941 年的对苏作战中频频取得辉煌成就。诺曼底地区拥有丰富的文化和历史传统，这些传统提供了许多迷人的娱乐活动，该师师长和师里的一群军官甚至去参观了著名的"巴约挂毯"。他们（该师成员）与当地居民的关系也很融洽[46]，有时甚至堪称亲密，浪漫的故事在这里并不少见。

驻扎诺曼底的愉悦时光在 1941 年 3 月 19 日突然结束——全师成员受命搭乘火车开赴东部。装载工作耗费了数日时间，总共需要 71 列火车。该师第37 步兵团的士兵威廉·布登博姆描述了这番旅程的疯狂速度和他对温度陡降的沮丧之情——第 6 步兵师离开处于温暖春季气候之中的诺曼底，来到了冷得多的东普鲁士：

第 37 步兵团的人员于（1941 年）3 月 22 日进行火车装载，行程如下：在当天离开库唐斯，经卡昂和鲁昂赶往亚眠；于 3 月 23 日离开亚眠，经阿尔贝、康布雷、里尔、根特、安特卫普、罗森达尔、乌德勒支、阿纳姆、布雷达赶到奥尔登扎尔；3月24日时，从奥尔登扎尔出发，取道萨尔茨堡开赴奥斯纳布吕克。（本团人员）在那里进行了短暂的等待，其中有15分钟是在中央车站度过的。

经过这番停顿后，火车带着我们穿过汉诺威、施滕达尔、柏林、屈斯特林、施耐德米尔，到达布龙贝格。1941年3月26日，星期三，我们穿过格劳登茨、马林韦尔德、尼斯瓦尔德、莫伦根、海尔斯贝格，到达拉斯滕堡。21点时，我们在那里进行卸载，随后在施米德茨多夫住宿。

因此，这番调动只用了四天时间。此时的东普鲁士仍是隆冬时节，从原来的诺曼底海岸到新部署区，气候的变化非常明显。[47]

大约在同一时间，第6步兵师所辖另一名军人和他的炮兵营也在诺曼底登上火车，向东而去。数日后，到达东普鲁士时，他也感受到了令人不快的气候变化，在这名军人和他的部队成员看来，在俄国度过的第一个冬季将出现一个不祥的预兆：

我们在巴约进行装载时，春天已然来临。第6炮兵团第3营的人员完成装车后……我去找巴约车站站长签署我们的运输发车文件。返回车站时，我们那列运输列车不见了，它已经驶离站台。我毫不犹豫地回到站长那里，向他询问我们那列火车会在接下来哪一站停靠接水。他这样告诉我："下一个预定停靠站是卡昂中央车站！"我立即叫上我的摩托车传令兵，感谢上帝，他是一直跟着我的。待我跳上后座，摩托车便沿巴约—卡昂公路轰鸣着追赶我那列运输火车。到达卡昂时，我们那列火车正停在车站补水。我和传令兵把摩托车抬上站台并朝火车驶去，一些士兵帮我们把摩托车装上了火车。向上司报到时，我汇报了自己在巴约遭遇的不幸事故，他捧腹大笑。他甚至都没来得及表示对我的想念。

1941年3月21—22日的夜间，我们停在汉诺威，因为列车需要更换火车头。为了保密，所有士兵严禁离开列车。如若不然，我很容易就能给父母打个电话，毕竟他们只住在20公里之外。但有宪兵在车站里面巡逻，监督禁令的执行情况。离开汉诺威后，我们继续前进，经过马格德堡和柏林，又穿过原先的波兰走廊，赶往拉斯滕堡。经过近三天的火车旅行，我们在那里进行了卸载。我向车站指挥官汇报我部的到达，从他那里拿到一个厚厚的绝密信封，上面印有我们师的军邮号。信封里面放着师部下达的命令，包括为部队提供食宿等详细文字信息。在整个战争期间，我从未经历过比这次更完善的部队重新安置准备。但这段积极的经历结束了，到卸载时，等待我们的只有痛苦，还有消极的意外事件。

我们到达东普鲁士时，那里正好是隆冬时节，积雪遍地，极其寒冷。在为补给队和辎重队卸载卡车并试图发动卡车引擎时，我们才发现引擎早已被冻住。散热器和发动机缸体已被冻裂，早就无法使用。发生这种情况怪不得我们——在法国装载时，没人告诉我们这趟旅程的终点是何处。但零配件的情况不可能也这么糟糕，因为没过几天，我们就为三辆卡车弄到了新发动机。[48]

虽然遭遇了以上不幸，但这些德国士兵能在东普鲁士苍郁而又起伏的乡村地区，同友好的当地居民度过对苏战争开始前的最后几周——他们的运气还算不错，应该为此感谢上苍。当然，这是与他们那些驻扎在满怀敌意，环境更为原始的波兰占领区的己方部队成员相比较而言的。[49]据西格弗里德·克纳佩回忆，他所在的第87步兵师于1941年年初从英吉利海峡开赴东普鲁士，这段行程超过了1200公里：

我们在法国过得很愉快，那里有美丽的乡村、可口的食物、友善的居民，我们都不想离开。但东普鲁士也不错。那是一片农业区，主要为丘陵地带，沙质土壤非常适合种植黑麦和马铃薯。那里有许多湖泊，还有美丽的沙滩和白桦树构成的树林。那里养马行业发展得很好，也有土地肥沃的农场和舒适宜人的村庄。

我们在奥斯特罗德进行卸载，然后步行前往附近的马瓦尔德村，那里距离俄国边界约270公里……我们驻扎在该村期间会不时搬去野外露宿，并对一些细节问题加以演练，比如如何保护马匹，如何搭设帐篷，如何伪装火炮，如何把火炮带入阵地，等等。这些项目实际上就是日常训练，我们在野外进行了大量操练和演习。作为一名中尉和连长，我手下有两名少尉和180名士兵。我们不停地练习火炮操作。演练期间，士兵们会把马匹牵到河边饮水，并把它们的身体洗刷干净。他们自己也经常在河里畅游一番。他们骑着马，唱着歌，就这样赶往河边或是从河边回来。对我们中的每个人来说这都是一段快乐的时光。[50]

恩斯特-马丁·莱茵是第6步兵师的一名军官，也是该师首批在对苏战争中荣获骑士铁十字勋章的人之一。他还记得他和自己的部下在到达东普鲁士后得到的热情接待。但他在战后对自己这段东普鲁士经历的描写实际上也说明了1941年秋季时德国军队在通往莫斯科郊区途中止步不前的原因：

在1941年3月底，相关命令被传到团里。起初没人知道要去哪里。这番调动是乘火车向东而去，并且穿越了德国。必须停靠时（比如分发口粮时），火车就会停在大型车站外的铁路侧线上。两天后，我们团在东普鲁士的戈尔达普地区进行有序卸载，因而我们获知，这次调动是为了"保卫德国东部边境"。地面上仍布满了积雪，而且这里冷得要命。我们的住处较为朴素，有的甚至可以说是简陋，而且大多没有取暖设施。但东普鲁士居民对我们的热情款待弥补了这些不足。许多老夫妻把他们的床铺让给我们的士兵，哪怕我们一再反对，他们也执意如此。

我（莱茵中尉）在1941年4月7日的一封信中写道："我们已离开阳光明媚、鲜花盛开的乡村，看到了一片西伯利亚的景观……过去两周里，我们的行军和演练都伴随有刺骨的寒冷和猛烈的暴风雪……"

这几周里，不间断的训练以更大的强度继续进行着，可环境是完全不同的！"雨雪交替使我们产生兴奋之情，但这里的小径令人不可思议，特别是在每次化冻后，泥泞深达20～40厘米——这具体取决于泥浆的品质。"[51]

突然发现自己身处波兰德占区的德国士兵往往觉得他们置身于一片异星外域之中，在面对塔木德犹太人时更是如此。第23步兵师的一名士兵在一封军邮中描述了这种情形：

最后一条消息！现在你一定知道我们在哪儿了（靠近波苏边界处）。这是个小小的波兰小镇。值班的犹太人会在每天早晨出现，为我们带来新鲜的面包卷。镇长给我们派来约30个犹太人，从事火炮和车辆的清洁工作，而我必须监督他们。其中一些是真正的塔木德犹太人，他们神情低贱、肮脏污秽、自私卑鄙。要是你粗声恶气地同他们说话，他们反而会讨好谄媚你五分钟。这可能是他们这辈子第一次不得不从事工作，即便如此，我还是要严格对待他们，但会公平行事。虽然严令禁止，但在最近一个晚上，由于他们一再邀请，我来到了他们住的某条街道。我不想怠慢他们，他们也非常热情，坚持要送给我一些IA33（柏林香料商J.F.施瓦茨洛泽推出的一款香水）和一小瓶"皮特拉隆"须后水，让我对付飘荡在这里，几乎随处可闻的可怕气味。[52]

第137步兵师在奥地利艰苦训练几个月后被调往波兰，该师作战参谋描述了他和他那些战友的失望之情。他们很快就会在苏联再次面对类似这里的孤独环境：

训练工作进展顺利，可汽车的分配尚未完成。对下一个部署区的所有猜测（许多人希望是法国或巴尔干地区）于1941年3月底告一段落——下达给我们的运输令是去波兰。真让人失望！（1941年）3月24—29日间，我们师乘火车进入利茨曼施塔特—托马斯若夫—诺韦米亚斯托—斯凯尔涅维采地区。马拉补给队会到达戈斯蒂宁周边地域。在这里，我们师接受第13军指挥，在训练方面则听从第9军的命令，这两个军都隶属于冯·克鲁格元帅的第4集团军。

参加过波兰战役的老兵说了很多关于这个国家的令人不快的事情，但在许多人看来，实际情况要比他们的预期更加糟糕。从现在起，永无终点的沙径、泥路，以及住在满是害虫的破屋子里的穷人成了我们的日常"风景"。[53]

两场会议——元首的两副面孔（1941年2月3日与3月30日）
在贝格霍夫（1941年2月3日）

陆军总司令部于1月31日签署的展开令在次日呈交希特勒审阅。[54] 两天后（2月3日），在贝格霍夫，陆军总参谋长在他的上司布劳希奇在场的情况下，向元首汇报了这道指令的内容。出席会议的还有凯特尔、约德尔和陆军总司令部作战处处长霍伊辛格上校。[55]

汇报开始后，哈尔德首先评估了德国军队在东部面对的红军力量。他估计苏联军队的可用兵力为100个步兵师、25个骑兵师和30个机械化师。他还指出——这一点很重要——红军步兵师也配有大量坦克。但他随后对这一点加以驳斥，他坚称：俄国人的装备情况很"拙劣"，部队不过是"仓促拼凑起来的"；俄国人虽然拥有更多机械化师，可德军快速部队"质量比他们好得多"；在火炮方面，俄国人拥有各种常规类型的装备，但质量同样很"低劣"——事实很快就会证明这种言论大错特错；在苏联军队领导层中，只有铁木辛哥元帅是个值得考虑的因素。虽说尚不清楚苏联领导层的意图，但哈尔德指出，强大的敌军沿着边境部署，后撤这些部队的一切企图必然受到限制，因为他们必须掩护波罗的海地区和乌克兰，这些地区对于苏联的生存至关重要。[56]

哈尔德继续说道，俄国军队面对的是德军约102个步兵师和34个快速师，这些兵团中的大多数被分配给了普里皮亚季沼泽以北的两个集团军群（50个步兵师、22个装甲或摩托化师）。南部集团编有30个步兵师和8个快速师，另外22个步兵师和4个快速师留作陆军总司令部预备队，主要部署在中央集团军群后方。接下来，这位陆军总参谋长阐述了三个集团军群的使命，概括来说就是突破敌军防线，把它撕成两半，阻止敌人顺利撤入苏联纵深。关于三个集团军群中实力最强的中央集团军群，哈尔德指出，其辖内两个装甲集群（另外两个集团军群各辖有一个装甲集群）应攻往斯摩棱斯克，这是他们的第一个主要目标；从此地开始，他们还将与北方集团军群协同行动。哈尔德无疑知道，当德军到达斯摩棱斯克时，离莫斯科就只有360公里了。他也掌握有支持直接攻往莫斯科的强有力的论据，但他在这番介绍中谨慎行事，严格遵循第21号元首令所体现的战役理念。因此，他再次避免了与元首发生公开冲突。哈尔德也没有把希特勒的注意力吸引到1月28日会议期间向他（后者）汇报过的任何令人不安的经济细节上。[57]

德国独裁者原则上同意陆军总参谋长阐述的战役计划。前者评论道，此次作战涉及的地域相当广大，只有扎紧口袋才能确保合围战取得成功（也就是不让敌人逃脱）。希特勒再次强调了波罗的海地区和列宁格勒在他心目中的首要地位。同哈尔德进一步交流之后，德国元首以一个大胆而又不祥的预言结束了对这场即将到来的战争的讨论——"当它（'巴巴罗萨'行动）发起时，整个世界都会屏住呼吸"（Die Welt werde den Atem anhalten, wenn die Operation "Barbarossa" durchgefuehrt werde）。[58]

希特勒趾高气扬，但此时距离侵苏战争的发起已不到五个月，而德方对苏方及其武装部队的能力仍然知之甚少："实际上，与德国最高统帅部期望从早些时候的活动中获得的那种情报相比，他们收集到的关于苏联军队编制和苏方领导人意图的资料似乎含糊不清。"[59] 比如没有人确切知道苏联人究竟有多少辆坦克，尽管显然会比德国人拥有的坦克多得多。2 月 2 日，哈尔德在为次日会议准备的笔记中写下了一个惊人的数字——10000 辆敌坦克——即便他坚信这些坦克的质量较为低劣，而德国陆军只能为即将到来的战争投入约 3500 辆坦克（与实际出入不大）。古德里安写于 1937 年的有关坦克战的著作也曾提及"10000（辆）"这个数字。[60] 早在 1933 年，他就考察过苏联的一个坦克工厂，当时该厂每天能制造 22 辆坦克。相比之下，1941 年 6 月的德国工业每天只能制造约 10 辆坦克。[61] 导致问题更加严重（而且如此明显）的是，德国人对红军更新、更重、火力更强大的 KV–1 和 T–34 坦克几乎一无所知，这些坦克正在列装红军部队，它们将使置身东线的德国陆军深感震惊。

"巴巴罗萨"行动发起三周后，即大约 1941 年 7 月中旬，德国人终于掌握了关于对方的更准确情况，希特勒向戈林承认："您知道，此前我从未像这次这样严重怀疑过任何一场战局……要是我知道俄国陆军的整体实力，特别是他们用以弥补前线损失的坦克的数量如此庞大，我不知道自己是否还会做出（进攻俄国的）决定。"[62]

在柏林帝国总理府（1941 年 3 月 30 日）

希特勒在 2 月 3 日的会议上表现得较为谨慎，仅谈及战役和战略方面，这符合他自 1940 年夏季首次向军事顾问提出侵苏战争问题以来的一贯做法。他从一开始就认为对苏战争是改变战略态势，使之有利于德国的最有效方式，最重要的便是粉碎英国的"大陆之剑"（即俄国）幻想，从而迫使这个顽强抵抗的岛国求和。他首先使用了自己那些将领完全理解的语言和完善的主题，即便他们中的某些人并不总是接受。但这种情况即将发生改变。希特勒对苏战争的计划目标——最初在 20 世纪 20 年代提出，1933 年以来他至少几次暗示过自己的那些高级将领，但大多数情况下（这种目标）始终隐藏在幕后——现今会在他的战争理论中占据主导地位。他那些将领现在终于发现，即将到来的东方对决不再仅仅是一场战略兵棋推演的组成部分；相反，这是一场生存空间争夺战，也是一场种族灭绝战（Vernichtungskrieg），这场斗争会一劳永逸地连根铲除令人恐惧而又憎恨的布尔什维克—犹太敌人。组成侵苏力量的 310 万德军将士，以及紧随其后的数百万士兵，他们中的每个人都将被卷入希特勒决心发动战争而引发的这场旋风里。实际上，这是一场 19 世纪殖民风格的战争，即在战争法规和惯例外实施征服。仅仅从近乎超现实主义的野蛮性这个角度看，它就会成为战争史上前所未有的一场冲突。

无论拿破仑的 1812 年征俄战争与希特勒的 1941 年侵苏战争之间可能存在哪些相似之处，两人截然不同的目标肯定是不在其中的。拿破仑一直不愿"给俄国造成超出必要范畴的破坏"，不想粉碎这个强国[63]，然而希特勒追求的是完全不同的目标，正如 1941 年 3 月 30 日他在柏林召开的那场分水岭性质的会议所示。在这场会议上，德国独裁者首次向他那些将领公开透露这场东征对他们来说意味着什么。当天，希特勒在帝国总理府向他自己选择的听众发表了长达两个多小时的讲话，其中包括负责率领部队突袭苏联的元帅、将军和海军将领。与会人员包括各集团军群、集团军、航空队和海军舰队司令，以及装甲集群、航空兵团司令和他们的参谋长。令人惊讶的是，国防军最高统帅部战时日志没有过多谈及此事，仅仅提到当日上午 11 点，希特勒召集东部集团军群和集团军司令，发表了讲话。[64]

此前，关于希特勒在当日对他那些将领发表的长篇演讲，唯一流传的版本源自哈尔德战时日记中的记录。不过第二个版本在近期重现天日，来自 1941 年 6 月率领中央集团军群第 3 装甲集群投入交战的赫尔曼·霍特大将在装甲集群官方文件中留下的一份手写笔记——尽管他的字迹有点难认。这两份记述反映出他们俩的个人需求和兴趣所在，以及两人对希特勒的哪些论点值得记录下来的不同看法。但总的说来，关于本国元首这番重要讲话，他们提供的信息远比当代历史学家所掌握的更加详细。[65]

据哈尔德经常被引用的版本称，希特勒首先概述了德国自去年 6 月 30 日至今的战略态势：对英国人来说，他们在有机会寻求和平时却没有这样做，这无疑是个"错误"[66]；英国人寄希望于美国人和苏联人。元首评论了美国的能力（"在四年内无法达到最大产量"），同时严厉批评了意大利目前的战争行为。希特勒指出，德意志帝国在苏联的目标是"打垮其武装力量并粉碎该国"。他还对苏联坦克发表评论，声称这些坦克中的绝大多数"业已过时"，但也承认红军在坦克数量方面占有优势，还拥有（苏方）大肆吹嘘的"少量配备 100 毫米长身管主炮的新式重型坦克"。[67] 希特勒对苏联的评论（该国的能力、德军在苏联战区面对的挑战、作战事宜、普里皮亚季沼泽的"问题"等）相当广泛。实际上，德国人必须在那里完成"规模庞大的"任务。关于这场即将到来的战争中的两个盟友（入侵力量会是一支真正的多国军队），希特勒说，他所钦佩的芬兰人"会英勇地战斗"，但罗马尼亚人"派不上什么用场"。[68] 据哈尔德所做的记录称，希特勒此时明确指出，对苏战争不会是一场普普通通的战争：

这是两种意识形态之间的冲突。破坏对布尔什维主义进行的谴责不啻一种社会犯罪。共产主义对我们的未来是个严重威胁。我们必须忘记军人间的惺惺相惜。布尔什维克分子在战斗前或战斗后都不是战友。这是一场赶尽杀绝的战争。如果不牢记这一点，我们仍能战胜敌人，可在三十年后，我们就不得不再次同这个敌人战斗。我们不能发动一场保护敌人的战争……

关于对俄国的战争：（目标是）消灭布尔什维克政委和知识分子。新国家必须由社会主义者掌握，但不包括他们自己的知识分子。必须防止形成新的知识分子阶级……我们必须与造成解体的毒药做斗争。这不是军事法庭的工作。每位部队指挥官都必须清楚这个利害攸关的问题。他们必须成为这场斗争的领导者。部队必须以毒攻毒般地展开还击。政委和政治保卫局人员都是罪犯，必须以此为前提进行处理。这种需要并不意味着部队会处于失控状态，相反，指挥官必须下达能表达出自己部下（所拥有的）共同感受的命令。

由陆军总司令发布命令的具体内容。这场战争与在西方实施的战争截然不同。在东方，今天的残酷意味着将来的宽容。指挥官必须勇于牺牲，克服他们的个人顾虑。[69]

结束这段讲话后，希特勒和他的客人们共同享用了迟到的午餐。下午晚些时候，他召开一场"元首会议"，这使各集团军群司令和他们的几位下属（古德里安也在其中）能够向德国独裁者单独汇报他们的作战计划。[70]

霍特大将的记述大体上证实了哈尔德的说法，但至少存在一处明显不同。在霍特的记录里，希特勒谈到了苏联一款新型坦克——"配备75毫米主炮的俄国重型坦克"。更令人惊讶的是，他注意到元首把红军尊敬地评价为"顽强的对手"。这说明从1940年12月5日的会议开始，这位独裁者的想法发生了重大转变。那场会议上，众人在商讨陆军对苏联的作战计划时，希特勒在很大程度上是以一种不屑一顾的语气谈及苏联红军的。但霍特的记录也指出，希特勒认为苏联军队"没有领导"，他们的军备水平也"不太好"。德国独裁者再次强调了夺取列宁格勒的重要性（苏联的海外贸易集中于圣彼得堡，即列宁格勒，因此，德军的主要作战努力应指向这座城市）。[71] 之后，他谈起了自己早已酝酿数十年的纲领性概念[72]：

对布尔什维主义的意识形态之战。犯罪倾向。俄国是一张持续不变，导致社会病态的温床。（必须）一劳永逸地消除俄国人与亚洲人的威胁……届时，德国才能获得机动自由。俄国这个巨人对我们而言是个负担。

实施对俄战争。没有模式限制。（对俄战争）与对挪威和对波兰的战争不同。军事司法过于仁慈。总是会抓住同样的罪犯。保护他们而不是杀掉他们……俄国政委的犯罪行为。无处不在。在拉脱维亚、加利西亚、立陶宛、爱沙尼亚，他们以一种亚洲人的方式行事。不能让他们免于一死。不应将其交给军事法庭，而应由部队立即予以消灭。不要送往后方……

为我们的生存而战。这是一场不得不进行的战争。目前，我们在所有领域都取得了巨大的领先优势，但无法始终保持这种优势。我（德国元首）觉得自己有责任不把这项任务留给下一代（1918年那一代人，也就是希特勒这一代人的孩子）。不能像19世纪末、20世纪初的人们那样等待。我们必须为自己做点什么。我们现在手握权杖和宝剑……这会是一场空前的胜利。相关决定不易做出，（希特勒）为此纠结了很长一段时间。我们的任务不比腓特烈大帝更重。他的任务不可解决，我们今天的任务却轻松得多！[73]

希特勒所阐述的关于消灭红军政委和限制军事法庭管辖权的意图在德军入侵苏联之前的几周和几个月内成了国防军最高统帅部和陆军总司令部的政策。虽然我们不需要关注其细节，但应当指出，德国最高统帅部在"巴巴罗萨"行动前夕颁布的这一政策和其他举措对定义和塑造其明显的犯罪性质起到了帮助作用。同样值得注意的是，尽管希特勒的许多绝密讲话令人震惊，可他那些将领没有留下任何提出正式抗议的记录（虽然有些将领私下里对此深感惊骇）。为何会出现这种情况呢？由联邦国防军军事历史研究学院主编的德国第二次世界大战准官方史解释了原因：

本卷明确记载的另一件事是希特勒与国防军最高统帅部……和陆军总司令部高级将领之间对这场（侵苏）战争的意义所达成的一致。同时，这也是一场毁灭性质的战争和对生存空间的征服。军事思想中早就有这样的概念（也就是说两者颇有相似之处）。甚至在第一次世界大战前，很多军事领导人（肯定不仅仅是德方领导人）就倾向于忽视《国际法》的规定。军事利益、强权政治和对《国际法》缺乏尊重是威廉大帝确保实力和权力的另一面。大总参谋部针对1902年《国际法》所下达的指令称，人道主义需求只能在战争性质和目标允许的范围内加以考虑，"一场激烈进行的战争不能仅仅针对敌国战斗人员或防御工事，还应当而且必须设法摧毁敌人的整个士气和物质资源"。这种"全面战争"的概念解释了希特勒在1941年概述的向东发起战争的准备，特别是因为对手是个"出类拔萃的敌人"——布尔什维主义，德国人还把1918年的战败归咎于该主义的灾难性影响。因此，这场战争的必然性远远超过西方战争，甚至产生了一种抑制一切道德顾忌的属性……它远远超出了普通帝国主义以威廉大帝的规模设定的统治目标……[74]

但"一致赞同战争的意义的人"远不止希特勒和他的高级军事领导人。（本书）作者在多年研究工作中仔细阅读并分析了数千封军邮，得出的结论如下：1941年时，绝大多数身处苏联的普通德军将士都支持这场战争的总体目标。这并不是说大多数人赞同希特勒在东方实施种族灭绝政策——这些暴行有时候甚至就发生在他们眼前，但纳粹主义多年的宣传、根深蒂固的文化和种族偏见、对共产主义毫无道理的恐惧造就了一代"新人"，他们显然对反对布尔什维主义的"十字军东征"概念产生了共鸣，这个事实会在后面的章节里变得愈发清晰可见。

但在概括人类行为时必须谨慎行事。1941 年到 1944 年间，约有一千万德军将士在苏联鏖战，每个人对这场战争都有自己的看法。另外，近期的学术研究 [75] 支持这样一个结论：虽然参与了一场经常鼓励实施犯罪行为的残酷斗争，但身处苏联的绝大多数德军将士都表现得很有荣誉和尊严，而且他们中的不少人忽略了德国最高统帅部下达的犯罪命令或阻挠了它的实施。我们或许可以用两段引文结束本节——第一段来自拿破仑时代服役于普鲁士军队的一位伟大军事改革家，第二段来自 1941 年秋季陆军总司令部里一名备受折磨的军官——两人共同概述了普鲁士—德国陆军从 18 世纪到 20 世纪中期的悲惨历程：

1. 在陆军中可以找到"所有德国公民一切身心力量的统一"。（格哈德·冯·沙恩霍斯特）[76]

2. 这太可怕了。我们怎么能以血腥和暴行玷污自己……这是一种即便不能说是数千年，也至少是数百年的倒退。（格奥尔格·海诺·冯·明施豪森男爵）[77]

冯·博克元帅受命

阿尔弗雷德·W. 特尼在他那部关于博克在 1941—1942 年间所实施战役的著作中，生动刻画了这位严肃的普鲁士陆军元帅，他于 1941 年 6 月 22 日率领中央集团军群上百万将士投入战斗：

他身材高大、瘦削，肩膀窄窄的，腰板笔直。棱角分明的面孔、炯炯有神的绿眼睛和薄薄的嘴唇赋予了他一副枯瘦，甚至是有些饥肠辘辘的外貌。他很少微笑，他的幽默有点乏味和愤世嫉俗。他那傲慢、冷漠的态度，坚定的军人风度和对职业的专注预示着一种果断、勤勉、沉着的血气之勇，随着他在1941年年底命令数十万德国最优秀的年轻人投入进攻莫斯科的最后之战这个可怕的无底洞，战地记者们根据上述特点给予了他"总攻大师"的绝佳称号。[78]

他的军旅生涯

1880 年 12 月 3 日，费多尔·冯·博克出生于勃兰登堡省屈斯特林一个历史久远的军人世家，他父亲是一位著名的将军。博克或许注定要成为一名军人，他在威斯巴登和柏林上学，随后加入大利希特费尔德的皇家普鲁士军官学校，在校内因表现出色而备受尊敬。他显然在数学、历史、现代语言这些科目上颇具天赋。他能说一口流利的法语，英语和俄语也很棒。[79]

在博克的整个早年岁月里，父亲向他灌输了无条件忠于国家的理念，并为他铺设了服役于普鲁士军队的职业道路。父亲教导博克，作为一名军人，他的毕生职责是为普鲁士德国的荣耀做出贡献。父亲的教诲伴随了博克一生。博克作为一名高级军士服役，1898 年 3 月，17 岁的他通过了遴选委员会的选拔，成为驻柏林 - 斯潘道第 5 徒步禁卫团的一名少尉。1908 年 9 月 10 日，他晋升中尉。1910—1912 年间，博克在总参谋部接受培训，1912 年 3 月被擢升为上尉。在此期间，博克加入"陆军联盟"，结识了日后成为第三帝国高级军事领导者的几位人物，包括布劳希奇、哈尔德和伦德施泰特。[80]

第一次世界大战爆发后，博克参加了西线和东线的作战行动。他在战争期间担任过参谋职务，也当过营长，并在战斗中证明自己是个无所畏惧的领导者，先后获得了二级、一级铁十字勋章和霍亨索伦王室勋章，于 1918 年 4 月荣获德意志功勋勋章。战争结束时，他已经成为一名少校。[81]

作为后帝国时代的德国最优秀的军人，博克在战后加入了拥有 10 万人的魏玛防卫军。接下来十余年里，他担任过重要的参谋和指挥职务，于 1931 年晋升中将。1933 年，即希特勒上台时，博克指挥第 2 军区，其司令部设在斯德丁。[82] 博克对希特勒和纳粹主义运动的态度，已经有许多著作讨论过。一言以蔽之，他从来不是个纳粹分子。正如他身边一名年轻参谋在后来评论的那样："（博克）认为整个纳粹事业会令人彻彻底底地感到厌恶。"[83] 侵苏战争期间，他甚至容忍自己的司令部里存在一个大规模反希特勒集团。可他过于谨慎、自负、雄心勃勃（由希特勒发动的战争提供的职业机会对他产生了极大诱惑），因而没有同军方反对希特勒的密谋集团合作。另外，与许多保守的德国将领一样，他似乎被本国元首在 30 年代和（苏德）战争初期取得的惊人胜利所吸引。

整个 20 世纪 30 年代中后期，博克的军衔和名望不断上升。1935 年，他被擢升为步兵上将并担任柏林陆军办公室（后来的第 3 集团军群）负责人。1936 年 10 月，他迎娶威廉明妮·戈特利贝·燕妮（内·冯·博迪恩），他们后来生了一个女儿。德奥合并期间（1938 年 3 月），博克率领第 8 集团军进入奥地利，并因此擢升大将。1938 年 11 月，他取代格尔德·冯·伦德施泰特，出任柏林第 1 集团军群司令。[84] 在自己的职业生涯熠熠生辉的时刻，博克似乎给希特勒留下了很好的印象。但他是个难以共事的人，对下属相当严厉。历史对他的为人处世给出了严正的评价："博克傲慢而又冷血，缺乏幽默感，自负、刻板和恼人的个性给他在军队和党内树立了许多敌人。他并不富裕，却对所有平民持轻蔑态度，与下属的相处也谈不上融洽。"[85]

博克为进攻波兰发挥了重要作用，并在这场战局中担任北方集团军群司令，该集团军群于 9 月 1 日投入行动，第二次世界大战就此爆发。这场战局首次展示了后来被全世界称为"闪电战"的作战样式，事实证明博克是"指挥大股兵团实施快速行动的大师"[86]。由于在这场短暂战争中发挥的作用，他成为第一批骑士铁十字勋章获得者。1939 年 10 月，博克被调到西线，他的北方集团军群更名为 B 集团军群并参加了法国战局。虽说只是担任次要角色，可博克还是获得了 1940 年 6 月 14 日在凯旋门检阅巴黎阅兵式的荣誉，并于 1940 年 7 月 19 日成为晋升元帅的 12 名德国将领之一。[87]

为德意志帝国、魏玛共和国和现在的第三帝国服役 40 多年后，博克的军旅生涯终于到达顶峰。但发生于 1941 年对苏战争初期的一起轶事表明，直接面对希特勒的东方战争带来的恐怖时，就连一位英勇、坚忍的德国元帅也可能变得有点神经质：

费迪南德·霍夫教授是派驻中央集团军群的内科医务顾问……集团军群司令部驻扎在斯摩棱斯克。集团军群参谋长冯·格赖芬贝格将军建议霍夫教授给司令部全体人员和元帅本人讲解一下斑疹伤寒。霍夫教授讲述了以下事件：

"次日晚，我被激烈的枪声惊醒。我起初以为是俄国人攻入斯摩棱斯克，可后来发现是德军警卫人员押解一长列俄国俘虏穿过该城时爆发了恐慌。一些俘虏试图逃跑，警卫人员开枪射击。俘虏们被枪声吓坏了，有更多人惊惶逃窜，警卫们也不分青红皂白地开火射击。这一夜间场景随后导致了一场屠杀。当天早上，我在穿过该城时看见约30名俄国人倒在街上。当日上午，冯·博克元帅也经过这条街道，他被眼前的可怕景象吓坏了，并告诉格赖芬贝格，他（后者）必须不惜一切代价，防止'这些可怕的事情'再度发生。

"当天下午，我来到集团军群司令部，打算在当晚给元帅和其他工作人员讲解斑疹伤寒，但冯·格赖芬贝格将军对我说：'很遗憾，这场讲解不得不取消。总司令对俄国人死在街上的场景深感不安……基于这个原因，我们现在无法请他听取关于斑疹伤寒的介绍报告。元帅是个伟大的军人，可有时候也是个脆弱的人，必须考虑到他（当前）神经比较紧张。'对此，我有些不解，但最终只能接受（取消讲解这一安排）。

"一位指挥第二次世界大战中最庞大战役，以象棋选手般的冷静计算，把成千上万名将士投入战火的陆军元帅却在目睹战争的恐怖时丧失了镇定。作为这场战斗的导演，他竟然不堪忍受血腥的场面。"[88]

博克司令部迁至东部

法国投降后，博克和他的 B 集团军群司令部受领的任务是守卫从布雷斯特到西班牙边境的大西洋海岸。刚刚擢升陆军元帅的博克不太喜欢这项任务，他尖刻地评论道，自己的工作仅仅是确保海岸和分界线不被偷走。[89] 在此期间，希特勒越来越怀疑苏联人的行为，遂于 1940 年 8 月 26 日要求大幅度加强东部军力。作为这项措施的第一步，德国向东部派遣了 10 个步兵师和 1 个装甲师。几天后，陆军总司令布劳希奇提出把博克的 B 集团军群司令部调到东部。[90] 对此，博克在日记中写道，集团军群迁移令（调往波兰占领区的波森）于 8 月 31 日晚送抵。[91] 这位陆军元帅评论道，他认为自己的新任务"可能仅仅是充当稻草人，唬住俄国人的一切野心"[92]。

但进驻波森也不是一蹴而就的，由于这座城市驻满部队和各种军事机构，再加上往来于波森的电话线路尚未铺设完毕，博克和他的司令部起初留在了柏林。该司令部最终于 1940 年 10 月下半月迁往波森，在当年秋季的主要工作是重组和训练、迅速布设陆地通信线路，以及为开抵的部队安排食宿。[93] 到达东部后，B 集团军群司令部的另一项重要任务是协调正在进行的集结行动。到

1940 年年底，德军已有 34 个师部署在东部，其中包括 6 个装甲师。[94] 在此期间，博克再次受到"老胃病"的折磨。9 月底，"身体极为不适"的博克被迫卧床休息。到 10 月底，由于健康状况恶化，他甚至不得不把集团军群的指挥权暂时移交给威廉·李斯特元帅。[95]

博克疗养了几个月，直到 1941 年 1 月 31 日才重返指挥岗位，于当日出席陆军总司令部的会议时首次获悉即将对苏联发动入侵。读者们应该还记得，就是在这场会议上（出席会议的还有另外两位将在东部指挥集团军群的陆军元帅，即伦德施泰特和莱布），博克公开质疑了这场战役的假设——红军会在第聂伯河及西德维纳河一线以西实施抵抗和战斗，而不是撤入苏联腹地。实际上，博克曾在多个场合对侵苏战争的前景表达强烈的怀疑。1941 年春季，于 3 月 30 日在帝国总理府举行的那场会议结束后，这位元帅向身边的工作人员透露，他实在不知道如何能赢得这场战争。[96]

值得注意的是，在博克长期休养期间，希特勒对他关怀备至。这可能是因为元首已经选中博克，打算让他在"巴巴罗萨"行动中扮演主要角色。11 月 11 日，德国独裁者探望住在柏林赫尔费里希大街的博克，在这位元帅的病榻前"坐了半个小时"。他们"详细"讨论了整体军事形势，希特勒暗示（这一举动可能不太诚实）自己仍未确定该如何在东方行事，但"相关情况可能会迫使我们介入，以阻止事情朝更危险的方向发展"。[97] 12 月 3 日，元首再次来到博克身边，这次是为了祝贺后者的六十大寿。这位独裁者现在坚持认为"东方问题"正变得"越来越严重"。如果能把苏联逐出战争，英国就会丧失在欧洲大陆上击败德国的希望。[98]

几周后，博克重返工作岗位，希特勒命令这位元帅于 1941 年 2 月 1 日到柏林向他汇报情况。博克这次承认有可能击败苏联——"如果他们停下撤退脚步并实施抵抗"。值得注意的是，希特勒的评论（就像博克在日记中记述的那样）暴露了他当时的想法：

元首……非常热情地接待了我。他再次详细阐述了总体局势……法国的情况急需弄清。目前断言能否在不占领法国剩余领土的情况下做到这一点为时尚早。英国仍很顽固，他（元首）没有谈到登陆行动。为了证明有必要为对俄战争加以准备，元首指出，这起重大事件会迅速把全世界的注意力从非洲发生的事件上转移开来，并使后者的局面焕然一新。元首这样说道："那些英国绅士并不蠢，他们只是装装样子罢了。而且，一旦俄国现在遭到攻击并被消灭，他们就会意识到，继续进行战争对自己而言毫无意义。"

他（希特勒）对日本和美国参战的看法与他在（1940 年）12 月 3 日时相同。我说如果俄国人停止撤退并实施抵抗，我们就能击败他们，但我提出了是否有可能迫使他们求和的问题。元首回答道，倘若占领乌克兰和列宁格勒，加上让莫斯科陷落都无法带来和平，那么我们就必须把战争继续下去——至少以快速力量实施作战并前出到叶卡捷琳堡。

他说："不管怎样我都很高兴，我们持续备战，已经到了为一切做好准备的程度。我们在物质上很富裕，甚至不得不考虑某些工厂转产的问题。在武装部队的人员方面，情况也比战争开始时好很多。我们在经济上的实力绝对强大。"

元首坚决拒绝了一切退让的想法（但我并未建议他这样做），他说："我会战斗到底……我相信我们的进攻会像雹暴那样把他们完全打垮。"[99]

2 月 3 日，博克终于回到位于波森的 B 集团军群司令部，工作人员以一场盛大的欢迎仪式迎接了他的到来。目前，这位元帅统辖第 4 集团军[100]和第 18集团军[101]。1941 年 5 月，第 9 集团军司令部也抵达指定地域（最初伪装成了"布劳罗克要塞指挥部"）[102]。两个装甲集群司令部于 6 月赶到。1941 年 4 月 1 日前后，B 集团军群更名为中央集团军群。[103]对苏战争开始前，博克的司令部经历了两次重要人事变更：亨宁·冯·特雷斯科中校担任作训处长，汉斯·冯·格赖芬贝格少将担任中央集团军群参谋长。[104]

40 岁的特雷斯科是个颇具魅力的军官，他才华出众、意志坚定，曾在1940 年法国战局期间担任 A 集团军群作训处长。特雷斯科是博克的侄子，也是这位陆军元帅最亲密的知己[105]，他坚决反对希特勒，是军队中抵抗运动的成员。在中央集团军群长期任职期间，他通过人员调动等方式，在集团军群司令部建立了一个规模庞大的密谋集团。[106]对苏战争开始前不久，在特雷斯科和其他人的敦促下，博克向陆军总司令部提出抗议，针对的是发布于 1941

年 6 月 6 日的、臭名昭著的《政治委员令》，这道命令批准法外处决红军政治军官。虽说这种抗议徒劳无果，但博克进行了"勇敢的抵抗"，拒绝把这道命令传达给下级指挥部门。[107] 尽管如此，1941 年的德国官方军事记录（战时日志、情报报告等）还是表明，绝大多数战斗部队执行了这道命令。

47 岁的格赖芬贝格是个参加过第一次世界大战并曾经服役于魏玛防卫军的老兵，20 世纪 30 年代初，他还在堪萨斯州利文沃思堡的美国陆军指挥与参谋学校学习过。30 年代中期，他先后担任了参谋和战地指挥职务，于 1937 年秋被分配到武装部队学院。1938 年秋季，格赖芬贝格在陆军总司令部获得一个参谋职位。在战争爆发前夕的 1939 年 8 月底，他成了陆军总司令部作战处处长。[108] 格赖芬贝格于 1940 年 8 月擢升少将，在 1941 年春季的巴尔干战局期间担任第 20 集团军参谋长，并获得了骑士铁十字勋章。1941 年 5 月中旬，他被调入中央集团军群。[109] 任命格赖芬贝格为中央集团军群参谋长显然是哈尔德在背后使力的结果，博克也对失去"久经考验"的参谋长汉斯·冯·扎尔穆特感到不快。[110] 不管怎么说，把一名原陆军总司令部同僚安插在博克的司令部，至少能让陆军总参谋长密切掌握那里的情况。

中央集团军群的战争准备（1941 年 2—5 月）

返回波森后，冯·博克元帅不知疲倦地投入到了集团军群的战争准备中。他在这一时段的日记里详细记录了自己的无数活动，其中包括：同集团军司令、军长和师长们多次会面；视察部队；观看训练演习；不断改进作战计划。在此期间，博克谨慎地与陆军总司令部进行协调。他有时候还会扮演"外交官"的角色，安抚心怀不满的下属，例如冯·克鲁格元帅（第 4 集团军）和古德里安将军（第 2 装甲集群）。博克与这两位下属之间的关系在某些时候相当紧张。[111] 通过博克所写日记，读者们可以深入了解他截至 1941 年 5 月底从事的活动和心中的优先事宜[112]：

1941年2月13日

古德里安将军……来到波森，向我汇报他即将主持的一场兵棋推演，还同我探讨了作战问题。第258步兵师师长亨里齐将军也前来报到。

1941年2月14日

一个火箭炮营在施里姆演习，我在那里遇到了集团军群的几位军长和师长。

1941年3月15日

收到大量关于俄国人在边境地区采取军事措施的情报。

1941年3月20日

第46装甲军军长菲廷霍夫将军前来报到，他提及新组建的摩托化师装备严重不足的问题，这给训练工作造成了严重影响。

1941年4月7日

大规模"烟雾演习"（火箭炮部队用以掩人耳目的行动代号）在瓦尔特拉格尔演习场进行，整个集团军的许多将领都曾到场观看。

1941年4月9—10日

我亲自主持兵棋推演，参加推演的有第4和第9集团军司令、两位装甲集群司令和几位军长。

1941年5月9日

驱车前往第293步兵师，观摩该师的行军。

1941年5月14—16日

乘火车前往第4集团军防区前沿地段。途中，（我）同军长和师长们讨论了即将到来的任务。所到之处，官兵们都给我留下了精神抖擞、欢欣鼓舞的印象。我问他们口粮情况如何，各处的回答如出一辙："很好，但再多点就更好了！"

1941年5月21日

格赖芬贝格昨日探访了第4集团军，他告诉我，克鲁格要来见我，打算让我赋予第4集团军更大的自由度，他觉得自己受到的束缚太多！……我知道我这位前参谋长①的自负[113]，所以到目前为止，我一直小心翼翼地避免一切有可能伤害到他这种自负的事情。我在这方面非常谨慎，以至于在近期的一场演习中，我没等召开总结会就抽身离去，以便让克鲁格单独向部下们讲话。波森那次兵棋推演开始前，我告诉克鲁格，我会把兵棋推演期间的所有重要问题交给"第4集团军"决断。因此，出现任何问题都由他决定是亲自回答还是让他的参谋长代答。可这一切的结果是，推演结束时他接手指挥，并就装甲部队的使用问题发表了一通未经请求的讲话，还称他在这方面"无疑拥有最丰富的经验"。

为息事宁人，我对此没说什么。或许克鲁格视此为软弱可欺——那我就不得不让他失望了。

1941年5月27—30日

前往苏瓦乌基视察第9集团军……总的说来，所有的一切似乎都已按部就班，但仍有些细节需要改进。我所见到的野战部队的状态都不错。苏瓦乌基的乡村和居民看上去过得很凄惨，这片地区可谓穷乡僻壤，没有任何文明可言，只有森林地带还算不错。途中传来了战列巡洋舰"俾斯麦"号被击沉的消息……前线和后方谣言四起，称俄国人已向元首提出极为慷慨的建议，所以我们不会同他们开战。29日，第5军军长劳夫报告，一些俄国士兵走近他防区内的边界线，向平民们挥手，并告诉他们不会发生战争，因为斯大林和元首已就一切问题达成一致。真是难以置信！[114]

1941年2月初，在德国人开始为"巴巴罗萨"行动实施战略集结时，仍需要通过铁路和公路运抵的117个师中，有42个会在战局开始时专用于中

---

① 译注：博克担任第1骑兵师师长时，克鲁格是他的参谋长。

央集团军群地域。集团军群司令部相关人员将与帝国铁路和军事铁路部门协同，从而指导这些部队开赴各自的目的地。在前三个展开阶段期间（也就是到 1941 年 5 月 20 日），一个完整的师从德国运抵目的地需要一周左右，从法国调来则需要 10 天（在 6 月的最后阶段，这种速度明显加快了）。卸载后，各个师通常会占据远离东部边界的临时集结区。大多数情况下，只有在战局开始前最后几周，他们才会以一系列过程进入最终出发阵地。因此，虽然各部队通过铁路运抵东普鲁士或波兰，但步兵们到达后，他们仍需要经历漫长而又艰巨的徒步行军（为了保密，行军大多在夜间进行），才能进入最终集结地域。为减轻他们的负担（哪怕只是稍微减轻），托德组织、帝国劳工组织和陆军工程兵付出了辛勤的努力，改善道路，加固桥梁和涵洞。[115] 但几个月的艰苦体能训练和战斗训练使德军将士树立起信心并做好了准备，就像以下说法阐明的那样。

威廉·迈尔–德特林中校是第 137 步兵师的作战参谋，他这个师在 3 月下旬搭乘火车从奥地利开赴波兰，现在面临着一场漫长的徒步行军——赶往苏联边界：

（1941年）5月25日到6月2日，我们师（现在完全在第9集团军辖内）以七八场夜间行军向东推进约250公里，穿过华沙，进入靠近俄国边界的索科武夫地区。亲眼看见行进中的师是一件令人高兴的事。各个团齐装满员，全新的装备、马匹、车辆和卡车都处于最佳状态，这反映出了雄厚的军事实力！许多次演习都展示出了我师组建以来官兵们学到的东西。最后一次演习是在路况极其恶劣的条件下渡过皮利察河，这对人员和牲畜提出了极高要求，特别是对战斗工兵，但这场演习再次证明了我们师对未来充满信心。至于这种未来究竟是什么，全师对此心知肚明的人寥寥无几。[116]

隶属第45步兵师、时年40岁的天主教神父鲁道夫·克舍普夫医生在回忆中央集团军群辖内部队势不可挡地赶往"巴巴罗萨"行动出发线时曾这样表示："人员、坦克、车辆和火炮组成了强大队列。"他的记述中流露出的兴奋之情在当时显然很普遍，因为德国军队拥有压倒性优势和一种不可战胜的优越感：

1941年4月底，我们师开始从圣昆廷周边地区向东调动……我们的路线横穿德国。三天后，我们在华沙周围停下……这场东调期间，我们师遭受到一个沉重打击：师长克尔纳少将想趁穿越德国之机看望他的家人，可他的汽车在途中发生了致命事故……施利佩尔中将接替了他，担任本师师长。

接下来便是几周时间的休整，当然，一定程度的训练工作仍会继续进行。就这样，我们回到了波兰！自从我们在1939年11月离开，这个国家已经发生了很多变化……

5月底，我们师继续向东，穿过谢德尔采，进入比亚瓦波德拉斯卡周边地区。镇内的原波兰兵营为我们的部分部队提供了住处，但大部分部队驻扎在周边各个村庄里……部队人员的集中越来越明显。可以看到繁忙的交通运输景象，特别是在夜间。坦克、重型火炮、高射炮、工程器材和其他许多装备隆隆向东，赶往俄国边界。师部人员议论纷纷，各连部活动频繁。身份不明者和高级指挥官来来往往——就连最没头脑的人也能清楚地看出，这一切都意味着某些重大事件的发生已迫在眉睫。[117]

第45步兵师在1941年6月22日那个星期天阵亡21名军官、290名军士和士兵，他们冲击布列斯特-立托夫斯克苏军要塞的尝试没能取得成功。[118]

1941年4月6—9日间，第6步兵师突然从东普鲁士的兵营出发，开赴更东面被称为"苏瓦乌基三角区"的苏联边界。这片三角区位于马祖里湖区东面，已经越过东普鲁士的历史性边界。它因立陶宛和苏联于1920年7月缔结的条约而成为立陶宛的一部分，但无视该条约的波兰一直控制着这片地区。签订于1939年9月28日的苏德秘密附加协定书把这片三角区交给了德国人，苏联人在1940年6月占领立陶宛时并没有试图占据该地区，这是一种极为罕见的自制行为。此后不久，德国政府重申其对于苏瓦乌基三角区的权利，并拒绝了苏联购买该地区的提议——"俄国人要是早点采取果断行动，他们就可以使德国人丧失一个用于'巴巴罗萨'行动的重要支点"[119]。

这片地区相当原始，且道路状况恶劣。第6步兵师的官兵习惯了法国良好的铺装道路，在行军进入该三角区时"必须竭力克服最大的困难"[120]。该师的师部设在苏瓦乌基镇，与东普鲁士干净、整齐的住宅相比，这里用木头和稻草搭设而成的房屋给德军官兵留下的印象很不好。[121] 隶属第 6 步兵师，当时 21 岁的列兵弗里德里希·弗里茨·贝尔克对 1941 年 4 月初他们营步行赶往苏联边界时的艰难行军有着这样的回忆：

> 1941 年 4 月 8 日，部队向东出发。我们以一场夜间行军向前挺进 50 公里，绕过许多湖泊，赶往昔日由立陶宛控制，现在属于苏联的边界线。穿过各个村庄时，由鹅卵石铺砌而成的街道使我们的双脚痛苦不已。经过一场 175 公里的行军，途经勒芩镇和罗明特荒原，我们到达了塞费尔登地区的维什蒂蒂斯湖。我们班住在村里的铁匠古斯塔夫·诺伊曼家里。[122]

在苏瓦乌基地区，当地波兰人对德国人的敌意令后者担忧，有时候这种敌意甚至具有致命性。正如第 6 步兵师哈佩医生这篇颇具诗意但令人不寒而栗的日记明确指出的那样，德国人迅速而又残酷地对这些行为做出了回应：

> 外面的天气很好，鸟儿在歌唱，树木披上了一层波兰东部短暂、由夏季一般的春天带来的浅浅绿意。你能听见附近湖泊里蟾蜍的欢叫，鹳鸟小心翼翼地踏过沼泽化的外缘，色彩斑斓的蜻蜓在那里玩耍，大黄蜂和彩虹色的苍蝇围着盛开的鲜花嗡嗡作响，各种野生动植物焕发出了勃勃生机。这个真实、宁静的神奇世界使我感到平静和满足！这里的生活很奇特，难以理解的对比出现在一个不断变化、色彩缤纷的游戏中：在这一刻，我想起通信部队的一名战友，他迷了路，跨过俄国边界，结果立即遭到射杀并被就地埋葬。
>
> 狂热的波兰人割断了两名警察的喉咙。次日，我们抓捕了居住在当地的波兰人。其中有 14 人遭逮捕，他们在企图逃跑时被我方当即射杀。另有 20 人被带走，他们会接受进一步调查。对波兰人其他犯罪行为的惩罚（例如鞭刑）相当有效。每位德国军官在街头都必须得到致敬，倘若波兰人忘记这一点，他的帽子会立即从头上被抽落……我还可以讲述发生在这个东方世界的更多事情。
>
> 所以，我们住在这里，与世界上其他的地方隔绝，没有文明人让我们分心，所能做的只是耐心等待即将发生的事情。等到一切开始时，我们一定会很高兴。[123]

当然，冯·博克元帅最关心的问题之一还是他的集团军群正在进行的训练。他很清楚的是，苏联一望无垠的广阔领土、落后的道路状况、原始森林和沼泽中的大量小径、对于"物质享受"的普遍缺乏会对自己的部下提出特殊要求。德国陆军的基本训练即便在和平时期也很严格，就像一位作者总结的那样——"漫长、艰辛，并且逼真"[124]。德国陆军的训练方案会尽可能地贴近真实战斗环境。部队在各种天气里，不分昼夜地展开训练。实弹演习（1914 年前的帝国陆军在每年夏季演习期间采用的做法）已经成为惯例[125]，尽管这很容易造成新兵负伤或丧命。但德国军方接受在这种训练期间保持 1% 的死亡率，以此作为在战斗中挽救更多将士生命的必要代价。[126] 德军的训练也具有前瞻性和彻底性，每个士兵除了完成自己的任务，还要学习履行顶头上司的职责，以备自己不得不接替后者，实施指挥的情况。一个至关重要的事实是，所有新兵（无论他们选择哪个专业领域）首先都必须接受基本步兵训练或战斗训练[127]——在 1941—1942 年的冬季期间，德国人不得不"梳理"后方地域，从而为前线提供急需的步兵时，这项政策被证明具有无可估量的好处。战前的训练方案还强调了熟悉多兵种合成作战行动（的重要性）。

战争爆发后，德军的训练任务甚至更加严格。陆军总司令部对本国士兵在 1939 年波兰战局中的表现感到失望。陆军总参谋长哈尔德附和了战地指挥官常常发出的抱怨，比如步兵在进攻中缺乏进取心，快速部队的行军纪律很糟糕（"巴巴罗萨"行动发起后，这个问题也再度出现），结果造成了交通拥堵和不必要的延误。古德里安同样多次注意到他的摩托化和装甲部队在投入行动前表露出了紧张的迹象。陆军总司令部非常清楚这些情况，战地指挥官相当坦率的战后报告已经阐明本国部队的不足之处。因此，在波兰战局与法国战局之间，陆军总司令部付出了巨大努力，力图改善（部队的）训练并提升作战效率。[128] 从 1939 年秋季起，德国陆军每天耗费 17 个小时、每周多达 6 天或 7 天，"精准而又热情地"贯彻了陆军总司令部的训练大纲；这个"无情而又残酷的"训练方案与 1939 年和 1940 年初"虚假战争"期间大部分法国兵团普遍"缺乏训练"形成了鲜明对比。[129]

法国战局结束后，在 1940 年秋季，陆军总司令部又下令展开了另一轮高强度训练，这次是为一场截然不同的战争（入侵苏联）进行准备。各装甲师实施合成兵种战术的广泛训练，摩托化步兵部队则接受在没有获得支援的情况下从事战斗，以及迅速肃清森林和村庄的训练。[130] 徒步步兵展开了漫长而又艰苦的行军，以便为日后穿越广袤、荒芜地区的长途跋涉做好准备。[131] 但德国陆军为在苏联地形条件下从事战斗所进行的训练绝非"统一或系统性的"。实际上，出于某些原因，他们无法实施一项真正的专业训练方案。对苏战争计划长期以来一直被严格保密，部分师长直到最后一刻还认为部队开赴东部、进行集结不过是一种预防措施，或是为迫使对方做出外交让步而虚张声势。另一些部队是从 1941 年春季的巴尔干战局中抽出，直接被调往东部的，根本没时间进行特别训练。更重要的是，他们缺乏适当的训练场地——法国、荷兰或中欧没有地方供陆军在茂密的森林、大片沼泽或是沙地里进行战斗训练。燃料和车辆的短缺也会给实战训练造成妨碍（特别是对装甲和摩托化步兵部队来说）。德国军队在各处展开的训练——无论多么贴合苏联的真实环境——实际上只是个别集团军司令、军长或师长主动采取的措施。[132]

尽管存在这些挑战，博克和他那些战地指挥官还是在全力准备这场战争。第 4 集团军司令京特·冯·克鲁格元帅发布的训练手册中含有集团军群高级将领非常典型的担忧，也反映出了德国陆军军官团（一战期间，他们中的许多人曾在东线作战）对俄国陆军仍抱有由衷的敬意。就像克鲁格理解的那样——尽管不是出自他的亲身经历[133]——必须严肃对待同红军进行的一切战斗。1941年 3 月 20 日，克鲁格命令麾下指挥官加强训练工作。他要求这种训练应当强调部队的坚韧性，因为在苏联，环境往往没有任何舒适性可言。相关训练必须让他们适应更长距离的行军，同时努力为部队成员提供保护，以免遭到敌人化学或生物武器的伤害。这位元帅警告说，红军很可能以几个密集波次展开冲击，并且能获得坦克和火炮的强力支援。作为战斗人员，他们非常顽强，而且对自身损失漠不关心。克鲁格强调，步兵必须与己方各种火力有效配合，从而击败对方的这种冲击。另外，务必通过训练让步兵们在近战中更加顽强（这是俄国人的长项），并让他们克服对夜战的厌恶。由于很可能遭到敌坦克攻击，各级指挥官应指示步兵模仿芬兰和西班牙步兵，使用炸药积极攻击敌坦克。克鲁格还预见到了由苏联战区庞大的范围带来的特殊问题——自己的部队可能会经常出现无人守卫侧翼的情况。为解决这个问题，他建议各部队养成实施充分侦察和警戒的习惯，并且特别注意苏军骑兵有可能潜伏其中的大型森林。他提醒各级指挥部必须设立更完善的警戒体系，因此所有指挥部人员都必须熟悉自己的随身武器，并且做好使用这些武器的准备。[134]

同已方所有沿德国东部边界部署的集团军一样，第4集团军也制定了详细的展开计划。当然，该计划完全遵照了陆军总司令部于1941年1月底颁布的总体方案。在位于华沙市中心的集团军司令部（设在奥古斯特二世时代的一座巨大城堡内，这也是原波兰总参谋部所在地），相关工作人员已于1941年3月15日前确定了他们的展开令。[135] 三天后，第4集团军司令部的总参军官汉斯·迈尔－韦尔克出席了陆军总参谋部军需总监在柏林郊外的措森（陆军总司令部总部）召开的会议。他写于当天的日记揭露出了战争悄然临近时，中央集团军群和整个德国陆军面临的某些尖锐问题：

1941年3月18日，柏林

下午14点，在措森的陆军总司令部，同军需总监和训练处负责人商讨燃料和轮胎问题，以及给训练任务分配燃料的问题。

军需总监说："跟据计算，进攻俄国每个月需要消耗28.2万立方米燃料。因此，我们的燃料供应能够满足一场不超过三个月的攻势。之后，我们会依赖于从罗马尼亚持续进口的燃料。倘若俄国人成功削弱或是摧毁罗马尼亚的石油生产，我们的行动就会受到深远影响。"

轮胎的情况更为严峻。武装部队（包括德国空军）目前缺9万条轮胎。军需总监专门储备了1万条（轮胎）。此外，在战局过程中，（相关部门）还可为部队分配另外7万条轮胎。因此，当前仍存在1万条轮胎的缺口。

讨论期间，所有集团军都要求增加用于部队训练的燃料配额，因为现在的训练工作受到了严重影响。可是，除了目前的2.5个消耗量，他们或许只能再提供0.5个消耗量。[136]

战后，于1941年担任第4集团军参谋长的京特·布鲁门特里特描述了当年春季笼罩集团军司令部的那种气氛：

越来越多的师被调到东部，但为了对俄国人隐瞒他们的存在，这些师驻扎在远离边界线的地方。准备工作开始加强，其他高级指挥部也在东部设立起框架机构。（我们）进行了大量图上演习和战术讨论。希特勒发动对苏战争已经不可避免，随着这种迹象越来越明显，各级人员都在加强准备工作。

这几个月出现了一种奇特的气氛。我们先是意识到这场新战争意味着什么。1914—1918年间，我们中的许多人曾作为下级军官在俄国战斗，我们知道（在这场新战争里）会发生些什么。参谋人员和各师成员都有一种不安感。但在另一方面，相关职责要求我们付出精准、细致的工作。书店里关于俄国的书籍和地图迅速脱销。我记得克鲁格在华沙司令部的办公桌上经常摆放着此类书籍。拿破仑进行于1812年的战争是许多著作的研究主题。克鲁格全神贯注地阅读了科兰古将军对这场战争的记述：书中详述了在俄国从事战斗乃至生活的困难。拿破仑大军所经历大小交战的地点都被标在我们面前的地图上。我们知道自己很快就会追随拿破仑的足迹。我们还研究了1920年的苏波战争。作为第4集团军参谋长，我就这个问题给我们的参谋人员举办了一系列讲座，并通过大幅的地图加以说明。[137]

虽然布鲁门特里特的战后回忆显得谨慎而又冷静，但1941年春季的他和他的许多同僚一样，表现出了一种高度的乐观主义。实际上，他在1941年5月8日谈到"巴巴罗萨"行动时曾说："我们不应忘记德国国防军在各处赢得的所向无敌的荣誉和光环。"[138]换句话说，他认为没什么是德国士兵做不到的！

一个令人严重关切的问题是红军有可能使用毒气并污染地面和水井。从当时的相关记述中可以清楚看出，德国人的确对敌人施放毒气或使用其他化学/生物污染物的可能性深感担忧。[139]总之，他们认为苏联人会以远远超过以往战局的暴行和过分手段对付德国人的入侵[140]——正如相关事实表明的那样，这种预计并非毫无根据。在"巴巴罗萨"行动发起的前几天，冯·布劳希奇元帅探访了东部的战地指挥官并明确告诉他们：（元帅本人）估计俄国人会使用喷火器和毒气，他们会污染水井和库存物资，并对后方交通线构成严重威胁。他在1941年6月12日提醒第4集团军司令部工作人员，必须做好准备，他们的对手"会以一切可能的手段从事战争"[141]。不出布劳希奇所料，红军的确使用了他们掌握的几乎一切手段，而且经常违反战争法规和惯例。不过，尽管德国军队在战争最初几天担心不已，可苏联人似乎从未使用过毒气。[142]

针对苏军使用化学毒剂的可能性，国防军在相关训练中安排了特别教学课程。1941 年春季，在第 31 步兵师担任少尉的埃里希·邦克博士讲述道：

1941 年 4 月 25 日，营长派我驱车赶往华沙附近的伦贝托夫，参加为期三天的"防毒气攻击"培训课程……防毒气培训向我们介绍了苏联的军用毒气设备……我们确信，每个士兵都必须随身携带的防毒面具和防毒气帆布能提供充足的保护。但针对受污染地带，我们进行了大量训练。许多情况下必须使用漂白粉。在华沙，他们（这里的人）普遍相信肃清南斯拉夫和希腊后，对俄国的战争已经迫在眉睫……

1941 年 4 月 30 日，我从华沙乘火车去南方。我的目的地是加巴特卡，此地位于一片大型森林中。火车车厢分为德国人专用和波兰人专用。在华沙郊区，一个年轻的波兰人闯入我的包厢，他看见一名德国军官坐在里面，不由得吃了一惊。我让他进来，但我们一路无言，直至他到达目的地后下车。

5 月 1 日，一场军官会议在加巴特卡召开，它明确宣布了对俄国的战争。会议首先指出，（德方）已注意到红军正在逼近分界线并加强了机场的修建工作。1941 年 5 月 8 日，我向营里提出了化学毒剂污染地带的净化方案。在此期间，各个连已设立净化班，由我负责训练。一场无比适合当前需要的防毒气演练必须在 5 月 9 日至 10 日那个夜间的相关演习中完成。[143]

如果不提及德国人在对苏战争前训练工作中的一个严重空白（缺乏在森林中进行战斗的专项训练），这种讨论就是不完整的。如前所述，发生这种情况的部分原因是没有可用于此类训练的场地。但白俄罗斯和苏联欧洲部分被大片茂密的森林覆盖，德方显然应该采取更多措施，为应对这些地区必然发生的战斗对本国士兵加以训练——这种战斗不可避免，在一定程度上是因为俄国人可谓"森林战高手"。第一次世界大战已经证明了这种训练的必要性，那场战争中，法国阿尔卑斯猎兵在孚日森林的封闭地形区内展示了他们对德国步兵的优势。但在两次世界大战之间，这种重要的战斗技术被普遍视为"后娘养的"。[144] 因此，德军各指挥部门试图（尽管没能成功）在对苏战争期间避开森林和森林战的想法也就不足为奇了。德国人会为他们的疏忽付出沉重代价。战后，时任第 6 步兵师师长霍斯特·格罗斯曼提到了该师在战争爆发后肃清一片森林区时蒙受的惨重损失：

上级下令休整两天……这使我们能够处理行军期间受到的伤害，但也带来一系列小规模冲突——梳理普列奈以西的森林时，我方步兵遭受到一些令人不快的损失……部队不得不习惯这种战斗方式，在森林中，步兵重武器几乎无法使用，仅凭极大的勇气根本无济于事。对付这些敌人必须像印第安人那样行事，对方与大自然几乎融为一体。[145]

虽然训练方面存在不足，但中央集团军群即将对苏联发动"十字军东征"的 130 万将士还是称得上训练有素、装备精良。在先前的 21 个月中一场场胜利战局的血腥熔炉提振了他们的信心，磨炼了他们的作战技能。在这 130 万人中，意识到希特勒这场侵略战争存在的危险，并以明显的恐慌心态注视东部的风暴积聚的人并不多，不过第 4 集团军参谋军官迈尔−韦尔克是其中之一，他在日记中写道：

华沙，1941 年 4 月 7 日

一个战争帝国（Kriegsreich），就像我们目前正为自己构建的那种，如果可能有美好的未来，我们就会以不断变化的形式去争取。从长远看，没有人可以通过压迫维持这样一个帝国。许多欧洲民族太过发达，文化方面也过于独特，不可能有别的结果。战争帝国融合了如此复杂的异质，从长远看只能通过一个包罗万象的理念把他们团结在一起，或将其诱导成一个共同体。这种理念必须超越（单个的）民族，并把所有民族的本质包纳其中。破坏欧洲民族的独立存在意味着剥夺西方世界的灵魂，必然导致崩溃（sicheren Untergang）。生命之源比许多政治表现更为深刻。[146]

北非、巴尔干、克里特岛（1941 年 1—5 月）

到 1941 年，由于意大利在北非和巴尔干遭遇挫败，加之英国占领克里特岛，德国在东南欧和地中海的战略态势变得越来越复杂。3 月底，当一场反德政变推翻刚刚加入《三国同盟条约》的南斯拉夫政府后，局势更是急转直下。于是，

1941年1—5月间，德国人在这些地区展开了一系列重大军事行动，以阻止意大利人的败退，并在入侵苏联前加强自己的南翼。下文会概述这些干预措施中的每一项，并重点关注它们对"巴巴罗萨"行动的影响（如果确实存在影响）。

北非

早在1940年6月30日，约德尔将军就向本国元首呈交了一份备忘录，提出德国应在北非支援意大利，以此作为打击大英殖民帝国的关键环节。一个月后，冯·布劳希奇元帅提出一项方案，其中包括在北非以装甲力量支援意大利并直接攻往苏伊士运河。六周后的9月11日，国防军最高统帅部国防处处长瓦尔特·瓦利蒙特少将把一份计划呈交给他的上司约德尔，该计划设想向非洲派遣一个装甲军或装甲旅。希特勒起初摇摆不定，没有做出任何决定。但在9月14日的会议上，他的意图变得清晰起来：要是意大利人乐于接受这个想法，德方的一个装甲军就应做好前往北非的准备。[147]

在此期间，北非的事态发展迅速打乱了德国策划工作者的悠闲步调。自从意大利于1940年6月10日对英国和法国宣战，墨索里尼便敦促他派驻利比亚的指挥官——谨慎的鲁道福·格拉齐亚尼元帅——攻往埃及，此时据守在那里的英国军队相当弱小。9月13日，意大利人终于发起这场拖延已久的进攻，格拉齐亚尼的军队跨过了埃及边境。三天内，意大利人取得近100公里的进展，可随后就莫名其妙地停了下来，他们原地据守并开始等待援兵和物资到达。[148]

希特勒和他的顾问忧心忡忡地关注着意大利人的行动。为实现两个轴心国之间的紧密合作，希特勒于10月3日在勃伦纳山口会晤墨索里尼。[①] 希特勒逻辑混乱的长篇大论回避了许多他们共同关心的问题，但德国元首再次提出向北非派遣部队、坦克和飞机的建议，而意大利领袖承诺会在埃及重新发动进攻。诚如墨索里尼所言，他的进攻不仅仅局限在埃及：1940年10月28日，他投入大批军力，从阿尔巴尼亚攻入希腊。战略态势的突然改变激怒了希特勒，他撤回了提供给非洲的一个装甲军。[149]

---

① 译注：上一章给出的时间为10月4日，推测为作者笔误。

几周时间匆匆过去，但格拉齐亚尼还是拒绝进攻。英国人充分利用这个喘息之机，重整了他们派驻埃及的部队。12月9日，英军发起反突击，其意图仅仅是以一场突袭迫使意大利人发生动摇。灾难袭来之后，意大利军队的防御土崩瓦解，3.8万名惊魂未定的意大利士兵（包括4名将军）列队走入了战俘营。12月底，意大利人不得不请求德国人施以援手，特别是提供一个装甲师，以防意大利控制的北非悉数落入敌手。然而，命运似乎在和意大利人作对，到1941年1月5日，英国人攻占意大利殖民地中的首座小镇巴比迪亚，俘虏数万名意大利士兵，随后继续攻往托布鲁克。[150]

意大利盟友遭遇的惊人逆转促使希特勒采取行动，他于1月9日决定向北非派遣一股拦截力量（Speerverband）。两天后，他的决定在第22号元首令（"向日葵"行动）中得到体现。德国独裁者盘算道，北非的丢失从军事角度看并不重要，但意大利人受到的心理影响意味着轴心国阵线遭遇了一场严重挫败。希特勒选中埃尔温·隆美尔将军率领这支小股快速部队，该部后来成为非洲军团的核心力量。2月初，运送德国军队和物资的第一支船队驶向利比亚。2月12日，隆美尔抵达的黎波里。[151]

2月14日，第一批德国战斗部队到达的黎波里。大约一个月后，德军第一批装甲力量也抵达目的地。虽然隆美尔对麾下部队的集结速度深感焦虑，但他并不害怕英国人——后者已被迫撤出大股军力，将其投入希腊，只留下少量部队掩护昔兰尼加。4月初，隆美尔未经批准就突然而又大胆地发动进攻，迅速把英军驱离昔兰尼加。4月11日，他又包围托布鲁克。虽然这座第一流的堡垒直到1942年6月才沦陷，但"沙漠之狐"（到现在）已经暂时扭转了北非战局。[152]

把隆美尔和他的非洲军团派往利比亚后，希特勒稳定住了北非的局势——至少暂时如此，并从一场潜在的、令人沮丧的分心中解脱出来。在最坏情况下，这种分心有可能在"巴巴罗萨"行动发起之前或之后抽离更多的德国军队。[153]实际上，北非仍然是个次要战略地区，同苏联或其他战区相比，德国人在这里投入的力量少得可怜。令人感兴趣的是这样一个假设：要是隆美尔没有前往非洲，而是参加对苏战争会如何？这位战术"艺术家"会在东线这块更大的"画布"上取得怎样的成就呢？

1941 年 6 月 19 日，即"巴巴罗萨"行动开始前三天，国防军最高统帅部发布一道指令，阐述了希特勒有关装甲师后续使用和部署的意图。这道指令称："东线的维持应尽可能依靠自身物资储备。倘若损失严重，各装甲师应进行合并。德国国内新成立的装甲师应以合并后腾出的人员组建。"该指令还规定，北非的坦克损失会尽快获得补充，而东部只会得到少量预备队。[154]

巴尔干

从某种程度上说，德国介入巴尔干地区的军事计划也是对意大利在军事上遭遇挫败的回应。撇开其他因素不谈，墨索里尼在这方面一贯如此：他于 1940 年 10 月从阿尔巴尼亚对希腊发动的进攻也造成了一场灾难。取得一些初步战果后，入侵者被逐回他们的出发位置。接下来几周里，希腊军队深入阿尔巴尼亚境内，对意大利人的主要补给港口法罗拉构成威胁。实际上，尽管在取得初步进展后希腊人的后续战果并不大，可他们在 1941 年 3 月前一直掌握着主动权。3 月 9 日，意大利军队展开春季攻势，其最低目标是把希腊军队赶出阿尔巴尼亚。可这场攻势于五天后陷入停顿，意大利人没能取得显著进展。[155]

墨索里尼入侵希腊失败令希特勒深感不安。这场入侵实际上打乱了他通过和平外交把巴尔干变为德国附庸地区的计划，也给英国人提供了重返欧洲大陆的借口——他们在 11 月初迅速抽调空军力量进入希腊南部，从而使罗马尼亚的油田处于危险境地。正如第一章所述，希特勒对英国人在地中海东部采取越来越强硬的措施震惊不已，并决心消除罗马尼亚油田遭受的一切威胁。1940 年 11 月初，他指示陆军总参谋部拟制取道罗马尼亚和保加利亚，入侵希腊北部的计划。12 月 13 日，国防军最高统帅部颁布第 20 号元首令，阐述了对希腊采取行动的计划，代号为"马里塔"。[156] 这道指令设想于 1941 年 3 月之前占领爱琴海北部海岸，如有必要就夺取整个希腊本土。在此期间，德国军队逐步进入匈牙利和罗马尼亚。到 1941 年 2 月中旬，德国派驻罗马尼亚的"观察军"已扩充到 7 个师。保加利亚于 3 月 1 日加入《三国同盟条约》后，德国人更是搭设桥梁渡过多瑙河进入该国，着手为"马里塔"行动建立进攻阵地。[157]

德国第 12 集团军先遣力量进入保加利亚（同盟国认为这是德国即将入侵希腊的明确信号）立即引发了英国人的回应。3 月 5 日，他们发起"光辉"

行动，把部队、武器和装备从埃及运往希腊。接下来几周里，6万多名英联邦士兵（多达数个师）渡过东地中海，进入希腊。[158] 与此同时，3月25—26日的夜间，一群被南斯拉夫加入由德国主导的《三国同盟条约》激怒的塞族军官发动政变，推翻南斯拉夫政府，并以王位继承人、17岁的彼得国王取代了摄政王保罗王子。以南斯拉夫空军司令杜尚·西莫维奇为首的新政府随即退出《三国同盟条约》。[159] 愤怒的希特勒迅速给出了回应。"马里塔"行动立即得到修改，进攻南斯拉夫的行动也被包含其中。政变发生当日，希特勒发布第25号元首令：同时进攻希腊和南斯拉夫，粉碎后者的"武装力量和政府"。为支援此次入侵，德国空军的数百架战机也从海峡沿岸、西西里、利比亚的机场飞赴罗马尼亚和保加利亚。[160]

德国军队于1941年4月6日早晨发起的进攻预演了几周后侵苏战争的开局——南斯拉夫空军力量大多被消灭在地面上，贝尔格莱德遭到猛烈空袭，约1.7万名平民丧生。在这场"闪电战"的精彩展示中，德国人迅速打垮了南斯拉夫军队。4月17日，南斯拉夫无条件投降，该国32.5万名官兵被俘。希腊人和他们的英联邦盟友表现得也不太好。4月9日，遂行进攻的德军迫使据守梅塔克萨斯防线的希腊守军投降。4月18日，德国人在阿利亚赫蒙防线突破新西兰军队的最后防御。希腊军队主力于4月21日投降，希腊首相绝望地自杀了。4月22日，联军后卫部队在温泉关实施殊死抵抗（2500年前，斯巴达人在此抗击波斯人，最终全军覆没），以便己方主力撤离。4月27日，雅典卫城升起反万字旗。到4月30日，一切均告结束——希腊被德国人牢牢控制在手中。5万名联军士兵（包括英国、澳大利亚、新西兰、波兰军队）得以逃脱，其中大多数人退往克里特岛，但他们只能把自己的重武器、卡车和飞机丢在身后。[161]

对德国人来说，这是一场成就其赫赫威名的、真正的惊人壮举——完成整个战局只用了24天，他们为南斯拉夫战役付出的代价仅仅是151人阵亡、392人负伤、15人失踪[162]，在希腊战役中的伤亡（含阵亡、负伤、失踪）也只有5000人左右。为了把入侵南斯拉夫纳入作战行动，德国人在最后时刻疯狂修改了他们的计划，并对参战部队加以调整，但这场战役仍以极快的速度进行，坦克和摩托化步兵在一些欧洲最荒凉的地带表现出色。一位军事历史学家说："德国国防军与其巴尔干对手之间纯粹的质量差距……是导致后者陷入灾难的重要原因。"[163] 一场巨大的胜利再次为德国陆军所向无敌的光环（无论是在国内还是国外）增光添彩。

德国在巴尔干赢得的决定性胜利把英国逐出希腊，极大地消除了罗马尼亚油田（在遭受空袭时所表现出）的脆弱性。从战略上看，德国把希腊和南斯拉夫纳入自己的轨道，巩固了帝国的南翼——这是进攻苏联的重要先决条件。相反的是，历史学家们几十年来一直认为巴尔干战局导致"巴巴罗萨"行动推迟了 4 ~ 6 周，他们坚持认为——正如结果证明的那样——这场延误具有致命性。威廉·L. 夏伊勒在他出版于 1960 年的有关第三帝国的权威著作中这样写道：

虽然（1941 年）6 月已经到来，但调至东南方，进入南斯拉夫和希腊的庞大军队必须通过未铺砌的道路和陈旧的单轨铁路线千里迢迢地调到苏联边境，这些公路和铁路要承担如此繁重的交通任务——它们的能力是明显不够的。

事实证明，这场延误是致命的。希特勒军事天赋方面的辩护者们认为，巴尔干战局并未严重推迟"巴巴罗萨"行动的时间表。不管怎么说，这场延误的主要原因是当年的化冻来得太晚，导致东欧的道路直到 6 月中旬仍泥泞不堪。但德军重要将领给出的证词不这么说。名字会始终同斯大林格勒联系在一起的弗里德里希·保卢斯元帅当时是陆军总参谋部对苏战局的主要策划人，他在纽伦堡的证人席上作证说，希特勒摧毁南斯拉夫的决定使"巴巴罗萨"行动的开始推迟了"大约五周"。海军的战时日志也说推迟了这么长时间。率领南方集团军群侵入苏联的伦德施泰特在战后告诉盟军审讯人员，由于巴尔干战局，"我们的开始至少迟了四周"。随后他补充道："这是一次代价极为高昂的推延。"[164]

差不多半个世纪后（具体是 2007 年），克里斯·贝拉米教授在他那部关于二战中的苏联的出色著作里附和了夏伊勒的评论："由于 1941 年 3 月 27 日南斯拉夫发生政变，希特勒决定入侵该国以解决相关问题，'巴巴罗萨'行动亦被推延——几乎可以肯定，这给德国人带来了灾难性后果。"[165] 然而这种分析大错特错。为得出正确结论，我们需要把目光投向著名的英国军事历史学家约翰·基根爵士：

历史学家经常把巴尔干战局描述为一场不受欢迎的分兵，他们认为这场战局偏离了希特勒进攻苏联的长期计划，而且打断了他为实施该计划而制定的时间表。可实际情况并非如此。巴尔干战局成功结束，其速度甚至远远超出希特勒那些专业军事顾问的预想。而"巴巴罗萨"行动发起日的选择不仅仅取决于一连串突发事件，还要考虑天气和客观军事因素。德国陆军发现，把用于"巴巴罗萨"行动的部队部署到波兰要比预想（中的最坏情况）更加困难，而姗姗来迟的春季解冻导致东欧各条河流水位暴涨，远远超出预期，这就意味着无论希特勒作何打算，"巴巴罗萨"行动的发动日期都不可能早于 6 月的第三周。[166]

的确如此。在发起巴尔干战局几天前，国防军最高统帅部得出结论：扩大巴尔干战局，把南斯拉夫包纳其中需要投入另外 9 个师，这些师必须从德国为"巴巴罗萨"行动部署的战斗序列中抽出；此举会导致对苏战争的发起日期至少推迟四周，也就是从原定的 1941 年 5 月中旬推延到 6 月中旬。[167] 事实证明，希特勒直到 1941 年 4 月 30 日才把 6 月 22 日定为新的对苏战争开始日期。[168] 另外，由于陆军总司令部迟迟无法在这个截止日期之前做好全部准备，希特勒到 5 月底才最终确定将这一天作为行动发起时间。[169]

虽然入侵南斯拉夫造成了额外的复杂情况，也不论这场战局给"巴巴罗萨"行动的兵力集结带来了怎样的延误，事情正如约翰·基根正确指出的那样，由于天气问题，对苏联的进攻在任何情况下都无法早于 6 月下半月。1941 年的春季给中欧和东欧带来异乎寻常的大雨，淹没了整个苏联西部的河流和堤坝。5 月底之前，地面一片泥泞，道路和未铺砌的机场几乎无法使用。据德国空军将领赫尔曼·普洛歇尔回忆，这些不利条件"严重耽误了德国公路和道路网的快速扩建、德国机场数量和规模的扩大，以及大量交通路线的修筑"[170]。它们还导致快速力量（装甲和摩托化师）在河水退离河岸，湿透的沼泽地变干前几乎无法展开行动。因此，"巴巴罗萨"行动发起日期推迟到 6 月"基本上是不可能避免的"[171]。

中央集团军群沿苏德边界线面对的主要河流障碍是布格河。这条河流横跨德方入侵力量的前进路线，与其支流和沼泽水域共同形成了一个出色的天然防御体系。缺乏治理导致布格河周期性泛滥（在 1941 年春季尤为严重），加之两侧河岸地区往往是大片的沼泽，（在两点之间）修筑接近道路远比（在一条直线上）架设桥梁麻烦得多。[172] 第4集团军作训处处长一直密切关注布格河逐渐下降的水位，在每天下午晚些时候向上级汇报相关情况，一直持续到入侵发起：

1941年6月8日
布格河水位缓慢下降。

1941年6月9日
布格河水位缓慢下降。

1941年6月10日
布格河水位继续下降。

1941年6月11日
布格河水位继续下降。

1941年6月13日
从昨天开始，布格河水位下降了约10厘米。

1941年6月15日
布格河水位下降约15厘米。

1941年6月18日
部队继续如期调动……天气：非常温暖，空气干燥。道路：交通依然繁忙，但始终畅通无阻。布格河水位下降约5厘米。部分河岸泥泞不堪。

1941年6月19日
部队如期调动……第710铁路炮兵连抵达第7军所在地域。所有陆军支援部队都已到达第4集团军。天气：非常闷热，干燥。布格河水位下降了7厘米。

1941年6月21日

布格河水位下降4厘米。天气：温暖，阳光灿烂。路况：未发生变化，而且尘土飞扬。[173]

特别值得注意的是6月18日所写记录，它表明直到这么晚的时候，相关地段的布格河河岸依然泥泞不堪。德国第47装甲军军长约阿希姆·莱梅尔森炮兵上将也紧张地注视着这条河流。在他的作战地段内，河岸直到6月10日仍被河水淹没，这种情况只会增加等待"巴巴罗萨"行动发起时承受的压力。但到6月17日，洪水基本消退，这让莱梅尔森将军松了口气。他这两天的私人日记（在许多方面都很有见地）摘录如下：

1941年6月10日

前几日的工作忙碌不已，也出现了许多担忧和烦恼。随着规定日期临近，所有人都变得愈发紧张。陆军总司令突然下达命令，我们这一作战地段会由第七波次师的步兵发起进攻，而不是我们的步兵！离规定日期这么近的时候再次更改一切？这是不可能做到的！

昨天在华沙与古德里安进行了非常激烈的交流。我真希望行动已经开始，这段悬而不决的日子极其可怕。

前天我待在前线地段，这里非常炎热，蚊子也很多。布格河的水位依然很高，许多地段仍被河水淹没。俄国人忙着修筑他们的阵地，设置新铁丝网、防坦克壕和掩体。这会是一场非常困难的进攻。布格河降至正常水位必须尽快实现，然后我们就会大显身手！

这里的居民令人震惊，只有波兰人和犹太人，这些人一个个污秽不堪、可怜兮兮，令你不寒而栗。他们现在每人每天只得到65克面包，但这个配给量可以让他们不被饿死。令人惊讶的是，以此为生或条件更好些的人也仅能确保自己不被饿死。

1941年6月17日

昨天我又待在我们防区的前线地段。俄国人忙着挖掘防坦克壕，要是他们再有五天时间，肯定就会准备更多各种拙劣的把戏。感谢上帝，布格河水位进一步回落了。因此，有关这方面的担心现在已被消除。

军指挥所于今天前移，我在清晨和参谋长、作训处处长一同驱车前往，这里还有许多工作需要完成。古德里安大将刚刚来过，今天是他的生日，因此我借机向他表达了最美好的祝愿。他在心情舒畅时是个很好的人，可他要是大发雷霆，那就完蛋了！你必须了解他的个性。即便如此，我还是非常钦佩他，因为他是个真正的军人！[174]

虽说迟来的春季解冻在很大程度上导致浪费宝贵的时间不可避免，但巴尔干战局本身还是对"巴巴罗萨"行动的准备工作造成了严重影响。对此，历史学家戴维·斯塔赫尔评论道：

投入南斯拉夫作战行动的各个师，有三分之二被陆军总司令部预备队直接替换。到5月底，所有战斗师都在返回东部边境的途中。但用于希腊战役的部队是另一回事。（巴尔干战局中的）战斗损失很轻微，"巴巴罗萨"行动很快也会出现同样的情况：漫长的路程和荒凉的地带给德军装甲、摩托化部队的运输造成了更大损失。结果，这些师不得不长途跋涉，返回德国，接受彻底大修并补充部分装备。事实证明这个过程很耗时间，导致第2、第5装甲师和第60（摩托化）步兵师直到初期进攻结束后才开抵东线。两个装甲师随后成了陆军总司令部预备队，到1941年10月才投入战斗。由于"巴巴罗萨"行动取得成功的机会之窗极为窄小，由摩托化部队归建造成的延误是个严重挫败。整个第12集团军没能参战加剧了这个问题——他们必须在东南欧执行占领勤务和海岸防御任务。这就导致南方集团军群本已十分艰巨的任务变得更加复杂——于是，"巴巴罗萨"行动头几周，南方集团军群在三个集团军群中进展最为缓慢……巴尔干战局进一步分散了德国正遭受削弱的军事资源，并在很大程度上造成了德国国防军的过度拉伸。[175]

克里特岛空降行动

发动侵苏战争前，还有另一个更让人心烦意乱的问题需要德国武装部队解决。英国人在 1940 年 10 月 31 日占领了东地中海的克里特岛。[176] 这座岛屿为皇家海军提供了出色的港口，足以威胁轴心国军队的东南翼。更令德国人担忧的事实是，从克里特岛起飞的英国轰炸机把罗马尼亚普洛耶什蒂油田纳入了打击范围，而这座油田对（德意志）帝国的战争努力至关重要。这就是希特勒决定夺取该岛的原因。4 月 25 日，他发布第 28 号元首令，德军对克里特岛实施了一场空降突击，代号"水星"行动。[177]

岛上的英国、英联邦和希腊守军超过 3.5 万人，其中大多数是刚刚逃离希腊本土，前往此岛的。总的来说，这是一股缺乏协调、杂乱无序的力量，只配有轻武器，运输、通信设备和火炮都很少。截至 5 月 1 日，由少量霍克"飓风"和过时的"角斗士"双翼战斗机构成的"空中支援力量"（如果这个词的确适用的话）没等德国人到来就悉数撤离了。但联军确实掌握着一项优势：他们知道德国人即将到来。德国人不知道，英国的"超级机密"情报（源于他们对德国国防军使用恩尼格玛加密机编码的无线电报的拦截和破译）早已及时披露了德军作战计划的细节。[178]

德军这场进攻是"历史上首次意图明确的伞降行动"[179]，始于 1941 年 5 月 20 日。德军突击部队或是跳出 12 架一组的 Ju–52 运输机群（他们通过固定拉绳打开降落伞），或是乘坐滑翔机着陆，但遭到了联军猛烈的火力打击。在战役开始后几小时里，数个德军伞兵营在马莱迈机场周围遭受了令人震惊的损失。实际上，从首日的作战行动看，"水星"行动有很大可能以失败告终，因为入侵一方没能夺取任何一条跑道，他们中的幸存者发现自己陷入孤立无援的境地，处在敌人的巨大压力下。令德军震惊和意外的是，克里特岛上的平民（包括妇女和孩子）也加入到对自己的围剿中。这些岛民使用了他们所能找到的一切武器，包括古老的燧发枪（100 年前从土耳其人手里缴获）、斧头和铁锹。数百名德国伞兵很快就倒在了岛上茂密的橄榄树林里。[180]

但德国入侵力量利用联军在马莱迈机场周围拙劣的指挥和协调，迅速夺得这座空军基地并运来援兵，而他们的空中优势为伞兵提供了至关重要的支援，同时阻止了皇家海军充分发挥作用。到 5 月 26 日，联军已无法坚守阵地。次日，守军获准撤离克里特岛。虽然德国空军的空袭给联军造成了可怕的损失，但截至 6 月 1 日，皇家海军还是从该岛撤出 1.8 万人。另有数千人不得不留下，最终沦为德国人的俘虏。[181]

德国国防军赢得又一次巨大胜利，但这次的代价太过高昂。德军的损失为 2071 人阵亡、2594 人负伤、1888 人失踪——（三者之和）超过进攻总兵力（2.2 万人）的四分之一。投入此次战役的 500 架运输机中，有 146 架彻底报废，另有 150 多架受损。由于损失过于惨重，希特勒也不会再同意发动这种大规模空降行动了。[182]

如果德国军队在对苏战局的关键时刻成功使用空降力量，这会给他们带来怎样的战役或战术成果呢？读者们只能自行想象，因为这种假设已经无法实现了。东线德国陆军通过空中力量为其部队提供补给的能力（这种能力在 1941 年秋季和 1941 年至 1942 年的冬季具有极其重要的意义）也因为克里特岛上历时 10 天的战斗而受到影响，其间运输机队遭受了严重损失。

在德方于 1941 年秋季发起"台风"行动攻向莫斯科前，第 18 装甲师师长瓦尔特·K. 内林将军召集志愿者组建了一个空降连。他们的任务是实施空降，夺取图拉（这座大型城市和军械中心位于莫斯科正南方 150 多公里处）附近一个重要的交通路口，并坚守至本师的装甲力量赶到：

> 最终没有使用（这个连）。这本是德国空军的任务，可他们没有条件实施这种行动。内林曾在柏林总参谋部从事多年的作战研究，一次次致力于让装甲部队与伞兵相互配合。他认为现在是采取这种行动的时候了。但东线没有伞兵，他们在克里特岛遭到了重创。
>
> 图拉防御严密。古德里安的装甲集团军没能夺取这座城市。[183]

注释

1. G. Scheuer (Hg.), *Briefe aus Russland. Feldpostbriefe des Gefreiten Alois Scheuer 1941– 1942*, 10.

2. H.-J. Dismer, *Artillerie-Offizier im Zweiten Weltkrieg*, 41.

3. *Tagebuch Haape*, 1.5.41.

4. F. Halder, *Hitler as War Lord*, 38–39.

5. 事实基本否定了约德尔的说法，因为希特勒的大多数将领都支持对苏战争，或至少对此保持沉默。就像伊恩·克肖所写的那样："虽然某些将领对这场冒险心存疑虑，但军队领导层既没有反对，也没有质疑希特勒的决定。" I. Kershaw, *Fateful Choices*, 69.

6. 正如我们会在下文谈到的那样，巴尔干战局给"巴巴罗萨"行动造成了延误（甚至可能是致命延误），这种普遍存在的看法纯属无稽之谈。

7. P. E. Schramm, *Hitler als militaerischer Fuehrer*, 152–53.

8. I. Kershaw, *Fateful Choices*, 70.

9. G. L. Weinberg, *A World at Arms*, 187–88.

10. 具体而言，除其他条件外，苏联人还要求（以此作为加入《三国同盟条约》的条件）与保加利亚达成互助条约，该条约将允许苏联为其陆海军在博斯普鲁斯海峡和达达尼尔海峡范围内建立一处基地。另外，苏联人已采取外交措施，逼迫保加利亚退出轴心国阵营。吕蒂肖评论道，对希特勒来说，"俄国在保加利亚的举动似乎是（想抓住）最后一根稻草"。C. von Luttichau, *Road to Moscow*, I:50–51.

11. P. Johnson, *Modern Times*, 375.

12. A. Hillgruber, "*Der Faktor Amerika in Hitlers Strategie 1938–1941*," in: A. Hillgruber, *Deutsche Grossmacht- und Weltpolitik*, 197–222.

13. 1940年12月，德国、其轴心盟国和德国占领地掌握了全世界炼油总产能的4.1%。相比之下，同盟国约占21.5%，中立国占73%（包括当时的美国和苏联）。R. L. DiNardo, *Germany's Panzer Arm*, 134.

14. 如前所述，希特勒在1940年12月告诉约德尔，德国必须于1941年年底前解决她在"欧洲大陆上的所有问题"，因为美国准备于1942年加入战争。P. E. Schramm (Hg.), *Kriegstagebuch des OKW*, Bd. I, 996.

15. 正如历史呈现的那样，"巴巴罗萨"行动开始后，美国人和英国人都认为苏联人只能支撑几个月。比如德国侵苏战争刚爆发时，当时的美国陆军部长亨利·史汀生便在呈送罗斯福总统的一份备忘录中写道："德国会彻底占领被击败的俄国——最快一个月，最慢三个月。" R. Kirchubel, "*Operation Barbarossa and the American Controversy over Aid to the Soviet Union*," 8.

16. 安德烈亚斯·希尔格鲁贝尔指出："因此，在希特勒看来……唯一的解决方案是：消灭苏联是个基本前提，此举可以决定性地扭转局势，使之对他有利，同时实现他在东方的战争目标，然后在此基础上完成对西方列强的战争目标。希特勒决定孤注一掷：在东部实施的'闪电战'会在短短几周内赢得彻底胜利，德国海军随后就能成功对付西方国家。因此，1940年至1941年冬季的计划远远超出……为苏联的军事失败加以准备（也就是说不仅要击败苏联，还要准备在之后与西方国家交战）。战役发起后，最多用四个月时间消灭红军仅仅是一项所谓的'全球闪电战'计划的核心，这项计划会在半年内完成，旨在为《三国同盟条约》缔约国夺取包括欧亚非在内的整个东半球，或控制所有战略要地，从而把美国孤立在美洲的两块大陆上。"A. Hillgruber, *Der Zweite Weltkrieg*, 48.

17. M. van Creveld, *Supplying War*, 180.

18. 哈尔德于1940年12月25日—1941年1月15日间休假。C. Burdick & H.-A. Jacobsen (eds.), *The Halder Diary 1939-1942*, 310.

19. 这项决定载入了第22号元首令（关于"向日葵"行动），于1941年1月11日下达给各军种。C. von Luttichau, *Road to Moscow*, Ⅲ:2.

20. J. Wright, *Germany and Origins of Second World War*, 174-75.

21. P. E. Schramm (Hg.), *Kriegstagebuch des OKW*, Bd. I, 258.

22. Ibid., 258.

23. Ibid., 258.

24. C. von Luttichau, *Road to Moscow*, Ⅲ:9.

25. D. Stahel, *And the World held its Breath*, 56.

26. C. Burdick & H.-A. Jacobsen (eds.), *The Halder Diary 1939-1942*, 314-15.

27. *GSWW*, Vol.Ⅳ, 285. 陆军总司令部新任作战处处长阿道夫·霍伊辛格上校为拟制展开令发挥了重要作用。他的一位同僚回忆："（我们）见到的情形令人震惊，他在紧闭的办公室里静静地待了几个小时后，部署情况就在他那份比例为1:100万的地图上形成了。"*Adolf Heusinger* [Bundesministerium der Verteidigung (Hg.)], 109.

28. C. von Luttichau, *Road to Moscow*, Ⅲ:13-14.

29. K. Gerbet (ed.), *GFM Fedor von Bock, The War Diary*, 197.

30. D. Stahel, *And the World held its Breath*, 57-58.

31. OKH Genst. d. H. Op.Abt. (1), Nr. 051/41 g.K., *Aufmarschanweisung OKH vom 31.1.1941* "*Barbarossa*," in: *Generaloberst Halder Kriegstagebuch*, Bd. Ⅱ, H.-A. Jacobsen (Hg.), 464.

32. C. von Luttichau, *Road to Moscow*, Ⅲ:14-19.

33. C. von Luttichau, Ⅲ:20-24; OKH Genst. d. H. Op.Abt. (1), Nr. 051/41 g.K., *Aufmarschanweisung OKH vom 31.1.1941* "*Barbarossa*," in: *Generaloberst Halder Kriegstagebuch*, Bd. Ⅱ, H.-A. Jacobsen (Hg.), 464-68.

34. D. Stahel, *And the World held its Breath*, 59.

35. Ibid., 59-60.

36. 这些部门是德意志帝国铁路公司（简称为DRG或DR）和东部铁路管理局（简称为Gedob）。德意志帝国铁路公司是个民间或者说商业性质的组织，会根据接到的命令支持国防军的需求。战争期间，该组织遵照军队的规章制度行事，并接受德国陆军总参谋部运输处指导。波兰战局期间，尽管波兰军队在向东撤退时设法破坏了大部分铁路网，但德意志帝国铁路公司还是能够满足德国陆军的所有补给和运输需求。波兰战局结束后不久，东部铁路管理局于1939年10月26日成立，总部设在华沙。它是一个与德意志帝国铁路公司分开的独立实体，负责管理波兰占领区的铁路。参阅"*Deutsche Reichsbahn*"，www.feldgrau.com。

37. 如前所述，在1940年12月颁布"巴巴罗萨"指令前，陆军总司令部通常把侵苏计划称作"奥托"。

38. 汉斯·波特吉塞尔在对东方战局期间德国铁路运营所进行的研究中指出，东线德军及其装备和补给物资通过铁路实施的部署共使用了11784列火车（参阅H. Pottgiesser, *Die Deutsche Reichsbahn im Ostfeldzug*, 21–24.）。据阿尔弗雷德·菲利皮和费迪南德·海姆称，这场规模庞大的行动共使用了1.7万列火车——查尔斯·冯·吕蒂肖也引用了这个数字，并称共有20万节车厢（A. Philippi & F. Heim, *Der Feldzug gegen Sowjetrussland*, 52; C. von Luttichau, *Road to Moscow*, IV:43）。据另一份资料称，作为军队集结的组成部分，每天约有144列火车以24公里的平均时速向东行驶。K.-R. Woche, *Zwischen Pflicht und Gewissen*, 97.

39. 这些调动使用了6条主要铁路动脉。K.-R. Woche, *Zwischen Pflicht und Gewissen*, 97.

40. 运送1个步兵师通常需要约70列火车，运送1个装甲师则需要90～100列。Ibid., 97.

41. C. von Luttichau, *Road to Moscow*, III:28–29.

42. Ibid., III:29–30.

43. C. von Luttichau, *Road to Moscow*, IV:34; H.-A. Jacobsen, *Der Zweite Weltkrieg in Chronik*, 35.

44. C. von Luttichau, *Road to Moscow*, IV:33; A. Philippi & F. Heim, *Der Feldzug gegen Sowjetrussland*, 52. 虽然资料来源不同，但可以肯定在1941年5月20日前已有大约60个步兵师被调到东部前线。

45. W. Haupt, *Die deutschen Infanterie-Divisionen*, 26–27.

46. H. Grossmann, *Gesichichte der 6. Infanterie-Division*, 31–33.

47. W. Buddenbohm, *Das Leben des Soldaten Wilhelm Buddenbohm*, 39. 1941年4月初，该师开赴苏德边界，但这场调动只能在夜间进行。Ibid., 40.

48. H.-J. Dismer, *Artillerie-Offizier im Zweiten Weltkrieg*, 39–40.

49. 1941年5月初，第4集团军驻华沙司令部的参谋迈尔-韦尔克少校被调到东普鲁士的第251步兵师。在波兰待了好几个月后，这位少校发现了环境的变化，特别是策马越过起伏、宁静的乡村时——这是一段愉快的恢复期。他在5月24日写道："战争离这里似乎很远。"H. Meier-Welcker, *Aufzeichnungen*, 116.

50. S. Knappe, *Soldat*, 197.

51. E.-M. Rhein, *Das Infanterie-Regiment 18*, 43. 2005年5月，莱茵先生把他这部精美著作的最后一本样书赠送给我（本书作者），我在此向他表达最深切的谢意。

52. K.-G. Vierkorn, *Feldpostbrief*, 20.3.41 (unpublished field post letter).

53. W. Meyer-Detring, *137. Infanterie-Division im Mittelabschnitt der Ostfront*, 14.

54. H. Hoth, *Panzer-Operationen*, 38.

55. P. E. Schramm (Hg.), *Kriegstagebuch des OKW*, Bd. I, 297.

56. Ibid., 297.

57. P. E. Schramm (Hg.), *Kriegstagebuch des OKW*, Bd. I, 297–98; H. Hoth, *Panzer-Operationen*, 38; J. Loeffler, *Brauchitsch – Eine politische Biographie,* 228–29; D. Stahel, *And the World held its Breath*, 60–62.

58. P. E. Schramm (Hg.), *Kriegstagebuch des OKW*, Bd. I, 298–300.

59. C. von Luttichau, *Road to Moscow*, III:31.

60. D. Stahel, *And the World held its Breath*, 60; H. Guderian, *Achtung Panzer!*, 153.

61. 1940年的西方战局结束后，希特勒下令把坦克的月产量增加到800～1000辆。但陆军军械局经计算得出结论，这样一场（产能）扩充需要耗费20亿马克，还要雇佣10万多名技术工人和专家，希特勒遂放弃这一想法。H. Guderian, *Panzer Leader*, 138–44.

62. C. von Luttichau, *Road to Moscow*, Ⅲ :32.

63. A. Zamoyski, *Moscow 1812*, 105.

64. P. E. Schramm (Hg.), *Kriegstagebuch des OKW*, Bd. Ⅰ, 371.

65. J. Foerster & E. Mawdsley, "*Hitler and Stalin in Perspective,* " 66–67. 这份资料首次为历史学家提供了对霍特将军当日在帝国总理府所作笔记的详细研究和分析。

66. 需要注意的是，所有引述都摘自哈尔德或霍特的笔记。在某些情况下，它们很可能是希特勒的具体话语；但在另一些情况下，它们只是这两人对希特勒当日言论的解释。

67. 无论多么模糊和不准确，此类评论都表明德国人至少对苏联人的KV–1和T–34等新型坦克有所耳闻。

68. C. Burdick & H.–A. Jacobsen (eds.), *The Halder Diary 1939–1942*, 345.

69. Ibid., 346.

70. Ibid., 346–47.

71. 霍特写道："希特勒再次强调了夺取波罗的海地区的重要性。"H. Hoth, *Panzer-Operationen*, 39. 冯·博克元帅在他的日记中写道："下午同元首讨论了计划中的对俄作战。元首认为我麾下的装甲集群很可能在进军列宁格勒的后期进程中，为包围并歼灭在波罗的海地区负隅顽抗的俄国军队发挥至关重要的作用。"K. Gerbet (ed.), *GFM Fedor von Bock, The War Diary*, 208.

72. J. Foerster & E. Mawdsley, "*Hitler and Stalin in Perspective,*" 70–75.

73. Ibid., 75–77.

74. *GSWW*, Vol.Ⅳ, 4–5.

75. 具体例子可参阅C. Hartmann, *Wehrmacht im Ostkrieg*。

76. 引自"*Handlungsspielraeume im Vernichtungskrieg,* " paper presented by David Wildermuth at the German Studies Association (GSA) Conference, Oct 07. 沙恩霍斯特出生于汉诺威，在普鲁士军队服役。

77. BA–MA N 813, *Tagebuch Muenschhausen*, Okt. 41.

78. A. W. Turney, *Disaster at Moscow*, 5–6.

79. M. M. Boatner Ⅲ, *Biographical Dictionary of World War Ⅱ*, 49; K. Gerbet (ed.), *GFM Fedor von Bock, The War Diary*, 13.

80. K. Gerbet (ed.), *GFM Fedor von Bock, The War Diary*, 13–14.

81. K. Gerbet (ed.), *GFM Fedor von Bock, The War Diary*, 14–15; Fedor von Bock, at: http://www.lexikon-derwehrmacht.

82. M. M. Boatner Ⅲ, *Biographical Dictionary of World War Ⅱ*, 49.

83. "*Das ganze Getriebe des Nationalsozialismus war ihm innerlich zuwider.*" F. von Schlabrendorff, *Offiziere gegen Hitler*, 57.

84. Fedor von Bock, at: http://www.lexikon-der-wehrmacht；K. Gerbet (ed.), *GFM Fedor von Bock, The War Diary*, 16.

85. S. W. Mitcham, Jr., *Hitler's Field Marshals*, 148.

86. M. M. Boatner Ⅲ, *Biographical Dictionary of World War Ⅱ*, 50.

87. Fedor von Bock, at: http://www.lexikon-der-wehrmacht；K. Gerbet (ed.), *GFM Fedor von Bock, The War Diary*, 19.

88. K. Schneider-Janessen, *Arzt im Krieg*, 55-56.

89. S. W. Mitcham Jr., *Hitler's Field Marshals*, 150-51.

90. *GSWW*, Vol.Ⅳ, 256.

91. 据"巴巴罗萨"战役的德国准官方史称，这道命令于1940年9月12日下达，参阅*GSWW*, Vol. Ⅳ, 256。

92. K. Gerbet (ed.), *GFM Fedor von Bock, The War Diary*, 188-89.

93. *GSWW*, Vol.Ⅳ, 257.

94. C. von Luttichau, *Road to Moscow*, Ⅳ:33-34; *GSWW*, Vol. Ⅳ, 315. 这34个师隶属3个集团军，且都由B集团军群管辖。

95. K. Gerbet (ed.), *GFM Fedor von Bock, The War Diary*, 192. 1940年12月中旬，第4集团军司令冯·克鲁格元帅作为博克的代理指挥官接掌该集团军群。Ibid., 195.

96. K. Gerbet (ed.), *GFM Fedor von Bock, The War Diary*, 196; F. von Schlabrendorff, *Offiziere gegen Hitler*, 58.

97. 这些话是博克对希特勒所发表言论的解释。K. Gerbet (ed.), *GFM Fedor von Bock, The War Diary*, 193.

98. Ibid., 193-94.

99. Ibid., 197-98.

100. 到1940年秋季，第4集团军司令部和几个军部也已迁至东部。Ibid. 188.

101. 陆军总司令部已在1940年6月26日命令第18集团军司令部迁往东部。对苏战争开始前，该（集团军）司令部被分配给了北方集团军群。*GSWW*, Vol. Ⅳ, 244.

102. "*Festungs-Stab Blaurock*." 9. Armee, at: http://www.lexikon-der-wehrmacht.

103. 1941年4月1日，相关说法源自Peter Hoffmann, *History of the German Resistance*, 264。其他资料则称B集团军群的番号直到1941年6月22日才发生变更。但国防军最高统帅部战时日志也在4月1日提到"中央集团军群"——就在几周前，国防军最高统帅部还把博克下辖的这股力量称作"B集团军群"。P. E. Schramm (Hg.), *Kriegstagebuch des OKW*, Bd. Ⅰ, 373.

104. 冯·特雷斯科于1940年12月加入B集团军群司令部，冯·格赖芬贝格则于1941年5月到来。D. T. Zabecki, *World War Ⅱ in Europe‐An Encyclopedia*, 528, 另见http://www.lexikon-der-wehrmacht。

105. S. J. Lewis, *Forgotten Legions*, 153, f.n. 25.

106. 1943年3月，具体是希特勒视察中央集团军群设在斯摩棱斯克的司令部期间，特雷斯科的副官法比安·冯·施拉布伦多夫把一个伪装成白兰地酒瓶的定时炸弹偷偷放在了希特勒的专机上。但这枚炸弹没有爆炸。幸运的是，施拉布伦多夫因在次日取回炸弹而未被发现。1944年7月21日，即密谋集团在东普鲁士"狼穴"暗杀希特勒的行动失败后次日，深深卷入这场阴谋的特雷斯科驱车驶入东线中间地带自杀身亡。施拉布伦多夫在战争中活了下来。关于反抗希特勒的明确记述，可参阅Peter Hoffmann, *History of the German Resistance*。中央集团军群在军人抵抗运动中发挥的作用，可参阅F. von Schlabrendorff, *Offiziere gegen Hitler*，以及Philipp Freiherr von Boeselager, *Valkyrie*。

107. R. A. Hart, *Guderian*, 71; F. von Schlabrendorff, *Offiziere gegen Hitler*, 58–59. 施拉布伦多夫指出，通过这种"不执行命令"的努力，至少能够限制《政治委员令》的影响。

108. FMS P–052, H. von Greiffenberg, "*Combat in Forests and Swamps*," 5.

109. http://www.lexikon–der–wehrmacht .

110. K. Gerbet (ed.), *GFM Fedor von Bock, The War Diary*, 211. 冯·扎尔穆特将军改任第30军军长。博克在1941年5月2日的日记中写道："哈尔德问我是否同意让冯·格赖芬贝格将军成为（冯·扎尔穆特的）继任者，我要求给我点时间考虑一下。可没等我答复，他（冯·格赖芬贝格）就获得了参谋长的任命。"Ibid., 211.

111. Ibid., 198–223.

112. 部队番号稍有改动，以便同整体叙述保持一致。

113. "巴巴罗萨"行动开始后，两位元帅之间的紧张关系持续存在。对苏战争爆发一个月后，博克在日记中写道："克鲁格出席了会议。我在会场外时，他趁机向布劳希奇抱怨我干涉他的指挥权！这种说法毫无根据。一直以来，现在也是如此，我始终谨慎地避免介入克鲁格的指挥事务，因为我很清楚他的自负。但他这种巧言令色使布劳希奇堕入彀中，要求我给他（克鲁格）必要的自由。我回答道，要是布劳希奇对将领们在此严峻时刻发生的龃龉感到困扰，我对此深感歉意，但克鲁格的行径迫使我必须把事情说清楚。我粗略阐述了克鲁格从波森时期开始的古怪行为、他后来对我的攻讦，以及他在（1941年7月）19日电话里的奇谈怪论。我告诉布劳希奇，自己很难完全不伤害他的虚荣心。"K. Gerbet (ed.), *GFM Fedor von Bock, The War Diary*, 258–59.

114. Ibid., 198–217.

115. C. von Luttichau, *Road to Moscow*, IV:34–37.

116. W. Meyer-Detring, *137. Infanterie-Division im Mittelabschnitt der Ostfront*, 15–16.

117. Dr R. Gschoepf, *Mein Weg mit der 45. Inf.-Div.*, 197–99.

118. Ibid., 208.

119. H. Grossmann, *Geschichte der 6. Infanterie-Division*, 34–35; C. von Luttichau, *Road to Moscow*, IV:10.

120. 苏瓦乌基三角区的原始性，加之完全没有铺装道路也给第3装甲集群和第9集团军部分重武器和装备的部署造成了极大困难。参见第五章第一节。

121. H. Grossmann, *Geschichte der 6. Infanterie-Division*, 36.

122. F. Belke, *Infanterist*, 23 (unpublished memoir).

123. *Tagebuch Haape*, 2.5.41.

124. S. Hart, et al., *The German Soldier in World War II* , 8.

125. 实际上，整个二战期间，德国人有时会在休整、补充或重建过程中进行实弹训练。R. L. DiNardo,

Germany's Panzer Arm, 62.

    126. S. Hart, et al., The German Soldier in World War II , 8.

    127. 埃伯哈德·瓦尔丁于1941年1月加入德国陆军。在接受所选择领域（通信部队无线电操作员）的训练前，他首先作为一名步兵，受到了严格训练（eine harte infanteristische Ausbilding）。Ltr, E. Wardin to C. Luther, 26 Jun 04.

    128. R. L. DiNardo, Germany's Panzer Arm, 60–61.

    129. W. Murray, "May 1940: Contingency and fragility of the German RMA," in: Dynamics of Military Revolution, M. Knox & W. Murray (eds.), 166.

    130. R. L. DiNardo, Germany's Panzer Arm, 62.

    131. 第106步兵师第241步兵团在德国瓦恩训练场的训练方案包括每天长达90公里的行军（两天为135公里），以及野外演习和实弹射击。这些长途行军通常以一场阅兵式（举行地点如科隆歌剧院门前）结束。A. Meyer, Infanterie-Regiment 241, 8.

    132. FMS T-34, K. Allmendinger, et al., "Terrain Factors in the Russian Campaign," 25–26.

    133. 第一次世界大战期间，克鲁格在西线战斗。1918年，他在凡尔登身负重伤。S. W. Mitcham, Jr., Hitler's Field Marshals, 295.

    134. S. J. Lewis, Forgotten Legions, 131–32.

    135. H. Meier-Welcker, Aufzeichnungen, 108.

    136. Ibid., 109.

    137. G. Blumentritt, "Moscow," in: The Fatal Decisions, W. Richardson & S. Freidin (eds.), 34–35.

    138. R. Steiger, Armour Tactics in the Second World War, 10.

    139. 比如陆军总司令部在1941年1月31日下达的指令中称，部队必须对俄国人使用化学武器做好准备，这种武器甚至有可能从空中投下："Auf die Verwendung chemischer Kampfmittel auch aus der Luft durch den Gegner muss die Truppe sich einstellen." OKH Genst. d. H. Op.Abt. (1), Nr. 050/41 g.K., Aufmarschanweisung OKH vom 31.1.1941 "Barbarossa," in: Generaloberst Halder Kriegstagebuch, Bd. II, H.-A. Jacobsen (Hg.), 465.

    140. 有43个国家于1929年签署了《日内瓦第三公约》，这实际上是两份公约，为落入敌人手中的军事人员提供了保护：一份解决战俘问题，另一份有关对伤员的照料。美国、德国、意大利、法国和英国签署了这份公约，而日本和苏联没有签署。不过苏联签署了1925年的《日内瓦协议》，该协议禁止实施毒气战和细菌战。C. Bellamy, Absolute War, 20.

    141. J. Huerter, Hitlers Heerfuehrer, 231. 布劳希奇在1941年6月12日会晤第4集团军司令部工作人员时说："俄国人会以一切可能的手段从事战争：施放毒气、破坏库存物资、污染水井。" Ibid., 231, f.n. 139.

    142. 值得注意的是波格丹·穆夏尔通过收集苏联档案对这个问题进行的新研究——它表明苏联在20世纪20年代末已着手大规模重整军备，目标是对西方国家发动一场以意识形态为基础的战争。1930年，日后的苏联元帅M.N.图哈切夫斯基阐述了这样一种战争计划，他设想的是投入5万辆坦克和4万架飞机，并大规模实施化学战。参见B. Musial, Kampfplatz Deutschland, 9。

    143. Dr E. Bunke, Der Osten blieb unser Schicksal, 191–93 (self-published manuscript).

118

144. FMS T-34, K. Allmendinger, et al., "*Terrain Factors in the Russian Campaign*, " 50-78.

145. H. Grossmann, *Geschichte der 6. Infanterie-Division*, 43.

146. H. Meier-Welcker, *Aufzeichnungen*, 113.

147. R. Law & C.W.H. Luther, *Rommel*, 44-45.

148. Ibid., 46.

149. Ibid., 47.

150. R. Law & C.W.H. Luther, *Rommel*, 47-48; M. Gilbert, *Second World War*, 149. 托布鲁克要塞及其2.5万名守军于1941年1月22日投降。[①]

151. R. Law & C.W.H. Luther, *Rommel*, 48-52.

152. Ibid., 53-70.

153. 实际上，哈尔德在1941年4月30日的日记中透露："统帅部直属部队：审查手头必须留给'巴巴罗萨'行动的所有部队。原本派往利比亚的100毫米火炮和攻城炮不应发出。只派1个100毫米炮兵连动身出发，同时关注事态发展。倘若托布鲁克陷落，（相关地区）就不再需要剩余的炮兵力量。"C. Burdick & H.-A. Jacobsen (eds.), *The Halder Diary 1939-1942*, 379.

154. D. Stahel, *And the World held its Breath*, 81-82. 1941年7月中旬，"巴巴罗萨"行动发起数周后，希特勒为东线补充了85辆德制和捷克制坦克。虽然各种原因造成了严重消耗，但截至1941年9月初，东线总共也仅获得137辆补充坦克。根据希特勒的指示，这段时期生产的大多数坦克都用于装备新装甲师，他准备将这些师用于击败苏联后的后续任务。P. P. Battistelli, *Panzer Divisions*, 67.

155. http://www.history.army.mil ; M. Gilbert, *Second World War*, 162.

156. http://www.history.army.mil ; http://www.lexikon-der-wehrmacht .

157. J. Keegan, *Second World War*, 134, 150-51.

158. M. Gilbert, *Second World War,* 161; http://www.history.army.mil .

159. J. Keegan, *Second World War*, 151-52; M. Gilbert, *Second World War*, 166.

160. J. Keegan, *Second World War*, 151-54; M. Gilbert, *Second World War*, 166.

161. J. Keegan, *Second World War*, 154-58; M. Gilbert, *Second World War*, 170-75.

162. I. Kershaw, *Hitler 1936-45: Nemesis*, 366.

163. J. Keegan, *Second World War*, 160.

164. W. L. Shirer, *Rise and Fall of the Third Reich*, 829-30.

165. C. Bellamy, *Absolute War*, 100.

166. J. Keegan, *Second World War*, 174.

167. 1940年12月18日的"巴巴罗萨"指令仅仅指出，进攻的所有准备工作必须在1941年5月中旬前完成。在某些时候，1941年5月15日亦被选为入侵苏联的日期。

168. D. Stahel, *And the World held its Breath*, 96-97; K. Assmann, *Deutsche Schicksalsjahre*, 255-56.

---

① 译注：原文如此。

169. J. Loeffler, *Brauchitsch － Eine politische Biographie*, 243.

170. H. Plocher, *The German Air Force Versus Russia, 1941*. USAF Historical Study No. 153, 37.

171. D. Stahel, *And the World held its Breath*, 96.

172. E. M. Howell, *Soviet Partisan Movement*, 2.

173. K. Mehner (Hg.), *Geheime Tagesberichte*, Bd. 3, 132–48.

174. BA–MA MSg 1/1147: *Tagebuch Lemelsen*, 10.6.41, 17.6.41.

175. D. Stahel, *And the World held its Breath*, 96–97.

176. J. Keegan, *Second World War*, 134.

177. Ibid., 161.

178. J. Keegan, *Second World War*, 163–64; I.C.B. Dear (ed.), *Oxford Companion to World War II*, 213–14.

179. J. Keegan, *Second World War*, 165.

180. J. Keegan, *Second World War*, 165–66; W. Murray, *Strategy for Defeat*, 76.

181. W. Murray, *Strategy for Defeat*, 76; I.C.B. Dear (ed.), *Oxford Companion to World War II*, 215; J. Keegan, *Second World War*, 171.

182. I. Kershaw, *Hitler 1936–45: Nemesis*, 367; W. Murray, *Strategy for Defeat*, 76.

183. W. Paul, *Panzer–General Nehring*, 121–22.

第三章
对手一：德国国防军的现状

"据说历史包括声誉。如果说一支军队的声誉是其质量的一个衡量标准，那么，德国陆军当然是首屈一指的……德国陆军的高超质量已经成为一根标杆，人们以此来衡量其他不太成功的军队。"（马丁·范克勒韦尔德）[1]

"如今我（在德国）只要遇到一个老人，就会忍不住问他是否参加过二战。如果他说'是的'，那我会接着问：'您是如何在战争中生存下来的？'我通常得到的回答是：'我负过几次伤！'我从未遇到过毫发无损地从这场战争中生还的步兵——要是对方真没负过伤，那他肯定不是步兵。"（玛丽安娜·米特，希特勒第三帝国的幸存者）[2]

"我们位于装甲师和装甲掷弹兵师后方，因为我们无法达到坦克部队和摩托化步兵的速度……这是'闪电战'，但与在波兰和法国不同——那里的整条战线可以迅速向前推进。而在俄国，机械化力量就像射出去的箭，把我们远远甩在了后面。"（第87步兵师炮兵军官西格弗里德·克纳佩）[3]

"无论其形象如何，最好把希特勒的装甲兵描述、理解为一群技术专家——不仅仅是身体上，在心态上同样如此。二战中有关他们的记录表明，其受领的任务超出了自己的手段，在这一点上甚至可以说远远超过德国国防军其他军兵种。"（丹尼斯·肖沃尔特）[4]

陆军兵力编成

于 1939 年 9 月实施战争动员后，德国野战军队编有 106 个师，其中包括 6 个装甲师和 8 个摩托化师。[5]1939 年至 1940 年的冬季和 1940 年春季，陆军继续扩充，规模增加到了 169 个师，其中约有 140 个师被投入西方战局。[6] 希特勒一时心血来潮，想把地面部队缩减为"和平时期"的 120 个师。但在考虑到对苏战争问题后，他又于 1940 年夏季决定把陆军扩充到 180 个师。这个数字随后又经修改，到 1941 年 6 月，德国陆军发展到了约 208 个师。[7] "巴巴罗萨"行动前夕，德国陆军兵力编成为 152 个步兵师[8]、21 个装甲师、15 个摩托化师[9]、9 个保安师、6 个山地师、4 个轻装师、1 个骑兵师和数个摩托化旅 / 团。其中约 150 个师集结于东部（包括部署在芬兰的 4 个师），38 个师驻扎在西部战区，8 个师位于挪威，7 个师用于占领巴尔干地区，2 个师用于北非，1 个师在丹麦。[10] 1939 年 9 月以来，陆军兵力从 375 万增加到了 500 万左右，空军的人数则为 170 万，海军兵力为 40 万，武装党卫队为 15 万。[11]

指定用于对苏战争的约 150 个师几乎占 1941 年 6 月德国陆军总兵力编成的 75%，但就战斗力而言这个比例实际上还会更高：21 个装甲师中的 19 个和全部 15 个摩托化师都被列入"巴巴罗萨"行动的战斗序列[12]，几乎所有陆军支援力量（由各集团军直接掌握，不隶属某军某师），包括大量重型火炮都被指定用于东部。不参加东方战局的那些师里，有 30 多个是近期刚刚组建的，就训练和装备而言，他们并未做好战斗准备。而留在西线和巴尔干地区的许多师（如上所述，约有 30 多个）已经遭到削减，几乎只剩一具空壳，毫无战斗力（kampffaehig）可言。[13]

尽管这股力量相当强大，可是 1941 年（单就这个方面而言，德方在整个二战期间都是如此）的德国陆军兵力编成存在一种根本性失衡。上述数字表明这支军队的主力由大批未实现机械化的"传统"步兵师组成，他们徒步行军，主要靠驮马牵引 / 运送火炮、装备、弹药和补给物资。在这 208 个师中，只有 36 个（稍稍超过总数的 15%）是快速兵团（装甲或摩托化师）。倘若只考虑为对苏战争集结的力量，这种严重失衡还略有改善（尽管只是少许）：150 个师中有 34 个快速师，约占（但是不满）东线兵力编成的 25%。德国陆军这种"古怪"编成导致的后果是，他们实际上有两支不同的军队：一支是规模较小的摩托化和装甲力量，能迅速穿越大幅地域；另一支规模庞大、缓慢而又笨重，"事实证明并不比 1914 年的德皇军队，甚至 1812 年的拿破仑大军更具机动性"[14]。1939 年 9 月到 1941 年春季之间，在相对狭小的（西部）战区里，这种严重的结构性缺陷并没有明显影响德军的地面作战行动，但在东部的庞大空间就完全是另一回事了。回想起来，人们之所以认为"闪电战"无法在苏联奏效，主要便是因为构成东部军队"矛尖"的快速力量不足。

当然，希特勒和他的军事顾问小圈子从未有过这种怀疑，他们全神贯注于战争准备，根本没时间内省。德国人在 1941 年春季，为所有领域进行的准备工作涉及大量具体举措，他们试图进一步增加集结在东部的军队的质量优势。这些措施包括：1. 设立装甲集群司令部，指挥战斗中的快速力量；2. 对装甲师实施整顿和扩充；3. 引入新的（或升级现有的）武器系统，增强步兵和快速部队的火力；4. 提升战斗工兵、通信和铁路部队的战斗力；5. 组建更多高射炮部队，为部队提供掩护，减少或是避免由敌空袭造成的损失；6. 优化后勤保障体系（包括大幅增加有关食物、燃料、弹药和其他补给物资的卡车运输量）；7. 根据芬兰人从 1939—1940 年同俄国人进行的冬季战争中所获经验，开发一款全新的冬装。[15]

但以上这些措施并不能说明德国政治和军事领导层在"尽职尽责"地为东部战争做准备——事实证明，虽然"巴巴罗萨"战役提出了前所未有的挑战，但他们显然没有正视这一点。令人惊讶的是，德国的整体军备生产（包括武器和弹药）在战争第二年里几乎没有增加，而苏联和英国（的军备生产）差不多翻了一番，美国则增产了三倍。另外，德国人能够实现增产在很大程度上是因为弹药产量的严重削减，这种削减在 1941 年 8 月给东线德军的作战行动造成了影响，对当年秋季和 1941 年至 1942 年冬季的影响则更加严重。[16] 即便在德国人积极寻求增产的领域（如坦克），他们取得的成果也不太显著。如前文第一章所述，1940 年里，德国的坦克平均月产量不到 200 辆（含各种型号），而在 1941 年第一季度，各工厂也只生产了 700 多辆。[17]

造成产量日趋下降的原因有很多，其中包括人力[18]、原材料、专用机床的习惯性短缺，以及纳粹政权无可救药的错综复杂性，还有这个政权体系效率低下、缺乏统一规划、腐败、扼杀竞争的特征。但潜在原因可能很简单——军方领导层相信手头现有力量和库存武器弹药足以成功实施对苏战争，因此"额外的生产努力被视为多余，加之时间仓促，这种努力也毫无意义"[19]。实际上，"德国领导层从未考虑过付出最大程度的努力——与敌人的潜力相符的那种努力——因为他们认为现有力量足以在几周内粉碎苏联的军事潜力"。正如约德尔将军所说的那样，东部的作战行动能够以现有力量和武器"轻松遂行"，因而并不需要付出特别的努力。[20]

如果说最高统帅部这种满不在乎的态度给军备生产造成了不利影响，那么，德国在法国战败之后采取的不连贯的军工政策也对其生产造成了破坏，这些政策的主要特点是把生产重心从陆军装备转向空军和海军装备。1941 年 6 月 11 日，"巴巴罗萨"行动发起前不到两周，希特勒签署了国防军最高统帅部呈交给他的第 32 号元首令，指令开头处傲慢地写道："消灭苏联武装力量后，德国和意大利将在军事上主导欧洲大陆……"这道指令随后称"主要工业努力会正式转向海军和空军"。希特勒和陆军总司令部都没有质疑过这项决定。[21]

即便通过这番粗略的分析也能看出，在 1940 年 7 月到 1941 年 6 月这段关键时期，希特勒和他的军方人员都不打算为迫在眉睫的东部战争（实施这场战争的重任由陆军承担）赋予其应得的优先权。海因茨·马根海姆对此评论道：

尽管"巴巴罗萨"行动的实施对武器装备要求极高，可是（德国）领导层并不打算赋予陆军最高优先权。他们甘愿接受这种极高的风险（从现在到1941年5月，在这么短的时间内已不可能把陆军武装到他们所希望的程度），或许这只能归咎为迄今为止由取得的战果激起的信心和他们对敌人的低估。这种情况再次强调了这样一个事实：对西方列强的战争才是真正的问题，而进行侵苏战局仅仅是为了实现一个初步决定。它也表明了这样一点：从1939年战争爆发开始，德国最高统帅部就根本没有准备一份全面战争计划，这份计划本应成为一个构思周密、理由充分的军备方案的基础……

虽然采取了各种临时措施，但德国陆军的武器和弹药供应还是没能达到原定数额。到1941年4月1日，最重要的武器类别的供应缺口竟高达35%。火炮方面甚至出现了堪称矛盾的状况：在1941年6月，东部军队只能投入7184门各种口径的火炮；在1940年西方战局期间，德国军队在相当狭窄的正面却拥有7378门火炮。

即便陆军在质量方面得到某种程度的扩充和提升——这也主要是通过使用迄今为止缴获的武器装备来达成的，1941年6月的东部军队也仅比1940年春季的西部军队稍大、稍强一些。东部军队的装备处于一种被称为"拼布床单"的状况。这种无法令人满意的状况可以用这样一些事实来解释：领导层没有要求德国空军为支持陆军而削减其武器计划，空军获得的劳动力配额仅比陆军少10%……

很明显，1940年夏季和秋季的军备控制并没有遵循任何长期的整体计划，更多体现的是一种短期的临时性计划，针对的则是多个战略目标。另外，同苏联人的对抗没有导致武器装备明显集中于陆军，从而为其提供有可能赢得一场快速胜利的力量。由此得出的结论是，对苏战争并没有占据应有（鉴于它对德国国防军提出的要求）的中心位置，从整体规划和军备生产上看都是如此。东方战局仅仅被视为一个过渡期，虽然重要，但不过是为针对西方列强的"最后之战"创造条件。[22]

这种短视（和狂妄）的结果是，东线德军于1941年6月22日跨过苏德边界时，他们的反坦克武器、野战火炮和步兵炮"缺得惊人"，严重影响到步兵所能得到的火力支援。大约有84个步兵师和数个摩托化步兵师配备各种型号的外国车辆（主要是法国产的汽车），并以缴获的武器为反坦克部队提供部分装备。装甲力量投入战斗时使用了数百辆过时的坦克，以及大量由捷克制造的装甲战车。虽说以上这些和其他类型外国装备的性能水平并非全部低于德制武器装备，但它们至少给德国陆军的装备体系增添了令人眼花缭乱的多样性[23]，导致弹药、零配件、维修方面早已存在的挑战更趋复杂。可如果不使用缴获的武器，德国人便几乎无法装备于1941年经过扩充的陆军，将之用于希特勒的东方战争。实际上，陆军总司令部早在1940年夏季就认识到，缴获武器、车辆和其他装备的库存对东部军队的展开是个"至关重要的先决条件"[24]。

正如下文即将概述的那样，德国军队在西方赢得胜利与发动"巴巴罗萨"行动之间的一年内，德国军事领导层对其武装部队的质量进行了重大改良。但不可避免的是，他们为对苏战争集结的战斗序列并不比1940年用于西方战局的军力更强大。此外，为对苏战争拼凑出的武器、车辆、装备的"拼布床单"

表明，"希特勒的东线军队更像一座七拼八凑、完全不协调的建筑，而不是战后文学著作经常描绘的那种强大的、为特定目标制造的、装备统一的战争机器"[25]。事后看来，造成这种看似无法理解的情况的直接原因是德国的军事文化，经过近两年持续不断的胜利后，德国人放弃了其专业举止，对未来的东方对手莫名其妙地表现出太少的好奇心和关注。德国将领对"巴巴罗萨"的态度印证了这种观点，这提醒着后世的我们："为何必须在打开地狱之门的大锁前精心策划、深入研究战争。"[26]

徒步步兵

再次强调一点：运输主要依靠马匹拖曳的徒步步兵仍然主导着1941年的德国兵力编成，约占200多个师（这一总数）的75%。尽管装甲师往往会成为新闻焦点，可就像1914—1918年间那样，步兵在所有战区承担起了战场上的主要职责。东线步兵在负伤或阵亡前的平均生存时间仅为几周。许多人多次负伤，却一次次返回自己的部队，直到最终阵亡或被俘。但这些德国步兵：

> 在整个二战期间以令人钦佩的顽强和效率从事战斗，即便他们的部队遭受极大的损失亦是如此。统计分析后得出的结论是，无论进攻还是防御，甚至在战争后期面对盟军压倒性的数量优势和空中优势时，德国军队给对手造成的伤亡通常都比自身损失高出50%。维持这种惊人战斗力的最基本要素之一是部队的凝聚力：德国士兵的能力使他们团结一致，哪怕遭受惨重损失也能作为一个整体继续战斗；换作其他国家的军队，他们可能早就因为恐慌和自我保护的本能而土崩瓦解了。德国士兵还展现出了重组部队和以各部队掉队者及幸存人员组建临时性战斗群的非凡能力。[27]

第二次世界大战期间，德国武装力量组织、训练、装备了389个步兵师，并把他们投入战场。[28] 按照德国人的惯例，这些师将以一个个"波次"组建。整个战争期间，这样的动员不少于35个波次。一般来说，各个波次在武器和装备方面都有些细微差别，但编制往往会愈加规范。1939年，德军为战争全力以赴时，第一波次步兵师在物资方面享有最高优先权——配备5000多匹马，但卡车不到 600 辆。1933—1939 年，重新武装的"随意过程"消除了充分扩大德国汽车工业规模，从而使一支庞大军队实现摩托化的一切可能。对此，最高统帅部的回应是为徒步步兵制造一系列最先进的马拉大车，辅以诸如滚珠轴承和橡胶轮胎等改良技术。德国步兵师唯一实现全摩托化的部队是反坦克连和反坦克营，因为这些部队必须迅速展开行动，以抗击敌人的坦克力量。[29]

1941 年式的 1 个德国步兵师总兵力为 1.7 万人左右。每个师的核心是其辖内 3 个步兵团，每个团约有 3000 人。[30] 1 个团辖 3 个营，每个营编有 4 个连——3 个步枪连和 1 个机枪连。每个步兵团还直接掌握 1 个配备轻型和中型步兵炮的连队，外加 1 个为团长提供可靠火力支援的反坦克连。除了 3 个步兵团，每个步兵师的战斗序列中还有 1 个炮兵团、1 个反坦克营（与团属反坦克连配备的武器型号相同，只是数量更多）、1 个侦察营、1 个战斗工兵营，另外还有通信、医疗、兽医、行政和后勤勤务部队。

步兵连的制式武器包括毛瑟 Kar98K 手动步枪，这是整个战争期间德国步兵的制式武器，另有冲锋枪（通常配备军士和军官）、机枪（主要是 MG34）、轻型和中型迫击炮（50 毫米的 le.Gr.W. 36 和 81 毫米的 s.Gr.W. 34），当然还包括手榴弹。步兵连的基本构成单位是班（或称之为 Gruppe），共有 10 名士兵的 1 个班围绕他们的轻机枪（le.MG 34）组建而成。担任班长的军士最初配备步枪，于 1941 年换装冲锋枪（MP40），该型冲锋枪的实用射速为每分钟 180 发，这表明德军（或者说此类军士）在火力方面获得了大幅提升。[31] 机枪连（实际上是重武器连，总是每个营里番号最靠后的连队，因此 3 个步兵营的重武器连分别为第 4、第 8、第 12 连）配有重机枪（s.MG 34）和中型迫击炮，如此一来，该连便掌握了包括平射和曲射武器的出色火力组合。[32]

步兵炮连（总是团里的第 13 连）配备 6 门 75 毫米轻型步兵炮（le.IG 18）和 2 门 150 毫米中型步兵炮（s.IG 33）。反坦克连（每个团的第 14 连）主要配备 37 毫米反坦克炮，但这种反坦克炮在 1940 年的战局中便无法对付联军较重型的坦克，对现在（以及未来）的战争而言基本过时。于是，德军开始列装一款口径更大的 50 毫米反坦克炮，可截至 1941 年 6 月这款火炮才刚开始少量运抵前线部队。因此，部分师也获得了一些法制 47 毫米反坦克炮，以此作为权宜之策。但 1941 年时的德国步兵没有任何一款反坦克武器可以有效对付苏军较重型的

KV-1 和 T-34 坦克。因此，步兵部队经常被迫靠前部署炮兵力量，以直射火力打击敌坦克——由于遂行近距离交战，这种做法有时会导致火炮的严重损失。[33]

炮兵团（士兵佩戴含红色镶边的兵种徽标）在 1941 年的战斗中发挥了不可或缺的作用。一份出版于 1943 年的德国军事出版物把炮兵称为"前线的支柱"（das Rueckgrat der Front）。[34] 的确如此——仅 1941 年到 1942 年间，哪怕炮弹长期短缺，身处苏联的德国炮兵还是消耗了 6000 万发（各型炮弹）[35]，主要是为步兵突击提供炮火支援，此外他们还承担起了防御期间的大部分职责。1 个标准炮兵团编有 4 个营，每个营辖 3 个连，每个炮兵连配备 4 门火炮。前 3 个炮兵营共有 36 门 105 毫米轻型野战榴弹炮（le.FH 18），第 4 个营通常配备 12 门 150 毫米中型野战榴弹炮（s.FH 18），这就使每个团总共装备了 48 门火炮。[36] 这些火炮以马匹拖曳行进，1 个炮兵团通常拥有 2000 多匹马。[37]

无论 1941 年的德国步兵师存在什么缺点，其总体火力依然相当强大。第 251 步兵师是 1939 年 9 月第四动员波次中的一个师[38]，为执行 1941 年 10 月进攻莫斯科的"台风"行动而加入中央集团军群战斗序列。作为这段时期里德国步兵师的典型，该师配备的武器如下：

12558 支手动步枪（Karabiner 98K）

405 挺轻机枪（le.MG）

112 挺重机枪（s.MG）

3060 支手枪（Pistolen 08）

800 支冲锋枪（Machinenpistolen）

87 门轻型迫击炮（le.Gr.W. 36）

54 门中型迫击炮（s.Gr.W. 34）

67 门 37 毫米反坦克炮

6 门 47 毫米反坦克炮（法制）

20 门轻型步兵炮（le.IG 18）

6 门中型步兵炮（s.IG 33）

36 门轻型野战榴弹炮（le.FH 18）

12 门中型野战榴弹炮（s.FH 18）[39]

指定用于东方战局的德国步兵师还获得了几款新武器提供的火力支援，这些新式武器正大量列装陆军，但不是配发给相应步兵师，由其自主掌握。其中包括四联装 20 毫米高射炮，41 式 150 毫米多管火箭炮，280 毫米、320 毫米地对地火箭，以及突击炮。四联装高射炮是一款防空武器，配有 4 根 20 毫米口径炮管，实用射速为每分钟 800 发，在打击地面目标时堪称一款毁灭性武器。六管火箭炮可把高爆弹发射到 7000 码外，同样具有毁灭性的效果。280 毫米和 320 毫米火箭安装在半履带车两侧或后部的木箱里发射，有高爆弹、燃烧弹等弹种，由大量火箭弹同时到达目标导致的冲击效应更为可怕——这种武器（士兵们很快就将其称作"步行斯图卡"）的射程约为 2000 米。[40]

为入侵苏联，德国人首次大规模使用了一款高效的新式武器——Ⅲ号突击炮。[41] 截至 1941 年 6 月，德国生产了约 375 辆突击炮，其中 250 辆用于东方战局，被编为 11 个营和 5 个连。[42] Ⅲ号突击炮配备的主要武器是一门 75 毫米短身管 L24 火炮，安装在一辆Ⅲ号坦克的底盘上。由于没有炮塔（75 毫米主炮被直接装在车体上），这款战车轮廓较为低矮，生存能力也有所提升。突击炮的任务是为步兵提供装甲力量密接支援，同时发挥反坦克的作用。[43] 有幸获得一个突击炮连的步兵师会对这款武器大加赞赏，苏联人则对它心生畏惧。"突击炮是我们的终极武器"——1941 年 8 月 30 日，一名在叶利尼亚突出部（斯摩棱斯克以东）战斗的炮兵军官在给妻子的信中这样写道：

它们是配有一门火炮的坦克，不同之处在于突击炮顶部敞开，因而可以在炮队镜的协助下开火射击！装甲板非常好！我学会了在步兵进攻期间欣赏这款武器——每个营获得了两辆突击炮，它们率先发起进攻，步兵在其掩护下向前挺进。突击炮使用的炮弹在对付敌坦克时很有效。[44]

装甲师和摩托化师

如果说步兵师在数量上占据主导地位，那么主宰战场的一定是装甲师和摩托化师。虽然快速力量仅占东部军队的一小部分，但德国人还是希望这些部队实施纵深迂回和包围，并因此取得了成功。1940 年 4 月 1 日到 1941 年 6 月 1 日间，德国装甲战车（AFV）的数量稍有攀升，从3387辆（含所有车型）增加到了5694辆。[45] 按照装甲战车的类型细分，后一个数字具体由以下类别组成：

877辆 I 号坦克

1157辆 II 号坦克

187辆Pz 35(t)轻型坦克

754辆Pz 38(t)轻型坦克

1440辆 III 号坦克

572辆 IV 号坦克

330辆装甲指挥车

377辆 III 号突击炮[46]

这些装甲战车中，有3648辆在1941年6月22日用于东部：

281辆 I 号坦克

743辆 II 号坦克

157辆Pz 35(t)轻型坦克

651辆Pz 38(t)轻型坦克

979辆 III 号坦克

444辆 IV 号坦克

143辆装甲指挥车

250辆 III 号突击炮[47]

正如戴维·斯塔赫尔正确评论的那样，要想准确评价东方战争的性质，"必须首先掌握战争技术手段方面的基本基础"[48]。"闪电战"作战概念的主要组成部分显然是坦克，德军各款坦克的技术规格简要概述如下：

I 号坦克：这是德国人在1941年使用的所有坦克中最轻型、火力配备最弱的一款。它于1934年首次列装[49]，主要作为德国新生的装甲兵实现快速组建和训练的过渡型车辆。I 号（Pz Kpfw I）[50] 的重量介于 5 吨到 6 吨之间，配备两挺 7.92 毫米机枪，装甲板厚度仅为 13 毫米。这款坦克首次参加战斗是在西班牙内战期间，之后又出现在了二战初期战局中。但早在西班牙内战期间，它的不足之处（包括火力和防护）就暴露无余。到 1941 年，这款坦克显然早已过时。尽管如此，仍有 281 辆 I 号被分给了 "巴巴罗萨" 行动的打击力量。[51] 对苏战局开始后仅仅 13 天，冯·托马少将视察第 3 装甲集群返回后便告诉陆军总参谋长哈尔德，I 号坦克已经成为部队的 "负担"，应退出东部现役，用于本土和沿海地区防御，并作为一款训练车辆使用。[52]

II 号坦克：德国陆军在 20 世纪 30 年代中期需要新式中型坦克，但这种坦克的研发和生产太过缓慢，II 号坦克因此作为另一款过渡型装甲战车引入部队。这款战车于 1936 年首度推出，需要 3 名车组人员，配备一门 20 毫米 L/55 主炮和一挺 7.92 毫米机枪。截至 1941 年，这款坦克已推出几个变款——与其前身相比，这些改进型号拥有更好的装甲防护，吨位也稍重。1941 年，在苏联展开行动的 4 个装甲集群使用了 700 多辆 II 号坦克，其中大多被编入了轻型装甲连。和 I 号一样，II 号坦克也已经过时，但东部打击力量装备的这两款战车达到了 1000 多辆（占总数的 28%）。[53]

Pz 35(t) 轻型坦克：德国吞并捷克斯洛伐克后，这个国家（后者）的优质武器和令人印象深刻的军火工业使德国陆军大为受益。捷克人的坦克特别有价值，因为它们明显优于早期的德国坦克。德国人把两款捷克坦克中较重的一款重新命名为 Pz 35(t)，配有 25 毫米厚的装甲板、一门 37 毫米主炮和两挺 7.92 毫米机枪。不幸的是，这款坦克的装甲板采用铆接方式，而不是德国坦克使用的焊接方式安装。铆钉会让人产生一种不安的感觉，它在遭到重型炮弹冲击时会弹出，铆钉杆会像弹片那样在坦克内四散飞溅。[54] 到 1941 年 6 月，这款坦克同样过时了，唯一还在使用的兵团是第 6 装甲师——全部 157 辆 Pz 35(t) 都在该师。[55] 原第 6 装甲师师长埃哈德·劳斯将军在他的东线回忆录中描述了投入 Pz 35(t) 坦克后很快就遇到的困难：

俄国战局开始时，第6装甲师最值得注意的特点便是全师只有1个重型装甲连。第6装甲师第11装甲团编有3个营，每个营辖4个连，主要配备PzKw 35（t）轻型坦克，这款由捷克制造的旧式战车早已停产，其正面装甲的最大厚度仅为25毫米。每个营只有第四个连会获得一些Ⅳ号和少量Ⅲ号。相比之下，第1装甲师却拥有1个完整的重型装甲营。第11装甲团无法通过数量优势弥补其技术缺陷。该师师长弗朗茨·兰德格拉夫少将[56]从一开始就意识到了这个弱点，不得不禁止麾下坦克全部投入战斗，他让这些战车与我们的步兵营相互配合。哪怕就我们已经知道的俄国坦克和反坦克武器来说，PzKw 35（t）坦克的性能也相当低劣。

必须专门指出（以上）这些事实，因为这意味着我们不得不采用与其他装甲师不同的战斗方式……另外，由于PzKw 35（t）已停产一段时间，相关的零配件供应也越来越困难。因此，尽管敌人的行动给我们造成的损失较小，可是师里可修复的坦克数量依然在稳定减少。[57]

到1941年12月中旬，第6装甲师的坦克已经损失殆尽，战斗兵员也只剩350人。[58]

Pz 38(t) 轻型坦克：这款坦克是捷克对于Pz 35(t)战车的改良，虽然比原型更轻，但最终配备了更厚的装甲板。它的主要武器也是一门37毫米火炮，另外得到了两挺7.92毫米机枪的加强。获得捷克的武器库存后，德国人把该型坦克改装成适用于四人车组，原先只有驾驶员、无线电操作员和车长／炮手，现在增添了一名装弹手。这款坦克的机械性能相当可靠，耐用的底盘也为后来的一系列变款提供了基础，这些变款中包括"黄鼠狼"Ⅲ和"追猎者"坦克歼击车。实际上，Pz 38(t)是"目前德国所有轻型坦克中的最佳型号"[59]，共有651辆被编入"巴巴罗萨"行动战斗序列，大多隶属赫尔曼·霍特将军的第3装甲集群。[60]尽管Pz 38(t)有许多优点，可它仍是一款轻型坦克，在东线同样无法抗击红军的T-34、KV-1和大口径火炮。这款坦克的损耗率相对较高。戴维·斯塔赫尔称，这种损失：

也强调了入侵苏联的德国装甲力量的根本性弱点，而作战计划在很大程度上依赖于这股力量。更确切地说，如果把用于"巴巴罗萨"战役的所有轻型坦克加在一起，我们就会发现这个数字达到了坦克总数的50%。这意味着在德国人为入侵苏联而集中的坦克里，有半数在该战区几乎都已过时。[61]

III号坦克：根据德国陆军下达于1934年的相关命令，1937年少量生产出了首批试验型号（并被伪装成"中型拖拉机"）。[62] III号是专为国防军新组建的装甲部队开发的两款坦克之一（另一款是IV号）。其设计意图是充当德国快速力量中的主力坦克（也就是"反坦克"坦克），应当配备一门发射高速穿甲弹的主炮。但在首次亮相时，它搭载的37毫米主炮远远达不到相应要求。武器系统在初期迭代中还出现了另一些问题。悬挂系统完成重新设计后，III号E型于1938年12月投入批量生产。接下来几年里，德国人设计并生产了这种坦克的另外几个变款，一门新型主炮（威力更大的50毫米L/42火炮）最终成为III号G型的标准配置。1940年4月到1941年2月，该型号共计生产了600辆。III号G型还配有两挺7.92毫米机枪，其装甲板厚度达到了37毫米，重约20吨，由一个五人车组操作。[63]

"巴巴罗萨"行动发起前，III号坦克的最新升级版本是J型，于1941年3月投产，车体装甲被加厚到50毫米。总的来说，东部打击力量共配有近1000辆III号，这些（III号）坦克大多装备50毫米L/42主炮，使装甲部队的火力大为提升，实际上"首次形成了各装甲师真正的支柱"[64]。

应当指出的是，希特勒显然希望III号坦克升级使用炮管更长的50毫米主炮，这会获得更高的炮弹初速。装甲兵将领古德里安回忆道：

根据西方战局所获经验，希特勒命令每个月生产800～1000辆坦克。但陆军军械局估计该计划需要耗费20亿马克，还涉及10万名技术工人和专家。鉴于如此庞大的开支，德国独裁者不得不同意暂时放弃该计划。

希特勒还下令以50毫米L/60火炮替换III号坦克原先配备的37毫米主炮。但这款坦克最后使用的是炮管大大缩短的50毫米L/42火炮。德国独裁者显然不知道军械局擅自修改了他的指令。等到1941年2月获知所有技术要求都已提出，自己的指示却没有得到执行时，希特勒非常恼火，并因为这种专横行径一直没有原谅军械局相关人员。甚至在之后几年里，他仍会不时提及此事。[65]

Ⅳ号坦克：这是参加侵苏战争（的德军所装备）的最后一款坦克，于1936年投产。1941年6月之前生产的所有型号（从A型到F型）都配备一门短身管75毫米L/24主炮。Ⅳ号坦克最初的设计目标是成为一款密接支援武器，并作为Ⅲ号坦克的补充。但由于自身在波兰及法国战局（以及后来对联军和苏军战车的作战）中取得的战果，它很快就成了另一款"反坦克"坦克。"巴巴罗萨"行动发起前投产的最新型号是F型（1941年4月），它普遍增加了装甲板厚度，从而增强了防护力。这款坦克重约26吨，由5名车组成员操作，除了主炮外还配有两挺7.92毫米机枪。Ⅳ号坦克的各种型号经历了整个战争过程，总产量约为9000辆，构成了二战期间德国装甲力量的骨干。[66]有近450辆Ⅳ号被分配给"巴巴罗萨"行动战斗序列。

快速力量的改编和扩充

早在1940年西方战局结束前，陆军总司令部就曾考虑对陆军兵力编成内的装甲和摩托化师进行一场重大改编和扩充。最初的目标数量是于1940年5月拟定的24个装甲师和12个摩托化师，然而到6月中旬，相应数量降到了20个装甲师和10个摩托化师。[67]新的师（10个装甲师和8个摩托化师）在1940年秋季和1941年春季组建。与此同时，现有的10个装甲师会接受改编，部分部队还会进行重新装备。在执行这项重大任务的过程中，陆军总司令部以法国战局的经验为指导，同时力求使各装甲师的编制更加统一（但这个意图只实现了一部分）。"巴巴罗萨"战役开始前，以上计划因1941年年初第5（摩托化）轻装师的组建而改变。建成后，这个师开赴北非充当拦截力量；到达利比亚后，该部于1941年8月21日改称第21装甲师。[68]

由于1940—1941年间的坦克产量较少，让装甲师数量翻倍的唯一办法便是大力削减各（装甲）师配备的坦克数。因此，每个装甲师现在只编有1个装甲团（辖2~3个装甲营），而在1940年，现有10个装甲师中的6个都编有2个装甲团。[69]虽说各装甲师淘汰了数百辆过时的Ⅰ号和Ⅱ号坦克，改为装备更多的Ⅲ号及Ⅳ号坦克起到了某种弥补作用，但此举（增加师的个数）还是导致各装甲师被削减到了有效展开作战行动所需的最小规模。[70] 事实上，进行了改编和扩充后，各装甲师的平均坦克数量从1940年的258辆陡降到196辆，而分配给各（装甲）师的实际坦克数量亦为147辆到299辆不等。[71]

因为坦克数量减少，每个装甲师都会获得第二个摩托化步兵团，1个摩托车营也添加到了各师编制表中。除部分更新坦克型号，各装甲师还获得了数款新式武器以提升相应的作战能力，其中包括50毫米反坦克炮（装备反坦克部队）、少量四联装20毫米高射炮、280/320毫米火箭发射器（"步行斯图卡"）。另外，炮兵、通信兵、战斗工兵和后勤部队也得到了升级。[72]

改编和扩充工作并非一帆风顺——机动车辆的短缺（给相应工作）制造了严重瓶颈，各师迟迟没能获得装备，这对他们的训练工作产生了不利影响。为达到可接受的摩托化水准，陆军被迫把目光转向外国物资（主要来自法国），以此装备装甲和摩托化部队。有些部队获得车辆的时间太晚，在投入对苏作战前几乎没时间熟悉这些车辆。而车辆型号令人眼花缭乱的多样性也给零配件供应和维修带来了问题。仅第17装甲师就装备约240种不同型号的车辆[73]，这给他们制造了很大的麻烦。另外，该师直到1941年5月下旬才接收全部的车辆补充，此时距"巴巴罗萨"行动发起仅剩几周。但不管怎么说，截至1941年7月中旬，第17装甲师（古德里安称其为"这个英勇的师"）已经击毁了502辆苏军坦克。[74]

虽然很难概括德军1941年型装甲师的战斗序列（原因很多，例如坦克数量不统一），不过大致情况如下：每师辖有1.3万～1.6万名军官、军士和士兵，部队成员会佩戴原帝国陆军汽车运输营的前辈们首次佩戴的粉红色镶边领章。[75] 一个典型的装甲师拥有约300辆履带式车辆（其中坦克不到200辆）和3000辆轮式车辆。若以单路纵队排列在道路上，这支规模庞大的队伍会前后延伸130公里！[76] 一个装甲师总共拥有的火力包括约620具自动武器和260门各种口径火炮（不包括50毫米或81毫米迫击炮）。[77] 1941年型装甲师坦克力量的战斗核心是Pz 38(t)和Ⅲ号，在用于"巴巴罗萨"行动的3250辆坦克里[78]，这两个型号共有1630辆。与1940年相比，虽然战斗序列中多出600辆Ⅲ号，但用于侵苏战争的Ⅳ号中型坦克（444辆）仅比西方战局时期多150辆。另外，德军超过50%的装甲战车——Ⅰ号、Ⅱ号、Pz 35(t)、Pz 38(t)——现已过时，并不适用于东部的残酷战斗。在大多数情况下，就连他们的中型坦克也无法匹敌苏联人的 T-34 和 KV-1，后两者拥有显而易见的质量优势。[79] 很容易得出这样一个结论，尽管德国人在加强装甲部队火力方面取得了许多成就，可是在数量和质量方面，这些成就还远远无法满足成功对付苏联人这种对手的需要。

德国装甲师的战斗序列（1941 年 6 月）[80]

师部和地图科（2 挺轻机枪）

装甲旅旅部
——通信排、轻型装甲排（3 辆Ⅲ号指挥坦克、5 辆Ⅱ号坦克）

2 个装甲营[81]，每个营编有
——1 个营部连（2 辆Ⅲ号指挥坦克、5 辆Ⅱ号坦克）
——2 个轻型装甲连（每个连 17 辆Ⅲ号坦克、5 辆Ⅱ号坦克）
——1 个中型装甲连（14 辆Ⅳ号坦克、5 辆Ⅱ号坦克）

2 个（摩托化）步兵团，每个团编有
——1 个团部连（通信排、战斗工兵排、摩托车排，3 挺轻机枪）
——2 个步兵营，每个营编有：
3 个步枪连（每个连 18 挺轻机枪、2 挺重机枪、3 门轻型迫击炮）
1 个机枪连（8 挺重机枪、6 门中型迫击炮）
1 个重武器连（3 门 37 毫米反坦克炮、2 门轻型步兵炮、4 挺轻机枪）
——1 个步兵炮连（2 门中型步兵炮、4 门轻型步兵炮）

1 个摩托车营
——3 个摩托车连（武器同步兵营步枪连）
——1 个摩托车-机枪连（武器同步兵营机枪连）
——1 个重武器连（武器同步兵营重武器连）

1个中型步兵炮连（自行式）

——只配备第1、第2、第5、第9、第10装甲师（6门自行式中型步兵炮）

1个（摩托化）装甲侦察营

——营部和通信排（2挺轻机枪）

——1个装甲侦察连（10辆KwK[82]、25挺轻机枪）

——1个摩托车连（18挺轻机枪、2挺重机枪、3门中型迫击炮）

——1个重武器连（武器同步兵营重武器连）

——1个侦察队（3挺轻机枪）

1个（摩托化）炮兵团

——团部和通信排

——2个轻型炮兵营，每个营编有：

3个轻型野战榴弹炮连（每个连4门105毫米轻型野战榴弹炮、2挺轻机枪）

——1个中型混成炮兵营，编有：

2个中型野战榴弹炮连（每个连4门150毫米中型野战榴弹炮、2挺轻机枪）

1个100毫米加农炮连（4门100毫米加农炮、2挺轻机枪）

1个（摩托化）反坦克营[83]

——营部和通信排

——3个反坦克连（每个连8门37毫米反坦克炮、3门50毫米反坦克炮、6挺轻机枪）

——1个（自行式）高射炮连[84]（8门20毫米高射炮、2门四联装20毫米高射炮）

1个（摩托化）装甲战斗工兵营

——2个轻型战斗工兵连（各配备9挺轻机枪）

——1个装甲战斗工兵连（Ⅰ号坦克[85]、6辆配备280/320毫米火箭发射器的SPW[86]）

——1个"B"（摩托化）架桥队

——1个"K"（摩托化）架桥队

——1个（摩托化）轻型战斗工兵队

1个（摩托化）装甲通信营

——1个装甲电话连（2挺轻机枪）

——1个装甲无线电连（13挺轻机枪）

——1个轻型装甲通信队

1个战地补充兵营

补给和后方勤务

——汽车补给队

——1个（摩托化）补给连

——3个（摩托化）维修连

——2个医护连

——3个救护车排

——1个（摩托化）面包连

——1个（摩托化）屠宰连

——（摩托化）宪兵

——（摩托化）战地邮政勤务队[87]

  最后，本节对摩托化师的扩充稍作评论：摩托化步兵最初都是徒步步兵，会按正常顺序赋予番号，训练和装备也与常规步兵相同，因而佩戴传统步兵兵种的白色镶边领章。摩托化步兵与线列步兵唯一的区别是（尽管是个重要区别）——他们搭乘卡车往来于战场，偶尔还会乘坐装甲运兵车。1939年，有4个摩托化师（第2、第13、第20、第29师）[88]被编入第14摩托化军。1940年年初，这些师的规模从3个团削减为2个团，而精锐的"大德意志"摩托化步兵团是以仪仗队性质的柏林警卫团组建而成的。[89]

　　到 1941 年春季，有 2 个摩托化师（第 2、第 13 摩步师）已被改编为装甲师，而 8 个徒步步兵师（第 3、第 10、第 14、第 16、第 18、第 25、第 36、第 60 师）也被改为全摩托化兵团，这使德国陆军总共拥有了 10 个摩托化步兵师。其余摩托化部队还包括第 900 教导旅、"大德意志"步兵团和数个武装党卫队师——"阿道夫·希特勒警卫旗队"师也在其中。[90]

　　摩托化师只有 2 个搭乘卡车的团，因此只编有 6 个步兵营（典型的三团制步兵师编有 9 个营）。火炮由卡车或半履带拖车拖曳，侦察部队则以摩托车和装甲车实施机动。在 1942 年，1 个突击炮营或坦克营会加入摩托化师战斗序列，装甲运兵车也开始大量出现。但在 1941 年，这些摩托化师只不过是机动性更强的步兵兵团。[91]

　　侵苏战争开始后，摩托化步兵师（尽管此类部队数量较少）和各装甲师配备的车载步兵力量所具有的巨大价值立即得到认可，他们参与到了持续不断的战斗中。实际上，德军对他们的生理和心理要求是"巨大的"。一名士兵抱怨道："在这里（战场上）进行的摩托化运送不过是确保我们这些可怜的装甲掷弹兵比步兵师的伙计们更频繁地用于抗击敌人……所以，我们拥有一种能够经常投入战斗的可疑优势。"[92]

德国空军

　　"终于来了场适宜的战争！"德国空军参谋长汉斯·耶顺内克在东方战局开始前不久这样说道。[93]对英空中作战惨败后，这位德国空军将领无疑热切地期待着东部即将到来的战争，他的空中力量会再次回到为本国地面部队提供空中支援的主要任务上，从而协助陆军复制去年在西方赢得的惊人胜利。尽管耶顺内克做出上述评论，可是研究 1939 年 9 月至 1941 年春季间德军空中行动的学者可能很容易得出这样一个结论——德国空军一直在从事一场"适宜的战争"。当然，从某种意义上说，"巴巴罗萨"行动开始前的整整 21 个月里，他们一直在遂行代价高昂、持续不停的战斗。在此过程中，飞机和机组人员遭受严重损失，而陆军各部队的伤亡比例要低得多，甚至在 1940 年 7 月到 1941 年 4 月间经历了一场（相对本国空军而言的）战斗间歇。

　　第二次世界大战爆发以来，德国空军遭受的损失相当惨重：1939 年 9 月

入侵波兰期间，戈林的空军损失 285 架飞机，占此次战役所投入力量的 18%。在挪威和丹麦战役中（1940 年）又折损 242 架，但主要是运输机。法国和低地国家战役期间（1940 年），德国空军再度损失 1129 架飞机。[94] 而在不列颠战役高潮期（1940 年 7—9 月），他们折损约 1600 架飞机。实际上，1940 年 5 月到 9 月间，德国空军损失了 3000 多架飞机，这个数字相当于他们总体实力的 57%。[95] 此后的损失率虽然起起落落、有高有低，但在整个 1941 年春季从来不曾为零（也就是说一直都有损失），因为德国空军依然在不列颠群岛、北非、巴尔干和克里特岛上空行动。

德国空军几乎不可避免的损耗带来的严重后果是，其兵力编成的总体规模在 1940 年春季到入侵苏联期间几乎没有发生变化：

德国空军兵力编成

（1940 年 5 月—1941 年 6 月）

1940 年 5 月 5 日

335 架近程侦察机

322 架远程侦察机

1356 架单引擎战斗机

354 架双引擎战斗机

1711 架轰炸机

414 架俯冲轰炸机

50 架对地攻击机

240 架海岸飞机

共：4782 架飞机

1941 年 6 月 21 日

440 架近程侦察机

393 架远程侦察机

1440 架单引擎战斗机

263架夜间战斗机

188架双引擎战斗机

1511架轰炸机

424架俯冲轰炸机

223架海岸飞机

共：4882架飞机[96]

对比以上数字得出的一个惊人结论是，尽管苏联战区比西部大一个量级，可是发动侵苏战争时德国人的轰炸机比1940年5月时还要少200架，而俯冲轰炸机（这是一股至关重要的对地支援力量）的数量几乎没有发生变化。唯一明显的增长是近程和远程侦察机的数量，可事实证明，哪怕这种程度的增长也无法满足在东部战区广袤空间执行相应任务的要求。

总之，"1941年6月21日"相关数据所列举的飞机里有3500多架用于"巴巴罗萨"战役，就这一战役前所未有的任务范围而言，这股力量至少在数量方面远远不够。实际上，正如空中力量历史学家詹姆斯·S.科勒姆评论的那样："俄国的情况是战线太长，而且飞机太少。尽管德国空军在战局初期阶段表现出色，可他们还是缺乏足够数量的飞机遂行自己的任务。"[97]

虽说飞机数量不多，而且已经遭受极大的损失，但1941年的德国空军仍是一股强大的力量。科勒姆再次指出：

从各个方面来看，1939—1941年间的德国空军都优于其敌人。Bf-109战斗机强过它的大多数对手，唯有英国产的"喷火"式能在战斗中与之匹敌。Ju-88、He-111、Do-17中型轰炸机也是当时最好的型号。在波兰、挪威、法国、北非、苏联进行的战斗证明，Ju-87"斯图卡"是一款非常有效的密接支援战机。除了这些战斗力量，德国空军还拥有500架运输机，是世界上最大的运输力量，曾在早期数场战局中发挥决定性作用。[98]

除了飞机性能通常优于苏联空军（Voenno-vozdushnikh sil，或简称为VVS）之外，德国空军机组人员接受的训练也更好，并且在战斗经验方面占有很大优势。德国空军的指挥机构和相关学说非常灵活，这意味着空中力量可以在前线各地段之间迅速调动。另外，卓有成效的通信网有利于指挥控制投入部署的空军力量，使德国空军战地指挥官能够把他们的力量集中于战场上的决定性地点。德国空军在 1941 年的以上及其他特点使他们在对苏战局开始后头几天里几乎把苏联空军彻底逐出了天空。但相反的是，德国空军在后勤方面（燃料、零配件、弹药供应等）存在"严重但被隐藏起来的缺点"。不过，在一场被策划为"闪电战"的战局中（这意味着战争的持续时间不会超过几周），以上缺点不会造成太大的麻烦。[99]

德国空军在苏联的首要任务是为地面力量提供直接和间接空中支援，快速部队需要特殊照顾，因为他们（顺利完成相应任务）是取得战役胜利的关键。直接支援意味着执行空中密接支援任务，也就是在己方主要战线或附近打击敌军。间接支援包括封锁道路、桥梁、铁路线、补给站、部队集中地和对敌人有价值的其他资产。德国空军战地指挥官习惯于同地面部队紧密配合，并在很大程度上心甘情愿地担当配角。于 1941 年夏季配合中央集团军群作战的航空队司令阿尔贝特·凯塞林元帅用行动证明了这种态度。他在战后描述了自己与相应集团军群的和谐关系，以及他对自己所受领任务的理解：

在这场存在许多不可估量因素的战争中，我的目的是与集团军群司令部保持更密切的联系，并通过德国空军总参谋部此前一直派驻陆军的一名军官确保联络不中断。他必须每天晚上向我的指挥所报到，讲解陆军当日的态势，并讨论他们（陆军）为第二天的行动提出的措施；同时也要听取空军的情况，这样他就可以向集团军群司令部详细汇报。

作为空军指挥官，我只能从很远处审视陆军的调动，并通过空军小组（空军联络员）和高射炮兵从陆军前线直接发回的报告了解情况，这些报告有时候与陆军指挥部的说法存在很大不同。在每晚的态势会议上，我评估陆军的情况，并指示中间人于贝中校把我的批评意见转达给集团军群司令部。紧急情况下我会同冯·博克电话交谈，或者由我的参谋长打给他。冯·博克知道，我并不打算指手画脚，我的干涉仅仅是由一个伙伴做出的、可以理解的反应，我急于帮助姊妹军种，无论是对是错，这都是为了一个共同的目标……

尽管如此，这部分文字的标题依然是：陆军与空军堪称典范的合作。依靠这种和睦关系，我指示自己麾下的空军和高射炮兵将领，在不影响他们隶属于我的情况下，按照我的命令考虑陆军的愿望，除非从显而易见的空军利益角度看，遵守这种命令是不切实际或者有害的。我们预料到陆军的愿望，并尽快、尽可能完整地落实了他们合理的要求，我那些指挥官和我本人对此深感自豪。[100]

在 1941 年，间接支援（即封锁）任务得到了更好理解，其本身也比空中密接支援更容易执行。虽说德国人的地空协同在当时仍处于起步阶段，但在空中密接支援的应用方面已经取得重大进展。不过，当"巴巴罗萨"战役开始时，整个德国空军在空中密接支援方面仍没有做好准备，只有 1 个航空军得到了专门训练和适合的装备。[101]这就是由航空兵上将沃尔夫拉姆·冯·里希特霍芬男爵指挥的第 8 航空军。里希特霍芬是二战期间最出色的战术空军指挥官之一[102]，于 1936 年年底到 1939 年率领"秃鹰军团"在西班牙作战，先是担任参谋长，后来成为该军团的最后一任指挥官。正是在西班牙内战中，德国空军向发展真正的空中密接支援能力迈出了实验性的一步。1939 年，在波兰，里希特霍芬率领新组建的空中密接支援航空军。1939 年 10 月初，该部改称第 8 航空军。1940 年 5 月，他率领第 8 航空军和该军编成内的 Ju-87 "斯图卡"俯冲轰炸机联队投入西方战局，并因此战获得骑士铁十字勋章。作为一名才华横溢的战术创新者，里希特霍芬在法国战局至对苏战局期间（在这段时间里，他还率领自己的航空军参加了巴尔干战局）致力于改进德国空军的空中密接支援技术。到 1941 年 6 月，里希特霍芬已经完善了他从 1939 年开始就不断实验的一种作战体系——空军联络人员乘坐装甲车，从地面指导空中密接支援，并使用合适的无线电设备控制作战行动。对苏战局开始后，空军人员在前线直接展开行动，指挥"斯图卡"对敌筑垒阵地实施攻击。值得一提的是，特别"空中密接支援"小组派驻到了各装甲师，在确定最具价值的地面目标方面"卓有成效"，还有效减少了己方火力误击事件。科勒姆指出："冯·里希特霍芬在1941 年的创新使德国空军得以更有效地支援己方地面力量。两年之后，英国人和美国人才组建类似的小组，为地面部队协调他们的空中支援。"对苏战争期间，里希特霍芬的航空军在前线中央地带展开行动，以创新性的空中力量为费多尔·冯·博克元帅的中央集团军群提供空中支援。[103]

　　侵苏作战开始后，里希特霍芬航空军和整个东部航空队无情地投入交战。实际上，以上各部队的空中行动几乎毫不停顿地从 1941 年 6 月 22 日持续到了 10 月底，直到天气造成不可忽视的影响，他们的行动步伐才有所放缓。由于火炮和反坦克武器数量不足，东线陆军越来越依赖空中力量弥补自身火力方面的空白。快速部队也需要空中力量协助封闭他们据守的合围对外正面：

　　作战强度或许可以通过这样一个事实判定，在这段时期里，俯冲轰炸机部队平均每天的出动架次相当于编制飞机数的75%，战斗机保持在60%左右，远程轰炸机则为40%～45%。全军为整个时期付出的平均努力约为2500架飞机，这样算来，在前线从事战斗的各类飞机每天出动超过1200个架次，而在某些强度更高的时期，每天会达到2000个架次甚至更多。

　　虽说付出了这番努力并利用一切机会不断消灭苏联空中力量——德国人声称截至10月底已击毁2万架苏军飞机——但这个目标（彻底消灭苏联空军）从未成功实现。相反，德国空军因为这种巨大的付出而遭受了严重削弱。由于不得不使用缺乏准备和设施条件不佳的机场，德国空军的损失极其惨重。另一个原因是俄国人的高射炮火相当精准，德方侦察机和远程轰炸机部队深受其害。战机的这种损耗完全发生在一线作战部队……经历了一次下降后，德国空军的飞机数量于1941年12月底减少到4300架左右。因此，各部队在某些情况下不得不合并。飞机产量明显无法弥补长期的激烈空战造成的损失，（这种情况）还是首次出现。[104]

　　有关这个问题的讨论可能会给大家留下这样一种印象——德国空中力量的相关学说认为，空军不过是陆军的辅助军种。可事实远非如此。理查德·穆勒在他出色的著作《德国在俄国的空中战争》中写道，德国在 20 世纪 30 年代中后期发展的空中战争学说"与这段（可预见的）空中力量的鼎盛期发展出的任何一种学说同样雄心勃勃，且同样意义深远"[105]。德国空军的理论家提出了一个他们称之为"战役空战"（operativer Luftkrieg）的概念，这个概念的意图是把一支独立空军整合到现代"全面战争"的实施之中。[106] 换句话说，与亚拉巴马州麦克斯韦机场空军战术学校的美国空中力量规划者一样，德国人战前也致力于在空中力量的战略应用方面制订出有意义的理论——这是理查德·祖兴维尔特在50年代后期为美国空军历史处进行的一项研究中强调的观点：

通过两件事绝对可以确定，德国空军领导人从一开始就打算在爆发战争的情况下，把新成立的空军军种用于战略作战行动。

首先，在德国空军关于实施空战的野战条令中，第16节把战略空战视为至少与另外两种战机部署方式同等重要……在第143～178节和第183～185节，该条令继续详细探讨了战略空战中的各种可能性。鉴于这部条令作为作战规划基础的重要性，新军种的领导人不可能不把战略空战视为他们的三项主要任务之一。

其次，我们可以看到德国空军领导人为开发对战略任务不可或缺的飞机型号投入了很多心思。这方面最积极的人物当属帝国航空部空军指挥部负责人（实际上就是德国空军首任总参谋长）瓦尔特·韦弗将军[107]，他公开敦促开发一款四引擎轰炸机。这款飞机在德国空军内部被称为"乌拉尔轰炸机"，这一事实表明了他们在未来战争中实施战略空战并打击一切可能之敌的意图。[108]

所谓的"乌拉尔轰炸机"是实施有效战略空中行动必不可少的先决条件，但这款飞机没能研发成功。1936年6月3日，韦弗将军因飞机失事丧生，该型轰炸机的开发工作很快中止。不管怎么说，最终结果是令人失望的：道尼尔和容克斯推出的两款原型机Do-19和Ju-89并没有表现出可以让人接受的性能——这两款飞机"笨重、动力不足"[109]，从未投入现役。此后不久（具体是1937年），亨克尔公司开始研发自己的远程轰炸机，他们的He-177尽管无法令人满意，可还是投入批量生产，并在战争后期断断续续地执行战斗任务。He-177的一个主要缺陷是发动机性能不佳，而且在整个战争期间，这个问题始终困扰着德国重型飞机的研发。[110]

1939年到1945年，德国空军的战略空战概念很少被付诸实践。从更广泛的角度看，原因之一是他们没能开发出适当的工具，但更重要的原因还是最初的"巴巴罗萨"指令（1940年12月18日版本）根本没有就对苏战局为武装力量分配战略任务——毫无疑问，他们认为这是一场"闪电战"风格的短暂战争，几乎不需要设立战略目标。德国空军在对苏战局中发挥两方面作用：首先是获得空中优势，在可能的情况下夺取制空权；其次是在地面力量展开机动作战期间为他们提供支援。只有到达伏尔加河—阿尔汉格尔斯克—阿斯特拉罕这条总线后，轰炸机力量才能（在必要时）遂行战略行动，摧毁乌拉尔地区残存的工业中心。[111]

1941 年的战局确实见证了德国空军实施战略作战行动的一些失败尝试。例如从 1941 年 7 月起，他们对莫斯科展开一连串空袭。这些行动虽然持续到了 1942 年春季，但从结果来看毫无意义，因为他们的实施手段严重不足，断断续续的空袭无法造成任何影响。他们有时还会设法打击苏联其他军备中心，但这些行动显然是次要的，德国空军的主要任务依然是支援地面力量。直到 1943—1944 年结局不再有疑问时，部署在东部的德国空军才在战略空战方面付出更大的努力，尽管他们早就无法获得更好的结果。[112]

此处再次援引斯塔赫尔所说的原则，即掌握战争技术手段方面的"基本基础"是准确评价"巴巴罗萨"战役性质的根本性先决条件。现将德国主要飞机型号的详情列举如下：

梅塞施密特 Bf-109：这款漂亮的单座、单引擎战斗机在刚诞生时可能是世界上最好的战斗机。到 1941 年年初，唯一比它优秀的是英国"喷火"式战机。这款飞机（Bf-109）于 1935 年首飞，在 1936 年柏林奥运会期间首度公开亮相。之所以被命名为"Bf"，是因为制造这款飞机的是巴伐利亚飞机制造厂（Bayerische Flugzeugwerke），即便该厂整合成为梅塞施密特股份公司（Messerschmitt AG），"Bf"这个编号仍然得以保留。Bf-109 跟随"秃鹰军团"在西班牙内战中获得战斗经验，此后又为德国军队在 1939—1941 年的初期胜利发挥了不可或缺的作用。这款飞机开发出了许多衍生型号，第一款大批量生产的是 Bf-109E（"埃米尔"），它在 1939 年秋季取代了一线战斗机中队配备的早期型号战机。E 型的最大飞行速度约为 360 英里 / 小时，机翼上装有两门 20 毫米自动加农炮，引擎罩上方还有两挺 7.92 毫米机枪。于 1940 年年末推出的 F 型（"弗里德里希"）配有一台马力更强的引擎，最大飞行速度在 2.2 万英尺高度达到了 390 英里 / 小时。Bf-109F 专为精准射击而设计，在机鼻处装有一门15毫米或20毫米加农炮，另有两挺7.92毫米机枪。[113]

在苏联战场上，一些Bf-109安装了炸弹架，作为战斗轰炸机使用。另外，Bf-109使用过一种新武器，这标志着德国空军作战效率的重大提升。那就是SD-2杀伤弹[114]，也是"第一款集束炸弹"，攻击暴露在外的地面部队或车辆时，它比传统弹药更具杀伤力：

> 每枚SD-2都是个装有96颗子炸弹的容器，覆盖范围达几百米，因此一架飞机投下2～3枚SD-2就能有效消灭一整支在道路上行进的苏军纵队。用于拦截任务时，集束炸弹对红军极为有效，因而在德国的弹药生产中被赋予了最高优先级。美国空军发现SD-2是一款非常有效的武器，在战后加以仿制和生产。直到60年代，SD-2都作为一种制式弹药，仍被保存在美军武器库中。[115]

1941年6月22日，部署在东部的大多数德国战斗机大队都配备了更新、更快的Bf-109F，其他部队则继续使用较老的"埃米尔"型。这两款战机远远优于苏联空军投入战斗的任何一个机型，唯一的缺点是续航力较差（航程约为650公里）。战役前夕，沿东线部署的战斗机大队的战斗序列中共计有858架Bf-109，其中657架可随时投入战斗。[116] Bf-109采用大胆的黄色战区标志，在对苏战局最初几个月里表现出色。[117] 未来的岁月里，有70多名德国战斗机飞行员——即所谓的"专家"[118]——在东部取得的个人战果超过100个，其中不乏获得200多个个人战果的飞行员，还有两名飞行员的个人战果甚至令人难以置信地超过了300个。[119] 相比之下，在西部战区，只有少数德国飞行员取得过百的战果，这说明西线与东线的情况存在巨大差异。

梅塞施密特Bf-110：这款双发重型战斗机和轻型轰炸机是帝国元帅戈林的最爱。Bf-110是一款"修长、潇洒的悬臂式下单翼飞机"，配备德国空军中的"毁灭者"中队，它是德国人首次认真尝试生产的一款能够护送轰炸机编队并深入敌方领土的"战略"战斗机。研发方于1935年着手制造3架原型机，在1936年5月12日成功进行首次试飞。1939年，德国军队入侵波兰时，空军第10大队[120]配备了这款战机。由于空中对手数量极其有限，该大队在战役期间主要承担对地支援任务。1940 年，约有 350 架 Bf-110C 参加了对法国和低地国家的入侵，有 220 架用于不列颠战役。但在 1940 年夏季，不列颠群岛上空，Bf-110 遭遇了强劲的对手。虽然 Bf-110 全副武装，配有两门 20 毫米自动加农炮和数挺 7.92 毫米机枪，但这款重型战斗机糟糕的转弯半径和缓慢的加速性能使它成为皇家空军战斗机轻而易举就能捕杀的猎物。Bf-110 遭受的损失相当惨重，德军不得不将这一型号撤出海峡沿岸。不过，虽说这款战机到 1941 年夏季基本在西欧战区销声匿迹，但随后列装的 Bf-110C/D/E 几种衍生型仍被广泛使用，并在东线取得了成功。它们的最大速度达到了 340 英里 / 小时，搭载各种武器和承受战损的能力亦使这款战机获得新生。[121]

道尼尔 Do-17：“巴巴罗萨”战役前夕，在组成德国空军轰炸机群的三款双引擎轰炸机中，Do-17 是最落伍，事实证明也是最令人失望的一款。具有讽刺意味的是，这款飞机最初的设计意图是充当汉莎公司的邮政飞机并作为德国铁路的货运机，但帝国航空部很快便要求道尼尔公司制造一款衍生型轰炸机。Do-17 原型机于 1934 年秋季首飞，在 1937 年列装部队。这款机身修长、外形优雅的飞机被称为“飞行铅笔”，是（当时）世界上速度最快的轰炸机。跟随“秃鹰军团”在西班牙作战、支援佛朗哥的国民军期间，Do-17 几乎不受敌方战斗机的拦截。可仅仅三年后（1940 年），在英国上空发生的事情就证明这款轻型轰炸机很容易遭受现代战斗机的攻击。由于航程有限、载弹量相对较小（2200 磅[①]）、易受敌火力打击，Do-17 在“巴巴罗萨”战役中仅发挥了些许作用，通常以 2 个侦察机中队和 3 个轰炸机大队的形式展开行动。到 1942 年，德国空军把这款轰炸机撤出前线，换装了容克斯 Ju-88。在战争最后几年里，剩余的 Do-17 成为新技术和训练学校的试验台，还有一些被提供给了德国的轴心国盟友。[122]

亨克尔 He-111：这确实是一款精致且富有美感的飞机，在空气动力学方面较为高效，配有椭圆形机翼和一个全玻璃制的流线型机头。He-111 是 20 世纪 30 年代中期最出色的飞机之一，但这也是问题所在，因为到 1939 年战

---

① 编注：为准确表达数据，中文版保留了原书的英制单位。1磅=0.4536千克，2200磅=997.92千克。下文出现该单位时，读者可自行换算。

争爆发时，它已经濒临过时。由于德国飞机制造业实在无法找到合适的替代品，He-111 一直使用到战争结束。除了实施轰炸，它还执行反舰和运输任务。1944 年时，它甚至充当过 V-1 巡航导弹的发射平台。[123]

这款飞机于 1935 年首飞。与同时代的许多本国型号一样，He-111 也跟随"秃鹰军团"参加了西班牙内战。到 1939 年 9 月，德国空军三分之二的轰炸机部队都配备了 He-111。在整个战争期间，它一直是德国水平轰炸机编队的骨干。但这款轰炸机存在以下几个缺点：防御武器不足、速度相对较慢（He-111 H-1 的最大速度约为 250 英里 / 小时）、机动性较差，以及（作为一款战略轰炸机）载弹量太少（4000 磅）。[124] 当然，从积极的一面看，He-111 结实可靠，能够承受较严重的战损。由第 100 "维京"轰炸机大队拍摄的两张照片证实了相关情况：第一张照片是一架苏制"老鼠"歼击机撞击一架 He-111，前者给后者的尾部装置和机身造成严重破坏，并在其右机翼上撕开一个大洞，但这架 He-111 仍坚持飞回了机场；第二张照片是一架 He-111 被重型高射炮直接命中，右机翼被撕开一个两米宽的缺口，尽管受损严重，飞行员还是驾机飞回了己方基地。[125]

He-111 以标准迷彩方案涂装，上翼面为深绿色调，起落架是浅浅的蓝灰色，机身后部点缀着代表苏联战区的黄色籀带。这款轰炸机是东方战局不可或缺的组成部分。据霍斯特·布格说，"巴巴罗萨"战斗序列中的轰炸机联队在 1941 年 6 月 22 日共计有 757 架可用战机[126]，其中大多是 He-111。在 1941 年夏季，它们袭击敌人的机场和其他重要设施，阻止敌部队集结，轰炸铁路线、道路和桥梁，偶尔对主要军备中心（包括莫斯科）发起"战略"攻击。该型号甚至提供过空中密接支援。危机四伏的 1941 年至 1942 年冬季，它们把部队和补给物资运到摇摇欲坠的前线，偶尔也在打击红军部队的低级别任务中充当"飞行炮兵"这一角色。该型飞机耗损率很可怕——这一点也有助于解释为何德国空军在 1941 年损失的飞机数量几乎相当于年初时他们的整个力量编成。[127]

容克斯 Ju-87：虽然航速较慢、武器配备不足、很容易遭到轻武器火力打击，但这款飞机仍是德国空军为地面力量提供空中密接支援的核心。一名 1942 年 8 月在莫斯科城外勒热夫镇附近战斗的红军战士痛苦地描述了这款致命的德国俯冲轰炸机：

（我们的）坦克搭载着步兵向前驶去。顺利穿过雷区后，他们逼近敌军防线，所有坦克向前行进，朝敌阵地开火射击——他们能解决一切问题。他们即将到达德军战壕，步兵们会投出手榴弹，而坦克会碾碎敌人的阵地。

突然，从勒热夫方向飞来的"斯图卡"俯冲轰炸机出现在战场上空。它们自信而又放肆地冲向我方坦克。这种直接攻击造成第一次、第二次……无数次爆炸，被击中的坦克腾起大股黑红相间的火焰，剩下的坦克迅速散开，继续冲向自己的目标。敌方轰炸机列队飞来，长机拉响警报器，优雅地转入俯冲，对目标投下炸弹，然后朝高空急剧拉升。之后，排成单路纵队的第二架、第三架、第四架……第十架轰炸机俯冲而下，在匆忙散开的坦克上方形成一个独特的"旋转木马"。这场"秃鹫的血腥盛宴"发生在冲锋中的战士们眼前并引发了一场骚动：我们的歼击机在哪里？为何他们没来掩护坦克和步兵？一群"猛禽"投下炸弹后飞离，但另一群取而代之，类似的冷酷过程一再重复，他们正在安排一场无情的"送葬"，不会让受害者逃离这个致命的口袋。

从可怕的那一天起，我就再也无法忍受德国"斯图卡"战机野兽般的嚎叫。他们发出的尖啸撕心裂肺，冻结了你的灵魂，使你惊慌失措，就像一条剧毒眼镜蛇的凝视那样令你动弹不得，并在你脑海里持续存在很长一段时间。战争结束后，我再也没敢去动物园，因为我害怕动物的哀号或嚎叫会让自己神经崩溃。[128]

Ju-87外形独特，配有鸥翼和固定起落架，第一架原型机于1935年春季首飞。到20世纪30年代末，最初的A型和马力更大的B型都已投入批量生产。德国人还制造了一小批Ju-87C，准备将其用于海军计划建造的"齐柏林伯爵"号航空母舰，但这艘战舰未能完工。为加强对敌地面部队的心理影响，Ju-87B在起落架护具上安装了由木制螺旋桨操纵的警报器，这些"耶利哥号角"所发出噪音的音高和强度也会吓住许多接受初期训练的"斯图卡"飞行员。[129]

在波兰和法国，"斯图卡"展示了它完成空中密接支援和拦截任务的能力。在精确制导弹药出现前的一个时代里，Ju-87是一款高精度轰炸机，能以近70度角的俯冲攻击打击目标，精度在30码以内。这款战机配备了特殊的减速板，能把大角度俯冲时的速度从650公里/小时降到450公里/小时，因而更容易瞄准目标。但飞行员很快得出结论，不使用减速板时攻击效果更佳——减速板的操作不仅烦琐，还延长了俯冲持续时间，增加了位于目标上方的时间，从而导致两名机组成员更久地暴露在敌军地面火力下。[130]

"斯图卡"的声誉在不列颠战役期间受到打击，缓慢的最高航速（约230英里/小时）和缺乏防御武器（只有几挺7.92毫米机枪）使它很容易遭受英国皇家空军"飓风""喷火"式战斗机的攻击。但在1941年的苏联战线，"斯图卡"在德国空军几乎完全掌握空中优势的环境中行动，取得了非常显著的战果。总的来说，对苏战局开始时，德国空军兵力编制中包括360架做好战斗准备的Ju-87B，其中323架被分配给中央集团军群。[131] 俯冲轰炸机部队往往深入敌腹地打击各种目标，例如桥梁、建筑物、部队集结地、火炮、坦克和车辆。如前所述，它们还会为主要战线上的地面部队提供空中密接支援。对坚固和固定的目标，他们通常使用50 ~ 500公斤重的高爆炸弹。打击列车时，"斯图卡"通常搭载1枚250公斤和4枚50公斤重炸弹；打击地面部队和车辆则使用不同规格的杀伤弹。为增强碎片效应，一种特殊引信被拧入了更大的炸弹的鼻帽，从而使炸弹在稍高于地面处就被引爆。[132]

在1941年夏季，"斯图卡"飞行员保持着一种无情的作战行动速度，几乎没有休息时间，有时候每天飞行多个架次，并且一连持续数周。在高度紧张的情况下，这种持续不停的战斗活动造成的生理和心理伤害或许具有灾难性（如警报器的噪声可能导致机组人员耳膜破裂），会导致一个人的神经彻底崩溃。[133] 在他们（"斯图卡"机组成员）看来，俄国人不仅害怕，而且一定仇恨自己。一位飞行员在战后回忆道：

> 每次在俄国人战线后方被击落（他总共被击落过13次），我都会做好自杀准备，因为我绝不能让他们活捉。我见过惨遭苏军士兵杀害的"斯图卡"飞行员的遗骸，他们会被开膛破肚。俄国人真的很仇恨"斯图卡"机组成员。[134]

容克斯Ju-52：如果没有向容克斯Ju-52致敬，对"巴巴罗萨"战役中德国空军阵容的描述就不能称为完整——它作为一款民用客机和军用运输机完成了战时服役。尽管一名盟军飞行员在战争结束后不久把Ju-52评价为"从美学上看毫无吸引力的古怪设计"和"一个怪物",可他还是承认这款三引擎运输机在德国的军事行动中发挥了重要作用。[135] 整个战争期间,Ju-52/3m 把数千名士兵和数以吨计的物资运送到各战斗地域,将弹药和燃料运到前进简易机场,还经常把伤员们带回后方。在 1940 年的西方战局和 1941 年的克里特岛战役中,这款运输机投下伞兵(并在此过程中损失了数百架)。1942—1943 年间,这款缓慢而又笨拙的运输机(德国士兵称之为"容克大婶")英勇地为陷入杰米扬斯克和斯大林格勒包围圈,以及孤立在突尼斯的己方部队运送补给物资,且再次遭受了可怕的损失。

于 1930 年 10 月首飞的 Ju-52[136] 在接下来 15 年里从未修改过基本设计,这是对设计师恩斯特·青德尔的远见卓识的一种肯定。这款飞机在西班牙内战期间作为运输机和轰炸机使用,参加了对格尔尼卡的轰炸。Ju-52 虽然 1939 年 9 月在华沙上空再次作为轻型轰炸机投入使用,但此后一直充当运输机。作为运输机的 Ju-52/3m 可携带数吨物资飞行 1000 多公里,最大航速约为 175 英里 / 小时。其防御能力较弱,仅配有几挺 7.92 毫米机枪。虽然爬升率欠佳(盟军飞行员曾有机会驾驶这款飞机升到 10000 英尺高空,可它"耗时 18 分钟才到达那里"),但 Ju-52/3m 在飞行中非常可靠、稳定,操作也很简单(虽然驾驶舱布局"混乱不堪,到处都是开关和旋钮")[137],而且易于维护。这款飞机还具有短距离起降能力,并能承受严重的战损。虽说 Ju-52/3m 在二战爆发时早已落后,但直至战争结束,它始终是德国空军运输力量的骨干。[138]

在 1941 年秋季和 1941 年至 1942 年冬季,恶劣的天气条件意味着出动 Ju-52/3m 大队通常是让前线战斗部队获得维持生命的补给物资的唯一选择。从 1941 年 10—11 月一个运输机大队的行动中,我们可以明显看出他们此时的运作速度:这支部队从莫斯科西面和西南面的机场飞越战线中央地带,在四周内出动近 700 个架次,运送 1100 吨燃料、弹药、装备和零配件,并撤出约 600 名伤员。尽管面对频繁的降雨、低云和大雾、湿透的跑道,以及敌地面和空中火力的严重威胁,他们还是完成了这项任务。其中——至少有两次——由于交送物资的机场距离前线太近,Ju-52/3m 机组成员不得不冒着炮火卸载。执行这些重要任务期间,德国空军损失的 Ju-52/3m 多达 4 个大队。[139]

注释

1. M. van Creveld, *Fighting Power. German Military Performance, 1914–1945*, 2.

2. M. Miethe, *Memoiren 1921–1945* (unpublished memoir).

3. S. Knappe, *Soldat*, 206–07.

4. D. Showalter, *Hitler's Panzers*, 376.

5. J. Keegan, *Second World War*, 174. 那8个摩托化师中包括4个所谓的"轻装"师，也配备坦克，但很快就被改编为齐装满员的装甲师。除陆军的8个摩托化师，另外还有几个武装党卫队团（旗队），这些党卫队团也完全实现了摩托化。W. Keilig, *Das Deutsche Heer 1939–45*, Bd. Ⅱ, Abschnitt 100, S. 6–7.

6. *GSWW*, Vol.Ⅳ, 217. 到1940年5月，169个师中的27个仍处于组建过程中。W. Keilig, *Das Deutsche Heer 1939–45*, Bd. Ⅱ, Abschnitt 100, S. 7.

7. W. Keilig, *Das Deutsche Heer 1939–45*, Bd. Ⅱ, Abschnitt 100, S. 7.

8. 这个数字包括1941年春季第十五动员波次中组建的15个师，（这些部队）主要用于巴尔干、挪威和西线的占领勤务。G. Tessin, *Verbaende und Truppen der Wehrmacht und Waffen-SS*, Bd. Ⅰ, 57.

9. 15个摩托化师包括几个武装党卫队师。

10. 这些数字摘自B. Mueller-Hillebrand, *Das Heer 1933–1945*, Bd.Ⅱ, 111；以及 "*21. Juni 1941: Zahlenmaessige Uebersicht ueber die Verteilung der deutschen Divisionen und Heerestruppen*," in: P. E. Schramm (Hg.), *Kriegstagebuch des OKW*, Bd. Ⅰ。

11. J. Keegan, *Second World War*, 173.

12. 指定用于对苏战争的2个装甲师被纳入了陆军总司令部预备队，其中还包括1个陆军摩托化师；有1个武装党卫队摩托化师部署在芬兰。B. Mueller-Hillebrand, *Das Heer 1933–1945*, Bd.Ⅱ, 111.

13. E. Bauer, *Panzerkrieg*, 111–12; A. Seaton, *The German Army 1933–45*, 175.

14. D. Stahel, *And the World held its Breath*, 83.

15. B. Mueller-Hillebrand, *Das Heer 1933–1945*, Bd.Ⅱ, 80–81.

16. 东方战局开始时，主要弹药种类的生产在某些情况下已减少为1940年中期产量的一小部分。比如，轻型野战榴弹炮炮弹在1940年中期的平均月产量为110万发，而1941年6月的产量陡降到5万发，在1941年8月只生产了1.1万发；81毫米迫击炮弹在1940年中期的平均月产量为160万发，在1941年6月降到10万发，在当年8月只生产了6.2万发。Ibid., Bd.Ⅱ, 92.

17. *GSWW*, Vol.Ⅳ, 216; A. Seaton, *The German Army 1933–45*, 173.

18. 1941年1月，仅坦克生产就缺6000多名技术工人。*GSWW*, Vol.Ⅳ, 210.

19. Ibid., 212. 这句话虽然表明的是德国空军司令部的态度，但也反映出了陆军的观点。另外，到1940年与1941年之交，德国空军的目光早已越过"巴巴罗萨"战役，投向了未来的生产需求，以便同英美展开最后的斗争。

20. Ibid., 209, 221.

21. D. Stahel, *And the World held its Breath*, 75; H.R. Trevor-Roper, *Hitler's War Directives*, 78. 在1940年底和1941年初，由约德尔和国防军最高统帅部推行的军工生产政策把陆军放在了三大军种里的第三位，参见*GSWW*, Vol.Ⅳ, 209–11.

22. H. Magenheimer, *Hitler's War*, 65–68.

23. 比如，第18装甲师配备了不少于96款不同型号的运兵车、111款卡车和37款摩托车。如前文所述，东部军队在发动对苏战争时使用了约2000款不同型号的车辆。R. Steiger, *Armour Tactics in the Second World War*, 127; D. Stahel, *And the World held its Breath*, 90.

24. *GSWW*, Vol.Ⅳ, 221. 在中央集团军群第4、第9集团军的20个步兵师里，有11个师补充了由法国制造的反坦克武器，其中4个师还部分装备法制车辆，另有1个师使用了法制车辆，但没有配备法制反坦克武器。在这20个师里，只有5个师（都是第一波次部队）完全配备德制武器、车辆和装备。Ibid., 222–23.

25. D. Stahel, *And the World held its Breath*, 90.

26. "*The Wages of Short-Sighted War are Rape*"，参见网址 http://www.redstate.com/repair man jack, 24 March 2011。

27. S. Hart, et al., *The German Soldier in World War Ⅱ*, 21.

28. 相比之下，德国在战争期间共组建了57个陆军和武装党卫队装甲（或装甲掷弹兵）师。G. F. Nafziger, *German Order of Battle – Infantry*, 23.

29. G. H. Bidermann, *In Deadly Combat*, 4–5. 通信和侦察部队也掌握了一些摩托化分队，但侦察部队仍有部分士兵使用自行车。

30. 据另一份资料称，每个步兵团编有75名军官、7名行政人员、493名军士和2474名士兵，但没有给出具体时间段。A. Buchner, *German Infantry Handbook*, 51.

31. *Handbook on German Military Forces*, U.S. War Department, March 1945, 310.

32. A. Buchner, *German Infantry Handbook*, 47–49.

33. S. Hart, et al., *The German Soldier in World War Ⅱ*, 54–55.

34. E. Beinhauer (Hg.), *Artillerie im Osten*, 8.

35. Ibid., 8.

36. 德国轻型和中型野战榴弹炮的技术信息可参阅A. Buchner, *German Infantry Handbook*, 88–90；另可参阅 *Handbook on German Military Forces*, U.S. War Department, March 1945, 332–33。

37. A. Buchner, *German Infantry Handbook*, 85.

38. G. Tessin, *Verbaende und Truppen der Wehrmacht und Waffen-SS*, Bd. Ⅰ, 45.

39. H. Meier–Welcker, *Aufzeichnungen*, 212.

40. A. Seaton, *The German Army 1933–45*, 173; *Handbook on German Military Forces*, U.S. War Department, March 1945, 395–99; A. Schick, *Die 10. Panzer–Division 1939–43*, 264.

41. 相比之下，只有6辆突击炮参加了1940年的西方战局。*GSWW*, Vol.Ⅳ, 219.

42. E. Bauer, *Panzerkrieg*, 113. 在1941年下半年，德国各工厂又生产出了285辆Ⅲ号突击炮。

43. *Handbook on German Military Forces*, U.S. War Department, March 1945, 365; D. Stahel, *And the World held its Breath*, 78.

44. Lt. J. Hahn, "*Feldzug gegen Russland*" (collection of unpublished field post letters). 在1941年12月中央战线的一场战斗中，2辆配属第260步兵师的突击炮击毁了突破该师主防线的12辆T–34和2辆KV–1坦克。这种战绩在1941—1944年间的东线并不罕见。*Die 260. Infanterie-Division*, Kameradenhilfswerk und Traditionsverband der 260. ID (Hg.), 90.

45. *GSWW*, Vol.IV, 219.

46. Ibid., 219.

47. Ibid., 219.

48. D. Stahel, *And the World held its Breath*, 76.

49. 实际上，德国人直到1934年才使用Panzerkampfwagen（字面意思是"装甲战车"）这个词描述他们的坦克，放弃了以往Panzerspaehwagen（装甲侦察车）的称谓。W. K. Nehring, *Geschichte der deutschen Panzerwaffe*, 117.

50. 此后使用"Pz"这个缩略语描述德制坦克，例如以Pz I 代表Pz Kpfw I 。

51. I. V. Hogg, *Armoured Fighting Vehicles*, 81; D. Stahel, *And the World held its Breath*, 76.

52. H.-A. Jacobsen (Hg.), *Generaloberst Halder Kriegstagebuch*, Bd. III , 42.

53. I. V. Hogg, *Armoured Fighting Vehicles*, 82-83; *Handbook on German Military Forces*, U.S. War Department, March 1945, 384。II 号坦克停产后，经过改进的该型号车体在战争后期仍作为自行火炮的底盘使用，最引人注目的便是搭载150毫米重型步兵炮和105毫米轻型野战榴弹炮（的型号）。

54. D. Stahel, *And the World held its Breath*, 77.

55. T. L. Jentz (ed.), *Panzer Truppen*, 190.

56. 1941年9月，劳斯担任第6装甲师代理师长，到1942年4月29日他才正式接掌该师。E. Raus, *Panzer Operations*, 352.

57. Ibid., 11.

58. K. Reinhardt, *Wende vor Moskau*, 206.

59. D. Stahel, *And the World held its Breath*, 77.

60. 据托马斯·L.延茨称，有500多辆Pz 38(t)坦克被编入霍特的第3装甲集群。参阅T. L. Jentz (ed.), *Panzer Truppen*, 190-93。

61. D. Stahel, *And the World held its Breath*, 78.

62. W. K. Nehring, *Geschichte der deutschen Panzerwaffe*, 118.

63. I. V. Hogg, *Armoured Fighting Vehicles*, 84-86.

64. I. V. Hogg, *Armoured Fighting Vehicles*, 86; D. Stahel, *And the World held its Breath*, 78.

65. H. Guderian, *Panzer Leader*, 138.

66. I. V. Hogg, *Armoured Fighting Vehicles*, 87.

67. C. Burdick & H.-A. Jacobsen (eds.), *The Halder Diary 1939-1942*, 210.

68. W. Keilig, *Das Deutsche Heer 1939-45*, Bd. II , Abschnitt 103, S. 1; P. P. Battistelli, *Panzer Divisions*, 10.

69. T. L. Jentz (ed.), *Panzer Truppen*, 120-21.

70. .E. Bauer, *Panzerkrieg*, 113.

71. B. Mueller-Hillebrand, *Das Heer 1933-1945*, Bd. II , 107.

72. 装甲师改编和扩充的详细分类可参阅W. Keilig, *Das Deutsche Heer 1939-45*, Bd. II , Abschnitt 103, S. 1-20。有关1941年6月22日装甲师的完整战斗序列，可参阅A Schick, *Die 10. Panzer-Division 1939-43*, 254-66。

73. W. Keilig, *Das Deutsche Heer 1939–45*, Bd. Ⅱ, Abschnitt 103, S. 11–12.

74. H. Guderian, *Panzer Leader*, 174.

75. A. Seaton, *The German Army 1933–45*, 266.

76. 精锐的第4装甲师是装备最佳的师之一，该师在1941年6月配备的武器和车辆如下：第35装甲团拥有177辆坦克（包括105辆Ⅲ号和20辆Ⅳ号），另有35辆装甲车、43辆装甲运兵车、185辆拖车、1992辆卡车，以及1001辆轿车和1586辆摩托车。除了装甲团的坦克，师属炮兵团还拥有数辆Ⅱ号（观测型号），战斗工兵营也配有十余辆Ⅰ号和Ⅱ号。第4装甲师的反坦克营主要配备37毫米反坦克炮，但在"巴巴罗萨"行动发起前，他们获得了3个连的50毫米反坦克炮（都是由半履带拖车拖曳）。R. Michulec, *4. Panzer-Division*, 4.

77. E. Bauer, *Panzerkrieg*, 113. 相比之下，1914年的德国军级部队仅配备160门77毫米和105门150毫米火炮。

78. 作为步兵支援武器的250辆突击炮并没有被算入这个数字。

79. 戴维·斯塔赫尔评论道："这些苏联坦克的质量优势非常大。这意味着没有哪款德国坦克配备的武器能在500米距离外击穿T-34的装甲。实际上，只有Ⅲ号坦克后期型号配备的50毫米L/42主炮能在不到500米的距离内有效击穿T-34的装甲。而德国坦克安装的所有武器和配发给步兵师的37毫米反坦克炮完全无法击穿KV-1。"D. Stahel, *And the World held its Breath*, 79.

80. 值得注意的是，这个战斗序列描述的是一个"典型"的德国装甲师，编有一个装甲团（辖2个营），只配备德制坦克。当然，这种"常规"战斗序列还拥有许多变体。

81. 有9个装甲师（第3、第6、第7、第8、第12、第17、第18、第19、第20师）辖3个装甲营。W. Keilig, *Das Deutsche Heer 1939–45*, Bd. Ⅱ, Abschnitt 103, S. 18.

82. 装甲车，主要武器是20毫米火炮。

83. 请注意，其德文是Panzerjaeger，字面意思为"坦克猎手"。

84. 第3、第15、第19、第20装甲师战斗序列内没有这种高射炮连。

85. 原文没有提及坦克数量，但第4装甲师装甲工兵营的这个连拥有十余辆Ⅰ号、Ⅱ号坦克。R. Michulec, *4. Panzer-Division*, 4.

86. SPW=Schuetzenpanzerwagen，意思是"装甲运兵车"。与当时列装的其他运兵车相比，这些车辆（德国人将其命名为Sd.Kfz. 250或251）能提供更多防护，有幸藏身其中的德国士兵对这种车辆的评价很高。但在1941年6月，大多数装甲和摩托化师只拥有少量装甲运兵车。第10装甲师的整个步兵旅只有一个连搭乘装甲运兵车，而且这种情况并不罕见。A. Schick, *Die 10. Panzer-Division 1939–43*, 263.

87. W. Keilig, *Das Deutsche Heer 1939–45*, Bd. Ⅱ, Abschnitt 103, S. 18–20.

88. 如前文所述，另外还有4个所谓的"轻装师"在当时也被列为摩托化师，但在1940年法国战局开始前，这些师都被改编成了装甲师。

89. A. Seaton, *The German Army 1933–45*, 264.

90. A. Seaton, *The German Army 1933–45*, 264; W. Keilig, *Das Deutsche Heer 1939–45*, Bd. Ⅱ, Abschnitt 100, S. 6–7.

91. C. Winchester, *Hitler's War on Russia*, 21–22.

92. R. J. Kershaw, *War Without Garlands*, 88.

93. W. Murray, *Strategy for Defeat*, 55.

94. R. P. Hallion, "*Control of the Air: The Enduring Requirement*," paper prepared by author, 8 September 1999.

95. W. Murray, *Strategy for Defeat*, 53–54.

96. Ibid., 80.

97. J. S. Corum, "*Defeat of the Luftwaffe, 1939–1945*," in: *Why Air Forces Fail*, R. Higham & S. J. Harris (eds.), 217.

98. Ibid., 203.

99. R. Muller, *The German Air War in Russia*, 33–35.

100. A. Kesselring, *The Memoirs of Field-Marshal Kesselring*, 88–89.

101. R. Muller, *The German Air War in Russia*, 3.

102. 詹姆斯·科勒姆写道："实际上，许多空中力量和军事历史学家都认为里希特霍芬是二战期间最出色的战术空军指挥官。这是一个公正的评价，毫无夸大之处。1936—1944年间，冯·里希特霍芬创造了空地联合作战中许多最重要的要素，其中包括以空中力量为装甲部队提供侧翼掩护，以及通过前线观测员为地面力量协调空中支援。"此外，他还是"第一个在战斗中使用现代精确弹药的主要指挥官"。J. S. Corum, *Wolfram von Richthofen*, 4.

103. J. S. Corum, *Wolfram von Richthofen*, 4–11, 260–61; G. Huemmelchen, "*Generalfeldmarschall Wolfram Frhr. v. Richthofen*," in: *Hitlers militaerische Elite*, Bd. 2, G. R. Ueberschaer (Hg.), 170–71.

104. Air Ministry Pamphlet No. 248: *Rise and Fall of the German Air Force*, 174.

105. R. Muller, *The German Air War in Russia*, 2.

106. Ibid., 3–15. 穆勒把这个概念称为"德国空中力量理论的核心原则"。战役空战"指的是一支空军以其航程、速度和突然性的独特属性，打击敌人军事、经济、精神力量的源头（如战争工业、人口和交通中心、军事设施），从而实现与武装力量传统军种相一致的战略决策"。Ibid., 11.

107. 德国公开宣布此前一直处于保密状态的本国空军的存在后，韦弗于1935年3月1日出任空军总参谋长。参见 http://www.lexikon-der-wehrmacht 。

108. R. Suchenwirth, *Historical Turning Points in the German Air Force War Effort*, USAF Historical Study No. 189, 77–78.

109. R. Muller, *The German Air War in Russia*, 9.

110. Ibid., 4.

111. *GSWW*, Vol.IV, 802–03.

112. Ibid., 802–14. 关于德国空军1943—1944年间在苏联遂行战略空战的尝试的深入探讨可参阅R. Muller, *The German Air War in Russia*, 112–22, 149–88。

113. C. Bergström & A. Mikhailov, *Black Cross Red Star*, Vol. I, 11; http://www.lexikon-derwehrmacht .

114. 1941年6月22日，有3个战斗机大队（机型仅限Bf-109E）在飞机机身下安装了特殊的支架以携带SD-2杀伤弹。尽管这种炸弹具有毁灭性的威力，可是炸弹挂在机身下会对"埃米尔"的空气动力性能造成不利影响，而飞行员在投掷96枚2公斤重的小炸弹时也会面临严峻挑战。由于造成了一些飞机损失，Bf-109很快就停止使用这种弹药。德国轰炸机大队对SD-2的应用更为成功，他们在1941年广泛使用了这种炸弹。对苏战局开始时，德国空军共存有2298500枚SD-2杀伤弹。J. Prien, et al., *Die Jagdfliegerverbaende der deutschen Luftwaffe*, Teil 6/Ⅰ, Unternehmen "*Barbarossa*," 34-35. 对SD-2杀伤弹相关问题更深入的探讨可参阅C. Bekker, *The Luftwaffe War Diaries*, 219-20。

115. J. S. Corum, *Wolfram von Richthofen*, 270. 另外，SD-2炸弹也被用于对付停放的飞机和机场设施。参阅J. Prien, et al., *Die Jagdfliegerverbaende der deutschen Luftwaffe*, Teil 6/Ⅰ, Unternehmen "*Barbarossa*," 33。

116. J. Prien, et al., *Die Jagdfliegerverbaende der deutschen Luftwaffe*, Teil 6/Ⅰ, Unternehmen "*Barbarossa*," 28.

117. D. T. Zabecki, *World War Ⅱ in Europe – An Encyclopedia*, 965; C. Bergström & A. Mikhailov, *Black Cross Red Star*, Vol.Ⅰ, 11.

118. 据德国空军专家约翰·威尔称，德国空军战斗机飞行员"不太使用涉及具体战果且自以为是的术语'王牌'，他们更喜欢较为通用的'专家'一词，这个词被用来描述能力和成就都很杰出的飞行员"。J. Weal, *Bf 109 Aces of the Russian Front*, 7.

119. 埃里希·哈特曼少校（第52战斗机联队）取得了352个战果，紧随其后的格哈德·巴克霍恩少校（第52战斗机联队）取得了301个。两人的所有战果都是在东线获得的。C. Shores, *Luftwaffe Fighter Units Russia 1941-45*, 46.

120. 德国空军的一个大队通常由30架同型号飞机组成，而一个联队的编制力量是90架飞机。

121. C. Bergström & A. Mikhailov, *Black Cross Red Star*, Vol.Ⅰ, 7, 11-12; R. Muller, *The German Air War in Russia*, 33; W. Green, *War Planes of the Second World War, Fighters*, Vol.Ⅰ, 164-67.

122. D. T. Zabecki, *World War Ⅱ in Europe – An Encyclopedia*, 865-66; C. Bergström & A. Mikhailov, *Black Cross Red Star*, Vol.Ⅰ, 12; http://en.wikipedia.org/wiki/Dornier_Do_17 .

123. D. T. Zabecki, *World War Ⅱ in Europe – An Encyclopedia*, 866; Capt. E. Brown, *Wings of the Luftwaffe*, 122.

124. D. T. Zabecki, *World War Ⅱ in Europe – An Encyclopedia*, 866; J. Piekalkiewicz, *Die Schlacht um Moskau*, 278.

125. U. Balke, *Kampfgeschwader 100 "Wiking,"* 54a-54b.

126. *GSWW*, Vol.Ⅳ, 364.

127. W. Murray, *Strategy for Defeat*, 103.

128. B. Gorbachevsky, *Through the Maelstrom*, 112.

129. 参见http://www.lexikon-der-wehrmacht。Lt.-Col. A. J. Barker, *Stuka Ju-87*, 17.

130. Capt. E. Brown, *Wings of the Luftwaffe*, 27; Major F. Lang (a.D.), *Aufzeichnungen aus der Sturzkampffliegerei*, 6-7.

131. 另外37架"斯图卡"隶属于部署在挪威的第5航空队。*GSWW*, Vol.Ⅳ, 364. 为保证一致性及资料来源的权威性，这段叙述在很大程度上依赖于霍斯特·布格所说的德国空军力量的数字（同上，第364页）。

但关于"斯图卡"战机的总数，《中央集团军群战时日志》指出：集团军群在1941年6月22日只有276架Ju-87B。BA-MA RH 19 Ⅱ /120, *KTB H.Gr.Mitte*, 22.6.41.

132. Major F. Lang (a.D.), *Aufzeichnungen aus der Sturzkampffliegerei*, 13–24; Lt.-Col. A. J. Barker, *Stuka Ju-87*, 17.

133. H. J. Schroeder, *Die gestohlenen Jahren*, 512–14.

134. J. Steinhoff, et al. (eds.), *Voices from the Third Reich*, 137–39.

135. Capt. E. Brown, *Wings of the Luftwaffe*, 132–33.

136. 这款飞机的最初型号只配备一台引擎；配备三台引擎的Ju-52/3m于1932年开始飞行试验，该型号的各种衍生型参加了1936—1945年间的战斗。这款飞机于1944年停产。详情见http://www.lexikon-der-wehrmacht 。

137. Capt. E. Brown, *Wings of the Luftwaffe*, 134.

138. C. Bergström & A. Mikhailov, *Black Cross Red Star*, Vol. Ⅱ , 28; Capt. E. Brown, *Wings of the Luftwaffe,* 134–36; W. Murray, *Strategy for Defeat*, 13–15.

139. *Geschichte einer Transportflieger-Gruppe im Ⅱ. Weltkrieg*, Kameradschaft ehemaliger Transportflieger (Hg.), 107–11.

第四章
对手二：苏联红军的状况

"布尔什维克在俄罗斯帝国的废墟上建立起这个国家。"（波格丹·穆西阿尔）[1]

"二战期间盛行的红军形象是一支庞大的军队，训练欠佳，装备低劣，但也有些例外，例如T-34坦克。长期以来的普遍说法是，这支庞大的军队尽管损失惨重，可最终凭借纯粹的数量优势压垮了德国军队。但实际情况更复杂，值得仔细加以研究。"（小沃尔特·S.邓恩）[2]

"……苏军步兵意志坚定，要求不高，训练有素，装备齐全，总之，他们勇敢且具有自我牺牲的奉献精神……他们的毅力和表现与第一次世界大战中的俄国士兵截然不同。"（埃哈德·劳斯）[3]

埃文·莫兹利评论道："苏联不是个寻常的国家，莫斯科和柏林存在重要的相似之处。"

最高权力掌握在一位领导者手中，外交政策高度意识形态化，没有协调不同机构的活动和做出完全理性决策的组织……和德国一样，苏联的精英或出于信仰，或由于恐惧，接受了激进的外交方案。[4]

通过斯大林独特的统治，在他钢铁般的意志的推动下，苏联经历了一场巨变，到 20 世纪 30 年代末期已从经济落后国摇身变成一个先进的工业和军事强国。如果没有这种进入现代世界的进程，苏联肯定会被希特勒德国奴役。战前和战争期间，苏联工厂采用现代大规模生产技术制造出数以万计的火炮、坦克、车辆和飞机，而苏联的铁路则把上千万部队和无数物资运到前线。苏联工业政策的显著成果与同样成功的军事动员体制相结合，使红军得以在 1941—1945 年间东线的 1418 个战斗日中保持 88% 的作战投入，抗击德国陆军 65% ~ 70% 的野战力量。在此期间，红军遂行了 7 场重大防御战役、160 场进攻战役，截至 1945 年 5 月，共歼灭或打垮 600 多个轴心国师。[5]

由于斯大林在 1941 年之前的几年里彻底重塑了他的国家，苏联才得以赢得这场战争。斯大林和克里姆林宫的领导层战前还取得了第二项重大成就：给苏联公民灌输了一种对苏维埃国家强烈的责任感，和一种在 1941—1945 年伟大卫国战争期间付出更大牺牲的意愿。[6]

工业基地和武装部队建设（简要概述）

20 年代的红军虽说规模庞大，但基本上是一支"依靠步行和牲畜的军队：其步兵和骑兵力量把战术胜利发展为战役乃至战略胜利的能力极为有限"[7]。但到 30 年代中期，苏联武装力量已得到充分发展并贯彻了一个被称为"大纵深战役"（glubokii boi）的理念，同时建立起一种把理论转化为实践的兵力编成（包括机械化军和空降兵军）。[8] 这种戏剧性变化是如何发生的呢？

克里姆林宫的领导人长期以来一直认为，西方资本主义国家之间发生另一场内部世界大战不可避免，这种信念在希特勒 1933 年 1 月攫夺权力后只会得到加强。这样一场战争既构成危险（苏联可能会在做好准备前就卷入战争），也提供了机会：西方列强遭到消耗后，红军可以果断介入。众所周知，出于这个原因，斯大林 1939 年 8 月与德国签订了互不侵犯条约——此举会促成德国、法国、英国之间的另一场消耗战；待战争结束，苏联就作为欧洲大陆的主导力量出现。但许多人不知道的是，至少自 1930/1931 年起，克里姆林宫领导层就一直在潜心准备将来和西方国家的战争。出生于波兰的学者波格丹·穆西阿尔查阅了西方学者迄今为止没有接触过的苏联档案，在他的开创性研究中揭示出这一点。他在令人振奋的新著《德国战场》中指出：

数十年来，国际研究一致认为德国1941年6月22日对苏联的入侵是一场以意识形态为动机的侵略战争，作为灭绝和生存空间之战加以策划和实施。除了希特勒本人的言论，这方面的证据非常充分。苏联的战时和战后宣传也这样描述这场侵略，但同时掩盖了苏联与德国将近两年的军事合作，特别是他们自己的军事计划。

近期在莫斯科档案馆发现的相关记录表明，自20年代末起——"黑色星期五"（1929年10月25日，国际经济危机爆发）后尤为激烈——苏联展开大规模、高强度的重整军备，准备发动一场以意识形态为动机的战争。1930年，后来擢升为苏联元帅的米哈伊尔·图哈切夫斯基设计了一个实施歼灭战的理念，设想大规模投入坦克（5万辆）和飞机（4万架），并"大量使用化学武器"。

苏联这场战争的目的是通过武装力量把革命扩大到欧洲和全世界。由于德国的工业潜力、劳动力数量、日后革命士兵的高超训练水平，以及该国在欧洲中部的地缘政治格局，德国会在布尔什维克的世界革命计划中发挥关键作用。布尔什维克把德国视为在欧洲推进革命的关键。[9]

穆西阿尔指出，至少自 1924 年以来，苏联领导层已不再对德国发生一场共产主义革命抱有期望。1925 年，斯大林成功获得支持，推行弗拉基米尔·列宁 1915 年首次表述的正确路线："必要的话，第一个社会主义国家（即苏联）会以武力自行推进共产主义革命。"1927 年，政治局批准增加相应的军备生产（由于苏联工业欠发达和整体落后的状况，这种意图最初不了了之）。到 1930 年，整个苏联的社会和经济都被用于准备针对西方国家的战争。的确，从 30 年代初起，斯大林就把希望完全寄托于红军，将其视为传播世界革命的手段。[10]

苏联战争经济和红军的迅速扩张始于 20 世纪 30 年代初，红军的基本改组和重新装备得到了从西方购买的现代技术、设施装备和武器原型的支持，苏联通过出口原材料（例如小麦和木材），甚至是在国内增加伏特加的销量获得购买这些技术和装备的资金。[11] 但对苏联战争准备至关重要的是在五年计划指导下出现的巨大经济发展，第一个五年计划于 1928 年实施。当然，无论斯大林和苏联领导层的最终目的是什么[12]，他们也担心已方力量做好准备前就遭到资本主义国家入侵，因此大部分经济建设集中在莫斯科以东，位于乌拉尔、西伯利亚和中亚地区。

一些数字应该能说明苏联在五年计划指导下取得的惊人成果。希特勒 20 年代中期撰写的《我的奋斗》中谈及俄国每年的钢铁产量约为 400 万吨，这大概是第一次世界大战前的数字；另外，苏联各工厂 1927 年生产的汽车不到 500 辆。相比之下，苏联 1940 年的钢铁产量攀升到 1830 万吨，另外他们还制造了大约 20 万辆汽车（主要是卡车）。当然，钢铁产量的急剧增加伴随着武器和弹药产量同样惊人的暴涨[13]：

苏联的武器生产（1937—1940 年）[14]

	1937年	1938年	1939年	1940年
坦克	1600	2300	3000	2800
火炮	5400	12300	17100	15100
迫击炮	1600	1200	4100	37900
步枪	567400	1224700	1396700	1395000
机枪	31100	52600	73600	52200
飞机	4400	5500	10400	10600
弹药[15]	—	13000000	20000000	33000000

在此期间，苏联政府限制了新铁路线的建设（第一个五年计划要求修建 1.7 万公里铁路，实际只修筑了 5000 公里左右；第二个五年计划完成得更少），对现有铁路的改进和一些其他措施使苏联的铁路交通量在 1928 年到 1940 年间增加了四倍。[16] 不管怎样，其结果是：苏联即便还不是与德国或英国（更不必说美国了）比肩的工业强国，她也正迅速成为这样一个国家。这个国家在第一次世界大战期间尚无法为其军队提供足够的步枪，一代人后已经在生产上超过了大多数欧洲国家。实际上，苏联人到 1939 年已创建出世界上最大的军工联合体。[17]

与武器和弹药生产的广泛增长相对应的是红军规模的扩大。苏德战争爆发前几年，红军总参谋部刻意更新、修改了他们的战争计划，并根据新计划改组红军的力量生成和动员体系。1937 年到 1939 年，苏联人把传统地方民兵制改为基干制，从而增加了和平时期军队的规模，提高了其准备程度。1939 年 9

月1日，他们颁布了普遍义务兵役法[18]，以便为新体系提供所需要的人力资源。这些和另一些措施使红军的规模从1938年1月的150万人扩大到1941年6月的500多万人，从而让苏联"悄然走向战争"。它们还使陆军高效（尽管有些烦琐）的动员体制把和平时期的基干力量扩大到战时的500多个师。德国国防军1941年6月22日清晨跨过苏德边界时，红军地面力量已扩大到20多个集团军和300个各种类型的师，他们还获得了数十个筑垒地域、独立工程兵和炮兵团及其他部队加强。德国军队入侵时，近300万苏联士兵据守在西部地区。[19]到1941年春季，红军已成为"世界上最庞大、最复杂的战斗力量"[20]，配备的机械化、骑兵和空降兵力量比任何一个国家都强大。但这支军队仍处在彻底的、具有挑战性的革新的阵痛期，这种革新包括机械化力量的改编和重新装备。红军远未做到训练有素、装备精良，许多师还没有完成战备。正如下文要详细探讨的那样，处在战争边缘的红军，虽然取得了些令人钦佩的成就，但远远没有做好战斗准备。

清洗的影响

有人直截了当地指出："希特勒驯服了他的军官团，斯大林则把他们杀掉了。"[21]对武装部队的清洗是1936年对民事和军事机构实施的大清洗的组成部分。虽然俄国军队没有明显的反叛或革命传统（他们唯一一次夺取权力的企图是1825年的十二月党人政变，一天后就以失败告终），可最高统帅仍担心不已。他认为他的竞争对手（真实的或想象的）可能会采取行动反对他，因而杀气腾腾地予以回应。1937—1938年的大清洗高潮期，苏联秘密警察[22]逮捕了超过150万人，这些人中有130多万受到某种判决，被处决者超过68万。上至政治局成员，下到街头的普通公民，苏联社会的各个阶层都受到清洗的影响。被杀者包括所谓的"前富农""犯罪分子""社会危险分子""反苏组织成员""前沙皇公务员"和"白卫军"。当然，这些称号可以非常灵活地用于任何一个嫌疑人，无论他是党员、知识分子、武装部队成员还是普通工人。[23]

虽然新的学术研究表明，内务人民委员部的"叶若夫时期"（以1936年9月到1938年11月的部门领导人尼古拉·叶若夫的名字命名）对武装部队的影响比迄今为止所认为的要小，但这仍是一种可怕的影响。总之，1937年5

月到 1938 年 9 月，约 3.5 万名指挥员被逮捕或被开除出红军 [24]，这些人中约有 30% 最终在 1940 年复职，但超过 2.2 万人遭处决或下落不明。如果说这种打击还不够大的话，那么，一轮新的清洗浪潮在 1938 年秋季袭来，对高级别军事领导人的逮捕和处决继续进行，虽然速度较慢，但一直持续到战争爆发前夕。[25] 归根结底，这场清洗砍掉了苏联武装部队领导层，遭处决者包括：

5 名元帅中的 3 人

15 名集团军级指挥员中的 13 人

9 名海军上将中的 8 人

57 名军级指挥员中的 50 人

186 名师级指挥员中的 154 人

16 名集团军级政委中的 16 人

28 名军级政委中的 25 人 [26]

据埃文·莫兹利说，苏联军队遭受的清洗引发了三个主要后果，每一个都具有灾难性：（a）红军在快速扩充期失去了不可或缺、训练有素的指挥员；（b）军官团的主动性"瘫痪"，"这导致强加给他们的精神状态与德国人的'任务导向型指挥体系'截然不同"；（c）使外国（包括希特勒德国）相信，苏联军队不过是一具"破壳"罢了。[27]

当然，红军军官团的惨重损失是苏军在 1939—1940 年苏芬战争和后来的苏德战争初期阶段遭遇的最严重障碍之一。这场清洗和快速、持续的扩充的直接后果是，红军缺乏经验丰富的专业人员，这种状况在 1940 年达到了危险的程度。苏德战争前夕，红军缺少 3.6 万名指挥员；实施战争动员后，这个缺口攀升到 5.5 万人。[28] 只有 7.1% 的指挥员受过高等军事教育（55.9% 受过中等军事教育，24.6% 参加过速成班，12% 没受过任何军事教育）。[29] 到 1941 年 6 月，75% 的战地指挥员和 70% 的政治委员任职时间不到一年。[30] 各级战地指挥员担任"他们根本无法胜任的职务，缺乏适应不断变化的战术态势所需的实践经验和自信，倾向于采用墨守成规的解决方案，根据教科书上的图表配备其下属部队，而不考虑实际地形，结果可想而知"。[31]

可如果说这场清洗打断了苏联军官团的脊梁，那么，它却显著巩固了斯大林掌握的权力。从现在起，没人胆敢就战争或和平的任何问题挑战他的权威。斯大林掌控苏维埃国家的意义相当深远：

1937年的大清洗确保了斯大林不会遭受威胁……这会在1941年6月的灾难中发挥作用。

因此，"巴巴罗萨"行动发起前关键的几个月，苏联内部所有重要问题都由斯大林亲自做决定。相关讨论在"内部小圈子"时有变化的成员间进行，有时候较为冗长，通常是非正式的……斯大林本人的观点得到加强，几乎总是畅通无阻。事实证明，敌人的入侵迫在眉睫时，这是个重大弱点，而非长处。[32]

一些学者[33]近期得出结论，苏联军队质量的下降和他们在苏德战争初期阶段的糟糕表现，很大程度上归咎于红军的快速扩充，其影响远甚于大清洗。尽管如此，东线的作战行动表明，苏联人需要耗费两年，甚至更长时间，才能在战争的战役层面与德国人并驾齐驱，而在战术层面他们永远做不到这一点。实际上，苏军小股部队在战术层面表现拙劣是战争初期的常见现象，1942年年初发生在中央战线奥列尼诺村附近的事例证明了这一点：

一个苏军团向东（进攻），企图切断一些德军部队，并同从相反方向而来的己方部队会合。苏军步兵采用的进攻方式表明他们缺乏训练。步兵部队乱哄哄地从出发阵地现身，看上去就是一群突然从森林中冒出的乌合之众。一旦德国人开火射击，恐慌便在实施冲击的队列中蔓延开来……他们几乎没有相互间的火力支援或协同。

苏军步兵战术的典型特点是顽固，在此基础上，他们反复发起冲击……2月27日到3月2日，一个个支队（每个支队约有80名红军士兵）每天在同一时间、同一地段遂行冲击……他们当中没人取得成功，没等到达德军阵地，进攻中的俄国人就被消灭殆尽。

（几天后的）主要突击期间，苏军坦克与步兵之间的协同欠佳。在这场非同寻常的交战中，苏军步兵几乎没什么进取精神，他们的坦克不得不独自向前，企图在步兵投入冲击前突破德军防御体系……

许多例子表明，红军下级指挥员在执行命令方面缺乏主动性。（上级部门）只是给部队下达要求他们严格执行/遵守的任务或时间表。这种作战程序存在明显的缺点。虽然苏军士兵天生具有轻松适应技术创新和克服机械故障的能力，但下级指挥员似乎无法应对突然变化的情况并主动采取行动。失败会受到惩处，这种恐惧可能导致他们不愿独立做出决定。[34]

"巴巴罗萨"行动前夕的兵力编成和部署

如果说苏联武装力量的扩充在1939—1940年间加速进行，那么这种扩充在1941年变得非常疯狂。1939年1月到1941年5月，红军为他们膨胀的兵力编成增添了111个步兵师、12个步兵旅和50个坦克/机械化师。[35]这种扩充（和清洗）造成的不稳定性在以下事实中暴露无遗：1941年3月初的两天内，红军任命了4名新集团军司令员、42名军长和117名师长，他们只有三个多月时间熟悉自己的指挥岗位。[36]戴维·格兰茨评论道：

从苏联当代著作和档案资料可以清楚地看出，（兵力编成大规模增长背后的）驱动力是恐惧，而非实施进攻的意图。苏联军队的评估出现在公开或内部军事期刊上……特别坦诚。这些评估表明他们非常清楚德国军队的杰出表现，也明确无误地认识到红军无法达到德国军队的标准。1940年到1941年间，这些杂志刊登的许多文章具有明显的防御性主题，这绝非偶然。简言之，苏联军事理论家明白红军和苏维埃国家可能会遭遇什么。包括斯大林在内的政治家肯定也对此心知肚明。这种"明白"为1940年和1941年外交及军事方面发生的一切提供了必要的背景。它至少解释了进行中的军事革新的规模，以及实施该方案的仓促性。对苏联而言，不幸的是明白当前面临的威胁和全面重整军备并没有伴随苏联军队为战争做充分的准备。[37]

无论是否做好了充分准备，苏联军队（至少就数量而言）到1941年中期已成了一个名副其实的庞然大物。面对有史以来最宏大的武装斗争的风口浪尖，苏联夸耀其防御力量拥有 500 多万人，编为 27 个集团军和 303 个师，外加 1.7 ~ 2.4 万辆坦克[38] 和近 2 万架飞机[39]。这部巨型军事机器拥有世界上最庞大的装甲和空中力量，其地面编成如下：

29 个机械化军

62 个步兵军

4 个骑兵军

5 个空降兵军

303 个师

    198 个步兵师

    61 个坦克师

    31 个机械化师

    13 个骑兵师

57 个筑垒地域[40]

5 个独立步兵旅

10 个反坦克旅

94 个军属炮兵团

75 个统帅部预备队炮兵团

34 个工程兵团[41]

这个总兵力编成中[42]，野战力量（Deistvuiushshaia armiia）驻扎在西部边境地区，分为五个方面军（北方面军、西北方面军、西方面军、西南方面军、南方面军）[43]，这些方面军是德国发动入侵后立即组建的，由列宁格勒军区、波罗的海沿岸特别军区、西部特别军区、基辅特别军区和敖德萨军区改编而成。几个方面军的总兵力约 290 万人，编为以下兵团和部队：

16 个集团军

20 个机械化军

32 个步兵军

3个骑兵军

3个空降兵军

163个师[44]

    97个步兵师

    40个坦克师

    20个机械化师

    6个骑兵师

41个筑垒地域

2个独立步兵旅

10个反坦克旅

87个炮兵团（52个军属炮兵团，35个统帅部预备队炮兵团）

18个工程兵团[45]

除了这些，大本营（苏联统帅部）预备队还有5个集团军（14个步兵军、5个机械化军、57个师）和17个炮兵团，其他军区和远东方面军还编有6个集团军（16个步兵军、4个机械化军、83个师）、16个筑垒地域、3个独立步兵旅、65个炮兵团（29个军属炮兵团，36个统帅部预备队炮兵团）和16个工程兵团。[46]

按照苏联的战前规划，红军呈纵深梯次配置——从苏德分界线一路延伸到西德维纳河和第聂伯河一线。战略第一梯队编有五个西部军区的野战力量（163个师；另外，大本营预备队的8个师也部署在战略第一梯队，但不属于野战力量的组成部分），由三个战役地带组成，分别编有57、52、62个师，包括驻扎在苏联欧洲部分的25个机械化军中的20个。战役第一地带（57个师）在边界线及其附近提供掩护力量；第二地带（52个师）驻扎在后方50～100公里处；第三地带（62个师）构成战略第一梯队的预备力量，距离苏德边界线100～400公里。筑垒地域沿1941年边界线、1939年前的苏波边界线（在纵深处）、主要城市（例如乌克兰的基辅）接近地设立。加大这些集团军纵深的是战略第二梯队，编有大本营预备队的5个集团军（57个师），1941年6月22日，这些集团军沿西德维纳河—第聂伯河一线展开。战略第二梯队（德国情报机构对他们几乎一无所知）的任务是与遂行反冲击的前线集团军共同展开反攻。但战争爆发时，各前沿军区和大本营预备队的诸集团军都没有"按照动员和展开计划完成部署，与许多其他方面的情况一样，德国人6月22日投入进攻，适逢苏军处于转型期"[47]。

集结在西部特别军区（德国入侵当日改为西方面军）的红军部队有一个引人注目的特点：在苏联占领的波兰东部向前保持强大的兵力集中。西部特别军区的主力，甚至包括坦克、机械化和骑兵部队，都部署在围绕别洛斯托克镇的一个庞大突出部内，这个突出部伸向德国控制的区域。结果，这些红军部队没等开战就被部署在东普鲁士和波兰的中央集团军群包围。实际上，西部特别军区4个集团军中的3个（以及6个机械化军中的3个）围绕别洛斯托克呈半圆形部署，他们的位置暴露在外，十分危险。[48]苏联空军部队也靠近边界线集中：

自1941年春季以来，（红空军）努力在苏联西部边境附近建立一张密集的战役级机场网。战争爆发时，这个项目尚未完成，导致大批飞机挤在那些没有完工的机场上，这为德国空军力量提供了唾手可得的目标。向新国境线靠前部署的不仅仅是地面和空中力量，还包括补给仓库、油料储备和动员物资——战争开始后，这一切几乎损失殆尽。道路、轨道、桥梁、部队营房等都在大规模扩建，可苏联人没有建立防御战争不可或缺的后向交通线或指挥中心。同样，沿旧国境线加强防御工事的一切工作暂停，部分相关设施还被拆除。而在立陶宛和被吞并的波兰、罗马尼亚地区，沿新国境线进行的大规模工事修筑工作只取得了缓慢的进展。[49]

换句话说，红军发现自己处在一种不确定状态，既不打算进攻，也没有准备防御。上述段落还隐含这样一个事实：斯大林和他的助手都不想在苏联国土上从事战争。只要战争爆发，红军就会根据苏联的军事学说立即向前挺进，积极进入德国人控制的地区。近年来，修正主义历史学家把红军这些明显具有进攻倾向的部署列为苏联准备发动侵略战争的证据。如前所述，波格丹·穆西阿尔的开拓性学术研究令人信服地指出，苏联自30年代初以来一直准备进攻西方国家。但看上去更有可能的是，无论苏联人30年代制定了什么计划，1940/1941年时，他们只是在为抵抗即将砸向自己的猛烈打击而竭力准备军队（这呼应了戴维·格兰茨的评论）。预防战争还是先发制人，到底是谁准备进攻谁，本书第五章会探讨这个具有争议性的问题。但在此之前，有必要先仔细看看"巴巴罗萨"行动前夕的苏联武装力量，再深入研究一下德国入侵前红军的最终计划和准备工作。

步兵和炮兵

"6月对整个北欧来说是一个特殊月份。"凯瑟琳·梅里戴尔在她出色的红军士兵社会史中如是说。她还在书中沉思道：

> 在俄国欧洲部分和乌克兰，它是神奇的。对冬天难熬的黑夜和冰雪几乎已毫无记忆，春季的泥泞和雨水也得到原谅。基辅著名的栗子树开花了，同样盛开的还有莫斯科的紫丁香，雅尔塔的犹大树。这个月属于牡丹和绿柳，而在北方，这个月充斥着白夜。[50]

对1941年的红军将士们来说，"神奇"的6月会让他们的屈辱和失败达到顶峰，他们要面对的是一部希特勒入侵大军以坦克、火炮、战机构筑，以条顿人进行精密控制的死亡绞肉机。到1942年年初，已有200多万苏军将士阵亡，其中大多是传统步兵师的普通步兵。1941年，这些步兵师约占苏联兵力编成的65%。苏军步兵身穿橄榄绿军装，一贯缺乏食物和急救包[51]，并且装备低劣、领导不力，是严格执行纪律的群体，阵亡或残废前，他们持续执行前线勤务的时间平均不到三周[52]。

情况本来不应该这样。苏联军队1939年9月占领波兰东部时表现拙劣，1939—1940年的苏芬战争期间也严重受挫，但最重要的可能是受到德国国防军1940年春季在西方赢得的惊人胜利的刺激，因此苏联人"着手实施一项紧急方案，意图振兴其武装力量"。随之而来的革新，以国防人民委员 S.K. 铁木辛哥的名字命名，几乎对红军的每个方面都造成了影响。在革新过程中，他们努力扩充步兵力量并使其实现现代化，1941年4月采用了一种新步兵师编制，其目的是替代原先和平时期的两种师级兵力配备（6000人和1.2万人）。他们增加了步兵力量，并且通过加强炮兵来增强火力，同时改善了反坦克和防空武器，另外还增添了一个轻型坦克营。[53]

　　革新后的步兵师编有 3 个步兵团和 2 个炮兵团（1 个加农炮兵团、1 个榴弹炮兵团），外加侦察营、反坦克炮兵营、高射炮兵营、工程兵营、通信兵营和坦克营。从理论上讲，新师拥有 14483 人、78 门火炮（50 毫米以上）、150 门迫击炮（50、82、120 毫米）、54 门 45 毫米反坦克炮、12 门高射炮、16 辆轻型坦克、13 辆装甲车、558 辆汽车和 300 匹马。[54] 但在 1941 年 6 月，大多数步兵师在兵力（平均 8000 ～ 10000 人或更少）、火力和后勤保障方面远远没有达到编制表的要求。[55] 最严重的缺陷在摩托化上，由于新生产的一切车辆必须用于大规模扩充的机械化军，每个步兵师得到的卡车仅为规定数量的 10% ～ 25%。后来，几乎每个前线指挥员都把 6 月份的后撤迅速沦为溃逃的原因归咎于缺乏汽车运输。[56] 步兵在战场上的表现也因为缺乏有效的反坦克步枪而受到了不利影响。

　　总之，1941 年的苏军步兵师缺乏人员、武器、装备、运输车辆和通信设备、后勤保障——换句话说，几乎什么都缺——同时也反映出部队和指挥员在训练方面的弱点。据已故的约翰·埃里克森说，战争初期的红军步兵师在兵力方面发生了巨大变化，实际兵力仅相当于一个德国满编步兵师的三分之一。[57] 这种弱点"造成兵力不足，并预示着苏联的迅速失败"[58]。

　　红军地面力量中装备最佳、最专业的兵种是炮兵。实际上，该兵种具有一种"贯穿俄国历史的、坚不可摧的优良传统"[59]，早在 1810 年，沙皇炮兵的现代化就使其成为"可能是欧洲最专业的兵种"[60]。卷入第二次世界大战时，红军拥有一股出色的炮兵力量，30 年代设计或升级的这些火炮，射程、发射速率、精确度、破坏性都有所提升。[61] 苏联炮兵与德国炮兵相似，但数量更多——1941 年，他们拥有的火炮（整个苏联）超过 3.3 万门，而德国用于"巴巴罗萨"行动的轻型和中型火炮只有 7000 多门。[62]

　　苏军炮兵配备 76、107、122、152 毫米口径加农炮和榴弹炮，有些已过时，有些较为先进。与德军一样，红军的大多数火炮依靠马匹拖曳，具有越野能力的履带式火炮数量很少。[63] 大多数重型火炮配备给 94 个军属炮兵团和 75 个大本营预备队炮兵团，用于支援各集团军、军和师。实际上，这 169 个团占苏军炮兵力量的 92%。配备给各步兵团的标准火炮是 1927 年式短身管 76 毫米团属火炮，而师属炮兵配备的是 76 毫米加农炮和 122、152 毫米榴弹炮。[64]

1941 年 7 月中旬，先是在斯摩棱斯克西南方重要的铁路枢纽奥尔沙，尔后在维捷布斯克与斯摩棱斯克之间的鲁德尼亚镇附近，红军投入了一款高度保密的新式武器——BM-13 "喀秋莎"多管火箭发射器。[65] 简单地说，这款相当粗糙的武器由两排安装在卡车后厢上的发射轨组成，一轮齐射可投掷 16 枚以固体燃料驱动、装有 132 毫米直径弹头的火箭弹。[66] 德国人把这款火箭发射器称为 "斯大林管风琴" [67]，他们害怕它恐怖而又独特的尖啸。但德军士兵很快发现火箭弹缺乏准确度，碎片效应欠佳，主要对暴露在外的人员或防护薄弱的车辆有效。但德军 1941 年秋季部署在莫斯科城外的一个营的记述表明，初次接触这种武器可能会有极其可怕的经历：

1941年10月24日16点10分：骑兵分排证实敌人在杜博谢科沃以东森林活动频繁。我们营首次遭到俄国火箭炮轰击……伴随着可怕的尖啸，一枚枚火箭弹犹如拖着红尾的彗星撕裂天空，落地爆炸时发出雷鸣般的巨响。一小块地域内会承受数量众多的剧烈爆炸，对士气影响极大。[68]

整个苏德战争期间，苏联人更多地依靠他们的炮兵，而不是其他主要兵种。1941 年到 1945 年，他们生产了 50 多万门火炮和迫击炮，主要是 1941 年已列装的型号。苏军炮兵的破坏力——特别是在战争后期——经常主导战场。历史学家、档案管理员、希特勒演讲和公告选集的编辑马克斯·多马鲁斯在他那部庞大著作的第二卷指出："苏联人成功抵抗希特勒的入侵，与拿破仑时期的俄国人情况完全一样，炮兵的杰出表现至关重要。"

就像拿破仑的各个师和近卫军一样，二战中的德国陆军突然遭遇苏军炮兵连和迫击炮的巨大威力、精确度和优越性。俄国人1941年部署在莫斯科城外的加农炮、部署在斯大林格勒的火箭炮和5000门火炮，都属于1941—1945年间苏联重大歼灭战这幅画卷中不可磨灭的一部分。战争期间，苏联政府在隆隆炮声中向莫斯科人民宣布每一场新的胜利。同时，这也是对苏联最优秀的兵种——英勇、无与伦比的炮兵的致敬。[69]

实际上，一发 76 毫米炮弹能制造直径 1 米、深 0.5 米的弹坑；一发 122 毫米炮弹能制造直径 3 米、深 0.7 米的弹坑；而一发 152 毫米炮弹形成的弹坑，直径达 5 米，深 1.8 米。[70] 1941 年 8—9 月东线中央地带以静态战为特征的交战中，面对大批装备精良、技艺娴熟的红军炮兵，中央集团军群伤亡惨重。但和 1941 年时苏联武装力量的其他军兵种一样，红军炮兵也暴露出许多严重的缺点：

苏联当时的档案报告和战后评估指出了炮兵系统的几个主要缺陷。1941年春季的检查表明，团级人员，特别是中下级指挥员，缺乏训练，无法在战斗中有效使用他们的炮兵。射击部队在目标获取和射击指挥方面遇到了较大困难，无法与他们支援的部队协同火力。加农炮兵部队最严重的缺陷是无法以有效火力打击敌坦克，而这是战前条令赋予炮兵部队的最重要任务之一。[71]

可对 1941 年夏季在莫斯科以西数百公里、据守叶利尼亚突出部、备受战争压力的德国官兵来说，苏军炮兵的缺陷是否显而易见，这一点值得怀疑，他们每天遭受的弹幕轰击令人想起 1914—1918 年第一次世界大战的炮火。第292 步兵师某团一名营部文员记录下了他们经受的磨难：

1941年8月8日
我们营得到两个休息日；到目前为止，我们已向前挺进1158公里。之后和接下来几天，漫长的行军路线直接朝北伸向叶利尼亚，那里爆发了激烈的战斗。

叶利尼亚突出部
我们师（第292步兵师）会接替党卫队"帝国"师，并转隶第20军。

1941年8月11日
经过一场65公里的接敌行军后，我们营疲惫不堪地到达保科瓦地域……这里和维德里纳、克列马季纳（位于叶利尼亚突出部），接下来几天会发生异常激烈的战斗！敌人几次进入克列马季纳，第509步兵团展开了一场反冲击。炮兵以猛烈的炮火准备提供支援，克列马季纳的俄国人不断对该团发起冲锋。伊万从莫斯科调来优秀的炮校人员，给我们造成许多麻烦。当日上午，我们发现全营在第一轮冲击中损失64人，这是迄今为止最高的伤亡。

辎重队位于列奥尼多瓦，我们开始修筑防空壕……通往叶利尼亚的军用道路在我们前方，这条道路伸向狭窄的突出部，处于持续不断的火力打击下。敌军炮火也给我们的辎重队造成了损失。党卫队"帝国"师部分力量仍在这里，到目前为止，他们蒙受了相当严重的损失[72]，叶利尼亚的墓地可资证明。

1941年8月12—13日
这两天遭受到严重损失。[73]伊万首次使用"斯大林管风琴"对付我们。

1941年8月15—19日
8月15日、16日、18日、19日……非常艰难。阵地遭到持续数小时的猛烈炮火打击。[74]准确的反坦克炮和迫击炮火力摧毁了我们的阵地，损失与日俱增。但我们在17天内击退了敌人45次冲击！

1941年8月23日
我们营今天在米季纳接替第507团第1营，那里的情况较为平静。这种相对安静的日子一直持续到8月29日。

1941年8月30日
今天再度遭遇几乎持续不断的炮火。我们团也受到猛烈冲击。但到傍晚时，整条主防线仍牢牢控制在我们手中。

1941年8月31日
俄国人以远程火炮轰击我部防区深处，炮火远达师指挥所，在那里造成伤亡。凭借在友邻军防区达成的突破，俄国坦克前出到我们的师指挥所。

1941年9月2日

伊万的坦克在师指挥所附近横冲直撞，还在雷索夫卡轰击我方主急救站的帐篷。坚守叶利尼亚突出部现在成为相当棘手的事情！

1941年9月3日

叶利尼亚突出部即将疏散！

1941年9月4日

夜间，我们团按计划后撤。在此之前还有另一些需要办理的事情，其中包括彻底夷平党卫队（"帝国"师）的大型军事公墓，以免暴露我方遭受的严重损失……19点，俄国人开入叶利尼亚。[75]

随着德国人撤离叶利尼亚突出部，红军赢得了战争期间的首次重大胜利。

机械化力量

随着与德军的战争日益临近，苏军机械化力量迎来了一场大规模改编，他们正忙着换装坦克和相关装备。要想弄清为何会这样，就有必要简述20世纪20和30年代的苏联军事思想。历史上最大的讽刺之一是，并非德国人，而是苏联人（在图哈切夫斯基、特里安达菲洛夫、伊谢尔松"三巨头"领导下）率先使用战争的"战役"层级概念，这个层级介于克劳塞维茨定义的战略与战术层级之间。在此过程中，这些高度创新的思想家创造了一个"完全原创的学说"，在被称作"大纵深战役"的概念中得到最充分的体现。简单地说，大纵深战役理论设想使用强大的坦克和摩托化力量（呈纵深梯次配置，与步兵、炮兵协同）迅速突破敌人的防御，尔后向敌主力的深远后方遂行战役机动，以此发展初期胜利。[76] 这种思想虽然在当时可以说是全新的，但显然与20世纪20年代以来的苏联军事学说明显的进攻定位相一致。杰弗里·罗伯茨评论道："战略防御概念在当时苏联统帅部的学说领域没有地位可言。"斯大林也致力于发展进攻学说。苏联人设想，未来的任何一场战争，无论外交政策的姿态如何，都会在敌方领土上进行。[77]

当然，把大纵深战役从一个概念转化成具体现实的先决条件是建立一支庞大、独立、高效的机械化力量。1930年，苏联人组建了一个试验性机械化（坦克）旅；到1932年，他们已拥有4个这样的旅；而到1936年，这股力量扩充到4个机械化军，外加许多机械化旅、坦克团和坦克营。1938年，一个苏联坦克军（1936年的机械化军现在更名为坦克军）编有12710人、560辆坦克和118门火炮。到1939年，红军兵力编成中有5个坦克军。空降兵旅的组建也对大纵深战役的实现起到了促进作用，1941年6月前，其数量和规模逐渐增加。[78]

苏德战争爆发前，大纵深战役的概念虽然没有彻底放弃，但已大幅度修改，甚至被遗忘了一段时间。首先，图哈切夫斯基集团[79]沦为大清洗的受害者，1937年遭到清算。其次，红军在西班牙（1936—1939年）、波兰东部（1939年）和芬兰（1939—1940年）的经历使苏联军事领导层相信，独立从事作战行动的大型坦克军并不适合现代战场，而坦克本身也太容易发生机械故障并造成后勤问题。因此，他们1939年年底决定撤销现有的5个坦克军，以配备少量坦克、规模较小的诸兵种合成部队取而代之。[80]

可这个决定很快与德国"闪电战"的现实发生冲突。德国人1939年和1940年赢得的戏剧性胜利粉碎了苏联人撤销坦克军时展现出的果断信心。正如戴维·格兰茨指出的那样："他们惊奇而又敬畏地注视着德国人在波兰的行动。"但真正令他们如梦初醒的是德国国防军1940年在六周内击败法国这场令人震惊的胜利。1940年年末和1941年发表的一系列颇具见地的文章中，苏联人的典型反应是："天哪，他们采纳了我们的想法，并且有效地实施了这些想法，而我们却走向相反的方向。"[81]

目睹了德国人的胜利后，红军领导层不得不采取行动，匆匆重建大股坦克力量编成。1940年7月，9个新机械化军处于组建过程中。1941年年初，苏联人着手组建另外20个机械化军。这29个机械化军部分配备新型KV-1重型坦克和T-34中型坦克。从编制上看，每个军辖2个坦克师和1个机械化师[82]，共36080人、1031辆坦克（包括126辆KV和420辆T-34）、358门火炮/迫击炮、268辆装甲车、5165辆汽车和352辆拖车。虽然苏联人为加快机械化军的组建付出了疯狂的努力，但是到1941年6月，大多数机械化军的兵员、坦克、装备数量和后勤保障仍然严重不足。[83]例如，部署在西部特别军区的6个机械化军中的

5个（也就是面对冯·博克元帅中央集团军群的苏军坦克力量），1941年3月刚刚组建，实力严重不足（与1940年7月组建的一个军不同）。这5个机械化军，坦克数量均未超过518辆，其中2个军的坦克甚至不到100辆。雪上加霜的是，编入这些军（以及辖内坦克师和机械化师）的指战员没有受过相应的训练。[84]

通过以下事实可以清楚地看出，这29个机械化军与配备500多辆KV和T-34坦克的编制目标相差有多远：德军发动入侵时，红军总共只有1861辆KV和T-34坦克，其中1475辆不均匀地分配给西部特别军区的几个机械化军。这些军主要装备较老的BT和T-26轻型坦克，由于期待换装更优秀的KV和T-34，这些轻型坦克中的大多数并没有得到足够的维护。实际上，截至1941年6月15日，29%的旧型号坦克需要大修，44%需要小修。[85]

从理论上讲，红军1941年的主力坦克是11吨的T-26轻型坦克和14吨的BT轻型坦克（有数种变款），至少相当于德国的Ⅱ号坦克。红军坦克大多配备45毫米主炮，与德军Ⅲ号坦克类似。[86]另外，T-26和BT坦克的可用数量远远超过它们的德国对手。但德国坦克在一个广泛的无线电通信网内行动，而配备电台的苏军坦克寥寥无几，营级以下部队几乎没有电台，通过信号旗实施指挥控制。因此，迅速应对战场上不断变化的态势对苏联机械化军来说要困难得多。[87]不管怎样，红军这些坦克在"巴巴罗萨"战役爆发时都已过时。战争首日夜间，苏联第10集团军司令员沮丧地报告，他那些过时的T-26坦克"用来打打麻雀还不错"[88]。

红军刚刚开始批量列装的新型坦克（KV和T-34）要优秀得多。KV-1是重型坦克，重达48吨，由五名乘员操作，装甲板厚75～100毫米，配有一门76毫米主炮。KV-2配备一门152毫米榴弹炮，用于粉碎敌人的掩体。但是这些坦克的生产数量很少，因为它们很难制造。另外，它们使用的重型炮弹产量有限。[89]1941年6月25日，德国发动入侵的第四天，陆军总参谋长哈尔德在他的日记中指出，据报战场上出现了两款俄国人的新坦克。他评论道，其中一款据说重达52吨，配备一门152毫米主炮。哈尔德显然对这样一种庞然大物的存在心存怀疑，列举完推定的特性后，他在括号里添了一句"仍存有疑问"[90]。

但在远离最高统帅部"指挥桌"的前方主战线上，德国士兵很快就体验到了面对这种坦克时的"震惊和敬畏"，他们的反坦克炮和坦克炮无法有效对付这些坦克。第17装甲师的一名士官在1941年10月初的日记中生动描绘了如果不干掉这些庞然大物，对方有可能造成的破坏（他描述的很可能是与两辆KV-1遭遇）：

天气变得极为寒冷，第一场雪悄然落下。有风。（我们）暂时停在一个村庄，向村民打听这里是否有德国士兵。没有，只有一名摩托车手驶过。（我们）继续前进，但很快又折返，我们迷路了？……右侧传来剧烈的爆炸声，地平线上闪烁着炽热的光芒。那里就是布良斯克吗？……新的路线，一片漆黑……（我们）在一个小村庄宿营，不得不把机枪架在房屋后。（我们）睡在阁楼上，因为下面人满为患，部分是难民或在这里工作的人……

一名坦克军官在大声咒骂……森林中的某个地方看上去很可怕。第2营被烧毁、被碾碎、被压扁的车辆散落在各处。森林中和道路上，28部车辆被击毁，还有1门88炮和1门反坦克炮……整个灾难是俄国人的两辆50吨的坦克造成的。其中一辆肚皮朝上翻倒在地。一旦它发生倾覆，就可以把它干掉了。这辆坦克只是从其他车辆上碾过，把它们压碎。88炮无法开火，因为一部德军车辆挡在前方，结果敌坦克把它们悉数碾碎……司机们四散奔逃……据说一人丧生，数人受伤。[91]

几年前的一部电视纪录片中，一位评论员称 T-34 看上去就像"小孩拿刀子用奶酪做成的某种东西"[92]。这款坦克的设计可能不够优雅，甚至有些粗糙，但它是让苏联实现机械化力量现代化的核心产品。T-34 中型坦克重约30 吨，由 5 名车组人员操作，配备一门 76 毫米高速主炮，装甲厚 45 ~ 52 毫米，车速最高可达到 55 公里 / 小时。这款坦克披挂的倾斜装甲的比例高达60%，这个特点具有革命性，显著增强了对平射弹道的反坦克炮弹的防护，这种炮弹往往无法击穿 T-34 坦克，而是被直接弹飞。T-34 使用美国人发明的克里斯蒂悬挂系统，配备超宽的履带和一台功率强劲的柴油发动机，这部引擎具有"极大的功率重量比，赋予俄国战车优越的机动性"。大多数二战历史学家就算没有把 T-34 评为战争期间各参战国生产的最佳坦克，也把它列为第二或第三名。[93]

与 KV 重型坦克一样，T–34 也令德国侵略者深感震惊，他们缺乏关于这款坦克的情报，尽管他们应该已经掌握了这方面的相关信息。[94] 苏联人 1939 年 8 月在哈拉欣河投入 T–34 对付日军①，但没有任何迹象表明德军最高统帅部关注过那里的战斗。[95] 德国陆军 1941 年的标准配置是 37 毫米和 50 毫米反坦克炮，面对 T–34 坦克几乎毫无用处 [96]，当时只有威力强大的 88 毫米多用途火炮和直瞄射击的常规火炮能对付它。直到 1942 年列装 75 毫米反坦克炮和更强大的 75 毫米坦克炮后，德国人才得以在更对等的条件下应对 T–34 坦克。而在此之前，德国士兵不得不多次经历与这款坦克的不愉快遭遇，它很快成了他们的克星。下面的记述表明，就连 105 毫米野战榴弹炮的直射火力都对进攻中的几辆 T–34 无能为力：

（科斯季诺，1942年1月）：就算没有六辆，至少也有五辆T–34冲出树林驶上道路，组成一个坦克群，对科斯季诺狭窄的西部展开攻击。它们猛烈射击西面的防雪墙和房屋废墟。位于最前方的T–34到达防雪墙时，距离第一门37毫米反坦克炮大约20米。我们的反坦克炮怒吼起来，至少20发炮弹在T–34的正面装甲上弹飞。[97]这头庞然大物只是从反坦克炮上碾过，将它压平到雪地里……

另外几头庞然大物也逼近了。第一辆T–34行驶到夜间击毁的几辆坦克的残骸旁。50毫米反坦克炮开火了，不幸的是，命中的炮弹全然无效。第二辆坦克立即击毁了这门50毫米反坦克炮。接下来的几发炮弹击毙了炮组成员。随后就是与105毫米榴弹炮的对决，后者已装上高爆反坦克弹，做好了射击准备。为首的T–34绕过隐蔽我方火炮的房屋废墟时，整个侧面暴露出来。榴弹炮发出轰鸣，炮弹直接命中T–34侧面。敌坦克驾驶员挂上倒挡，退到房屋废墟后躲了起来。

没过多久，又有两辆T–34赶到，分别位于房屋废墟两侧。105毫米高爆弹接二连三地命中目标，但没给俄国坦克造成影响……炮弹没能穿透。它们发现了我们的火炮，以76毫米炮弹把它炸成了碎片。

① 译注：这个说法值得怀疑。

它们随后继续向前挺进，后面的坦克也驶入这片地域……我们遭受了一些伤亡。此时，从俄国人占据的森林边缘到我方阵地南面，敌步兵也对我们发起进攻。两辆T-34沿道路朝博利沙亚方向驶去，可能是想看看是否有援兵逼近森林。它们很快又折返回去。所有士兵现在已没有安全的隐蔽处，或者认为自己已被某些敌坦克车长发现，因而爬到大稻草堆后……

我们的指挥官随后赶到，和我们一同躲在草堆后。他觉得指挥所的地下室已不再安全。一辆坦克逼近草堆，我们躲了起来，坦克车长打开舱盖，在另一辆坦克的火力掩护下大胆朝外张望。乌尔里希中校面对着车长正向外张望的那辆坦克。我们屏住呼吸。他掏出7.62毫米手枪，朝敌坦克车长喊道："举手投降！"

就在这一瞬间，那家伙消失进炮塔里，76毫米主炮发出闪光。炮弹显然在10米距离上直接命中了我们的指挥官。后来我们只找到他的一点点残骸……师里的报告后来写道：1月19日在科斯季诺，第17步兵团的防御地段落入敌人手中。[98]

骑兵和空降兵部队

与苏联武装部队其他军兵种不同，骑兵（这是斯大林最喜爱的兵种）没有在铁木辛哥革新中经历全面改编，因此，他们的战备状况比步兵和机械化部队更好些。可由于苏联军队领导层当初以骑兵作为新组建的机械化军的核心，这一兵种的力量从1937年的7个军32个师减少到了1941年6月的4个军13个师。按照编制表，一个骑兵师编有4个骑兵团和1个坦克团，外加炮兵、防空营和其他支援部队。理论上讲，骑兵师的总兵力为9240人、68门火炮、64门迫击炮、64辆轻型坦克、18辆装甲车、555辆汽车和7940匹马。苏德战争爆发时，红军骑兵兵团的人员和装备达到编制力量的85%～90%，但汽车只有45%～50%。他们没有高射炮，坦克也寥寥无几，因为所有可用的装甲战车都给新组建的机械化部队了。[99]

骑兵力量遭到削弱的情况，在1941年下半年得到大幅度改观，因为事实证明，骑兵在东线的作战条件下是个极具战斗力的兵种。从1941年夏季起，红军先新建了30个轻骑兵师（每个师3447名骑兵），年底时，这种骑兵师的数量增加到 82 个。[100] 1941 年至 1942 年冬季期间，苏军机械化部队经常因为酷寒和积雪而无法行动，骑兵却能够深入敌后，有效实施远程游击战，切断敌交通线，袭击德军后方机构，支援红军和游击队的行动。另外，苏军在"巴巴罗萨"战役头几个月损失了大量坦克，战争的第一个冬季苏联兵力编成中坦克力量又相对短缺，这意味着骑兵往往是遂行机动作战的唯一选择。当年冬季在中央战线服役的一位德军将领对红军骑兵做出了以下评价：

　　苏军骑兵遂行的战斗，虽然战术和装备方面发生了很多变化，可还是具有一种怀旧意味。德国陆军中，除了一个师，其他骑兵部队都被装甲兵团取代。俄国人却走上另一条道路……俄国中部的地形特点是有大片森林和沼泽、泥泞期长、积雪深厚，在这种条件下，骑兵是很管用的兵种。德军车辆抛锚时，俄国人的马匹却能继续前进。但红军骑兵力量的战术使用并不总是能做到因地制宜，有些时候甚至很拙劣。苏军骑兵的领导和训练没能达到第一次世界大战的标准。[101]

　　空降兵是红军兵力编成中最精锐的部队。截至 1941 年 6 月，红军以现有的 5 个空降兵旅和 11 个步兵师的人员组建起 5 个空降兵军，每个军辖 10400 人，编为 3 个空中突击旅（每个旅 2634 人），外加 1 个独立轻型坦克营。每个旅辖 3 个伞兵突击营和 1 个炮兵营，以及侦察和工程兵连。[102] 同作者保持通信联系的几位德国东线老兵指出，这种力量的存在（他们的任务显然具有进攻性，就像德国国防军 1940—1941 年以空降部队展示的那样）是苏联打算对德国发动入侵的证据。[103] 但由于缺乏火力和后勤保障，加之专用航空运输部队不足，战争爆发后，这些空降兵军只能作为"救火队"里的步兵投入战斗。1941 年至 1942 年冬季攻势期间，红军实施了几场重大空降行动，支援地面部队围歼中央集团军群，但这些行动基本上是苏联人在别无选择的情况下采取的绝望措施，迅速暴露出空降兵部队在训练和装备方面的缺点：

　　（1942 年）1 月 27 日至 28 日夜间，苏军伞兵降落在维亚济马西南方 25 公里的 B 疏开区，靠近阿斯塔斯切夫卡，1./Fla 601 的驻地[104]……这不是少量伞兵为支援游击队实施的伞降，而是针对维亚济马展开的一场3000人规模的空降行动。这场指挥拙劣的行动毫无成功的希望。1943年夏季卡涅夫以西灾难性的空降行动也证明俄国人对这个军事领域一无所知。沃罗诺夫元帅在回忆录中无奈地写道："不得不说，我们虽然是空降行动的开拓者，但在使用这些伞兵方面没有切实可行的计划。"事实证明，红军无法解决空降行动中的技术、物资和人员问题。[105]

苏联空军

1941 年的苏联空军拥有 19500 架飞机，是世界上最庞大的空中力量。与大多数苏联武装部队一样，红空军在苏德战争爆发前几年处于重新装备和大力扩充阶段。部署在几个西部军区的空中力量（1941 年 6 月约有 7100 架飞机，稍稍超过苏联空军兵力编成的 35%[106]），正在进行大规模改编和人员再培训。自 1941 年起，空军领导层竭力加强空军力量，努力组建 106 个新航空兵团[107]，但战争爆发前他们只建成 19 个航空兵团，其中 13 个是远程轰炸航空兵团。数百座机场正在建造或翻新（包括 1941 年 4 月到 7 月间的 164 座机场）[108]，这些机场大多位于前沿地区（例如波兰东部），很容易遭到德国空军攻击。这项工作没能在 1941 年 6 月前完成，经常导致刚刚扩充的空军部队停在拥挤的简易跑道或没有完工的机场上，分散和伪装工作也不尽如人意。[109]

如果说德国武器质量优势的神话在某个领域丝毫没有夸大的话，那只能是作战飞机领域了。苏联空军 1941 年 6 月数量最多的可用战机都是过时的机型，包括波利卡尔波夫的伊 –15（双翼飞机）、伊 –16 "拉塔" 歼击机，以及 DB–3、SB–2 中型轰炸机。德国空军飞行员在 20 世纪 30 年代后期的西班牙内战中遇到过这些机型中的大多数。不仅缺乏无线电设备是个特别严重的缺陷，苏联空军的训练和操作标准也远远落后于德国空军。随着战争阴云笼罩在地平线上，苏联政府 1939—1940 年批准了生产并列装新一代战机的计划，其中包括雅克 –1、拉格 –3、米格 –3 歼击机，佩 –2、佩 –8 轰炸机和伊尔 –2 强击机。这些新型飞机中的大多数 "在技术上优于德国对手的相应型号"[110]。发动入侵前，德国空军的情报评估和识别手册基本没有收录苏联的这些新式战机。伊尔 –2 "斯图莫维克" 是一款设计优秀、结构结实的强击机，给德军地面部队造成了不计其数的破坏。不幸的是，这些新机型 1941 年 6 月刚刚开始列装，红空军 80% 的战机依然是较旧的、基本已过时的型号。[111]

如果说红空军的一线战机大多性能欠佳，那么，他们的战术学说和机组人员的训练更加糟糕。1936 年版野战条令规定，空军的任务仅限于为地面力量提供空中密接支援。30 年代末，苏联人撤编了三个战略空军集团军，并且取消了 TB-7 四引擎轰炸机的生产，这就在很大程度上放弃了战略轰炸使命。[112] 和他们的大多数战机一样，苏联空军的空战战术也已过时，这种战术过于谨慎、不够灵活，不允许发挥个人主动性。[113] 由于在装备、组织、训练方面存在明显不足，苏联歼击机飞行员负担重重，面对德国同行时表现出一种"强烈的自卑感"，他们经常避战，甚至遇到以密集编队飞行、没有护航的 Ju-52 运输机（仅配备轻型防御武器）时也会转身飞离。[114] 但很难把这种行为归咎于怯懦，毕竟许多歼击机飞行员投身战争前根本没接受过充分的训练，而飞行员为获得驾驶新型战机的资格而接受的过渡训练，进展"慢似蜗牛"，因为苏联空军指挥员担心训练事故可能会使他们被冠以"破坏"的罪名，进而遭到逮捕。[115] 因此，德国空军突然发动袭击时，前沿地区的许多苏军歼击机飞行员在新型战机上的飞行时间只有 4 小时。

与歼击机飞行员相比，苏联空军的轰炸机机组从战争伊始就展现出非凡的勇气，有时候甚至堪称鲁莽，至少是不够谨慎。战争刚刚爆发，大批苏军轰炸机立即投入战斗，竭力阻止德国军队向前推进，特别是在主要河流渡口处。结果，他们纷纷被德国战斗机和高射炮击落，有时候甚至整个编队都损失殆尽。负责支援中央集团军群的德国第 2 航空队司令凯塞林元帅，把消灭苏联空军轰炸机力量描述为"纯属屠杀婴儿"：

从第二天起，我就目睹了与俄国中型轰炸机的战斗，这些轰炸机从俄国腹地飞来。我觉得派出如此低劣的飞机，以这种战术上不可能取得成功的编队展开进攻不啻犯罪。因此，他们一个中队接一个中队地被击落。他们以相同的时间间隔飞抵，完全沦为我方战斗机飞行员的受害者，我当时的想法是，这纯属"屠杀婴儿"。[116]

鉴于红空军几乎在每个领域都存在足以削弱其力量的缺陷，"巴巴罗萨"战役头几日德国空军能把他们粉碎在空中和地面，就一点都不足为奇了。即便如此，有一种说法仍然是无稽之谈，那就是：苏联空军在战争最初的48～72小时内遭到毁灭性打击，因而基本没有参加1941年整个夏季的战斗，直到晚些时候才恢复过来。多年来，许多描述苏德战争的著作不断强化这个神话。本书作者分析了数百份德方资料（部队战时日志、私人日记和战地信件等），得出这样一个结论：虽然德国空军在战争初期的确建立起了空中优势，可很少享有战场上方的绝对制空权；即便入侵后德国空军在前线某些地段短期取得了绝对制空权（这是各国空中力量倡导者的愿景），苏联空军在某种程度上仍保持活跃，几乎从战争爆发首日起就是如此。

德国空军的战机数量有限，必然会疏散地分布在苏联欧洲部分大得惊人的空间内，无法立即集中到任何一处；而苏联空军却可以集中力量（无论多么有限）对付东线德军最危险的部分，也就是快速挺进的摩托化先锋。实际上，1941年6月23日到7月10日，苏联空军远程轰炸航空兵出动了2100多个战斗飞行架次，打击德军坦克和摩托化队列，而整个苏联空军共执行了4.7万个战斗飞行架次[117]，尽管战果几乎可以忽略不计。这些数字虽说可能有所夸大（摘自对苏联空军作战行动的官方记录），但有助于证实德国人的感觉——苏联空军遭受到严重损失，可依然存在。到1941年秋季，红空军明显恢复了过来，甚至在前线关键地段与德国人展开了空中优势争夺战。红空军能做到这一点，不仅意味着他们的飞行员具有令人尊敬的勇气和毅力，还表明战前开始的革新正结出硕果。

最终战略规划：失败和错误的设想

自20世纪30年代末起，红军总参谋部大幅度改进他们的动员计划。到1941年春季，由于德国的威胁与日俱增，受到这方面情报评估的刺激，苏联领导层部分实施"特殊威胁军事期"的对策，命令军队采取隐蔽的战略部署，从而加快了"悄然走向战争"的速度。这实际上是一场预防性动员的初期阶段，这种动员在战争爆发后加快进行并持续到1942年年初。1941年4月末起，苏联在严格保密的情况下从内陆抽调大量军力（先从外贝加尔军区和远东军区，后从乌拉尔军区和西伯利亚军区），将其部署到遭受威胁的各西部军区。总之，4 个集团军司令部、19 个军级指挥部和 28 个师级指挥部奉命从苏联内陆开赴各西部军区。1941 年 6 月初，国防人民委员部（NKO）以"大规模军演"的名义征召了 79.3 万人，以此充实现有的 100 个师和筑垒地域。根据总参谋部的最终动员计划（MP-41），各西部军区所有部队应当在 1941 年春季完成全面动员准备。[118] 正如我们所知的那样，到 1941 年 6 月 22 日，驻扎在边境地区的红军（战略第一梯队）编有 171 个纵深梯次配置的师，另外 57 个师沿西德维纳河和第聂伯河编为战略第二梯队。但由于动员过程中遭遇了障碍，战争爆发时两个战略梯队都没能全面贯彻 MP-41 的要求（例如，该计划要求战略第一梯队集结 186 个师）。[119]

苏联军队在西部的最终部署引发了一个有趣的猜测。德国入侵前夕，苏联战略规划背后的动机是什么？这些部署中最引人注目的地方是，苏联军队明显集中在掩护乌克兰的基辅特别军区。大约 60 个师（包括 16 个坦克师和 8 个摩托化师）驻扎在这里，兵力集中程度远远超过其他任何一个军区。西部特别军区紧随其后，编有 44 个师（包括 12 个坦克师和 6 个摩托化师）。另外，苏联空军的航空兵团也大量集中在基辅特别军区。[120]

粗略研究 1940 年夏季到 1941 年春季的苏联战略规划，就会发现他们在德国南方集团军群对面的西南方面军（基辅特别军区 6 月 22 日后改编为西南方面军）处集结强大力量的潜在原因。1940 年 7 月起，红军总参谋部在铁木辛哥元帅的指导下制订了新的战争计划，该计划认为，如果德国发动入侵，很可能在普里皮亚季沼泽以北实施，从东普鲁士攻入立陶宛、拉脱维亚和白俄罗斯西部（这些地方当时都属于苏联），因此红军主力应当部署在北部。但 1940 年 10 月，苏联人的战争计划经历了一次重大修改：红军主力不会部署在北部，而是在南部保护乌克兰的粮食、顿巴斯地区的煤炭和矿产。杰弗里·罗伯茨指出，之所以出现这种变更，"最合理的解释"是他们"认为"，倘若爆发战争，德军主力会攻入南方，进入乌克兰。虽然罗伯茨没有说明是什么促使苏联人做出这种根本性的重新评估（而且是完全错误的），但他继续指出，1941 年年初，德国人通过散布虚假消息加强苏联方面的误判，以此掩盖他们的真实意图——在北面集中力量，沿明斯克—斯摩棱斯克—莫斯科方向展开进攻。[121]

关于红军主力集结在南方的原因还有另一种说法。埃文·莫兹利解释道：

担心乌克兰并不是红军主力集中在基辅特别军区的主要原因。从苏联的角度看，问题不是在哪里实施防御，而是在何处发起进攻。可选的方案无非是进攻东普鲁士和波兰北部的德国人（冲出白俄罗斯），或者打击波兰南部的德国军队（冲出乌克兰）。北方向的问题是，那里的进攻必须穿过东普鲁士的湖泊和森林，德国人已在那里构筑起防御工事。俄国陆军1914—1915年曾在那里停滞不前，而红军1940年对芬兰曼纳海姆防线的进攻也清楚地表明了现代防御工事的力量。相反，在南方红军可以进入相对开阔的乡村，那里没有德军长期构设的防御工事，红军进攻力量的左翼得到喀尔巴阡山的掩护。攻入波兰，穿过卢布林、克拉科夫和上西里西亚，就可以迂回集结在波兰的德国军队，并威胁德国与巴尔干地区的连接。红军规划人员考虑到了这些，建议沿南方向遂行进攻。[122]

莫兹利指出，斯大林1940年10月批准了这份方案，一股庞大的力量，包括大批坦克和战机，随后部署到基辅特别军区。修正主义历史学家把斯大林及其将领在南方集结重兵的决定解释为他们打算对德国展开先发制人的打击。虽说朱可夫1941年5月中旬确实提出了实施这种打击的建议，但更合乎逻辑的结论是，苏联人只是贯彻了由来已久的军事学说，这种学说设想，即便在遭到攻击的情况下也应当立即展开进攻，把战争引入敌方领土。实际上，1941年国防计划（DP-41）虽然从战略意义上说显然是防御性质的，但具有许多进攻方面的特点，"反映出必要和不可避免的进攻性应对，也就是对潜在之敌的侵略实施反击"[123]。

不管怎样，苏联决定把他们最庞大的兵力编组置于南方，远离德国军队的主要突击方向，这是个严重的误判。红军1941年1月展开了两场军事演习，其结果加强了领导层做出上述决定的决心。因此，1941年3月，一份修订后的作战计划要求红军把防御重点置于抗击德国对乌克兰的入侵。[124]事实证明，更为偶然的是，1月份的军事演习（参加演习的G. K. 朱可夫将军大获成功）使斯大林任命朱可夫为红军总参谋长。这两场演习（都模拟德军在不同战线发动进攻并探讨红军的应对）暴露出苏联武装部队毫无准备的弱点，这有助于解释"斯大林为什么竭力试图推迟战争，在战争爆发前几个月谨慎地处理军队部署事宜"[125]。

还应该指出，苏联的战争计划总体上基于几个毫无根据的假设，最终证明这些假设深具致命性。一个"战略盲目性的典型例子"是[126]，苏联政治和军事领导人准备战争时错误地认为，他们在决战开始前有时间动员并展开自己的力量。所以他们觉得，战争即将开始时，他们可以做出选择，与 1939 年秋季芬兰的情况一样。苏军将领没有意识到红军也可能遭到突然袭击。另外，至少到 1941 年春末，他们还满心指望德国人入侵苏联时需要数周集结兵力的时间，这种集结不可能秘密进行。他们也高估了边境掩护力量的战斗力，认为这些部队可以阻挡德军的进攻数周之久，从而使红军获得动员和展开的时间。这些假设于 1941 年 5 月分崩离析，苏联军事领导层终于意识到德国国防军已动员起来，并把大股军力集结在东普鲁士和苏联边界对面的波兰德占区。可斯大林还是没有更改现有的计划。[127]

1939—1940 年吞并波罗的海诸国、波兰东部和比萨拉比亚后，苏联的国境线向西调整 320 公里，也导致他们的军事计划在德国发动入侵前几个月陷入混乱。1939 年前，红军沿苏联旧边界及其后方地带构筑了强大的防御阵地，德国人把这些工事称作斯大林防线。很大程度上，斯大林防线并不是一条战线，而是一系列筑垒地域，每个筑垒地域都设有掩体、轻型火炮、机枪发射阵地和坦克陷阱。[128]1941 年 7 月攻克苏联边境防御后，德国补充军的一段训练视频展示了相关情况：出现在画面中的是坦克陷阱（数种类型）、水障碍、铁丝网、交叉的钢梁（坦克障碍物）、掩体（混凝土制、木制、土制），土木工事、用于荫蔽武器发射阵地的房屋和谷仓，甚至还有遥控点火的喷火器。[129] 最早沿斯大林防线构建的筑垒地域位于波洛茨克，横跨苏联、波兰、立陶宛边界线交汇处的西德维纳河，而设在明斯克、莫济里和斯卢茨克的另一些筑垒地域则可以追溯到 20 世纪 30 年代。[130]

苏联人努力把新占领的西部领土打造成一片战略缓冲地带，因而削弱了沿 1939 年旧边界构设的防御，他们把武器和物资转移到与德国接壤的新筑垒地域。结果可想而知：德国人突袭遭到严重削弱的斯大林防线时，红军沿新边界构筑新筑垒地域的工作远未完成。另外，"巴巴罗萨"行动发起时，沿苏德边界线部署的大多数红军师没有战斗工兵（正忙于修筑新掩体和障碍物），这严重降低了他们（这些师）的战斗力。[131]苏联糟糕的决策再次导致红军无法在进攻或防御方面做到最好。

红军做好战争准备了吗？

鉴于上述探讨突出了战争临近时红军存在的许多不足之处，读者也许会提出这个问题。毫无疑问，苏联武装部队存在许多弱点，而且很明显，在1941年6月时，他们至少还要几个月才能做好战争准备。以下这份清单（排序不分先后）突出说明了红军此时面临的诸多挑战：

· 学说性概念自相矛盾；清洗仍在进行，导致严重缺乏训练有素、经验丰富的指挥员和参谋人员。

· 指挥和领导的僵化扼杀了下级指挥员和军士的主动性；战斗兵种间缺乏协同；参谋工作欠佳。

· 兵力编成的大规模改编和武器装备的换装远未完成；许多重要领域（坦克和飞机生产、边境防御工事构筑、兵力征召）完成目标的日期定在1942年初。

· 部队严重缺乏训练；武器陈旧，战机过时；地图和装备短缺。

· 武装部队拥有一些新式武器，但"没有迹象表明他们知道如何使用这些武器"[132]；一些红军飞行员驾驶新型战机的飞行时间不到4小时；战争爆发前，许多坦克的主炮尚未校准[133]。

· 守卫每一寸现有边界线是政治上的硬性要求；许多部队在边境地区靠前部署，很容易遭受德国地面和空中力量打击。

· 摩托化严重不足；所有战区的汽车不到27.5万辆（东线德军有60万辆），但他们动员了约20万部民用车辆加以补充。

· 边界附近的机械化军，战车数量仅为编制定额的50%～80%；摩托化第208师（驻扎在中央地带的别洛斯托克附近）的武器装备仅为编制定额的70%～80%，师属坦克团没有坦克（编制为250辆），而且这种情况并不罕见。

·后勤方面的缺陷近乎一场灾难，军装、装备等不恰当地堆放在军用仓库里（服装和物资放在露天处白白腐烂）；部队严重缺乏军装、鞋子、内衣、食物、装备；炮弹存放不当，在露天处生锈；缺乏油料和弹药。

·拖车供不应求，不得不使用民用拖拉机牵引火炮。

·信号通信欠佳：莫斯科通过电话、电报和电台与各军区保持联系，但主要使用包括民用系统在内的电话；野外通信能力脆弱；无线电网络薄弱。[134]

·1941年的铁路发展计划（包括各西部军区的11条新铁路线），由于缺乏关键的建筑材料，截至1941年6月1日仅完成了8%。[135]

这是一份发人深省的汇编，尽管远谈不上完整！另外，实际情况比看上去的更复杂。艾伯特·西顿指出：

飞机、坦克、火炮、空中和地面兵团的作战效能，很大程度上……取决于相关的火力控制、通信和辅助设备，1941年的苏联非常缺乏这些。但总的说来，苏联的战争准备和装备情况比沙皇时期好得多，而从数量上来说，他们投入的是世界上最庞大的军队……斯大林在战争初期遭受的是政治，而非军事失败，是他在政治方面做出错误判断的直接后果。[136]

西顿这番话很有道理。的确，尽管斯大林在红军与希特勒军队展开殊死斗争前的几年里严重削弱了这支武装力量，尽管他对第三帝国采取的绥靖政策注定要失败，可归根结底，苏联最终赢得胜利在很大程度上也归功于斯大林。他从20年代后期开始推行的政策，使苏联走上了成为现代工业国家的道路。倘若没有五年计划，没有在苏联欧洲部分以外建立第二个工业基础设施体系，没有在战前几年不断寻求人力、武器、装备方面的巨幅增强，没有他孜孜不倦地促进年轻人接受共产主义再教育——没有这一切，苏联早已在1941年土崩瓦解。虽说斯大林的战前政策使他的国家在1941年夏季濒临毁灭，但这些政策奠定的基础也使苏联在1945年赢得了胜利，并在战后继续存在了46年。你可以说政策可能有些过激，但你不能怀疑斯大林发挥了决定性作用。与1914年的沙皇军队不同，斯大林的军队不仅有步枪，还有数千万的士兵和取之不尽的坦克、火炮、飞机。这些人员和武器共同粉碎了德国军队，红军将士 1945 年 5 月 2 日在柏林的德国国会大厦上升起了苏联国旗。

约瑟夫·斯大林：他知道些什么？何时知道的？

我们讨论的主题是苏联的领导人，因此必须提出一个可能更有趣的问题：斯大林在 6 月 22 日前几周、几个月，对"巴巴罗萨"行动有多少了解？他对他掌握的情况作何反应？对第一个问题的回答相对确定：通过几个不同渠道，斯大林非常清楚德国即将发动入侵。但第二个问题的答案（他对所知情况的反应）较为复杂。

1811 年，也就是拿破仑对俄国发动命运多舛的入侵前一年，一颗彗星掠过欧洲的天空。1811 年 3 月 25 日，奥诺雷·弗洛热尔格在维维耶尔的临时天文台观察夜空，"在现已不复存在的南船座"发现了这颗彗星。次日他再度看见了它，于是开始追踪彗星的飞行轨迹。

这颗彗星在南面较低处，它向北飞去，越来越亮。让·路易斯·庞斯4月11日在马赛，威廉·J.伯切尔5月12日在开普敦都看见了它。这颗彗星很快变得肉眼可见，深秋时它照亮了从里斯本到莫斯科的夜空。人们注视着它，有人满怀兴趣，更多人有一种不祥的预感。

这种情绪在欧洲东部尤甚。那里的一位教区牧师回忆道："凝视着1811年的明亮彗星，立陶宛人为某些特殊事件做好了准备。"该省另一位居民从未忘记所有人离开晚餐桌，跑出去凝望彗星，然后谈论"饥荒、火灾、战争和杀戮"的情形。在俄国，许多人把这颗彗星与当年夏季和秋季席卷这片土地的火灾联系起来。凝望着它，一种莫名的恐惧笼罩着他们。一名俄国地主的儿子写道："我记得我在一个没有月亮的秋夜盯着它看了许久，无比震撼，怀有一种妇孺之怯。它那条长而明亮的尾巴似乎在风中飘摆，不时跳跃一下，这令我心生恐惧，接下来几天我再也没有在夜间仰望星空，直到彗星消失。"

在圣彼得堡，沙皇亚历山大一世对这种现象痴迷不已，并在宫廷与美国大使约翰·昆西·亚当斯展开讨论。他声称自己只对彗星的科学方面感兴趣，还嘲笑了那些视彗星为灾难和战争先兆的迷信者。

但他要么不够诚实，要么就是在自欺欺人，因为战争机器已隆隆转动。[137]

约瑟夫·斯大林并没有幸运到遇见一颗提醒他末日即将来临的可怕彗星，但他拥有"可能是世界上最具效力的情报机构"，部分情报人员在德国决策层"核心"活动。[138]苏联间谍遍布欧洲，其中包括：哈罗·舒尔策－博伊森（代号"大士"），他是一名空军军官，能接触到绝密材料；阿尔维德·哈纳克（代号"科西嘉人"），这位律师自1935年起就在柏林的经济部工作。苏联情报部门1940年夏季招募这两人从事谍报工作，他们为苏联人提供了大量且出色的情报，1942年暴露后被德国人处决。[139]

德国占领的欧洲和中立国瑞士也有苏联间谍组织，例如德国难民鲁道夫·勒斯勒尔在瑞士领导的"露西"间谍圈。由于"露西"提供的情报极具价值，历史学家甚至猜测英国人以这个间谍圈为幌子，把"超级机密"获得的情报悄悄传递给苏联人（"超级机密"是英国截获、破译的用恩尼格玛密码机加密的无线电通信的代号）。[140]但现在人们已经知道，这种猜测并不正确。[141]

关于德国意图的另一个重要信息来源是里夏德·佐尔格（代号"拉姆宰"），他是潜伏在德国驻东京大使馆的苏联间谍。另外，英国、美国和其他外国政府也向斯大林提供了大量情报，其中大都非常准确。最后，1941年春季，大批战术情报从各边境军区发往莫斯科。[142]

总之，从1940年7月下旬到1941年6月22日，苏联情报机构向斯大林传递了不下90份单独的警告，提醒他德国即将发动入侵。呈送他之前，每份报告都经过专业的整理，以及细致的评估和解释。苏联人1941年春季获得的情报（绝非仅限于此）使我们了解了斯大林知道些什么，何时知道的，以及对此作何反应：

·1941年4月："超级机密"的情报表明德国精锐部队集结在波兰，而非巴尔干，丘吉尔决定以一份来自"可靠特工人员"的私人电报提醒斯大林。在这份报告的边缘处，苏联领导者草草写道："又是英国人的挑拨离间。"他没有采取行动。

·1941年5月19日：里夏德·佐尔格警告，辖150个师的9个德国集团军集结在苏德边界。对这份相当准确的报告，斯大林的反应是斥责佐尔格是个"只顾着在日本做生意的小混蛋"。

·1941年6月：德国驻莫斯科大使冯·舒伦堡警告苏联国际事务部负责人："也许这是外交史上绝无仅有的一例，可我要告诉您我们国家的头号机密，希特勒已决定6月22日对你们开战。"斯大林对此感到愤慨。他告诉政治局："假情报现在已上升到大使级了。"

·1941年6月12日：斯大林收到"大士"发来的情报，称德国已决定入侵苏联。同一天，呈送外交部和中央委员会的一份报告指出，1941年1月1日到6月10日，德国飞机侵犯苏联领空达2000多次，其中包括6月份头十天的91次侵犯领空事件。

·1941年6月中旬："露西"发来的一份报告，明确指出了入侵日期（6月22日）并介绍了德方作战方案的详情。斯大林仍拒不接受。

·1941年6月17日："大士"发来的另一份警告指出，德国发动入侵的所有军事准备已完成，随时可能实施打击。从德国经济部获得的可靠报告也表明入侵迫在眉睫。斯大林在报告边缘处草草写道："让您在德国空军司令部的消息来源见鬼去吧。这根本不是消息来源，他提供的是假情报。"

·1941年6月18日：总参谋长朱可夫建议红军进入警戒状态，然而斯大林回复道："这么说您想要一场战争喽？难道您的勋章还不够多，军衔还不够高吗？"[143]

斯大林显然希望避免同德国发生战争，他敏锐地意识到自己的国家没有为这场战争做好准备，因而拒不接受这些情报，直到最后一刻才如梦初醒。1941年6月22日清晨，他接到朱可夫打来的电话：德国人正沿西部边界大举发动进攻，战争爆发了。深感震惊的斯大林起初什么也没说。朱可夫只听见他的上司在电话另一端沉重地呼吸。可即便如此，斯大林在很长一段时间里也没明白事情的严重性。[144]

如今离1941年夏季发生的惊人事件已过去近三代，回顾起来，斯大林以如此轻蔑的态度对待如此准确的情报似乎有些不可思议。可实际情况又一次远比其表象更加复杂，斯大林的做法（无论今天看上去多么奇怪）并非毫无道理。

　　首先，斯大林收到的关于德方意图或他们在东部集结的情报，远不像上面提到的例子那般明确，甚至具有矛盾性。斯大林的重要助手，例如内务人民委员部负责人拉夫连季·贝利亚，或军事情报局局长 F. I. 戈利科夫，他们身居高位但毫无安全感，告诉斯大林的往往只是他想听的东西，这些都会强化他的偏见和误解。另外，苏联情报界（民事和军事方面）受到大清洗的严重破坏，损失了许多特工和分析人员。国防人民委员铁木辛哥在 1940 年关于红军状况的报告中评论道："情报工作的组织是国防人民委员部的工作中最薄弱的环节之一。对外国军队，我们缺乏有组织、有系统的情报收集工作。"另外，1940年 7 月接掌军事情报局的戈利科夫在该领域毫无经验。[145]

　　分析苏联领导人为何没看清德国的真实意图时，决不能忽视德国狡猾而又有效的假情报工作发挥的作用。弗拉基米尔·杰卡诺佐夫 1940 年 11 月起担任苏联驻柏林大使，他 1941 年 6 月提交的报告只是加强了斯大林的偏见。报告中谈到关于德国与苏联和平共处这种可能性的传言（基于后者做出意义深远的"让步"，或基于把领土划分为"势力范围"），但这不过是德国人为误导、迷惑苏方而大力推行的举措而已。实际上，德国国防军在"巴巴罗萨"行动前实施的欺骗措施始于 1941 年 2 月，代号"鲨鱼"和"鱼叉"[146]，是有史以来最具影响力的欺骗活动。这种欺骗的关键是让苏联人相信，入侵英国的"海狮"计划依然有效，大批德国军队集结在东部只是个诡计，是让英国人相信"海狮"计划已被取消。德国人的欺骗措施相当成功，就连斯大林也坚信，对方展开进攻前肯定会发出某种最后通牒，这样他就有时间做出让步或动员军力，甚至先发制人。[147]

　　斯大林的这番算计，也许可以理解为一种"镜像"。这位苏联领导人"理所当然地认为希特勒也会对自己的力量做同样的打算，解决英国问题前绝不会在东部展开进攻"[148]。斯大林认为希特勒和他一样理性，断不会冒险发动一场两线战争，这种基本信念深入解释了斯大林没能做出正确判断的原因。据说他在战争爆发前几天告诉朱可夫："德国彻底卷入西方战争，我认为希特勒不会进攻苏联，这会让他冒给自己创造第二条战线的风险。"[149] 做出这种判断的并非斯大林一人，就连英国联合情报委员会也在"相关结论中持矛盾看法，直到 1941 年 5 月底才确定德国将于 6 月初发动入侵"[150]。

最后，斯大林对德国权力机构的评估可能也是一厢情愿。埃文·莫兹利认为：

斯大林很可能认为第三帝国的领导人分为想立即与苏联开战者和不愿这样做的人，他大概把希特勒归入后一类。斯大林的主要设想也许是德国的政策未定，苏方轻率行动可能会导致同德国爆发一场不必要，或者至少为时过早的战争。这种行动包括仓促动员、红军集结、一级宣传部门对纳粹德国的宣传口径发生变化。这也是他做出有害的军事决定，没有加强毗邻边界的安全区的原因。事实上，内务人民委员部已接到指示，务必确保红军部队遵守这道指令。[151]

从这一背景着眼，就能理解斯大林为何会顽固地拒绝正视德国的入侵威胁，不愿对此做出有力应对。这也有助于解释他为何竭力避免一切有可能被德国人视为挑衅，并以此作为开战借口的行动。另外，它也阐明了斯大林认真遵守对德绥靖政策的原因。尽管德国向苏联交付成品的进度严重滞后，可苏联人还是按照合同把原材料运送到德国，甚至超过了规定配额。截至 1941年 6 月 22 日，他们交付了 220 万吨粮食、100 万吨石油和 10 万吨棉花。事实证明，这些物资（特别是石油）对德国国防军实施"巴巴罗萨"行动至关重要。[152]

当然，斯大林对德国的意图"故意视而不见"多半是他根深蒂固的怀疑的结果，因为他"不相信所有情报，无论这些情报多么令人信服，也无论其来源多么可靠，都与他自己对德国意图的分析背道而驰"[153]。来自英国，甚至来自丘吉尔本人的信息更是如此。安东尼·比弗指出，苏联领导人确信"关于'巴巴罗萨'行动的每一个警告都是英国情报机构的挑拨，是丘吉尔诱使苏联同德国开战的阴谋的组成部分"[154]。早在 1940 年 7 月，丘吉尔就给斯大林写过一封亲笔信，就希特勒的意图对他发出警告。可斯大林把这封信视为英国在敦刻尔克惨败后，唆使苏联过早卷入战争的徒劳尝试。[155]

朱可夫元帅告诉苏联作家康斯坦丁·西蒙诺夫，1941 年春季德国军队在波兰集结的报告激增时，希望得到解释的斯大林决定给希特勒发去一封私人信件。在"机密"回信中，元首告诉这位苏联领导人，大批德军的确驻扎在波兰——

但希特勒认为自己不会比斯大林走得更远，他有责任向后者说明，驻扎在波兰的这些兵团并非针对苏联。他说德国西部和中部领土遭到英国猛烈轰炸，因此，他有理由把大批军队调走，把他们部署在波兰。斯大林相信元首打算严格遵守条约，后者以政府首脑的名誉担保。朱可夫说，看来斯大林相信了希特勒的说辞。[156]

极具讽刺意味的是，就在战争无情地向他逼来之际，这位苏联领导人却声称他只相信一个人——这个人就是阿道夫·希特勒。很难说斯大林"没有对自己所持的信念产生怀疑，独处时他肯定很想知道自己在这几个月有没有被希特勒欺骗"[157]。来自各个方面的警告越来越多，尽管斯大林"似乎在压制一切关于战争的念头"，但在尼基塔·赫鲁晓夫和其他人看来，他的行为暴露出"内心的不安和严重的担忧"。

他现在开始酗酒，还要求随从们一起喝。另外，和平素的习惯不同，他开始寻求不间断的陪伴，这似乎可以把战争即将到来的噩梦般的想法从脑海中排除。在别墅举办的长时间晚餐和聚会，取代了代表他日常生活，在克里姆林宫召开的工作会议。直到最后一刻，斯大林仍相信德国军队只是试图挑起冲突。就像柯伦泰[158]在德国发动入侵当日承认的那样，斯大林"当然希望并相信，没有经事先谈判并找出避免战争的解决方案前不会爆发战争"。但他已丧失主动权……[159]

注释

1. B. Musial, *Kampfplatz Deutschland*, 463.

2. W. S. Dunn, *Jr., Stalin's Keys to Victory*, 3.

3. E. Raus, "*Russian Combat Methods in World War II*," in: *Fighting in Hell. The German Ordeal on the Eastern Front*, P. G. Tsouras (ed.), 34.

4. E. Mawdsley, *Thunder in the East*, 12-13.

5. J. Erickson, "*Soviet War Losses*," in: *Barbarossa. The Axis and the Allies*, J. Erickson & D. Dilks (eds.), 256.

6. 就像德国军官在一份战后研究中回忆的那样，对苏战局的最初几天揭示出这样一个事实："红军士兵与1914—1917年间的俄国兵几乎没有相似之处。布尔什维克政权当然知道如何在二十年时间里给苏联士兵灌输一种新的精神。这种发现是苏德战争中的另一个意外。俄国士兵一向勇敢而又坚定，但俄国的新主人成功激励了处于被动麻木状态的军人，赋予他们一种对国家和民族的强烈责任感，甚至把他改造成了狂热分子。"FMS T-34, K. Allmendinger, et al., "*Terrain Factors in the Russian Campaign*," 64-65.

7. D. M. Glantz (ed.), *Initial Period of War on the Eastern Front*, 2.

8. Ibid., 4-5.

9. B. Musial, *Kampfplatz Deutschland*, 9.

10. Ibid. 450, 463-64. 穆西阿尔认为至少自1931年起，苏联为侵略西方国家所做的准备工作具有极强的连贯性。

11. Ibid., 464.

12. 最迟到1940年，由于欧洲的战略形势发生巨大变化，苏联进行军事建设主要是为了抵御德国即将发动的入侵，而不是出于自己眼下或未来的侵略意图。

13. E. Mawdsley, *Thunder in the East*, 48. 据沃尔特•S. 邓恩称，经过八年的重工业发展，苏联人在1937年把重心转向武器生产。参见W. S. Dunn, Jr., *Hitler's Nemesis. The Red Army 1930-45*, XV 。

14. E. Mawdsley, *Thunder in the East*, 43.

15. 弹药包括（常规火炮用）炮弹和迫击炮弹。

16. J. N. Westwood, *A History of Russian Railways*, 242-43.

17. 美国工程师为帮助苏联人实现经济目标发挥了不可或缺的作用。20世纪20和30年代，他们在低成本大规模生产和计划报废技术方面为苏联人提供指导。沃尔特•S. 邓恩指出："计划报废通过降低精度，也就是增加误差幅度、理想测量值的允许误差，降低完成产品所需的小时数和技能程度，但同时也会降低发动机和武器的寿命。不过，一款武器在东线的预期寿命，决定性因素并非其完美程度，而是德军反坦克炮射出的炮弹。"30年代，美国工程师还为苏联的大规模生产设计、建造了所有坦克厂和其他许多工厂。"许多是美国最具效率的工厂的改良版。德国人无法采用美国人的学说，因为他们的工厂规模较小，不是为大规模生产而设计的。"W. S. Dunn, Jr., *Stalin's Keys to Victory*, 24-26.

18. 义务兵役制是两次世界大战之间苏联军事政策的一个主要特征，为红军提供了大量训练有素的兵员。Ibid., 5.

19. D. M. Glantz, *Red Army Ground Forces in June 1941*, 1-3.

20. Ibid., 48.

21. P. Calvocoressi & G. Wint, *Total War*, 168.

22. 即内务人民委员部（NKVD）。

23. S. Courtois, et al., *The Black Book of Communism*, 184-90.

24. 据俄罗斯学者德米特里·沃尔科戈诺夫（他父亲在清洗中遭逮捕并被处决）称，1937年5月到1938年9月，陆军中有36761人，海军中有3000多人遭到清洗。D. Volkogonov, *Stalin*, 368.

25. S. Courtois, et al., *The Black Book of Communism*, 184, 198; I. Kershaw, *Fateful Choices*, 247.

26. S. Courtois, et al., *The Black Book of Communism*, 198.

27. E. Mawdsley, *Thunder in the East*, 21. 关于清洗期间红军高级指挥员遭处决的人数，莫兹利提出的数字与*The Black Book of Communism*和上文列举的数字略有些不同。

28. C. Merridale, *Ivan＇s War*, 70-71.

29. D. Volkogonov, *Stalin*, 368.

30. I. Kershaw, *Fateful Choices*, 247-48.

31. D. M. Glantz, *Barbarossa*, 62.

32. I. Kershaw, *Fateful Choices*, 249-50.

33. 例如，罗伯特·基希休贝尔写道，"苏联军队的大规模扩充，特别是在1938年后，致使军队质量下降，影响"远甚于清洗。参见R. Kirchubel, *Operation Barbarossa 1941 (3), Army Group Center*, 25。

34. Dept. of Army Pamphlet No. 20-269, "*Small Unit Actions during the German Campaign in Russia*," 32-37.（注：这份文件的作者是经历过东线战事的德国老兵，但文件中没有提到他们的名字。）

35. R. Kirchubel, *Operation Barbarossa 1941 (3), Army Group Center*, 25.

36. J. J. Kiršin, "*Die sowjetischen Streitkraefte am Vorabend des Grossen Vaterlaendischen Krieges*," in: *Zwei Wege nach Moskau*, B. Wegner (Hg.), 390.

37. D. M. Glantz, *Red Army Ground Forces in June 1941*, 48.

38. 1.7万辆坦克这个数字引自格兰茨的作品，而2.4万辆坦克这个数字来自约阿希姆·霍夫曼和尤里伊·J. 基尔辛。参见：D. M. Glantz (ed.), *Initial Period of War on the Eastern Front*, 33; J. Hoffmann, "*Die Angriffsvorbereitungen des Sowjetunion 1941*," in: *Zwei Wege nach Moskau*, B. Wegner (Hg.), 369; and J. J. Kiršin, "*Die sowjetischen Streitkraefte am Vorabend des Grossen Vaterlaendischen Krieges*," in: *Zwei Wege nach Moskau*, B. Wegner (Hg.), 390.

39. D. M. Glantz, *Red Army Ground Forces in June 1941*, 3; D. M. Glantz, *Barbarossa*, 27.

40. 筑垒地域是"防御兵团，旨在形成一道强大的防御壁垒，并协助把进攻中的敌军引入己方遂行反冲击的机械化力量可歼灭敌军的地域"。1941年6月22日的苏军兵力编成中有57个筑垒地域（其中41个部署在西部），共19万人，编为7个团和160个机炮营，配备1700门火炮/迫击炮和9800挺轻重机枪。他们沿边界线、1939年旧边界线附近的纵深处和各主要城市接近地占据预有准备的阵地。D. M. Glantz, *Red Army Ground Forces in June 1941*, 34.

41. Ibid., 3.

42. 红军1941年6月22日的完整战斗序列可参阅D. M. Glantz (ed.), *Atlas and Operational Summary*.

The Border Battles, 32–36。西方面军完整的战斗序列可参阅本书附录4。

43. 苏联的方面军大致相当于德国的集团军群。红军1941年后增加了方面军的数量，但缩小其规模，使每个方面军大致相当于德国的一个集团军。D. M. Glantz, *The Soviet-German War: Myths and Realities*, 15, f.n. 1.

44. 分配给各方面军的师，数量和类型如下（第一个数字是师的数量，后面的数字代表步兵、坦克、摩托化和骑兵师）：北方面军（21：15、4、2、0），西北方面军（25：19、4、2、0），西方面军（44：24、12、6、2），西南方面军（58: 32、16、8、2），南方面军（22：13、4、3、2）。H. Magenheimer, *Hitler's War*, 76; H. Seidler, *Images of War. Operation Barbarossa*, 171; D. M. *Glantz, Barbarossa*, 16. 据埃文·莫兹利称，基辅特别军区（西南方面军）1941年6月22日编有60个师（包括16个坦克师和8个摩托化师）。E. Mawdsley, *Thunder in the East*, 40.（注：上述数字包括苏联野战力量的163个师，外加大本营预备队实际上部署在战略第一梯队的8个师，1个师去向不明。）

45. D. M. Glantz, *Red Army Ground Forces in June 1941*, 3; H. Magenheimer, *Moskau 1941*, 25; C. Bellamy, *Absolute War*, 175; E-mail, D. M. Glantz to C. Luther, 6 Nov. 2013.

46. D. M. Glantz, *Red Army Ground Forces in June 1941*, 3.

47. D. M. Glantz, *Red Army Ground Forces in June 1941*, 3; D. M. Glantz, *Barbarossa*, 16.

48. *GSWW*, Vol. IV, 85. 据这部准官方德国二战史称，170个红军师驻扎在西部边境地区，其中48个师部署在苏德分界线以东10～50公里内，64个师部署在50～150公里内，56个师部署在150～500公里内。

49. Ibid., 86.

50. C. Merridale, *Ivan's War*, 82.

51. 整个战争期间，苏联经历了严重的粮食短缺，特别是1941年到1942年期间。"巴巴罗萨"战役开始后，红军后勤体系崩溃，全体指战员陷入"严重而又持续的食物匮乏"之中。D. M. Glantz, *Colossus Reborn*, 555.

52. C. Merridale, *Ivan's War*, 16.

53. D. M. Glantz, *Red Army Ground Forces*, 13. 可是，战争临近时，内陆军区的大多数师尚未进行这种过渡，或正在过渡期间。

54. Ibid., 13.

55. D. M. Glantz, *Barbarossa*, 24.

56. C. Bellamy, *Absolute War*, 176; C. Merridale, *Ivan's War*, 100.

57. J. Erickson, "Soviet War Losses," in: *Barbarossa. The Axis and the Allies*, J. Erickson & D. Dilks (eds.), 267.

58. D. M. Glantz, *Red Army Ground Forces*, 19.

59. C. Bellamy, *Absolute War*, 176.

60. A. Zamoyski, *Moscow 1812*, 116.

61. W. S. Dunn, Jr., *Stalin's Keys to Victory*, 28.

62. E. Mawdsley, *Thunder in the East*, 26.

63. Ibid., 26.

64. D. M. Glantz, *Red Army Ground Forces*, 29; D. M. Glantz, *Red Army Weapons and*

Equipment, 11.

65. M. Foedrowitz, *Stalin Organs*, 11; A. Werth, *Russia at War*, 172.

66. 火箭发射器1941年6月15日首次向苏联军方展示："国防人民委员铁木辛哥希望在靶场演示新型火炮……火箭炮的亮相是计划安排的最后一个项目。持续而又猛烈的火力和48枚火箭弹的嚎叫给在场的元帅和将军留下了深刻的印象。目标地域尘云四起，火焰肆虐。似乎没有任何生物能承受这样一场轰击……纳粹发动入侵二十四小时前，斯大林亲自签署一项决议，批准生产火箭弹和火箭发射器。"B. Chertok, *Rockets and People*, Vol. I , 167–71.

67. 火箭发射器的长度显然让德国人想到管风琴。D. Peeters, *Vermisst in Stalingrad*, 13.

68. A. Gutenkunst, *Geschichte der 3. Kompanie des Infanterie-Regiments 109*, 255.

69. M. Domarus, *Hitler. Reden und Proklamationen 1932–1945*, Bd. II , 1742–43.

70. W. S. Dunn, Jr., *Stalin's Keys to Victory*, 29.

71. D. M. Glantz, *Red Army Ground Forces*, 29.

72. 截至1941年8月2日，"帝国"师在叶利尼亚突出部伤亡近3000人，某些连队只剩60～70人。两天后，各连队的战斗人员陆降到20人。D. Stahel, *And the World held its Breath*, 223.

73. 1941年8月12—13日，第292步兵师伤亡400多人。G. Nitz, *Die 292. Infanterie-Division*, 52.

74. 该师师史指出，1941年8月中旬的十天里，苏军炮兵从263个不同的火炮发射阵地轰击该师防区，其中至少40个是俄国人修筑的永备发射阵地。Ibid., 53.

75. Ofw. Jakubowski, *Tagebuch I./I.R. 509 – I./I.R. 507* (unpublished diary).

76. G. Gorodetsky, *Grand Delusion*, 115–17.

77. G. Roberts, *Stalin's Wars*, 70–71, 80. 罗伯茨称："苏联统帅部打算对敌人开战，发起进攻和反击，深入突破并入侵对方领土，以此遂行下一场战争。"

78. D. M. Glantz (ed.), *Initial Period of War on the Eastern Front*, 10–11.

79. 苏联元帅图哈切夫斯基1937年6月受到审判并被处决。特里安达菲洛夫1931年在一起飞机事故中丧生。伊谢尔松1942年遭逮捕，在劳改营和国内流放中度过14年，1976年去世。

80. D. M. Glantz (ed.), *Initial Period of War on the Eastern Front*, 13–16. 格兰茨写道："西班牙的战斗使苏联人得出结论，装甲力量在战场上的确很脆弱，除非他们彻底融入一股精心组织的诸兵种合成力量。事实证明，坦克极易遭受炮火破坏，提供支援的步兵遭驱散后，坦克也很容易被敌步兵击毁。从西班牙归国后，许多苏军指挥员建议组建规模较小、多兵种配置更均衡的坦克部队。"显然，红军糟糕的后勤保障状况对撤销坦克军编制的决定起到了重要作用。据已故的德国历史学家约阿希姆·霍夫曼称，苏联这种决定也受到1938年7—8月在哈桑湖，1939年5月在哈拉欣河与日本人交战的影响。参见*GSWW*, Vol. IV, 72。

81. D. M. Glantz (ed.), *Initial Period of War on the Eastern Front*, 16.

82. 坦克师的编制表为1.1万人、60门火炮/迫击炮、375辆坦克。理论上讲，机械化师编有11650人、98门火炮/迫击炮、275辆轻型坦克、49辆装甲车。D. M. Glantz, *Red Army Ground Forces*, 20.

83. 苏联的意图是在1942年夏季前完成这些庞大的新机械化军的组建工作。Ibid., 20.

84. Ibid. 20–21.

85. Ibid., 20.

86. E. Mawdsley, *Thunder in the East*, 26.

87. R. J. Kershaw, *War Without Garlands*, 70.

88. C. Merridale, *Ivan's War*, 87.

89. W. S. Dunn, Jr., *Stalin's Keys to Victory*, 93.

90. H.-A. Jacobsen (Hg.), *Generaloberst Halder Kriegstagebuch*, Bd. Ⅲ, 14.

91. MS 506 (IfZ), *Tagebuch Uffz*. R. Rupp, 6.10.41.

92. "*Top Ten Tanks*," Military Channel documentary, Oct 05.

93. W. S. Dunn, Jr., *Stalin's Keys to Victory*, 92–93; R. J. Kershaw, *War Without Garlands*, 69.

94. 史蒂文·扎洛加撰写过大量关于T-34坦克的文章，还研究了苏联和德国的资料，他认为德国军方并非"完全没有意识到"苏联的新式坦克的存在："华盛顿档案馆的文件以T-32这个原型确认俄国新式坦克的存在，因此，德国情报部门的确知道苏方有一款新式中型坦克——T-32，但他们不知道这款坦克的重要性。"据扎洛加说，侵苏战争爆发前不久，德方对苏联军事工业所做的一项研究甚至准确地指出，T-32原型在哈尔科夫一家工厂生产。史蒂文·扎洛加的说法可参阅D. M. Glantz (ed.), *Initial Period of War on the Eastern Front*, 452。

95. G. P. Megargee, *Inside Hitler's High Command*, 114.

96. 据德国国防军的一段训练视频称，T-34后部和侧面的装甲较薄，而它的炮塔座圈是最薄弱的区域。*Frontschau Nr. 5/6*, in: *Die Frontschau*, distributed by International Historic Films.

97. 苏联第48科研所1942年秋季对T-34遭受战损后在莫斯科的维修厂进行修理所做的统计研究表明，坦克正面上部被击中109次，89%无效，但75毫米或更大口径的火炮实现了破坏性穿透。战争初期，大多数炮弹命中坦克车体，同一项研究得出结论，81%的命中发生在车体（命中炮塔的只有19%），但大多数命中没造成破坏（未能穿透或部分穿透）。正面上部的89%命中、正面下部的66%命中、车体两侧的40%命中都没能穿透。相反，击穿炮塔相对容易些，"较软的铸造装甲提供的防护较弱，甚至无法抵御自动高射炮的37毫米炮弹"。这些发现证实了上一则注释中德国人的说法。A. Drabkin & Oleg Sheremet, *T-34 in Action*, 23, 27.

98. Dr E. Bunke, *Der Osten blieb unser Schicksal*, 545–50.

99. D. M. Glantz, *Red Army Ground Forces*, 28.

100. D. M. Glantz, *Barbarossa*, 65.

101. E. Raus, "*Russian Combat Methods in World War II*," in: *Fighting in Hell*, P. G. Tsouras (ed.), 40–42.

102. D. M. Glantz, *Red Army Ground Forces*, 28–29.

103. 但这些德国老兵倾向于严重高估红军空降兵1941年6月时的力量。例如，两位德国东线老兵在20世纪90年代出版的一本小册子中认为，红军1941年6月22日有100多万伞兵，编为10个空降兵军——这个数字显然摘自俄国修正主义历史学家弗拉基米尔·列尊（化名为维克托·苏沃罗夫）的著作。E. Wardin & H. Drenger, *Ich hatt' einen Kameraden*, n.d.

104. 这支部队是陆军第601高射炮营第1连。一个标准陆军高射炮连的编制力量（1941/1942年）为12门20毫米30式高射炮或38式高射炮，或8门20毫米30式/38式高射炮和2门20毫米38式四联装高射机关炮。Ltr, F.-K. Scharffetter (Fla-Kameradschaft) to C. Luther, 29 Nov 02.

105. H. Freter, *Fla nach vorn*, 445.

106. D. M. Glantz, *Barbarossa*, 27-28.

107. 战争前夕的苏联航空兵团大致相当于德国空军的大队，编有约30架飞机。E. Mawdsley, *Thunder in the East*, 25.

108. M. N. Kozhevnikov, *The Command and Staff of the Soviet Army Air Force*, 14-18. 科热夫尼科夫指出："为备战采取了广泛措施，超过250座机场的跑道修建、扩建和重建工作占据了1941年春季的大部分时间。由于吞并白俄罗斯和乌克兰西部地区（即波兰东部）以及新共和国（拉脱维亚、立陶宛、爱沙尼亚）加入苏联而形成的新边境地区需要修建大量机场……组建了100个机场修建营，以加快已开始的机场建设工作。另外，3月底从铁路建设项目抽调了2.5万名劳工从事机场建设。西部边境军区是新型飞机的驻地，现有的许多机场忙于延长跑道，铺设混凝土，修建燃料、弹药仓库和机场控制塔。出于这些原因，新型战机暂时无法使用这些机场，旧型飞机的使用也受到限制。"Ibid., 18.

109. D. R. Jones, "*From Disaster to Recovery: Russia's Air Forces in the Two World Wars*," in: *Why Air Forces Fail*, R. Higham & S.J. Harris (eds.), 275.

110. D. M. Glantz, *Red Army Weapons and Equipment*, 47.

111. R. Muller, *The German Air War in Russia*, 40-41.

112. R. Kirchubel, *Operation Barbarossa 1941 (3), Army Group Center*, 28.

113. V. Hardesty, *Red Phoenix*, 26; C. Bergström & A. Mikhailov, *Black Cross Red Star*, Vol. II, 36-37.

114. V. Hardesty, *Red Phoenix*, 61; A. Seaton, *The Battle for Moscow*, 82.

115. 1941年4月12日，铁木辛哥和朱可夫抱怨训练事故导致每天损失2～3架飞机，要求撤职查办几名空军高级指挥员。D. M. Glantz & D. House, *When Titans Clashed*, 37-38.

116. A. Kesselring, *Soldat Bis Zum Letzten Tag*, 120.

117. R. Wagner (ed.), *The Soviet Air Force in World War II*, 44.

118. 根据西部特别军区军事委员会1941年3月26日颁布的第008130号令，军区所有部队必须在1941年6月15日前做好全面动员准备。*GSWW*, Vol.IV, 84.

119. D. M. Glantz, *Red Army Ground Forces*, 1-2; D. M. Glantz, *Barbarossa*, 16. 另可参阅 *GSWW*, Vol.IV, 84。

120. E. Mawdsley, *Thunder in the East*, 40; H. Magenheimer, *Hitler's War*, 76-77.

121. D. M. Glantz, *Barbarossa*, 16; G. Roberts, *Stalin's Wars*, 73-74. 罗伯茨称："从1941年春季起，苏联的情报报告（错误地）强调，如果德国人发动入侵，主要突击方向会在南方……把红军主力集结在南方是个致命的决定，朱可夫和其他人在回忆录中竭力为此辩护。他们对此事的描述都称这是斯大林的决定，后者认为希特勒企图攫夺乌克兰和苏联南方的经济及矿产资源，包括高加索的石油。虽然斯大林的确认为争夺原材料在即将到来的战争中至关重要，但没有直接证据明确表明他决定把红军主力集结在南方的，尽管这个决定肯定得到了他的首肯。"

122. E. Mawdsley, *Thunder in the East*, 40.

123. D. M. Glantz, *Barbarossa Derailed*, Vol. I, 21. 获得斯大林授权后，1941年1月出任红军总参谋长的G.K.朱可夫于当年年初对1941年国防计划加以准备。这份文件设想的是"红军发起军事行动以应对一场侵略进攻"。显然，朱可夫1941年5月实施先发制人打击的应急计划是基于DP-41的产物。总的说来，

DP-41的执行会与红军的动员计划（MP-41）协调一致。

124. I. Kershaw, *Fateful Choices*, 268.

125. G. Gorodetsky, *Grand Delusion*, 129-30. 戈罗杰茨克称："军事演习动摇了（斯大林1940年12月底召集的红军统帅部）会议上展示出的信心，并暴露出防御的脆弱性和不足之处。演习裁判就军队的表现得出了令人不快的结论。"Ibid., 128.

126. E. Mawdsley, *Thunder in the East*, 37.

127. Ibid., 37.

128. 戴维·格兰茨评论道："与马奇诺防线不同，斯大林防线是一系列连续或不连续的筑垒地域，覆盖最重要的敌前进方向。"1938年，红军25个机炮营据守沿苏联旧国境线构筑的13个筑垒地域，共计1.8万人。1938年年底和1939年年初，苏联人给现有防御工事增加了8个新筑垒地域。1940—1941年，吞并波兰东部和波罗的海诸国后，苏联人沿新国境线修筑了20个筑垒地域，每个筑垒地域由两道防御地带组成，纵深达15～20公里。但到1941年6月，这些新防御地域只完成了部分修建工作。E-Mail, D. M. Glantz to C. Luther, 12 Jul 11; D. M. Glantz, *The Military Strategy of the Soviet Union. A History*, 75.

129. Frontschau Nr. 2, "*Russischer Stellungsbau*," in: *Die Frontschau*, distributed by International Historic Films.

130. R. Kirchubel, *Operation Barbarossa 1941 (3), Army Group Center*, 27. 对斯大林防线的详细研究可参阅S. Wetzig, *Die Stalin-Linie 1941*。而对苏联野战工事的全面研究可参阅G. L. Rottman, *Soviet Field Fortifications 1941-45*。

131. R. Kirchubel, *Operation Barbarossa 1941 (3), Army Group Center*, 27.

132. J. Mosier, *Rise and Fall of German War Machine*, 174.

133. "巴巴罗萨"战役开始后，北方发生了这样一起事件，第6装甲师与苏军一群KV坦克进行了一场历时两天的激战。这些KV坦克最终动弹不得，德国人用炸药包将其彻底炸毁后发现，坦克主炮没有校准。D. M. Glantz, *Red Army Group Forces in June 1941*, 27.

134. 德国人1941年缴获的大量武器装备中，只有150部电台。朱可夫和其他高级指挥员在他们的回忆录中承认，他们经常与麾下部队失去联系（E. F. Ziemke & M. E. Bauer, *Moscow to Stalingrad*, 12.）。据戴维·格兰茨说："苏联人一直不太喜欢使用电台，首先是因为缺乏可靠的无线电台，其次是因为存在被德国人侦听的可能性，特别是在缺乏经验的苏军指挥员不会使用密码的情况下。因此，他们依靠电话和战地电话，有时候甚至使用商用电话，尽管有线通信在机动作战中并不可靠。另外，最机密的命令，特别是在大本营……方面军和集团军层级，使用'博多'传送，这是一部加密电传打字机。空降兵和地面部队的许多指挥员还使用联络员和通信员。当然，情况在1942年发生了变化，他们开始更广泛地使用电台。"E-Mail, D. M. Glantz to C. Luther, 20 Aug 10.

135. 这份列表的另一些资料来源包括：B. Musial, *Kampfplatz Deutschland*, 442-43, 452-54; I. Kershaw, *Fateful Choices*, 264-65; E. Mawdsley, *Thunder in the East*, 26; D. M. Glantz, *Barbarossa*, 22-24; *GSWW*, Vol.IV, 89.

136. A. Seaton, *Stalin as Military Commander*, 270.

137. A. Zamoyski, *Moscow 1812*, 78-79.

138. J. Erickson, *Road to Stalingrad*, 340.

139. I. Kershaw, *Fateful Choices*, 272-73.

140. 设在布莱切利公园的英国政府代码暨密码学校负责破译、分析、评估截获的德国无线电通信，然后传递给相关军事和民事机构。德国海军于1926年，陆军于1928年，空军于1935年开始使用恩尼格玛密码机。当然，德国人很清楚苏联人在侦听他们的无线电通信，但他们"绝对信赖恩尼格玛"，坚信他们的电报不可能被破译。"超级机密"是二战期间盟军重要的情报行动，20世纪70年代初仍被列为高度机密，该项目的某些方面甚至到20世纪80年代仍未公开，因为它们涉及破译苏联密码的行动。D. T. Putney (ed.), *Ultra and the Army Air Forces in World War II*, ix-x; P. Johnson, Modern Times, 399.

141. 可参阅约翰·萨默尔的评论，收录在J. Rohwer & E. Jaeckel (Hg.), *Kriegswende Dezember 1941*, 221。

142. I. Kershaw, *Fateful Choices*, 274.

143. 这一段的资料来源是：J. Hughes-Wilson, *Military Intelligence Blunders*, 47-57; I. Kershaw, *Fateful Choices*, 284; B. Musial, *Kampfplatz Deutschland*, 432-33; and, R.-D. Mueller, "*Duell im Schnee*," in: *Der Zweite Weltkrieg*, S. Burgdorff & K. Wiegrefe (Hg.), 114.

144. I. Kershaw, *Fateful Choices*, 286.

145. E. Mawdsley, *Thunder in the East*, 32.

146. 1941年2月21日，最高统帅部作战局局长约德尔将军给宣传处处长哈索·冯·韦德尔上校部署了实施欺骗行动的任务，这项任务甚至包括在东部的德国军队中散布谣言。O. Buchbender & R. Sterz (Hg.), *Das andere Gesicht des Krieges*, 63-64.

147. J. Hughes-Wilson, *Military Intelligence Blunders*, 52-53; I. Kershaw, *Fatal Choices*, 272; D. Volkogonov, "*The German Attack, the Soviet Response, Sunday, 22 June 1941*," in: *Barbarossa. The Axis and the Allies*, J. Erickson & D. Dilks (eds.), 82. 1941年5月底，德国宣传部长戈培尔主导了即将对英国发动跨海峡入侵的谣言的散布工作。为增加这种谣言的可信度，戈培尔甚至组织编写了一首入侵歌曲和新的进行曲。R. G. Reuth, *Goebbels*, 476-78.

148. D. Pryce-Jones, "*Turning Points*," (book review of Ian Kershaw's Fateful Choices), in: *National Review*, 30 July 2007, 50-51.

149. E. Mawdsley, *Thunder in the East*, 35-37.

150. J. Hughes-Wilson, *Military Intelligence Blunders*, 58.

151. E. Mawdsley, *Thunder in the East*, 35.

152. W. Murray & A. R. Millett, *A War to be Won*, 111.

153. I. Kershaw, *Fateful Choices*, 272.

154. A. Beevor, *The Mystery of Olga Chekhova*, 159.

155. J. Hughes-Wilson, *Military Intelligence Blunders*, 51-52.

156. D. Volkogonov, "*The German Attack, the Soviet Response, Sunday, 22 June 1941*," in: *Barbarossa. The Axis and the Allies*, J. Erickson & D. Dilks (eds.), 81-82.

157. I. Kershaw, *Fateful Choices*, 283.

158. 亚历山德拉·柯伦泰，苏联驻瑞典公使。

159. G. Gorodetsky, *Grand Delusion*, 307.

指挥人员 & 武器

德国

1941年6月24日，阿道夫·希特勒在东普鲁士的"狼穴"

柏林新帝国总理府，这座建筑由希特勒的建筑师阿尔贝特·施佩尔设计，1939 年 1 月完工

德国国防军最高统帅部作战局局
长阿尔弗雷德·约德尔将军

德国国防军最高统帅部参
谋长威廉·凯特尔元帅

陆军总参谋长弗朗茨·哈尔德大将

陆军总司令瓦尔特·冯·布劳希奇元帅

中央集团军群司令费多尔·冯·博克元帅

第 8 航空军军长沃尔夫拉姆·冯·里希特霍芬男爵

第 4 集团军司令汉斯·冯·克鲁格元帅

第 2 航空队司令阿尔贝特·凯塞林元帅

第 9 集团军司令阿道夫·施特劳斯将军

第 2 集团军司令马克西米利安·冯·魏克斯男爵

第 2 装甲集群司令海因茨·古德里安将军

第 3 装甲集群司令赫尔曼·霍特将军（中间者，在东线某处战场）

第 47 装甲军军长约阿希姆·莱梅尔森将军

训练演习中的 I 号坦克

II 号坦克

苏联战场上的Ⅲ号坦克

Ⅳ号坦克

第聂伯河附近，正在补充弹药的III号突击炮

1941 年 10 月，苏联战场上的 35 (t) 坦克

战斗中的 38 (t) 坦克

苏联战场上投入战斗的 150 毫米中型野战榴弹炮（s. FH 18）

1941 年 7 月，维捷布斯克城外的 210 毫米重型榴弹炮

苏联战场上，88 毫米高射炮变更发射阵地

1941 年 7 月,
150 毫米多管火箭
炮连在维捷布斯克
西南方投入战斗

这是一幅 MG34 机枪的出色
照片，这款武器是德军 1941
年配备的主要机枪

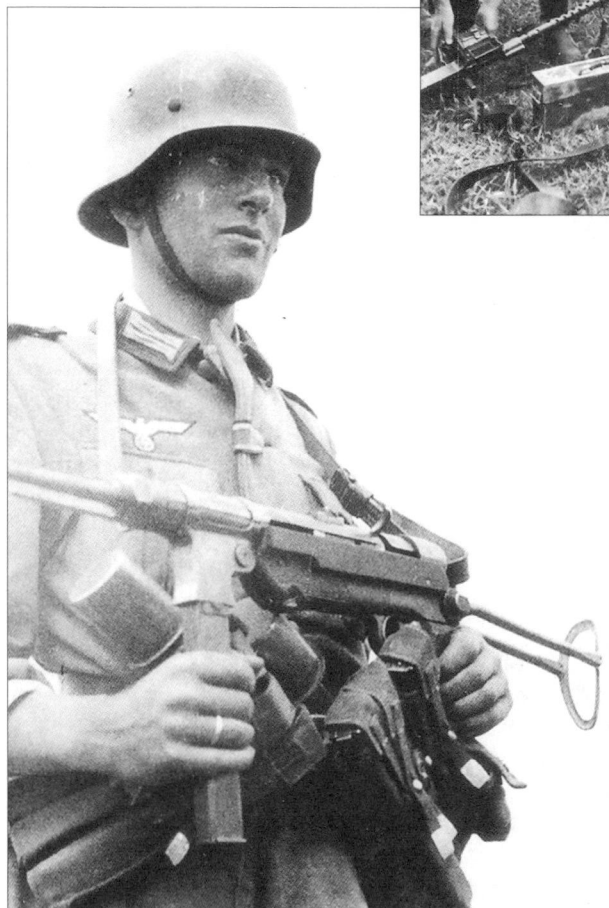

手持 MP40 冲锋枪的德国
步兵。宣传机构为这张照片
搭配的宣传语为："德国步
兵：为他的祖国和一个新世
界而战。"

81毫米中型步兵迫击炮及炮组人员

1941年一个德国步兵连的武器，从右上角开始顺时针方向依次为：毛瑟Kar98K步枪、12挺机枪、3支反坦克步枪、3门迫击炮

1941年6月24日，苏联境内一个德军先遣支队架起的武器

Bf-109 战斗机准备投入行动

"斯图卡"俯冲轰炸机

斯摩棱斯克附近，Bf-110 驱
逐机朝苏军地面阵地俯冲

一群飞行中的 He-111 中型轰炸机

容克斯 Ju-88 中型轰炸机

1941 年至 1942 年冬季，一架容克斯 Ju-52 运输机为陷入困境的德军部队运送补给物资

亨舍尔侦察机载着炮兵观测员在苏联上空飞行

苏联领导人约瑟夫·斯大林

苏联元帅 S.K. 铁木辛哥

苏联元帅 B.M. 沙波什尼科夫

G.K. 朱可夫将军

西方面军司令员 D.G. 巴
甫洛夫将军

Д. Г. Павлов

苏联元帅 S.M. 布琼尼

K.K. 罗科索夫斯基将军

苏联元帅 K.E. 伏罗希洛夫

T-26 轻型坦克

BT-7 轻型坦克，这是苏军 1941 年使用的几款 BT 坦克之一

T-34 中型坦克

KV-1 重型坦克

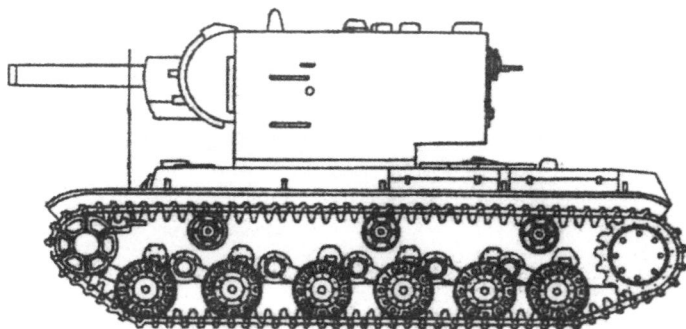

KV-2 重型坦克

战斗中的苏军 BM-13"喀秋莎"多管火箭发射器

苏军步兵武器
1-1, 1-2: 莫辛纳甘 M1891/1930 式 7.62 毫米步枪
1-3: 莫辛纳甘 M1891/1930 式狙击步枪
1-4: 莫辛 M1938 式卡宾枪
1-5: 莫辛 M1944 式卡宾枪
1-6: 托卡列夫 M1938 式半自动步枪（SVT-38）
1-7: 托卡列夫 M1940 式半自动步枪（SVT-40）
1-8: 托卡列夫 M1940 式卡宾枪

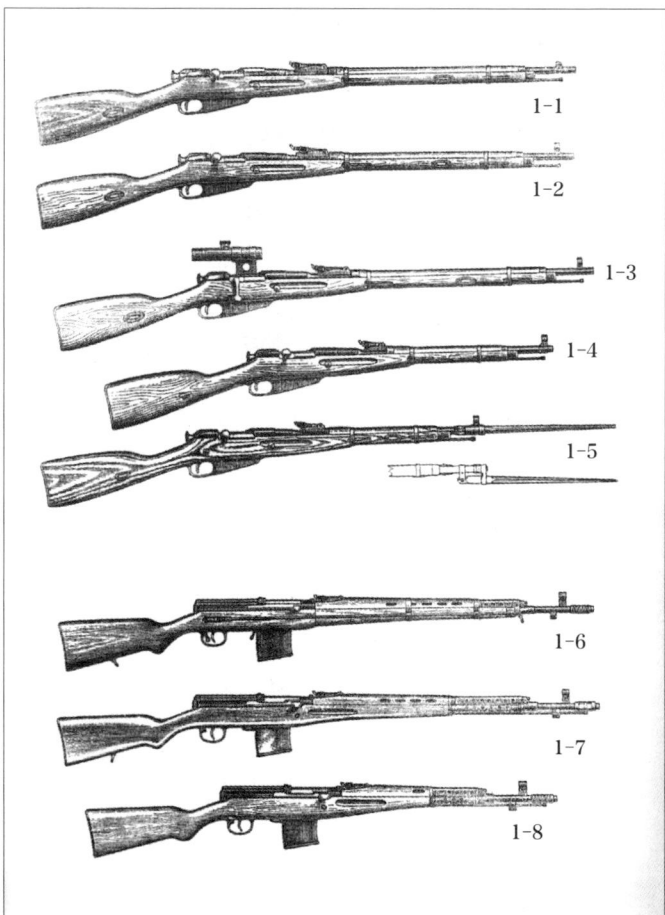

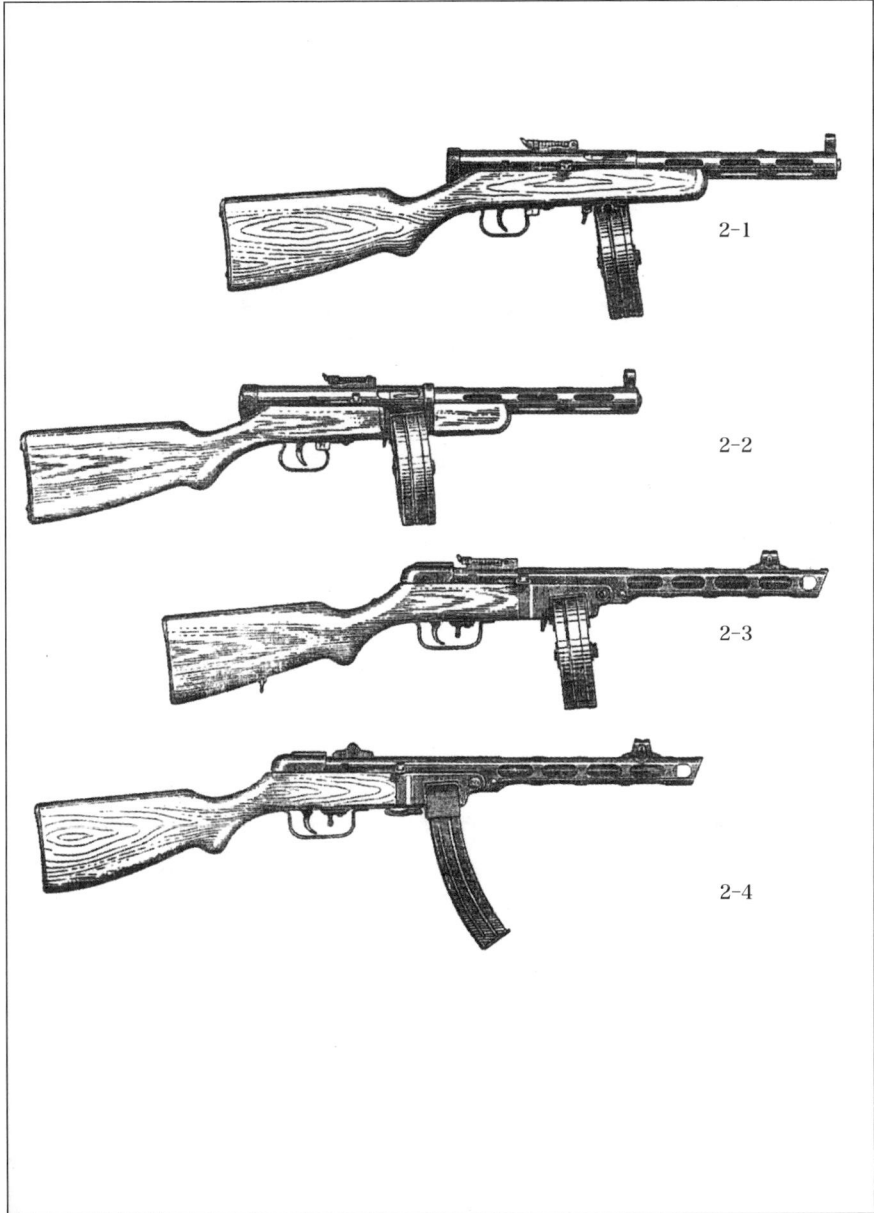

2-1

2-2

2-3

2-4

苏军步兵武器

2-1：捷格加廖夫 M1934/38 式冲锋枪（PPD-34/38）
2-2：捷格加廖夫 M1940 式冲锋枪（PPD-40）
2-3：斯帕金 M1941 式冲锋枪（PPSh-41）
2-4：PPSh-41 冲锋枪改进款

苏军步兵武器

3-1：苏达耶夫 M1942 式冲锋枪（PPS-42）
3-2：苏达耶夫 M1943 式冲锋枪（PPS-43）
3-3：捷格加廖夫 M1941 式反坦克步枪，14.5 毫米口径
3-4：西蒙诺夫 M1941 式反坦克步枪，14.5 毫米口径

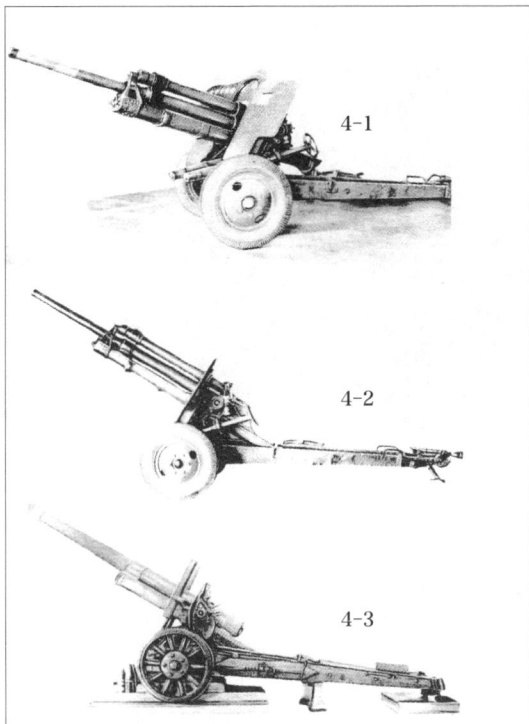

苏军火炮

4-1: 1939 年式 76 毫米师属火炮

4-2: 1938 年式 122 毫米榴弹炮 ①

4-3: 1937 年式 152 毫米加榴炮

① 编注：原文如此，外观上看这并不是1938年式122毫米榴弹炮，似为1939年式76毫米师属火炮另一个角度的照片。

苏军机枪

5-1: 捷格加廖夫轻机枪，7.62 毫米口径

5-2: 马克西姆 M1910 式机枪

5-3: 捷格加廖夫 DShK 高射机枪，12.7 毫米口径

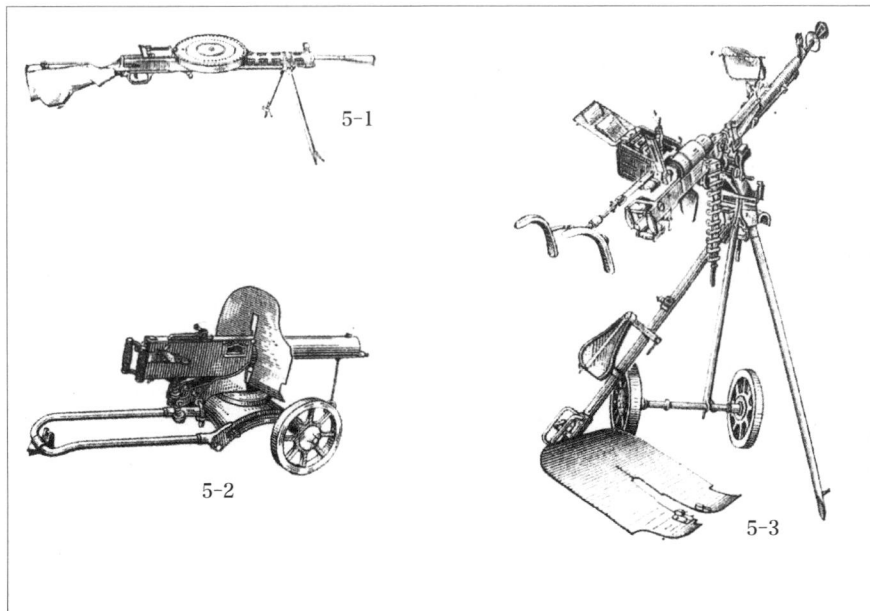

苏军战机（由上至下）

伊 -16 歼击机
米格 -3 歼击机
雅克 -3 歼击机
拉 -5 歼击机

苏军战机（由上至下）

佩 –2 俯冲轰炸机
佩 –8（TB–7）远程轰炸机
图 –2 轰炸机
伊尔 –2 "斯图莫维克" 强击机
伊尔 –4 远程轰炸机

苏军战机（由上至下）

1935 年式 SB 轰炸机
1930 年式 TB-3（ANT-6）重型轰炸机
MBR-2 侦察飞船

第五章

战争前：对苏战局的最后准备
（1941年5—6月）

　　"我有种感觉，明天或后天发生的事情会让整个世界刮目相看。我还有种感觉，这些事情必然会给我留下某种印记。希望届时会让我们朝最终胜利更进一步。"（第6步兵师军士E. N.，1941年6月21日）[1]

　　"四下里一片和平的景象，牛群和马匹待在田野里，犁马正在耙土豆，明晨的情景会怎样？炸弹和炮弹会在四处爆炸，房屋会起火燃烧，居民们会四散奔逃。这种对比极不真实。"（装甲兵将领约阿希姆·莱梅尔森，1941年6月21日）[2]

　　"同冯·博克元帅的交谈……较为简短，我们彼此了解，并就解决进攻问题达成一致。1941年6月21日晚我又去拜望他，讨论在此期间出现的一些疑问或要求，我发现与我们昔日历次战局期间的会晤相比，他显得有些情绪低落——这种思虑使每一位负责任的领导者在一场重大行动发起前显得高贵。"（阿尔贝特·凯塞林元帅，1941年6月21日）[3]

德国完成东部集结（1941年5—6月）

地面力量

　　1941年春季，运载士兵、坦克、火炮、车辆和装备，越过帝国边境向东驶去的军列增加到每天 220 列。正如第二章 ["东部展开令和初期集结（1941 年 1—5 月）"一节] 所述，分五个阶段实施的铁路运输始于 1941 年 2 月初，到 1941 年 5 月 20 日（第三阶段结束），"巴巴罗萨"战斗序列中的大部分步兵师已部署到东部。起初，大多数兵团远离苏德边界，但 5 月份最后十天，各个师通过一系列夜间行军靠近边界线，这些调动严格保密并辅以欺骗措施（散布假消息），以此隐瞒真实意图。5 月底和 6 月初，离进攻发起日仅剩几周时，德国人开始以每天两个或更多师的速度进入波兰的德占区和东普鲁士边境地域。与此同时，战前铁路运输的第四阶段（也是最后一个阶段）被分为两步：5 月 23 日到 6 月 2 日（运送调自西线的 9 个步兵师），以及 6 月 3 日到 23 日（运送调自德国、西线、巴尔干的 12 个装甲师和 12 个摩托化师）。为保密起见，构成德国入侵力量骨干的 24 个快速师，会在战局开始前最后一刻展开。[4] 同样在 6 月 3 日到 23 日期间，一些超重型铁道炮从海峡沿岸调来，配备给东部各集团军群：4 门 K5 火炮，每门配 90 发炮弹，交给南方集团军群；8 门 K5 和 2 门"卡尔"火炮交给中央集团军群；4 门"布鲁诺"火炮和 300 发炮弹交给北方集团军群。运送这些火炮和构设发射阵地是一项"重大努力"，这一点可以理解。[5]

6 月份的短暂夏夜导致德国人完成最终兵力集结的努力更趋复杂，铺天盖地的蚊群使部队深受其害，这是春季气候异常潮湿的结果。运输和集结日程表受到一些始料未及的挑战的妨碍，包括最后时刻决定把第 8 航空军地面部队跨过东西向交通线调往东普鲁士——该军的 8000 部车辆占用了从帝国通往东部前线的每一条主干道。面对烦人的交通堵塞，中央集团军群派一名将级军官领导一个特别道路交通指挥部，以此解决相关问题，他负责执行最严格的控制和行军纪律。德军指挥部还担心发生森林火灾，俄国人投掷的燃烧弹会轻而易举地引发火灾，可能会对分散堆放在森林中的大批油料和弹药造成严重破坏。但苏联空军并没有干涉德国人的准备工作。[6]

改善道路、加固桥梁和涵洞的工作持续到最后一刻，托德组织、帝国劳工组织和陆军工程兵为此通力合作。最令人头痛的一些问题发生在原始的苏瓦乌基三角区（第 3 装甲集群集结在该突出部），因为这里根本没有铺面道路。德国人缺乏重型施工设备，无法充分加强这片落后地区的道路，导致这些道路的强度不足以支撑某些重型武器（例如 300 毫米口径的迫击炮），而第 9 集团军本打算以这些武器"粉碎苏联边境防线上的大型掩体"[7]。虽然存在这些挑战，但到1941年6月22日，通过这里和第二章概述的铁路、公路运输，126个德国师（包括陆军直属部队和后勤单位）已部署到东部前线（初期突击波次的117个师和9个陆军总司令部预备队师）。最后19个预备队师会在1941年7月前，德国铁路运输进入最后一个阶段时调到东部。[8]

约阿希姆·莱梅尔森将军的第47装甲军[①]是1941年6月初开抵波兰的快速军之一。该军辖内第17装甲师通过公路和铁路调动，跨过德国边界，卸载后继续赶往华沙，6月11日前后开抵。该师随后进入波兰首都之外的临时集结地域。在此期间，莱梅尔森将军麾下另外两个快速师（第18装甲师和第29摩托化步兵师）集结在华沙东南面和南面。战后做的一项研究谈到第17装甲师最初的突击，作者是该师第39装甲团团长，他阐述了该团6月22日之前的几天，为荫蔽对苏战争准备工作而付出的精心努力。例如，军装、旗帜上的团标，车辆上的部队标识在东调登车前就已去除。另外，他们还封锁消息，禁止外发信件。为防范俄国人的侦听，部队严禁一切无线电通信，同时禁止昼间调动（大多数情况下），以防备潜在的空中侦察。机动车辆，特别是装甲战车，都加以精心伪装。为强化保密性，当地居民的往来被限制在德军驻扎村庄周围的有限区域和一天里的某些时段。指挥部、军事警察（宪兵）和常规警察部队获得特别授权，执行最严格的保密纪律和必要的伪装措施。[9]

第40步兵团是第17装甲师的重要组成部分，该团团史提供了关于德国军队战前这场东调最后阶段的详情，同时也强调了德国入侵者的信心：

1941年6月3日，先遣部队动身开赴华沙附近的新营地，经过一场历时三天的行军后到达。6月4日，师部命令全团出发。相关检查和装载训练持续不断地进行，直到我们6月6日正式出发，以一场机动行军朝奥尔巴赫—普劳恩—赖兴巴赫—茨维考—格劳豪方向行进。6月7—8日，我们经开姆尼茨—德累斯顿到达森夫滕贝格附近的易北河。我们从这里乘火车前往科特布斯，跨过奥得河赶

---

① 译注：这些快速军此时都称作"摩托化军"，1942年6月改称"装甲军"。

赴波兰。1939年波兰战役留下的痕迹依然随处可见。在卡利什和利兹曼施塔特（华沙西南方的罗兹）卸载后，我们沿环境恶劣、尘土飞扬的道路以机动行军穿过华沙。6月11日休息。6月16日下午，我们继续行军，进入谢德尔采—康斯坦丁诺夫的临时集结地域。团部已搭乘卡车向前赶往维希涅夫……

进攻部署和集结顺利完成。俄国人几乎没有发现我方任何进攻意图。1941年6月16日，师部命令我们团开入德尔沃（布列斯特－立托夫斯克以北15公里）的集结地域……我们团的士兵换上海关制服，第3连一部沿布格河接管监视和警戒勤务，并对布格河展开预先侦察和探测。我们为重武器确定了发射阵地和观测所，并多次探讨了遂行进攻的方式。团里其他部队6月21日夜间到达集结地域……

由于时间较为充裕，进攻准备非常充分。对敌河岸的监视提供了清晰的敌情。有利地形使我们得以荫蔽进入集结地域。巴普斯特和施泰纳这两位军官多次游过布格河窃听俄国人的电话。我们经常抚平俄方河岸上的沙地，以免他们发现脚印。鉴于我方在人员和装备上的优势（约8公里宽的地段部署了240门火炮），我们确信任务能取得成功。[10]

直到进攻发起前最后四个夜晚（1941年6月18—21日），各快速师才获准进入与苏联边境接壤的最终集结地域（尽可能秘密进行）。[11] 开赴边界线的大批装甲和摩托化兵团中包括赫尔曼·霍特将军的第3装甲集群。该装甲集群官方记录中的一份报告描述了辖内4个装甲师和3个摩托化师进入苏瓦乌基三角区（这里遍布森林和湖泊）和最终集结地域的调动：

按照计划，第3装甲集群（1941年）6月19日到22日间部署到苏瓦乌基三角区。部队行进只有三个短暂的夜晚，也只有两条道路可用，因而有必要在昼间把部队调入集结地域。此举的危害已认真斟酌过，因此，大多数师可能会在最后时刻出现在边界线上。尽管如此，就像后来的进攻行动证明的那样，这番调动还是实现了保密。

由于交通纪律良好，部队的展开顺利进行。党卫队部队通行造成的干扰，经第9集团军司令部干预后消除。战斗车辆与普通车辆分开的严格措施，其价值后来得到证实。战斗需要的车辆，以及架桥纵队大量配备的车辆，沿各条恶劣的道路准时到达指定地域。装甲集群多次要求把分配给各装甲军和步兵军的运动地段分开，这为部队展开做出了贡献。

各个师充分伪装，准备在火炮、重武器和高射炮掩护下遂行突击。（1941年）6月22日2点，集结任务顺利完成，这本身就是一项成就，因为如果俄国人对我方部队的运动和集结地域发起攻击，就会造成一种困难的局面。[12]

6月16日，第17装甲师的坦克无线电操作员埃里希·哈格尔在日记中草草写道，情况"渐渐严重起来"。6月20日至21日，他和他所属的师（该师是古德里安将军第2装甲集群的重要组成部分，这个事实可通过所有坦克和车辆尾部以白色的G作为战术识别标志看出）已到达他们的最终集结地域，这是距离苏联边界仅几公里的一片大型松树林。[13] 保罗·卡雷尔在关于"巴巴罗萨"行动的畅销书《东进》的开头段落，描述了哈格尔和他那些战友在对苏战争即将开始前几小时的情况：

他们和他们的坦克及车辆已在黢黑的松林里待了两天。6月19日到20日夜里，他们驾驶着蒙上大灯的车辆到达这里。白天，他们静静地待着，不能发出任何声响。只有连长们的舱盖即将关闭时发出的咯吱声。暮色降临后，他们才获准到林间空地的小溪旁洗个澡，每次一个连……

第17装甲师辖下的第39装甲团……先调到波兰中部，随后开入普拉图林这片森林。他们所在的位置距离构成边界线的布格河不到三英里，几乎正对着巨大而又古老的布列斯特-立托夫斯克要塞，1939年秋季瓜分波兰后，这座要塞就被俄国人占据。

该团以完整的战斗序列驻扎在树林里。另外，每辆坦克的炮塔上都绑缚了十罐汽油，身后的拖车还携带着另外三桶汽油……普拉图林茂密的松林中，炎热的白昼暂告段落。空气中弥漫着令人愉快的松香气息和浓浓的汽油味。[14]

后勤保障

当然，第39装甲团的坦克携带的燃料罐和汽油桶，仅仅是已储存数月的油料中的一小部分，这是有关对苏战局的后勤保障的组成部分（还有口粮、弹药、零配件等）。每个集团军群都获得了一个补给区，这些补给区在1941年6月22日之前几周、几个月就把成千上万吨物资囤积在若干仓库里。举例来说，中央补给区（支援中央集团军群）把大批物资分配到13个弹药仓库、11个油料仓库和14个口粮仓库。截至1941年2月中旬，北方、中央和南方补给区分别储存了42560吨、87460吨、42300吨弹药。到6月20日，这些地方的（弹药）库存量分别攀升到68000吨、127000吨、84000吨。对苏战局开始前，每个师都获得了一个完整的初始弹药基数[15]，而参加最初突击行动的师多配备了半个弹药基数，以支持他们突破苏军边境防御。中央集团军群是三个集团军群中最庞大的一个，为辖内50个师提供一个完整的初始弹药基数需要约3万吨弹药（不包括集团军群、集团军、军直属部队或暂时调拨给他们的部队，但包括战斗工兵和步兵部队）。[16]

为东线军队囤积的油料和口粮，数量同样惊人。1941年6月22日，仅中央补给区的仓库里就存有52000吨油料和45800吨口粮，相当于13个油料消耗单位[17]和集团军群20天的口粮[18]。中央集团军群辖内所有师的一个消耗单位（同样不包括集团军群、各集团军和军直属部队）约为3500吨油料，每日口粮需求约2400吨。集团军群发起"巴巴罗萨"行动的各个师，携带一个完整的油料基数和足够的食物，可维持两周左右。为确保在战局头两周有足够的机动性，装甲和摩托化师依靠自己的运输单位携带额外的油料。而分配给中央集团军群的两个装甲集群各获得了一个临时补给仓库，仓库内存有约400吨坦克零配件。[19]

虽然进行了如此深入的准备工作（当然，"巴巴罗萨"战斗序列中的三个集团军群都实现了这一点），但各种短缺几乎从入侵伊始就对德军的作战行动造成影响，这是推进速度和深度空前（特别是快速兵团，他们很快把最初的补给点远远甩在后面），苏联的公路和铁路设施糟糕，桥梁、铁路和轨道车辆被红军破坏（以及德国人把苏联铁路改为欧洲标准轨距的速度过慢），德军汽车运输工具不足和另一些因素造成的。某些情况下，德国人不得不以空投的方式为耗尽弹药或燃料、停在苏德边界以东数百公里处的装甲部队提供补给。

德国空军

德国空军 1941 年 2 月底就已完成东部战局的作战计划，并给所有机组下达了密封的命令，要求他们 H 时（进攻发起时刻）8 小时前启封。[20] 修建机场、提供宿营地和其他准备工作于 1940 年秋季着手实施，一直持续到 1940 年至 1941 年的冬季，在 1941 年 3 月随天气好转而加速。可直到 1941 年四五月间，他们才为飞行部队前出到被占领的波兰做准备，包括建立行政和补给单位、飞机维修间和装备分发站。这些举措再次以尽量掩人耳目的方式进行，采取了一切能想到的保密措施。[21]

为排除被苏联人发现的可能性，空军部队的东调推迟到最后一刻。德国空军地面编成的摩托化部队（包括高射炮和通信部队）通过公路和铁路展开，这些运动到 1941 年 6 月 15 日基本完成。飞行部队调往东部战线的工作在 1941 年 6 月 22 日前短短三周内全部完成。在最严格的保密措施下，辅以无线电欺骗手段，德国空军各部队逐渐撤出对英国的作战行动。率先调离的是战斗机编队，夜间空袭并不需要他们，最后撤出的是一直在遂行攻击任务的轰炸机部队。各飞行编队尽可能先返回国内基地，接受短暂休整和补充，然后再从那里以单机或几架飞机组成的小股编队飞赴东部预有准备的机场。他们避开较大的城市地区，这是一项保密措施。但德国空军的东调没能瞒过英国无线电情报机构，他们通过"超级机密"破译了德国空军的密码电报。[22]

航空兵上将沃尔夫拉姆·冯·里希特霍芬男爵的第 8 航空军属于最后一批展开的德国空中力量，这是阿尔贝特·凯塞林元帅第 2 航空队编成内的两个航空军之一，负责为中央集团军群提供空中支援。第 8 航空军在当年春季的巴尔干战局期间一直从事激烈的战斗，里希特霍芬在日记中抱怨，该军即将投入一场更大的战局，没有太多时间休整并重新装备。他们在德国腹地补充了物资，接收了新飞机和新机组人员，直到 6 月 19 日才部署到东普鲁士。尽管如此，即将投入"巴巴罗萨"行动的第 8 航空军仍缺 600 辆汽车、40% 的飞机、重要的零配件和通信器材。[23] 虽说存在这种挑战，但该航空军（德国空军唯一一个专用于空中密接支援的航空军）已做好发挥最大效力并完成使命的准备。

凯塞林元帅直到 6 月 12 日或 13 日才离开英吉利海峡（他在那里指挥德国对英国的空袭），返回柏林参加"巴巴罗萨"行动前最后的会议。但据德国官方声明称，他和他的轰炸机仍在西部，整个6月初，德国人在那里搞的无线电传输试图传达这样一种信息：德国空军部分编队仍在对英国作战，并没有部署到东部。几天后，凯塞林从柏林起飞，在华沙城外一座机场着陆，同他的司令部人员会合，随即投入为即将到来的空中战局做的最后准备当中。[24]

东部总兵力

截至1941年6月21日，德国入侵力量终于就位，这股庞大的军力可谓前无古人，很可能也后无来者。整个东部德军实力如下：

305万名士兵
3600辆坦克和突击炮
60万辆汽车
62.5万匹马

炮兵：
  4760门轻型火炮
  2252门中型/重型火炮
  104门陆军高射炮（88毫米）①
  30门超重型曲射/平射炮[25]

数量如此庞大的人员和装备编为145个师，其中包括28个总司令部预备队师：

103个步兵师
19个装甲师
13个摩托化师（外加3个摩托化旅/团）②

---

① 译注：之所以强调"陆军"是因为高炮部队基本隶属德国空军，陆军配备的较少。
② 编注：此处师级单位共有144个，推测3个摩托化旅/团算作一个师。

6 个保安师

2 个山地师

1 个骑兵师[26]

扣除总司令部预备队；117 个师（如上所述）专用于第一突击波次。装甲师中，2 个隶属总司令部预备队，剩下的 17 个师用于初期突击。摩托化兵团包括 4 个党卫队师和几个摩托化旅／团，精锐的"大德意志"步兵团也在其中。最后一个快速兵团是第 1 骑兵师，也是德国陆军仅有的一个骑兵师。[27]

除了上面概述的主要兵力编成，德国"挪威"集团军还把几个师（6.7 万人）部署到了芬兰北部。希特勒这支侵苏联军还包括：约 50 万芬兰士兵，编为 14 个师和几个旅；15 万罗马尼亚士兵，编为 14 个实力较弱的师和数个旅；以及少量匈牙利和斯洛伐克士兵。另外，意大利会在 1941 年 8 月派遣数个师组成的一股小型远征力量参加东征。历史的裁决可以诅咒希特勒对苏联发动了一场毁灭性战争，但不能指责这位德国独裁者"单枪匹马"。他的东征大军的确是一支"多元文化的"军队。[28]

提供"垂直包围"[29] 的是德国空军部署在东部的兵力编成，包括近 3000 架飞机，其中 2255 架已做好战斗准备。6 月 22 日，这股力量拥有 757 架轰炸机（主要是 He-111）、360 架 Ju-87"斯图卡"俯冲轰炸机和 657 架单引擎的 Bf-109 战斗机。东部空中力量还包括战术控制交给陆军的侦察机，共计 111 架远程侦察机和 358 架近程侦察机。空军和陆军掌握的这些飞机分配给了四个航空队——第 1、第 2、第 4、第 5 航空队。[30]

为补充前进中的军队，德国统帅部已做好提供补充兵的准备。但这些计划与"巴巴罗萨"行动的战略、战役、后勤方案一样，基于该战局仅持续 8 ~ 12 周的错误假设。1940 年 5 月 12 日，后备军负责人弗里德里希·弗洛姆将军向陆军总参谋长哈尔德汇报了相关计划。总之，后备军为各战地补充兵营集结起 9 万人，正调往前线部队。后备军只剩下 47.5 万人，但德国空军又要走 9 万人，也就是说，东部陆军仅有 38.5 万名补充兵了。边境交战期间（整个 8 月）的损失估计为 27.5 万人，预计 9 月份还会伤亡 20 万人，这就意味着陆军训练有素的预备力量会在 10 月前耗尽。简言之，"（'巴巴罗萨'行动）没有遭受严重挫折、把计划中的战役持续时间拖延到冬季的余地，因为德国人 1941 年 6 月 22 日前没有为这些突发事件做任何准备。"[31]

各集团军群：战斗序列和任务

评估德国三个集团军群的战斗序列时，显而易见的一点是，仅中央集团军群辖两个装甲集群，位于两侧的集团军群只编有一个装甲集群。结果，只有苏德战线中央地区，沿别洛斯托克—明斯克—斯摩棱斯克方向，德国人基本上按照 1940 年 12 月 "巴巴罗萨" 指令的要求达成了既定目标：包围并歼灭西德维纳河—第聂伯河一线以西的红军主力。虽说北方和南方集团军群也深入苏联领土，消灭了大批当面的苏军，但他们只是将其击退了，基本上没能彻底歼灭对方的战斗力量。这种失败当然对 "巴巴罗萨" 行动的结果造成了深远影响。

北方集团军群：该集团军群位于德军兵力集结的左翼，是三个集团军群中实力最弱的一个，由 65 岁的冯・莱布元帅指挥。集团军群辖 20 个步兵师、3 个装甲师和 3 个摩托化师，共计 26 个师，编为两个集团军（第 16、第 18 集团军）和第 4 装甲集群[32]，沿一条狭窄的、约 300 公里宽的战线部署在东普鲁士。埃里希・赫普纳大将指挥的第 4 装甲集群约有 600 辆坦克[33]，分布在辖内 3 个装甲师中。就像 1941 年 6 月 8 日最终版本的陆军总司令部展开令[34] 列举的那样，北方集团军群的任务是歼灭波罗的海地区之苏军，占领波罗的海各港口，最终夺取喀琅施塔得和列宁格勒，从而使苏联海军丧失他们的重要基地。为支援莱布集团军群，最终会从中央集团军群抽调快速力量。为北方集团军群提供空中支援的是实力相对较弱的第 1 航空队，只有 211 架可用的轰炸机和 167 架做好战斗准备的战斗机。[35] 约翰・基根指出：该集团军群进军方向穿越的领土，500 年来已被条顿骑士和汉莎同盟的商人日耳曼化；另外，来自波罗的海地区的许多家族 "曾在历史上指挥过普鲁士和德国军队，为希特勒在东部赢得最伟大胜利的古德里安和曼施泰因，都是该地区土地所有者的后代"[36]。

南方集团军群：部署在右翼，从波兰南部到罗马尼亚，由 65 岁的格尔德・冯・伦德施泰特元帅指挥。集团军群辖 29 个步兵师（包括 4 个轻装师）、

5 个装甲师、3 个摩托化师、3 个保安师和 1 个山地师，共计 41 个师，编为三个集团军（第 6、第 11、第 17 集团军）和第 1 装甲集群。[37] 埃瓦尔德·冯·克莱斯特大将指挥的第 1 装甲集群掌握 700 辆坦克，分布在辖内 5 个装甲师中。[38] 南方集团军群把重点置于左翼（两个步兵集团军和克莱斯特的装甲集群），任务是突破红军掩护乌克兰的防御，沿别尔季切夫和日托米尔方向挺进，前出到基辅及其下方的第聂伯河一线。第 1 装甲集群尔后转向东南方，沿第聂伯河继续前进，防止苏军撤过该河，并沿一道反向战线同前进中的步兵力量相配合，击败这些苏军。伦德施泰特集团军群最右翼的第 11 集团军从罗马尼亚展开行动，负责牵制苏军，阻止对方有序撤入苏联腹地。第 4 航空队为南方集团军群提供空中支援，该航空队的战斗序列包括 307 架可用的轰炸机和 272 架做好战斗准备的战斗机。第 4 航空队还编有两个高射炮军，他们配备的 88 毫米高射炮在防空和地面支援方面都很有效。配合该航空队的还有数百架罗马尼亚飞机，6 月 27 日后，一小批匈牙利战机也加入其中。[39]

中央集团军群：本书后续章节会跟随该集团军群向前挺进 1000 公里（沿拿破仑 1812 年的进军路线，穿过明斯克和斯摩棱斯克古城，直抵莫斯科城下），因此这里会详细阐述该集团军群的战斗序列和在"巴巴罗萨"行动中受领的任务。中央集团军群是三个集团军群中最庞大的一个，由 60 岁的费多尔·冯·博克元帅指挥，读者们想必已对他有所了解[40]。中央集团军群沿一条 500 公里宽的战线展开，北起苏瓦乌基，南至布列斯特–立托夫斯克下方，对苏战争前夕，集团军群编有以下力量：

1308730 名士兵

50.5 个师：

　31 个步兵师

　9 个装甲师

　6.5 个摩托化师

　3 个保安师

　1 个骑兵师

炮兵：

　　421个轻型炮兵连

　　329个中型/重型炮兵连[41]

共计750个炮兵连

集团军群地面力量编为两个集团军（第4、第9集团军）和两个装甲集群（第2、第3装甲集群）。配备给集团军群的炮兵力量包括17个210毫米重型榴弹炮营和4个150毫米火箭炮营（整个东线部署了7个这种火箭炮营）。博克集团军群还获得了6个突击炮营的加强，而"巴巴罗萨"战斗序列中总共只有11个突击炮营。海因茨·古德里安大将指挥的第2装甲集群是东部四个装甲集群中实力最强的一个，配备930辆坦克，分布在辖内5个装甲师中。第3装甲集群由赫尔曼·霍特大将指挥，辖内4个装甲师配备900辆坦克。总之，中央集团军群的坦克超过1800辆，比另外两个集团军群加在一起还要多。分配给中央集团军群辖内各集团军和装甲集群的资源还包括大批战斗工兵（例如修葺和构建桥梁的部队）、35个建筑营、11个道路修筑营以及托德组织和帝国劳工组织的单位。[42]

为这股庞大地面力量提供支援的是凯塞林元帅的第2航空队，这是用于东方战局的三个航空队中最强大的一个：

作战飞机（第2航空队）

222架轰炸机

323架俯冲轰炸机

60架驱逐机

284架战斗机

69架运输机

36架其他飞机

共计994架作战飞机[43]

第2航空队辖两个航空军：航空兵上将布鲁诺·勒尔策指挥的第2航空

军部署在华沙—布列斯特－立托夫斯克—登布林地区；航空兵上将冯·里希特霍芬指挥的第8航空军驻扎在苏瓦乌基三角区。他们共有（如上所述）994架做好战斗准备的飞机，另外还有约200架作战侦察和联络机（战术控制交给陆军）。集结在东部的Ju–87俯冲轰炸机，几乎悉数编入该航空队，大部分（五又三分之一个大队）分配给第8航空军，第2航空军只获得3个大队。另外，第8航空军3个轰炸机大队、1个俯冲轰炸机大队、1个驱逐机中队和2个战斗机大队安装了特殊的投放设备，可在近距离战斗中投掷2公斤的SD–2反人员杀伤弹。博克集团军群攻往莫斯科时，勒尔策航空军为第4集团军，特别是古德里安的第2装甲集群提供支援，而里希特霍芬航空军与第9集团军和霍特第3装甲集群的装甲先锋相配合。凯塞林航空队还编有第1高射炮军，该军会在突破苏军边境防御工事和后续行动期间配合两个装甲集群。[44]

进攻计划要求中央集团军群直扑苏德边界以东250 ~ 300公里的白俄罗斯首府明斯克，以一场纵深合围歼灭位于白俄罗斯的苏联西方面军。[45]这场合围由两个装甲集群完成：霍特从别洛斯托克突出部北面的苏瓦乌基三角区展开行动，这片三角区伸向苏联领土；古德里安从突出部南面遂行突击，在布列斯特－立托夫斯克两侧冲出德国控制的波兰总督辖区，经斯卢茨克攻往明斯克。装甲力量铁钳内一场较为浅近的合围，由北翼阿道夫·施特劳斯大将的第9集团军和南翼冯·克鲁格元帅的第4集团军执行，目标是围住苏联西方面军部署在别洛斯托克突出部里的军队。这些目标实现后，第2、第3装甲集群的坦克和摩托化步兵会迅速向东挺进，阻止西方面军残部沿西德维纳河—第聂伯河一线重新建立牢固的防御。强渡两条河流后，两个装甲集群会在斯摩棱斯克附近会合。斯摩棱斯克距离德军出发线约600公里，是博克集团军群在对苏战局中的首个战役目标。[46]

正如最初的"巴巴罗萨"指令规定的那样，击败白俄罗斯地区的红军后，中央集团军群应把"强大的快速力量"派往北面，协助北部友军穿过波罗的海地区，攻往列宁格勒。达成北方的关键目标（例如占领喀琅施塔得和列宁格勒）后，方可继续攻往莫斯科这个"重要的交通枢纽和军备工业中心"[47]。

东线陆军是否具备"先敌打击能力"?

在关于核战争的术语中,"先敌打击能力"指的是一个核武器大国对另一个核大国发起一场毁灭性突袭(可能是先发制人或预防性打击),使后者无法做出有效应对,并迫使对方认输的能力。虽然第三帝国的武库中只有常规武器,但他们在"巴巴罗萨"行动中的目标与核战争的先敌打击基本相同——发起一场威力强大、深具破坏性的打击(可能是先发制人,或至少是预防性的),足以在仅持续 2 ~ 3 个月的短暂战局中粉碎苏联。

但在 1941 年 6 月 22 日,希特勒的国防军在兵力总数、武器数量或质量方面并不占有优势。唯一的例外是德国空军,与苏联空军相比,他们的战机性能明显更优秀。相反,红军的火炮和目前正大批驶下装配线的新式坦克,与东线德军的装备性能相当或更出色,红军几款主要轻武器(例如他们的冲锋枪)同样如此。

正如英国历史学家保罗·约翰逊所说,"巴巴罗萨"行动"在目标大小方面严重动力不足",最后"德国人发现自己以 30 年代后期的武器从事一场 40 年代的战争,甚至不止如此"[48]。当然,就像本书明确指出的那样,德国投入东方战局的地面和空中力量明显不够。从战斗步兵到装甲战车,再到轰炸机和战斗机,一切都太少。事实多次证明,德国人所做的许多事情并不适合东线严酷的战斗环境。如前所述,中央集团军群是德军初期突击的主力,他们不得不沿 500 公里宽的战线向前推进,但只有 1800 辆坦克和 1000 架作战飞机,相当于每公里战线 3.6 辆坦克和 2 架飞机。当然,德国人会把这些力量集中在关键点,但目的与手段间的脱节还是很明显。凯塞林元帅回忆录中的一则轶事进一步强调了这一点:

1941年年初,我飞赴华沙,与那里的指挥官冯·克鲁格元帅会晤,并下达了关于扩充该地区地面机构的补充指示。1941年5月我又回到那里,巡查航空队的东部部署基地,发现相关工作无法在6月初之前完成(主要因为天气和地面情况),但仍有足够的时间做出重新安排,以满足X-Tag(6月22日)的要求。战役和战术检查表明,空军总司令分配给我的力量无法为中央集团军群提供令人满意的支援。在巴黎北部戈林指挥专列上的激烈交流中,我得到了耶顺内克的支持并提出自己的要求，戈林最终答应在飞机和高射炮部队方面为我提供最起码的加强。

戈林说提出要求的不止我一个，而对英国的战争不得不进行下去，我对发怒的帝国元帅深感同情。可我必须坚持自己的意见，倘若无法集结起必要的力量，就不该发动进攻，他对我的观点深表赞同。[49]

尽管如此，战争爆发时，中央集团军群战线上，每公里正面还是只有 2 架飞机（和 3.6 辆坦克）提供支援！相比之下，苏军 1945 年 1 月的攻势，仅在柏林战线就投入 6250 辆坦克、7560 架飞机和不下 41600 门火炮。[50] 那么，东线（德国）陆军如何能在 1941 年夏季和秋季成功遂行如此庞大的一场战局，攻陷苏联欧洲部分数十万平方公里土地[51]，前出到列宁格勒和莫斯科门前，占领乌克兰并歼灭几乎整个和平时期的苏联军队（可能还不止如此）呢？更准确地说，在白俄罗斯，1941 年 6 月 22 日到 7 月 9 日的边境交战期间，中央集团军群对面的红军平均每天损失 23207 人、267 辆坦克、524 门火炮 / 迫击炮和 99 架飞机。1941 年下半年，德国人给红军造成的伤亡总数高达 4308094 人，包括近 300 万不可归队减员（阵亡、被俘、失踪）。[52] 截至 1941 年 12 月 31 日，红军在整个东线的装备损失达到了惊人的 24400 门火炮、60500 门迫击炮、2 万多辆坦克和近 1.8 万架飞机。[53]

一个与之密切相关的问题是：红军如何能承受这样一场惨败，并为成功的"反突击"策略集中资源，无情地消耗对方，最终导致德国军队在即将实现"巴巴罗萨"计划的目标时功亏一篑？应当指出，前一个问题的答案无法在德国武装部队缺乏物质优势方面找到，我们应着眼于几个至关重要的无形资产，其中最重要的是突然性、训练和经验、"主攻点"概念和"任务式战术"的学说基础。首先，德国人在波罗的海与黑海之间沿整整 1200 公里的战线实现战术突然性，获得了极大的开局优势，他们迅速对此加以利用。其次，东线德军把出色的训练和 21 个月的战斗经验发展为重要的力量倍增器。实际上，无论苏联某些新式武器的技术性能如何，要是他们的坦克组员很少有时间操纵坦克，飞行员驾驶新式飞机的飞行时间寥寥无几，那么，这些新式武器也无法发挥作用。德国人把兵力（特别是快速力量）集中在某些地点，从而在战线关键地段形成了对己方有利的兵力对比，部分弥补了人员和装备的不足。为遂行初期突击，中央集团军群的第2装甲集群（古德里安）把坦克力量部署在一条70公里宽的战线上，而霍特第3装甲集群的突击正面甚至更窄（50公里）。1941年9月的乌克兰和当年10月进攻莫斯科的"台风"行动实现了类似或更强大的兵力集中。[54]

如果不了解德国军队重要的"任务式战术"学说和它作为力量倍增器无可比拟的价值，就无法完整解释这支军队1941年在苏联（实际上是整个1939—1942年的作战中）取得成功的原因。从腓特烈大帝到沙恩霍斯特、格奈森瑙和老毛奇，德意志的军事传统教会普鲁士和德国军官如何以创造性、洞察力和主动性解决战术和战役问题。另外，虽然克劳塞维茨的大多数理论在20世纪初期与现实渐行渐远，但他对德国军事思想的持久影响在概念领域留下了一笔价值无可估量的遗产：战争的混乱必然造成无法预料的事件；为避免被这些事件搞得不知所措，就需要在战争的各个方面（从大战略到小股部队的战术）保持思想和行动的灵活性。这种见解的一个结果是"任务式战术"学说，可以理解为一种下达命令和指示时的做法，在提出上级部门总体意图的同时，也给下级指挥部门留下发挥高度主动性并下达具体命令的空间[55]：

德国人的训练核心是灌输一种普遍教导的进步学说，一套基本设想、教义和行动规程，所有德国士兵，无论是何军兵种，必须学会并加以遵循。坚持这种刊登在1936年版《部队指挥手册》中的现代、统一、务实的学说，是德国陆军最大的优势。这套理论是由德国陆军中一些最优秀的人才在30年代初创立的，它避免了个别兵种学说中固有的狭隘主义，代表了陆军的一整套规范。该学说的健全性和前瞻性为德国在二战初期取得军事胜利做出了重大贡献。

德国军事学说的基本原则之一是特别注重个人领导和主动性。《部队指挥手册》强调了德国人所说的"任务式战术"。也就是说，该学说要求高级指挥官给下属下达宽泛的命令，命令的实际执行要靠下属的酌情处置和相关经验。这种做法提供了最大的灵活性和主动性。面对可能遇到的问题，下级军官不仅要学会"学校"提供的解决方案，还要学习自行思考，运用他们的军事知识和专业技能，对自己的决定充满信心，并据此采取行动。[56]

　　原德国联邦国防军上校阿尔弗雷德·迪尔万格尔博士，1941 年夏季在苏联前线担任连长，他描述了战争头几天发生的一起事件，其中蕴含任务式战术的"思维模式"：

　　在边境交战期间被苏军精锐部队的抵抗耽搁后，我们团跟随师里另外两个团向前挺进，渐渐靠近距离德国边界大约90公里、水面宽阔的涅曼河。（1941 年）6月28日夜间和清晨，团里的部队到达离涅曼河约10公里的霍伦卡村。我们团在另外两个团身后担任师预备队，他们已同苏联人展开战斗。

　　我要提请大家注意令德国在战争中——特别是在苏联——取得巨大成功的一个因素，这就是所谓的任务式战术（Auftragstaktik）……我给你们说个任务式战术的实例。我在夜间到达那座小村庄，团长清晨时命令我和第14连连长与师里位于前线的其他团取得联系。我们要向另外两位团长汇报我们团的情况，并询问他们的状况。我们的团长根据他自己的决定采取行动，虽然他不在前线，但总能充分了解当前情况，这就是任务式战术！[57]

　　迪尔万格尔骑上一辆挎斗摩托车，在几名连部人员陪同下找到友邻团团长，后者向他介绍了该团的情况，自昨日起他们就遭遇了激烈抵抗。迪尔万格尔立即把了解到的情况汇报给他的团长，然后考虑自己的下一步行动。这是个阳光灿烂的晴天，上午很热，没有战斗的喧嚣，只有"一些小鸟的欢鸣"。他最后决定，和三四名连部人员溜到涅曼河畔实施侦察。向团长汇报了自己的意图后，迪尔万格尔请求团里尽快给他的连调拨一个步兵排和一个轻型步兵炮排。[58]

　　提出这个请求后，迪尔万格尔和他的小组继续他们的危险之旅，沿一条主要道路小心翼翼地靠近涅曼河岸边的一座村庄。到达村庄前，他们注意到苏军一门反坦克炮安放在第一座房屋处，四周散落着几具红军士兵的尸体。他们谨慎向前，发现苏联人已放弃昨晚占据的这个村庄。他们爬上河边一座瞭望塔，看见 70～80 米宽的涅曼河上似乎有一座"坚固的桥梁"，从村内伸向河对岸。桥梁看上去完好无损，可它并未标在迪尔万格尔"拙劣、极不准确的地图上"——这是在"巴巴罗萨"战役初期阶段普遍存在的问题。完好无损地夺取这座桥梁对他们师大有益处，几个人终于走近桥梁，发现苏军并没有准备炸毁它[59]：

> 我立即给团部发去另一份报告，汇报我们发现的一切，以及派援兵来夺取桥梁并在河流南侧设立一座登陆场是多么有利。我们需要的援兵很快赶到，我们向他们简要介绍了情况并告诉他们如何行事。团长跟这些士兵一同到来。他告诉我，他动员了一整个营，准备利用当前的情况，可能的话就赶到河对岸。与此同时，对岸的俄国人开始意识到正在发生的事情，从桥梁对面开火射击。团长第一个用我们设在桥梁附近的反坦克炮还击。
>
> 当日下午，我们团在涅曼河对岸建起登陆场。我们只遭遇轻微抵抗，可能是敌人的后卫部队。当日，夺得这座桥梁为我们师的快速推进提供了巨大帮助。团长没有接到师部任何直接或具体的命令就率领部队向前，驱动他的完全是这样一种意志：利用刚刚发现的敌人的弱点！这就是任务式战术的精髓。[60]

1941 年 6 月的德国国防军处于效率的巅峰期，他们凭想象力、洞察力和主动性应对战场上不可避免的流动、不断变化的情况的能力无与伦比。但早在 1941 年夏季前很久，诸如无线电这种新技术，以及以空中力量配合地面行动的必要性，已开始威胁指挥官在战场上的独立性。[61] 任务式战术的应用在 1941 年 12 月遭到另一场打击，（陆军总司令）冯·布劳希奇元帅因健康原因退役后，希特勒直接指挥陆军，他对作战行动的控制越来越紧。1941 年 12 月底，紧张不已的元首动辄通过电话与中央集团军群的新司令冯·克鲁格元帅交谈数小时，经常涉及集团军群作战行动最微小的战术细节。但德军前线将士从来没有彻底丧失对独立思考和行动的条件反射，就像本书作者对 1944 年某武装党卫队师在诺曼底的作战行动所做的研究清楚表明的那样。[62]

以上无形资产（突然性、训练和经验、主攻点、任务式战术）是德国军队得以在不到六个月时间内迅速向前推进 1000 多公里，从苏德边界前出到莫斯科城下的主要原因。可是，尽管各军兵种取得了如此辉煌的成就[63]，"巴巴罗萨"行动最后还是以失败告终。东线陆军 1941 年 6 月是否具备"先敌打击能力"？基于我们已知的结果，这个问题的答案显而易见：德国陆军并不具备这种能力。可归根结底，这仅仅是因为苏联政府和人民采用了一套与西方国家完全不同的规则。1940年，9万名法国士兵阵亡[64]就足以迫使法国投降。相比之下，苏联在历时1418天的战争中，平均每天丧生2万多名军民。换句话说，不到一周时间，苏联人遭受的生命损失就远远超过法国在整个1940年战局中的阵亡人数，可他们继续战斗，继续承受以今天的标准看完全无法想象的死亡。他们可以这样做的部分原因是苏联的庞大规模，以及她所提供的战略纵深，这为苏联人民争取到了时间。而他们的确这样做了，很大程度上是苏联领导人的铁腕，以及他们对德国侵略者的压迫和种族灭绝政策做出无情回应的最终结果。实际上，正是苏联人民无与伦比的坚韧和他们忍受如此可怕的流血牺牲的意愿（被迫或出于其他原因），最终决定了苏德战争的结局。没有这种意愿，德国军队1941年夏季的猛烈打击肯定足以击败苏联。

远方的战争传言

1941年9月2日，第292步兵师第292炮兵团的前进观测员约亨·哈恩少尉从斯摩棱斯克东面血腥的叶利尼亚突出部给他的妻子写了封信：

> 我们在防空洞里待了三个多星期，没有明媚的阳光，就连日光都很少，只有俄国人持续不断的炮击。真让人发疯。希望这一切都能停止。另一名话务员昨天检修线路时负伤。每天都有人遭遇这种事，可派来的补充兵寥寥无几。我们目前缺员37人……你在信里谈到部队被调往西部，我们这里也听到了这种说法，我们要去西部了……请为我们祈祷吧，真希望能去西部，因为我们已在这里艰苦的防御战中熬了三周。上面从未考虑过派我们这些马拉炮兵去打英国，除非我们实现了机动化。可不管怎么说，最重要的是赶紧离开这个鬼地方。这里简直就是地狱。[65]

我们可以理解哈恩少尉对赶紧逃离苏联前线的期盼。毕竟，在叶利尼亚突出部的绞肉机里苦战三周后，同英国人作战的前景相比之下不啻获得某种救赎。可这不是真的，这只是个谣传，与流传在东线数百万德军将士中的无数传言一样，很快就消散殆尽并被遗忘。

有一句俏皮话说，军人在战时的遭遇就是漫长的无聊不时被内心恐惧的时刻打断。这是绝大多数将士的命运（至少在基于现代卫星和计算机的通信技术出现前），除了触摸到、闻到或亲眼看到的东西，他们对战场上发生的事情知之甚少。他们也许了解近在咫尺的敌人，可除此之外他们几乎一无所知。这种强制隔离在感觉、情绪和恐惧加剧时不可避免地引发了对日后会发生些什么的不切实际的猜测。

1941 年冬季和春季，调自德国、法国、巴尔干、欧洲占领区及其他地区的数百万德国士兵向东部实施秘密集结时的情况肯定就是这样。法国于 1940 年 6 月沦陷，此后许多人希望迅速结束战争，回归他们的家庭和平民生活。可英国继续抵抗，战争不得不拖延下去。现在，德国陆军主力突然隆隆向东，跨过易北河和奥得河，军列驶过帝国边境时，这些将士不禁想知道他们要去哪里以及为何要去那里。当然，他们对"巴巴罗萨"行动一无所知，大多数士兵直到进攻发起前最后一刻，军官和军士们向他们宣读元首"致东线将士公告"时才知道帝国即将进攻苏联。但在此之前的几周甚至几个月，他们无疑意识到自己正投身于一项非凡的事业，某件大事即将发生。可正如幸存的德军士兵日记和信件表明的那样，他们并不清楚究竟会发生些什么。事后看来，"德国即将入侵苏联"这个答案当时并非显而易见。这似乎有些奇怪，但 1941 年春季，德国虽然与英国处于战争状态，却同苏联和平相处。的确，自希特勒的外交部部长里宾特洛甫 1939 年 8 月下旬飞赴莫斯科，签订了震惊世界的《苏德互不侵犯条约》以来，德国同苏联一直保持着良好的关系。另外，德国与苏联自那时起不断发展的经济合作也促进了两国间的和平关系。[66]还有一点，英国尚未被征服，而元首在第一次世界大战期间的亲身经历告诉他，让德国卷入一场两线战争是一种愚蠢的行为。可以肯定，许多德国士兵仍在设法弄清这场东调究竟是怎么回事。但也有不少人凭自己的幻想解释强大的战争机器转移到苏德边界的原因。简单地说，就像以下一手资料所示，"谣言制造厂"肆无忌惮地开工了：

（第258步兵师）H. H. 少尉，1941年5月20日

关于俄国的最疯狂的谣言在这里传播。有人说我们获得了乌克兰90年的租借权，并获准行军穿越土耳其和伊拉克。还有人说斯大林的态度避免了战

争威胁。厕所传言接二连三。倘若不发生战争，我会很高兴。那片沼泽地和那里的害虫对我毫无吸引力。我为学习俄语而耗费的时间不妨浪费掉好了，我无所谓。[67]

（党卫队"帝国"师）某军官，1941 年 6 月

我们在 1941 年 5 月初享受的和平气氛突然发生变化。师里所有部队指挥官都被召集到特劳恩湖格蒙登参加会议，听取关于即将到来的对苏战争的简报。宣布这个消息时，会场上没有发出热烈的"胜利万岁"呼声，因为我们都对那片即将展开行动的土地的面积深感担心。普通士兵当时并不知情，因此，6 月份向东开拔时，最疯狂的谣言散布开来，甚至有人说我们会穿越俄国进入印度。[68]

（第 13 装甲师）R. 赫滕施泰因，1941 年 6 月

他们把我们调到西里西亚南部，二战结束前，那里是德国的一个省。我们在 1941 年春末前后到达那里，6 月份左右，我们缓缓向东，赶往波兰境内的苏德分界线。我们驻扎在伦贝格西北面，1939 年我们在那里打过仗。

当时，关于接下来会发生什么事的各种谣言四处传播。有人说我们会穿过乌克兰和高加索山区进入波斯（现伊朗），从而切断英国在那里的石油资源。俄国人会允许我们这样做。还有人说我们会穿过高加索、土耳其和巴勒斯坦，从那里向西进军，切断苏伊士运河。隆美尔和他的非洲军团将从利比亚攻往该运河。[69]

（所属部队不明）二等兵，1941 年 6 月 2 日

昨天有人说我们从俄国获得三条公路和两条铁路线用于行军穿越。为何你一早就丧失了这种希望呢？（德国）现在同俄国的关系挺好的，我对此越来越乐观。因为俄国当然比美国更重要。虽然我根本不信，但如果美国真的介入，同时我们又得到远至印度洋的所有英国基地的话，美国人就陷入困境了。当然，美国人也知道这一点。[70]

（第167步兵师）W. P. 二级下士，1941年6月8日

这一整天我们都在打包，因为我们即将开拔。去哪里，我们当然不知道！要么是东部（俄国），要么是东南部的叙利亚、伊拉克等地。不管怎样，这都意味着我们很快会回国。当然，我无法也不能告诉你其他事情。我们都对日后会发生什么充满好奇，因为关于未来的一切太过模糊。[71]

（党卫队"帝国"师）奥托·斯科尔泽尼，1941年6月中旬

1941年6月中旬，我们师搭乘火车开赴波兰的利兹曼施塔特。所有车辆和物资装上平板列车后，我们登上客车车厢，无忧无虑地享受这趟旅程。

一连几个小时，我们猜测着下一个军事目标，但没人想到我们即将对苏联开战。相反，流传最广的传闻是，我们的目标是波斯湾的油田。苏联会允许德国军队自由通行，我们会穿过高加索进入伊朗。我们讨论着赢得伊斯兰世界支持的可能性，成功的话，我们就能打通贸易和获取原材料的路线，这对战争的结局具有决定性。

另一则传言是，我们会穿过土耳其进入埃及，以一场夹击包围英国近东军队。出于这种猜测，我随身带着一本T. E. 劳伦斯的《智慧七柱》。我们乘火车在波西米亚和摩拉维亚绕了一大圈，经上西里西亚进入波兰的途中，诱人的东方为我们提供了若干小时的谈资……

我们很快发现，对下一步行动的猜测大错特错，因为我们接到的命令说即将对苏联发动进攻。虽然我们知道《苏德互不侵犯条约》不可能永久维持下去，可也没想到（将要发动侵苏战争）这种选择。[72]

（第110步兵师）H. -G. 阿尔韦曼，1941年6月20—22日

6月初，我们意识到即将动身出发。我很幸运，因为驻地就在家乡，比其他人稍具优势。可即便如此，告别也不容易：1941年6月20日，我向父母道别。

当晚某个时候，我们的民防区域负责人来了，他在党内的职务相当于国防军里的下士。他受雇于营地指挥部，在这个位置上自然"知道"些军方的秘密：我们的部队要开赴印度，在英国人的殖民地给他们制造麻烦。于是我带着这个秘密回到营地宿舍，但没跟任何人提起。

次日晨，我们乘坐火车出发，路线是汉堡—梅克伦堡—波美拉尼亚。6月22日，我们在新斯德丁的站台上列队点名，听到了对苏战争的新闻播报。我们深感惊讶，因为我们的政府显然违背了1939年与该国签订的互不侵犯条约。所以，不会有什么印度之旅了。我们对此无能为力，车票是不能退换的。[73]

（第6步兵师）F. 贝尔克，1941年6月21日

我们在胸部注射了抗痢疾针，这是一种你真正能感受一阵子的疫苗。除此之外没其他事，今天是个休息日。我们在炽热的阳光下裸露着上身，结果，晒伤在接下来几天给我们增添了额外的痛苦。当天，事情已经很清楚：我们即将对苏联开战！取道苏联，去中东或印度对付英国人的传言已破灭。我们必须冷静但认真严肃地正视这个问题。我现在位于我父亲1915年6月，确切地说是26年前与俄国人战斗的地区。[74]

（第11装甲师）G. W. 施罗德克，1941年6月22日

直到昨晚我们还幻想留在波兰东部，等待斯大林准许我们借道苏联前往叙利亚！在此之前，真没人想过对苏联的战争。[75]

以上记述提供了侵苏战争前夕德国士兵中流传的各种谣言中最具代表性的版本。这些传言的有趣之处在于，它们都集中于为击败英国可能采取的策略，并使大多数人没能意识到在东部集结军力背后的真正目的（这一点）变得更容易理解，因为他们的元首（普通德国士兵对他充满信心和信赖）绝不会在打败英国前发动对苏战争。具有讽刺意味的是，他们的想法与苏联领导人的观点大致相同。斯大林似乎也被德国人始于1941年2月的欺骗行动所误导（参见第四章"约瑟夫·斯大林：他知道些什么？何时知道的？"一节）。

应当指出，不了解纳粹领导层真实意图的绝不仅仅是普通士兵。第4装甲集群司令埃里希·赫普纳也认为对苏战争的前景不可思议，他的传记作者解释道：

1941年3月30日晚，赫普纳在家中表示希望能避免这场新战局。他在1941年5月26日写给母亲的信中也表述了这种希望，但有所减弱："6月20日前不会

有什么事。我们这里也经常被问到是否会爆发战争的问题，甚至有人谈到租借乌克兰99年。一方面，我很难相信苏联人会冒这种让他们威信扫地的风险。另一方面，此举也无法满足我们的要求……"另外，赫普纳负责军事情报的第三副官，也是他这三年来最亲密的知己，后来指出："赫普纳认为德国不可能发动对苏战争，整个部署不过是虚张声势罢了……赫普纳完全没有考虑过对苏战争是不可避免的，或是一场强加给我们的生存之战。就在入侵苏联三四天前他还对我说，'这不可能是真的，我们这是在切腹自尽'。"[76]

1941年秋末，赫普纳第4装甲集群残部是所有德国军队中最接近莫斯科的力量。不到三年，也就是1944年8月8日，赫普纳因参与反希特勒的密谋集团被绞死在柏林的普勒岑塞监狱。

帝国总理府的最后一次会议（1941年6月14日）

1941年6月14日，离"巴巴罗萨"行动发起仅剩八天，希特勒把东部各集团军群、集团军、装甲集群、航空队司令召集到柏林新帝国总理府，举行最后一次会议，商讨即将到来的战局。[77] 根据希特勒直接下达的命令，新帝国总理府由阿尔贝特·施佩尔设计，8000 ~ 9000名工匠、技工和工人在1939年1月就完成这个非凡的施工项目，用时不到一年。[78] 这座雄伟的建筑拥有坚固的花岗岩外墙、奢华的大理石地面、大量马赛克装饰、华贵的挂毯和优雅的门窗，从威廉广场沿福斯大街延伸到蒂尔加滕，是德意志帝国不断增强的实力和影响力恰如其分的象征，当然，这正是修建新总理府的本意。[79] 战争结束后不久，苏联人拆除了希特勒总理府的残余部分，把石料和大理石用于修建他们的柏林特雷普托战争纪念碑。[80]

由于保密工作必不可少，"到达路线、时间和停车位置都做了严格安排"[81]，参加会议的总参军官从不同的街道入口到达帝国总理府，采取这些预防措施是为了向好奇的柏林居民隐瞒某件正在发生的大事。如果说普通市民对东部边境即将发生的邪恶的世界历史性事件一无所知的话，在帝国总理府高大的花岗岩墙后面光滑的大理石地面上谨慎前行的将领便同样如此。直到现在，战争爆发前几天，奉命率领军队对苏联实施突然袭击的陆军和空军将领才充分意识到，德意志帝国计划发起的这场殖民地式的战局具有独特的残暴本质——他们要对付的不仅仅是苏联红军，还有苏联人民。

从 1941 年 5 月中旬起，德国统帅部已颁布三项臭名昭著的措施，旨在确定德国在被占领土上对苏联战俘和平民的政策：（a）1941 年 5 月 13 日的《军事司法权令》，让对平民犯下各种罪行的国防军士兵免于起诉[82]①；（b）1941 年 5 月 19 日颁布的所谓"驻俄军队行动指导方针"，要求"对布尔什维克煽动者、游击队员、破坏分子、犹太人采取无情而又有力的行动，并彻底肃清一切主动或被动抵抗"[83]；（c）1941 年 6 月 6 日下达的《政治委员令》最为臭名昭著，公然违反国际法，声称根据《日内瓦公约》，红军中的政治委员不应被视为军人（他们显然是军人），应当彻底消灭[84]。

在那个春末上午驱车前往新总理府时，参加"巴巴罗萨"行动的将领当中是否有谁停下来（哪怕是片刻），思索一下他们即将发动的这场灭绝战的含义？很可能没有，他们必须专注于在元首面前做重要汇报。会议在上午 11 点开始，希特勒发表致辞，欢迎这些高级将领的到来，然后请他们分别汇报各作战地区在战争初期阶段的意图。首先发言的是南方集团军群的指挥官，北方和中央集团军群将领的汇报安排在下午晚些时候。据希特勒的空军副官尼古劳斯·冯·贝洛说，元首很少打断对方的汇报，而是专注地聆听他们的各项报告。这些报告概述了兵力和坦克、飞机的数量，总的说来，相关情况表明苏军虽然在数量方面占有优势，但质量明显不如与其对阵的德国军队。这些将领的语气显然较为乐观，他们的汇报一直持续到当晚 6 点 30 分。[85]

汇报间歇，希特勒于下午 2 点与二十多位高级指挥官一起，坐在一张长长的椭圆形餐桌旁共进午餐。[86]大约一个小时后，希特勒请大家保持安静，随即就他进攻苏联的理由对这些重要来宾发表了一通演讲。一些与会人员记录下了元首的这番讲话（哈尔德将其描述为"广泛的政治演说"[87]）的主旨。希特勒再次列举了他决定进攻苏联的原因和理由。他强调这场即将到来的战争的预防性质，称他对自己的决定考虑得越多，就愈加决心消除苏联在德国背后构成

---

① 译注：该指令的原文是"不一定予以起诉"，视相关行为是否对部队的纪律和安全造成影响而定。

的"严重威胁"[88]。希特勒重申了他经常提及的观点，即苏联的崩溃会迫使英国放下武器。但他指出，战斗会很艰巨，因为苏军士兵会顽强抵抗。必须预料到（苏军的）猛烈空袭，因而需要采取措施，调集强大的防空力量保卫帝国。德国空军必须迅速赢得胜利，从而协助三个集团军群向他们的目标进军。虽然希特勒估计最艰巨的战斗大约六周后就会结束，但每个军人仍需要知道为何而战——消灭布尔什维主义。他以"气愤"的语调谈及英国更愿意同苏联，而不是与德国达成谅解，坚称这是 19 世纪而非 20 世纪的政见。[89]

当日下午，希特勒同南方集团军群的将领进一步商讨相关事宜。他说红军主力估计位于中央集团军群对面，一旦歼灭对方，冯·博克的中央集团军群就会加强南方集团军群。布劳希奇和哈尔德静静地听着，对此未置一词。[90]希特勒还强调了已成为某种偏执的战役目标——夺取他称之为"布尔什维主义摇篮"的列宁格勒，这座城市是昔日的圣彼得堡，也是俄国获得大国地位的象征，希特勒对此痴迷不已。[91]古德里安在他的回忆录中称，当日下午讨论军事问题的某个时刻，他被问及（他没有说是谁提出的问题）[①] 他的装甲部队前出到明斯克需要多久。面对这个他唯一被问到的问题，古德里安回答道："5 ~ 6 天。"事实证明古德里安说的没错，因为他的先遣力量 6 月 27 日，也就是对苏战局的第六天，就到达了白俄罗斯首府。[92]不幸的是，对德国入侵者来说，希特勒"六周艰巨战斗"的预测太过离谱。

"巴巴罗萨"行动——先发制人还是预防性战争？

阿道夫·希特勒从一开始就对他进攻苏联的决定做出辩解，声称（肯定言不由衷）这是他挫败苏联入侵德国这种迫在眉睫而又持续存在的威胁的唯一选择。正如我们所知的那样，1941 年 6 月 14 日，他在新帝国总理府对高级将领发表讲话时强调了"巴巴罗萨"行动的预防性质。他在 6 月 21 日至 22 日夜间向东线将士宣读的公告中再度声明这一点，称苏联在边境集结进攻力量（坦克和空降兵部队），构成的威胁越来越大，还语焉不详地指出约 160 个苏军师

---

① 译注：三个中译版古德里安回忆录都指出是希特勒提出的这个问题。

部署在苏德边界，就在几天前，苏军巡逻队甚至潜入帝国领土，经过长时间交火才退回。[93]

6 月 22 日上午，德国大使递交苏联外交人民委员莫洛托夫的外交照会中，这场进攻也被解释为针对"苏联沿波罗的海到黑海的漫长战线不断加强军力集结"的应对。另外，这份照会还指控道："过去几天接到的报告使我们对苏联军队这种集结的侵略性质不再有任何怀疑……"几天后，希特勒在对德国人民发表的广播讲话中再次指出红军沿苏德边界的险恶集结，并把德国和轴心盟友的任务描述为"保卫欧洲大陆"[94]。对苏战局开始五天后（6 月 27 日），德国最高统帅部加入其中，宣布苏军在边境地区——特别是别洛斯托克和伦贝格突出部——的大规模集结，预示着即将对中欧发动突击。[95] 到 1941 年 7 月初，希特勒无疑受到前线报告（这些报告揭示出边境地区红军部队的惊人数量）的影响，甚至对"巴巴罗萨"行动是一场预防性战争这种荒唐的谎言信以为真，宣传部长戈培尔在日记中写道：

1941 年 7 月 9 日

昨天……中午 12 点左右，我们降落在拉斯滕堡附近的一座机场。热浪滚滚。整片地区满是蚊子，令人深感不快……车辆行驶半小时后，我们到达大本营……元首在结束军事会议后赶来。他看上去很好，给我们留下满怀乐观、鼓舞人心的印象。他先向我简要介绍了军事态势，他对此的看法乐观得令人惊讶。已得到确定和证明的文件称，布尔什维克三分之二的军事力量已被歼灭或遭到重创。布尔什维克空军和坦克力量的六分之五也可视为被歼灭。因此，布尔什维克计划对帝国发动的大举进攻可以说已告失败……

毋庸置疑，俄国人把他们的全部打击力量集中在西部边境，这种威胁可能会在战争期间落到我们头上并造成致命影响……元首对布尔什维克领导集团义愤填膺，他们自欺欺人的想法是先进攻德国，再进攻欧洲，待德国遭削弱后，他们就企图在整个欧洲大陆实现布尔什维克化，毕竟这是他们自 1917 年以来一直加以策划的东西……现在，德意志民族所有社会阶层都已认清同布尔什维主义的斗争非常必要，元首又一次在正确的时刻做出正确的决定……元首再次对我强调，到目前为止的军事行动有力地证明，他在东部发动的进攻时机恰到好处……在你确定你的敌人只要一有机会就会发起进攻时，预防性战争仍是最可靠、最良性的方式。对布尔什维主义的战争就是这样。[96]

接下来几个月，希特勒一次次把"巴巴罗萨"行动的性质由"预防性"[97]改为"先发制人"[98]。1941年9月中旬，他告诉身边人员："去年做出进攻布尔什维克的决定需要付出最大的力量。我不得不认为斯大林会在今年投入进攻。（我们）必须尽快采取行动，最早的时间是1941年6月。"[99] 1941年10月，希特勒在呼吁为东线军队募集冬装时解释道，就在几个月前的5月，"形势极具威胁性，俄国人打算一有机会就对我们发动进攻，这一点已不存在任何疑问"。1942年5月，希特勒再次为他入侵苏联的决定加以辩解，坚称要是他"听信那些消息不灵通的将领的意见并等待下去的话，俄国人会根据他们自己的计划抢先对我们动手，届时就很难在中欧施工精良的道路体系上阻挡他们的坦克了"[100]。

实际上，希特勒这些说法的真实性只能靠大胆猜测来证明，他把预防性或先发制人的借口一直保持到生命的最后一刻。1945年2月，德国已沦为一片废墟，苏军部队和坦克排列在柏林门前的奥得河畔，希特勒向他的副手马丁·鲍曼口述了自己的政治遗嘱，他解释道，进攻苏联是为了消灭英国在欧洲大陆仅存的盟友，以此迫使英国和谈。但他又指出了（入侵苏联的）"第二个令人信服的理由"，单凭这个理由就已足够：布尔什维主义构成了一种深刻的威胁，从这方面看，（德国）终有一天会遭到他们的进攻①。[101]

"巴巴罗萨"行动具有先发制人或预防性质，这种说法是否多少有些真实性呢？关于这个问题的第一部分（是不是一场先发制人的战争），答案是显而易见的——肯定不是。虽然从一开始就向德国人民表明，开战是为了抵御迫在眉睫而又持续存在的威胁[102]，但这不过是戈培尔的宣传伎俩罢了。正如伊恩·克肖所说的那样，进攻苏联"是个重大决定，可能是整个战争中最重要的一项决定"，但该决定是"自主做出的，也就是说完全在自愿的条件下做出，并非为

---

① 译注：希特勒的遗嘱分为政治遗嘱和私人遗嘱两部分，完整的中译本可参阅上海译文出版社《希特勒背后的人》一书第177—183页，但其中没有本书作者所说的这些内容。

了消除苏联发动进攻的迫切威胁，（1940 年下半年）没有迹象表明需要发动一场先发制人的打击，他们后来才发布关于进攻正当性的声明"[103]。德国为"巴巴罗萨"行动所做的策划从一开始就"完全忽视了行动的规模，并傲慢地低估了对手的能力"[104]。事实上，就像我们所知的那样，法国战局刚一结束，希特勒就向最高统帅部参谋长凯特尔保证：相比之下，对俄国的战争"不过是场小把戏而已"。换句话说，希特勒和他的总参谋部"先行排除了苏联发动先发制人打击的可能性"。1940 年夏季为陆军总司令部起草作战计划纲要的埃里希·马克斯将军，甚至为红军没给德方提供"进攻借口"感到遗憾。[105]

尽管希特勒和他的将领在 6 月 22 日前几周偶尔对苏联加快备战速度感到不安[106]，可是没有任何迹象（当时的文件或战后回忆录）表明有谁担心遭到对方先发制人的打击。德国军事情报局（东线外军处）没有提供苏联即将发动进攻的信息[107]，而陆军总参谋长哈尔德 1941 年 6 月把红军沿边境的展开描述为"纯属防御性"，并把苏联准备进攻的观点斥为"胡说八道"[108]。德国历史学家于尔根·弗尔斯特巧妙地总结了德国方面当时的思维过程：

> 希特勒和他的军事指挥部认为斯大林的意图是防御而非进攻，因此未对红军从事战争的能力感到震惊。他们集中在伦贝格和别洛斯托克周围的前进地域，实际上这对他们而言非常恰当。希特勒更担心斯大林可能会以一种善意的政治姿态破坏他好战的想法。[109]

至于"是否存在发动一场预防性战争的理由"这个问题，答案就变得相当复杂，很大程度上是因为对苏联在二战前几年和二战爆发初期的行为出现了新的、截然不同的解释。虽然"巴巴罗萨"行动作为一场意识形态和种族动机战争的意义在战后史学界相对保持不变，但对苏联的国家安全政策一直存在更广泛的解释。例如，多年来的历史共识是，1939 年夏季到 1941 年 6 月，苏联基本上是一股被动的力量，虽然他们可能以牺牲弱小的邻国（波兰、巴尔干地区、罗马尼亚）为代价获得利益，但针对德国不断增强的威胁，苏联以一场大规模军事集结作为防御性应对是合理的。[110]

20 世纪 80 年代和 90 年代，新的解释开始出现：斯大林这段时期的意图比过去认为的更加险恶，实际上"与希特勒的想法旗鼓相当"[111]。这些修正主义历史学家中最值得注意的是俄国流亡者、原苏联总参情报总局军官、化名维克托·苏沃罗夫的弗拉基米尔·列尊。简单地说，苏沃罗夫和其他修正主义者认为苏联领导人是个雄心勃勃的革命家，他的长远战略目标是推动共产主义事业，部分通过军事征服的手段加以实现。为此，斯大林1939年8月与希特勒签署了臭名昭著的条约，企图利用他充当不知情的"破冰者"，在苏联征服欧洲前削弱西方国家（和德国自身）。据苏沃罗夫称，苏联1941年准备实施计划的最后阶段，也就是征服德国。苏沃罗夫甚至声称他知道确切的进攻发起日期——1941年7月6日。[112]

当然，苏沃罗夫的"揭秘"引发的一场学术大战超出了本书范畴。这里只说说传统历史学家（如约翰·埃里克森、加布里埃尔·戈罗杰茨基、戴维·格兰茨）对苏沃罗夫和持类似观点的其他修正主义者的批驳即可。他们指出，苏联1941年的实力太过虚弱，无法进攻希特勒德国，斯大林很清楚这一点，这就解释了他对德国采取绥靖政策并竭力避免激怒希特勒或其将领的原因。虽说传统学者的批驳具有坚实基础，但苏沃罗夫的总体论点得到了波格丹·穆西阿尔出色的新著《德国战场》的支持，我们已在本书第四章[工业基地和武装部队建设（简要概述）一节]向读者介绍过这部著作。虽然穆西阿尔断然驳斥苏沃罗夫的戏剧性说法，即苏联打算在1941年7月6日进攻德国，但他通过近期公开的苏联档案获得的见解，也在很大程度上支持了苏沃罗夫对斯大林基本意图的解释[113]：

不可否认的是，斯大林1941年春季沿苏德边界集结了有史以来最庞大的入侵力量，以便在恰当的时候进攻他的德国盟友。这种意图并非出于对德国很快会入侵苏联的担心，而是源自世界革命的意识形态。其目标是实施世界革命的下一个决定性阶段，使中欧和西欧（实际上就是整个欧洲）苏维埃化。战胜德国意味着征服整个欧洲。德国1941年6月22日的入侵使这股准备中的入侵力量猝不及防。[114]

换句话说，准备发动战争的不仅仅是希特勒，还有斯大林。一旦接受这种基本事实（但范例发生改变），对"谁计划进攻谁"这个问题的复杂争论很容易失去意义，因为它们都被一个领导者准备打击另一个领导者的首要现实压倒了！用修正主义历史学家海因茨·马根海默的大白话来说，把苏德战争视为一场"两个侵略者之间的战争"（Krieg zweier Angreifer）更有意义。[115] 为强调这一点，有必要更多地谈谈苏联 1941 年春季的战争准备。我在本书第四章详细阐述了苏联在德国发动入侵前沿西部边境的集结。有人认为，虽说这种集结到 6 月 22 日尚未完成，但还是可以把它解释为进攻性质的。也有人指出，苏联 1940—1941 年（当然是指德国军队 1940 年 6 月以决定性胜利击败法国后的那段时期）所做的军事准备很可能出于对德国即将发动的入侵的担心，而不是源于积极的意图。[116] 情况可能的确如此，但这无法解释斯大林的远期、最终是扩张主义的意图。为了更深入地了解这些意图，我们把目光转向另一位修正主义历史学家，已故的约阿希姆·霍夫曼。

霍夫曼在 1991 年发表的一篇文章中指出，"巴巴罗萨"行动发起后不久，德国人发现了红军实施进攻准备的"具体证据"。例如，在边境附近和苏联腹地几处，德国军队缴获了标绘苏联边界线以西深远地区，甚至深入德国本土的军用地图。入侵者还查获了"对德国的全面侦察文件"，这些材料在科布林、杜布诺、格罗德诺和其他地方被发现。第 48 装甲军 1941 年 7 月 1 日报告，他们在杜布诺的城堡中发现了"准备用于战斗的地图集，这些地图只绘有远到克拉科夫的帝国边界线以西地区"[117]。第 28 军 1941 年 7 月 16 日的报告称，在一处训练地域（未说明具体地点）"发现了红军的动员地图，这些地图仅标明立陶宛南部、前波兰地区和东普鲁士部分地域，我们通过这些地图再次确定了红军入侵德意志帝国的企图"[118]。几个月后的 1941 年 10 月，第 24 装甲军发现一幅立陶宛地图，"似乎属于为进攻东普鲁士所做的一场战役级研究"。[119]

霍夫曼认为，除了这些详情，必须注意的一个事实是，"战争出人意料地发生在苏联边境以东时，红军缺乏必要的地图"。他继续指出：

（最近去世的）美因茨大学东欧史教授戈特霍尔德·罗德博士，当年在德国第 8 步兵师师部担任翻译和特别顾问，1941 年 6 月 23 日身处格罗德诺苏联第 3 集团军司令部大楼，他在日记中写道："一个房间里堆满东普鲁士地图，印刷精美，比例尺为 1:50000，比我们的地图强得多，涵盖整个东普鲁士地区。"据O.A.克拉索夫斯基中尉称，东普鲁士地图是苏联驻爱沙尼亚步兵第16"基克维泽"师准备工作的基础。1941年7月23日，苏军步兵第739团参谋长N.S.邦达尔上尉也指出："红军所做的准备是进攻总督辖区，而不是防御。"因此，步兵第213师辖内各团"已获得涵盖整片地域（包括克拉科夫在内）的地图，红军其他部队同样如此"。[120]

当然，这些"证据"远非苏联计划入侵的真凭实据，毕竟红军的学说就本质而言儿乎有些痴迷于进攻，而这意味着一切战争都会在敌国领土进行。可正如霍夫曼指出的那样，考虑到斯大林下令展开一场大规模全面宣传运动，并在1941年春季如火如荼地推行，"对苏联进攻企图的怀疑就变得更加清晰"。简言之，这场运动的目的是给红军指战员灌输革命战争和反德热情，使他们相信与德国的战争不可避免，他们不得不先发制人。东部战争头儿日，德国士兵也开始了解到这场暴露无余的政治宣传：

1941年7月4日，德国士兵在卢茨克苏联第5集团军司令部大楼里缴获了一批重要文件。这些材料中包括一份"确保集团军进攻行动政治安全的计划"。在这份计划中，通过（红军）总政治宣传部充分领会斯大林意图的第5集团军政治宣传部门负责人乌罗诺夫，就政治宣传准备工作和对德国军队实施一场突然袭击下达了详细指示。计划指出："有必要对敌人展开一场强有力的闪电式打击，从而迅速打破指战员的道德顾忌。"[121]

据修正主义历史学家称，苏联正计划对德国发动侵略战争，斯大林1941年5月5日在莫斯科于伏龙芝军事学院新毕业生面前发表的著名演讲也强调了这一点，这是苏联"最负盛名的参谋或战争学院，学员都是最具前途的上尉或少校"[122]。总之，包括数百名军校毕业生、红军精英、国防人民委员部和总参谋部代表在内的1500～2000人[123]聆听了斯大林大约40分钟的讲话。斯大林以冷静、平和的语气谈到红军建设和现代化进程中取得的巨大进步，以一系列令人印象深刻的数字概述了武装部队及其技术装备在规模和战斗力方面的重大提升。他还分析了德国自1939年9月以来赢得一连串巨大胜利的背后原因，并且谨慎地坚称，虽然取得了这些胜利，但希特勒的军队绝非不可战胜。讲话结束后的招待会上，斯大林发表了三段简短的祝酒词：

　　发表第三段祝酒词时，斯大林纠正了一位想为他（斯大林）的和平政策干杯的官员。斯大林指出，和平政策为国防事业发挥了重要作用，这是军队重建并获得现代化武器装备前一直奉行的政策。但他接着宣布，苏联现在不得不从防御转入进攻。他最后说道："红军是一支现代军队，现代军队是一支进攻型军队。"[124]

　　修正主义历史学家抓住这些言论证明他们的判断：斯大林让武装部队加以准备，稍后将进攻德国。霍夫曼断言："这番讲话……是个重要标志，证明了苏联正为 1941 年的进攻性战争从事准备的事实。"他再次指出："（斯大林）认为苏德战争不可避免，最迟到 1941 年 5 月 5 日，他已让众人明白，他已决定采取主动，发起一场'革命性解放战争'。"[125]但传统学者声称，斯大林发表的充其量是一番含义不明的讲话[126]，他的祝酒词不过是为了振奋士气。另外，斯大林这番简短的讲话"仅仅是简要重申从防御转入毁灭性打击这种长期奉行的军事战略，尽管它表现出，而且被视为对进攻的重新强调"[127]。

　　看上去更加确定的一点是，斯大林 5 月 5 日的讲话促使红军统帅部拟制了一份实施先发制人打击的方案，十天后的 1941 年 5 月 15 日，红军总参谋长朱可夫将军把这份提案呈交斯大林。加布里埃尔·戈罗杰茨基指出，这项计划的存在"当然是修正主义者坚持其说法的核心证据，他们认为该计划源自斯大林本人，并得到'相应的签署'，这证明了苏联的战略是'进攻'，也就是侵略"。但斯大林没有接受先发制人的战争计划，不管怎样，不应把该计划视为"夺取欧洲心脏的跳板，只能视之为一场有限行动，旨在破坏德国军队的集结，因而具有防御性"[128]。实际上，鉴于斯大林和他的军队从各个方面获得的大量情报，以及这些情报指出德国即将发动入侵，苏联将这样一场先发制人的打击作为自卫措施是完全合理的。

　　那么，能否就这一节开头处提出的问题，即希特勒 1941 年 6 月的进攻究竟是先发制人还是预防性行动，得出合理的结论呢？这个问题的第一部分可以立即得到解决，我们可以做出否定的回答：德国发动的不是先发制人的战争，因为苏联 1941 年夏季远未做好进攻准备；另外，希特勒和他的统帅部并不担心苏联即将发动进攻。在这种情况下，读者可以忽略修正主义者站不住脚的论据，也就是关于斯大林 5 月 5 日讲话和随之而来的先发制人的战争计划的说法。

"巴巴罗萨"行动是一场预防性战争吗？正如我们所知，苏联自 30 年代初以来一直在武装自己，壮观的军备建设，以及自 1939 年夏季起实施的外交和国防政策，可以合理地理解成为实现一种积极的"力量对比"而付出的努力，此举能让苏联在她选择的时机，通过一场进攻性战争征服德国，最终在整个欧洲大陆推行革命。在本书作者看来，德国 1940 年打败法国彻底打乱了斯大林的计划，他不得不面对实力即将达到顶峰的德国国防军突然描绘出的不祥前景，但这绝不会改变苏联想要推行革命的事实，而且自 30 年代初起斯大林就寄希望于红军，视之为向德国和西方国家输出革命的唯一手段。

与希特勒一样，斯大林认为战争不可避免，即便纳粹德国 1941 年不发动入侵，苏联也很可能在 1942 年发起战争。届时，红军和红空军会按照他的希望，配备数以千计的新式坦克（性能优越的 T–34 和 KV）和战机。实际上，斯大林很可能在 1942 年发动进攻的观点[129]，近年来得到了历史学家越来越多的赞同（或至少认为是合理的）。即便俄罗斯档案尚未披露"确凿证据"，苏联的基本目标、1941 年 6 月之前几年的外交和国防政策，以及她与纳粹德国的不相容性，都支持这样结论：希特勒对苏联的进攻，虽说不是一场预防性战争，但确实起到了预防作用。正如我们即将见到的那样，战争头几日涌入苏联的德军将士，经常对他们遇到的红军部队、坦克和技术装备的大规模集结深感震惊。

预定日期前最后几天 / 几个小时

柏林（焦虑的元首）

到 1941 年春季，柏林约 400 万居民已习惯于战争的艰辛。自战争爆发以来，他们一直生活在定量配给和灯火管制下。的确，德国在入侵波兰前几天开始实施配给制，从那时起，大部分食物、衣物、鞋类和煤炭的分配就受到严格控制。[130]英国 1940 年 8 月 26 日对帝国首都的首次空袭是一起微不足道的事件，可到当年秋季，空袭已成为家常便饭。空袭在 1941 年头几个月短暂地中断了，但英国人在当年 3 月将其恢复，城市中心地区遭到了断断续续的打击。虽说皇家空军的轰炸机"攻势"这段时期造成的破坏通常都很轻微，但 4 月 10 日的一场猛烈空袭给国家歌剧院和其他重要建筑造成了严重破坏。希特勒大为愤怒，与帝国元帅戈林发生了激烈争吵。[131]

随着时间的流逝，6 月时柏林人越来越多地谈到与苏联爆发战争的可能性。到 1941 年 6 月中旬，这种交谈引出了关于德国与苏联日后会保持何种关系的大量谣言。有些传言一厢情愿地自欺欺人，例如（就像上文提到的装甲兵将领赫普纳所说的那样），有人声称苏联同意把乌克兰割让给德国 99 年，还有人说苏联即将加入《三国同盟条约》，甚至有人称斯大林会亲赴柏林与希特勒达成协议。但据定期监控德国民众想法的党卫队保安处报告，另一些人（尽管只是少数人）坚信德国军队在东部的大规模集结意味着与苏联的战争迫在眉睫。[132]

在柏林帝国总理府，希特勒怀着越来越激动的心情度过了"巴巴罗萨"行动发起前的最后几天。他的空军副官注意到，元首看似"越来越紧张，越来越焦躁不安，他滔滔不绝地说话，一刻不停地来回踱步，似乎正焦急地等待某些消息"[133]。戴维·欧文指出：

> "巴巴罗萨"行动开始前最后几个难挨的日子里，希特勒的失眠症再度复发。他彻夜难眠并反复自问，他的宏伟计划中是否有什么漏洞可能会被英国人利用。他相信自己已堵上所有漏洞……希特勒每天与希姆莱、莱伊、黑韦尔、里宾特洛甫、赛斯-英夸特这些尽职尽责但又疲惫不堪的心腹讨论土耳其、俄国、战争和作战问题到清晨三、四点，可还是需要服用镇静剂才能入睡。

6 月 18 日，除德国以外的各国报纸公开猜测希特勒何时发动对苏战争，苏联驻柏林大使杰卡诺佐夫请求会晤里宾特洛甫的国务秘书冯·魏茨泽克男爵，无意间把希特勒推入了最焦虑的时刻。黑韦尔在希特勒总理府写下一篇不安的日记："重大问题：杰卡诺佐夫宣布他将会晤国务秘书。他带来些什么？难道斯大林打算此时采取出人意料的重大举措，向我们做出大幅让步？……元首和外交部部长不得不消失——不能让人找到他们……"但次日傍晚……里宾特洛甫打来电话说，杰卡诺佐夫下午 6 点拜访了他的国务秘书，讨论的纯粹是日常事务，开了几个玩笑后就离开了。[134]

虽然希特勒躲过了最后一刻的外交子弹，但仍有许多问题让他牵肠挂肚。如第一章所述，对苏战局开始前，德国的情报工作严重不足。通过空中侦察、无线电通信分析和其他手段，德国人对红军在边境地区的集结情况掌握得相当准确，可他们还是高估了边境地区苏军师的数量，而且没有注意到对方沿西德维纳河和第聂伯河集结的第二梯队力量。另外，德国人对红军巨大的动员能力"一无所知"[135]。陆军总司令部东线外军处 1941 年 1 月 1 日发布了一本关于苏联军队的手册，充分说明德方对其对手是多么无知，这本手册承认，他们对红军战斗序列知之甚少。[136] 就连他们为对苏战局准备的地图也远远不够，特别是在确定哪些道路和桥梁能承载坦克和其他重型车辆方面。[137] 一般说来，东线外军处对红军的整体评估只能称为"不完整，不准确"，因此，它"无法纠正德国军事思想中对俄国的错误印象"[138]。这一点不足为奇，因为领导该机构的埃伯哈德·金策尔上校没有在情报方面受过特殊训练，他不会说俄语，亦未掌握关于苏联及其武装部队的任何专业知识。[139]

但希特勒是个聪明绝顶、直觉敏锐的人，肯定已在某种程度上意识到"巴巴罗萨"行动建立在极其脆弱的基础上。这种意识至少部分解释了他在战争爆发前几天的焦虑不安。6 月 20 日前后，希特勒像往常那样在茶歇时告诉女秘书们，俄国存在某些"可怕"的东西，这让他想起《飞翔的荷兰人》中的"鬼船"。33 岁的速记员施罗德小姐"聪明、爱挑剔、经常会危险地直言不讳"，她问元首为何一再强调进攻苏联是他迄今为止做出的最艰难的决定，希特勒答道："因为我们对俄国几乎一无所知。它可能是个大肥皂泡，也可能是某种截然不同的东西。"[140] 希特勒的外交联络官瓦尔特·黑韦尔在 6 月 20 日的日记中写道：

与元首长谈。（他）对俄国战局抱有很大期望。他多么希望现在是开战十周之后啊。毕竟始终存在巨大的风险。我们站在一扇锁住的房门外。（我们）会遇到秘密武器吗？会遭遇狂热分子的顽强抵抗吗？他现在不得不靠安眠药才能入睡……他告诉我，今天上午他再次仔细考虑了每一个细节，但没有发现敌人战胜德国的可能性。他认为英国最后不得不屈服——他希望年底前实现这一点。[141]

现在可以简短概述希特勒在 1941 年 6 月 22 日（周日）前最后几天的活动了。6 月 17 日，他给匈牙利摄政王霍尔蒂海军上将发去电报，祝贺他的生日。次日（6 月 18 日），他再次试图确保德国的南翼，德国与土耳其签署友好条约，希特勒 18 日和 19 日同土耳其总统互致电报。6 月 19 日，希特勒在帝国总理府迎接刚刚赢得巴尔干战局胜利的李斯特元帅。[142]

接着，希特勒忙于口授"致东线将士日训令"（Tagesbefehl an die Soldaten der Ostfront），这是一份热情洋溢、自私自利的文件，力图证明进攻苏联是一项先发制人的举措，也是对 1939 年 9 月以来德国外交政策的概述。这道日训令随后印刷了数十万份，秘密分发给武装部队。[143] 6 月 20 日（周五）晚，按照希特勒的命令，约德尔将军发出预先规定的暗语"多特蒙德"，通知武装部队各军种，"巴巴罗萨"行动按计划进行。[144]

6 月 21 日（周六），希特勒终于给他的主要盟友贝尼托·墨索里尼发去一封长电，姗姗来迟地向这位意大利独裁者解释他入侵苏联的原因。令他恼火的是，墨索里尼直到次日凌晨 3 点才收到这份电报，几分钟后，德国军队就将跨过苏德边界线。[145]

当晚，希特勒把戈培尔召至帝国总理府。虽然显得疲惫不堪，但他（德国独裁者）很快就为自己关于战争即将爆发的言论激动不已。整整三个小时，两人在巨大的建筑物里来回踱步。他们又对苏联战局大肆夸耀了一个小时左右，希特勒渐渐放松下来。戈培尔在日记中写道："随着决定性时刻的到来，元首从噩梦中摆脱出来。"次日凌晨 2 点 30 分，离"巴巴罗萨"行动发起不到 40 分钟时，希特勒终于上床休息了。[146]

戈培尔穿过柏林实施灯火管制的街道，一个小时后才回到宣传部，他向等候着的工作人员介绍了情况，随后返回自己的房间。此时，"人类历史上最具破坏性、最野蛮的战争"已然开始。[147] 戈培尔在日记中写道：

此时炮声隆隆。愿上帝保佑我们的武装部队！……我在房间里不安地来回踱步。我能听见历史的呼吸。这是个伟大、奇妙的时刻，一个新的帝国正在诞生。痛苦不可避免，但她正冉冉崛起。[148]

中央集团军群司令部

预定进攻日期到来前最后几天，中央集团军群司令冯·博克元帅频频驱车前往东部边境[149]，会晤前线指挥官，协调最终细节或更改计划。他率领的这个强大的集团军群，是三个集团军群中最庞大的一个，编有 51 个师、130 万名官兵和 1800 多辆坦克。如前所述，该集团军群的任务是迂回、包围、歼灭位于白俄罗斯的苏联西方面军辖内部队，尔后赶赴第一个战役目标——苏德分界线以东约 600 公里的斯摩棱斯克城。取得这些初步战果后，"巴巴罗萨"指令和陆军总司令部的展开计划要求中央集团军群强有力的快速部队转身向北，支援北路德军取道波罗的海地区攻往列宁格勒。但和哈尔德一样，博克暗暗希望自己向东突击的势头能使上级提出的这些要求失效，从而以他的军队径直攻往莫斯科，他认为占领莫斯科具有决定性。

与冯·博克元帅沿东部边境展开的集团军群相对峙的是苏联西方面军。D. G. 巴甫洛夫大将指挥的这个方面军辖四个集团军（第 3、第 4、第 10、第 13 集团军），共计 671165 名将士、2900 辆坦克、14171 门火炮 / 迫击炮、1500 多架战机。[150] 虽然规模令人印象深刻，坦克、火炮、战机的数量也比博克集团军群和提供支援的德军航空队多，但巴甫洛夫方面军并非苏联军力部署的重点，因为苏军更庞大的力量驻扎在南方，掩护乌克兰并为针对波兰南部的进攻行动加以准备。另外，巴甫洛夫麾下的主力，包括六个机械化军中的三个，都靠前部署在别洛斯托克突出部。博克知道，苏军易受攻击的布势会使他的作战任务更加容易完成，因为他麾下诸集团军和装甲集群已从两翼对巴甫洛夫的军队构成迂回态势。[151]

自 1940 年 10 月以来，博克的司令部一直设在波兰占领区的波森。但 1941 年 6 月 21 日，他已把司令部迁到更东面，波兰首都华沙东郊的雷姆贝尔图夫村。[152] 预定进攻时间到来前几小时，第 12 装甲师的军官亚历山大·施塔尔贝格在这里遇到了他的表兄，集团军群作训处长亨宁·冯·特雷斯科中校。施塔尔贝格上尉在回忆录里叙述了他们精彩而又深刻的讨论：

越靠近俄国边界，各个团的集中（程度）就越密集。目前部队集结的数量已超过我们以往见过的任何一次。

　　进攻发起前一如既往地实施无线电静默，以免被敌人的侦察发现。当然他们还有其他类型的侦察，例如空中观察或间谍活动。我们的接近没法不被俄国人发现——除非他们睡着了……

　　6 月 21 日，我们驱车经过一个村庄，我注意到一座农场入口处竖立着集团军群司令部的徽标，这就意味着这里是中央集团军群司令部驻地，我们隶属该集团军群。我们已离开村子，但我突然想到这是个机会，可以看看表兄亨宁·冯·特雷斯科是不是在这里……

　　我要了一辆我们新配备的宝马摩托车，沿行军队列驱车返回。在农舍底层，我很快找到标有"Ia"的房间并敲了敲门。亨宁以他一贯的亲热方式迎接我，就像个老朋友……

　　我问他是否认为俄国人有可能没发现我方部队的集结。他没有回答，而是把我领到集团军群的大幅态势图前，图上标有集团军群辖内各集团军、军和师，这是我第一次见到。图上还绘有敌军部队，位于边界线另一端。我对数量众多的苏军部队深感惊讶，俄国人显然已集结起大批军力对付我们，但他们的展开位置并没有表明是否知道我们计划于次日晨发起进攻。亨宁详细解释了这一切……

　　我问他如何看待我方军队在此次战局中的胜算，他说他认为我们有机会击败整个苏联，但先决条件是中央集团军群首先赢得莫斯科战役，并在冬季到来前占领该城。倘若成功摧毁苏联的政治、行政、经济、运输和情报中心，我们就可以期待对方崩溃。可如果我们没能在冬季到来前取得胜利，他相信我们的前景会很惨淡。因此，一切取决于中央集团军群能否赢得迅速而又全面的胜利……

　　站在这幅硕大的态势图前，我又问友邻的北方、南方集团军群会采取何种行动。他说北方集团军群会攻占列宁格勒并同芬兰人建立联系，而南方集团军群负责征服乌克兰广阔的耕地、丰富的矿产和石油资源。由于三个集团军群在地理上的划分，我们实际上有三个相互独立的战区，这就意味着此次战局的计划违背了所有作战原则。我们赢得胜利的唯一机会就是打击苏联的心脏——莫斯科……

　　就我个人而言，亨宁·冯·特雷斯科对态势的评估使我首次了解到这场战局的规模，这就是我迄今为止对其记忆犹新的原因。我们日后会有很多理由记住它。我还问了他另一些问题，特别是关于俄国腹地深处的敌预备力量。他回答道："从很大程度上说，那是一片未知的土地……"

随后，亨宁突然问我是否已接到处置苏军政治委员的通知，我承认自己对此一无所知。他继续说道："近期下达的一道命令是，所有红军政委……被俘后立即处决。"我惊呆了："这是谋杀！"他回答道："命令就是这样。因此，我们不能给部队下达书面指示，但你们会在进攻开始前接到口头命令，并口头传达给各连队。"我仍对这种暴行半信半疑，不由得问起命令出自何人，他的回答令我终生难忘："出自你宣誓效忠的那个人。"[153]他用锐利的目光扫了我一眼，随即补充道："也是我宣誓效忠的人。"[154]

无论苏联人现在是否知道即将发生些什么，施塔尔贝格对部队集结的保密性深感担忧，大批战地指挥官和他们的参谋人员同样如此。第4集团军参谋长京特·布卢门特里特上校后来写道：

德方的紧张情绪不断加剧。到21日晚，我们认为俄国人肯定已意识到正在发生些什么，但第4集团军和第2装甲集群前方的布格河对岸……一切都很平静。俄国人的前哨没有异常情况。午夜过后不久，各突击师和第二波次部队的所有炮兵已瞄准目标，莫斯科到柏林的国际专列顺利驶过布列斯特－立托夫斯克。这是个奇怪的时刻。[155]

谈到进攻发起前最后的活动，第2装甲集群司令海因茨·古德里安大将指出：

6月20日和21日，我视察了麾下各军的前线部队，以确保所有进攻准备都已圆满完成。仔细研究俄国人的活动后，我确信他们对我方意图一无所知。我们观察了布列斯特－立托夫斯克城堡的庭院，看见苏军各个排伴随军乐队演奏的乐曲进行操练。布格河另一侧的支撑点无人据守。过去几周，他们在加强筑垒工事方面几乎没什么进展。因此，我对我方进攻达成突然性的前景很乐观……

1941年6月22日是决定命运的一天，凌晨2点10分，我赶往装甲集群指挥所，它设在布列斯特-立托夫斯克西北方9英里，博胡卡雷村南面的一座瞭望塔。我3点10分到达那里时，四下里依然漆黑一片。3点15分，我方炮兵开火射击。[156]

相反，第47装甲军军长莱梅尔森将军确信苏联人早已根据事实得出了结论：

1941年6月21日，周六（进攻发起前一天）

日子过得很快，我们周三转移到B阵地，迁入一座非常迷人的小城堡，它与波兰的环境完全格格不入……

这真是种奇怪的情况：从这里到布格河沿岸，马匹仍在各处奔跑，并没有加以疏散，但毫无疑问，这不过是为了尽可能取得突然性而已。即便如此，我们还是确信俄国人早已知道这里发生的事情。他们正继续努力，但似乎只在前线保留较弱的力量，以便在后方以主力从事战斗。这种部署对我们不利。明天这个时候，我们会了解更多情况……

四下里一片和平的景象，牛群和马匹待在田野里，犁马正在耙土豆，明晨的情景会怎样？炸弹和炮弹会在四处爆炸，房屋会起火燃烧，居民们会四散奔逃。这种对比极不真实。

今晚我们会把指挥所从城堡（这里肯定会沦为敌火力的受害者）迁入树林，凌晨2点我会动身出发，赶赴前线和突击部队一同见证这场伟大新战局的开始。[157]

在此期间，德国人即将完成最后的准备工作，包括检查希特勒设在东普鲁士拉斯滕堡的新大本营与博克集团军群之间的通信线路，各通信部队也完成了上级指挥部门与最前沿陆军及空军部队之间电话干线的架设。[158]战争爆发前最后几天，各级指挥官及其参谋人员承受的压力，以及他们肩头的责任肯定相当巨大。至少有一位值得信赖的高级军官，凯塞林第2航空队的情报处长德·赛德尔博士，因压力过大而崩溃，并为此丧生。凯塞林本人多次驾驶他的双引擎FW-189战术侦察机，从布列斯特-立托夫斯克以南飞赴东普鲁士边境，以便熟悉麾下各联队、大队、中队的部署地域。他在战争爆发前的最后活动之一是于 6 月 21 日晚赶去拜望冯·博克元帅。他发现这位集团军群司令与过去截然不同，显得情绪低落、愁容满面——毫无疑问，他独自承担着为 100 多万将士负责的重负。[159]

前线将士

除了检查武器装备并加以必要的维护，部署在东部的一些士兵以踢足球和展开马术竞赛的方式度过战争爆发前的最后几天。[160] 坦克和摩托化部队悄然进入最终集结地域前，仔细侦察了他们的进入路线和集结区，这些集结区尽可能隐蔽在森林地带。进入指定集结区后，这些快速突击兵团为战斗加以准备并沿突击正面肃清所有壁垒和障碍（例如铁丝网）。[161] 所有部队严格执行无线电静默，弹药悄然分发下去，坦克和车辆携带着额外的燃料罐，火炮和其他重武器进入发射阵地，各炮兵连与前进观测所之间拉起电话线。阿尔弗雷德·奥皮茨博士当年 30 岁，是第 18 装甲师的一等兵，他在战后回忆道：

> 6 月 21 日，引擎和车辆轰鸣起来，在我们身后广阔的森林里隆隆作响。坦克和重型火炮似乎正从那里前调。不时出现一架侦察机，在河流地带上方盘旋。空气污浊得令人窒息，似乎能闻到某种可怕的东西。[162]

德国人对边界线前方的地形和苏军部署进行了最后的侦察，一些侦察队化装成当地猎户和农民检查边境地带，他们甚至带上农具加强欺骗效果。前线部队与战斗支援和战斗勤务支援单位建立联系，指挥官做了任务简报。最后几个小时，巧克力和香烟分发给士兵，有些人幸运地获得了些杜松子酒，每四人分享一瓶。[163]

待士兵最终获知他们的任务是突袭苏联后，指挥官就会发布最后的任务简报。6 月 21 日夜间，从波罗的海到黑海，沿东部边境集结的 300 多万德军将士聆听了希特勒的公告，就此结束了数周乃至数月来关于战争前景的令人痛苦的猜测。希特勒在这份公告中称：

东线将士们！

数月来我一直焦虑万分，但不得不保持沉默，现在我终于可以对你们开诚布公了，我的将士们……

东线将士们，值此时刻，一场军事集结正在进行，其规模之大和数量之多史无前例……倘若这条历史上最伟大的战线现在需要采取行动的话，那么其目的不仅仅是为最终结束这场伟大的战争创造必要的条件，或是为保护此刻受到威胁的诸国，也是为捍卫整个欧洲的文明和文化。

德国将士们！你们即将投身一场艰苦卓绝而又责任重大的斗争。欧洲的命运，德意志帝国的未来，我们民族的生存，现在完全掌握在你们手中。

愿上帝在这场斗争中保佑我们所有人！

阿道夫·希特勒

元首兼武装部队最高统帅[164]

虽说概括人类行为肯定存在难度，更不必说总结300多万将士的行为了，但从现存的军邮和日记中可以看出，大多数德军将士，甚至包括那些不信奉纳粹主义的人，都欢迎这场对苏战争[165]，他们认为必须彻底消灭苏联这个国家构成的威胁[166]。从这个意义上说，第45步兵师一名团副官在日记中的评述颇具启发性：

今天（1941年6月16日）接到了命令。所以，情况越来越严重。对英国展开的和平努力失败后，元首决定先行打垮俄国。我们面临的唯一难题是如何和何时行动。不宣而战？但这场战争针对的是我们所持理想的大敌：布尔什维主义。我们知道如何进行这场斗争——冷酷而又坚决。[167]

当然，同样可以确定的是，大多数德军将士心中充满优越感，对俄国对手不屑一顾，尽管他们对苏联红军知之甚少——这是对苏战争中的思维定式。第4装甲师一名军官在6月22日的日记中写道："我们中的大多数人兴高采烈，终于再次动武了。"[168]第296步兵师的士兵的看法是，经过大约三周的战斗，苏联就会崩溃。该师一名士兵在这个具有决定性的周日写道："即将同俄国人开战，我们中的许多人会牺牲，但这绝非徒劳，这是为了德国的未来。"[169] 开战前夕，党卫队"帝国"师师长保罗·豪塞尔对师里的军官发表讲话，他乐观地告诉他们："我们希望几周后在莫斯科举行胜利阅兵。"[170]

"巴巴罗萨"行动开始前的最后一个周日（6月15日），第296步兵师的一名士兵写道："我们的元首非常清楚，德国士兵会恪尽职守，他完全可以依赖他们。"[171] 普通德国士兵无疑对元首和他的军事领导能力抱有深厚的、绝对的信赖，远远超过他们对新战局可能持有的任何其他想法。[172] 这种信心会在未来几个月因为多次失利、意外和惊人的挫败发生动摇。

6月21日至22日的夜晚漆黑一片，只有一轮"昏暗的残月"[173]。"东线将士"在边界附近的森林、农庄和田野里等待着。他们全副武装，各种武器已做好开火准备，他们攥着揭开盖的手榴弹，慢慢吸着最后一根香烟，就这样等待着——随着最后几小时、几分钟、几秒钟的流逝，他们在不断增强、几乎难以忍受的紧张情绪中等待着。许多人忙着进行最后的准备，但也有些最富经验的老兵在这场"盛大演出"开始前抓紧时间睡上几小时。他们不禁想知道越过边界后会遭遇些什么。俄国人正严阵以待，还是对这场即将到来的风暴一无所知？伴随这场风暴而来的是红军还是自己的毁灭？

以下一系列当时和战后的记述使我们进一步了解到德军士兵在"巴巴罗萨"行动发起前最后几天和最后几小时的所做所思。这些记述大多出自中央集团军群的将士。其多样性说明，从不同的人的思想和行为中归纳出一个共同点纯属徒劳：

埃里希·邦克少尉（第31步兵师）——1941年6月19日至20日

在布列斯特-立托夫斯克，据信至少三个（苏军）坦克旅部署在该镇的出口路线上，我们当然预料到对方会展开反冲击……我们还听说争夺布列斯特-立托夫斯克的战斗非常重要，因为必须确保铁路桥完好无损……

6月19日至20日夜间，我们待在阵地里。我们强化工事并运送弹药，这样一来，唯一需要前运的只剩下我们的反坦克炮。这些任务很快完成，我们随后躺在散兵坑里，倾听着对面传来的声响。那里一片平静，没发生任何情况。我们现在甚至能在黑暗中识别我们的目标。这是个月光明亮的夏夜。突然，我们对面腾起一发照明弹。这证明俄国人在对岸设有监听哨。

我同第82步兵团第12（机枪）连一名少尉排长交谈……和我一样，他也认为这番忙碌和部署肯定无法瞒过俄国人，我们估计夺取布列斯特-立托夫斯克的战斗会很激烈。我随后越过铁路路堤去找汉斯·巴赫曼。这座大型铁路桥以五个桥拱横跨无人据守的布格河河岸……三个桥拱属于德国，另外两个桥拱由俄国人控制。桥中间一条粗粗的红线就是双方的分界线。相关协议规定，双方只能派两名哨兵在桥上巡逻，换岗也在桥上进行。

此前，换岗一直在凌晨2点进行。但一周前已做出调整。因为我们会在3点15分展开进攻，换岗时间现在改为3点15分前几分钟，这样一来，桥上就有四名德军哨兵，他们可以轻易制服两个苏军哨兵。河对岸，铁路路堤左侧的一座房屋必须予以摧毁，因为桥梁的引爆装置安放在那里。我问道："汉斯，您不觉得这是疯狂的时刻吗？"他回答道："没错，这会是一场真正的突袭。"好吧，布尔什维克分子活该自作自受，因为他们在芬兰也是不宣而战。

我转身返回。我们在散兵坑里躺了几个小时，聆听着6月凉爽、寂静的夜晚……后天的情况会很严重，战火又将重燃。我已做好准备。[174]

阿尔贝特·布莱希上士（第3装甲师）——1941年6月20—22日

进攻开始前的两个夜晚，团里各个营朝前线调动。1941年6月21日晚，第6装甲团驻扎在布格河畔科登以西约三公里处，配有200多辆坦克。他们都已为这场最严峻的考验做好准备，尽管直到现在也没人真的相信一场新的战争已迫在眉睫。

从午夜起，一切都平静下来，这片土地一如既往地宁静，或者说这里的人员也是如此。6月的夜晚相当明亮。即便在午夜前后，空中仍存有一道暗淡的微光。但进攻发起前的夜晚总是很短暂。每个士兵都很紧张，根本无法入眠。只有那些最坚强、经验最丰富的人才能安然入睡。

一些轻微的声响会突然打破这种寂静——武器的碰撞，机枪、卡宾枪、弹药箱的准备。在河流前方，战斗工兵剪断河岸障碍上的铁丝网。灌木丛中的碰撞声越来越响。突击舟在往前运，橡皮艇忙着充气。

……这次的进攻发起日期是1941年6月22日，星期天，时间定于3点15分。

还有30分钟。士兵们系紧钢盔带。他们不知道敌人是否加强了河对岸的防御，那里有没有掩体。什么也看不见。河岸杂草丛生，沿布格河几乎到处都是这样。高高的芦苇、灌木丛和树木遮挡住视线。

士兵们越来越频繁地凝视自己的手表，仿佛这样就能让表针走得更快似的。紧张感趋于最高点，他们几乎能听到自己的心跳声。对苏战局前的最后一分钟，开始倒计时。[175]

海因里希·哈佩医生（第6步兵师）——1941年6月21日

一切会在几小时内开始！德国人面对的敌军肯定拥有三倍数量优势。我们团部署在最前沿。尽管存在暗堡、一群群敌人和大批恶魔，可我们必须粉碎对方的抵抗。这场战争是为了德国的伟大和将来。

到目前为止，我始终保持着平静。在我看来，这个世界似乎宁静而又祥和，现在我觉得大自然的平静两倍于此。尽管我方大批部队开抵前线，可是你看不到任何士兵！

天气很好，鸟儿在欢唱，树木披上一层新绿。附近有一片壮丽的湖泊，这里的氛围和我在圣灵降临节对你描述的一样。这是个真实、宁静的神奇世界。风暴即将来临，它会使世界为之震颤，并造成深远的影响！[176]

赫伯特·S.上尉（第292步兵师）——1941年6月21日

这封信寄到时，你大概已从报纸上读到各种消息。但你可能不得不多等几天才能收到我寄出的信件。这是邮件太多或相关情况所致。你无须为此担心。上帝与我们同在[177]，就像他迄今为止一直和我们在一起那样[178]。

贝尔纳德·黑林（军医兼天主教神父）——1941年6月21日

对苏战争开始前那个夜晚，我们都很清楚这场战争的紧迫性。师里的正式神父打电话问我，是否去附近一座东仪天主教教堂聆听士兵们的忏悔。当晚许多士兵做了忏悔……返回营地的途中，我和我最好的朋友菲希特修士同行，他是个非常善良、颇具天赋的人。我们知道对苏俄的战争会在几小时内发起，我们俩相当严肃地谈论了教会和世界的前景。[179]我说我对疯狂的战争深感沮丧，愿意付出自己的生命，祈祷人们能从古老的仇恨和战争的奴役中解脱出来。我说我看不到我们这种人的光明未来。可我的朋友却坚持认为："我可不想在这场毫无意义的事业中丧生，我希望把生命用于某些更有价值的工作。战争结束后，我们作为教会神父面临一项艰巨的任务，那就是为人民服务，为一个更好、更自由的世界而努力。"

临近午夜，所有人都知道再过几个小时，我们就要投入战斗。我邀请朋友们参加祈祷仪式。一群群士兵，包括全团军官，参加了忏悔、赦免和感恩祭。天主教徒和新教徒未加区分。我在没有祭坛和祭坛石的情况下主持了仪式，这是我的祭司生涯中最动人的经历之一。每个人都知道获得主赐予的平安，以及基督的身体作为永生的应许意味着什么。[180]

格尔德·哈贝丹克（派驻第45步兵师的战地记者）——1941年6月21日/22日

我们从华沙而来，穿过炎热、尘土飞扬、拥堵的道路赶往布格河。我们经过布满停车场的大片林地、驻扎在各座村庄的炮兵连、隐蔽在高大冷杉树下的无线电中继站和各指挥所。我们悄无声息地爬到布格河畔。各条道路上洒满沙子，这样一来，我们钉有平头钉的靴子就不会发出声响。一个个突击分排已编组，沿道路边缘列队后悄然前进。在北部天空光线的映衬下，一艘艘向前移动的橡皮艇的轮廓清晰可辨。[181]

于尔格·卡尔克罗伊特中尉（第6步兵师）——1941年6月21日至22日

情绪紧张得难以估量。所有一切正忙乱地加以准备。仍有人认为这一切不过是虚张声势……令人难以置信的是，"公文战"（Papierkrieg）再度爆发，一贯如此。新命令不断送到，直至最后时刻，大多要求"立即办理"。许多命令淹没在大堆标有"未办理"的文件中。这得等到辎重队再次出发，可能要到几周后，届时我们已身处俄国腹地……第18步兵团是主要突击力量（我现在之所以能告诉你这一点，是因为在你收到这封信之前很久，一切行动都已展开）……师里的通信员夜间送来一车文件，包括20道密电，太疯狂了！还来了各种访客，我几乎没时间接待他们，其中包括师军医格拉明斯基、莫恩少尉，还有个战地记者，他想在进攻开始时跟我们待在一起并做现场报道。直到24点我才躺下，休息了一个半小时。

1点30分，我们在指挥所集合，准备赶往前进观测所，指挥官在那里的一顶帐篷中等我们。森格尔霍夫少尉与我同行。整个边境地区一片寂静。我们周围和前方的每个人都不声不响地悄然前行，赶往边界线。电话不断响起：各部队报告他们已准备就绪。一支侦察队遭遇了220高地方向射来的步枪火力，没有人员伤亡。2点15分左右，拂晓到来，东面的天空渐渐变红，宣布当日会是晴朗的一天。[182]

一等兵奥古斯特·弗赖塔格（第6步兵师）——1941年6月21日至22日

1941年6月21日上午连里举行简报会，我们获知战斗会在次日打响。当然，所有人都很紧张。大多数人和我一样，从未经历过实战。可即便对那些参加过法国战局的老兵来说，俄国人也是他们全无了解的新对手。车辆再次加以检查，并带上我们不必随身携带的行李。口粮、燕麦、弹药也装在车上，一切都为次日晨加以精心准备。

当日下午我们获准处理个人事务。我们摊开帐篷布，穿着短裤晒太阳。现在，我们中的大多数人都睡不着，每个人都在谈论次日晨可能会发生的事情。我抓紧时间写了封信，谁知道什么时候我才能再次提笔写信。

当天下午，我们的指挥官（从排长到团长）穿着棉斜纹工装裤，扛着铁锹或镐头，化装成劳工赶往边界线，查看阵地并最终确定进攻计划。夜幕渐渐降临，这是个夏至的夜晚，也是个温暖舒适的夏夜。

我们照料完马匹后，准备行进最后2～3公里，开赴集结地域。我们比平日更加安静地爬到距离边界线几百米处。我们在这里卸下火炮和弹药，带着空车后撤200米，退到一条河流旁的洼地处。我看看手表，此时接近凌晨1点。一切顺利，部队展开应该在1点前全部完成。

我们卸下马辔头，松开挽具，让这些马匹享用带着露水的青草。两点半前，我们还有足够的时间。这个周日拂晓预示着夏季的到来。我们脑海中萦绕的念头是："今晚我们还会活着吗？"几个人和我一同默默地祈祷："上帝，请赐予我一名守护天使。"

凌晨2点30分，我们准备好马匹，戴上钢盔，默默地给火炮装上炮弹。然后我们再次检查一切，紧张地度过进攻到来前的最后半小时。气氛真的很紧张，我们没有睡觉，所有人都以一种前所未有的方式保持着清醒。[183]

赫尔穆特·马丁（第14摩托化步兵师）——1941年6月22日

当日晨，冉冉升起的太阳把阳光洒向东普鲁士乡村广阔、平缓的山丘。6月份这个周日的拂晓已然到来，没有比这更美丽、更真实的假日了。当然，如果不是3点05分与苏俄开战的话。[184]

我在营房附近无所事事地打发着时间，直到当日中午接到命令……内心悸动的风浪引发的万千思绪，不久后就被我对即将发生的事情的期待淹没，因为它们突然出现。我一直渴望的这场大冒险令我血脉偾张，我对此的期盼给我的日常生活带来许多沮丧时刻，令我不快，甚至有些生气——外面进行的伟大战役正载入历史，可我却待在学校里无所事事。各处都取得胜利，我却困在家里。我能做的仅仅是把蓝色图钉插在地图上，标出我方军队在波兰，后来在法国的先遣部队。但现在，这个周日晨，我的梦想一夜成真，战争降临在我身上，就在几个月前，我还觉得自己来得太晚。[185]

埃克哈德·毛雷尔（第23步兵师）——1941年6月22日

6月22日凌晨3点，营长把我叫去："记住这个时间，6月22日凌晨3点15分。但您真的不需要刻意记忆它，因为您这一生无论怎样都不会忘记。这是德国历史上最大的一场灾难的开始。"[186]

二级下士埃伯哈德·克雷尔（第121炮兵指挥官指挥部）——1941年6月22日

发起对苏战争两天前，我们调到苏瓦乌基……1941年6月22日拂晓前不久，威兰中尉来到我们营地说道："这一切针对的是俄国。我刚刚和一群装甲部队的将领开完会。他们当中的一个宣称'五周内我就能到达莫斯科'，另一人说'我最多只要四周'，最后一人反驳道'我三周就能做到'。所以这场战局会进行得很快。"[187]

西格弗里德·里塞（第18装甲师）——1941年6月22日

3点：

此时天色尚黑。夏夜笼罩着布格河河岸。一片寂静，仅在某些地方不时发出短暂的碰撞声。青蛙在河边鸣叫。1941年6月21日至22日夜间身处突击队，或作为进攻先遣力量待在前方布格河草甸里的人，永远不会忘记河畔青蛙的呱呱叫声。手表嘀嗒作响，指针缓缓划过夜光表盘。

3点12分：

许多人把手表凑到眼前。每个人的喉咙里都有种奇怪的感觉，心脏几乎要跳出来了。这里的寂静几乎令人难以忍受。

3点13分：

一切尚可挽回。没有什么是无法挽回的。可随着表针的走动，笼罩在这片宁静夜幕下的对苏战争不可逆转地越来越近。

3点14分：

拂晓隐约出现在地平线上。整个前线仍是死一般的沉寂。昏昏欲睡的田野、沉默的森林，难道它们没有发现，就在这里，庞大的军队集结在一座座村庄、一片片树木当中？一个个师准备沿整条边界线展开突击。一块块精确校准的手表终于指向某一特定时刻。

3点15分：

仿佛在同一时刻引爆似的，一道巨大的闪电划过夜空。所有火炮悉数开火。高射炮弹拖着尾迹掠过地平线。目力所及之处，布格河前线被炮火照亮。轰鸣的雷声犹如一只木桶滚过布格河。伴随着雷鸣的是火箭炮连队发出的噩梦般的嚎叫。河对岸，大量硝烟和火焰升腾起来。纤细的月牙躲在一片冉冉升起的烟雾后。战争吐出了第一丝可怖而又恶毒的气息。

和平已死（der Friede war tot）。[188]

注释

1. O. Buchbender & R. Sterz (Hg.), *Das andere Gesicht des Krieges*, 68.

2. BA-MA MSg 1/1147: *Tagebuch Lemelsen*, 21.6.41.

3. A. Kesselring, *Soldat Bis Zum Letzten Tag*, 117.

4. W. Murray & A. R. Millett, *A War to be Won*, 118; A. Philippi & F. Heim, *Der Feldzug gegen Sowjetrussland*, 52; H.-A. Jacobsen, *Der Zweite Weltkrieg in Chronik*, 35; *GSWW*, Vol. IV, 316; C. Burdick & H.-A. Jacobsen (eds.), *The Halder Diary 1939-1942*, 378; C. von Luttichau, *Road to Moscow*, IV:33.

5. *GSWW*, Vol. IV, 316; *DRZW*, Bd. IV, 269.

6. C. von Luttichau, *Road to Moscow*, IV:36-37.

7. Ibid., IV:37.

8. A. Philippi & F. Heim, *Der Feldzug gegen Sowjetrussland*, 52.

9. FMS D-247, C. Cuno, "*German Preparations for the Attack against Russia*," 1; D. Garden & K. Andrew (eds.), *The War Diaries of a Panzer Soldier*, 28-29.

10. J. Dinglreiter, *Die Vierziger. Chronik des Regiments*, 39-40.

11. A. Philippi & F. Heim, *Der Feldzug gegen Sowjetrussland*, 52; FMS P-190, R. Hofmann & A. Toppe, "*Verbrauchs-und Verschleisssaetze waehrend der Operationen der deutschen Heeresgruppe Mitte vom 22.6.41 - 31.12.41*," 11.

12. BA-MA RH 21-3/732, "*Gefechtsberichte Russland 1941/42.*"

13. D. Garden & K. Andrew (eds.), *The War Diaries of a Panzer Soldier*, 30.

14. P. Carell, *Hitler Moves East*, 11-13.

15. 一个完整的初始弹药基数是编制表为一个师所有武器规定的弹药数量，由师里的运输单位携带。步兵师和摩托化师的一个弹药基数约为600吨，装甲师为750吨。典型的战斗场景下，一个弹药基数通常可维持4～5天的战斗，但初期突击可能会消耗1/3到1/2弹药基数。"巴巴罗萨"战役开始时，德国军队至少有三个弹药基数可用：各个师携带一个基数，另外两个基数放在补给物资堆栈（坦克炮、火箭炮、反坦克炮这些特殊武器的第四个基数存放在仓库）。FMS P-190, R. Hofmann & A. Toppe, "*Verbrauchs- und Verschleisssaetze waehrend der Operationen der deutschen Heeresgruppe Mitte vom 22.6.41 - 31.12.41*," 94-95; C. von Luttichau, *Road to Moscow*, IV:41-42.

16. *GSWW*, Vol.IV, 298; FMS P-190, R. Hofmann & A. Toppe, "*Verbrauchs- und Verschleisssaetze waehrend der Operationen der deutschen Heeresgruppe Mitte vom 22.6.41 - 31.12.41*," 77-78; C. von Luttichau, *Road to Moscow*, IV:41-42.

17. 一个消耗单位指的是一个师行进100公里的燃油消耗量。步兵师大约为25吨（足以维持两天的作战行动），装甲师需要150～200吨。C. von Luttichau, *Road to Moscow*, IV:42.

18. 各类师每天需要约20吨口粮。但步兵师的5000多匹马还需要20吨硬饲料（燕麦）和20吨粗饲料。由于粗饲料没有持续供应，一个步兵师平均每日的口粮补给约为50吨，装甲及摩托化师约为20吨。陆军总司令部要求在集结地域储备20天所需的物资。部队配发三天的野战口粮，各师设在边境附近的补给仓库储备五天的标准野战口粮。部队还携带四天的应急干粮。Ibid., IV:41.

19. FMS P-190, R. Hofmann & A. Toppe, "*Verbrauchs- und Verschleisssaetze waehrend der Operationen der deutschen Heeresgruppe Mitte vom 22.6.41 - 31.12.41,* " 75-79; C. von Luttichau, Road to Moscow, IV:42.

20. R. Kirchubel, *Operation Barbarossa 1941 (3), Army Group Center*, 13.

21. Air Ministry Pamphlet No. 248: *Rise and Fall of the German Air Force*, 162.

22. H. Plocher, *German Air Force Versus Russia, 1941*, 32-33; Air Ministry Pamphlet No. 248: *Rise and Fall of the German Air Force*, 162; *GSWW*, Vol. IV, 361.

23. D. Stahel, *And the World held its Breath*, 88; J. S. Corum, *Wolfram von Richthofen*, 267; W. Murray, *Strategy for Defeat*, 81.

24. A. Kesselring, *Soldat Bis Zum Letzten Tag*, 112, 116; Air Ministry Pamphlet No. 248: *Rise and Fall of the German Air Force*, 165.

25. *GSWW*, Vol. IV, 318; *DRZW*, Bd. IV, 270. 坦克、突击炮、汽车、马匹数量是大致数。

26. OKH Gen St d H/Op.Abt. (Ⅲ), "*Kriegsgliederung Barbarossa,* " Stand 18.6.41, in: K. Mehner (Hg.), *Geheime Tagesberichte*, Bd. 3. 同一份汇编也可在P. E. Schramm (Hg.), *Kriegstagebuch des OKW*, Bd. I.中找到，另可参阅W. Keilig, *Das Deutsche Heer 1939-45*, Bd. II , Abschnitt 100, S. 6。

27. *GSWW*, Vol. IV, 318.

28. H.-A. Jacobsen, *Der Zweite Weltkrieg in Chronik*, 36; E. F. Ziemke & M. E. Bauer, *Moscow to Stalingrad*, 7. 据齐姆克和鲍尔称，截至1941年7月第一周，投入东线作战行动的德国地面力量的实际人数是250万。

29. 理查德·穆勒用这个术语描述德国空军1941年遂行的对苏战局，参见他的*German Air War in Russia*, 27。

30. *GSWW*, Vol. IV, 364; J. Prien, et al., *Die Jagdfliegerverbaende der Deutschen Luftwaffe*, Teil 6/I, Unternehmen "*Barbarossa,* " 28.

31. *GSWW*, Vol. IV, 317.

32. OKH Gen St d H/Op.Abt. (Ⅲ), "*Kriegsgliederung Barbarossa,* " Stand 18.6.41, in: K. Mehner (Hg.), *Geheime Tagesberichte*, Bd. 3.

33. 在不同资料中坦克的数量稍有不同。据埃迪·鲍尔称，第4装甲集群战役发起前有570辆坦克，见E. Bauer, *Der Panzerkrieg*, Bd. I , 115。而托马斯·延茨认为该装甲集群的坦克数量为602辆，见T. L. Jentz (ed.), *Panzer Truppen*, 190-91。

34. 除"小幅度修改"外，三个集团军群的任务基本与1940年12月18日签发的第21号元首令相符。*GSWW*, Vol. IV, 290.

35. Ibid., 290-91, 364.

36. J. Keegan, *The Second World War*, 182.

37. OKH Gen St d H/Op.Abt. (Ⅲ), "*Kriegsgliederung Barbarossa,* " Stand 18.6.41, in: K. Mehner (Hg.), *Geheime Tagesberichte*, Bd. 3.

38. 鲍尔提供的数字是750辆坦克，但延茨认为只有726辆。E. Bauer, *Der Panzerkrieg*, 117; T. L. Jentz (ed.), *Panzer Truppen*, 191–92.

39. *GSWW*, Vol. Ⅳ, 290, 362–64; W. K. Nehring, *Geschichte der deutschen Panzerwaffe*, 219.

40. 参见第二章"冯·博克元帅受命"一节。

41. BA-MA RH 19 Ⅱ/120, *KTB H.Gr.Mitte*, 2.10.41.

42. OKH Gen St d H/Op.Abt. (Ⅲ), "*Kriegsgliederung Barbarossa*, " Stand 18.6.41, in: K. Mehner (Hg.), *Geheime Tagesberichte*, Bd. 3; BA-MA RH 19 Ⅱ/120, *KTB H.Gr.Mitte*, 2.10.41; E. Bauer, *Der Panzerkrieg*, 116; T. L. Jentz (ed.), *Panzer Truppen*, 190–93. 古德里安和霍特装甲集群的坦克数量不包括指挥坦克。两个装甲集群坦克力量的完整分类可参阅附录3。

43. *GSWW*, Vol. Ⅳ, 364. 在不同的资料之间，德国空军"巴巴罗萨"战斗序列中的飞机数量差异很大。这里引用的数字来自德国准官方二战史，相关数据摘自德国空军和陆军总司令部的几份重要文件，因而其准确性相对较高。

44. Ibid., 366–67.

45. 对部署在苏瓦乌基地域的第3装甲集群而言，明斯克位于东面约250公里处（直线距离），而中央集团军群右翼的第2装甲集群与明斯克的距离超过300公里。

46. A. Seaton, *The Battle for Moscow*, 38; *GSWW*, Vol. Ⅳ, 290; H. Guderian, *Panzer Leader*, 146–47.

47. H. R. Trevor-Roper, *Hitler's War Directives*, 50.

48. P. Johnson, *Modern Times*, 377–78.

49. A. Kesselring, *Soldat Bis Zum Letzten Tag*, 111–12.

50. P. Johnson, *Modern Times*, 377.

51. 据苏联官方估计，到1942年11月，德国人已占领约180万平方公里的苏联领土。E. Mawdsley, *Thunder in the East*, 45.

52. Col.-Gen. G. F. Krivosheev (ed.), *Soviet Casualties and Combat Losses*, 101, 111, 260.

53. E. Mawdsley, *Thunder in the East*, 47.

54. E. Bauer, *Der Panzerkrieg*, 122; DRZW, Bd. Ⅳ, Beiheft (maps); K.-J. Thies, *Der Ostfeldzug – Ein Lageatlas*, "Aufmarsch am 21.6.1941 abds., Heeresgruppe Mitte. "

55. P. Paret, "*Clausewitz*, " in: *Makers of Modern Strategy*, P. Paret (ed.), 212. 另可参阅H. Holborn, "*The Prussian-German School: Moltke and the Rise of the General Staff*, " in: *Makers of Modern Strategy*, P. Paret (ed.), 281–95. 马克斯·布特谈论1940年的法国战局时写道："德国领导力的优势扩展到较低层级，按照老毛奇的优良传统，他们被教导发挥自己的主动性。德军指挥官继续推行任务式战术，把权力下放到最低层级的军士，而法国军队依靠一种更集中的指挥方式，这使他们难以偏离战斗开始前精心准备的计划。与人文方面的刻板印象相反，纳粹政权的士兵往往比自由民主国家的军人展现出更多的个人主动性。"布特的分析当然也适用于苏德战争。M. Boot, *War Made New*, 224.

56. S. Hart, et al., *The German Soldier in World War Ⅱ*, 8–9.

57. Col. Dr A. Durrwanger, "*28th Infantry Division Operations*, " in: *Initial Period of War on the Eastern Front*, D. M. Glantz (ed.), 235–36.

58. Ibid., 236.

59. Ibid., 236–37.

60. Ibid., 237.

61. R. Citino, *The German Way of War*, 303.

62. C. Luther, *Blood and Honor: The History of the 12th SS Panzer Division "Hitler Youth," 1943–1945* (San Jose, 1987).

63. 有人认为，德国人1941年取得的非凡成就固然是德国军队杰出的战役能力所致，但也是苏联红军各指挥层级缺乏能力的结果。本书作者赞同这个评估。

64. J. Keegan, *The Second World War*, 87.

65. Lt. J. Hahn, *"Feldzug gegen Russland."*

66. 1939年8月23日签署的互不侵犯条约促成了德国与苏联1940年2月和1941年1月的贸易协定。参见M. Zeidler, *"Deutsch-sowjetische Wirtschaftsbeziehungen im Zeichen des Hitler-Stalin-Paktes,"* in: *Zwei Wege nach Moskau*, B. Wegner (Hg.), 93–110。

67. O. Buchbender & R. Sterz (Hg.), *Das andere Gesicht des Krieges*, 67.

68. J. Lucas, *Das Reich*, 56.

69. *"The Experiences of a World War II German Panzer Commander,"* interview conducted by R. Mulcahy, 24 February 1992.

70. O. Buchbender & R. Sterz (Hg.), *Das andere Gesicht des Krieges*, 67.

71. Ibid., 67.

72. C. Luther & H. P. Taylor, *For Germany. The Otto Skorzeny Memoirs*, 92–93.

73. H.-G. Alvermann, *"Erlebnisbericht,"* in: *"Jahresbrief 2007,"* Traditions-Verband der 110. Infanterie-Division.

74. F. Belke, *Infanterist*, 24.

75. G. W. Schrodek, *Die 11. Panzer-Division*, 116.

76. H. Buecheler, *Hoepner. Ein deutsches Soldatenschicksal*, 130–31.

77. 出席会议的还有陆军总司令冯·布劳希奇元帅、陆军总参谋长哈尔德大将、总司令部军需总监瓦格纳少将和总司令部作战处长霍伊辛格上校。P. E. Schramm (Hg.), *Kriegstagebuch des OKW*, Bd. I, 415.

78. 据施佩尔说，希特勒把他1933年1月30日搬入的旧总理府描述为"只适合肥皂公司"，很难作为强大的德意志帝国的总部。A. Speer, *Erinnerungen*, 116.

79. L. Krier (ed.), *Albert Speer Architecture 1932–1942*, 125.

80. A. Speer, *Erinnerungen*, 130.

81. N. von Below, *At Hitler's Side*, 101.

82. B. Wegner, *"The Road to Defeat: The German Campaigns in Russia 1941–43,"* in: *The Journal of Strategic Studies*, March 1990, 108.

83. C. Bellamy, *Absolute War*, 25; K. Latzel, *Deutsche Soldaten – nationalsozialistischer Krieg?*, 48.

84. C. Bellamy, *Absolute War*, 25–26.

85. N. von Below, *At Hitler's Side*,101-02; D. Irving, *Hitler's War*, 266; H.-A. Jacobsen (Hg.), *Generaloberst Halder Kriegstagebuch*, Bd. II , 455.

86. D. Irving, *Hitler's War*, 266.

87. H.-A. Jacobsen (Hg.), *Generaloberst Halder Kriegstagebuch*, Bd. II , 455.

88. K. Gerbet (ed.), *GFM Fedor von Bock, The War Diary*, 220-21. 另外，负责为中央集团军群提供空中支援的凯塞林元帅在回忆录中写道："希特勒早些时候解释过，1941年6月14日，在对将领们的最后讲话中再次指出：东方战局不可避免，我们现在必须进攻，以免俄国人抢先入侵（德国）。"A. Kesselring, Soldat Bis Zum Letzten Tag, 113. 古德里安的回忆可能不够诚实："（希特勒）对促使他发动一场针对俄国的预防性战争的原因所做的详细解释无法令人信服。"H. Guderian, *Panzer Leader*, 150.

89. N. von Below, *At Hitler's Side*, 102.

90. Ibid., 102.

91. R.-D. Mueller & G. R. Ueberschaer, *Hitler's War in the East - A Critical Assessment*, 104.

92. H. Guderian, *Panzer Leader*, 150.

93. M. Domarus, *Hitler - Reden und Proklamationen 1932-1945*, Bd. II , 1726-32; Dr E. Bunke, *Der Osten blieb unser Schicksal*, 208-09.

94. E. Mawdsley, *Thunder in the East*, 8.

95. K. Knoblauch, *Zwischen Metz und Moskau*, 156.

96. R. G. Reuth (Hg.), *Joseph Goebbels Tagebuecher 1924-1945*, Bd.IV, 1622-25.

97. 预防性战争的定义是"采取行动以防尚未存在的威胁形成"。C. Bellamy, *Absolute War*, 102.

98. 先发制人战争的定义是"采取行动阻止或消除'迫在眉睫且势不可挡'的威胁"。Ibid., 102.

99. I. Kershaw, *Hitler 1936-45: Nemesis*, 944, f.n. 39.

100. G. Gorodetsky, *Grand Delusion*, 86-87.

101. E. Mawdsley, *Thunder in the East*, 7-8.

102. 例如，斯大林格勒的灾难发生后，戈培尔在1943年2月18日发表的"全面战争"演讲中称，1941年6月的德国"处在关键时刻"。Ibid., 8.

103. I. Kershaw, *Fateful Choices*, 68.

104. G. Gorodetsky, *Grand Delusion*, 86.

105. Ibid., 86.

106. 戴维·欧文在《希特勒的战争》一书中列出了德国情报部门掌握的一长串苏联所做的战争准备。其中包括苏联红军沿边境实施集结的细节，以及表明苏联空军"在规模和飞机性能方面构成的威胁远比希特勒设想的更大"的令人不安的迹象。参见D. Irving, *Hitler's War*, 236-37。

107. 正如保卢斯元帅战后承认的那样，"苏联没有从事任何引起我们关注的进攻准备"。G. Gorodetsky, *Grand Delusion*, 87.

108. 但几周前，哈尔德在1941年4月7日的日记中写道："俄国军队的部署引人深思……必须承认，这种部署能让他们在最短时间内转入进攻。这可能会让我们极不愉快。"C. Burdick & H.-A. Jacobsen (eds.), *The Halder Diary 1939-1942*, 354.

109. J. Foerster, *Die Wehrmacht im NS-Staat*, 172.

110. J. Foerster & E. Mawdsley, "*Hitler and Stalin in Perspective,*" in: *War in History*, 78; H. Magenheimer, "*Krieg zweier Angreifer,*" in: *Junge Freiheit*, 20 Jun 08.

111. J. Foerster & E. Mawdsley, "*Hitler and Stalin in Perspective,*" in: *War in History*, 78.

112. J. Foerster & E. Mawdsley, "*Hitler and Stalin in Perspective,*" in: *War in History*, 78–79; C. Bellamy, *Absolute War*, 102.

113. B. Musial, *Kampfplatz Deutschland*, 12.

114. Ibid., 456. 但穆西阿尔坚决反对"希特勒进攻苏联是某种先发制人"（Praeventivkriegsthese）的观点。正如他充分证明的那样，苏联1941年夏季并没有做好战争准备。另外，他正确地指出，德国人在很大程度上对苏联武装部队的真实实力，对苏联为战争"如火如荼地"进行的准备一无所知。

115. H. Magenheimer, "*Krieg zweier Angreifer,*" in: *Junge Freiheit*, 20 Jun 08.

116. 据说，德国1940年6月打败法国后，斯大林曾说过："德国人现在会转向我们，他们会把我们活活吞掉。" J. Erickson, "*Barbarossa June 1941: Who Attacked Whom?,*" in: *History Today*, Jul 01.

117. BA-MA RH 24-48/198, 1.7.41, quoted in: J. Hoffmann, "*The Soviet Union's Offensive Preparations in 1941,*" in: *From Peace to War*, B. Wegner (ed.), 373.

118. BA-MA RH 24-28/10, 16.7.41, quoted in: J. Hoffmann, "*The Soviet Union's Offensive Preparations in 1941,*" in: *From Peace to War*, B. Wegner (ed.), 373–74.

119. Ibid., 373.

120. Ibid., 374.

121. Ibid., 375. 霍夫曼引用了1941年8月被俘的一名红军政委的证词：自1941年5月起，"各地再次公开进行反德鼓动"。

122. C. Bellamy, *Absolute War*, 115.

123. 伊恩·克肖给出的数字是"1500人左右"，埃文·莫兹利称与会者约2000人。参见 I. Kershaw, *Fateful Choices*, 277；另可参阅J. Foerster & E. Mawdsley, "*Hitler and Stalin in Perspective,*" in: *War in History*, 79。

124. I. Kershaw, *Fateful Choices*, 277.

125. J. Hoffmann, "*The Soviet Union's Offensive Preparations in 1941,*" in: *From Peace to War*, B. Wegner (ed.), 365–66, 380.

126. 例如可参阅J. Foerster & E. Mawdsley, "*Hitler and Stalin in Perspective,*" in: *War in History*, 78–103。

127. I. Kershaw, *Fateful Choices*, 277–78.

128. G. Gorodetsky, *Grand Delusion*, 322. 朱可夫的计划要求对德国军力集结的后方实施一场纵深打击。

129. 但修正主义历史学家海因茨·马根海姆认为斯大林会在1941年发动突袭。他估计红军可能在1941年7月15—20日完成规模庞大的展开。另外，他还指出："即便没有文件证明苏联发动进攻的确切日期，但军队展开、部署、保障和动员的时间压力很大，这一切都表明截止日期是当年下半年，不会迟于秋初。"虽然马根海姆的论点很有趣，但这位作者很难想象红军如何在1942年春季前为一场进攻性战争做好准备。1941年夏季，他们训练不足、缺乏装备，情况十分严重。参阅H. *Magenheimer, Hitler's War*, 51–53；另可参阅H. Magenheimer, *Moskau 1941*, 32–33。

130. 到1941年春季，身处柏林的美国记者哈里·W.弗兰纳里甚至发现德国首都缺乏啤酒，而香烟"也变得更难买到"。H. W. Flannery, *Assignment to Berlin*, 259-60.

131. R. Moorhouse, *Berlin at War*, 81, 136-44; N. von Below, *At Hitler's Side*, 93. 另可参阅 H. W. Flannery, *Assignment to Berlin*。

132. R. Moorhouse, *Berlin at War*, 68; S. Risse, "*Das IR 101 und der 2. Weltkrieg*" (unpublished report). 1941年5月24日，24岁的白俄罗斯移民玛丽·瓦西里奇科夫在她的秘密柏林日记中写道，人们越来越多地谈到沿苏德边界实施的军队集结，"我们认识的几乎所有人都从西部调到东部，这只意味着一件事"。1941年6月10日，她注意到："大部分德国军队似乎都集结在俄国边界。"M. Vassiltchikov, *Berlin Diaries*, 52, 54.

133. N. von Below, *At Hitler's Side*, 103.

134. D. Irving, *Hitler's War*, 267-68.

135. D. M. Glantz, *Barbarossa Derailed*, Vol. I , 20.

136. A. Hillgruber, "*Das Russland-Bild der fuehrenden deutschen Militaers vor Beginn des Angriffs auf die Sowjetunion,*" in: *Die Zerstoerung Europas*, A. Hillgruber, 264-65.

137. 装甲兵将领赫尔曼·霍特回忆："直到1941年1月初，集团军和军级指挥官才渐渐熟悉他们在东方战局中的任务……现在才开始对地形和地图的军事地理描述加以准备。这些东西部分基于第一次世界大战前几年所做的细致工作，现在业已过时，而且数量不足。我们在分发下来的地图上很难确定哪些道路和桥梁可以通行汽车和坦克。一般说来，各条道路不得不在不知道能否通行的情况下分配下去，各部队自行解决遇到的一切问题。"H. Hoth, *Panzer-Operationen*, 44.

138. D. Thomas, "*Foreign Armies East and German Military Intelligence in Russia 1941-45,*" in: *Journal of Contemporary History*, 275.

139. G. P. Megargee, *Inside Hitler's High Command*, 111. 梅加吉评论道："事实是，德国人把如此重要的任务委托给这样一个人。"德国人再次低估了战争中诸如情报和后勤这些领域的重要性，而过度强调战争的作战艺术，他们会为此付出沉重的代价。

140. "*Weil man so gar nichts ueber Russland wisse, es koenne eine grosse Seifenblase sein, es koenne aber auch ebensogut anders sein.*" 引自C. Schroeder, *Er war mein Chef*, 113；另可参阅D. Irving, *Hitler's War*, 271。

141. 引自D. Irving, *Hitler's War*, 269.

142. M. Domarus, *Hitler – Reden und Proklamationen 1932-1945*, Bd. II , 1724.

143. D. Irving, *Hitler's War*, 268.

144. D. Irving, *Hitler's War*, 269; P. E. Schramm (Hg.), *Kriegstagebuch des OKW*, Bd. I , 408; G. R. Ueberschaer, "*Das Scheitern des Unternehmens 'Barbarossa.' Der deutsch-sowjetische Krieg vom Ueberfall bis zur Wende vor Moskau im Winter 1941/42,*" in: G. R. Ueberschaer & W. Wette (Hg.), "*Unternehmen Barbarossa." Der deutsche Ueberfall auf die Sowjetunion 1941, 145.*

145. 通过进攻苏联，希特勒再次给他的意大利伙伴造成一个既成事实。获悉"巴巴罗萨"行动后，墨索里尼对他的外交部长齐亚诺说："我只希望发生一件事，那就是在东方进行的这场战争能煞煞德国人的威风。"W. L. Shirer, *Rise and Fall*, 851.

146. R. G. Reuth, *Goebbels*, 479–80; I. Kershaw, *Hitler 1936–45: Nemesis*, 386–87.

147. 这句话引自Ian Kershaw的*Hitler 1936–45: Nemesis*, 388。

148. R. G. Reuth, *Goebbels*, 480.

149. L. Besymenski, *Die Schlacht um Moskau 1941*, 32.

150. 西方面军1941年6月22日有2192辆可用坦克，大多是陈旧过时的型号，但也有数百辆新型的KV和T-34坦克。特别感谢戴维·格兰茨提供的苏联西方面军实力的相关数据。E-Mail, D. M. Glantz to C. Luther, 16 May 12.

151. K.-J. Thies, *Der Ostfeldzug – Ein Lageatlas*, "Aufmarsch am 21.6.1941 abds., Heeresgruppe Mitte."

152. K. Gerbet (ed.), *GFM Fedor von Bock, The War Diary*, 223; K.-J. Thies, *Der Ostfeldzug – Ein Lageatlas*, "Aufmarsch am 21.6.1941 abds., Heeresgruppe Mitte."

153. 1934年8月2日，德国国防军所有成员都宣誓效忠阿道夫·希特勒。L. L. Snyder, *Encyclopedia of the Third Reich*, 257.

154. A. Stahlberg, *Bounden Duty*, 156–59. 另可参阅B. Scheurig, *Henning von Tresckow. Ein Preusse gegen Hitler*, 118。

155. G. Blumentritt, "*Moscow*," in: *The Fatal Decisions*, W. Richardson & S. Freidin (eds.), 46.

156. H. Guderian, *Panzer Leader*, 153.

157. BA-MA MSg 1/1147: *Tagebuch Lemelsen*, 21.6.41.

158. D. Volkogonov, "*The German Attack, the Soviet Response, Sunday, 22 June 1941*," in: *Barbarossa, The Axis and the Allies*, J. Erickson & D. Dilks (eds.), 84; A. Kesselring, *Soldat Bis Zum Letzten Tag*, 117.

159. A. Kesselring, *Soldat Bis Zum Letzten Tag*, 116–17.

160. R. Kirchubel, *Operation Barbarossa 1941 (3), Army Group Center*, 32.

161. W. Schneider, *Panzer Tactics*, 5.

162. A. Opitz, "*Die Stimmung in der Truppe am Vorabend des Ueberfalls auf die Sowjetunion*," in: *Der Krieg des kleinen Mannes*, W. Wette (Hg.), 236.

163. W. Schneider, *Panzer Tactics*, 5; C. G. Sweeting, *Hitler's Personal Pilot*, 155; R. J. Kershaw, *War Without Garlands*, 10.

164. Dr E. Bunke, *Der Osten blieb unser Schicksal*, 208–09.

165. 当然，这是个很大的概括，实情并非都是这样。阿尔弗雷德·奥皮茨博士战后写道，他那个连队的士兵们6月21日下午"怀着一种复杂的情绪"获知即将与苏联开战的消息和发动这场战争的正式理由[A. Opitz, "*Die Stimmung in der Truppe am Vorabend des Ueberfalls auf die Sowjetunion*," in: *Der Krieg des kleinen Mannes*, W. Wette (Hg.), 236–37]。据另一位老兵埃努埃尔·泽尔德尔（第7步兵师第62步兵团）回忆，对希特勒这份充满戏剧性的公告的反应"在沮丧与兴高采烈之间……波动"。E. Selder, *Der Krieg der Infanterie*, 25.

166. C. Hartmann, *Wehrmacht im Ostkrieg*, 247–48. 哈特曼评论道："大量证据表明，大多数士兵（甚至包括那些与纳粹意识形态没什么关系的人）都认为这场战争是必要的。"

167. Ibid., 248.

168. "Die meisten," wuerden sich "maechtig" freuen, "dass es endlich wieder einmal kracht." BA-MA MSg 1/3268: Fritz Farnbacher, Tagebuch, 22.6.41. 引自C. Hartmann, Wehrmacht im Ostkrieg, 247。

169. BfZ, Slg. Sterz (04 650), Brief L.B., 22.6.41. 引自C. Hartmann, Wehrmacht im Ostkrieg, 248。（BfZ是 Bibliothek fuer Zeitgeschichte, Stuttgart的缩写，以下简写为"Collection BfZ"。）

170. C. Luther & H. P. Taylor, For Germany. The Otto Skorzeny Memoirs, 93.

171. Slg. Sterz (04 650), Brief L.B., 15.6.41, Collection BfZ. 引自C. Hartmann, Wehrmacht im Ostkrieg, 248。

172. C. Hartmann, Wehrmacht im Ostkrieg, 248.

173. R. Kirchubel, Operation Barbarossa 1941 (3), Army Group Center, 32.

174. Dr E. Bunke, Der Osten blieb unser Schicksal, 211–14.

175. H.-J. Roell, Oberleutnant Albert Blaich. Als Panzerkommandant in Ost und West, 41–42.

176. Ltr, H. Haape to fiancée, 21.6.41.

177. 每个德国陆军士兵的军用皮带扣上都刻有普鲁士座右铭"上帝与我们同在"（Gott mit uns）。但这句话并没有刻在空军或党卫队士兵的皮带扣上。A. Sáiz, Deutsche Soldaten, 89.

178. Hptm. Herbert S. (00 401), Collection BfZ.

179. 德国天主教主教在1941年6月26日的一封牧函中称赞"巴巴罗萨"行动是"为祖国服务"。四天后（1941年6月30日），德国新教的一个官方机构在发给希特勒的电报中承认这场战争是"对所有秩序和西方基督教文化的致命敌人"展开的一场斗争。W. Schneider (Hg.), Alltag unter Hitler, "Chronik 1941."

180. B. Haering, Embattled Witness, 4–6.

181. G. Habedanck, "Bei Brest-Litovsk ueber die Grenze," Die Wehrmacht, 1941, 233. 引自R. J. Kershaw, War Without Garlands, 29。

182. D 107/56 Nr. 4, "Aus Briefen des Adjutanten Inf.Rgt. 18, Oberleutnant Juerg von Kalckreuth," Staats- und Personenstandsarchiv Detmold. 卡尔克罗伊特中尉是第6步兵师第18步兵团团部工作人员。第一段来自他写给妻子吉塞拉的信，第二段摘自他的私人日记。

183. A. Freitag, Aufzeichnungen aus Krieg und Gefangenschaft, 50–51.

184. 德国第9集团军和第3装甲集群3点05分发起进攻，与北方集团军群同步；第4集团军和第2装甲集群10分钟后（3点15分）展开冲击，与南方集团军群同步。C. von Luttichau, Road to Moscow, VI: 9.

185. H. Martin, Weit war der Weg, 13.

186. 引自G. Knopp, Die Wehrmacht. Eine Bilanz, 79。他的营长（维尔纳·海涅曼少校）对此事的回忆尽管在很大程度上得到证实，但稍有些不同，参阅本书第六章"地面突击——与红军的初步接触"一节"第4集团军"小节。

187. E. Krehl, Erinnerungen eines 85 Jahre alten Mannes, 42 (self-published memoir). 克雷尔服役于第121炮兵指挥官的指挥部，该炮兵指挥官分配给第57装甲军。OKH Gen St d H/Op.Abt. (III), "Kriegsgliederung Barbarossa," Stand 18.6.41, in: K. Mehner (Hg.), Geheime Tagesberichte, Bd. 3.

188. S. Risse, "Das IR 101 und der 2. Weltkrieg."

第六章

"巴巴罗萨"启动：中央集团军群
投入战争（1941年6月22日，周日）

"战争是迫使敌人服从我们意志的一种暴力行为。"（克劳塞维茨，《战争论》）[1]

"我没必要苟且偷生，但我应恪尽职守，为祖国而战。"（腓特烈大帝）[2]

"1941年6月22日3点10分，我们做好开火准备……3点15分，一道巨大的闪电撕裂夜空。数千门火炮打破寂静。我永远不会忘记这几秒。"（海因茨·德尔少尉，第18装甲师）[3]

"当日晨，冉冉升起的太阳把阳光洒向东普鲁士乡村广阔、平缓的山丘。6月份这个周日的拂晓已然到来，没有比这更美丽、更真实的假日了。当然，如果不是3点05分与苏俄开战的话。"（H. 马丁，第14摩托化步兵师）[4]

"现在是3点30分，一切都已开始，可能不像西方战局那般突然，规模也比不上世界大战，但第一波空军联队轰鸣着返回后15分钟，我们的一个个中队就向东进击。太阳一直照耀着……你现在知道的比我们多，因为这里根本没机会听广播，一切都会随时发生，这里的空间实在太大，你甚至能在家里的挂图上找到。我们的地图一直延伸到遥远的东面，不知你是否记得，拿破仑大军徒步征服俄国，而我们是摩托化力量，会在14天内完成这一切。"（里夏德·D. 中尉，第7装甲师）[5]

1941 年 6 月 22 日这个周日的早晨到来了，随之而来的是一年中白昼最长的一天，也是夜晚最短的一天，在苏联北部被称作"白夜"，因为太阳永不落山。[6] 第一束光线隐约出现在遥远东面的地平线时，北起波罗的海，南至普鲁特河，300 多万德军将士组成的第一波次力量涌过边界线。当时几乎所有的记述都证实，德军沿 1200 多公里长的整条战线彻底实现战术突然性，这使德军突击队完好无损地夺得所有桥梁，其中最重要的是中央集团军群作战地域内，布格河上的那些桥梁。[7] 短短几个小时，进攻方已粉碎苏军边境防御并利用对方几乎普遍存在的混乱迅速向东挺进。

虽然德国侵略者当日取得了蔚为壮观的胜利，但和每场战争一样，它也带来了极大的挑战和创伤，甚至是惨痛的经历，以下这段紧跟第五章结尾的简述说明了这一点。

埃里希·邦克少尉作为第 31 步兵师反坦克连的一名排长投身这场战争。当日清晨 7 点，他的连长阵亡——头部被子弹射穿，很可能是苏军狙击手所为。帮着取回遗体后，仍为连长贝克斯中尉的阵亡悲痛不已的邦克少尉，对己方部队在布列斯特－立托夫斯克要塞面对的苏军的顽强和英勇深感震惊，他突然发现自己成了连队的临时指挥官。[8]

贝尔纳德·黑林这位天主教神父，1940 年秋季在法国巴约附近担任一个德国师的军医。他定期在巴约镇美丽的中世纪大教堂为驻扎该地的德国士兵主持周日弥撒（尽管是非正式的）。[9] 1941 年 5 月初，他的师作为"巴巴罗萨"集结力量的组成部分开赴波兰。6 月 22 日，该师也跨过边界线进入苏占区。黑林回忆道：

伴随着拂晓的第一道曙光，我们连穿过边界线，立即遭到打击。第一个需要我提供帮助（作为神父，因为医疗救助对他已无效）的人是我的密友和兄弟，片刻前他还是一条鲜活的生命，渴望在这场战争中活下来，以便重建这个疯狂的世界。菲希特修士被一发炮弹击中，头部破裂，脑浆像水一样流出，尽管他的躯体还活着，正同死亡苦苦搏斗。

我对此全然不知所措，不禁失声痛哭起来。这是我在战争中第一次落泪，也是最后一次。情况很快变得如此艰巨，一个人要想活下去，就不能屈从于他的情感。[10]

第 6 步兵师的少尉军医海因里希·哈佩，跟随他的营从苏瓦乌基三角区进入苏联后，就忙着救治负伤的德国士兵，并把伤员卡挂在他们的脖子上。他很快获知营里第一个阵亡的军官是施托克少尉，他的生命被一名狙击手发射的子弹扼杀，他的躯体"倒在一片遭践踏的玉米地里"。营里的士兵迅速挖了个坟墓，将施托克的遗体埋入其中。他们用工兵铲把粗糙的桦木十字架砸入土中，挂在十字架上的钢盔和身份牌表明这位阵亡的少尉还不到 21 岁。哈佩在他精彩的战争回忆录《莫斯科电车站》中写道："但这里没有任何东西能说明这个敏感的小伙曾是个才华横溢的钢琴家。离开诺曼底前，我在勒莫莱利特里的餐厅听他弹奏《月光奏鸣曲》，这使我忘记了一切。"[11]

当日晚些时候，哈佩失去了最亲密的同伴之一，也是位战地军医，尽管他举着红十字旗，戴着红十字袖标，可还是被红军士兵射倒。"战争首日阵亡的人太多了，对这个新敌人从事战斗的方式，我们根本无从判定。我的潜意识很难接受弗里茨的丧生。"[12] 截至 1941 年 6 月 22 日日终，哈佩所在的第 18 步兵团遭受的损失（21 人阵亡，48 人重伤）已超过他们在整个法国战局期间的伤亡。他在当晚的日记中写道："我们度过了最艰难的一天。俄国人激烈抵抗，誓死不降，我们不得不多次展开近距离厮杀。就在刚才，半小时前，我们的士兵用步枪枪托又干掉了四个俄国人。"[13]

派驻第 45 步兵师的战地记者格尔德·哈贝丹克在布列斯特 - 立托夫斯克要塞对面，从靠近布格河的一座营部掩体观察这个"伟大日子"的开始。掩体里拥挤不堪，时针渐渐指向 3 点 15 分，炮兵即将实施炮火准备，这里"充斥着推搡、钢盔、步枪，刺耳的电话铃声持续不断，中校平静的声音淹没了其他一切：'诸位，现在是 3 点 14 分，还有一分钟就要展开进攻。'"哈贝丹克透过瞭望孔朝外张望，但此时什么也看不到。他突然想起营长昨日对进攻开始时的炮火准备所做的评价，对方向他保证："这会是您从未经历过的场面。"[14] 事实的确如此，但 6 月 22 日这个重要的周日结束时，第 45 步兵师已有 300 多人为夺取布列斯特 - 立托夫斯克要塞里的掩体、炮台和堡垒而阵亡。[15]

3点05分&3点15分——炮火准备

　　"巴巴罗萨"战役的发起以几个重要的初步行动为先导。战争爆发前最后几小时，隶属第800团的德军特种作战力量（即所谓的"勃兰登堡人"，许多人会说俄语）潜入或空降到苏联控制区。他们在苏军防线后方以爆破或其他方式破坏电力和通信设施，联系德国特务，夺取对德军作战行动至关重要的桥梁（并确保这些桥梁不被炸毁），切断电话线，引发警报并制造混乱。身穿红军军装的"勃兰登堡人"企图夺取布列斯特－立托夫斯克要塞或布格河上的桥梁。其中一些人昨日搭乘货运列车，或躲在运送碎石的铁路车辆下部偷偷溜过边界线，进攻开始前已在布列斯特镇潜伏了好几个小时。2点20分，德国人实施炮火准备45分钟前，苏联第4集团军审讯了一名德国逃兵，试图把他们确认的德军即将发动入侵的最新消息尽快传达下去，但这份通知没能发出，因为德军特种部队已切断电话线。[16]

　　凌晨3点，30架亨克尔He-111和道尼尔Do-17Z中型轰炸机，作为几个轰炸机联队的组成部分，从高空嗡嗡作响地飞过苏德分界线。德国空军东部航空队的先遣力量动身出发，精心挑选的机组人员都有许多个小时的夜间飞行经验，他们三机一组，准备对别洛斯托克与明斯克之间的苏军歼击机基地和中央战线后方的其他地点实施打击。这些轰炸机飞过人烟稀少的沼泽和森林地域，机组人员观察着仍在黑暗笼罩下的地形，寻找导航线索，而在他们前方，新一天出现的第一抹红色和黄色色调标志着东面的地平线。这些战机逼近目标时仍没有被发现，它们开始降低高度。3点15分，这些战机轰鸣着从低空抵近，准备从敞开的弹仓投下数百枚SD-2小型杀伤弹。[17]

　　地面上，装甲兵上将盖尔·冯·施韦彭堡第24装甲军作战地域内，布列斯特－立托夫斯克以南40公里，位于科登的布格河公路桥对该军装甲力量的展开和推进至关重要。因此，他们计划以欺骗手段夺取该桥。桥上几名德国哨兵以"有要事相商"为由，呼喊苏军哨兵过来。德军突击队随即以机枪火力射倒走过来的苏军哨兵，在炮火准备发起前5分钟，即3点10分夺得这座桥梁。施韦彭堡就此获得一座登陆场，从而确保他的坦克进入1号装甲路线，这条路线取道科布林和斯卢茨克通往博布鲁伊斯克，这使古德里安"长长地松了口气"[18]。

随着最后几分钟的流逝，德军高级军官们聚集在前线各观察点，查看这场即将展开的进攻行动。第2装甲集群司令古德里安大将听取麾下各军长"部队已做好行动准备"的报告后[19]，于2点10分动身赶往他的前进指挥所，该指挥所设在博胡卡雷村南面一座木制瞭望塔上，俯瞰着布格河河曲部，他在一个小时后到达了那里[20]。古德里安从塔上可以看见东南方15公里外，布列斯特－立托夫斯克镇的灯光。但布列斯特－立托夫斯克这座强大的要塞，"其堡垒和炮台指向德军战线，犹如一艘抛锚的战列舰，隐身于黑暗中"[21]。第47装甲军军长莱梅尔森将军带着随行人员驱车赶往布格河，去查看集结地域内他那些步兵和战斗工兵的情况。[22] 第4集团军司令冯·克鲁格元帅和他的参谋人员待在第31步兵师作战地域，也靠近布列斯特－立托夫斯克，离布格河仅几公里。克鲁格的参谋长京特·布卢门特里特上校回忆："我们看见德国战斗机升空，很快只能在东面瞥见他们的尾灯……（进攻时间临近时）天空渐亮，呈现出一种奇特的黄色。此时一切都很平静。"[23]

凌晨3点05分，中央集团军群左翼（第9集团军、第3装甲集群）和北方集团军群整条战线上的数千门火炮突然开火。10分钟后（3点15分），中央集团军群右翼（第4集团军、第2装甲集群）和南方集团军群整条战线上的数千门火炮也怒吼起来。[24] 为实施这场预有准备的炮击，冯·博克元帅集结起60多个陆军炮兵营，包括15个100毫米加农炮营、16个150毫米野战榴弹炮营（s.FH 18）、17个210毫米重型榴弹炮营和4个150毫米火箭炮营。总之，集团军群共投入750个轻型、中型、重型炮兵连，沿一条500公里长的战线部署了数千门火炮。[25]

虽然这场炮火准备的持续时间相对较短（很多情况下不超过几分钟），但参与其中或亲眼看到者永远不会忘记这一幕。第6步兵师的海因里希·哈佩医生等待着为营里的突击部队提供急救，在他看来，这场炮击类似于"强大的雷鸣"，炮口的闪烁"把拂晓照得通亮"[26]。各种口径的火炮以直瞄火力打击已知或疑似的苏军野战阵地和防御工事，而迫击炮和其他高射界武器射出的炮弹以弧形轨迹划过拂晓的天空，落向边界线对面的目标。在布卢门特里特上校看来，似乎发生了"某种奇迹"，苏军炮兵大多没有做出回应，"对岸只有极少数火炮还击"[27]。参加这场炮击的列兵弗朗茨·弗里施，是某摩托化陆军炮兵营（100

毫米加农炮）的一名炮兵，他回忆说持续的"猛烈炮火"逐渐增强为可怖的轰鸣，制造出一种他觉得"令人极为不适"的噪音。[28] 一名来自柏林的士兵写道："凌晨 3 点 15 分，火炮的轰鸣把我们惊醒……"

34 个炮兵连正在开火。我们能看见森林边缘射出的弹幕，因为我们距离边界线（布格河）仅 7 公里。许多村庄很快燃烧起来，一发发白色信号弹腾空而起，前线的战斗犹如一场风暴般肆虐开来。高射炮开火时，炮弹的灰色尾迹升入空中后慢慢散开。一架起火燃烧的飞机向下坠去。起初晴朗的红色天空渐渐变成紫色与绿色的混合。地平线上低矮的轮廓后腾起一股巨大的烟云，并向右倾斜飘移。[29]

第 87 步兵师的炮兵军官西格弗里德·克纳佩中尉在连里的 180 名士兵中逡巡，最后一次检查准备工作，松树林散发出的强烈气味扑面而来。他知道这些部下满怀自信。克纳佩后来写道："他们充满信心，就像一名钻石切割工正在雕琢一块无价的宝石……我相信这个世界从未见过像他们这样的人。"他检查了前进观测所，随后该连在指定时间朝边界线对面的一个小村庄开炮射击：

我并没有同步兵待在前线，而是留在半公里后的一座小山丘上，我觉得这是个好位置，可以观察我方炮火的效力。从我所在的观测所可以清楚地看见我方炮弹的爆炸，以及爆炸后腾起的油腻腻的黑黄色硝烟。我们的火炮射出一发发炮弹，火药燃烧产生的令人不快的刺鼻气味很快弥漫在空中。经过 15 分钟炮火准备，炮击声停止，取而代之的是信号弹升空时发出的轻柔的"噗，噗，噗"的声响。红光照亮天空，步兵随即投入进攻。[30]

已故的罗尔夫·欣策是个多产的军事历史学家，也是第 19 装甲师的老兵，他当时对炮火和某些装甲战车的电台飘出的舞曲这种奇特的组合深感震惊：

情绪紧张得令人难以忍受。神经似乎在颤抖……3 点前几分钟……西面传来引擎的嗡嗡声，表明第一批德军轰炸机的到来。他们3点整越过边界线。3点05分，沿整条战线排列的所有火炮突然开火射击。暴风雨前夕那种包罗万象的紧张感已消失在进攻开始时雷鸣般的密集炮火中。每个人都觉得一支大军做出这种震耳欲聋的意图声明是一起深具影响的事件，任何一个参与者永远不会将之遗忘，无论它对国家和平造成怎样的破坏性影响。我们对自己作为陆军庞大机器上的一个小齿轮参与这样一起事件深感自豪——这起事件后来成为诸多历史著作趋之若鹜的对象。无论是靠马匹拖曳、步行、乘车还是在空中，所有部队无情地向前挺进，这种壮观的庞大进军引发了一股名副其实的狂潮，一切都在前进。在这种奇特的氛围中，怀着激动的心情，你甚至能听到一些坦克播放的舞曲，制造出一种极不协调的气氛。德国广播电台彻夜播送舞曲，并滚动播报新闻公告，所有人都热切地等待着这些公告。[31]

　　布列斯特－立托夫斯克西北面，大约60个炮兵连（240门火炮）沿第17装甲师约8公里长的战线集结。3点15分，该师的猛烈炮火犹如一股飓风袭过布格河（这里的河段宽80～90米），打击已知的苏军野战阵地和掩体。第17装甲师第40步兵团战后推出的团史生动描述了该团在这场炮击中发挥的作用：

　　空气中充斥着轰鸣声，几乎听不清命令。10分钟内，我们的每门步兵炮射出60发炮弹。高射炮消灭了敌人沿对岸构筑的掩体。很快，布格河对岸燃起的火焰清晰可辨。3点40分，"斯图卡"投下炸弹打击敌军阵地。从4点15分起，部队和武器开始运过河去。[32]

　　第18装甲师作战地域，50个各种口径的炮兵连射出猛烈的炮火和浓密的掩护烟幕。[33]格奥尔格·克罗伊特尔少尉以他的两门150毫米中型步兵炮（s.IG 33）为这场炮击做出贡献。由于两门步兵炮射出的炮弹与全面炮击混杂在一起，他无法辨别自己的炮击给布格河对岸造成的影响。但他清楚地看见，一架倒霉的Ju–87"斯图卡"俯冲轰炸机被德军炮弹击中后坠向地面。这种误击事件在当日，或者说在东线战事的任何一天都不罕见。[34]

20 世纪上半叶战争的一个显著特点是，军人与平民间的区别逐渐模糊，后者常常沦为战争的无辜受害者。一等兵奥古斯特·弗赖塔格（第 6 步兵师）的这段记述表明，平民百姓开始为他们难以确定、十分危险的未来做准备了：

凌晨 3 点，我们看见并听见第一批"斯图卡"部队逼近。3 点 05 分，第一轮炸弹落下……炮兵紧随其后开火射击。紧张的气氛被打破，我们再次自由呼吸。我们随后听到 MG 机枪的射击声。平民百姓涌出他们的房屋，对夜间突如其来的这场破坏震惊不已。但他们很快就意识到发生了什么。他们匆匆返回屋内收拾床铺、衣物和桌椅，把它们藏在灌木丛后的菜园或黑麦地里。

3 点 20 分左右，我们也接到离开阵地向前推进的命令……现在是时候拖上火炮，带上弹药赶到我们负责支援的步兵连身旁了。3 点 30 分过后不久，我们跨过边界线。在我们左侧、右侧、前方的白色信号灯见证了德国步兵势不可挡的挺进。[35]

隶属第 2 装甲集群第 46 装甲军的第 10 装甲师 6 月 22 日担任预备队，因而没有参加最初的突击，但该师炮兵力量配属给第 47 装甲军第 18 装甲师并投入了这场炮火准备。第 10 装甲师的老兵组织于 1993 年推出了一部出色的部队史，生动描述了这场炮击所需要的准备和炮火的齐射行动：

1941 年 6 月 21 日下午晚些时候，各观测所配备了人手，测算分队进入发射阵地。傍晚时，部队宣读了元首的公告，开头一句是"东线将士们"。我们的一切猜测突然宣告结束，所有人都知道，武器会再次发挥作用……

被炮兵称为"芭芭拉报告"的天气预报，从傍晚起，每两小时更新一次，并送抵各炮兵连测算分排的哨所。当然，影响炮弹弹道的因素很多，例如温度、气压、湿度、风向和风力。盲射时这些变量必须加以考虑，所以测算分队必须每隔两小时为计划中的火力打击重新计算射击诸元。炮火准备的规定时间已宣布：6 月 22 日 3 点 15 分！

凌晨 3 点，最后一次调整发射诸元后，测算分队已没有其他工作要做。火炮瞄准了目标，炮弹也已上膛，各炮兵连连长把军用电话听筒贴在耳边并看着自己的手表。炮兵指挥官亲自负责下达射击命令。远处的地平线出现一道微弱的光芒，只是窄窄的一条线，几乎有些难以辨认。一种寂静的颤抖——确切地说更像一种恐惧之情，抓住伫立在黑暗中的士兵们。炮兵连长重复着电话听筒里传来的话语："还有10分钟。"——"还有5分钟。"——"还有1分钟。"——"还有30秒。"——"15秒……10秒……8、7、6、5、4……炮兵连……"他用力挥动手臂下达了命令："开火！"他嘴里吐出的话语犹如电闪雷鸣——整个空中划过一道闪电，震耳欲聋的轰鸣打破了沉寂。一发发炮弹飞过布格河，因左右两侧部署的炮兵连的庞大数量而迅速汇聚成一场持续的猛烈炮击。

河对岸，浓烟和尘云形成的一堵墙壁缓缓上升，遮蔽了地平线上的微光。德军几个火箭炮连突然加入战斗，尖啸、哀鸣的火箭弹拖着长长的尾焰和烟雾从空中掠过，射向对面的地狱。第一缕阳光给云层边缘和烟雾形成的墙壁涂上一层血红色。伴随第一道日光而来的是"斯图卡"战机，它们寻找着目标，排成一行在空中盘旋，旋即朝地面俯冲，投下炸弹后重新拉起。在它们身后，黑色的浓烟再度腾起……

白昼到来时，徐进弹幕已在炮兵射程极限上结束，第90炮兵团的炮兵们收集着空弹壳和弹药箱，不断前伸的战线上传来的战斗声犹如一场正在消退的风暴，苏军轰炸机突然出现在德军阵地上空，它们以紧密编队逼近，仿佛在实施一场演习。[36]

敏捷的德军 Bf-109 战斗机从比亚瓦波德拉斯卡空军基地升空迎战苏军轰炸机，从后方突然展开攻击。他们以 20 毫米机炮的短点射击落了一架，第二架轰炸机中弹后在空中解体。当日没有一架苏军轰炸机突破到目标上空。[37]

地面突击——与红军的初步接触

1941 年 6 月 22 日凌晨拍摄的照片中，有一张表现的是东线某处一群德国步兵和战斗工兵隐蔽在一道铁路路堤后，等待进攻信号的到来。虽然第一缕阳光照在他们前方的铁路和电报线路上，但这些士兵笼罩在黑暗和阴影中，他们的钢盔在朝阳下闪闪发亮。一些士兵仍在打盹，另外几个人望向左侧，注意力被我们不知道的某种东西吸引。也许他们正凝望德军战斗机和轰炸机的紧密编队，这些战机嗡嗡作响地飞向东面的目标。士兵们携带着武器装备——步枪、冲锋枪、手榴弹、饭盒、水壶、工兵铲等，某种似乎是弹药箱的东西轮廓清晰可辨，他们背上还绑着钢制防毒面具罐。[38] 这群士兵在冲过路堤与他们知之甚少的对手展开战斗前几分钟在想些什么呢？人们只能猜测。毫无疑问，有人在祈祷，有人想起他们的妻子和家人，也有人可能仍对这场即将爆发的战争的深远历史意义震惊不已。他们都是纪律严明的士兵，他们也有目的地进行了最后的检查：步枪是否已装弹并打开保险？钢盔带是否调整妥当，军装纽扣有没有扣好？手榴弹的保险铁盖是否易于拧开？ [39]

从 3 点 05 分或 3 点 15 分起，照片中这个不知名的突击队和数百个与他们类似的突击小组，在炮火和人造烟雾的掩护下涌过边界线，开始了进入未知世界的致命之旅。中央集团军群右翼（第 4 集团军、第 2 装甲集群），这里的边界线沿布格河蜿蜒 200 多公里[40]，一个个突击队乘坐橡皮艇或冲锋舟渡过该河，而装甲战车、炮兵和摩托化步兵利用已夺取的布格河桥梁迅速通过。战斗工兵沿河流的许多地段疯狂地忙碌着，以便架设更多桥梁，把人员、武器、车辆和装备送到对岸。另一些地方，武器和装备也通过摆渡的方式运过布格河。而在第 18 装甲师作战地域，就在布列斯特 – 立托夫斯克上方，一个配备特种坦克的装甲营驶入四米深的河中，泅渡后爬上东岸。[41]

中央集团军群左翼（第 9 集团军、第 3 装甲集群），装甲和步兵力量穿过茂密的林地和几乎无路可行的沙地，冲出苏瓦乌基三角区。这里向东通往立陶宛的"道路"不过是一些狭窄的沙质小径，其中许多此前从未有机动车辆通行过。实际上，由于这一地带的地面条件过于恶劣，无论苏军的抵抗多么轻微，都无法通过驶离道路的展开方式予以消灭。结果，人员和车辆组成的长长队列一次次被迫停下，多起森林火灾进一步加剧了混乱。[42]

尽管存在这些困难，可德军还是沿整条战线达成了战术突然性。冯·博克元帅在日记中简洁地写道："一切都按计划开始。"[43] 的确，抵抗起初断断续续，敌人甚至没有实施战斗。最高统帅部战时日志指出，当日清晨，德军沿整条战线突破苏军边境防御，取得 4 ~ 5 公里进展[44]，日终前中央集团军群两翼的快速部队已把边界线远远甩在身后。许多波兰和立陶宛农民很高兴摆脱苏联，用盐和面包迎接德国入侵者，这是赠送给行者的传统礼物。[45]

相反，一些内务人民委员部边防部队和据守当地筑垒地域的苏军士兵却以极大的毅力战斗到最后一人，这是接下来几天乃至几个月会发生些什么的预兆。[46]随着时间的推移，红军开始从遭受入侵的震惊中恢复过来，抵抗逐渐加强，最激烈的战斗发生在布列斯特－立托夫斯克要塞（参见"第2装甲集群"小节）。红军机械化部队甚至设法展开了几场协同欠佳的反冲击。接下来的叙述会详细介绍中央集团军群的将士们在战争首日的经历。一如既往，我们的描述从右向左进行，先从海因茨·古德里安第2装甲集群的行动开始。

第2装甲集群

中央集团军群最初的进攻，打击的是苏联西北方面军编成内 V. I. 莫罗佐夫中将第11集团军的左翼，以及 D. G. 巴甫洛夫大将西方面军的整道防线。博克强大的机械化力量（9个装甲师和6个摩托化师）受领的任务是在别洛斯托克突出部两侧突破苏军防御，沿明斯克—斯摩棱斯克方向攻击前进，迂回、包围、歼灭西德维纳河和第聂伯河一线以西的苏军。对古德里安的突击兵团来说，这场战争开始于3点15分，他们获得了30分钟炮火准备的支援。这位杰出的装甲兵将领在下达给麾下各师的一道命令中，袒露了他对部下们的期待：

> 我们的装甲集群位于集团军右翼[47]，在其前方挺进，负责在布列斯特－立托夫斯克两侧突破敌人的边境阵地，沿1号、2号装甲路线[48]攻往斯卢茨克和明斯克，尔后进入斯摩棱斯克地域，从而歼灭集结之敌。取得突破后，一路推进到汽油耗尽为止至关重要，我们必须马力全开、不分昼夜、毫不停顿地前进，不必考虑侧翼遭受的任何威胁……最重要的是全力向前，不要恋战（Es kommt darauf an, viel zu fahren, wenig zu schiessen）。[49]

装甲集群的初步行动"不够巧妙"，因为他们直接打击 A. A. 科罗布科夫中将①第4集团军的中央防区。[50]装甲集群靠前展开的两个装甲军[51]——第47和第

---

① 译注：应为少将。

24装甲军，呈纵深梯次配置[52]，在布列斯特－立托夫斯克两侧渡过布格河。他们在最前线直接投入进攻，因为古德里安在战局开始前的战术争论中战胜了他的上司——第4集团军司令冯·克鲁格元帅。克鲁格认为应以他的步兵力量取得突破，以此保全装甲部队，装甲部队尔后负责发展突破。古德里安反对这种观点，他坚持认为应当立即投入他的装甲力量，突破苏军防御，毫不浪费时间地发展已达成的突破。这位装甲指挥官向博克元帅求助，后者支持他的看法，给予古德里安"采取他认为合适的行动，并按照他的意愿立即投入装甲力量的更大自主权"[53]。

没过几分钟（3点24分），第24装甲军第3装甲师的第一批步兵渡过布格河，重武器也开始跨过科登的桥梁。几分钟后，该师一支突击部队（"克勒曼"战斗群）报告，没有发现苏军部队。桥梁附近只落下一发炮弹。克勒曼上校15分钟后报告，他的两个连已渡过布格河。3点50分，该师第一批坦克隆隆驶过桥梁。[54]担任先锋的是第3装甲师第6装甲团第3营。阿尔贝特·布莱希上士是第12连的一名排长，他当时乘坐营里的一辆IV号坦克：

敌人的防御火力很微弱，第3装甲师的士兵们仅用几个小时就肃清了敌方河岸和斯特拉德奇镇。上午10点，装甲团主力继续前进，位于最前方的第3营与敌人的第一批抵抗据点展开战斗。

当日下午，第12连的IV号中型坦克再度出发。布莱希上士站在他那辆坦克敞开的炮塔里，透过望远镜查看布满灌木丛和许多沼泽的平坦地带。他的注意力逐渐集中在普尔齐武基这个小村镇。

向前行驶了没多远，敌人的第一批炮弹袭来。耳机噼啪作响，随即传出营长的声音："布莱希排向右转，赶往该镇，然后从侧面进攻镇子！"

"坦克前进！"阿尔贝特·布莱希对着喉部传声器喊出命令，随即关闭舱盖。

没过多久，第12连就与俄国人的反坦克炮展开了一场艰难的战斗。布莱希俯身凑到观察孔前，查看镇内的房屋，随后下达了命令。坦克驶离道路，隆隆穿过开阔的草地。行驶在旁边的是排里的其他坦克。第12连排成宽大队形进攻该镇，敌人的抵抗越来越激烈。前方一座漆成白色的房屋出现了反坦克炮的炮口闪光。

"炮塔11点方向——距离800米——穿甲弹！"

炮手恩格尔二级下士和装填手格赖纳二等兵已做好准备。炮塔朝指定方向转动，炮弹也已上膛。炮手瞄准目标。布莱希再次透过目镜观察情况。那里又发出一道闪光，没击中！轮到他们开火了。

"自由射击！"

二级下士舒尔茨突然停下坦克。几毫秒后，穿甲弹脱膛而出。主炮射击的后坐力使坦克颤动起来，几个人不由自主地俯下头。

"前进！"

就在坦克再次前进时，那门反坦克炮突然发出炽热的光芒，随后就被滚滚浓烟吞噬。

"命中目标！"

一辆辆坦克高速驶入镇内。50米外，另一门苏军反坦克炮爆炸后飞入半空，砸中屈恩中士的坦克，这是布莱希排里的第二辆坦克。他们前方的一座房屋腾起火焰，各处的情况都是如此。俄国人的防御火力渐渐减弱。

"布莱希，立即率领您的排穿过镇子夺取公路。"耳机里传来（营长）施奈德-科斯塔尔斯基上尉的声音。

布莱希再次通过喉部传声器喊出命令。四辆Ⅳ号坦克随后隆隆向前。布莱希透过观察孔看见一门被击毁的反坦克炮，护盾被炸碎并发生扭曲，炮管几乎垂直地指向天空，炮组人员死在一旁的地上。

"继续前进，继续前进！"布莱希吼道，"我们必须穿过镇子！"

他们迅速穿过普尔齐武基镇。布莱希看见北面的地平线发出炽热的光芒，腾起浓厚的烟团——肯定是布列斯特-立托夫斯克在燃烧，俄国人已把它打造成了一座堡垒。[55]

第4装甲师是第24装甲军辖内的另一个坦克兵团，该师渡过布格河时也没遇到太大的抵抗。师里的通信官汉斯·朔伊夫勒尔回忆道："第一批突击支队乘坐突击舟和橡皮艇渡过布格河。"

清晨4点，我们赶到（布格）河边一片树林中的集结地域。对面的抵抗很轻微。12点，我们的无线电通信车利用浮桥渡过布格河。坦克不得不继续等待，因为在桥上据守掩体的组员仍在开火射击。我们的车辆在布格河低地齐膝深的沙子里缓缓前行。当地居民过去都是波兰人，他们非常友好，给我们送来煮鸡蛋和牛奶。[56]

苏军整个上午的抵抗普遍轻微，到下午晚些时候，第24装甲军位于最前方的部队已越过布格河18～30公里，正沿1号装甲路线势不可挡地向东攻往博布鲁伊斯克。[57]这些坦克布满灰尘，车体上硕大的白色字母"G"都被遮住了。[58]

布列斯特－立托夫斯克西北面，莱梅尔森第47装甲军（2个装甲师、1个摩托化步兵师、1个常规步兵师）也迅速渡过布格河。截至3点55分，第17和第18装甲师的步兵已到达东岸，遭遇的抵抗微乎其微，苏军炮兵没有开火。没过一个小时（4点43分），第18装甲师第18装甲团第1营的80辆潜水坦克（Ⅲ号和Ⅳ号）直接驶入河中泅渡布格河。[59]这些特种坦克最初计划用于入侵英国的"海狮"行动，所有缝隙都加以密封，并且配有进气和排气管。潜水坦克给人某种幽灵般的神秘感，至少有一个例子证明这些坦克引起了极大的怀疑。第18装甲师一名军官写道："炮兵对我讲述了令他们难以置信的经历。他们说坦克在渡场处像U艇那样潜入布格河，然后在东岸重新出现。我觉得他们肯定在说胡话，可这是真的。"[60]

第18装甲师的坦克泅渡布格河创造历史时，该师师长瓦尔特·K.内林将军登上战斗工兵操纵的一艘突击舟渡过河去。战术指挥部的车辆[61]经浮桥过河后，内林在几名参谋和装甲营营长曼弗雷德·冯·施特拉赫维茨伯爵少校的陪同下，跟随该营的坦克隆隆驶入苏联境内。他们展开一场坦克突袭，直奔普鲁扎内，把师里的轮式车辆部队远远甩在身后。古德里安的指挥车和两辆无线电通信车渡过布格河后，也朝内林的坦克追去。[62]

第2装甲集群的战线上，当日中午已有9座桥梁投入使用，其中3座是工兵们新建的。[63]第47装甲军军长莱梅尔森在他的日记中对战局初期的行动深表满意：

　　这肯定是一段非常棒的经历，3点15分准时发起进攻……炮兵地狱般的音乐会令人欢欣鼓舞。与此同时，步兵扛着充气艇冲入河中，利用这些橡皮艇和突击舟渡河。出乎我们的意料，敌人的应对极为有限，这表明很快就可以开始构建桥梁。令人惊讶的是，敌炮兵没有开火，他们的战机也没有投掷炸弹。通过数周观察确定的所有掩体都没有修筑完毕，而且无人据守。布格河另一端极度潮湿的地带制造了当日最大的困难，你必须穿过这片湿地才能踏上一条坚实的通道。我乘坐指挥坦克迅速渡过布格河，跟随第18装甲师先遣部队一同行动。我们随后沿布格河势不可挡地向前而去，一路向东疾进，敌人没料到这一点，我们随后在东北方渡过列斯纳河。所有桥梁均完好无损，这是我们最关心的，这说明俄国人被打得措手不及。[64]

　　和其他装甲兵将领一样，莱梅尔森也身先士卒，因而经常与苏军发生突然而又令人不快的接触。他在日记中继续写道：

　　下午我遇到一个相当尴尬的情况：我和我那辆装甲指挥车停在某个路口，只有我一人……四面八方突然传出巨响。我们随后抓获14名躲在玉米地里的俄国人。他们跳起身，用手枪开火射击，然后朝玉米地逃去。这些人企图逃跑时都被射杀。突然，道路下的一条排污沟里传出枪声。我们朝入口处开枪并投掷手榴弹，但没什么效果，直到投入第二枚手榴弹，四名负伤的布尔什维克才高举双手走了出来。这些俄国人都是英勇而又狡猾的战士。他们无疑被告知，一旦落入德国人手中必死无疑，这是他们顽强抵抗的唯一解释。[65]

　　当日上午晚些时候，第18装甲师先遣部队到达布格河前方的列斯纳河并利用依然完好的桥梁渡过该河。内林的坦克沿2号装甲路线隆隆驶向普鲁扎内，继续追击发生动摇的苏军，完全不顾自身的侧翼安全，也不理会师装甲主力仍在后方的现实。[66]第18装甲师当日下午首次遭遇激烈抵抗，担任苏军第4集团军坦克预备力量的机械化第14军展开反冲击。随之而来的是一场历时三小时的坦克战，该师击毁36辆苏军坦克。48小时内，苏联机械化军的500辆坦克折损过半，他们同德军训练有素、经验丰富的装甲部队进行的战斗徒劳无获。[67]

当日沿第 2 装甲集群战线发生的战斗中，或者说整个东线的作战行动中，最残酷、代价最高昂的当属德军夺取布列斯特 – 立托夫斯克要塞的尝试。德国人指望以一场突袭攻克这座堡垒，正如一位作者指出的那样，冯·克鲁格元帅"希望在晚餐前占领该要塞"[68]，可当日的战斗结果令他们大失所望。实际上，苏军依托要塞内诸多支撑点实施的抵抗还会持续数日。用已故教授、研究红军的专家约翰·埃里克森的话来说，"这是个可怕而又史诗般的例子，说明苏军步兵是如何以传统的勇猛风格从事战斗的"[69]。

俄国工兵 1812 年战争后修建的布列斯特 – 立托夫斯克要塞坐落在布格河与穆哈韦茨河交汇处，河水构成四座半天然、半人工的岛屿。中心岛（核堡）是四座岛屿中最大的一个，也是要塞的核心，被南岛、西岛和北岛环绕。这些岛屿形成的四个筑垒地域共同构成庞大的堡垒。环绕这座堡垒的是近 10 米高的土木工事，长达 8 公里。灌满水的深壕构成另一道令人生畏的障碍。四座岛屿上布满各种支撑点——庞大的地下要塞、装甲炮台、半埋的坦克，都荫蔽在茂密的灌木丛和高大的树林里。就连可容纳 12000 名士兵的兵营也获得 1.5 米厚的墙壁加强，可以抵御除了最重型火炮外的一切火力。[70]

但苏联守军远没有做到齐装满员。包括步兵、炮兵和坦克兵在内的部分要塞守军在周边乡村宿营，参加夏季训练活动。6 月 22 日，要塞里只有步兵第 6 和第 42 师 7 个实力不足的步兵营，他们获得 1 个内务人民委员部边防支队和 1 个内务人民委员部独立营加强。总之，守军只有 3500 人，而不是 8000人。一些士兵甚至没有武器，许多指挥员回家过周末，也不在要塞里。[71] 正如我们所知的那样，古德里安的两个装甲军在城堡两侧发起进攻，在这位装甲部队指挥官看来，两条河流和灌满水的深壕"使这座城堡免遭坦克攻击"[72]。因此，第 12 步兵军在他麾下，受领的任务是冲击这座要塞，并在两个装甲军越过边界线时掩护其内翼。夺取要塞的任务交给第 12 军辖内弗里茨·施利佩尔少将的第 45 步兵师。除了攻克该城堡，这个主要由奥地利人组成的步兵师还负责夺取布格河上的四跨铁路桥（位于要塞西北面）和布列斯特镇南面、穆哈韦茨河上的五座桥梁，以及占领该镇前方的高地。此举若能成功，就会为古德里安装甲部队沿 1 号装甲路线的挺进肃清道路，这条通往科布林的进军路线被分配给了第 24 装甲军。[73]

德国《新闻周报》纪录片的摄影师记录下了德军3点15分发起突击的壮观场面。第45步兵师的9个轻型和3个中型炮兵连对城堡实施了5分钟炮火准备，同时投入9门210毫米重型榴弹炮、2门威力强大的600毫米"卡尔"攻城炮和第4火箭炮团——该团9个连以接连不断的速射朝这座要塞投下2880枚火箭弹。第12军部署在附近的第34和第31步兵师，也以炮兵力量为这场火力准备做出了贡献。[74] 第45步兵师的天主教神父鲁道夫·克舍普夫后来把这场炮击比作一场"飓风"，它"突如其来，在我们上方咆哮，这是我们此前从未有过、以后也不会再有的经历"[75]。埃里希·邦克少尉在毗邻的第31步兵师作战地域敬畏地看着这场炮击，数千发炮弹划过拂晓的天空，"震颤着空气"，他觉得"地狱之门"就此敞开。[76]

初步炮击停止后，成群结队的"斯图卡"俯冲轰炸机出现在要塞上方，他们向下俯冲并投掷炸弹。德军战斗工兵和步兵在布格河岸边的灌木丛中现身，乘坐橡皮艇和突击舟渡过河流，对城堡发起冲击。一群战斗工兵和步兵搭乘9艘突击舟，奉命夺取穆哈韦茨河上的几座桥梁，但其中4艘立即退出行动——没等到达河边他们就被己方炮火击中，造成20人伤亡。幸存者迅速重组并朝上游驶去，可很快又被苏军火力击毁2艘。剩下的3艘突击舟继续向前，在其他步兵力量的支援下，于3点55分夺得两座桥梁。5点10分，这股突击力量占领了第三座桥梁"武尔卡"，这是他们的最终目标。兴高采烈的突击队指挥官想在桥上升起一面反万字战旗，却被一名狙击手射倒。第130步兵团的士兵进攻要塞南部和布列斯特－立托夫斯克镇，穆哈韦茨河上依然完好的五座桥梁悉数落入德国人手中。苏军投入坦克发起反冲击，但被迅速击退，第130步兵团在这些战斗中击毁12辆苏军坦克。[77]

这场突击的北轴线上，第135步兵团的突击力量15分钟内就夺得了至关重要的铁路桥，德军装甲战车立即隆隆驶过。到4点15分，友邻第31步兵师的突击炮也驶过了这座桥梁。德军对要塞的冲击，初期进展看上去还不错，各突击营在某些地方楔入城堡。第12军和第45步兵师对初期战果深感欣慰，后者6点25分报告："我师相信很快就会牢牢控制要塞。"[78]

守军随后展开殊死反扑。7点30分，第45步兵师首次报告一股股强大的守军从德军突击队身后开火射击。另外，遂行突击的德国士兵隐蔽在灌木丛、树林、建筑物、堡垒废墟里，与要塞守军混杂在一起，炮兵已无法提供支援。苏军神枪手躲在树林中或屋顶上，专挑德国军官和军士下手，给德国人造成严重损失。其他俄国人则从建筑物、地窖或下水道朝德军士兵射击，甚至还有人隐蔽在垃圾桶或成堆的破布里。第45步兵师当日阵亡三名营长——两位隶属第135步兵团，另一位是第99炮兵团第1营营长。[79]

进攻方的信心很快开始消退，取而代之的是不断加剧的悲观情绪。为遏制这种趋势，第45步兵师当日下午早些时候投入预备队。他们前调步兵炮、反坦克炮和轻型野战榴弹炮，以直瞄火力轰击苏军支撑点，第135步兵团团长还征用了一个路过的突击炮连，将他们投入战斗，可这些武器对要塞强大的筑垒工事影响甚微。一些德军突击队被苏军切断，70名德国士兵困在要塞中央——中心岛的教堂里。[80]

13点50分，从北岛有利位置观察这场摇摇欲坠的进攻行动的施利佩尔将军，终于得出唯一合理的结论：布列斯特－立托夫斯克要塞无法仅凭步兵近战夺取。不到一小时前刚刚视察过第12军指挥所的冯·博克元帅也得出同样的结论。因此，施利佩尔14点30分决定，在夜色掩护下把他的步兵撤出要塞。他们可以紧紧围困这座堡垒并以深具毁灭性、持续不停的炮火削弱，最终消灭守军。傍晚时，冯·克鲁格元帅赶到第45步兵师指挥所。他强烈支持施利佩尔的决定，称争夺要塞的战斗现在仅具有局部重要性，因为德军已夺得所有重要桥梁，跨过铁路和沿1号装甲路线的交通也得到保障。因此，克鲁格认为应避免不必要的损失，苏军弹尽粮绝后自然会投降。[81]

德国武装力量最高统帅部（OKW）1943年推出的一本刊物中，一名参加过布列斯特－立托夫斯克要塞争夺战的士兵谈到了他对红军的初步印象：

> 几座岛屿上的战斗极为艰难。地形很复杂：一组组房屋，一片片树林、灌木丛，狭窄的水带，再加上废墟瓦砾和无处不在的敌人。躲在树上的敌狙击手隐蔽得非常好。他们的伪装服用纱布制成，上面缀有树叶。高明的狙击手！他们从窨井盖、地下室的窗户、污水管开枪射击……
>
> 初步印象：布尔什维克分子战斗到最后一息。可能是因为受到政委的恐吓：德国人会枪毙俘虏（第一批被俘的俄国人这样交代）。不管怎样，虽然要

塞已陷入重围，继续抵抗徒劳无益，但敌人的战斗力丝毫没有减弱。

寂静的夜晚，我们挖掘了第一批墓穴。[82]

在夜色掩护下，德军突击部队撤出要塞并编入包围圈，他们筋疲力尽，还有些伤员困在要塞的教堂里。[83] 他们放弃的阵地立即被幸存的苏联守军重新占领。当日这场出乎意料的艰巨战斗导致第 45 步兵师阵亡 311 人，包括 21 名军官、290 名军士和士兵。[84] 苏军在要塞里有组织的抵抗持续到月底，第 45 步兵师在这场战斗中的伤亡与他们 1940 年整个法国战局期间的损失同样多。

第 4 集团军

位于第 2 装甲集群左侧的京特·冯·克鲁格元帅第 4 集团军，以数个步兵军沿一条 100 多公里长的战线打击别洛斯托克突出部南翼。[85] 集团军作战日志写道，截至 4 点 20 分（也就是进攻发起后约一小时），所有突击师都渡过布格河并报告几乎没有遭遇抵抗。[86] 进攻刚一开始，集团军信号拦截部队就截获了俄国人发出的一封电报，生动地反映出苏军的混乱："我们遭到攻击，该怎么办？"受到疯狂询问的苏军上级部门轻蔑地回复道："您肯定是疯了，您的电报为何不加密？"第 4 集团军参谋长布卢门特里特上校战后回忆："一切都按计划进行。"[87]

第 4 集团军左翼，第 23 步兵师各突击队冲过边界线。其中一支突击队由贝克尔中士率领。他右手攥着 9 毫米瓦尔特 P–38 手枪，利用弹幕掩护朝铁路路基冲去，并示意部下们跟上。令他们惊讶的是，他们顺利到达铁路路基，并没有遭遇苏联边防部队的明显抵抗。他们本能地弯下腰，爬上路基，越过铁路线继续向前，对面的苏军现在以零星火力做出回应。贝克尔用眼角余光瞥见一支德军摩托化队列在他右侧沿道路而行，朝任何一个方向望去，他都能看见德国士兵，这些士兵稀疏散开，正迅速向前挺进，他们的原野灰军装清晰可辨。贝克尔觉得身上的压力骤减。这场进攻的初始阶段比预想的更加顺利，他没有损失一个部下。[88]

在第 23 步兵师的二等兵克雷德尔看来，6 月 22 日这个周日令人难以忘怀的原因很多，最重要的是，这是他接受"战火洗礼"的第一天。3 点 15 分，他跳起身，扛着机枪迈开双腿全速向前冲去。为缓解他的紧张情绪，一名老兵向他保证，利用进攻突然性的第一波次部队，通常能毫发无损地完成任务，而对方反应过来后会对后面的士兵施以打击。克雷德尔奔跑时注意到子弹从他的钢盔旁呼啸掠过，他发觉它们会发出一种奇特的声音。他看见河对岸一座木制瞭望塔被德军一发反坦克炮弹击中，顿时土崩瓦解，碎木块和苏军士兵一同飞入空中。反坦克兵乘坐的敞篷车从他身边轰鸣着驶过，车后拖着他们的37毫米轻型反坦克炮。接下来的一刻，德军炮火落在距离突击部队很近的地方，引起伤员们的喊叫和咒骂。幸运的是，己方炮火突然向前延伸。[89]

42岁的维尔纳·海涅曼少校是个曾在第一次世界大战中获得过勋章的老兵，现任第23步兵师第67步兵团的营长，他怀着一种强烈的不祥预感迎来这场战争的首日。作为一名坚定的反纳粹人士，他1934年被软禁在家，写了申请书后，他从国防军退役。1940年，海涅曼被召回现役并参加了法国战局，先后担任连长和营长。现在，对苏战争开始前最后几小时，6月21日至22日这个温暖的夏夜，他的部下悄然开赴边界线，为进攻实施集结，他们有大量工作需要完成。大约15排带刺的铁丝网，一行接一行排列在边界线上。海涅曼的突击队必须在投入进攻前穿过这些铁丝网，为完成这项任务，他们配发了大量钢丝钳。[90]

随着最后几分钟的和平悄然逝去，海涅曼突然想起第一次世界大战期间作为一名年轻军人在俄国的经历。这使他心绪不宁。他想起这个国家看似无穷无尽的广阔，以及在那里因地形而遭遇的困难。他比大多数人更清醒地意识到德国军队目前面临的庞大任务。虽然他知道自己的部下此时的准备和士气趋于巅峰，但他无法摆脱这种想法：即将对苏联发动的进攻是一项不可思议、不负责任的事业，更不必说此举违背了过去两年大部分时间里履行的互不侵犯条约。[91]

一年中最短的夜晚的最终阴影消融在阳光下，炮弹在第23步兵师前方炸开。几分钟后，海涅曼的两个先遣连投入行动，他们剪断铁丝网，以疏开队形朝第一个目标冲去，那是边界线对面的一座村庄。在他们上方，几个德国轰炸机中队排成紧密编队朝东面的目标飞去。地面上，除了几门重型榴弹炮，炮兵齐射即将结束。一些重型火炮在这里的弹着点很近，210毫米炮弹落在刚刚越过边界、目前位于最前方的德军步兵中，一团团泥土和烟雾腾空飞起。信号灯发出的鲜红色闪烁充斥着拂晓的天空，它们的意思是："炸点太近！炮火前移！"但这种误击已造成了破坏，海涅曼的营数人负伤，还出现了对苏战局中的第一名阵亡者（通信分排的一名通信兵）。[92]

各先遣突击组穿过他们在铁丝网障碍上打开的通道后，海涅曼少校率领他的战术指挥小组赶往边界线，他在以第三人称书写的回忆录中记录下了这一刻：

几个月后，副官埃克哈德·毛雷尔告诉他，他（海涅曼）当时在剪断的铁丝网入口处转过身来，以长期跟随他的下属从未见过的严肃表情和语气告诉他的副官和特别作战参谋齐特尔曼："永远记住这一刻！这是末日的开始！"

指挥官现在已完全忘记这件事，当时那番话几乎没给他的属下留下太深的印象。不管怎样，他们都是年轻人，比这位"老人"更无忧无虑，甚至对他来说，这似乎也是沉重思想的一种无意识流露。可这件事就像这里描述的那样发生了，提及此事是为了说明指挥官当时是如何怀着最具洞察力、最严重的疑虑从事激烈战斗的。[93]

第4集团军第137步兵师的作战参谋迈尔-德特林中校，描述了他这个师在布列斯特-立托夫斯克西北方100公里，波兰谢德尔采镇以北地段渡过布格河的初期经历：

经过精心准备，各团突击连1941年6月21日至22日夜间前出到布格河西岸。用于渡河的橡皮艇和突击舟已准备妥当。3点后不久，贝格曼将军赶到设在布格河岸堤上的师前进指挥所。在狭窄的掩体里操作电话交换机的接线员回忆：

"事情变得困难起来，因为我们激动之余忘了带上便携式交换机，现在不得不自行构建电话交换中继站。我们已连接友邻师、第44炮兵指挥官和第9军。接下来几个小时让我这个普通士兵难以忘怀。将军冷静、和蔼的态度给我留下深刻印象。从军事角度说，当日的经历对我来说也很不寻常，因为军长和炮兵指挥官后来都来到我们这座掩体。"

进攻开始于1941年6月22日凌晨3点15分，所有武器和各种口径火炮的齐射持续了一分钟。在200门100～210毫米火炮的火力掩护下，第一批步兵编队渡过布格河到达对岸，各处都没有发生战斗。某处的一座村庄正在燃烧。我方炮兵继续射击，按照战术火力计划打击更后方的目标地域，25分钟后转为弹着观测射击。大部分步兵已到达对岸，敌人仍未采取应对措施。我们完美地实现了出敌不意！进攻开始后大约一小时，敌人利用一座座暗堡实施零星抵抗，旋即被我军快速而又无情的行动打垮。出乎意料的是，敌炮兵仍保持沉默，我们因而得以立即着手构建桥梁。八小时后，师里的重武器已隆隆驶过完工的桥梁。[94]

尽管开局顺利，可第137步兵师当日还是遭受到严重损失，他们在森林和边境村庄与苏军展开战斗，对方实施了坚决抵抗。该师相关记录表明，他们在战争头两日伤亡345人（73人阵亡、262人负伤、10人失踪）。[95]

与许多德军指挥部一样，第4集团军司令部也对进攻最初几小时苏军炮兵的无所作为深感惊讶。上午9点，克鲁格视察完第2装甲集群后返回他的指挥部。到目前为止，集团军已识别出狭窄战线对面的6个苏军师。但克鲁格确信，苏军主力并没有沿边境展开，而是位于内陆深远处。第4集团军8点左右已要求第2航空队对战线后方实施侦察飞行，以确定横跨在集团军进军路线上的苏军部队。但到下午晚些时候，远程空中侦察并没有发现苏军在后方的重要防御准备。[96]

虽然大部分行动进展顺利，但上午晚些时候，陆续送到克鲁格指挥部的报告表明，苏军的抵抗虽说依然较为混乱，但正不断加强。苏军在几处进行了顽强战斗，甚至还展开几次小规模坦克突击，不过均被德军轻松击退。[97]另外，在这里和战线其他地段，面对德军的局部优势兵力，许多苏军边防部队消失在森林、沼泽和玉米地，待德军主要突击纵队经过后，这些苏军士兵往往从藏身处出现，袭击德军补给部队、医护人员、摩托车传令兵和其他易于得手的目标[98]，或是从隐蔽阵地朝德国士兵开火射击。在大批德方当时的记述（军邮、私人日记、作战日志）中，一个词突然以令人不安的频率出现——狙击手（Heckenschuetze）。的确，从战争头几个小时起，德国士兵就受到一个顽强而又致命的对手持续不断的折磨，这就是苏军狙击手。

第9集团军

61岁的阿道夫·施特劳斯将军[99]率领德国第9集团军沿一条宽大战线推进，打击别洛斯托克突出部北翼，当面之敌是V. I. 库兹涅佐夫中将指挥的苏联第3集团军。施特劳斯这场突击的主攻点（Schwerpunkt）在左翼，第8军辖内三个步兵师从奥古斯图夫东面的出发线冲出苏瓦乌基三角区，狠狠砸向掩护格罗德诺的苏军步兵第56师。[100]库兹涅佐夫集团军缺乏弹药，也没有像样的预备队，电话线和无线电通信被德方渗透者或德国空军的猛烈轰炸切断、破坏，很快陷入危险境地。[101]

第8军（第8、第28、第161步兵师）的任务是夺取苏瓦乌基三角区东南面的边境防御，并在格罗德诺这座古老要塞及其上方确保涅曼河上的渡口，以此掩护第3装甲集群第57装甲军的南翼。格罗德诺位于该军右翼第8步兵师的突击地段内。战斗相当激烈：

边境上的暗堡线由紧紧环绕150高地的十余处工事组成，该高地控制着通往格罗德诺的支线公路。在29个炮兵连的密集炮火掩护下，第8步兵师第38步兵团对这片阵地发起冲击。获得1个反坦克排和1个88毫米高射炮分排加强的工兵突击连配属给该团，受领的任务是摧毁这些暗堡。德国人在距离边界线不到一英里处首次遭遇抵抗。一辆半埋的坦克掩护着一道防坦克壕，在其后方是构筑在道路两侧的一群群暗堡。德军的炮火准备并没有打哑对方。反坦克炮和机枪火力集中在这些暗堡的射孔上。

一个个工兵突击队设法穿过麦田，幸运地在这里和暗堡附近的土堆后找到隐蔽处。用喷火器压制射孔后，个别工兵冲到暗堡墙壁处，利用伸缩梯攀至顶部。他们从这个相对安全处把炸药投入射击孔，在通风口和潜望镜立柱上炸开些孔洞，倒入汽油后投掷烟幕弹和炸药包。同时，其他爆破组负责炸毁暗堡的隐蔽入口。

遇到某些多层暗堡时，必须以这种方式逐一炸毁各层，直到地下室。暗堡里的苏军士兵通常有20~25人，他们很少投降，大多数人战斗到最后一息。某些情况下，德国人认为已阵亡的苏军士兵会昏迷几小时后再苏醒过来并重新投入战斗，这就需要他们再次对同一座暗堡实施打击。[102]

西面，德国第42军第129步兵师当日上午迅速取得初步战果。[103]清晨4点45分，第一批苏军战俘被押送到师部接受审讯：

这些俘虏给人的印象是，德军的进攻完全出乎他们意料。有人说他们手头既没有武器也没有弹药，还有人称他们从睡梦中惊醒（因此，他们中的一些人没穿靴子或袜子）。俘虏很愿意交代情况，但他们并不了解上级指挥员的意图（例如，他们根本不知道排里或连里接到的命令，也不清楚是否要坚守边境阵地）。[104]

进军期间，第129步兵师起初无法肃清后方地域的所有苏军士兵，这是战争头几日普遍存在的问题。被打散的苏军士兵经常从他们的藏身处出现，袭击跟随在突击群身后的（德军）师补给纵队。德军先遣步兵当日清晨夺得一座农庄，几小时后，躲在这里的苏军士兵突然对德国人的辎重队开火射击。德军对此的应对是以炮火炸平整个农庄，共击毙14名苏军士兵，击伤7人。当日下午还发生了另一起类似事件，第129步兵师上午占领的格拉耶沃火车站遭到隐蔽在一座农庄中的红军士兵射击。师训练补充营的一个排迅速消灭这股苏军，在此过程中损失两名士兵。从一位阵亡的苏军指挥员身上缴获的文件表明，他们接到命令，让德军作战部队通过，然后对战线后方各条道路上的德军后勤交通实施打击。这种小规模战斗作为红军的典型战术，还会持续数日。[105]

第9集团军第20军第256步兵师的经历也很典型。该师以靠前展开的三个步兵团发起冲击，从苏瓦乌基三角区攻往东南方。虽然他们迅速夺得前进路线上的重要地点和村庄，但各突击营不止一次被迫肃清依托暗堡阵地顽强抵抗的红军士兵。另外，该师沿一条主要进军路线进入苏联控制的地域后，发现这里是一片"沙海"，师作战日志中写道：

我师的主要进军路线取道G.哈茨齐图夫卡，通往库尔扬卡，路况极为恶劣。边界这一侧的情况尚好，可刚刚跨过边界线，这条道路就穿过一片沙海。许多车辆陷入其中，不得不在其他车辆协助下摆脱困境。另外，边境河流上的桥梁没过多久就发生坍塌，这是统帅部炮兵力量和突击炮施加巨大压力和过度使用所致，必须付出大量的紧张修复工作才能再度使用。[106]

　　尽管存在这些困难（这是德军突击兵团沿整条战线遭遇的典型问题），第256步兵师的战斗步兵还是朝他们的目标迅速挺进。12点30分，第481步兵团先遣部队到达新德沃尔镇北面数公里的一座机场，适逢一大群红军战机企图升空。德军步兵立即以重机枪火力施以打击，第210突击炮营的一个75毫米突击炮连提供支援[107]，他们击毁了地面上的38架飞机，外加几座停有飞机的机库。13点15分，新德沃尔镇和镇上可追溯到16世纪初、兴旺繁荣的犹太社区落入德军手中。该镇的犹太人只有六人在战争中生还，其中三人加入了游击队。[108]

第3装甲集群

　　赫尔曼·霍特大将的第3装甲集群3点05分投入进攻，里希特霍芬第8航空军的战斗机、对地攻击机、俯冲轰炸机和轰炸机中队提供支援。这是个星光灿烂的夜晚，德军装甲部队、摩托化步兵和两个步兵军冲出苏瓦乌基三角区，向东攻入苏联占领的立陶宛时，霍特和第39装甲军军长鲁道夫·施密特、第57装甲军军长阿道夫-弗里德里希·孔岑在前进指挥所观察着这场行动。第3装甲集群战线上的苏军边境防御相对较弱，许多野战工事根本无人据守，苏军炮兵基本上没有发挥作用。霍特面对的是V. I. 莫罗佐夫中将指挥的苏联第11集团军，该集团军与西北方面军左翼相连。莫罗佐夫集团军无力抗击霍特久经沙场的部队，面对德军持续不停的猛烈冲击，红军防御者很快消失在树林中。[109]但在实施抵抗处，红军士兵表现出色，经常奋战到最后一息，德国人抓获的俘虏寥寥无几。[110]

　　虽说霍特装甲集群沿一条"干"战线遂行突击，因而不必克服一道主要河流障碍，可他们还是要与复杂的地形展开斗争。这里的林地相当茂密，所谓的道路不过是布满沙子的小径，极不适合坦克和重达数吨的车辆行进。德军快速部队的推进也受到一些部队糟糕的行军纪律影响，另外，苏军在德军前进路线上部署的大量物理障碍和实施的顽强抵抗，拖缓了第57装甲军坦克力量的前进速度。[111]

　　第3装甲集群的初期目标是沿一条宽大战线前出到涅曼河，渡过该河，并在对岸设立登陆场。率先完成这项任务的是第39装甲军第7装甲师麾下卡尔·罗滕堡上校率领的第25装甲团。当日中午，罗滕堡这个加强装甲团已深入苏联领土50多公里，并以一场大胆的突袭在阿利图斯完好无损地夺得了河上的桥梁，东面不远处的第二座桥梁也落入该团手中。一名被俘的红军指挥员交代，他已接到17点炸毁两座桥梁的命令，他严格遵照命令行事，并未打算在德国人到来前炸毁桥梁。[112]

曾在第一次世界大战期间获得"蓝色马克斯"勋章、二战中荣获骑士铁十字勋章的罗滕堡立即向前推进，抢在苏军做出应对前在两个地点渡过涅曼河。可不到一个小时，苏军就投入坦克，在步兵和炮兵支援下发起猛烈反冲击。随之而来的是一场持续六小时的坦克战，进攻第25装甲团的苏军坦克第5师折损80辆坦克，罗滕堡的装甲兵顽强据守着他们脆弱的登陆场，该团的损失也很惨重。虽然在这场坦克战中彻底报废的坦克不多，但他们在通往阿利图斯的接近路线上折损了许多坦克——它们沦为隐蔽在阵地中的苏军T-34坦克的目标。一些德国坦克，主要是捷克制造的轻型Pz 38(t)[113]，炮塔径直飞上了天[114]。

虽然苏军在涅曼河东岸的这场坦克战中表现拙劣，但他们打得英勇而又顽强。罗滕堡称之为"他这一生最艰巨的战斗"，战斗之激烈可见一斑。[115]没过几天，这位杰出的装甲部队指挥官就在战斗中阵亡了。[116]

第5军编成内的第35步兵师是为遂行初步突击而调拨给霍特装甲集群的一股步兵力量。由于该师师徽是一条微笑的鱼，全师将士亲切地自称"鱼师"，这个绰号也直接反映出该师师长菲舍尔·冯·魏克尔斯塔尔中将的名字。炮火准备结束后，师属侦察营（第35侦察营）的无线电报务员格哈德·博普二等兵3点30分跟随他的部队向前挺进。他们半小时后(4点03分)到达边界——这条边界线只能通过一捆捆稻草加以辨识，随即进入立陶宛境内，并沿开阔、起伏的地形向前行进。博普在日记中记录了他这个地段最初几小时的作战行动：

地平线上始终存在燃烧的房屋腾起的股股浓烟。立陶宛民众欢天喜地地迎接我们，有些人泪眼汪汪。姑娘和孩子朝我们投掷鲜花，所有车辆都被饰以淡紫色的花朵，这就像一场演习……如果没有战争的话。

7点左右出现了第一批战俘，他们剃着光头，长着蒙古人的面孔。随后又出现了第一批死者……死去的马匹等，我们到达迪德若伊地区的基尔斯纳河之前曾遭遇敌军炮火。炮弹落在道路两侧，但相距甚远，我们毫发无损地通过。接着，我们完好地夺得基尔斯纳河上的桥梁，短暂停顿后继续赶往某处，敌人自中午起就在那里实施顽强抵抗，直到傍晚才被粉碎。那里缺乏宿营地，补给物资也不足，这是因为路况恶劣，而且满是沙子，战地厨房车难以通行。我们在这里只得到少许热食和咖啡。[117]

第6军第6步兵师各突击队3点05分动身出发，冒着浓雾离开苏瓦乌基三角区，这场大雾给能见度造成严重影响。突击队剪断一排排铁丝网，穿过草甸和玉米地，越过边界。一群鸥翼式"斯图卡"战机出现在空中，朝边境镇卡尔瓦里亚俯冲而下，据称那里设有一个苏军指挥部，该镇很快笼罩在浓烟和火焰中。第6步兵师以第18和第58步兵团并排推进，第37步兵团担任预备队。[118]德军只遭遇轻微抵抗，迅速完成初期目标，但上午晚些时候，第18步兵团获得炮兵和战斗工兵支援的一个营，突然被阿克梅尼奈附近的混凝土暗堡群挡住去路。守军坚守这些暗堡，该营伤亡惨重。德军突击部队次日获得高射炮和喷火器支援，这才粉碎对方的抵抗。[119]

第一批俘虏很快押送到后方。少尉军医海因里希·哈佩叙述道："我们紧盯着他们。这群俘虏约为一个加强排，穿着破旧的卡其色军装、松松垮垮的上衣、看上去不太像军用品的衬衫，都剃着光头。他们的脸上毫无表情。"随着太阳升入空中，昼间的温度越来越高。哈佩继续写道："部队行军时尘土飞扬，我们被一层浅黄色的灰尘覆盖——军装、步枪、面孔和双手。人员和车辆在满是灰尘的空气中形成的轮廓犹如鬼魂。我用水壶里的一点水润了润干燥的嘴唇，高兴地听到了停止前进的命令。此时是中午，我们在一片小树林里休息。"突然，哈佩抬头朝空中望去，他的注意力集中到从东面而来的一个苏军轰炸机编队身上：

它们在空中盘旋以确定目标，但这次它们不得不与梅塞施密特战机对阵。这些Bf-109战斗机犹如鹰入鸽群，它们背朝太阳发起攻击，一边俯冲一边开火射击。完成攻击后，它们再次拉起，以获得再度攻击的高度，敌人的轰炸机一架接一架被击落。一架苏军轰炸机腾起火焰，接着是第二架，像火炬那样朝地面坠去。我对飞机坠落速度如此之慢感到惊讶。另一架轰炸机的机翼被击断，旋转着落向地面。我看见两具降落伞飘荡在坠机上方。我方战斗机继续攻击，直到所有轰炸机都被击落。这场战斗最多只持续了10分钟。[120]

一名传令兵骑在摩托车上朝哈佩喊叫着：一架轰炸机坠落后在某炮兵营营部爆炸，火墙吞噬了许多人，那里急需医疗救助。哈佩赶到时，已有15名炮兵身亡，树篱后躺着9名伤员，其中5人严重烧伤，哈佩觉得他们撑不过一两天。恪尽职守的军医尽己所能，最重要的是派人找一辆战地救护车。两小时后，哈佩再次上路，这次是寻找他的营，他与他们失去了联系。[121]

下午早些时候，第6军军部似乎已彻底掌握相关情况，因而命令第6步兵师展开全面追击。粉碎苏军抵抗后，第6步兵师沿两条前进路线朝东面的涅曼河方向行进，该河位于边界线以东70多公里处。下午晚些时候，骑兵上尉格奥尔格·冯·伯泽拉格尔男爵率领第6步兵师临时拼凑的侦察营[122]，已取得50多公里进展。伯泽拉格尔带着部队穿过森林和沼泽中永无止境的小径，力图在普列奈夺取涅曼河上的桥梁，但突然被优势苏军精心组织的防御阻挡。伯泽拉格尔的部队损失惨重，夺取普列奈和涅曼河上渡口的行动不得不等到次日。[123]

第3装甲集群最左翼，与北方集团军群毗邻处，第6军辖内第26步兵师与南面的友军（第6步兵师）一同发起冲击。该师第77步兵团第1营迅速到达初定目标地域（对面的高地），没有与苏军发生接触，第2营消灭苏军数个战斗前哨后也顺利向前挺进。该团第3营的几个连在第2营身后梯次排列，遭遇苏军顽强抵抗——内务人民委员部部队的边境支撑点战斗到最后，给进攻方造成严重损失。[124]

夺得初定目标后，第77步兵团派出装备精良的巡逻队实施侦察，但他们报告，没有与苏军发生接触，对方显然已撤离。上午晚些时候，该团辖内各营重新集结，准备展开追击行军。[125] 他们与第35、第6和另外数十个步兵师的这场行军会持续数周，而向东疾进的坦克和摩托化兵团已把他们远远甩在身后。这些步兵师需要冒着难以忍受的酷暑，沿沙质小径穿越荒凉地带和原始森林，行进数百公里的路程。他们的靴子扬起细细的尘土，尘埃覆盖了他们的军装和装备，甚至渗入每一个毛孔。由于分散的红军部队构成威胁，行进中的德军始终保持战备状态。苏军潜伏在森林、沼泽、玉米地里，准备打击入侵之敌，而不是投降。未来几天和几周经常把德军将士逼到身心耐力的极限，有时候甚至远远超出。我们稍后再讲述这个至关重要的故事。

柏林和战争的开始

6月22日凌晨2点30分，希特勒返回他的房间，此时离他决意发起的"巴巴罗萨"行动的开始还有一点时间。对苏战局开始前几天，元首越来越焦虑不安，仿佛受到他和他的千年帝国可能面临的可怕征兆的折磨。前线将士跨过边界线涌入苏联境内时，他们的恐惧之情消失在有目的的行动中，和他们一样，希特勒的焦虑似乎也随着一切已成定局而消散。据他的外交联络官瓦尔特·黑韦尔说，这个"风云突变的清晨"，柏林总理府似乎笼罩着一种"平静、泰然自若的气氛"。戴维·欧文写道：

除了希特勒和里宾特洛甫午餐后酣然入睡外，当天与其他周日几乎没什么不同。外交部部长已在凌晨3点30分召见苏联大使，向他通报了这个令人不快的消息，里宾特洛甫随后连续召见盟国（意大利、日本、匈牙利、芬兰、罗马尼亚）代表。5点30分，戈培尔博士发表讲话。6点，里宾特洛甫在召集起的工作人员簇拥下对新闻媒体发表讲话。中欧的骄阳下，希特勒的许多副官疲惫不堪，纷纷跑去游泳。

希特勒下午晚些时候醒来，他的军队已深入苏联境内若干英里，德国已获悉整个世界对此事件的第一反应。意大利以惊人的速度履行了她的义务：下午3点，罗马发来电报称，自当日清晨5点30分起，意大利已同苏联处于战争状态。罗马尼亚军队跨过普鲁特河，正在俄国人12个月前入侵的那些省份战斗。马德里打来电话，声称他们正在招募一个志愿者军团加入这场东征。欣喜若狂的海军上将霍尔蒂对这个"振奋人心"的消息兴奋不已，他告诉德国大使，这是他22年来梦寐以求的一天，未来几个世纪，人类会为此而感谢希特勒。希特勒午睡前，匈牙利为履行义务与莫斯科断绝了外交关系，但目前只能做到这一步。对匈牙利深感失望的约德尔将军下午6点打电话给派驻布达佩斯的本国联络官，让他提醒匈牙利人，这可是具有历史重要性的时刻。[126]

一如既往，希特勒和身边的工作人员熬到深夜，聆听东方传来的军事报告。德国空军轰炸了基辅、科夫诺（考纳斯）、塞瓦斯托波尔、摩尔曼斯克、敖德萨和苏联欧洲地区的许多城市，粉碎数十个苏军前进空军基地，并在地面和空中击毁1000多架飞机。北非也传来好消息，隆美尔的非洲军团正在那里进军。这是历时1418天的苏德战争的首日，这场战争给数百万人造成难以言述的苦难和死亡，并给整个欧洲带来灾难。当日早些时候，希特勒致电第51战斗机联队指挥官维尔纳·莫尔德斯中校，祝贺他取得第72个空战战果，并给他的橡叶骑士铁十字勋章授予双剑饰。一周后，驾驶Bf-109战斗机支援古德里安装甲集群的莫尔德斯成为二战期间所有交战国中首位取得80个空战战果的飞行员，追平了曼弗雷德·冯·里希特霍芬在第一次世界大战中的空战记录。[127]

对苏战争开始前令人焦虑的最后几小时，宣传部长戈培尔一直在帝国总理府陪伴希特勒，他在日记中写下了他对这个具有决定性的周日的印象：

1941年6月23日

昨天：酷热难耐的一天。我们的士兵在战斗中不会轻松。莫洛托夫发表了演讲：一通疯狂的咆哮，呼吁爱国精神，自艾自怜的抱怨，他说"我们会赢得胜利"，话语中可以听出他的恐惧。可怜的家伙！……整个欧洲正卷起反布尔什维主义的浪潮。元首的决定引发了所能想象到的最大的轰动。我们发起大规模空袭……在俄国的各座城市，包括基辅……在机场……俄国人的空军力量遭受到极其惨重的损失。他们对蒂尔希特实施空袭，73架攻击机损失了22架。

作战行动正按计划进行……俄国人集结的部队……会遭受与1870年的法国人相同的灾难。俄国人目前只能实施最轻微的抵抗，但他们的空军力量已蒙受可怕的损失：200架被击落，200架被击毁在地面上，还有200架受损。这是相当惨重的损失。

我们很快就会赢得胜利。我们必须尽快获胜。民众的士气有点低落。他们虽然想要和平，但不希望它是失败的结果。每个新战区的出现都令他们焦虑不安……

几乎每分钟都有新报告送来，通常都非常积极。到现在为止已击毁1000架俄国飞机。这真令人震惊……当日所有目标都已实现。到目前为止没有出现复杂情况。我们彻底放下心来。苏维埃政权会像火绒那样燃烧起来……又一次天色已晚。最近几天，睡觉成了件奢侈的事情。[128]

如果说希特勒和戈培尔因战局开始时取得的辉煌战果欣喜若狂[129]，那么，他那些将领同样被武装部队的初期胜利冲昏了头脑。位于柏林南面措森的陆军总司令部当日发生的事情生动地强调了这一点：一直负责制定并完善对苏战争计划的第一军需长弗里德里希·保卢斯中将，向陆军总司令冯·布劳希奇元帅介绍了前线发来的第一批报告，这些报告积极乐观。布劳希奇问保卢斯，他觉得对苏战争会持续多久。保卢斯是个完美的总参军官，对事情的判断通常都很清醒，他预计这场战争会持续6～8周。布劳希奇元帅答道："没错，保卢斯，您说得对，我们需要大约8周时间解决俄国。"[130]

清晨5点30分，根据弗朗茨·冯·李斯特交响主题改编的一首新的俄国号角花彩首次回荡在德国所有的广播电台。戈培尔博士铿锵有力的语调与此刻惊人的现实相得益彰，他在帝国总理府的宣传部办公室宣读了希特勒的《致德国人民的公告》。罗杰·穆尔豪斯在他那部关于战争时期柏林历史的出色著作中写道："这是一份奇特的文件。"[131]公告开头处称："德国人民！国社党员们！数月来我一直焦虑万分，但不得不保持沉默，现在我终于可以对你们开诚布公了。"接下来是对英国长篇累牍、散漫随意的攻讦，长度占这篇公告的一半。希特勒随后把矛头转向苏联，逐一批驳对方的主张和要求，并试图证明德国在东部开辟新战线是一项先发制人的举措。公告的结尾和开头一样，也充满戏剧性：

德国人民！值此时刻，一场军事集结正在进行，其规模之大和数量之多史无前例。纳尔维克的胜利者正在北冰洋与我们的芬兰同志站在一起……德国的东线兵团从东普鲁士延伸到喀尔巴阡山。在普鲁特河岸边，在多瑙河下游到黑海之滨，德国和罗马尼亚将士团结在领袖安东内斯库的领导下。

因此，这条战线的使命不再是保护个别国家，而是捍卫欧洲，从而拯救一切。

所以，我今天决定把德意志帝国和我们民族的命运及未来置于我们的将士手中。

愿上帝在这场斗争中保佑我们！

阿道夫·希特勒[132]

1941年6月22日，柏林

公众对这场突然爆发的对苏战争反应不一。在柏林，官方的公开回应非常坚决，声称"完全信赖我们的国防军，并以冷静和军事决心面对近期的事情"[133]。现实情况截然不同。许多人（特别是那些感到出乎意料的人）满怀震惊地做出反应。[134] 年轻的白俄罗斯移民玛丽·瓦西里奇科夫凭借她的语言技能，幸运地在德国外交部谋得个差事，她知道战争即将来临，可还是被新闻"吓坏了"[135]。20岁的玛丽安娜·米特是赫希菲尔德一家会计事务所的员工，她惊惧地获悉了"巴巴罗萨"行动的开始，并从她公公那里听到可怕的预测。她写道：

> 我们对德国与苏联签订互不侵犯条约是多么高兴啊，可我们没想到这不过是希特勒和斯大林这两个独裁者玩的手段，目的是瓜分波兰并在战争爆发前赢得时间。我们还以为德国与苏联签订的互不侵犯条约能为和平解决整个战争铺平道路。
>
> 与苏联开战的特别声明对我们来说犹如晴天霹雳，我们满怀恐惧地回想起拿破仑的侵俄战争。包括我公公在内的批评者说："我们现在已输掉这场战争。"我们希望这些恐惧不会成真，我们对这场战争给人类带来的苦难一无所知。[136]

但许多普通德国民众也有种如释重负的感觉，因为充满猜测和谣传的几周宣告结束，"德国终于同许多人心目中自己国家最危险的对手开战了。就连没怎么受意识形态影响的人也吸收了30年代初强烈的反苏言论，很难接受德国与曾经挑起战争的莫斯科达成策略性联盟的事实"[137]。A. N. 夫人当日的看法非常典型：

没错，我刚刚打开收音机就听到这个——来自东线的最新报道。这就把我引向无疑每个德国人今天都最为关注的事情。早上打开收音机时，我根本没想到会听到元首的公告，起初我完全无言以对。我认为没人会真的接受德国与苏联之间的友谊。我们都曾怀疑过这是否会顺利进行，我们不相信俄国人。

元首不得不与斯大林打交道，并同他建立友好关系，肯定付出了高昂的代价！今天我彻底清楚地意识到他这番外交行动的全部意图。整件事一直令他牵肠挂肚。你能感觉到这一点。想到这件事，你就会觉得我们太过低三下四了。

我们在战时经济中遭受一点点苦难，我们的烦恼和付出的些许牺牲算得了什么？可我们就是这样，我们的反思真的不够，我们过多地关注个人事务，就这样过日子。

不管怎样，斗争肯定会很艰巨，但长达数周的悬念过后，许多人松了口气。因为不管怎么说，一个像样的军人会期盼战斗和胜利，这样他就可以再次从事他的日常工作。[138]

身处柏林的美国记者哈里·弗兰纳里在他1942年出版的《派驻柏林》一书中，记录下了德国首都这个晴朗、明媚的初夏日的气氛：

没过几个小时，报纸的第一批号外就出现在街头，一如既往，都是单页报纸。《人民观察家报》的头版头条非常典型："在从北角到黑海的战线清算莫斯科的叛徒。克里姆林宫的两面派犹太–布尔什维克统治者为英国的利益而延长战争。"

人们争购号外的速度几乎和它们的出现同样快，自战争爆发以来，德国民众首次表现出短暂的热情。对苏战局是一场深受欢迎的战争，这场战争实际上早已开始。苏联自1933年起就成为德国的主要斥责对象，没有哪个德国人能理解为何要同对方签订条约。他们现在如释重负，并产生一种恍然大悟感。我听到他们在报摊旁和地铁里的谈话。我同他们中的一些人交谈。他们第一次对战争兴奋不已。

他们说："现在我们正与真正的敌人战斗。"[139]

三百万德军将士正把大德意志帝国的边界线向东推进，他们中的大多数人也对苏联持同样的看法。这不足为奇，一个现代化的大规模军事组织，难道不是创造它的社会的有机产物吗？

斯大林和西方面军的反应

1941 年的冬季在莫斯科显得异常漫长，降雪一直持续到 6 月份的第二周。[140]1941 年 6 月 21 日（周六），温暖的阳光出现后，一群群市民朝市内各座公园走去。虽然即将同德国爆发战争的传言令人不安，但苏联首都的官方情绪仍充满信心。就在一周前的 6 月 14 日，塔斯社发布了现在已臭名昭著的公报，坚称德国打算撕毁互不侵犯条约并进攻苏联的传言"毫无根据"。这份公报还试图为德国人沿苏联西部边界日趋明显的集结辩解，称德国军队的调动"肯定是出于同苏德关系无关的动机"[141]。可实际上，苏联政治和军事领导人现在对德国即将发动入侵的越来越大的可能性深感担忧，甚至是恐慌。

6 月 21 日的柏林同样温暖宜人，苏联大使馆的大部分工作人员在波茨坦和万湖公园宁静的环境中休息或游泳。但表象具有欺骗性，因为苏联大使馆这几天一直努力与他们的德国同行展开对话，目的是面见希特勒。可他们接触德国外交部的所有尝试均徒劳无获：希特勒的外交部部长里宾特洛甫当日一大早故意离开柏林，并且指示他的工作人员拖住苏联大使。[142]

在柏林碰壁后，苏联人疯狂地转向德国驻莫斯科大使舒伦堡，下午 6 点把他召到克里姆林宫。情绪激动的莫洛托夫抱怨德国军用飞机不断侵犯苏联领空，另外，他还想知道德国大使馆工作人员和他们的妻子为何突然离开这个国家——这引发了即将爆发战争的传言。德国政府为何没对"热爱和平"的塔斯社公报做出回应？德国对苏联不满（如果确实存在不满的话）的原因何在？舒伦堡的回答没能消除苏联外交人民委员的焦虑。但这位德国大使的确"对德国的意图做出了他最后的暗示，他显然没向国内汇报这一点。他承认（苏联）'提出这些问题合情合理'，可令人遗憾的是，他无法做出回答，因为柏林'把他彻底蒙在鼓里'。莫洛托夫可怜巴巴地抱怨道：'德国政府没理由对苏联不满。'"[143]

当日下午早些时候，斯大林回到克里姆林宫。这座庞大的城堡是欧洲最大的建筑之一，已有四个半世纪的历史，巨大的红色城墙和高大的塔楼威严地笼罩着这座城市。[144] 这位苏联领导者现在清楚地知道，相关事态正迅速脱离他的掌握。从当晚 7 点起，斯大林会见了他的许多亲密伙伴，其中包括莫洛托夫、贝利亚和他的高级将领铁木辛哥、朱可夫。自 6 月初以来，斯大林不断接到关于德国邪恶意图的警告，但他把这些警告视为"挑拨离间"。他现在获知，一名德国逃兵越过边界并告诉当地苏军指挥员，战争会在 6 月 22 日爆发，换句话说，再过几个小时就要发生了。[145]

虽然斯大林对此深感担心，可他还是无法勇敢面对即将到来的灾难，甚至考虑过德国将军故意派逃兵"挑起战争"的可能性。尽管如此，斯大林在与国防人民委员铁木辛哥和总参谋长朱可夫长时间讨论后，终于下达指示，命令武装部队进入一级战斗准备。这道第 1 号命令由苏联国防人民委员签发，部分内容是："1941 年 6 月 22 日到 23 日，德国人可能在列宁格勒军区、波罗的海沿岸特别军区、西部特别军区、基辅特别军区和敖德萨军区正面实施突然袭击。我军的任务是：不受任何挑衅行为影响，以免问题复杂化。"[146] 这道内容矛盾而又混乱的命令继续规定，6 月 22 日凌晨，"隐蔽占领国境筑垒地域各发射阵地，"所有飞机"应分散并加以周密伪装"，"所有部队……在不召集补充兵的情况下进入战斗准备"。[147]

这道命令加密后在午夜后的某个时刻下达给各军区司令部。[148] "由于德方破坏者谨慎而又有效的封锁……红军边防部队没有收到斯大林的命令。他们位于内陆的指挥部倒是收到了，可时间已是凌晨 3 点。不出朱可夫和铁木辛哥所料，这道指令造成了极大的混乱。指挥员应该期待什么，边境冲突还是战争？如果要求他们不受挑衅的影响，他们应该做出应对吗？"[149]

领导人做了他所能做的事，或至少是他愿意做的事，同莫洛托夫和贝利亚讨论一番后，斯大林在夜间 11 点满怀信心地返回莫斯科郊外的别墅。但要求部队进行战斗准备的命令并没有让铁木辛哥和朱可夫感到宽慰，两人返回国防人民委员部，在那里警惕地等待着。午夜前后，他们获悉德军某步兵师另一名逃兵游过边界河流，告知国家安全人民委员部（NKGB）边防警察，德军会在清晨 4 点发起进攻。回到郊外别墅的斯大林立即接到了这个消息，但他不为所动，而且上床睡觉了。[150]

在此期间，由于边界线德国一侧出现不祥的频繁活动，负责保卫西部边境的苏军各指挥部越来越不安。波罗的海沿岸特别军区参谋长报告："德国人已完成（涅曼河上的）桥梁的构建工作……当地居民得到的建议是，疏散到边界线20公里外。"苏联第3集团军司令员 V. I. 库兹涅佐夫中将发来的另一份报告称，德国人在一条边界通道上肃清铁丝网，该地区的树林中大量引擎的轰鸣声清晰可辨。斯大林当晚返回郊外别墅前，已收悉这些和另一些类似报告。[151]

但并非所有人都心存不安。西部特别军区几小时前改编为西方面军，司令员 D. G. 巴甫洛夫大将此时在边界线以东250公里的明斯克剧院观看一场爱国音乐剧。尽管德国军队沿边境不断集结，德军侦察机持续侵犯苏联领空，可是斯大林已命令他的指挥员不必担心，巴甫洛夫认为自己的职责是展现出冷静。午夜前，巴甫洛夫的情报主任来到剧院包厢，低声告诉他的上司，德国人正把更多部队调到边境。为避免德方可能实施的挑衅，巴甫洛夫粗暴地驳回了这番警告："屁话，这根本不可能！"[152]可是，就在巴甫洛夫将军欣赏演出时，德军指挥官正在宣读希特勒发给东线将士的公告，"遮光电筒的微弱光线照亮了簇拥在他们身边的一群群士兵"[153]。

巴甫洛夫手下的第4集团军司令员 A. A. 科罗布科夫中将此时在科布林剧院欣赏广受欢迎的轻歌剧《吉卜赛男爵》。他知道自己的上司希望所有人保持冷静，而科罗布科夫是个恪尽职守的军人：如果巴甫洛夫去剧院，他也会这样做。尽管如此，他还是觉得心烦意乱，无法尽情享受这场娱乐。傍晚时，科罗布科夫打电话给西部特别军区参谋长克利莫夫斯基赫少将，报告德国人已进一步靠近边境，并要求批准他命令部队进入战斗阵地：

> 克利莫夫斯基赫称这种要求不可能获得批准。令科罗布科夫深感宽慰的是，他得以早早离开剧场。11点左右，克利莫夫斯基赫来电话，告诉他立即去自己的司令部，并在那里彻夜保持警惕。与他们无忧无虑、毫无戒心的老板（巴甫洛夫）不同，克利莫夫斯基赫的头脑很敏锐，感觉情况有异后，立即悄然采取预防措施。

仍被禁止向部队下达任何指令的科罗布科夫把参谋人员召集起来。这些军官在司令部的一个个房间来回走动，低声讨论相关情况，试图确定突然召集他们是否意味着战争爆发。驻扎在边境的各个师和边防部队继续报告布格河德国一侧的异动。[154]

凌晨 2 点，科罗布科夫接到边境城镇布列斯特 - 立托夫斯克打来的电话。那里似乎停了电，自来水供应也中断了。几分钟之后，第 4 集团军司令部所在地科布林也"陷入黑暗"。30 分钟后，这位将军意识到，他与巴甫洛夫司令部和沿边境部署的部队之间的通信已被切断。[155]

凌晨 3 点 30 分，国防人民委员部的一部部加密电话开始响个不停，一份份报告表明整个边境遭到德军猛烈炮击。朱可夫立即打电话给郊外别墅的斯大林。斯大林起初沉默不语，朱可夫只听到他沉重的呼吸声。尽管朱可夫提出忠告，可斯大林拒绝批准对抗措施。一个小时之内，朱可夫和铁木辛哥匆匆赶往克里姆林宫。到达那里后，他们看见"脸色苍白"的斯大林"坐在桌旁，手里握着装满烟草的烟斗"[156]。和他在一起的还有莫洛托夫、内务人民委员部负责人贝利亚和苏联元帅 K. E. 伏罗希洛夫。伏罗希洛夫这位前国防人民委员曾开设舞蹈课，要求红军指挥员必须学习。[157] 斯大林显然"不知所措"，但他坚持认为这一切可能仅仅是"德国军官的蓄意挑衅"。历史学家加布里埃尔·戈罗杰茨基写道：

铁木辛哥试图让他面对现实，可斯大林不为所动，也没有理会铁木辛哥坚称这不是一起局部事件，而是德国人沿整条战线发动全面进攻的说法。固执己见的斯大林指出："如果有必要组织一场挑衅，那么德国将军也会轰炸他们自己的城市。"沉思片刻后他又补充道："希特勒肯定不知道这些情况。"[158]

莫洛托夫随后召见舒伦堡，后者向苏联外交人民委员"表达最深切的遗憾"，因为他的政府觉得有必要采取"军事措施"，以应对苏联军队沿东部边境的集结，但斯大林仍拒绝排除德国只是企图对苏联进行政治讹诈的可能性。直到当日清晨 7 点 15 分，部署在西部的苏军各集团军才奉命实施"纵深作战"，立即"歼灭敌军"，红空军则会在行动中发挥决定性作用，负责扰乱边界线以外 100～150公里纵深内的敌地面和空中力量。但数百架德军战斗机、轰炸机和驱逐机展开的精准行动已给红空军造成破坏，因此，第 2 号命令根本没有得到执行。[159]

俄罗斯历史学家康斯坦丁·普列沙科夫从苏联视角精彩地叙述了"巴巴罗萨"行动"悲惨的头十天"，他深刻地描绘了战争爆发时，包括平民和军人在内的苏联国民的所见所感：

首先传来的是战争的声音。居住在西部边境的人，拂晓时被震耳欲聋的剧烈爆炸声惊醒，持续不断的炮击震颤着地面和建筑物。有人认为是地震。这种错误的判断可以理解——大多数匆匆穿上衣服的男男女女从未经历过地震，也没经历过战争。

另一些声音接踵而至——地震绝对不会引发这些声音。司号员吹起号曲，指挥员喊道："警报！警报！快出去！"偶尔传来歇斯底里的嚎叫："这是战争！"

刚刚离开兵营或帐篷跑到外面的军人随即听到一种不同的声音。这种噪音非常近，很难描述，但显然具有致命性，这是弹片呼啸而过的嗡嗡声。看不见的钢片听上去犹如活物，就像一群蝗虫。一名年轻的中尉写道："某些东西嗡嗡作响地飞过，撞上沙子后安静下来。"

军人们适应了这种声音后，注意到了火焰。昏暗的光线下，星罗棋布于地平线上的一簇簇火焰跳跃着、闪烁着、爆燃着、舞动着、蔓延着。它们在树林中看上去特别阴险，而在城市里更具破坏性。

拂晓的空气中，德国人的飞机依稀可辨。黑色的紧密包裹从弹舱落下——是炸弹，或称之为"铅冰雹"，就像它们在地面上炸开时的情形。孩子们爬到树上，以便更清楚地看见这些攻击中的战机，可这并没有让他们看得更真切。有人回忆道，这就像"看电影"。

升起的太阳抑制住火焰发出的炫光，地面上腾起黑黢黢的浓烟。阳光揭示出毁灭的迹象：尸体倒在地上，建筑物沦为一堆堆冒着烟的废墟，烧毁的车辆散落在街头，炸弹造成的弹坑清晰可见。父母遮住孩子的双眼，匆匆护送他们离开城镇，以免他们目睹这场屠杀。大部分边境地带靠近一条河流，有人觉得河水似乎已变成棕红色，当然这可能只是他们的想象。

几乎所有人都注意到震惊制造的一种奇特副产品：许多人对些许损失或某个微不足道的问题担心不已。一名边防警卫渡过布格河时被德国人的弹片溅了一身，他却大声抱怨丢了军帽。另一名士兵困在边境一座炮台里，他突然掏出共青团员证[160]，抱怨明明交了6月份的团费，上面却没有盖章证明。人们经常发现自己专注于某些与他们的生存全然无关的东西，就像一群白嘴鸦盘旋在它们曾经筑巢，现在已被砍伐的树木上。[161]

苏联第4集团军司令部设在科布林，派去修理通信线路的士兵报告，数百英尺电报线被切断。凌晨3点30分，科罗布科夫终于联系上了明斯克的西方面军司令部，他接到指示：部队进入战斗警戒。科罗布科夫和他的工作人员挤在司令部的地下室里，借助煤油灯的微弱光线，竭力与麾下部队取得联系，以便命令他们进入战斗岗位。没等他采取措施，步兵第42师就报告，布列斯特遭到攻击。15分钟后（4点30分），某航空兵师师长大声叫嚷着冲入司令部，称德国轰炸机正在摧毁他的机场。没等他说清情况，剧烈的爆炸就让房屋震颤起来，随后传来飞机引擎的嗡嗡声。曾在西班牙战斗过的指挥员立即辨别出这种声音——容克斯轰炸机显而易见的轰鸣声。敌机投弹完毕后，科罗布科夫命令赶紧撤离这座建筑。可没等司令部人员从保险柜里取出重要文件，德国空军再度袭来。几秒钟后，第4集团军司令部笼罩在烟雾、火焰、尘埃中，幸免于难的苏军指挥员隐蔽在一条壕沟里。[162]

第4集团军司令部被炸毁前不久，身处明斯克的巴甫洛夫将军接到第3集团军司令员库兹涅佐夫中将令人不安的电话。他说德国人正在轰炸格罗德诺，这是别洛斯托克突出部北端的一座重要城市。集团军的通信被摧毁，库兹涅佐夫已无法同麾下部队保持联系。震惊不已的巴甫洛夫回答道："我不明白究竟发生了什么事。"[163]

这就是1941年6月22日这个周日的情况。面对冯·博克元帅中央集团军群势不可挡的猛烈冲击，巴甫洛夫西方面军的指挥控制几乎立即陷入瘫痪。"巴巴罗萨"行动刚刚开始，科罗布科夫的第4集团军司令部就被摧毁，根本没能同上级或下属指挥部门建立可靠的联系。尽管库兹涅佐夫第3集团军和戈卢别夫第10集团军"与巴甫洛夫的司令部保持着脆弱的无线电通信，可它作为指挥机构几乎已无法发挥作用"[164]。导致问题更加严重的是，红军军官团不信任无线电通信，"在一个痴迷于控制的社会中，他们觉得无线电通信太过脆弱"。

由于这种不信任，各军区添置无线电器材的进程相当缓慢，并对是否使用这些设备犹豫不决。当然，每个无线电网络都有专用操作和预留频道，每部电台都有自己的呼号。战时频道和呼号与平素使用的不同，司令部人员知道把这些频道和呼号下达给集团军辖内直至营级的部队需要一周时间，但出于"安全原因"，这些呼号没有提前告知部队，这就意味着红军6月22日无法使用无线电台。

他们错误地认为有线通信更加可靠。实际上，只有方面军司令部附近的最后几英里电缆埋入地下。数百英里的电报线，大多悬挂在沿公路和铁路排列的电线杆上——这对希特勒的突击队来说是显而易见、唾手可得的目标。破坏分子瘫痪一个师，所要做的仅仅是在靠近该师师部的公路上切断100英尺电缆。

电报线6月21日晚没有得到任何保护，这种疏忽不啻犯罪。军队或警察、朱可夫或贝利亚、当地驻军指挥员或警察局长都没有费心采取最明显的预防措施。[165]

巴甫洛夫将军不是个具有战略眼光的人，他不知道博克的最终目标是什么，并"在痛苦中度过6月22日，奔波于各部队之间，徒劳地试图弄清发生了什么情况"[166]。可由于德军的突击破坏了苏军通信线，巴甫洛夫无法联系上麾下大多数将领。他所知道的是，为他提供支援的空军力量已不复存在——德国人发动进攻时，已把大部分苏军战机击毁在机场上。苏德战争头几个小时，西方面军损失了数百架飞机，德国空军牢牢控制住天空。

为稳定摇摇欲坠的前线，巴甫洛夫命令他的副手 I. V. 博尔金中将飞赴别洛斯托克附近的第10集团军司令部并组织一场反突击。博尔金飞越遍布德军战机的空域，设法赶到戈卢别夫的司令部，所谓的第10集团军司令部不过是简易机场旁一片小树林里的两顶帐篷。虽然电话线遭破坏、不断受到无线电干扰、德国阿布维尔（谍报与反谍报机构）特工小组在后方制造混乱，但第10集团军司令员一直竭力组织抵抗。直到6月23日，他才设法以机械化军按照战前计划发起进攻。可是没过几天，除少数散兵游勇设法逃出德军包围圈外，他这个集团军就不复存在了。[167]

如果说巴甫洛夫对前线的灾难的实际情况知之甚少，那么，莫斯科对此更是全无了解。实际上，前线的情况远比克里姆林宫或国防人民委员部认为的更加糟糕，结果一连串毫无希望的反突击命令下达给了已然覆灭的兵团。当晚 21 点 15 分，斯大林和铁木辛哥下达第 3 号命令，要求沿整条东部战线展开一场全面反攻。具体说来，西北方面军和西方面军奉命投入进攻，包围并歼灭德国北方集团军群，西南方面军对德国南方集团军群遂行同样的进攻。西方面军还奉命遏制博克中央集团军群沿华沙—明斯克方向的推进。历史学家杰弗里·罗伯茨评论道：

这道指令大致符合红军在发生战争的情况下展开反攻的战前计划。它表明斯大林和最高统帅部满心指望红军能够应对德国的进攻并遂行自己的战略任务，包括对德国领土展开一场卓有成效的反入侵。实际上，从第 3 号命令可以看出，他们认为红军两天内会在东普鲁士和波兰南部实现初步目标。[168]

6 月 22 日晚，巴甫洛夫和他的参谋长向莫斯科报告，方面军辖内第 3、第 10 集团军被敌人击退，但退却幅度可以忽略不计。他们向上级保证，第 4 集团军"估计正在梅利尼克—布列斯特–立托夫斯克—弗沃达瓦一线战斗"。巴甫洛夫对前线情况几乎一无所知，他已失去对麾下诸集团军的控制，现在只能汇报"他的估计"[169]。

夜晚为苏联边境指挥部辖内部队提供了短暂的喘息之机，也使红军总参谋部于 22 点完成了第一份作战摘要。已故的约翰·埃里克森写道："（这份摘要）丝毫没有提及情况的紧迫性，而是充满自满和无知的膨胀。"摘要中写道：

德国陆军正规部队 6 月 22 日对苏联边防军队展开作战行动，在许多地段取得的战果微不足道。当日下午，随着红军野战力量先遣部队到达，德军沿我方前线大部分地段实施的进攻被击退并蒙受了损失。[170]

下午早些时候，斯大林认为他的前线指挥员"无法胜任"——"我们的各方面军司令员……显然有些惊慌失措"。他决定派几名高级将领作为统帅部代表赶赴各方面军，弄清情况并提供协助。这些被选中的将领（朱可夫也在其中）当晚离开莫斯科，前往各自的目的地，他们要去那里亲眼观察德国人取得了哪些"微不足道的战果"：

就连急躁、傲慢的库利克[171]也对他在前线见到的情况震惊不已。但朱可夫将军几乎不抱任何幻想：他现在和西南方面军在一起，飞赴基辅期间，机组人员为他提供了茶水和三明治。6月22日晚，他从目前负责总参谋部工作的瓦图京[172]处获悉，总参谋部缺乏关于苏军和德军实力及动向的"准确消息"，不了解损失情况，也无法与波罗的海和西部军区的库兹涅佐夫[173]、巴甫洛夫取得联系。尽管如此，斯大林仍坚持下达第3号命令，并在朱可夫缺席的情况下签上他（红军总参谋长）的名字。[174]

接下来几天，顽固的斯大林和铁木辛哥坚持贯彻第3号命令[175]，可由于迅速变化的情况超出他们的掌握，这道指令早已变得无关紧要。朱可夫的技能、经验和冷酷无情起到了决定性作用，为西南方面军沿他们的战线展开大规模坦克反突击的初步成功做出贡献。除此之外，各条战线都陷入灾难。截至6月23日，前进中的德军装甲力量在西北方面军与西方面军之间撕开的危险缺口已拓宽到100多公里。[176]德国人击溃、包围、歼灭保卫边境的苏联各集团军，他们的装甲力量六天内越过边界线250多公里，隆隆驶入明斯克。红军在"巴巴罗萨"行动最初几天遭受的灾难，也就是巴甫洛夫西方面军的崩溃和瓦解，使斯大林"大发雷霆"[177]。他很快会清算他认为应该对这场灾难负责的人。

德国空军大发淫威

德国空军3点15分发起第一波突击，精心挑选的机组人员驾驶30架亨克尔 He-111 和道尼尔 Do-17Z 轰炸机，对中央集团军群战线前方选定的苏军歼击机基地发动低空攻击，投下数百枚 SD-2 小型杀伤弹。这些2公斤的炸弹在一排排苏军战机中炸开，停在地面上的飞机紧密排列，人员帐篷搭设在附近。毕竟这是和平时期，这些飞机既没有伪装也没有分散。接二连三的爆炸很快吞没了一排排战机，机身被撕裂，油箱被炸穿并产生一个个火球，一股股黑色浓烟腾入拂晓的空中。由此造成的混乱使地勤人员不知所措，他们竭力灭火，但这番努力因定时引信而失败。各基地没有接到上级部门的指示，只能尽力应对。[178]

太阳升起后，跟随这些初步突袭而来的是德国空军的主力打击力量，由数百架中型轰炸机、俯冲轰炸机、战斗机和驱逐机组成。[179] 天气非常理想，温暖晴朗，万里无云。中央战线上的空中突击由凯塞林元帅的第2航空队遂行：第2航空军在华沙—布列斯特 – 立托夫斯克—登布林地域展开行动，第8航空军从苏瓦乌基三角区发起攻击，两个航空军共计近1000架作战飞机。第8航空军参谋长洛塔尔·冯·海涅曼上校在战后为美国空军所做的研究描述了他这一地段的作战行动：

> 最初发起的进攻非常及时。天气晴朗，个别雾团没给任何部队造成妨碍，仅在某些低洼地域稍有些朦胧。进攻初期阶段，城镇和乡村就像和平时期那样灯火通明，这使确定目标更加容易。部分对敌机场的攻击任务在泛光灯照明下顺利完成。我方部队彻底达成突然性。敌人的防御行动几乎没造成任何显著影响，即便发挥作用也只是在主要突袭已完成后。[180]

虽说德国空军的主要目标是粉碎苏军空中力量并沿整条战线建立空中优势，但他们也在进攻初期对各种目标施以打击。除至少31座机场外，这些目标还包括：火车和有轨电车（德国人用燃烧弹摧毁满载燃料的车辆）、油料和谷物仓库、燃料堆栈、营房和掩体。疑似红军高级指挥部的地点也遭到空袭——包括苏联第4集团军司令部在内，进攻开始后不到一个小时它们就被炸毁。第8航空军的"斯图卡"俯冲轰炸机对坦克、汽车、桥梁、野战工事、炮兵和防空部队驻地实施精确打击，而德国轰炸机则沿中央方向展开行动，朝别洛斯托克、格罗德诺、利达、沃尔科维斯克、布列斯特 – 立托夫斯克、科布林（第4集团军司令部驻地）投下炸弹。[181]

海因茨·克诺克少尉是第52战斗机联队的一名Bf–109战斗机驾驶员，到当日中午，他已执行了四次战斗任务，用他那架"埃米尔"机腹下的一个挂架投下SD–2杀伤弹，并从距离地面仅6英尺的高度扫射苏军阵地。克诺克和他的战友对彻底消灭苏联人的机会充满热情，他们遭遇大股苏军队列，对方的"险恶"用意给他们留下了深刻印象：

> 飞行员报告时，联队长见到一张张笑脸。我们一直期盼……采取这种行动。我们的感觉并不完全是仇恨，还有一种彻底的蔑视。真正令我们满足的是把对方踩到泥泞中，那才是他们该去的地方……
>
> 新作战令已下达。我方侦察机发现俄国人的运输队列正沿格罗德诺—济托米亚—斯基德尔—什丘琴公路向东后撤，我军坦克紧追不舍。我们的任务是为他们提供支援，轰炸、扫射退却中的俄国人。
>
> 10点07分在"斯图卡"伴随下起飞（这是克诺克少尉当日出动的第四个飞行架次），他们即将对同一地区的苏军炮兵阵地实施俯冲轰炸。
>
> 我们很快到达格罗德诺。各条道路上挤满俄国军队。我们渐渐明白了最高统帅部突然下令发动突袭的原因。我们开始意识到俄国人进攻德国的准备程度。我们刚刚破坏了俄国人计划全面入侵德国，进而控制整个欧洲的时间表。[182]

第2"斯图卡"联队，即"伊梅尔曼"联队的飞行员汉斯-乌尔里希·鲁德尔也对"巴巴罗萨"行动的"预防"性质深感震惊。他后来评论道：

> 飞行第一个架次时我就注意到边界线上的无数筑垒工事，这些野战工事深入俄国境内数百英里，部分地带仍在施工。我们飞过一些半完工的机场，这里有一条混凝土跑道正在修建，那里有几架飞机停在一座小型机场上……我们就这样飞过一座座机场，一个个支撑点，有人说："我们（率先）发起进攻是件好事。"……看上去俄国人的意图似乎是做好这些准备工作，以此作为入侵我们的一个基地。俄国向西进攻还会对付谁呢？要是俄国人在这里完成他们的准备工作，那么在任何地方都没有阻挡住他们的希望。[183]

战争首日，鲁德尔在中央战线的格罗德诺与沃尔科维斯克之间飞了四个架次。他在战争期间执行了2500多次战斗飞行任务，共击毁红军519辆坦克（根据东线外军处1943年11月的计算，这是苏联坦克月产量的三分之一），还在列宁格勒城外港口内击沉了苏联"马拉"号战列舰。[184]

苏军歼击机起初不愿卷入空战，遭到射击时往往在很远的距离就转身飞走。[185] 但苏军轰炸机力量（至少是那些遭到德军初步打击后残存下来的轰炸机）面对看似胜利无望的战斗，经常展现出令人钦佩的勇气。当日和接下来几天的许多德方记述称，一波波苏军轰炸机在没有空中掩护的情况下排成紧密战术编队向西飞去[186]，对德军阵地实施轰炸。大批升空迎战的 Bf–109 战斗机或准确的高射炮火把这些轰炸机组成的一个个中队击落。凯塞林目睹了这场战斗，并称之为"纯粹是屠杀婴儿"[187]。德国士兵敬畏而又着迷地看着苏军轰炸机从空中坠落。第 4 集团军第 137 步兵师作战参谋迈尔 – 德特林中校的记述很有代表性：

> 德国空军的一个个联队和第一批德国步兵开始向东而去。敌人的首个轰炸机中队中午前后出现。他们慢慢逼近桥梁，立即遭到我方战斗机和各种口径高射炮的拦截！敌机无一幸免，一架接一架起火燃烧，然后坠向地面——这是德军占有优势的第一个令人信服的证据。[188]

第 45 步兵师的天主教神父鲁道夫·克舍普夫不仅见证了德军对布列斯特 – 立托夫斯克要塞的冲击，也目睹了苏军一个轰炸机编队的覆没和机组人员的狂热：

> 清晨的天空活跃起来。大批俄国战机逼近边境地域，但遭到我方战斗机拦截，后者已彻底控制整个天空，敌机被迅速击落，敌飞行员的数十具降落伞飘荡在蓝天中。一起小事件说明就连俄国飞行员也满怀狂热地从事战斗。一名跳伞的俄国人落在营急救站前方约100米处，我刚好在急救站。由于他没有站起身，我们认为他肯定负了伤。两名医护兵带着担架跑过去为他提供救助，可他们靠近时遭到冲锋枪射击，不得不就地隐蔽。这名俄国飞行员端着武器，拒绝了我们的医疗救助。[189]

德国人声称，截至当日中午，他们沿整条战线击毁 890 架苏军战机，其中 222 架毁于空战或高射炮火，668 架被击毁在地面上，德国空军仅损失 18

架飞机。[190]当日下午晚些时候，西方面军空军司令员伊万·伊万诺维奇·科佩茨少将因为不堪忍受这场迅速发展的灾难而自杀身亡。方面军发给总政治宣传部的电报中称，科佩茨"怯懦"的自杀归因于"个人失败和航空力量相对严重的损失"[191]。记者亚历山大·沃斯的生动叙述更好地说明了战争首日德国空军的突袭给苏军造成的混乱，他在经典著作《战火中的苏联》一书中描述了 I. V. 博尔金将军竭力赶往别洛斯托克郊外第 10 集团军司令部的经历。如前所述，西方面军副司令员博尔金将军奉命飞赴该集团军司令部，协助司令员戈卢别夫将军组织反突击。飞往目的地途中，博尔金乘坐的飞机被一架 Bf-109 战斗机射中 20 发子弹，但设法安全降落在别洛斯托克以东约 30 公里的一座机场。几分钟后，9 架德国战机飞抵机场上空，随心所欲地投下炸弹，因为这里没有高射炮实施还击。几辆汽车和博尔金的飞机被炸毁。[192]

博尔金征用了一辆小卡车，和另外几名官兵挤入车内动身出发，他坐在司机身旁。经过一段看似永无止境的颠簸后，终于到达通往别洛斯托克的主干道。透过汽车挡风玻璃，他看见 15 架德国轰炸机从西面飞来。后来他回忆道："这些敌机飞得很低，带有一种挑衅般的傲慢，仿佛我们的天空属于他们。我清楚地看见飞机机身上绘有纳粹反万字标志。"此后不久，他拦住一群朝相反方向踉跄而行的工人：

我问他们："你们要去哪里？"

他们回答道："去沃尔科维斯克。"

我又问："你们是什么人？"

一位看上去疲惫不堪的年长者答道："我们一直在修筑工事，可我们工作的地方已沦为一片火海。"

这些人似乎不知所措，根本不知道自己要去哪里，也不明白为何要去。

我们随后遇到几辆汽车，为首的是一辆吉斯-101，一株叶兰的宽大树叶从一扇车窗伸出。这是某位地方高级官员的座车。车内坐着两名妇女和两个孩子。

我说："这种时刻，你们肯定有比叶兰更重要的东西运送。你们也许该带上些老人和孩子。"妇女们低下头沉默不语，司机也羞愧地转过头去。[193]

无处不在的德国飞机随后赶到，用机枪对博尔金的卡车扫射了几轮：

> 司机身亡，我及时跳出汽车，因而侥幸逃脱。可除了我的副官和一名通信员，其他人悉数阵亡……我注意到那辆旧吉斯–101停在一旁。我走上前去，妇女、孩子和司机都已丧生……只有那株叶兰的长青树叶仍伸向车窗外。[194]

到达别洛斯托克后，眼前的场景让博尔金想起但丁的《神曲》或另一些关于地狱的寓言，该镇彻底陷入混乱。在火车站，一列挤满疏散人员、妇女和孩子的列车被炸弹命中，数百人丧生。黄昏时，博尔金到达第10集团军司令部——别洛斯托克郊外一片小树林里的两顶帐篷，那里只有一张桌子和几把椅子。博尔金获悉，由于电话线被炸断、无线电通信不断受到干扰，戈卢别夫将军一直无法联系上明斯克的方面军司令部。当日发生的事件令第10集团军司令员深感震惊。他告诉博尔金，为防范敌人从南面迂回，他已沿库列茨河展开机械化第13军。这位司令员接着说道："但是，伊万·瓦西里耶维奇，您是知道的，我们各个师的坦克数量很少。您能指望这些老旧的T–26坦克做些什么，打打麻雀倒是够了。"[195]戈卢别夫还说，战机和各军的高射炮都无法投入战斗，已被德国人的空中突击粉碎。另外，德国人显然通过间谍获知了集团军燃料仓库的位置，德国空军在入侵最初几小时内就把这些仓库悉数炸毁。骑兵第6军军长尼基京将军随后赶到，据他报告，他的部下击退了敌人最初的进攻，但在空袭中折损大半，幸存者撤入别洛斯托克东北面的一片树林。[196]

他们最终同明斯克的方面军司令部联系上了。西方面军司令员巴甫洛夫将军与博尔金交谈，蛮横地要求当晚发起反突击。博尔金提出反对意见，称第10集团军已被粉碎。巴甫洛夫似乎犹豫了片刻，但很快强调道："这是我的命令，您必须执行。"不过，当晚并没有实施这场反突击。[197]

德国空军各部队当日执行4～8次飞行任务，具体次数取决于进攻编队由轰炸机、俯冲轰炸机还是战斗机构成，德军飞行员在未来数日和数周保持着这种非同寻常的作战强度。马丁·范克勒韦尔德指出，这些惊人的数字"归因于战机的简易性，通常较短的飞行距离，卓越的地面组织保障（包括一种专门研发的设备，可同时为9架飞机加注燃料）和机组人员无与伦比的决心"[198]。

因此，即便保守估计，凯塞林拥有近 1000 架作战飞机的第 2 航空队，仅 6 月 22 日一天就至少出动了 4000 个架次。

战果超出德国空军领导层最殷切的期望。德国空军总参谋部作战处处长奥托·霍夫曼·冯·瓦尔道少将在日记中称"彻底实现了战术突然性"，并预计"会取得圆满成功"。[199] 据德国官方估计，到当日午夜，苏联空军已损失 1811 架飞机，其中 322 架在空中被战机或高射炮击落，1489 架被击毁在地面上。[200] 红空军的损失中，有 900 多架是德国第 2 航空队的作战行动所致[201]，可见，对苏战争首日，德国空军在中央集团军群作战地域成功获得了完整的空中优势[202]。次日日终前，据报又击毁 800 架苏军战机，德国空军已沿 1200 多公里的整个东线获得完整制空权，或至少是空中优势。[203]

正如历史学家威廉姆森·穆雷正确评论的那样，无论德国空军是否真的击毁了这么多飞机，有一点不可否认："红空军遭到了重创，能令这场灾难黯然失色的唯有地面作战行动。"[204] 凯塞林在回忆录中解释了这场辉煌空中胜利的重要性：

> 多亏空军战术规划和空军各部队通过付出不懈努力进行的出色航拍侦察，这使德国空军得以在两天内取得制空权。在空中击落和在地面击毁的飞机数量已达 2500 架，帝国元帅戈林起初不相信这个数字。德国军队夺取相关地域后，他验证了这些数字后不得不告诉我，实际数量还要多出 200~300 架。我认为不必冒险得出错误的结论，我可以放心地说，没有这个前奏，地面行动无法如此迅速或如此成功地取得进展。[205]

德国空军 6 月 22 日取得了无与伦比的战果，这是"有史以来在两支空军的 24 小时较量中取得的最大战果"[206]，但他们也为此付出了高昂的代价。历史学家的传统观点是，德国空军当日因各种原因损失的飞机只有 35 或 36 架[207]。但 2003 年出版的一部关于 1941 年东线德军战斗机部队的著作，以令人信服的证据表明，德国空军 6 月 22 日损失的战机实际是上述数字的两倍多，确切地说是 78 架。作者引用了德国空军一份详细的内部报告[208]，在书中提供了他们的飞机损失数（这些"注销"的飞机，受损度从 60% 到 100% 不等）：

德军的飞机损失[209]

（1941年6月22日）

Bf-109	24架
Bf-110	7架
Ju-88	23架
Ju-87	2架
He-111	11架
Do-17	1架
其他	10架
共计	**78架**

其中 61 架飞机毁于苏军的行动，10 架"因其他原因折损"。机组人员的损失也很大，113 人阵亡或失踪，4 人被俘，还有数十人负伤。另外，有 89 架飞机受损，损坏程度从 10% 到 59% 不等。[210] 鉴于"巴巴罗萨"行动发起时，德军东部空中力量只有 2255 架作战飞机，6 月 22 日的损失意味着严重消耗。事实上，德国空军当日的损失超过总作战力量的 3%，从数字上看，这代表自 1939 年 9 月战争爆发以来最大的单日损失。[211] 值得注意的是，360 架可用的 Ju-87"斯图卡"6 月 22 日多次出动，每架飞机执行 7 ~ 8 个架次的任务[212]，但只损失了 2 架。

1941 年 6 月 22 日午夜——最初 21 个小时

1941 年 6 月 22 日这个周日，一支可怕而又凶残的大军跨过苏德边界，最终决定性地塑造了未来数十年的世界历史。但就突然卷入战争旋涡的数千万军民而言，他们关心的东西无疑更直接，也更狭隘。德国陆军总参谋长弗朗茨·哈尔德将军在日记中称，当日的战果不仅令人相当满意，还具有真正的洞察力：

进攻首日的整体情况如下：

德国的进攻完全出乎敌人意料。敌军没有为防御实施战术展开。边境地区的士兵广泛散布在他们的营房里。边境防御基本上较为薄弱。

由于这种战术突然性，敌人在边境的抵抗虚弱而又混乱，我们在各处顺利夺得边境河流上的桥梁并突破边境附近的敌防御阵地（野战工事）。

从最初的震惊中恢复过来后，敌人迅速投入战斗。许多例子证明，他们的战术退却无疑沦为混乱后撤，但没有迹象表明他们企图实施战役退却。

当然，没有战役上的退却也可能是如下这些原因导致的：敌人的一些指挥部丧失了作用，例如别洛斯托克[213]和另一些地段已失去从上层实施控制的能力；除此之外，这种震惊让俄国统帅部在最初几天无法确切了解相关态势，从而做出目光深远的决定；最重要的是，他们的指挥机构太过繁复，无法迅速变更作战部署应对我方进攻，所以俄国人不得不在既定展开地域从事战斗。

我们的各个师已在整个进攻正面把敌人逼退10～12公里，为我的装甲力量打开了通道。[214]

北方集团军群作战地域，冯·莱布元帅的各突击师也完全取得了战术突然性。这一点更令人惊讶，因为德军大批部队、坦克和车辆跨过涅曼河下游到达集结地域的行动根本无法荫蔽，更不必说"显眼的"架桥活动了。[215]1个装甲集群和2个步兵集团军沿一条狭窄战线挺进，莱布的军队突破苏军部分防御的阵地，深深楔入苏联领土，挫败了对方的防御计划，并在各处散布混乱。杰出的装甲兵将领埃里希·冯·曼施泰因率领第56装甲军一马当先。该军的坦克拂晓时跨过东普鲁士边界攻入立陶宛。当日下午晚些时候，曼施泰因麾下的第8装甲师在考纳斯西北面到达杜比萨河并夺得了河上至关重要的阿廖加拉高架桥。该军已取得80多公里进展，是6月22日所有德军部队中挺进得最为深远的一股力量。[216]

右翼，格尔德·冯·伦德施泰特元帅的南方集团军群作战地域内，埃瓦尔德·冯·克莱斯特大将的第1装甲集群隆隆渡过西布格河，沿苏联第5、第6集团军结合部朝罗夫诺方向迅速突破。但南方的战斗十分艰巨：西南方面军司令员M. P. 基尔波诺斯上将已纵深展开诸集团军，防御阵地上布满精心伪装的碉堡、重型野战火炮和巧妙的障碍物。苏方曾预料德国军队的主要突击目标是乌克兰（夺取那里的粮食，最终获得顿巴斯的煤和高加索地区的石油），因此西南方面军的战斗序列编有8个机械化军，近4300辆坦克——包括750多辆新式 KV 和 T–34 坦克。接下来几天，基尔波诺斯竭力实施斯大林第 3 号命令要求的主要反突击，这使他庞大的坦克力量与克莱斯特装甲集群相撞，引发自二战爆发以来规模最大的一场坦克战。[217]

中央地区，冯·博克元帅中央集团军群的突击力量沿 500 公里长的战线突破苏联边境防御，各快速先遣支队深入苏联境内 40 公里，某些地段的进展甚至更大。最大的战果来自集团军群右翼的第 2 装甲集群和左翼的第 3 装甲集群。两个装甲集群的先遣力量迅速前进，全然不顾侧翼的威胁，在德国空军的大力支援下，对部署在波兰东部和白俄罗斯的苏联西方面军实施合围。[218] 到 22 点，夜幕降临战场时，古德里安第 2 装甲集群的先遣力量已粉碎苏联第 4 集团军，正在马拉雷塔、科布林、普鲁扎内周围战斗。[219] 具体说来，第 24 装甲军第 3 装甲师的先遣坦克已越过边界线 30 多公里，正逼近科布林；古德里安左翼，第 47 装甲军第 18 装甲师沿 2 号装甲路线行进，位于普鲁扎内西南方仅 20 公里处。[220]

左翼，霍特第 3 装甲集群抢在夜幕降临前粉碎了苏联第 11 集团军，在格罗德诺北面，苏联西北方面军与西方面军之间撬开一个危险的缺口，并着手包围西方面军辖内第 3 集团军。这样一来，霍特的装甲力量就取得了 40 ～ 50 公里进展，并把涅曼河上的三座桥梁悉数拿下——当日中午第 7 装甲师在奥利塔夺得两座，下午第 12 装甲师在梅尔基内占领了另一座。另外，霍特麾下第 5 军辖内一个步兵师的部分力量在两个装甲军之间挺进，虽然遭遇顽强抵抗，但当晚还是在梅尔基内与奥利塔之间渡过涅曼河，而第 9 集团军第 8 军的步兵在格罗德诺北面沿一条宽大战线渡过该河。[221] 哈尔德在日记中评论道，这是个"巨大的成功……（第 3 装甲集群）作战地域似乎已彻底实现机动自由"[222]。

鉴于这样一个事实，这些战果更加引人瞩目：跨过边界线后，装甲和步兵部队的推进受到多种地形因素的严重限制，包括密布的原始森林、沼泽和成千上万辆履带式及轮式车辆碾压后迅速恶化的路况。德军部队越过边界后，发现道路往往变成原始的沙质小径，陷入其中的车辆造成了严重堵塞。部队停滞不前，燃料消耗倍增。布格河和其他河流上寥寥无几的桥梁成为令人沮丧的瓶颈，这个问题经常因为糟糕的行军纪律而加剧。[223] 德军部队报告，某些情况下，复杂的地形和恶劣的路况给他们造成的困难远甚于苏军的抵抗。[224]

虽然单独的红军士兵经常以值得赞赏的勇气从事战斗，但苏军在战役和战术层面的领导力欠佳，因此中央集团军群和全体德军沿整个东线取得的战果令人印象深刻。德军战地报告中的分析说明阐述了第3装甲集群的观察结果：

敌人6月22日没有实施空袭。看不出他们获得了全面、有序的领导。对方仅以互不相连的群体实施抵抗，许多野战防御工事无人据守或只有少量兵力守卫。

而在敌人坚守阵地处，他们打得顽强、英勇，往往奋战到最后一息。没有任何一处出现逃兵或投降者。这就使战斗比波兰和西方战局更加艰巨……

与第8航空军的合作尤为紧密、活跃……进攻首日几乎彻底取得制空权……就像波兰战局，我方的空中突击把敌人逐入森林，他们成功地从那里对我军后方部队和队列实施袭扰。这也许是敌军数量起初少得可怜的一个原因……

进攻头几日，敌人根本没有较高层级的领导。而他们的基层领导呆板、机械、缺乏适应态势发展的决心。他们尽管知道德军当日上午取得的进展，可还是下达命令，要求部队当晚占据一道我们下午已到达的防线……他们的系统训练无法应对突然性的巨大冲击。

单独的红军士兵比第一次世界大战中的俄国兵更顽强……[225]

哈尔德坚信边境地域的苏联军队没有表露出"企图实施战役退却的迹象"，实际上他们现在无法做出这种应对，但德军前线指挥部门不太确定苏军的意图。傍晚在古德里安司令部召开的会议上，冯·克鲁格元帅称，苏联军队正在实施一场预有计划的后撤，打算在更后方的阵地从事"强有力的抵抗"。古德里安不同意这种观点，指出德军的初期突击已使苏军严重动摇，对方只能实施虚弱的局部抵抗。[226] 但可以肯定，德国军队，特别是快速力量，必须以当日取得的成功为基础，迅速而又无情地利用苏军的混乱，挫败对方在腹地重新建立一道稳定防线的企图。赫尔曼·霍特战后回忆道："第3装甲集群司令部对此毫无异议，次日应当以我们掌握的一切手段充分利用已获得的突然性优势。各装甲军必须向东挺进。"[227]

注释

1. 引自J. L. Wallach, *Dogma of the Battle of Annihilation*, 16。

2. *Deutscher Soldatenkalender 1961*, 30.

3. W. Kempowski (Hg.), *Das Echolot*, 23.

4. H. Martin, *Weit war der Weg*, 13.

5. Oblt. Richard D. (35 232), Collection BfZ.

6. F. Frisch & W. D. Jones, Jr., *Condemned to Live*, 69.

7. 陆军总参谋长弗朗茨·哈尔德在6月22日的日记中写道："整条战线显然在战术上实现了出敌不意。布格河上的桥梁和整个河流边界上的桥梁都没有设防，完好无损地落入我军手中。"H.-A. Jacobsen (Hg.), *Generaloberst Halder Kriegstagebuch*, Bd. Ⅲ, 3.

8. Dr E. Bunke, *Der Osten blieb unser Schicksal*, 223–25.

9. 黑林回忆道："要知道，神父当时在德国军队里担任医疗助手，而不是（字面意义上的）原职业。为士兵或教友提供教牧关怀，或主持任何宗教仪式绝对是不合法的。"B. Haering, *Embattled Witness*, 2.

10. Ibid., 1–6.

11. H. Haape, *Moscow Tram Stop*, 16–18.

12. Ibid., 27.

13. *Tagebuch Haape*, 22.6.41.

14. G. Habedanck, *"Bei Brest-Litovsk ueber die Grenze,"* *Die Wehrmacht, 1941*, 233; 引自R. J. Kershaw, *War Without Garlands*, 31。

15. Dr R. Gschoepf, *Mein Weg mit der 45. Inf.-Div.*, 208.

16. J. Erickson, *The Road to Stalingrad*, 109.

17. R. J. Kershaw, *War Without Garlands*, 31; D. M. Glantz, *Barbarossa*, 35.

18. 第24装甲军凌晨3点45分向第2装甲集群司令部报告，他们已夺得科登的公路桥。BA-MA RH 21-2/927, KTB Panzergruppe 2, 22.6.41. 实施突袭的德军突击队隶属第3装甲师。W. Haupt, *Army Group Center*, 26–27. 另可参阅C. von Luttichau, *Road to Moscow*, Ⅵ:8.

19. BA-MA RH 21-2/927, *KTB Panzergruppe 2*, 22.6.41. 截至6月22日零点30分，各军已向装甲集群司令部发出"基夫豪塞尔"的代号，表示所有部队都完成了进攻集结。

20. H. Guderian, *Panzer Leader*, 153.

21. C. von Luttichau, *Road to Moscow*, Ⅵ:8.

22. BA-MA MSg 1/1147: *Tagebuch Lemelsen*, 25.6.41.

23. G. Blumentritt, *"Moscow,"* in: *The Fatal Decisions*, W. Richardson & S. Freidin (eds.), 46–47.

24. 炮火准备发起时间错开的原因显然是北方（北方集团军群和中央集团军群北翼作战地域）的日出比南方早几分钟。M. Graf v. Nayhauss-Cormons, *Zwischen Gehorsam und Gewissen*, 130. 博克在日记中称，尽管他对炮火准备发起时间的交错感到担忧，可北方集团军群司令冯·莱布元帅坚持要求在3点05分实施。博克在进攻开始前两天的日记中写道："所以我成了那个遭罪的人，我的右翼不得不与伦德施泰特一同发起进攻，而我的左翼却要遵从莱布的时间表。"K. Gerbet (ed.), *GFM Fedor von Bock, The War Diary*, 222.

25. OKH Gen St d H/Op.Abt.（Ⅲ），"*Kriegsgliederung Barbarossa,* " Stand 18.6.41, in: K. Mehner (Hg.), *Geheime Tagesberichte*, Bd. 3; BA-MA RH 19 Ⅱ /120, *KTB H.Gr.Mitte*, 2.10.41.

26. H. Haape, *Moscow Tram Stop*, 15.

27. G. Blumentritt, "*Moscow,* " in: *The Fatal Decisions*, W. Richardson & S. Freidin (eds.), 47.

28. F. Frisch & W. D. Jones, Jr., *Condemned to Live*, 69.

29. I. Hammer & S. zur Nieden (Hg.), *Sehr selten habe ich geweint*, 226–27.

30. S. Knappe, *Soldat*, 203–05.

31. R. Hinze, *19. Infanterie- und Panzer-Division*, 125–26.

32. J. Dinglreiter, *Die Vierziger. Chronik des Regiments*, 39.

33. C. von Luttichau, *Road to Moscow*, Ⅵ:10.

34. *Tagebuch Kreuter*, 22.6.41 (unpublished diary). 克罗伊特尔提到的这架"斯图卡"显然是苏德战争首日损失的两架"斯图卡"之一。参见本书第六章"德国空军大发淫威"一节。

35. A. Freitag, *Aufzeichnungen aus Krieg und Gefangenschaft*, 51. 弗赖塔格在第18步兵团担任步兵炮连（第13连）拖车司机，该团是第6步兵师辖内三个团之一。

36. A. Schick, *Die Geschichte der 10. Panzer-Division*, 270-71.

37.Ibid., 271.

38. 如本书第二章所述，德国人充分预料到苏军会使用化学或生物武器。事实上，二战爆发时，苏联的确有7.7万吨芥子气。A. Sáiz, *Deutsche Soldaten*, 95.

39. 关于这张照片，可参阅J. Keegan, *The Second World War*, 185。

40. K.-J. Thies, *Der Ostfeldzug － Ein Lageatlas*, "*Aufmarsch am 21.6.1941 abds., Heeresgruppe Mitte.* "

41. R.-D. Mueller, "*Duell im Schnee,* " in: *Der Zweite Weltkrieg*, S. Burgdorff & K. Wiegrefe (Hg.), 114.

42. A. Seaton, *The Russo-German War*, 118.

43. K. Gerbet (ed.), *GFM Fedor von Bock, The War Diary*, 224.

44. P. E. Schramm (Hg.), *Kriegstagebuch des OKW*, Bd. Ⅰ, 417.

45. 德军在边境地区经常受到欢迎，当时的许多记述能证实这一点，但该方面描述实在太多，无法一一提及，此处引用的资料摘自R. Kirchubel, *Operation Barbarossa 1941 (3), Army Group Center*, 32。

46. D. M. Glantz, *Barbarossa*, 35.

47. 古德里安在这里指的是克鲁格第4集团军，他的装甲集群在初期突击中隶属该集团军。W. Keilig, *Das Deutsche Heer*, Bd. Ⅰ, Abschnitt 34, S. 7.

48. Rollbahn或Panzerstrasse，指的是分配给摩托化兵团遂行主要突击的道路。通常情况下，行进中的步兵师禁止使用这些"较好"的道路，因为这些道路对快速部队取得进展至关重要。J. Steinhoff, et al., *Voices from the Third Reich*, 535; FMS T-34, K. Allmendinger, et al., "*Terrain Factors in the Russian Campaign,* " 52.

49. 引自J. Dinglreiter, *Die Vierziger. Chronik des Regiments*, 38。

50. R. Kirchubel, *Hitler's Panzer Armies*, 63.

51. 该装甲集群编成内的第三个装甲军——第46装甲军（第10装甲师、党卫队"帝国"师、"大德意志"步兵团），在前线后方担任预备队。K.-J. Thies, *Der Ostfeldzug – Ein Lageatlas*, "Aufmarsch am 21.6.1941 abds., Heeresgruppe Mitte; "W. Keilig, *Das Deutsche Heer*, Bd. I, Abschnitt 34, S. 7-8.

52. H. Magenheimer, *Moskau 1941*, 38-39.

53. R. A. Hart, *Guderian*, 71. 另可参阅H. Guderian, *Panzer Leader*, 146-47。哈特称："古德里安与冯·克鲁格的争执涉及个人和专业范畴。冯·克鲁格视古德里安为危险而又急躁的创新者。古德里安则认为冯·克鲁格心胸狭隘、虚伪狡诈，从学说上反对机动作战。因此，他从一开始就不喜欢冯·克鲁格，而且越来越不信任他，这种怀疑最终演变为仇恨。冯·克鲁格多次试图修补他们之间的关系，但每次都被古德里安拒绝。他们的争执是两种不同类型指挥官之间发生的一种根本性冲突——一个是深谋远虑、敢于冒险的将领，另一个则是谨慎保守，但同样杰出的指挥官。"

54. BA-MA 27-3/14, *KTB 3. Pz.-Div.*, 22.6.41. 另可参阅*Geschichte der 3. Panzer-Division*, Traditionsverband der Division (Hg.), 108-09。

55. H.-J. Roell, *Oberleutnant Albert Blaich. Als Panzerkommandant in Ost und West*, 42-43.

56. H. Schaeufler (ed.), *Knight's Cross Panzers*, 72.

57. BA-MA RH 21-2/927, *KTB Panzergruppe 2*, 22.6.41; R. Kirchubel, *Hitler's Panzer Armies*, 63. 如前文所述，1号装甲路线经科布林和斯卢茨克通往博布鲁伊斯克。

58. 这个字母"G"高约30厘米，是古德里安装甲集群的战术识别符号。*Geschichte der 3. Panzer-Division*, Traditionsverband der Division (Hg.), 107.

59. BA-MA RH 27-18/20, *KTB 18. Pz.-Div.*, 22.6.41.

60. *Leutnant H. Doell*, 引自*Das Echolot*, W. Kempowski (Hg.), 23。

61. 据内林将军的一名参谋称，这些车辆是1辆装甲运兵车（内林的指挥车）、2辆Ⅲ号指挥坦克、2辆自行高射炮、1辆充当内林起居室的汽车和30辆摩托车。G. A. Schulze, "*General der Panzertruppe a.D. Walther K. Nehring. Der persoenliche Ordonnanzoffizler berichtet von der Vormarschzeit in Russland 1941- 1942* "(unpublished manuscript).

62. W. Paul, *Panzer-General Walther K. Nehring*, 118; C. von Luttichau, *Road to Moscow*, VI:10; P. Carell, *Unternehmen Barbarossa*, 24.

63. C. von Luttichau, *Road to Moscow*, VI:10. 冯·吕蒂肖称："莱梅尔森第47装甲军作战地域内，没有可供他们夺取的桥梁。该军不得不构建桥梁……他们的前进方向是2号装甲路线，这条路线连接普鲁扎内、斯洛尼姆、明斯克。"Ibid., VI:9.

64. BA-MA MSg 1/1147: *Tagebuch Lemelsen*, 25.6.41.

65. Ibid., 25.6.41. 莱梅尔森关于他同苏军散兵游勇遭遇的叙述，紧跟在他对1941年6月22日所发生事件的讨论后。我（本书作者）判断这场遭遇同样发生在6月22日，但也可能发生在6月25日。不管怎样，这起事件说明德军装甲部队指挥官从东线战争首日起就经常面临这样的危险情况，主要原因是他们喜欢身先士卒。急躁的古德里安在开战头几日也与苏军发生近距离接触，参阅*Panzer Leader*, 154-56，以及本书第八章"装甲兵"一节"身先士卒的德军装甲兵将领"小节。

66. 第18装甲师投入对苏战局时有6辆Ⅰ号坦克、50辆Ⅱ号坦克、114辆Ⅲ号坦克、36辆Ⅳ号坦克和12辆指挥坦克，共计218辆坦克。T. L. Jentz (ed.), *Panzer Truppen*, 192.

354

67. BA–MA RH 27–18/20, *KTB 18. Pz.–Div.*, 22.6.41; W. Paul, *Geschichte der 18. Panzer-Division*, 17; R. Kirchubel, *Hitler's Panzer Armies*, 63; A. Seaton, *The Russo–German War*, 120.

68. A. Axell, *Russia's Heroes 1941–45*, 24.

69. J. Erickson, *The Road to Stalingrad*, 120.

70. A. Axell, *Russia's Heroes 1941–45*, 23–24; R. J. Kershaw, *War Without Garlands*, 29–30; Dr R. Gschoepf, *Mein Weg mit der 45. Inf.–Div.*, 206–07.

71. C. Bellamy, *Absolute War*, 185; J. Erickson, *The Road to Stalingrad*, 119–20. 战斗打响后，苏联守军获得退入堡垒的大批士兵加强，这有助于解释德国人到6月底俘获大批苏军士兵（7000多人）的原因（参见本书第七章"锻造包围圈"一节的"第4、第9集团军"小节）。

72. H. Guderian, *Panzer Leader*, 147.

73. Dr R. Gschoepf, *Mein Weg mit der 45. Inf.–Div.*, 202–03.

74. Dr R. Gschoepf, *Mein Weg mit der 45. Inf.–Div.*, 204–05; R. J. Kershaw, *War Without Garlands*, 47. 尽管德方为初步炮击集结起强大的炮兵力量，可第45步兵师师长发现这股力量不足以完成受领的任务。该师战后提交的报告称："炮兵的进攻计划不是基于实际物理影响，而是着重于出敌不意的效果。这是因为虽然我师一再提出要求，但可用炮兵力量依然不足。"BA–MA RH 20–4/192, "*Gefechtsbericht ueber die Wegnahme von Brest Litowsk.*"

75. Dr R. Gschoepf, *Mein Weg mit der 45. Inf.–Div.*, 204.

76. Dr E. Bunke, *Der Osten blieb unser Schicksal*, 218.

77. Dr R. Gschoepf, *Mein Weg mit der 45. Inf.–Div.*, 206; R. J. Kershaw, *War Without Garlands*, 48; BA–MA RH 20–4/192, "*Gefechtsbericht ueber die Wegnahme von Brest Litowsk.*"

78. BA–MA RH 26–45/20, *KTB 45. Inf.–Div.*, 22.6.41.

79. BA–MA RH 26–45/20, *KTB 45. Inf.–Div.*, 22.6.41; Dr R. Gschoepf, *Mein Weg mit der 45. Inf.–Div.*, 207.

80. BA–MA RH 20–4/192, "*Gefechtsbericht ueber die Wegnahme von Brest Litowsk;*" C. von Luttichau, *Road to Moscow*, VI:11.

81. BA–MA RH 20–4/192, "*Gefechtsbericht ueber die Wegnahme von Brest Litowsk;*" BA–MA RH 26–45/20, *KTB 45. Inf.–Div.*, 22.6.41; R. J. Kershaw, *War Without Garlands*, 50.

82. "*Die ersten acht Tage,*" in: *Kampf gegen die Sowjets*, Oberkommando der Wehrmacht (Hg.), 37–38.

83. 直到两天后的中午，第133步兵团一支突击队才突进到被困在教堂的战友身边并把他们救出。Dr R. Gschoepf, *Mein Weg mit der 45. Inf.–Div.*, 210; BA–MA RH 20–4/192, "*Gefechtsbericht ueber die Wegnahme von Brest Litowsk.*"

84. Dr R. Gschoepf, *Mein Weg mit der 45. Inf.–Div.*, 208.

85. K.–J. Thies, *Der Ostfeldzug – Ein Lageatlas*, "Aufmarsch am 21.6.1941 abds., Heeresgruppe Mitte;" BA–MA RH 20–4/188, *Die Kaempfe der 4. Armee*.

86. BA–MA RH 20–4/1199, *KTB AOK 4*, 22.6.41.

87. G. Blumentritt, "*Moscow,*" in: *The Fatal Decisions*, W. Richardson & S. Freidin (eds.),

47. 这起（和另一些类似）事件也记录在第4集团军作战日志里。BA-MA RH 20-4/1199, *KTB AOK 4*, 22.6.41.

88. M. Graf v. Nayhauss-Cormons, *Zwischen Gehorsam und Gewissen*, 131.

89. Ibid., 131-32.

90. W. Heinemann, *Pflicht und Schuldigkeit*, 255.

91. Ibid., 256.

92. Ibid., 256-57.

93. Ibid., 257.

94. W. Meyer-Detring, *Die 137. Infanterie-Division im Mittelabschnitt der Ostfront*, 19. 第137步兵师作战日志指出，战斗工兵12点30分前在布格河上架起一座桥梁，在此之前，突击炮、100毫米轻型榴弹炮和步兵重武器通过摆渡的方式渡过该河。BA-MA RH 26-137/4, *KTB 137. Inf.-Div.*, 22.6.41.

95. BA-MA RH 26-137/5, "*Verlustliste der 137. Inf. Division.*"

96. BA-MA RH 20-4/1199, *KTB AOK 4*, 22.6.41.

97. Ibid.

98. 第4集团军第9军辖内第292步兵师在作战日志中指出，当日上午在森林和玉米地里同苏军部队发生零星交火。BA-MA RH 26-292/7, *KTB 292. Inf.-Div.*, 22.6.41.

99. J. Huerter, *Hitlers Heerfuehrer*, 664.

100. K.-J. Thies, *Der Ostfeldzug – Ein Lageatlas*, "Aufmarsch am 21.6.1941 abds., Heeresgruppe Mitte" & "Lage am 22.6.1941 abds.; " J. Erickson, The Road to Stalingrad, 129.

101. 与此同时，霍特第3装甲集群冲出苏瓦乌基三角区，构成迂回苏联第3集团军的威胁。J. Erickson, *The Road to Stalingrad*, 129.

102. C. von Luttichau, *Road to Moscow*, VI:16-17.

103. 详情参阅H. Boucsein, *Halten oder Sterben*, 16-17。

104. BA-MA RH 26-129/3, *KTB 129. Inf.-Div.*, 22.6.41.

105. Ibid., 22.6.41.

106. BA-MA RH 26-256/12, *KTB 256. Inf.-Div.*, 22.6.41.

107. H. Wijers (Hg.), *Chronik der Sturmgeschuetzabteilung 210*, 3. 该突击炮连在对苏战争首日还击毁11辆坦克。

108. BA-MA RH 26-256/12, 22.6.41. 见http://www.shtetlinks.jewishgen.org/lida-district/nowencyc.htm 和 http://www.jewishvirtuallibrary.org。1921年，新德沃尔镇有402名犹太人，约占该镇人口的三分之一。1941年10月，该镇的犹太人被迁到奥斯特雷纳的犹太人区，1942年春季又被迁到苏霍沃利亚的犹太人区。他们从那里被送入奥斯维辛集中营。战争结束后，没有犹太人返回新德沃尔。

109. K.-R. Woche, *Zwischen Pflicht und Gewissen*, 100; R. Kirchubel, *Hitler's Panzer Armies*, 97. 在边界两侧立陶宛支持者的帮助下，第3装甲集群对苏军的部署情况了如指掌。

110. 第3装甲集群的官方记录指出："这里的战斗……比波兰和法国战局更艰巨。"BA-MA RH 21-3/732, "*Gefechtsberichte Russland 1941/42.*" 赫尔曼·霍特在战后对他的装甲集群1941年夏季作战行动所做的研究中也强调一些红军部队实施了顽强抵抗。H.Hoth, *Panzer-Operationen*, 53-55.

111. H. Hoth, *Panzer-Operationen*, 53.

112. BA-MA RH 21-3/788, *KTB Panzergruppe 3*, 22.6.41; BA-MA RH 27-7/46, *KTB 7. Pz.-Div.*, 22.6.41; K.-R. Woche, *Zwischen Pflicht und Gewissen*, 100.

113. 1941年6月22日，第7装甲师的三个装甲营有53辆Ⅱ号坦克、167辆Pz 38(t)、30辆Ⅳ号坦克和15辆指挥坦克。T. L. Jentz (ed.), *Panzer Truppen*, 190.

114. BA-MA RH 27-7/46, *KTB 7. Pz.-Div.*, 22.6.41; BA-MA RH 21-3/788, *KTB Panzergruppe 3*, 22.6.41; K.-R. Woche, *Zwischen Pflicht und Gewissen*, 100; H. v. Manteuffel, *Die 7. Panzer-Division*, 49; R.H.S. Stolfi, *German Panzers on the Offensive*, 17; R. Kirchubel, *Hitler's Panzer Armies*, 97.

115. 就连第3装甲集群作战日志也承认：“我们的第7装甲师赢得了自战争开始以来最艰巨的战斗，在此过程中击毁80辆敌坦克。”BA-MA RH 21-3/788, *KTB Panzergruppe 3*, 22.6.41.

116. F. Kurowski (Hg.), *Hasso von Manteuffel*, 213. 见 http://www.lexikon-der-wehrmacht.de。罗滕堡的阵亡详情可参阅本书第七章“锻造包围圈”一节的“第3装甲集群”小节。

117. G. Bopp, *Kriegstagebuch*, 72.

118. 第37步兵团的一个营参加了最初的进攻，任务是夺取一处高地，该高地给第18步兵团的推进造成不利影响。该营3点10分顺利完成这项任务。BA-MA RH 26-6/8, *KTB 6. Inf.-Div*, 22.6.41.

119. BA-MA RH 26-6/8, *KTB 6. Inf.-Div.*, 22.6.41; H. Grossmann, *Geschichte der 6. Infanterie-Division*, 40-41.

120. H. Haape, *Moscow Tram Stop*, 20.

121. H. Haape, *Moscow Tram Stop*, 20-21; H. Grossmann, *Geschichte der 6. Infanterie-Division*, 41. 哈佩称，8架苏军轰炸机参加了这场进攻，而格罗斯曼提及20架苏军“飞机”。

122. 第6步兵师辖内第6侦察营，大部分力量由第6军军部直接掌握，担任军先遣支队。该营剩下的力量是1个骑兵中队和1个自行车中队，并获得1个迫击炮连、1个重机枪连和1个高射炮连加强。这些部队合并起来后，统归伯泽拉格尔指挥。P. Freiherr von Boeselager, *Valkyrie*, 38; H. Grossmann, *Geschichte der 6. Infanterie-Division*, 39.

123. BA-MA RH 26-6/8, *KTB 6. Inf.-Div.*, 22.6.41; H. Grossmann, *Geschichte der 6. Infanterie-Division*, 41-42.

124. W. Knecht, *Geschichte des Infanterie-Regiments 77*, 53-54.

125. Ibid., 55.

126. D. Irving, *Hitler's War*, 273.

127. D. Irving, *Hitler's War*, 273; M. Domarus, *Hitler - Reden und Proklamationen 1932-1945*, Bd. Ⅱ, 1739; J. Prien, et al., *Die Jagdfliegerverbaende der Deutschen Luftwaffe*, Teil 6/Ⅰ, *Unternehmen "Barbarossa,"* 207.

128. R. G. Reuth (Hg.), *Joseph Goebbels. Tagebuecher*, Bd. Ⅳ, 1611-13.

129. 对苏战争开始后不久，希特勒就告诉德国驻苏联大使弗里德里希·维尔纳·冯·德·舒伦堡伯爵，他估计德军1941年8月中旬就能攻入莫斯科，10月1日前就能彻底结束战争。D. Stahel, *And the World held its Breath*, 197.

130. 1941年大多数时间与保卢斯一同工作的格尔德·尼波尔德少将指出，布劳希奇说：“Ja, Paulus,

Sie werden Recht haben, acht Wochen werden wir wohl fuer Russland brauchen. "参阅Georg
Meyer, *Adolf Heusinger*, 151, 850 (f.n. 23)。

131. R. Moorhouse, *Berlin at War*, 70. 这份公告与希特勒对东线将士发布的那份公告大致相同，只是
结尾部分略有差别，以适应不同受众。希特勒这份Proklamation an das deutsche Volk的全文可参阅M.
Domarus, *Hitler – Reden und Proklamationen 1932-1945*, Bd. Ⅱ, 1725-32。

132. M. Domarus, *Hitler – Reden und Proklamationen 1932-1945*, Bd. Ⅱ, 1725-32.

133. *Voelkischer Beobachter*, 24.6.41, 2. 引自R. Moorhouse, *Berlin at War*, 71。

134. R. Moorhouse, *Berlin at War*, 71.

135. M. Vassiltchikov, *Berlin Diaries*, 55.

136. M. Miethe, *Memoiren 1921-1945*.

137. R. Moorhouse, *Berlin at War*, 71.

138. O. Buchbender & R. Sterz (Hg.), *Das andere Gesicht des Krieges*, 70.

139. H. W. Flannery, *Assignment to Berlin*, 365.

140. G. Gorodetsky, *Grand Delusion*, 309.

141. A. Werth, *Russia at War*, 125-26.

142. G. Gorodetsky, *Grand Delusion*, 309. 苏联大使杰卡诺佐夫当晚9点30分终于见到国务秘书恩斯
特·冯·魏茨泽克，并"交给他一份照会，类似于舒伦堡在莫斯科收到的那份，照会中称，自苏联4月份投
诉以来，又发生约180起德国侦察机侵犯苏联领空的事件……魏茨泽克建议杰卡诺佐夫等待德国方面的正式
回复，以此争取到时间"。Ibid., 310.

143. Ibid., 309.

144. C. Pleshakov, *Stalin's Folly*, 23-24.

145. C. Pleshakov, *Stalin's Folly*, 24; G. Gorodetsky, *Grand Delusion*, 310-11.

146. D. Volkogonov, "*The German Attack, the Soviet Response, Sunday, 22 June 1941*, "in:
Barbarossa, The Axis and the Allies, J. Erickson & D. Dilks (eds.), 86.

147. G. Gorodetsky, *Grand Delusion*, 310-11.

148. D. Volkogonov, "*The German Attack, the Soviet Response, Sunday, 22 June 1941*, "in:
Barbarossa, The Axis and the Allies, J. Erickson & D. Dilks (eds.), 86.

149. C. Pleshakov, Stalin's Folly, 98. 据罗德里克·布雷思韦特说，这道指令"6月22日凌晨1点
前"传达到巴甫洛夫的西部特别军区司令部，"凌晨2点30分才下达给辖内各部队"。不管怎样，正如布雷
思韦特正确评论的那样："这一点无关紧要。这个消息到得太晚。"R. Braithwaite, *Moscow 1941*, 67.

150. G. Gorodetsky, *Grand Delusion*, 311; C. Pleshakov, *Stalin's Folly*, 97. 普列沙科夫称，朱可
夫零点30分打电话给斯大林，斯大林询问他是否已把命令下达给各军区，朱可夫回答他已照办，这场交谈就
此结束。

151. D. Volkogonov, "*The German Attack, the Soviet Response, Sunday, 22 June 1941*, "in:
Barbarossa, The Axis and the Allies, J. Erickson & D. Dilks (eds.), 85; E. P. Hoyt, *Stalin's War*, 25.

152. C. Pleshakov, *Stalin's Folly*, 99-100.

153. C. von Luttichau, *Road to Moscow*, Ⅵ:3-4.

154. C. Pleshakov, *Stalin's Folly*, 100–01.

155. Ibid., 101.

156. G. Gorodetsky, *Grand Delusion*, 311.

157. R. Braithwaite, *Moscow 1941*, 35.

158. G. Gorodetsky, *Grand Delusion*, 311.

159. G. Gorodetsky, *Grand Delusion*, 312–13; C. Pleshakov, *Stalin's Folly*, 110.

160. 作为共产主义青年组织，苏联共青团早在1918年就已成立。

161. C. Pleshakov, *Stalin's Folly*, 104–05. 莫斯科市民对战争消息的反应，可参阅R. Braithwaite, *Moscow 1941*, 73–79。

162. C. Pleshakov, *Stalin's Folly*, 106.

163. Ibid. 106.

164. D. Glantz, *Barbarossa*, 38.

165. C. Pleshakov, *Stalin's Folly*, 111–12.

166. Ibid., 126.

167. D. Glantz, *Barbarossa*, 38–39; D. Glantz, *Barbarossa Derailed*, Vol. I, 31.

168. G. Roberts, *Stalin's Wars*, 93.

169. D. Volkogonov, "*The German Attack, the Soviet Response, Sunday, 22 June 1941*," in: *Barbarossa, The Axis and the Allies*, J. Erickson & D. Dilks (eds.), 89.

170. J. Erickson, *The Road to Stalingrad*, 134.

171. 红军炮兵专家G. I. 库利克元帅和沙波什尼科夫元帅一同前往西方面军。约翰·埃里克森指出："库利克是个无足轻重的人。他获得晋升的主要原因是斯大林1918年在保卫察里津期间认识他。这一点最终改变了库利克的命运，他自1937年起先后担任红军炮兵负责人、总军械部部长、副国防人民委员。"Ibid., 17. 西蒙·蒙蒂菲奥里写道："库利克元帅就是个酗酒的小丑，他从事的战争就是一部充满悲喜剧错误的编年史。6月23日晚，他穿戴着飞行员的皮夹克、帽子和护目镜，像个斯大林主义的比格勒斯那样到达西方面军。第10集团军的溃败使他不知所措，他被切断后陷入包围，差一点被俘。"S. S. Montefiore, Stalin. *The Court of the Red Tsar*, 369–70.

172. 据埃文·莫兹利称，朱可夫的副手N. F. 瓦图京将军被派去监督西北方面军。E. Mawdsley, *Thunder in the East*, 65.

173. F. I. 库兹涅佐夫上将，西北方面军司令员。

174. J. Erickson, *The Road to Stalingrad*, 126, 134.

175. D. Glantz, *Barbarossa*, 39.

176. J. Erickson, *The Road to Stalingrad*, 134–35.

177. S. S. Montefiore, *Stalin. The Court of the Red Tsar*, 369.

178. R. J. Kershaw, *War Without Garlands*, 31–33; D. Glantz, *Barbarossa*, 35.

179. 各种资料对德国空军投入初期空袭的战机数量的说法有所不同。戴维·格兰茨称德国人动用了500架轰炸机、270架俯冲轰炸机、480架战斗机。马丁·范克勒韦尔德认为第一波打击力量包括637架轰炸机/俯冲轰炸机和231架战斗机。德国准官方二战史（*GSWW*, Vol.IV）似乎没有提供相关数字。

D. Glantz, *Barbarossa*, 35; M. van Creveld, et al., *Air Power and Maneuver Warfare*, 69.

180. L. von Heinemann, "*Erste Kaempfe vom 22.6. bis ca. 3.7.41,*" in: *Karlsruhe Document Collection*.（以下简写为"KDC"。）

181. *GSWW*, Vol. IV, 764; E. P. Hoyt, *Stalin's War*, 28–30; H. Rudel, *Stuka Pilot*, 17; M. van Creveld, et al., *Air Power and Maneuver Warfare*, 69; J. Erickson, *The Road to Stalingrad*, 118.

182. H. Knoke, *I flew for the Fuehrer*, 46–47. 克诺克少尉当晚20点执行了他当日第六个，也是最后一个飞行架次："整个空中看不到俄国空军的踪影，我们顺利执行了任务，没有遭遇任何抵抗。"Ibid., 48.

183. H. Rudel, *Stuka Pilot*, 17.

184. H. Rudel, *Stuka Pilot*, 16; R. Muller, *The German Air War in Russia*, 122–23.

185. 但事实再次证明，概括人类行为时必须谨慎。1941年6月22日，15名苏军歼击机飞行员在飞行中撞击敌机，展现出不屈的勇气。由于大多数苏军歼击机"轻便、缓慢，倘若绝望的飞行员准备好降落伞，撞击敌机不一定致命。如果油箱没有破裂，他们可以跳离起火的飞机。尽管如此，撞击仍有可能让他们送命"。C. Pleshakov, *Stalin's Folly*, 140.

186. D. M. Glantz & J. House, *When Titans Clashed*, 38. 格兰茨和豪斯写道："无论在西班牙还是1941年战争初期，红空军的战术都相当僵化。1941年整个灾难性的夏季，苏联轰炸机墨守成规地在8000英尺高度实施轰炸，这个高度太高，无法确保准确轰炸，但又低得足以让德军战斗机找到并攻击他们。"

187. A. Kesselring, *Soldat Bis Zum Letzen Tag*, 120. 实际上，战争头几天，苏联歼击机力量"几乎损失殆尽，接下来几个月很少出现在空中，不过他们还是对德军后方地域实施了零星、无效、代价高昂的空袭"。*GSWW*, Vol. IV, 766.

188. W. Meyer-Detring, *Die 137. Infanterie-Division im Mittelabschnitt der Ostfront*, 20.

189. R. Gschoepf, *Mein Weg mit der 45. Inf.-Div.*, 206.

190. *GSWW*, Vol. IV, 764.

191. D. Volkogonov, "*The German Attack, the Soviet Response, Sunday, 22 June 1941,*" in: *Barbarossa, The Axis and the Allies*, J. Erickson & D. Dilks (eds.), 91.

192. A. Werth, *Russia at War*, 151–52.

193. 引自A. Werth, *Russia at War*, 152。

194. Ibid., 152–53.

195. Ibid., 153.

196. Ibid., 153.

197. Ibid., 154.

198. M. van Creveld, et al., *Air Power and Maneuver Warfare*, 69; *GSWW*, Vol.IV, 764.

199. BA-MA RL 200/17, *Hoffmann von Waldau, Tagebuch*, 22.6.41. 瓦尔道写道："Im Grossen ist mit durchschlagendem Erfolg zu rechnen."

200. *GSWW*, Vol. IV, 764; "*Der Luftkrieg im Osten gegen Russland 1941. (Aus einer Studie der 8. Abteilung 1943/1944.),*" KDC.

201. "*Der Luftkrieg im Osten gegen Russland 1941. (Aus einer Studie der 8. Abteilung 1943/1944.),*" KDC.

202. Ibid.

203. *GSWW*, Vol. IV, 766.

204. W. Murray, *Strategy for Defeat*, 82.

205. A. Kesselring, *Soldat Bis Zum Letzen Tag*, 119-20.

206. J. Prien, et al., *Die Jagdfliegerverbaende der Deutschen Luftwaffe*, Teil 6/ I , *Unternehmen "Barbarossa,"* 12.

207. 就连一些德国官方记述也接受了这些数字，例如 "Der Luftkrieg im Osten gegen Russland 1941. (Aus einer Studie der 8. Abteilung 1943/1944.)," KDC。德国准官方"巴巴罗萨"行动史引用了德国空军的一份态势报告，也声称1941年6月22日损失35架飞机。参见*GSWW*, Vol. IV, 764。

208. BA-MA RL 2/1185, "*Verluste lt. Meldungen des GQM, 6. Abt.*" 这份报告没有注明日期。

209. J. Prien, et al., *Die Jagdfliegerverbaende der Deutschen Luftwaffe*, Teil 6/ I , *Unternehmen "Barbarossa,"* 12-13.

210. Ibid., 13.

211. 英国上空的空战1940年8月18日达到顶点，德国空军损失77架飞机。Ibid., 13.

212. *GSWW*, Vol. IV, 764.

213. 这里指的是苏联第10集团军。H.-A. Jacobsen (Hg.), *Generaloberst Halder Kriegstagebuch*, Bd. III , 5.

214. C. Burdick & H.-A. Jacobsen (eds.), *The Halder Diary 1939-1942*, 412-13.

215. *GSWW*, Vol. IV, 539.

216. *GSWW*, Vol. IV, 539; J. Erickson, *The Road to Stalingrad*, 128; D. M. Glantz, *Barbarossa*, 43; A. Clark, *Barbarossa*, 49.

217. A. Seaton, *The Russo-German War*, 135; P. Carell, *Hitler Moves East*, 37; D. M. Glantz, *Red Army Ground Forces*, 25; E. Mawdsley, *Thunder in the East*, 76-77.

218. W. Haupt, *Sturm auf Moskau 1941*, 23; *GSWW*, Vol. IV, 526-27.

219. H. Guderian, *Panzer Leader*, 154.

220. BA-MA RH 27-3/14, *KTB 3. Pz.-Div.*, 22.6.41; BA-MA RH 21-2/927, *KTB Panzergruppe 2*, 22.6.41; C. von Luttichau, *Road to Moscow*, VI:11-12.

221. H. Hoth, *Panzer-Operationen*, 53-54; C. von Luttichau, *Road to Moscow*, VI:15; K.-J. Thies, *Der Ostfeldzug - Ein Lageatlas*, "Lage am 22.6.1941 abds., Heeresgruppe Mitte."

222. C. Burdick & H.-A. Jacobsen (eds.), *The Halder Diary 1939-1942*, 413.

223. W. Haupt, *Sturm auf Moskau 1941*, 22-23; R. Kirchubel, *Operation Barbarossa 1941 (3), Army Group Center*, 33.

224. 第3装甲师发给军部的夜间报告中称，难以通行地段造成的困难比苏军当日的抵抗更难克服。BA-MA RH 27-3/14, *KTB 3. Pz.-Div.*, 22.6.41.

225. BA-MA RH 21-3/732, "*Gefechtsberichte Russland 1941/42.*"

226. BA-MA RH 21-2/927, KTB Panzergruppe 2, 22.6.41.

227. H. Hoth, Panzer-Operationen, 55.

第七章

进军 I: 边境交战（别洛斯托克—明斯克合围战）（1941年6月23日—7月9日）

　　"我们以上所谈的是彻底的胜利，也就是说，不仅仅是赢得会战的胜利……要取得彻底的胜利，就需要进行包围进攻或进行变换正面的会战，这两种打法往往能取得决定性结果。"（卡尔·冯·克劳塞维茨）[1]

　　"随着红军的抵抗开始凝聚，战斗强度与日俱增……可以肯定，我们正在打击集结在边境地域的一股红军力量。"（海因茨·德尔少尉，第18装甲师，1941年7月1日）[2]

　　"俄国人狂热地从事战斗，甚至无情地投入他们损失惨重的空中力量。地面上，将军亲自督促所有人向前行进……敌人在许多地方实施抵抗。我们不仅遭遇正面射来的火力，右侧、左侧和后方都有敌人在射击，一句诗文应运而生：'俄国人在右侧，俄国人在左侧，从前方射击，从后方开火。'"（第39装甲军军官汉斯·赫特尔，1941年7月1日）[3]

　　"没有东部的消息……仍存在一个悬而未决的大问题：我们真的打击到俄国军队的关键核心吗？今天的报告明确指出，俄国人甚至承受住了'斯图卡'战机的滚动攻击，以前只有英国人能做到这一点。只有部分人员投降，仍在别洛斯托克实施抵抗的大半敌军必须在战斗中予以粉碎，就连这个事实也成了俄国军队的质量的有力证明。"（赫尔穆特·詹姆斯·冯·毛奇，1941年7月4日）[4]

一场新型战争

从侵苏战争的最初几小时起，德军将士就开始经历令人不安、出乎意料的挑战（某些情况下甚至是让他们深感震惊的事件），随着这些事件在几天、几周内不可避免地累积，他们很快意识到，这场东部战争与先前的波兰、法国、巴尔干战局几乎没有什么相似之处。正如上一章所述，甚至在投入战斗前，苏德边界线前方恶劣的路况和崎岖的地形就制造了意想不到的问题，例如车辆发生故障、油耗激增、部队行进受阻。提供给作战部队的军用地图经常因为不准确而无法使用，这给执行任务的战术指挥官平添烦恼。苏联的恶劣气候，需要克服的遥远距离，动辄持续数日的强行军，经常缺乏足够的休息、口粮、饮用水，以及酷热、沙尘、昆虫的折磨，这一切给德军将士带来了巨大的身心负担，大量军邮和私人日记揭示出这一点。

食物、饮水、弹药、衣物、燃料、零配件、医疗救助和现代战争其他重要组成部分的短缺在旷日持久的战斗中很常见，但在苏联，这种短缺往往是惯例而非意外，这是因为德国的准备不足，再加上苏联欧洲地区的公路和铁路设施原始，以及诞生不久但急剧扩大的游击运动构成了威胁。评估德军士兵1941年夏季战时生活的特点时，我们很容易做出如下论断："很明显，总的说来，大多数士兵从对苏战局伊始就面临极大的困苦，不能简单地视之为'战时正常现象'。1941年6月22日前命令军队进攻苏联的政治领导人和将领，是否彻底明白他们要求这些士兵做些什么，这一点值得怀疑。"[5]

但在德军将士看来，对苏战局最惊人的启示无疑是原始的残酷性，这一点从一开始就成为这场战争最突出的特点。约翰·基根敏锐地评论道："边境交战的残酷无情在第二次世界大战中前所未见，可能自16世纪奥斯曼战争……以来，在欧洲从未有过。"[6]虽然不能说总是如此，但红军士兵经常以顽强、英勇、粗暴、机智的方式从事战斗，这显然令他们的德国对手感到震惊，甚至愤怒。德国政治和军事领导人定下的基调是发动一场毁灭性战争，但苏联人经常做出同样的回应[7]，游击战的实施方式[8]通常也非常惨烈，这些都成为自1941年6月22日以来的"俄国战争方式"的标志。虽然这些话题会在后面加以详细探讨[9]，但现在要讲几个苏德战争头几日的历史小插曲，这有助于突出这场战争的野蛮和不妥协性。

"巴巴罗萨"行动期间在霍特第3装甲集群最左翼攻击前进的第26步兵师第77步兵团学到一个惨痛、代价高昂的教训——不应把红军士兵与以往的敌人相提并论：

进攻时刻已到来。哨声响起。各步兵班一跃而起，向前冲过边界线。只有迅速行动才能克服不确定性！紧张感消退了，我们的士兵充满决心。

右侧第1营的任务是前出到他们正前方的高地，夺取这些高地后暂时守住阵地。左侧第2营的任务相同，而第3营奉命以交错的间隔跟在第2营身后，覆盖进攻地段北面已识别出的苏军边防哨所，并在后续进攻期间压制对方。

虽然第1营没有与敌人发生接触，并在最短时间内到达目标地域，但第2营不得不先打垮一些苏军前哨，北面的苏军边防部队显然已前出到那里。

即便在这些初期时刻，俄国人顽强的战斗风格也展露无余。一名中弹的俄国人奄奄一息，但他抛出一颗手榴弹，落在第2营营长两腿间，后者在关键时刻迅速跳到一旁，这才幸免于难。第3营与敌人发生激烈接触。到达内务人民委员部部队的边境哨所后该营没有等待重武器的投入和支援，而是直接对敌发起冲击，这很不幸。该营官兵无疑受到此前法国战局相对轻松的战斗日的影响，这会造成可怕的后果。俄国内务人民委员部部队守军丝毫不打算投降或逃跑，而是以机枪和步枪猛烈射击，顽强战斗到最后一人。攻克这些哨所后，第3营已有6名军官、12名军士和士兵阵亡，另外3名军官、46名军士和士兵负伤。这是个可悲的结果。[10]

第39装甲军的参谋军官汉斯·赫特尔描述了1941年6月22日的"俄国战争方式"，以及德国士兵如何以同样的决心和顽强做出回应：

1941年6月22日凌晨3点15分跨过苏联边界时，我们意识到这场战局无法同以往任何一场作战行动相提并论，哪怕是以闪电般的速度实施的巴尔干战局。但从一开始，红军的力量和广袤的俄国领土就注定这是一场更艰巨、更长久的战斗。最重要的是，红军士兵与我们过去的任何一个对手都截然不同。我们在战争爆发后第一个小时就了解到这一点。他们完全不理会我们"举起手来！"

（ruki wjerch!）的叫喊。即便在最无望的情况下，所有人仍在战斗。我们遇到过躺在地上"负伤"或"阵亡"的红军士兵，待我们经过后，他们突然从身后朝我们开火射击。该如何应对这种战斗方式？唯有钢铁般的无情。因此，东方战局从一开始就戴着一副冷酷的面具。苏军士兵怀着必死的决心从事战斗，我们从来没有在任何西方对手那里遇到过这种情况。[11]

二级下士弗里茨·许布纳在别洛斯托克以西与敌人发生接触，他和战友们面对红军士兵的所作所为时显得相当震惊和恐慌：

6月22日4点，炮火准备结束，我们开始进攻。敌人可能已被打击力量逼退，但俄国士兵顽强实施抵抗！的确，我们在战争首日不幸遇到些……崭露头角的军官和政治委员，不仅不投降，反而战斗到最后一息，宁愿在散兵坑里被击毙或被殴打致死。

从事战争的方式已彻底改变，我们对此完全不熟悉。我们很快发现了第一支落入俄国人手中的侦察巡逻队。他们的生殖器被割掉，他们的眼睛被剜出，喉咙被切断，耳朵或鼻子被削掉。我们带着严肃的表情离开，因为这种类型的战斗令我们心惊胆寒。这也不可避免地激发起一种反常的冷酷无情，训练从来没给我们灌输过这些。[12]

第263步兵师第263炮兵团19岁的无线电报务员埃尔温·瓦格纳6月22日没有经历战斗，他和他的部队迅速渡过布格河，傍晚前到达布兰斯克村附近的前线，这里已进入波兰苏占区40公里。6月23日早晨，他奉命前往该团第1营设在布兰斯克村郊外的指挥所，在那里和另一名战友一起负责与各团部建立联系。这座村庄已陷入一片火海，通入该村的道路也遭到苏军机枪火力扫射。苏军坦克顽强地试图沿道路行进，道路两侧排列着烧毁的坦克，车组人员的尸体已碳化。瓦格纳回忆道："这是我第一次不安地暴露在战争下，这让我反胃。"他避开苏军的机枪火力，背着电台穿过路边的一条沟渠，于清晨7点到达第1营指挥所。就在这时，可怕的"舞蹈"开始了，这是一场骇人的战火洗礼：

我们在一座半完工建筑物的庭院里架设起无线电台，并在营指挥所与团部之间建立起无线电联系。我们很快注意到，我军步兵先遣力量首次遭遇激烈抵抗。另外，袭来的炮弹虽然零星而又分散，但越来越集中于我方阵地，准确度也逐渐提高。俄国炮兵正以150毫米长身管火炮寻找目标。他们没有耗费太长时间，大量炮弹雨点般朝我们落下。

从我们身边经过的一支自行车部队朝前线奔去，几发炮弹落在队列中间，这些士兵根本无从躲避。我们见到一幅令人毛骨悚然的场景：人的躯体、头颅、手臂、大腿和肉块在空中飞舞，鲜血浸透地面。这就是战争的残酷现实！纷飞的弹片呼啸掠过时，伊克和我刚好来得及隐蔽到一座马铃薯地窖里。我首次目睹了战争中的死伤，那些临终前的痛苦呻吟直到今天我也无法忘却。经历这个插曲后，我最初对战争的热情荡然无存，我深信在"巴巴罗萨"行动首日，这场战争对我来说已告结束。[13]

但年轻的瓦格纳没太多时间沉思存在主义，因为一场危机刚刚结束，另一场危机就接踵而至：苏军坦克达成突破，朝指挥所隆隆驶来。他立即用电台联络团部，要求提供紧急支援：

俄国人的坦克就在那里，两辆、三辆、四辆、五辆，直接朝我们开来。虽然只是俄国军校较小的训练坦克（这是我们后来发现的），但它们以轻机枪猛烈开火。它们越来越近，离我们的无线电台仅十米远，我的心脏几乎已跳到嗓子眼。幸运的是，有人把一门小口径反坦克炮推到离我们三米开外的发射阵地。我们以穿甲步枪弹射击，但大多数坦克是被我们这门反坦克炮的防御火力击退的，它们转身返回，或停在原地起火燃烧。

一辆敌坦克大胆地朝我们的无线电台驶来，离我们已不到两米，还用机枪朝我们疯狂扫射。它随后绕过我们侧面，从后方朝我们扑来。我们的情绪跌入谷底，这是1941年6月23日那天的第二次，我们觉得末日降临了。但我们旁边的反坦克炮组冷静地射出一发炮弹，正中目标，坦克顿时动弹不得。我们松了口气，认为这场危机终于结束了。突然，敌坦克炮手跳出坦克，端着冲锋枪再次开火，随后他又爬进坦克，用机枪开火射击。但我们的反坦克炮已瞄准了这个固定目标，一次射击就足够了。伴随着雷鸣般的巨响，高爆弹把这辆坦克和坦克里的人炸得飞入空中。[14]

急需的援兵终于赶到，几个新锐突击营接替了前线疲惫的步兵，傍晚时，岌岌可危的态势得以缓和。总之，瓦格纳和他的战友当日遭到敌坦克七次攻击，红军士兵以非凡、令人不安的顽强朝他们扑来。瓦格纳写道："我在这场战争中的首次战斗就这样结束了，这本来会成为我的最后一次战斗。我陷入沉思，在露天度过一个短暂的夜晚后，我们向东开拔。有一件事我很清楚：这场对苏战争绝不会是公园里的一场轻松漫步！"[15] 德军机械化部队深深楔入苏联领土时，落在后面的步兵部队在苏军当中传播混乱和恐慌，他们有时候会与后撤中的红军部队混杂在一起，或暂时同己方部队隔断。6月24日至25日的夜晚，第18装甲师设在距离斯洛尼姆镇不太远的前进指挥所，突然发现自己孤立无援，陷入一场疯狂而又激烈的战斗，这场战斗只能用"不真实"来形容。第18装甲师第101步兵团的格奥尔格·克罗伊特尔少尉在日记中记录了这起令人不安的事件：

1941年6月24日

22点，我奉命前往师指挥所。我带上五名摩托车传令兵同行。道路已被车队堵住，从这里穿过需要耗费许多时间。我发现车队前方的师指挥所已陷入包围。我独自向前。四周一片漆黑。我不时遇到一两名我方士兵。俄国人的坦克正在进攻？我匆匆组织一些士兵设立刺猬防御。

一个步兵连继续前进，我加入其中。我们遇到战斗工兵营营长拉尔少校。他似乎认为前方根本没有俄国人，我们只是在自己打自己。我继续向前时遇到我的上司，他正在寻求帮助。我和他一同赶往师指挥所。我们不能沿这条道路行进，必须绕道而行。

一场激烈的枪战正在进行，那里什么也看不见。靠近师指挥所时，我们遇到些俄国人，他们趴在我们前方的草丛里……师指挥所的一切看上去似乎已陷入疯狂。俄国人的一支车队从西面赶来，径直驶入我们的行军路线。他们可能是想逃离这口"大锅"。碰巧停在一旁维修的一辆我军坦克开炮射击，几辆卡车中弹后起火燃烧。另外几辆卡车上的敌人匆匆跳下并展开进攻。

这是一群奇特的敌人，甚至有几名德国共产党员。大多数人身着便衣！甚至还有妇女和儿童。女人们也戴着钢盔，并且朝我们开枪射击。我们周围的一切都陷入火海，包括俄国人的卡车和德军运送汽油的车辆。真希望白昼尽快到来，这样我们就能得到援助了。四面八方都枪声大作……我的上司在这里负责指挥。师长（内林）不在这里，他和侦察队待在一起。

1941年6月25日

这个最长的夜晚终于结束了！我们现在看清了一切！俄国人继续从卡车上跳下，还有些人躲在车底下，这里甚至有一些我们的车辆。聚集在此的人相当多。彻夜疯狂哀泣的那个妇女现在安静了些，她带着个婴儿。她这一晚的哭泣使每个人都神经紧张。她肯定是疯了，因为她又哭又闹，仿佛是在发表一场隆重的演讲。

大约20名最坏的叛徒和冒充德国士兵的家伙被处决。那名妇女也在其中！我很高兴这一幕终于结束了。要是这种情况继续下去的话，我们不得不换上一副新神经。[16]

第18装甲师作战日志也记录了师指挥所当晚的悲惨遭遇，称"强大的轻武器和机枪火力被俄国女游击队员的哀泣、醉醺醺的布尔什维克分子和德国伤兵的叫喊声打断，对师部人员来说，这是个令人难忘的恐怖之夜，也是个倒霉的日子"。次日（6月25日）清晨，德国人终于击退了苏军的袭击，并给对方造成严重损失，俄国儿童烧焦的尸体躺在烧毁的卡车旁。德军的损失也令人咋舌——7人阵亡（其中6人是军官），45人负伤，包括11名师部人员。第18装甲师的所有人都松了口气，摆脱了这个"恐怖之夜"后，他们继续向东攻往明斯克，仍坚信很快会赢得胜利。[17]

锻造包围圈

正如历史学家丹尼斯·肖沃尔特在他的新著《希特勒的装甲力量》中所说的那样，德军快速力量对红军取得的"战术和战役相对优势"在"巴巴罗萨"行动初期最大。[18]实际上，就领导力、训练和经验而言，1941年6月的整个德国国防军处于实力的巅峰，而作为对手的红军，由于本书先前提及的原因和许多其他因素，根本没有为战争做好准备。因此，中央集团军群以装甲和摩托化步兵力量在两翼迅速挺进、迂回，只用了短短七天就把苏联西方面军辖内诸集团军包围在别洛斯托克与明斯克之间的数个口袋里，从而困住大约 30 个红军师，这一点也不足为奇。历史学家埃文·莫兹利指出："这是一场受到汉尼拔公元前 216 年围歼会战启发的坎尼式战役，也是受传统教育的普鲁士参谋人员自冯·施利芬元帅时代以来一直梦寐以求的。"[19]

在凯塞林第 2 航空队几个航空军的大力支援下，德国军队穿越白俄罗斯的进攻蔚为壮观，给苏军造成的混乱和破坏深具灾难性，红军各部队的指挥控制从一开始便告崩溃。苏军指挥员无法以接近霍特和古德里安装甲力量展示的闪电般的速度投入行动，他们沿德军主要突击方向做出的应对迟钝且效率低下。更准确的说法是，身穿原野灰军装的入侵者进入红军的"观察、判断、决策、行动"周期（这是已故美国空军飞行员、战略家约翰·博伊德[20] 创造的概念，缩写为 OODA），从而明显打乱了对方的决策。巴甫洛夫的西方面军无法抵挡中央集团军群的机械化先遣力量，陷入包围后被德军装甲、步兵和空中力量有条不紊地粉碎，到 6 月 30 日，该方面军几乎已不复存在。[21]

但冯·博克集团军群的空前胜利并非全无缺陷，而从苏方角度看，红军的失利也不是毫无积极意义。由于德军快速部队和步兵的行进速度存在很大不同，后者往往迅速落后于挺进中的装甲先遣力量，这就沿交通线形成了危险的缺口，红军散兵游勇在这些缺口处任意游荡，对德军摩托车传令兵和补给车队造成威胁。另外，虽说博克手头掌握约 50 个师（包括 31 个步兵师和 15.5 个快速师），但由于要面对的地理空间巨大，这股力量并不足以彻底封闭包围圈或阻止俄国人每一次绝望的突围尝试。结果，大批红军士兵抛弃他们的重型装备后逃离被俘的厄运，要么顺利突围到东面的苏军防线，要么潜入德军战线后方的森林和沼泽地，在这些地方组织起游击队。由于苏军在这些口袋里的抵抗旷日持久（德国人直到 7 月份第一周才彻底肃清整个包围圈），加之德军徒步跋涉的步兵力量无法迅速赶到明斯克附近并接替据守包围圈最东端防线的快速部队，第 2、第 3 装甲集群大批力量受到牵制，无法及时恢复向东的进军。[22]

本书接下来会概述两个装甲集群的作战行动，以及他们构设的合围对外正面。然后我们再简要介绍中央集团军群靠近苏德边界线的两个步兵集团军构设的合围对内正面。这番叙述会再次广泛关注 1941 年夏季在东线参加这些战斗的将军、军官、军士和普通士兵的个人经历，并通过他们的私人日记和信件、他们所在部队的作战日志、他们战后撰写的回忆录，或与他们相关的记述加以说明。

第 2 装甲集群

古德里安装甲集群的两个装甲军，无视侧翼的苏军部队（这些苏军交给身后的步兵力量解决），从布列斯特 – 立托夫斯克两侧的布格河出击，犹如一柄利剑刺向东面和东北面，攻往斯洛尼姆、巴拉诺维奇、斯卢茨克。德国陆军总参谋部作战处每日绘制的详细态势图表明，以蓝色椭圆形标识的各装甲师迅速而又势不可挡地迂回苏联西方面军南翼，构成中央集团军群庞大合围对外正面的一支铁钳。[23] 地面行动获得勒尔策第 2 航空军的大力支援，该军负责协助古德里安装甲集群。6 月 23 日的行动中，第 51 战斗机联队的 Bf–109F 战斗机，在杰出的王牌飞行员，28 岁的维尔纳·莫尔德斯中校率领下，从华沙东面的一组机场出击，在普鲁扎内附近以 20 毫米机炮击毁至少 25 辆苏军坦克。当日日终前，第 2 航空军击毁苏军飞机的数量（包括空中和地面）达到令人难以置信的 716 架，自身只损失 12 架飞机。[24]

古德里安装甲集群 6 月 23 日沿两条路线挺进，第 24 装甲军居右，第 47 装甲军居左，面对苏军摇摇欲坠的抵抗迅速取得进展。莱梅尔森第 47 装甲军辖内第 17 和第 18 装甲师推开苏军机械化第 14 军残部，攻往边界线以东、直线距离约 200 公里的巴拉诺维奇。南面，施韦彭堡第 24 装甲军辖内第 3、第 4 装甲师一前一后发起攻击，粉碎红军在科布林西面的抵抗并驱散据守该城的苏军特遣力量。担任苏联第 4 集团军坦克预备队的机械化第 14 军竭力抗击古德里安的猛烈冲击，但日终时，该军残部被迫向东迅速退却。他们投入战斗时约有 500 辆坦克，现在减少到 250 辆。两天后，该军只剩 30 辆可用坦克。著名的东线历史学家戴维·格兰茨指出，这种灾难性的耗损率对边境附近初期交战期间的苏联机械化兵团而言非常典型。[25]

6月22—23日与苏联机械化第14军交战并取得惊人的胜利，不仅提升了第18装甲师装甲兵的信心，另外，就像该师作战日志指出的那样，也极大强化了他们面对苏联对手时的优越感：

1941年6月23日

6点30分：指挥组奉命离开集结地域前往布格河渡场……一名参谋赶往前方去向师长汇报第1指挥组迟迟未到的原因。

他到达后向师长报告，第18装甲团第3营7点30分到达亚谢利达河地带，没有遭遇激烈抵抗，他们已在那里设立一座小型登陆场。第18装甲团第2、第3营赶往亚谢利达河期间击毁许多苏军坦克，这一点再次证明了德军装甲部队的优势。虽然战斗相当激烈，但敌人的火力几乎没给第18装甲团造成任何损失，这是德军装甲兵具有绝对优势的新证据……

由于装甲旅取得的击毁率，他们的士气特别高昂，因为没人料到战局头几日就赢得了如此巨大的成功和如此明确的优势。作为单个战士的布尔什维克分子非常顽强、坚韧，因为他一直被煽动对付德国人，他们认为如果被俘的话会更糟糕。许多情况下，他们会顽强战斗到最后一颗子弹，不惜一切代价避免被俘。[26]

但是，古德里安的装甲力量迅速粉碎机械化第14军，部分原因是该军没有新式中型或重型坦克（T–34或KV），他们只有老旧坦克。[27]德国第4集团军的作战日志表明，这些坦克并没有给第4集团军司令汉斯·冯·克鲁格元帅留下深刻印象：

19点15分，克鲁格从普鲁扎内打电话告诉他的参谋长，他一直和古德里安大将在一起……集团军司令还报告，约100辆被击毁的俄国坦克散落在从南面通往普鲁扎内的道路上。这实在是一场毫无必要的坦克战，因为这些事情"几乎有些荒唐可笑"。另一方面，俄国人在某种程度上从事了一场英勇的战斗：他们跳上德军坦克，用手枪朝舱门内射击。[28]

瓦尔特·莫德尔中将率领久经沙场的第 3 装甲师，沿第 2 装甲集群战线取得最壮观的初期进展，该师的绰号是"柏林熊"。莫德尔戴着单片眼镜，这位 50 岁的普鲁士将军很快获得了"干劲十足的指挥官、杰出战术家"的美誉，后来被擢升为陆军元帅。[29] 48 小时内，他的先遣力量深入苏联领土 150 多公里。第 3 装甲师老兵 1967 年组织出版的一部师史生动地描绘了该师 6 月 23 日沿 1 号装甲路线闪电般的挺进，书中突出了德军装甲力量在战局开始阶段，面对苏联对手时的训练和经验优势：

由于运送宝贵燃料的补给车队已到达，第 6 装甲团 4 点 30 分动身出发。加注燃料后，坦克轰鸣着向前开去。第 6 装甲团第 3 营行驶在队列最前方。道路被沙子严重堵塞，一辆辆坦克只能缓慢通过。尽管如此，先遣支队的轻型车辆还是取得进展，很快到达科布林前方，俄国人据守在那里。

第 6 装甲团第 3 营 11 点后不久到达，果断与敌人设在该镇西部边缘的抵抗巢穴展开战斗，并把它们摧毁。攻入镇内后，俄国人的轻型坦克出现，但无一例外地被击毁。高爆弹还射入不时闪烁着俄国人机枪火力的房屋。15 分钟后，先遣支队彻底消灭了敌人的抵抗……

全团迅速穿过镇区，辖内部队很快到达通往东面的道路……一场进军就此开始，它对 1941 年 6 月 23 日这一天至关重要。

第 3 装甲师的坦克沿宽阔的道路无情地向前挺进。离开道路行进是不可能的，因为无法通行的沼泽地在道路左右两侧延伸。俄国人已被驱离道路，只有被遗弃的车辆、火炮和武器装备表明敌人正在仓促撤离。我们的战车有时候难以穿过敌人的车辆，这些遗弃的车辆横七竖八地停放在道路上。俄国步兵逃入高高的玉米地，从那里朝搭乘敞篷全地形车的德军士兵开枪射击。我方士兵不得不跳下汽车，以白刃战击退俄国人。

第 6 装甲团第 1 营 15 点 40 分在布霍维茨泽意外遭遇俄国坦克。敌坦克突然从附近的森林中冲出，把德军纵队置于火力打击下。施密特-奥特少校立即率领几个连队投入战斗，以一场合围机动击毁对方 36 辆 T-26 坦克。第 6 装甲团第 2 连（布赫特基希中尉）几分钟内就消灭 12 辆敌坦克。波兰农民向路过的德军坦克组员指明俄国人隐蔽的防御阵地。第 6 装甲团轻装排（雅各布斯少尉）直接扑向远离行军路线的小村庄波德贝尔耶。德军坦克在这里遇到6门重型火炮和拖车。俄国炮兵对德国人的出现深感意外，一个个束手就擒。获得中型坦克加强的第6装甲团第7连，奉命赶去加入第6装甲团第3营，以便为正与逃离中的苏军队列展开一场大规模战斗的该营提供支援。

先遣支队沿通往明斯克的铁路线到达主要城镇贝雷扎-卡尔图斯卡，并在第6装甲团开抵前凭借自身力量粉碎敌人的初步抵抗……先遣支队和装甲团已遥遥领先，步兵旅只能缓缓跟进，因为唯一的道路堵塞得较为严重……

师指挥所当日取道扎宾卡迁往科布林。作战指挥组进入桥梁东面的教堂。当地居民对德国人很友好，并且为后方辎重队和补给队的士兵们提供了食物。苏联第4集团军司令部设在科布林，从那里搜出的许多重要材料落入情报参谋手中……

尽管取得这些战果，可是莫德尔中将并未批准部下们休息。他已赶到贝雷扎-卡尔图斯卡[30]并下令毫不停顿地对逃窜之敌展开追击。第39战斗工兵营营长拜戈尔少校迅速重组先遣支队并立即向前挺进。坦克和摩托车无情地沿道路行进，全然无视后撤中的敌军。他们穿过一片片村庄和森林。跨过一条条小河上的桥梁，迅速打垮出现在侧翼的抵抗。在贝尔滕西南面的铁路路口，俄国人的抵抗有所加强。轻型侦察车以各种武器开火射击，木制货运站很快燃起火焰。第一批坦克随后赶到。

突如其来的精准炮火袭向道路。可这里无处隐蔽。因此，这些坦克（摩托车步兵尾随其后）隆隆向前。这段三公里的行军持续了一整夜，必须穿过黑黢黢的森林和苏军炮火。22点，第6装甲团第7连先遣排（吕尔少尉）到达夏拉河上的桥梁处。坦克未受干扰地驶过木制桥梁并向前挺进几公里。摩托车步兵和战斗工兵接管了这座小型登陆场的防务。坦克随后在黑暗中返回休息。[31]

截至6月23日傍晚，第3装甲师击毁107辆苏军坦克（这使该师在战争头两日击毁的敌坦克数达到197辆），摧毁或缴获数百门不同口径的火炮。[32]由于当日取得的这番成就，率领先遣支队的拜戈尔少校成为师里第一个荣获骑士铁十字勋章的军官。颁发给他的授勋文件中写道："通过闪电般的快速行动成功夺取夏拉河上的重要桥梁，为装甲军的快速挺进创造了条件。"[33]但此时，莫德尔装甲师主力，以及大部分后勤部队，仍排列在后方进入波兰占领区的道路上，直到次日（6 月 24 日）才跨过边界线。另外，莫德尔将军 6 月 24 日险些送命，他一直乘坐一辆八轮装甲车，下车后没多久，一发直接命中的苏军炮弹击毁了这辆装甲车，4 名车组人员丧生。[34]

截至 6 月 24 日晚，苏军在布列斯特 - 立托夫斯克东面沿第 2 装甲集群进攻方向组织的抵抗基本已告停止。虽然几股红军残部（包括两个坦克师）向东退往斯卢茨克和博布鲁伊斯克以南地域并实施缓慢的阻滞行动，但苏联西方面军的整个南翼开始崩溃。[35] 到 6 月 25 日，第 47 装甲军已肃清斯洛尼姆（第 17 装甲师在这里遭到两股苏军的交叉射击：一股苏军逃出正在形成的包围圈，另一股新锐苏军集结在巴拉诺维奇周围，已于昨晚暂时陷入包围[36]），而该军辖内第 18 装甲师的先遣部队正为夺取巴拉诺维奇展开战斗。南面，莫德尔第 3 装甲师（第 24 装甲军）攻往距离边界线约 300 公里的斯卢茨克。[37] 这时，古德里安把第 47 装甲军辖内第 29 摩步师派往西北面，直扑沃尔科维斯克，来到苏联第 10、第 3 集团军身后。沃尔科维斯克是个 "特别重要的目标，因为那里的公路网控制着苏军所有横向和前向运动，以及别洛斯托克与明斯克之间的补给"[38]。到目前为止，从别洛斯托克东南面到普鲁扎内的红军残部已撤入森林，德军步兵迅速展开追击。[39]

虽说这场进军进展神速，但遭受到灾难性损失的苏联空军仍保持活跃，特别是沿第 2 装甲集群最危险的进军路线。关于第 3 装甲师 6 月 24 日和 25 日作战行动的两份记述强调了这一点：

1941 年 6 月 24 日

苏联空军突然出现在那里！没人料到他们依然活跃，因为战争头几日根本没看见俄国人的飞机。从 13 点 45 分起，敌战斗机和轰炸机对道路连续发起攻击，导致部队停滞不前。跟随装甲旅赶往涅德兹维德杰瓦的第 3 装甲师作战指挥组也遭到数次攻击。[40]

1941 年 6 月 25 日

今天，由于敌人活跃的空中活动，第 6 装甲团主力隐蔽在进军路线两侧的几片森林地域。只有担任师先锋的第2营第5连（雅罗施·冯·施韦德尔中尉）继续向前挺进并渡过夏拉河。在此期间，俄国人企图以猛烈轰炸阻止我军推进，团部受到的影响尤为严重。这里伤亡数人，4部轮式车辆被彻底炸毁，2门高射炮被直接命中。[41]

但苏军的空袭和红军工兵炸毁德军前进路线上的桥梁，都没能显著减缓古德里安坦克的进军速度，德军装甲力量继续从南面收紧套住苏联西方面军的绞索，古德里安还派遣强大的快速力量，向东赶往至关重要的别列津纳河渡口。6月26日，莫德尔第3装甲师继续疾进，夺得距离博布鲁伊斯克和别列津纳河（这是第聂伯河前方最后一道主要河流障碍）约110公里的斯卢茨克。6月27日上午，位于装甲集群左翼的第47装甲军遭到红军部队反复冲击，苏军从别洛斯托克—新格鲁多克地域退往东南面，企图逃离包围圈，但该装甲军还是夺得了距离明斯克不到75公里的斯托尔普采[①]。[42]

6月28日零点，古德里安的军队终于不再隶属克鲁格第4集团军，而是直属中央集团军群——这是对古德里安及其装甲力量已实现完整作战自由度这一事实的承认。[43]这位装甲兵将领无疑为自己不再接受克鲁格名义上的指挥（至少暂时如此）松了口气。他们俩的关系长期处于紧张状态，"巴巴罗萨"行动发起后，这种关系更趋恶化，部分原因是古德里安虽然不能说完全不听从指挥，却也不断为自己的抗命行为寻找托词。[44]

无论战斗序列怎样安排，古德里安都对如何进行这场战役抱有自己的想法，他不会允许任何人阻止他实施自己的计划。简而言之，他的当前目标是远在东面的第聂伯河，他决心赶到那里，哪怕这意味着违抗他接到的命令。6月26日，霍特第3装甲集群的先遣力量距离明斯克仅30公里，中央集团军群指示古德里安率领装甲集群主力转身向北，与霍特在明斯克会合，封闭合围对外正面。但到6月30日，古德里安仅将2个师（第17装甲师和第29摩步师）沿包围圈东翼和南翼部署，另外7个师继续向东疾进。古德里安辩

① 译注：斯托尔布齐的波兰语地名。

解称，他已获准攻往别列津纳河和第聂伯河，只留下最薄弱的力量守卫包围圈，但他至少违背了命令精神。[45]

6月28日，第3装甲师攻占博布鲁伊斯克。莫德尔随后命令他那些疲惫的步兵不惜一切代价在别列津纳河对面夺取一座登陆场。由于苏军已炸毁河上的桥梁，加之没有坦克支援，第394步兵团第2营的士兵不得不乘坐橡皮艇，冒着苏军的猛烈火力强渡别列津纳河，并在东岸建起一座不太大的登陆场。接下来的24小时，红军发起猛烈反冲击，据守登陆场的德军部队全凭强大的炮火和莫尔德斯第51战斗机联队的支援才没有被打垮。[46]第3装甲师6月29日21点的作战日志条目描述了这场战斗：

> 俄国人对我们的右翼发起冲击，成群结队的敌人高呼着"乌拉"突破我师的最前沿阵地，但这场进攻被击退，他们在突然降临的低雾的掩护下后撤。敌人隐蔽在散兵坑里，偶尔以准确的步枪和机枪火力朝我方步兵射击。这场战斗造成一些损失（阵亡和负伤）。总的说来，他们已在博布鲁伊斯克东南方三公里铁路路基两侧和森林顶端建起阵地。第75炮兵团从季托夫卡一线射来破坏性火力。敌人的炮火零零星星，漫无目的。夜幕刚刚降临，火力突然再度加剧，俄国人发射照明弹后从道路左侧再次发起冲击。但这场进攻又一次被击退，该团设法守住这座小型登陆场，一个反坦克炮排投入部署，为他们提供加强。[47]

虽然伤亡惨重，但是莫德尔的侦察部队很快渡过了该河，朝更东面的第聂伯河展开试探。[48]短短七天时间，他的师已越过苏德边界，向前挺进约400公里。

现在，苏联西方面军两翼都处于崩溃状态。在中央集团军群左翼行动的霍特第3装甲集群，6月27日到达明斯克周边高地，次日攻占这座燃烧的城市。古德里安麾下第17装甲师到达该城南郊。[49]明斯克这座拥有25万居民的城市已被德国空军一连串的野蛮空袭破坏。穿过市区向东退却的红军部队"看到的不是一座城市，而是一堆篝火"。

就连公园都在燃烧。白俄罗斯首府烟雾弥漫，爆炸声震颤着空气。一波波德国轰炸机呼啸着掠过这座城市，把她变为一片废墟。成千上万的难民向东涌动，但在被封锁的道路上惨遭德军飞行员屠戮……

德国飞行员把明斯克视作一个巨大的目标，不分青红皂白地投下炸弹，根本不区分下面的是西方面军司令部还是一家杂货铺。明斯克的许多市民经历了革命和内战的破坏，但此前没人见过燃烧的公园或灰飞烟灭的街区，没人想到人类的力量能造成这样的破坏。

约4万人逃离自己的家园，但没人知道多少人死于逃往他们认为的安全处的途中，他们死于坍塌的墙壁，死于己方火力或梅塞施密特战机的机枪扫射。人们知道的只是20万人留了下来。有些人已听到从布列斯特、巴拉诺维奇、莫洛杰奇诺逃入明斯克的第一批难民的可怕叙述，他们谈到拥堵的道路、冷漠的军队指挥员、树林里的逃兵，还有德国空军的猛烈袭击。[50]

第137步兵师的将士们1941年7月初到达明斯克，这里的战斗几天前已停息，他们对德国空军给这个重要的公路、铁路枢纽造成的破坏震惊不已：

市中心，熏黑的烟囱表明过去有木屋伫立在这里。一些昔日庄严宏伟，现在已被焚毁的红军建筑物和党部大楼废墟，相比之下显得郁郁寡欢。火车站周边地区看上去尤为糟糕。"斯图卡"战机几乎把这里的地面翻了一遍，烧毁的火车、碎裂的列车车厢、胡乱扭曲的铁轨，这一切呈现出一幅彻底破坏的场景。铁路系统上粗大的铁柱像火柴棒那样断裂。成群结队的市民逃入乡村，肩膀上的麻袋里装着他们在混乱中所能取回的所有财产。[51]

在此期间，由于任性的古德里安打算向东进击，不太顾及封闭包围圈，苏军至少获得了24小时喘息之机，一些红军部队得以逃离即将形成的陷阱。1941年6月29日，内林第18装甲师的坦克终于从南面赶到明斯克，同第3装甲集群辖内部队会合[52]，困住苏联西方面军的合围对外正面就此形成。因此，到6月底，苏联四个集团军（第3、第4、第10、第13集团军）残部被困在从别洛斯托克经新格鲁多克到明斯克的数个口袋里。西方面军"作为一股有组织的力量几乎已不复存在"⁵³。但由于被围苏军顽强地向东北面、东面和东南面突围，激烈的战斗还会持续数日。在一场历时五天的战斗中，第 29 摩步师第 71 步兵团独自俘获 3.6 万名俘虏，古德里安指出："这是俄国人突围企图规模之大的证据。"⁵⁴

6 月 30 日，古德里安乘坐一架轰炸机飞赴第 3 装甲集群指挥所会晤霍特将军，商讨"我们作战行动的后续协同"⁵⁵。两位装甲部队指挥官都对他们的行动受到希特勒和陆军总司令部的限制感到不满，两人一致认为：必须以步兵部队接替滞留在合围对外正面的快速力量，以便让两个装甲集群朝西德维纳河和第聂伯河全力出击，防止红军在那些强大的地理障碍后方重新建立一道绵亘防线。这场行动非常紧迫，因为德军空中侦察表明，苏军正在斯摩棱斯克—奥尔沙—莫吉廖夫地域集结新锐集团军。⁵⁶

意外的救星突然出现，陆军总参谋长哈尔德将军当日下达命令，指示霍特和古德里安做好沿罗加乔夫—莫吉廖夫—奥尔沙（第聂伯河）—维捷布斯克—波洛茨克（西德维纳河）前出到两河的准备。哈尔德认为这场新行动至关重要，必须尽快实施（最迟在 7 月 5 日）。⁵⁷ 成功遂行这场行动，会为夺取斯摩棱斯克周边地域，以及该城西面重要的陆桥创造有利条件，这片陆桥沿两条河流之间的分水岭从奥尔沙延伸到维捷布斯克。哈尔德、博克和装甲兵将领们充分意识到，控制这片地域是夺取莫斯科的先决条件，对行动成功至关重要。⁵⁸

在此期间，第 18 装甲师刚刚开抵明斯克南郊就接到古德里安的命令，要求他们立即开赴别列津纳河畔的鲍里索夫。作为回应，6 月 30 日拂晓，内林的装甲兵通过路况良好得令人惊讶的道路，向东朝明斯克—斯摩棱斯克—莫斯科公路攻击前进。在恶劣的道路上苦苦挣扎数日后，这些坦克车长"容光焕发"⁵⁹。他们发起一场出色的坦克突袭，这会使他们进入苏军部队后方 100 多公里，并以夺取城镇和别列津纳河对岸至关重要的登陆场到达行动顶点。第 47 装甲军军长莱梅尔森将军从空中观看着这场进军：

1941 年 7 月 1 日

我们和军部仍留在斯托尔普采，因为我军侧翼遭受的威胁依然相当严重。但第 18 装甲师今天已攻向鲍里索夫，中午到达别列津纳河。希望他们能像拿破仑那样成功地实现历史性横渡。当日上午我乘坐一架"鹳"式轻型飞机赶往位于西诺列维扎的该师——航程约130公里（这里两地之间的距离普遍很遥远），并从空中观察到该师的整个进军行动。感谢上帝，行军纪律每天都在改善。[60]

内林将军在1961年发表的一篇文章中回忆起1941年6月30日和7月1日发生的戏剧性事件：

6月29日晚，装甲先遣力量伴着持续不断的战斗，取道斯托尔普采到达明斯克……第18装甲师在这里接到的命令是：赶往军用公路，沿该公路开赴别列津纳河畔的鲍里索夫并从南面绕过明斯克。在那里夺取并守住登陆场能够确保古德里安装甲集群继续挺进，但这是一项近乎自杀的任务，因为它要求我们向敌占区深入约100公里，楔入敌新锐部队不断开赴的地域。第47装甲军另外两个师仍留在别洛斯托克包围圈的合围正面。因此，这是一场孤军深入！

6月30日一早，我们沿路况很好的新公路赶往鲍里索夫，这些新道路并没有收录在我们极不详尽的俄国地形图中。这种情况只有在重印缴获的俄国地图后才能获得改善，那些地图很棒。我们在科洛德尼基附近的乌萨地域遭遇激烈抵抗，只能在夜间予以粉碎。7月1日清晨，我们组织了一个先遣支队，以便以更快的速度攻击前进。该支队的核心是特格少校率领的第18装甲团第2营，外加搭乘坦克的第18摩托车营，以及泰歇特少校的炮兵营。我师余部会在战斗完成后集结并迅速跟进。[61]

7月1日拂晓后不久，第18装甲师恢复了快速推进，以特格少校的坦克和先遣支队余部为先锋。肃清一片大型林地后，他们于上午9点到达军用公路，在这里击退苏联守军，随后朝鲍里索夫疾进，中午时已接近镇郊。一如既往，德军的迅速推进使毫无准备的苏军士兵猝不及防。就在该镇看似极有可能轻松落入德国人手中时，德军的空中侦察发现，约100辆苏军坦克正从东面开来。[62] 第18装甲师作战日志描述了接下来发生的事情：

14 点，装甲先遣力量卷入与大约 20 辆敌坦克的交火，隐蔽在军用公路两侧伪装阵地里的敌坦克被逐一击毁后燃起火焰，我方没有遭受任何损失。我军立即投入进攻，第 18 摩托车营第 3 连位于公路右侧，第 52 步兵团第 1 营在公路左侧，他们在第一场猛烈突击中成功肃清了公路两侧的林地，但自身也遭到严重损失。特别是在左侧，我军士兵以白刃战把敌人驱离他们出色的防御工事并到达鲍里索夫西面的开阔地。因为先遣支队行动的果断、充分利用了突然性，以及第 18 装甲团第 2 营营长指挥出色，我方部队为渡过别列津纳河夺得了一处有利的出发阵地。

18～20 辆敌坦克排成两列，从鲍里索夫方向沿军用公路发起一场意想不到而又坚强有力的冲击。他们攻入第 18 装甲师阵地，几乎到达师指挥所，不过这场冲击也以敌坦克悉数损毁告终。敌人的这番进攻以令人钦佩的锐气和最大的勇气遂行，但他们忽视了一场坦克突击所有常见的先决条件。进攻方是莫斯科"无产阶级"师辖内一部。

黄昏前，第 18 装甲师继续进攻，以第 52 步兵团和第 18 装甲团第 2 营大胆向左出击，在铁路桥北面跨过别列津纳河上的桥梁，并在河东岸建立起一座极具战役价值的登陆场。他们遭到敌军炮火的猛烈打击，再次蒙受严重损失……我师 21 点 50 分报告，已沿军用公路在别列津纳河对岸建起登陆场。[63]

整个夜间，由于登陆场这片开阔地无遮无掩，第 18 装甲师部署在这里的部队遭到苏军猛烈炮击，出现了更多人员伤亡，但他们牢牢守住了登陆场。第 18 装甲师发起了蔚为壮观的突袭，莫德尔第 3 装甲师早些时候取得了战果，因此德军迅速实现了前出到第聂伯河的先决条件。[64]

第 3 装甲集群

赫尔曼·霍特第 3 装甲集群的 4 个装甲师和 3 个摩托化步兵师，构成中央集团军群合围对外正面的北钳。6 月 22 日，霍特装甲力量突破苏军主要防御地带，在苏联西北方面军与西方面军之间深深楔入格罗德诺北面，并在奥利塔和梅尔基内完好无损地夺得涅曼河上的三座桥梁，这是完成装甲集群所受领任务的必不可少的先决条件。48 小时之内，冯·博克元帅就承认该集群已取得作战自由度，遂将其调离第 9 集团军，直接划归中央集团军群。[65]

但第 3 装甲集群 6 月 23 日穿过立陶宛继续前进并进入白俄罗斯时，遭遇了一场始料未及的延误，地形带来的挑战远甚于敌人的抵抗。霍特的坦克和车辆不得不沿原始的沙路穿过鲁德尼茨卡森林，这是一片布满松树、黑桤木、桦树的茂密原始林地，诚如霍特回忆的那样："这里可能从来没有机动车辆行驶过。"[66] 轮式车辆发生故障或陷入深深的沙地，堵塞道路并造成严重耽搁。工兵必须设法加固一条条河流上的木制桥梁，以便坦克和其他车辆通过，这又造成进一步延误。出现在己方行军纵队两侧或后方的红军散兵游勇也拖缓了德军的挺进，而战斗或后撤中的苏军制造的森林火灾同样给德军带来麻烦。行军纵队排成单列行进时，长长的距离导致电话通信中断，而法国制造的无线电通信车无法承受恶劣道路的严峻考验，很快发生故障。[67] 让情况雪上加霜的是步兵及空军部队糟糕的行军纪律，他们偏离指定行军路线，汇入第 3 装甲集群专用的"快速"路线：

在冯·布劳希奇的坚持下，一些路线被分配给步兵兵团。事实上，对步兵或装甲部队来说，行军路线实在太少。一个只获得一条路线的步兵师，行军队列长达 22 英里，全师通过某个地点需要耗费一整天。发生落在装甲兵团后方太远的危险时，步兵依靠骡马拖曳的运输车和火炮经常违反命令，离开指定路线，挤入装甲部队的行军路线，往往堵塞道路或拖缓摩托化部队的前进速度。第 19 装甲师被德国空军近 2000 辆卡车组成的车队堵在途中达数小时之久[68]，许多载运电线杆的卡车完全不按照车辆行军计划表行事。第 9 集团军置接到的命令于不顾，开始督促各步兵师前进，要求他们集中有限的机动车辆组成快速支队。这些快速支队占用了装甲部队的行军路线，因为他们没有其他快速路线可用。[69]

道路交通网严重拥堵、负担过重，由此造成燃料短缺，而缺乏燃料又导致行军延误。担任鲁道夫·施密特将军第 39 装甲军先遣力量的第 7 装甲师，直到 6 月 23 日 9 点才再次向前移动。这是个天气温暖、阳光明媚的初夏日，该师的坦克和辅助车辆离开奥利塔东南面的登陆场，沿鲁德尼茨卡森林中仅有的几条小径穿过深深的沙地，赶往东面约 75 公里外的立陶宛首府维尔纽斯。

当日下午，该师第 25 装甲团辖内部队肃清森林，虽然苏军实施了激烈抵抗，但该师还是在 23 日傍晚前到达维尔纽斯及其东面的高地。阿道夫－弗里德里希·孔岑将军的第 57 装甲军在梅尔基内离开涅曼河对岸登陆场后，也受到原始路径的阻碍，取得的进展更为有限。但日终前，该军先遣力量已推进 70 公里，到达利达—维尔纽斯公路上的沃朗诺沃。通过战争次日的这场挺进，霍特的装甲力量已把苏联西北方面军与西方面军之间的缺口拓宽到 100 多公里，并进一步包围了西方面军辖内的第 3 集团军。[70]

次日（6 月 24 日）也是个阳光明媚的晴天。拂晓时，汉斯·冯·丰克少将的第 7 装甲师恢复进军。在师属装甲团的支援下，搭乘摩托车的步兵冲入维尔纽斯，消灭苏军的轻微的抵抗后，于上午晚些时候夺得该城。当日早些时候，他们还占领了毗邻的机场并缴获 25 架完好无损的飞机。期盼德国人夺取维尔纽斯的当地官员以传统的颜色装饰这座城市，居民们则以鲜花和美酒热情迎接他们的"解放者"。后撤中的俄国人采用了不同的"欢迎"方式：据第 7 装甲师 6 点 30 分的作战日志称，部队立即接到警告，当地的水井已被投毒。[71]

施密特麾下另一个装甲师也在维尔纽斯地域行动，这就是霍斯特·施通普夫中将率领的第 20 装甲师。该师师史（这是多产的德国作家罗尔夫·欣策的另一部著作，他也是一位东线老兵）颇具洞察力地描述了沿第 3 装甲集群战线上进行的这场推进的性质：

1941 年 6 月 24 日，第 21 装甲团渡过瓦尔卡河，迫使敌坦克退回维尔纽斯。该团夺得了瓦尔卡河东面和北面地域。令人难以置信的恶劣路况意味着油耗急剧增加。由于运送燃料的卡车堵在路上无法通行，部队缺乏油料补给。冒着夏季的烈日酷暑，装甲师中各部沿前进路线缓慢行进，在干燥、未铺砌的道路上卷起尘云，大股烟尘从远处清晰可见，为遂行攻击的轰炸机提供了理想的目标……

该师随后接到命令，从西面和西南面切断维尔纽斯，在右侧与第 7 装甲师会合。于是，师属炮兵在该城前方占据发射阵地，而第 59 步兵团则从西南面攻入维尔纽斯……6 月 23—24 日的战斗中，该师击毁 26 辆敌坦克，其中 18 辆是第 21 装甲团第 3 营的战果……

维尔纽斯西面的森林地带，路况极为恶劣，根本无力应对繁忙的交通，再加上燃料短缺，该师无法收拢部队，这就意味着只有第112步兵团、第92炮兵团1个轻型炮兵连、1个轻型高射炮连可用于洛斯克周边高地的后续行动。师主力继续沿森林里的小径艰难跋涉，赶往瓦尔卡河西面。法国制造的商用车辆糟糕的越野性能在这里表现得淋漓尽致。由于这些困难，各部队没能完成该师的进度计划，耽误了几个小时。[72]

赫尔穆特·马丁在回忆录中描述了这场进军的艰辛。1941年，他是第14摩步师（第39装甲军）反坦克营的一名年轻反坦克炮手，该师作为预备队投入东方战局，跟随在装甲军先遣部队身后。战争头几日，马丁在"这片异域"的经历几乎与1941年夏季所有东线将士的遭遇如出一辙。他的故事也表明，他和许多年轻德国士兵都把战争视为一场激动人心的冒险，是逃离沉闷乏味的平民生活的天赐良机：

6月25日清晨，我们继续前进。我们折返卡尔瓦里亚并转向通往维尔纽斯的道路。沿这条道路，我们经过一个小镇……这里只剩下又大又宽、摇摇欲坠的暖炉和高耸的烟囱，看上去就像长长的、烧焦的、干瘪的手指伸向湛蓝的天空。木屋的墙壁都已烧毁……这里见不到任何人。村子尽头，一辆两轮大车和一匹肿胀的死马倒在路旁的沟渠里。在我们前方行驶的车辆卷起巨大的尘云，尘埃随后化成灰色的烟雾笼罩住这个被毁的村镇。

从现在开始，我们每天都要经历长途跋涉。我们有时候会离开军用道路，沿土路或森林里的小径行进。我们起初作为预备队向前推进，这令我感到高兴，因为这使我逐渐获得一种战斗的感觉，我希望借此获得些好的经验。进入异域的这番旅程不仅令我感到兴奋，还使我有机会躺在白桦树下高高的草丛里，远离沉闷的学校、充满污浊空气和恼人学习的逼仄教室。遥远所在和未知之地一直令我魂牵梦萦，战争为我提供了实现这番梦想的机会，在我看来，它代表着运动和高贵……

6月26日晨，全连平安顺利地穿过维尔纽斯远郊，行进100多公里后于当日中午进入吉尔维亚迪。车辆在此检修并加注燃料，士兵们也需要对其清理一番。由于路况恶劣，巨大的尘云笼罩着行军纵队，我们的面孔和军装都覆上了几毫米厚的污垢。汗水在我们脸上留下深深的痕迹，在休息地，我们几乎无法识别彼此。

这里位于一座教堂旁，这座石制教堂漆成白色，从很远处就能看见，在一片当地居民的木屋中脱颖而出。我们驱车穿越俄国时，一次次遇到这种特有的场景。休息期间，我抓住机会仔细观察这些木屋，但我不能为此耗费太多时间，以免沾染虱子、跳蚤和其他害虫……我们迄今为止的行程中，我注意到除了教堂，各座村庄里没有石制建筑。仅有较大城镇市中心的房屋使用了坚固的材料。[73]

读者们应该记得，6月22日，西方面军副司令员V. I. 博尔金中将飞过布满德军战机的空域前往第10集团军司令部，徒劳地试图组织一场反突击。两天后的6月24日，遵照巴甫洛夫的命令，博尔金终于以2个机械化军和1个骑兵军发起一场反击，向北攻往格罗德诺，企图阻挡霍特的铁钳并避开即将困住别洛斯托克周围及其北面红军各兵团的包围圈。博尔金这场突击缺乏有效的通信、空中掩护和后勤保障，也没有足够的新型坦克，"从一开始就注定要失败"[74]。他的军队遭到里希特霍芬第8航空军"斯图卡"战机的重创，到达格罗德诺地域时，第3装甲集群早已越过边界线冲往维尔纽斯。因此，博尔金残余的坦克、步兵和骑兵与施特劳斯第9集团军辖内部队展开激战，德国人以步兵和反坦克力量的毁灭性伏击消灭了遂行冲击的苏军（关于这场战斗的详情，参见第七章"锻造包围圈"一节"第4、第9集团军"小节）。[75]

霍特装甲集群的挺进也把大批红军士兵困在鲁德尼茨卡森林里[76]，另一些人则逃入茂密的林地和沼泽，以躲避德军战机无情的扫射和轰炸。在相对安全的森林里，红军散兵游勇展开游击战，打击德军补给队、医疗单位和其他后勤部队，有时会造成严重破坏。6月24日下午晚些时候，第3装甲集群吁请第9集团军投入更多步兵力量，协助肃清森林里的敌军，这项任务未来几天交由第5、第6军辖内各师执行。[77]

随着第3装甲集群到达维尔纽斯，霍特准备攻往东面300多公里外、西德维纳河畔的维捷布斯克。从这位装甲部队指挥官的角度看，此举符合他的首要任务的要求，也就是阻止敌人撤过西德维纳河—第聂伯河一线。另外，他认为这个进攻方向不会遭遇剧烈抵抗。霍特把自己的意图告知中央集团军群，而他的参谋人员为进军维捷布斯克拟定了必要的细节。可没过多久，集团军群发来一份电报，称陆军总司令部否决了霍特的建议——相反，第3装甲集群应当攻往东南方的明斯克，与古德里安集群紧密配合，封闭困住苏军诸边境集团军的包围圈。[78]霍特在战后对1941年夏季战局所做的研究中回忆了他对这道指令的反应：

> 这道命令给第3装甲集群司令部造成了破坏性影响，我们正准备把指挥所从奥利塔迁到沃朗诺沃。部队前几天付出的所有努力——"在集团军群左翼向前疾进"，抢在敌人之前夺取奥尔沙—维捷布斯克陆桥——似乎纯属徒劳。[79]

霍特不愿看到自己的作战计划遭否决，甚至派身边的陆军总司令部联络官，一名"随和而又聪明"的中校，返回东普鲁士的总部，为自己的观点据理力争。霍特的特使见到陆军总参谋长哈尔德，后者拒不接受一路前出到西德维纳河—第聂伯河障碍的"大解决方案"，尽管冯·博克元帅也支持这项方案。哈尔德担心的是，倘若继续攻往两河，几个装甲军可能会相互脱离并被逐一击败，因此他说服陆军总司令布劳希奇指示集团军群采取"较小的解决方案"（也就是在明斯克封闭合围圈）。哈尔德认为，必须"以几个步兵军在夏拉河与涅曼河交汇处南面（莫斯特附近）封闭合围对内正面，而古德里安和霍特装甲集群应当在明斯克会合，封闭合围对外正面"[80]。

与古德里安一样，霍特也是个杰出的装甲部队指挥官，但和前者不同，他更加恪尽职守。因此，霍特立即命令他的装甲力量转向东南方，直扑明斯克。维尔纽斯成了霍特这场推进的北肩，南面100公里的利达镇则是枢纽，约瑟夫·哈佩少将的第12装甲师（第57装甲军）担任先锋。6月24日黄昏，该师逼近白俄罗斯首府。德国陆军总参谋部作战处的彩色态势图说明了戏剧性的推进速度，霍特的四个装甲师排列成纵队，隆隆驶向他们的目的地。装甲纵队扬起了滚滚尘埃——此时天气酷热难耐，而德军总参谋部地图上用红色标注的"良好"道路，通常不过是沙质小径而已。恶劣的环境给车辆造成了破坏，燃料和机油滤清器的消耗速度远远超出陆军后勤人员在战局发起前的预料。敌人的抵抗越来越激烈，他们为此付出的努力也越来越具有凝聚力。[81]

随着第 8 航空军的支援暂告中断（该军地面组织正竭力跟上装甲集群的前进速度并把空军基地向前延伸），苏联空军得以对德军先遣力量展开颇具效力的打击。例如，6 月 26 日，缺乏战斗机掩护的第 7 装甲师遭到苏军轰炸机的空袭，人员和车辆损失严重。[82] 德国空军总参谋部在战争后期所做的研究中承认了这个问题：

> 最初几天，战斗机的作战行动在……装甲路线和装甲先遣力量上空形成主要努力点，这些地面部队遭到苏军轰炸机编队的猛烈袭击。但随着中央集团军群装甲先遣力量的快速推进，战斗机的地面组织往往很难迅速跟上，这就导致战斗机的航程有时候不足以确保为最前方的装甲部队提供掩护。[83]

虽然存在这些挑战，但德军的突击势头丝毫未减。第 7 装甲师再度遭遇燃料短缺的问题，但他们意外地发现了一个苏军油料堆栈并找到了辛烷值令人满意的汽油，这使他们得以在 6 月 25 日晨动身赶往明斯克，围绕第 6 步兵团组建的一个混编战斗群并担任先锋。该师沿维尔纽斯—莫洛杰奇诺—明斯克公路迅速赶往东南方，沿途打垮苏军一切抵抗。他们击退了苏军坦克反复发起的冲击（第 25 装甲团击毁其中大多数坦克和另一些装甲车辆），绕过莫洛杰奇诺东面的斯大林防线（沿原波兰—苏联边界线构设）上尚未被占领的掩体，于次日（6 月 26 日）到达明斯克后方，切断了该城连接莫斯科的公路和铁路线。[84]

同样在 6 月 26 日，哈佩第 12 装甲师在明斯克西北方的拉库夫突破斯大林防线，黄昏时逼近这座燃烧的城市的郊区。实际上，第 12 和第 20 装甲师当晚都朝明斯克发起冲击，而位于东北方的第 7 装甲师则赶往别列津纳河[85]，该师装甲团遭受到严重损失，但他们兴高采烈地报告："沿整条战线取得胜利。"[86] 次日（6 月 27 日），第 20 装甲师攻入斯大林防线目前已充分据守的掩体、带刺铁丝网、防坦克壕和其他障碍物。[87] 双方在一座座掩体间展开艰巨的近距离厮杀，战斗持续到 28 日，该师伤亡惨重，阵亡者中包括 1 位团长和另外 8 名军官。[88] 当晚，第 20 装甲师位于明斯克北面 14 公里处。[89] 与此同时，第 47 装甲军先遣部队沿古德里安第 2 装甲集群的战线挺进，越过巴拉诺维奇，从西南面逼近明斯克。合围巴甫洛夫西方面军的铁钳即将砰然合拢。[90]

到达斯大林防线，意味着霍特麾下各师已跨过 1939 年 9 月第二次世界大战爆发前的苏联旧边界线。如果说他们作为"解放者"在立陶宛和波兰苏占区受到当地民众热情迎接，那么，他们现在必须为自己即将遭遇的极不友好对待做好准备。第 3 装甲集群 6 月 28 日的作战日志指出："士兵们被告知，布尔什维克苏联的领土实际上是从明斯克开始的。与迄今为止我们遇到的大多数友好的居民相比，我们现在预料当地居民对我们的敌意、破坏和游击打击会显著增加。"[91] 但这并非装甲集群当日作战日志中唯一令人不安的段落：

第 57 装甲军报告，大批俄国人投入到 28 日晨的进攻中。对付这种人海战术的战斗已使我方士兵获得了一定的优越感。据报，俄国人还投入重型坦克，我们的 50 毫米反坦克炮无法击穿这种坦克。[92]

6 月 28 日，第 3 装甲集群战线上降下雷阵雨，对苏联欧洲部分的中央地区而言，每年这个时候出现这种天气状况再正常不过了。但明斯克守军不得不应对更不祥、更致命的雷鸣——德军机械化纵队正从北面朝他们隆隆驶来。9 点 25 分，第 12 装甲师先遣部队位于明斯克西北面 10 公里处，冲击马上就来了。到 16 点，明斯克已落入哈佩手中。这是个巨大的胜利，不过第 7 装甲师第 25 装甲团英勇的团长卡尔·罗滕堡上校阵亡，给获胜的喜悦之情造成了破坏。负伤之后，部下们带着他穿过仍在苏军控制下的区域赶往后方急救站，这支小股车队遭遇苏军伏击，罗滕堡上校因此殒命。为纪念他们的团长，第 25 装甲团现在改称"罗滕堡装甲团"[93]。

施通普夫第 20 装甲师辖内部队在第 12 装甲师攻占明斯克后不久进入该城，他们在市区南部卷入激烈巷战。该师"俾斯麦"战斗群的一名士兵描述了他对遭到严重破坏的白俄罗斯首府的印象：

乍看上去，明斯克就像个村庄。城市北部边缘的小木屋，配有破旧的花园篱笆，与我们以往经过的波兰、白俄罗斯村庄大同小异。左侧伫立着一座兵营，部分砖块裸露在外，但至少是用红砖砌成的。我们从大门前慢慢驶过，当地居民拖着箱子和袋子溜出兵营后门。没人朝他们多看一眼。

低矮、陈旧的木屋之间，大型建筑物的外墙突然出现，同样使用了裸露在外的砖块，有些较为完整。(俄国人)建造著名建筑物的企图非常明显。这些建筑并没有完工，其风格也不令人愉悦。仔细观察，我们能看出这些建筑的廉价性。它们使用白色涂料外墙而不是引人瞩目的墙面，廉价石膏板饰以银叶或金铜叶，这确定了我们认为这些材料统一批量生产的印象。

德国空军一两天前肯定已对明斯克实施过一场大规模空袭，这里只剩一片废墟。所有党部大楼、学校、公寓街区、国营食品商店都被炸毁，只留下列宁纪念碑这种大型建筑。死去的红军士兵躺在街边，没人打扰他们。对待己方死者的态度充分体现出民众的冷漠和迟钝。相反，这些乌合之众似乎非常关心从废墟中抢救有用的东西，特别是从仓库里获取食物和衣物。当地妇女扛着硕大的包裹偷偷溜进小巷，这些包裹的重量几乎把她们压垮。[94]

6月29日，第2装甲集群第18装甲师辖内部队从南面开来，与霍特麾下部队在明斯克附近会合。6月30日，第18装甲师一个营径直攻入城内。[95] 合围对外正面现已形成，数十万红军将士的命运业已确定。霍特根据自己接到的命令，把麾下各师排列在包围圈北部边缘，从利达以北地域起，穿过沃洛任直到明斯克，防线长度超过150公里。[96] 这是一段防御严密的战线，与南面古德里安薄弱的防线相比，漏洞少得多。接下来几天，除了俘虏，没人能从霍特据守的防线通过，他这个装甲集群辖内各师逐渐被第9集团军开抵战场的步兵部队接替，因此他得以再度将装甲力量投入快速作战行动。[97]

如前所述（本节"第2装甲集群"小节），古德里安6月30日飞赴霍特司令部商讨后续作战事宜。有些历史学家推测，两位将领利用此次会晤密谋重新向东发起攻击，而不等待上级（陆军总司令部或中央集团军群）下达命令。[98] 恩斯特·克林克在德国准官方二战史（第四卷《入侵苏联》）中认为："（苏军）在包围圈内持续抵抗的不良后果是，德军快速部队仍被牵制在这里，延误了继续向东挺进。毫不奇怪，在这种情况下，上级部门怀疑装甲部队指挥官企图逃避对他们行动的严密控制，尽管他们受领的任务是歼灭敌军，尽快恢复进军。"[99] 这个夸大的说法对霍特来说不太公平，虽然不太情愿，但他似乎忠实地执行了接到的命令。实际上，6月29日，他麾下7个师中的

5 个据守着包围圈[100]，而古德里安的大多数师已向东奔去，尽管相关命令明确要求他先行压缩、消灭包围圈。[101]

不管怎样，两个装甲集群全力恢复向东进击前，不得不沿包围圈从事一些激烈、代价高昂的战斗，因为被围苏军不愿束手就擒：

包围圈里的俄国人并没有放下武器投降，也没有在防御阵地里消极等待德军步兵师穿过装甲先遣力量卷起的尘云赶到。一支支红军部队果断发起突出包围圈的冲击。这些进攻缺乏协同，也毫无技巧可言，但俄国人的数量远远超过封锁他们自由之路的德军师的兵力。[102]

第 4、第 9 集团军

哈尔德设想的别洛斯托克—明斯克包围圈非常庞大，由此形成的口袋长300 多公里，最宽处约有 100 公里。这个包围圈顺时针延伸，大致从别洛斯托克起，穿过格罗德诺、利达、拉库夫、明斯克、斯托尔普采、巴拉诺维奇、斯洛尼姆、普鲁扎内，直到别尔斯克。别洛斯托克—沃尔科维斯克对内正面的长度约为 100 公里，由博克的步兵力量负责。要想逃离即将到来的灭顶之灾，苏联西方面军只有两条主要突围路线：北面，经莫斯特到新格鲁多克，最后到达明斯克；南面，取道别洛斯托克—沃尔科维斯克—斯洛尼姆公路，直至巴拉诺维奇这个交通枢纽——第一次世界大战开始时，尼古拉斯大公的最高统帅大本营就设在巴拉诺维奇。[103]

中央集团军群两个步兵集团军编有 20 多个步兵师，汉斯·冯·克鲁格元帅的第 4 集团军位于南面，阿道夫·施特劳斯大将的第 9 集团军位于北面，分别在第 2、第 3 装甲集群的内翼展开行动，力图在莫斯特和沃尔科维斯克地域封锁敌人的逃生路线。行进中的步兵忍受着酷暑、尘埃、蚊子和苍蝇，经常被每天 40 ~ 50 公里甚至更长路程的强行军推到耐力极限，有时候面对苏军的激烈抵抗，有时候与后方支援力量相隔绝。他们穿过边境地区的密林和沼泽，不幸地在西方面军侧翼迂回。克鲁格和施特劳斯步兵集团军的任务因为这样一个事实而变得更加容易：巴甫洛夫西方面军辖内 4 个集团军中的3 个，包括 6 个机械化军中的 3 个，挤入别洛斯托克边境镇（这是个具有战略重要性的铁路枢纽）周围的巨大突出部。这个突出部伸向波兰的德国占领区，深130公里，宽200公里，看看德国陆军总参谋部作战处1941年6月21日的态势图，就会发现它给守军造成的危险：冯·博克元帅的步兵集团军和装甲集群部署在突出部北肩和南肩，因此，战争尚未爆发，他们已对西方面军辖内部队构成合围态势。利用地理方面的有利条件和巴甫洛夫方面军不太明智的部署，德国第4、第9集团军把西方面军主力困在别洛斯托克—沃尔科维斯克这个内环包围圈里，然后牢牢守住口袋，粉碎红军规模庞大、至死不渝，有时候甚至是压倒性的突围企图。[104]

6月22日，第4、第9集团军辖内诸步兵师突破红军边境防御，某些情况下甚至越过边界线，取得30～40公里进展。红军的抵抗有时候较为顽强，例如第9集团军作战地域内的格罗德诺，第4集团军战线上的布列斯特－立托夫斯克要塞，但大多数情况下，红军的抵抗断断续续，缺乏组织，尽管随着时间的推移这种抵抗会变得更加活跃。次日（6月23日），克鲁格麾下诸步兵军继续深深楔入别洛斯托克南面的苏军防御，在苏联主要河流防线对面夺得至关重要的登陆场阵地。第4集团军在作战日志中指出，红军的抵抗在某些地段"极为激烈"，例如，第9军第263步兵师在布兰斯克地域（别洛斯托克西南方约50公里）击退苏军七次独立坦克冲击。[105] 第4集团军辖内部队也对突然出现的苏军狙击手大加抱怨。第8军沿施特劳斯第9集团军战线夺得格罗德诺，而第42军位于更西面的先遣部队设法进入哈伊努夫卡森林，切断了在别洛斯托克和布列斯特－立托夫斯克地域作战的苏军部队之间的交通线。不到48小时，苏联第10集团军各兵团已放弃防御尝试并退入森林。之后，"德国人面临的艰巨任务是在这片布满沼泽和密林且污秽不堪的地域肃清敌人"[106]。

苏德战争第二天，一些德军部队发现苏联人的战斗技术有所改善，其中之一是54岁的黑尔格·奥勒布中将率领的第6步兵师[107]，该师部署在中央集团军群最左翼。6月22日突破边界线期间，第6步兵师损失惨重（54人阵亡，106人负伤，19人失踪）。次日晨，该师先遣支队奉命尽快在普列奈夺取涅曼河上的桥梁，但他们被准备充分、数量占有优势的苏军阻挡了几个小时，对方展现出"娴熟的战斗技能和对地形的充分利用"。结果，该先遣支队直到下午早些时候才到达普列奈郊外的大片森林，为首的车辆逼近涅曼河时（不到400

米）苏军工兵炸毁了河上的桥梁。该支队毫无拖延，立即使用橡皮艇强渡涅曼河，尽管苏军实施激烈的抵抗，他们还是在对岸建起一座登陆场。[108]

当日的两份记述（分别来自海因里希·哈佩和汉斯·利罗夫的私人日记，两人都是第6步兵师的军医）有助于洞悉第6步兵师行进中的步兵面临的困苦：

1941年6月23日

这两天过得很艰难，真的很艰难！今天只有几名伤员，没人阵亡，但补给车队仍未到来。两天来，我只吃了两片面包，喝了点水。尘土混杂着汗水黏在皮肤上，然后渗入其中。我的嘴唇肿胀，已有几处干裂。天气炎热，天空湛蓝。

战争比我想象的更加血腥，但我们甘之如饴，而且知道不能有妇人之仁。死神获得丰收。昨日的战斗比今天艰巨得多。我方士兵昨天遭到几次轰炸。我们对失去亲密战友深感悲痛，并想知道如果一切继续以这种方式进行下去会发生些什么。每片玉米地、每座农庄都有子弹射出。我救治一个俄国人时，那些猪猡不停地用机枪朝我射击……

这一切都是为了德国的伟大和她的未来，我只能说，此刻我只想待在这里，而不是其他任何地方。我的身体很棒，所以能应对最大的压力。

夜间几个小时的平静期，我们睡在森林里。我一连数日把防毒面具当作枕头，并把我的船形军帽盖在上面。我睡得很安稳，这甚至比最好的床铺还要棒！这归功于疲惫！[109]

1941年6月23日

我们清晨7点动身出发，天色晴朗。灰尘，铺天盖地的灰尘。行军伤亡开始增加。现在是11点，烈日当空。至少有些清爽的微风。尽管如此，还是有很多人疲惫不堪。代理军医和救护车尚未赶到士兵们身边。各个连队必须使用自己的资源。军官和普通士兵都乘坐征用来的马拉大车。现在已行进了18公里，当日的行军路程还有50公里左右。

今天的重大事件与作战行动无关，而是通过一条烦人的沙质小径，这条沙径穿过大片森林，长达数公里，人员、马匹和车辆不得不缓缓跋涉，必须付出最令人难以置信的努力。许多中暑者失去意识。这里没有代理军医，他们应该在我们后方 5 公里处。用于疏散伤病员的车辆不足。最后，各部队使用马拉大车运送中暑者……

当地民众挥舞着立陶宛国旗，他们把饮用水放在路边的水桶里。反坦克部队受到热烈欢迎，大量紫丁香撒落在他们的车辆上……村民和牧师们欢呼着，祈求上帝保佑德国国旗。

天气很热。一队队马匹拖曳着步兵和炮兵的火炮。汗水流过士兵们脸上厚厚的灰尘。战争次日晚 21 点，我们在普里马尔-普雷尼渡过涅曼河。[110]

第三份记述出自该师第 18 步兵团一名军官，这段文字以悲观的预测告终：

回顾前两日：行动取得圆满成功。我们突破敌人的边境防御工事。对方正沿整条战线后撤。我们团的损失如下：2 名军官、29 名军士和士兵阵亡；1 名军官、57 名军士和士兵负伤；3 名军士和士兵失踪。高阵亡率无疑是众多敌狙击手和游击队员以卑鄙的方式从事战斗的结果。这会是一场“毫无人道可言的”战争。[111]

第三天（6 月 24 日），正如第 9 集团军战时日志所称，作战行动“按计划进行”[112]。陆军总参谋部作战处的东部态势图表明，中央集团军群各步兵师深深楔入苏联西方面军两翼，对方尚未充分意识到即将降临的灾难。[113] 如前所述，巴甫洛夫当日企图实施一场“预有计划、协同一致的反突击”[114]，竭力恢复右翼态势。苏军这场进攻虽说缺乏协同，但的确很猛烈，德方资料证实了这一点。另外，苏军这番冲击出敌不意，因为德国人的空中侦察专注于远程任务，没有发现集结在近处的数百辆坦克。在步兵和骑兵支援下，这些坦克隆隆向北攻往格罗德诺，最终目标是西北方 50 多公里处，边界线之外的奥古斯图夫。苏军突击集群编有机械化第 6、第 11 军和骑兵第 6 军。这些兵团中，实力最强大的当属机械化第 6 军，拥有 1000 多辆坦克，约半数为 T-34 和 KV 型。但这些新式坦克一个月前刚刚获得，车组人员没太多时间从事训练并熟悉它们。[115]

在巴甫洛夫的副手 I. V. 博尔金中将的率领下，这股庞大的坦克力量错过他们的预定目标（霍特装甲集群），一举击中步兵上将弗里德里希·马特纳毫无戒备的第 20 军（第 9 集团军），该军一直跟随在第 8 军身后，梯次部署在第 8 军右后方。[116] 马特纳的两个步兵师（第 162、第 256 师）遭到苏军从三个方向袭来的冲击，被迫转入防御。已故美国陆军历史学家查尔斯·冯·吕蒂肖（也是一名东线老兵）在他未完成的手稿《通往莫斯科之路，1941 年的对苏战局》中描述了接下来发生的事情：

> 面对规模如此之大的进攻，德国步兵的反坦克武器严重不足。尽管如此，德军掷弹兵还是在弹药耗尽前击毁 50 辆苏军坦克。更多弹药不得不依靠空投。德国空军随后以重型高射炮和 200 架"斯图卡"提供支援。"斯图卡"的滚动攻击粉碎了博尔金的坦克兵团，88 炮击穿了 37 毫米和 50 毫米反坦克炮无法穿透的 KV 重型坦克厚重的装甲。实施自卫的野战炮兵成功使用直瞄火力，通常在不到 100 码的距离开炮射击。
>
> 这场战斗的戏剧性高潮出现在 21 点 10 分，博尔金的反突击几乎突破到格罗德诺核心地带。在距离目标不到 1 英里处，这场进攻失败了。100 多辆被击毁的坦克在战场上腾起烟雾，剩下的坦克也耗尽了燃料。博尔金竭力试图从明斯克获得空投燃料，他派去向巴甫洛夫请求提供燃料补给的两架飞机都被击落。[117]

6 月 24 日日终前，在格罗德诺西南面库兹尼卡周围据守一座登陆场的第 256 步兵师，在一个高射炮营的支援下，抵挡住苏军反复发起的冲击，还击毁了对方 80 辆坦克。[118]

尽管损失惨重，博尔金次日（6 月 25 日）再度驱使他的军队投入进攻。在此期间，第 9 集团军抽调一个步兵师（第 129 师）[119] 和更多高射炮、反坦克炮加强第 20 军的防御。这些新锐力量赶到时，适逢 M. G. 哈茨基列维奇少将的机械化第 6 军重新发起猛烈冲击。里希特霍芬第 8 航空军从第 3 装甲集群抽调的支援力量再度涌到战场上空，一举粉碎苏军坦克先遣力量。[120] 第 256 步兵师又一次发现自己备受重压，第 456 步兵团一度遭到 150～200 辆敌坦克冲击，但该师牢牢守住自己的阵地，同时击毁了大批坦克。[121] 当日晚些时候，哈茨基列维奇赶到第 10 集团军设在别洛斯托克郊外一片小树林里的指挥所，博尔金自战争第一晚就一直待在这里。情绪极为激动的哈茨基列维奇告诉他的上司："我们的炮弹即将耗尽，一旦射完这些炮弹，我们就不得不炸毁坦克。"但博尔金除了表示理解外，提供不了任何帮助。几小时后，哈茨基列维奇在前线阵亡。[122]

6 月 25 日日终时，骑兵第 6 军的伤亡已超过 50%，主要是德军空袭所致。博尔金的一个坦克师耗尽弹药，另一个坦克师仅剩 3 辆坦克。机械化第 11 军的 400 辆坦克还剩 30 辆，该军 6 月 22 日的兵力为 3.2 万人，现在只剩 600 人。马特纳第 20 军以娴熟的战术部署反坦克力量，共击毁 322 辆敌坦克，其他战果归功于德国空军。[123]

次日晨，由于仅剩步兵力量，红军这场反突击逐渐瓦解，他们几乎攻到了格罗德诺的涅曼河桥梁。这场冲击的崩溃意味着德军北部步兵合围铁钳遭遇的最大威胁已告结束。博尔金突击集群残部逃入森林，分成小股力量设法向东突围。经过长达 45 天的艰苦跋涉，博尔金和 2000 名部下越过斯摩棱斯克东面的战线，重新回到红军主力部队中。[124]

随着成功反突击的一切前景均告破灭，西方面军司令部终于在 6 月 26 日下达命令，指示辖内所有部队后撤。巴甫洛夫希望利用遭受重创的机械化兵团残部，协助打通一条向东突围的路线。但戴维·格兰茨写道，就连这个希望"也因德军第 29 摩托化师夺得沃尔科维斯克东面的公路而破灭。这导致苏军手中只剩一条沿涅曼河南岸通往西面的走廊，位于莫斯特镇旁边。甚至这条走廊也受到德军威胁，第 8 军第 28 步兵师正把苏军步兵第 56 师残部向南逼往涅曼河"[125]。6 月 26 日晚，德军第 28 步兵师几乎已到达莫斯特镇。[126]

巴甫洛夫的坦克和骑兵向北进攻时，冯·克鲁格元帅和他的第 4 集团军一直沿德军步兵推进的南部方向取得进展。6 月 25 日晨，克鲁格指示戈特哈德·海因里希将军的第 43 军（第 131、第 134、第 252 步兵师）从普鲁扎内转向东北面，在沃尔科维斯克进入西方面军后方。为执行这道命令，海因里希立即加强他的先遣支队，并以卡车前调步兵力量。[127] 当日上午晚些时候，第 4 集团军参谋长京特·布卢门特里特上校与冯·博克元帅交谈。博克在讨论过程中指出，霍特第3装甲集群正迅速逼近明斯克，因此，现在迫切需要各步兵军继续向东，为装甲先遣力量提供支援。[128] 克鲁格知道，他必须毫不拖延地消灭内环包围圈。

为遏制并压缩包围圈，克鲁格想把他的几个步兵军部署在一个庞大的半圆形地域内，这个地域从别洛斯托克西面起，穿过波罗佐沃和普鲁扎内，直至鲁扎内，战线长度超过150公里。[129] 另外，他把重点置于右翼，力图与施特劳斯第9集团军联手完成这场合围。出于这种考虑，克鲁格6月25日18点下达了一道集团军作战令，要求以强大的力量前出到斯洛尼姆和沃尔科维斯克地域。[130]

从德国陆军总参谋部作战处的东部态势图可以看出第4集团军6月25日晚到达的位置。克鲁格麾下第7、第9军挤压包围圈南部边缘，从布兰斯克—别尔斯克一线上方位置攻往北面、东北面。更东面，海因里希第43军遵照克鲁格当日晨下达的命令，朝东北方急转，以第131、第134步兵师先遣支队赶往沃尔科维斯克（他们很快被苏军的大规模反突击阻挡住）。后方，构成集团军第二梯队的第13和第53军正着手前调。与此同时，仍在古德里安第2装甲集群编成内的第12军（该军第45步兵师正为夺取布列斯特－立托夫斯克要塞从事艰巨的战斗）忙着填补鲁扎内与斯洛尼姆之间的缺口[131]，而获得加强的第29摩步师（第47装甲军）目前横跨从斯洛尼姆通往沃尔科维斯克的道路，堵住了苏军一条主要逃生路线[132]。

接下来几天，古德里安的坦克冲向明斯克时，克鲁格封闭合围对内正面的激烈尝试虽说最终取得成功，但饱受挫折和危机的困扰。用第4集团军参谋长的话来说，那就是"完全不同于地图演习时的清晰解决方案"[133]。首先，克鲁格麾下步兵军主要使用路况恶劣的小径，两条良好道路（1号、2号装甲路线）的独家使用权归装甲部队，步兵部队不得不以每小时1～2公里的速度艰难穿过沙地，和疲惫的马队一同牵引或拖拉他们的火炮及车辆。每条道路和小径都已超负荷，车辆和火炮陷入其中时，交通堵塞随之而来。没人能避免道路上的"艰辛和危险"[134]：为赶赴距离边界仅100公里的第7和第13军驻地，中央集团军群司令"冒着炽烈的酷暑、可怕的尘埃和恶劣的道路忍受了12个小时的车程"[135]。

以下士兵的记述生动地重现了德军步兵沿第4集团军战线行进的艰辛：

士兵S. K.（第78步兵师）——1941年6月25日

目前，我们师作为第二波次向前挺进，位于战斗部队身后约30公里。自昨日起，我们不再向东前进，现在正赶往更北面的地方。今天，我们前方的战斗声非常响亮，一位战友认为它来自别洛斯托克要塞。看看地图，这种说法大概没错。我们通常会在夜间结束行军。感谢上帝，我的双脚没什么问题，一般说来，我无法抱怨什么。顺便说一句，我们今天不得不帮着推拉我们的战车，仅凭马匹无法完成这项工作。[136]

炮兵中士约瑟夫·L.（第129步兵师）——1941年6月27日

过去十天我一直没法给你写信，通信管制仍具效力，我不知道这封信何时能送到你手中。最近几天充满强行军、防御作战、突破敌防线和防御工事……只有在上次大战经历过这些的人才能告诉你，在沼泽地和永无止境的平原持续不停地行军，穿过尘埃和骄阳是怎样的滋味。[137]

当然，施特劳斯第9集团军的步兵也遇到了第4集团军作战地域普遍存在的情况。恩斯特－马丁·莱茵1941年6月在第6步兵师担任连长，他回忆说：

行军途中，团属部队不停地梳理行军路线两侧地带，搜寻被驱散的敌军，这些敌人实施伏击，给我方没有重武器的步兵造成严重损失。雾蒙蒙、潮湿、极其炎热的天气，严重的地形困难（恶劣的道路、炸毁的桥梁），以及不时超越过去的装甲师（他们在前方战斗）支援纵队，往往造成行军的停顿和延误。6月28日突如其来的雷阵雨带来一丝深受欢迎的凉爽，抑制住了可怕的尘埃云。[138]

虽然无比艰辛，但部队的士气依然高昂，这一点可以从莱茵中尉1941年6月27日写给父母的信中看出：

亲爱的父母！

为期六天的邮件禁令明天就会取消，所以我想给你们写封短信。我很好，一整日的休息彻底消除了最近几天几夜的疲惫，今晚，我们会把目光投向新的目标。过去五天带来一些伟大的时刻和许多宝贵的经验。我们连证明自己就像我希望的那样。最令人高兴的是，尽管战斗艰巨，可我们连只伤亡6人……

俄国士兵英勇而又顽强地战斗，他们的斗志比法国人更旺盛。另一方面，他们的领导层似乎很僵化，而且缺乏主动性……这几天酷热难耐。我们不变的伙伴是尘埃、汗水和口渴。尽管我们的生活条件通常都很原始，还要应付压力和酷暑，以及尘土飞扬、经常覆盖着20厘米厚沙子的小径和道路，可我们的心情好极了……你们真该看看我那些小伙，看看投入战斗时，他们的双眼是如何在满是灰尘的面孔上熠熠生辉的。[139]

步兵的缓慢进展令希特勒深感苦恼。中央集团军群设在华沙正东面雷姆贝尔图夫的司令部里，博克就如何协助克鲁格封闭包围圈与陆军总司令冯·布劳希奇进行交谈。博克勉强接受的解决方案是把古德里安麾下第29摩步师调拨给第4集团军，必要的话再把第10装甲师部分力量交给克鲁格[140]，该（装甲）师目前正沿2号装甲路线隆隆向东，隶属古德里安的预备队——装甲兵上将海因里希–戈特弗里德·冯·菲廷霍夫的第46装甲军。博克希望通过这些措施收紧包围圈，把苏联西方面军辖内部队（博克认为这股力量相当可观[141]）困在别洛斯托克与沃尔科维斯克之间，尔后恢复东进。事实证明，这项任务说起来容易做起来难。[142]

6月26日，克鲁格把他的指挥所迁到普鲁扎内南面某处，他在这里可以更好地实施指挥。[143]可是，第4集团军信号通信发生故障，这使他无法实施有效控制。通信部队落在后面，忙着把通信电缆铺设到下属指挥所。无线电严重超负荷，重要命令的传送经常延误数小时，而大气条件频频造成停电。为解决这个问题，克鲁格和他的司令部使用汽车和飞机向各军部派遣副官，但这充其量是个糟糕的替代方案。[144]

当然，最严重的危机并不是地理环境或恶劣的天气造成的，而是苏军部队竭力试图逃出缓慢但不可逆转地合拢的包围圈所致。1941年6月最后几天，一波波疯狂的红军士兵冲向德军防线，这些防线大多由配备机枪和迫击炮的薄弱步兵力量守卫，并获得反坦克武器和火炮加强。苏军大多数突围尝试被德军密集的防御火力粉碎，进攻方为此蒙受了可怕的损失，但有时候他们也能打垮守军（结果可能是一整个德军排或连悉数阵亡）并逃往东北面、东面、东南面，但这只是暂时性脱困，因为德军装甲部队已在明斯克西面构成外环包围圈。到6 月 27 日，这些疯狂的、在很大程度上缺乏协同的进攻带来的压力极为沉重，给第 4 集团军造成一连串局部危机[145]：

> 这些进攻把第 9 军与第 43 军隔开，拖缓了第 12 军，并暂时切断了三个军的先遣部队。俄国人的坦克和步兵反复冲击 2 号装甲路线，据报，他们在"斯洛尼姆附近的野外徘徊"。
>
> 从普鲁扎内前进机场起飞的"斯图卡"战机投入行动，打击苏军纵队和临时目标，尽管这些机场的跑道存在超负荷运作的危险。另一些关键地点出现在波罗佐沃、鲁扎内和泽尔瓦附近。情况极为混乱，就连第 4 集团军也无法弄清正在发生的事情。克鲁格同先遣部队待在一起，经常在近距离遭遇中使用他的左轮手枪，竭力试图封闭他的防线。[146]

苏军绝望的突围尝试（某些情况下投入了坦克）彻夜进行，一直持续到 6 月 28 日，他们由东向西①冲击第 12、第 43、第 9、第 7 军薄弱的防线。[147] 战线后方的情况同样混乱，冯·博克元帅在他的日记中写道：

> 我们的损失不小。成千上万名俄国士兵躲在远离前线的森林里，有些人穿着便衣。他们最后会因为饥饿难耐跑出来。但由于地域辽阔，我们不可能把他们一网打尽。前线后方 100 公里处的谢米亚蒂切，第 293 步兵师仍在为争夺一排强化掩体从事战斗，这些敌筑垒工事只能逐一攻克。尽管我们投入最猛烈的火力并采用了各种手段，可敌人拒不投降，我们不得不把他们逐一消灭。[148]

---

① 译注：原文如此。

但在遥远的东普鲁士"指挥桌"（也就是陆军总司令部）看来，地面态势似乎没那么麻烦。实际上，哈尔德6月27日在他的日记中称，中央集团军群作战地域内，"一切正按计划进行"。次日（6月28日），他承认苏军企图突破沃尔科维斯克和新格鲁多克包围圈的反复尝试造成"许多紧张局面"。尽管如此，他还是充满信心地认为，情况"正如预期般"发展（6月29日）。[149]

到6月28日中午，第4集团军大部分战线上的状况已获得明显改善。集团军作战日志指出，当日上午9点50分，德方提供面包后，饱受食物短缺之苦的红军士兵开始投降。布卢门特里特上午10点向中央集团军群参谋长汉斯·冯·格赖芬贝格少将报告："集团军现在认为，整体态势已不那么紧张。"第43军10点40分报告，防线目前较为平静，他们现在占据一道绵亘防线，正"信心十足"地判断相关态势。10分钟后（10点50分），布卢门特里特报告博克，第43和第9军作战地段已不再有令人担心的问题。12点10分，布卢门特里特告诉第2装甲集群参谋长，虽然昨日非常艰难，但情况"现在开始稳定下来"[150]。

6月27日到28日，克鲁格第4集团军和施特劳斯第9集团军战线上的确出现了一些重要的事态发展，最终使结果变得对他们有利。北面（第9集团军作战地域），第20军6月27日越过数百辆烧毁的红军坦克残骸，开始从格罗德诺向南挺进。[151] 在其左翼，德军第28步兵师（第8军）一部渡过涅曼河，占领至关重要的莫斯特镇。这样一来，第28步兵师和新开到的第5步兵师（第5军）先遣力量就切断了苏军逃离沃尔科维斯克包围圈的最后一条后撤路线。[152] 南面（第4集团军作战地域），冲出哈伊努夫卡森林的德军步兵（第7军）攻入别洛斯托克的废墟，并"挤压内环包围圈里的苏军部队，被困之敌超过10万人"[153]。第7、第9军步兵力量切断了从别洛斯托克通往沃尔科维斯克的道路。[154] 这种情况发生时，包围圈内的苏军部队正向东涌去。实际上，6月26日下午，德国人发现苏军一支约50公里长的混编纵队（汽车和马拉大车）从别洛斯托克赶往沃尔科维斯克。里希特霍芬的"斯图卡"战机立即从各前进机场起飞，赶去实施攻击。[155]

整个6月28日，困在别洛斯托克周边森林和沃尔科维斯克地域的苏军部队，一再试图突破德国第9、第4集团军脆弱的防御。陆军总司令部作战处的每日报告略带钦佩之情地指出,苏军以"非凡的顽强和英勇"从事战斗。[156] 但包围圈仍旧不断收紧,上午 10 点 10 分,从西南面逼近沃尔科维斯克的第 137 步兵师(第 9 军)奉命夺取该镇。为遂行这项任务,该师组织了一个强大的先遣支队,当日下午晚些时候投入行动。他们击退苏军坦克的冲击,消灭了一支发起冲锋的红军骑兵部队,20 点 23 分攻入沃尔科维斯克。[157] 苏联第 10 集团军指挥部设在该镇,但司令员戈卢别夫将军已逃离,德国人抓获了他的厨师,还缴获了一些文件。整个镇子几乎被夷为平地,诚如德方一份资料记载的那样:

> 沃尔科维斯克是座小镇,和平时期约有 2 万名居民,有一些机械工业、几座制革厂和罐头厂,在战争影响下都受到严重破坏。几天前,德军一波波俯冲轰炸机袭击了集结在该镇的敌军部队并造成毁灭性后果。镇中心几乎已没有完好的房屋。我师士兵得以评估空袭对该镇造成的影响,这在战争期间尚属首次。当时没人知道,德国的城镇最终也无法逃脱这种厄运。[158]

随着德军夺得莫斯特和沃尔科维斯克镇,困住苏联西方面军的合围对内正面虽然不能说密不透风,但确实已封闭起来。[159] 包围圈内(随着德军切断并肃清别洛斯托克与沃尔科维斯克之间的西方面军辖内部队,多个口袋开始出现),戈卢别夫第 10 集团军残部在别洛斯托克北面逐渐覆灭,而库兹涅佐夫第 3 集团军在白俄罗斯西部茂密、广阔的森林里处于濒临死亡的阵痛中。[160] 但分割、歼灭苏军部队,肃清森林、沼泽里的红军散兵游勇,这是个耗费时间而且代价高昂的过程。[161] 另外,随着时间的流逝,德军装甲先锋与步兵部队的距离越来越远。

包围圈内的苏联守军被德国人有条不紊地消灭,他们中的大多数根本没想过投降。发生在斯洛尼姆西面的泽尔瓦村附近的战斗就是个很好的例子,代表了沿包围圈边缘爆发的血腥激战。在该地段,第 29 摩步师 6 月 25 日占据阵地,这片阵地掩护着从沃尔科维斯克通往包围圈外的道路。1941 年 6 月 27 日到 30 日,他们发现自己位于苏军一连串猛烈突围尝试的路线上。该师因其战术徽标而被称为"隼鹰师",师长是 51 岁的瓦尔特·冯·博尔滕施泰因少将。第 29 摩步师设在泽尔维扬卡河附近的防线形成了一个指向泽尔瓦的楔形。交战期间为其提供支援的是第 5 机枪营、配备 210 毫米重型榴弹炮的一个炮兵营（第 109 炮兵团第 2 营）、第 10 装甲师和第 12 军辖内部分部队。"斯图卡"俯冲轰炸机的空中支援为该师的防御提供了额外加强。[162]

该师的敌情报告称，投入这场战斗的苏军部队主要隶属第 10 集团军。面对德军施加的压力，这些部队向东穿过包围圈，企图逃往明斯克。6 月 27 日，他们对第 29 摩步师防线展开猛烈冲击。[163] 随之而来的是一场历时四天的激战，苏军一波波投入进攻，每次突击失败后，他们立即发起新的冲击，坦克、步兵、炮兵、骑兵前仆后继。德军机枪手把他们刈倒，可俄国人毫不退缩。在某地段，苏军坦克突破到距离师指挥所 1.5 公里处。一些德军部队暂时陷入包围，他们请求支援，以免被敌人消灭。有时候，德方守军缺乏弹药和燃料，就连地图也供不应求。所有可用人手悉数投入战斗，甚至包括师部人员。[164] 以下记述明确阐述了 1941 年 6 月 28 日的作战行动：

第 15 摩托化步兵团的将士简直不敢相信自己的眼睛。地面上升起看似无穷无尽的土褐色队列，苏军士兵胳膊挽着胳膊，排成四行，形成一堵移动的墙壁，刺刀闪闪发亮。第 1 营的施密特上尉命令道："先别开火！"他的部下随后听到令人毛骨悚然的战斗呐喊："乌拉，乌拉！"接到"开火！"命令后，各种武器猛烈发射。俄国人的第一个波次崩溃了，随后是第二个波次。苏军第三个波次发生动摇，随即混乱后撤。大量尸体布满旷野。德军弹药即将耗尽。人潮在某些地段涌过堤坝，博尔滕施泰因将军的师部不得不为自己的生存而战。

夜间，俄国人重新发起冲击。他们这次投入一辆装甲列车率领进攻。骑兵和坦克在左右提供侧翼掩护。第 29 师的工兵炸毁了铁轨，反坦克炮把装甲列车打得起火燃烧。诡异的光亮中，其他反坦克炮猛轰逼近中的敌坦克，重机枪则以齐射阻击敌骑兵的冲锋。第 29 师的将士此前从来没有目睹过这种屠戮。但没有俄国人举手投降。[165]

已故的保罗·卡雷尔在他那部关于"巴巴罗萨"行动的通俗历史著作中记录下了苏军骑兵发起冲锋时遭受的重创：

　　与此同时，两个骑兵中队在铁轨左侧发起冲锋……这场冲锋在第 8 连机枪火力的打击下崩溃了。马匹的悲鸣是德军士兵迄今为止看到过的最恐怖的事情。它们痛苦地扭曲着被撕裂的躯体，发出悲惨的嘶鸣。它们翻滚着跌倒在一起，后腿瘫倒在地，前腿像发了疯的野兽那样在空中挥舞着。[166]

　　德国守军别无选择，只能用机枪击毙这些垂死的马匹，就此结束它们的痛苦。[167]

　　苏军没能在泽尔瓦突出包围圈（仅第 29 摩步师一个团就抓获 3.6 万名俘虏）[168]，但博尔滕施泰因的部下也为这场胜利付出高昂的代价，伤亡者中包括 47 名军官[169]。而在西南面的鲁扎内和波罗佐沃附近，苏军设法突围而出。[170] 无论何时何地，只要他们发现德军防线上有缺口（这种缺口很多）就会涌出包围圈。他们中的许多人（可能是绝大多数）后来再度陷入包围，因为他们现在与苏军不断后退的主防线相距 200～300 公里。另一些红军士兵加入游击队，继续与法西斯侵略者战斗。

　　到 1941 年 6 月 29 日，第 4、第 9 集团军的 20 来个师（9 个军）已沿别洛斯托克—沃尔科维斯克包围圈占据防线。尽管局部危机持续不断——例如东南面第 12 军依然脆弱的防线上，据该军"严重动摇"的军长估计，7000 名苏军士兵倒毙在他的防线前，另外还有 100 辆坦克被击毁[171]——但他们已度过了最严峻的时刻。次日（6 月 30 日）"迎来高潮"[172]，德军步兵继续挤压包围圈并扫荡森林中的散兵游勇时[173]，大批红军士兵举手投降，有些人向德军士兵展示德国武装力量最高统帅部下令以飞机沿广阔森林和田野撒下的传单。大批各种类型的武器装备也落入德国人手中。[174] 困在包围圈里的是苏联第 3、第 10、第 13 集团军残部，而苏联第 4 集团军"仅剩一具空壳"。另外，西方面军辖内大部分机械化军已不复存在。[175] 实际上，"扫荡并统计战果的时机已到"[176]。

　　但在东线"扫荡"是一种极其危险的努力。红军士兵与德国人迄今为止遇到的任何对手都不一样，他们机智、果敢，有时候甚至很野蛮，第 23 步兵师的营长维尔纳·海涅曼少校的这些家书强调了这一点：

1941年6月25日

不时中断的进军继续进行，我们已深入俄国境内，但俄国人战斗得顽强、英勇，而且非常狡猾。[177]

1941年6月30日，写于战地

战地厨房车热气腾腾，周围的马匹吃着我们缴获的大量燕麦，士兵们坐在玉米地里，八天来首次清理他们的装备。这是一幅令人印象深刻的和平景象，只有从玉米地和灌木丛不断出现的俄国人让人想起两个庞大的别洛斯托克集团军的覆灭。只要有可能，这些俄国人就会被击毙，因为他们以最野蛮的方式杀死了落入他们手中的德国人。但这些被炮弹震得晕头转向、饥肠辘辘、口干舌燥的人爬出玉米地时，我们并不总是能下得了狠手。

永无休止的狙击枪射击声渐渐平息下来，狙击手也已疲惫不堪。但许多摩托车手、传令兵和运送口粮者在后方地域仍会遭遇危险。我的一名摩托车传令兵在森林里遭遇了从四面八方射来的火力，他在摩托车后躲了三个小时，而我们几小时前沿同一条路线行军时却没有遭遇任何敌人。这是一场真正的野蛮战斗，可随着时间的推移，我们也会学会应对这种斗争。[178]

1941年6月30日，第5军军长，步兵上将里夏德·劳夫（昨日刚刚获得骑士铁十字勋章[179]）颁发一道训令，称赞他的部队在这场即将完成的"伟大胜利"中发挥的作用。无疑，这道训令在此时颁布的许多命令中非常典型：

在别洛斯托克及其东面的庞大包围圈，我们正取得一场伟大的战役胜利。我军将士在这场针对俄国军队的决定性打击中发挥了至关重要的作用。通过迅速突破涅曼河，在恶劣道路上艰苦地强行军，特别是全军转身向南，我们在北面封闭了包围圈。人员和马匹付出的非凡努力借此获得回报。陆军总司令和（第9）集团军司令为全军将士的杰出成就向我表示特别感谢。

我为全军取得的成就和决定性的初期胜利深感自豪，我确信全体将士会在这场注定会赢得胜利的斗争中继续恪尽职守。

军长：里夏德·劳夫[180]

　　1941 年 6 月底，布列斯特－立托夫斯克要塞的残酷战斗也结束了。苏联守军在这里英勇抵抗数日，最终被德国人的重型榴弹炮、火焰喷射器、空中力量，以及他们自己在近距离苦战中遭受的疲惫无情压垮。到 6 月 29 日，也就是要塞被围困的第八天，幸存的红军士兵仍在坚守北岛要塞上的东堡。[181]

　　当日晨（8 点），德国空军首次以 500 公斤的炸弹空袭堡垒，但造成的破坏微乎其微。当日下午，他们再次使用 500 公斤的炸弹，还是没能驱离要塞守军。德国步兵（主要是第 45 步兵师的奥地利人）围困这座堡垒，准备次日在燃烧器材的协助下实施一场近距离地面突击。水桶和瓶子里灌满汽油和油脂的混合物，德国人打算把这些东西倒入堡垒前方的战壕，再以手榴弹和信号枪引燃，从而把守军熏出来。但第 45 步兵师已遭受严重损失，没人期待这场即将发起的突击。幸运的是，德国空军手中还掌握着最后一张王牌。[182]

　　当日下午晚些时候，德国空军一架孤零零的轰炸机在空中嗡嗡作响，随即飞向东堡。士兵们穿过周边公园的碎石瓦砾，贴着城堡受损的墙壁好奇地望向空中，摄影机也把这一刻记录在胶卷上。第 45 步兵师师部人员像体育赛事的观众那样，聚集在附近建筑物的屋顶上观看着。盘旋在上空的轰炸机精准地实施了轰炸，从挂架上投下一颗 1800 公斤的炸弹。这个黑色的圆柱体朝地面落去，最终击中堡垒巨大墙壁的一角。伴随着一声惊天动地的巨响，剧烈的冲击波在布列斯特镇各条街道上回荡。一扇扇窗户被震碎，镇民凝望着中弹堡垒腾起的大股烟雾。这次的轰炸效果具有毁灭性，堡垒里的苏军士兵，以及妇女和儿童开始鱼贯而出。到 20 点，投降者已近 400 人。第 45 步兵师作战日志以简洁的条目概括了这颗巨型炸弹的战果："这样一来，城堡的问题终于得到解决。"[183]

　　可即便如此，仍有个别士兵和小股团体继续抵抗了数周，少数幸存者坚持到 1941 年 7 月下旬。据一些报告称，有红军官兵抵抗到 1941 年 8 月，为消灭他们，德国人最终淹没了要塞的地窖。布列斯特－立托夫斯克要塞最后的幸存者可能一直坚持到 1942 年 4 月。[184]

　　6 月 30 日的整个清晨，德国人彻底搜索东堡，肃清苏军伤兵，他们还终于找回了已在堡垒废墟中搁置数日的德军士兵尸体。喷火器小组纵火焚烧苏军士兵可能的藏身处，而不是冒着送命或负伤的风险进入内部搜索。总之，德国人在城堡内俘获 7000 多名红军士兵（包括 100 名指挥员），缴获的战利品包括 14576 支步枪、1327 挺机枪、数十门反坦克炮和火炮，以及大批其他武器。他们在城堡内部和周围发现约 2000 具俄国人的尸体，而在战斗中阵亡的红军士兵可能多达 3500 人。[185] 德国人为这场胜利付出的代价高得惊人：32 名军官、421 名军士和士兵阵亡或失踪；31 名军官、637 名军士和士兵负伤。[186] 实际上，第 45 步兵师的损失可能超过战争第一周整个东线上展开行动的任何一个步兵师。[187]

阵亡者安葬在对苏战争的第一处公墓，这座公墓建在布列斯特－立托夫斯克镇南部，一座俄罗斯东正教教堂外的公园里。[188]

希特勒和德军最高统帅部

1941 年 6 月 23 日中午，希特勒在柏林安哈尔特火车站登上他的专列，动身赶赴东普鲁士。整个下午和晚上，专列的双机车车头带着元首及其工作人员跨过波美拉尼亚，穿过 1939 年 9 月从波兰人手中"解放"的城市和田野。午夜后的某个时刻，希特勒和随从人员的车队驶过他这座新军事大本营入口处的哨兵警戒线。凌晨 1 点 30 分，希特勒终于进入建筑内部。在这段漫长的火车旅程途中，希特勒已决定把这座大本营命名为"狼穴"。他对身边一名秘书解释说，他在斗争年代一直以"狼"为代号。[189]

"狼穴"隐蔽在一片遍布湖泊、沼泽、松树、云杉、山毛榉、橡树的密林地域深处，横跨拉斯滕堡至安格尔堡（拉斯滕堡镇以东 8 公里）的铁路线。托德组织建造的这座简朴而又阴郁的设施由竭力伪装的混凝土建筑物、暗堡和预制兵营组成，以一层层铁丝网、地雷、钢栅栏、栏杆和土木工事与外界隔开。希特勒和他最亲密的军事及政治顾问生活、工作在一座营区里。附近一座营地供最高统帅部指挥参谋部特遣人员居住，还有一个通信中心。大约 20 公里外，陆军总司令部在安格尔堡之外的毛尔森林占据一处营地，同样横跨铁路线，但这条铁路不对普通交通开放。[190]"虽然精心建造，但'狼穴'和毛尔森林的营地只能容纳最高统帅部和陆军总司令部的部分人员。其他人留在柏林或其周边，通过无线电和信使同'狼穴'保持联系。"[191]

国防军指挥参谋部参谋长阿尔弗雷德·约德尔将军后来把这座新元首大本营称为"修道院和集中营的混合体"[192]。这里夏季炎热潮湿，冬天冷得要命，环境也不利于身体健康，很难产生高质量的工作成果。搬到"狼穴"后没几天，负责撰写最高统帅部作战日志的赫尔穆特·格赖纳就写信给妻子，对这里的条件大加抱怨：

我们受到最可怕的蚊子的骚扰。很难找到比这里更愚蠢的地方——落叶林和沼泽池塘，沙土地和死水湖，对那些令人讨厌的生物来说，这是个理想的栖息地。除此之外，我们居住的暗堡冰冷、潮湿，夜里冻得要死，电通风设施嗡嗡作响，还传出可怕的气流，根本没法入睡，早上醒来时头痛欲裂。我们的内衣和军装总是凉飕飕、潮乎乎的。[193]

克丽斯塔·施罗德是希特勒身边的年轻女秘书之一，也陪同元首来到这座新大本营。她在 1941 年 6 月 28 日写给朋友的信中谈到了对这里的第一印象：

我们来到这个大本营已有五天，我向你简单叙述一下这里的情况……暗堡分散在整个森林里，按照工作类型划分，每个部门分得一处。我们的卧室，面积就像火车上的包厢，墙上贴着浅色木板，十分典雅。室内配有隐蔽式盥洗台，上方有一面镜子，这里还有台小巧的西门子收音机，我们可以收听到许多电台。屋内甚至装有电暖气，但还没有启用。墙上安装着优雅的壁灯，还有一张填满海草的狭窄硬床。房间很小，但总而言之，我在房间的墙壁上挂了几幅画后，就使人感到很惬意了。

这里也有公用淋浴室，但到目前为止我们还没使用过，主要因为没有热水，还有个原因就是我们总是睡到最后一分钟才起床！暗堡里的通风机发出的噪音吵得我们睡不着，再加上吸入的风不停地从我们头上吹过。我经常有风湿性疼痛，对此特别担心，所以晚上睡觉时，我们就把通风机关掉，这就意味着我们现在睡在相当污浊的空气中，白天我们的四肢有一种灌了铅的沉重感。

尽管如此，除了可恶的蚊子，一切都挺好。我的双腿已被蚊子叮了个遍，肿了一大片。不幸的是，发给我们的驱蚊剂只在短时间内有效。与我们相比，男士穿着长筒皮靴和厚厚的军装，能更有效地避免这种可恶的叮咬。他们唯一会被蚊子叮的地方是脖子，因此，一些人披着蚊帐四处走动。我试了一下午，发现长时间披着蚊帐太麻烦。这些小东西在室内并不猖獗，只要一只蚊子出现，立即会引来疯狂的追杀。[194]

正如历史学家杰弗里·梅加吉正确指出的那样，希特勒独自待在这样一个偏远的大本营，"使他无法充分了解前线发生的情况和国内的事态发展……实际上他是二战期间唯一一个以这种方式孤立自己的国家元首。"[195] 可就在这里，在这片远离柏林、蚊虫肆虐的森林和沼泽地，德意志帝国元首对苏联展开他最后的清算。受到对健康有害的气候的影响，加之东方战局的不确定性带来越来越大的困扰，希特勒未来几周患上了重病，给他实施的战争造成了不幸的后果。

希特勒迅速适应了他的日常生活。他戴着金丝边老花镜仔细阅读前线发来的急电，认真研究总参谋部每天印制两次的态势图，并下达他的命令和指示。他不喜欢迅速做出决定，因而避开电话，开始依赖约德尔和另一些重要助手"粉饰过的简报"。他像个"在战争中玩耍的男孩"，热衷于在大幅作战地图上把色彩各异的部队符号朝遍布东线的遥远目标移动。[196]

希特勒的空军副官尼古劳斯·冯·贝洛在回忆录中概述了元首在东普鲁士大本营的日常工作和生活：

每天中午12点，希特勒前往凯特尔的暗堡，在那里召开主要形势讨论会，会议通常持续90分钟左右。布劳希奇、哈尔德和霍伊辛格每周参加1～2次讨论会。下午，希特勒接待、会晤非军事人员，但话题总是同军事相关。傍晚6点由约德尔主持形势讨论会。希特勒通常在下午2点和晚上7点半准时用餐。如果没有重要来宾到访，他会把时间用在餐桌上，经常长达两小时……这里的饭菜按照国防军的标准供应，包括汤、肉食和甜点。希特勒吃早餐时会定下他的素食菜单。[197]

据克丽斯塔·施罗德[198] 和其他相关人士称，对苏战局开始后，希特勒精神振奋。他热切地注视着军队的挺进，并对他们取得的初期胜利惊叹不已，特别是中央集团军群的惊人进展和德国空军取得的战果——空军在第一周就击毁4000多架苏军战机。[199] 最初几天，希特勒禁止向德国民众播出国防军公告。

但 6 月 29 日（周日），从上午 11 点起，最高统帅部接连播出 12 份"特别公告"；伴随着根据李斯特《匈牙利狂想曲》改编的俄国号角花彩，一份份公告大肆宣传他们攻占这座或那座城市，夺得这个或那个目标。尽管公众的反应不如希望的那般热情（民众很快厌倦了这种特别公告，怀疑它们是宣传粉饰[200]），但元首本人对胜利充满信心。7 月 2 日，他接到土耳其政府的一份解密报告，称斯大林和铁木辛哥元帅私下里向外国外交官承认，他们已把列宁格勒、明斯克、基辅，甚至是莫斯科"划掉"。[201] 两天后（7 月 4 日），希特勒说："我总是设法把自己置于敌人的处境。他们几乎已输掉这场战争。我们在一开始就消灭了他们的坦克和飞机，这是件好事。俄国人现在无法补充这些装备。"[202] 希特勒"怀着轻松愉快的心情，经常磨蹭到凌晨 2—3 点，同身边的工作人员畅谈未来，最重要的是他把德国人移居俄国殖民地的计划"。他夸耀道："我会作为布尔什维主义的毁灭者永载历史。"[203]

7 月 6 日，希特勒首次宣布，这场战争的最终地理目标不再是 1940 年 12 月签发的"巴巴罗萨"指令规定的阿尔汉格尔斯克—阿斯特拉罕一线。相反，新目标位于数百公里外，一直延伸到欧洲与亚洲的自然边界——乌拉尔山脉。第 251 步兵师作战参谋汉斯·迈尔－韦尔克少校对元首的幻想一无所知，更没想到自己当天的日记多么具有讽刺性，此时，他和他的战友们正艰难跋涉，陆陆续续地穿过波兰最北端：

> 炮兵令我们深感担忧，因为马队无法在这些恶劣道路上进行长途跋涉。马匹以惊人的速度倒下。麻烦始于重型火炮，可现在，就连轻型火炮也难以跟上队列。[204]

迈尔－韦尔克继续指出，依靠马匹拖曳的部队，前进速度已降到每小时 2 公里以下。希特勒东线军队的四分之三恰恰是由这些徒步步兵组成的。[205]

对这位帝国独裁者来说，这场"最伟大的胜利"看似即将实现之际，进军苏联的步伐（至少是东线军队的快速力量的步伐）也给他带来了焦虑。令哈尔德恼火的是，希特勒很快开始介入战役，甚至战术事务，这些本应由陆军总司令部独立负责。6 月 24 日，也就是对苏战局第三天，希特勒告诉布劳希奇，他担心别洛斯托克包围圈不够紧密。次日（6 月 25 日），希特勒又担心中央集团军群和南方集团军群的坦克挺进得太快，因而派他的副官长鲁道夫·施蒙特上校前往冯·博克元帅的司令部，紧张地建议在比明斯克近得多的新格鲁多克封闭包围圈，博克"凭借他的口才"拒绝了这个建议。[206] 6 月 27 日、29 日、30 日和 7 月 2—3 日，哈尔德在日记中记录了希特勒对战役和战术细节更加焦虑的询问或干预。深感沮丧的哈尔德在 6 月 25 日的日记中称之为"故态复萌"，这无疑指的是希特勒在去年法国战局初期焦虑不安的行为。[207] 可至少到目前为止，随着作战行动按计划进行，纳粹独裁者与他那些将领之间的初期紧张关系似乎无关紧要。

和希特勒一样，德国陆军总参谋部也为东线军队 1941 年 6 月底和 7 月初的快速进展鼓掌欢庆。6 月 25 日，陆军总司令部作战处处长阿道夫·霍伊辛格上校在他从毛尔森林写给妻子的第一封信中盛赞德国军队"再次取得令人难以置信的"初期胜利，但他也承认敌人"顽强，战斗意志旺盛"。他补充道，目前进行的战斗"无疑是战争中最为艰巨的"。两天后的 6 月 27 日，他认为德国取得了"令人难以想象的"成功，并将之归功于德国领导层相较其对手的"卓越优势"。他向妻子保证，一切"都会顺利进行"[208]。

霍伊辛格的上司哈尔德将军起初担心苏军可能会迅速撤离边境，从而影响德军把他们包围、歼灭在西德维纳河—第聂伯河一线以西的努力。但他很快就松了口气，红军坚守不退，实施顽强抵抗，甚至朝边境地区前调预备队。正如他 6 月 24 日在日记中所写的那样："总的说来，俄国人显然没想过后撤，而是投入手中的一切抗击德国的入侵。"[209] 四天后的 6 月 28 日，他注意到别洛斯托克附近的包围圈（合围对内正面）正在封闭，而明斯克的合围对外正面尚未合拢。瓦尔特·布勒少将当天也带来好消息，他告诉哈尔德，与第一次世界大战相比，战争第一周的伤亡人数几乎可以忽略不计。[210]

1941 年 7 月 2 日的国防军公告称，中央集团军群战线上的歼灭战即将完成，这标志着一场"世界历史维度的"胜利。这份公告继续指出，一场"难以想象的混乱"降临在苏联军队头上，他们一直沿边境蓄势待发，"准备给予德国人背后一刀，并把布尔什维主义的火炬传递到欧洲"。[211] 但经过两周激战，哈尔德 7 月 3 日的日记明确反映出最高统帅部和陆军总司令部对"巴巴罗萨"战役的整体评估。他指出新格鲁多克附近的包围圈"进一步收缩和封闭"，霍特和古德里安正依据各自接到的命令，着手攻往西德维纳河—第聂伯河障碍之后。接着，哈尔德又从陆军总参谋部的角度总结了迄今为止的战果：

　　总之，现在甚至可以说，粉碎西德维纳河—第聂伯河这一侧俄国军队主力的目标已然完成。我毫不怀疑俄国一名被停军长的交代，我们在西德维纳河和第聂伯河东面只会遭遇部分敌军，其实力不足以妨碍德军实现作战计划。因此，可以毫不夸张地说，俄国战局已在两周内取得胜利。

　　当然，这并不意味着战争就此结束。这个国家地域辽阔，加之他们采用一切手段顽强抵抗，这就要求我们在接下来数周继续付出努力。[212]

　　但哈尔德错了，"俄国军队主力"并没有在两河以西地域被歼灭。可以肯定，西部的苏联军队，特别是沿德军中央战线从事战斗的红军，1941 年 7 月初以前遭受了惊人的打击，数十个师灰飞烟灭，数十万人，数以千计的坦克、汽车、飞机和其他装备损失殆尽。但在北方集团军群和南方集团军群作战地域，德国人沿每个进攻方向只投入一个装甲集群，而苏军放弃大片领土的同时，设法避免了陷入合围和惨遭歼灭的厄运。另外，哈尔德不知道的是（因为德国情报部门毫不知情），苏联人正迅速组建新集团军——大多位于前线后方，并着手将他们投入部署。最重要的是，这些新锐集团军梯次纵深部署在斯摩棱斯克至莫斯科一线。1941 年 7 月和 8 月，这些集团军发起一连串大规模反突击，虽然在作战和后勤方面存在不足，但他们减缓了中央集团军群攻往莫斯科的势头。直到这时，德国人才如梦初醒，知道自己严重低估了红军的恢复和再生能力。

　　在霍特和古德里安完成"巴巴罗萨"行动第一阶段的任务，也就是突破两条强大的河流防线，并夺得奥尔沙—维捷布斯克走廊和斯摩棱斯克后，该让他们的坦克做些什么呢？希特勒和他的将领对此存有潜在争议，最终结果严重干扰了中央集团军群的进军。早在 6 月 26 日，希特勒就开始考虑战局的下一阶段。他 6 月 27 日再次强调，最重要的目标是歼灭红军，而不是攻占莫斯科。两天后的 6 月 29 日，他倾向于北调博克集团军群部分力量，令其攻往列宁格勒（这一点符合"巴巴罗萨"指令阐述的作战计划）并歼灭苏联波罗的海舰队，该舰队对来自瑞典的铁矿石运输构成威胁。[213] 希特勒还强调了乌克兰、顿巴斯[214]，以及高加索地区的石油的重要性。他意识到，无论自己做出何种决定（让中央集团军群的快速力量北上或南下），这都会是"战争中最艰难的决定"（7月4日）。[215]

当然，布劳希奇和哈尔德这些将领，以及博克、霍特、古德里安这些战地指挥官，都把夺取莫斯科视为对苏战局中的决定性行动，此举不仅能歼灭红军残余的主力，还会瘫痪苏联的主要铁路枢纽和政治心脏。他们敏锐地意识到，倘若希特勒把中央集团军群的装甲力量调往北面或南面或南北两面，都会暂停向莫斯科的进军，这种暂停可能具有致命性，毕竟俄国的传统作战季节会在9月底告终。[216] 但7月初，边境交战仍在进行之际，确定下一阶段的优先目标并不是什么紧急的事，直到几周后，元首与他那些将领就如何使用装甲力量发生根本性分歧，扰乱了延续到8月下旬的决策过程，这个问题才变得严重起来。

再次需要着重指出，资源是个重要问题。德国人沿三个突击方向进军，他们深深楔入苏联领土时，漏斗形地带的出现意味着战线迅速扩张。由于资源有限（例如，只有4个适度配备的装甲集群支援3个遂行进攻的集团军群），德军很快就无力沿三个方向同时进攻——攻往列宁格勒、莫斯科并进入乌克兰。德国人必须做出决定，必须确定进攻重点，其他部队不得不暂时停止前进。他们的交通、补给线变得越来越长，越来越脆弱。克劳塞维茨所说的进攻顶点尚未到达，但德国人已和它近在咫尺。

斯大林和苏联最高统帅部的应对

正如本书一直强调的那样，苏联对"巴巴罗萨"行动猝不及防，局部处于毫无准备的状态。德国军队的初步行动给红军造成毁灭性打击。另外，这种影响因红军高级指挥员的无能而扩大，仅被红军下级指战员的坚忍、顽强和英勇部分抵消。[217] 戴维·格兰茨近期评论道："战后的苏联领导人经常吹嘘，伟大卫国战争初期，苏联和红军的经历相当于第一次核打击，但他们幸免于难。这种说法虽然有些夸大，但基本属实。"[218]

本书这一节会从"山的另一边"探讨战争的初期发展。我们不再描述沿战线中央地段肆虐的战斗，这些战斗以苏联西方面军在别洛斯托克—明斯克包围圈内覆灭而告终（这场交战的最终结果，以及德军攻往西德维纳河—第聂伯河一线，参见本章"别洛斯托克—明斯克包围圈的覆灭"和"奔向两河"两节）。相反，我们会把重点放在苏联针对"巴巴罗萨"行动采取的总体策略上（战略、组织、经济等）。简言之，尽管苏联政治和军事领导人对德国的突然袭击反应僵化，可他们还是"在这种情况下设法完成了谨慎和必要的事情"[219]。实际上，"猛烈的战争雪崩向东加速时，这个国家及其领导人行动起来了"[220]。

苏联领导层立即采取的措施

1941 年 6 月 22 日，德国发动入侵后，整个苏联西部立即宣布进入军事管制状态。几天后（6 月 26 日），苏联公民的每个工作日强制延长三小时，所有假期和法定节假日悉数取消。实行劳动征召法是战争爆发后采取的另一项措施，它"强制所有 18 岁到 45 岁的男性和 18 岁到 40 岁的女性每天工作 8 小时，修筑基本防御工事。无论天气如何，这些应征者一小时接一小时地挖掘防坦克壕、战壕和炮兵阵地"[221]。

苏联人民热情地做出回应，并以非凡的自我牺牲精神迎接即将成为他们生存之战的严峻挑战。战争初期，数十万苏联公民（通常以整个家庭为单位）加入他们所在城镇和乡村的民兵组织。在莫斯科，成千上万苏联青年"受到高昂爱国情怀的激励"，"没等征召令下达就来到各征兵站，表达了加入保卫祖国的军事力量的强烈愿望"。在列宁格勒，3.2 万名姑娘和妇女自愿去前线担任护士和医疗辅助人员。许多人去工厂参加工作，接替应征入伍的男性。就连领取退休金者也自愿返回工厂，把他们的经验传授给新来者——前线将士的妻子、兄弟和姐妹。[222] 这种不屈不挠的集体意志展现在前线时，德国侵略者深感震惊。

为弥补前线的损失，苏联内陆地区迅速组建战略预备力量，苏联最高统帅部通过动员获得了 1000 多万人。最高苏维埃主席团 1941 年 6 月 22 日发布动员令，要求全国各军区动员 1905 年到 1918 年出生的所有人和有义务服现役者，中亚军区、外贝加尔军区和远东军区除外。截至 6 月 30 日，已有 530 万此前接受过军事训练的预备役人员应征入伍。7 月间，苏联以这些预备役人员（也包括新应征入伍者）组建了 109 个新师，其中包括莫斯科军区组建的 34 个步兵师。总之，苏联人在 1941 年 6 月和 7 月组建了 156 个新师。换句话说，他们6月下旬动员了8个集团军，当年7月还组建了13个新野战集团军（苏联集团军的规模相当于一个德国军）。接下来几周和几个月，这些集团军（夏季晚些时候还会组建更多集团军）中的大多数分配给沿莫斯科方向展开行动的各方面军，以抗击德国中央集团军群。[223]

历史学家威廉姆森·穆雷和艾伦·L. 米利特写道："策划'巴巴罗萨'行动时，德国人认为，经过最初的猛烈突击、歼灭沿边境展开的红军后，苏联人无法投入大批预备力量，即便投入也不会以任何连贯的方式进行。7月下旬和8月，德国人终于知道这种毫无根据的乐观情绪是多么愚蠢。"[224] 的确，这是德国情报部门最令人震惊的失误，他们低估了红军重建被歼灭兵团和组建新部队的能力。可以肯定，战前的苏军师与6月22日后动员的新兵团"无法互换"："虽然存在许多缺点，但战争头几周损失的那些师，在训练和装备方面比后来的新师好得多。后者除了步枪和政治军官外几乎缺乏一切。更重要的也许是，他们几乎没时间接受训练。"[225] 无论是否做好了准备，这些新组建的集团军和师一波波投入战斗，抗击德军先遣力量，对方有条不紊地把他们消灭，每次十余个师。但这些师的战斗为逐渐消耗德军实力并拖缓"闪电战"的进展做出了贡献。因此，苏联的动员体系虽说存在许多缺陷，但"最终从毁灭中挽救了苏联"[226]——这种说法并不为过。

除了实施大规模动员计划，苏联人还着手把西部的工厂迁到东部更远处，那里较为安全，不会被前进中的德国军队夺取。1941年6月22日前，苏联绝大部分制造能力位于该国西部地区，主要集中在几个重要工业中心周围，例如列宁格勒、莫斯科和乌克兰东部。到6月24日，苏联领导层已组建起一个疏散委员会，负责协调数百座工厂向东迁往伏尔加河、西伯利亚和中亚的工作。1941年年底前，这项规模惊人的计划已把1500多座工厂（其中1360座涉及军工生产）迁往上述地区，一起动身的还有数百万工人和他们的家属。[227]

尽管如此，疏散委员会无法把所有有价值的东西运离。例如生产苏联煤炭供应60%的顿巴斯煤矿根本不可能疏散，只得炸毁。[228] 相反，苏联铁路（机车和车厢）的成功搬迁迫使德国人投入他们自己已供不应求的火车头和车厢维持这场东方战争，数量远远超出他们的预计。[229] 这又意味着德国人别无选择，必须把大片苏联铁路网从更宽的俄国轨距改为符合他们标准的窄轨距。苏联领导层成功疏散或炸毁大批工业设施，使德国经济规划者深感失望，他们本打算利用苏联的资源来实现德国的军用和民用生产目标。[230]

苏联 1941 年夏季的顽强抵抗，以及为此蒙受的惨重伤亡，必须置于疏散努力的背景下看待：前线不得不坚守足够长的时间，以便完成对苏联的存在至关重要的工业拆除和再安置。这么多工业材料和设备的东迁给铁路网造成巨大压力，导致军事预备力量调往前线的运输工作（已处于德国空军袭击下）更加困难。另外，这场疏散在很长一段时期内（直到 1942 年）严重扰乱了苏联的生产，导致红军在很大程度上不得不依靠现有武器和弹药库存从事 1941 年的交战，只获得少量新式坦克和火炮的加强，这些武器经常来不及涂上油漆，从工厂直接投入战场。[231]

当然，为有效从事战斗并在战争中生存下来，一个国家需要一个有效的指挥控制系统（C2），但苏联战前体系远不足以应对"巴巴罗萨"行动造成的生存危机。他们在和平时期没有最高统帅部，没有战略指挥所系统，也没有通信中心。高级指挥人员的不断变化也给战略领导力造成破坏，而他们的作战指挥机关在组织结构、训练和战备方面对战争准备不足。另外，大多数苏联方面军、集团军和军没有完成作战计划或建成指挥通信网。德国发动入侵后，他们只能以临时性举措抗击欧洲最具经验、最专业的武装力量，这必然带来灾难性结果。[232]

苏联领导层在战争次日（6 月 23 日）着手弥补这些严重缺陷。斯大林当日组建统帅部大本营，以此作为代表"苏联武装力量最高战略领导机关"的战争委员会。[233] 统帅部大本营由国防人民委员铁木辛哥担任主席，成员包括斯大林、外交人民委员 V. M. 莫洛托夫、总参谋长 G. K. 朱可夫、S. M. 布琼尼元帅、K. E. 伏罗希洛夫元帅、海军人民委员 N. G. 库兹涅佐夫。[234] 库兹涅佐夫的出现虽然使这个新战争委员会成为武装力量司令部，但"没有解决谁掌握最高权力这个含糊的问题"。朱可夫后来指出："这里有两位总司令，名义上是铁木辛哥，实际上是斯大林，因为'没有斯大林的认可，铁木辛哥无法做出任何重要决定'。"[235] 这种不正常的情况 7 月 10 日得到纠正，统帅部大本营改组为总统帅部大本营，由斯大林直接掌握。几周后，他出任苏联武装力量最高统帅。[236]

为组建一个更具响应能力的国家指挥机构，第二项重要举措很快出台。1941 年 6 月 30 日，斯大林下令成立国防委员会（GKO），这是"战争期间斯大林决策体系的最高机构"[237]。国防委员会负责指挥控制苏联战争努力的各个方面，由斯大林担任主席，最初的成员包括：莫洛托夫、安全事务负责人拉夫连季·贝利亚、政治局委员 G. 马林科夫、"斯大林的长期军事盟友"伏罗希洛夫元帅。虽然政治局"继续存在，并在战争期间发挥形式上的作用，但它很少作为一个机构出现，国防委员会实际上已替代它成为苏联领导层的最高集体机构"[238]。简言之，国防委员会领导所有政府机构、部委和国家策划机构（包括最高统帅部大本营和总参谋部）的一切活动。[239]

国防人民委员部（NKO）的建立是完善最高指挥机构的最后一步。[240] 7 月 19 日，斯大林出任国防人民委员。国防人民委员部由炮兵、装甲兵、空降兵、防空兵、通信兵、预备力量、军事情报和宣传等部门组成，作为国防委员会的机构发挥作用。[241]

这些举措为苏联提供了一个合理、统一的指挥系统，长远来看，其运作远比纳粹德国支离破碎的指挥机构更具效率。[242] 这番改组的另一个结果是，"苏联的整个战争努力正式统一在斯大林的个人控制和指导下，斯大林对苏联战争努力的个人控制，远比二战期间任何一位军事领导人更加广泛，更加完整"[243]。与希特勒一样，斯大林不是军人，就像朱可夫说过的那样："他是个平民，一直是个平民。"[244] 但和希特勒不同，他通过反复尝试，通过战争"血腥的实证过程"，慢慢开始以一定程度的"合理效率"指导他的武装部队[245]，但这个学习过程需要时间。在 1941 年夏季，他不断干涉本该由他那些将领处理的事务，结果招致灾难性后果。[246]

斯大林在德国入侵后的行为

试图了解苏联领导人 I. V. 斯大林在德国发动入侵后的举止和行为时，必须考虑到一个显著的事实：战争头几日，莫斯科与前线之间的通信中断了，他对苏联及其武装力量遭受灾难的程度几乎一无所知。[247] 他完全无视西部边境的实际情况，这一点有助于解释他最初的乐观态度[248]，以及一次次命令边境诸集团军发起自杀式反突击的决定——至少在中央战线，此举导致红军部队更深地进入德国装甲集群的合围铁钳。几天后，近乎彻底混乱的状况开始出现，此时恢复苏联西方面军在白俄罗斯田野和森林中摇摇欲坠的阵地已为时过晚。

尽管斯大林在德国入侵后犯下许多错误，可是说他在 1941 年 6 月 22 日精神崩溃却并非属实。这纯属虚构，虽然它在苏德战争史学中存在了数十年。1956 年 2 月，尼基塔·赫鲁晓夫在苏共第二十次代表大会上告诉与会代表，斯大林在战争爆发后就已崩溃，"很长一段时间……实际上并没有指挥军事行动，而且也不再做其他任何事"[249]。但事实并非如此。通过业已发现的斯大林接见日志，历史学家现在知道，他从一开始就全力投入工作，6 月 22 日到 28 日这一周内与将领和党内领导人一次次召开会议。[250] 尽管如此，他支离破碎地了解到边境地区发生的非同寻常的灾难后还是震惊不已。特别令他不安的是红军沿中央方向遭遇大规模失利，霍特和古德里安的坦克正迅速迂回西方面军侧翼，冲向白俄罗斯首府明斯克。俄罗斯历史学家康斯坦丁·普列沙科夫写道："他无法忍受西部令人震惊的后撤，陷入沮丧状态，这种沮丧偶尔会被他无法控制的愤怒打断。"[251]

6 月 26 日，斯大林终于获悉中央方向巴甫洛夫西方面军防线及后方绝望的事态发展，他打电话给身处乌克兰捷尔诺波尔西南方面军指挥所的朱可夫。[252] 斯大林告诉他，德国人的坦克正逼近明斯克，巴甫洛夫处于一种彻底混乱的状态。（几天后，A. I. 叶廖缅科将军赶到西方面军司令部，发现巴甫洛夫处在一种奇特的绝望状态，他对方面军的情况一无所知，却平静地吃着早餐。[253]）斯大林命令他的总参谋长立即返回莫斯科。到达首都后，朱可夫从机场直接赶往克里姆林宫：

在斯大林的办公室里，我看见铁木辛哥元帅和我的副手瓦图京中将笔直地站在那里。两人脸色苍白而又憔悴，眼睛由于缺乏睡眠而充满血丝。斯大林的情绪很不好。

斯大林向我点头致意后说："请你们商量一下，告诉我在这种情况下能做些什么。"说着，他把一张标明西方面军态势的地图摊在桌上。

我告诉他，我们需要大约 40 分钟时间分析情况。"好吧，40 分钟后向我报告。"

我们走入隔壁一个房间，开始讨论西方面军的态势和我军的能力。[254]

几位将领承认他们无法为西方面军面临的严峻问题找出明确的解决方案，他们建议沿莫斯科接近地建立一道纵深防御。他们还提议以莫斯科民兵兵团紧急组建几个新集团军，阻挡住德国人的推进后，应当使用调自远东的军队和新组建的兵团组织一场反攻。斯大林立即批准了这些建议。[255]（对这些问题更详细的解释见下一小节——"军事发展：从苏方视角看战争头十八天"。）

关于明斯克陷落的第一批未经证实的报告 6 月 29 日上午送抵克里姆林宫（霍特装甲集群的快速部队昨日下午已攻占该城），普列沙科夫描述了接下来发生的事情：

听到这个消息，斯大林愤怒得满脸通红。明斯克没有太大的战略重要性，但……她已上升为一个光荣的大都市，因为她是白俄罗斯这个斯拉夫苏联加盟共和国的首府……现在，他没有像哀叹立陶宛的考纳斯和乌克兰的利沃夫失陷那样慨叹明斯克的陷落……他认为明斯克失守是一场重大战略挫败，他愤怒地打电话给铁木辛哥："明斯克究竟发生了什么事？"[256]

铁木辛哥无法回答。另外，巴甫洛夫尚未证实该城失陷。斯大林申斥了铁木辛哥并挂断电话。谈话期间，莫洛托夫、马林科夫、米高扬和贝利亚一直在场。经过一段尴尬的沉默后，斯大林说："我不喜欢这种不确定性。我们去总参谋部亲自看看前线发来的报告。"[257]

几分钟后，"这个国家最具权势的五个人走入总参大楼沉重的黄铜大门"（国防人民委员部）。斯大林看见铁木辛哥、朱可夫和一群将领正就摊放在桌上的态势图争论不休。斯大林先没说话，而是慢慢走到桌子旁，找到西方面军的态势图仔细查看起来，然后要求知道情况究竟如何。待他发现没人确切了解情况后（铁木辛哥说："斯大林同志，我们还没来得及处理这些信息。许多事情仍有待证实。相关说法含糊不清。我还没准备好做出报告。"），一场暴风雨随之而来。斯大林怒斥他的将领，心烦意乱的朱可夫流着眼泪逃离房间。这里没什么可做的，斯大林离开总参大楼，临走前说道："列宁留给我们一份伟大的遗产，可我们把它搞砸了。"[258]

对斯大林来说，这是最后一根稻草。明斯克的陷落，西方面军的崩溃，与巴甫洛夫指挥部的通信彻底中断——落在他的国家和他本人头上的这场灾难，其规模终于显现出来。斯大林对此的应对是绝望地跑回莫斯科城外鞠躬山上森林里的别墅。次日（6 月 30 日），他没有去克里姆林宫的办公室，并且拒绝接听电话。莫洛托夫、贝利亚和斯大林核心圈里的其他人对他的行为担心不已，他们决定去找他，"并把他哄回克里姆林宫"[259]。他们同斯大林会面的故事已是老生常谈，这里不再重述。需要指出的是，尽管斯大林对前线发生的灾难明显负有责任（一周内丢失的领土已超过沙皇尼古拉斯二世 1914—1917 年间丧失的国土），但没人敢追究这一点。相反，他们恳求他回来工作，这一次，所有权力集中在他手上，由他担任国防委员会这个新成立的应急机构的主席。这种结果完全出乎斯大林的预料，他欣然同意了。[260]

斯大林 7 月 1 日回到克里姆林宫，他终于镇定下来并适应了危机，他再次彻底掌控住权力。[261] 但有可靠证据表明，他、莫洛托夫和贝利亚 6 月底试图伸出和平触角，以确定希特勒停止进攻的具体条件。他们的意图似乎是把苏联西部的大片领土，包括波罗的海诸国、乌克兰和比萨拉比亚割让给德国，同时要求停火。这番尝试需要一位值得信赖的中间人，他们请保加利亚驻莫斯科大使担任调停者。据说莫洛托夫积极支持这项倡议，他将之定性为"第二次布列斯特 - 立托夫斯克和约"——这里指的是 1918 年 3 月与德国签订的苛刻和约，以大片领土换取停战，从而使俄国退出第一次世界大战。他们确实在莫斯科的一家餐厅与保加利亚大使进行了秘密会谈，但没有任何结果，这个计划随后被悄然放弃。[262]

1941 年 7 月初，斯大林任命铁木辛哥元帅为西方面军司令员，并以几个预备队集团军加强该方面军。[263] 至于倒霉的巴甫洛夫将军，斯大林把他召回莫斯科。经历了战争第一周的磨难后，这位将军的外貌发生了很大变化，人们几乎认不出他来。前线的失败需要一个替罪羊，斯大林审判并处决了巴甫洛夫和他的几名工作人员。德米特里·巴甫洛夫大将遭枪决时年仅 44 岁。[264] 埃文·莫兹利解释道：

7月7日接受讯问时，巴甫洛夫拒绝为前线的崩溃承担任何个人责任，但他确实批评了立陶宛部队在本方面军与西北方面军结合部的叛变投敌，他还指责第

4集团军司令员惊慌失措（第4集团军已被德国人打垮，司令员也会被处决）。最重要的是，巴甫洛夫抱怨"敌人的坦克、新装备和空中力量拥有巨大的优势"。他还抱怨部署在乌克兰的红军部队，兵力和装备比他（的部队）多得多。[265]

此时，战争爆发已近两周，斯大林还没有对苏联人民发表公开讲话，他在如此关键的时刻突然而又无法解释地缺席，这在思维活跃的莫斯科民众中会引发怎样的谣传和猜测可想而知。有传言说斯大林已遭逮捕并被问罪，流亡国外的竞争对手列夫·托洛茨基会回国接掌领导权。[266] 当然，托洛茨基早已丧命，1940年8月，流亡墨西哥期间，他被一名潜伏的内务人民委员部特务用冰镐杀害。

德国刚一发动入侵，斯大林就派他的外交人民委员莫洛托夫对苏联人民发表讲话。现在，1941年7月3日，斯大林终于向全国发表了他的首次战时讲话：

> 他显然处于紧张状态。他的声音沉闷而又缓慢。听上去他很疲惫，甚至能听出他在说话时停下来喝水。他把听众称作"兄弟姐妹"和"朋友们"，并首次告诉他们，经过两周半的交战（政府公告称战斗仅限于边境地区），苏联已国土沦丧，德国人正在挺进。他重申了四天前所有党政机关下达的指示，呼吁在受威胁地区实施疏散和焦土政策，并在敌占区展开游击战。他要求农民在德寇到来前把他们的家畜赶往东面，工人"在每个遭受入侵威胁的城镇"组织民兵力量。这番讲话强调的是战争的民族性，而不是意识形态性质，并把英国和美国称为这场为"独立和民主自由"的共同奋斗中"值得信赖的伙伴"。[267]

斯大林发表这番讲话几天前，叶廖缅科中将赶赴西方面军司令部接替巴甫洛夫，自6月27日起，该司令部一直隐蔽在第聂伯河畔莫吉廖夫要塞镇一片多山的松林里。叶廖缅科指挥西方面军没几天就被铁木辛哥替代，他随后担任方面军副司令员。叶廖缅科遇到的情况恶劣得几乎难以形容。巴甫洛夫抱怨德国人"突如其来的打击"使他的军队猝不及防，人员、火炮、坦克的损失极大。叶廖缅科也了解到一个积极的情况：虽然混乱无比，但白俄罗斯的疏散取得了成功，1.3万台机器、4000辆拖拉机、842吨稀有金属、60万头家畜运往东面。

另外，白俄罗斯的 15 万吨谷物运走 4.4 万吨，销毁 4.2 万吨。但关于拖拉机、家畜和谷物的积极统计数据无法掩盖当前的严峻现实。占领明斯克后，德国中央集团军群继续向东，攻往斯摩棱斯克和莫斯科，并设法围歼西方面军支离破碎的残部。[268]

军事发展：从苏方视角看战争头十八天

历时十八天的边境交战期间（1941 年 6 月 22 日到 7 月 9 日），在白俄罗斯抗击德国中央集团军群的苏联西方面军，平均每天损失 23207 人、28900 支轻武器、267 辆坦克、524 门火炮 / 迫击炮和 99 架作战飞机。[269] 这些损失，再加上红军 1941 年夏季丢弃的大片领土，使许多学者把"巴巴罗萨"行动描述为"德国军队从苏联西部边境朝列宁格勒、莫斯科、罗斯托夫进行的一场几乎毫无缝隙的进军"[270]。我们必须进一步强调，德军这场进军势不可挡，给他们造成妨碍的并不是红军的抵抗，而是秋季的泥泞和降雪，它们把东线德军机械化部队阻挡在前进路线上。

德军航空队和装甲集群确实采用了一种新的打法，暂时打垮了对此毫无准备的苏联红军[271]，可说德国人的挺进易如反掌却并非属实。正如本书一再强调的那样，德国人从一开始就面对一群与以往截然不同的对手，他们在战斗中坚韧顽强、冷酷无情、甘愿牺牲。近年来通过苏联档案收集到的证据强调了这样一点：现在大家知道，从苏德战争头几日起，斯大林、统帅部大本营和苏军总参谋部就按照战前的苏联军事学说和作战方案行事，力图以一连串协同一致的反突击逼退德国侵略者，反击的强度有增无减，一直持续到 1941 年 9 月初。

1941 年 6 月 22 日实施的这种进攻战略，目标是把战争带离苏联边境并进入纳粹德国领土。但苏军最初的反突击执行得相当拙劣，他们对前线的实际情况几乎全无了解，结果导致战略第一梯队大批有生力量灰飞烟灭。没过几天，苏联军事领导层就意识到，他们严重低估了德军的进攻威力，同时太过高估红军突击力量的技能。朱可夫在回忆录中解释道：

我们没有预料到，敌人一下子就把他们预先展开在所有重要战略方向上的全部力量投入到这场大规模突袭中。简言之，我们没料到这场进攻的整体性质。无论是国防人民委员还是我，或者我的前任B. M. 沙波什尼科夫、K. A. 梅列茨科夫，抑或总参谋部的领导人员，都没有估计到敌人会集中这么多装甲和摩托化部队，第一天就以强大而又密集的部署把他们投入所有战略方向，以实施毁灭性的分割突击。[272]

1941 年 6 月下旬，苏联统帅部开始调整战略。虽然反突击继续进行（结果通常令人失望），但根据朱可夫的建议，红军开始实施积极战略防御与纵深防御相结合的双管齐下的策略。特别是沿中央方向，苏联人着手构筑多条防线，由新锐军队集群据守，努力消耗并阻滞德军的猛烈突击。他们很快发现德军进攻的一个根本性弱点，即装甲力量与远远落在后方的步兵之间的间隔越来越大。[273]苏联大本营开始对霍特、古德里安装甲集群缺乏保护的侧翼和后方实施打击。这些进攻代价高昂，大多不太成功，但确实为苏联人争取到了喘息之机，并为预备力量的展开和防御的加强争取到了时间。当然，一切准备都是为了实施预想中的大规模反攻，他们希望借此把德寇驱离神圣的苏联领土。

接下来，我们会按时间顺序概述战争头十八天（边境交战时期）发生的关键事件，从而更深入地从苏方视角洞悉战争初期的态势。

1941年6月25日到26日

格罗德诺反突击惨败后，巴甫洛夫的军队面临即将陷入合围的险境，他命令西方面军辖内部队与敌人脱离接触并全面后撤。指定的新防线位于斯洛尼姆附近的夏拉河。但由于方面军的通信仍处于混乱状态，大多数部队没有接到后撤令，接到命令的部队也无法有效地与中央集团军群展开猛烈追击的力量脱离接触。西方面军辖内部队已失去大多数燃料、汽车运输（从一开始就不足）和空中支援，在完全混乱的状况下，他们冒着敌人猛烈的空中打击步行向东退却。而在东面，德军袭击了 P. M. 菲拉托夫中将的第 13 集团军司令部，这是巴甫洛夫的第二梯队集团军，正设法前调辖内各师。德国人缴获了阐述红军防御计划的机密文件。[274]

1941 年 6 月 28 日

截至 6 月底，苏联各野战方面军的记录都表明人员和装备严重短缺，部队和指挥员缺乏训练。6 月 28 日，霍特的装甲力量向明斯克汇聚时，苏军步兵第 2 军军长 A. N. 叶尔马科夫少将提交了以下报告：

我军目前的处境极为困难：

（a）没有弹药；

（b）没有燃料；

（c）没有食物；

（d）没有运送补给或实施疏散的运输工具；

（e）与步兵第 161 师失去联系，军独立通信营的实力严重不足；

（f）没有医院（军野战医院尚未动员）。[275]

在此期间，不断驶向前线的苏军运兵列车正经历严峻的挑战。当时在苏军总参谋部任职的 S. M. 什捷缅科回忆道：

我们这些工作人员必须与所有重要部门保持联系，特别是军事交通部门，因为部队从内地军区运往前线需要不断加以监督……我们当中常有人被派往部队卸载站。情况的复杂性和不确定性往往导致必须停止卸载，并把火车开往另一个车站。有时候，师指挥员和师部在某处下车，而各个团却在另一处，甚至是相距甚远的几处卸载。给部队下达的命令和指示，有时还没送抵目的地就已经过时了。作为一名作战参谋，必须密切关注这一切并采取必要的措施。[276]

戴维·格兰茨指出："这些和许多类似报告解释了德军的进攻为何能在短短几天内彻底击溃西方面军。"[277]

1941 年 6 月底到 7 月

到 6 月 27 日，苏联军事领导层利用朱可夫发挥的重要作用，制定出新的策略，以阻止德军在中央方向沿通往莫斯科的公路向前挺进。为此，统帅部大本营7月初着手把他们匆匆调自内地军区的战略预备队部署在掩护西德维纳河—第聂伯河接近地的一道新防线，以及两条河流防线上。苏联第19、第20、第21、第22集团军，都来自 S. M. 布琼尼元帅的大本营预备队集团军集群，现在调拨给西方面军，占据并加强他们的防御阵地，这道防线大致沿西德维纳河延伸，从德里萨起，经波洛茨克到维捷布斯克，然后穿过两条河流之间的陆桥（长约75公里，是斯大林防线上防御最严密的筑垒地域）[278]，最后沿第聂伯河伸展，从奥尔沙递延到莫吉廖夫和日洛宾，一路到达更南面的戈梅利周边地域。另外，苏军还在更东面构设了第二道防御地带，位于斯摩棱斯克东面的维亚济马—斯帕斯杰缅斯克地域，据守这道防线的是第24和第28集团军辖内部队，这是1941年6月22日以来苏联动员的头两个集团军。此后不久，其他新组建的集团军也投入部署，防线从北面的旧鲁萨延伸到维亚济马东南方某处，在莫斯科门前设立起另一道防御地带。[279] 通过这种方式，苏联统帅部大本营力图确保"以一个纵深梯次配置的防御体系遏制敌人沿莫斯科方向的突破"[280]。

1941年7月

7月初，所有苏联集团军、军和师都受到坦克、反坦克武器、高射炮、通信器材严重短缺的困扰。7月份上半月，大本营把调自内地军区的6个新机械化军交给铁木辛哥西方面军，以弥补边境交战期间损失的机械化力量。[281] 与此同时，针对自6月22日以来学到的惨痛教训，苏联统帅部决定对军队编制实施重大改组。由于庞大的机械化军（编有2个坦克师和1个摩托化师）过于笨重，无法在战斗中加以有效指挥（指挥员和参谋人员仍缺乏经验），这些兵团会被拆散，各坦克师由集团军级指挥部直接掌握。摩托化师改编为常规步兵师，他们的汽车运输力量移交给集团军属运输营。另外，红军还组建了轻骑兵师，任务是扰乱德军后方地域和交通线，这些交通线现在危险地延伸数百公里，经常穿过尚未得到保护的林地。总之，为减少指挥员的控制范围，集团军的规模缩减为不超过6个师，同时撤销军级编制。出于同样的原因，苏联空军较大编制的航空兵军和航空兵师也拆分成编制较小、更易于指挥的兵团。看来，苏联人正在学习。[282]

1941 年 7 月 6 日到 9 日

7 月初，霍特和古德里安装甲集群的快速力量开始攻往西德维纳河—第聂伯河一线。随着德军快速兵团逼近"斯摩棱斯克大门"（即维捷布斯克—奥尔沙陆桥），苏军反突击的范围开始逐步扩大。1941 年 7 月 6 日，第 3 装甲集群到达列佩利东面的西德维纳河上游时，苏联机械化第 5、第 7 军的数百辆坦克对其南翼发起冲击。但遂行进攻的红军部队缺乏空中掩护，高射炮也太少。一波波"斯图卡"战机对两个机械化军遂行打击，使其遭受严重损失。霍特和古德里安装甲集群随后对他们展开猛烈攻击。短短四天，苏军这个坦克集群就被彻底粉碎，损失 800 多辆坦克。[283] 在战役级作战的执行方面，红军远没有达到通过这种交战赢得胜利的水平。但无论遂行冲击的红军兵团战果如何，这些交战都消耗、拖缓了前进中的德国人（对苏军这场反攻的详细叙述参见第七章"奔向两河"一节）。

1941 年 7 月 9 日

另一个持续数十年的谬见是，由于在战争初期遭到持续打击，苏联空军在 1941 年剩下的时间里基本没有投入战斗。这种不实之词中，最为典型的是厄尔·F. 齐姆克的叙述："为执行预期中的进攻任务，红空军把主力部署在靠近边境处，这就犯下了无法逆转的错误，到 6 月 22 日夜幕降临时，他们基本被消灭在地面上和空中，年底前无法得到显著恢复。"[284]

与许多红军地面部队一样，红空军确实在战争头几日遭到重创，但许多德方记述[285] 支持这样一种观点：苏联空军出人意料地从他们遭遇的前所未有的灾难中迅速恢复过来。这方面的一个促成因素是,德国空军的战机数量较少，战线太宽，无法在对红空军保持必要压力（执行夺取空中优势的任务）的同时满足装甲先遣力量继续向东挺进时不断增长的要求。[286] 凯塞林第 2 航空队早在 7 月 4 日就报告说，尽管红空军损失惨重，可飞机的数量几乎没有下降。陆军则抱怨道，俄国人甚至在某些地段重新获得了空中优势。[287]

红空军在整个 1941 年夏季依然活跃，截至 1941 年 7 月 9 日的整个东线飞行架次统计也强调了这一点。苏联官方空战史称，他们在这十八天内共投入超过 4.7 万个飞行架次，或者说，平均每天出动 2500 多个架次，其中 47% 用于支援地面部队。他们使用的武器包括高爆弹、杀伤弹、机枪和火箭。红空军的主要攻击目标是"坦克、发射阵地上的火炮和迫击炮、坦克和摩托化纵队、集中的车辆、河流渡场、预备队和战场上的部队"[288]。从 7 月份起，红空军部队也开始积极打击德国人的机场。7 月 8 日拂晓的一场空袭中，西方面军空中力量炸伤、炸毁 54 架德军战机。[289]

边境交战期间的战斗飞行架次包括苏联远程轰炸航空兵投入的 2112 个架次，大多沿德军主要突击方向打击敌坦克和摩托化纵队。但苏联方面的另一份资料坦率承认："总的说来，苏军航空兵对敌人实施的这些行动，在战争初期的战场上并没有造成显著影响。"红空军付出的努力"经常分散，战机没有充分集中到主要地段，武器选择、轰炸方式和高度并不总是合适，轰炸和强击航空兵的战术不符合具体情况"[290]。由于他们采用错误的方式，遭受打击的德国人似乎并不总是认真对待苏军的空袭。第 7 装甲师一名军官回忆道：

（我们）很快发现，俄国空军只有些过时的战机，但最重要的是，俄国飞行员的能力不及我们的战斗机和俯冲轰炸机飞行员，也比不上我们的西方对手。这当然令我们深感宽慰，俄国人的飞机出现时，我们都懒得隐蔽。实际上，我们经常发笑。由于缺乏炸弹，敌机朝我们投下的是数千枚钉子。我们很快意识到，俄国人的智力根本不适合从事海战或空战。[291]

但不会一直如此，因为苏联人正在迅速学习如何战斗。

别洛斯托克—明斯克包围圈的覆灭

到 7 月 2 日，别洛斯托克与沃尔科维斯克之间的战斗基本结束，陆军总司令部当日的东线态势图表明，没有苏军部队逃离该地域。[292]但激烈的战斗在东面继续进行，那里是以新格鲁多克为中心的明斯克以西包围圈。包围圈内的红军士兵"缺乏组织、士气低落、饥肠辘辘"[293]，已开始大批投降。位于明斯克西北面的第 12 装甲师作战地域，德军一天内俘虏 5.2 万名苏军官兵。"突然间，抓俘虏不再成为问题，更重要的是为俘虏提供食物并把他们送往后方。尽管成千上万名苏军士兵列队走入战俘营，可仍有数千人在德军征服的庞大地域内四处游荡，几乎不可能消灭他们。"[294] 在白俄罗斯的森林和沼泽地里尽力肃清这些散兵游勇的任务交给德军步兵完成。[295]

即便在这个时候，德国人无情地施加压力，有条不紊地压缩并分割包围圈残余部分，俄国人仍不时展开激烈抵抗。"大德意志"摩步团一名士兵回忆7月5日在斯托尔普采附近的一场可怕遭遇时说：

军用公路；敌人在左侧的树林中。我们同弗朗茨少尉率领的突击炮相配合，制订了消灭敌人的计划。由于他们仍在庄稼地前方400米处，我们连跨过一道宽大战线向前挺进。我们到达树林边缘时，一个排进入林中。突然，俄国人出人意料地发起冲击："乌拉！"爆炸声四起，子弹横飞，一片恐慌。一些人跑回路基处。我们在这里设起一道新防线——这真令人震惊。半小时后，我们连拖着一门50毫米反坦克炮再次进入树林，抢救受伤的战友。5～6人负伤……我们终于到达他们身边。这些伤员躺在那里，遭到残酷的肢解和毁容，都已死去！所有人对此震惊不已：每个人都知道落入俄国人手中意味着什么。[296]

新格鲁多克—明斯克地区的战斗持续到1941年7月8日至9日，红军有组织的抵抗终告崩溃。冯·博克元帅在7月8日的日记中估计他的军队歼灭敌人22个步兵师、7个坦克师、6个摩托化旅和3个骑兵师。博克指出，截至7月7日共俘虏287704人（其中包括几名军长和师长）——据德方估计，这个数字接下来几天会攀升到324000人。[297] 德军缴获了大量战利品，除击毁/缴获3300多辆坦克和1800门火炮外，还获得了大量燃料、弹药和口粮。[298] 第4集团军作战日志的书写者兴奋地写道："仅凭缴获的燃料，我们就能攻到莫斯科。"可实情并非如此，因为缴获的库存只能满足德军燃料需求的三分之一，这种需求每天达到11500立方米（相当于28列火车的载运量），或者说每个月35万立方米，比德军后勤人员的估计高出约25%。[299]

虽说俘虏人数很可能有所夸大（德方可能把平民也统计在内）[300]，但无论以何种标准看，别洛斯托克—明斯克合围圈之战都是一场前所未有的胜利，若在西方，这种胜利肯定会取得决定性结果。20世纪90年代俄罗斯发布的权威数据称，西方面军的总兵力近 675000 人，伤亡 417729 人，其中 341012 人为"不可归队减员"（即阵亡、被俘、失踪）。[301]1941 年 6 月 22 日到 7 月 9 日，历时十八天的西部边境交战期间，西方面军还损失 4799 辆坦克（其中许多仅仅是耗尽了燃料）、9427 门火炮 / 迫击炮、1777 架战机（大多被击毁在地面上）。[302]

任何一个主要团体都喜欢夸大自己取得的成功，并把失败缩小到最低程度，德国陆军总参谋部也不例外。因此，赢得最初的惊人胜利后，德国人夸大了红军的困境（确实很严峻），这一点不足为奇。1941 年 7 月 8 日，布劳希奇和哈尔德在拉斯滕堡根据东线外军处提供的数据向希特勒汇报，先前确认的 164 个苏军步兵师，89 个已遭歼灭，46 个仍在主要战线上活动，18 个被牵制在次要战区（主要在芬兰战线），另外 11 个很可能担任预备队。迄今为止已确认的 29 个苏军坦克师，20 个被粉碎，仍保持完整战斗力的坦克师只剩 9 个。[303]哈尔德在 7 月 8 日的日记中透露：

敌人已无法组织一道绵亘防线，甚至没有处于对其有利的地貌后方。红军统帅部目前的计划显然是以所有可用预备力量不断实施反突击，消耗我方实力，尽可能把德军的推进阻挡在西面。实施这种策略时，他们显然高估了我方的损失。

与此同时，我们必须估计到对方组建新锐兵团并最终以此发起进攻的企图。目前看不出他们有大规模撤出战斗的计划。

由于缺乏军官、专业人员和炮兵装备，大规模地组建新部队的努力必然会失败。他们的坦克力量尤是如此，战争爆发前，他们就严重缺乏军官、驾驶员、报务员和通信器材。[304]

德国人对苏军实力的评估极不准确，仅铁木辛哥指挥的西方面军在 7 月份第一周就编有 66 个师，其中 37 个师沿中央集团军群攻往西德维纳河—第聂伯河的主要突击方向占据防御阵地。[305]三天后的 7 月 11 日，哈尔德指出苏军在中央战线后方"已没有预备力量"，而且"无法继续坚守"[306]。事实上，苏联大本营正在集结的预备力量"只会让德军统帅部羡慕不已"[307]。

随着包围圈战斗的结束，中央集团军群辖内各步兵师开始以一连串艰难的强行军向东而去，力图赶上装甲先遣力量。行军路线上闷热难耐、尘土飞扬，但偶尔有大雨和雷阵雨。他们平均每天行进30、40、50公里或更远，这种情况并不罕见，这是对人员和牲畜的一场考验。他们沿狭窄的林间小径前行，穿越沼泽地，经常吃不到热饭菜，饮用水也很少，还携带着沉重的武器、弹药和装备。曾在第106步兵师担任炮兵的一位老兵回忆道："穿过俄国土地前进时，有时候非常炎热。许多战友中暑。机枪、弹药箱、迫击炮部件和沉重的无线电器材都是巨大的负担。"[308] 艾伯特·西顿写道：

德军一方，特别是中央集团军群，他们信心百倍，步兵兵团更是如此。此时的成功完全由耐力和行军能力来衡量……长途行军从几天延长到几周后，士兵们变得更加坚强，更加适应，也不那么疲惫了。马匹则不然，它们不受爱国主义激励，也不在乎胜利，对失去每周的休息日越来越不满。部队经常每天行军30英里，有时候更多。他们在飞扬的尘土中行进，由于道路两侧高大的树木像墙壁一样把风挡住，尘土飘浮在树木林立、闷热无风的行军路线上，有房屋那么高。就连树木也呈现出灰色，四处见不到一丝绿意。每个人的脸上都蒙着一层厚厚的灰尘。由于没时间也没机会洗衣洗澡，人员和衣服散发着汗臭，污秽不堪。行军中的步兵（运输队除外）十分欢迎偶尔到来的雷雨和滂沱大雨，因为这可以消除难耐的酷热和无处不在的灰尘。[309]

为加快行军速度，有些师拼凑起师属各部队的运输车辆，组建起快速先遣支队。

奔向两河

读者们应该记得，陆军总司令部6月30日命令霍特和古德里安尽快攻往西德维纳河—第聂伯河，7月3日批准两个装甲集群恢复进军。7月2日，第2装甲集群右翼力量（第24装甲军）已渡过别列津纳河，第3装甲师先遣力量也攻往第聂伯河。古德里安装甲集群的中央地带，第46装甲军（第10装甲师和党卫队"帝国"摩步师）正逼近别列津纳河。装甲集群左翼，内林第 18 装甲师（第 47 装甲军）在鲍里索夫到达别列津纳河。古德里安麾下第 17 装甲师、第 29 摩步师、"大德意志"摩步团、第 5 机枪营仍被牵制在新格鲁多克—明斯克包围圈南肩和东南肩。霍特第 3 装甲集群辖内第 39 和第 57 装甲军已到达奥科洛沃—格卢博科耶一线，他们会从那里继续攻往西德维纳河。霍特集群辖内第 12 装甲师和第 14 摩步师仍在明斯克西面和西北面据守包围圈上的防御地段。[310]

截至 7 月 4 日，获得陆军总司令部预备队加强的中央集团军群编有 59 个师（包括 9 个装甲师、5 个摩托化师和 1 个骑兵师），1 个摩托化旅（第 900 教导旅）和 1 个摩步团（"大德意志"团）。这股强大的力量拥有 1000 多辆可用坦克和 6600 门火炮，并获得 1500 架战机支援。博克的 39 个师编入 15 个第一梯队军和装甲军，而沿战斗前沿展开的师达到 28 个。这个强大军队集群的先遣力量是第 2、第 3 装甲集群的 5 个装甲军，正跨过 300 多公里宽的战线攻往河流障碍[311]，他们几乎没有预备力量，夏季暴雨把沙路和小径变为深不见底的泥沼，这给他们的行动造成了妨碍[312]。在此期间，德军空中侦察发现，苏联人正向前线投入新兵团，加强他们沿河流构设的防御。[313]霍特和古德里安必须迅速采取行动！

对苏战局发起后没过几天，陆军总司令部和中央集团军群就开始考虑如何实施这些新的行动。[314]结果，"他们采取的措施与许多组织（军事和其他方面）一样，以高昂的成本支付最低股息：他们实施了重组"[315]。冯·克鲁格元帅的第 4 集团军改组为第 4 装甲集团军，指挥霍特和古德里安装甲集群。同时，克鲁格把麾下大部分步兵师转交给新投入的第 2 集团军（马克西米利安·冯·魏克斯大将），该集团军承担起沿包围圈实施作战行动的责任。简言之，这番重组是为"减轻冯·博克元帅的工作负担，并把霍特和古德里安集群置于一个中间级指挥部的领导下，从而更好地协调、控制他们"[316]。这在某种程度上是一种尝试，目的是缓解希特勒的焦虑，装甲部队挺进得太快、太远让他非常不安。基本技术因素也发挥了作用：合围机动给部队造成极大混乱，必须在下一阶段作战行动开始前加以整顿；另外，快速部队挺进得太远，装甲师和步兵师"已无法捆绑在一起发挥相互支援的作用"。因此，陆军总司令部觉得有必要更改指挥控制，以便集团军群更有效地掌握辖内力量。[317]

　　无论出于什么原因，这都是一次糟糕的重组（7月3日零点生效）。[318] 克鲁格司令部是为指挥步兵力量而设的，因而缺乏有效控制机械化部队所需的无线电通信手段、越野能力和联络飞机。新的指挥安排也几乎无法避免克鲁格与古德里安、霍特之间的个性冲突。实际上，古德里安刚一听说这项计划就威胁要辞职。至于克鲁格，虽说是个颇具天赋的指挥官，但他对"闪电战"猛烈而又混乱的作战行动深感不安，并不适合率领一股庞大的装甲力量。博克则担心自己对麾下装甲指挥官的控制可能会被严重削弱。事实证明，克鲁格很难驾驭霍特和古德里安，部分原因是通信频频中断。陆军总司令部和博克很快就对克鲁格不够激进的领导风格感到失望，博克担心装甲部队分散在一条过宽的战线上，因而在7月6日敦促克鲁格集中力量：“在某处形成拳头。”[319]

第 2 装甲集群

　　古德里安第2装甲集群战线上，施韦彭堡第24装甲军辖内第3装甲师在罗加乔夫率先到达第聂伯河。一连数日，莫德尔的部下几乎没有休息或睡觉，他那些法国和捷克制造的卡车，由于在恶劣道路上连续行驶，接连发生机械故障。可用坦克的数量也不断减少，坦克引擎的预期寿命下降近半——主要是由无处不在的细密尘埃，而非敌人的行动所致。尽管他那些较为保守的下属提出反对意见，可这位干劲十足的师长还是驱使部下毫不停顿地一路向前，他认为现在取得成功会在晚些时候挽救更多生命。[320]

　　7月3日率领第3装甲师挺进的是第6装甲团一个潜水坦克营（最初计划用于入侵英国的"海狮"行动）。他们渡过德鲁季河，隆隆向东推进8公里，黄昏前在罗加乔夫这座已起火燃烧的城市的东北面到达第聂伯河。这场行动进行之际，该师步兵和战斗工兵冲入城内，但遭遇苏联守军从一座座房屋和建筑射出的猛烈火力。德军反坦克炮组设法把他们的火炮拖入阵地，以直瞄火力轰击敌支撑点。第3、第394步兵团各个营缓慢而又谨慎地攻入罗加乔夫。默尔霍夫少尉带领战斗工兵排率先到达市中心的教堂。德军步兵在几处抵达第聂伯河，对岸射来猛烈的机枪火力和炮火，迫使他们寻找隐蔽。在罗加乔夫城外，第3步兵团几个小股步兵战斗群设法在第聂伯河东岸设立了一座小型登陆场。不过，苏军已炸毁了河上的所有桥梁。[321]

整个夜间，苏军 36 个炮兵连（最大口径 150 毫米）从罗加乔夫东南面的河对岸发射阵地，以猛烈炮火轰击德军阵地。罗加乔夫城内的激烈巷战也在继续，红军在市区南部的抵抗尤为顽强，德军的损失每个小时都在增加：第 394 步兵团第 6 连的施皮尔曼中尉和他的许多部下阵亡；第 3 步兵团第 2 营的齐默尔曼少校第三次负伤；第 3 步兵团第 8 连的冯·贝克尔中尉身负重伤，他的部队损失惨重；弗里策少尉阵亡；率领战斗工兵突击队的格莱茨少尉和 3 名部下阵亡。面对苏军施加的巨大压力，德军撤离登陆场。[322]

次日（7 月 4 日），争夺登陆场的战斗愈发激烈。一群"斯图卡"战机试图打垮对岸的苏军重型火炮，虽然未获成功，但第 3 装甲师趁机发起一场精心策划的突击，一举渡过第聂伯河。第 3 步兵团第 2 营的步兵直接冲出罗加乔夫，可面对苏军的毁灭性火力，他们很快止步不前（两天内，该营 1 个连损失殆尽，另外 4 个连伤亡 146 人）。但在北面，另一个战斗群（第 394 步兵团第 2 营、第 6 装甲团一部和反坦克部队）的行动较为成功。三辆Ⅳ号潜水坦克[323]在这里驶入宽达 100 米的第聂伯河[324]，很快出现在对岸。虽然一辆坦克被苏军炮火击毁，车组人员悉数阵亡，但另外两辆坦克提供的长时间火力支援足以掩护步兵渡过该河。第二座小型登陆场就此建立，可苏军的猛烈炮火很快把这座登陆场与第 3 装甲师余部隔开，据守登陆场的德国士兵不得不抗击苏军步兵的一波波冲击。[325]

上游 50 公里的新贝霍夫，施韦彭堡麾下第 4 装甲师也在 7 月 4 日渡过第聂伯河，这一地段的战斗同样激烈。该镇守军精心设防，并获得一道坚固的防坦克壕的掩护。美国陆军退役中校罗伯特·基尔休贝尔认为："虽然当时的军事情报和之后的军事史得出相反的结论，但身处战场的德国人明确指出，所谓的斯大林防线的确存在。"[326]实际上，对新贝霍夫实施突击的第 4 装甲师第 35 装甲团，遭受到自战争爆发以来最严重的单日损失：18 人阵亡、10 人负伤、6 人失踪。在新贝霍夫的战斗中，该团迅速折损数辆坦克，他们在近距离上遭遇苏军精心伪装的大批反坦克炮、高射炮和压制火炮的伏击，对方以直瞄火力猛轰德军坦克。48 小时后，德军坦克组员彻底放弃进攻，返回正在渡过第聂伯河的装甲团。[327]

到目前为止，情况很明显，古德里安（至少是他的右翼）确实"挺进得太快、太远"[328]。希特勒了解他的装甲指挥官，他的直觉通常都很准确。尽管第 3 装甲师在第聂伯河对岸夺得了脆弱的登陆场，可莫德尔师余部仍排列在后方远到别列津纳河的泥泞道路上。第 4 装甲师部分力量正沿斯卢茨克至莫吉廖夫的道路挣扎向前；第 10 摩步师危险地伸向日洛宾附近数公里；第 1 骑兵师仍在设法越过普里皮亚季沼泽外围。最靠近的支援部队隶属第 46 装甲军，他们横跨别列津纳河，远在西北面。换句话说，古德里安的先遣力量"同时处在胜利和灾难的边缘，许多德国军官发自内心地意识到了苏联究竟有多辽阔"[329]。

可能是发现了古德里安右翼暴露在外、易受攻击的状况，苏军 7 月 6 日转入进攻。V. F. 格拉西缅科中将的第 21 集团军发起一连串反突击，"导致第 24 装甲军陷入开战以来的第一场重大危机"[330]。第 21 集团军辖内步兵第 63 军（3 个师）冲击莫德尔的第聂伯河登陆场时，获得坦克支援的步兵第 66 军在日洛宾渡过第聂伯河，对勒佩尔第 10 摩步师展开攻击，后者正为进攻行动实施集结。虽然苏军这场冲击依然缺乏协同，但施韦彭堡装甲军的展开是为遂行追击，就连一支小股战术预备队也没有。达成战术突然性的苏军部队迅速突破到波博洛沃并消灭第 10 摩步师一部。[331]

作为一项预防措施，莫德尔 7 月 5 日把第 6 装甲团第 1 营派到勒佩尔师（地面侦察报告，一股强大的苏军在南面的日洛宾附近），他现在别无选择，只能抽调更多力量支援饱受重压的友邻部队——这次是个强有力的战斗群，包括更多坦克（第 6 装甲团第 2 营）和几个反坦克炮兵连。与此同时，莫德尔竭力保持对罗加乔夫的压力，终于以更多步兵力量加强了摇摇欲坠的第聂伯河登陆场。自对苏战局开始以来首次转入防御的事实给第 3 装甲师造成强烈冲击，该师老兵在战后出版的师史中回忆道："战争头几日赢得令人陶醉的胜利后，尽管第聂伯河没有所谓的斯大林防线，可没人想到俄国人会集结力量沿该河实施如此激烈的抵抗。"[332]

第 10 摩步师没有等待莫德尔派来更多援兵，立即对自己遭受的威胁做出应对，甚至没有把己方意图告知第 3 装甲师师长。勒佩尔立即投入第 6 装甲团第 1 营对付前进中的苏军部队。激战的代价相当高昂，特别是该营倒霉的第 4 连：

第6装甲团第4连（冯·布罗多夫斯基中尉）沿地图上没有标注的一条道路全速前进，直奔日洛宾。该连排成密集队形突破一道反坦克防线，因为他们不可能离开道路。就这样，一辆辆坦克隆隆驶向日洛宾，进入敌人越来越猛烈的防御火力中。几乎看不见俄国人的火炮，一些敌坦克[333]出色地隐蔽在高高的玉米地里，在很近的距离内朝第4连开炮射击。第一辆德国坦克被困住，第二辆碾上一颗地雷，第三辆被俄国人的坦克击毁。步兵力量落在后面，俄国人的远程火炮打乱了他们的挺进。敌人集中防御火力打击第6装甲团第4连冲向前方的坦克。该连当日晨尚有13辆坦克，现在一辆接一辆起火燃烧，腾起滚滚浓烟。冯·韦德尔少尉阵亡，布塞少尉不久后也牺牲了。连长冯·布罗多夫斯基中尉身负重伤，几天后因烧伤过重宣告不治。22名军士和士兵阵亡，36人负伤，许多人伤势严重。第6装甲团第4连这场死亡行军只有3辆坦克幸免于难！

施密特－奥特少校命令第1连前进，该连也遭受了许多损失。第6装甲团第1连提供了足够的掩护火力，使第4连残部得以与敌人脱离接触……这是个倒霉的日子，到中午时，第6装甲团第1营已损失22辆坦克，几乎是该营半数（坦克）力量。虽然缴获/击毁19辆敌坦克、21门火炮、2门高射炮和13门反坦克炮，但这无法弥补他们蒙受的损失。由于该营在这场战斗中做出的牺牲，施密特－奥特少校获得陆军荣誉勋饰提名。[334]

历时两天的激烈战斗中，虽然损失惨重，但是德军成功击退日洛宾周边的苏军。截至7月9日，第3装甲师的坦克数量从6月22日的215辆降到153辆。眼前的态势很明朗，苏军设在罗加乔夫周围的防御阵地极其强大。因此，第3装甲师7月7日撤离第聂伯河登陆场，第394步兵团的步兵和支援部队在夜色掩护下，乘坐橡皮艇从对岸返回。[335]历史学家史蒂文·纽顿写道："格拉西缅科的反突击规模并不大，但给予古德里安朝莫斯科的猛烈进攻当头棒喝。"同一天（7月7日），红军赢得了另一场战术胜利，第46装甲军没能夺得莫吉廖夫周围的桥梁，而在南面，德国第4装甲师也没能越过新贝霍夫。[336]

古德里安左翼，第18装甲师7月3日恢复推进，向奥尔沙取得缓慢但稳定的进展，第17装甲师（这两个师都隶属第47装甲军）从明斯克包围圈脱身后，很快在第18装甲师左侧朝先诺攻击前进。[337]在那里，逼近第聂伯河的德军部队也受到恶劣天气和复杂地形的挑战，但这并非第 47 装甲军军长莱梅尔森将军面临的唯一麻烦。他在 7 月 6 日的日记中透露：

正在下雨，这给所有机动造成严重妨碍，因为道路立即消失不见了。不管怎样，这些道路通常穿过沼泽地，而且只能在旱季通行。所以，我们目前正一步步挣扎着穿越最复杂的地带，并急于在奥尔沙渡过第聂伯河，但我们可用于这项任务的力量已遭到严重削弱，因为第 29 摩步师留在明斯克。元首希望先肃清别洛斯托克包围圈，尔后再继续前进。所以他命令所有部队留在明斯克。可如果我们想要继续向东进军，就必须迅速实施，抢在俄国人把更强大的军力调到第聂伯河防线前，否则我们会为此付出高昂的代价。这就是装甲集群批准我们以两个装甲师向东攻往第聂伯河的原因，倘若第 29 摩步师不能从后方赶上的话，我们就会逐渐丧失进攻势头。

第 17 装甲师从明斯克发起的进军毕竟已造成严重后果。昨晚我同古德里安待在一起，他显得非常沮丧。冯·克鲁格指责他违抗命令，两人发生激烈争执，克鲁格威胁要把他送交军事法庭。[338]让一支进军欲望强烈的部队受到沉重负担的妨碍，这实在太不幸了！这会削弱我们的意志。结果，大家今天的情绪降到最低点。当然，我们没能以我们希望的方式向前挺进，这一点加剧了坏情绪，另外就是寒冷潮湿的天气，给我们的前进造成真正的妨碍。好吧，风雨过后会是灿烂阳光。不管怎样，我们希望如此！[339]

第 18 装甲师的装甲兵和装甲掷弹兵早些时候成功对付过苏军陈旧过时的坦克，这使他们充满信心，但 1941 年 7 月初，他们突然遭遇苏军更新、更重、更致命的 KV 和 T-34 坦克。面对这些装甲厚重的庞然大物，德国人的坦克和反坦克炮几乎无能为力，迫使德军士兵转而采取更激进的措施消灭对方。格奥尔格·克罗伊特尔少尉是第 18 装甲师的一名连长，他在日记中描述了通往奥尔沙途中的一场遭遇战，他遇到的很可能是一辆 KV-1 坦克：

1941 年 7 月 7 日
我们试图沿公路包围并击败敌人……在恶劣的道路上向前挺进。我们在各处都遇到敌坦克。苏军的指挥似乎相当拙劣。许多敌坦克和一些卡车被击毁。敌人抽调大批力量投入包围圈地域。我们被困在一片林地——团部、第2营，以及我和我的排指挥组，没有火炮。究竟是谁包围谁？这就是问题所在。

敌坦克把我们与后方切断。传令兵偶尔能通过。俄国人的坦克对我们发起冲击！是他们当中第二重的型号![340]我们的反坦克炮，哪怕是50毫米口径，也只能在敌坦克最薄弱处击穿对方。我们消灭1辆重型和4辆轻型坦克。敌人一辆重型坦克驶入我们所在的森林，另一辆位于森林周围的道路上。由于反坦克炮无法够到敌坦克，即便打中也无法击毁对方，团里命令我消灭这些坦克。敌坦克在几米开外驶过，我方坦克对此无能为力，只能悄无声息地等待对方经过。我试图用集束手榴弹炸毁敌坦克，可没能奏效，我把一颗手榴弹投入坦克炮管，这才在坦克内部造成爆炸。[341]

7月7日，内林第18装甲师沿明斯克至斯摩棱斯克的公路向东疾进，他们到达了托洛钦（距离奥尔沙不到50公里），正攻往第聂伯河。目前由卡尔·冯·韦伯少将[342]指挥的第17装甲师停在先诺（奥尔沙西北方50公里）[343]，在那里遭到红军强大机械化力量的攻击（苏军的列佩利反攻，参见下一小节——"第3装甲集群"）。莱梅尔森7月10日写道："最近几天的情况最为艰巨。"

阳光可能已重现，虽然道路干燥，但敌人激烈的抵抗意味着一切挺进都很困难。第18装甲师现在过于疲惫，缺乏应有的战斗精神，不管怎样都不能指望撒克逊人。第18装甲师在托洛钦周围从事艰苦战斗，第17装甲师在先诺遭遇严重危机。第17装甲师距离我们大约50公里，昨日在先诺遭到至少一个俄国坦克师的猛烈冲击。我乘坐"鹳"式飞机[344]赶到他们身边（托尔皮诺），发现那里情况危急。托尔皮诺遭到敌人猛烈炮击，房屋在燃烧，一波波俄国人在无数坦克的支援下，从北面和南面发起进攻。我方步兵被迫退却，几个炮兵连被俄国人打垮，情况看上去很严峻。

我立即飞回指挥所（此时已转移到纳茨恰）并指示"斯图卡"战机打击这股得到加强的敌军，他们不断从奥尔沙获得援兵。这就为我方地面部队提供了支援。傍晚时，第 17 装甲师再次控制住局面。情况本来会更糟糕。俄国人和他们的坦克仍在该师各战斗群之间涌过。

两个师当日的战斗击毁 100 多辆敌坦克，燃烧的坦克残骸随处可见。第 17 装甲师需要很长时间实施重组、再装备和加注燃料，特别是因为补给队被切断在茨切里扎，必须先以坦克力量把他们救出。[345]

虽然苏军实施激烈抵抗，但古德里安麾下三个装甲军（第 24、第 46、第 47 军）正逼近第聂伯河。[346] 此时（7 月 7 日），古德里安在罗加乔夫和莫吉廖夫突破河流障碍的最初尝试受挫，他决定变更装甲力量的部署，更改他的突击重点。但他也面临另一个关键决定：

我是应该像先前那样迅速前进，仅以装甲力量渡过第聂伯河，并遵照原定计划尽快到达我的主要目标（即斯摩棱斯克—叶利尼亚—罗斯拉夫利地域），还是应该坐视俄国人沿河流构设防线而止步不前，待诸步兵集团军到达后再发起夺取河流的战斗呢？[347]

别洛斯托克—明斯克包围圈之战期间，第 4 集团军（后为第 2 集团军）和第 9 集团军的步兵落在迅猛前进的各装甲师身后 250 公里处。7 月 7 日，第 7、第 9、第 12、第 13、第 53 军的步兵仍聚集在巴拉诺维奇与明斯克之间，距离第聂伯河 200 多公里，其他步兵部队甚至位于后方更远处。[348] 古德里安在战后回忆录中不无夸大地指出，徒步行进的步兵需要 14 天才能到达第聂伯河[349]，到那时，苏联人目前正在构筑的防御会更加强大。他写道："步兵部队届时能粉碎敌人妥善组织的河流防线，以便我们再次展开机动作战，这一点似乎很值得怀疑……"

我深知做出决定的重要性。我也计算了三个装甲军渡河时，敞开的侧翼遭到敌人猛烈反冲击的危险。但另一方面，我深知赋予我的任务的重要性和可行性，同时我非常了解几个装甲军已得到证实的能力和他们的攻击力，所以我决定立即发起进攻，渡过第聂伯河，继续攻往斯摩棱斯克。

因此我下达命令，暂时停止两翼（日洛宾和先诺）的战斗，相关指挥官在那里继续监视敌人即可。[350]

古德里安必然会再次与他保守的上司冯·克鲁格元帅发生冲突，据这位装甲兵将领说，这种冲突很快就发生了。古德里安后来回忆，7月9日晨，克鲁格赶到古德里安设在鲍里索夫的指挥所[351]，随之而来的是"一场激烈的争论"。克鲁格的立场可能受到德军在罗加乔夫、莫吉廖夫、新贝霍夫遇挫的影响，他认为装甲部队并没有强大到足以突破苏军沿第聂伯河构设的斯大林防线。他相信装甲部队需要获得至关重要的步兵支援，这种支援尚未到达前，不应贸然展开渡河尝试。古德里安"顽固地"为自己的相反观点辩解，他告诉克鲁格，他（古德里安）为进攻所做的准备工作"早已展开，现在无法取消"。他坚称第24和第46装甲军辖内部队已重新集结，目前正打算出发，现在让他们滞留在集结地域，只会沦为空袭目标。另外，古德里安乐观地认为，重新发起进攻不仅能赢得胜利，而且具有决定性。（"如果做出这样一个决定的话，我希望这场行动能在今年胜利结束对苏战局。"[352]）面对古德里安颇具说服力的论点，克鲁格心软了。这场行动会在次日（7月10日）发起。尽管如此，深感不快的克鲁格最后补充了一句："您的行动总是处在千钧一发之际！"（Ihre Operationen haengen immer an einem seidenen Faden! ）[353]

第3装甲集群

中央集团军群左翼，赫尔曼·霍特的第3装甲集群7月3日朝西德维纳河重新发起进攻。[354] 为更有效地利用稀缺的道路网并避开别列津纳河上游的湿地和沼泽，霍特决定沿宽大正面挺进。左侧，孔岑第57装甲军将在波洛茨克渡过西德维纳河，而位于东南面的施密特第39装甲军负责在维捷布斯克夺取渡场。孔岑随后会朝东北方疾进，攻往鲁佳和涅韦尔（靠近与北方集团军群的分界线），而施密特则从北面绕过斯摩棱斯克，直奔铁木辛哥西方面军身后的亚尔采沃。给两个装甲军分配的目标相距160公里，把他们置于不同的前进路线上，这就导致两个军无法相互支援。但霍特接受了这个风险，因为他估计前进路线上不会遭遇敌人的抵抗，即便有也寥寥无几。[355] 霍特还认为仅有的几条道路会"畅通无阻"，干燥的天气还将持续下去。[356]

　　事实证明，霍特的三个假设都不成立。他的两个装甲军遭遇激烈抵抗，特别是攻往维捷布斯克的第 39 装甲军。暴雨也拖缓了霍特的坦克和摩托化步兵，这场持续数日的降雨把通往东面的道路和小径变为深不见底的泥沼，导致遍布第 3 装甲集群突击正面的河流、小溪、湖泊、沼泽水位上升，事实证明这比预期的更难克服。前进线上的许多木桥，并非为承受一支现代机械化大军而建，在重型车辆的碾压下纷纷坍塌，不得不由疲惫不堪的战斗工兵加以修复或重建。[357]道路状况似乎越往东就越恶劣，德国人为此付出沉重代价，发生机械故障的坦克和其他车辆非常多，霍特 7 月 4 日报告，他的战斗力仅剩 50%。[358]尽管遭遇如此严重的障碍，霍特还是要履行自己的使命，同古德里安在南面展开的行动相配合，为 1941 年 7 月中旬在斯摩棱斯克附近实施的第二场大规模合围创造作战条件。

　　霍特集群 7 月 3 日到 4 日的重要进展之一由奥托·冯·克诺贝尔斯多夫中将的第 19 装甲师（第 57 装甲军）取得。在里希特霍芬第 8 航空军"斯图卡"战机的有效支援下，该师利用一条像样的道路，在 24 小时内疾进约 100 公里。师属摩托车部队经过艰巨的逐屋巷战，于 7 月 4 日晚攻克西德维纳河畔的季斯纳，并协助夺得对岸一座登陆场。[359]第 19 装甲师右侧，第 18 摩步师在波洛茨克接近地遭遇苏军暗堡阵地顽强抵抗，一时间无法前进，但 7 月 4 日日终前，该师离波洛茨克已不到 5 公里[360]——这座城市目前仍在 F. A. 叶尔沙科夫中将第 22 集团军控制之下。在季斯纳，获得第 18 摩步师部分力量加强的第 19 装甲师，7 月 6 日晚也遭到苏联第 22 集团军冲击，这场最终没能成功的突击持续数日，力图粉碎克诺贝尔斯多夫的西德维纳河登陆场。在这一地域，经历了充满希望的开端后，第 3 装甲集群的作战行动暂时陷入僵局。[361]

　　南面，施密特第 39 装甲军也以 2 个师（第 7、第 20 装甲师）攻往西德维纳河。施通普夫中将位于装甲军左翼的第 20 装甲师，7 月 4 日以先遣部队在乌拉（维捷布斯克正西面约 70 公里）逼近该河。但施通普夫师主力仍远远落在后方的列佩利附近，其进展受到严重交通拥堵（第 7 和第 20 装甲师共用一条道路）和桥梁坍塌的影响。次日（7 月 5 日），第 20 装甲师的装甲团跨过战斗工兵在列佩利搭设的一座应急桥梁，隆隆向东驶去。最初的计划是以获得炮兵和第39装甲军1个战斗工兵营加强的第20装甲师先遣支队，在乌拉强渡西德维纳河，但这个计划很快被放弃，一场从容不迫的进攻取而代之。这需要准备时间，雷雨导致某些地段的道路几乎无法使用，进一步妨碍了第20装甲师主力赶往乌拉。[362]

冯·丰克少将的第7装甲师是施密特麾下的另一个装甲兵团，该师正沿从列佩利而来的公路向东赶往维捷布斯克。7月5日，师先遣部队遭遇一群披着厚重装甲的伊尔-2"斯图莫维克"强击机，尽管被德军火力击中200多次，可是这群战机无一被毁。面对苏军的激烈抵抗，第7装甲师继续前进，7月6日晚，他们位于维捷布斯克西南方30公里处。[363]

丰克的装甲兵和装甲掷弹兵遭遇的顽强抵抗，是红军列佩利反攻的结果，这场反攻开始于7月6日晨。西方面军司令员铁木辛哥元帅几天前接到大本营的新指示，要求他在阻滞"敌第3、第2装甲集群猛烈突击的同时，沿西德维纳河和第聂伯河组织可靠防御，待调自内地的预备力量开到并集中后，沿列佩利、鲍里索夫、博布鲁伊斯克方向发起一连串反突击"[364]。根据这个指示，铁木辛哥7月4日晚命令P. A.库罗奇金中将的第20集团军，以及调自莫斯科军区斯大林"宫廷卫队"的新锐机械化第5、第7军，攻往列佩利和先诺，其他部队则负责在鲍里索夫重新夺回别列津纳河渡场。虽说机械化第5、第7军的战斗序列表明他们共有1500多辆坦克，但绝大多数是陈旧过时的BT系列、T-26、T-37/38型，新式KV和T-34坦克只有80辆。另外，两个军不得不实施一场漫长的接敌行军，在此过程中，德军的空袭给他们造成损失，而坦克引擎和传动系统也频频发生故障。[365]

两个机械化军7月6日上午10点发起冲击。一连四天（1941年7月6日到9日），一场庞大的坦克战在维捷布斯克南面和西南面，列佩利与先诺之间进行。德方卷入这场激战的兵团包括第39装甲军第7装甲师，第47装甲军第17、第18装甲师，哈佩少将的第12装甲师也在战斗临近结束时提供了额外支援。[366]德军装甲兵利用他们的经验和出色的战术技能击毁数百辆苏军坦克，另一些苏军坦克则被一波波德军俯冲轰炸机和驱逐机炸毁。关于机械化第7军的如下记述可以反映出苏军的典型遭遇：

当日（1941年7月6日）晚些时候，维诺格拉多夫两个坦克师在先诺东北接近地一头撞上丰克第7装甲师构设的防御，历时两天的激战就此爆发，维诺格拉多夫在战斗中阵亡……这场突击中，伊万·德米特里耶维奇·瓦西里耶夫上校的坦克第14师，从维捷布斯克以南地域畅通无阻地前进了116公里，在没有空中掩护、地图不足的情况下穿过复杂的密林地带，面对他们毫不了解的一股敌人攻向列佩利。该师政治部主任后来报告："不幸的是，我们不得不在几乎是碰运气的情况下展开行动。我们不知道当面之敌的情况。是一个营，一个团，还是一个军？没有实施预先侦察。"[367]

苏军这场进攻起初只遭遇德方轻微抵抗，瓦西里耶夫的坦克击退第 7 装甲师侦察部队。可接下来几个小时，坦克第 14 师师长接到维诺格拉多夫一连串相互矛盾的命令，这些命令的累积效应把他的师分散在一片宽阔地域，削弱了他们的火力。尽管如此，该师继续攻往西德维纳河畔的别申科维奇，这就浪费了宝贵的时间，因为该师的坦克不得不竭力通过沼泽地带。瓦西里耶夫恪尽职守地执行命令时，丰克的部队正沿河流西岸构设强大的反坦克炮防御屏障。由于维诺格拉多夫一再坚持，瓦西里耶夫次日晨（7 月 7 日）终于发起进攻，他这个师遭到德军猛烈的反坦克火力重创，坦克折损过半，其中许多陷入河床。[368]

虽说德国人接入苏军电话线，因而提前掌握了铁木辛哥的意图[369]，但苏军这场组织欠佳的积极进攻还是一度令他们饱受重压。如上所述，第 47 装甲军军长莱梅尔森将军在 7 月 10 日的日记中提及，韦伯第 17 装甲师所在的先诺地域"遭遇严重危机"[370]。但到 7 月 9 日，霍特和古德里安的装甲力量，在第 8 航空军的有效支援下，基本上把苏军机械化第 5、第 7 军歼灭殆尽，两个军共损失 832 辆坦克，所剩无几的残部"混乱不堪地"退过第聂伯河。戴维·格兰茨总结道："这场徒劳的进攻，唯一值得一提的收获是阻滞了德国第 47 装甲军夺取奥尔沙、第 39 装甲军攻占维捷布斯克。"[371]

坦克战沿第 39 装甲军南翼展开时，西北面的乌拉·施通普夫第 20 装甲师突破苏军设在西德维纳河的防御，以灵活的侧翼机动攻往维捷布斯克。7 月 6 日至 7 日夜间，在降雨的掩护下，苏联守军前调更多火炮和反坦克炮，加强乌拉周围的防御阵地。7月7日14点45分，"斯图卡"战机打击河东岸的苏军防御阵地，取得了出色的战果。第20装甲师的炮兵获得调拨给该师、支援突破行动的陆军炮兵力量的加强，一场短暂的炮火准备后，第59和第112步兵团的装甲掷弹兵在乌拉两侧乘坐突击舟强渡西德维纳河。次日（7月8日）晨，战斗工兵在河上架起一座桥梁，"冯·俾斯麦"战斗群（坦克、步兵、工兵、反坦克炮、高射炮和炮兵部队）渡过西德维纳河，开始向维捷布斯克挺进。利用第20装甲师强有力的突击，汉斯·措恩少将的第20摩步师在乌拉东南方25公里的别申科维奇强渡西德维纳河，并沿该河北岸攻往维捷布斯克。到7月9日晚，措恩的步兵和"冯·俾斯麦"战斗群已夺得这座拥有20万居民的城市，苏军撤离前纵火焚烧该城。德军冲入维捷布斯克时，苏军爆破组仍在引爆炸药。[372] 第129步兵师辖内部队7月下旬穿过维捷布斯克，见到的是一幅彻底毁灭的场景。城内大片区域的木制房屋被烧毁，剩下的仅仅是石制烟囱，犹如一根根瘦骨嶙峋的手指伸向空中。[373]

德军在乌拉和别申科维奇建起西德维纳河对岸的登陆场并夺得维捷布斯克后，陆军总司令部作战处7月9日提交的每日报告称，霍特第3装甲集群"已基本粉碎敌人沿西德维纳河上游设立的防线"[374]。实际上，随着苏军右翼的崩溃，铁木辛哥奉命坚守西德维纳河—第聂伯河一线的努力遭到致命破坏。尽管如此，铁木辛哥仍决定坚守不退，这就为苏军在中央战线遭遇第二场灾难埋下了祸根——这次发生在斯摩棱斯克西面的森林、田野、草原中。

由于为西德维纳河的作战行动做出决定性贡献，第39装甲军军长施密特将军荣膺骑士铁十字勋章橡叶饰。1941年7月12日，从德国专程赶来的一名特别信使来到施密特将军的指挥所，带来希特勒的一份电报，授予施密特橡叶饰，1941年7月10日生效，这使他成了德国国防军中第19位获得这项荣誉的军人。虽然施密特是东线第一位获此殊荣的将领，但面对这份授勋通知，除了职业自豪感外，他的内心还有什么其他想法，我们不得而知，因为被部下亲切地称为"老爹"的施密特将军是希特勒政权"充满敌意的批评者"[375]。[376] 施密特的传记作者克劳斯-R. 沃歇叙述了不久后发生的一起事件：

明斯克与斯摩棱斯克合围战期间的一天，元首的国防军副官长——总参上校施蒙特出现在军指挥所，并为施密特将军奉上骑士铁十字勋章橡叶饰。据汉斯·赫特尔（第39装甲军参谋人员）称，施密特将军利用这个机会告诉施蒙特上校，军事行动明显缺乏协调，希望他把这个情况转告元首。

施密特还谈及他对东线战争政治行为的看法。施蒙特上校解释了陆军总司令部的官方观点："关于俄国战局的这本著作已结束。"但他本人并不赞同这种看法。而施密特将军指出，任何人只要看看俄国地图就会确定无疑地发现，关于俄国的这部著作仅仅写下了第一页。陆军总司令部显然不了解前线的实际情况，因此"还有许多页需要书写"。[377]

食物、燃料、弹药——中央集团军群的补给

1941年6月入侵苏联的德国军队编有300多万人、超过60万匹马和60万部各种车辆。与任何一支现代军队一样，他们的成功依赖大量食物、燃料、弹药、零配件和其他必要物资的及时交付，这当然也关系到基本的生存。正如一名德军将领在战争结束后不久所说的那样："现代机动作战中，主要问题不再是战术，决定因素是补给物资的组织——以便让事情继续发展。"[378]另外，精神病学专家乔纳森·谢伊博士近期指出："现代士兵生存所需的一切严重依赖于军事组织，就像小孩子依赖他／她的父母。"[379]毋庸讳言，在现代机械化战争中，后勤具有决定性。

东线德军诸集团军通过公路或铁路（少数情况下也通过空运）从前线后方的仓库获得补给物资。对苏战局开始前，后勤规划人员得出结论，陆军补给体系可以维持一场越过边界线500公里的推进，直到西德维纳河和第聂伯河一线，但无法预测跃过这条战线后的需求。因为需要时间使苏联境内的铁路线正常运作，战局具有决定性的第一阶段，补给物资的交付主要依靠卡车运输，要穿越苏联薄弱的道路网。但相关计算、研究、图上作业表明，到达西德维纳河—第聂伯河一线后，东线德军的补给会依赖铁路的顺利运行。[380]总之，德军后勤人员和他们的对手一样，沦为轻率、危险的乐观假设的受害者——他们高估了自己为东线诸集团军成功运送补给的能力。归根结底，德方认为即便在后勤估计不足的情况下[381]发起"巴巴罗萨"行动也无关紧要，因为这场"闪电战"会在几周内结束。

可正如克劳塞维茨在《战争论》中告诫的那样：“这些（补给）动脉决不能被永久切断，也不能太长，也不能难以使用。漫长的道路总是意味着部分力量遭到消耗，这往往会削弱军队。”[382] 虽说德国军队在对苏战局头几周没有遭遇严重的后勤问题，可他们确实遇到些挑战，有些是预料到的，有些则不是，它们打乱了德军总参谋部的战前计算，其累积影响开始给部队的行动和补给造成麻烦。

随着德国军队更深地进入苏联领土，他们（特别是快速力量）的补给线迅速拉长，给补给机构带来更大的压力。由于缺乏道路，各运输连从一开始就遇到了困难。尽管如此，许多运输连来回穿梭于仓库、铁路末端、前进补给基地之间，累积起惊人的总里程数。例如，一个装甲师的补给车辆在八周内运送弹药里程达 303982 公里，运送燃料里程达 199385 公里，运送零配件里程也达到 63073 公里。[383]

这种努力的结果是，许多补给卡车，特别是缴自敌军库存或西欧国家生产的民用车辆，在苏联原始的道路上频频发生故障。截至 1941 年 7 月 10 日，“大运输区”（三个集团军群直接掌握的汽车运输）的能力下降了 25%；十天后（7月 20 日），中央集团军群损坏车辆的数量（包括战斗中损失的车辆）已上升到30% 以上。[384] 历史学家罗尔夫－迪特尔·米勒准确地评价了这个问题：

如果有足够的时间和燃料让司机为他们可能在俄国遇到的特殊情况，以及他们可能需要的特殊驾驶技能做好准备，车辆蒙受的大部分损失本来是可以避免的。缺少地图也使车辆必须结队而行，发生严重故障时会造成相当多的时间损失。事实证明，部队使用的许多民用车辆，特别是汽车，由于离地间隙小而无法胜任。夏季，它们在沙地和湿地触底；冬季，它们困在雪堆里。结果，这些车辆的油箱底壳和传动系统经常遭受不可修复的损坏。前进期间，损坏的悬挂装置也造成许多故障。零配件仓库的弹簧钢库存是按照法国战局期间的需求提供的，很快就消耗殆尽，这迫使军队使用自己的卡车从柯尼斯堡和埃尔宾，或从斯图加特和乌尔姆弄来少量弹簧钢。轮胎也无法承受沙质路面的磨损，但可供更换的备胎寥寥无几。1941年7月10日，陆军总司令部告知各集团军，无法提供更多轮胎。[385]

以色列历史学家马丁·范克勒韦尔德认为："这种情况下，'大运输区'的实际能力远远低于预期水平，只要前线与铁路线的距离超过 100 公里，就很难为作战行动提供补给。"[386] 尽管汽车运输在战局第一阶段至关重要，可是补给运输主要通过公路进行时，可用的替换车辆却寥寥无几。实际上，到 1941 年 7 月，损失的车辆只获得十分之一的补充。之后，陆军总司令部不再提供替换车辆，这是因为卡车短缺，生产出来的车辆必须用于组建新师。[387]

与汽车一样，步兵师的马拉大车也出现许多问题。这些大车配备的橡胶轮胎"很快就磨损得不像样子，不得不换上套有铁箍的木制车轮"[388]。来自德国和西欧的大型驮马苦不堪言，因为对它们提出的要求永无止境。重型车队和野战榴弹炮连经常陷入深而松软的沙地，不得不由一群群士兵把它们拉出来。因疲惫不堪而倒下的马匹越来越多，面对这种情况，一些步兵兵团被迫把他们的重型火炮留在后方。许多部队设法以临时性举措应对这些挑战。例如，第 167 步兵师"为保持机动性和战斗力，把大行李、车辆和装备留在斯洛尼姆的师属营地，还有 200 人在军事管理下独立生存并从事农业工作"[389]。

正如这番叙述表明的那样，脆弱的补给生命线很容易遭受攻击并发生中断，因为它们经常穿过苏军散兵游勇四处游荡的地区，或受到新生的游击运动的干扰。对苏战争次日，第 3 装甲集群报告："装甲集群后方某些地域，敌散兵游勇的抵抗有所增强。"[390] 1941 年 7 月 3 日，第 57 装甲军向第 3 装甲集群汇报："后方地域，数量不明的俄国人潜伏在树林里，我军无法以现有兵力俘获他们，但他们对补给车队构成严重威胁。"[391] 的确，由于德军兵力短缺，前线后方的道路通常无法获得充足的安全保障。

大多数未铺砌的道路和天气（7 月初普降大雨）也给装甲部队造成了严重破坏，这些因素给战车带来的耗损往往超过敌人的行动。当然，首先是灰尘，不仅折磨着人员和牲畜，也加剧坦克和车辆的磨损。1941 年 7 月 16 日，第 10 装甲师向第 46 装甲军汇报道：

过去100公里行程期间，24辆坦克发生故障，它们的引擎已无法修理，这是不知从何而来的灰尘累积所致。空滤根本无法阻挡这些尘埃，灰尘与机油混合后起到一种研磨效果，导致动力急剧下降，发动机已无法推动坦克继续行驶。[392]

内林第 18 装甲师的情况更加糟糕。对苏战局发起时，该师拥有 218 辆坦克，到 7 月 20 日已损失 37 辆，另外 126 辆需要修理。[393] 霍特第 3 装甲集群投入"巴巴罗萨"行动时约有 900 辆坦克，到 1941 年 7 月 9 日损失 154 辆，另外 264 辆（近 30%）有待维修。[394]

由于补给体系无法满足部队的零配件需求，越来越多的坦克暂时无法开动。明显加剧这个问题的是，大修设备没有运往前方，而是留在遥远的德国国内。这是因为德国陆军"基本上集中的坦克维修体系"[395] 要求所有大修和翻新工作必须在帝国国内制造厂完成。因此，损坏的坦克和车辆不得不装上铁路平板车运回德国，修理完毕后再送回前线，这进一步加剧了早已不堪重负的铁路系统的压力。补充坦克也很难获得：截至 7 月 1 日，德国国内的坦克停放场只有 85 辆坦克，月底前还会制造 210 辆，可这个数字无法满足哪怕是一个装甲集群的补充需求，更不必说四个装甲集群了。[396] 另外，希特勒坚信自己即将赢得胜利，他很快就会告诉陆军总司令部，不再向东线派送更多坦克了。

到 7 月初，另一个事实显现出来，由于路况恶劣，坦克和车辆的燃油消耗远远超过德国后勤规划人员的预计。如前所述（本章"别洛斯托克—明斯克包围圈的覆灭"一节），陆军总司令部估计东线陆军每天需要 9000 立方米燃料，可实际数字是每天 11500 立方米，就像哈尔德 7 月 1 日在日记中写的那样："远远高于预期。"[397] 因此，每日分配 22 列油罐车无法满足需求，必须达到 28 列。[398] 以另一种方式衡量，正常地形条件下行驶 100 公里需要的燃油量，只能在苏联乡村行驶 70 公里。[399] 幸运的是，几个装甲集群通过缴获的苏军库存补充他们的常规燃料供应，截至 1941 年 7 月 2 日，仅第 3 装甲集群就缴获 3 万吨燃料。[400]

机油消耗率也远远高于预期，同样给作战行动造成了不利影响。1941 年夏季晚些时候，第 4 装甲师攻往基辅期间，约 50% 的坦克无法投入使用，这完全是机油供应不足所致。[401] 1941 年 7 月初，第 2 装甲集群的 30 辆 III 号坦克和 4 辆 IV 号坦克发生故障，检查后发现是使用了缴获的苏制机油后造成了引擎损坏。[402] 由于地形复杂，坦克不得不挂一挡行驶，这种情况经常持续数日，结果导致"发动机烧机油"。[403] 1941 年 8 月 6 日，第 57 装甲军报告，许多车辆每百公里消耗 20 ~ 30 升机油，而不是正常情况下的半升。[404]

对苏战局头几周的弹药消耗，虽说远远高于1940年的法国战局，但实际上低于德方规划者的预期。[405] 弹药平均日消耗量为2840吨，相比之下，1940年的43个战斗日，弹药日消耗量为2075吨。具体说来，截至1941年7月31日，东线共消耗113458吨弹药，需要252列补给火车运送（平均每列装载450吨）。尽管如此，弹药发生暂时性短缺的情况并不罕见，例如机械化部队超出补给线或暂时遭到切断时。到1941年8月，中央集团军群正经历一场全面的弹药危机。可甚至在入侵苏联前，德国人就开始展望"巴巴罗萨"行动后的情形，并减少了陆军所需弹药的产量，火炮和迫击炮炮弹的削减尤为严重，出现戏剧性下跌（参见本书第三章"陆军兵力编成"一节）。这种错误估计会在当年年底给东线德军造成严重后果。[406]

随着时间的推移，以及德军装甲先遣力量迅速深入苏联境内，渡过别列津纳河并攻往西德维纳河—第聂伯河障碍，苏联铁路网的重要性急剧上升。事实再次证明，德国规划者的乐观设想毫无根据——他们指望完好无损地夺取苏联欧洲地区大片铁路设施，以缴获的火车头和车厢不受限制地运行，进而把从苏联宽轨距转换为德国窄轨距的努力降到最低限度。可铁路线、给水站、信号设施、火车车厢、电话线、桥梁、货车维修站等，遭受的破坏远比预计的更加严重，这是苏联人蓄意破坏、地面作战行动和德国空军的轰炸所致。另外，对方还疏散了大部分火车头和车厢，迫使德国人大量投入他们自己的资源，竭力恢复铁路系统的运行。[407]

第一次世界大战期间（确切地说是1914年到1916年），位于东部的德国军队也曾把俄国铁路线改为较窄的德国标准轨距。可当时那番努力仅仅扩展到俄国占领的波兰、波罗的海诸国和白俄罗斯西部，乌克兰和俄国南部不需要进行这种操作，因为德国人在那里缴获了足够数量的火车头和车厢。相比之下，1941—1942年，铁路轨距转换工作涵盖的地域三倍于此（在南方一路延伸到高加索地区），铁路网的密度是过去的四倍。总之，德国人需要转换3.5万公里苏联铁路[408]，而一个配备最先进工具和设备的德国铁路修建连，每天的转换速度是10～12公里[409]。

转换铁路轨距，使之能为德国设备所用，不仅工程量巨大，而且比预料的困难得多。例如，苏联的铁路路基通常较为脆弱，铁轨的承载能力严重不足，只能承受德国人在第一次世界大战前制造的轻型机车。[410] 由于苏联的火车头很大，他们的给水站较少，而且相距甚远。另外，德国人很快发现，在没有德国煤炭或燃料添加剂的情况下，德国机车无法有效使用苏联的煤炭，而德国与苏联铁路轨距之间的转换点是耗费时间的后勤瓶颈。[411]

虽然铁路修建部队全力转换铁路线，从而把铁路末端向前延伸，但这番努力受到人力和材料严重短缺的影响，无法取得快速进展。他们不是作战兵团，因而其推进排在三个集团军群优先事宜的底部，只能依靠自己的燃料补给前进。另外，只有六分之一的铁路修建部队实现了摩托化，三分之二的部队根本没有车辆。总之，分布在整个东线的铁路修建部队只获得大约1000部车辆，而且大多是性能低下的法国和英国车型。另外，这些铁路修建部队没有接受过充分训练，人数也"少得可怜"。因此，到1941年7月，德国不得不从帝国铁路部门抽调人员补充这些部队。[412]

虽然面临的挑战很多，但最主要的问题还是苏联境内的铁路线明显不足。在欧洲，一个野战集团军通常掌握一条双轨铁路线，而中央集团军群投入对苏战局时，不得不依靠一条这样的铁路主线支援辖内三个集团军和两个装甲集群。铁路工程师和他们的部队不分昼夜地忙碌着，迅速把布列斯特－立托夫斯克—明斯克铁路线修复到巴拉诺维奇（200公里）。冯·博克元帅在7月3日的日记中指出："铁路线令人惊讶地保持了良好状态。"[413] 一条德国轨距的铁路线已投入运行，另一条运送战争物资和补给的铁路线则是较宽的苏联轨距。后者会在7月4日前通到明斯克。[414]

与此同时，从格罗德诺地域通往莫洛杰奇诺的铁轨也在重建，这条铁路线专门用于支援第9集团军和第3装甲集群。但施特劳斯第9集团军作战地域，可用铁路线7月初的表现远远低于需求，该集团军抱怨每天接到的火车数量只有规定分配量的三分之一，这种情况只会进一步恶化。7月8日后，铁路运送的补给仅够维持霍特装甲集群，第9集团军不得不依靠"大运输区"，他们与补给基地的距离目前已达到400公里，相关道路的状况极为恶劣。[415]

虽然补给体系承受着压力，但陆军总参谋长哈尔德和陆军总司令部军需总监瓦格纳少将力图前移补给基地，以支援进行中的挺进，并为后续作战行动做好准备。支援博克集团军群作战行动的中央补给区，对苏战局开始前就建立在华沙—苏瓦乌基地域。战争头几日过后，为缩短补给路线，集团军群开始沿奥利塔—沃罗诺沃—列斯纳一线东调补给基地。每个补给基地都由弹药、燃料、食物仓库，野战医院、维修车间，以及面包和屠宰连、1 个零配件支队、1 个补给营、1 个车辆运输支队组成，有时候也有帝国劳工组织的人员。[416]

6 月底，德国人开始准备沿莫洛杰奇诺—明斯克—斯卢茨克一线建立一组新基地。[417] 到 1941 年 7 月中旬，随着铁路逐渐转换成德国轨距（古德里安的坦克此时已渡过第聂伯河，正攻往斯摩棱斯克及其前方），补给基地再度前移，这次迁往波洛茨克—列佩利—鲍里索夫—博布鲁伊斯克一线。补给仓库的新骨干是第聂伯河补给区，哈尔德和瓦格纳少将打算以此支持装甲力量直指莫斯科的推进。[418]

悬而未决的边境交战

"巴巴罗萨"行动开始后第十八天（7 月 9 日），边境交战即将结束，东线德军沿三个突击方向迅速攻往远处的目标。在阿道夫·希特勒、德军统帅部，各集团军群、集团军和装甲集群司令部看来，他们正赢得一场决定性胜利，这会使德意志帝国成为从英吉利海峡到乌拉尔山脉这片欧洲大陆无可争议的主宰。沿北方集团军群战线，埃里希·赫普纳将军第 4 装甲集群的 6 个快速师（3 个装甲师和 3 个摩托化师）迅速占领立陶宛，6 月 30 日前在西德维纳河下游夺得对岸登陆场。虽说从一开始就受到湖泊、难以逾越的森林和河流的妨碍，但赫普纳的坦克还是隆隆攻往东北方，攻占了 1940 年之前拉脱维亚与苏联边界线上的奥斯特罗夫，7 月 5 日又突破了斯大林防线。几天后，第 41 装甲军冲入普斯科夫，该城位于普斯科夫湖南端，距列宁格勒仅 300 公里。到 1941 年 7 月 10 日，赫普纳已获得最终攻往列宁格勒的所有先决条件（至少他是这样认为的）。[419]

虽然南方集团军群面临的情况更为复杂，但埃瓦尔德·冯·克莱斯特将军的第 1 装甲集群（5 个装甲师和 4 个摩托化师）已深深楔入乌克兰。克莱斯特装甲集群 6 月下旬以一连串坦克战粉碎苏联西南方面军若干机械化军，7 月 6—7 日突破横跨沃伦斯基新城的斯大林防线，7 月 7 日以代价高昂的战斗夺得别尔季切夫，并为攻往基辅和进入东南方的第聂伯河河曲部创造了先决条件。到 7 月 10 日，日托米尔已然陷落，第 3 装甲军先遣部队距离基辅仅 75 公里，正等待落在后方的步兵力量开抵。[420]

中央地带，冯·博克元帅率领的集团军群取得的战果更加令人瞩目。截至对苏战局第十天（7月1日），他的军队已进入苏联境内400多公里[421]，包围并歼灭苏联西方面军数个集团军。到7月9日，红军在别洛斯托克与明斯克之间庞大包围圈里的抵抗终告结束。德国人俘虏数十万红军士兵，还缴获了大量战争物资。在边境地区取得"决定性"胜利后，霍特、古德里安装甲集群的坦克和摩托化步兵向东挺进，攻往西德维纳河—第聂伯河障碍，以及具有战略重要性的斯摩棱斯克门户。他们热切地希望，尔后会全力攻向莫斯科。对中央集团军群的战地指挥官来说，7月是个辉煌的月份：第47装甲军军长莱梅尔森、第24装甲军军长施韦彭堡、第18装甲师师长内林、第3装甲师师长莫德尔都获得骑士铁十字勋章，第3装甲集群司令霍特、第2装甲集群司令古德里安、第39装甲军军长施密特、第8航空军军长里希特霍芬荣膺骑士铁十字勋章橡叶饰。[422]

得意忘形的希特勒1941年7月8日宣布他的最终计划是夺取莫斯科和列宁格勒。他告诉相关军事人员，这些伟大、历史悠久的城市会被"夷为平地"。[423]哈尔德在当天的日记中简洁地指出，此举会使这些城市"不适合居住，这样一来，我们在冬季就不必为居民提供粮食了。德国空军负责夷平这些城市，坦克决不能用于这一目的"[424]同样在7月8日，希特勒指示布劳希奇：不得把新生产的坦克运往东线，因为这些坦克要用于未来的战局；另外，东线各装甲师还要削减人员数量，多出来的车组人员返回德国，为新组建的师训练坦克组员。总之，元首的思维已远远超出"巴巴罗萨"行动。[425]

德国人对他们即将赢得胜利这一点深信不疑。7月底，党卫队旗队长兼保安处高级领导人A. F. 西克斯，率领急于跟随战斗部队前往苏联首都的"莫斯科先遣支队"，来到克鲁格第4装甲集团军指挥所。进入莫斯科后，这位党卫队旗队长和他的部下将接管城内"秘密警察的职责"，同时保护苏联的档案、艺术品、文物和对德国人有用的其他物品。[426]

但在最高指挥层，少数更具思想者开始产生一种模糊的初期不安感。陆军总司令部作战处处长霍伊辛格上校在1941年7月3日写给妻子的信中再次显露出信心，但他补充道："从长远看，这个世界无法容忍侵略战争。"他以这样一种想法或希望自我安慰：历史可能只有短暂的记忆；另外，像"巴巴罗萨"这样的突然袭击"并不罕见"。尽管如此，他还是对目前的事情变得与"上个世纪的人性化"相距甚远而感到不安。他令人吃惊地承认："我们的行为就像古老的成吉思汗。"霍伊辛格还暗示，到达莫斯科、列宁格勒和巴库油田仍需要克服的路程实在"疯狂"。实际上，他7月8日告诉妻子，这使他不敢想象"彻底消除俄国的威胁前，我们还要行进多远"[427]。

第87步兵师师长博吉斯拉夫·冯·施图德尼茨中将远离毛尔森林的陆军总司令部指挥部和东普鲁士的幽暗森林，不过他也产生了类似的不祥预感。1941年7月的大多数时间里，施图德尼茨的师待在战线后方的格罗德诺周边地域，负责收集、登记、汇报散落在整片地区的大量战利品，这项"特殊任务"只会让将军和他的部下恼怒、失望。[428]毕竟战争仍在继续，他们却无缘参与其中。7月中旬的一天，施图德尼茨从他的作战参谋那里得知，一个炮兵连在他和师部所在的那个村庄过夜，于是决定邀请炮兵连连长西格弗里德·克纳佩中尉共进晚餐。战争结束很久后，克纳佩写下了他与师长的这次相遇：

施图德尼茨将军五十来岁，微微有些发福，是一位令人肃然起敬的职业军人，不仅通晓战争艺术，还是个出色的实践者。他是个知识分子，政治和哲学思想家，也是一名热心的阅读者。他非常尊重自己的部下和下属军官。

我走进他的木屋报告道："克纳佩中尉，第187炮兵团第1连连长，将军先生。"

他笑着伸出手说："晚上好，克纳佩，请坐吧。"他指着桌子示意，并挥手让勤务兵给我们斟酒，接着又问道："您那里的情况如何？"

我回答道："一切都很好，将军先生。"

"您的部下士气怎么样？"

"士气非常高。他们都是优秀的军人，表现得很出色。"

"你们的马匹还能支撑得住吗？"

"它们做得很好。只要让它们休息一天，再得到精心照料，它们会做得更好。"

"您的部下和马匹都得到了需要的食物吗？"

"是的，将军先生。补给供应很充足。"

他正在调查他的补给单位工作得怎样。我们是他的部队，他必须用我们来实现他的目标。我如实而又客观地向他汇报了情况。到目前为止，我的部队损失很小，他对此感到高兴。

他看上去有些忧心忡忡。"您如何看待到目前为止的战事？"他问道。

我热情地回答道："太棒了！一切似乎都在按照既定计划进行。"

有那么一刻，他没有回答，他的思绪似乎飘得很远。他终于说道："上次世界大战期间，我在俄国，我经历了俄罗斯的冬天。太野蛮了，与我们经历过的任何情况都不同。冬季即将到来，它很快会来的。我们只占领了这个国家的一小部分，在我们前方是广袤而又空阔的土地，要是我们不能在天气变坏前占领莫斯科，我担心会出大问题。"

显然，他对战事进展的评估并不乐观。我很惊讶，因为到目前为止，我们的进展已经顺利得不能再顺利了，可我知道他是个聪明人，经验丰富，能力超群，于是，我也降低了自己的乐观态度。要是有人偷听到我们的交谈并向纳粹党报告的话，冯·施图德尼茨将军的职业生涯可能就会结束。[429]

当然，大多数人并不具有霍伊辛格、施图德尼茨这些人的冷静思想，尽管他们应该有这种想法，因为东线陆军赢得的"伟大胜利"与看上去的情况并不完全一致。可以肯定，德国军队已取得令人瞩目的领土收益，对苏战局头十八天，古德里安装甲集群的先遣力量以平均每天 30 公里的速度孤军深入。但只有东线中央地区，德国军队遵照"巴巴罗萨"指令赋予他们的任务，在西德维纳河—第聂伯河以西地带成功粉碎并歼灭了苏联战略第一梯队主力。[430]

德军的伤亡虽说只相当于红军损失的一小部分，但也相当惨重。历史学家吕迪格·奥弗曼斯博士 20 世纪 90 年代末对重要的德国战时记录所做的开创性分析称[431]：德国人在战局头九天（6 月 22—30 日）就阵亡 25000 人，地面部队（陆军和武装党卫队）所占的比例超过 90%；7 月间，致命损失以每天 2000 多人的速度累积，损失速度是 1940 年历时六周的法国战局中的两倍多。如果再加上数万名负伤、患病和失踪者，人们就能清楚地看出，东线德军已陷入一场残酷的消耗战。[432]物质损失，特别是德国空军方面，也相当大。到 7

月 5 日，部署在东线的各航空队共失去 491 架飞机（124 架战斗机、196 架轰炸机 / 俯冲轰炸机、171 架侦察机和运输机），他们 6 月 22 日总共有 2250 架可投入战斗的飞机，也就是说，损失已超过 20%[433]，另外还有数百架飞机受到不同程度的损伤。7 月 5 日，第 8 航空军报告，尽管他们已减缓作战行动速度，可还是出现了燃料不足的情况。[434]

　　苏联红军远没有被歼灭，1941 年 7 月初，他们的新锐预备队集团军进入了新防线。随着时间的推移，德军野战兵团的情报机构忙着把新部队添加到苏军战斗序列表中，而据德军空中侦察报告，一列列苏联运兵专列正向西驶往前线。苏联人在战略和战术层面的运作也更加有效（但在战争的战役层面仍远远落后于德国人），当时的许多德方记述证实了这种状况，其中包括第 4 装甲师第 35 装甲团 1941 年 7 月 4 日提交的报告："对敌人的印象：他们是相当顽强、相当英勇的战士，他们的士气没有受到影响。"[435] 前一天（7 月 3 日），在阿布维尔担任最高统帅部法律顾问的年轻律师赫尔穆特·詹姆斯·冯·毛奇伯爵（因为参加德国抵抗组织，1945 年 1 月遭处决），在写给妻子的一封信中透露：

　　我还是不喜欢俄国战争的场面，但今天（我们）发起一场新的大规模进攻（即攻往西德维纳河—第聂伯河一线），也许能取得比第一次战役更具决定性的结果。俄国人的战斗士气和战术领导远远超出所有人的预料，我现在得出结论，我们对俄国的了解受到严重误导，至少我是这样。[436]

　　进入 8 月后，希特勒和他的军事顾问开始意识到并私下承认，他们犯下了灾难性错误，完全低估了红军（特别是整个苏联范围内）的战斗力和再生能力。战局头几日和头几周的兴奋之情渐渐让位于一种根深蒂固的不安：在苏联广袤的土地上，等待他们的会是什么呢？

注释

1. 引自H. Hoth, *Panzer-Operationen*, 110–11。

2. W. Kempowski (Hg.), *Das Echolot*, 174.

3. K.-R. Woche, *Zwischen Pflicht und Gewissen*, 105. 这句诗文用德文表述更佳：Rechts sind Russen, links sind Russen, vorn und hinten wird geschussen。

4. W. Kempowski (Hg.), *Das Echolot*, 223.

5. H. J. Schroeder, "*Erfahrungen deutscher Mannschaftssoldaten waehrend der ersten Phase des Russlandkrieges,*" in: *Zwei Wege nach Moskau*, B. Wegner (Hg.), 313.

6. J. Keegan, *Second World War*, 186.

7. 德国国防军战争罪行处认真收集了苏联人1941年夏季使用禁用弹药的证据，参阅BA-MA RW 2/v. 145, "*Kriegsverbrechen der russischen Wehrmacht 1941*"。关于这个被忽视的，但相当重要的机构的详细历史，可参阅：Alfred M. de Zayas, *The Wehrmacht War Crimes Bureau*, 1939-45. 红军使用达姆弹和开花弹的详情，参见本书第九章"不讲军人情谊：苏联红军的犯罪"一节"使用禁用弹药"小节。

8. 从战争首日起，武装起来的苏联平民（以及逃入森林后脱掉军装参加游击战的红军士兵）就对德国士兵和补给车队实施攻击。历史学家蒂莫西·穆里根提到这样一起事件："1941年6月22日夜幕降临前……进攻中的中央集团军群第7装甲师遭遇武装起来的苏联平民，他们伏击德国车辆和士兵。德国入侵的最初48小时内，该师至少有两名士兵死于游击队之手，另有数人负伤，15名游击队员在战斗中身亡或被就地处决……"T. P. Mulligan, "*Reckoning the Cost of People's War: The German Experience in the Central USSR,*" in: *Russian History/Histoire Russe*, 9, Pt. 1, 27.

9. 参见本书第八章"步兵"一节"战斗"小节，以及第九章"不讲军人情谊：苏联红军的犯罪"一节。

10. W. Knecht, *Geschichte des Infanterie-Regiments 77*, 53–54.

11. K.-R. Woche, *Zwischen Pflicht und Gewissen*, 99–100.

12. W. Kempowski (Hg.), *Das Echolot*, 24–25.

13. E. Wagner, *Tage wie Jahre*, 27–28.

14. Ibid., 28–30.

15. Ibid., 30. 由于瓦格纳在当日战斗中发挥的作用，他被提升为二等兵。瓦格纳在1941年6月23日的多次危机中幸免于难，在东线服役到1945年5月德国投降。战后他被苏联人关押了四年多。

16. *Tagebuch Kreuter*, 24./25.6.41. 克罗伊特尔还写道："到处都在发生这种小规模冲突，主要是在夜间。俄国人的车辆经常加入我们的行军纵队。无论谁发现其他人的存在，都会朝他们的车辆先投掷一颗手榴弹。有时候，我们盘问时，他们会回答道：'别开枪，我们运送的是德国伤员。'"

17. BA-MA RH 27-18/20, *KTB 18. Pz.-Div.*, 24.6.41; BA-MA RH 27-18/34, "*Eine Nacht auf dem Div.Gef. Stand einer Pz.Div.*"

18. 肖沃尔特描述德军1941年8月初在斯摩棱斯克赢得的最终胜利时写道："这是一连串优异表现的顶点，这些表现说明德军装甲力量对敌人取得的战术和战役相对优势，从未超过1941年7月上半月他们朝莫斯科的进军。古德里安称这场进攻进行得犹如训练演习。"D. Showalter, *Hitler's Panzers*, 170–71.

19. E. Mawdsley, *Thunder in the East*, 60.

20. 决策周期，或OODA循环，指的是"一个实体（个人或组织）对一起事件做出反应的过程。这个理念认为，获胜的关键是创造一个环境，在这个环境中，一方可以比他的对手更快地做出恰当的决定。这个概念最初源自博伊德的能量机动理论和他对朝鲜战争中米格机与F-86战机空战的观察。哈里•希拉克（F-16战机首席设计师）谈及OODA理论时说：'时间是主要参数。在最短时间内完成OODA循环的飞行员会占据上风，因为他的对手不得不应对已发生变化的情况。'博伊德认为所有智能生物和组织都要经历与其所处环境相互作用的持续循环。博伊德把这个循环分解成四个相互关联和重叠的过程：观察——通过感官手段收集数据；判断——分析并合成数据，从而形成某方的当前心理视角；决策——基于某方的当前心理视角确定行动方案；行动——决策的实际表现……这个决策周期因而称为OODA循环。博伊德强调，这个决策周期是适应环境（除非被淘汰）的核心机制，因而对生存至关重要"。参见：http://en.wikipedia.org/wiki/John_Boyd。

21. D. M. Glantz, *Barbarossa*, 40.

22. *GSWW*, Vol. IV, 527.

23. 参见1941年6月23—30日的态势图，描绘了每日日终前德军取得的进展，这些态势图收录在K.-J. Thies, *Der Ostfeldzug - Ein Lageatlas*。

24. BA-MA RH 20-4/1199, *KTB AOK 4*, 23.6.41; J. Weal, *Jagdgeschwader 51 'Moelders,'* 58.

25. D. M. Glantz (ed.), *Initial Period of War on the Eastern Front*, 202.

26. BA-MA RH 27-18/20, *KTB 18. Pz.-Div.*, 23.6.41.

27. D. M. Glantz (ed.), *Initial Period of War on the Eastern Front*, 189-90.

28. BA-MA RH 20-4/199, *KTB AOK 4*, 23.6.41.

29. D. M. Glantz, *Zhukov's Greatest Defeat*, 31. 一部出色、相对较新（2001年）的莫德尔传记是Marcel Stein, *Generalfeldmarschall Walter Model, Legende und Wirklichkeit*。

30. 这个村镇位于1号装甲路线上，在科布林以东约50公里处。该镇在地图册上的名称是Kartuska-Bereza，参见K.-J. Thies, *Der Ostfeldzug - Ein Lageatlas*, "Lage am 23.6.1941 abds., Heeresgruppe Mitte"。

31. *Geschichte der 3. Panzer-Division*, Traditionsverband der Division (Hg.), 110-12. 对第3装甲师当日的推进同样生动的描述可参阅H.-J. Roell, *Oberleutnant Albert Blaich, Als Panzerkommandant in Ost und West*, 45-48, 69-72。

32. *Geschichte der 3. Panzer-Division*, Traditionsverband der Division (Hg.), 112; Colonel H. Zobel (ret.), *"3rd Panzer Division Operations,"* in: *Initial Period of War on the Eastern Front*, 242. 措贝尔当时是第6装甲团一名年轻的排长，他回忆道："对苏战争头两天，与主力脱离的敌军士兵给我方非装甲部队和后方梯队造成严重损失。他们躲在行军路线旁实施伏击，只能以激烈的白刃战击败他们。德国士兵此前从未经历过这种类型的战争。"

33. *Geschichte der 3. Panzer-Division*, Traditionsverband der Division (Hg.), 112.

34. Ibid., 112-13.

35. D. M. Glantz (ed.), *Initial Period of War on the Eastern Front*, 205.

36. C. von Luttichau, *Road to Moscow*, VI:39.

37. K.-J. Thies, *Der Ostfeldzug - Ein Lageatlas*, "Lage am 25.6.1941 abds., Heeresgruppe Mitte."

38. D. M. Glantz (ed.), *Initial Period of War on the Eastern Front*, 210.

39. Ibid., 210.

40. *Geschichte der 3. Panzer-Division*, Traditionsverband der Division (Hg.), 112.

41. H.-J. Roell, *Oberleutnant Albert Blaich. Als Panzerkommandant in Ost und West*, 73.

42. P. E. Schramm (Hg.), *Kriegstagebuch des OKW*, Bd. I, 420; K.-J. Thies, *Der Ostfeldzug – Ein Lageatlas*, "Lage am [26.-27.]6.1941 abds., Heeresgruppe Mitte; " R. Kirchubel, *Hitler' s Panzer Armies*, 64; A. Seaton, *The Russo-German War*, 121.

43. BA-MA RH 21-2/927, *KTB Panzergruppe 2*, 28.6.41.

44. 克鲁格一度对古德里安不遵从命令的行为忍无可忍，威胁要把这位装甲兵将领送上军事法庭。参见 R. A. Hart, *Guderian*, 74。

45. A. Seaton, *The Russo-German War*, 121; H. Hoth, *Panzer-Operationen*, 66; K.-J. Thies, *Der Ostfeldzug – Ein Lageatlas*, "Lage am 30.6.41 abds., Heeresgruppe Mitte. "

46. 第3装甲师先遣部队当日凌晨3点到达博布鲁伊斯克郊外。BA-MA RH 27-3/14, *KTB 3. Pz.-Div.*, 28.6.41; P. E. Schramm (Hg.), *Kriegstagebuch des OKW*, Bd. I, 422; K.-J. Thies, *Der Ostfeldzug – Ein Lageatlas*, "Lage am 28.6.41 abds., Heeresgruppe Mitte; " S. H. Newton, *Hitler' s Commander. Field Marshal Walther Model*, 125.

47. BA-MA 27-3/14, *KTB 3. Pz.-Div.*, 29.6.41.

48. 1941年6月30日，第3装甲师攻往第聂伯河，两天后，该师先遣部队逼近罗加乔夫。M. Stein, *Generalfeldmarschall Walter Model*, 238.

49. D. M. Glantz (ed.), *Initial Period of War on the Eastern Front*, 217; P. E. Schramm (Hg.), *Kriegstagebuch des OKW*, Bd. I, 421-22.

50. C. Pleshakov, *Stalin' s Folly*, 144-45.

51. W. Meyer-Detring, *Die 137. Infanterie-Division im Mittelabschnitt der Ostfront*, 32.

52. R. Kirchubel, *Hitler' s Panzer Armies*, 64; P. E. Schramm (Hg.), *Kriegstagebuch des OKW,* Bd. I, 422; K.-J. Thies, *Der Ostfeldzug – Ein Lageatlas*, "Lage am 29.6.1941 abds., Heeresgruppe Mitte; " W. Paul, *Geschichte der 18. Panzer-Division*, 21.

53. 具体说来，苏联第3、第4、第10集团军几乎全部力量，或至少是其残部，以及第13集团军大部，都陷入包围。D. M. Glantz, *Barbarossa Derailed*, Vol. I, 32.

54. H. Guderian, *Panzer Leader*, 161.

55. Ibid., 160.

56. H. Guderian, *Panzer Leader*, 161; H. Hoth, *Panzer-Operationen*, 65-66.

57. H. Guderian, *Panzer Leader*, 160; *GSWW*, Vol. IV, 530; P. E. Schramm (Hg.), *Kriegstagebuch des OKW*, Bd. I, 423-24; H.-A. Jacobsen (Hg.), *Generaloberst Halder Kriegstagebuch*, Bd. III, 26-29. 哈尔德在1941年6月30日的日记中指出，空中侦察发现敌人正在维捷布斯克与奥尔沙之间匆匆构设防坦克障碍。

58. H. Magenheimer, *Moskau 1941*, 40.

59. C. von Luttichau, *Road to Moscow*, VI:52-53.

60. BA-MA MSg 1/1147: *Tagebuch Lemelsen*, 1.7.41.

61. W. K. Nehring, "*Die 18. Panzerdivision 1941*, " in: *Deutscher Soldatenkalender 1961*, 194–96. 据第18装甲师作战日志称，该先遣支队编有第18装甲团第2营、第52步兵团第1营、两个摩托车连和第88炮兵团一个连。BA-MA RH 27-18/20, *KTB 18. Pz.-Div.*, 1.7.41.

62. BA-MA RH 27-18/20, *KTB 18. Pz.-Div.*, 1.7.41; C. von Luttichau, *Road to Moscow*, VI:53.

63. BA-MA RH 27-18/20, *KTB 18. Pz.-Div.*, 1.7.41.

64. Ibid. 另见W. Paul, *Geschichte der 18. Pz.-Div.*, 23-26。

65. 这场转隶1941年6月23日24点生效。与此同时，为6月22日的突破行动调拨给霍特的第5、第6军返回第9集团军建制。BA-MA RH 21-3/788, *KTB Panzergruppe 3*, 23.6.41.

66. H. Hoth, *Panzer-Operationen*, 56.

67. H. Hoth, *Panzer-Operationen*, 56; BA-MA RH 21-3/732, "*Gefechtsberichte Russland 1941/42.* "

68. 这些空军车辆属于航空兵上将冯·里希特霍芬的第8航空军，它们与第3装甲集群的坦克混杂在寥寥无几的可用道路上。据第3装甲集群的官方报告称，空军车队由3000辆卡车组成。BA-MA RH 21-3/732, "*Gefechtsberichte Russland 1941/42.* "

69. A. Seaton, *The Russo-German War*, 118. 当然，这里的"快速"是个非常相对的术语！

70. BA-MA RH 27-7/46, *KTB 7. Pz.-Div.*, 23.6.41; BA-MA RH 21-3/732, "*Gefechtsberichte Russland 1941/42;* " H.Hoth, *Panzer-Operationen*, 58; R.H.S. Stolfi, *German Panzers on the Offensive*, 16-17; J. Erickson, *The Road to Stalingrad*, 134-35.

71. BA-MA RH 27-7/46, *KTB 7. Pz.-Div.*, 24.6.41; K.-R. Woche, *Zwischen Pflicht und Gewissen*, 102; H. Hoth, *Panzer-Operationen*, 60.

72. R. Hinze, Hitze, *Frost und Pulverdampf. Der Schicksalsweg der 20. Panzer-Division*, 28-29.

73. H. Martin, *Weit war der Weg*, 16-17.

74. D. M. Glantz, *Barbarossa*, 40.

75. D. M. Glantz, *Barbarossa*, 39-40; A. Seaton, *The Russo-German War*, 119-20.

76. W. Haupt, *Sturm auf Moskau 1941*, 25.

77. BA-MA RH 21-3/788, *KTB Panzergruppe 3*, 24.6.41.

78. *GSWW*, Vol. IV, 527; BA-MA RH 21-3/732, "*Gefechtsberichte Russland 1941/42;* " H. Hoth, *Panzer-Operationen*, 61-62; P. E. Schramm (Hg.), *Kriegstagebuch des OKW*, Bd. I, 418-19.

79. H. Hoth, *Panzer-Operationen*, 62.

80. H. Hoth, *Panzer-Operationen*, 62; C. von Luttichau, *Road to Moscow*, VI:30-31; H.-A. Jacobsen (Hg.), *Generaloberst Halder Kriegstagebuch*, Bd. III, 13.

81. C. von Luttichau, *Road to Moscow*, VI:34; K.-J. Thies, *Der Ostfeldzug – Ein Lageatlas*, "Lage am [24.-27.]6.1941 abds., Heeresgruppe Mitte; " BA-MA RH 21-3/732, "*Gefechtsberichte Russland 1941/42.* "

82. BA-MA RH 27-7/46, *KTB 7. Pz.-Div.*, 26.6.41.

83. "*Der Luftkrieg im Osten gegen Russland 1941. (Aus einer Studie der 8. Abteilung 1943/1944.),*" KDC.

84. R.H.S. Stolfi, *German Panzers on the Offensive*, 17–18; BA–MA RH 27–7/46, *KTB 7. Pz.-Div.*, 25.6.41; BA–MA RH 21–3/732, "*Gefechtsberichte Russland 1941/42*;" H. v. Manteuffel, *Die 7. Panzer-Division, 1935–1945*, 54; K.–R. Woche, *Zwischen Pflicht und Gewissen*, 104; C. von Luttichau, *Road to Moscow*, VI:37.

85. C. von Luttichau, *Road to Moscow*, VI:37; D. M. Glantz (ed.), *Initial Period of War on the Eastern Front*, 215–16.

86. BA–MA RH 27–7/46, *KTB 7. Pz.-Div.*, 26.6.41.

87. 关于斯大林防线的详情，可参阅本书第四章"最终战略规划：失败和错误的设想"一节。

88. K.–R. Woche, *Zwischen Pflicht und Gewissen*, 104; BA–MA RH 21–3/788, *KTB Panzergruppe 3*, 28.6.41.

89. BA–MA RH 21–3/788, *KTB Panzergruppe 3*, 28.6.41.

90. K.–J. Thies, *Der Ostfeldzug – Ein Lageatlas*, "Lage am [26.–28.]6.1941 abds., Heeresgruppe Mitte."

91. 在明斯克，第12装甲师攻占该城后不久，其辖内部队就与"恐怖组织"展开战斗。第20装甲师在第12装甲师之后进入该城，在明斯克城内及周边与脱掉军装换上便衣的苏军士兵和当地平民展开战斗。BA–MA RH 21–3/788, *KTB Panzergruppe 3*, 28.–29.6.41; R. Hinze, Hitze, *Frost und Pulverdampf. Der Schicksalsweg der 20. Panzer-Division*, 33.

92. BA–MA RH 21–3/788, *KTB Panzergruppe 3*, 28.6.41.

93. BA–MA RH 21–3/788, *KTB Panzergruppe 3*, 28.6.41; BA–MA RH 21–3/732, "*Gefechtsberichte Russland 1941/42*;" F. Kurowski (Hg.), *Hasso von Manteuffel*, 213. 据一份未经证实的资料称，一列燃烧的装甲列车发生爆炸，罗滕堡负伤。次日（6月29日），一支德军巡逻队发现了他的尸体。

94. R. Hinze, Hitze, *Frost und Pulverdampf. Der Schicksalsweg der 20. Panzer-Division*, 32.

95. BA–MA 21–3/788, *KTB Panzergruppe 3*, 30.6.41; P. E. Schramm (Hg.), *Kriegstagebuch des OKW*, Bd. I , 422.

96. BA–MA RH 21–3/732, "*Gefechtsberichte Russland 1941/42*;" C. von Luttichau, *Road to Moscow*, VI:49; K.–J. Thies, *Der Ostfeldzug – Ein Lageatlas*, "Lage am 28.6.1941 abds., Heeresgruppe Mitte."

97. K.–J. Thies, *Der Ostfeldzug – Ein Lageatlas*, "Lage am [29.6.–2.7.] 1941 abds., Heeresgruppe Mitte."

98. 前美国陆军上校罗伯特•基尔库贝尔写道："他们这场会晤的表面理由是协调克服别列津纳河障碍的行动，但这次会晤也有其密谋的一面，两人一致同意重新向东攻击前进，而不是容忍上级指挥部门给他们这场进军造成延误。" R. Kirchubel, *Hitler's Panzer Armies*, 65. 另可参阅R. A. Hart, *Guderian*, 74。

99. *GSWW*, Vol. IV, 527.

100. C. von Luttichau, *Road to Moscow*, VI:49; K.–J. Thies, *Der Ostfeldzug – Ein Lageatlas*,

"Lage am 29.6.1941 abds., Heeresgruppe Mitte."

101. 例如，中央集团军群6月30日晚发给第3装甲集群的电报中称，两个装甲集群的主要任务是与诸步兵集团军紧密配合，继续紧紧困住敌军。BA-MA RH 21-3/788, *KTB Panzergruppe 3*, 30.6.41.

102. S. H. Newton, *Hitler's Commander. Field Marshal Walther Model*, 124.

103. C. von Luttichau, *Road to Moscow*, VI:32; K.-J. Thies, *Der Ostfeldzug – Ein Lageatlas*, "Lage am 28.6.1941 abds., Heeresgruppe Mitte."

104. E. Mawdsley, *Thunder in the East*, 62; K.-J. Thies, *Der Ostfeldzug – Ein Lageatlas*, "*Aufmarsch am 21.6.1941 abds., Heeresgruppe Mitte.*" 另可参阅"*Western Military District, Soviet Dispositions, 21 June 1941 [Map] 49,*" in: D. M. Glantz, *Atlas and Operational Summary. The Border Battles*。

105. 德国老兵对这场战斗的记述参见上文（本章"一场新型战争"一节）。

106. D. M. Glantz (ed.), *Initial Period of War on the Eastern Front*, 202-03; BA-MA RH 20-4/1199, *KTB AOK 4*, 23.6.41; K.-J. Thies, *Der Ostfeldzug – Ein Lageatlas*, "Lage am 23.6.1941 abds., Heeresgruppe Mitte."

107. 1941年6月23日，第6步兵师仍隶属霍特装甲集群，但当日午夜，该师转隶第9集团军。BA-MA RH 21-3/788, *KTB Panzergruppe 3*, 23.6.41.

108. BA-MA RH 26-6/8, *KTB 6. Inf.-Div.*, 23.6.41; E.-M. Rhein, *Das Infanterie-Regiment 18*, 53. "VA" = Vorausabteilung.

109. *Tagebuch Haape*, 23.6.41.

110. *Tagebuch Lierow*, 23.6.41 (unpublished diary).

111. E.-M. Rhein, *Das Infanterie-Regiment 18*, 55.

112. KTB 9 AOK, 引自C. von Luttichau, *Road to Moscow*, VI:33。

113. K.-J. Thies, *Der Ostfeldzug – Ein Lageatlas*, "Lage am 24.6.1941 abds., Heeresgruppe Mitte."

114. D. M. Glantz (ed.), *Initial Period of War on the Eastern Front*, 191.

115. C. von Luttichau, *Road to Moscow*, VI:35; R. Kirchubel, *Operation Barbarossa 1941 (3), Army Group Center*, 36.

116. 德国第8军一部也卷入这场激战。博克在1941年6月24日的日记中写道："苏军在格罗德诺附近对第8和第20军展开猛烈反突击。"次日（6月25日）他又写道："第8和第20军面临严重危机。"K. Gerbet (ed.), *GFM Fedor von Bock, The War Diary*, 226-27.

117. C. von Luttichau, *Road to Moscow*, VI:35.

118. BA-MA RH 26-256/12, *KTB 256. Inf.-Div.*, 24.6.41.

119. 第129步兵师当日清晨7点左右转隶第20军。BA-MA RH 26-129/3, *KTB 129.Inf.-Div.*, 25.6.41.

120. C. von Luttichau, *Road to Moscow*, VI:36.

121. BA-MA RH 26-256/12, *KTB 256. Inf.-Div.*, 25.6.41.

122. A. Werth, *Russia at War*, 155.

123. D. M. Glantz, *Barbarossa*, 40; R. Kirchubel, *Operation Barbarossa 1941 (3), Army Group*

Center, 37; C. von Luttichau, *Road to Moscow*, VI:36–37.

124. C. von Luttichau, *Road to Moscow*, VI:36; A. Werth, Russia at War, 155.

125. D. M. Glantz (ed.), *Initial Period of War on the Eastern Front*, 217.

126. K.-J. Thies, *Der Ostfeldzug － Ein Lageatlas*, "Lage am 26.6.1941 abds., Heeresgruppe Mitte."

127. BA-MA RH 20-4/1199, *KTB AOK 4*, 25.6.41; P. E. Schramm (Hg.), *Kriegstagebuch des OKW*, Bd. I , 420.

128. BA-MA RH 20-4/1199, *KTB AOK 4*, 25.6.41.

129. C. von Luttichau, *Road to Moscow*, VI:41.

130. 1941年6月25日18点50分，中央集团军群通知第4集团军：陆军总司令部命令"第4、第9集团军包围并歼灭别洛斯托克—沃尔科维斯克周围的敌重兵集团"；第4集团军应以其右翼大力推进，朝莫斯特这个总方向跨过从斯洛尼姆以西到沃尔科维斯克一线，并同施特劳斯第9集团军会合。克鲁格似乎预料到了陆军总司令部的指令，已于18点下达他的集团军作战令。BA-MA RH 20-4/1199, *KTB AOK 4*, 25.6.41.

131. 1941年6月27日中午，第12军重新回到克鲁格第4集团军战斗序列。BA-MA RH 21-2/927, *KTB Panzergruppe 2*, 27.6.41.

132. K.-J. Thies, *Der Ostfeldzug － Ein Lageatlas*, "Lage am 25.6.1941 abds., Heeresgruppe Mitte; " C. von Luttichau, *Road to Moscow*, VI:42; BA-MA RH 20-4/1199, *KTB AOK 4*, 25.6.41.

133. C. von Luttichau, *Road to Moscow*, VI:41; BA-MA RH 20-4/1199, *KTB AOK 4*, 30.6.41.

134. C. von Luttichau, *Road to Moscow*, VI:43.

135. K. Gerbet (ed.), *GFM Fedor von Bock, The War Diary*, 228.

136. Sold. S.K. (16 120 C), *Collection BfZ*.

137. Wm. Josef L. (22 633 C), *Collection BfZ*.

138. E.-M. Rhein, *Das Infanterie-Regiment 18*, 58.

139. Ibid., 58.

140. 1941年6月26日，第29摩托化步兵师转隶第4集团军。两天后（6月28日），克鲁格接手指挥第10装甲师部分力量。这两个转隶都是暂时的。K. Gerbet (ed.), *GFM Fedor von Bock, The War Diary*, 228, 231.

141. BA-MA RH 20-4/1199, *KTB AOK 4*, 26.6.41.

142. C. von Luttichau, *Road to Moscow*, VI:43; K. Gerbet (ed.), *GFM Fedor von Bock, The War Diary*, 230.

143. BA-MA RH 20-4/1199, *KTB AOK 4*, 26.6.41.

144. BA-MA RH 20-4/1199, *KTB AOK 4*, 25.6.41; C. von Luttichau, *Road to Moscow*, VI:43-44.

145. 第4集团军作战日志指出："当日的特点是苏军不断对集团军北部防线发起猛烈冲击。"BA-MA RH 20-4/1199, *KTB AOK 4*, 27.6.41.

146. C. von Luttichau, *Road to Moscow*, VI:44.

147. BA-MA RH 20-4/1199, *KTB AOK 4*, 28.6.41.

148. K. Gerbet (ed.), *GFM Fedor von Bock, The War Diary*, 231.

149. C. Burdick & H.-A. Jacobsen (eds.), *The Halder Diary 1939-1942*, 426-32.

150. BA-MA RH 20-4/1199, *KTB AOK 4*, 28.6.41.

151. 到1941年6月27日，施特劳斯麾下第20、第8、第5军（从左至右）悉数向南进击。第9集团军编成内的第6军位于奥利塔东面的最左翼，没有参加这场行动。K.-J. Thies, *Der Ostfeldzug – Ein Lageatlas*, "Lage am 27.6.1941 abds., Heeresgruppe Mitte."

152. "*Tagesmeldungen der Operations-Abteilung des GenStdH*," in: P. E. Schramm (Hg.), *Kriegstagebuch des OKW*, Bd. I , 497; K.-J. Thies, *Der Ostfeldzug – Ein Lageatlas*, "Lage am 27.6.1941 abds., Heeresgruppe Mitte."

153. D. M. Glantz (ed.), *Initial Period of War on the Eastern Front*, 217.

154. P. E. Schramm (Hg.), *Kriegstagebuch des OKW*, Bd. I , 421; K.-J. Thies, *Der Ostfeldzug – Ein Lageatlas*, "Lage am 27.6.1941 abds., Heeresgruppe Mitte."

155. D. M. Glantz (ed.), *Initial Period of War on the Eastern Front*, 217-18; BA-MA RH 20-4/1199, *KTB AOK 4*, 26.6.41.

156. "*Tagesmeldungen der Operations-Abteilung des GenStdH*," in: P. E. Schramm (Hg.), *Kriegstagebuch des OKW*, Bd. I , 499.

157. BA-MA 26-137/4, *KTB 137. Inf.-Div.*, 28.6.41.

158. W. Meyer-Detring, *Die 137. Infanterie-Division im Mittelabschnitt der Ostfront*, 28.

159. 哈尔德在日记中写道："（中央集团军群）作战地域内，合围对内正面目前正在别洛斯托克东面封闭。"C. Burdick & H.-A. Jacobsen (eds.), *The Halder Diary 1939-1942*, 430. 艾伯特•西顿说："6月28日黄昏，施特劳斯第9集团军与冯•克鲁格第4集团军的步兵已在较短的包围圈上会合，并把别洛斯托克口袋与东面更大的新格鲁多克口袋彻底隔开。"A. Seaton, *The Russo-German War*, 123. 但德国陆军总参谋部作战处的每日报告称，第4、第9集团军辖内部队直到次日（6月29）才取得会合并有效封闭包围圈。"*Tagesmeldungen der Operations-Abteilung des GenStdH*," in: P. E. Schramm (Hg.), *Kriegstagebuch des OKW*, Bd. I , 500.

160. D. M. Glantz (ed.), *Initial Period of War on the Eastern Front*, 222; B. Taylor, *Barbarossa to Berlin*, 51.

161. 维尔纳•豪普特列举了参加肃清别洛斯托克—沃尔科维斯克包围圈的几个德国步兵师遭受的损失，但没有标明时间：第78步兵师340人，第292步兵师550人，第263步兵师650人，第137步兵师700人。W. Haupt, *Sturm auf Moskau 1941*, 31.

162. P. Carell, *Hitler Moves East*, 49; C. von Luttichau, *Road to Moscow*, VI:45; BA-MA RH 26-29/15, "*Bericht ueber die Gefechtshandlungen der 29. Div. (mot.) am 29. u. 30.6.41.*"

163. BA-MA RH 26-29/15, "*Feindnachrichtenblatt als Anlage zum Gefechtsbericht der 29. Division fuer 29./30.6.41.*"

164. 这些细节大多摘自BA-MA RH 26-29/15, "*Bericht ueber die Gefechtshandlungen der 29. Div. (mot.) am 29. u. 30.6.41.*"这份报告由冯•博尔滕施泰因将军亲自撰写，日期为1941年7月1日。关于1941年6月27日到29日的战斗几乎详细到每分钟的记述，参阅BA-MA RH 26-29/6, *KTB 29. Inf.-Div. (mot.)*, 27.-30.6.41。

165. C. von Luttichau, *Road to Moscow*, VI:46.

166. P. Carell, *Hitler Moves East*, 50.

167. Ibid., 50.

168. H. Guderian, *Panzer Leader,* 161.

169. 第29摩步师的作战日志仅仅指出战斗中"损失"47名军官。BA-MA RH 26-29/6, *KTB 29. Inf.-Div. (mot.)*, 1.7.41. 第47装甲军军长莱梅尔森将军也在他的私人日记中称，该师在泽尔瓦附近的防御作战中遭受"严重损失"，其中包括47名军官。他在1941年7月1日痛苦地写道："掩护侧翼，以便让各装甲师继续前进，实在是一项费力不讨好的任务。"BA-MA MSg 1/1147: *Tagebuch Lemelsen*, 1.7.41.

170. C. von Luttichau, *Road to Moscow*, VI:46-47.

171. Ibid., VI:47-48.

172. Ibid., VI:48.

173. 此时，克鲁格已决定结束耗费时间、代价高昂的行动，他命令麾下各军有条不紊地扫荡森林并肃清敌人。参见BA-MA RH 20-4/1199, *KTB AOK 4*, 28.6.41。

174. P. E. Schramm (Hg.), *Kriegstagebuch des OKW*, Bd. I , 423.

175. D. M. Glantz (ed.), *Initial Period of War on the Eastern Front*, 223. 关于中央集团军群战线1941年6月30日的整体态势，可参阅K.-J. Thies, *Der Ostfeldzug – Ein Lageatlas*, "Lage am 30.6.1941 abds., Heeresgruppe Mitte"。关于被困在从别洛斯托克到明斯克若干包围圈内的苏军部队的情况，可参阅"*Western Front Situation, 2300 hrs, 30 June 1941 [Map] 108,*" in: D. M. Glantz (ed.), *Atlas and Operational Summary. The Border Battles*。

176. C. von Luttichau, *Road to Moscow*, VI:48.

177. *Feldpost*, W. Heinemann, 25.6.41 (unpublished field post letter).

178. Ibid., 30.6.41.

179. 参阅网站http://www.lexikon-der-wehrmacht.de。

180. "*Abschrift aus dem Kriegstagebuch der AA 35*"(35 ID)，引自G. Bopp, *Kriegstagebuch*, 83。

181. R. Kirchubel, *Operation Barbarossa 1941 (3), Army Group Center*, 44; BA-MA RH 20-4/192, "*Gefechtsbericht ueber die Wegnahme von Brest Litowsk.*"

182. R. J. Kershaw, *War Without Garlands*, 78; BA-MA RH 26-45/20, *KTB 45. Inf.-Div.*, 29.6.41; Dr R. Gschoepf, *Mein Weg mit der 45. Inf.-Div.*, 225.

183. 这一段的大部分内容改编自Robert J. Kershaw, *War Without Garlands*, 78。另可参阅 BA-MA RH 26-45/20, *KTB 45. Inf.-Div.*, 29.6.41，以及Dr R. Gschoepf, *Mein Weg mit der 45. Inf.-Div.*, 225。

184. C. Bellamy, *Absolute War*, 187.

185. R. J. Kershaw, *War Without Garlands*, 78; BA-MA RH 20-4/192, "*Gefechtsbericht ueber die Wegnahme von Brest Litowsk.*"

186. 德军损失人数摘自该师战后报告。BA-MA RH 20- 4/192, "*Gefechtsbericht ueber die Wegnahme von Brest Litowsk.*"据该师神父鲁道夫·克舍普夫称，截至6月底，该师阵亡482人，负伤约1000人。Dr R. Gschoepf, *Mein Weg mit der 45. Inf.-Div.*, 225。

187. C. von Luttichau, *Road to Moscow*, VI:49.

188. Dr R. Gschoepf, *Mein Weg mit der 45. Inf.-Div.*, 225.

189. D. Irving, *Hitler's War*, 274; N. von Below, *At Hitler's Side*, 104-05; K.-J. Thies, *Der Ostfeldzug – Ein Lageatlas*, vii.

190. K.-J. Thies, *Der Ostfeldzug – Ein Lageatlas*, vii-ix；C. von Luttichau, *Road to Moscow*, VI:27; C. Schroeder, *Er war mein Chef*, 111.

191. E. F. Ziemke & M. E. Bauer, *Moscow to Stalingrad*, 4.

192. G. P. Megargee, *Inside Hitler's High Command*, 149.

193. 格赖纳这封信写于1941年6月27日，引自*Adolf Hitler: The Medical Diaries. The Private Diaries of Dr Theo Morell*, D. Irving (ed.), 81。历史学家杰弗里·梅加吉详细阐述了格赖纳的说法："在承担大部分工作的混凝土暗堡里，潮湿是个特殊问题。由于松树林十分茂密、窗户非常狭小，各个狭窄的房间几乎照不到阳光。另外，通风系统喧闹不已。出于这些原因，参谋人员更愿意在营地的木制营房里生活、工作。"G. P. Megargee, *Inside Hitler's High Command*, 149.

194. C. Schroeder, *Er war mein Chef*, 111-112.

195. G. P. Megargee, *Inside Hitler's High Command*, 148-49.

196. C. von Luttichau, *Road to Moscow*, VI:27-28.

197. N. von Below, *At Hitler's Side*, 105.

198. 施罗德回忆："俄国战局初期阶段，希特勒几乎总是保持着良好的幽默感，喜欢开玩笑。"C. Schroeder, *Er war mein Chef*, 112.

199. G. L. Weinberg, *A World at Arms*, 264. 戈林的副手埃哈德·米尔希元帅在日记中写道，6月22日击毁1800架苏军战机，6月23日消灭800架，24日消灭557架，25日击毁351架，26日消灭300架。W. Murray, *Strategy for Defeat*, 82.

200. I. Kershaw, *Hitler 1936-45: Nemesis*, 398.

201. D. Irving, *Hitler's War*, 282.

202. "*Sonderakte, 4. Juli 1941*," in: P. E. Schramm (Hg.), *Kriegstagebuch des OKW*, Bd. I , 1020.

203. D. Irving (ed.), *Adolf Hitler: The Medical Diaries. The Private Diaries of Dr Theo Morell*, 82.

204. H. Meier-Welcker, *Aufzeichnungen*, 19, 121. 迈尔-韦尔克一直在克鲁格第4集团军担任参谋，1941年5月调到第251步兵师，该师当时隶属北方集团军群。

205. Ibid., 19, 121.

206. A. Seaton, *The Russo-German War*, 122. 另可参阅K. Gerbet (ed.), *GFM Fedor von Bock, The War Diary*, 226-27。

207. H.-A. Jacobsen (Hg.), *Generaloberst Halder Kriegstagebuch*, Bd. III , 9-15, 18-21, 24-30, 33-40.

208. G. Meyer, *Adolf Heusinger*, 151-52.

209. H.-A. Jacobsen (Hg.), *Generaloberst Halder Kriegstagebuch*, Bd. III , 11.

210. H.-A. Jacobsen (Hg.), *Generaloberst Halder Kriegstagebuch*, Bd. III , 23. 德国陆军1941年6月22—30日在东线的总损失数收录于哈尔德1941年7月3日的日记。据哈尔德称，总伤亡数为41087人，其

462

中524名军官、8362名军士和士兵阵亡，966名军官、28528名军士和士兵负伤（这里没有提及失踪人数，据哈尔德计算，失踪者肯定不到3000人）。Ibid., 40. 但按照吕迪格·奥弗曼的详尽分析，德国人的实际损失比这高得多。他认为截至1941年6月30日，德国人在东部共阵亡2.5万人，其中90%隶属东线陆军，几乎是哈尔德所说的数字（即便把3000名失踪者加入阵亡人数）的两倍。R. Overmans, *Deutsche militaerische Verluste im Zweiten Weltkrieg*, 277.

211. *Wehrmachtbericht*, 2.7.41, 引自R. G. Reuth, *Hitler*, 524.

212. C. Burdick & H.-A. Jacobsen (eds.), *The Halder Diary 1939–1942*, 446–47.

213. GSWW, Vol. Ⅳ, 569; "*Sonderakte, 29. Juni 1941*, " in: P. E. Schramm (Hg.), *Kriegstagebuch des OKW*, Bd. Ⅰ, 1019–20.

214. 1941年，顿巴斯（顿涅茨盆地）出产苏联60%的煤和75%的焦炭，以及30%的熟铁和20%的钢。A. Seaton, *The Russo-German War*, 193.

215. *GSWW*, Vol. Ⅳ, 569; "*Sonderakte, 4. Juli 1941*, " in: P. E. Schramm (Hg.), *Kriegstagebuch des OKW*, Bd. Ⅰ, 1020.

216. 德国陆军总参谋部1941年5月发表的一份研究报告称："实施军事行动的最佳时期是8月和9月。" Generalstab des Heeres, "*Militaergeographische Angaben ueber das Europaeische Russland, Zentral-Russland (ohne Moskau)*", 引自J. Piekalkiewicz, *Schlacht um Moskau*, 12。

217. H. S. Orenstein (ed.), *Soviet Documents on the Use of War Experience*, Vol. Ⅰ, *The Initial Period of War 1941*, vii.

218. D. M. Glantz, *Barbarossa*, 74.

219. Ibid., 59.

220. D. Volkogonov, "*The German Attack, the Soviet Response, Sunday, 22 June 1941*, " in: *Barbarossa, The Axis and the Allies, J. Erickson & D. Dilks (eds.)*, 92.

221. R. Overy, *Russia's War*, 80.

222. B. S. Telpuchowski, *Die sowjetische Geschichte des Grossen Vaterlaendischen Krieges, 1941–1945*, 50–52; *History of the Great Patriotic War of the Soviet Union 1941–1945*, Vol. Ⅱ, 230.

223. D. M. Glantz, *Barbarossa Derailed*, Vol. Ⅰ, 579; *GSWW*, Vol.Ⅳ, 839; W. S. Dunn, Jr., *Stalin's Keys to Victory*, 63–75; D. M. Glantz, *Barbarossa*, 68.

224. W. Murray & A. R. Millett, *A War to be Won*, 125.

225. D. M. Glantz & J. House, *When Titans Clashed*, 67–68.

226. D. M. Glantz, *Red Army Ground Forces*, 36. 戴维·格兰茨认为："（苏联的）动员体系和由此组建的新锐力量存在严重缺陷。这个体系征召了大量人员，使许多现有兵团的实力接近满编，但没能提供让新兵团有效运作并在战斗中生存下来的装备和支援机构。与计划相反，民用经济没能提供运输车辆、拖车和马匹，结果，后勤部队无法运送重武器，也不能给各兵团补充他们急需的燃料、弹药和口粮……动员和运输困难导致战略预备队以零零碎碎的方式投入战区。这一点，加之德军快速的后续推进，导致苏联战略预备队据守的绵亘防线一再被敌人各个击破。许多档案文件强调，大本营最初沿第聂伯河一线投入的预备队集团军缺乏准备。" Ibid., 36.

227. 完成这项疏散任务需要近150万节铁路车厢。D. M. Glantz, *Barbarossa*, 72–73.

228. Ibid., 73.

229. 截至1941年10月，德国占领地区需要2500个火车头和20万节车厢才能满足前线的需要。K. Reinhardt, *Moscow – The Turning Point*, 147.

230. 克劳斯•莱因哈特指出：" （苏联）军事工业这种即兴转移完全出乎德国人意料，这是导致德国军备工业无力履行其订单的决定性因素，因为新生产计划中相当大的份额会在被占领土上生产……"Ibid., 32.

231. D. M. Glantz, *Barbarossa*, 73-74; K. Reinhardt, *Moscow – The Turning Point*, 32.

232. D. M. Glantz, *Red Army Ground Forces*, 47.

233. D. M. Glantz, *Barbarossa*, 60. 格兰茨写道：" 最高统帅部大本营的职责包括评估政治和战略态势，做出战略和战役级决策，组建军队集群并协调方面军群、方面军、野战集团军和游击力量的作战行动。最高统帅部大本营指导战略预备队的组建和训练，为武装部队提供物质和技术支持，并解决与军事行动有关的一切问题。"

234. S. M. Shtemenko, *The Soviet General Staff at War*, Book One, 37.

235. E. F. Ziemke & M. E. Bauer, *Moscow to Stalingrad*, 25.

236. E. F. Ziemke & M. E. Bauer, *Moscow to Stalingrad*, 30; *GSWW*, Vol. IV, 836-37.

237. G. Roberts, *Stalin' s Wars*, 95.

238. Ibid., 95.

239. G. Roberts, *Stalin' s Wars*, 95; D. M. Glantz, *Barbarossa*, 60.

240. 国防人民委员部1941年6月22日前就已经存在。

241. G. Roberts, *Stalin' s Wars*, 95.

242. B. Taylor, *Barbarossa to Berlin*, 31-32.

243. G. Roberts, *Stalin' s Wars*, 97; W. J. Spahr, *Zhukov*, 57; *GSWW*, Vol. IV, 836-37.

244. 引自D. A. Volkogonov, "*Stalin as Supreme Commander,* " in: *From Peace to War*, B. Wegner (ed.), 468。

245. 对斯大林军事领导人这一身份的深刻分析，参阅D. A. Volkogonov, "*Stalin as Supreme Commander,* " in: *From Peace to War*, B. Wegner (ed.), 463-478。例如，沃尔科戈诺夫指出："斯大林惯于操纵民众的命运，往往不考虑他所做的决定的后果……他们是群众，他是领导人。他确信整个历史一向如此，而且永远都是这样。我读过四年战争期间斯大林作出的指示和签署的数千份作战文件，可我从来没有找到一份文件表明他刻意减少可能的生命损失，避免把他的士兵投入毫无准备的进攻，或担心同胞的生命安全。"（第470页）可正如G. K. 朱可夫所写的那样，斯大林格勒战役结束后，斯大林"这个业余军事爱好者确实逐渐学会了出色应对更大的战略问题"（第473页）。

246. 政治局委员、国防委员会成员A. I. 米高扬的儿子斯捷潘•A.米高扬说："斯大林的权力在战争期间无与伦比。"尽管他在军事方面犯下许多错误，可"绝大多数人并没有把灾难与他个人联系起来，而且绝对信任他。也许有人认为，虽然苏联的极权主义政治制度应当受到谴责，但它在战时的确提供了某些优势"。S. A. Mikoyan, "*Barbarossa and the Soviet Leadership,* " in: *Barbarossa, The Axis and the Allies*, J. Erickson & D. Dilks (eds.), 128-29.

247. 康斯坦丁•普列沙科夫指出："事实证明，1941年6月的通信中断具有真正的致命性，可能有助于解释失败的程度及其绝对、猝发、不可收拾性。"C. Pleshakov, *Stalin' s Folly*, 215.

248. 读者应该记得，1941年6月22日晚，斯大林颁发第3号指令，要求军队沿整条战线发起一场全面反攻。斯大林此时仍希望沿前线恢复秩序后成功征服东普鲁士和波兰。Ibid., 128-29.

249. *Congressional Record*, 84th Congress, 2nd sess., 4 June 1956, p. 9395. 引自E. F. Ziemke, *The Red Army 1918-1941*, 276。

250. E. Mawdsley, *Thunder in the East*, 63.

251. C. Pleshakov, *Stalin's Folly*, 155.

252. 斯大林6月22日命令朱可夫飞赴西南方面军司令部，协助监督并指导该方面军的作战行动。G. K. Zhukov, "*The Beginning of the War*," in: *Soviet Generals Recall World War II*, I. Vitukhin (ed.), 16.

253. E. F. Ziemke, *The Red Army 1918-1941*, 279. 叶廖缅科将军接替巴甫洛夫担任西方面军司令员，但1941年7月初，铁木辛哥元帅又替换了叶廖缅科。W. J. Spahr, *Zhukov*, 54.

254. *Battles Hitler Lost and the Soviet Marshalls Who Won Them*, 44-45.

255. *Battles Hitler Lost and the Soviet Marshalls Who Won Them*, 45; C. Pleshakov, *Stalin's Folly*, 187-88.

256. C. Pleshakov, *Stalin's Folly*, 212.

257. Ibid., 212-13.

258. Ibid., 213-14.

259. E. Mawdsley, *Thunder in the East*, 64.

260. C. Pleshakov, Stalin's Folly, 219-20; E. Mawdsley, *Thunder in the East*, 63-64; C. Winchester, *Hitler's War on Russia*, 52; S. A. Mikoyan, "*Barbarossa and the Soviet Leadership*," in: *Barbarossa, The Axis and the Allies*, J. Erickson & D. Dilks (eds.), 127-28.

261. I. Kershaw, *Fateful Choices*, 288.

262. H. Magenheimer, *Hitler's War*, 101; D. Volkogonov, *Stalin*, 412-13; I. Kershaw, *Fateful Choices*, 288-89. 会晤保加利亚大使伊万·斯梅塔诺夫的是内务人民委员部情报处副处长帕维尔·苏多普拉托夫将军。这位大使可能只是告诉了苏多普拉托夫将军他认为对方想听的东西，他说从长远看，苏联人会击败希特勒。不管怎样，他没有把这个消息转告德方。

263. D. M. Glantz, *Barbarossa Derailed*, Vol. I, 45.

264. W. J. Spahr, *Zhukov*, 54; E. Mawdsley, *Thunder in the East*, 60-61.

265. E. Mawdsley, *Thunder in the East*, 61.

266. J. Piekalkiewicz, *Die Schlacht um Moskau*, 84.

267. E. F. Ziemke, *The Red Army 1918-1941*, 280. 另可参阅E. Mawdsley, *Thunder in the East*, 64。据莫兹利说，斯大林强调英国和美国这些盟友和朋友的重要性，意味着"非同寻常地打破了传统"。

268. C. Pleshakov, *Stalin's Folly*, 223-24.

269. Col.-Gen. G. F. Krivosheev (ed.), *Soviet Casualties and Combat Losses*, 111, 260.

270. D. M. Glantz, *Colossus Reborn*, 612-13.

271. E. F. Ziemke, *The Red Army 1918-1941*, 277. 齐姆克说："德军航空队和装甲集群以一种出乎苏军意料，大多数人也无法理解的战争方式打垮了红军指挥部门。6月22日前，这种以机动性替代大批人员的打法，就连某些德军指挥官也难以理解。"

272. 引自G. Roberts, *Stalin's Wars*, 93-94.

273. 早在1941年6月27日，苏联统帅部就已发现德军的这个缺陷，并准备对此加以利用。G. K. Zhukov, "*The Beginning of the War*, " in: *Soviet Generals Recall World War II*, I. Vitukhin (ed.), 26-27.

274. D. M. Glantz, *Barbarossa Derailed*, Vol. I , 32.

275. D. M. Glantz, *Red Army Ground Forces*, 18.

276. S. M. Shtemenko, *The Soviet General Staff at War*, Book One, 37-38.

277. D. M. Glantz, *Red Army Ground Forces*, 18.格兰茨的评论虽说针对的是步兵第2军，但与什捷缅科所说的情况也有密切关系。

278. E. F. Ziemke, *The Red Army 1918-1941*, 282.

279. D. M. Glantz, *Barbarossa Derailed*, Vol. I , 51.

280. *GSWW*, Vol. IV, 835-36.

281. D. M. Glantz, *Barbarossa Derailed*, Vol. I , 48.

282. E. Mawdsley, *Thunder in the East*, 64-65.

283. Ibid., 68.

284. E. F. Ziemke, *The Red Army 1918-1941*, 277.

285. 1941年7月1日，第3装甲师（第24装甲军）一名军医在别列津纳河畔的博布鲁伊斯克写道："昨天，在森林边缘，我们再次遭遇多次空袭。他们似乎每隔15分钟就会发起攻击。由于喧闹不已，这里很难入睡。仅在我们这个地段，我就看见32架敌机被击落。"*Assistenzarzt Dr H. Tuerk*, 引自W. Kempowski (Hg.), *Das Echolot*, 173. 1941年7月下旬，到达索日河地域的第3装甲师每天都遭到苏军轰炸机空袭，蒙受了一些损失。当然，莫德尔的装甲师是德军先遣部队之一，所以遭到苏联空军打击是理所当然的。H.-J. Roell, Oberleutnant Albert Blaich. Als Panzerkommandant in Ost und West, 87.

286. 促成红空军迅速恢复的另一个因素是，战争头几日，"在地面上击毁的敌机数量比在空中击落的敌机多出许多倍。但应当记住的一个事实是（这个事实没有得到德军指挥部门重视），这种情况下，苏联在人员方面蒙受的损失远远小于其物质（损失）。这部分解释了红空军出人意料地迅速获得恢复的原因。"Gen.-Lt. a.D. Walter Schwabedissen, *The Russian Air Force in the Eyes of German Commanders*, USAF Historical Studies: No. 175, 53-54.

287. *GSWW*, Vol.IV, 804.

288. R. Wagner (ed.), *The Soviet Air Force in World War II*, 44-45.这些数字虽然可能有所夸大，但还是说明了苏联空军当时的活动。

289. Ibid., 45.

290. M. N. Kozhevnikov, *The Command and Staff of the Soviet Army Air Force in the Great Patriotic War 1941-1945*, 39.

291. H. von Luck, *Panzer Commander*, 66.

292. H.-A. Jacobsen (Hg.), *Generaloberst Halder Kriegstagebuch*, Bd. III , 34; K.-J. Thies, *Der Ostfeldzug - Ein Lageatlas*, "Lage am 2.7.1941 abds., Heeresgruppe Mitte. "

293. C. von Luttichau, *Road to Moscow*, VI:57.

294. Ibid., Ⅵ:57.

295. 查尔斯·冯·吕蒂肖称："冯·博克早在7月1日就对肃清后方地域的问题深感担忧。斯大林7月3日的讲话呼吁在德军战线后方开展游击运动，'游击队员'这个词随后出现在德国人的文件中。成千上万名红军士兵组成一个个小群体，在无人地带游荡，德军装甲部队迅速穿过这些地带，根本无法肃清对方。速度缓慢的步兵力量尚未赶上先遣部队，因而无法封闭他们之间的缺口。一群群苏军散兵游勇——许多人仍全副武装，正试图向东突围，他们破坏德军补给运输并扰乱其作战行动。中央集团军群的三个保安师在后方投入的警察力量不够，德国人不得不临时抽调正规师执行安保任务。"Ibid., Ⅹ Ⅲ:26.

296. H. Spaeter, *Die Geschichte des Panzerkorps Grossdeutschland*, Bd. Ⅰ, 267, 引自R. Kirchubel, *Hitler's Panzer Armies*, 65。

297. 相关记录指出，克鲁格第4集团军在合围战期间俘虏82000人，击毁/缴获1285辆坦克和661门火炮。BA-MA RH-20-4/337, "*Die Kaempfe der 4. Armee im ersten Kriegsjahr gegen die Sowjets.*"

298. K. Gerbet (ed.), *GFM Fedor von Bock, The War Diary*, 243; K. Mehner (Hg.), *Geheime Tagesberichte*, Bd. 3, 179.

299. C. von Luttichau, *Road to Moscow,* Ⅵ:59; Ⅹ Ⅲ:23. 正如本书第二章["中央集团军群的战争准备（1941年2—5月）"一节]探讨的那样，对苏战局发起前，陆军总司令部估计每个月消耗燃油28200立方米（每天9000多立方米）。

300. E. Mawdsley, *Thunder in the East*, 440, f.n. 7.

301. Col.-Gen. G. F. Krivosheev (ed.), *Soviet Casualties and Combat Losses*, 111.

302. Ibid., 260.

303. "*Sonderakte, 8. Juli 1941,*" in: P. E. Schramm (Hg.), *Kriegstagebuch des OKW*, Bd. Ⅰ, 1021; C. Burdick & H.- A. Jacobsen (eds.), *The Halder Diary 1939-1942*, 457. 陆军总司令部作战处的卡尔-威廉·蒂洛上尉1941年7月7日在他的私人日记中称，德军已击毁6100辆苏军坦克（而不是德方估计的10000辆）。BA-MA N 664/2, *Tagebuch Thilo*, 7.7.41.

304. C. Burdick & H.-A. Jacobsen (eds.), *The Halder Diary 1939-1942*, 457.

305. D. M. Glantz, *Barbarossa Derailed*, Vol. Ⅰ, 51.

306. C. Burdick & H.-A. Jacobsen (eds.), *The Halder Diary 1939-1942*, 465.

307. R. Kirchubel, *Operation Barbarossa 1941 (3), Army Group Center*, 49.

308. Ltr, W. Vollmer to C. Luther, 9 Sep 07.

309. A. Seaton, *The Russo-German War*, 128.

310. K.-J. Thies, *Der Ostfeldzug – Ein Lageatlas*, "Lage am 2.7.1941 abds., Heeresgruppe Mitte."

311. 霍特回忆录中把这场宽正面推进描述为不应当实施坦克作战的例子。H. Hoth, *Panzer-Operationen*, 78.

312. *GSWW*, Vol. Ⅳ, 529; D. M. Glantz, *Barbarossa Derailed*, Vol. Ⅰ, 43; A. Seaton, *The Russo-German War*, 126.

313. K. Mehner (Hg.), *Geheime Tagesberichte*, Bd. 3, 159; "*Tagesmeldungen der Operations-*

Abteilung des GenStdH, ” in: *P. E. Schramm (Hg.), Kriegstagebuch des OKW*, Bd. Ⅰ, 505.

314. 实际上，陆军总司令部6月25日晚就决定把两个装甲集群置于克鲁格第4集团军司令部指挥下，具体时间待定。H.-A. Jacobsen (Hg.), *Generaloberst Halder Kriegstagebuch*, Bd. Ⅲ, 15.

315. R. Kirchubel, *Hitler's Panzer Armies*, 65.

316. Ibid., 65-66.

317. D. M. Glantz, *Barbarossa Derailed*, Vol. Ⅰ, 42.

318. K.-J. Thies, *Der Ostfeldzug – Ein Lageatlas*, “Lage am 3.7.1941 abds., Heeresgruppe Mitte. ”

319. D. M. Glantz, *Barbarossa Derailed*, Vol. Ⅰ, 42-43, 69; R. Kirchubel, *Hitler's Panzer Armies*, 66; K. Gerbet (ed.), *GFM Fedor von Bock, The War Diary*, 239.

320. S. H. Newton, *Hitler's Commander. Field Marshal Walther Model*, 125-26. 在白俄罗斯原始的道路上，坦克也以“惊人的速度”消耗着空气滤清器。

321. D. M. Glantz, *Barbarossa Derailed*, Vol. Ⅰ, 68; *Geschichte der 3. Panzer-Division*, Traditionsverband der Division (Hg.), 123-24.

322. *Geschichte der 3. Panzer-Division*, Traditionsverband der Division (Hg.), 124.

323. 三辆Ⅳ号坦克隶属阿尔贝特·布莱希上士率领的装甲排，读者已在前面读到过他的经历。H.-J. Roell, *Oberleutnant Albert Blaich, Als Panzerkommandant in Ost und West*, 78-85.

324. 据戴维·格兰茨称，近期的强降雨（1941年7月2日到3日）使罗加乔夫附近的第聂伯河河段陡增到762米宽，严重妨碍了德军的渡河行动。D. M. Glantz, *Barbarossa Derailed*, Vol. Ⅰ, 68. 但德方相关记述表明，在他们选定的坦克渡河点，河面宽度只有80～100米，水深4米。这些坦克渡过该河只需要几分钟。H.-J. Roell, *Oberleutnant Albert Blaich, Als Panzerkommandant in Ost und West*, 82; *Geschichte der 3. Panzer-Division*, Traditionsverband der Division (Hg.), 125.

325. *Geschichte der 3. Panzer-Division*, Traditionsverband der Division (Hg.), 125.

326. R. Kirchubel, *Hitler's Panzer Armies*, 66.

327. “*After Action Report of Panzer-Regiment 35,* ” in: *Knight's Cross Panzers*, H. Schaeufler (ed.), 78-79; “*Major von Lauchert, the First One at the Stalin Line,* ” in: *Knight's Cross Panzers*, H. Schaeufler (ed.), 77-78.

328. S. H. Newton, *Hitler's Commander. Field Marshal Walther Model*, 126.

329. Ibid., 126-27.

330. Ibid., 127.

331. S. H. Newton, *Hitler's Commander. Field Marshal Walther Model*, 127; *Geschichte der 3. Panzer-Division*, Traditionsverband der Division (Hg.), 126.

332. *Geschichte der 3. Panzer-Division*, Traditionsverband der Division (Hg.), 126.

333. 第3装甲师的作战记录指出，这些坦克是T-34。“*3. Pz. Div. Abt. Ia. Anl. Nr. 1 zum KTB Nr. 3, 6.7.41,* ”引自R. Steiger, *Armour Tactics in the Second World War*, 79。

334. *Geschichte der 3. Panzer-Division*, Traditionsverband der Division (Hg.), 127.

335. *Geschichte der 3. Panzer-Division*, Traditionsverband der Division (Hg.), 128-29;

468

"*Tagesmeldungen der Operations-Abteilung des GenStdH*, " in: P. E. Schramm (Hg.), *Kriegstagebuch des OKW*, Bd. I , 515; S. H. Newton, *Hitler's Commander. Field Marshal Walther Model*, 128; K.-J. Thies, *Der Ostfeldzug － Ein Lageatlas*, "Lage am 7.7.1941 abds., Heeresgruppe Mitte. "

336. S. H. Newton, *Hitler's Commander. Field Marshal Walther Model*, 128; K.-J. Thies, *Der Ostfeldzug － Ein Lageatlas*, "Lage am 7.7.1941 abds., Heeresgruppe Mitte. "

337. K.-J. Thies, *Der Ostfeldzug － Ein Lageatlas*, "Lage am 3.-7.7.1941 abds., Heeresgruppe Mitte; " D. M. Glantz, *Barbarossa Derailed*, 67.

338. 据古德里安说，他部署在包围圈上的一些部队（包括第17装甲师）没有及时接到克鲁格下达的命令，这道命令要求他们留在原地，包围圈内的苏军投降前不得恢复向东进军。但古德里安也承认，陆军总司令部"暗中希望装甲集群指挥官继续攻往原定目标，哪怕是没接到命令或违抗命令"。这就是古德里安和霍特1941年夏季展开行动时面临的错综复杂的情况。参见H. Guderian, *Panzer Leader*, 166-67。

339. BA-MA MSg 1/1147: *Tagebuch Lemelsen*, 6.7.41.

340. 克罗伊特尔少尉在1941年7月11日提交的战后报告中称，他最终击毁的坦克重达42吨。"*Bericht, Kreuter, Lt. u. Kp.-Fuehrer, 11.7.41*, " in: *Tagebuch Kreuter*.

341. *Tagebuch Kreuter*, 7.7.41. 克罗伊特尔少尉在战后报告中详细描述了炸毁苏军重型坦克的经过："我和另外几个人用集束手榴弹对敌坦克发起攻击，但对履带或炮塔结构都没能产生任何效果。我们随后用曳光弹对坦克上的缝隙开火射击，试图引燃坦克，也没能奏效……要击毁敌坦克，仅剩的办法是把手榴弹塞入炮管。但这非常困难，因为炮管向下倾斜。反坦克营的二等兵文迪希执行了我的命令，把一枚手榴弹塞入坦克炮管……手榴弹的爆炸很可能引爆了上膛的坦克炮弹，炮塔舱盖被炸飞。我们又朝炮塔投入两枚手榴弹，终于引燃了坦克。""*Bericht, Kreuter, Lt. u. Kp.-Fuehrer, 11.7.41*, " in: *Tagebuch Kreuter*.

342. 自对苏战局开始以来，韦伯将军是第17装甲师的第三任师长。http://www.lexikon-der-wehrmacht.

343. K.-J. Thies, *Der Ostfeldzug － Ein Lageatlas*, "Lage am 7.7.1941 abds., Heeresgruppe Mitte. "

344. 从莱梅尔森的日记可以清楚地看出，至少在"巴巴罗萨"行动头几周，他经常乘坐"鹳"式轻型飞机奔波于前线各地段。

345. BA-MA MSg 1/1147: *Tagebuch Lemelsen*, 10.7.41.

346. K.-J. Thies, *Der Ostfeldzug － Ein Lageatlas*, "Lage am 7.7.1941 abds., Heeresgruppe Mitte. "

347. H. Guderian, *Panzer Leader*, 167.

348. K.-J. Thies, *Der Ostfeldzug － Ein Lageatlas*, "Lage am 7.7.1941 abds., Heeresgruppe Mitte. "

349. 事实证明，各步兵军1941年7月15日开始沿一条宽大战线到达第聂伯河。Ibid., 15.7.41.

350. H. Guderian, *Panzer Leader*, 167-68.

351. 古德里安在他的回忆录中（*Panzer Leader*, 169）写道，他的指挥所7月9日设在鲍里索夫，"7月10日迁到托洛钦。"陆军总司令部作战处的东线态势图7月9日晚把他的指挥所标在托洛钦。K.-J. Thies,

Der Ostfeldzug - Ein Lageatlas, "Lage am 9.7.1941 abds., Heeresgruppe Mitte."

352. H. Guderian, *Panzer Leader*, 168-69.

353. H. Guderian, *Panzer Leader*, 169; H. Guderian, *Erinnerungen eines Soldaten*, 153. 据戴维·格兰茨说，古德里安生动描述的这场与克鲁格的会面，实际上从未发生过。格兰茨指出（冯·博克元帅的日记予以证实），克鲁格7月9日卧病在床。格兰茨认为当日赶到古德里安指挥部的不是克鲁格，而是克鲁格的参谋长布卢门特里特上校，他与古德里安的参谋长冯·利本施泰因上校会谈，而古德里安本人身处前线。无论古德里安所说的事件是否真的发生过（在7月9日，也可能是一两天前），它都反映出两人不同的个性和截然不同的作战理念，当然还有他们相互间越来越强烈的反感。参见D. M. Glantz, *Barbarossa Derailed*, Vol. I, 129, f.n. 4; K. Gerbet (ed.), *GFM Fedor von Bock, The War Diary*, 244。

354. 此时，该装甲集群编成内的第12装甲师、第14和第20摩托化步兵师仍落在后方。BA-MA RH 21-3/732, "*Gefechtsberichte Russland 1941/41.*"

355. 霍特显然认为北方集团军群辖内第4装甲集群会继续前进，该集群已突破西德维纳河，这无疑会缓解他的压力。D. M. Glantz, *Barbarossa Derailed*, Vol. I, 63.

356. Ibid., 63.

357. D. M. Glantz, *Barbarossa Derailed*, Vol. I, 63; R. Kirchubel, *Operation Barbarossa 1941 (3), Army Group Center*, 48; BA-MA RH 21-3/732, "*Gefechtsberichte Russland 1941/42.*"

358. H.-A. Jacobsen (Hg.), *Generaloberst Halder Kriegstagebuch*, Bd. III, 40; K. Mehner (Hg.), *Geheime Tagesberichte*, Bd. 3, 165.

359. R. Hinze, *19 Infanterie- und Panzer-Division*, 140; K.-J. Thies, *Der Ostfeldzug - Ein Lageatlas*, "Lage am [3.-4.]7.1941 abds., Heeresgruppe Mitte."

360. "*Tagesmeldungen der Operations-Abteilung des GenStdH,*" in: P. E. Schramm (Hg.), *Kriegstagebuch des OKW*, Bd. I, 508; BA-MA RH 21-3/732, "*Gefechtsberichte Russland 1941/42;*" K.-J. Thies, *Der Ostfeldzug - Ein Lageatlas*, "Lage am 4.7.1941 abds., Heeresgruppe Mitte."

361. D. M. Glantz, *Barbarossa Derailed*, Vol. I, 64; BA-MA RH 21-3/732, "*Gefechtsberichte Russland 1941/42.*"

362. R. Hinze, Hitze, *Frost und Pulverdampf. Der Schicksalsweg der 20. Panzer-Division*, 34-36.

363. "*Tagesmeldungen der Operations-Abteilung des GenStdH,*" in: P. E. Schramm (Hg.), *Kriegstagebuch des OKW*, Bd. I, 512; K.-J. Thies, *Der Ostfeldzug - Ein Lageatlas*, "Lage am 6.7.1941 abds., Heeresgruppe Mitte;" R. Kirchubel, *Operation Barbarossa 1941 (3), Army Group Center*, 49.

364. 引自D. M. Glantz, *Barbarossa Derailed*, Vol. I, 70。

365. Ibid., 71-74.

366. K.-J. Thies, *Der Ostfeldzug - Ein Lageatlas*, "Lage am [6.-9.]7.1941 abds., Heeresgruppe Mitte."

367. D. M. Glantz, *Barbarossa Derailed*, Vol. I, 74.

368. Ibid., 74–75.

369. Ibid., 70.

370. BA–MA MSg 1/1147: *Tagebuch Lemelsen*, 10.7.41.

371. D. M. Glantz, *Barbarossa Derailed*, Vol. Ⅰ, 75, 78.

372. D. M. Glantz, *Barbarossa Derailed*, Vol. Ⅰ, 78–79; R. Hinze, Hitze, *Frost und Pulverdampf. Der Schicksalsweg der 20. Panzer-Division*, 36–40; K.-R. Woche, *Zwischen Pflicht und Gewissen*, 111–12.

373. H. Boucsein, *Halten oder Sterben*, 27.

374. "*Tagesmeldungen der Operations-Abteilung des GenStdH*, " in: P. E. Schramm (Hg.), *Kriegstagebuch des OKW*, Bd. Ⅰ, 516.

375. A. Seaton, *The Battle for Moscow*, 214.

376. 施密特是共同致力于消除最高统帅部或元首大本营下达的犯罪命令影响的东线将领之一。1941年9月，他正式要求撤销臭名昭著的《政治委员令》，并禁止他的部队执行这道命令。他还在力所能及的情况下尽量减轻德国占领对苏联民众造成的影响。相关详情参阅K.-R. Woche, *Zwischen Pflicht und Gewissen*, 10–11, 127–29, 150–51。

377. Ibid., 112–13.

378. 威廉·约瑟夫·冯·托马将军，引自R. Steiger, *Armour Tactics in the Second World War*, 118。

379. J. Shay, *Achilles in Vietnam. Combat Trauma and the Undoing of Character*, 5.

380. K. Schueler, "*The Eastern Campaign as a Transportation and Supply Problem*, " in: *From Peace to War*, B. Wegner (ed.), 209. 许勒尔写道："相关计划是在跨过西德维纳河—第聂伯河一线后，以卡车和火车相结合的方式执行必要的补给物资运送。这项计划赋予铁路的任务是把需要的物资尽可能向前运送到补给基地。卡车将在那里接收物资，然后将其转运到各部队。"即便如此，战局第一阶段赋予各集团军群的某些领土目标也已超出汽车运输队估计的行程。因此，"所有讨论和研究都得出同样的结论：必须在被征服的苏联领土尽快开始有效的铁路运行，从而大力缓解汽运的压力，把补给基地向前延伸，并确保作战行动不受妨碍地发展"。

381. R. L. DiNardo, *Germany's Panzer Arm in WW Ⅱ*, 23.

382. 引自R. Steiger, *Armour Tactics in the Second World War*, 113.

383. Ibid., 117.

384. M. van Creveld, *Supplying War*, 155; *GSWW*, Vol. Ⅳ, 1112.

385. *GSWW*, Vol. Ⅳ, 1113.

386. M. van Creveld, *Supplying War*, 157.

387. *GSWW*, Vol. Ⅳ, 1113–14.

388. Ibid., Vol. Ⅳ, 1113.

389. Ibid., Vol. Ⅳ, 1113.

390. Pz. AOK 3, Abt. Ia, *Tagesmeldung an AOK 9*, 23 June 1941. 引自R. Steiger, *Armour Tactics in the Second World War*, 119。

391. 57. Pz. Korps Abt. Ia, *Fernspruch an Chef Pz. AOK 3*, 3 July 1941. 引自R. Steiger, *Armour*

Tactics in the Second World War, 119。关于游击活动，施泰格尔写道："妇女和儿童是许多游击行动的重要组成部分……小孩子经常与红军部队密切合作，充当侦察员和间谍，从而给德军运输连队造成严重损失。"Ibid. 120.

392. 10. Pz. Div. Abt. Ia, *Meldung an 46 Panzer Corps*, 16 July 1941. 引自R. Steiger, *Armour Tactics in the Second World War*, 125。

393. 18. Pz. Div. Abt. Ia, *Zustandsbericht*, 20 July 1941. 引自R. Steiger, *Armour Tactics in the Second World War*, 125-26。

394. C. von Luttichau, *Road to Moscow*, ⅩⅢ:24.

395. B. H. Mueller-Hillebrand, "*German Tank Maintenance in World War Ⅱ*," CMH Publication 104-7, 2. 曾在东线指挥装甲团的米勒-希勒布兰德说："针对俄国战局，德国人打算采用一种稍事修改，但基本上集中的坦克维修体系。大部分维修工作还是要在后方地区完成。另一方面，位于俄国战区的每个集团军群都有一个零配件仓库。战地维修单位获得了改进过的维修车、救援车和更好的车间设备。后续计划被认为毫无必要，因为政治和军事领导人估计军事行动会在1941年秋季到达顶点，大部分装甲力量冬季前就可以返回德国。留在俄国战区的作战力量也会撤出战斗，在合适的地区休整过冬。"

396. C. von Luttichau, *Road to Moscow*, ⅩⅢ:24.

397. H.-A. Jacobsen (Hg.), *Generaloberst Halder Kriegstagebuch*, Bd. Ⅲ, 32.

398. H.-A. Jacobsen (Hg.), *Generaloberst Halder Kriegstagebuch*, Bd. Ⅲ, 32; C. von Luttichau, *Road to Moscow*, ⅩⅢ:23.

399. *GSWW*, Vol.Ⅳ, 1112.

400. C. von Luttichau, *Road to Moscow*, ⅩⅢ:23.

401. 4. Pz. Div. Abt. Ia, Nr. 71/42 *geheim*, 12 March 1942. 引自R. Steiger, *Armour Tactics in the Second World War*, 123。

402. KTB, Pz. AOK 2/O. Qu., 6 July 1941. 引自*GSWW*, Vol. Ⅳ, 1112。

403. R. Steiger, *Armour Tactics in the Second World War*, 123.

404. 57. Pz. Korps Abt. Ia, Anl. Nr. 429 zum KTB Nr. 1, 6 August 1941. 引自R. Steiger, *Armour Tactics in the Second World War*, 124。

405. 1942年3月，陆军总司令部军需长爱德华·瓦格纳将军评估"巴巴罗萨"行动头九个月的弹药消耗情况时得出结论："弹药需求低于预期水平。特别是战役发起时，对弹药库存提出的需求过大，可还是得到满足。因此，运输部门在这方面的负担过重，而许多分散的弹药库存都留在战场上。"G. Donat, *Der Munitionsverbrauch im Zweiten Weltkrieg*, 35.

406. Ibid., 6-8, 23, 31-35。

407. M. van Creveld, *Supplying War*, 157; *GSWW*, Vol. Ⅳ, 1114.

408. 这是1942年年底的数字。到1941年年底，德国人转换的铁轨长度超过2.3万公里。K. Schueler, "*The Eastern Campaign as a Transportation and Supply Problem*," in: *From Peace to War*, B. Wegner (ed.), 210, f.n. 5.

409. 新工具中包括一种被称为"冲击道钉撬"（ Schlagteller-Geissfuss）的设备，它能显著提高拆除和重新铺设铁轨的速度。Gen.Lt. Hans v. Donat, a.D., "*Eisenbahn-Pioniere*," Ⅱ., Part Two, in:

Deutsches Soldatenjahrbuch 1966, 108; J. Piekalkiewicz, *Die Deutsche Reichsbahn im Zweiten Weltkrieg*, 35; E-Mail, C. Nehring to C. Luther, 17 Jan 12.

410. 苏联的铁路建设很糟糕。德国和大部分西方国家的铁路路基，修筑时以多层岩石和砾石为基础，而苏联的铁轨几乎不可避免地铺设在沙床上，可能再覆以一层石块，以减少必然出现的尘埃云。另外，苏联铁路的绝大多数枕木由未经处理的松木制成。因此，苏联铁路的承载能力远远低于德国铁路。苏联铁路枕木的间距也大于德国或美国铁路，这一点也降低了其整体承运能力。参阅"*Deutsche Reichsbahn,*"（www. feldgrau.com），以及H. Pottgiesser, *Die Deutsche Reichsbahn im Ostfeldzug*, 26-27。

411. M. van Creveld, *Supplying War*, 157-60; *GSWW*, Vol. IV, 1114; R. J. Kershaw, *War Without Garlands*, 167.

412. M. van Creveld, *Supplying War*, 153. 关于德国人修复并转换苏联铁路线的努力，一系列出色、颇具洞察力的照片可参阅J. Piekalkiewicz, *Die Deutsche Reichsbahn im Zweiten Weltkrieg*, 38-46。

413. K. Gerbet (ed.), *GFM Fedor von Bock, The War Diary*, 237. 博克在7月3日的日记中还写道："我同野战运输事务主任（格尔克）商讨把巴拉诺维奇通往明斯克的铁路改为德国轨距的事宜，因为我们没有缴获任何俄国油罐车，只能使用德国油罐车把大量燃料运抵前线。"

414. C. von Luttichau, *Road to Moscow*, ⅩⅢ:23.

415. C. von Luttichau, *Road to Moscow*, ⅩⅢ:23; M. van Creveld, *Supplying War*, 168.

416. *GSWW*, Vol. IV, 1125.

417. 建立这些新补给基地遇到的困难，参阅*GSWW*, Vol. IV, 1125。

418. *GSWW*, Vol. IV, 1125-26.

419. *GSWW*, Vol. IV, 537-41; J. Keegan, *The Second World War*, 191; R. Kirchubel, *Hitler's Panzer Armies*, 136-37; "*Tagesmeldungen der Operations-Abteilung des GenStdH,*" in: P. E. Schramm (Hg.), *Kriegstagebuch des OKW*, Bd. I, 515.

420. H. Magenheimer, Moskau 1941, 44-45; R. Kirchubel, *Hitler's Panzer Armies*, 19-24. 另见*GSWW*, Vol. IV, 546-66。

421. 到1941年7月2日，古德里安第2装甲集群取得的进展最大：第24装甲军到达别列津纳河（450公里），第46装甲军到达杜科拉（450公里），第47装甲军到达鲍里索夫（400公里）。FMS P-190, R. Hofmann & A. Toppe, "*Verbrauchs- und Verschleisssaetze waehrend der Operationen der deutschen Heeresgruppe Mitte vom 22.6.41 - 31.12.41,*" 14.

422. D. Stahel, *And the World held its Breath*, 175; J. Huerter, *Hitlers Heerfuehrer*, 280.

423. 德文原文是Fuehrer betont grundsaetzlich, dass er Moskau und Leningrad dem Erdboden gleich machen wolle。"*Sonderakte, 8. Juli 1941,*" in: P. E. Schramm (Hg.), *Kriegstagebuch des OKW*, Bd. I, 1021.

424. C. Burdick & H.-A. Jacobsen (eds.), *The Halder Diary 1939-1942*, 458.

425. D. Irving, *Hitler's War*, 284.

426. R.-D. Mueller & G. R. Ueberschaer, *Hitler's War in the East. A Critical Assessment*, 89-90.

427. G. Meyer, *Adolf Heusinger*, 153.

428. H. Oehmichen & M. Mann, *Der Weg der 87. Infanterie-Division,* 79–81.

429. S. Knappe, *Soldat,* 211–12.

430. D. M. Glantz, *Barbarossa Derailed,* Vol. I, 33, 41.

431. 奥弗曼斯博士是第一个对德国国防军损失与战俘事务处（WASt）的记录进行全面分析的人，这个部门在战争期间详细记录了德国军队的伤亡（阵亡、负伤、患病、失踪）。今天，这个部门称作Deutsche Dienstelle（WASt），负责向直系亲属提供在战争中阵亡的德国国防军军人的信息，参见http://www.dd-wast.de。

432. R. Overmans, *Deutsche militaerische Verluste im Zweiten Weltkrieg,* 277. 奥弗曼斯的研究清楚地表明，就连哈尔德和德国陆军总参谋部也没有意识到他们在东线遭受的实际损失，这一点令人惊讶。哈尔德在日记中指出，截至1941年7月3日，东线陆军的致命损失仅为11822人（724名军官），另有3961人失踪（66名军官）。C. Burdick & H.-A. Jacobsen (eds.), *The Halder Diary 1939–1942,* 453–54. 总参谋部的材料称，1941年6月22日到7月31日，德国陆军在东线阵亡46470人，另有11758人失踪，而据奥弗曼斯统计，实际阵亡人数超过8万。德国陆军总参谋部的相关计算可参阅 "*Anlage 1 zu OKH/GenStdH/ GenQu/Abt. I /Qu 2/ III, Nr. I /58/42 g.Kdos. vom 5. Januar 1942,*" in: P. E. Schramm (Hg.), *Kriegstagebuch des OKW,* Bd. I, 1120.

433. P. E. Schramm (Hg.), *Kriegstagebuch des OKW,* Bd. I, 1216. 德国空军的损失主要是他们的飞机在东线遭受的无情磨损所致，而不是因为战斗行动。参见J. Prien, et al., *Die Jagdfliegerverbaende der Deutschen Luftwaffe,* Teil 6/ I, Unternehmen "*Barbarossa,*" 14.

434. W. Murray & A. R. Millet, *A War to be Won,* 127.

435. IfZ-Archiv, MA 1589: Pz. Rgt. 35, Bericht an die 4. Pz. Div. vom 4.7.1941, 引自C. Hartmann, *Wehrmacht im Ostkrieg,* 253, f.n. 44. 两天前（7月2日），第4装甲师报告："俄国人再次重整旗鼓。"BA-MA RH 27-4/109: 4. Pz. Div., Abt. Ic, *Taetigkeitsbericht vom 3.6.1941 – 31.3.1942, Eintrag vom 2.7.1941,* 引自C. Hartmann, *Wehrmacht im Ostkrieg,* 253, f.n. 45。

436. B. R. von Oppen (ed.), *Helmuth James von Moltke, Letters to Freya,* 12, 144. 海因茨·德尔少尉（第18装甲师）7月1日在前线写道："随着红军的抵抗越来越顽强，战斗激烈度与日俱增。即便在夜间我们也不得安宁。我们构设了刺猬阵地，我们这个战斗群，几乎三分之一的人员始终处于战备状态。"格奥尔格·克罗伊特尔少尉（第18装甲师）四天后（7月5日）在日记中写道："24点，我们继续前进。军用公路上的三座大型桥梁已被炸毁！敌人正出色地组织他们的抵抗。"（Tagebuch Kreuter, 5.7.41.）汉斯-约阿希姆·勒尔的《阿尔贝特·布莱希中尉》一书也阐述了苏军在战术层面实施的抵抗正迅速变得更加有效。

第八章
德国士兵在东线的初期经历——
装甲兵、步兵和空军

"这场行军比战斗更艰苦。凌晨1点30分到3点休息一个半小时。我们随后与身后的月亮一同进入一片黑暗、危险的夜空。这就像列队走入一个黑洞，幽灵般的景观苍白而又荒凉。我们像死人那样睡了一个小时，摇摇晃晃地爬起身时，胃里极度不适。这是个雅致的清晨。苍白，美丽的色彩。你慢慢醒来，每次停下你都会睡着。行军期间，你随时能看见士兵睡在道路旁，他们就好像摔倒在那里。有时候，他们像死人那样蜷缩着身子。"（赫尔穆特·帕布斯特，中央集团军群通信军士）[1]

"亲爱的妻子！亲爱的孩子！数日来我们一直在战斗，我们已击败遭遇的一切敌人……我们只是在等待我们预期的命令：登上坦克！发动引擎！前进！梅迪，要是你在这里就能看见我——被阳光晒得黝黑，满身尘土，双眼像猎鹰那般清澈！我们的损失很小，而我们取得的战果很大。这场战争很快就会结束，因为我们只遇到零零碎碎的抵抗。"（卡尔·富克斯，第7装甲师，1941年7月5日）[2]

"最初的胜利报告传到我们这里，谈到敌人在人员、物资、领土方面令人难以置信的损失，自那以后，我们就觉得这场战局已告结束，相应的行为也变得肆无忌惮。有些人夜间独自溜出去，只带着烹饪锅，到周围的房屋和村庄寻找牛奶。俄国人热情好客，一切都很顺利。我们在站岗时也充满傲慢的胜利信心，完全没有意识到危险的存在，就像我们待在一片宿营地而非战场。"
（"弗里茨"·贝尔克，第6步兵师，1941年7月前后）[3]

　　"我们置身于最无情的斗争中，虽然我们赢得了很大的胜利，但绝不能抱有任何幻想。这几天一直在战斗，一个人只有依靠健康的神经和全部身心力量的帮助才能承受这一切。这片战场严肃、肮脏、毫无浪漫色彩，我们面对的敌人野蛮、残暴、果断。这是一场最可怕、最原始的战争。"（海因里希·哈佩，第6步兵师，1941年8月3日）[4]

　　这一章是前两章描述的战斗之后的一个间歇，我会更深入地研究德国士兵在对苏战局最初6～8周（也就是直到1941年8月）的一些典型经历。我并不打算以一种面面俱到的方式实现这一点。相反，我会对一系列主题加以探讨，希望可以更深入地挖掘东线战争沿德军中路突击方向展开时的基本性质，并阐述中央集团军群将士的基本经历。

　　以一个单独章节追寻这些目标，使我得以通过一种不破坏本书各章节节奏的方式，继续致力于更传统的战斗叙述。虽然普通士兵的记述在前面的章节发挥了不可或缺的作用，但在本章，坦克组员、步兵、空军飞行员会通过他们的战地信件、私人日记、战后回忆录发出更响亮的声音。这就使我们得以简短审视二战期间德国军邮这个十分重要，但长期被忽视的资料来源。

　　正如本书前言所述，与美国和其他英语国度的军事历史学家不同，德国学者迟迟没有意识到，普通士兵可以为拓展我们对20世纪战争的理解做出重要贡献。不过到20世纪80年代，德国已展开初步努力，通过整理一系列迄今为止很少有人使用的资料，例如私人日记，更重要的是战争期间留存下来的一小部分前线士兵与他们身处后方的诸多亲属间的往来信件，从普通士兵的角度对1939年到1945年这一时期做出评估。最近，克劳斯·拉策尔、马丁·洪堡、克里斯蒂安·哈特曼、约翰内斯·许尔特这些德国学者，通过他们深具洞察力的分析和对战地军邮的使用，设法增进了我们对东线德军将士（从元帅到普通士兵）相关经历的理解。[5]

　　第一次世界大战期间，估计有280亿份信件、明信片、报告、电报在德国各条战线与本土间传递。平均而言，每天有680万封邮件从前线寄回德国，而从德国寄往前线的信件更多。1939年到1945年，邮件总数上升到300亿～400亿封，德军前线将士寄出75亿～100亿封邮件。实际上，持续近六年的战争中，在德国国防军服役的人员超过1700万，整个军旅生涯期间，平均每个士兵寄出430～570封邮件。这是个惊人的通信量，其中很小一部分——大约10万～20万封军邮，目前（截至2005年）存放在德国的各个资料库（例如斯图加特当代史图书馆）或收藏家手中。另外，大量没有被发现的信件很可能仍保存在国防军老兵的亲属手中。[6]

　　虽说深入研究这些军邮作为历史资料的价值超出了本书范畴，可我还是要在这里简要介绍几个重要观点。一般说来，军邮堪称部队士气的晴雨表[7]，这就解释了德国军事当局为何要检查，某些情况下甚至审核这些军邮。具体说来，寄自前线的信件为我们了解"来自下方的观点"提供了大量有益的信息，这些信息无法在大多数缺乏人情味、惯例化的部队作战日志中找到，大部分一手和二手资料里同样无法见到这些。从这个意义上说，我们要更全面、更人性化地理解东线战争，军邮绝对是不可或缺的。诚如二战结束后德意志联邦共和国首任总统特奥多尔·霍伊斯1946年指出的那样："要了解一个时代最核心的东西，大多数情况下只能查阅当时关系亲密者之间的书信往来。"[8]

　　一位德国作家80年代中期评论道，战争期间一名军人的一封私人信件（或日记），是价值"无可估量"的历史文件，因为它使我们：

· 在历史微观层面上，以有形、不连续的片段重现战争事件；
· 在微观与宏观历史之间掌握整体与个人层面间的互动；
· 通过普通人的证词检查、补充甚至纠正官方历史。[9]

　　当然，通过诸如军邮、私人日记、已出版的回忆录、对相关事件的采访这些个人性质的资料收集到的零碎证据，无法形成关于前线普通士兵的经历的完整画面。如前所述，这些信件也受到内部和外部的审查。外部审查由德国军事当局执行，但由于信件审查员人数较少[10]，大多数情况下，他们只能检查德国军人寄出的一小部分信件。另外，滑头的士兵很容易规避这种官方审核，他只需把信件交给归国休假的战友，后者回到国内再把信件投寄出去。虽然受到官方禁止，但一战和二战期间的士兵广泛采用了这种做法。[11]

内部审查由士兵自己实施，是几个重叠因素的结果。首先，寄自苏联的信件（特别是战局开始阶段）往往流露出战斗野蛮性引发的显而易见的震惊，这些战斗通常从一开始就以交战双方无法无天、不遵守传统人道主义原则为特征。但很多时候，写信者要么拒绝，要么无法用言语阐述这种残酷的个人经历。我仔细阅读了数千封德国军邮，从而证实了历史学家沃尔弗拉姆·韦特的评论：

我们这些读过战地军邮汇编的人，有时候会产生这样一种印象：许多前线将士无法找到确切的字句阐述发生在他们身边的事件。他们没办法准确描述在造成身心俱疲的混乱中，存活于死亡边缘的切身感受。这并不是说他们缺乏智慧，也许是因为考虑到收信者的感受，这些将士不愿惊吓到他/她们。许多军人只是被战斗的可怕现实惊得目瞪口呆。他们所在之处是一个难以言喻的地狱。[12]

从这些军邮可以清楚地看出普通士兵对德国军政领导人寻求的对苏战局目标的紧密认同和支持。历史学家斯蒂芬·G. 弗里茨在他出色的著作《前线士兵》中写道：

德国国防军普通士兵的纳粹化，可能比先前认知的更加彻底。实际上，普通士兵始终是希特勒最强大的支持者。因此，他们的信件和日记表明，纳粹政权对布尔什维克敌人的看法，以及它鼓吹的对待这些敌人的方式，在东线将士中获得赞同的程度高得惊人，许多士兵自愿加入屠杀行动……这些信件引人注目的另一个原因是，它们证明普通德国士兵普遍接受了这些严厉、残酷的措施，几乎没有任何良心不安或个人愤慨。[13]

这并不是说（这并非该作者的观点）大部分德军东线将士都犯有战争罪

行（这个问题会在第九章详细探讨），但他们紧密认同纳粹政权的政策，这一点毫无争议。[14]

我还要强调一点，就像历史学家克劳斯·拉策尔指出的那样，对置身欧洲和北非战场的德国士兵而言，书信往来伪造了一条"存在价值"的生命线。当然，对远离妻子、亲人、朋友，在东线陷入孤立无援的困境的德军将士来说同样如此。一名士兵写道：

> 经过不能写信的几周后，你会发现军邮与口粮、弹药同样重要，因为它可以维持并鼓舞我们的精神和情感。家书的更高任务是让士兵依然是人，而不是沦为原始、残酷的战争工具。[15]

天气和地形

仔细审视中央集团军群将士在对苏战局中的初期经历就会发现，两个因素从一开始就对人员和牲畜造成普遍影响——天气和地形。正如我们所知的那样，该集团军群 1941 年 6 月 22 日跨过苏德分界线，沿一条数百公里宽的战线挺进，穿过立陶宛最南部和苏联占领的波兰东部。没用几天，博克的快速兵团就突破 1939 年的苏联边界并攻往明斯克，这是白俄罗斯苏维埃社会主义共和国的庞大首府。由于白俄罗斯西部的大片地区已在 1921 年苏波战争结束后割让给波兰（《里加和约》），德军进入白俄罗斯的旅程实际上始于波兰东部。白俄罗斯苏维埃社会主义共和国的东部边界位于西德维纳河之外，几乎到达斯摩棱斯克，该城是俄罗斯苏维埃联邦社会主义共和国的一部分。[16]

第 87 步兵师的西格弗里德·克纳佩中尉是中央集团军群上百万将士中的一员，1941 年 6 月和 7 月参加了入侵苏联中部的行动。他在战后回忆录中描绘了越过苏德边界线后这片土地展现出的生动画面——那里的植物，那里的动物，最重要的是那里的广袤：

> 行军穿越俄国时，我们开始学会欣赏这个国家的辽阔。在某些森林地带，我们靴子下的土地吱吱作响，极具弹力。地面表层的树叶又轻又脆，但下面的树叶在许多年前就已枯萎，形成棕色的海绵体，许多微小的昆虫在其中来

回奔波。在其他地方，枯死的矮树丛在我们脚下破碎。森林里弥漫着老树叶散发出的霉味，林间满是嘈杂的鸟儿。活着的树木通常带有新鲜而又潮湿的气味，而枯死的树木闻起来干燥又浓郁。

在开阔地，阳光温暖着地面，也晒热了我们的纽扣、皮带扣、吊带环和一切金属制品。黄色的蝴蝶、蓝色的甲虫和棕色的小蚂蚁都很常见。草蛇在草丛中簌簌穿过，肉眼几乎无从辨识。这里的蚱蜢很多，它们会叮在行军中的士兵身上，搭一段顺风车。密集的蚊虫搞得我们不胜其烦，飞舞的苍蝇到处都是。

我们行军时，低矮的山丘出现在前方的地平线上，然后又在我们身后的地平线落下。一公里接着一公里，在我们前方不断出现的山丘看起来几乎都差不多。由于广袤和酷似，所有的一切似乎都融入相同的灰色。我们走过光秃秃的高地，这些高地一直向远方延伸，目力所及之处，往往是一片长满高高杂草的巨大旷野。我们遇到的谷地，广阔得令人难以想象，苏军步兵有时会隐藏其间。向日葵地一公里接着一公里，看得令人乏味。在某些地方，我们遇到的森林大到无边无际，树木简直像紧密缠绕的丛林那样茂密。我们在白俄罗斯跋涉过的沼泽地，有德国的两个省份那么大。所有河流似乎都是南北流向，所以我们不得不跨过这些河流，它们为后撤中的俄国人提供了天然防御阵地。[17]

德国人越往东去，遇到的地形就愈加难以通过。1941年夏季担任第4集团军参谋长的京特·布卢门特里特战争结束后不久告诉利德尔·哈特，越过明斯克后，地形更具挑战性，而天气也没有好转：

广袤的原始森林、密布的沼泽、恶劣的路况、无法承载坦克重量的桥梁，这一切导致我们的坦克在这一地区几乎寸步难行。俄国人的抵抗也日趋顽强，他们开始以雷区掩护自己的防线。由于可供通行的道路寥寥无几，他们很容易对此加以封锁。

从边境通往莫斯科的大型汽车公路尚未竣工[18]，这是一条西方人可称之为"公路"的道路。我们没有料到情况这么糟糕，因为我们的地图与实际情况不符。这些地图上，所有料想中的主要道路都标为红色，看似不少，可事实证明它们不过是些沙路小径。德国情报机构准确了解到波兰苏占区的情况，但关于原俄国边界线以内的情报却错得离谱。

这种乡间土路对坦克来说糟糕透顶，而伴随坦克的运输部队更是苦不堪言，他们装载着坦克需要的燃料、补给和所有辅助部队。几乎所有运输部队装备的都是轮式车辆，他们无法离开道路，倘若沙路沦为泥沼，他们就无法继续前行。一两个小时的降雨足以让装甲部队停滞不前。一群群坦克和运输车辆一线排开，长达上百英里，在太阳出来并晒干地面前没法动弹，这是个非同寻常的场面。[19]

布卢门特里特的战后评估称，地形对德军坦克部队的影响日益加剧，第3装甲集群司令霍特将军在战局期间也强调了这一点。1941 年 7 月 13 日，希特勒的国防军副官长施蒙特上校赶到霍特设在维捷布斯克郊外的指挥部。这位装甲集群司令告诉他，虽然战斗造成的坦克损失并不大（实际上并未大于去年法国战局的损失），可天气和地形造成的机械故障却导致巨大的损失。[20] 第3装甲集群四天前（7 月 9 日）报告，他们共有 264 辆坦克等待修理，几乎是 6 月 22 日发起行动时总体实力的 30%。[21]

白俄罗斯，或德国占领当局所称的"鲁特尼亚"，国土面积约为 22.5 万平方公里。[22] 这里夏季几个月通常不是太热，但 1941 年夏季，"几乎每个亲历者都记录下炎热、阳光明媚的天气和极其高大的小麦和黑麦田"[23]。白昼漫长，夜间短暂，第一缕阳光凌晨 2 点就出现在地平线上。[24] 漫长的昼间，大多数时候天气晴朗，有利于进攻中的德军，他们在空中和地面上的行动通常持续到深夜（22 点左右）。1941 年夏季也异常干燥，导致河流和小溪水位大幅度下降，这使德军装甲部队更容易找到渡河点。[25] 但突如其来的雷阵雨可能会使该地区未铺砌的道路和开阔地立即沦为一片泥沼，导致机动车辆和马拉大车暂时无法行进。

诚如克纳佩中尉所言，白俄罗斯的地形平坦开阔、单调乏味，平均海拔高度约 160 米。无数河流和小溪遍布其间，还充斥着湖泊、沼泽和湿地，同时覆盖着大片茂密的原始森林。一连串低矮的山脊线从格罗德诺周边地域延伸，跨过明斯克和斯摩棱斯克，直到瓦尔代丘陵——杰斯纳河、第聂伯河、西德维纳河、莫斯科河和伏尔加河的源头都在这片高地。明斯克北面的起伏山丘是白俄罗斯境内的最高峰（340～360米）。沿这条历史性入侵路线进入俄罗斯，会遇到一个具有战略重要性的关键地貌标志物——"斯摩棱斯克大门"。这座陆桥在奥尔沙与维捷布斯克之间延伸，在西德维纳河上游和第聂伯河弯曲部朝东北方急转，形成一道75公里宽的走廊——这个空间足够赫尔曼·霍特将军的三个装甲师实施机动。这扇大门是德国人最重要的目标，其西部接近地受到从普里皮亚季沼泽向北延伸的一片广阔森林和沼泽地带掩护。[26]

几条主要河流及其支流跨过中央集团军群前进路线。由西到东，这些河流包括涅曼河、别列津纳河、西德维纳河、第聂伯河和杰斯纳河。实际上，仅在白俄罗斯，水道总长度就达到3.2万公里。虽然这些河流构成一系列潜在天然屏障，但1941年的德国陆军训练有素、装备精良，完全能够强渡这些河流，正如战后一位原德国国防军军官所说的那样："这对德国士兵来说几乎就是家常便饭。"[27]结果，德国人1941年夏季在所有渡场都取得成功，多次以惊人的速度跨过河流障碍。遂行此类行动时，德方享有一个很大的优势，这是苏联境内大多数河流的共同特点造成的。它们的西岸普遍高于东岸，因此，每当德军逼近一条设有防御的主要河流，他们都处在居高临下的位置。苏联境内大多数河流的另一个特点是，大片沼泽地带排列在河流一侧或两岸，对进攻方构成严重挑战。这些沼泽地带毫无遮掩，从这里通过往往会耗费大量时间并付出高昂的代价。另外，这种常见地形特征导致渡河完毕后构建桥梁和引道的工作更加复杂。[28]

虽然欧洲大部分地区的沼泽地都已排水或加以改良，但白俄罗斯和整个苏联的沼泽地，与大多数河流一样，仍处于原始、缺乏管理的状态。[29]大量沼泽地，除非因为夏季炎热而干涸，否则对机动车辆和马拉大车而言都难以逾越，迫使它们不得不紧紧依附于公路。对苏战局伊始，沼泽迷宫就成为最受红军散兵游勇和游击队员青睐的藏身地，他们是东线德军作战行动和交通运输的额外负担。[30]当然，在沼泽地区的战斗中，步兵力量首当其冲：

沼泽地形在很大程度上抵消了炮火的威力。航空炸弹必须安装延长杆引信才能取得效果。但最重要的是，沼泽地里的战斗对步兵提出极其严峻的体能考验。夏季，他们总是生活在潮湿的环境下。靴子和军装开始腐烂，铺天盖地的蚊子始终令他们的日子过得悲惨不堪，饮用水成了一种稀缺而又宝贵的物品。他们无法保持个人卫生，流行性腹泻、疟疾和伤寒迅速传播开来。沼泽地里的战斗，伤亡率居高不下的主要原因是无法挖掘野战防御工事。每挖一锹，坑里立即灌满水。掩体只能用圆木（经常需要从很远处运来）和沙袋构建。[31]

苏联欧洲地区中央地带的另一个主要地形特征是覆盖着大片林地——原始的云杉、橡树、松树、桦树和其他种类树林——这些林地实际上源自波兰境内。就像原中央集团军群参谋长在一份战后研究中所写的那样："越往东去，树林越茂密。"[32] 白俄罗斯约三分之一的面积是林木茂密的地区。从 1941 年 6 月 22 日起，德国各装甲军不得不在边境跨过巨大的森林地带。进入开阔地之前，这些林地延伸近 100 公里。戈梅利、明斯克、鲍里索夫、布良斯克、奥尔沙、维亚济马、波洛茨克、大卢基地区的森林地域也很多。德军各兵团不得不沿穿过这些主要原始森林中寥寥无几的道路和小径，单列纵队延伸的距离相当长。路况较好的道路数量更少，被指定为军用公路，留给装甲和摩托化部队使用。由于交通繁忙，这些主动脉很快遭到彻底翻掘，效用严重降低，德国人不得不对其加以修葺。[33]

1941 年夏季穿过这些森林向前挺进时，德军快速部队和步兵纵队被滚滚尘埃吞噬，无处不在的苍蝇和蚊子令他们不胜其扰，人员和马匹很难获得饮用水。步兵被迫依靠恶劣的林间小径行进，踩着深深的粉状沙子持续不停地向前跋涉，使他们的体力消耗达到了临界点。几乎所有的大面积森林里都有广阔的沼泽地，红军士兵和游击队员往往选择这些地域实施最坚决的抵抗，因为沼泽森林地带和普通沼泽地一样，给德军物质方面的优势造成限制。苏军"以森林火灾作为炎热天气的一种武器"，德国人"从来没有见识过这种打法"：

仲夏时节，树木非常干燥，俄国人焚烧森林，试图阻滞德国军队。这种火灾给人造成的身心影响相当严重。燃烧的树木噼啪作响，呛人的灰黑色烟雾、越来越难以忍受的热量和不确定感使士兵处于巨大的压力之下。他们避开冲天的火焰，在燃烧的森林中一英里接一英里地奋战，却没料到会遭遇敌人的掩体和筑垒阵地。弹药堆放地发生爆炸，浓烟腾入高空，给人的印象是激烈的战斗正在后方肆虐。[34]

德国士兵缺乏森林战经验，基本上处于不利状态，他们在最初的交战中伤亡惨重。为此，"从战争首日起，德国人就寻找新办法，在这种不可避免的森林战中为步兵提供支援"[35]。（本章"步兵"一节会更详细地探讨森林战这个主题。）

虽然德国士兵在整个 1941 年夏季的健康状况总体较好，但气候、地形和其他因素也造成了某些健康问题——大多属于次要性质。装甲兵将领埃哈德·劳斯回忆道：

夏季，俄国的森林和沼泽地满是蚊子，其中不乏疟疾携带者，一连数周折磨着人员和牲畜。就连防蚊网也无法完全防止头部和颈部遭到叮咬。苍蝇也在炎热的天气里折磨着人畜。北部和中部地区的许多木屋里满是诸如臭虫、跳蚤、头虱、体虱这样的害虫。[36]

哈尔德在 1941 年 7 月 6 日的日记中指出，截至 7 月 3 日，东线军队的"卫生减员"达 5.4 万人，他认为这个数字"相当了不起"。[37] 受污染的食物和饮用水，或缺乏适当卫生措施造成的肠胃问题并不罕见，而在沼泽地区还出现了个别的疟疾病例。最常见的疾病是细菌性痢疾，很快在一些部队中爆发开来。库尔特·库默尔中尉是第 18 装甲师一名炮兵军官，他在 8 月 24 日的日记中写道，他的炮兵连有一半人腹泻，部分病员不得不住院治疗。[38] 几天后的 8 月 29 日，第 6 步兵师的军医海因里希·哈佩评论道：

目前，我方士兵的痢疾患病率相当高，主要是通过数以百万计的苍蝇传播，它们使我们片刻不得安宁。这里的苍蝇简直是铺天盖地。我也染上痢疾，但不严重，仍能履行自己的职责。[39]

痢疾不太会危及生命，可它会导致一名士兵暂时丧失战斗力，第6步兵师的一等兵奥古斯特·弗赖塔格生动地说明了这一点：

在此期间，一种流行性痢疾爆发开来，很可能是大量苍蝇传播的。最重要的是，第一批新鲜土豆这些天出现了。另外，我们午餐时经常食用黄色的俄国豌豆，由于其独特的品质，我们称之为"爆竹"，它们让腹泻变得更加严重。某天我也病倒了。每天我不得不跑出去排泄25次，可除了血，什么也排不出。所以我被迫躺了四天，睡不着，也没吃东西。我虚弱无力，几乎无法行走。[40]

弗赖塔格战争回忆录的编辑卡尔·扎特勒补充了以下细节：

弗赖塔格患的是细菌性痢疾，这是迄今为止东线德军中最常见的接触型传染病。这里描述的症状，例如频繁排便、粪便中带血，无疑是这种疾病的典型症状。苏联西部素以频繁爆发痢疾而著称，常见的传播渠道是，苍蝇叮在人类排泄物上，然后又飞到食物上。这就解释了德军上级为何禁止士兵接受当地民众送上的食物和饮水……

中央集团军群的医学顾问，对当时大量出现的腹泻病例该如何分类的问题得出不同的结论，这就意味着可用统计数据的有效性值得怀疑。[41]

皮肤病"1941年夏季成为坦克组员中越来越常见的疾病"[42]，这是缺水、空间拥挤、尘埃中充满细菌所致，当然铺天盖地的昆虫也加剧了病情。第7装甲师的坦克炮手卡尔·富克斯在1941年8月3日写给妻子的信中抱怨道：

我得了某种皮疹。我不停地抓挠整个身子。这太糟糕了。我把它归咎于俄国的饮用水。这里的水用于盥洗都够呛，所以我觉得自己真不该喝它。我只能告诉你，你们这些身处国内的人应该很高兴不必见到这个"幸福的"苏联。[43]

东部战局之前和期间，德国士兵接种了痢疾、斑疹伤寒、疟疾和苏联欧洲地区其他常见严重疾病的疫苗。第303高射炮营的一等兵埃米尔·布勃在1941年4月25日的日记中写道，截至目前，他已第五次接种疫苗——这次是斑疹伤寒疫苗。[44]一名士兵的儿子近期自费出版了第6步兵师老兵威廉·布登博姆的书信集，书中指出，士兵的健康状况在1941年8月"仍相对较好"，但肠道疾病的发病率越来越高，而布登博姆（在当时）第三次接种疫苗，这次针对的是痢疾。[45]

装甲兵

第24装甲军1941年6月17日提交的一份军部报告指出，他们的"伟大目标"，也就是苏联首都莫斯科，就在东面1040公里处。[46]这个实力强大、久经沙场的兵团的军官无疑知道，对苏战局的胜利几乎完全取决于他们能否成功执行"巴巴罗萨"指令赋予他们的任务，他们和其他装甲军共同形成东线德军的利刃。到目前为止，德国国防军装甲部队的表现一直很出色。他们利用机动性、火力、无线电通信和诸兵种合成战术（这可能是1919—1939年两次世界大战之间的大量军事革新中最引人注目的实例[47]），以及一种领导文化（遵循老毛奇的优秀传统，竭力把在战场上做出重要决策的职责下放到更低层级，也就是所谓的"任务式战术"），从波兰平原打到法国田野和巴尔干地区的崎岖丘陵。这些身穿笔挺黑色军装的装甲兵锐不可当，迅速粉碎了一连串更为传统的对手。可以肯定，苏联人对他们构成迄今为止最大的挑战，尽管如此，德方大多数人还是坚信，这场战局的进展与先前20个月的战争没什么不同。

事后看来（尽管陆军总司令部和1941年春季部署在战场上的军队不这样认为[48]），"巴巴罗萨"行动及其体现出的关键作战理念，显然存在巨大的风险。实际上，如果考虑到这场战局所依靠的战役和战术情报相对缺乏的话，就能清楚地看出，赋予各装甲军的任务是多么大胆，甚至可以说是蛮干：越过边界线挺进数百公里，深入苏联腹地，不考虑自己的侧翼和后方，同时包围并歼灭兵力比己方多得多的苏军。但6月22日的执行情况表明，他们的作战理念起初似乎实现得非常出色。用历史学家克里斯蒂安·哈特曼的话来说，东部闪电战以一种"不可思议的效率和速度"运行。[49]

装甲突击的特点

德军装甲力量得到了重武器提供的持续支援（包括高射炮兵、中型 / 重型摩托化炮兵营、突击炮部队、火箭炮连在内的支援力量被分配给各装甲军，但不隶属他们[50]）。另外，德国空军战斗机、轰炸机和俯冲轰炸机主力也帮助他们粉碎了当面之敌。因此，装甲和摩托化师得以突破苏军边境防御，向东冲往他们的初期目标。在战争结束后不久出版的小说《莫斯科》中，德国作家特奥多尔·普利维尔捕捉到了德军装甲力量攻入苏联的精髓：

坦克大潮隆隆驶过桥梁。趴在道路旁的步兵们满身灰尘。格诺特克排里的士兵停下脚步仔细打量这些坦克。只有驾驶员在车舱里，其他车组成员都坐在车顶——车长戴着耳机待在炮塔边缘，其他人坐在他身后。

"看那里，他们把所有装备都挂在车外。""当然了，这么热的天，再加上汽油的臭味，什么东西都会坏掉。"炊具、饮用水、面包和干粮袋，所有东西都挂在坦克装甲板上。坦克后部带着汽油罐，每辆坦克都载有木板和木梁，这些材料用来铺在稀软的路面上。还有些坦克带有拖车。

一名步兵说道："看上去就像吉普赛人。"

队列向前驶去，过了一会停顿下来，随后又再次出发，以每小时10英里的速度向前行进。一个装甲师约有5000部车辆，它们的间隔，再加上所有辅助部队，使队列长度超过100英里……[51]

不见太阳的踪影，它肯定已经落山了，这些轰鸣、咆哮、呜咽、尖啸的车辆遮天蔽日。漫长的坦克队列和它们卷起的长长的尘埃云一路延伸到布格河并进入波兰腹地……他们就这样沿道路隆隆驶过布列斯特-立托夫斯克、明斯克和斯摩棱斯克，沿军用公路奔向莫斯科——他们夺得的这条公路现在畅通无阻。[52]

正如本书第七章所述，德国人在中央战线取得的进展最为显著，与北方、南方集团军群不同，中央集团军群编有两个装甲集群。尽管战局开始时力量对比处于1:1.6的劣势（中央集团军群的1800多辆坦克面对苏联西方面军的2900辆坦克），但霍特和古德里安装甲集群一次次展示出惊人的战术优势，红军显然被现代机动作战的新技术打垮了。但探究德军 1941 年夏季表面上不断赢得的一连串胜利时，一个重要因素往往被忽视——德方取得的成功，很大程度上是苏联缺乏准备（训练、武器、弹药、后勤等严重不足）所致，也是东线德军拥有训练、经验、战役和战术优势的结果。例如，西方面军只有 383 辆 T-34 和 KV 坦克，其他都是老式的 T-26 和 BT 轻型坦克。[53] 另外，许多 T-34 和 KV 坦克组员 6 月 22 日前几乎没接受过任何训练。一群群 T-34 坦克无意间驶入沼泽地带，车组人员不得不弃车逃生，这种情况不止一次发生。初期交战中，一些德军坦克车组惊讶地发现红军坦克没有使用主炮，而是以机枪火力扫射。缴获几辆敌坦克后，他们解开了这个谜团，对方的坦克没有炮弹。[54]1941 年 6 月的红军也缺乏有效的反坦克武器，他们的 1.49 万门反坦克炮大多是性能欠佳的 45 毫米火炮。[55]

1941 年 7 月初在别洛斯托克—明斯克成功实施合围后，中央集团军群的坦克突破西德维纳河—第聂伯河一线，第 24 装甲军在 333 架空军战机的支援下渡过第聂伯河。[56]德军机械化部队毫不停顿地前进、战斗，粉碎苏军一个个师。例如，截至 7 月 13 日，第 47 装甲军辖内第 17 装甲师，也就是古德里安所说的"这个勇敢的师"，已击毁 502 辆苏军坦克。[57]

前英国陆军上校罗伯特·J. 克肖在他关于"巴巴罗萨"行动的出色著作《没有花环的战争》中，详细描述了坦克兵从事战斗并英勇阵亡的震撼场面：

> 与徒步行进的步兵相比，坦克组员具有不同的战斗视角。由于机动性更强，场景变换更快、更频繁，他们读取地图时在时间、距离和比例尺方面都有不同的视角。装甲兵迅速越过地图，而步兵透过一层汗水和疲惫的面纱看着每一条接近中的地平线……对装甲兵来说，一道新地平线意味着一种未知、很可能具有威胁的情况。他从事的是一场公平的战争，在远距离展开厮杀。技术使他不必与敌人直接接触：他通常在很远的距离使用远射武器系统从事战斗。近距离战斗发生时，突然性和激烈度通常使他更加情绪化……

> 一辆坦克关闭舱盖投入战斗后，在它会导致幽闭恐惧症的狭小空间里看不见太多的情况。车组成员待在闷热不堪、拥挤得几乎难以腾挪的战斗舱里，透过信箱大小（或更小）的观察孔朝外张望并从事战斗。开火的主炮或嗒嗒作

响的炮塔机枪引发的金属撞击声震耳欲聋，它们还会朝狭窄的舱室释放有害气体。车内的气氛非常紧张，因为反坦克炮弹随时可能来袭，车组成员如坐针毡。这种脆弱感让紧张气氛进一步加剧。他们能清楚地看见这些炽热的炮弹带着消灭飞行路径上的一切并击穿战斗舱的潜力掠过战场。撞击的动能引发殉爆，火焰瞬间充满战斗舱，随之而来的冲击波通过舱口朝外奔涌，将炮塔舱盖冲开或把整个炮塔掀入空中。高爆弹头的外部冲击会在坦克内部造成金属"疤痕"，碎片在冲击波的推动下在坦克逼仄的内部空间弹跳。结果很可怕。肉体先被火焰灼伤，随后被锯齿状的炙热弹片撕裂，这些弹片还会引发多起二次爆炸。

坦克组员不太能听清炮塔外的战斗声，因为发动机的噪音和震动遮盖了这些声响。坦克迅速驶入发射阵地时，人的感官不断受到猛烈的碰撞和晃动带来的冲击。坦克停下时，战斗舱内腾起灰尘，在这短暂停顿期间，汽油和机油味窜入鼻孔。[58]

二等兵埃里希·哈格尔是第17装甲师一名坦克电台操作员，亲身经历过坦克在战斗中被击毁的恐怖场面。战争头几日，他参加了几场重要的坦克战，虽然遇到些艰难时刻，但幸免于难。1941年6月28日，哈格尔和他这个车组的好运终于在明斯克西南面走到尽头。哈格尔用一本苏联的学校笔记本，以德文苏特林字体精心书写的日记记录了这起可悲的事件：

1941年6月28日

一切都在继续……我们从半履带车处弄到60升燃料，驱车驶过掩体线。我们遭到射击，但顺利通过。我们和青许茨中尉的车辆陷入泥泞。连长把我们拉了出来。我们不断遭到炮弹射击，随后到达集合点。我们的车辆穿过燃烧的镇子，这里已被"斯图卡"战机摧毁。敌人在掩体外设有反坦克炮。我们朝一切开火射击并继续前进。左右两侧再次遭到攻击。俄国人隐蔽起来，对我们实施伏击。我们从没见过有这么多狙击手的战争，平民百姓也夹杂其中……

我们继续向前，很快来到一座村庄，在这里遭到猛烈打击。我们驶到一个拐角处，事情就发生在这里：三发炮弹从20～30米外朝我们的坦克袭来。驾驶员韦德下士阵亡……我们跳出起火燃烧的坦克，只带着随身物品逃离。这一切发生得太快……

炮弹击中我们的驾驶员，我幸免于难。我只能说我没负伤纯属运气。我对韦德的遭遇深感遗憾。他没发出任何声音，肯定当场就牺牲了。[59]

哈格尔和其他幸存者躲入一条壕沟，在泥泞中趴了 45 分钟，苏军火力一直在持续。他们遭到压制，根本无法逃离："我们觉得大难临头了。"但在最后一刻，一支德国步兵巡逻队救了他们。这些装甲兵与自己的连队失去联系，次日（6 月 29 日）只能同步兵们待在一起。他们获得钢盔和步枪，作为步兵参加战斗。6 月 30 日，他们动身出发，去寻找自己的部队：

12 点，我们找到 Sch（字迹难以辨认）……和他的坦克。我们坐在坦克上和他一同行进。突然，赫特莱茵和三名同伴出现在我们身后。见到我们，他大吃一惊。没人相信我们还活着。全连聚在一起。有人报告我们都已阵亡，连长已经把我们的名字注销。（我们没死的消息）真让人高兴。[60]

哈格尔仍深受 6 月 28 日悲剧事件的影响，他失去了一位亲密的战友。于是，他回到自己那辆 IV 号坦克被击毁的地方——那里还有另外几辆德军坦克的残骸，并且拍下几张照片。哈格尔在日记中记录了他对这些坦克所遭受损坏的震惊——它们的装甲板被炮弹的冲击炸飞了。驾驶员韦德——"他们找到他的部分遗体"——和另外几名阵亡的装甲兵被埋入突起的长方形坟墓，每个墓地都饰以阵亡人员的钢盔、鲜花和一个简单的木制十字架。[61]

渡过河流障碍后，第 2、第 3 装甲集群的合围铁钳再度合拢，这次是在距离边界线大约 600 公里的斯摩棱斯克周围，中央战线第二场蔚为壮观的合围就此形成。1941 年 7 月 16 日，古德里安的摩托化部队攻占斯摩棱斯克，到 1941 年 8 月 5 日，已有 30 多万名红军俘虏列队走入战俘营。（斯摩棱斯克包围圈之战参见本书第十章。）

当然，中央战线这些非凡胜利背后的主要催化剂是古德里安、霍特、施密特、施韦彭堡、莱梅尔森、莫德尔、丰克、内林、哈佩这些装甲兵将领。他们非常清楚，赢得胜利的是他们的快速机动，而不是与敌人展开交战。他们需要在几周内穿越遥远的路途并夺取至关重要的目标——尽管天气很好，可实现起来仍旧不易，他们必须抢在苏联人动员起庞大的人员和物资前做到这一点。如前所述，对苏战局发起前，古德里安就叮嘱他的装甲兵要不分昼夜地向前挺进，不能有丝毫停顿，也不必担心侧翼遭受的威胁，直到燃料耗尽。他提醒他们："最重要的是朝深远处挺进，不要恋战。"[62] 第4装甲师一名军官在日记中写道："我们必须不断前进，不能停顿。我们只在加油期间短暂休息。我们在行进途中或加油时吃饭。我们只有一个目标——莫斯科！"[63]

从6月22日起，德军的行动速度相当快，这些装甲兵将领把他们的部下、坦克、车辆和他们自己推到耐力的极限。第19装甲师一名老兵详细阐述了这一点，还强调了这场装甲突击的其他特点，例如红军经常使用猛攻德军装甲纵队侧翼的战术，后者早已把步兵远远甩在身后，有时候会得不到后勤保障或暂时被苏军切断：

行进几天后，第19装甲师的行军路线从1号装甲路线[64]转向南面……在这里，驾驶摩托车行驶在最前方的步兵遭遇敌人的激烈抵抗，两翼也遭到了攻击。已在加维亚河对岸建立的一座登陆场不得不暂时放弃。敌军从侧翼发起的冲击把我师余部与位于前方的部队切断，这导致先遣部队无法获得重武器支援。一位步兵炮排排长写道：

"一名炮兵观测员犹如天使降临般突然出现！片刻后，第一批炮弹在敌军队列中炸开。在炮兵连的火力掩护下，几个排得以撤到这一侧的河岸并立即重新部署。"

……我们师随后展开战斗队形。他们到达后，个别炮兵连立即做好射击准备。这一切结束了进军头几天艰苦、紧张、疲惫、炎热的日子。此时，全体官兵仍未获准小睡片刻，但这已不再令人难以忍受。

相关报告称：

"五天来，我一直设法让自己保持清醒，但眼皮不由自主地闭上。人类所能承受的睡眠不足和竭力保持清醒的努力显然是有限的。结果，我们投入第一场行动时疲惫至极，大汗淋漓，污秽不堪，只获得了微薄的口粮。"[65]

尽管德国人已采取措施，尽量确保快速力量在战局头几日做到自给自足，但惊人的推进速度和深度意味着各装甲军很快就把他们的支援部队远远甩在身后。有时候，坦克和车辆的燃料供应不得不依靠紧急空投，士兵经常四处寻觅食物以补充他们微薄的口粮。与本书节选的许多个人记述一样，另一起关于第19装甲师的轶事同样提供了引人入胜的辅助见解：

这些日子里的某一天，在一座立陶宛村庄入口处，第19炮兵团第7连的莱韦伦次中尉派我设法弄些食物，因为我们的战地厨房车没能赶上，而紧急口粮暂时还不能动用。我驾驶一辆三轮挎斗摩托车穿过这座排成一线的村庄，开始从最后一所房屋索要面包，他们自愿给了我一些。交出手头的面包后，所有村民都指点我去找村里的杂货商，他建造的木屋带有庭院，看上去像个长方形堡垒。我敲了敲门，一个胡子拉碴、胖乎乎的杂货商穿着一袭黑色长衫出现了，他用意地绪语①宣布："我没有面包！"其他村民一致声称他是村里最富有，同时也是最吝啬的家伙（我发现的确如此），于是我把这个胖子推到一旁，朝他的仓库里看了看，发现里面堆放着一袋袋物品，可能都是我们的战地厨房车需要的，但没有烤面包。我把这些东西和从其他村民那里要来的圆形的、怪怪的酸味面包和鸡蛋装满摩托车挎斗，随即返回自己的炮兵连。[66]

德军坦克车组、摩托化步兵和战斗支援部队组成临时战斗群向前挺进，他们的队列在苏联寥寥无几的道路上往往长达50公里或更长，他们连续行军和战斗数周，经常得不到急需的休息、补充和保养。到1941年8月中旬，第24装甲军没有一天不在作战行动中，尽管他们迫切需要休整及保养车辆。古德里安也提出请求，可陆军总司令部还是命令他们继续行动。[67]没有哪支21世纪的"后现代"西方军队敢于考虑对自己的军人提出德国人1941年夏季在苏联对他们的装甲部队和步兵提出过的要求。

---

① 译注：使用意地绪语说明这个商人是犹太人。

身先士卒的德军装甲兵将领

曾是瑞士坦克兵团军官的历史学家鲁道夫·施泰格尔评论道："特别是指挥装甲部队时，快速变化的情况，以及把握好运的机会转瞬即逝，因此指挥官不能待在遥远的后方指挥所里。"[68] 诚如我们所知，德军装甲兵将领个个身先士卒，看看古德里安的回忆录就会发现他对这个原则的强调。这位53岁的将领旋风般地展开一连串有目的的活动，从某个军部或师部驱车赶赴下一个指挥所，与下属商讨情况，同时收集信息、下达命令，并在最前方和他的部队一同前进。历史学家拉塞尔·A.哈特在他最新的古德里安传记中简要概述了这位将军的指挥风格：

虽然身居高位（他在法国就已指挥一个装甲军），在俄国的作战规模也更大——他的军队延伸数百英里——但古德里安一如既往，继续身先士卒，完全不考虑这种做法的战术和战役局限性。他对路程问题的解决方案是驱使他本人、他的司机和他的工作人员付出两倍努力。他多次置身敌人的火力打击下，好几次险些丧命。但幸运女神不断对他展露笑容，至少在一段时间内是这样。他的军队迅速取得纵深突破并绕过大股敌军，这些敌军随后企图溜过古德里安军队的防线逃往安全处。德军步兵无法及时赶上，致使大批被围之敌得以逃脱。古德里安无忧无虑地向前挺进，对身后发生的事情漠不关心，那里的情况迅速变得令人担忧。古德里安相信通过机动可以确保安全，而机动性差得多的步兵对这句格言感到不快。[69]

古德里安死里逃生的一次经历发生在对苏战局第三天（6月24日）。当日早晨8点25分，他驱车前往斯洛尼姆前线，战斗正在那里进行。他在途中遭遇苏军步兵，对方正以火力扫射道路。第17装甲师一个炮兵连和一些徒步作战的摩托车士兵朝敌人还击，但没能取得显著效果。古德里安随即加入战斗，用他那辆装甲指挥车上的机枪猛烈射击。此举成功驱散敌人，也使他得以继续前进。11点30分，古德里安到达第17装甲师设在斯洛尼姆西郊的指挥所。他在这里不仅见到了该师师长汉斯－于尔根·冯·阿尼姆中将，还遇到了第47装甲军军长莱梅尔森：

就在我们讨论情况时，后方突然传来激烈的步枪和机枪射击声。我们朝从别洛斯托克而来的公路望去，可视线被一辆燃烧的卡车所阻，因而无从得知究竟发生了什么状况。直到两辆苏军坦克从烟雾中出现，我（古德里安）才恍然大悟。敌坦克以火炮和机枪猛烈射击，企图冲入斯洛尼姆城，追击中的德军Ⅳ号坦克也在猛烈开火。敌坦克注意到一群德国军官（我也在其中），随即朝我们射来密集的弹雨，如此近距离的火力暂时使我们耳聋眼瞎。我们这些老兵立即卧倒在地，只有可怜的费勒中校因动作迟缓而身负重伤，他是陆军训练处的一名军官，到我们这里执行任务，对战地勤务不太熟悉。另外，反坦克营营长达尔梅尔－策尔贝中校也身负重伤，我不得不遗憾地说，他几天后不治身亡。敌坦克成功冲入镇内，但最终还是被我们击毁了。[70]

在这起事件中幸免于难后，古德里安视察了斯洛尼姆的前线，随后乘坐一辆Ⅳ号坦克，径直穿过无人地带赶赴内林第18装甲师。下午3点左右，他回到斯洛尼姆，再从这里折返装甲集群设在普鲁扎内的指挥所。返程途中他又遭遇一群苏军步兵，对方刚刚在斯洛尼姆郊外下卡车，古德里安的车辆从这群敌人当中冲过：

我命令坐在我身旁的司机全速前进，我们径直穿过这群俄国人。他们完全没料到这种意外情况，根本来不及开枪。但他们肯定已认出我，因为俄国媒体后来宣布我已阵亡。我觉得有必要通过德国电台的广播更正他们这个错误报道。[71]

当然，古德里安并非1941年夏季唯一一个喜欢身先士卒，结果遭遇近距离战斗甚至身负重伤的德军装甲兵将领。冯·阿尼姆将军1941年6月底负伤[72]，被迫放弃第17装甲师的指挥权。第3装甲师脾气暴躁的师长莫德尔将军，"戴着单片眼镜，大声咒骂着，不断出现在每个危机发生地"[73]。6月24日，莫德尔刚刚下车，他乘坐的装甲车就被苏军炮火击毁。[74]战争第四天，第39装甲军军长施密特将军从他自己的鲁莽行为造成的危险遭遇中死里逃生。6月25日，他的坦克力量从维尔纽斯攻往东南方的明斯克，施密特亲自率领身边工作人员，在部队前方侦察地形。几天后，该军军部的军官汉斯·赫特尔在一份德国报纸上发表文章，谈及此次事件：

次日晨，部队继续进攻，速度丝毫未减，在各处突破敌人的抵抗。但在我们的将军（施密特）看来，这个速度还不够。他知道速度就是这场进攻的一切。于是他下达了命令：不惜一切代价，前进！我们随后展开一场前所未有的追击。将军带着侦察营的一些士兵和身边几名工作人员，乘坐一辆敞篷越野车行驶在队伍最前方，以探明最佳行军路线。[75]

进入仍有大批苏军存在的地区后，这场大胆的探险活动迅速变得危险起来。施密特和他率领的小股力量遭到伏击，被苏军包围在莫洛杰奇诺附近的一片林地，他们躲在路边的一条水沟里，不得不为自己的生存而战。虽然苏军士兵从三面展开冲击并发出令人不寒而栗的战斗呼号——"乌拉！"，但施密特将军镇定自若，命令他的部下突出苏军防线。在夜色掩护下，施密特和他的小股队伍设法逃离困境，次日清晨再度与己方部队会合。[76]

文章结尾处，通信军官赫特尔称赞施密特将军为部下树立了榜样。但施密特的传记作者却对这位将军当日的行为持有截然不同的看法：

没错，从军事角度看，一位亲自执行战斗侦察任务的军长是不是一个令人鼓舞的榜样，这一点存有争议。要是一位将军在前线身先士卒，那么他的确为自己的部下树立了一个很好的榜样。可如果他只带少量卫兵就冒险进入敌方领域，在我看来纯属鲁莽，倘若考虑到此举有可能招致不必要的损失，那就可以说这是一种不负责任的做法。毕竟全军可能会在这种冒险中失去他们的指挥官……古德里安的领导原则——装甲兵将领应当身先士卒——在这里做得过火了。可就连古德里安和其他德军将领也把自己暴露在类似情况下。可以肯定，普鲁士-德国军官团的心态是以身作则，这种做法有时候会忽视对部下和对他们自己的责任。[77]

几个月后，赫特尔又写下以下文字，记述了施密特"疯狂的"做法：

1941年冬季到来时，按百分比计算，第39装甲军军官团的阵亡人数比普通士兵多一倍。长远来看，这种损失无法弥补，从质量方面看更是如此。鉴于预计战争会持续更长时间，军官的这种损失并不客观合理，可这是让士兵拥有堪称典范的纪律和令人钦佩的表现的重要秘诀。

在第39装甲军，军长施密特始终身处前线，参谋长在后方负责相关事宜。军长总是出现在战斗发生地。第一次世界大战的经历告诉他，只要军官树立好榜样，部下就会奋不顾身。对苏战局首日，他和战斗工兵先遣力量一同跨过边界线，坦克突击期间，他乘坐一辆敞篷指挥车，行驶在坦克队列前方。他对失败的军官丝毫不留情面，完全不理会他们的面子问题，而是直接打发他们回家。这一切迅速传开，所有士兵都对"老爹"施密特产生了真正的信任之情。但他并非那种"喉咙痛"（这意味着对挂在颈间的勋章的渴望，例如骑士铁十字勋章）的胆大妄为之徒，也没有被某种异常的野心冲昏头脑。他当然不是沙文主义者，而是更像世界主义者，此外他还是个真正的、如假包换的德国人。[78]

1941年6月25日这起事件还有个有趣的后记。施密特侦察队丢弃了几辆遭到袭击的车辆，苏联人在这些车辆上找到一批文件。莫斯科广播电台当晚发布特别通告，宣称德国第39装甲军全军覆没，施密特将军在战斗中毙命。这份通告还读出了所有阵亡的德国军官的名字，汉斯·赫特尔也在其中。次日晨，英国广播公司的德语广播也发布了同样的报道。在德国魏玛的家中，一位熟人得体地穿着黑色礼服，戴着礼帽，同情地拜望了施密特夫人。就连陆军总司令冯·布劳希奇也对外国广播电台的报道深感震惊，亲自打电话给第39装甲军军部。为平息谣言，德国媒体发布特别报道，而施密特将军则在德军夺取的莫洛杰奇诺机场接受了科隆广播电台恩斯特博士的采访。[79]

T-34、KV 坦克和"斯大林管风琴"

虽然 T–34 和 KV 坦克的数量较少，且大多数情况下得不到有效领导，但它们确实引起了德国人的注意。对苏战争首日，第7装甲师在奥利塔接近地遭到隐蔽在阵地内的 T–34 坦克的猛烈打击。7月6日，沿第聂伯河一线展开战斗期间，一批精心伪装的 T–34 给第3装甲师一个装甲营造成严重损失。三天前的 7 月 3 日，内林第 18 装甲师从鲍里索夫的别列津纳河登陆场攻往托洛钦，首次遭遇苏军 T-34 和 KV 坦克。内林将军回忆这起事件时说：

师属飞行中队的空中侦察一直为我们提供出色的情报。7 月 2 日，他们报告 100 辆敌坦克正在逼近，其中包括一些庞大的重型坦克。于是，我师为这种新情况做好了准备。7 月 3 日，我师遵照命令，继续沿斯摩棱斯克—莫斯科公路及其两侧向前挺进……

双方坦克先遣力量在鲍里索夫东面的利普基相撞。这是一场艰巨的战斗，俄国人的 T-34 和另一种重达 52 吨的坦克首次出现，我们的"小口径坦克炮"根本无法击穿它们的装甲板，我们当时的 37 毫米反坦克炮同样无能为力，就连少量配备的 50 毫米反坦克炮也无济于事。尽管如此，俄国人还是撤出战斗，并在战场上遗留了许多重型坦克——这可能是他们拙劣的领导，也可能是我方坦克组员的顽强或我们灵活的战术领导所致，又或者归功于我们那些出色的炮手。我们的炮弹也许无法击穿敌坦克，但的确命中了目标！笔者（内林）看见那些 52 吨的重型坦克动弹不得，我们的 50 毫米炮弹嵌入炮塔座圈，迫使敌坦克组员弃车逃离……为对付俄国人的重型坦克，师属炮兵（后来）总是前调 88 毫米高射炮或 100 毫米长身管火炮——7 月 7 日在托洛钦地域（拿破仑一世的宿营地）的战斗证明了这项措施的价值。[80]

第 18 装甲师第 18 装甲团一名军官也描述了该师与苏军 T-34 坦克的激烈遭遇战：

清晨 7 点，鲍里索夫与托洛钦之间传来坦克警报。俄国人的一个坦克营从右侧"全速"开来并对我们发起攻击。基恩上尉率领第 1 营猛烈开火，但所有命中的炮弹都被弹飞：这是我们首次遭遇 T-34。我们都有些惊恐。一片湿地把我们和俄国人隔开。他们全速驶入沼泽地，结果，11 辆 T-34 陷入其中，剩下的敌坦克转身驶离，对我们来说这真是幸运。现在我们以火力猛烈打击其他坦克，他们慢慢爬出，我们停虏了敌人 11 个坦克车组和他们的指挥官及副官。这一幕给苏军指挥官留下了深刻印象。[81]

第20装甲师装甲营营长 S 少校，在1941 年 7 月 25 日的日记中生动叙述了首次遭遇苏军 T-34 和 KV 坦克时的震撼。S 少校和他的装甲营当日参加了抗击苏军一个重型坦克旅的艰巨战斗。少校和他的车组攻击一辆 KV-1 时耗尽了所有穿甲弹，可没有产生任何效果，他们随即发现自己这辆战车的引擎停止了运转。坦克已无法动弹，加之炮弹耗尽，他们只得弃车。几人在一场猫鼠游戏中竭力躲避苏军坦克的机枪火力并设法逃脱：

我们渐渐感觉到一种神经紧张的反应。我们有些疲惫，于是沿着道路往回走了一小段，来到路边一座小屋，坐在一张长凳上休息。我们从这里可以清楚地看见位于下沉地的战场。我们发现我方和敌人的坦克都已停止行动，而且都不打算再度投入战斗。距离我们100米外，停着一辆燃烧的T-34，后来确定这辆中弹起火的敌坦克是第6连连长的战果。半小时后，伴随着沉闷的巨响，这辆爆炸的坦克腾入空中，炮塔飞到30米外。在森林边缘，我们看见一辆T-34与我们的一辆Ⅱ号坦克撞在一起。T-34甚至已爬到了Ⅱ号坦克上方，但无法与后者脱离。从远处看去，这就像两头恐龙的交配，我们团后来把这一幕称为坦克婚礼。

当然，我的一些部下也深感震惊，因为他们在近距离内猝不及防地遭遇敌人，而对方的武器和装甲板明显具有优势。待他们发现自己的小口径主炮对敌坦克几乎没什么影响时，这种震惊更为加剧。谁能抵挡住这样的敌人呢？一名军士驾驶着坦克返回B战斗梯队的地域，这辆战车已在战斗中严重受损。他筋疲力尽地倒在K少尉身旁，讲述了自己的亲身经历：

"少尉先生，太可怕了！刚才一辆俄国坦克朝我冲来，我不停地开火射击——穿甲弹，高爆弹，机枪火力。我一次次命中对方，可它根本不在乎。敌坦克越来越近，射出的炮弹差点命中我们。对方再次开火，炮弹撕裂了我这辆坦克的履带护板。我估计它正朝炮膛装填炮弹，然后就会击中我们，我离它仅30米。就在这时，另一辆坦克从侧面朝我开来，炮口瞄向我的坦克。我的驾驶员狠狠踩下油门，在两辆敌坦克之间仓促逃离。对方的装甲更厚、武器装备更好、速度也更快，我们还能做些什么？您看看我都吓成什么样子了。"[82]

S 少校回应了内林将军的记述，他说德军坦克组员不仅设法生存了下来，还经常在 1941 年夏季的这种交战中赢得胜利：

倘若俄国坦克兵获得更好的领导，并以正确的方式从事战斗，我的营肯定会覆灭……确切地说，我们在近乎绝望的情况下，全凭强烈的斗志、更出色的射击技术、装甲部队各级官兵的快速反应，才赢得当日的艰巨战斗。[83]

第 20 装甲师第 21 装甲团的摩托车传令兵库尔特·维尔纳·安德烈斯，在战后书写的手稿中深入探讨了德军坦克组员取得成功的原因：

德军装甲兵的日记清楚地表明，他们一方面对首度出现在战场上的苏军 T-34 和 KV-1 坦克深感震惊，另一方面在战斗中展现出更顽强的斗志、更快的反应速度和更灵活的头脑，最重要的是更出色的射击技术。正如 S 少校 1941 年 7 月 25 日的日记中所写的那样："反坦克炮与坦克、坦克与坦克之间的角逐就像一场决斗，更快、更准确地开火的一方会成为胜利者。"

在闪电战的背景下，遵照海因茨·古德里安大将（1888—1954 年）的格言大规模投入装甲部队至关重要。古德里安说："集中，不要分散！"相比之下，苏德战争开始时，苏军的坦克战术是把战车分配给各个步兵连。这种做法令人吃惊，因为 1941 年 6 月 30 日夺取明斯克后，我们在苏军军官宿舍找到一台放映机和几卷电影胶片，其中包括一部训练片，内容是法国战局期间的德军装甲战术。

K 中尉在 1941 年 7 月 27 日的日记中写道："俄国领导层没有大规模投入坦克，他们的战术计划无从辨识，因此，这些坦克一点点地浪费在个人行动中。这一点难以理解，可他们一直这样行事。俄国人的个人表现英勇而又顽强，要是他们获得出色的领导，我们很难在这几天的战斗中活下来。"[84]

虽说苏军的 T-34 和 KV 坦克明显具有优势，但这些坦克更像个新奇玩意（虽然发人深省），而不是对 1941 年夏季的德军坦克组员和他们的指挥官构成威胁的武器。（许多当年拍摄的照片显示，好奇的德国士兵仔细查看，甚至爬到这些坦克上。）尽管如此，任何一支军队的士兵在任何时候遇到配备更精良武器的对手都会产生严重动摇，这一点不言而喻。以上记述表明，身处苏联的德军装甲兵的情况就是这样。可直到1941年10月初，最终攻往莫斯科的"台风"行动发起时，警钟才真正响起，德国第4装甲师在姆岑斯克南面遭遇大批获得出色领导的T-34坦克，损失惨重。古德里安承认："俄国人的T-34首次展现出对我方坦克显而易见的巨大优势。"他在回忆录中写道：

该师伤亡惨重，这使我们迅速攻往图拉的计划暂告搁浅……众人谈到俄国坦克的质量，特别是对方的新战术时都深感担忧。我们在这段时期拥有的防御武器，只有在极其有利的条件下才能击毁T-34。Ⅳ号坦克配备的短身管75毫米主炮，只有从后方攻击T-34才能奏效，即便如此也必须击中T-34引擎上方的格栅方能把它摧毁。这需要高超的驾驶技术，把坦克驶入合适的位置才有可能完成这种射击。[85]

值得一提的是，1941年秋季，在古德里安的敦促下，陆军军械局代表和坦克设计师组成的委员会对T-34造成的问题加以研究，并且着手开发新型坦克，这个委员会曾于1941年11月下旬赶到古德里安的作战地域。[86]

苏联的另一款新式武器是高度保密的BM-13"喀秋莎"固体燃料多管火箭发射器，1941年7月中旬首次用于打击斯摩棱斯克以西的德国军队。7月13日，第17装甲师在斯摩棱斯克西南方夺得奥尔沙这个至关重要的铁路枢纽。[87]次日，那里的火车站挤满德军的火车和补给运输车辆。他们遭到苏军一个"喀秋莎"炮兵连打击，这是苏方对这款武器系统的首次战场测试。下午3点左右，这个"喀秋莎"连开火射击，火力持续了15～20分钟。约100枚132毫米口径的火箭弹击中铁路站场，炸毁了德国人的弹药车和油罐车，整个站场沦为一片燃烧的地狱。[88]

1941年7月15日，苏军"喀秋莎"连再度投入战斗，这次打击的是盘踞在鲁德尼亚的德军第12装甲师[89]，该镇位于斯摩棱斯克与维捷布斯克中途。关于这场行动，A. I. 叶廖缅科将军后来写道：

我们在斯摩棱斯克西北面的鲁德尼亚试验了这款出色的武器。7月15日下午，伴随着喷气火箭弹不同寻常的爆炸，地面发出震颤。火箭弹窜入空中，就像一颗颗拖着红色彗尾的彗星。频繁而又耀眼的爆炸前所未见，激发了人们的想象力。几十枚火箭弹同时爆炸的威力非常惊人，德国人惊慌逃窜。炸点附近甚至还部署着我方军队，出于保密原因，没有预先通知他们会使用这种新式武器并安排他们撤离前线。[90]

尽管多重爆炸造成地狱般的喧嚣，但德国人很快发现，火箭弹不够准确，碎片效应也欠佳。"喀秋莎"作为打击暴露在开阔地的士兵和装甲薄弱的车辆的面杀伤武器最为有效，对坦克几乎没什么影响，除非碰巧直接命中。但这是一款相当致命的武器，对那些不太熟悉它的士兵来说更是如此，这一点毋庸置疑。第14摩步师一名二等兵回忆道：

我们不太害怕"斯大林管风琴"……火箭弹的外壳不太厚，所以破片效应欠佳，但半个弹体那么大的弹片落在周围就已足够了。火箭弹的爆炸掀起大量泥土，最重要的是它的爆炸声震耳欲聋！你能看见来袭的火箭弹，接下来明智的做法是：不能像躲避炮弹那样趴在地上，而应当做好准备，把扑面而来的泥土和沙子往上踢。"斯大林管风琴"一开始给我们造成了很大的损失，因为每个人都本能地趴在战壕里，结果被掀起的泥土覆盖，窒息而死！

俄国人又一次用战壕扬声器朝我们喊话："明天清晨我们会使用新式的320毫米火箭炮！你们谁都活不了，所以，今晚赶紧过来投降！"他们果然使用了320毫米火箭炮，后来经常使用，可我一直活到今天！[91]

1941年夏季，BM-13多管火箭发射器投入的作战行动寥寥无几。可正如许多德军战时日志和普通士兵的记述揭示的那样，这种情况会在当年秋季彻底改变，红军届时会频频使用这款武器，它将在莫斯科城外的中央战线发挥重要作用。

不可避免的结果——无情的消耗

1941 年 7 月中旬，第 12 摩托化步兵团团长斯米洛·冯·吕特维茨中校，在第聂伯河前方某处的一座村庄外参加指挥官会议。该团隶属第 4 装甲师，是德国国防军最精锐的部队之一。与会军官坐在果园里一棵硕大的苹果树下，这是一幅和平、田园诗般的场景。突然，苏军重型火炮射出的一发炮弹在苹果树上方炸开：

迪特里希·冯·绍肯上校和另外 4～5 人身负重伤，其中一人很快就伤重不治。埃克和我坐在他们中间，被爆炸冲击波抛出很远，但毫发未损，简直是奇迹！我们立即救助重伤员。一名中校的腿被炸飞，我按住他的动脉，直到军医赶来。返回团里的途中，我们在一个水坑里洗掉了沾在军装上的大量血迹。[92]

这种场面在 1941 年夏季的苏联司空见惯。重伤或死亡的降临往往突然而又出人意料。

评估德军快速力量 1941 年夏季的减员时，从克劳塞维茨说起较为有益。一般说来，恶劣的气候、复杂的地形、糟糕的道路、不够准确的地图、坦克和车辆故障、交通事故、战术错误、补给问题、人员的疲惫和虚弱、大量无法预见的突发事件都属于摩擦范畴。克劳塞维茨写道："摩擦大体上可以说是区别实际战争与纸上战争的唯一概念。"[93] 这些因素的累积效应，加之苏军无情地加强抵抗（1941 年 7 月底到 8 月，他们沿德军中央突击方向展开协同一致的大规模反突击），给霍特和古德里安装甲集群造成惊人的消耗，并显著拖缓了他们的行动速度。

包围圈之战厮杀到底的意外要求（苏军顽强抵抗所致），从一开始就打乱了各装甲军的挺进，并造成严重伤亡（第 29 摩步师被召回，该师 1941 年 6 月底损失 47 名军官，当时在斯洛尼姆西面据守别洛斯托克—明斯克包围圈的封锁地段）。[94] 罗伯特·J. 克肖评论道：

德国人不得不投入战斗消灭包围圈，这种情况此前从来没有发生过。它大大拖缓了"闪电战"的速度。这是自战局头几日为夺取布列斯特－立托夫斯克要塞进行残酷厮杀以来，关于日后战斗的另一个不祥之兆……在明斯克和斯摩棱斯克连续实施的合围战牵制了中央集团军群50%以上的进攻潜力。而在西线，德军总参谋部创造性的计划分割并击败英法联军后，后者就投降了。可俄国人不管付出怎样的代价都会顽强战斗。德军仅凭出色的机动不足以在新开辟的东线赢得胜利。他们首先要消灭已被击败的对手，这是个耗费时间、代价高昂的任务。德军"快速"摩托化师或装甲师并非针对这种任务编成，在防御方面也缺乏经验。他们重创了陷入包围圈的狂热对手并等待步兵力量开抵，最后者负责对敌人实施致命一击。[95]

各装甲军向东疾进，很快把步兵部队甩在身后150 ~ 200公里处。苏联人充分利用德军配置方面的这个弱点（也就是位于最前方的机械化先遣力量与后方步兵部队之间的缺口不断扩大），在第2、第3装甲集群敞开的侧翼多次取得突破。为解决日趋孤立的问题，各装甲战斗群采取临时性防御和警戒措施（例如环形防御），德军野战条令中几乎没提过这些方式。[96]德国人越往东去，他们的战线就越长。前线防御通常较为薄弱，而且远谈不上绵亘，因此存在许多缺口。苏军一次次发起进攻，摧毁德军后方勤务和补给车队——位于前线后方的苏军散兵游勇和游击队也遂行这项任务。1941年7月中旬，第18装甲师一名军官在日记中称，苏军袭击该师设在多布伦的野战医院并造成严重损失。[97]

快速部队在战斗前沿或其他地方不断移动，有时候与红军混杂在一起，甚至被对方切断，因此他们很容易遭受己方部队的意外攻击。实际上，这种友军火力误击事件给德军装甲部队造成的减员，可能比迄今为止确认的要多。第20装甲师的库尔特·维尔纳·安德烈斯回忆道："己方火力造成的伤亡令人痛心。情绪激动时，己方人员把德国坦克误认为敌人并把它击毁的情况并不罕见。"[98]

现代战争中，交战双方通常相距甚远，都使用可怕的破坏性武器，被己方部队使用本打算对付敌人的武器打死打伤的事件屡见不鲜。[99]在1914年10月第一次伊普尔战役期间，希特勒所在的巴伐利亚第16预备步兵团（即"李斯特"团），参战首日就沦为己方火力的受害者。[100]已故美国文化史学家保罗·福塞尔谈及1939年到1945年间英美军队中大量友军火力误击事件时称，这些和其他类型的"失误、错误和事故与第二次世界大战的本质非常接近"[101]。

虽然前面已经概述过中央集团军群辖内部队发生的几起此类事件，但回顾另外几个事例有助于强调这个严肃而又被人忽视的主题。第18装甲师的格奥尔格·克罗伊特尔少尉在他的日记中指出，他的部队6月22日蒙受的损失中，己方火力误击造成的伤亡"所占比例较高"。[102] 8月1日，古德里安遭遇德国空军空袭，"第一颗炸弹在距离我的汽车5.5码处爆炸"，这场轰炸造成"严重伤亡"。[103] 几周后，第2装甲集群挥师向南进入乌克兰，党卫队第2"帝国"摩步师遭到20多架"斯图卡"俯冲轰炸机攻击，有10人阵亡，30多人负伤。[104]

快速挺进也意味着包括无线电和电话在内的信号通信越来越难以维系，而部队赖以维生的补给线也越来越长，越来越脆弱。斯摩棱斯克交战期间，后勤问题开始给作战造成影响，部分原因是把苏联宽轨距改为欧洲标准轨距的铁路线转换工作没能按照必要的速度进行。零配件短缺的情况随之出现，补给物资的交付也发生问题。历史学家肯尼思·麦克西写道：

> 此时，补给物资混乱到达的故事开始出现在德国人的日记里（例如第2装甲集群参谋长的日记）。挡泥板运到了，可这不是车辆的重要部件。有时候运抵前线的是训练用迫击炮弹，而不是真家伙。这就是当时出现的典型情况。
>
> 因此，这是一种稳定的衰退：不是彻底崩溃或类似的情况，而是事情不如当初设想的那么好，而且这种状况开始给作战行动造成限制，并使作战人员更加谨慎。他们朝远处望去，想知道明天是否有补给物资运抵。另外，战斗异常激烈，弹药消耗远远高于预期。[105]

各装甲集群的人员和物资损失没能得到充分补充，这个事实严重加剧了缓慢的"稳定衰退"。1941年8月4日，古德里安在鲍里索夫的中央集团军群司令部向希特勒汇报情况时提醒他的元首，只有确保新坦克、引擎、零配件和飞机"持续不断的、稳定的供应流"才能保持攻势。希特勒回答说，他要把所有新坦克和飞机留给"日后的任务"。这位独裁者勉强同意提供一个月的新坦克引擎产量，仅此而已。[106] 除此之外，古德里安装甲集群和其他装甲兵团不得不以手头现有的力量继续从事战斗。

可经过 6 ~ 8 周连续作战后，这些装甲兵团的实力已远远不如 1941 年 6 月 22 日的时候。中央集团军群几个装甲师的坦克和人员数量强调了这一点：

· 第 3 装甲师投入对苏战局时有 200 多辆坦克，1941 年 7 月 3 日只剩 86 辆可用坦克（另有 50 多辆正在修理）。[107]

· 第 4 装甲师，截至 7 月底只剩 49 辆可用坦克（编制数量为 177 辆），另外 83 辆据称可以修复。到 8 月中旬，该师各摩托化步兵连已损失 50%～70% 的战斗力，伤亡人员包括许多"最优秀的战士"。[108] 截至 1941 年 8 月 31 日，该师共伤亡 2325 人（阵亡、负伤、失踪），只获得 528 名补充兵。[109]

· 第 7 装甲师 1941 年 7 月 21 日报告，他们还有 118 辆坦克，另外 96 辆正在修理。为保持战斗力，该师解散了三个装甲营中的一个，以确保另外两个营的实力。该师投入"巴巴罗萨"行动时有 256 辆坦克。[110]

· 第 10 装甲师 1941 年 6 月 22 日有 182 辆坦克（包括 45 辆 II 号、105 辆 III 号、20 辆 IV 号坦克），到 7 月 20 日只剩 5 辆 II 号和 4 辆 III 号坦克充分具备战斗力。另外 25 辆 II 号、38 辆 III 号、3 辆 IV 号坦克（其中许多因为缺机油而蒙受引擎轻微受损）只能遂行防御任务。该师约有 100 辆坦克需要维护或修理。[111]

· 第 18 装甲师投入对苏战局时有 218 辆坦克，到 7 月 11 日只剩 83 辆可用，部分损失是遭遇敌人更具优势的 T-34 坦克所致。该师不到 20 天内折损 2279 人，超过总兵力的 13%，减员达到每天 100 多人。截至 7 月 28 日，第 18 装甲师已有 765 人阵亡（包括 63 名军官）、1968 人负伤、337 人失踪（这些数字包括暂时隶属该师的部队成员）。该师只有 12 辆做好战斗准备的坦克到达斯摩棱斯克。第 18 装甲师已筋疲力尽，不得不撤出前线数周，在斯摩棱斯克东南方的森林里进行休整和补充。[112]

· 第 20 装甲师，截至 1941 年 7 月 26 日共伤亡 2085 人，平均每天减员 60 人。这些损失占该师军官的 35%，军士的 19%，普通士兵的 11%（与他们各自的编制人数相比）。[113]

1941 年 7 月 25 日，第 47 装甲军军长莱梅尔森将军在日记中指出，麾下三个师（第 17、第 18 装甲师，第 29 摩步师）自对苏战局开始以来的平均伤亡人数为 2200 人，机动车辆的损失也达到 50%。他沮丧地写道：“我的各个师迫切需要补充，可没人知道能从哪里弄到补充兵。”[114] 莱梅尔森几天前称，军官的损失一直居高不下：

1941年7月16日

虽然遭遇激烈抵抗，但第29摩步师昨晚攻克了斯摩棱斯克。第71步兵团的表现尤为突出。在这个拥有15万居民的城市里，他们不得不以刺刀和手榴弹夺取一座座房屋，这真了不起。

我们的损失也很可观。今日清晨我驱车前往斯摩棱斯克，看见许多墓地排列在道路两侧，其中埋葬了很多第15步兵团最具能力的年轻军官，在此前的战争中他们毫发无损。太可惜了！朴素的十字架上简单地写着“为更伟大的德国而牺牲”。我在路上甚至看见第29炮兵团凯特尔少尉的坟墓，他是凯特尔元帅的儿子。我们最优秀的军官正在这场残酷的战争中不断减少，这是一场与波兰战局乃至西方战局截然不同的战争。[115]

无情的减员（特别是军官及军士）和红军的坚决抵抗，成为德国陆军总司令部越来越关注的问题。另外，对这场战争后续进程的沉默质疑首次出现，总司令部作战处处长霍伊辛格上校的副官格奥尔格·海诺·冯·明希豪森上尉1941 年 8 月初在日记中写道：

俄国人在中央集团军群东部战线对面部署了极其强大的军力！所有预备队集团军都在他们身后展开。我们能在莫斯科前方粉碎他们吗？对我们来说，补给正变得越来越困难，各装甲集群因为物资消耗蒙受的损失会继续上升，即便获得补充亦是如此。士兵们越来越疲惫，最重要的是军官大量损失。[116]

到 1941 年 7 月底，身处前线的装甲兵将领和他们的诸多下属及部下也开始质疑，承受高昂损耗的同时继续有效从事战斗，这种状况还能坚持多久？第

18装甲师师长内林将军在1961年发表的一篇文章中回忆道："一连四周持续不停的进攻，以及为此付出的巨大努力和承受的巨大艰辛，对人员和物资都产生了影响。一个疑问渐渐出现：'这种情况如何能继续下去？'"[117] 早在1941年7月11日，内林就对他这个师的危险消耗发出警告，称"如果我们不想力战至死的话"，就不应该让这种高昂的损失继续下去。[118] 几周后的8月22日，中央集团军群在作战日志中承认："装甲部队精疲力竭，消耗严重，无疑已无力遂行大规模作战任务，除非他们获得彻底的补充和整顿。"[119] 尽管部队疲惫不堪，可是主要行动仍在继续。不仅仅是中央集团军群辖内各装甲军，整个东线德军都在持续不停的行军和战斗中继续消耗他们不断减少的资源——这是战线长度增加，战斗强度上升，运抵前线的人员、技术装备和物资补充不足导致的。

虽然德军装甲兵损失惨重并遭遇许多始料未及的挑战，但他们的士气依然高昂。第7装甲师的坦克炮手兼预备军官候选者卡尔·富克斯在写给父亲的信中，为自己和自己的部队在对苏战局最初几周取得的成就深感骄傲：

1941年7月24日

亲爱的父亲：

……自您写信告诉我您的调动情况以来已有一段时间。接到您的来信时，我们已朝敌人的方向开去。天气炎热不堪，灰尘和泥土是我们不变的伴侣。我们从东普鲁士北面越过卡尔瓦里亚，赶往奥利塔。我在那里参加了有史以来规模最大的坦克战！敌人被击退并遭受严重损失，我们立即发起追击。战局第三天，我们到达维尔纽斯。立陶宛人民为我们举办了令人难以置信的欢迎仪式。我们真的沐浴在鲜花中！

休息一天后，我们继续朝明斯克方向而去。我和我的坦克总是位于最前方并在敌人的防线上打开缺口。电台的特别公告报道了我们取得的成就。我们在明斯克郊外听到这个消息时欢欣鼓舞。我们连已接到特别命令，正全力执行，以便让所有人都满意。一周来，进攻列佩利并继续攻往维捷布斯克期间，我的坦克一直在最前方。我永远不会忘记这些战斗经历。

我们现在已到达斯摩棱斯克另一侧……在我看来，战斗本身就是最大的冒险和历练。进攻明斯克期间，我获得了一枚坦克突击奖章，上级还推荐我获得二级铁十字勋章。没错，我们正朝胜利和和平前进。

我祝您身体健康。我以我们传统的战斗呼号问候您：德意志万岁！

您忠诚的儿子，卡尔[120]

步兵

战争是残酷的，造成以无情讽刺为特征的情况，或玩世不恭地把看似毫不兼容的现实并置时尤是如此。战争还产生悲惨的结局，这种结局就连最顽强的参与者也难以理解（如果不能说无法理解的话）。当然，这些事件可以说是在所有战争中通行的血腥货币，它们为对死者、伤者、失踪者的基础性客观聚合统计添加了一个深刻的人为标志，充实了我们的历史书籍。在此背景下，我们以两个个人轶事开始这段关于德国步兵的叙述，它们是数千个类似经历的代表，也是从 1941 年夏季身处苏联中部的德国士兵的回忆中收集来的。

在 2004 年出版的战争回忆录中，当年 21 岁、在第 129 步兵师第 129 炮兵团担任炮兵的二等兵威利·勒韦尔描述了 1941 年 7 月底与他同在第 129 步兵师服役的兄弟的邂逅。这是他们的最后一次见面：

战争中的平静通常具有欺骗性，出乎意料往往是规则而非例外。对我们来说也是如此。"愤怒"的战争开始后，我们随着它一路向东。1941 年 7 月 25 日，我们到达斯摩棱斯克交战地域，面积有好几平方公里。进入这片战场时，我遇到个惊喜。仿佛天意注定似的，我见到了我的兄弟海因里希，他也在第 129 步兵师服役……我们的行进路线相同，这些天经常遇到他。7 月 27 日晚，我们连驻扎在斯摩棱斯克地区一条美丽的山谷中，四面八方受到掩护。我们等待战地厨房车分发食物和口粮。令我深感喜悦的是，我兄弟海因里希也跑了过来。他看见了我们的战术标志，他那个连队（第 430 步兵团第 2 连）的驻地离我们非常近。就在这时，我们的战地厨房车赶到了，带来许多好东西。今晚是炖牛肉配面条，还有明天的口粮，外加掺有朗姆酒的茶水——一顿豪华大餐。

我问我兄弟："你的水壶里装的什么？"他回答道："还能是什么？黑咖啡呗。"我立即说道："把它倒掉，我给你弄点我们的饮品。"我拎着两个水壶朝我们的厨师走去。他招呼我时说道："看来一壶对您来说还不够，对吗？"我向他解释说，我兄弟是步兵，到我们这里来玩玩，他们那里没有这样的美味佳肴。厨师很痛快地给我灌满两个水壶。海因里希显然很高兴，我们俩坐在一起聊了很久。他告诉我，他们连拂晓时会加入一支突击队。夜幕降临后，他才跟我道别。海因里希离开时，我觉得自己几乎不得不搀扶着他。过了一会，他转过身来朝我挥手告别。我们都不知道这是我们最后一次见面。[121]

次日拂晓，勒韦尔的 150 毫米中型野战榴弹炮连开火支援一场步兵突击。虽然陆军条令规定发射速率是每分钟 4 发炮弹，但他们的射速却高达 8 发，滚烫的炮管无法触摸。勒韦尔的炮兵连很快就耗尽弹药，虽然苏军的反炮兵连火力相当猛烈，但补充炮弹和药筒正在附近一个步兵预备队排的协助下匆匆前运：

正如我（勒韦尔）后来发现的那样，我们的步兵不得不击退敌人一场坦克突击，我们通过观察和持续射击阻挡住敌人。

战斗仍在继续。陷入重围的俄国人企图突出斯摩棱斯克附近的庞大合围圈……他们甚至在某些地段取得了成功。我兄弟所在的排也参加了这些战斗。他们当中没有一个回到自己的连队。全排士兵当日悉数失踪。打扫战场后，没发现这30名年轻士兵（他们都20岁出头）的任何踪迹，这太神秘莫测了。[122]

人们只能猜测海因里希·勒韦尔和他排里其他人的确切命运，以及没能发现他们尸体的原因。他们很可能在被苏军俘虏后立即遭到处决，威利·勒韦尔一度想到这个可怕的结果："我们曾被告知，俄国人从来不留俘虏……我诅咒战争、上帝和世界，我暂时无法继续履行自己作为一名炮兵的职责。排长下达了命令，由我们的炮长接替我的岗位。"[123]

1941 年 7 月 25 日前后，第 6 步兵师的二级下士威廉·韦斯勒和他的连队到达维捷布斯克东北方，西德维纳河上游的韦利日地域。他们冒着烈日，忍着尘埃和干渴，从那里出发继续向前艰苦跋涉，经过一场长途行军后，于 7 月 27 日在毗邻几座房屋的一片高地宿营。全连罕见地获准于次日（7 月 28 日）休息一天，这让韦斯勒和他那些战友松了口气，这种休息日通常用于清理武器、维修车辆、休整劳累过度的马匹、解决个人卫生问题。可就是这样一个田园诗般的夏日，伴随着众人渴望的休息和恢复，突然间变得极其致命：

全连8点起床。我们当天的职责是缝补军装、保养武器。战友把军饷交给我，让我帮他们寄回家。12点，我把这些钱交给出纳员。[124]作为一个节俭的人，我把80马克存入我的储蓄账户。这是个阳光灿烂的日子，每个人只穿着泳裤，以自己的方式尽情放松。

14点过后不久，轮到我让连里的理发师弗里茨·高泽韦格剃头了。就在他帮我修剪头发时，俄国轰炸机突然在我们上空轰鸣起来。我听见炸弹的尖啸，一头跳入一个坑里。这一跃救了我的命，因为就在这一刻发出了爆炸声。一颗炸弹落在我这个避难处几米开外，旁边的一辆弹药卡车立即起火燃烧。

俄国人的轰炸机干得很漂亮，造成以下结果：

我坐的那张椅子还在那儿，弗里茨·高泽韦格倒在一旁，剪刀和梳子仍攥在手中，弹片削飞了他的头颅顶部。

以下人员阵亡：

列兵施梅尔策（我的勤务兵）

列兵施佩希特

弗里茨·高泽韦格——他倒在离弹药车很近的地方，遗体被部分烧毁。

弹药车起火燃烧，车上的弹药发生殉爆并发出噼里啪啦的声响。所有人赶紧逃离，生怕发生大爆炸……

我突然听到一声尖叫，我们连的鞋匠鲁迪·勒滕迈尔躺在离弹药车不远处。刚才那一跃使我跳到他旁边，鲜血像喷泉那样从他腿上的血管喷涌而出。我已不记得自己是如何找到些内衣和一根木棒的。我用这些东西在他腿上做了根止血带。虽然他身材矮小，但我费了好大力气才把他拖离弹药车残骸。[125]

除三人阵亡、弹药卡车被炸毁外，附近所有战车和步兵大车都被烧毁。另外，辎重队的随身物品和几匹驮马也遭了殃。大多数人的衣物和装备损失殆尽，也包括韦斯勒的会计收纳盒和里面的300马克。奇怪的是，他们的步枪整齐地架在燃烧的弹药车不远处，毫发无损。[126]

巴巴罗萨

德国入侵苏联的内幕

BARBAROSSA
UNLEASHED

——下册——

CRAIG W. H. LUTHER

[德] 克雷格·W.H. 卢瑟 —— 著   小小冰人 —— 译

江苏凤凰文艺出版社
JIANGSU PHOENIX LITERATURE AND
ART PUBLISHING

图书在版编目（CIP）数据

巴巴罗萨：德国入侵苏联的内幕：全2册 /（德）
克雷格·W.H.卢瑟著；小小冰人译 . -- 南京：江苏凤
凰文艺出版社，2020.10
ISBN 978-7-5594-4352-6

Ⅰ.①巴… Ⅱ.①克… ②小… Ⅲ.①德国对苏联突
然袭击（1941）- 史料 Ⅳ.① E512.9

中国版本图书馆 CIP 数据核字 (2020) 第 159327 号

巴巴罗萨：德国入侵苏联的内幕：全2册

Barbarossa Unleashed: The German Blitzkrieg through Central
Russia to the Gates of Moscow, June–December 1941

[德] 克雷格·W. H. 卢瑟 著　小小冰人 译

责任编辑	孙金荣
策划制作	指文图书
特约编辑	顾超逸　童 星
装帧设计	王 星
出版发行	江苏凤凰文艺出版社
	南京市中央路 165 号，邮编：210009
网　址	http://www.jswenyi.com
印　刷	重庆共创印务有限公司
开　本	787毫米 ×1092毫米 1/16
印　张	69
字　数	1089千
版　次	2020年10月第1版
印　次	2020年10月第1次印刷
书　号	ISBN 978-7-5594-4352-6
定　价	249.80元（全2册）

江苏凤凰文艺版图书凡印刷、装订错误，可向出版社调换，联系电话 025-83280257

装备、服装、伙食

虽然数量相对较少的装甲和摩托化师是"巴巴罗萨"行动中的利刃，但徒步行进的步兵师仍是德国国防军的骨干和主力。组成东线陆军的 145 个师（包括陆军总司令部预备力量），超过三分之二（103 个师）是常规步兵师。中央集团军群 1941 年 6 月 22 日编有 50.5 个师，其中 31 个是步兵师，数量超过北方或南方集团军群（分别为 20 个和 29 个步兵师）。然而，在三个集团军群中，博克集团军群辖内步兵师所占的比例最低（不到 62%，其他类型的师包括装甲师、摩托化师、保安师、山地师，等等）[127]，因为该集团军群编有两个装甲集群。

1941 年 6 月时，德国步兵的武器和装备虽然名义上得到了极大改善，但实际上与世纪之交时没太大区别。每个士兵都配备毛瑟 Kar98K 手动步枪，外加刺刀和手榴弹，军官和士官配备冲锋枪（通常是 MP40）。步枪弹药的基本携弹量是 60 发，每 5 发插在一个桥夹上，这些桥夹放在黑色皮革弹药包里，弹药包每三个一组，挂在皮带扣两侧（总共 6 个弹药包，每个弹药包里放 2 个桥夹）。战斗中，步兵的标准野战装备（大多放在他们的突击背包里）[128]包括水壶、饭盒、面包袋、餐具、雨衣、帐篷布[129]、防毒面具（经常丢弃，但防毒面具罐可用于盛放其他物品）、毛毯和步兵铲[130]。步兵铲具有许多重要功能，是德国士兵最重要的标准装备之一。1941 年 7 月底，中央集团军群的挺进暂告停顿时，步兵铲成了他们的武器，第 6 步兵师一名士兵写道：

> 上级下令构筑野战阵地——一道主防线（Hauptkampflinie）。这是对苏战局开始以来我们首次听到这个术语并从事此类行动。我们在坚硬、干燥的地面上挖掘散兵坑，一直忙到深夜……手头唯一可用于挖掘的工具是短柄步兵铲，这是除步枪外最重要的装备。与敌人发生接触时，步兵铲插在皮带后，触手可及。它的钢板所发挥的作用就像心脏区域的装甲板。步兵铲边缘锋利，可充当斧子，砍断灌木和细长的树木，甚至还能把圆木劈成柴火。这是我们的近战武器之一。[131]

携带满载的行军背包时，步兵的负重达 25～30 公斤，之后可能还要加上口粮、额外的弹药（300 发一箱的机枪子弹重 8 公斤）、机枪和迫击炮组件。[132]第 26 步兵师的一名士兵回忆道：

所以我们要携带许多东西，这一点只有通过艰苦训练才能做到。有时候，携带的物品实在太多，我很想丢掉一部分，可不能这样做，你不得不咬紧牙关忍受这一切。因此，第一机枪射手不必独自扛负机枪……我们也会帮忙，轮流扛机枪……

这种劳动很繁重，只有训练有素的人才能承受。这就是我们预先接受几个月训练并加强体质的原因。我们年轻，干练，充满为德国而战的雄心壮志，就像我们的父辈在1914—1918年间所做的那样。[133]

进军苏联期间（许多情况下，甚至在对苏战局开始前），士兵很容易把他们认为无关紧要的物品丢掉，或交给行李车队保管。士兵的行军背包在战斗期间留在后方（不包括突击背包里的东西），里面装有饭盒、毛毯、换洗内衣、袜子、衬衫、针线包、盥洗用品和个人物品。[134] 他们行军时并不佩戴1.4公斤的钢盔，而是把钢盔颚带系在皮质背带或黑色皮带上。行军时，4公斤的步枪通常斜挎在肩上，而MG34机枪不太重，完全可以扛在步兵肩头。[135] 每个士兵还配有一枚椭圆形身份识别牌，用绳子挂在颈间。这个身份牌由两个可掰开的铝片组成，上面刻有士兵的姓名、战地邮箱号或所属补充部队的番号。如果一名士兵阵亡，其他人就会掰下他的半块身份牌，交给负责安葬阵亡官兵的人员或师里的神父。[136]

1933—1945年间的德国军装"基于简洁和功能性原则"设计，这种原则起源于17世纪勃兰登堡的弗雷德里克·威廉的普鲁士军队。实际上，数百万横扫欧洲和北非战场的德国国防军士兵所穿的军装是第二次世界大战期间所有参战国中最好的。[137] 德国军装和内衣由天然及合成纤维制成，20世纪30年代德国在人造纤维方面领先于世界，这种"高度通用的纤维符合天然纤维的舒适标准"，功能性和经济性也很好。[138]

在步兵师服役的所有士兵都穿灰绿色（原野灰）野战军装。这套军装的主要组成部分是长裤（塞入钉有平头钉的长筒军靴）和以羊毛为主料的上衣（M40军上衣以80%的羊毛和20%的人造纤维制成）。军上衣配有独特的深绿色衣领、两个肩章、两个胸袋和两个侧袋。右胸袋上方饰有陆军徽标，"一只展开翅膀的雄鹰，爪子抓着个环绕反万字标志的圆形花环"[139]。军上衣前面的内衬里放着一大包绷带，较小的一个绷带包放在右胸袋。士兵把他们的士兵证放在左胸袋，士兵证上除了有照片、军籍号和亲属的地址外，还包含相当详细的个人简历（武器训练、疫苗接种、负伤、住院、所获勋章、休假等信息）。一般说来，士兵们往往会把重要的私人物品放在军裤和军上衣口袋里，例如信件、照片、书写和吃饭工具、火柴、纸张、蜡烛、绳子、折刀、开罐器、烟具和其他随身用品。[140]

德国士兵的其他标准装备还包括：一条黑色皮带（带扣上饰有鹰徽和"上帝与我们同在"的箴言）、一顶军帽、底领（减少衣领的磨损并使士兵的脖子免遭军装面料的摩擦，从而提供额外的舒适感）、衬衫和内衣（以棉和人造纤维混织材料制成）、袜子（最常见的类型使用了羊毛和人造纤维材料）。身处东线的士兵还配发一条 40 厘米 ×40 厘米的法兰绒绑腿，它很受士兵欢迎，但需要经过些训练才能掌握使用方法。[141]

作为一种基本配备，每个士兵都得到两套内衣、袜子和绑腿，并自行负责洗涤。[142] 但随着战事的发展，俄国妇女或在德国军队里服役的俄国志愿者，往往使德军士兵从这项工作中解脱出来。虽然士兵们经常需要新军装，但鉴于庞大的后勤需求和更紧迫的要求，发放新军装对东线军队来说是件奢侈的事。1941 年在北方集团军群编成内战斗的第 12 步兵师，士兵们每两个月得到一双新袜子，每六个月获得一套换洗内衣和一件新衬衫，一年才换发一套新军装。结果，"我们的军装在战场上变得破破烂烂，经过激烈战斗后，许多士兵看上去更像吉普赛人，而非军人"[143]。

德国士兵佩戴暗灰色或灰绿色 M35 钢盔[144]，这是一款精致的装备，制造起来昂贵而又费力。这款钢盔源于第一次世界大战时的 M1918 型，以 1.1 ~ 1.2 毫米厚的光滑钢板制成，有五种尺寸。[145] 1939 年 9 月，德国士兵戴着出色的 M35 钢盔投入战争，但后续型号（例如 M40 和 M42）的质量有所下降。尽管如此，1939—1945 年的德国钢盔形象还是"作为纳粹士兵的标志流传至今"[146]。

独特的行军靴是一件制式装备，可以追溯到奥托·冯·俾斯麦的普鲁士年代，甚至更早。自 19 世纪 60 年代以来，士兵们普遍称之为"骰盅"。二战中所有德国战斗步兵穿的这款军靴，使用高品质的黑化牛皮制造。为提高耐磨性，这款军靴配有双层鞋底，并以 35 ~ 45 颗平头钉加强。靴跟也得到加固，其外缘嵌有一块凹形钢片。[147]

虽说德国士兵的服装和装备总的说来还不错，但一位德国将军却认为这些装备"在夏季过于沉重，士兵很容易汗流浃背，结果口干舌燥，很快就变得浑身布满污垢"[148]。指挥官决心保持严格的纪律，部队进入苏联的最初几天，尽管烈日炎炎，可是士兵们不能解开衣扣，就连最上面的扣子也不行。例如，第23步兵师第9步兵团徒步行军的步兵直到1941年7月4日才获准解开衣扣。[149]但第26步兵师第77步兵团一名一等兵在他未发表的战后回忆录中称，这项微不足道的仁慈措施没给不断跋涉的步兵带来丝毫宽慰：

我们冒着酷暑不断向前行进，1941年6月25日攻入马廖波尔。我们受到当地民众的热烈欢迎。各座村庄到处飘扬着反万字旗，天知道他们是从哪里弄到这些旗帜的，动作为何能这么快。我们这些德国士兵不停地吃喝着他们提供的食物和饮料。

行军随后继续进行，从清晨5点持续到傍晚17—18点。从天而降的炽烈阳光无情地燃烧着。行军途中几乎不允许任何放松，只批准我们解开军装最上面的扣子，一行行汗水从我们脸上滚落。每迈出一步，我们都在土路上扬起灰尘，如果汽车从旁边驶过，我们会被尘埃云吞没。简言之，我们浑身上下污秽不堪，汗水和脸上的灰尘混杂在一起，形成一副灰色面具。但我们不得不继续跋涉，哪怕我们的舌头已黏在上颚上。这是因为我们作为摩托化部队身后的第一个步兵师，必须紧紧跟上他们。[150]

许多士兵脱掉厚重的羊毛军装，换上分量更轻的橄榄绿操练服，这让他们松了口气。每个步兵在基础训练期间都配发了操练服，干体力活、清理武器，或者从事其他有可能弄脏军装的工作时就穿上它。操练服的纽扣在正面（5颗），配有关门领和两个没有纽扣的下口袋，上衣和裤子都用亚麻布制成。[151]

置身东线的德国军队的口粮需求量相当巨大。满编的第6步兵师每天需要的食物配给约为30吨，其他师的需求无疑与之类似。[152]虽然存在如此巨大的需求，但是德国后勤人员的战前规划却设想东线陆军应该尽可能地依靠当地粮食自给自足，哪怕这意味着数百万俄国百姓会被饿死。因此，每个集团军群都建起储存、分发各种缴获物资的特别中心。[153]尽管如此，相关情况经常证明，就地获得谷物、牲畜、食物和供马匹食用的饲料比预期更加困难。

在中央集团军群的进攻中首当其冲的白俄罗斯，拿破仑时代就是一片贫瘠的农业区，到1941年依然原始、落后。许多德国士兵在他们的日记和家书中抱怨行军途中水果和蔬菜的稀缺。1941年8月29日，第6步兵师的军医海因里希·哈佩在日记中大吐苦水："俄国是一片单调乏味、愚昧落后、遭受奴役的土地！这里唯一的农作物是粮食。没有水果，没有蔬菜，这里的民众生活在最贫困的条件下。"[154] 第6步兵师另一名士兵回忆道："在法国，我们每天谈论的大多是姑娘，而在俄国，我们主要谈论食物。"[155]

实际上，"蔬菜种植一般仅限于小块菜地，只能勉强满足当地居民的需求，而水果在南方才有，数量也很有限。"[156] 第14摩步师一名老兵回忆投入对苏战局几个月后的情形时说：

吃点水果或新鲜蔬菜的愿望促使我们走向一座座房屋的小菜园。穿越俄国的整个行程中，到目前为止我还没见过一棵果树，夏季没有樱桃、草莓、醋栗或黑加仑，秋季没有苹果、梨子或李子。（俄国中北部的）气候可能不适合种植这些。当地居民房屋周围的小菜园里只种植土豆、卷心菜、黄瓜和洋葱，他们仅凭这些食物过冬。我们在这里没见过其他的蔬菜或水果。[157]

苏联的焦土政策进一步减少了可用的食物和饲料贮存，后撤中的俄国人把大量粮食付之一炬并炸毁许多农具，还带走一些谷物和集体农场的大部分牲畜。虽然存在这些不利条件，但德国侵略者1941年夏季还是从当地获得了他们需要的大部分食物补给，并以同样的方式为他们的马匹弄到饲料。[158] 整个东线的德国士兵都有一项常规消遣，他们或单独，或三五成群地在乡村和当地村庄搜寻鸡蛋、牛奶、家禽、牲畜和其他食物，以此改善他们通常都很寡淡的伙食。德国士兵甚至使用"组织一下"（organisieren）这个俚语描述这些觅食探险。通过对京特·舒尔策（1941年夏季他是第18装甲师师长瓦尔特·K. 内林的副官）的采访，我们可以对部队获得补给的方式略知一二：

进军期间，部队主要是就地筹措食物："我们从当地居民那里弄到一切。"口粮往往非常微薄（例如舒尔策记得，他从俄国当地百姓那里弄到的鸡骨头汤，味道很寡淡）。一连三四天几乎没有任何东西可吃，这种情况并不罕见。得到些食物时，你一定要特别小心，因为你的肠胃会很敏感。虽然能获得常规口粮补给，但你"根本注意不到它们"。必要的食物通常从乡村"没收"而来，是"从老百姓手中搞到的"。[159]

虽说入侵方发动对苏战局时明令禁止接受当地居民的食物和饮用水，收购粮食的工作则由相关军事当局负责，可这些规定完全被忽视了，正如6月22日的这份叙述强调的那样：

我们继续前进时，首次见到德军阵亡者和俄国俘虏。我们一路向前，经过俄国人的一座食品和衣物仓库，从里面拿了些肥皂、毛巾和毯子。上级禁止我们从当地居民那里获取食物和饮用水，可我们未加理会，一些居民很快受到骚扰……

我们直到夜里才追上步兵连。所有人都疲惫地倒在一座大型农场旁的草地上稍事休息。我们渴得要命，可水壶早已空空如也。在这么炎热的天气里付出这般努力，每天配发四分之三升咖啡管什么用呢？我们连午饭都没吃。这是我们第一次违反命令，喝了当地人提供的牛奶和饮用水。[160]

德军战地口粮包括代用咖啡和黑面包。食物和饮料通常由马匹拖曳的战地厨房车制作，饥肠辘辘的士兵总是把战地厨房车上的铁锅亲切地称为"菜炖牛肉火炮"，他们把做好的饭菜放在保温容器里，再运到前线分发。[161]所有人，无论军衔高低，食物完全一样，"分量充足但单调乏味"。[162]在《莫斯科电车站》这部回忆录中，海因里希·哈佩一再提及无处不在的"菜炖牛肉火炮"和装着炖菜的"大铁锅"，他和他的战友每天以这种单调的食物果腹。但他指出，1941年8月1日的特殊饭菜值得铭记：

这是美好的一天，颇具假日气氛。吃罢早饭，我们在湖里游泳。病人很少，自从在苏瓦乌基发起对俄国的进攻以来，我们首次获得真正的放松。

我们的午饭也是特别假日餐。这次可不是放在"菜炖牛肉火炮"里翻搅的一道菜，而是分开供应的三道菜——炖牛肉（绝对不容错过）、土豆和蔬菜。提供这种伙食尚属首次，我们的厨师这次大显身手。吃完午餐，德霍恩带给我另一个惊喜，他搞来些鸡蛋，把它们跟大量白糖搅拌在一起。我们已经好几周没吃过甜食，整个身心对甜品充满渴望。我们贪婪地把甜乎乎的鸡蛋舀入嘴里，我随口问德霍恩："您看过歌剧吗？"[163]

值得一提的是，到 1941 年 10 月下旬，哈佩和他营里的战友不得不以炖马肉果腹，这是德军补给体系断裂和红军无情实施焦土政策的结果。[164]

奥古斯汀·塞斯在他那部关于德国士兵军装、装备、个人物品的出色且充满精彩插图的著作中，概述了德国人在欧洲战场上的典型日常饮食：

早餐包括面包（通常是昨天烘焙的或更早些时候的干面包）、橘子酱、一块固体蜂蜜代用品、一些罐头食物、咖啡、菊苣或麦芽茶，以及人造黄油。有时候也会提供些动物油脂和征用来的黄油。

午餐吃热食，铁锅和保温桶里装满"菜炖牛肉火炮"制造的炖菜，通常由土豆、肥肉和某种豆类组成，任何肉类都能为整道炖菜增添色彩和味道……常规口粮是小麦面包，这种面包掺入黑麦和其他谷物（甚至可能掺有锯末），分量在250克到700克之间……面包上涂有真正德国风味的油脂。咖啡、茶水、其他热饮、一些甜点、一小块奶酪，以及水果和几块添加了维生素的糖果，共同构成士兵们当天的主餐。

晚饭是一顿冷餐，通常包括罐头肉或鱼，外加人造黄油和一杯热饮，据称这足以让一名士兵在漫长、无眠的夜间保持警觉。

口粮总是千篇一律……但家里寄来的邮包，或从移动食堂以合理的价格买到的其他食物，令人愉快地弥补了这种单调性，移动食堂提供包括罐头食物、调味品和糖果在内的许多选择。

最后但并非最不重要的是，在极端情况下，士兵们通常会获得烈酒。许多不同种类的烈酒在抵御酷寒和严酷的现实方面发挥了主导作用。[165]

在写给本书作者的一封信中，1941 年在第 11 装甲师担任少尉的瓦尔特·舍费尔－克内特博士提供了他对东线将士所获得食物的独特见解：

士兵们的伙食通常分为三餐，其中一餐是战地厨房车提供的热饭菜，也就是掺有培根和肉块的浓豌豆汤，或节假日供应的炖牛肉配土豆和蔬菜。早晨和晚上提供的是冷餐，切成手指厚切片的黑麦面包，涂抹上黄油、人造黄油或猪油，配香肠、火腿或奶酪，或是涂上果酱。

战斗期间，"口粮运送者"负责把热饭菜送到前线。平静的时候，士兵用自己的饭盒从战地厨房车领取热饭菜。苏军指挥员、士官和士兵的食物分为三六九等，与他们不同，德军将士不分军衔、官阶高低，都从战地厨房车领取同样的食物。一般说来，这些食物都很可口，而且营养丰富。

冷餐配有所谓的"代用咖啡"，德军士兵称之为 Muckefuck，这东西是以烤过的大麦和菊苣冲泡而成的，为改善口味，里面还会添加些真正的咖啡豆。士兵当中流传着一个颇具代表性的笑话：一群士兵正在讨论他们用餐时喝到的热饮究竟是茶水还是咖啡，厨师拎着保温壶走了过来，他喊道："还有谁要可可？"[166]

当然，德国士兵往往无法获得这种"典型的"伙食，特别是在苏联的极端条件下。正常的口粮配给无法运抵时，德军士兵就依靠他们的应急口粮（eiserne Portion）。这种应急口粮是一个小口袋，里面装有几百克面包干和 200 克罐头肉。袋子里可能还有脱水蔬菜、咖啡或盐。这些特殊口粮只能在"迫切需要的情况下"食用，吃之前必须接到命令。由于东线的环境极为艰苦，这种要求"很快被证明不切实际"。[167]

一些统计数据可以说明对苏战局期间，为德国步兵、装甲兵或飞行员提供食物而付出的巨大努力。1941 年 6 月 22 日到 1942 年 6 月 1 日，第 6 步兵师的面包连烘焙了 238 万个面包，平均每天近 7000 个。师属屠宰连有 20 名屠夫，同一时期屠宰了 4488 头牛、928 只羊和 2700 头猪。北方集团军群获得加强的第 12 步兵师，到 1941 年年底烘焙的面包已超过 200 万个。战局头六个月，他们还屠宰了 3340 头牛、1568 头猪和 190 只羊，为其将士提供了 333038 公斤牛肉、124818 公斤猪肉、33854 公斤新鲜香肠和 2489 公斤羊肉。[168]

步兵师的马匹也有巨大的需求，历史学家 R. L. 迪纳尔多解释道：

所有马匹，无论品种，都具有一些共同的特点。最重要的特点是胃口很
好，需要大量饲料。最吃苦耐劳的马匹每天也需要12磅饲料，体型更大的马
匹，需要的饲料和饮水更多。较大的冷血马每天消耗的饲料多达20磅。缺乏饲
料的情况下，可以把马匹放到草地上，以便让它们获得营养，但此举每天需要
耗费8个小时。

马匹吃的食物很杂。德国陆军的马匹饲料由燕麦、干草和稻草组合而
成，燕麦是最佳饲料。[169]

1941 年，平均每个德国步兵师有 5000 多匹马，这就使每个师每天需要的
饲料轻而易举地增加到了 30 ~ 40 吨。当然，在东线的困难条件下，各个师
通常无法获得这么多饲料。另外，"苏联并未广泛播种燕麦"，而"大量青饲
料"只能在某些条件下使用。[170] 紧急情况下（特别是 1941 年秋季和 1941 年
到 1942 年冬季），德国人只能从俄国农舍的茅草屋顶上获取稻草，以此喂养马
匹。[171] 中央集团军群对马匹饲料总需求的一部分，也许可以通过这样一个事
实加以估计：集团军群辖内两个步兵集团军（第 4、第 9 集团军），发起"巴
巴罗萨"行动时分别有 12.9 万匹和 8.7 万匹马。[172]

探讨德国士兵的伙食时，如果不指出香烟通常包含在他们的口粮和家人
寄来的包裹中，研究就不算完整。当然，对所有国家的军人来说，享受香烟是
一种永恒的惯例。除了其他方面的因素，它还能在战斗之前或之后稳定疲惫不
堪的神经。正如一名前德军士兵所说的那样："经历一场艰巨的战斗后，香烟
也是个灵魂的安慰者。"[173] 另一位东线老兵回忆道："虽然我直到战争快结束
时才开始吸烟（我们的军事态势变得越来越无望），但香烟供应对保持士兵的
战斗力无疑相当重要。"[174]

"巴巴罗萨"行动前夕，部署在整个东线的所有德国士兵都获得了香烟和
巧克力。仔细阅读他们的军邮和日记就会清楚地发现，即便不能说东线士兵普
遍吸烟，吸烟也是一种常见的共同行为——当时拍摄的大量照片支持这种观点。
以下两封来自中央战线的军邮说明了香烟对士兵们的重要性：

1941年7月20日

亲爱的爸妈！……我今天也收到三个小包裹，真的太感激你们了。哦，德国香烟太棒了。只要（给我）寄香烟、烟丝和卷烟纸就行。你们不知道我们这里对香烟是多么渴望。在俄国不可能买到香烟。不管怎样，自从我踏上俄国土地后就没怎么花过钱，最多偶尔买点鸡蛋、牛奶或鸡。[175]

1941年8月3日

亲爱的父母（这封信写给他的岳父岳母）：昨天我收到你们从梅尔霍芬寄来的第二个包裹。包裹里的东西真的令我很满意。我同战友分享了优质烟丝和卷烟纸，因为这是我们的惯例。亲爱的父亲，您参加过第一次世界大战，肯定了解这种惯例。香烟似乎就是士兵的面包，有时候它比我们得到的食物更重要。俄国烟简直就是垃圾！[176]

手头没有"优质的"德国香烟时，士兵们只好就地取材。1941 年 8 月，第 6 步兵师暂时转入阵地战，该师许多士兵开始吸当地的三叶草。[177] 更常见的替代品是当地农民吸的一种劣质俄国烟草，叫"马合烟"。所有人都说，高尼古丁含量的马合烟是一种令人厌恶的烟草。1945 年刚满 17 岁的空军辅助人员霍斯特·帕格尔，在俄国战俘营里吸了两年马合烟，他对这种烟草做出了恶评：

美国吸烟者甚至不会把这种可怕的东西视为烟草。而对当时的普通俄国人来说，这是唯一的烟草……马合烟……是一种很强悍的材料……它质地粗糙，又粗又短，看上去就像切成段的干玉米秸秆，长度可能有四分之一英寸，直径从十六分之一英寸到八分之一英寸不等，呈灰绿色……吸食这种烟草时必须把它卷成香烟的形状。[178]

第 87 步兵师的西格弗里德·克纳佩中尉讲述了马合烟的另一个特点——至少在这种情况下，它能帮助德国士兵击退苏军的突然袭击：

　　我们当时并不知道，被包围的俄国人似乎已决定借助夜色掩护实施突围。他们对我的连队发起进攻，因为我们连挡住了他们的去路，我那些部下拼死抵抗，护卫着他们自身以及火炮和马匹，尽管他们只有步枪。开枪射击时他们根本看不见俄国人，但能听见（敌人的动静），甚至能闻到对方的气味！俄国士兵身上有一股马合烟味，这是一种非常强烈而又令人不快的气味。马合烟是用烟草的茎，而不是烟叶制成的（只有俄国军官才配发用烟叶制成的卷烟）。这种可怕的气味渗入他们厚厚的军装，在很远处就能闻到。[179]

　　顺便说一句，德国士兵经常用苏联的宣传传单和厕纸卷制烟卷。[180]

行军

　　1812 年 6 月 23 日 22 点，三个法国轻步兵连乘坐小船悄然渡过涅曼河，在河东岸散开。[181] 法国皇帝拿破仑·波拿巴的这场命运多舛的远征就此开始，那是"巴巴罗萨"行动发起前 129 年的事。列夫·托尔斯泰在他宏伟的小说《战争与和平》中生动描述了俄军后撤和法国大军挺进的情形：

　　军队从斯摩棱斯克继续撤退。敌人尾随而来……炎热和干旱已经持续了三个多星期。每天曲卷的白云飘过天空，不时地遮住太阳；但一到傍晚，又晴空万里，落日坠入殷红的幕霭中。只有夜间的重露滋润着土地。禾秆上的谷粒晒干了，撒落下来。沼泽地干涸了。牲畜在被太阳烤焦的草地上找不到饲料饿得嗥叫。只有夜间在暂时存着露水的树林中，才有些凉意。但是在路上，在行军的通衢大道上，甚至在夜间，甚至在沿着树林的路上，也没有一点凉意。沙土被搅起几俄寸深的路上，是不会看到露水的。天一亮，就开始行军。辎重车、炮车在深达车毂，步兵在深没脚踝的松软的、令人窒息的、一夜都未曾冷却的、滚热的尘土里无声地行进着。一部分沙土被人的脚和车轮搅和着，另一部分飞扬起来，在军队的头上形成尘埃的云朵，那尘土钻入路上行人和牲畜的眼睛、毛发、耳朵、鼻孔，主要的，钻入肺里。太阳升得越高，尘埃的云朵也就升得更高，透过这层稀薄的、滚烫的尘埃，可以直接用眼睛瞭望晴空中的太阳。太阳像一个殷红的大球。一点风也没有，人们在这凝滞不动的大气中透不过气来。人人都用手绢捂着鼻子和嘴。每到一个村子，大家蜂拥到井边。人人争着喝水，一直喝得见到烂泥①。[182]

当然，托尔斯泰对 1812 年这段历史的准确描述，与希特勒军队入侵苏联的进军存在惊人的相似之处。1941 年进攻苏联前，德国将领和参谋人员仔细研究了拿破仑的侵俄战争及其灾难性结果。他们当然清楚历史上俄国战区曾在时间和空间方面构成的挑战。但在他们充满自信的计算中，这两个曾给法国大军造成惨败的问题，已因为现代的开创性发明（内燃机）而大为减弱。所以他们认为，在化石燃料驱动的现代引擎推动下，德国军队的坦克、卡车、自行火炮、装甲运兵车可以在拿破仑大败亏输的这片土地上取得成功。可以肯定，他们的如意算盘打得有些道理。但这些将领和他们的下属没有充分认识到，德国强大入侵力量的四分之三兵力，行进速度仍与 1812 年拿破仑的步兵相同，或者说，与 2000 年前的罗马军团一样。对徒步跋涉的步兵来说，时间和空间的现实，以及它们对成功或失败的潜在影响，一如既往。

正如历史告诉我们的那样——也许带有些许讽刺意味——拿破仑大军，或者说是其剩下的力量，实际上在 1812 年 9 月就攻占了莫斯科。而德国国防军的现代军队，或者说是其残部，1941 年秋季却在莫斯科郊外疲惫不堪地宣告崩溃。

1941 年夏季的德国步兵做了两件事：行军和战斗。但经过最初的边境交战后，他们主要是在行军，从拂晓到黄昏，直到他们赶上已位于东面很远处的快速部队。中央集团军群作战地域，经过看似永无休止的强行军，穿过"白俄罗斯的广袤土地"后[183]，德国步兵终于在 1941 年 7 月中下旬到达战斗前线[184]。二等兵阿洛伊斯·朔伊尔（第 197 步兵师）的经历非常典型，他在寄给妻子的信中写道：

俄国/1941年7月26日

亲爱的弗里德兴！

---

① 译注：这段译文摘自人民文学出版社的《战争与和平》，刘辽逸译。

我终于有机会在十天后再次给你写信了。

我觉得我们正走向死亡，我们每天差不多要跋涉45公里。我们看不见也听不到任何敌人，摩托化部队总是遥遥领先。无论我们经过哪里，战斗总是在几天前发生过。我们顽强向前，穿过一座座被摧毁的村庄，经过一片片新出现的墓地，一路向前，向前！

最近几天，我第一次生了胃病，这肯定是单调的伙食所致，因为我们的生活条件非常原始。我的双脚也起泡流血，根治这些症状的药品是碘酒和橡皮膏。[185]

供后备军使用的一部德军训练纪录片，为行军士兵列出以下指导方针：

· 所有人（军官、军士、士兵）都有责任保持良好的行军纪律。

· 徒步士兵应沿道路左侧行进。营长负责确保这一点。背负和携带武器的方式必须统一。机枪枪口应朝后。步枪应挂在右肩。[186]

· 摩托化纵队应在道路右侧行进；车辆应保持均匀的间距。

· 休息区必须为马匹提供饮水；司机利用休息期维护车辆；士兵清理武器和装备。

· 休息时，步兵班应离开道路集结，保持道路畅通，以便让车辆通行。

· 行军期间，马车驭手应不断检查马匹挽具并注意车门；车轴应经常上油。

· 停顿休息，或当日行军结束时，必须派出哨兵。

· 饮用水必须煮沸；手帕可充当过滤器。[187]

这场进军的残酷速度，再加上炎热、尘埃、口渴这个邪恶的"三位一体"，迫使德国士兵，特别是徒步跋涉的步兵，进入一种"虽然不能说无法承受，但也相当艰巨的"日常生活状态。[188]第23步兵师的维尔纳·海涅曼少校在写给妻子的信中，戏剧性地描绘了强行军（Gewaltmaersche）的严酷：

1941年7月17日

身处国内的人怎么能了解步兵为完成这种追击行军付出了多少牺牲，多少汗水，多少死一般的疲惫！人员和马匹往往冷漠得惊人，这不是一句宽慰的话语能够缓解的……战争是生活中最艰巨的事情，我们惊人的行动速度同样如此，这是我们迅速赢得最终胜利的关键所在。你必须具有保持顽强的勇气，否则你只能得出"再也坚持不下去"的结论！一切必须继续进行，而且要尽快，但这通常很困难，必须一次次提出越来越多的要求。[189]

步兵每日跋涉 30、40、50 公里或更远，他们通常背着满满当当的背包，严重缺乏睡眠，饥肠辘辘，口干舌燥，备受尘埃、炎热、蚊虫的折磨，一次次被推到筋疲力尽的顶点，甚至接近崩溃的边缘。士兵哈拉尔德·亨利 1941 年 7 月 4 日的家书中谈到了这些情况：

我们浑身湿透，一股股汗水从脸上流下，不光是汗水，有时候还有眼泪，是源自无助的愤怒、绝望、痛苦的泪水，这种不人道的努力把我们推到极限。没当过步兵的人怎么能想象我们在这里经历的一切？[190]

每座低矮的山丘，前方必然有另一座矮丘，看上去与先前这座一模一样，这种状况无限持续着。一位德国战地记者写道，一名德国步兵首先注意到，虽然这片国土较为平坦，但所有道路"无论通往何方，都是上坡"[191]，在任何情况下似乎都是如此。这位战地记者补充道，德国士兵"付出的最大努力"并非在战斗中（尽管他们在战斗中也很顽强），而是在克服几乎永无止境的路途时，这是一种"巨大的精神努力"。[192] 漫无边际的空间令他们感到不安，甚至是沮丧。一位老兵指出："我们的许多士兵变得愁容满面。平坦的山谷，平坦的山丘——平坦的山谷和平坦的山丘无穷无尽。我们看不到尽头，这实在令人沮丧。"[193] 另一位老兵说："如果行军纵队离开道路，并在星罗棋布的田野上行进，看上去就像迷失方向的周游世界者，正在寻找这片海洋前方的新陆地。"[194] 军事历史学家詹姆斯·卢卡斯写道：

德国士兵以往的经历并没有让他们为穿越如此广袤的国土做好准备。他们穿过从一道地平线延伸到下一道地平线的向日葵地或玉米地，单调乏味的金黄色庄稼地一英里接一英里，只有狙击手的枪声才会打破这种单调，子弹来自这些金色穗苗下方的绿色秸秆林。行军纵队蜿蜒穿过一片片庞大而又原始的森林，只能以象征性的行动追击逃入其中的红军部队。德国陆军渡过没有堤岸，通常宽达半英里的河流，他们的对手顽强而又狡猾，这些敌人随时可能出现，然后又消失得无影无踪。[195]

在1941年6月24日的一封家书中，第43军军长戈特哈德·海因里希将军描述了他对进军苏联的初步印象：

　　和前两天一样，酷热难耐。唯一可用的行军路线是宽阔的俄国沙路，我们沿此跋涉，沙土深及脚踝。人员迈出的每一步，车辆的每一次行驶，都扬起密不透风的尘埃云。行军路线的特点是，黄褐色尘云腾入空中，宛如一条长长的裹尸布。人员和马匹热得要命。每次停顿时，士兵像苍蝇那样倒在地上呼呼睡去，他们躺在尘土里，或借助车辆投下的一小片阴影休息。他们的脸上倒没有尘土，而是沾满了沙子。

　　上午10点，我和我的军位于卡缅涅茨。冯·克鲁格元帅给我们下达了行军目标，但在这种天气状况下，这些目标很难实现，特别是因为经布格河上的桥梁运抵的补给物资不足。尽管如此，我们还是在夜间到达这些目标，但我们的意志力已到极限。三天内，我们已沿这条路线从梅尔尼克的布格河前出到比亚沃维耶扎森林东北边缘。各先遣支队早已遥遥领先。这是一项令人难以置信的成就。许多部队的战地厨房车仍没有跟上，他们不得不靠紧急口粮维持。但这片土地也为他们提供了许多东西。大批鸡、猪、小牛犊成了他们的美餐。面包短缺的情况开始出现，这是因为工兵修筑的少量桥梁上挤满战车，根本无法前运口粮。各个师的行军纵深已拉伸到100公里。[196]

海因里希将军写信的次日（6月25日），第23步兵师的士兵卡尔－戈特弗里德·菲尔科恩回应了将军的说法，同时表露出他对苏联败军的不屑一顾：

过去这一周，我们几乎没怎么睡觉，只顾行军，行军！在此期间，我们一会处在射击阵地，一会又遭到敌人射击。我们在沙地上行进，人员和牲畜疲惫不堪。我们似乎高估了俄国陆军，许多俘虏看上去就像类人猿，剃着光头，装备拙劣，给我们的印象是文化程度很低，从我们身边经过的许多俘虏都是这样。这个国家也有很多颇具魅力之处：一望无际的玉米地，广阔的森林（其中一些呈现出原始的外貌），不时出现的小农庄，以及建有典型木屋和汲水井的村庄，另外还有牛群。当地居民似乎热情友好，乐于助人。他们昨天朝我们抛撒鲜花，并在路边摆放饮用水和冷牛奶，使我们从地狱般的干渴和尘埃中解脱出来。[197]

残酷的强行军，最令人难以忍受的是无聊："重复的行军节奏给每张面孔戴上一副单调的面具，一根香烟叼在嘴角。烟雾并不吸入肺里，而是在行军士兵的身边飘荡。"[198]一位老兵计算出行军时迈出的每一步约为60厘米，"步伐大小不一，但这是个平均值"，因此，50公里就是8.4万步。[199]漫长的行军途中，起初的交谈很快消失了，取而代之的是"防毒面具罐、步兵铲、刺刀、子弹带单调的碰撞声。行军士兵的目光下沉，盯着前面战友的后背"[200]。

行军中的步兵沿前进路线跋涉，列队经过前方部队从事战斗后留下的残迹：烧毁的坦克和车辆；被摧毁的村庄——这里的木屋和草棚已成为炭渣和灰烬；老人、妇女和儿童——这些无家可归的俄国百姓在废墟中游荡，寻找着尚可挽回的东西；死去的马匹——尸体已在酷暑中肿胀。另外还有随处可见，"简单而又不失尊严的桦木十字架"[201]，它们标志着阵亡德军士兵的坟墓。一名士兵评论道，最重要的是，"这里有一股破坏造成的恶臭：一种混合了屠宰场和腐烂物的气味，这种令人厌恶的味道弥漫在空中，在我们队伍上方挥之不去"[202]。

一些士兵会在行军时睡着，还有些人沦为中暑和疲惫的受害者。偶尔会有一名士兵突然倒在地上猝死。行军给士兵的双脚造成不可避免的伤害，这一点加剧了他们的身体付出的代价："满是车辙印的道路开始摩擦军靴，给双脚造成擦伤。走路时的摩擦产生水泡，中筒军靴变得越来越热。除了最直接的问题，这种不适也令人不安。"[203]

第6步兵师第37步兵团的军医汉斯·利罗夫在日记中描述了这场进军的严酷：

1941年6月24日

在帐篷里睡了六个小时。现在是6点30分。涅曼河方向传来的猛烈炮声和机枪开火声唤醒了我们。我们今天应该渡过该河……阳光普照，万里无云。11点到12点，（我们）乘坐橡皮艇渡过涅曼河。德军先遣部队到达前20分钟，俄国人已炸毁桥梁……据说森林里有130名俄国人。大多数情况下，（我军）只简单搜索这些森林，或根本没采取行动，因为这会浪费时间并造成毫无必要的损失……

傍晚时行军仍在继续。亨尼克中尉带来消息，一个敌炮兵连就在前方，我们会俘获对方。全营荷枪实弹朝敌人奔去。24磅的弹药箱挂在左侧和右侧的肩带上，（我们）在三小时内行进15公里，径直穿过布满丘陵的乡村。我帮着最后一名携弹手扛弹药箱，很快就累得汗流浃背。

1941年6月27日

早晨就已酷热难耐，尘土飞扬。道路通往南方。出乎意料，我们很快就停止前进，12点到15点休息……我们驻扎在湖畔，清凉的微风使我们恢复了活力。我们兴高采烈地洗去了汗水和尘埃。

1941年6月28日

我们不断行军，但方向并不一致，有时候向东，有时候向南，有时候甚至向西。迄今为止的战事整体情况渐渐传来，照这样下去，我们很快就会击败俄国。

1941年6月29日

周日：我们穿过深深的沙地继续前进，毫不停顿……但（我们）现在不得不推着汽车穿越沙地，折腾得浑身是汗。这场行军比在法国艰巨得多。下雨了，漫天灰尘消失不见，但沙质小径变得更难逾越。

1941年7月3—8日

最近几日，我们每天的行军路程降到25～30公里。道路状况变得稍好些……（我们）在一处宿营地洗了澡，这令人神清气爽。下午我们通常会回到自己的住处，盥洗，洗澡，吃饭，喝酒，睡觉。我们没有住进那些茅草覆顶的破旧房屋，因为里面的虱子多得吓人。我们睡在帐篷里……手头有材料的话会在地上铺一层稻草，再覆上毯子。不管怎样，我们都睡得很沉，因为大家都疲惫不堪。

我通常会在士兵们休息三四个小时后去各个连队探视一番，主要检查他们脚上的磨伤和胃部不适。士兵获准乘坐弹药车、武器车和装甲车辆……我们营以这种方式运送12～15名行军受伤的士兵。还有几个人假装受伤，结果受到粗暴而又无情的处理……（我们）没有与敌人发生接触。个别饥肠辘辘的俄国士兵走出森林进入战俘营。当地居民很穷，非常穷。

1941年7月10日

热得要命。我们一大早就开始行军，3点左右动身出发。这就意味着1点30分就得起床。但清晨7点已经热得不行。我们很快到达新宿营地，然后就是盥洗、吃饭、睡觉，只要苍蝇和蚊子允许……我的内心是一名军人，因而对自己作为一名医生参与战争感到丢脸而又不快。这些士兵患有脚伤和心脏衰竭。我禁止他们饮用/食用未煮沸的水和生牛奶，以及缴获的培根和火腿，我没法治愈他们的脚伤，也无法让胃病患者尽快恢复健康。

1941年7月11日

今天中午，58岁的军乐队指挥科赫驱车经过，我同他愉快地交谈了片刻。当晚20点举行了他的葬礼，他死于中暑。[204]

为对抗疲劳，德国军队使用了一种被称为"柏飞丁"的兴奋剂。这种药物由柏林一家制药公司开发，1938年首次推出后，在德国民众中迅速流行开来。入侵波兰期间，军方首先通过陆军驾驶员对这种药物加以测试。1940年4月到7月间，超过3500万片柏飞丁和伊索凡（改进型）分发给德国陆军和空军。据德国杂志《明镜周刊》网站2005年刊登的一篇文章称，德国军队在1940年法国战局期间广泛使用了这种药物。虽然柏飞丁1941年7月1日被列为限制药物，但德国士兵 1941 年间还是获得了 1000 万片。不过，德国人在对苏战局期间是否广泛使用了兴奋剂，这一点无法确定。第 6 步兵师的汉斯·利罗夫医生指出，1941 年冬季，他给他的营长开了这种药，而第 7 装甲师的汉斯·冯·卢克上校承认，1942 年 1 月下旬奉命调往隆美尔的非洲军团后，他和他的司机服用了柏飞丁，以便在离开苏联的长途驾驶期间保持清醒。[205]

徒步跋涉的步兵面临的无数艰辛之一是缺乏饮用水，许多德国士兵的家书、日记、战后记述一次次记录了这个严重的问题。埃哈德·劳斯写道："俄国欧洲部分的供水情况，各个地区差异较大，夏季普遍很糟糕。"[206] 苏联中部的每个村庄都有一两口汲水井，但夏季几个月"井水很少，而且热乎乎的，饮用水必须从小溪和河流打来"[207]。戴维·格兰茨指出：

> 对（德国）步兵来说，最严重的问题之一是缺水，虽说各个村庄的浅井能确保当地居民用水，可完全无法解决 150 万士兵和大量马匹的干渴问题。这些井水若不先行煮沸，再用氯加以净化，就无法安全饮用。[208]

第 197 步兵师的二等兵阿洛伊斯·朔伊尔在 1941 年 7 月 12 日写给妻子的信中指出了一种虽说不卫生，但肯定相当普遍的行为——饮用从一口汲水井打上来的脏水：

> 亲爱的妻子：
>
> 我们现在沿尘土飞扬、崎岖不平的土路向东行进了大约 400 公里，穿过森林、湿地、沼泽，经过曾发生惨烈战斗的地方，这里散落着各种装备的残骸和无数尸体。但我们毫不停顿地继续前进，并轮流搭乘我们的大车。许多人走得双脚酸痛，还有人疲惫地瘫倒在地。由于缺水、酷热和遮天蔽日的尘土，大量马匹掉队，这一切对我们构成真正的考验。
>
> 我们还没有挨饿，但不得不忍受越来越严重的干渴。这里既没有水井，也没有供水系统，我们的水都来自汲水井。井里的水通常很脏，可我们还是喝了下去，毕竟我们对此已不太敏感。[209]

更糟糕的是，许多水井已被后撤中的红军投毒或炸毁。第6步兵师的一等兵奥古斯特·弗赖塔格在他的战后记述中回忆，他们在1941年7月底的一次休息期间因为找不到饮用水而沮丧无比，另外，未经批准就喝井水会受到严厉惩处：

> 当日肯定是整个夏季最热、最闷的一天，经过几个小时毫不停顿的行军后，我们中午时在靠近森林边缘的一座小工厂短暂休息。这里唯一能为我们提供水源的是一口水井。但这口井早已弃置不用，井水也遭到严重污染，所以只能用于饮马。上级禁止战地厨房车汲取井水。饮用这种井水会受到关禁闭五天的严厉惩处。两名哨兵站在水井旁，确保没人违反这道禁令。
>
> 我刚刚为马匹打上一桶水，一名士兵跑了上来，请求我让他喝上几口。没等我告诉他这些井水实在不适合饮用，他已把头伸入水桶，贪婪地畅饮起来。如果我把这种井水放到我那些马匹面前，即便它们劳累了一整天，我怀疑它们也不会喝上一口。[210]

这段叙述的一个重点是，苏联欧洲地区的原始道路设施给东线德军的装甲战车、卡车、拖车、汽车造成严重损失，不仅装甲和摩托化部队受到影响，徒步跋涉的步兵同样深受其害。事实证明，德国陆军配备的马拉大车过于沉重，不适合苏联的情况，他们经常被迫换上缴获的红军车辆，或是从当地村庄和集体农场征用马车。[211] 第6步兵师的海因里希·哈佩回忆道："对苏战局刚刚进行了十二天，事实就表明我们的运输工具完全不适合这个国家。我们的大车太重，无法在这些极其恶劣的道路和小径上行驶。我们那些漂亮的良种马太过在意饲料，并不适应当地水土。"[212]

对苏战局开始后没几天，第137步兵师几个反坦克连用于拖曳火炮的法制履带式轻型车辆就因为发生故障而无法使用。[213] 第129步兵师几个反坦克连也配备了这种车辆，到7月1日，他们已把其中18辆交给维修单位修理。该师作战日志指出了这些车辆容易发生故障的简单原因：

> 拖车损坏的原因可以归结为战争头几日它们遭受了过度压力。面对敌人

的猛烈火力，法国军队只打算在较短的路途上使用拖车，因此，这些拖车配备的发动机相对较弱，这一点符合其预期用途。[214]

不光德国陆军的汽车和大车在苏联遭遇了许多麻烦，1941 年夏季战局"对德国陆军的马匹……也并不特别宽容"。[215] 简言之，炎热的夏季天气，再加上对马匹的苛刻要求，造成牲畜大量损失。[216] 受影响最严重的是重型驮马，各炮兵营主要以这些马匹拖曳他们的火炮。更重型的炮兵部队往往无法保持前进速度，因而落在后面。依靠马匹拖曳的德军编队很容易遭到空袭。对苏战局第三天（6 月 24 日），第 24 装甲军辖内第 1 骑兵师两次遭到苏军轰炸机空袭，马匹损失严重。第 21 步兵师（北方集团军群）的兽医报告，敌人 6 月 25 日的空袭给该师的牲畜造成严重损失，第 23 步兵师 1941 年 8 月 4 日的一份报告回应了这种抱怨。[217]

由于自身机动性较差，步兵非常清楚他们对马匹的依赖程度，另外，许多人与他们的马匹形成了明显的战友关系。第 129 步兵师的炮兵威利·勒韦尔写道：

我们在驻地附近发现俄国人的一座仓库，这让我们欣喜万分，因为仓库里堆满干草、燕麦和其他饲料。天色刚刚变黑，我们的司机便开着卡车赶来搬运饲料。马匹的饲料与士兵的口粮同样重要。毕竟，没有马匹的话，我们寸步难行。事实一次次证明，这些耐心、坚忍的牲畜对我们来说是多么宝贵。毫无疑问，这就是大多数同志觉得与他们的马匹"战友"之间存在一种难以言述的亲密情感纽带的原因。我也有同感。[218]

某 150 毫米中型野战榴弹炮连士兵的日记，措辞尖锐地提及跨过白俄罗斯布满车辙印的道路向东行进时，人员和马匹持续遭受的折磨，他们用尽全力推动重型火炮和运输车辆不断向前：

所有炮兵忙着把长长的缆绳系在轮毂上。"拉紧缆绳！"——"车辆，前——进！"——"用——力！"经过两三次尝试后，这支重型部队终于向前移动了。可如果炮兵稍稍放松，车辆会再次陷入沙地。我们就这样前进了数公里，直到道路上的沙层变薄了些。在此期间，后方的车辆又陷进沙地。炮组人员带着长长的缆绳再次折返，与14匹马组成的团队一起拉着下一支部队前进。鞭子的抽打落了下来，马的身体两侧满是汗水，沾满苍蝇。嘶哑的喉咙吼出疯狂的敦促，这只是相关命令的不断重复："车辆，前进！"——"用力！"炮兵弯曲着身子在缆绳下竭尽全力地拖拽，太阳穴迸出青筋。这一整天，这幅场景沿这条道路反复上演。天上烈日当头，在宽阔的松树林中环绕着我们的热量，从道路上浅浅的沙层折射到我们脸上。灰尘彻底覆盖了我们，烤干了我们的喉咙。当天，我们损失了一些最好的马匹。[219]

　　马匹拖着火炮和补给车、弹药车，冒着烈日一刻不停地竭力穿越深深的沙地，许多士兵对它们遭受的苦难深为感动，可他们无法改善这种状况。第23步兵师某中型150毫米野战榴弹炮营的老兵卡尔－戈特弗里德·菲尔科恩，在他未发表的回忆录中辛酸地描绘了马匹的悲惨命运：

　　每个常规步兵师都编有一个配备105毫米榴弹炮（le.FH 18）的炮兵团，另外还有一个配备150毫米榴弹炮（s.FH 18）的中型炮兵营，每个炮兵连有4门火炮，每门火炮分成两部分运送（炮管和炮架）[220]，以12匹马拖曳……这是最重的！我的描述从这里开始近乎是一篇挽歌：

　　自1941年6月22日以来，仅经过10～12个行军日……部队行进的沙路已把我们那些可怜马匹的体力消耗到这样一种程度：我们无能为力地看着它们竭尽全力地拖曳装备，甚至已到崩溃边缘，大多数人的眼里噙满泪水……这些所谓的"司机"，每两匹马中就有一匹在负重减轻前倒下，这是一种令人无法承受之痛！

　　我们的兽医乘坐着他们的汽车，沿行军队列来回奔波，试图通过注射强心剂让这些可怜的动物重新站起来——如果不太晚的话，倒下的马匹还能站起来，否则，这些可怜"战友"的生命就会伴着一声深深的叹息结束。[221]

　　第23步兵师的维尔纳·海涅曼少校在写给妻子的信中表述了部下对他们的马匹始终不渝的热爱，以及他们看到这些动物遭受苦难时产生的无助感：

1941年7月17日

可怜的马匹最遭罪。它们在铺满沙子的道路上拖着沉重的车辆，这种痛苦无法想象。看着它们一天天消瘦，你的心都碎了。许多马匹倒下时仍套着缰绳，它们耐心等待着人们用手枪对准它们的耳朵开上仁慈的一枪，死去的马匹排列在我们的前进道路上。[222]

德军损失的数千匹马很难获得补充。发动对苏战争时，每个德军步兵师最多只有150匹备用马。另外，红军马匹的质量还不错，但德国人并没有大量缴获。中央集团军群编成内的第260步兵师，1941年7月19日到9月11日只缴获327匹马，完全不足以弥补他们在这段时期蒙受的损失。[223]

为应对这种挑战，德国人采取临时性举措。他们尽可能使用俄国马匹（缴自红军或从集体农场征用）拖曳较重的火炮。正如第23步兵师的卡尔-戈特弗里德·菲尔科恩回忆的那样："要不是采取这种方法，我们根本不可能把我们的重型火炮拖到莫斯科北郊！"[224]另一个例子是，第137步兵师的中型野战榴弹炮营修理了缴获的苏联拖车，并以这些车辆拖曳他们的150毫米火炮。[225]德国人还迅速征用了他们在俄国发现的最为常见的俄国矮种马（Panje horses）。这些矮种马非常坚韧，"易于喂养，性情温顺而又稳定"[226]，与体型更大的德国和西欧品种相比，俄国矮种马更适合东线的条件。第6步兵师的海因里希·哈佩医生带着一丝惊讶回忆道："这些矮种马什么都吃——屋顶上的干草、树皮、干树枝和垃圾……"[227]更重要的是，"事实证明，在任何季节和任何情况下，这种马都非常适合充当驮马和曳马，这是俄国欧洲地区的马匹"。[228]但德国人很快发现，即便这些勤劳的矮种马也只能做到这么多：

德军炮兵的标准装备是105毫米榴弹炮，一门这种火炮，再加上饲料、弹药和相关装备（炮管和炮架分开运送），重达4吨，要拖动它们，甚至对6匹精心喂养的曳马来说也是一项艰巨的任务。更重型的150毫米火炮，炮管和炮架同样分开运送，需要8匹马拖曳载有弹药的备用大车。矮种马体型太小，重量太轻，无法拖曳火炮。它们也不适合牵引马车。德国陆军的标准马车使用钢材制造，这对俄国矮种马来说太重了。但在发动入侵前，每个步兵师获得了200

辆波兰制造的大车，事实证明这些大车非常宝贵。德国人还从当地获得了一些木制车辆。[229]

虽然存在巨大的障碍，但中央集团军群辖内步兵师竭力追赶位于战斗最前沿的装甲部队，到 1941 年 7 月已取得相当可观的进展。经过六周作战，第 6、第 23、第 35 步兵师（这里仅举几个例子）的战斗步兵已向前挺进 750 ~ 1000 公里，甚至更远，平均每天前进 25 ~ 30 公里。[230] 仅对苏战争头二十天（截至 7 月 11 日），第 35 步兵师就取得了 750 公里进展，平均每天挺进 37.5 公里。[231] 7 月 8 日到 18 日，乘火车从法国开赴波兰东部（6 月 30 日到 7 月 3 日）的第 260 步兵师，每天强行军 50 ~ 70 公里，最终在博布鲁伊斯克南面投入战斗。[232] 到 1941 年 7 月 31 日，希特勒与陆军总司令部就战局后续进程发生争执时，冯·博克元帅集团军群的 40 多个步兵师，大多已到达一条大约 700 公里长的静态前线。这条新战线北起大卢基，南至戈梅利西面的第聂伯河，两个地点之间存在两个伸向东面的锚柱，由此形成一个巨大的突出部，这个突出部越过斯摩棱斯克（第二场合围正在这里达到顶点），顶端位于杰斯纳河畔的叶利尼亚，矛头直指莫斯科。[233] 但为了前出到位于苏联腹地的这道战线，德国步兵不仅忙于行军，还从事了战斗。

战斗

从沿包围圈血腥、混乱，通常都是你死我活的交战，到肃清森林、沼泽、村庄、农场里的红军散兵游勇，"巴巴罗萨"行动初期阶段的步兵战斗可谓形式多样。许多步兵部队也经历了与苏联游击队的初步冲突。虽然这些战斗断断续续（持续不停的行军被短暂而又激烈的战斗打断），但为此付出的代价还是很高昂。在 1941 年 6 月最后几天，肃清横跨前进路线地域内的敌散兵游勇时，第 6 步兵师缺乏重武器支援（仍远远落在后方）的第 18 步兵团，持续遭受"严重损失"。[234] 1941 年 7 月底和 8 月，中央集团军群辖内各步兵师转入阵地战，他们的消耗通常都很可怕。

德国步兵对敌人在战斗中展现出的顽强深感震惊，红军的战斗方式也令他们惊愕而又愤怒，他们认为这些打法卑鄙无耻，不够光明正大。德国士兵的家书和日记中，经常用"狡诈"这个词描述红军的战斗方式。苏军士兵会假意投降，待德国人上前解除他们的武装时，就近距离开火射击。他们会让德军主力突击编队通过，然后猛烈打击德国人殿后的补给纵队、行政单位或野战医院，有时候会以最野蛮的方式肢解他们这股怒火的不幸承受者。苏军士兵经常射击德国军医、担架员和其他医护人员，哪怕这些人佩戴的红十字标志清晰可辨。德国士兵偶尔会惊讶而又厌恶地发现，他们正同红军女兵进行激烈战斗。当然还有无处不在的狙击手，他们手持配有瞄准镜的半自动步枪，随时随地开枪射击并造成致命影响——他们以补给车辆驾驶员、军官、摩托车传令兵为目标。[235] 第 23 步兵师的维尔纳·海涅曼少校 1941 年 7 月 11 日在信中告诉他妻子："不幸的是，俄国狙击手从隐蔽位置开火射击，给我们造成许多麻烦。两天前，我以前的老部队，也就是第 1 连，一名汽车司机在森林里换轮胎，就他一个人，结果被打死了。"[236]

　　第 43 军军长海因里希将军的几封军邮描述了德国士兵对待苏联人的典型态度。这些信件也揭示出东线严峻的辩证法，因为德国士兵经常对苏军可怕的战术加以报复：

1941 年 6 月 23 日

　　昨天，我们前方有一个俄国师，遭到突然打击后土崩瓦解。在庞大的树林和无数农庄里，敌人的散兵游勇经常从后方伏击我们。俄国人真的在实施一场卑鄙的战争。作为回应，我们的人屡次肃清敌人，毫不留情。

1941 年 6 月 24 日

　　总的说来，俄国军队似乎正向东退却。但他们在被迫战斗时，总是会实施相当坚决的抵抗。俄国士兵比法国人强得多。他们非常顽强、狡猾、奸诈。我方部队的许多伤亡是敌人从后方射击造成的。我们迄今为止只抓获几百名俘虏，各个民族的都有。其中有些人看上去更像中国人，而不是俄国人。

1941 年 7 月 4 日

　　对俄战争极其血腥。敌人遭受的损失在这场战争中前所未见。俄国士兵听他们的上级说，一旦落入我们手中就会被枪毙。所以他们决不投降，而是从身后伏击，射击每个德国人。当然，这就要求我们采取强硬的应对措施。这样一来，双方的报复性举措不断升级，结果造成大量人员伤亡。然后就是这里的复杂地形：到处都是森林、沼泽，还有高高的玉米地，俄国人隐蔽其中。简言之，这里的情况真的不太好。

1941年7月6日

我们已歼灭前方的俄国军队。激战的血腥程度令人难以置信。某种程度上说，双方都毫不留情。俄国人对我们的伤员表现出兽性。所以，我们的人也打垮并击毙每一个身穿棕色军装四处奔跑的家伙。可仍有大片森林里挤满敌人的散兵游勇和难民，有些人持有武器，有些人则没有，这种情况非常危险。你可以派一个个师穿过这里，可仍有成千上万名敌人在这些难以通行的地区躲避我们的抓捕。[237]

没有什么比被迫与红军女兵进行战斗更令德国士兵恼火了，或者说，这种情况加剧了他们把苏联及其民众视为异类的看法，此类战斗明显冒犯了普通德国士兵更为传统的情感。1941年7月大卢基周围的战斗中，第253步兵师第253战斗工兵营使用喷火器粉碎了红军女兵部队的英勇抵抗，一名亲历者的相关记述如下：

她们再度实施伏击，这些女兵因而遭到喷火器扫射。她们已跳入战壕，整个行动停顿下来，工兵开始使用喷火器，把这些女兵逼出来。她们出来了，头发和衣服都烧了起来。当然，我目睹了这一切……这些女兵，我认为没有谁能活着逃离。[238]

1941年7月中旬，第14摩步师的士兵赫尔穆特·马丁首次遭遇苏军女兵，他在近期出版的关于自己东线服役经历的著作中回忆了这令人震惊的一幕：

踏上军用公路后，我们再次攻往涅韦尔方向……在我们前方，路边的沟里躺着几个死者，还有两个负伤的女兵①239和一名身负重伤的政委。一名女兵的大腿上有个拳头大的洞，另一名女兵的胸部左侧和左上臂都被弹片撕裂。我们为她们做了包扎。而那名政委拒绝接受一切救治。

我第一次面对这样一个事实，敌人把妇女投入战斗最前线。在我看来，女人就是生命的缩影，同时也是生命的守护者和母亲。可突然间，这些身穿俄国军装的女人倒在我们前方的沟里，负了伤，乳房被撕裂，那通常是婴儿寻觅食物的地方。如果有人希望女人投入战斗，而她那具有世上最美好器官的躯体被子弹射穿，或被炮弹锋利的弹片撕裂，这幅场景是多么残酷啊！没人能说："这就是生活（C'est la guerre）！"这太不真实了！

迄今为止，从军服役完全是男人该做的事。这种形式应当保留下来。我在前方沟渠中见到的仅仅是个开始。一切会变得更加糟糕。240

在第23步兵师精锐、历史悠久的第9步兵团出色的战史中，作者强调了对付苏联女兵的战斗经历的"另类性"，同时也对她们的英勇深表惊讶。以下轶事发生在1941年夏季：

这个国家的许多东西都令人感到陌生：斯拉夫人颧骨突出、被太阳晒黑的面孔，广阔得近乎无边无际、人烟稀少的土地，炎热，尘埃，这里的妇女佩戴的头巾。

这里甚至有身穿军装的女性：德国士兵难道没被告知手持武器的妇女是女兵吗？只是，他们在战斗中遇到的这些女人具有惊人的勇气和意想不到的顽强！这些苏联妇女在各个方面都与众不同。一名腹部中弹的苏军士兵躺在战俘群里，显然即将死去，军医已无法为他提供更多救治。随后，另一支俘虏队伍到来，里面有一位身穿便装的俄国妇女。她看见那位垂死的同胞，立即跪在他身边，亲吻着她根本不认识的这名士兵。她亲吻着对方苍白的嘴唇，低声对他说了几句德国卫兵完全无法听懂的安慰之词。这名妇女来自何处？她为何要这样做？241

---

① 译注：原文为Flintenweiber，这个词的意思是女兵、女枪手、携带步枪的妇女，也有泼妇、悍妇的意思，带有贬义。

当然，更为常见但同样令人不安的是苏军投入一波波步兵的进攻战术，尽管这种人海冲击的结果往往是大量伤亡。此类大规模进攻频频发生在合围战期间，苏军竭力粉碎德军薄弱的封锁线，力图突出包围圈。在德国士兵看来，这种对人命的肆意挥霍只是突出了苏军对生命的漠视和他们完全异于常人的本质。但苏联人对此的看法不同：由于战争初期阶段遭受的巨大损失，他们缺乏坦克、火炮和其他重武器，往往别无选择，只能采用这种战术。两次世界大战中的俄国军队都为此受到西方军事历史学家不公正的讽刺，西方人认为他们是一支既没有战术技能，也毫无进步的庞大军队。不管怎样，红军的大规模冲击经常导致防御方不知所措并发生动摇，后者的机枪枪管在这种压力下退缩了：

对置身俄国的（德国）士兵来说，苏军的步兵冲击总是令人惊恐……大批敌人向前涌来，"一波接一波地"遂行冲击，"阻挡这种无情的汹涌人潮"看上去似乎毫无希望……尽管这种进攻从军事角度看似乎疯狂而且"毫无意义"，可它们还是能传播恐怖，迫使德国士兵陷入绝望境地，神经崩溃的情况并不罕见。[242]

第106步兵师作为第12波次师之一组建于1940年11月[243]，"巴巴罗萨"行动发起时，该师担任陆军总司令部预备队，直到1941年7月下旬才开抵前线[244]。接下来几周，该师第240步兵团在斯摩棱斯克东北方约100公里的希德基高地据守防御阵地，结果遭遇苏军反复发起的人海冲击。团长林根贝格中校1942年7月在该团团史中描述了这场战斗：

战争立即裹挟着巨大的力量袭向我们的灰色防线。俄国人肆无忌惮地牺牲他们的人民，根本无所顾忌！他们不分昼夜，像猫一样悄然逼近，一次次发出嘶哑低沉的"乌拉"声，企图以此恐吓德国士兵。但我们的目光不停地冷静搜寻敌人。夜间，我们疲惫的双眼穿透黑暗，耳朵则倾听着敌侦察巡逻队谨慎前行时发出的最轻微的动静。防御战打响了。铁木辛哥企图不惜一切代价取得有利战果。一次接一次，布尔什维克对我方阵地发起数十次冲击！但这些进攻都以失败告终！德军机枪刈倒进攻者。没有休息，没有换防。布尔什维克冲锋时的"乌拉"声在黑夜中回荡。清晨，一片片敌人的尸体堆积在我们的战壕前。没有一个敌人从这里通过！那些反复对我们实施冲击、猛烈射击并疯狂喊叫的人，不是英勇的战士，甚至不是军人：他们是没有生命的奴隶，在伏特加的激励下一次次冲向我们的防线。[245]

虽然存在战争时期不无必要的夸大，但林根贝格坦然承认，他的团在击退苏军大规模进攻的同时也遭受了严重伤亡：

我们的许多战友在战壕中英勇牺牲，负伤的人也很多。队伍变得更加稀疏。俄国人总是能投入新锐力量；而我们，每次损失都会造成一个缺口。可即便遭到这种重创，我们团仍在坚守主防线。防御战继续激烈地进行着。[246]

在探究了越南战争的战斗创伤后，精神病学家乔纳森·谢伊博士告诉我们，在越南：

敌人打击的不仅仅是美军士兵的身体，还包括精神方面最基本的功能，对方通过隐蔽攻击他的感知能力，通过伪装和欺骗攻击他的认知能力，通过突袭、先发制人和伏击挫败他的意图。这些心理游戏自古以来一直是战争的组成部分，但在越南，美军士兵的确感受到了敌人的折磨。[247]

虽说断言德国士兵在苏联遭受红军战术的"折磨"可能有些夸大，但德国人对迄今为止的战斗方式超出他们的参照标准感到不安，这种说法还是准确的。红军战斗人员很快成为德国士兵的"恐惧对象"[248]——苏联人的"心理游戏"给德国士兵造成的精神负担，通过第6步兵师老兵奥古斯特·弗赖塔格在回忆录中描述的战争初期轶事可见一斑：

夜间，我们为继续行军加以准备。一名传令兵给我们带来个消息，第14连的一名摩托车传令兵坐在黑麦地旁边的一条路边沟渠里吃面包，结果被身后的一个俄国人用步枪枪托砸死了。这起事件就发生在离我们的休息地点几百米外、繁忙的主要前进路线上。上级命令我们提高警惕，并禁止我们独自去任何地方。因为高高的玉米地和许多森林一直延伸到车辆和道路旁边，为苏军散兵游勇提供了掩护。

当晚，我们没有前进得太远……我们躺在几棵树木下的三叶草地里。警戒支队占据相应阵地时，我们一个挨一个躺下睡觉，这样就不需要摊开太多毛毯。午夜时，刚好轮到我站岗，寂静中突然传出令人毛骨悚然的、咕噜咕噜的声音，发自那些熟睡的战友。我们赶紧冲了过去，心想肯定是俄国佬割断了某位战友的喉咙。可他们一个个睡得都很平静，只有几名战友被刚才的奇怪声响惊醒，疑惑地盯着我们。看来是某位战友做了个噩梦，而且肯定是第14连那位摩托车传令兵的不幸遭遇造成的。所以我们知道，这是红军散兵游勇阴险的打法给我们造成的沉重精神负担。[249]

但正如这段叙述表明的那样，苏军士兵迅速成为（德国人当然不太情愿承认）德国士兵尊敬的对象，他们钦佩对手的顽强、坚韧和个人战斗素质，但也谴责对方从事战斗的方式。另外，德国士兵经常对大部分苏联武器装备的出色质量感到惊讶。[250] 在1941年7月2日的一封军邮中，中央集团军群一位不知名的士兵对红军"出色的装备"深感惊奇[251]，次日（7月3日），第23步兵师一名二等兵写道："俄国士兵的装备很好。我们每天都会自问，（对方的）数百辆坦克是从哪里来的，这些丢弃的坦克在道路上随处可见。巨大、全新的火炮，都由拖车牵引，也被他们丢下了。"[252]

和装甲兵一样，德国步兵也经历了与苏军T-34和KV坦克可怕的初次遭遇。第31步兵师的埃里希·邦克少尉和他的反坦克排1941年6月底首次对付T-34。他的4门37毫米反坦克炮和另一个排的火炮（共8门37毫米反坦克炮），部署在斯洛尼姆西南面罗扎纳镇外的发射阵地上，等待苏军从别洛斯托克包围圈发起突围尝试。他们没等多久，苏军第一批T-28坦克就驶出森林，疯狂射击，径直冲向德军反坦克炮阵地。德军炮组在800米距离上轻而易举地击毁了这些业已过时的中型坦克。苏军发起的更多冲击（他们集结步兵展开突击，甚至还有100～120名红军骑兵遂行冲锋）也被德军顺利击退。临近当日结束时，夜色渐渐笼罩了这片布满阵亡苏军步兵、死去的马匹和坦克残骸的战场，邦克少尉和他排里的部下突然听见森林周边传来令人不安的陌生坦克的引擎声，这些坦克正朝他们开来：

　　那是什么？……一头我们此前从未见过的钢铁巨兽出现了。它用安装在炮塔和右车首的机枪开火，并以一门硕大的长身管主炮朝我们轰击。我们立即以8门反坦克炮还击，眼看着炮弹（炮弹尾部带有拇指大小的发光体）在装甲板上弹飞。一发又一发炮弹被弹到空中，旋转飞舞。这是一幅可怕的画面，对我们来说尤是如此。

　　我们不停地开炮射击，有时候产生了这样一种印象：敌坦克几乎要被这些炮弹的冲击力逼停了。它越来越近，越来越近。这辆坦克直接冲过我们的防线，朝后方驶去，在那里开始报复性射击。我们的拖车停在那里。我方人员赶紧隐蔽。就连那里的步兵指挥部也受到了威胁。

　　载有苏军步兵的卡车一直跟随在坦克身后，但没能走远。这些卡车中弹起火后，苏军步兵跳下车，隐蔽在道路两侧。在我们身后，那辆敌坦克继续四处乱闯，我们不知道会发生些什么。它随后朝我们的防线折返。那些跳下卡车的苏军步兵再次站起身，高呼着"乌拉"向我们冲来。我们击退了这些敌人。

　　怎么回事？敌坦克突然向前俯下，主炮插入地里，车身前部深深沉了下去。这辆坦克显然陷入地里了。[253]

　　在此期间，苏军殊死突围的尝试一直持续到深夜，一波波突击步兵和少量T-28坦克向前涌来，但一次次被邦克的反坦克炮和德军支援步兵的机枪火力粉碎。战斗结束后，邦克和他的部下小心翼翼地走近那辆动弹不得的T-34坦克：

　　我们爬到坦克上，这才发现它落入了一个坦克陷阱。这个陷阱显然是俄国人布设的。大坑上铺有木板，隐藏得非常好，我们甚至没发现它。感谢上帝，这辆坦克陷入坑中，它那长长的炮管插入地里。[254]

　　由于标准配备的37毫米反坦克炮完全无法对付T-34和KV坦克（50毫

米反坦克炮同样如此），步兵部队被迫前调炮兵力量，以直射火力逼停苏军坦克。早期报告有时候称 T–34 和 KV 坦克"不可战胜"[255]，于是德国人立即着手开发对付这些庞然大物的新办法，包括使用集束炸药（例如捆成一束的手榴弹），派英勇（或者说执行自杀式任务）的士兵，或一群士兵把它固定在坦克上，也可以将其置于坦克的行进道路上。随着时间的推移，坦克恐慌平息下来，德军士兵恢复了信心，成功击毁 T–34 和 KV 坦克的机会相当大。

虽然红军的战斗方式和武器使德国入侵者付出了代价，但事实依然是，与装甲部队一样，德国步兵（德军士兵的俚语自称是"长途步行者"）利用他们优越的训练、经验、部队凝聚力和士气，取得了比他们付出的代价更大的战果。我们可以大胆推算一下，伤亡交换比（也就是一方给另一方造成损失的比率）在战争初期介于 3:1 与 10:1 之间，大多数交战有利于德国军队。[256] 的确，1941 年夏季沿整个东线发生的战斗中，德国军队具有明显的战术优势，装甲和步兵力量都是如此，他们远远优于缺乏经验、准备不足的苏联对手。

东线德军具有战术优势，1941 年 6 月 25 日投入交战的第 137 步兵师（第 9 军）再次证明了这一点。前一天（6 月 24 日），该师先遣支队在第 263 步兵师一部支援下，经过短暂战斗攻克别尔斯克镇，这是位于边界线前方约 50 公里，别洛斯托克以南约 50 公里的一个重要交叉路口，拿下它就能堵住红军一条主要后撤路线。"武佩尔"先遣支队尔后向东挺进 10 公里，在奥尔兰卡河对岸建起一座登陆场并掩护师右翼。虽然遭到企图向东逃窜的苏军部队（包括坦克和火炮）的冲击，但"武佩尔"战斗群（反坦克部队、战斗工兵和一个炮兵连）始终牢牢控制着登陆场。[257]

6 月 25 日，第 137 步兵师侦察营突然遭到约 800 名苏军士兵攻击，这股同样企图向东退却的力量获得坦克和火炮的支援。侦察营的自行车部队很快发现自己处于一种微妙的境地，好在提供支援的步兵（第 448 步兵团第 2 营）和炮兵及时赶到，击退了苏军的冲击，并给对方造成毁灭性打击。被击败的苏军仓皇逃窜，又遭到第 137 步兵师另外两个步兵团（第 447、第 449 团）打击，这两个团直接从行进间转入进攻。他们从北面、南面、西面实施包围，有条不紊地歼灭苏军部队。第 137 炮兵团第 1 营的轻型野战榴弹炮在 1600 米距离上以直瞄火力打击苏军：

炮兵很少能从发射阵地看见自己取得的战果，他们激动不已，我根本无法命令他们停火。对炮兵来说，战场上出现了罕见的场景：各炮兵连位于射击阵地，火炮拖车留在10步开外，各连长骑在马背上下达射击命令，看上去就像1870年的场面。[258]

第137步兵师作战参谋迈尔－德特林中校回忆，结果是"一场微缩的经典合围战"[259]，他们击毙500名苏军，俘虏150人，击毁18辆坦克，还俘获了一个炮兵连。他说这是一场"辉煌的胜利，各个团都在战斗中发挥了作用"[260]。

但在几种战术环境下，德国人经常处于明显的劣势：夜间，近战，最明显的是森林中的战斗（当然也包括森林中的夜战和近战）。这些战术环境成为防御的力量倍增器，很容易被红军加以利用，他们在这三种环境下进行过广泛训练。相反，德国人倾向于避开这些战术环境，更多地依靠火力和机动性。正如本书第二章所述，"巴巴罗萨"行动发起前，德国人非常缺乏在森林中从事战斗的训练，他们很快会为这种疏忽后悔不已。

森林中的战斗始终是一种代价高昂的交战，在苏德战争中也不例外。"事实上，交战双方在封闭地带发生战斗并卷入近距离厮杀和白刃战，这让双方都伤亡惨重。"[261]尽管德国人试图避免森林中的战斗，力求在自己明显占有优势的开阔地带从事交战，可是事情并不总是能如愿。德国人很快发现，他们的对手都是森林战高手，苏军士兵非常强调隐蔽和伪装，这使他们在这些地域极具致命性。

在茂密的灌木和杂乱的丛林中从事战斗，基本上是步兵的任务，因为坦克[262]和火炮[263]的效力必然受到限制。以下报告列出了二战期间德军在苏联森林中从事的战斗的具体特点：

森林中的战斗，无论最初投入怎样规模的兵力，最终都具有小股部队行动的特点。茂密的森林地区在一支部队具有共同目标的各组成单位之间形成一道帷幕，不可避免地把他们分割成越来越小的群体，通常情况下会变得越来越难以识别。

地形导致联系和控制难以为继，并对士兵们的勇气和指挥的有效性提出很高的要求。在森林中从事战斗会造成严重的精神紧张，特别是对缺乏经验的士兵来说。炮弹的爆炸声在森林中听上去更响亮，森林战固有的长时间和近距离特征让人神经崩溃，就连状况很好的部队也会遭到削弱。

德国人缺乏在森林中从事战斗的经验，这在对苏战局中是个很大的劣势。德国士兵接受的训练是依靠所有战斗兵种的密集火力，（但在森林中）不得不让自己适应这种步兵必须承受主要负担的地形。就连步兵的武器也仅限于步枪、冲锋枪、手榴弹、迫击炮、"铁拳"（一种无后坐力反坦克榴弹发射器，在战争后期使用）。机枪虽然也能在密林中使用，但效果有限。苏联欧洲地区的森林中，适合炮兵实施观测和发射的位置很少。

另一方面，苏联人天生具有适合从事森林作战的特点。他们的体力，他们依靠少量物资生存的能力，他们作为林中居民与生俱来的能力，这一切使他们寻求森林战斗的心态，与德国人竭力避免这种战斗的心态同样急切。[264]

德军在森林战中遭受的严重损失，不仅源于他们缺乏经验，还因为对方采用了狡猾而又出色的战术。红军士兵选择可以相互支援的阵地并加以精心伪装，他们还使用假阵地，同时把自然障碍谨慎地整合进他们的防御计划中。德国步兵通常把防御阵地设在树林线前沿，或刚刚进入森林处，从而利用开阔的观察视野和射界。与他们不同，苏军会把主防御阵地设在森林深处，最好是在沼泽地后方。这么做有许多原因，例如，森林为他们的防御阵地提供了荫蔽，可以避开德国人的空中观察和空袭，同时迫使德国步兵只能使用近程直射火力和近战技术。另外，森林里寥寥无几的空地导致进攻方无法架设他们的迫击炮和火炮，并使前进中的德军士兵难以确保方向感以及与友邻部队保持联系。红军设在森林中的防御阵地还有另一个值得注意的特点：从前方无法识别出他们的步兵散兵坑——这些散兵坑只提供朝后方的射界，因为苏军的目的是待遂行进攻的敌军士兵通过后，从（敌军士兵）身后对他们开火射击。砍倒树木是设置障碍物的一个简易办法，这些树木横在林间道路和小径上，枝干通常连接起来朝向敌人。为了让这种障碍从空中看去不那么显眼，有些树木可能会保持直立，枝干间设有铁丝网和诡雷。[265]苏军清理射界的方式也很狡猾：

德国步兵会为自己清理出一条射界，必要时砍掉大批树木，当然，这意味着空中侦察很容易发现他们，相比之下，俄国人干得更像印第安人。他们把灌木丛切割到齐腰高，朝前方和两侧创建射界，这使他们同时获得了良好的荫蔽和清晰的射界。各个德国师掌握这种战斗技能前不得不付出沉重的代价。[266]

第13军编成内的第78步兵师，1941年6月底在别尔斯克东面的比亚沃维耶扎森林中学到了一些代价高昂的教训。该师分成三支行军纵队前进，三个团呈梯次配置，第215步兵团居右，第195步兵团居左，第238步兵团殿后，他们在波佩列沃村外与一些苏军部队残部（其中包括坦克第4师残余力量）保持接触。艰巨的近距离战斗随之而来，手榴弹、手枪和刺刀成为交战双方的首选武器。由于双方士兵混杂在一起，第78步兵师的炮兵无法介入。事实证明，唯一可用的是迫击炮：

6月29日下午发生了一场杀戮。第215步兵团第3营从侧翼和后方对俄国人成功施以打击。恐慌爆发开来，俄国人四散奔逃……波佩列沃村再度沉寂下来。

次日，第78步兵师的行动更加谨慎。各步兵连进入前，先由炮兵对每一片森林实施炮击。"步兵以排为单位，一个接一个进入！"白色信号弹代表这里是德军部队；红色信号弹意味着敌人发起了进攻；绿色信号弹的意思是炮火延伸；蓝色信号弹则表示有敌人的坦克。没错，坦克——尽管是在森林中，可俄国人还是投入少量坦克为步兵提供支援。

傍晚前，第78步兵师终于穿过比亚沃维耶扎这片该死的森林。俄国人丢下约600具尸体。几个德军步兵团俘获1140名俘虏。约3000名苏军士兵被推向第17步兵师的拦截线。比亚沃维耶扎森林历时两天的战斗中，第78步兵师114人阵亡，125人负伤。[267]

对苏战局开始时，第53军辖内第255步兵师（由于敌人的抵抗，后来获得第267步兵师支援）以一场艰巨、代价高昂的行动，在布列斯特－立托夫斯克东南方的马拉雷塔周围肃清了森林中的苏军部队，他们的目的是掩护军用公路，防范苏军从森林中发起侧翼攻击。该作战地域是一片"古老、未经开垦的高大森林，满是灌木丛……这场行动由一场遭遇交战发展而来，该师与敌人从东南方开往马拉雷塔的一个师迎头相遇。由于没有采取任何特别措施实施侦察或警戒，预先展开是不可能的，德军部队在与敌人发生遭遇处投入战斗"[268]。

遂行进攻的德国人成功地把苏军部队困在森林里，炮兵随后对这片森林实施猛烈轰击。可6月25日傍晚，苏军朝梅尔尼基突围，并以一场突袭消灭了第267步兵师两个炮兵连的大部分炮组，这两个炮兵连已进入森林，但没有采取妥当的警戒措施。次日（6月26日），苏军的抵抗似乎有所减弱，第255步兵师第455步兵团一个营从利亚霍夫采开来，沿一条宽大战线向北扫荡这片森林。在森林深处，该营突然遭到来自四面八方的袭击："俄国人让德军先遣部队通过，然后从树木间开火射击。该营发现自己陷入危险境地，不得不在付出惨重伤亡后撤出森林。"[269]

6月27日，整座森林"被猛烈的炮火系统性地翻了一遍"。整个第255步兵师第475步兵团随后投入战斗，由北向南清理这片森林。敌人的抵抗终告崩溃，数千人被俘，德军还缴获了许多火炮和车辆。马拉雷塔这场行动"持续六天后圆满结束，德国人显然已吸取教训"[270]。简言之，追击苏军进入森林，不能超过掩护军用道路的必要程度。第53军军长指出："最好是行使选择目标的酌情处置权，而不是在森林战中招致本可避免的风险。"该军至少放弃了扫荡森林地域的战术手段，而是采用封锁整片地域的做法，以此作为一种常规作战模式。接下来几个月，第53军会对这种新战术加以"发展和改进"[271]。

1941年6月25日的第三场行动期间，第12军第31步兵师第82步兵团一个营，在进攻斯洛尼姆西南方米恰林斯塔列村期间的森林战中遭受严重损失。该团团长弗里德里希·霍斯巴赫在战后所做的一项研究中指出，这场行动一个"极其令人不快的"特点是隐蔽在树林中的苏军狙击手射出了致命火力。[272]邦克少尉和他的反坦克炮排支援该营的进攻：

从战术上说，俄国人在这里的行动相当精明。他们让第82步兵团第2营的几个连队沿路堤及其两侧向前挺进很远一段距离，从而使德军先遣支队到达米恰林斯塔列村。他们随后集中步兵火力打击路堤两侧的几个连。多亏两辆突击炮及时介入才稳定住态势。夜幕降临前，桥梁尚可通行，我接到的任务是率领全排驱车赶往路堤，以我们的反坦克炮介入战斗。在克罗托斯曾的经历使我们获得了一些在森林战中使用穿甲弹的经验。穿甲弹会在整片森林里反弹，可以说是一种不可思议的"武器"。[273]

邦克和他的排驱车赶往米恰林斯塔列村，从森林间的空地进入他们的阵地。由于侧射火力给德军步兵造成相当大的伤亡，邦克立即以37毫米反坦克炮快速而又连续地朝森林发射穿甲弹，并取得了毁灭性效果：

起初我们遭到敌人还击，子弹在我们的火炮护盾上弹飞。就像第82步兵团的士兵后来告诉我的那样，用这些穿甲弹实施跳弹射击时，具有……不可思议的效果……自那之后，不再有突如其来的敌方密集火力……

据步兵说……最明显的是树上的敌狙击手，他们坐在几米高的地方，居高临下地对前进中的德国步兵实施准确射击。我们以穿甲弹（这种炮弹不仅保持在地面高度，还呼啸着掠过头顶）轰击后，战斗平息下来，因为狙击手不再感到安全。该营营长对我们付出的努力表示感谢，因为这一地带重新平静下来，甚至能保持整晚。

次日清晨，随着太阳慢慢升起，天色越来越亮，这里已没有敌人的抵抗，路堤两侧的森林地带得到了有条不紊的梳理。俄国人已逃离。少数没有接到后撤令的敌军士兵成了俘虏。他们都是身强体健的"森林之子"，与这片大地浑然一体。由于他们的棕色军装和没洗过的脏兮兮的面孔，很难在这片地域识别出他们。这些俘虏属于红军一支较为活跃的部队。[274]

1941年6月26日，德国人经过艰苦战斗后彻底占领了米恰林斯塔列村：

我们继续驶向米恰林斯塔列村。该村只有几座房屋。搜索这些房屋时，我方士兵一次次遭到敌人从阁楼或房屋其他地方突如其来的射击。俄国人依托建筑物实施的这种抵抗（他们只留下少量步兵从事战斗）纯属自杀行为。我们把这些房屋付之一炬。只有这样我们才能避免突然遭到伏击和背后枪击的可怕风险。[275]

在米恰林斯塔列村及其周边的战斗中，第82步兵团第2营阵亡28人，另有50人负伤。弗里德里希·霍斯巴赫回忆道："在毗邻米恰林斯塔列村的一片高地上，我们建起第82步兵团在俄国土地上的第一座墓地。6月26日，我们在这里庄严地安葬了团里的阵亡者。"[276]

上面描述的每一场交战，都是中央集团军群的战斗步兵1941年夏季持续遭受消耗的例子，用托尔斯泰的话来说，包括军官、军士、士兵在内的这些经验丰富、无可替代的战斗老兵"按照准确的数字级数等速地消融着"。到1941年8月31日，德军在整个东线已阵亡（或由于其他原因死亡）13.4万人（其中12.6万人，或者说94%，属于地面部队）[277]，也就是说，每天阵亡近1900人。陆军总参谋长哈尔德将军在1941年8月29日的日记中称，东线陆军到8月13日共伤亡389924人，这就是说，对苏战局最初53天，平均每天伤亡7357人。[278]倘若这种损失速度持续到8月底，那么，经过战局头十周，德军总伤亡会达到522350人。截至8月31日，德国人仅从国内抽调21.7万名补充兵派往苏联战区（调自拥有30多万名兵员的后备军）[279]，这就给整个东线造成约30.5万人的兵员缺口（已减去轻伤和患病痊愈后归队的人数）。实际上，到1941年8月底，德军中有14个师缺员4000多人，40个师缺员3000多人，30个师缺员2000多人，58个师缺员不到2000人。[280]

战斗步兵和中央集团军群承担的伤亡与其人数在东线德军中所占的比例并不相称，该集团军群的战斗序列约占东线陆军的40%。[281]假设陆军截至1941年8月的阵亡人数中的40%属于冯·博克元帅的军队，那么，这个数字就达到50400人，换句话说，该集团军群的战线上每天阵亡约710人，其中大多是步兵。第106步兵师第240步兵团1941年7月30日到8月30日的损失，与中央集团军群暂时转入阵地战后，那些据守集团军群过度拉伸的战线的步兵部队并无二致。该团在这四周内阵亡282人（包括8名军官），负伤的人还要更多[282]。问题在于，中央集团军群和整个东线陆军都无法长期承受这种损失，它必然导致最终的崩溃。

在东线战斗的一名普通步兵，阵亡或负伤前的平均活动时间可能是两个月。[283]相关资料称，少尉的平均存活时间是18天，连长是21天，营长为32天。[284]无论这些数字准确与否，它们都突出了这样一个事实：军官的伤亡率高得惊人。博克在1941年7月29日的日记中透露："事实是，由于军官伤亡严重，我方部队疲惫不堪，而且没能展现出所需要的稳定性。"[285] 下级军官的损失"如此严重，一名步兵中尉安然无恙地从俄国前线回家的机会甚至不及U艇艇员或战斗机飞行员。连长的职务经常由军士接任。就连堪称德国陆军支柱的军士，消失的速度也远远超过获得的补充"[286]。1941年8月27日的战斗中，第6步兵师两个步兵营在韦利日东北面沿梅扎河布防，两名营长和所有连长悉数阵亡或负伤，而他们的团长（第37步兵团团长亨尼克中校）也在战斗中身亡。[287]（关于8月27日这场交战，可参阅本书第十章"转入阵地战"一节"例一：梅扎河地段的第6步兵师"小节。）经验丰富的指挥官的损失同样是不可持续的。

但上面引用的这些客观统计数据，并没有告诉我们1941年夏季东线战场上战斗和死亡的真实体验。为此，我们转向卡尔海因茨·施奈德－雅内森博士的深刻研究，他回答了"一名士兵是如何在战场上阵亡的"这个问题：

尽管本书是从医生的角度描述德国与苏联之间的这场战争，可这正是那些已在战场上阵亡的士兵不在本书范畴内的原因——换句话说，这些人通常是在没有医生再次见到他们的情况下被埋葬的……许多非专业人士猜想他们的死亡在几秒钟内发生。可通常并非如此……

喉咙中弹的情况下，大血管受损，士兵会因为失血过多而迅速死亡，血液从外部或内部流入器官。从最真实的意义上说，他们随后被自己的鲜血淹死……胸部或腹部负伤会导致仍在战场上的士兵丧生，负伤的士兵通常会因为失血过多而死亡，要么很快（不到一分钟），要么拖延好几个小时。胸部负伤者，如果伤势导致双肺塌陷，他就会窒息。

许多士兵因为胳膊或腿部的大动脉受伤而死在战场上——如果身边没人帮他扎住负伤的肢体的话……根据第一次世界大战的观察结果，估计第二次世界大战期间阵亡在战场上的所有士兵，近一半人死于失血过多。这些士兵随后就"苍白得像具尸体"。胃部解剖特别能证明这一点，即便是相对较小的血管受损，负伤者也可能会因为失血过多而死。这也许就是四肢中弹位列战争医学统计之首的原因：不是因为更常见，而是因为在战场上以这种方式负伤的士兵生还率更高……

最快速的死亡源自严重的头部中弹，这种伤势让人禁不住要说：感谢上帝！这是战场上阵亡士兵最常见的死因之一。严重的脑部损伤即便没有直接导致死亡，也总是会造成意识的立即丧失……1944年的统计数据称，死于战场的士兵，43%是头部中弹，22%是胸部中弹，15%是被炮弹直接命中。也就是说，这些士兵的躯体不是被子弹洞穿，就是被弹片撕裂。因腹部中弹而丧生者排在第四位，约占8%。在战场上因胳膊和腿部负伤而死的士兵，加在一起也不到4%。[288]

施奈德·雅内森博士接着引用了德国国防军一位医生的说法，后者回忆起在俄国某处，一场突如其来而又致命的炮火齐射给一支德国行军纵队造成的可怕影响。虽然他没有说明时间和地点，但这种经历相当普遍：

惨叫声此起彼伏，咆哮，呜咽，呻吟。又是一轮齐射，一次接一次，惨呼声重新响起，一篇邪恶的祷文！太阳照耀着尘埃、硝烟、腐烂和死亡，把宽容的光线投向地面。很快，这里趴下的人远远多于站立者。少数仍能站起身的人蹒跚而行。继续前进！前进！他们大声喊叫着。我选中一条伸出的胳膊开始自己的工作。胳膊上的手已不见，它落在旁边的泥土里，只有几根血淋淋的线状物与那条胳膊相连。两根尖锐的锯齿状断骨从模糊的血肉中突出，挂在断骨旁的皮肤和碎肉犹如色彩鲜艳的衣物。钢铁和泥土一次次雨点般撒落，震耳欲聋的声响再次到达高潮。在这场可怕的多声部合唱中，四处响起哀号。碎石泥土撞向裸露的伤口。我爬向下一具俯卧的躯体。他面朝下倒在地上，一摊白色的脑浆喷洒在他的军装上。幸运的是，他已丧失意识。他的呼吸就像一部堵塞的发动机，断断续续并发出汩汩声。死亡的痛苦使他的四肢绷紧并抽搐。最终的平静随后降临到他身上。

又一轮爆炸的威力使我昏迷了一会。一瞬间，所有的一切变得黑暗而又模糊。我低头看看自己的四肢，它们依然完好，我的头仍在原处。在这种情况下，严酷的折磨不得不继续下去。下一名受害者的嘴唇上沾有红色泡沫。他的胸部起伏着，他尖叫着，喘着粗气并发出咕咕声。他在牙齿间吐出了大大的血泡，它们在下巴上破裂。我撕开他的军装，看见他的胸部有一个可怕的洞状伤口。这个不幸的人躺在那里，衰求的双眼睁得大大的，蜡黄的面孔因痛苦的折磨而处于半疯狂状态。他的每一次呼吸都使一股血液喷泉般涌出胸部的伤口，泡沫状的鲜血喷洒在草地上。一种令人窒息的死亡恐惧笼罩着他那颗颤动的年轻心脏。只有吗啡才能缓解这个可怜小伙恐惧的抽搐。一个小时接一个小时，时间就这样流逝着……炮击和惨呼终于停息下来，现在只能听见呻吟、呜咽、诅咒、祈祷、抗议和谩骂，以及垂死者发出的临终哀鸣。死者和那些尚不知道自己是否会死去的人躺在各处，倒在草地上和玉米地里。一群低空飞行的飞机从空中掠过，使少数人从这种不确定性中摆脱出来。[289]

空军士兵

　　1941 年夏季的德国空军，"刚刚在巴尔干地区和克里特岛轻松赢得蔚为壮观的胜利，正处于巅峰状态，由于 1940 年的西方战局，他们组织完善，战斗经验丰富，经历对英国的冬季轰炸攻势后仍拥有一支强大的轰炸机力量"[290]。在苏联，德国战斗机飞行员、轰炸机和俯冲轰炸机机组人员抗击的对手缺乏经验,训练不足,配备的大多是业已过时的战机。和陆军一样,德国空军无比自信,坚信这场东方战争会在几周,最多几个月内以德意志帝国的胜利到达顶点,他们的信心获得了对苏战局开始阶段取得的壮观战果的鼓舞。早在 1941 年 7 月 1 日，第 8 航空军军长冯·里希特霍芬将军就深信部署在苏联西部的红军主力已被歼灭。两周后的 7 月 13 日，他在日记中透露，通往莫斯科的道路已敞开，途中已没有更多军事障碍（或者说他是这么认为的），德国军队只要 8 天就能到达苏联首都。[291]

　　毫无疑问，德国空军的作战行动是对苏战局头几周乃至头几个月，"德国军兵种赢得史无前例的成功的主要原因之一"[292]："空中力量一次次为德国军队 1941 年夏季和秋季庞大合围战的胜利做出重大贡献，这番成就甚至使持怀疑态度者也相信，即将对布尔什维克巨人取得全面胜利。"[293] 空中力量历史学家理查德·马勒断言：

　　人们很难批评德国空军在对苏战争第一阶段的执行情况。德国轰炸机和战斗机部队在战局头两天几乎歼灭了苏联空军，他们取得的战果远远超出指挥官最乐观的期望……战局开始时对红空军的这场打击，很可能是德国空军对战争进程的重大贡献。德国陆军1941年夏季和秋季的重大进展发生在全面掌握制空权的情况下。如若不然，他们能否取得这番成就很值得怀疑。[294]

为弥补在火炮、反坦克和防空武器方面的短缺，德军地面部队越来越依赖空中力量。[295] 机械化部队依靠德国空军的支援突破红军防御，而装甲和摩托化兵团薄弱据守的合围对外正面也需要空中力量提供加强。另外，装甲部队超出后勤保障范围时，需要运输机提供汽油、机油、润滑油和弹药的紧急补给。[296] 正如德国空军一份战时研究指出的那样："面对一个总是占有巨大数量优势，通常都会实施顽强战斗的对手，陆军各兵团只有获得德国空军的有效支援，其进攻行动才能取得良好进展，这一点很快变得明显起来。"[297] 因此，这种现实情况对德国空军的空中部队和地勤单位提出了无情的要求，整个1941年夏季，他们投入到几乎毫不停顿的作战行动中。

对苏战争开始后的48小时内（中央集团军群作战地区实际上是24小时内[298]），德国空军沿1200公里长的整条战线彻底取得制空权（或至少是空中优势）[299]。72小时后，凯塞林第2航空队辖下的勒尔策第2航空军报告，300多公里范围内，所有苏联战机都被击毁在机场上。[300] 因此，德国空军在接下来几周和几个月把他们的主要任务转向直接或间接支援地面部队的作战行动。博克集团军群作战地区，直接空中支援（也就是空中密接支援任务）主要由里希特霍芬第8航空军遂行，这是德国空军专用于空中密接支援任务的唯一兵团。可即便是这个航空军，对地面部队的直接支援也在其优先事项清单的后列。[301]

与许多战后记述给人留下的印象相反，德国空军1941年间的绝大多数行动是为东线陆军（特别是装甲力量）提供间接支援。这项使命包含大量任务，其中最主要的是（没有先后顺序）：摧毁（切断）交通线（铁路线、岔路口、桥梁等）；隔断并消灭红军指挥部和工作人员；轰炸并扫射红军部队、坦克和车辆的集结；掩护装甲部队侧翼；封闭并隔断战场；削弱红军的反冲击；打击后方地域设施（补给仓库、车场等）。尽管德国空军为此投入了大部分资源，可这些都是战术性任务。德国空军1941年遵照希特勒或最高统帅部的命令执行的"唯一战役－战略任务"是空袭莫斯科，这场行动开始于1941年7月下旬。[302]

对苏战局初期阶段，德国空军沿整条战线遭遇红军异常庞大的行军纵队和兵力集结，但"意想不到的技术困难"给打击这些关键目标的努力造成严重妨碍。1940 年到 1942 年间担任第 2 航空军参谋长的保罗·戴希曼回忆道："主要问题是适用的炸弹供应不足，严重降低了东方战局最关键时期空袭轰炸的有效性。"结果，"敌人在莫斯科战役之前各场交战的关键阶段，仍拥有强大的军力，倘若德方具有数量足够、类型正确的炸弹，情况本来不会这样。"[303]

尽管取得了令人印象深刻的初步战果，可相关事件很快证明，德国空军的规模太小，无法满足对他们提出的大量要求。原德国空军将领赫尔曼·普洛歇尔称：

德国空军不可能同时遂行赋予他们的两项使命，即夺取空中优势和支援地面力量，因为部署在东线的德国空军部队在数量上处于劣势，作战地域也太过辽阔。试图同时遂行两项使命时，一种或另一种努力的有效性就会减弱。但在对苏战局开始时，德国空军成功完成了他们的主要任务，也就是消灭苏联现有空中力量并夺取空中优势（几乎是制空权）……

第二项使命（支援地面力量）需要投入所有空中力量，开始于6月25日前后。对付苏联空军及其地面设施的飞机当时只偶尔、顺带出动，除非稳步增加的红军空中活动给德军地面力量带来的麻烦太大，给他们造成的损失难以承受。[304]

虽然德国空军的作战投入大幅度增加，但他们发起对苏战局时总共只有2255 架作战飞机（其中 994 架隶属支援中央集团军群的凯塞林元帅第 2 航空队），比 1940 年 5 月投入法国战局时少几百架。[305] 德国空军一项内部研究表明，这股力量规模太小，无法持续取得战果：

德国空军的作战行动很快表明，虽然在训练标准、战斗精神和武器质量方面远远优于苏联军队，但可用力量远不足以在整个东线庞大的空间内赢得空中优势，更不必说制空权了。只有把作战力量全力集中到地面行动重心的上空，才有可能完全从敌人手中夺取制空权，当然这只是局部和暂时的。

这样一来就不得不削弱前线其他地段的战斗机掩护，地面部队抱怨苏军拥有空中优势。战争爆发时对红空军实施的毁灭性打击非常成功，德国空军沿整条战线赢得制空权，这才仅仅几周……

打击铁路线的情况与之类似，鉴于苏联广泛的铁路交通网及其相对较少的有效延伸，德国领导层希望以这种战斗实现对战役范围内的全面影响。可事实证明，在苏联广阔的空间，德国空军的可用力量过于弱小，无法完成如此规模的任务。战争头几周，德国空军对苏联铁路网的打击无疑给苏军造成了巨大破坏，某些情况下，特别是在庞大的合围战中，他们甚至给苏军造成致命伤害。但持久的成功依然难以实现。打击铁路线的影响是局部的、暂时的，因为苏联人发展出一种完全出人意料而且相当惊人的能力，在很短时间内恢复了被摧毁的铁路线。另外，苏联人认识到一个完整铁路网对他们的重要性，很快着手以高射炮掩护包括小型车站在内的所有火车站，还为所有火车配备轻型高射炮，并沿铁路线部署战斗机。因此，我方部队在打击铁路线的战斗中很快遭遇强大的防御……

空中侦察……也受到力量不足的影响，首先是远程侦察，其重点是侦察铁路线。由于力量不足，无法做到飞越数百公里、每天沿各条主要铁路线彻底巡逻两次。最低限度的要求是，每天对较大车站的铁路站场实施航拍，可这一点也无法实现……

由于力量不足，德国空军只能探明敌人广泛的铁路交通中相对适度的一部分，而远程侦察任务能否使指挥部门了解敌人的意图和行动，这就或多或少要看运气了。[306]

可用资源太少，需要执行的任务太多，巡逻空间太大，德国空军1941年6月和7月一举夺得的空中优势（在某些地段甚至是完整的制空权）迅速衰减。正如这段叙述表明的那样，苏联空军迅速从"巴巴罗萨"行动头几日遭受的毁灭性打击中恢复过来，虽然德国人1941年夏季基本控制着天空，但早在当年7月，就有一些陆军部队开始抱怨苏军的空中活动已达到令他们很不舒服的程度（参见本书第七章"斯大林和苏联最高统帅部的应对"一节"军事发展：从苏方视角看战争头十八天"小节）。

德国空军在东线投入的力量从一开始就不太多，战斗损耗、作战条件不太理想和后勤保障不足更让其实力以惊人的速度下降。一般说来，德国空军部队在东线的损耗率很高。但与 1940 年的法国战局或不列颠之战不同，1941 年对苏战局期间的作战损失较小，很长一段时间里都能保持作战行动。尽管如此，"这些较小的可接受损失的累积效应，其影响的决定性并不亚于不列颠之战"。[307]

到 1941 年 7 月 12 日，德国空军虽然声称击毁 6857 架苏联飞机，但自身也损失了 550 架战机，另外还有 336 架受伤，平均每天损伤 42 架飞机。[308]1941 年 7 月 6 日到 19 日，部署在东线的空军部队损失 283 架飞机（包括 92 架战斗机和 82 架轰炸机），另有 194 架飞机（77 架战斗机，45 架轰炸机）受伤，平均每天折损 34 架。德国空军总参谋部绘制的一份图表表明，对苏战局头四周被击毁和击伤的飞机总数达到 1284 架，相当于德国空军 1941 年 6 月 22 日沿东线投入战机总数的 55% 以上。这很大程度上是苏军以有效防空火力抵御德军低空空袭的结果。[309]

1941 年 8 月底，东线德国空军手中，可用的 Bf-109 E 型和 F 型单引擎战斗机有 626 架，据报，其中只有 329 架可以随时投入战斗。相比之下，对苏战局首日他们共有 657 架做好战斗准备的战机。实际上，许多战斗机大队到 8 月底只剩十余架或更少的可用战机，这仅仅相当于一个典型战斗机中队的实力。与此同时，第一批战斗机大队撤出前线进行重建。[310] 总之，"巴巴罗萨"行动头四个月，部署在东线的几个德国航空队，每个月平均损失 741 架飞机（被击毁或被击伤）[311]，这几乎是 1941 年 6 月 22 日全部战备力量的三分之一。同一时期，德国空军平均每个月损失 318 名机组人员。[312]

许多飞机的损毁并不是战斗导致的，而是前线原始的作战条件所致。从简易机场的土路或草地起飞通常很危险。整个 1941 年，在所有战线上，苏军的行动每造成 4 架飞机损失，德国空军就有 3 架飞机毁于非战斗原因。[313] 随着德军越来越深地进入苏联腹地，他们的补给和维修体系迅速恶化，这让问题愈加严重。许多飞机（其中包括大量名义上可用，但 1941 年 8 月底尚未投入行动的 Bf-109 战斗机）停在各座前进机场，因备用引擎或零部件的交付出现问题而无法使用。德国空军领导层与整个政治和军事领导层一样，认为这场战局会在几周内结束，因此，用于弥补损失的备用战机寥寥无几。与德军地面部队一样，德国空军各个联队不得不主要依靠 6 月 22 日的那些资源从事战斗并赢得战争。[314]

虽说作战条件不尽如人意，但整个 1941 年夏季的气候条件比较理想。1941 年 7 月和 8 月，凯塞林第 2 航空队的战术空中力量享受着晴朗的天气和良好的能见度，云幂很少低于 1500 英尺。由于 20 世纪 40 年代初期的技术水平极大地限制了夜间的战术空中行动和目标获取，第 2 航空队绝大多数支援地面力量的任务都在昼间执行。幸运的是，每年这个时节，苏联中部的白昼较长[315]，这为他们提供了一个重要的战术优势：

> 中央集团军群1941年6月22日冲出波兰时……各个德国师有17个小时的白昼用于战斗、行进并设法利用德国复杂进攻模式的优势。德国军队在别洛斯托克、明斯克、斯摩棱斯克周围实施了大规模合围……他们总是能守住封锁线，困住苏军庞大的被围部队。很少有人谈到17个小时的白昼和短暂的夜晚这个有利于德国人的自然地理因素。备受重压的苏军防御兵团被迫在几个小时的"白夜"内发起反冲击，或设法突破德军薄弱的封锁线。[316]

对苏战局最初几周，第 2 航空队第 27、第 51、第 53 战斗机联队的梅塞施密特 Bf-109"埃米尔"和更新、更快、数量更多的"弗里德里希"，每天出动多个架次支援中央集团军群。在大不列颠上空的战斗中，德国空军的战斗机通常以大队或中队编制投入行动，而在东线，德军倾向于使用 4～5 架飞机组成的小队，随着战局的发展，他们甚至使用双机编队。发生这种变化的原因与战术转变无关，更多地出于覆盖东线广阔空间的需要。另外，这也是可用战机数量迅速下降所致。就连为轰炸机和"斯图卡"部队提供护航时投入的战斗机也比大不列颠战役期间少得多。当然，这种安排只有在德国空军保持对红空军显著的技术和战术优势时方能奏效。[317]

除了提供护航，Bf-109 战斗机部队执行的任务还包括：清理地面目标或空中的敌机，德国战斗机飞行员把这项行动称作"自由猎杀"；在己方地面部队上方区域巡逻；对敌人的机场、部队和车辆集结、铁路目标实施轰炸、扫射和低空攻击。英国上空的空战发生在较高的海拔高度，而东线空战通常在 3000 米高度进行，这就使德国战斗机处在苏军轻型和中型高射炮的有效射程内，Bf-109 战斗机飞行员很快学会了对苏军防空武器敬而远之。低空攻击任务特别危险，这是因为红军的轻型高射炮火力和地面部队集中起来的对空火力极为猛烈，与1940年的英国人和法国人不同，红军接受过使用一切可用火力对敌机开火的训练。的确，遭到敌机低空攻击时，苏军步兵不是寻找隐蔽，而是仰面倒地，凝望目标，并以他们的轻武器开火射击。面对这种火力，Bf-109的散热器尤为脆弱。一发步枪子弹足以导致散热器漏液并迫使飞行员紧急着陆，要是他无法返回己方战线，就不得不面对被敌人俘虏的可能性。[318]

当然，德国飞行员与德军地面士兵一样，非常害怕沦为俘虏，这种恐惧因为战争头几日一些德国战斗机飞行员的不幸命运而加剧，他们被通常都很激愤的苏军士兵或民兵部队俘虏并杀害。一般说来，落入苏军手里的飞行员经常受到虐待或被残杀——种族主义情绪和发自内心的仇恨影响了交战双方的士兵。另一方面，也有许多事例证明，被击落的德国飞行员得到当地居民保护并平安返回己方战线。[319]（要是这些乐于助人的平民百姓把德国军队的到来视为他们从苏联的多年统治下获得解脱的开始，那么他们会非常失望。）Bf-109战斗机飞行员选择目标时可能不会太挑剔，他们经常以机枪扫射由难民组成的拼命逃窜的蜿蜒队伍。一般说来，德国空军人员不分青红皂白地轰炸、扫射苏联士兵和百姓。康斯坦丁·普列沙科夫写道：

> 空袭期间，母亲会把水桶套在孩子头上，帮助他们抵御弹片，有时候，绝望的母亲会让她们的手提包发挥同样的作用。德国空军一出现，人们就用大衣和外套遮住衣着鲜艳的小女孩，生怕一条红色连衣裙会吸引德国飞行员的目光。
>
> 母亲把出生证明和家庭住址塞入一个小袋子，把袋子挂在孩子颈间，这样一来，倘若自己身亡，孩子的身份还有可能获得确认——许多人这样做，特别是在空袭期间。一名目击者看见一个婴儿吸吮着死去的母亲的乳房，还有人看见一群孩子恳求士兵不要埋葬他们的母亲，并央求死去的女人们睁开眼睛。令人毛骨悚然的是，许多道路上撒满洋娃娃，这是小姑娘逃离前抓在手上的。发生践踏和死亡事件后，这些洋娃娃被丢在路上。[320]

德国战斗机飞行员利用他们出色的训练、经验和战术，以及战机明显的技术优势，在对苏战局开始阶段取得了惊人的战果（参见本书第三章"德国空军"一节）。维尔纳·莫尔德斯中校的第 51 战斗机联队取得的成就在这方面堪称典范。对苏战争首日，该联队击毁 100 多架地面上和空中的飞机，莫尔德斯本人取得 4 个战果，这使他的总击落数达到 72 架。因此，莫尔德斯获得了橡叶骑士铁十字勋章双剑饰，成为德国军队中第二个获得这种殊荣的军官（阿道夫·加兰德是第一个荣获这种勋章的人，前一天他因为在西线取得 69 个击落战果而获得这项荣誉）。[321] 次日（6 月 23 日），该联队继续实施低空打击，只击落 2 架敌机。在支援古德里安第 2 装甲集群的行动中，该联队的 Bf-109 战斗机还使用 20 毫米机炮，在普鲁扎内附近击毁至少 20 辆苏军坦克。6 月 24 日，该联队又取得了 82 个击落战果——其中大多数很可能是苏军轰炸机，它们投入到一个个自杀式波次中，在没有战斗机掩护的情况下对横冲直撞的东线德军发起攻击。24 小时后（6 月 25 日），第 51 战斗机联队又击落 83 架图波列夫 SB-2 轰炸机。6 月 28 日，该联队再次为地面部队提供他们急需的支援，这次是掩护第 3 装甲师设在博布鲁伊斯克别列津河对岸的登陆场。当月最后一天（6 月 30 日），苏联人把他们手中的所有炸弹投向第 3 装甲师的别列津纳河登陆场，莫尔德斯联队的战斗机击落 110 架飞机！[322] 德国空军 6 月 30 日宣布，第 51 战斗机联队成为自 1939 年 9 月以来首个取得 1000 个击落战果的战斗机联队。[323]

由于 Bf-109 战斗机的航程相对较短，各战斗机基地被迫多次转移，以便跟上德军装甲先遣部队的步伐。基地前移时，战斗机大队的组成部分（先遣队、主力纵队、装备、人员）沿恶劣的道路朝新目的地跋涉，进度往往会严重拖延。结果，受影响部队的作战行动不可避免地被打断，为地面部队提供的空中支援在一段较短时期内出现间歇性中断。1941 年 6 月 29 日到 7 月 23 日，里希特霍芬第 8 航空军辖内部队六次前移，直到 8 月初该航空军及辖内各大队调往北方集团军群。[324]

支援地面部队的重任由德国空军轰炸机联队遂行，对苏战局开始时，他们有 757 架 He-111H/P、Do-17Z、Ju-88A 双引擎中型轰炸机，其中 222 架隶属第 2 航空队第 2、第 3、第 53 轰炸机联队。[325]1941 年 6 月 22 日，每个轰炸机机组执行的飞行任务多达八次，接下来几天，他们的行动毫不松懈。对苏军机场实施初步打击后，轰炸机的战术目标改为支援陆军，把炸弹投向苏军的兵力集结地、运输中心、桥梁、公路和铁路线，以及陆军三个主要突击方向上的支撑点。[326] 亨克尔、道尼尔、容克斯战机给苏军兵力调动和补给纵队造成严重破坏。德国空军机组人员在此期间拍摄的照片，经常展现出死亡和破坏的惊人场景，车辆、坦克、火炮、人员、马匹、装备扭曲且烧焦的残骸散落在从边境延伸出来的各条道路上。

中央集团军群作战地域内，第 2 航空队的轰炸机为德军成功穿越白俄罗斯做出了巨大贡献。例如，1941 年 6 月下旬，被困在别洛斯托克、泽尔瓦和格罗德诺地域的苏军部队企图穿过森林向东逃窜，德军轰炸机编队对他们实施了猛烈打击。凯塞林航空队的轰炸机还为前进中的德军部队脆弱的侧翼提供掩护，防范苏军的反冲击。6 月 24—25 日的一场行动中，第 8 航空军的轰炸机和俯冲轰炸机实施接力打击，协助挫败了苏军坦克在库兹尼察、奥杰尔斯克、格罗德诺、多姆布罗瓦地域对德国第 8 和第 20 军的冲击。另一场行动中，他们在利达附近阻止了苏军对第 3 装甲集群侧翼的反突击，直到增援力量开抵。[327] 另外，轰炸机还协助阻止了苏军部队突出别洛斯托克—明斯克包围圈的企图，1941 年 8 月初在斯摩棱斯克包围圈同样如此。

第 2 航空队的轰炸机联队也努力打击公路和铁路线，从而封锁战场并阻止苏军援兵及时开抵。他们最初打击的铁路线位于明斯克、奥尔沙、戈梅利、布良斯克、斯摩棱斯克、莫吉廖夫及其附近。1941 年 7 月 14 日，斯摩棱斯克与莫斯科之间的铁路线首次遭到打击。7 月底，奥廖尔火车站遭到轰炸。第 3 轰炸机联队还出动多个"轰炸火车的"架次。[328] 接下来几周，德军轰炸机继续攻击通往前线的铁路线，但这些行动从一开始"就是战术－战役性的，其战略影响被高估了"[329]。

德国轰炸机部队蒙受的损失相当高昂，平均而言，对苏战局头四个月，每个月被击毁或受损的轰炸机多达 268 架，另外还有许多不可弥补的机组人员的伤亡。[330] 持续投入作战行动，再加上缺乏休息和睡眠，让机组人员身心负担剧增：

对各轰炸机联队的要求越来越多，这把他们推至极限，甚至经常让他们超越极限。机组人员每天出动3~4个飞行架次，每次任务长达4~5个小时，大多数部队连续战斗了至少6个月（有些长达9个月），自对苏战局开始后就没有休息过一天。不出所料，几支部队的医务人员报告，机组人员中普遍存在严重的神经衰弱。不间断的远程飞行、持续的致命恐惧、俯冲轰炸的生理应激导致的身心素质严重退化，这些都削弱了战斗力。他们变得脾气暴躁，这是缺乏睡眠的典型症状，有时候会无缘无故地哭泣痉挛。空中和地勤人员都处在集体精神崩溃的边缘。一些联队指挥官被迫执行时间表制度，这至少能让机组人员轮流休息。飞行员抓住一切机会睡觉，有时候一睡就是几天，其他人则决心尽快入睡，能睡多少时间算多少。虽然稀少而又短暂，但片刻的休息能极大地提振一个人的精神状态。精神得到恢复后，他在几小时内又会陷入紧张状态。[331]

虽然第2航空队的轰炸机联队在战争头几日对许多苏联城市实施了空袭（斯摩棱斯克1941年6月28日至29日夜间遭到第2航空军32架飞机轰炸，一项德国空军战争后期所做的研究声称"取得了很好的效果"[332]），但他们通力合作，发起的唯一一场"战略"空中战役是空袭莫斯科。这场行动开始于1941年7月21日至22日夜间，数个联队（大多隶属第2航空队）的127架轰炸机朝苏联首都投下104吨高爆弹和4.6万枚燃烧弹。[333]本书第十章（"德国空军轰炸莫斯科"一节）会详述这场空中战役。这里需要指出的是，德国空军对莫斯科的空袭，以及在战略空战方面几次不太重要的尝试，意味着"对德国空军果断干预地面战斗的能力的一种持续而又可观的消耗……这些空袭违反了大多数空军指挥部在对苏战争第一年遵守的集中力量（Schwerpunktbildung）原则"。[334]

为德国轰炸机力量提供补充的是配备Ju-87B单引擎俯冲轰炸机的"斯图卡"联队——他们是当初横扫波兰和法国的闪电战的可怕象征。1941年6月22日共有360架"斯图卡"战机集结在东线，八又三分之一个大队的323架战机编入第1、第2、第77"斯图卡"联队并分配给凯塞林第2航空队。[335]虽然这些飞机"缺乏足够的装甲，很容易遭到轻武器的打击，作为一款近距支援武器不甚理想"[336]，但它依然是德国空军武库中的主要空中密接支援资产。正如本书第三章所述，Ju-87B的典型攻击模式是以大角度俯冲打击目标，也就是说以接近70

度的角度实施俯冲。这样一来，"斯图卡"飞行员的投弹精度可保持在30码内。虽说算不上精确轰炸，但这是"当时的技术所能实现的最精准的结果"[337]。"斯图卡"大队打击的战术目标包括桥梁、铁路线、火车和铁路设施、坦克、火炮、防空点、集结的部队和车辆、野战防御工事和建筑物。[338]（另可参阅本书第三章"德国空军"一节。）

与战斗机和轰炸机力量一样，各"斯图卡"中队保持着极高的作战强度，这导致在战争头几个月，平均每个月被击毁或受损的飞机数量达到60架，这个数字相当于每个月平均总实力的20.5%。令人惊讶的是，以占每个月平均总实力的百分比衡量，"斯图卡"的损失实际上明显小于战斗机和轰炸机——它们每个月的平均损失（被击毁或被击伤）约占每个月平均总数量的36.3%和32.1%。[339]

本书已给出"斯图卡"编队提供有效空中密接支援的许多例子，它们来回奔波于中央集团军群整条战线上的各个危机发生点。俯冲轰炸机一次次沿战斗前沿协助粉碎苏军的抵抗，为霍特和古德里安麾下的装甲部队越来越深地攻入苏联腹地，奔向他们的最终目标莫斯科创造机会。结果，就像德军将士的记述（前两份摘自某步兵炮连一名军官的日记，后两份是一名装甲兵的军邮）表明的那样，地面部队越来越依赖这些鸥翼式飞机提供的支援：

格奥尔格·克罗伊特尔少尉（第18装甲师），1941年6月26日

我首次投入战斗是在特拉克特的桥上。据报我们前方有敌人两个师。但另一个军的坦克显然已位于他们身后！冒着敌人的准确炮火，我设立起观测所。"斯图卡"战机为我们提供了许多帮助！……我们现在已有三天没吃没喝了，终于获准使用应急口粮。思嘉乐能源巧克力（Schokakola）[340]的味道非常好。我们正进攻巴拉诺维奇！当晚21点，我冒着炮火在一片森林覆盖的山丘后占据阵地。我不时觉得自己看见了敌人的坦克，可它们通常是我方坦克。坦克恐惧症仍很严重！我经常被迫介入其他连队的行动。

格奥尔格·克罗伊特尔少尉（第18装甲师），1941年6月28日

我接管了全连！傍晚时，对森林内之敌的进攻愈演愈烈。但这些进攻在

黑暗中停顿下来。100名红军士兵仅凭寥寥无几的步枪、手枪和迫击炮就使我方几个师止步不前。这是个极大的耻辱，由此可以看出我方领导者的优柔寡断。没有火炮和"斯图卡"的支援，他们绝对无法完成任务。[341]

克劳斯·富克斯（第7装甲师），1941年7月17日

我们昨天穿过斯摩棱斯克北部边缘，目前正朝莫斯科方向前行。俄国人实施的局部抵抗较弱，无论我们在哪里与他们遭遇，他们都被迫逃离。我方空军，特别是"斯图卡"俯冲轰炸机，为我们的努力提供了积极支援。我们的空军战友都是最棒的小伙。

克劳斯·富克斯（第7装甲师），1941年7月20日

今天是星期日，久违的阳光终于出现了。最近几天一直大雨倾盆，但天色放晴后，我们的"斯图卡"俯冲轰炸机再次徘徊在空中。这些飞行员真的很棒！无论他们打击何处，都会造成破坏和毁灭。[342]

每天飞行数个架次，每次作战行动持续数日甚至数周，面对突然丧生或负伤的恒定前景，而且得不到适当的休息或睡眠，"斯图卡"飞行员处在巨大的身心压力下。飞行员汉斯·鲁德尔在他的回忆录中指出，对苏战局初期，他那个中队的机组人员清晨3点开始执行飞行任务，通常要到夜里10点才结束最后一次着陆："夜里的一场好觉就此告吹。我们抓紧每一分钟时间，躺在飞机下沉沉睡去。如果有命令到来，我们立即着手执行，甚至不知道命令来自何方。我们像在梦中那样展开行动。"[343]

"斯图卡"执行的任务非常苛刻，例如，飞行员承受令人不适的过载达到4～12个g，持续1～6秒，具体情况取决于他如何从俯冲状态改出。"斯图卡"训练教官罗伯特·奥莱尼克上尉解释说："480千米/小时的俯冲速度给身体带来巨大的压力……压力虽然平稳，但异常强烈，以至于飞行员偶尔会经历一种暂时性意识模糊，这种情况会持续几秒。这就是说，有那么一刻他已陷入昏迷。"[344]另外，俯冲轰炸机上的"耶利哥号角"警报器发出的地狱般的尖啸，有可能震破耳膜。

在一支"斯图卡"部队（他们在第 2 装甲集群作战地域展开行动）担任中队长的赫伯特·帕布斯特上尉（后来任大队长）记录了 1941 年夏季的战斗经历，他生动阐述了一名"斯图卡"飞行员在东线从事的冒险：

1941 年 6 月 22 日

登布林……在一片尘土飞扬的土地上，我待在伪装成农舍的兵营里，但精心伪装的前进机场靠近布格河。

是时候了——新的特别报告即将到来。我凌晨 2 点起床，3 点 30 分曙光乍现时第一次动身飞入俄国。到 19 点，我已执行了三个飞行架次，甚至还没吃午饭。但我只注意到 16 点发生的情况，无关紧要……在那里——我们首先打击了靠近布格河的掩体阵地和炮台，我方坦克随后迅速向前，我们也朝前方飞去。

下方爆发了一场坦克战，爬行中的长方形小盒子遍布战场，身后尘埃滚滚，是我方坦克还是敌人的战车？下方不断发出闪烁，这里的房屋正在燃烧，那里的森林腾起烟雾，一辆坦克起火燃烧，伴随着明亮的闪光，殉爆的弹药在红色火焰中腾空而起。降低高度！是我们的坦克正在这里前进。越过森林，一支支队列向前挺进——坦克、卡车，道路和森林挤得满满当当。

攻击！我把战机拉起时，炸弹已在我身后闪烁，又一道闪光，接着又是一道——轰隆！肯定是一辆弹药车被炸飞了。一道刺眼的闪光，黑色碎片四散飞溅，原先的位置只留下闷烧的红色火焰。

以机枪实施攻击！一架接一架战机在我身后实施俯冲，以持续不断的火力射向一辆辆动弹不得的汽车。在那里，一辆汽车开始燃烧。就连飞在我们周围的 Me-109 也降低高度投入攻击。我随后收拢我那些"斯图卡"战机，打道回府。9 架都在吗？没错，都在，一共 9 架！……

我们再次降落，随后……机械师聚拢到我们身旁，期盼听到些消息，而飞行指挥官向我报告，所有战机平安着陆。一场仓促的会议。敌人在哪里，我军在哪里？我们这场攻击造成了怎样的影响？一切都非常严肃、匆忙……的确如此！现在脱掉衬衫，来杯咖啡，享受一支香烟。[345]

执行下一个飞行架次前，帕布斯特和他的"斯图卡"组员惊讶地看着一小群苏军轰炸机发起攻击，他们身后跟着另一群苏军轰炸机，再往后还有一群，但他们遭到更快、更灵活的 Bf-109 战斗机的猛烈打击，很快就被消灭了。总之，他们看见 21 架笨重的苏军轰炸机起火坠落，没人从这场灾难中跳伞逃生。获胜的梅塞施密特晃动机翼返回基地。[346] 帕布斯特在他的日记中继续写道：

1941年6月25日

上午10点。调到普鲁扎内。

发生了好多事情，但我和我的中队安然无恙。我刚刚（从布列斯特－立托夫斯克镇外）返回，正和队友坐在一起喝咖啡，之后我们会再次出动。但当日剩下的时间我休息，我会在下午好好睡一觉。阳光很可爱，可外面的蚊子很可怕。

1941年6月26日

中午，斯卢茨克。

今日清晨我再次出动，但德国坦克已到达我认为已被俄国坦克占领的地带。他们排成密集队形隆隆向前疾进。我沿着宽阔的道路继续向前飞行，这条道路不断延伸，径直穿过森林和田野、小小的居民点和广阔的沼泽地。道路上有时候空空如也，有时候又出现庞大的队列，待我凑近仔细观察时，他们匆匆发出光信号并晃动旗帜——还是德国军队！向前，向前，可随着燃料即将耗尽，我不得不转身返航……

昨天早些时候的一项任务让我很开心，因为它很重要。昨晚我们累得要死，爬入一间临时征用的农舍（我的大多数部下睡在帐篷里）。地上铺着稻草。与蚊子大军毫无结果地斗争了一个小时后，我放弃了，蜷缩在我那辆汽车的座位上。可即便在这里，我也不得不为睡上一觉再斗争一个小时。最后在车内灯的帮助下赶走了蚊子。

1941年6月27日[347]

斯洛尼姆城外的别洛斯托克包围圈。[348]

拂晓时：警报！俄国人沿前进道路达成突破。40分钟后，我和我的中队已升空。但在指定地点，我又看见一支德军队列。我谨慎地靠近，希望看清楚些，就在那里！信号灯闪烁，对空识别标志匆匆展开——"斯图卡"战机颇具威胁的盘旋可能令他们感到惊慌。但你们放心好了，我会仔细观察的。从上方很难做到这一点。[349]

稍前方，两辆汽车正在燃烧，道路其他地段空无一人，可那里也闪烁着白色信号灯（白色信号灯总是意味着"这里是德国士兵！"）。距离道路不远处的森林边缘偶尔发出闪光——那是炮口的闪烁！啊哈，所以那里还是有事情正在发生。我盘旋并观察着。一道信号光束再次从道路射向空中：小心！自己人！但森林中，我看见一些车辆隐蔽在小径上，密集地聚集在两侧——紧张而又安静，没有任何动静。只在森林边缘有些活动，敌人正朝道路上射击。"'斯图卡'，攻击！"我们投下炸弹时，道路上的德国人可能非常害怕。森林里随即发出一道闪光，巨大的烟柱腾入空中。轰隆，轰隆，又是一声——猛烈的火焰喷射出来，然后某些东西爆炸了。我们一次次展开攻击，炸弹雨点般落入这片小树林。我拉起时，看见更多车辆出现在远处的田野里。我已耗尽炸弹，正以坡度俯冲攻击射出机枪里的曳光弹，淡淡的烟雾升入早晨清新的空气中。

今天，在这条道路上，我方部队的密集队列再次向东行进。我们无疑很快会跟上。

其他方面：食物、伏特加、香烟——这里的一切都很好。我光着膀子坐在树荫下，收音机播放着轻柔的旋律，这是值得信赖的"文化英雄"，即便在这些遥远的……远景中。

1941年6月28日

20点30分。感谢上帝，我累得够呛，终于回到农舍的稻草上。昨晚（我应该在4点30分被叫醒，这通常算比较晚）1点突然响起警报……俄国散兵游勇正从森林发起进攻！我们驱车驶过的狭窄走廊位于敌军之间，这总是有可能的。每个人都冲到停机坪，所有机枪准备就绪，我们紧张地聆听着，直到深夜，可最终证明这不过是一场虚惊。我叫醒了所有部下并催促他们赶紧登机，结果什么事也没发生。

我躺在车里睡了一会,直到拂晓。清晨5点,准备出动——我们很快悉数升空,飞赴装甲先遣部队前方,他们已远远地位于前面,侧翼受到威胁。途中的天气很恶劣,我甚至考虑是否应该返航,可我还是飞赴指定空域,尽管云层高度几乎仅及树梢。在明斯克城外的科伊达诺夫前方,我看见他们停在一座燃烧的小镇外,也看见他们发出的信号灯光和展开的对空识别标志。我朝正对他们实施骚扰的敌人投下机上的负载——以炸弹和机枪一次次实施攻击。我们在一条伸向前线的临时跑道(原本属于俄国人)上着陆,以便补充燃料,这里散落着被击毁、烧毁的苏联飞机,数量非常多。

当天下午,我炸毁了一座桥梁,另一支横向行进的苏军队伍本来会使用这座桥梁赶往我军前进路线。第一枚炸弹落在桥梁前方20米的道路中间,制造了一个巨大的弹坑,第二枚炸弹直接命中——木梁四散飞溅。桥梁消失了,根本不需要其他"斯图卡"再投掷任何东西……

我严重缺乏睡眠,所以吃了点司机给我弄的食物后就躺在农舍的稻草上。我现在又回到热牛奶、香烟、信件和我那台收音机传出的轻柔音乐声构成的世界里。南面,他们已到达别列津纳河!这让我想起我的父亲。

1941年6月30日

我感觉很棒,我们中队同样如此。[350]

如果说1941年6月底"斯图卡"飞行员的士气——用帕布斯特上尉的话来说——"很棒"的话,那么,随着时间的推移,许多人会被推到抵达,甚至超出他们耐力极限的位置,有些人甚至会精神崩溃。20世纪70年代末的一场戏剧性战后采访中,原"斯图卡"飞行员卡尔·福格特讲述了自己是如何在每天数次任务、一连数日、毫不停顿的压力下崩溃的。从福格特的反应看,战争结束30多年后,他显然还是无法完全坦然面对痛苦的战时经历。(注:L和S是采访者)

福格特:我加入的是德国空军,对苏战局开始时我也在那里。后来我进了医院,(他们)不允许我再飞了。我出了盆子,精神崩溃。

L:哦,这样啊,是怎么发生的?

福格特：嗯，您只要试试每天飞10～12次任务就知道了。[351]

L：每天？

福格特：每天。

L：就算是对神经来说，这个强度也太大了，它是如何表现出来的？您无法再驾驶飞机了吗？

福格特：不是，我离开我的座机时，副官走了过来。他说："那里，是您的下一架战机。"我就揍了他，要是他手里有枪的话，肯定会毙了我，可他没带枪。他们逮捕了我。

L：他们后来知道您这种情况是一种疾病吗？

福格特：他们就是这样认为的——我没有任何反应，再也没反应了。这有点过头了。

L：您是不是近乎无动于衷……

福格特：还有些人待在疯人院里，其中有些人也是精神崩溃。[352]

S：他们不得不继续执行飞行任务？

福格特：继续执行任务。极度紧张。而且，他们彻底毁了。他们没有像我那样发泄一番。我当时揍了那名副官，彻底发泄了一通。我那时候的状况还不太糟糕，仍可以治愈。我现在很健康。

S：他们也一直在执行战斗任务吗？

福格特：只有战斗任务。驾驶Ju-87，你们知道这款飞机吗？

S：哦，总是俯冲的那种？

福格特："斯图卡"！

L："斯图卡"，呜……呜……

福格特：没那么可怕。

L：……它发出这种尖啸。

福格特：我们在它的起落架之间装了个警报器，直径一米……

L：没错，我就是说这个。

福格特：飞行时，我们用挡板挡住警报器，开始俯冲时，我们移开挡板，尽管戴着特殊的飞行帽[353]，耳膜还是会因为……而破裂。你们认为这对下方人员的士气会造成怎样的影响？对下面那些人。

L：这种战机在平民百姓中传播恐惧。

福格特：它也让我们疲惫不堪。

S：噪音造成的？

福格特：所有的一切。你们看：你执行了一次飞行任务，然后你必须报告——"您击中了什么？"再次回到空中，然后你看见整个地方碎片飞溅。当然，要是您真把自己想象成一个"英雄"的话，您会有一种真正的"英雄主义感"。我们抛开这一切，这样更好。[354]

注释

1. H. Pabst, *The Outermost Frontier*, 12.

2. H. F. Richardson (ed.), *Your Loyal and Loving Son. The Letters of Tank Gunner Karl Fuchs, 1937–41*, 112.

3. F. Belke, *Infanterist*, 33.

4. *Tagebuch Haape*, 3.8.41.

5. 20世纪80年代以来的德国出版物，要么对二战期间的军邮做出分析，要么证明历史学家把它作为一个合理的工具，这些出版物包括：K. Latzel, *"Feldpostbriefe: Ueberlegungen zur Aussagekraft einer Quelle,"* in: *Verbrechen der Wehrmacht*, C. Hartmann, et al., 171–81; H. J. Schroeder, *"Erfahrungen deutscher Mannschaftssoldaten waehrend der ersten Phase des Russlandkrieges,"* in: *Zwei Wege nach Moskau*, B. Wegner (Hg.), 309–325; P. Knoch, *"Feldpost – eine unentdeckte historische Quellengattung,"* in: *Geschichtsdidaktik*, Vol. 11, No. 2/86, 154–71; M. Humburg, *Das Gesicht des Krieges. Feldpostbriefe von Wehrmachtssoldaten aus der Sowjetunion 1941–44*; O. Buchbender & R. Sterz (Hg.), *Das andere Gesicht des Krieges. Deutsche Feldpost 1939–1945*; H. Dollinger (Hg.), Kain, *wo ist dein Bruder?*; I. Hammer & S. zur Nieden (Hg.), *Sehr selten habe ich geweint. Briefe und Tagebuecher aus dem Zweiten Weltkrieg von Menschen aus Berlin*; C. Hartmann, *Wehrmacht im Ostkrieg*; J. Huerter, *Hitlers Heerfuehrer*. 许尔特的著作中，德军元帅和将领的私人日记，以及他们写给妻子和家属的信件，都是重要的资料来源。W. Baehr, et al. (Hg.), *Kriegsbriefe Gefallener Studenten*属于德国出版的第一批关于二战期间军邮的著作。

6. K. Latzel, *Deutsche Soldaten – nationalsozialistischer Krieg?*, 26–27; K. Latzel, *"Feldpostbriefe: Ueberlegungen zur Aussagekraft einer Quelle,"* in: *Verbrechen der Wehrmacht*, C. Hartmann, et al., 171.

7. K. Latzel, *Deutsche Soldaten – nationalsozialistischer Krieg?*, 24; O. Buchbender & R. Sterz (Hg.), *Das andere Gesicht des Krieges*, 10.

8. O. Buchbender & R. Sterz (Hg.), *Das andere Gesicht des Krieges*, 9.

9. P. Knoch, *"Feldpost – eine unentdeckte historische Quellengattung,"* in: *Geschichtsdidaktik*, Vol. 11, No. 2 (1986), 156.

10. 二战期间，德国军邮审查由所谓的"军邮审查所"负责，他们的活动受到1940年3月12日颁布的一道最高统帅部勤务条令监管。最高统帅部为每个野战集团军配备一个军邮审查机构，工作人员包括5名军官和19名军士。K. Latzel, *Deutsche Soldaten – nationalsozialistischer Krieg?*, 30.

11. Ibid., 30.

12. W. Wette, *The Wehrmacht*, 180.

13. S. G. Fritz, *Frontsoldaten. The German Soldier in World War II*, 55–57.

14. 另可参阅：J. Dollwet, *"Menschen im Krieg, Bejahung – und Widerstand?,"* in: *Jahrbuch fuer westdeutsche Landesgeschichte*, 13. Jahrgang, 1987, F. J. Heyen, et al. (Hg.), 281。

15. 引自K. Latzel, *Deutsche Soldaten – nationalsozialistischer Krieg?*, 30。

16. *"USSR: republics and selected administrative areas, 1941,"* in: *The Oxford Guide to World War II*, I.C.B. Dear (ed.), 954–55.

17. S. Knappe, *Soldat*, 213–14.

18. 第5装甲师的司机奥托•威尔回忆1941年9月在明斯克与斯摩棱斯克之间沿这条公路行驶的经历时说："我接到新的部署令。我和雅斯科拉中尉经明斯克—莫斯科公路一同前往斯摩棱斯克，我很熟悉这条道路。它类似于我们的高速公路，但没有划分车道。在这条路线上我不太熟悉的地段，我发现这里结构良好，已铺上沥青，直到这段出色的路面结束为止。这种情况很罕见，路面上通常铺设着粗糙的鹅卵石和松散的碎石。这的确给掌握行程时间造成了极大影响……我们在下午晚些时候离开斯摩棱斯克，驱车返回奥尔沙……我从一辆运送服装的卡车上弄到一条腹带，这样就可以在旅途中更好地应付我那辆大众越野车刚性悬挂造成的颠簸。"O. Will, *Tagebuch eines Ostfront-Kaempfers*, 11–12.

19. 引自B. H. Liddell Hart, *The German Generals Talk*, 149。

20. A. Seaton, *The Battle for Moscow*, 46–47.

21. C. von Luttichau, *Road to Moscow*, ⅩⅢ:24.

22. 1939年8月的《苏德互不侵犯条约》签订前，白俄罗斯苏维埃社会主义共和国的面积为20.76万平方公里；签订该条约后，苏联占领波兰东部，白俄罗斯国土面积达到22.57万平方公里，人口为1052.8万。*Belarus u Vialikai Aichynnai vaine, 1941–1945. Entsyklapedyia* [Belarus in the Great Patriotic War 1941–1945: An Encyclopedia] (Minsk: "Belaruskaia savetskaia entsyklapedyia imia Petrusia Brouki," 1990), 5. 特别感谢戴维•格兰茨提供的这些数据。

23. C. Pleshakov, *Stalin's Folly*, 199.

24. Dr E. Bunke, *Der Osten blieb unser Schicksal*, 298. 1941年6月22日，汉斯•利罗夫医生在他的日记中指出，德军拂晓时（清晨4点）发起突击。*Tagebuch Lierow*, 22.8.41.

25. C. Pleshakov, *Stalin's Folly*, 201.

26. R. Kirchubel, *Operation Barbarossa 1941 (3), Army Group Center*, 29; W. Haupt, *Army Group Center*, 10; H. Hoth, *Panzer-Operationen*, 45–47.

27. FMS T–34, K. Allmendinger, et al., *"Terrain Factors in the Russian Campaign,"* 30.

28. FMS T–34, K. Allmendinger, et al., *"Terrain Factors in the Russian Campaign,"* 30–31. 德军总参谋部战前对苏联中部水道的分析可参阅*Militaergeographische Angaben ueber das Europaeische Russland, Zentral-Russland (ohne Moskau), abgeschlossen am 15. Mai 1941*, Generalstab des Heeres, Berlin 1941。引自*Die Schlacht um Moskau*, J. Piekalkiewicz, 12–13。

29. 苏联最大的沼泽地带是普里皮亚季沼泽，位于中央集团军群作战地域南端。对这些沼泽的简要叙述，参见本书第一章"对苏战争的军事准备（1940年7—12月）"一节。

30. FMS P–052, H. von Greiffenberg, *"Combat in Forests and Swamps,"* 8–13; K. Uebe, *"Russian Reactions to German Airpower in World War II,"* USAF Historical Study No. 176, 11–12.

31. FMS T–34, K. Allmendinger, et al., *"Terrain Factors in the Russian Campaign,"* 72–75.

32. FMS P–052, H. von Greiffenberg, *"Combat in Forests and Swamps,"* 9. 但艾伯特•西顿说："波兰旧边境附近以西的森林最为茂密。"A. Seaton, *The Battle for Moscow*, 44.

33. FMS T–34, K. Allmendinger, et al., *"Terrain Factors in the Russian Campaign,"* 51–52; A.

Seaton, *The Battle for Moscow*, 44.

34. E. Raus, "*Effects of Climate on Combat in European Russia*" (DA Pamphlet No. 20-291). 引自*Fighting in Hell*, P. G. Tsouras (ed.), 225。

35. FMS T-34, K. Allmendinger, et al., "*Terrain Factors in the Russian Campaign*," 52, 67.

36. E. Raus, "*Effects of Climate on Combat in European Russia*" (DA Pamphlet No. 20-291). 引自*Fighting in Hell*, P. G. Tsouras (ed.), 229。

37. C. Burdick & H.-A. Jacobsen (eds.), *The Halder Diary 1939-1942*, 454.

38. *Tagebuch Kummer*, 24.8.41 (unpublished diary).

39. *Tagebuch Haape*, 29.8.41.

40. A. Freitag, *Aufzeichnungen aus Krieg und Gefangenschaft*, 60.

41. Ibid., 60, f.n. 12.

42. H. F. Richardson (ed.), *Your Loyal and Loving Son. The Letters of Tank Gunner Karl Fuchs*, 1937-41, 112.

43. Ibid., 118.

44. E. Bub, "*Ein verlorenes Jahrzehnt. Tagebuchaufzeichnungen Emil Bub*" (unpublished diary).

45. W. Buddenbohm, *Das Leben des Soldaten Wilhelm Buddenbohm*, 60.

46. IfZ Archives, MA 1577: 24. Pz.K., Abt. Ic, Bericht, "*Die Rollbahn zwischen Brest-Litowsk und Moskau*," 17.6.41, cited in: C. Hartmann, *Wehrmacht im Ostkrieg*, 251, f.n. 40.

47. W. Murray, "*May 1940: Contingency and fragility of the German RMA*," in: *The Dynamics of military revolution*, M. Knox & W. Murray (eds.), 154-55.

48. 但在"较为清醒"的时刻，就连弗朗茨·哈尔德这种对苏战局的主要推动者可能也心存疑虑。哈尔德1941年5月24日视察南方集团军群第17集团军期间，一名军官注意到交谈结束时，这位陆军总参谋长"显而易见的活力"突然松弛下来。他认为没人注意自己的这一刻，嘴唇不停地颤抖着。C. Hartmann, *Wehrmacht im Ostkrieg*, 250.

49. Ibid., 257.

50. 关于"巴巴罗萨"行动前夕分配给三个集团军群的陆军直属部队，可参阅：OKH Gen St d H/Op.Abt. (Ⅲ), "*Kriegsgliederung Barbarossa*," Stand 18.6.41, in: K. Mehner (Hg.), *Geheime Tagesberichte*, Bd. 3.

51. 埃迪·鲍尔对德军装甲作战的详细研究称，1941年间一个典型的装甲师大约有3500部车辆，在道路上排成单列纵队的话，长度可达130公里。E. Bauer, *Panzerkrieg*, 113.

52. T. Plievier, *Moscow*, 44-46.

53. D. M. Glantz (ed.), *Initial Period of War on the Eastern Front*, 35-37; E. Mawdsley, *Thunder in the East*, 196. 莫兹利指出："俄国人主要使用11吨的T-26和14吨的BT轻型坦克，他们输掉了1941年的坦克战。"

54. K.-R. Woche, *Zwischen Pflicht und Gewissen*, 99.

55. E. Mawdsley, *Thunder in the East*, 194-95. 莫兹利指出："红军在战争初期的一个主要问题是

一直缺乏有效的反坦克武器。"

56. C. Hartmann, *Wehrmacht im Ostkrieg*, 257, f.n. 83.

57. H. Guderian, *Panzer Leader*, 174.

58. R. J. Kershaw, *War Without Garlands*, 72–74.

59. D. Garden & K. Andrew (eds.), *The War Diaries of a Panzer Soldier*, 33–34.（为了让相关叙述更具可读性，本书作者对这篇使用苏特林字体的日记稍稍做了些修改。）

60. Ibid., 35.

61. Ibid., 35–36.

62. 引自J. Dinglreiter, *Die Vierziger. Chronik des Regiments*, 38。

63. BA-MA MSg 1/3268: *Fritz Farnbacher, Tagebuch*, 22.6.41. 引自C. Hartmann, *Wehrmacht im Ostkrieg*, 251。

64. 这里提及的是霍特第3装甲集群使用的一条装甲路线，因此，不能把它与古德里安装甲集群使用的1号装甲路线混淆。

65. R. Hinze, *19. Infanterie- und Panzer-Division*, 133.

66. Ibid., 133–34.

67. H. Guderian, *Panzer Leader*, 195.

68. R. Steiger, *Armour Tactics in the Second World War*, 28.

69. R. A. Hart, *Guderian*, 72–73.

70. H. Guderian, *Panzer Leader*, 154–56.

71. Ibid., 156.

72. 参阅http://www.lexikon-der-wehrmacht.de。

73. S. H. Newton, *Hitler' s Commander. Field Marshal Walther Model*, 133.

74. *Geschichte der 3. Panzer-Division*, Traditionsverband der Division (Hg.), 112.

75. 引自K.-R. Woche, *Zwischen Pflicht und Gewissen*, 104。

76. Ibid., 105–06.

77. Ibid., 107.

78. Ibid., 107–08.

79. Ibid., 108.

80. W. K. Nehring, "*Die 18. Panzerdivision 1941*," in: *Deutscher Soldatenkalender 1961*, 197.

81. *Leutnant Pohl*, 引自W. Paul, *Geschichte der 18. Panzer-Division*, 31。

82. *Tagebuch*, Major S., 25.7.41. 引自 "*Panzersoldaten im Russlandfeldzug 1941 bis 1945. Tagebuchaufzeichnungen und Erlebnisberichte*," 24–25 (unpublished manuscript; compiled by Kurt Werner Andres)。

83. Ibid., 25.

84. K.W.Andres, "*Panzersoldaten im Russlandfeldzug 1941 bis 1945. Tagebuchaufzeichnungen und Erlebnisberichte*," 22.

85. H. Guderian, *Panzer Leader*, 233–35.

86. Ibid., 237-38.

87. D. M. Glantz, *Barbarossa Derailed*, Vol. I, 101.

88. M. Foedrowitz, *Stalin Organs*, 11.

89. M. Foedrowitz, *Stalin Organs*, 11; D. M. Glantz, *Barbarossa Derailed*, Vol. I, 67. 德国陆军总参谋部1941年7月15日的态势图表明，当时位于鲁德尼亚附近的德军部队只有第12装甲师。K.-J. Thies, *Der Ostfeldzug - Ein Lageatlas*, "Lage am 15.7.1941 abds., Heeresgruppe Mitte."

90. 引自A. Werth, *Russia at War*, 172。

91. Ltr, R. Adler to C. Luther, 24 Nov 04.

92. BA-MA N 10/9: *Lebenserinnerungen Smilo Frhr. von Luettwitz*, Bl. 128. 引自C. Hartmann, *Wehrmacht im Ostkrieg*, 255。

93. P. Paret, "*Clausewitz*," in: *Makers of Modern Strategy*, P. Paret (ed.), 202.

94. BA-MA RH 26-29/6, *KTB 29. Inf.-Div. (mot.)*, 1.7.41; BA-MA MSg 1/1147: *Tagebuch Lemelsen*, 1.7.41.

95. R. J. Kershaw, *War Without Garlands*, 238.

96. S. H. Newton (trans.), Panzer Operations. *The Eastern Front Memoir of General Raus, 1941-1945*, 8.

97. *Tagebuch Kummer*, 14.7.41.

98. K. W. Andres, "*Panzersoldaten im Russlandfeldzug 1941 bis 1945. Tagebuchaufzeichnungen und Erlebnisberichte.*"

99. 据已故美国陆军上校戴维·哈克沃斯称，美国人在越南战争期间的致死性伤员，15%～20%源于己方火力误击。J. Shay, *Achilles in Vietnam. Combat Trauma and the Undoing of Character*, 125. 二战期间交战双方死于己方火力的人员百分比无疑更高，部分原因是当时己方部队之间的通信手段原始得多。

100. 他们戴着原来的灰色棉帽（而不是钢盔）投入战斗，几天前刚刚配发德军制式步枪（Gewehr 98），他们从未接受过使用这种步枪的训练，"李斯特"团的士兵被其他德国部队误认为英国士兵，因而遭到枪击，就此出现灾难性后果。这场行动的详情可参阅Thomas Weber, *Hitler's First War*, 40-47。

101. P. Fussell, *Wartime. Understanding and Behavior in the Second World War*, 26.

102. *Tagebuch Kreuter*, 23.6.41. 不清楚克罗伊特尔所说的伤亡指的是整个师还是他所在的团。

103. H. Guderian, *Panzer Leader*, 186. 古德里安写道："地面部队设有清晰的识别标志，我们使用的进军道路也已明确告知空军人员，造成这起不幸事件的原因是部分年轻飞行员训练不足，缺乏经验。"这起事件中，遭到误炸的是德军第23步兵师。

104. J. Lucas, *Das Reich*, 66.

105. K. Macksey, "*The Smolensk Operation 7 July-7 August 1941*," in: *Initial Period of War on the Eastern Front*, D. M. Glantz (ed.), 346.

106. C. Hartmann, *Wehrmacht im Ostkrieg*, 256; H. Guderian, *Panzer Leader*, 189-90.

107. H. Zobel, "*3rd Panzer Division Battles in the Smolensk Area*," in: *Initial Period of War on the Eastern Front*, D. M. Glantz (ed.), 435-36.

108. IfZ-Archiv, MA 1578: 4. Pz. Div., Abt. Ia, *Meldung an das 24. Pz. Korps vom 22.7.1941*;

BA-MA RH 24-24/88: 4. Pz. Div., Abt. Ia, *Meldung an das 24. Pz. Korps vom 15.8.1941*. 都引自C. Hartmann, *Wehrmacht im Ostkrieg*, 256, f.n. 70, and 255, f.n. 67. 哈特曼写道："虽然该师仍在运作，但持续六周的进军足以耗尽其人员和物资力量的核心。"

109. J. Neumann, *Die 4. Panzer-Division 1938-1943*, 491.

110. H. F. Richardson (ed.), *Your Loyal and Loving Son. The Letters of Tank Gunner Karl Fuchs*, 1937-41, 115.

111. A. Schick, *Die Geschichte der 10. Panzer-Division*, 325.

112. W. Paul, *Panzer-General Walther K. Nehring*, 121; O. Bartov, *Hitler's Army*, 20; W. K. Nehring, "*Die 18. Panzerdivision 1941*," in: *Deutscher Soldatenkalender 1961*, 198; R. J. Kershaw, *War Without Garlands*, 169. 另可参阅K.-J. Thies, *Der Ostfeldzug - Ein Lageatlas, for the period 28 July to 17 August 1941*。

113. 20. Pz. Div. Abt. Ia, *Zustandsmeldung an 57. Pz. Korps*, 27.7.41. 引自R. Steiger, *Armour Tactics in the Second World War*, 30。

114. BA-MA MSg 1/1147: *Tagebuch Lemelsen*, 25.7.41.

115. Ibid., 16.7.41.

116. BA-MA N 813, *Tagebuch Muenchhausen*, Aug. 41.

117. W. K. Nehring, "*Die 18. Panzerdivision 1941*," in: *Deutscher Soldatenkalender 1961*, 198.

118. BA-MA RH 27-18/17, 11.7.41. 引自R. J. Kershaw, *War Without Garlands*, 170，以及O. Bartov, *Hitler's Army*, 20。

119. H. Gr. Mitte, Abt. Ia, KTB Nr. 1, 22.8.41. 引自R. Steiger, *Armour Tactics in the Second World War*, 126。

120. H. F. Richardson (ed.), *Your Loyal and Loving Son. The Letters of Tank Gunner Karl Fuchs, 1937-41*, 117.

121. P. Tauber (Hg.), *Laeusejagd und Rohrkrepierer. Willi Loewer, an den Fronten des Zweiten Weltkrieges*, 42-43.

122. Ibid., 43-44.

123. Ibid., 44-45.

124. 韦斯勒是他们营的会计和出纳军士。

125. *Tagebuch Wilhelm Wessler*, 28.7.41.

126. Ibid.

127. OKH Gen St d H/Op.Abt. (Ⅲ), "*Kriegsgliederung Barbarossa*," Stand 18.6.41, in: K. Mehner (Hg.), *Geheime Tagesberichte*, Bd. 3. 东线陆军的103个步兵师，包括分配给南方集团军群的4个轻装师。

128. 据奥古斯汀·塞斯说，"二战期间德国步兵的装备分为'行军装备'和'战斗装备'；战斗中，前者留给后卫部队，后者包括从事战斗的必要物品（紧急口粮和很少的额外物品）"。有些物品，例如毛毯和饭盒，两套装备里都有。A. Sáiz, *Deutsche Soldaten*, 121.

129. 三角形（两侧为202厘米，底部长240厘米）帐篷布重1.27公斤，由防水面料制成，是步兵必不可少的装备。4块帐篷布，加上4根帐篷柱和8个帐篷钉，可以搭成一个供四人使用的帐篷。使用8块或更多帐篷布可以搭成更大的帐篷。这件多功能装备还可用于覆盖散兵坑，士兵也可以披着它遮风挡雨。帐篷布另可用于制作临时性担架，把伤员带离战场。A. Buchner, *German Infantry Handbook*, 20.

130. R. J. Kershaw, *War Without Garlands*, 90; A. Buchner, *German Infantry Handbook*, 19. 另可参阅A. Sáiz, *Deutsche Soldaten*, 121–48。

131. F. Belke, *Infanterist*, 36.

132. R. J. Kershaw, *War Without Garlands*, 90; A. Sáiz, *Deutsche Soldaten*, 121; G. Barkhoff, *Ostfront 1941–1945. Ein Soldatenleben*, 17 (unpublished memoir).

133. G. Barkhoff, *Ostfront 1941–1945. Ein Soldatenleben*, 16–17.

134. R. J. Kershaw, *War Without Garlands*, 90; A. Sáiz, *Deutsche Soldaten*, 123–24.

135. *Frontschau Nr. 5/6*, in: *Die Frontschau, distributed by International Historic Films*. MG34作为轻机枪使用时（即配备两脚架）重约12公斤，作为重机枪使用时（配备三脚架）重19公斤。*Handbook on German Military Forces*, U.S. War Department, 314.

136. R. J. Kershaw, *War Without Garlands*, 90; A. Buchner, *German Infantry Handbook*, 17.

137. A. Sáiz, *Deutsche Soldaten*, 27. 据塞斯说，德国军装可能是"20世纪上半叶所有国家中最好的，是个真正的里程碑，对所有参战国都产生重大影响"。

138. Ibid., 27. 奥古斯汀·塞斯指出："（它）对丝绸、棉布或亚麻布的触感和质地形成一种近乎完美的模仿，它可以染成许多不同的颜色，光滑、鲜艳、有吸收力。但它的透气性较差，浸水后往往会走形。"这种面料在欧洲被称作"人造丝"。1939年9月，全世界人造纤维总产量的90%出自德国。

139. G. Forty, *German Infantryman at War 1939–1945*, 15.

140. A. Sáiz, *Deutsche Soldaten*, 33–34, 40; A. Buchner, *German Infantry Handbook*, 17–18; G. Forty, *German Infantryman at War 1939–1945*, 15.

141. A. Sáiz, *Deutsche Soldaten*, 28, 39, 53–59; A. Buchner, *German Infantry Handbook*, 18–19.

142. Ltr, K.–G. Vierkorn (23 ID) to C. Luther, Jan 04.

143. S. Hart, et al., *The German Soldier in World War II*, 16.

144. 德国国防军1935年6月批准列装M35型钢盔。A. Sáiz, *Deutsche Soldaten*, 15.

145. A. Sáiz, *Deutsche Soldaten*, 15; A. Buchner, *German Infantry Handbook*, 19.

146. A. Sáiz, *Deutsche Soldaten*, 15.

147. Ibid., 69–71.

148. E. Raus, "*Effects of Climate on Combat in European Russia*" (DA Pamphlet No. 20–291). 引自*Fighting in Hell*, P. G. Tsouras (ed.), 227。

149. M. Graf v. Nayhauss-Cormons, *Zwischen Gehorsam und Gewissen*, 167.

150. Dr W. Dicke, *Memoiren* (unpublished memoir).

151. A. Sáiz, *Deutsche Soldaten*, 46.

152. A. Buchner, *German Infantry Handbook*, 111.

153. G. Megargee, *Inside Hitler's High Command*, 124.

576

154. *Tagebuch Haape*, 29.8.41.

155. A. Freitag, *Aufzeichnungen aus Krieg und Gefangenschaft*, 91.

156. E. Raus, "*Effects of Climate on Combat in European Russia*" (DA Pamphlet No. 20–291). 引自*Fighting in Hell*, P. G. Tsouras (ed.), 228。

157. H. Martin, *Weit war der Weg*, 62–63.

158. E. Raus, "*Effects of Climate on Combat in European Russia*" (DA Pamphlet No. 20–291). 引自*Fighting in Hell*, P. G. Tsouras (ed.), 228。

159. Telecom Intvw, F. Roemer with G. Schulze, 15 Dec 04.

160. A. Freitag, *Aufzeichnungen aus Krieg und Gefangenschaft*, 52–53.

161. 关于德军战地厨房及其设备的精彩详情和照片，可参阅*Handbook on German Military Forces*, U. S. War Department, 537–40。

162. G. Forty, *German Infantryman at War 1939–1945*, 64.

163. H. Haape, *Moscow Tram Stop*, 92. 哈佩年轻的未婚妻，也就是他日后的妻子，是一名专业歌剧演员。

164. Ibid., 146.

165. A. Sáiz, *Deutsche Soldaten*, 265. 另可参阅A. Buchner, *German Infantry Handbook*, 110–11。

166. Ltr, Dr W. Schaefer-Kehnert to C. Luther, 10 Dec 03.

167. A. Buchner, *German Infantry Handbook*, 19. 另可参阅D. Westwood, *German Infantryman (2) Eastern Front 1941–43*, 9。

168. A. Buchner, *German Infantry Handbook*, 113.

169. R. L., DiNardo, *Mechanized Juggernaut or Military Anachronism?*, 11.

170. Ibid., 43.

171. Ltr, H. Franze (263 ID) to C. Luther, 16 Feb 05. 1941年秋季和1941年至1942年冬季，德国人用苏联农舍茅草屋顶上的稻草喂养马匹，这种做法在当时的许多德方记述中被提及。

172. FMS P-190, R. Hofmann & A. Toppe, "*Verbrauchs - und Verschleisssaetze waehrend der Operationen der deutschen Heeresgruppe Mitte vom 22.6.41–31.12.41*," 65.

173. Ltr, K.-G. Vierkorn to C. Luther, Jan 04.

174. Ltr, Dr W. Schaefer-Kehnert to C. Luther, 10 Dec 03.

175. Quoted in: K. Latzel, *Deutsche Soldaten - nationalsozialistischer Krieg?*, 50.

176. H. F. Richardson (ed.), *Your Loyal and Loving Son. The Letters of Tank Gunner Karl Fuchs, 1937–41*, 119.

177. A. Freitag, *Aufzeichnungen aus Krieg und Gefangenschaft*, 60.

178. H. Pagel, "*From the Other Side. A Collection of Personal WW II Stories*" (unpublished manuscript).

179. S. Knappe, *Soldat*, 225.

180. H. C. Verton, *In the Fire of the Eastern Front*, 107.

181. D. Chandler, *The Campaigns of Napoleon*, 770; A. Zamoyski, *Moscow 1812*, 148.

182. L. Tolstoy, *War and Peace*, 799–800.

183. D. M. Glantz, *Barbarossa Derailed*, Vol. I, 62.

184. 德国陆军总司令部作战处1941年7月15—31日的作战态势图，可参阅K.-J. Thies, *Der Ostfeldzug - Ein Lageatlas*。

185. G. Scheuer (Hg.), *Briefe aus Russland. Feldpostbriefe des Gefreiten Alois Scheuer 1941–1942*, 26.

186. 但德国军队进入苏联期间拍摄的照片表明，士兵们并没有一直遵守这些规定。

187. Frontschau Nr. 3, "*Vormarsch*," in: *Die Frontschau, distributed by International Historic Films*.

188. H. J. Schroeder, "*Erfahrungen deutscher Mannschaftssoldaten waehrend der ersten Phase des Russlandkrieges*," in: *Zwei Wege nach Moskau*, B. Wegner (Hg.), 312.

189. *Feldpost*, W. Heinemann, 17.7.41.

190. H. J. Schroeder, "*Erfahrungen deutscher Mannschaftssoldaten waehrend der ersten Phase des Russlandkrieges*," in: *Zwei Wege nach Moskau*, B. Wegner (Hg.), 312.

191. S. Hart, et al., *The German Soldier in World War II*, 28.

192. Ibid., 28.

193. D. Westwood, *German Infantryman (2) Eastern Front 1941–43*, 14.

194. Ibid., 14.

195. J. Lucas, *Das Reich*, 54.

196. J. Huerter, *Ein deutscher General an der Ostfront*, 63.

197. *Feldpost*, K.-G. Vierkorn, 25.6.41.

198. D. Westwood, *German Infantryman (2) Eastern Front 1941–43*, 13.

199. Ibid., 12.

200. M. Graf v. Nayhauss–Cormons, *Zwischen Gehorsam und Gewissen*, 148.

201. R. Schneider, *Siege. A Novel of the Eastern Front*, 137.

202. R. J. Kershaw, *War Without Garlands*, 92.

203. Ibid., 91.

204. *Tagebuch Lierow*, 24.6.–11.7.41.

205. A. Ulrich, "*Hitler' s Drugged Soldiers*," in: *Spiegel Online*, 6 May 05; Tagebuch Lierow, ca. 24.12.41; H. von Luck, *Panzer Commander*, 83–84.

206. E. Raus, "*Effects of Climate on Combat in European Russia*" (DA Pamphlet No. 20–291). 引自*Fighting in Hell*, P. G. Tsouras (ed.), 216。

207. Ibid., 216.

208. D. M. Glantz, *Barbarossa Derailed*, Vol. I, 62.

209. G. Scheuer (Hg.), *Briefe aus Russland. Feldpostbriefe des Gefreiten Alois Scheuer 1941–1942*, 23.

210. A. Freitag, *Aufzeichnungen aus Krieg und Gefangenschaft*, 58–59.

211. W. Meyer-Detring, *Die 137. Infanterie-Division im Mittelabschnitt der Ostfront*, 31–32.

212. H. Haape, *Moscow Tram Stop*, 60–61.

213. W. Meyer-Detring, *Die 137. Infanterie-Division im Mittelabschnitt der Ostfront*, 31.

214. BA-MA RH 26-129/3, *KTB 129. Inf.-Div.*, 1.7.41.

215. R. L. DiNardo, *Mechanized Juggernaut or Military Anachronism?*, 41.

216. 二等兵赫伯特·弗兰策1941—1944年间在东线服役，在第263步兵师担任骑兵传令员，据他说，疲惫、饥饿和战斗共造成85匹马损失。Ltr, H. Franze to C. Luther, 16 Feb 05. 1941年10月到1942年3月，东线德国陆军共损失约20万匹马，但只获得2万匹马的补充。G. P. Megargee, *Inside Hitler's High Command*, 174.

217. R. L. DiNardo, *Mechanized Juggernaut or Military Anachronism?*, 44.

218. P. Tauber (Hg.), *Laeusejagd und Rohrkrepierer. Willi Loewer, an den Fronten des Zweiten Weltkrieges*, 51.

219. *Tagebuch Wohlrab*，引自：W. Meyer-Detring, *Die 137. Infanterie-Division im Mittelabschnitt der Ostfront*, 31。

220. 由于150毫米野战榴弹炮的分量很重，火炮炮管和炮尾以一辆特殊的四轮大车分开运送。参见H. Seidler, *Images of War, Operation Barbarossa*, 19。

221. K.-G. Vierkorn, "*Barbarossa‐Feldzug gegen die Sowjet Union 1941. Meine Erinnerungen*," 16–17 (unpublished memoir).

222. *Feldpost*, W. Heinemann, 17.7.41.

223. R. L., DiNardo, *Mechanized Juggernaut or Military Anachronism?*, 45.

224. K.-G. Vierkorn, "*Barbarossa‐Feldzug gegen die Sowjet Union 1941. Meine Erinnerungen*," 17.

225. W. Meyer-Detring, *Die 137. Infanterie-Division im Mittelabschnitt der Ostfront*, 31.

226. E. Raus, "*Effects of Climate on Combat in European Russia*" (DA Pamphlet No. 20-291). 引自*Fighting in Hell*, P. G. Tsouras (ed.), 229。

227. H. Haape, *Moscow Tram Stop*, 243.

228. E. Raus, "*Effects of Climate on Combat in European Russia*" (DA Pamphlet No. 20-291). 引自*Fighting in Hell*, P. G. Tsouras (ed.), 229。

229. R. L., DiNardo, *Mechanized Juggernaut or Military Anachronism?*, 46.

230. M. Graf v. Nayhauss-Cormons, *Zwischen Gehorsam und Gewissen*, 167; H. Grossmann, *Geschichte der 6. Infanterie-Division*, 55.

231. H. Baumann, *Die 35. Infanterie-Division, 1939-1945*, 82; I. Moebius, *Ueber Moskau ins Kurland. Ritterkreuztraeger Georg Bleher erzaehlt*, 54.

232. *Traditionsverband 260. I.D., e.V. (Hg.), Die 260. Infanterie-Division*, 54. 另可参阅 *situation maps of the German Army Operations Branch from 8-18 July 1941*, in: K.-J. Thies, *Der Ostfeldzug‐Ein Lageatlas*.

233. K.-J. Thies, *Der Ostfeldzug － Ein Lageatlas*, "Lage am 31.7.1941 abds., Heeresgruppe Mitte;" "*The Battle of Smolensk - Situation, 2300, 31 July 1941*," in: D. M. Glantz, *Atlas of the Battle of Smolensk*, 7 July － 10 September 1941, 70.

234. E.-M. Rhein, *Das Infanterie-Regiment 18*, 58.

235. P. Carell, *Hitler Moves East*, 29.

236. *Feldpost*, W. Heinemann, 11.7.41.

237. J. Huerter, *Ein deutscher General an der Ostfront*, 62–65.

238. C. Rass, "*Menschenmaterial:*" *Deutsche Soldaten an der Ostfront*, 337.

239. 这是对红军女兵或女游击队员的蔑称。纳粹的宣传经常使用这个词，竭力把俄国人纳入劣等种族。H. J. Schroeder, "*Erfahrungen deutscher Mannschaftssoldaten waehrend der ersten Phase des Russlandkrieges*," in: *Zwei Wege nach Moskau*, B. Wegner (Hg.), 315.

240. H. Martin, *Weit war der Weg*, 33–34.

241. M. Graf v. Nayhauss-Cormons, *Zwischen Gehorsam und Gewissen*, 164.

242. H. J. Schroeder, *Die gestohlenen Jahre*, 527.

243. G. F. Nafziger, *German Order of Battle － Infantry*, 147.

244. 该师进入苏联的行军路线可参阅K.-J. Thies, *Der Ostfeldzug － Ein Lageatlas*, "Lage am 27.6.-30.7.1941 abds., Heeresgruppe Mitte"。

245. Obstlt. Ringenberg, "*Der Kampf des Infanterie Regiments 240 im Osten*."

246. Ibid.

247. J. Shay, *Achilles in Vietnam. Combat Trauma and the Undoing of Character*, 34.

248. R. J. Kershaw, *War Without Garlands*, 137.

249. A. Freitag, *Aufzeichnungen aus Krieg und Gefangenschaft*, 54.

250. 德国人对苏军武器的看法，可参阅本书附录5。

251. W. Kempowski (Hg.), *Das Echolot*, 183.

252. Gefr. Heinz B. (05 854), Collection BfZ.

253. Dr E. Bunke, *Der Osten blieb unser Schicksal*, 257–63.

254. Ibid., 264.

255. 例如可参阅H. Haape, *Moscow Tram Stop*, 154。哈佩写道："这是一款强大的武器，据说T-34受到难以穿透的装甲板的保护，早期报告称它不可战胜。T-34坦克的传说像野火那样沿整条战线迅速传播开来。"

256. 历史学家约翰·莫热断言整个苏德战争期间（1941—1945年）的伤亡交换比为3.5:1，有利于德军。另外，德国人"继续赢得伤亡交换之战，直到战争结束"。J. Mosier, *Deathride*, 17–19. 据德国陆军总参谋部官方统计，截至1941年12月31日，德国陆军在东线损失830905人，其中173722人阵亡，35875人失踪，621308人负伤[参见"*Anlage 1 zu OKH/GenStdH/GenQu/Abt. I /Qu 2/Ⅲ, Nr. I /58/42 g.Kdos. vom 5. Januar 1942*," in: P. E. Schramm (Hg.), *Kriegstagebuch des OKW*, Bd. I, 1120] 如果把失踪者——毫无疑问，其中大多数人已阵亡，包括俘虏，因为1941年被俘的德国士兵很少能幸存——加入阵亡人数，那么，德国陆军在六个月的战争中共阵亡209597人。但这个数字比截至1941年12月31日的德军在苏联阵亡总人数（302000）少了近10万人，后一个数字中，约90%是陆军，剩下的属于武装党卫队（4%）、德国空军（4%）和其他军兵种——这是历史学家吕迪格·奥弗曼斯博士在他对德军二战期间的损失所做的全面分析中的说法（参见R. Overmans, *Deutsche militaerische Verluste im Zweiten Weltkrieg*, 277）。如果接受奥弗曼斯所说的数字并假设负伤人数与阵亡人数的比例和陆军总司令部的计算相似（即略低于3:1），那么，截至1941年12月底，德军在东线的伤亡总数至少达到110万。红军1941年遭受的损失（阵亡、被俘、负伤和非战斗减员）不到450万人[Col.-Gen. G. F. Krivosheev (ed.), *Soviet Casualties and Combat Losses*, 94]。这样算来，战争头六个月的伤亡交换比约为4:1，有利于德国军队。已故美国陆军上校特雷弗·N. 迪普伊所做的详细统计分析称，即便在西欧抗击英美联军期间，德国人也"始终能击败在数量上占有极大优势的盟军，但后者最终打败了德国……在一对一的时候，德军地面部队在任何情况下给英国和美国士兵造成的伤亡始终比自身蒙受的损失高出约50%。他们进攻时、防御时，他们拥有局部优势时，他们寡不敌众时（通常情况是这样），他们具备或不具备空中优势时，他们获胜时、失败时，情况始终如此。"引自M. van Creveld, *Fighting Power. German Military Performance, 1914-1945*, 4-9。

257. W. Meyer-Detring, *Die 137. Infanterie-Division im Mittelabschnitt der Ostfront*, 21-23.

258. *Tagebuch Hptm. d.R. Meyer* (Chef 3./AR 137). 引自W. Meyer-Detring, *Die 137. Infanterie-Division im Mittelabschnitt der Ostfront*, 23。

259. "*Eine klassische 'Kesselschlacht' im Kleinen!*" W. Meyer-Detring, *Die 137. Infanterie-Division im Mittelabschnitt der Ostfront*, 23.

260. Ibid., 23.

261. FMS T-34, K. Allmendinger, et al., "*Terrain Factors in the Russian Campaign*," 67.

262. 在1949年发表的一篇匿名文章中，作者（仅认定为"战争亲历者"）写道："由于道路和地形恶劣，加之俄国人沿各条道路和林间空地部署的地雷和反坦克炮构成了强大障碍，坦克极不适合用于俄国的森林。" "*Der Waldkampf,*" in: *Allgemeine Schweizerische Militaer Zeitschrift, October 1949*, 731.

263. 在森林中从事战斗的一次次经历告诉德国人，"除了某些特殊情况，火炮在茂密的森林中纯属累赘，应该留在后方。他们更喜欢重型迫击炮，俄国人就大量使用迫击炮并取得了出色的战果。这种迫击炮可以随身携带并穿越最复杂的地形，作为一种射程相对较短的武器，它们在火力控制方面的问题很小。"FMS T-34, K. Allmendinger, et al., "*Terrain Factors in the Russian Campaign*," 70. 另可参阅"*Der Waldkampf,*" in: *Allgemeine Schweizerische Militaer Zeitschrift, October 1949*, 730-31.

264. Department of the Army Pamphlet No. 20-269, "*Small Unit Actions during the German Campaign in Russia*," 236.

265. G. L. Rottman, *Soviet Field Fortifications 1941-45*, 58-60; P. Carell, *Hitler Moves East*, 69.

266. P. Carell, *Hitler Moves East*, 69.

267. P. Carell, *Hitler Moves East*, 69-70; K.-J. Thies, *Der Ostfeldzug - Ein Lageatlas*, "Lage am 30.6.1941 abds., Heeresgruppe Mitte."

268. FMS T-34, K. Allmendinger, et al., "*Terrain Factors in the Russian Campaign*," 57-58.

269. Ibid., 59.

270. Ibid., 59-60.

271. Ibid., 61–62.

272. F. Hossbach, *Infanterie im Ostfeldzug 1941/42*, 51.

273. Dr E. Bunke, *Der Osten blieb unser Schicksal*, 244–45.

274. Ibid., 245–46.

275. Ibid., 247.

276. F. Hossbach, *Infanterie im Ostfeldzug 1941/42*, 53.

277. R. Overmans, *Deutsche militaerische Verluste im Zweiten Weltkrieg*, 277.

278. 据哈尔德称，东线陆军截至1941年8月13日的损失包括102836人阵亡或失踪，平均每天1940人。C. Burdick & H.-A. Jacobsen (eds.), *The Halder Diary 1939–1942*, 521. 因此，哈尔德所说的数字与奥弗曼斯的权威分析密切相关。相比之下，德国陆军总参谋部1942年1月的一份官方汇编称，东线陆军截至1941年8月31日共伤亡409898人（包括阵亡的87489人和失踪的19588人），显然把实际损失低估了大约20%。参阅 "*Anlage 1 zu OKH/GenStdH/GenQu/Abt. I /Qu 2/Ⅲ, Nr. I /58/42 g.Kdos. vom 5. Januar 1942*," in: P. E. Schramm (Hg.), *Kriegstagebuch des OKW*, Bd. I , 1120.

279. G. E. Blau, *The German Campaign in Russia － Planning and Operations (1940–1942,)*, Department of the Army Pamphlet No. 20–261a, 71; C. Burdick & H.-A. Jacobsen (eds.), *The Halder Diary 1939–1942*, 517. 这些补充兵，7.9万人派给南方集团军群，9.1万人派给中央集团军群，4.7万人调拨给北方集团军群。

280. B. Mueller-Hillebrand, *Das Heer 1933–1945*, Bd. Ⅲ , 19.

281. 如前所述，1941年6月22日的117个第一波次突击师中，50.5个师（包括31个步兵师）隶属中央集团军群。到1941年7月初，该集团军群已获得调自陆军总司令部预备队的另外6个步兵师，这使其编成达到近60个师。当然，其他集团军群也从陆军总司令部预备队获得了新师。*GSWW*, Vol.Ⅳ, 528–29; "*Opposing Orders of Battle*," in: D. M. Glantz, *Atlas of the Battle of Smolensk, 7 July － 10 September 1941*, 1–2, 6–7; K.-J. Thies, *Der Ostfeldzug － Ein Lageatlas*, "Lage am 4.7.1941 abds., Heeresgruppe Mitte."

282. Obstlt. Ringenberg, "*Der Kampf des Infanterie-Regiments 240 im Osten.*"

283. Ltr, F. Belke to C. Luther, 30 Jul 05. 第6步兵师的老兵贝尔克说："一名步兵在东线的平均活动时间是10周。"

284. A. Naumann, *Freispruch fuer die Deutsche Wehrmacht*, 372.

285. K. Gerbet (ed.), *GFM Fedor von Bock, The War Diary*, 267.

286. C. D. Winchester, *Hitler' s War on Russia*, 118.

287. H. Grossmann, *Geschichte der 6. Infanterie-Division*, 62. 据第37步兵团的军医汉斯·利罗夫称，当日伤亡24名军官，其中9人丧生。*Tagebuch Lierow*, 27.8.41.

288. K. Schneider-Janessen, *Arzt im Krieg*, 421–23.

289. Hansheinrich Grunert, *Der zerrissene Soldat*. 引自K. Schneider-Janessen, *Arzt im Krieg*, 423–24。

290. Air Ministry Pamphlet No. 248: *Rise and Fall of the German Air Force*, 166.

291. *GSWW*, Vol. Ⅳ , 766.

582

292. R. Muller, *The German Air War in Russia*, 51.

293. Ibid., 29.

294. Ibid., 28.

295. 马修·库珀在他对德国空军所做的研究中指出："德国陆军的相对弱点……以及他们缺乏有效反坦克炮和其他武器的现实，意味着他们不得不请求德国空军越来越频繁地干预战场。"M. Cooper, *The German Air Force*, 225.

296. C. D. Winchester, *Hitler's War on Russia*, 43.

297. "*Die Unterstuetzung des Heeres im Osten durch die deutsche Luftwaffe. (Aus einer Studie der 8. Abt./Chef Genst. d. Lw.),*" KDC.

298. "*Der Luftkrieg im Osten gegen Russland 1941. (Aus einer Studie der 8. Abteilung 1943/1944.),*" KDC.

299. *GSWW*, Vol. IV, 766.

300. M. Cooper, *The German Air Force*, 224. 因此，1941年6月22日—7月26日，第2航空军第210快速轰炸机联队的Bf-110共出动1574个飞行架次，仅损失12架（也就是说，每出动131个架次才损失1架）。

301. R. Muller, *The German Air War in Russia*, 45. 德国空军空中密接支援任务的发展背景参阅本书第三章"德国空军"一节。

302. *GSWW*, Vol. IV, 805. 德国空军对莫斯科的空袭可参阅本书第十章"德国空军轰炸莫斯科"一节。

303. P. Deichmann, *German Air Force Operations in Support of the Army*. USAF Historical Study No. 163, 109. 关于德国空军发展、采购对地支援弹药的精彩而又深具洞察力的讨论，可参阅该书第二章（pp. 43-53）。例如，戴希曼认为："令人惊讶的是，德军指挥部门没有意识到以大批量小型炸弹投向目标的重要性。1940年的法国战局中，德国空军缴获100多万枚2.2磅（1公斤）小型炸弹，可装在大型空投容器中投向目标。一种特殊雷管可以使这些容器在距离地面一定高度处打开，以一种相当规则的模式把小炸弹撒向地面。德方用于燃烧弹的炸弹箱使用这些从法国缴获的炸弹毫无困难。这些炸弹数量很多，完全适合装在德国飞机的炸弹架上。德国空军总参谋部没有咨询战场上的部队，下令把缴获的炸弹作为废金属使用，目的是获得炸弹雷管里少量的铜，因为德国的铜供应非常短缺。待他们意识到以这些炸弹对付战场上的有生力量和掘壕据守的目标的重要性时，一切已为时太晚，此时只能由德国自行动工生产了。"Ibid., 44-45.

304. H. Plocher, *The German Air Force Versus Russia*, 1941. USAF Historical Study No. 153, 44.

305. 1940年5月10日，德国空军可用于西方战局的战斗机和轰炸机共计2589架。参阅K.-H. Frieser, "*Die deutschen Blitzkriege: Operativer Triumph - strategische Traegodie,*" in: *Die Wehrmacht. Mythos und Realitaet*, R.-D. Mueller & H.-E. Volkmann (Hg.), 185。

306. "*Die Unterstuetzung des Heeres im Osten durch die deutsche Luftwaffe. (Aus einer Studie der 8. Abt./Chef Genst. d. Lw.),*" KDC.

307. W. Murray, *Strategy for Defeat*, 89.

308. *GSWW*, Vol. IV, 764.

309. "*Die deutschen Flugzeugverluste im ersten Monat (22.6.41-17.7.41) des Krieges gegen Russland. Nach einer Zusammenstellung der 6. Abteilung des Generalstabes der deutschen*

Luftwaffe," KDC.

310. J. Prien, et al., *Die Jagdfliegerverbaende der Deutschen Luftwaffe*, Teil 6/ I , *Unternehmen* "*Barbarossa,*" 15, 28.

311. 对苏战局头两周过后，德国空军平均每日损失的飞机数实际上大幅度下降，他们头两周共损失（被击毁或被击伤）807架飞机，平均每天不到58架。"*Die deutschen Flugzeugverluste im ersten Monat (22.6.41-17.7.41) des Krieges gegen Russland. Nach einer Zusammenstellung der 6. Abteilung des Generalstabes der deutschen Luftwaffe,*" KDC.

312. W. Murray, *Strategy for Defeat*, 89.

313. Ibid., 93, 96.

314. W. Murray, *Strategy for Defeat*, 94; J. Prien, et al., *Die Jagdfliegerverbaende der Deutschen Luftwaffe*, Teil 6/I, *Unternehmen* "*Barbarossa,*" 14-15, 26.

315. 1941年7月15日，日出时间为3点17分，日落时间是20点21分（北纬55度）。Russell H. S. Stolfi, "*Chance in History: The Russian Winter of 1941-1942,*" in: *History*, Vol. 65, No. 214, Jun 80, 224.

316. Ibid., 223.

317. J. Prien, et al., *Die Jagdfliegerverbaende der Deutschen Luftwaffe*, Teil 6/ I , *Unternehmen* "*Barbarossa,*" 21-22. 第52战斗机联队的一个大队也是第2航空队单座战斗机战斗序列的组成部分。

318. Ibid., 21-26.

319. Ibid., 23.

320. C. Pleshakov, *Stalin' s Folly*, 135.

321. J. Weal, *Jagdgeschwader 51*, 59.

322. 1941年6月30日，苏联人以"数百架"轰炸机袭击德军设在博布鲁伊斯克的别列津纳河登陆场，其中包括从苏联中部的训练机场抽调的业已过时的TB–3四引擎轰炸机。在2000米高度逼近目标区域时，苏军轰炸机"撞上德军第10高射炮团的火力墙，侥幸通过的轰炸机发现他们的防御队形已被撕裂，这使他们成为维尔纳·莫尔德斯上校第51战斗机联队Bf-109战斗机唾手可得的猎物"。A. Brookes, *Air War over Russia*, 40.

323. J. Weal, *Jagdgeschwader 51*, 58-61; "*Der Luftkrieg im Osten gegen Russland 1941. (Aus einer Studie der 8. Abteilung, 1943/1944),*" KDC.

324. J. Prien, et al., *Die Jagdfliegerverbaende der Deutschen Luftwaffe*, Teil 6/I, *Unternehmen* "*Barbarossa,*" 26; "*Gefechtsquartiere des Ⅷ. Fliegerkorps im Russland-Feldzug 1941,*" compiled by Hans Wilhelm Deichmann, KDC.

325. *GSWW*, Vol. Ⅳ, 364; C. Bergström & A. *Mikhailov, Black Cross Red Star*, Vol. I , 264. 除联队指挥部外，第3和第53轰炸机联队各编有三个大队，而第2轰炸机联队编有队部、一个大队和两个中队。另一些He-111H、Do-17P/Z、Ju-88A分配给天气和远程侦察部队。

326. J. Scutts, *Luftwaffe Bomber Units 1939-41*, 42.

327. *GSWW*, Vol. Ⅳ, 768.

328. *GSWW*, Vol. Ⅳ, 769-70, 806; J. Scutts, *Luftwaffe Bomber Units 1939-41*, 42.

329. *GSWW*, Vol. IV, 770.

330. W. Murray, *Strategy for Defeat*, 89; M. Griehl, *Luftwaffe at War. German Bombers Over Russia*, 6.

331. R. Stedman, *Kampfflieger*, 31–32.

332. "*Der Luftkrieg im Osten gegen Russland 1941. (Aus einer Studie der 8. Abteilung, 1943/1944),*" KDC.

333. Ibid.

334. R. Muller, *The German Air War in Russia*, 51–52.

335. *GSWW*, Vol. IV, 364–66; C. Bergström & A. Mikhailov, *Black Cross Red Star*, Vol. I, 264.

336. R. Muller, *The German Air War in Russia*, 32, 38.

337. R. J. Kershaw, *War Without Garlands*, 53.

338. Major F. Lang (a.D.), *Aufzeichnungen aus der Sturzkampffliegerei*, 6–7, 13–24.

339. W. Murray, *Strategy for Defeat*, 89.

340. 这是一种德国巧克力，含有可可、烘焙咖啡、可乐果和咖啡因，它有助于提神和缓解疲劳。可参阅网站http://en.wikipedia.org和A. Sáiz, *Deutsche Soldaten*, 272。

341. *Tagebuch Kreuter*, 26./28.6.41.

342. H. F. Richardson (ed.), *Your Loyal and Loving Son. The Letters of Tank Gunner Karl Fuchs, 1937–41*, 115–16.

343. H. Rudel, *Stuka Pilot*, 16–17.

344. 出自R. J. Kershaw, *War Without Garlands*, 53。

345. Hauptmann H. Pabst, "*Berichte aus Russland Sommer 1941,*" KDC.

346. Ibid.

347. 与先前的日记条目不同，这里没有注明日期。但联系上下文，这篇日记很可能是1941年6月27日写的。

348. 读者们应该记得，第29摩步师1941年6月27—30日据守斯洛尼姆以西地带，抗击苏军突出别洛斯托克包围圈的激烈尝试。相关细节参阅本书第七章"锻造包围圈"一节"第4、第9集团军"小节。

349. 通过帕布斯特的叙述，很容易理解涉及战机和地面部队的己方火力误击事件为何会如此普遍。

350. Hauptmann H. Pabst, "*Berichte aus Russland Sommer 1941,*" KDC.

351. 福格特每天飞10~12个架次的回忆很可能是夸大其词，但每天飞5~6个架次则完全有可能。

352. 一些精神崩溃的"斯图卡"飞行员很可能被纳粹当局使用各种安乐死的方式谋杀。H. J. Schroeder, *Die gestohlenen Jahre*, 513, f.n. 56.

353. 这里翻译成"特殊飞行帽"，德文原文是F.T. Haube。F.T.指的是Funktelegraphie，也就是无线电报，而Haube的意思是帽子。"斯图卡"飞行员的飞行帽里配有耳机和麦克风，这使飞行员可以随时接收、发送信号。联系上下文，福格特似乎是说飞行帽和耳机没能让他免遭警报器可怕哀号的伤害。Ibid., 513, f.n. 57.

354. Ibid., 512–13.

中央集团军群穿过苏联中部的进军

1941 年夏季

苏德边界，接近中的一支苏军边境巡逻队（1941 年 6 月 15 日）

苏德边界上的铁丝网障碍

第129步兵师一个医务连穿过西普鲁士赶往苏德边界（1941年6月）

第17装甲师的坦克东调期间离开奥尔登堡火车站（1941年3月）

1941年6月6日，第17装甲师的坦克沿德国公路向东调动

第 7 装甲师第 25 装甲团一部在卡尔瓦里亚南部行进（1941 年 6 月 22 日）

德国步兵乘坐橡皮艇渡过布格河（1941 年 6 月 22 日）

战争首日，德军装甲部队在涅曼河以东的奥利塔附近击毁数十辆苏军坦克（照片中是一辆被击毁的T-34）

一辆Ⅲ号坦克隆隆超过行进中的德国步兵

德军突击炮搭载着步兵向前驶去

德国步兵深入苏联境内
（1941年6月25日）

斯洛尼姆镇外，第17装甲师的坦克组员正在修理他们的Ⅳ号坦克

行进中的一支德国步兵队列
（1941年6月30日）

经过一场漫长而又艰苦的行军，第129步兵师疲惫的士兵们倒在路边睡着了。1941年6—7月间，他们经常每天跋涉30、40，甚至50公里

德军一支车队艰难地驶过苏联的一条"道路"，这里已沦为一片"沙海"

德军一支摩托化车队驶过战斗工兵搭设的应急桥梁，前方车辆上，红十字标志清晰可见

德国步兵在一辆突击炮的
掩护下向前推进（1941年
夏季）

一名疲惫的德军摩托车传令
兵靠在车上打盹（1941年
6月30日）

行进中的德军炮兵（1941
年夏季）

德军坦克穿过苏联广袤的草原（1941年夏季）

在波兰东部被德国空军击毁的苏联坦克（1941年6月）

1941年6月29日，德军一个中型150毫米野战榴弹炮连（s.FH 18）

做好开火准备的一个德军
50毫米反坦克炮组（1941
年6月24日）

德军车队轰鸣着驶过一座燃
烧的村庄——这种场面在
1941年夏季很常见

第95步兵师的步兵经过一
座起火燃烧的村庄

苏联布列斯特－立托夫斯克要塞被摧毁的内部

被德军炮火和飞机炸毁的布列斯特－立托夫斯克要塞

布列斯特－立托夫斯克德军公墓中的士兵墓地（1941 年 6 月 30 日）

明斯克附近，二等兵埃里希·哈格尔的IV号坦克停在韦德下士的墓地旁，韦德于 1941 年 6 月 28 日阵亡

第17装甲师一辆在斯摩棱斯克附近被击毁的IV号坦克。注意坦克后部的 G 字样，表明这辆坦克隶属古德里安装甲集群

一辆Ⅲ号坦克在斯洛尼姆西南方的罗扎纳突然起火燃烧，据说这是一起"自燃"事故（1941年6月30日）

在一场炮兵突击中负伤的德国炮兵，后来发现
他们被红军士兵肢解、杀死（1941年7月）

进攻中的德国步兵（1941年7月）

37毫米反坦克炮组把他们的火炮推入发射阵地

苏军一辆被击毁的KV坦克

第18装甲师的坦克攻往斯摩棱斯克期间驶过别列津纳河上的桥梁（1941年7月3日）

德军摩托化部队离开森林中的集结地域赶往列佩利（1941年7月4日）

德军前进观测员引导炮兵连火力

德军长长的补给队列携带着战斗部队需要的武器、弹药和口粮渡过涅曼河

明斯克城内被德军轰炸机炸毁的建筑物

明斯克城内被德军空袭炸毁的一座桥梁

明斯克城内雄伟的"苏维埃之家"，楼前伫立着一尊列宁塑像

摩托车步兵停下来查看方向，他们正赶往明斯克（1941年7月6日）

维捷布斯克西南方的一座城镇，周边建筑已被炸弹夷为平地，只剩教堂完好无损地伫立着（1941年7月8日）

德军设在明斯克的一个战利品堆栈，苏制步枪堆积如山（1941年7月）

战争头几日，明斯克部分区域被德国轰炸机夷为平地

第18装甲师一支摩托化队列行驶在明斯克与鲍里索夫之间的公路上（1941年7月3日）

东线陆军进入苏联的标志是德国士兵的墓地（1941 年夏季，苏联某地）

维捷布斯克附近的一座德军墓地（1941 年 7 月）

苏联农妇面对相机摆出姿势（1941 年夏季，苏联中部）

衣衫褴褛、光着脚的苏联儿童

一座简单的苏联农民住房，屋内伫立着硕大的砖炉

维捷布斯克教堂（1941 年 8 月），德军夺取苏联各城镇后重新开放了许多教堂

一名苏联游击队员被吊死在树上

东线的一个德军炮兵连

战斗中的一门德军重型榴弹炮

德军一门 88 毫米高射炮——1941 年夏季，这是对付苏军 T-34 和 KV 坦克唯一有效的武器

在斯摩棱斯克东北面行进的德军摩托化炮兵（1941 年 7 月）

德军摩托化和马匹拖曳部队
在明斯克与托洛钦之间的
公路上行进（1941年7月
13日）

第106步兵师的补给队
（1941年夏季）

德军士兵搭乘橡皮艇渡过西
德维纳河（1941年7月7
日）

波洛茨克附近，斯大林防线上的一座苏军碉堡
（1941 年 7 月）

前进中的德军坦克和装甲掷弹兵（1941 年 7 月）

希特勒在东线和他的将士们在一起，可能是在 1941 年 8 月

疲惫的德国士兵在一辆突击炮旁休息（拍摄时间不明）

经过一番长途跋涉，疲惫的德国步兵在西德维纳河畔短暂休息（1941 年 7 月）

第 17 装甲师的IV号坦克集结地域（1941 年 7 月）

III号坦克行驶在明斯克—莫斯科公路上（1941 年
7 月）

1941 年，通往斯摩棱斯克地域的铁路线被德国空
军切断

中央集团军群在斯摩棱斯克合围战中缴获的各种口径火炮和其他军用物资

一架坠落的苏军轰炸机（1941年夏季）

从左到右：冯·博克元帅、赫尔曼·霍特将军、冯·里希特霍芬将军，摄于 1941 年夏季

古德里安将军在第 292 步兵师师部

第 2 装甲师前进中的坦克，
可能拍摄于 1941 年夏末

第 2 装甲师的摩托化炮兵，
可能拍摄于 1941 年夏末

1941 年，被击毁的 T-34
坦克

第九章
东线的文化碰撞与战争犯罪

"俄国中部居民的日子过得极其原始，他们的身体状况普遍很糟糕。以欧洲标准看，他们的住房恶劣得无以复加。始终生活在饥饿边缘的民众，贫困得难以形容。他们对污垢和各种害虫（特别是虱子、臭虫、苍蝇）漠不关心，导致某些地区的条件必须被视为具有灾难性。"（《关于俄罗斯欧洲部分中部（不包含莫斯科）的军事地理信息》，陆军总参谋部，柏林，1941年5月）[1]

"毫无疑问……所有的一切几乎都实现了集体化，也就是说，个人只拥有他的房屋和菜园，其他的一切（土地、耕牛、农用机械）都属于公社……这里的居民冷漠、迟钝……无所作为到难以想象，如果不从事工作，他们绝对什么也不会去做……一切都粗糙得令人难以置信，大而乏味，鄙陋原始，但无疑适合这种消极的民族性格。这一点在这个国家随处可见，每个个体的生命表现已彻底告终。"（维尔纳·海涅曼少校，第23步兵师，1941年7月13日）[2]

"赫克托耳，我不和你订条约！正如狮子和人之间不可能有信誓，狼和羊永远不存在和睦，它们相互仇恨，互为仇敌，我们之间也没有友情可言。"（阿喀琉斯对赫克托耳如是说，荷马的《伊利亚特》）[3]

"他们（俄国战俘）宰杀自己的战友。要是一个俄国人再也无法坚持下去，他们就会杀掉他，并以他为食。"（德国士兵海因茨·尼韦特）[4]

"国防军战争罪行处的调查表明……对苏战争头几个月，对手无寸铁的德国士兵犯下的战争罪行……甚至超出所有最令人恐惧的想象。"（德国国防军战争罪行处，1941年11月）[5]

遭遇"苏维埃天堂"的人和文化

1941年6月22日涌入苏联的两三百万德国士兵，对这个国家及其人民、文化、历史几乎毫无了解。原德国装甲兵罗尔夫·欣策叙述道："东方战局开始前，士兵们根本不知道进入苏联领土后会遭遇些什么。他们对当地居民的特点或生活方式，对他们的种族构成，或对自己所占领地区使用的不同语言全无认识。"[6]

斯大林统治下的苏联是个完全封闭的社会，积极寻求对外部世界掩盖其优点和缺点，或通过宣传和波将金似的小把戏误导资本主义国家的政治领导人和赞同苏联的左派知识分子及文人（例如一起众所周知的事件中的萧伯纳）。这令人想起温斯顿·丘吉尔经常提到的苏联的特征，他在1939年10月的一次广播讲话中称之为"谜团"，而且"是个包裹在谜团中的谜团"。鉴于德国政治和军事当局对苏联几乎一无所知——这种无知带来了灾难性结果，对普通德国士兵来说苏联基本上就是一张白纸，这一点也不足为奇。

另一方面，通过学校的教育、报纸和其他公众媒体，一名普通德国士兵很可能知道自1917年布尔什维克革命以来苏联历史中更可怕的章节，其中包括30年代初的大饥荒、农村强制集体化，30年代末的大清洗，臭名昭著的古拉格，以及侵略性的军事冒险。他所了解的德国历史包括沙皇军队1914年攻入东普鲁士，以及他们在当地居民中散布的恐惧（这种惨痛的经历到1941年仍能引起东普鲁士民众的共鸣）。[7] 至于更近的德国历史，他会了解左派分子1918—1919年接管巴伐利亚的企图（已流产），或共产主义团体（例如"斯巴达克斯联盟"）与右翼民族主义者团体（例如"自由军团"）之间持续多年的血腥而又混乱的街头斗殴。总的说来，他作为两次世界大战之间这段时期的文化和政治环境的产物，倾向于对俄国人持一种消极的成见，把他们视作落后、备受压迫、彻头彻尾的异类，而苏俄依然是个令人恐惧的对象，并对他热爱的德国和整个基督教欧洲构成显而易见的威胁。

这些基本认知，无论多么模糊，多么不成熟，都在 1933 年到 1939 年 8 月间得到纳粹宣传的大幅度加强。不过在《苏德互不侵犯条约》签订后，这种宣传戛然而止。纳粹的宣传机构利用几代人对东方"斯拉夫威胁"的担忧和种族歧视，狡猾地把布尔什维主义与推想中的国际犹太人对德国构成的生存威胁混为一谈。正如本书前面说过的那样，1941 年的普通德国士兵，无论是不是纳粹党员，都基本上接受了纳粹的官方观点，把苏联视为犹太人统治下的劣等国家，代表一种存在性威胁。因此，他们 1941 年 6 月支持第三帝国通过军事行动消除这种威胁。一位德国老兵在写给作者的信中回忆道："我们坚信自己正为一项正义，实际上也是个必要的事业而战：保卫德国和整个欧洲，使其免遭布尔什维主义（它已制造数百万受害者）的危害。如果没有我们，教会和知识分子就会沦为第一批受害者。"[8]

无论"普通"德国士兵对苏联及其文化和民众抱有何种先入为主的负面印象，他进入苏联的初期经历都强化了这种印象。另一位老兵回忆道："每天观察俄国人民的苦难和他们贫困的生活条件，我们确信自己正在从事一项正义的事业；通过我们的努力，我们得以阻止布尔什维克的世界革命扩张到欧洲。"[9]

穿过沉闷单调的景致，走过看上去"悲惨而又忧郁"的村庄[10]，他（德国士兵）暴露在一个"异类"种族面前，通常无法理解对方的习俗。面对贫穷和苦难的悲惨场景，德国士兵对自己亲眼看见、亲身经历的诸多截然不同的"差异性"深感震惊。第 14 摩步师的士兵赫尔穆特·马丁讲述了 1941 年 7 月初他在明斯克附近的亲身经历，这对他产生了深刻影响。傍晚来临时，马丁和他的战友停在一片小树林里的一丛树木旁，准备在这里过夜。宿营前，他们穿过道路来到毗邻的一座村庄，村内伫立着几座小小的木制农舍。他们带着空水壶，走近小屋旁的汲水井。就在这时，马丁遇到个令人不安的当地习俗——这种习俗在他的家乡"并不常见"：

原始的栅栏围着的草地上，许多妇女裸露着乳房或坐或卧，正为她们的婴儿哺乳，以便让他们安静下来。尽管这是一种完全自然的活动，可是其开放性在我们的家乡是不可想象的。不过，这里的某些东西也使我们的目光充满羞愧和厌恶，这是妇女和孩子的身体状况引发的。她们的躯体和衣物上沾满泥土和污垢，女人缺乏曼妙的曲线，身材臃肿肥胖，这种令人不快的景象特别让人反感。她们的年龄无法确定。我们的出现，或者说我们静静地看着她们哺乳，丝毫没有让她们感到不安。对我这个19岁的小伙来说，此类情景不太寻常，令人兴奋，但这种好奇心中也夹杂着反感和厌恶。[11]

许多德国士兵在信件和日记里，描述了他们认为布尔什维克的统治给俄国人民的福祉造成的影响，通常带有明显的反感。这种噩梦般的记述，有意或无意地成为对德国士兵颇具警示意义的故事——倘若任由这种"癌症"不受限制地转移，他们、他们的家人，以及基督教德国必然会深受其害。我们在这里再次援引第23步兵师维尔纳·海涅曼少校几封发人深省、富有洞察力的信件，这些信件也暴露出他本人对苏联民众一成不变的偏见：

1941年7月13日

难以想象，世界上任何地方都应该有供人喝水的水管，这样就不会传染霍乱！毫无疑问，布尔什维主义在这里起到作用，一切几乎都实现了集体化，也就是说，个人只拥有他的房屋和菜园，其他一切（土地、耕牛、农用机械）都属于公社。他们甚至一同在党组织驻地吃饭。

这里的居民冷漠、迟钝，但下层阶级似乎过着相对满足的生活。俄国人无所作为得难以想象，如果不从事工作，他们绝对什么也不会去做。

这里的每件事（例如道路建设），你都能看出某种基本相同的方式，这自然不应同我们的标准相比。一切都粗糙得令人难以置信，大而乏味的原始，但无疑适合这种消极的民族性格。这一点在这个国家随处可见，每个个体的生命表现已彻底告终。

1941年8月26日

这是个多么荒凉的国家啊！由于苏联当局的盘剥，居民的原始性和贫困性触目惊心，你无法想象他们如何生存下去。这片国土的确很肥沃，可民众收获的一切都被夺走，党组织的收益必须用来承担庞大的军备和国际宣传的开支。

因此，除了在态度、习俗、衣着、家庭经济方面的凄凉和千篇一律，这里别无他物。另外，每个人都害怕在毫无特点的人群中标新立异，哪怕是以最轻微的方式（例如在窗户旁或围巾上插朵花）。政委确保民众和军队以如此难以想象的方式始终对悲惨的生活心存恐惧，从一开始就把抗议这种不人道状况的一切想法扑灭。

这样一个国家，战争正在其国土上开辟血腥的道路，我们在这里绝对无法获得或购买到任何物品，这一点显而易见。"购买"这个词在任何情况下都是彻头彻尾的资产阶级用语，苏联公民的"生活必需品"当然由国家"分配"给他，所以"商店"无处可觅。这个国家过去25年里面临的压力，时至今日在我们所到之处依然存在，无论是好是坏，当地居民们无事可做。真可怕！[12]

正如本书中几位老兵的记述指出的那样，德国入侵者跨过边界线，进入苏联西部边境地区时，经常作为解放者受到欢迎。这些地区（波兰东部、波罗的海诸国、罗马尼亚部分地区）1939年9月到1940年夏季间被红军占领，之后遭到残酷压迫。许多居民对德国军队的突然到来欢欣鼓舞，这种反应无疑强化了许多德国士兵热情接受，并得到纳粹宣传苦心培育的看法，即德国军队正代表欧洲对布尔什维主义展开一场正义的东征。战争时期，所有民众和军事机构共同的基本民族优越感也巩固了这种观点。历史学家丹尼斯·肖沃尔特评论道：

对异族的鄙夷似乎是军队的普遍特征——特别是在战斗部队中，他们通常不受世界主义知识分子的影响。对德国国防军普通士兵来说，保卫西方国家、抵御斯拉夫人的野蛮行径这种具有数百年历史的模糊观念，因他们亲身经历的一种文化而得到加强，这种文化似乎是难以理解的异类，并对德国人构成压倒性威胁，而这些德国人的排外主义早已获得纳粹主义的培育和强化。[13]

在德军官兵的军邮、日记和战后叙述中，对他们在苏联境内遇到的近乎不可思议的贫困所做的描述比比皆是，特别是在广阔的乡村和农业地区。无论德国士兵进入苏联时持有何种偏见，他们都对在各处目睹的贫穷、匮乏和人类的退化深感震惊，并把它归咎于统治者的邪恶和压迫。对"苏维埃天堂"的公然讽刺在士兵的记述中相当普遍。荷兰志愿者昂德里克·C. 弗尔通加入武装党卫队后，在1941年年底和他的营来到苏联，他接触到了乌克兰文尼察镇的居民，他和他的部队在那里驻扎了几周：

当地居民消极而又顺从，并没有对我们流露出敌意。其中的原因无疑是他们在斯大林统治下不得不忍受各种社会苦难。你不可能对这里的赤贫视而不见。你无从区分街道上的男人和女人。他们的衣着打扮一模一样，都是丑陋的灰色棉衣，用绳子或类似的东西扎住。这里没有纽扣，也没有鞋，很少见到皮鞋和毛皮靴，大多数人穿的是以帆布或酒椰叶纤维制成的"本地鞋"。最穷的人会在鞋底钉一块旧轮胎皮。这些状况并不是头几个月的战争造成的。它从一个致命角度阐明了一个无阶级国家的情况，并与俄国人高声宣传的"苏维埃天堂"形成鲜明的对比。[14]

弗尔通还认为，贫穷、残酷的强制集体化的悲惨副作用，以及下降的性道德制造了大量私生子或孤儿，他们组成的劫掠团伙在乡村逡巡。他继续写道：

年复一年，私生儿数量激增，简直成千上万。他们得不到父母或国家的照料，逐渐沦为一个危害这片土地及其民众的隐患。我们可以亲眼看一下。这是一张衣衫褴褛的孤儿的照片，他们已有几个月没用热水盥洗或沐浴，另一些人的皮肤已感染，伤口正在溃烂。所有这些都是对达到了健康、卫生、正常的生活标准的人的嘲讽。

数量众多的孤儿团伙从一个镇子游荡到另一个镇子，乞讨、偷窃、抢劫，以便让自己"摆脱困境"。据非俄国专家评估，孤儿的数量早在1941年就达到了数百万。造成这种灾难的国家企图以法律解决问题，批准年龄达到12岁就可以被判处死刑。结果，孤儿团伙武装起来并与警察交火。这种场面给我们留下极为深刻的印象，它使我们每个人都确信，必须不惜一切代价击退共产主义。它也证明了我们出现在这片土地上的合理性。[15]

也许有人会质疑弗尔通所说的数字（也就是截至 1941 年，贫困、四处流浪的孤儿已达数百万），但他这番叙述的重点真实无误，本书作者收集的许多士兵的信件、日记和回忆录证实了这一点。

农民居住的村庄反映出乡村的贫困，这些村庄几代人都没什么变化，即便有也屈指可数。他们的住房用木头建造，茅草或草皮屋顶"已处于不同的腐烂阶段"。[16] 大多数农舍只有一个简单的房间，屋内有一个巨大的砖炉，用于烹煮食物和提供温暖，漫长的寒冬里，一家人就睡在砖炉上或旁边。海因里希·哈佩回忆道："一墙之隔的屋子后面，总是设有牛棚和猪圈。它们离农民非常近，这样就可以在寒冷的天气里分享温暖。"[17] 猪和其他牲畜有时候甚至和一家人住在屋内。一名德国士兵在 1941 年初秋写给家人的信中指出：

我们休息一天，待在俄国人的一所房屋里。俄国人现在正在吃饭。我可以告诉你们，你们绝不会这样吃饭。真是太恶心了，我根本没办法对你们描述这一幕。你们必须亲眼看看。

极度荒凉，这就是苏维埃天堂。这里的人只有一间住房，屋内有一座硕大的砖炉。炉子上的空间可供 4～5 人睡觉。猪待在角落里的栅栏内。牛关在房子前面的牛棚里。[18]

因此，农舍往往污秽不堪，散发着臭气，而且总是害虫横行。一般说来，德国士兵担心染上虱子或其他疾病，1941 年夏季并不住在农舍里。可正如上面这封信表明的那样，这种情况在当年秋季和冬季发生了变化。农民自己打造的家具"寥寥无几，粗陋不堪"[19]，农舍里还有些陶罐和木制浴盆，他们通常以一个木箱充当小橱柜。孩子的摇篮用绳子挂在天花板上，报纸通常充当壁纸。电灯闻所未闻，有条件的话，他们使用煤油灯和蜡烛照明。在更贫困的地区，农民在黑暗中度过日落到日出这段时间。他们从未听说过任何类型的室内厕所[20]，一家人到室外的棚屋或露天地解决问题，即便在隆冬也是如此。然而，农舍里总是饰有各种宗教画像，反映出这些虔诚信徒的基督教信仰。[21]

许多德国士兵对苏联农村常见的原始卫生条件厌恶不已。第 129 步兵师的海因里希·布克赛恩在战争结束后很久回忆起 1941 年 7 月遇到的一个苏联平民：

第一次世界大战期间，这个俄国人曾在梅克伦堡一座农场被囚禁了四年，他抱怨他的孩子不得不外出乞讨，"德国的猪圈"也比他这里的房子好得多。的确，这里的卫生条件难以言喻。[22]

第131步兵师的约阿希姆·H. 少尉在1941年年底的一封信中表明，他渴望现代生活最简单、最基本的附属品———一间像样的厕所：

俄国人是顽强的战士，宁愿被剁为肉酱也不会屈服，更不必说他们配备精良的武器，这些武器在各个方面都符合现代标准。

与此形成鲜明对比的是当地居民的生活方式、衣着、住房等。其原始性难以言喻，没有可加以衡量的标准。对我们来说，有时候听到（如果我们有机会这样做的话）收音机里传出舞蹈音乐的感觉很奇怪。天哪！你当然记得音乐、舞蹈、剧院、干净的家园、衣着漂亮的姑娘和女人……可在这里，只有污垢和腐臭，这就是苏维埃天堂。四个多月来，我们一直蹲着解决内急。还要多久才能再次使用干净的厕所，或者好好洗次澡？真希望陆军尽快引入带有淋浴设施的移动式战地厕所。[23]

在2006年1月写给本书作者的信中，德国第5装甲师的老兵奥托·威尔仍对苏联战时的卫生条件深感震惊：

我想告诉您关于那里卫生条件的一些大致情况，这一点适用于我在俄国度过的整个时期，因为我从来没有在任何出版物，包括医学类的书籍中读到过关于这个问题的内容（禁忌？）。在乡间的村庄里，我本人从未遇到过配有相应设施，可称之为厕所的单独建筑物。我在维亚济马待了一段时间，在镇内找不到任何（根据我自小就被灌输的观念）可用于解决内急的设施。相信我，这太可怕了！俄国居民如何并在何处解决他们的问题，对我来说至今仍是个谜。我最近一次去俄国是1993年，我简直无法控制自己的惊讶之情！那里什么都有，甚至包括厕纸。请注意，这趟旅行我可不是"在农村"。[24]

　　置身东线的德国士兵以不同的方式遭遇贫困、凄惨的条件和人类的苦难。一般而言，他们对苏联民众及其困境产生了一种极为矛盾的态度。许多人观察到或直接体验到的东西，只是加强了他们对斯拉夫民族根深蒂固的种族偏见，他们将这个民族视为一种不完整的人类生命形式，一个劣等种族。第20装甲师的 K 中尉 1941 年 7 月在日记中写道：

　　国土广阔得无边无垠，形式和色彩都很单调的灰色小屋低矮而又稀疏……这是个忧郁的国家，对来自西方世界的人来说无比荒凉……这些小屋的建造方式很可能与一千年前完全一样。这段时间的唯一进步无疑是玻璃窗。这些灰色小屋毫无创意，看上去令人沮丧，它们就伫立在那里。顺便说一句，这些小屋对居住在里面的许多孩子来说太小了，但都以非常清晰的比例建造而成。与镇内少量丑陋的、毫不可爱的石制建筑（通常是党委驻地）相比，这些可怜的小屋在这种情况下显得很有品位……

　　当地人的生活条件恶劣，他们很令人同情，贫困得难以想象。他们的小屋里一无所有，他们和许多孩子住在一间房子里……要是你听信我们的宣传，那么俄国人就是一种介于人与兽之间的生物。我最近听到有人说："您知道，我可不认为这些农民去过电影院。"西方文明的优越感，让一个单纯的人，以及其他很多人，产生了一种难以公正对待其他生命形式的傲慢，尤其鄙视那些显然不想知道任何与技术有关的东西的民族。事实上，他们的困境事出有因，我们应该以不同的方式来看待。一个农民的国家，只要土地里有生命就能生存。而一个在石头和沥青间忙碌的国家只能持续消耗物资，却无法积累更多。[25]

　　尽管存在这种偏见，可是一些德国士兵对当地人的贫困和遭受的痛苦深表同情。他们尽己所能地缓解当地农民家庭的负担，第20装甲师的 S 少校 1941 年 8 月在日记中写道：

　　这些农舍都以树干建造，通常有一两个房间。农舍里都有个硕大的砖炉，用于烹煮食物和取暖……屋内一般没有床铺或简易床。一家人睡在长凳上，这些长凳夜间围拢在砖炉旁。他们以或多或少会有虱子出没的绵羊皮充当毯子。这里没有餐具或盘子，一把木勺就够了，他们直接从锅里舀着吃。至于家具，屋内有一张粗陋的桌子，仅此而已。从报纸上剪下的一些图片贴在墙上，这就是唯一的室内装饰。这些苏联村民都是穷人，都是可怜人。他们的田地通常与他们糟糕的衣着同样凄惨。这是集体农庄经济的结果。

我们的士兵对这些不幸而又卑微的农民深感同情。他们满怀感激之情地想起自己的文明和自己的家园——德国。没人从这些不幸者那里拿走哪怕是一丁点东西。任何时候换取一个鸡蛋、一根黄瓜、一个西红柿或类似的东西，俄国农民总是占便宜的一方。

从整体上看，当地人给人一种无动于衷、郁郁寡欢的印象。获得了苏联实践的恶劣经历和当局极为可疑的祝福后，就连当前进行的战争也不再令他们震惊。[26]

东线陆军官兵接到的命令是尽最大可能就地解决给养问题，但他们控制下的庞大地域贫困无比，给他们的就地取材造成直接影响，而这种贫困又因为数千个村镇遭到毁灭，以及苏联的焦土和疏散政策而加剧。1940 年的法国，各种商品可以通过购买或征用当地资源获得，从当地酒厂的产品到洗漱用品，再到补充基本用具包的其他必需品，应有尽有，而苏联在这方面几乎提供不了任何东西。更糟糕的是，德国军队的补给线越来越无力满足士兵的基本需求。结果，为获得这些物品，士兵们不得不越来越多地寻求国内亲属的帮助。第 6 步兵师的海因里希·哈佩医生 1941 年 9 月 2 日写信给未婚妻，结尾处列出了长长的"愿望清单"：

我们在这里的生活环境极为困苦，你简直无法想象……这里不仅没有文化可言，就连文明共有的最简单设施也见不到……

请不要以为我写这封信是在向你抱怨——若有必要的话，我很乐意承受更严重的贫困，我需要的只是对我写在下面的这份愿望清单的同情！

这里没有商店，什么也买不到。剃须刀片、梳子、牙刷、护肤霜、肥皂、指甲清洁器、书写纸、钢笔、墨水、《科拉尔画报》（Koralle）、《法兰克福报》、扑克牌、烟草、各种糖果、手帕等等。[27]

以上讨论会引出的一个问题是：1941 年进军的几个月里，普通德国士兵与苏联百姓到底有多少实际接触？这个问题不好回答，因为不同德国士兵的经历差异很大。（与中欧不同，苏联虽然人口超过 1.7 亿[28]，但仍是一片人烟稀少的土地。即便在人口密度最大的乌克兰，1939 年平均每平方公里也只有 69 人，而在白俄罗斯，人口密度仅为每平方公里 44 人。）[29] 无论德国士兵与当地人之间有多少往来，一些苏联人熟悉德语的事实无疑为这种接触提供了便利。第 129 步兵师的炮兵威利·勒韦尔回忆道：

> 一般说来，我们与当地百姓的关系并不复杂。许多人对我们非常友好。我们经常收到面包和盐。一些老人第一次世界大战期间当过俘虏，对德国有所了解。许多人都会说一点德语。[30]

对尽可能避开村庄和农舍的作战士兵来说，对苏战局头几个月，在占领地区与当地百姓的接触很少，即便有也"转瞬即逝"。[31] 当年第 110 步兵师的一名步兵奥托·贝泽记得："我们这些士兵位于战线最前方，很少同当地百姓接触；真发生接触时，例如在白俄罗斯，这种相遇是友好的。我们经常作为解放者受到欢迎。前进途中，以及从莫斯科后撤期间，那些村庄大多已被废弃，村民消失得无影无踪。"[32] 第 6 步兵师的海因里希·施托克霍夫指出："作为身处最前沿的步兵，我们的确很少与当地百姓接触。"[33]

相反，在后方服役的人员（例如面包连、屠宰连、负责征用食物或牲畜的士兵）必然会更广泛地同当地农民和其他平民打交道。第 106 步兵师的老兵阿洛伊斯·加斯曼在写给本书作者的信中评论道：

> 作为面包连的成员，我们与当地居民的接触很多。虽说上级不允许，可我们的内衣和工作服私下里都由俄国妇女帮着清洗。她们乐于助人，很高兴这样做。我们通常会偷偷塞给这些妇女一条我们烘焙的 3 磅面包和一块肥皂，除此之外，我们还把军队小卖部分配给我们的糖果、巧克力和其他甜品送给孩子。事实上，我们违反规定，从帐篷里偷出面包送给当地平民，以此换取他们的服务，连部人员对此心知肚明，不过他们也这么干。

我当兵服役期间经常与俄国百姓打交道，他们从未对我们连的人员有过抱怨。就连对女性的性骚扰，对我们来说也是个"外来概念"。[34]

人们可能会质疑，苏联妇女怎么会热情地为德国人提供服务——也就是说，这些妇女越来越多地同德国士兵打成一片，帮着完成各种琐碎的工作，例如洗衣服，协助准备食物等。这些妇女与身处德军战线后方的所有平民一样，她们别无选择，只能"为自己的生存做出权衡"。[35]实际上，这意味着她们没有其他选择，只得为她们临时的德国主人服务。就像一位德国老兵说的那样："一名武装士兵总是象征着权力，百姓无能为力，只能顺从。"[36]

虽然很可能并不普遍，但德国入侵者与当地苏联妇女之间发展出了一种真正的亲密关系。某些情况下，无疑是源自绝望，女性提供性服务以换取食物或保护。第20装甲师的库尔特·维尔纳·安德烈斯称："俄国姑娘与德国士兵发生关系的情况非常罕见。"他回忆道：

例如在奥廖尔，那里的女人仅仅是出于饥饿才对士兵表示"好感"，据我所知，那里没有妓院。但我在1943年4月16日的一封军邮中告诉我当时的女友（后来成了我相濡以沫四十七年的妻子）另外一些事情："昨天我和我的团长待在奥廖尔；作为一名候补军官，你有时候必须推销自己。我再次听到各种八卦新闻，你也许会感兴趣，也可能会对此感到震惊。驻扎在奥廖尔的集团军司令部接到一些德国士兵提交的申请，他们打算迎娶俄国女人，当然，提出申请的是高射炮部队的人员，他们自1941年10月起就驻扎在奥廖尔。你对此怎么看？还有另一个情况：德国士兵在奥廖尔有900个私生子。（这一点）不需要评论了。"[37]

许多老兵的记述强调了这样一个事实，大多数德国士兵非常尊重苏联妇女，欣赏她们的力量、坚强和努力工作的干劲。K. W. 安德烈斯再次指出：

我们钦佩这些女性，除了自己的家庭和许多孩子，她们还不得不从事需要大量体力的工作，例如担任拖拉机驾驶员，操作各种形状和尺寸的机器，担任矿工、道路和铁路建筑工。家庭里的第二个女人是祖母（Babuschka）。由于母亲的工作非常繁重，许多家庭很难想象没有祖母的生活。我们经常看见祖母们在村子里看着孩子，她们留给我们的印象是耐心、脾气好。[38]

尽管如此，东线陆军经常强制妇女、老人和孩子，在前线和后方从事各种劳动。1941 年至 1942 年冬季，他们派平民挖掘战壕、修筑掩体、清理道路上的积雪。这里仅举一个例子，第 253 步兵师使用平民从事劳役，到 1943 年已变得司空见惯，该师劳动队由 14 岁到 60 岁的男男女女组成。[39]这些被强迫的苦力待在营地里，修建军事性质的建筑。他们在该师整个防御地区，也就是后方地带和战斗部队占据的地域从事劳动：

1943—1944 年，第 253 步兵师各个强制劳动连的总人数相当于一个实力受损的步兵团。而在军一级，他们的人数相当于一个步兵师。与此同时，各部队辖区内的当地居民也在国防军监督下从事农业和经济工作，他们甚至充当"人肉探雷器"，在德国士兵使用相关道路前，徒步或驱车在这些危险的道路上前进。与前几年一样，部队驻地发生变化时，现有劳动队的人员通常会被运往德国国内，这些遭驱逐的平民组成新的机动劳动连，而在新作战地域找到的平民则在原地被迫从事劳动。[40]

德国部队在战斗和后方地域大规模征用粮食给苏联百姓的生活造成了更大的破坏。几乎从对苏战争伊始，东线陆军的后勤设施就不足以为散布在庞大的苏联被占领土上的数百万将士提供补给，这迫使各部队越来越多地就地取材，给当地百姓造成了极大损害。这一点不足为奇，因为东线陆军发起对苏战争时只储备了 20 天的口粮。[41]德国军队经常"无情地搜刮进军途中经过的村庄，抢走肉类、面包、小麦、牲畜和牛奶"。[42]德国历史学家克里斯托夫·拉斯在他近期（2003 年）关于第 253 步兵师[43]的社会史著作中，描述了这种征用是如何进行的：

德国人掠夺行为的发展，可使用第253步兵师给养科（IVa）的作业报告加以再现，这份报告涵盖1941年4月到12月这段时期。甚至早在1941年7月1日，进军苏联发起后仅仅一周，他们就无法通过国防军补给网获得基本口粮。[44]相反，该师的供应办公室开始搜寻缴获物资的仓储或购买稀缺物品。部队驻扎在波罗的海地区期间，总是谨慎地确保为他们所获得的物资支付款项。唯一的例外是红军的库存和犹太人的财产，没支付任何赔偿就予以没收。

进入苏联领土后，部队的行为发生变化。最重要的是，牛群成为征用队的主要目标。他们发展出一种模式，即师属屠宰连不定期地跟在战斗部队身后，这样就可以在某片特定地区一次停留数日。在此期间，他们充分利用这片地区，"屠宰从周边地域收集到的牲畜"。一旦战斗部队到达从补给基地前运物资的极限距离，或可进入地区的食物已被盘剥一空，补给基地就向前变更部署。如果他们必须为征用的牲畜向所有者付款，那么这些款项按照1马克兑10卢布的汇率以帝国财政部的信用凭证支付，价格由国防军确定。实际上，这份报告只提及一次付款——1941年7月14日从一座集体农庄首次购买牛群。相关规定很可能是以一张征用凭证没收牲畜。

虽然下达给战斗部队的命令禁止他们自行采购食物——因为补给部队应当把征用的物资交付到一个中央分配点，但前进中的部队获准以自己的征用队没收物资的情况变得司空见惯，这种行为与后勤部队的没收工作同时进行。参与没收竞争的队伍当中还有一些国防军成员组成的抢劫队，其中一些人最后被送上师里的军事法庭，并被记录在案。

因此，被征服领土上的居民在最短时间内遭到三波搜刮和劫掠。首先是从这里经过的战斗部队寻求"自给自足"；紧随其后的是补给勤务征用队展开的广泛工作；最后，在这种有组织剥削的阴影下，还存在大量士兵个人实施劫掠的案件。[45]

到1941年秋季，由于德国人的劫掠和红军的政策（焦土政策，以及从城镇和集体农庄疏散牲畜和其他物资的政策），德国占领地区的苏联百姓正经历"严重的食物短缺"。[46]德国士兵试图帮助挨饿的苏联百姓时，陆军总司令部插手干预，阻止这种做法。[47]换一个角度看，应当指出，占领国利用被占领国的资源得到了国际法的承认。[48] 因此，东线士兵自认为有合法权利实施征用，只要他们没让当地负担过重。也就是说，犯罪并非因为征用，而是因为他们的征用通常都具有很无情的规模和方式。[49]

但更令人发指的是，德国高层的政策不仅接受，而且刻意促进被占领土上平民百姓的饥饿。正如赫伯特·巴克这位负责粮食和农业的国务秘书，也是这项政策背后的主要推动者，在"巴巴罗萨"行动发起前不久说的那样："俄国人数百年来忍受着贫困和饥饿，过得恰然自得。他们的胃深具弹性，因此，同情大可不必。"[50] 虽然 1941 年到 1942 年"饥饿寒冬"的灾难发生后，德国人采取了一些措施缓解苏联百姓的困境（有时候是出于人道主义关怀，但主要是因为需要他们保持经济发展并为德国人提供劳动力），但这种努力充其量是暂时性的。战争期间，数十万乃至数百万苏联百姓死于饥饿。[51]

导致苏联百姓不可避免地经常遭受残酷虐待的另一个因素是正在萌芽的游击战，国际法对这种战斗方式定义含糊，德国士兵频频受挫，但交战双方都毫不留情（参阅本章"不讲军人情谊：东线陆军的犯罪"一节"游击战的实施"小节）。不管怎样，近几十年的史学研究从根本上拓宽了我们对德国军队在东方所作所为的认知，并揭示出从战局伊始，他们对苏联平民犯下的罪行就罄竹难书。毕竟，德国军队在俄国的目标是粉碎苏联，希特勒和他的首席军事顾问设想的是一场针对苏联及其人民的灭绝战。德国历史学家克里斯蒂安·哈特曼评论道：

即便在当时（1941年夏季），德国的统治也迅速暴露出它的真实面目。特别是在头几周高度紧张的气氛中，前线部队屡屡犯下罪行，他们与当地自封的合作者密切配合。受害者通常是犹太人、共产党员、真实或想象的游击队员。此类事件的详情从别洛斯托克、布列斯特－立托夫斯克、杜布诺、伦贝格（利沃夫）、利耶帕亚、莫吉廖夫、日托米尔、塔尔诺波尔……以及后来的基辅和乌曼流传开来。当地军事当局对此的反应截然不同：有的鼓励这些罪行，有的试图对此视而不见，但也有人对这些暴行深感震惊，并迅速采取行动予以制止。总的说来，头几周的恐怖行径局限于个别地点，特别是在波罗的海和乌克兰，这就意味着前线官兵参与其中的人数可能依然较少。[52]

虽然德国政治和军事精英采取的凶残政策，给奋战在东线的德军将士颁发了在战争法范畴外采取行动的"许可证"，使他们免遭起诉，但新的研究成果（即哈特曼的观点，参见本章"不讲军人情谊：东线陆军的犯罪"一节"德国国防军的战争犯罪有多严重？"小节）提出了一个令人信服的理由，说明 1941 年到 1944 年在苏联领土上战斗的大多数德国官兵并没有对平民或红军士兵犯下战争罪行。这种说法用于对苏战局第一个夏季，德国官兵与苏联百姓的关系因受游击运动和随之而来的反游击战影响而严重复杂化之前，无疑是正确的。第 26 步兵师的老兵维尔纳·迪克博士指出："我们对待俄国百姓的态度在战争期间发生了根本性变化。1941 年夏季，我作为一名传令兵仍可以独自前往当地农场索要牛奶，完全不必担心安全问题，当地人会很友好地送给我一些牛奶。"随着游击战的扩大，他这种随随便便的行为就很危险了。"我们即便待在营地附近也不再安全。例如，某人要去厕所时，两名战友会陪同左右，以防他因为背后捅来的一刀而送命。"[53]

尽管纳粹的占领政策鼓励无法无天的行径，可对苏联平民犯下的严重违法行为（袭击、劫掠、强奸等），虽说经常被容忍，却仍有可能受到德国军事当局的起诉，此举的主要目的是维持战斗部队的纪律，而非其他。[54] 从少尉到元帅，每个军官都清楚，一支没有纪律的军队不过是一群危险的乌合之众，率领东线陆军的军官不打算让他们的士兵表现得像 15 世纪的雇佣兵。[55] 另外，这里还要指出本书作者尚未在其他文献中见到的一个观点：虽然纳粹主义者蔑视并竭力骚扰新教和天主教徒，但德国依然是个根深蒂固的基督教国家，许多将士抱有虔诚的基督教信仰，他们中的大多数人完全清楚对与错、善与恶之间的区别。虽然多年来粗鄙的纳粹意识形态教育和宣传成功模糊了基本道德底线，但只有得出这样的结论才有意义：作为德国基石的基督教价值观，明显在遏制纳粹政策在苏联推动各种犯罪方面发挥了作用。换句话说，八年残酷的独裁统治并不足以彻底消除数百年来基督教灌输的博爱。

夺取各个城镇后，德国军事当局最初通常会开放大多数正统的基督教堂，以供当地居民使用。这些教堂已对公众关闭多年，大多数情况下，苏联政府把它们改作其他用途，例如电影院、商店、谷仓，甚至是啤酒厂和马厩。马克西米利安·冯·魏克斯将军（后来擢升为元帅）在他的"回忆录"中对将教堂挪作他用的行为深表不满，同时也指出一代人的时间无法消除传统的信仰。正如魏克斯所说的那样，希特勒在东方控制教堂使用的法令，至少在某些时候遭到无视：

> 教堂已变成储藏室、汽车修理间和电影院。大型教堂，例如斯摩棱斯克大教堂……或基辅修道院教堂，成为无神论展馆……我们从一座教堂搬走电影放映机，竖起一个大型桦木花环，并搭起桌子充当祭坛，这样一来，我们就可以在这里为士兵们举行两个教派的宗教仪式。
>
> 次日晨，当地居民已经用鲜花和圣像对花环和祭坛大加装饰。该地区既有东正教徒，也有罗马天主教徒，他们挤满为士兵举办仪式，甚至是新教仪式的教堂，当然，他们可能对仪式全无了解。（进行）宗教仪式的需求如此之大……我们每到一处就让教堂重新开放……

确保宗教自由本来可以成为我们培养与俄国民众之间友好关系的重要方式，可希特勒却试图限制这种努力。根据相关规定，可以开放教堂供当地居民使用，但德军不得使用教堂举行宗教仪式，也不得协助当地居民重建教堂。由于上面提到的宗教仪式取得的效果非常好，这道禁令并没有得到严格执行。俄国民众感激不尽，挤满了重新开放的宗教场所。古老的俄国教堂歌曲在礼拜时再度响起。不过，希特勒禁止德国军队牧师为波兰人或俄国人洗礼。[56]

虽然冯·博克元帅的语气更加愤世嫉俗，但他也意识到了把宗教自由交还俄国人民的重要性。他在 1941 年 8 月 4 日的日记中写道：

> 我们昨天把一些被布尔什维克分子改造成电影院或"无神论展馆"的教堂恢复了原状。许多民众大老远赶来打扫教堂并装饰上鲜花。大批藏匿数十年的基督像和其他圣像重见天日。军方宗教仪式结束后，民众（不仅仅是老人，也有许多年轻人）涌入教堂并亲吻圣物和随军牧师挂在颈间的十字架，他们经常在这里祷告到夜间。这些民众应该不难领导！[57]

8 月 3 日，这位陆军元帅一直在斯摩棱斯克周围[58]视察第 5、第 8 军作战地域[59]。因此，他很可能留意到了那里重新开放的大教堂。第 7 装甲师的军官汉斯·冯·卢克见证了 20 多年来这座大教堂的首次弥撒：

　　我获准去斯摩棱斯克参观这座古老的城市。此行带着我的勤务官和两名卫兵。到目前为止，这里几乎还没有被德国军队占领，因为包围圈在该城西面形成，步兵正忙着消灭这个包围圈里的敌人。

　　斯摩棱斯克看上去似乎已弃守。工业区和第聂伯河上的桥梁遭到严重破坏。废墟中，斯摩棱斯克大教堂指向天空，看上去这并未受损。我跟着妇女和老人步入教堂，它的美丽给我留下深刻的印象。这里看上去完好无损。精心装饰的祭坛、点燃的蜡烛和许多镶满黄金的圣像沐浴在节日的灯光下。我和几名同伴朝祭坛走去，一位衣衫褴褛、留着长胡子的老人用磕磕巴巴的德语对我说道：

　　"军官先生，我是个主教，列宁—斯大林时代前曾在这里传教。我已躲藏了多年，一直以鞋匠的身份谋生。现在……我可以在这座大教堂主持第一场弥撒吗？"我没有请示指挥部就批准这位主教次日主持庆祝弥撒，他希望届时再带另一位主教来。

　　第二天，我再度前往斯摩棱斯克，同时通知了师长。作为一项预防措施，我带了一支装甲巡逻队。

　　我们到达时，眼前的场景激动人心。大教堂前的广场上挤满了人，正朝入口处慢慢走去。我带着勤务官朝前面挤去。教堂内人满为患，人们站着、坐着、跪着。我们悄悄站立在一旁，以免干扰仪式。

　　我并不熟悉俄国的东正教仪式，但这种仪式的魔力越来越深地吸引了我。祭坛后看不见的地方，两位主教中的一位开始了单调的吟咏，八人合唱团站在祭坛前以歌声回应。领唱者的吟咏和合唱团的歌声在教堂庞大的空间里回荡。这种声响效果给人的印象是从天而降，来自天堂。人们跪在那里祈祷着，他们的眼中噙满泪水。对他们来说，这是二十多年来的首次弥撒。我和我的同伴无比感动。这些穷苦、受压迫的人所持的信仰太深了！意识形态宣传、强制或恐怖根本无法剥夺他们这种信仰。这是我永生难忘的一次经历。[60]

东线战争的野蛮化

　　英国历史学家尼尔·弗格森2006年在《外交事务》杂志上发表了一篇文章，他评论道："1898年，H. G. 威尔斯写了《世界大战》，这部小说幻想的是一座伟大城市的毁灭，以及残酷的入侵者对该城居民的灭绝。"

当然，威尔斯小说中的入侵者是火星人。可是，并不需要外星人来实现这种毁灭。这部著作出版后的几十年里，人类在一场可被视为百年一遇的"世界大战"中反复扮演毫无人性的劫掠者，并摧毁一座座城市。[61]

20 世纪是"历史上最血腥的时代"。第一次世界大战导致 900～1000 万人丧生，如果将 1918—1919 年大流感算作战争的一大结果，这个人数还要增加数百万。第二次世界大战又使 5900 万人殒命。据估计，20 世纪共发生了 16 场导致超过 100 万人送命的战争，6 场使 50～100 万人丧生的战争，还有 14 场战争的死亡人数介于 25 万和 50 万之间。总之，20 世纪共有 1.67～1.88 亿人死于有组织的暴力行径，或者说，这段时期每 22 人中就有 1 人丧生。[62]

第二次世界大战中，400 多万德国军人死于东线。[63] 苏联军队令人难以置信的损失（死于战斗、疾病、囚禁的人和失踪者）略低于 870 万，而死于战争期间的苏联公民（军人和平民）的总数估计高达 2700 万到 3000 万，甚至更多。[64] 这里采用较低的估计数，也就是苏联丧生 2700 万人，加上德国丧生的 400 多万人，我们就会发现两个惊人的事实：（a）1939 年到 1945 年间的死亡，超过一半发生在苏德战争中；（b）20 世纪有组织暴力行径造成的总死亡，超过 15% 发生在德意志帝国与苏联 1418 天的战争期间。[65]

这些令人震惊的数字放大了战斗和种族灭绝无与伦比的野蛮性，以及二战中沿东线传播的不可估量的痛苦。两个极权国家卷入这场战争，而且事关他们的生死存亡。简言之，这是全面战争的最极端形式。参与其中的主角是交战双方的数千万士兵，他们之间充满意识形态对立和种族仇恨，经常被鼓励违反国际法的规定。这样一种险恶的环境非常有利于滋生各种犯罪行径，这一点不足为奇。

虽然历史学家对东线战争犯罪的认识和理解仍存在很大差异，但他们达成了一个共识，德国国防军在苏联境内从事的绝非一场"干净的"（这是曼施泰因、古德里安这些德国将领在战后初期撰写的回忆录中竭力宣扬的观点，几十年来，许多西方历史学家在很大程度上接受了这种看法）战争，他们与党卫队、警察部队、民事占领当局和苏联境内其他纳粹统治机构沆瀣一气，发起残忍的行动。正如克里斯蒂安·哈特曼指出的那样："这支军队早已丧失了清白。"[66]

历史学家也在更多地了解红军及其长长的战争犯罪清单，尽管这些犯罪通常没有得到历史学家的审查，长期以来他们更关注德国军队犯下的罪行。[67]

下面的叙述（"不讲军人情谊：东线陆军的犯罪"和"不讲军人情谊：苏联红军的犯罪"两节），目的是让读者深入了解东线德军（当然，重点是中央集团军群）和苏联红军1941年夏季违反战争法的情况。我虽然并不打算全面概述东线的战争犯罪，但会探讨几个重要问题，例如德国军队履行的犯罪指令、双方如何对待战俘，以及苏联人对保护德军医护人员的红十字会的漠视。本书作者收集的相关资料包括德国国防军战争罪行处的记录、德国方面的其他官方记录、德国军人的回忆录和日记，以及关于交战双方战争犯罪的重要二手文献。其中，德国国防军战争罪行处的记录是了解苏方行为不可或缺的资料，这些记录在很大程度上被历史学家忽视了。

但在我们开始探讨前，有必要先介绍1941年的战争法。在国际框架内规范战斗人员行为的是两套法规——1907年10月的《海牙公约》和1929年7月的《日内瓦公约》。[68]《海牙公约》（特别是第四公约，即《陆战法规和惯例公约》）代表着"首次尝试禁止虐待战俘和伤员，并通过界定战斗和非战斗人员之间的区别来保护平民"[69]。俄罗斯帝国签署了公约，而且在推行这些公约方面发挥了重要作用；但在1917—1918年，新的苏维埃政府拒绝接受红军士兵会向"阶级敌人"投降的可能性，不再把自己视为缔约国。[70]

1929年7月27日，43个国家签署了《日内瓦第三公约》，实际上是关于落入对方手中的军人的两份公约：一份关于战俘，另一份关于对伤员的照料。缔约国包括美国、德国、意大利、法国和英国（包括其自治领）；日本和苏联没有加入这些公约。但苏联签署了1925年的《日内瓦协定书》，这是一份禁止在战争中使用毒气和细菌武器的协定（具有讽刺意味的是，德国在"巴巴罗萨"行动前担心红军可能会使用毒气和其他污染物）。[71]

《日内瓦公约》对属于缔约国的战俘实施颇为重要的保护。可由于苏联没签署协议，德国觉得自己没有义务在东线遵守该公约，即便苏联加入了这些公约，它很可能也不会遵守。红军是世界上唯一一支把被俘者视为逃兵和叛国者的军队，因此，苏联政府和军队对其被俘人员的后续情况完全不感兴趣。德国当局对己方被俘将士的命运也没有表露出太多关心。不管怎样，交战双方都不打算遵守 1929 年《日内瓦公约》（该公约要求独立检查战俘营）或 1907 年《海牙公约》的"文字或精神"。1941 年 8 月，苏联政府表示愿意遵守《海牙公约》，"但这种态度是暂时的"，此事毫无结果。[72]

应当指出，在东线参加战斗的武装平民，"根据《海牙公约》的明确条款和战争的习惯用语，被列入非正规军类目下"，因此他们不受国际法保护。已故德国历史学家约阿希姆·霍夫曼写道："这也适用于卓娅·科斯莫杰米扬斯卡娅，她 1941 年 11 月 29 日因纵火被德国军队处决；这位年轻的姑娘被树为苏联青年的光辉榜样……虽然这位年轻女共青团员很不幸，但不应忽视的是，根据无情的战争法，这种下场不可避免。"[73]

不讲军人情谊：东线陆军的犯罪

在《阿富汗会战》一书中，美国前海军陆战队员史蒂文·普莱斯菲尔德挑衅性地再现了公元前 330 年亚历山大大帝对阿富汗王国的入侵。伟大的波斯帝国已倒下，"躺在亚历山大脚下"，伟大的波斯帝国君主大流士死了。亚历山大现在计划进军"神秘的印度"，但通往印度的道路穿过阿富汗，这位 28 岁的征服者和他的军队会在那里遭遇一个新的、完全不同的对手。在一个引人入胜的段落里，小说中的亚历山大告诉一群补充兵，做好从事"一场不同类型战争"的准备，以便对付一个与迄今为止遇到的敌人截然不同的对手：

要知道：我们在这场会战中采取的行动，与其他任何一场会战中的行动一样合法。这不是一场常规战争，而是非常规的。我们必须以非常规方式从事这场战争……

（敌人）对我们所说的话毫无价值。他们经常违反停战协议，他们背叛了和平。我们击败他们后，他们不会接受我们的统治。他们会一次次重整旗鼓。他们满怀盛怒地憎恨我们，唯一能同这种深深的仇恨相媲美的只有他们的耐性和忍耐力。他们的儿童和老人，甚至是妇女，都作为战斗人员打击我们。他们不会公然这样做，而是把自己扮作无辜者，甚至是受害者，并寻求我们的救助。待我们表现出恻隐之心，他们就悄然施以毒手。你们都已见到，他们俘虏我们的人后做了些什么。[74]

"巴巴罗萨"行动发起前，德国武装部队最高统帅部的宣传部门与陆军总司令部通力合作，制订出《驻俄军队行动指导方针》。1941 年 5 月 19 日，这些规定传达给国防军个别指挥部，但直到入侵前夕才和希特勒的日训令一同下达给前线将士。[75] 这些指导方针包含几个关键的句子：

I.1. 布尔什维主义是国家社会主义德国人民的死敌。德国的斗争针对的是这种破坏性意识形态及其执行者。

2. 这场斗争要求对布尔什维克鼓动者、游击队员、破坏分子、犹太人采取无情、有力的行动，肃清一切主动或被动抵抗。

II.3. 必须对所有红军人员（甚至是俘虏）严加防范并保持高度警惕，必须预料到他们会采用最狡猾的战斗方式。红军中的亚洲士兵尤为不可思议、无法预料、阴险、冷酷。

4.俘获敌军部队后，应当立即把领导者与其他人员分开。[76]

相关对比也许并不完美，但普莱斯菲尔德笔下的亚历山大与东线陆军指导方针的语气类似得引人注目。在这两种情况下，军人都被告知他们面对的是非常规的敌人，甚至是异类——这些狂热之徒会毫不留情地从事战斗并采用残酷、阴险、卑鄙的方法。亚历山大这番演讲的含义是，他的部下必须以毒攻毒，并采用同样强硬的手段。而"巴巴罗萨"指导方针的目的是给将士们灌输一种思想，并确保关键指令得到执行，例如 1941 年 6 月 6 日的《政治委员令》，这道命令严重违反国际法，批准法外处决被俘的苏联政治军官。[77] 实际上，下达给前线官兵的指导方针把"布尔什维克鼓动者、游击队员、破坏分子、犹太人"混为一谈，必然会造成"虐待战俘、消灭和疏远许多本来会支持德国事业的民众的惊人结果，不少案例表明，对犹太人的屠杀被上报为'反游击行动'"[78]。

诸如《驻俄军队行动指导方针》《政治委员令》《军事司法权令》[79] 这些命令，都由德国军事当局在"巴巴罗萨"行动发起前几周起草并颁发，反映出 1941 年的德国国防军已多么深地卷入到纳粹国家的意识形态和愿望中。德国武装部队并未远离或高于纳粹主义，而是深深嵌入希特勒第三帝国的政治"文化"中，接受或至少赞同他们所获得的最基本的目标。尽管存在零星抵抗，可是 1933

年希特勒掌握政权后，德国军队立即开始与纳粹主义同步，时任国防部长维尔纳·冯·布隆贝格将军向他的元首承诺，德国士兵不仅要接受战斗训练，还要接受教育，从而意识到他们特殊的种族特点。[80] 接下来几年，最高统帅部和陆军总司令部把德国国防军塑造成了一部强有力的机器，以及希特勒帝国主义和种族灭绝政策"顺从的工具"，其所作所为包括使士兵卷入一场描述"野兽般的（俄国）敌人"和"俄国劣等种族"的真正的宣传大潮中。[81]

苏联战俘

德国国防军大多数士兵、军士和许多军官是在希特勒的统治下长大的，很少有人对他们在苏联执行的任务持保留态度。他们中的不少人——对三个前线师所做的调查表明，这个数字达到29%——是纳粹党员。[82] 在反布尔什维克教化的推动下，德国士兵经常虐待、杀害苏联战俘。事实上，"师里的记录和其他资料表明，疯狂、通常不分青红皂白地射杀苏军俘虏的情况始于对苏战局头几日"[83]。历史学家奥默·巴托夫指出：

　　他们被告知两方面的内容，一是这并非普通的战争，而是一场"世界观之战"，在这场战争中"没有军人情谊可言"，二是"俄国士兵有权获得公正对待"。他们似乎采用了前一种态度，也就是对战争下了更残酷的定义，这也更符合他们在平民生活和军旅生涯中受到的教化，以及他们元首的愿望和战斗的普遍残酷性。[84]

　　高级军官担心此类行为会给军队的纪律造成影响，有时候会插手干预，阻止杀戮，就像第47装甲军军长莱梅尔森将军1941年6月25日所做的那样：

　　我注意到无谓枪杀战俘和平民的事件已有发生。一名身穿军装并实施英勇抵抗的俄国士兵被俘后，有权获得公正对待。我们希望把俄国民众从布尔什维主义的枷锁中解救出来，我们需要他们充当劳动力……这道指令不会改变元首关于对游击队员和政治委员采取无情行动的命令的任何内容。[85]

但士兵们对莱梅尔森的指令置若罔闻，因此，五天后的 6 月 30 日，他重申了这道指令：

尽管我1941年6月25日下达了指令……可仍有更多枪杀战俘和逃兵的事件发生，并以一种不负责任、毫无意义和犯罪的方式进行。这是谋杀！德国国防军从事这场战争，针对的是布尔什维主义，而不是和睦的俄国民众。我们希望这片多年来遭受犹太人和犯罪集团残酷压迫的土地恢复和平、宁静和秩序。元首的指示要求对布尔什维主义者（政治委员）和任何类型的游击队采取无情的行动！已得到明确确认的平民应当排除在外，枪决令只能由军官下达……大批（敌军）士兵的尸体倒在路边，显然是在近距离被脑后一枪击毙的，他们没有武器，已举手投降，对这种场景的描述很快会在敌军中传播开来。[86]

巴托夫称，莱梅尔森的命令"是对这样一个事实的最佳证明：甚至在战争的残酷影响发挥作用前，（德国士兵）残暴、不分青红皂白的枪决行径已然开始"[87]。但巴托夫的这种断言，至少在某种程度上是不正确的。同一时期的许多德方记述（参见下文"不讲军人情谊：苏联红军的犯罪"一节）清楚地表明，苏德战争刚刚开始，红军杀害被俘德国士兵的事件（许多情况下，他们遭到可怕的肢解）就沿整条战线发生，震惊而又愤怒的德国士兵立即以自己的简易判决做出回应（就像他们的许多记述表明的那样）。因此，与巴托夫的说法相反，苏联人的犯罪行为也不仅仅是对"战争残酷影响"的反应。无可争辩的是，一方的犯罪或野蛮行为招致另一方更多的此类行径，而且从一开始，一种残酷的暴行和报复的辩证逻辑就导致暴力不断升级，使双方战斗人员被法外处决的事件大为增加。第87步兵师的西格弗里德·克纳佩中尉引人入胜地描述了这种辩证的紧张关系是如何在战场上出现的，他后来回忆起 1941 年夏季在奥尔沙（明斯克与斯摩棱斯克之间）发生的一起事件，他所在的师必须在那里攻下敌人预有准备的防御阵地：

一道既设防线总是由几条连贯的战壕或散兵坑线构成，我们在进攻时必须把它们悉数攻克。到目前为止，所有战斗的标准进程是，遂行突击的步兵越过敌人第一条战壕或散兵坑线后，那些已被打垮、仍活着而且没有身负重伤的敌军士兵就会站起身，高举双手向跟随第一波次突击部队前进的德国士兵投降。被俘的敌军士兵，包括伤员，会被收容起来，然后送往后方。

挺进到一片大型树林地带时，我们散开，排成散兵线。我跟随先头连，位于散兵线中央。据守第一道防线的苏军士兵趴在散兵坑里，只有头部稍稍露出，他们在头上用树枝加以伪装，所以很难发现他们。他们用步枪朝我们开火，我们一边还击，一边继续前进。战斗随后变得激烈起来。步枪射击声、迫击炮弹爆炸声和机枪的"嗒嗒"声在我们四周响成一片。[88]

克纳佩和其他士兵打垮了苏军第一道防线，开始冲击敌人预有准备的第二道阵地。他们突然发现自己遭到前方和后方的火力打击——第一条战壕线内本应该投降的红军士兵从身后射来子弹，将德国士兵击毙。在克纳佩看来，敌人的行径奸诈无比，违背了"荣誉准则"，而这种准则是"战斗步兵在无望状况下唯一的生存希望"。

如果这种希望也被剥夺，死亡就是必然的——可没人想死！在战斗中，士兵们起初处于野蛮的压力下，朝夕相处的战友因背后射来的子弹突然倒下，这就太过分了。战斗使他们成为兄弟，这种生死与共的兄弟情谊非常深厚，他们甚至可以为对方牺牲自己的生命。这不仅仅是友谊，这种生死情甚至高于旗帜和国家。

我方士兵怒火万丈，从这一刻起，他们在进攻中再也不抓俘虏，敌人的战壕和散兵坑里，一个活口也不留。我没有试图阻止他们，也没有其他军官这样做，真要这么做的话，他们会把我们也干掉。他们一个个怒不可遏。倘若俄国士兵丢下武器，高举双手站起来，他们本来会得到收容，被送到后方，就像过去的惯例那样。他们仗打输了，只能被俘或战死。可这次不同，所有俄国人都被我们毫不手软，也不带任何悔意地干掉了。[89]

正如本书第七章所述，中央集团军群辖内部队在 1941 年 7—8 月的战斗初期阶段俘获数十万俘虏。例如在第 12 装甲师作战地域，别洛斯托克—明斯克合围战临近结束的一天内就有 5.2 万名红军投降，而德国第 4 集团军报告，这些战斗结束时共俘虏8.2万人（参见第七章"别洛斯托克—明斯克包围圈的覆灭"一节）。炮兵中尉克纳佩被俘虏的巨大数量惊呆了："我们从入侵首日就开始抓获俘虏。步兵押来的俘虏成千上万，甚至达到数十万……我不知道我们是否为照料这么多战俘做好了相应的准备，可随着俘虏数量不断增加，我确信我们对此毫无准备。"[90]

1941年被俘的苏军士兵大多向西跋涉，以强行军赶往等候他们的战俘营。这种行军通常会持续数周，在灾难性条件下跋涉数百公里导致数万人死在通往战俘营的途中。由于长期兵力不足，德国人只能派几个连的士兵押送成千上万名俘虏，这就迫使卫兵在必要时采取野蛮的手段，驱使饥肠辘辘的战俘赶往下一个缺乏准备的休息区。虽然许多俘虏身上带伤，但他们充其量只获得最低限度的治疗。最高统帅部1941年7月8日下令解决俘虏的急救问题，规定在投入德方资源前"首先使用俄国医护人员、医生和医疗用品"，不得使用国防军的运输工具。[91]疲惫、饥饿、负伤的俘虏中，数千人因体力不济而掉队，结果遭到枪杀，这种事情甚至发生在明斯克或斯摩棱斯克这种大城市里。[92]

在某特种连服役的列兵本诺·蔡塞尔，描述了他首次遇到一大批行进中的苏军俘虏的情形，他的记述流露出一丝恐怖，但也具有某种可怕的魅力：

我们突然看见一条宽大的、棕褐色的鳄鱼沿公路朝我们慢慢走来。它那里传来一种轻柔的嗡嗡声，就像蜂巢发出的声音。是排成六列的俄国战俘！我们看不见队伍末端。他们接近时，迎面而来的恶臭使我们感到恶心……

我们匆匆避开笼罩着他们的污秽尘云，随后见到的情景令我们目瞪口呆，我们站在那里，甚至忘了刚刚的恶心和不适。这些灰褐色的人，这些踉踉跄跄朝我们蹒跚走来的身影，这些奄奄一息的活动人形躯壳，这些全凭最后一丝生存意志才得以服从行军命令的生物是真正的人类吗？世上所有的苦难似乎都聚集于此。令人毛骨悚然的喊叫、哀号、呻吟、恸哭、咒骂，与卫兵尖刻的命令声汇聚成一场可怕的合奏。

我们看见一名俘虏从队列中挤了出来，一柄枪托随即砸向他的肩胛骨，迫使他气喘吁吁地回到原位。另一个头部负伤者扎着血迹斑斑的绷带，几步跑离队伍，以近乎可笑的手势向附近一名当地居民索取一块面包。一根皮带抽在他的肩膀上，把他赶回原处……

流浪狗成群结队，其中包括一些最令人难以置信的杂种犬；它们的唯一相似之处是都很瘦弱……这对战俘来说不是个障碍。他们饥肠辘辘，干嘛不吃烤狗肉呢？他们总是试图逮住可怕的野兽。他们也会打着手势，嘴里发出"汪汪"或"呼呼"声，请求我们帮他们打条狗。在那里，开枪打它！我们几乎总是满足他们的要求。不管怎么说，这是一项运动，同时也令这些人形骷髅欣喜不已……

我们射杀一条狗后，随之而来的就是一场令人作呕的闹剧。俄国人像疯了似的狂呼大喊，他们跳到狗身上，赤手空拳地把它撕成碎片，甚至没等它死透。无论他们撕扯到什么，都会把它塞入口袋，就像烟草那样，他们会把这些东西做成应急口粮。然后，他们点上火，把抢到的狗肉穿在棍子上烘烤。大块狗肉总是会引发斗殴。烤焦的狗肉散发出可怕的臭气，这些狗肉中几乎没有脂肪。[93]

德国军方领导人甚至在对苏战局开始前就已达成一致：苏联战俘只能获得"绝对必要的口粮"。[94] 但实际分发的口粮远远少于生存所需的最低限度。1941 年向西跋涉期间，战俘们获得的每日口粮通常是"20 克小米和 100 克没有肉的面包"，或者"两个土豆"。[95] 到 1941 年 9 月，一场灾难即将到来的迹象"已明确无误。相关文件表明，在一些战俘营里，绝望的战俘在饥饿的驱使下啃食草根、树叶和树皮。东部一些战俘营，饥饿造成的流行病已导致数千人丧生"[96]。战俘营里甚至还出现了同类相食的案例。

许多德国士兵对苏联战俘遭受的恶劣对待持漠视态度，第 268 步兵师的士兵汉斯－奥托在 1941 年 11 月 20 日的一封军邮中表达的观点非常典型：

战俘的食物不是问题，如果那里什么都没有，这帮家伙就得不到任何东西。可他们找到了许多死马和土豆，因此，只有在停虏大量聚集的情况下才会发生饥饿。但最终，这些人已习惯如此，这是他们自己的错，因为他们的帮凶把所有食物都拿走了。这里不太需要派人站岗，当然，我们会采取严厉措施。幸运的是，我们还不需要使用这些手段。[97]

东线德军对红军战俘的可怕处境心知肚明，位于柏林和东普鲁士拉斯滕堡的指挥中心同样清楚这一点。陆军总司令部作战处处长霍伊辛格上校的副官格奥尔格·海诺·冯·明希豪森上尉在1941年8月中旬的日记中透露："中央集团军群情报官（鲁道夫－克里斯托夫·冯·格斯多夫少校）报告，大批俘虏因为缺乏口粮和受到残酷对待而死去，还有些人被枪杀。这与我们的宣传相矛盾，而且会传播开来，我们的士兵会在战斗中为此付出代价。"[98]几周后他又写道："战俘问题是个丑陋的败笔。枪毙所有政治委员就够糟糕了，更要命的是，战俘死于没有住处和一连数周最微薄的口粮供应。他们像苍蝇那样死去。"[99]1941年9月中旬，军事情报局局长卡纳里斯海军上将对苏联战俘受到的对待和清算"政治上不受欢迎的"俘虏提出抗议——这两种做法都粗暴地违反了国际法——结果，卡纳里斯遭到最高统帅部参谋长凯特尔元帅严厉申斥："您的顾虑反映出军人从事一场骑士战争的理念。可这里的问题是世界观的毁灭！出于这个原因，我赞成这些措施并支持他们。"[100]

虽说少数前线指挥官（其中包括费多尔·冯·博克元帅）经常谴责残酷虐待并处决战俘的行径，经常对此表达自己的愤慨，但他们没有采取任何措施来解决问题。这很可能是因为他们手头资源有限，对此无能为力。博克本人1941年8月22日承认：

战俘押送到后方地区的过程中发生了残酷的暴行；我在发给各集团军的一封措辞严厉的信中对此表示强烈谴责。鉴于这些俘虏虚弱的状况，加之我们根本无法在穿越广袤无人区的长途跋涉期间为他们提供合理的口粮，转移俘虏仍是个特别困难的问题。[101]

冯·格斯多夫少校在一份关于前线之旅的报告中指出："几乎所有军官都谴责枪杀犹太人、战俘甚至是政治委员的行径……全部真相显然已曝光，谈论此事的前线军官远比预想的多。"[102]虽然这些军官中至少有一些人向上级请愿，要求"减轻战俘的痛苦"，并就战俘恶劣的"健康状况"和"战俘营，特别是战俘医院里的死亡率"上升发出警告，但上级部门没有采取任何措施来改变这种令人震惊的情况。[103]另外，就像凯特尔训斥卡纳里斯表明的那样，军方上层已然接受对苏联战俘的残酷对待，这是德国种族灭绝战争的结果。

虽然德国人对苏联战俘的虐待严重违反海牙和日内瓦公约，但问题是，大规模的饥饿和杀戮在多大程度上是德国军事政策的预期结果。德国历史学家克里斯蒂安·施特赖特几十年前关于这个主题的著作依然堪称杰作，据他说，大量消灭苏联战俘是德国最高统帅部一项精心策划的计划的组成部分。[104] 施特赖特认为，国防军与臭名昭著的党卫队特别行动队合作杀害苏联战俘——这一点特别恶劣。另一方面，截至 1941 年年底，被俘的红军士兵有数百万 [105]，为他们提供食物、住处、医疗服务是一种沉重的负担，无疑超出了东线德军的后勤能力。因此，有人提出了这样一个论点（就像在纽伦堡遭到起诉的德国军方领导人指出的那样，时至今日，德国老兵组织和一些历史学家仍持这种观点），战俘的恶劣处境也许不是某项蓄意政策所致，而是一场不可避免的危机的结果。[106] 另外，正如英国历史学家克里斯·贝拉米在他近期的苏德战争史著作中指出的那样：

> 即便德国人想贯彻日内瓦公约的慷慨条款——战俘应当获得食物和住处，其标准等同于己方后方梯队士兵——他们在当前情况下也根本无法做到。苏联西部的设施相对原始，德国人自身的后勤问题也很严重。至于把战俘运回德国，那里的战俘营只能容纳 79 万名俘房，包括来自签署日内瓦公约的国家的那些战俘。[107]

据历史学家、大屠杀研究者莱尼·亚希勒称，战争头六个月俘获的苏联战俘的庞大数量"令德国人深感震惊，包括希特勒本人"。另外，"德国陆军为容纳战俘所做的准备是临时性的，一点也不充分。军队也不愿意把满足己方部队供应已非常困难的食物分配给俘房"。因此，德国人得出结论，应当"净化"战俘营，为此，党卫队 1941 年夏季被派往各战俘营，消灭"要不得的分子"，其中包括共产主义者、官员、知识分子、鼓动者和所有犹太人。这道指令签发于 1941 年 7 月 17 日。[108]

无论苏联战俘的命运——他们实际上遭遇了一场"二次屠杀"，死于德国战俘营的人多达 330 万——是某种蓄意政策的结果，还是一场无法避免的危机和上层的漠视所致，的确有一些德军机构在极其困难的情况下竭尽所能地减轻战俘的痛苦。历史学家特奥·J. 舒尔特在他对第582后方地域指挥部[109]（Korueck 582，这支部队负责第9集团军腹地的安全）所做的研究中指出：

没有被立即处决的俄国俘虏经常死于朝后方跋涉的漫长而又艰苦的行军途中。1941年11月，大批尸体倒在维亚济马镇及其周围，第582后方地域指挥部对此表示严重关切，因为这种情况有利于敌人的宣传。最邪恶的是，许多战俘并没有死于饥饿或疲惫，而是作为"掉队者"被德国警卫人员就地处决……

也就是说，和许多德国军事政策一样，对待俘虏的政策实际执行起来往往很复杂，更不必说各种自相矛盾之处了。许多部队遵照上级指挥部门的严厉命令行事时，第582后方地域指挥部却警告其部下，要对使用棍棒殴打俄国战俘的人提出指控，而处决战俘者会受到更严厉的惩处。[110]

舒尔特继续指出，第582后方地域指挥部军事法庭的相关记录表明，没有任何士兵受到犯有此类暴行的指控。但"毫不令人惊讶的是，要求正确对待战俘的这道命令也警告了过度宽容的做法的危险性，以及允许俘虏逃跑的后果"[111]。虽然不清楚这种限制暴行的规定是否取得效果，但"严酷的命运"仍在等待那些到达战俘营的俘虏：

第582后方地域指挥部1941年11月底在勒热夫从第9集团军手中接管陆军第7战俘收容点时，分发给战俘的口粮不足以充饥。俘虏以铁丝网上的枝叶、树皮和树叶充饥，还有人吃草和荨麻。没有取暖设施的单层小屋，面积不超过12米×24米，一次挤入450名战俘。由于营养不良、缺乏基本卫生设施（11000名俘虏只有两个厕所），再加上雨淋日晒，疾病传播开来。战俘们饿得发狂，同类相食的现象并不罕见。后方地域指挥部的一些官员更关心德国军犬的饮食健康状况，它们获得的口粮是俄国俘虏的50倍。[112]

但舒尔特再次指出："这里存在些例外。应当承认，许多用于证明堕落、虐待、道德败坏的史料往往出自少数后方地域指挥官和战俘营指挥官之手，他们为改善大批战俘的生活条件付出了艰苦的努力，并同上级部门反复沟通，要求增加资源。"[113] 在陆军第 8 战俘收容点，指挥官看到用旧外套制成的手套和用废弃木材制成的木底鞋（苏联战俘的靴子已被德国士兵没收）被分发给战俘，当地居民被迫为战俘营提供食物，这使战俘获得了马肉煮的热汤和面包，每天三次。另外，德国警卫部队接到的命令是不得手持棍棒，而战斗部队也被禁止从战俘中征用劳动力，除非他们同意为俘虏提供食物。到 1941 年年底，第 9 集团军司令部也有兴趣采取积极措施，让战俘获得更人道的待遇。[114]

海因里希·哈佩医生和贝尔纳德·黑林（他是一位天主教神父，并且担任随军医生）在回忆录里列举了他们慷慨给予被俘的红军伤员医疗护理的许多例子。[115] 黑林声称他所在的团行为端正，从来没有射杀过俘虏，并尽量为苏军伤员提供照料，但情况很快因为武装党卫队的到来而变得复杂起来。另外，灭绝战的凶残政策强化了红军的抵抗，促进了游击运动的发展，最终导致德国战败：

对苏战争开始后，我们首次进入乌克兰，当地居民不仅很友好，甚至有些欣喜若狂，仿佛我们是解放者。我们进入村庄时，他们站在街道两旁，为我们疲惫的士兵送上牛奶、面包、蜂蜜、草莓和其他好东西。第一次世界大战期间的战俘燃起他们的过度希望，这些战俘曾在德国待过数年，大多从事农场工作。昔日的这些战俘对德国人夸赞有加，因此，当地居民期望我们就像老兵经常谈及并大加称赞的德国老农民那般友善。

对苏战局头四周，我们师并没有遭受严重损失——虽然相对较小的损失也很可怕。我们对待战俘很不错，当地人的期望更高了……头几周，医生和医护人员凭良心和国际公约做了他们有义务做的事。我方军队匆匆向前，我们在条件允许的情况下给予俄国伤员尽可能多的照料。

第四周，两个党卫队团插入战线同一地段。这帮罪犯很快开始屠杀俘虏，并拒绝为负伤的俄国士兵和平民提供救治。当地居民对我们的态度立即发生了变化……

这种消息肯定在俄国士兵中迅速传播开来，因为他们现在实施了真正的抵抗。我们在一周内遭受的损失就超过了前四周，而俄国俘虏的人数急剧下降。投降的俄国士兵惊恐不安，我们不得不说大量友善的话语，保证他们会得到公正对待。就我们团而言，的确做到了这一点。[116]

《政治委员令》

被俘后经常遭到清算的战俘中包括政治委员。虽说政委是政治军官，可他们也是红军成员，因此完全应该受到国际战争法的保护。[117]苏军政委遭到国防军、武装党卫队、保安处（Sicherheitsdienst）①和警察部队的系统性消灭，因此，《政治委员令》是一道不折不扣的战争犯罪令。尽管如此，埃里希·冯·曼施泰因元帅战后对苏军政委，以及他们所发挥的作用的评判依然有效——政委们让战争变得愈发冷酷无情：

相反，他们不是军人，而是狂热的斗士。确实，只能在传统意义的战争框架下把斗士的活动视为不合法。他们的任务不仅仅是在政治上维护苏联的军事领导，同时还使战斗变得极度残酷，这个角色完全与迄今为止军人头脑中的战争概念格格不入。实际上，就连这些政委从事战斗和对待战俘的方式也与海牙公约的条款形成鲜明的对比。[118]

虽然我们无从得知《政治委员令》被执行了多少次，但德国国防军大多数战斗部队可能都遵守了这道命令，尽管他们通常会持强烈的保留意见。近期一份资料称："对德方文件的评估表明，超过80%的德国师执行了《政治委员令》。"[119]威廉姆森·穆雷和艾伦·L. 米利特在他们的二战通史中指出："大多数军队的指挥部门直接而又迅速地接受了《政治委员令》。"[120]另一方面，以色列作家马塞尔·斯坦提出一个更细致入微的观点：

目前无法确定这道命令的执行规模。将来弄清这个问题的可能性也不大。关于这个问题，可用的档案文件不太完整，而且存在矛盾之处。新文件的出现也许会带来个别更正，但不会给出相关情况的最终概貌。

大多数国防军指挥官声称对这道命令持抵制态度，因为这违背了所有的军人传统，但可以肯定，他们的说辞并不都是真的……因为这道命令来自元

---

① 译注：保安处与盖世太保的职能存在许多重叠之处，最大的区别是，前者是纳粹党的情治机构，后者是国家机构。

首，司令官不得不把它沿整个指挥链下达给各师。但传达命令的具体方式由司令官负责，他们中的许多人并不赞同这道命令，并且明确表示他们并不重视命令的执行情况——例如北方集团军群司令冯·莱布元帅就是这样做的。这道命令得到了执行，但没有达到预期规模。[121]

尽管如此，还是有许多德国战地指挥官满怀热情地执行了《政治委员令》，莱梅尔森将军 1941 年 6 月 25 日和 30 日关于枪杀红军战俘的两道指令（参见上文）提供了这方面的一个例子。德方记录表明，北方集团军群编成内的第 4 装甲集群报告：1941 年 6 月 22 日到 7 月 19 日共处决 172 名苏军政委；到 7 月 24 日，第 2 集团军枪毙了 177 名苏军政委；截至 1941 年 8 月初，第 3 装甲集群声称处决了 170 人。这些和其他法外处决行径得到了高层的鼓励，国防军最高统帅部 1941 年 7 月 17 日下达的命令中指出：

> 东方战局情况特殊，因而要求采取特别措施，执行这些措施时不能受官僚主义的影响……并愿意承担责任。尽管到目前为止……关于战俘的命令仅仅基于军事考虑，但现在必须实现政治目标，它会保护德意志民族免遭布尔什维克入侵者侵犯，并立即把占领的领土掌握在手中。[122]

可正如本书第二章所述，冯·博克元帅在"巴巴罗萨"行动前夕勇敢地向陆军总司令部抗议（尽管不太成功），并且拒绝把《政治委员令》传达给下级指挥部门。[123] 我们还知道，战争开始后没过几天就负伤的第 17 装甲师（第 47 装甲军）师长汉斯 – 于尔根·冯·阿尼姆将军拒绝执行这道命令。[124] 第 39 装甲军军长鲁道夫·施密特将军明确指示他的下属指挥官不得处决被俘的苏军政委，并且在 1941 年 9 月 17 日要求暂停执行这道命令。诚如施密特对部下所说的那样："面临必死无疑的结果，苏军政委肯定会竭力求生，他们会不畏艰险地团结起来……可如果个别政委知道，倘若自己逃走的话可保性命无虞，那么，（红军）政治领导团队的凝聚力就会溃散。"[125]

实际上，到 1941 年 8 月底，一些德军战斗指挥官已开始主动采取措施，力图取消《政治委员令》，因为它已造成负面影响。值得注意的是，这些倡议是在德军深入苏联腹地的挺进发生动摇后提出的，因为红军的抵抗（通常由狂热战斗的政委领导，他们非常清楚自己落入德国人手中后的命运是什么）明显加强，并变得更加有效。虽然陆军总司令部支持这些倡议，但最高统帅部和希特勒起初予以拒绝。[126] 直到 1942 年 5 月 9 日，希特勒终于默许前线将领不断提出的要求，终止了臭名昭著的《政治委员令》，事实证明这道命令给德国在东方付出的战争努力带来了严重的负面影响。[127]

历史学家杰弗里·罗伯茨说："到东线战争结束时，德国人处决了 16 万名被俘的红军政委。"[128] 但这个数字似乎太多了，特别是考虑到第 3、第 4 装甲集群和第 2 集团军在对苏战争最初 4—6 周处决政治委员的总数（519 人），而这几周是德国人执行《政治委员令》最积极的时期。两个德国集团军的作战地域内，到 1941 年年底共俘获大约 20 万名俘虏，据报只有 96 名政委遭处决，这使德国历史学家弗朗茨·W. 塞德勒得出结论，《政治委员令》"的确在很大程度上遭到了德军前线指挥官的破坏"。另外，一些前线部队为达到要求而虚报数字，还有人把战斗中阵亡的苏军政委列入被俘后遭处决的名单。[129]

实际上，截至 1942 年春季，超过 400 万德国军人（包括补充兵）[130] 在东线服役，其中绝大多数分配给陆军正规兵团。我们姑且假定罗伯茨的数字准确无误，从理论上来讲，这 16 万名政委已在 1942 年 5 月前遭陆军士兵处决（没有党卫队、保安处、警察部队参与），以一比一的比例看（也就是一名士兵处决一名政委），那么，有 4% ~ 5% 的陆军人员参与到法外处决苏军政委的罪行中。当然，实际参与的人仅仅是其中的一小部分。

马塞尔·斯坦撰写的瓦尔特·莫德尔元帅传记支持这个结论。在莫德尔第 3 装甲师情报参谋（Ic）的记录中，斯坦发现了一起处决一名苏军政委的事件。处决令草草写在一张纸上，作为 1941 年 7 月 28 日提交的报告的补充，这道命令如下：

第 3 装甲师，洛布科维奇，28. VII Bl. 127

卡拉切夫战俘收容点

两名犹太士兵"没有"（"没有"这个词强调了两次）被处决。枪决只能在师部下达特别命令后执行。

指定执行枪决的苏军政委会被处决。

几天前发现的另一名苏军政委暂停处决。

俘虏马洛夫（具体名字难以辨认）报以米尔斯基的假名，他会被立即送到师部。

签名：福姆·德姆·克内泽贝克少尉[131]

斯坦总结道："因而得以确定，（第3装甲师）枪毙了一名苏军政委。"

这起事件发生在执行《政治委员令》的背景下，还是由于其他原因发生，从这张纸条上看不出来。这份文件还包括不得枪毙两名犹太人和暂停处决另一名苏军政委的明确指示。从这位情报参谋的其他报告中可以清楚地看出，第3装甲师并没有系统性地执行《政治委员令》，例如1941年8月3日对步兵第148师师政委奥季斯沙良上校和1941年8月3日对旅政委季莫菲耶夫的审讯，这两名政委都没有被处决。报告文本表明，审讯进行得很得体，完全符合国际法。[132]

第41装甲军和第9集团军情报处长的记录中没有出现处决苏军政委的报告，但第9集团军情报处长的一份报告涉及被俘的内务人民委员部部队政委安德鲁谢夫，他被指控参与非法活动。事实证明这种指控毫无根据后，集团军情报处长下达命令，把他作为军人送往战俘营。[133]

支持对犹太人的种族灭绝

德国国防军将士为臭名昭著的党卫队特别行动队（Einsatzgruppen）提供支持，同样参与到战争犯罪中。早在对苏战争开始前，党卫队全国副总指挥莱因哈德·海德里希与陆军军需总监爱德华·瓦格纳少将之间的磋商就已阐明这些特别行动队的任务；他们签署的协议于1941年4月28日获得陆军总司令冯·布劳希奇元帅批准。[134] 简言之，党卫队获准在陆军作战地区实施某些活动，但他们的首要任务是在前线后方打击"反对帝国的势头"。因此，党卫队特别行动队获准在集团军和集团军群后方地域放手大干，部分目的是确保国防军不受计划中对付犹太人、共产党官员、苏联知识分子和其他"不良分子"的恐怖措施所累。[135] 各特别行动队从保安警察（Sicherheitspolizei）和保安处（SD）负责人海德里希那里获得了"特别专业"的命令。[136] 陆军与警察之间的联络官被分配到各集团军群。[137]

德国入侵苏联前，保安警察和保安处内部就组建了四个特别行动队（A、B、C、D）。每个特别行动队都由帝国中央保安总局（这是希姆莱党卫队帝国的主要组成部分）的一名官员指挥，编有几支突击队，这些突击队主要由专业的党卫队和盖世太保官员率领。每个特别行动队的人数为 500～1000 人[138]，包括党卫队队员、保安处人员、盖世太保、警察人员和当地志愿者（相比之下，德军一个满编步兵营的兵力是 700～800 人）。每个军团分配有一个特别行动队，与其配合行动。分配到中央集团军群作战地区的是 B 特别行动队，最初编有 655 人，由党卫队旅队长阿图尔·内贝指挥①。[139]

中央集团军群在战局头几周的挺进穿过原"栅栏区"（B 特别行动队紧随其后），沙俄时期曾以法律形式规定这片地区为犹太人定居地。1897 年，约490 万犹太人（占俄国犹太人总数的 94%）居住在此。世纪之交，这片地区从波罗的海延伸到黑海，面积约 100 万平方公里，包括白俄罗斯被沙皇吞并后纳入"栅栏区"的土地。1917 年 2 月爆发革命后，临时政府不再将其作为犹太人定居地，留在那里的犹太人过着简朴、贫穷的生活。1941 年 6 月，白俄罗斯的犹太人约有 85 万（包括波兰东部地区的犹太人，苏联 1939 年 9 月占领这片地区），而原"栅栏区"的边界在博克集团军群作战地域内延伸到维捷布斯克、莫吉廖夫、戈梅利之外。居住在这片地区的犹太人看不到外国报纸，加之苏联政府否认相关消息（这是 1941 年之前几年他们对纳粹德国采取绥靖政策的结果），因而对第三帝国的反犹政策知之甚少。实际上，许多人回忆起第一次世界大战期间德国的占领，并把纳粹入侵者当作解放者来迎接——这种悲剧性行为只会加速他们的毁灭。[140]

起初，四个特别行动队的任务是杀掉身强体壮的犹太男人，但在 1941 年8 月的一项反映出对苏战局越来越激进的倡议中，希姆莱下令杀光整个犹太

---

① 译注：内贝是帝国中央保安总局第五处，也就是刑事警察处处长，也是唯一一个自愿担任特别行动队队长的人，他的想法似乎是去东线弄一枚一级铁十字勋章。

社区——男人、女人，年轻人、老人，健康的人、病人。政策的这种不祥变化似乎与反游击战的逐步升级有关。杰弗里·罗伯茨解释道，德国陆军的反游击政策与党卫队对犹太人的种族灭绝行动存在"紧密联系"："所有犹太人都被污蔑为共产党员和游击队员，所有游击队员都是犹太人。'犹太人是游击队员，游击队员是犹太人。''犹太人是布尔什维克，也是游击队员。'这就是德国人的口号，具有双重目的：使大规模屠杀苏联的犹太人合理化；使严酷、不分青红皂白的反游击措施合法化。"[141] 到 1941 年 11 月中旬，B 特别行动队报告，他们在自己的行动地域内（白俄罗斯）消灭了 45467 名犹太人。截至 1941 年年底，四个特别行动队在第一波杀戮中屠杀了 50 多万犹太人。[142]

行动过程中，B 特别行动队似乎很享受这种屠杀（至少在一开始是这样），并与中央集团军群各兵团建立起一种良好的工作关系，党卫队旅队长内贝报告，与各集团军或装甲集群指挥官的合作"没有任何困难"。[143] 实际上，内贝特别行动队编成内的支队多次加入前线战斗部队，包括古德里安第 2 装甲集群作战地域内的部队。[144] 国防军提供的支持（通常由后方地域指挥官提供，例如中央集团军群后方地域指挥官）包括：对犹太人进行登记和重新安置，搜捕和聚集犹太人，为特别行动队提供弹药等补给物资，甚至派出战斗步兵协助群葬。[145]

随着 1941 年夏季的延续，斗争愈演愈烈，毫无结束的迹象，东线德军将领开始把大规模屠杀共产党员、犹太人和战线后方的其他人视为一个重要的军事目标。把苏联的犹太人与日趋加剧的游击运动威胁混淆在一起，许多情况下加强了德军官兵对种族灭绝行动升级的理解。例如 1941 年 9 月 22 日，第 9 集团军下达了一道命令，称"反对布尔什维主义的斗争要求我们采取无情而又有力的行动，首先是针对犹太人，他们是布尔什维主义的主要代理人"。这道命令继续指出，所有犹太人"从其前景看，都在公开或暗中反对德国"。这道命令实际上是要证明对犹太人采取行动的合理性，在攻往莫斯科的"台风"行动前夕和期间，由前线战斗部队指挥部下达给他们的士兵。[146]

鉴于这些态度，国防军各部队卷入杀戮行动就不难理解了。犯罪最严重的当属秘密战地警察（Geheime Feldpolizei）[147] 和在庞大被占领土上巡逻的二线保安师。相反，常规作战部队很少参与此类行径。这里有个例子，第 354 步兵团在明斯克协助搜捕并集体屠杀犹太人，这场暴行开始于 1941 年 7 月 7

日。[148] 该团隶属第 286 保安师，这是此时在中央集团军群战线后方活动的三个保安师之一，因此，他们并不是东线陆军的前线作战部队。[149]1941 年 10 月 6 日，该团在距离明斯克 100 公里的克鲁普卡村屠杀了 1000 多名犹太人。几天后，他们又在霍洛波尼奇枪杀了差不多数量的犹太人。[150]

B 特别行动队实施的大规模屠杀经常发生在德国士兵面前，这些士兵还拍下照片（有时候甚至是影片）。1941 年 8 月 14 日，维捷布斯克发生了一场特别可怕的屠杀，5 名保安处人员以工业般的精密度射杀了大批犹太人，这起事件的发生地距离第 9 集团军司令阿道夫·施特劳斯将军的司令部仅 3 公里。[151]1941 年 7—8 月的其他事件发生在鲍里索夫的博克集团军群司令部附近。尽管德军将领对此稍感不适，尽管屠杀因涉及妇女和儿童而引发了一些抗议，可是他们并没有设法阻止这种杀戮行径。相反，对苏战局伊始，中央集团军群就赋予杀戮部队极大的行动自由。[152]

至于冯·博克元帅，他避免对有计划地屠杀犹太人表明立场，当然也没有插手干预并阻止这种屠杀。只有一次，他提出抗议，那是 1941 年 11 月，他获知几列从德国开来的火车满载犹太人，奉命驶往他这个集团军群的后方地域，此举占用了运送前线急需的补给物资的火车，因而影响到军事行动。[153] 当然，博克对这些犹太人被运到这里的原因不抱幻想。德国历史学家约翰内斯·许尔特严厉评价这位元帅时写道：

> 高级将领对在他们的指挥地区进行的系统性种族灭绝做出的反应……充其量是自保、无助和顺从。陆军领导层的布劳希奇和哈尔德就是这样，他们仍不愿卷入这些政治和意识形态问题。而在军队指挥层，中央集团军群司令和他的参谋长同样如此……
>
> 从博克在这场战局期间的行为看，我们只能这样假设，面对击败苏联这个死敌的"世界历史重任"，这位军队高级指挥官认为，犹太人遭到日益过激的迫害，充其量是个公认的令人不快，但无法改变的边缘性问题。[154]

中央集团军群深深卷入党卫队特别行动队和警察部队种族灭绝行动的证据无可争辩，他们自己的保安支队和秘密战地警察从事屠杀的记录证明了这一点。不过，同样显而易见的是，集团军群只有一小批前线士兵自愿或出于其他原因参与了这些犯罪行径。首先，如上所述，B 特别行动队投入行动时只有区区 655 人，而各警察营 [155] 和陆军保安师的人手也很有限。另一方面，"巴巴罗萨"行动开始时，中央集团军群掌握的兵力超过 130 万，他们当中有机会接触屠杀部队的人寥寥无几，更不必说与他们合作了。一些当代观察人士使我们相信，在国防军服役并不能作为从事战争犯罪的初步证据。[156] 同样可证明他们无罪的事实是，大多数屠杀的发生地位于战斗前沿后方很远处，而绝大多数德国士兵正在前线全力以赴地从事他们合法的战斗活动。这些论点绝不意味着为中央集团军群或整个东线陆军将士犯下的真实罪行开脱。相反，它们有助于说明犯罪者的数量可能较少，至少在百分比方面是这样。东线德军将士的罪责程度问题，我会在下文中详细探讨（参见下文"德国国防军的战争犯罪有多严重？"小节）。

游击战的实施

德军最高统帅部在 1941 年 5 月起草的《军事司法权令》与游击战密切相关。这道命令规定，必须"无情地消灭"游击队员，如果无法确定一起罪行的犯罪者，就对平民采取集体措施。虽说这些措施基本上符合现有的战争法和惯例 [157]，但这道命令中止对国防军士兵针对平民所犯罪行（甚至是战争犯罪）的起诉权却不符合相关法律和惯例。正如博克 1941 年 6 月 4 日指出的那样，这道命令"使用的措辞几乎使每个士兵都有权从正面或背后射杀任何一个俄国人，只要他认为（或声称他认为）对方是个游击队员"。虽然博克认为这道命令"不可接受"，而且"与军队的纪律相违背" [158]，但他并没有采取措施加以阻止。为消除这道命令的影响，陆军总司令冯·布劳希奇元帅 1941 年 5 月 24 日下达了一道补充令，旨在维持部队的纪律。[159]

甚至在 1941 年 6 月 22 日前，德国军事规划者就已敏锐地意识到，分配给后方地区，用于绥靖和维护安全的兵力远远不够。正如本书一再强调的那样，用于"巴巴罗萨"行动一项关键军事目标的资源严重不足。例如，第 9 集团军只有 300 名士兵负责在前线后方约 1 万平方公里的地区执行巡逻任务。[160] 中央集团军群在这方面最主要的可用资源是三个保安师（第 221、第 286、第 403 师），1941 年秋季，这三个师主要负责控制集团军群后方约 15 万平方公里的地区。[161]

但每个保安师只编有 1 个步兵团（正规步兵师辖 3 个团），配备的火炮也较少[162]，而且主要由年纪较大的士兵和年长的军官（通常是重新服役者）组成[163]。面对严酷的任务，这些士兵体力不济，训练也不足。对苏战争发起仅仅 10 天（1941 年 7 月 1 日），陆军总参谋长哈尔德就在日记中写道：

后方地区的绥靖正引起强烈关注。由于敌人的分散，我方的战斗风格[164]已在后方地区造成广泛的不安全感。仅凭保安师并不足以管理这些庞大的地区。我们必须为此投入一些战斗师。[165]

德国人对资源严重短缺和应运而生的游击队威胁（部分受到红军散兵游勇的推动，大多数情况下这些红军士兵构成游击队的核心力量）做出的应对非常典型：他们会使用大规模预防性力量粉碎一切抵抗，也就是说，将恐怖作为一种威慑手段。历史学家蒂姆·C. 里希特写道：

确保后方地区安全时，重要的是（使用）威慑力量来平衡（需要掩护的）地区与可用力量之间的不利关系。希特勒宣称："当然，警察会把他们的手放在手枪上"，任何人胆敢"斜着眼睛看上一眼"就会被射杀。最高统帅部参谋长凯特尔向他的元首保证，所有"不守规矩的家伙都会被枪毙"。[166]

在这种背景下，凯特尔 1941 年 7 月 5 日与后备军司令弗里德里希·弗洛姆将军的沟通很有说服力：

虽然这次采取的措施确实很残酷，但这是因为元首认识到我军腹地存在严重危险，庞大占领区的纵深无可估量，那里还有巨大的林地，这种危险也是民众已完全受到布尔什维主义煽动的结果……仅以步兵的战斗方式遂行绥靖措施不仅代价高昂、耗费时间，还缺乏一种适当的威慑效果。[167]

斯大林 1941 年 7 月 3 日号召被占领地区的苏联人民在德军战线后方发动游击战，希特勒显然对此深表欢迎。正如这位元首两周后（7 月 16 日）指出的那样，这样一场战争提供了"消灭企图抵抗我们的一切敌人的机会"[168]。1941 年 7 月 23 日，希特勒把他的绥靖策略纳入第 33 号指令的补充令：

> 由于东部占领地区非常庞大，如果所有抵抗不是以司法判决处理，而是由占领军给当地民众灌输一种恐惧，以此作为打消他们一切反抗热情的唯一手段，那么，用于绥靖占领地区的兵力是足够的……指挥官不应当要求更多安保力量，而应采取恰当的严厉措施，必须找到办法保持他们负责的安全区域的秩序。[169]

尽管希特勒呼吁采取"严厉措施"，可是游击队在 1941 年并没有构成严重威胁（这种情况会在 1942 年春季发生改变）。[170]已故的杰出历史学家厄尔·F. 齐姆克认为："德国军队快速挺进造成的影响，以及苏维埃政权显而易见的绝望状况，很难点燃（哪怕是人为的）一种抵抗精神。已出现的那些游击队实力弱小，影响不大，通常陷入孤立无援的状况，而且总是处在瓦解的危险下。"[171]据苏联方面估计，1941 年 8 月在白俄罗斯茂密森林中活动的游击队员不超过 1.2 万。[172]另外，由于游击运动仍处于起步阶段，各支游击队"没有获得出色的领导，也缺乏协同……另外，通信设备仍很简陋，设在莫斯科的游击运动司令部尚未同德军战线后方的大量游击队建立定期无线电联络。最后，游击队的武器装备简陋而且不足"[173]。据一份资料称，1941 年在白俄罗斯活动的游击队，拥有 30750 枚手榴弹、10685 支步枪、133 挺机枪、389 支冲锋枪和 3 门火炮，这些武器勉强可以部分装备 1.5 个苏军步兵师。[174]

尽管如此，苏联游击队 1941 年夏季在中央集团军群战线后方的活动，"足以引起德军指挥部门关注，并给对方造成一些实际损失"。[175]1941 年 7 月 25 日，在斯摩棱斯克以西活动的一支游击队袭击了一群在河中洗澡的德国骑兵，击毙 20 ~ 25 名德国士兵。这支游击队在他们的记录中声称，到 1941 年 9 月底，他们共击毙大约 200 名德寇。[176]在明斯克以南，以及波洛茨克、维捷布斯克、奥尔沙、莫吉廖夫、戈梅利、斯摩棱斯克地区活动的小股游击队[177]，首次对德国列车、铁路线和铁路设施发动袭击——这些打击会在未来几年给德国军队制造严重问题。其他行动还有袭击德军指挥所、伏击个别士兵和小股部队、破坏电话线、突袭集体农庄、炸毁桥梁和补给物资堆栈、朝水井投毒、暗杀已知的投敌合作者，等等。据一份评估称，1941年6月22日到9月16日期间，苏联游击队虽然人数有限，但在中央集团军群后方地区实施了250次铁路爆破，还炸毁了447座桥梁。[178]

相比之下，由于真正的游击队员寥寥无几，德国人1941年夏季的反游击行动通常不过是"狩猎探险"，寻找并消灭假定的帝国之敌，当然，最主要的是犹太人。一个特别令人毛骨悚然的例子是，臭名昭著的党卫队骑兵旅在肃清普里皮亚季沼泽的行动中疯狂杀戮。该旅分配给中央集团军群后方地域指挥官马克斯·冯·申肯多夫，1941年7月27日投入行动，负责搜捕红军散兵游勇、游击队员和"劫掠分子"。希姆莱下达的一道特别命令称，最后那个术语可用于描述犹太人："大多数情况下，犹太人会被视为劫掠分子。这项规定的唯一例外是特别熟练的工人，例如面包师等，最重要的是医生。"[179]虽然这些专业人才得以幸免（至少是暂时的），但妇女和儿童被逐入沼泽地。完成这场行动后，党卫队骑兵旅1941年9月18日提交了最终报告："击毙14178名劫掠分子、1001名游击队员、699名红军士兵，俘虏830人。"[180]

20世纪60年代，党卫队第2骑兵团团长弗朗茨·马吉尔受到司法调查，该团与党卫队第1骑兵团一同编入党卫队骑兵旅。调查过程中，该团一些士兵受到讯问，结果表明他们在普里皮亚季沼泽的"清剿行动"不过是一场对犹太人的大屠杀：

第1、第4连投入平斯克。[181]这里的居民已通过公告获知，所有16岁到60岁的犹太人必须去火车站报到，然后会给他们安排工作。这些蒙在鼓里的受害者从这里被党卫队骑兵带到镇外的处决地点。他们被迫交出所有有价值的物品，脱掉外套（"在我的脑海中，仍清楚地记得堆积如山的鞋子"）[182]，面朝下趴在地上，直到轮到他们走向执行枪决的壕沟。14岁以下的孩子也被单独枪杀。这一系列事件完全符合秘密警察、保安处或其他杀戮小组实施大规模屠杀的惯用模式。在平斯克展开的第二场行动中，党卫队部队在当地民兵带领下搜查了犹太人的住处。一如既往，在这场搜捕中落网的犹太人被带到镇外处决。

第2、第3、第4连在平斯克地区各个较小的城镇和村庄展开，也做了类似的事……所有参与者心知肚明，他们根本没有同任何敌人战斗。这些包括妇女和儿童在内的"敌人"手无寸铁，对德国占领者毫无敌意。大多数情况下，这些犹太人甚至没有反抗，而是"从他们的家里被直接带走后惨遭处决"。他们最多是试图逃跑……但大体而言，受害者不失尊严地迎接死亡的到来。党卫队人员汇报，犹太人在群葬墓前等待时低声祈祷，然后"开始吟唱起来"。[183]

　　总的说来，只要在被占领土内部面临新的抵抗活动（真实的或感知的），德国人就会加强他们凶残的"威慑"政策。1941年9月16日，最高统帅部参谋长凯特尔元帅颁布了一项新的报复政策，前线后方只要有一名德国士兵遇害，就处决50～100名"布尔什维克分子"；新政策的威慑作用会通过残酷的执行方式得到加强。[184]中央集团军群后方地域指挥官报告，通过采用这种无情的手段，1941年7月1日到1942年5月30日，共击毙8万名"游击队员"，而截至1942年5月10日，德方的损失是1094人阵亡、1862人负伤、328人失踪。历史学家蒂莫西·穆里根断言："最重要的是，这些统计数字证明德国人以大规模报复粉碎游击队的措施遭遇了失败。"[185]

　　虽然估计值存有差异（这种差异通常很大），但到1941年年底，在东线活动的游击队员总数很可能超过3万人，而到1942年夏季，这个数字激增到15万。[186]据苏联方面的统计称，在白俄罗斯，游击队的力量1943年11月攀升到122600人，1944年3月达到18万人。苏联红军1944年夏季发起最终歼灭中央集团军群的攻势时，超过25万名游击队员在白俄罗斯积极展开行动。[187]无论具体数字是多少，游击队员的人数都呈指数增长，正如已故德国历史学家安德烈亚斯·希尔格鲁贝尔评论的那样，这种现象只能理解为对德意志帝国政治和军事精英发动的灭绝战的回应，对苏战局开始后没几周，苏联人就已彻底看清了对方的犯罪政策。[188]另外，一些更明智的德国军官很快意识到此类政策的灾难性影响，例如陆军总司令部作战处的格奥尔格·海诺·冯·明希豪森上尉，他在1941年8月初的日记中写道：

除此之外，还存在游击队实施破坏的危险，这对我们后方地域的交通构成威胁。倘若我们把这个国家的大部分地区搞得乱七八糟，真的迫使民众为此而反对我们，最重要的是导致他们挨饿，那么这些居民就会与游击队合作，问题会变得非常严重。例如，民众希望从集体农庄收回他们的土地……（可我们）无法做出明确的决定，尽管前线后方的事情由于丰收而变得相当紧迫。首先，看在上帝的分上，民众应该得到土地！[189]

更多的教会事务、枪杀事件和各种各样的事情！可反对布尔什维主义的斗争学说，以及摧毁一切并尽量消灭大部分俄国民众的决心（仇恨），高于一切实际考虑和对继续进行战争绝对必要的事情。[190]

游击队不仅没有被粉碎，而且在实施惩罚并采取野蛮行为（针对德国侵略者和苏联民众）方面发挥了重要作用。不幸落入游击队手中的德国士兵通常会被折磨致死，经常遭到恐怖的肢解。武装党卫队的荷兰志愿者昂德里克·C. 弗尔通称，被游击队俘虏的士兵经常被剜出双眼，割掉舌头和耳朵。"没人能在这些野蛮人手中幸存，后颈挨上一枪算是幸运的。"[191] 游击队破坏铁路，使德国人的医院列车脱轨，再以煤油烧死车上活着的人。[192] 苏联村民，无论是否涉嫌通敌，经常遭到游击队恐吓、劫掠和杀害，妇女们则被强奸。因此，村民对游击队的恐惧并不亚于对德国人的。[193]

在一部名为《二战中的德国士兵》的著作中，作者描述了这样一起事件，说明在实施游击/反游击战时，苏德双方几乎没有任何底线，行径野蛮而又邪恶：

据驻扎在莫吉廖夫地区的一名德国士兵回忆，他们听到传言，说附近一座国营农场藏有黄金。于是，一些德国士兵赶去该农场，在那里翻箱倒柜地搜寻金子。农场负责人恳求他们耐心等等，他可以在24小时内弄到黄金，要是摧毁这些房子，农民们就无处过冬了。黄昏时，德国人离开了，但下令次日必须交出金子，否则就会逮捕整个农场的居民。他们留下四名士兵组成的一个小队，由一个名叫费舍尔的士兵率领。次日，电台里没有传来费舍尔的消息，于是，一个支队乘坐几辆装甲车返回农场。他们发现谷仓已烧成废墟，只剩下一座房屋。屋内放着个沉重的皮箱,上面用白漆草草写着"黄金"(Gelb)。打开箱子后,德国人看见费舍尔和另外三名士兵的头颅放在里面。[194]

问题再次出现,中央集团军群的将士卷入战争犯罪(这里指的是1941年夏季的反游击行动期间)的程度有多深?回答依然是——程度轻微。到1941年9月底,中央集团军群为进军莫斯科的"台风"行动集结起大约70个师,只交给冯·申肯多夫将军(中央集团军群后方地域指挥官)6个兵团用于确保广阔腹地的安全,这些兵团是3个保安师(另外一个保安师正从南方集团军群调来)、党卫队骑兵旅,以及第339和第707步兵师。[195] 1940年12月组建的第339步兵师是个静态防御师,因而并不适合前线战斗。9月29日,该师驻扎在远离前线的鲍里索夫周围。[196] 第707步兵师属于第十五动员波次,1941年5月被启用,负责占领和警戒勤务;1941年8月,该师在白俄罗斯执行反游击任务。[197] 换句话说,该师不是中央集团军群的前线战斗师,受领的是战场后方的勤务。

这种区别非常重要,它强调了两个要点:第一,"虽然有人认为德国国防军在军事能力和对纳粹主义承担义务方面是个单一而又一致的实体,但第三帝国的武装部队并没有构成一个同质的整体"[198];第二,1941年的德国陆军很少投入国防军正规战斗部队从事安保任务或对付游击队,而受领此类任务的力量仅占东线陆军一小部分。1941年7月,整个东线只有6个正规师(以及少量保安部队)在战线后方活动。[199] 虽说这个数字并不少——德国历史学家恩斯特·克林克正确地指出:"事实证明,在德军战线后方使用游击队是一种有效战术,因为此举牵制了德军部队,而这些部队本来可用于前线或其他作战行动。"[200]——但必须记住,截至1941年7月中旬,德国人部署在东线的军力约为145个各种类型的师。[201]

大多数德军作战部队卷入1941年反游击战的程度甚低,第253步兵师的记录反映出了这一点。该师组建于1939年8月,是第四波次动员的师[202],"巴巴罗萨"行动发起时担任北方集团军群预备队。没过几周,该师转隶第9集团军,部署在中央集团军群最左翼。第253步兵师1941年12月初报告,自战局开始以来共击毙230名苏联游击队员。我们再次假设一个犯罪者与一名受害者之间的理论关系，而且暂不考虑这种杀戮合法与否的问题，那么，该师约有15400名士兵，参与屠杀苏联游击队员的人仅占1.5%。另外，这种性质的任务通常由战地宪兵（Feldgendarmerie）或追捕突击队（Jagdkommandos）执行。[203]

虽然正规军经常在1942—1944年的大规模反游击战中发挥重要作用，但为此投入的军力与部署在战斗最前线的力量相比，很大程度上可以忽略不计。实际上，由于战线长度惊人，人员、武器和物资长期短缺，红军的实力急剧增长，战争压力不断增加，德国人也无法为后方的清剿行动投入更多力量。

德国国防军的战争犯罪有多严重？

"国防军的战争犯罪有多严重？"（Wie verbrecherisch war die Wehrmacht?）这是慕尼黑当代史研究所的德国军事历史学家克里斯蒂安·哈特曼提出的问题。近年来，他就战争犯罪和国防军的问题撰写了大量深具说服力的文章。前文为中央集团军群在对苏战局初期阶段参与犯罪的研究提供了一个基础，使读者得以在哈特曼博士的帮助下，更广泛地了解这个复杂而又颇具争议的问题。自20世纪90年代以来，这个问题在德国历史学家当中引发了一场旷日持久，通常都很情绪化的争论，也重新引起了德国公众对他们的近代军事历史的兴趣。

首先需要重点强调的是不属于这场辩论的部分——德国国防军作为一个机构卷入了对红军和苏联人民的战争犯罪。几十年的研究（近年可以查阅苏联及其盟国的档案，这为相关研究提供了前所未有的便利）已表明，在最高层的指挥下，德国国防军的确深深卷入战争犯罪，也许除了最令人震惊的辩护者，没人会质疑这个历史事实。更难解决的是个人犯罪问题，1941年到1944年间奋战在东线的1000万德国军人中，有多少人参与了战争犯罪呢？就看你向谁提问了，答案可能是德国历史学家罗尔夫-迪特尔·米勒所说的不到5%，也可能是汉内斯·黑尔指出的60%～80%——黑尔是德国近期举办的一场展览的主要设计者之一，展览探讨了国防军在东线从事的战争犯罪。虽然这些看起来截然不同、实际上难以逾越的数字设定了辩论参数，可它们仅仅意味着"很多"和"很少"概念的隐喻。[204]

历史学家汉内斯·黑尔说的60%～80%这个惊人的数字需要进一步解释。1995年3月，"灭绝战：德国国防军1941—1944年的战争犯罪"巡回展览在汉堡揭幕。该展览由汉堡社会研究所主持，这是扬·菲利普·雷姆茨马博士创立并领导的一个私人机构。一个引人注目的历史反讽是，雷姆茨马继承了他父亲烟草公司的巨额财富，该公司在二战期间为德国国防军供应香烟。[205] 然而，黑尔过去是个共产主义者，他主要负责塑造展览的概念和内容[206]，他的根本目的很容易被理解为企图实现就连纽伦堡国际军事法庭都不敢做的事——把德国国防军定义为犯罪组织，并判定在国防军服役的 1700 万～1800 万士兵中的大多数人有罪。

这场颇具争议的展览由书面文件和 1400 多张照片组成，其中大多数照片是德国士兵拍摄的。到 1999 年秋季，它们已在德国和奥地利的 33 个城市展出，参观者超过 80 万人次。[207] 观众对展览的反应随着米夏埃尔·瑙曼的评论达到高潮，这位德国文化部部长 1999 年 2 月接受伦敦《星期日泰晤士报》采访时指出，德国国防军不过是个"行进中的屠宰场"（marschierendes Schlachthaus）。[208] 在此期间，波兰历史学家波格丹·穆夏尔和匈牙利历史学家克里斯蒂安·温格瓦雷等人一直忙着检查展品的真实性，这个过程中发现了一些令人不安的谬误。其中包括一些不正确的或误导性的文字说明，某些照片甚至根本没有文字说明，而是暗示国防军犯下的一起罪行。穆夏尔在 1999 年 10 月发表的一篇文章中概述了他对这场展览的研究结果：

这些照片中，有许多展现的是德国士兵站在一堆堆尸体前。整个展览中最具表现力和震撼力的可能就数这些照片。在这种背景下，这些照片无疑使观众认为，这些德国士兵站在他们刚刚枪杀的受害者的尸体前拍照，然后把这些照片作为纪念随身携带，就像某种战利品。

仔细检查这些照片就会发现，它们拍摄的是挖掘出来的尸体。如果相信主办方的说法，那么就是国防军士兵先枪杀这些人，接着把他们埋葬，然后再为拍摄可疑的照片把这些尸体挖掘出来。1939 年到 1945 年间的德国战争犯罪史中找不到任何关于此类矛盾行为的记录。

相比之下，仔细检查另一些照片可得出结论，照片中德国士兵（通常不携带武器）的举止和在场的百姓（包括妇女和儿童）清楚地表明，出现在这里的国防军成员是观察者，而不是展览主办方试图暗示的犯罪者。[209]

穆夏尔在这篇文章中断定，至少有9张展出的照片描绘的是苏联秘密警察（NKVD）犯下的罪行，事情（至少可以推断）不是德国士兵干的。他随后对这些照片逐一加以解析。他还指出了另外20多张看上去非常可疑的照片。穆夏尔得出结论：

"图像源索引"表明大部分图片文件来自后苏联时代的档案……但凭9张无可否认和20多张有可能存在错误的照片，能否推断整个展览及其基本陈述是可疑的呢？毕竟目录表明，包括护照规格的801幅照片在内，展览会共展出1433张照片。然而，展览的后果比最初建议的定量分析严重得多。

首先，展览中只有部分照片记录下了诸如枪杀、绞刑这些犯罪行为，甚至没有考虑当时法律领域的复杂问题。相反，约有半数照片表现的是与战争犯罪无关的行动，例如行军中的士兵或常见的战争行为，诸如炸毁建筑物等。

其次，上面提到的那些照片极具表现力，对整个展览以及展览目录至关重要。[210]

由于这种批评对展览的可信度发起了致命一击[211]，雷姆茨马于1999年11月突然取消了展览。与此同时，他召集了一个由著名历史学家组成的委员会（其中包括奥默·巴托夫、曼弗雷德·梅塞施密特、克里斯蒂安·施特赖特），对展览内容加以彻底审查。一年后的2000年11月15日，该委员会向公众公布了他们的调查结果。其中最主要的是：存在事实错误（Sachliche Fehler），以及使用相关材料时由于粗心大意造成了不准确和错误（Ungenauigkeiten und Fluechtigkeiten）；最重要的是，文字说明往往过于笼统，暗示意味过重。反过来说，委员会确定展览会对德国国防军和他们在苏联从事的灭绝战所做的基本陈述准确无误；无可争议的是，德国陆军深深卷入了广泛的犯罪行为（有时候甚至发挥主导作用），包括对犹太人的种族灭绝、对苏联战俘的清除，以及对平民百姓犯下的罪行。[212] 根据委员会提出的建议，展览彻底重新设计，2001年11月28日重新开放。据克里斯蒂安·哈特曼说，第二次展览"更好，更诚实"。[213] 可能会有人补充说，展出的照片也更少。[214]

公众之中存在着关于二战德国武装部队性质问题的持续争论，围绕国防军展览（Wehrmachtsausstellung）发生的争议，表明了这种争论的程度，以及其中通常充斥着的原始情感。它还揭示出意识形态的偏见和"政治正确性"如何推波助澜并令人遗憾地歪曲历史事实。因此我们有必要看看哈特曼博士深刻而又客观的分析。

哈特曼在近期出版的几部著作中[215]，批判性地研究了国防军在东方战争犯罪中发挥的作用。具体说来，他确定并详细分析了德国士兵参与的犯罪行为的四个主要类别：从事反游击战、系统性地屠杀犹太人和其他"不受欢迎者"、虐待苏联战俘、盘剥被占领的苏联领土。哈特曼在此过程中指出，"苏德战争不仅具有一种军事特质，还包括一种恐怖特质"[216]。哈特曼的一个主要观点是，虽然战争犯罪发生在整个被占领地区，但绝大多数出现在前线后方，而不是沿主战线（Hauptkampflinie）发生。然而，大部分德国士兵集中在主战线上。最初的进军穿过苏联西部后，这条主战线从芬兰的原始森林延伸到黑海，1942年10月达到最大长度，超过2000公里。[217] 虽说德军主战线随着交战的潮起潮落不断发生变化，但它具有两个相当稳定的特点：（a）其纵深很少超过20公里；（b）大多数情况下，它根本不是一条绵亘战线，而是由支撑点、战壕、掩体、防空洞构成的薄弱地带[218]。

由于长期缺乏兵力，东线德军把所有可用的人手都部署在这片狭窄的战斗区域，而覆盖后方地域的力量更为薄弱。哈特曼写道：

> 东线陆军发现自己从一开始就陷入困境，是从1941年6月，而不是从这种情况出现时。他们越来越多地失去主动权，只能做出绝望的应对。为了赢得胜利，德国人从一开始就企图对抗一切因素——对抗空间、对抗时间、对抗气候，最重要的是，对抗敌人的优势。这就是每个可用的士兵都被送到前线的原因！尽管如此，长期缺乏兵力很快成为这片德国势力范围中最脆弱地区的显著特点。[219]

美国陆军在第二次世界大战期间的"牙齿与尾巴"比例约为57:43，与之相比，德国陆军则为85:15，这表明德军更重视战斗力量，而不是他们的后勤部队①。[220] 例如，1943年10月，东线德军总兵力达到260万，其中约200万人部署在主战线。在他们身后最大纵深70公里的地带，部署有50万士兵，他们直接支援作战地区的部队。再往后就是国防军控制的最大领土地区，也就是各集团军群后方地域，那里只驻有10万兵力。[221]

由于大多数犯罪行为发生在这些兵力薄弱的后方地域，再加上驻地越靠后，一名士兵越有可能参与到此类行动中，哈特曼认为德国士兵部署密度与上述四类犯罪行为的发生频率是负相关关系：

尽管到目前为止对腹地的研究比对前线更透彻，但腹地发生犯罪行为的程度和严重性还是要大得多。这种情况给人的印象是，德军部署密度与犯罪行为频率之间存在一种反比关系。驻扎在腹地行动区域的德国士兵相对较少，但犯罪频率明显较高。在这里，参与犯罪的机会频频出现，远多于大多数士兵忙于战斗的前线狭窄地段。大多数人并没有参与犯罪，但的确有少数人卷入严重的战争犯罪。试图将此量化非常困难。但这种反比关系似乎非常明显，以至于罗尔夫-迪特尔·米勒的假设……好像比汉内斯·黑尔的说法更现实（也就是参与犯罪的东线德军将士不到5%，而黑尔对此的估计高达60%～80%）。也许我们不应该过度依赖几个干巴巴的数字……但有把握确定的一点是，东线德军中真正参与犯罪者的比例相对较小。[222]

可正如哈特曼指出的那样，即便参与战争犯罪者的比例相对较小，鉴于1941年到1944年间在东线参加战斗的德军将士多达数百万，犯罪者的绝对人数仍高达数十万：

假设5%的犯罪者比例准确无误，那么这就意味着部署在东线的大约1000万军人中，至少有50万人违反了法律和传统。这不是个小数字……另外，这些相对较少的犯罪者造成的影响很大。这也是这场战争、这支军队和纳粹政治体系的一个结构特点。即便如此，在整个东线陆军中，他们显然只是少数。[223]

---

① 译注：按照约米尼的说法，作战部队是牙齿，后勤单位是尾巴。

哈特曼还提出了另外两个需要我们注意的观点。首先，他认为虽然苏联、意大利和西方战区（1944 年）代表德国国防军的不同作战地域，但是这些战区都表现出某些相似之处，特别是在战争犯罪方面。哈特曼认为，在每个战区，"德军将士并没有大规模参与战争犯罪，实施这种犯罪的往往是少数特定的部队、指挥官或指挥部门，他们对迄今为止以德国的名义犯下的所有罪行负有最大责任"[224]。其次，在苏联，德军前线将士参与此类行径的机会受限于他们沿主战线的部署，也受限于他们巨大的伤亡：

> 东线德军明显集中在前线的死亡地区（Todeszone）——尽管并不足够——但这并非他们唯一的结构特点，另外还有极其高昂的损失。可以理解的是，这种损失尤以前线为甚。对每个士兵来说，这意味着两件事：首先，他的行为通常被他的军事任务彻底占据；其次，他的作战周期持续的时间往往较短，或至少频频中断。即便这些是许多战争的特点，苏德战争在这方面也是个极端的例子。这一点怎么强调都不为过。[225]

最后，我在此引用我对哈特曼最新著作（*Wehrmacht im Ostkrieg. Front und militaerisches Hinterland 1941/42*）的书评，哈特曼在书中详细研究了 5 个典型德军兵团（1 个精锐装甲师、2 个步兵师、1 个后方地域保安师、1 个后方地域指挥官部队）1941 年到 1942 年在东线的活动[226]，提供了迄今为止最完整的"典型"德国士兵在苏联作战的经历：

> 那么，对东线德军士兵，特别是与战争犯罪有关的人能说些什么呢？哈特曼并没有试图量化犯有此类罪行的士兵的人数，他承认这一点很难做到。他还避免了经常给关于国防军的辩论造成破坏的极端立场。哈特曼得出的结论是，他选作样本的五个师与整个东线陆军一样，从制度上说应当为一系列令人不安的战争犯罪负责。然而，士兵的罪责各不相同，取决于部队受领的任务、发挥的作用、驻扎的地域这些结构性因素。后一个因素（驻地）对前线后方广阔而又兵力稀疏的腹地上的大多数杀戮行径至关重要。
>
> 不过，作者指出，仅以这些因素解释"典型"德国士兵的行为是错误

的。更为重要的是他的政治和军事领导者的意图，他们从一开始就赋予东线将士在国际法范畴外采取行动的自由支配权。另一个事实是，两个极权国家在东线以一种近乎"宗教狂热"的激烈度展开厮杀，由此造成"对文明的破坏"，而德国和苏联认为，这种破坏似乎是一种"正常"情况。从整体上看，犯罪者的数量固然重要，但考虑到大多数德国军人都直接在前线服役，因而完全专注于他们合法的战斗职责，犯罪者仍然是少数。[227]

不讲军人情谊：苏联红军的犯罪

本章"东线战争的野蛮化"一节指出，用于研究战争犯罪（这里指的是苏联士兵实施的战争犯罪）的资料主要来自德国国防军战争罪行处的记录。这个机构成立于 1939 年 9 月，"并非纳粹德国的特殊发明"[228]；相反，它是普鲁士"违反战争法军事调查处"的直接继承者，后者在第一次世界大战期间作为帝国战争部的一个机构展开运作。这两个部门都负责记录敌军违反战争法的行为，并向德国外交部提交报告，外交部利用这些报告向对方提出抗议。两个部门的成员都是军事法官，"他们要么亲自询问证人（大多是武装部队成员），要么把相关证词移交给证人驻扎、入院或居住地区的军事或民事法庭。"[229]

阿尔弗雷德·M. 德·扎亚斯的著作首次对国防军战争罪行处的记录和活动（也是迄今为止唯一的一次）[230]做出系统性评估，它于 1979 年在西德首次出版（十年后在美国发行）。扎亚斯是哈佛法学院毕业生，还在哥廷根大学获得了历史学博士学位。扎亚斯在书中首先回答了第一个显而易见的问题：这些报告是"在极度寡廉鲜耻的体制中运作的"一个机构拟制的，真的可信吗？这些报告或照片会不会是宣传部长约瑟夫·戈培尔下令伪造的？文件中提到的证人和法官——他们的签名出现在报告里——这些人真的存在吗？换句话说，战争罪行处残存的数万份记录，可信度究竟如何？[231]扎亚斯对这个问题的回答非常明确：

笔者首先设法确定这些文件是否给人以真实调查的印象，这些文件是否阐明了每起案件的各个阶段，是否有矛盾之处，是否有迹象表明相关证据是伪造的，或有人出于宣传目的对文件内容加以歪曲。

下一步是确定文件中提到的人（法官、证人、受害者）是否确实存在，他们是不是真的卷入了所描述的案件中，他们是自愿作证还是被迫在准备好的陈述书上签名。笔者采访了300多名法官、证人和受害者，在每一起案件中，他们都证实了所签署文件的真实性……

最后的努力是查询德国的其他记录，以及与之相关的美国、英国、法国、瑞士档案资料，以便对战争罪行处的文件所处理的事件加以校验。在政治档案馆（德国外交部）……在伦敦的公共档案馆（外交部、陆军部、空军部、海军部），在华盛顿的国家档案馆（国务院、陆军部、盟国远征军最高统帅部、军法署署长），在伯尔尼的瑞士联邦档案馆（保护国文件），许多文件对完成这番校验贡献良多……

总而言之，文件的一致性、涉案人员的确认，以及与其他历史资料的比较，证明战争罪行处确实以一种值得信赖的方式运作，他们的调查是真实的，他们的文件是可靠的。虽然不能保证相关证词的每个细节都准确无误，虽然这些文件当然只包括德国人对相关事件的看法，但很明显，战争罪行处不是纳粹政权的宣传部门，而是军方调查机构，与许多国家武装部队法律部门的机构类似。[232]

扎亚斯在对该机构所做的评估中还指出，战争罪行处的负责人是个名叫约翰内斯·戈德舍的"老律师"，也是一位法官，他"对纳粹或他们的做法并不赞同"。实际上，尽管戈德舍身居要职，可他从来就不是纳粹党员，"这一点出乎人们对希特勒统治下的高级公务员的预料"[233]。

苏联对德国国防军士兵犯下了什么战争罪行呢？1941年11月，战争罪行处在柏林公布了第一份详细的调查结果。报告以令人震惊的控诉开始：

国防军战争罪行处在对苏战争头几个月所做的调查表明，苏军士兵对手无寸铁的德国军人犯下战争罪行，他们还攻击医疗部队、医生、医护人员，这是对国际法的违背，其程度甚至超过人们最大的恐惧和所有的想象力。通过他们的所作所为，苏联放弃了文明国家在《海牙公约》和《日内瓦公约》中约定的与战争法有关的所有义务，以及其他国际法的规定。从战争首日起，他们就以和在内部实施恐怖统治的方法相一致的残酷手段对付落入他们手中的，手无寸铁的德国国防军成员，以及德国的医疗部队人员。[234]

无视红十字会&攻击德国医务人员

少尉军医（Assistenzarzt）海因里希·哈佩 1910 年出生于鲁尔山谷，父亲是一位路德教牧师。哈佩是个知识渊博的人，曾在波恩大学、杜塞尔多夫大学、基尔大学学习过，并获得了医学、哲学博士学位和心理学学位证书。1939 年 7 月，他在杜伊斯堡医院当医生期间应征入伍，加入了国防军医疗队。[235]

在苏联前线，哈佩成为陆军中获得勋章最多的医生之一，先后被授予金质德意志十字奖章、铁十字勋章（二级和一级）、步兵突击奖章、战伤勋章。他还在近战中击毁 2 辆敌坦克，因此获得了独立击毁坦克臂章。作为一名医生，"他从来没有把任何一个伤员丢给俄国人，曾有一连 14 天没睡觉的纪录"[236]。在哈佩的私人文件中找到的一份第 6 步兵师官方记录，概述了他在 1941 年到 1942 年冬季战役期间，以及 1942 年夏季在勒热夫镇外的激烈战斗中取得的非凡战绩：1941 年 12 月在加里宁附近，哈佩一天内照料了 160 名伤员，通常冒着敌人猛烈的迫击炮火；1942 年 8 月的 20 多天里，他在最原始的条件下展开工作，不时遭到苏军炮兵、坦克或步兵射击，独自照料了 521 名伤员。哈佩有时候还在战斗中发挥积极作用，要么保护他的急救站，要么阻止或封闭敌人的突破。[237]

但这一切都发生在离 1941 年 6 月 22 日不太遥远的血腥未来，当日，哈佩和成千上万名德国军人一样，在希特勒对苏联发动的灭绝战中经受了战火洗礼。"对一名医生来说，这是一场奇特的战争，这场战争完全无视《日内瓦公约》的规定，前线军医在这场战争中经常手持手术刀，肩膀上挎着自动武器。"[238] 这就是哈佩的战争，在这场战争中，红十字旗帜或臂章，以及救护车上的红十字标志，根本无法为德国军医或他们的医务人员提供任何保护。由于哈佩的经历非常典型，我们在这一节首先详述这位军医在"巴巴罗萨"行动首日的经历和活动。[239]

清晨 3 点 45 分，炮火准备发起 40 分钟后，哈佩所在的营（第 18 步兵团第 3 营）奉命前进。经历了几个小时令人痛苦的紧张不安后，这道命令带来了一种解脱：

我们各就各位并向前而去……我骑在马上，紧紧抓住缰绳。隆普（哈佩的马）有些不安，我设法让它放松……可我不知道该如何让自己放松下来，我怕得要命，这种紧张会影响我这双手的精确度。我觉得落下了自己的医疗装备，可它就挂在马鞍上，一切顺利。我的马夫彼得曼在我身旁策马而行，携带着两件急救装备。救护车带着我的医疗小组（德霍恩、米勒、韦格纳和一名司机）行驶在后方几百码处。

哈佩和他的医疗组很快遇到了第一名负伤的士兵——胳膊上受了浅浅的弹伤。哈佩解开担架员在前线为这名伤兵扎上的橡胶止血带和急救绷带，为伤兵换上压迫绷带，再给他系好吊带。哈佩重新上马，朝队列前方策马而去，在那里遇到他的营长诺伊霍夫和营副官希利曼斯。诺伊霍夫尖锐地提出质疑，哈佩解释了自己为照料、疏散伤员采取的措施，这令他的营长感到满意。

没过多久，哈佩遇到营里第一位阵亡的军官，21 岁的施托克少尉，与当日阵亡的许多德国官兵一样，他成了一名红军狙击手的目标：

他的尸体倒在一片遭到践踏的玉米地里。克拉默第11连的两名士兵（与施托克属于同一个连队）在软土地上挖掘坟墓。四个俄国士兵在一旁看着，鲜血渗出他们新扎的绷带。我那名活泼、年轻的医护兵德霍恩从水壶里给他们倒了点水。但另外两个俄国人没得到医疗救治，尽管其中一人的腿上有个伤口。我的医护中士韦格纳端着冲锋枪看押这些俘虏，这支武器显然属于施托克。我的第三名医护兵是米勒二等兵，他迷惑地皱着眉头，紧盯着几名俘虏。

韦格纳朝我敬了个礼，并未放下手里的冲锋枪。"军医少尉先生，我们给这四个人提供了救治，可这两个家伙我们该怎么办呢？他们从这片黑麦地后面伏击了施托克少尉先生。我们的人朝他们丢了颗手榴弹。我们也给他们提供急救吗？"

我严厉地说道："韦格纳，我们不是法官。我们的工作是救助伤员，不管他是德国人还是俄国人。把枪放下。"

哈佩和他的医疗组现在越过边界上燃烧的海关小屋并进入立陶宛，身后蜿蜒的铁丝网颇具威胁性地穿过草地和玉米地。平民百姓走出藏身处，看上去"无助而又迷茫"，但哈佩没时间帮助他们或对他们提出建议。整个上午，他们（医疗组）在前进中看见德国空军一个中队接一个中队的轰炸机、战斗机和"斯图卡"俯冲轰炸机，排成完美的队形从空中掠过，朝远处的目标飞去。他们还目睹了老旧的苏军俯冲轰炸机发起的一场空袭——"他们从我们上空径直飞过，我们不是打击目标"——并好奇地看着第一批红军俘虏。

一座农舍里传出呼救声。哈佩带着德霍恩和韦格纳走进屋子，看见了几名平民和负伤的苏军士兵。他迅速为他们提供急救，随后继续前进。他沿着路边策马驰过玉米地，超过行军队列，再次追上营长诺伊霍夫。突然，前方50码外的一片玉米地里传来枪声。诺伊霍夫和哈佩赶紧下马，敌人的一串子弹从他们头顶上掠过。副官希利曼斯带着几个人冲入玉米地，用步枪和自动武器开火射击。高高的玉米地里随后爆发一场混战，"左轮手枪的击发声，挥舞的枪托的呼啸声和人们的尖叫声混成一片"。

营部直属连一名身材高大的步兵穿过玉米地走了回来。他攥着步枪枪管，耸了耸肩说道："结束了！"我注意到他的步枪枪托上沾满鲜血。诺伊霍夫和我朝玉米地大步走去。一名政委和四个俄国士兵倒在满是脚印的地上，他们的头颅已被砸入土中，这片土地刚刚挖掘过，泥土堆成个土堆，用以实施他们的自杀式伏击。那名政委的手里仍紧攥着连根拔起的玉米秸秆。我方伤亡几乎可以忽略不计：一名士兵的胳膊被刺刀捅伤，另一人小腿擦破点皮。使用了碘酒、纱布和几块胶布后，他们就做好了和我们一同前进的准备。诺伊霍夫、希利曼斯和我策马走在队列最前方。

诺伊霍夫以有些颤抖的声音说道："我真没想到，以五个人在近距离内攻击一个营，这纯属自杀。"我们很快就会知道，俄国人这种小股团体会构成最大的威胁。高高的玉米地为小股游击队提供了理想的隐蔽，苏军主力撤离后，他们留了下来。一般说来，这些游击队获得苏军政委的狂热领导，我们永远不知道何时会遭到他们的火力袭击。

随着太阳升起，温度越来越高。士兵们穿过尘埃向前行进，黄色的尘土覆盖了他们的军装、步枪、面孔、双手；人员和车辆"在满是灰尘的空气中呈现出幽灵般的轮廓"。中午时，他们在一片小树林里休息，看见 8 架苏军轰炸机组成的机群——它们"从东面朝我们飞来，在空中盘旋，以确定目标"——被一群 Bf-109 战斗机有条不紊地击落。但一架被击落的轰炸机坠落在一支炮兵队列中，造成严重伤亡。哈佩策马赶到现场提供急救，发现 15 名炮兵丧生，还有几人严重烧伤。[240] 他竭力提供了急救，并派一名传令兵去找救护车。

与自己的营失去联系后，哈佩和他的马夫彼得曼动身寻找部队。他们很快到达通往卡尔瓦里亚的道路，那是他们师的当前目标。源源不断的士兵、车辆和火炮沿这条道路向东前进，哈佩营里的辎重队也夹杂其间。穿过一大群朝后方走去的苏军战俘，哈佩遇到第 10 连连长——"体健如牛、和蔼可亲的"施托尔策：

> 他叫道："嗨，大夫！给您找点活干，看见那座农舍没？"他伸出巨大的手掌指向原野外半英里处，他胯下的马和我骑的马挤在一起，"那里有些伤员。"
>
> "您的部下？"
>
> "感谢上帝，不是！可他们需要一名医生，现在那儿只有一名担架员跟他们待在一起。"
>
> "施托尔策，谢谢您，我会过去看看的。"

施托尔策派几名士兵提供保护，哈佩动身赶往那座农舍。他与自己的医疗组和救护车失去联系已有几个小时，现在不得不派人去找另一辆救护车。救护车很快沿尘土飞扬的道路轰鸣着驶向那座农舍，司机不停地按喇叭，驱散行进中的步兵。到达农舍后，哈佩和彼得曼发现五名士兵躺在卧室的地上，其中两人已死，但尸体依然温暖。担架员是个"说话沉稳的中年人"，显然被自己的职责压得喘不过气来，他报告道："太可怕了。军医少尉先生，这是我有生以来第一次遇到这种绝望的情况。我知道点理论知识，可真正的伤势使你完全忘记了这些理论知识。"他以"哀求的神情"看着哈佩："我希望这两人的死不是因为我的过错，我试着……"

哈佩安慰了他几句，认为这两名阵亡的士兵不管怎样都会死去，担架员在照料另外三位伤员方面做得很好。哈佩首先把注意力转向腹部负伤的士兵。这名伤员"因疼痛而脸色苍白，额头上满是冷汗"，但穿过他腹部的伤口干净利落，哈佩保证他能活下去：

他那张备受疼痛折磨的脸上露出一抹淡淡的笑容，我用一条塑料绷带封住他伤口的入口和出口，再涂上一层敷料，又用剪刀剪去一些血迹斑斑的衣料。担架员帮着我把伤员的膝盖系在他的下巴处，以缓解腹部的压力。我给他注射了镇静剂和抗破伤风注射液，用毛毯裹好，把他抬入救护车，在那里填好伤员卡并挂在他颈间。

哈佩医生接着为另外两位重伤员提供救治，其中一名头部负伤者已失去意识（"我为他清理并包扎了伤口，然后把他抬入救护车，让他和那名腹部受伤者待在一起"），另一名伤员大腿中弹，但子弹没有切断他的主动脉（"否则根本无法挽救他这条腿"）。哈佩与后一名伤员交谈时，担架员打断了他："军医少尉先生，这里的农妇给您送来一大罐咖啡。"他感激地喝着咖啡，瞥了一眼手表，此时是下午3点15分。"我们同俄国的战争只进行了12个小时，可离我上次吃东西已过去18个小时，其间就喝了点水。我没胃口，就是口渴得厉害。"他这样回忆道。

突然，后面的屋子传来"玻璃破碎声"。那位年长的农妇说道："一整天都这样，那些俄国人就在那边的树林里。"按照哈佩的命令，施托尔策连里的一名士兵架起轻机枪瞄准树林。可在他开火前，"一颗子弹射穿了救护车车顶。"哈佩告诉司机，把车开到农舍后的隐蔽处。他随后给腿部负伤的士兵打了抗破伤风注射液，又用担架把他抬出屋子送上救护车。救护车加速驶离，引来树林里俄国人的一阵"弹雨"。哈佩写道："我只能站在那里，满怀怒火但无能为力地看着。明亮的午后阳光下，突出的红十字标志清晰可见。要是一颗子弹击中发动机并导致救护车抛锚，几乎可以肯定，腹部负伤的那名士兵必然会丧生。"幸运的是，"下定决心的"机枪火力从农舍前方倾泻进树林，暂时压制住了苏军狙击手的火力。

就在这时，担架员告诉哈佩医生，他发现六具尸体（其中一人是医生）躺在距离农舍大约 100 码的一片洼地里。哈佩和担架员在机枪火力的掩护下，穿过一条提供了一些隐蔽的沟渠，朝那片洼地冲去，出现在他们面前的是一幅可怕的场景：

六具尸体倒在洼地里。一名担架员仰面朝天，双臂张开，另外四名士兵靠在一起，就像他们倒下时那样。一位军医面朝下倒在地上，衣袖上佩戴着红十字袖章，身边的旗帜标有鲜红色十字标志，医疗包里的物品散落在四周。

仿佛怕被敌人听见似的，担架员低声说道："100 码外，看那里，那些金雀花灌木丛后，俄国人就趴在那儿。这位军医已经把这些伤员带入这片洼地，正给他们治疗时，俄国人开火了。我当时在农舍里看到这一幕，可我无能为力。军医站起身挥舞他的红十字旗，可俄国佬继续朝他开枪。他倒下了，他们不停地开火射击，直到洼地里没人动弹为止。这太可怕了……冷血的谋杀……"他的声音哽咽了，泪水从眼中滚落。

哈佩和担架员爬到那位军医身旁，轻轻翻过他的身子。军医的金发从他的额头向后滑去，哈佩惊恐地看着他那位密友弗里茨毫无生气的双眼：

我什么也说不出，也没意识到自己在做些什么，我把弗里茨的尸体扛在肩头，吃力地离开这片洼地。树林和木屋此时一片沉寂。担架员跟随在我身后。

我把弗里茨的尸体放在农舍后的果园里，两名机枪手和彼得曼来到我们身边。我解开他的军装和衬衫。两件衣服都被弗里茨的鲜血染红，也被近距离击中他的子弹撕破。我掰断他的身份牌，掏空他口袋里的军饷簿、照片、火柴和烟盒。我用他的手帕把这些物品包裹起来交给彼得曼。走回农舍时，我告诉他："我们会把这些东西寄回国。"

厨房的角落处堆放着阵亡、负伤士兵的武器。为朋友的丧生深感悲痛的哈佩抓起一支装满子弹的冲锋枪，又往口袋里塞了两个弹匣，军装上衣兜也放了两枚轻型手榴弹。他随后拎起一支步枪递给彼得曼，那名担架员也捡起一支步枪挎在肩上。就在这时，哈佩发现施托尔策连里的一名士兵一直看着他：

> 一丝愉悦的笑意浮现在他的嘴角，我注意到他盯着我的红十字袖章。"您是对的，"我回答了他没说出口的问题，把袖章从衣袖上摘下来，叠好后放入口袋，"它不能跟枪支同时出现。不管怎样，这对俄国人来说毫无意义。这里没有什么《日内瓦公约》。我告诉您……我现在跟你们一样，是一名战士。"

没过多久，哈佩获知团里的三名担架员在靠近边界的一座混凝土掩体旁边运送伤员时"被残忍地射杀"。他后来说："我对敌人更加心硬了。"他在1941年6月22日的日记中写道："团里（第18步兵团）的六名军医，一人阵亡（头部中弹），一人负伤。另外，四名担架员被敌人射杀……我有许多工作要做，经常冒着密集的机枪火力为负伤的同志包扎。"[241]

从一开始，整个东线就发生了许多红军部队无视红十字标志，肆意攻击该标志保护下的德国军医、医护兵、其他医务人员和德国伤兵的事件。1941年6月28日，苏军士兵在明斯克地区伏击第127救护车排（车辆上标有清晰的红十字标志），杀害了大部分伤员和随行的医务人员。[242] 1941年6月下旬，明斯克北面，苏军散兵游勇多次伏击第7装甲师把伤员运送到后方的车队。[243]据库尔特·库默尔中尉的日记称，1941年7月14日，第18装甲师设在多布伦的野战医院遭到苏军士兵袭击，人员和物资损失严重。三天后的7月17日，苏军飞机对德军一个主急救站反复实施低空攻击。[244] 格奥尔格·克罗伊特尔少尉7月17日的日记中称，第18装甲师第2医护连遭苏军伏击，全连尽没，许多德国伤员被杀。[245]

一些德国东线老兵在写给我的信中也谈到苏联人杀害、虐待德国医务人员的事件，其中包括强奸（有时候是肢解）红十字会女护士。[246] 北方集团军群第8装甲师的士兵汉斯·席尔克回忆道："对苏战争伊始，虽然我们的医护兵佩戴着标有红十字徽记的白色袖章，很容易识别，可他们试图救治伤员时立即遭到敌人射杀。"[247] 虽说这些个人经历无法核实，但国防军战争罪行处收集了红军袭击德军野战医院、急救站、战地救护车、医生、其他医务人员和德国伤员的不容置疑的证据，涉及数十起这样的事件。[248]

这些袭击事件发生在德国入侵苏联的最初几小时内，因此无法将此解释为红军对德国国防军通常都很无情的行为的回应。[249] 弗朗茨·W.塞德勒指出：

> 第二次世界大战中，交战各方都违反了1929年关于改善战地武装部队伤者病者境遇的《日内瓦公约》。红十字标志被滥用、被忽视。特别是落入红军手中的德国伤员，遭到敌人肆意摆布。红军士兵不受任何国际法约束……如何对待负伤的敌人，这个问题由红军士兵的个人道德决定。个别情况下，有宗教信仰的红军士兵可能会把无助的敌军伤员看作基督教的弟兄，但大多数士兵听从了党的宣传口号，把所有德国人视为流氓。
>
> 战争爆发后，苏联指挥部门没有理会红十字标志。一群群德国伤员和前进主急救站都插有清晰可辨的红十字旗帜，结果却吸引了相当密集的炮火，直到这些旗帜最终被抛弃，因为它们无法提供任何保护。佩戴红十字袖章、手无寸铁的德国战地医务人员被俘后会和伤员一同被杀害，因此他们获得了一支P-38手枪以保护伤员。德国人不得不禁止医务人员佩戴红十字袖章，因为它为苏军狙击手提供了一个清晰可辨的目标。[250]

塞德勒教授正确地指出，苏联战时宣传的残暴性几乎令人无法想象（其中包括许多德国人所犯暴行的虚构故事），为鼓励红军士兵实施各种战争犯罪起到了不可或缺的作用。[251] 另外，一代苏联人受到阶级仇恨的影响，对西方人，特别是德国人，存在一种深深的憎恶之情。[252]

红军对德国医务人员和伤兵的法外杀戮在整个战争期间从未间断。1944年6月底发生了一起可能最吓人的事件，就在"巴格拉季昂"战役发起几天后。苏军这场庞大的攻势最终粉碎了德国中央集团军群，在大约三周内歼灭该集团军群37个师中的28个，共计35万人。[253] 1944年6月27日，红军冲击别列津纳河畔的博布鲁伊斯克"要塞"。被围德军企图突围，在城内各所医院留下5000多名重伤员。这些无助的伤员惨遭屠杀——不是被游击队袭击，而是死于红军正规部队之手。据东线老兵、历史学家罗尔夫·欣策说，只有两人在这场大屠杀中幸免于难。[254] 尽管这些犯罪事实骇人听闻，但基本上被西方军事历史学家忽略。

德国战俘

根据本书作者掌握的资料，1941 年到 1956 年间，约 320 万德军将士被囚禁在苏联战俘营，估计有 110 万人（35.2%）丧生。[255] 德国战俘的死亡率多年来持续下降，1941—1942 年为 90% ~ 95%，1943 年为 60% ~ 70%，1944 年为 30% ~ 40%，1945 年后为 20% ~ 25%。[256] 当然，虽然具体数量不明，但肯定相当多的德国战俘（很可能达到数十万）[257] 刚一被俘就被处决，或在前往战俘营的长途跋涉期间死于饥饿、疾病、伤势或其他原因。扎亚斯指出，最终进入战俘营的德军官兵包括 1941—1942 年的 17.5 万人（战争最初几个月只有 2.6 万人）、1943 年的 22 万人、1944 年的 56 万人、1945 年的 220 万人。[258]

因为苏联人确实带走了俘虏，所以“无法说清苏联在对待德国战俘方面的统一做法”[259]。个别情况下，我们知道红军部队（到师一级）的确曾下令处决俘虏。另外，枪毙某些俘虏（他们属于特定部队或是战斗机飞行员）的命令也得到了证实。也就是说，处决德国战俘不是苏联政府或军队的官方政策。此外，虽然营养不良在前线恶劣的环境下有时无法避免（特别是 1941—1942 年红军仓促后撤期间），但没有迹象表明红军有组织地刻意为战俘提供不足的口粮。[260]

一份关键文件能反映苏联对待战俘的政策，那就是苏联人民委员会 1941 年 7 月 1 日颁布的关于战俘工作的法令。这道法令“完全符合海牙公约的规定条款”[261]，禁止虐待战俘，禁止使用暴力或威胁手段获取信息，禁止劫掠私人财物（军装、军靴、勋章和奖章、个人物品等）。但在实践中，这道法令通常没什么作用：

苏联军方记录、截获的无线电报、无数苏军俘虏的证词，都表明苏军政委和士兵在很大程度上没有理会这道命令。另外，某些缴获的文件表明，苏联上级部门也知道这道法令没有得到遵守。例如，我们发现许多命令禁止在俘虏送往后方接受讯问前处决他们。1941 年 9 月，德国第 2 集团军就在占领地区缴获了两份这样的文件。[262]

两个因素导致 1941 年 7 月 1 日的法令普遍没能得到遵守。首先，苏联的宣传破坏了红军士兵对人道主义原则的接受，降低了他们面对德国对手时保持克制的可能性。[263] 其次，斯大林在战争头几周和头几个月内发表的各种讲话，使红军指战员对自己应当如何行事产生困惑。早在 1941 年 7 月 3 日，斯大林就在首次讲话中为遭受德国侵略的国家定下基调。他说，敌人"残酷无情"，苏联人民应当在"这场斗争中无所畏惧"，并以"忘我的"战斗打击"法西斯奴役者"，"粉碎"他们；在被占领地区则要组织游击队，使敌人"每前进一步都遭受打击和破坏"。[264] 虽然斯大林的言论很难说是一道杀害战俘的命令，但是大批红军士兵认为二者没什么区别。

斯大林后来似乎更进一步，在 1941 年 11 月 6 日纪念十月革命 24 周年时发表讲话，说自己"并不阻止杀害德国战俘的做法"。他坚称："从现在起，我们的任务就是……消灭作为侵略者进入苏联的所有德国人，直到最后一个敌人。""响起热烈的掌声"后，他继续说道："对德国占领者必须毫不留情！必须消灭德国占领者！"当然，这些言论获得了更多"热烈掌声"的欢迎。[265]

受到反德宣传的影响，再加上斯大林本人所发声明的鼓励，许多红军政委、指战员踊跃接受了杀害德国战俘的做法。德军侦察巡逻队"遭到特别严重的打击，紧随其后的士兵发现了许多残缺不全的尸体"[266]。肢解德国士兵的报告"在法国、比利时、北非极为罕见，可 1941 年 6 月 22 日入侵苏联后，这种报告几乎每天都有。为此，德国陆军 1941 年 8 月 27 日下达命令，向东线派遣更多法医专家，检查布尔什维克分子造成的伤势和伤害是否违反了战争法的规定"[267]。

战争结束后，希特勒的空军副官尼古劳斯·冯·贝洛指出，南方集团军群 1941 年 8 月发来的急电首次谈到红军的暴行。这些内容显然"令人无比震惊"，就连希特勒一时间也难以置信。因此，他派冯·贝洛前往驻扎在尼古拉耶夫的第 16 装甲师弄清情况：

> 我（贝洛）在那里同胡贝将军和我的好朋友乌多·冯·阿尔文斯莱本进行交谈。他们说在格里戈沃车站发现了（第 79 步兵团第 6 连）100 多名被杀害士兵的尸体。在另一处，德国战俘被活生生地大卸八块。我军士兵对此的

回应是以牙还牙。我返回"狼穴"后向希特勒汇报了这些情况，他沉思了一会，最后说道，总参谋部应该知道这些，这样他们就会对正与我们战斗的敌人产生一种不同的看法。[268]

整个对苏战争期间，被俘德国士兵遭到折磨、肢解、处决的报告从来没有停止出现过。扎亚斯评论道："德国对苏联的侵略遭遇到激烈、残酷的抵抗。"但不能将红军的行为简单解释为"对德国暴行的报复"（虽然后者无疑是许多残忍行为的诱因），因为"类似事件发生在整个东部战区，而且是在战争爆发后立即出现的"[269]。据约阿希姆·霍夫曼说："杀害被俘的德国士兵和伤员……突然开始于1941年6月22日战争首日，而且是沿整条战线发生。"另外，这种杀戮开始时，红军士兵还没受到宣传人员的鼓动，对德国入侵者产生刻骨的仇恨。[270]

国防军战争罪行处的记录中，关于红军士兵"激烈、残忍行为"的案例比比皆是，从1941年6月22日起，苏联人杀害德军战俘的报告潮水般涌来，其中数十份报告涉及苏联在战争第一周犯下的罪行。作为对战争罪行处相关记录的简要介绍，这里提供该处的几个初步调查结果：

·1941年6月底，在维尔纳①西北方的克尔纳拉瓦，14名德国反坦克猎兵被俄国人停虏后捆绑起来，在他们毫无防备的情况下，俄国人用铁锹猛击他们头部，用刺刀捅他们，或以其他可怕的方式把他们悉数杀害。[271]

·1941年6月27日或28日，布格河畔索卡尔镇以北8～10公里的斯克莫罗奇要塞附近，在战斗中负伤的5名德国军官、士官和二等兵，被苏军士兵以可怕的方式肢解。泽恩根少校的左眼被剜出，下颌被利刃切割，切面从左耳延伸到右耳，上颌骨与下颌骨分离。佩尔策上士的右眼被剜出，左眼严重受伤，左耳被向上削掉一半，刀口呈半圆形，他的右肱骨也被打碎……二等兵施勒格尔斯的左眼被剜出，韦格纳上士失去的是右眼……

① 译注：即当时的立陶宛首府维尔纽斯。

医学专家的报告称，所有案例都出现眼窝严重出血的情况，这个事实证明，这种肢解是在他们死前实施的。[272]

·1941年6月28日，别洛斯托克东北面，至少18名德国伤兵被苏军士兵杀害，俄国人使用的方式是枪击头部、用枪托敲击，或用他们自己的刺刀捅杀。[273]

·1941年6月30日，克列万—布罗尼基公路上，敌人以绝对优势兵力冲击罗夫涅镇，第35步兵团许多士兵被俄国人俘虏……对方命令这些俘虏卸下装备，脱掉靴子、军装、衬衫，有些人还被迫脱掉袜子……俄国人撤离后，赶到现场的克勒宁少尉汇报了他的发现："为识别阵亡同志的身份，我查看了第2营的所有死者。我确定以下特定暴行和肢解行为，并就其真实性起誓：约6名士兵只剩一条胳膊和一条腿，他们的整个头颅或半个头颅被锐器砍掉……12～14名士兵的生殖器被割掉。"[274]

·1941年6月30日，罗扎纳—斯洛尼姆公路上，一支通信分遣队的士兵受到俄国人欺骗后落入敌人手中，对方穿着德军摩托车手制服，戴着德制钢盔。之后没多久，该通信分遣队的14名士兵遭到可怕的肢解：他们的胳膊被砍掉，喉咙被割断，脸被砸碎。[275]

·沃伊克少尉、施蓬霍尔茨二级下士和二等兵塔梅医生1941年9月10日的宣誓词揭露了前所未闻的暴行。他们描述了8月中旬24名德国士兵在杰姆茨奇恰附近一片甜菜地里遭俄国士兵残忍肢解的惨剧。在两起案件中，俄国人活生生地割掉了受害者的生殖器。而在其他案件中，他们剖开手无寸铁的伤员的肚子，剜出他们的眼睛；其他人则被割断喉咙，还有一名伤员的头被砍掉了。

二等兵塔梅医生是阵亡人员安葬队的成员。他不得不守护着两具尸体，直到安葬队赶来收容他们。他作证说，其中一名死者的模样特别令他难以释怀。这位死者的双臂弯曲着绕在头后，双眼被剜出，嘴巴大张着，惨叫声似乎已凝固，腹部有一条长长的垂直的刀口，生殖器也被割掉。胳膊的位置和大张的嘴巴表明这位士兵显然在活着、还有意识时遭到折磨和肢解。[276]

当然，以上几个案例仅仅是国防军战争罪行处整理的数千起此类事件中的一小部分。被俘的德国士兵（通常是伤员）惨遭杀害的许多其他例子也可在已出版的著作，德国东线老兵的书信、日记、回忆录中找到。据第39装甲军军长鲁道夫·施密特将军的传记作者克劳斯–R.沃歇称，1941年7月18日在鲁德尼亚附近，第35步兵师第35侦察营至少有10名伤员遭到俄国人的劫掠和杀害。而在季斯纳争夺西德维纳河对岸登陆场的战斗中，第14摩步师100多名士兵被俘后惨遭屠杀。[277] 第47装甲军军长莱梅尔森将军1941年7月20日的日记中说军属通信营18名被俘士兵遭到"兽性"屠杀——大多在颈部挨了一枪："这是一场屠杀。我方士兵对此怒不可遏。尽管如此，我们还是得体地对待我方抓获的俘虏——这是一种具有骑士风度的战斗方式，可俄国人根本不懂这些。"[278]1941年7月底，在大卢基以南，第26步兵师第77步兵团一个步兵排在与具有压倒性优势的敌军发生近战后全军覆没，获胜的红军士兵肢解了阵亡德国士兵的尸体，剜出他们的眼睛，割掉他们的鼻子和生殖器，剖开他们的肚子。[279]

虽然这种可怕的故事可以没完没了地说下去，但关键问题是，数千名，甚至数万名德国士兵遭遇了上述可怕下场。这就解释了在苏联境内战斗的德国士兵非常害怕被俘的原因，这一点也被他们的一份份记述所证实。比沦为红军士兵的俘虏更糟糕的是落入苏联游击队之手。原第106步兵师的炮兵瓦尔特·福尔默在2006年写给本书作者的信中指出："游击队员就是嗜杀的野兽，甚至不是人类。我们对他们毫不留情。"[280] 但是，正是这种对被俘的恐惧，使德军1941年至1942年冬季在莫斯科方向的后撤没有以中央集团军群的崩溃和瓦解而告终。不管怎样，苏联人对被俘德国士兵犯下的可怕罪行，意味着东线这场全面战争的一个本质特征，这个事实经常被拒绝承认这样一点的人忽视：虽然这些（德国）士兵通常是犯罪者，但他们往往也是受害者。

使用禁用弹药

虽然德国人在"巴巴罗萨"行动发起前颇感担忧，对苏战局头几日也发生了一系列误报，但没有证据表明德国军队遭到红军化学或生物武器攻击，而德国人同样没有使用这种致命但非法的武器。不过，苏联人确实频繁使用所谓的达姆弹和爆炸弹，这两种子弹都是国际法禁止的。1941年11月，应德国南方集团军群第6集团军军事法庭要求，柏林军事医学院的法医学研究所审查了第93步兵团第2营维尔纳·费特少尉的案例，以确定他的伤口是不是非法的爆炸弹造成的。研究所的最终报告由所长潘宁博士（军医少校）撰写，结论是，伤口的确"极有可能"是这种子弹造成的。这份报告还包含以下段落：

种类繁多的达姆弹属于非法的步兵用弹药，其原理通常是尖端被甲破裂后，铅芯由于惯性作用涌出。达姆弹的作用是导致人体组织严重断裂，即便射中简单的软组织也是如此，因为它会朝贯穿伤的出口处移动。这一点可以用铅芯离开弹头前部开口，发生破裂并产生类似爆炸的效果加以解释。

另外，在东线，高爆步兵射弹也必须加以考虑，据可靠调查结果称，俄国人把这种子弹用于军事用途，甚至用于对付人体目标。这种子弹的弹头和火帽涂成红色，经常发现俄国人的前线部队把这种弹药用于军事用途。军事医学院已通过收集废弹掌握大量证据，这些弹头都是在手术期间从伤员身上取出的。

这种射弹在最前端三分之一处填有爆炸物，铅芯在后方。二者之间是个带有金属撞针的点火器，弹头前端被目标的阻力挡住时，撞针向前移动，击发爆炸物……它们用于战争，并以人体为目标，违反了1868年12月11日的《圣彼得堡宣言》——该宣言禁止使用轻于250克的爆炸性弹丸，以及1899年7月29日的《海牙公约》条款，这份公约禁止使用在人体内易于膨胀或变形的投射物。[281]

德国人从入侵行动一开始就汇报，红军士兵使用达姆弹和爆炸弹。第26步兵师的京特·巴尔克霍夫在他未发表的战争回忆录中，回顾了1941年6月22日对苏军一座掩体发起冲击的经历：

就我个人而言，第一次遭到敌人射击是一种奇怪的感觉。我听见子弹的呼啸声和它们撞击地面发出的"噗噗"声。一发子弹射穿了我的地图盒，在侧面留下一道弹痕，并在顶部制造了一个弹孔。此时的战斗很激烈，我后来才注意到这一点。这个地图盒我一直保留到现在（1996年9月）。

俄国人的步枪和机枪都使用了爆炸弹，这种子弹命中后发生爆炸，会撕开一个可怕的伤口。他们的野战阵地相当强大，我们无法把它攻克，因为我们没有重武器和反坦克炮。

我们首次小规模冲击的目标"仅仅是"敌人的一处野战阵地，却造成了严重后果。我们的排长是只当了六周少尉的马利纳，他在战斗中阵亡。连长科克尔科恩中尉的大腿被子弹射穿。列兵弗雷迪·诺伊曼和莱昂哈德钢盔中弹，爆炸弹的小碎片嵌入他们的头皮。三天后他们才返回连队。[282]

第6步兵师的两位老兵也在写给我的信中描述了苏军使用爆炸弹的情况：

海因里希·施托克霍夫，第6步兵师：

您问及爆炸弹。这种射弹很危险，会造成严重的伤口。1941年10月28日，我们所在的第37步兵团第9连进攻上亚尔维茨奇，士兵赫尔曼·克莱因的大腿被一发爆炸弹命中后身负致命伤……在格里季诺的阵地上，弗朗茨·林坎普下士于1942年6月13日阵亡，一发爆炸弹撕掉了他的头颅顶部。在我看来，爆炸弹是不允许使用的。德国方面对此没有采取相应的对抗措施……1941年圣诞，俄国人在斯列斯涅沃和布孔托沃的战斗中也使用了爆炸弹，我们的排长S（……）少尉阵亡。1942年8月5日对戈尔伊卡谢基的突击同样如此，在这场战斗中，第37步兵团第9连损失63名同志——8人阵亡，8人失踪，47人负伤。[283]

H.Stu（……）第6步兵师：

这些爆炸弹是俄国人用冲锋枪射出的。它们发生撞击后会爆炸，总是撕开个很大、很危险的伤口……我们1941年至1942年的冬季阵地设在格里季诺村，经常遭到这种弹药的射击。俄国人只是朝格里季诺村随意开火，并没有特定的目标。这就像一场小型火炮轰击……格里季诺村昼间一直笼罩在火焰下。

1941年12月21日，我首次遇上这种爆炸弹。当时是清晨6点左右，敌人的火力袭来。我和战友卡尔·埃伯特躲在反坦克炮护盾后。这是一场可怕的火力袭击。子弹在护盾前炸开。我们发射了一发高爆弹，但火炮的自动炮闩机构随后就罢工了，由于突然发热，它已被冻得结结实实。此时的气温是零下30摄氏度，就连我们的机枪也被冻住了。我们想尽办法打开炮闩，可全然无效。全凭康拉德下士的一支冲锋枪和另外五支步枪，我们才得以暂时击退俄国人。但我们很快耗尽了弹药，不得不撤入村内。我们损失了反坦克炮。

我们随后发起一场反冲击，格鲁佩中尉和几名同志在战斗中阵亡。在这场反冲击中，这些爆炸弹大发淫威。我亲眼看见一位同志的半张脸被一发爆炸弹撕掉，他的眼睛、半张嘴和鼻子都没了。常规子弹可能只会造成擦伤。[284]

虽说老兵的记述无法得到证实（德国士兵把步枪或机枪火力造成的重伤归因于对方使用非法射弹，这种情况并不罕见），但国防军战争罪行处记录过苏军使用此类弹药的案件，德国部队也多次缴获过达姆弹和爆炸弹：

· 1941年6月底，某德国师一名师部人员在索波茨基涅附近的苏军阵地上发现了一个子弹袋，里面装满这种子弹。

· 在杜布诺火车站的一个俄国工棚里发现30发俄制子弹，弹头顶端已被锉掉几毫米。盛放这些子弹的箱子旁放着另一个箱子，里面约有150发子弹，显然打算以同样的方式改造。两个箱子放在工作台上，靠得很近。两个箱子之间是一部台钳，旁边摆放着各种工具，大多是锉刀。毫无疑问，俄国人把这些子弹夹在台钳上锉磨，以制造达姆弹的效果。

· 军士长奥勒施宣誓作证，称他在阵亡的俄国士兵身上发现些子弹，弹头顶部刚刚被锉掉1～1.5毫米。他还在现场看到些炮弹，这些炮弹根本没有弹尖。连长瓦尔特·许贝纳中尉的宣誓证词证明了前者的说法。他补充说，阵亡德国士兵的弹伤不可能是常规步机枪弹造成的。弹伤入口有一枚5马克硬币那么大，有些甚至更大。

· 1941年7月中旬在斯拉武塔警察局的附属建筑里发现一些捷克制造的子弹，这些子弹的顶部被锉平，被改造成了达姆弹。

· 俄国人使用具有爆炸效果的射弹对付德国士兵的案例也很多。某步兵师1941年7月13日报告，一架苏军飞机对德军行军队列实施低空扫射，使用了所谓的B弹，这种子弹的前端填有炸药，发射后具有爆炸效果。子弹撞击时，里面的炸药被点燃，射入人体后发生爆炸，造成一个破坏性伤口……某集团军司令部也汇报了这种弹药的情况，它给罗马尼亚士兵造成了非常严重的伤害。[285]

国防军战争罪行处总结其调查结果时指出："在所有这些案例中，爆炸弹并没有用于对付空中目标或坦克，或类似的移动及固定地面目标，而是以违反国际法的方式射向行军或战斗中的德国士兵。"[286] 战争罪行处的调查结果并没有表明德国政府是否就红军使用达姆弹和爆炸弹问题向苏联政府提出过正式抗议。

注释

1. 引自J. Piekalkiewicz, *Die Schlacht um Moskau*, 14。

2. *Feldpost*, W. Heinemann, 13.7.41.

3. 引自J. Shay, *Achilles in Vietnam*, 83。

4. 引自G. Knopp, *Die Wehrmacht. Eine Bilanz*, 109。

5. BA-MA RW 2/v. 145, *Wehrmacht-Untersuchungsstelle*, "*Kriegsverbrechen der russischen Wehrmacht 1941.*"

6. R. Hinze, *Das Ostfront-Drama 1944*, 17.

7. E-Mail, C. Nehring to C. Luther, 7 Aug 11.

8. Ltr, F. Belke to C. Luther, 30 Jul 05.

9. K. W. Andres, "*Panzersoldaten im Russlandfeldzug 1941 bis 1945. Tagebuchaufzeichnungen und Erlebnisberichte,*" 17.

10. 这句话出自一名德国将领之口，引自B. H. Liddell Hart, *History of the Second World War*, 162。

11. H. Martin, *Weit war der Weg*, 20.

12. *Feldpost*, W. Heinemann, 13.7.41, 26.8.41.

13. 丹尼斯·E. 肖沃尔特所写的脚注，参阅H. F. Richardson (ed.), *Your Loyal and Loving Son. The Letters of Tank Gunner Karl Fuchs, 1937–41*, 121–22。

14. H. C. Verton, *In the Fire of the Eastern Front*, 79–80.

15. Ibid., 80.

16. G. Blumentritt, *Moscow*, in: *The Fatal Decisions*, W. Richardson & S. Freidin (eds.), 37.

17. H. Haape, *Moscow Tram Stop*, 183.

18. *Feldpostbrief*, H. S., 9.10.41.

19. G. Blumentritt, *Moscow*, in: *The Fatal Decisions*, W. Richardson & S. Freidin (eds.), 37.

20. 1941年在东线担任军医的天主教神父贝尔纳德·黑林回忆：“当时在俄国，城外的屋子里根本没有厕所。即便在最严酷的冬天，人们内急时也不得不到屋外解决。结果，漫长的冬季结束后，屋子周围有大量清理工作需要完成，这的确是一项繁重的工作。”B. Haering, *Embattled Witness*, 37.

21. S. Knappe, Soldat, 216–17; H. Haape, *Moscow Tram Stop*, 183.

22. H. Boucsein, *Halten oder Sterben*, 26.

23. Lt. Joachim H. (18 967), Collection BfZ.

24. Ltr, O. Will to C. Luther, 16 Jan 06.

25. *Tagebuch*, Oblt. K., 引自K. W. Andres, "*Panzersoldaten im Russlandfeldzug 1941 bis 1945. Tagebuchaufzeichnungen und Erlebnisberichte,*" 7–9。

26. *Tagebuch*, Major S., 引自K. W. Andres, "*Panzersoldaten im Russlandfeldzug 1941 bis 1945. Tagebuchaufzeichnungen und Erlebnisberichte,*" 10。

27. Ltr, H. Haape to fiancée, 2.9.41.

28. 这是关于苏联1939年人口的“最广为接受的数字”。如果加上《苏德互不侵犯条约》的“战利品”

（也就是1939年9月占领的乌克兰西部和白俄罗斯西部，1940年正式吞并的波罗的海诸国和罗马尼亚部分地区），苏联1941年6月控制的总人口很可能超过1.9亿。C. Bellamy, *Absolute War*, 8.

29. C. Hartmann, "*Verbrecherischer Krieg – verbrecherische Wehrmacht?,*" in: *Vierteljahrshefte fuer Zeitgeschichte*, Sonderdruck, Heft 1/2004, 49–50. 在俄罗斯苏维埃联邦社会主义共和国，这个数字仅为6.5人/平方公里。而1933年的德意志帝国，人口密度达到131人/每平方公里。Ibid., 50, f.n. 290.

30. P. Tauber (Hg.), *Laeusejagd und Rohrkrepierer. Willi Loewer, an den Fronten des Zweiten Weltkrieges*, 40.

31. C. Hartmann, "*Verbrecherischer Krieg – verbrecherische Wehrmacht?,*" in: *Vierteljahrshefte fuer Zeitgeschichte*, Sonderdruck, Heft 1/2004, 50.

32. Ltr, O. Baese to C. Luther, 28 Feb 06.

33. Ltr, H. Stockhoff to C. Luther, 4 Apr 05.

34. Ltr, A. Gassmann to C. Luther, 7 Apr 06.

35. C. Merridale, *Ivan's War*, 143.

36. W. Wessler, "*Meine Erlebnisse mit der russischen Bevoelkerung in Rshew*" (unpublished manuscript).

37. K. W. Andres, "*Panzersoldaten im Russlandfeldzug 1941 bis 1945. Tagebuchaufzeichnungen und Erlebnisberichte,*" 6.

38. Ibid., 5–6.

39. C. Rass, "*Verbrecherische Kriegfuehrung an der Front,*" in: *Verbrechen der Wehrmacht*, C. Hartmann, et al. (Hg.), 84.

40. Ibid., 85.

41. C. Hartmann, *Unternehmen Barbarossa*, 76. 最后，在东部被占领地区，德国民政和军事当局通过残酷剥削，满足了东线陆军大约80%的粮食需求。Ibid., 77.

42. S. Hart, et al., *The German Soldier*, 44. 仅1941年11月，第18装甲师就从当地居民手中征用了40吨肉类。

43. "巴巴罗萨"行动开始时，第253步兵师担任北方集团军群预备队。到1941年8月，该师已转隶中央集团军群辖内第9集团军。参见http://www.lexikon-derwehrmacht.de。

44. 到1941年7月1日，陆军相关补给站已无法为第253步兵师的马匹提供燕麦。次日，用于烘焙面包的面粉库存耗尽。C. Rass, "*Menschenmaterial:*" *Deutsche Soldaten an der Ostfront*, 343, f.n. 51.

45. Ibid., 343–44.

46. K. Reinhardt, *Moscow – The Turning Point*, 103–04.

47. Ibid., 124, f.n. 187. 1941年11月，陆军总司令部颁发了一道密令，部分内容如下："在与布尔什维主义的斗争中，我们关心的是德国人民的生存或毁灭……苏联政府运走或销毁了所有物资。如果俄国人民……挨饿，他们的政府必须单独为此负责……德国士兵受到诱惑，与俄国人分享自己的食物。但他们必须告诉自己：我慷慨送给被占领土上的俄国百姓的每一克面包或其他食物，实际上克扣的是德国人民乃至自己家人的食物……倘若布尔什维克分子得以执行他们进攻德国人民的计划……他们会以布尔什维克的方式无情地实施，甚至针对我们的妇女和儿童……因此，德国士兵面对饥饿的妇女和儿童时必须保持坚定。如果他们拒绝这样做，就是在危害我国人民的营养。"

48. 参见1907年的《海牙公约》，第47和第52条，引自C. Hartmann, "*Verbrecherischer Krieg - verbrecherische Wehrmacht?*," in: *Vierteljahrshefte fuer Zeitgeschichte*, Sonderdruck, Heft 1/2004, 36, f.n.188。

49. Ibid., 36.

50. C. Hartmann, *Unternehmen Barbarossa*, 78.

51. Ibid., 78.

52. Hartmann, "*Verbrecherischer Krieg - verbrecherische Wehrmacht?*," in: *Vierteljahrshefte fuer Zeitgeschichte*, Sonderdruck, Heft 1/2004, 50-51.

53. Ltr, W. Dicke to C. Luther, 14 Apr 04.

54. 德国军事法庭在东线起诉军人罪行的一个例子，可参阅克里斯托夫·拉斯对第253步兵师的研究。拉斯指出，被该师军事法庭判刑的士兵人数1941年下半年稳步增加。在此期间，被控对平民犯有抢劫财产罪和强奸罪的人也有所增加（前者尤为明显），拉斯把这个事实归咎于上级人员不断指示越来越激进的士兵无情地从事战争，已远远超出传统范畴。C. Rass, "*Menschenmaterial:*" *Deutsche Soldaten an der Ostfront*, 283-84, 345-46.

55. 截至1944年，各战区的国防军军事法庭已裁定5349人对妇女实施性犯罪，相应的判决包括有期徒刑、调到惩戒营和死刑。虽然东线对这些犯罪的处理可能存在一些不足之处（因为德国的意识形态把大部分苏联人列为劣等人种），但这些罪行通常会受到积极裁决并判以重刑。某些情况下，涉案人仅凭来自遇袭受害人的证据就会被定罪。不过，鉴于二战期间德国军事法庭受理了约150万起案件，起诉犯有性侵犯罪的士兵显然不是当务之急。当然还有另一种解释（虽然这种解释肯定会公然冒犯德国当代反国防军人士的歇斯底里）：这类犯罪在德国士兵中并不多见。但显而易见的一点是，和德国国防军士兵相关的性侵犯事件从来没有达到我们所见过的可怕程度，例如侵略中国的日本军队，或1944—1945年在德国土地上的红军（仅在柏林，估计有10多万名妇女遭到苏军士兵强奸）所做的勾当。另外，没有证据表明德国军事领导人曾在东线或二战其他战线接受或企图采用强奸妇女的手段，以此作为一种系统性的恐怖武器。J. Huerter, "*Keine Straffreiheit. Sexualverbrechen von Wehrmachtsangehoerigen 1939 bis 1945*," in: *Frankfurter Allgemeine Zeitung*, 13 Sep 05.

56. BA-MA N 19/9, *Nachlass von Weichs. Erinnerungen, Ost-Feldzug bis Fruehjahr 1942*. 1941年夏季，魏克斯指挥德国第2集团军。

57. K. Gerbet (ed.), *GFM Fedor von Bock, The War Diary*, 272-73.

58. K.-J. Thies, *Der Ostfeldzug - Ein Lageatlas*, "Lage am 3.8.1941 abds., Heeresgruppe Mitte."

59. K. Gerbet (ed.), *GFM Fedor von Bock, The War Diary*, 271.

60. H. von Luck, *Panzer Commander*, 72-73.

61. N. Ferguson, "*The Next War of the World*"，参见网址http://www.foreignaffairs.org (From Foreign Affairs, Sep/Oct 06.)。

62. Ibid.

63. R. Overmans, *Deutsche militaerische Verluste im Zweiten Weltkrieg*, 265, 277. 奥弗曼斯认为德国军队在东线丧生的人数略低于400万，根据他的计算，这个数字还包括死于苏联战俘营的数十万人。但奥弗曼斯所说的战俘死亡人数，与其他可靠资料提供的数字相比显得较低，后者估计死在苏联战俘营的德国士兵人数为110万。110万死亡战俘加上奥弗曼斯所说的350万阵亡官兵（包括从奥得河到柏林的最后之战），就可以得出有460万人在东线丧生的大致结论。关于死在苏联战俘营的德国士兵人数，可参阅F. W. Seidler (Hg.), *Verbrechen an der Wehrmacht*, 44; A. M. de Zayas, *The Wehrmacht War Crimes Bureau*, 305, f.n. 11; R. Traub, "*Versklavt und vernichtet*," in: *Der Zweite Weltkrieg*, S. Burgdorff & K. Wiegrefe (Hg.), 169。

64. Col.-Gen. G. F. Krivosheev (ed.), *Soviet Casualties and Combat Losses*, 4; C. Bellamy, *Absolute War*, 7–12, 15. 2700万这个数字出自贝拉米的说法。苏联军队的870万不可归队减员中不包括战争期间被"注销"（即被俘），但后来又回来的近300万红军士兵。把这个数字加入总数，苏联战争期间的"军事行动"造成的不可归队减员就接近1150万人。

65. 400多万德国军人死在东线，这个数字包括死在苏联战俘营的人。虽然后者中的一部分死于1945年后的囚禁岁月，但他们的死亡当然要归因于战争。

66. C. Luther, book review of C. Hartmann's *Wehrmacht im Ostkrieg. Front und militaerisches Hinterland 1941/42*, in: *The Journal of Military History*, Vol. 74, No. #1, Jan 10, 285. 对"清白的"国防军神话的历史性分析，可参阅K. Naumann, "*The 'Unblemished' Wehrmacht. The Social History of a Myth*," in: *War of Extermination. The German Military in World War II*, H. Heer & K. Naumann (eds.), 417–29。

67. 关于德国军队参与希特勒对苏联所发动的灭绝战争的史学研究概述和详细的参考书目，可参阅R.-D. Mueller & G. R. Ueberschaer, *Hitler's War in the East. A Critical Assessment*，特别是第207—280页。

68. F. W. Seidler (Hg.), *Verbrechen an der Wehrmacht*, 25.

69. C. Bellamy, *Absolute War*, 20.

70. Ibid., 20.

71. Ibid., 20.

72. C. Bellamy, *Absolute War*, 20–22; J. Keegan, *The Second World War*, 186.

73. *GSWW*, Vol. IV, 908.

74. S. Pressfield, *The Afghan Campaign*, 70–71.

75. K. Latzel, D*eutsche Soldaten – nationalsozialistischer Krieg?*, 48; C. Bellamy, *Absolute War*, 25; *GSWW*, Vol. IV, 514.

76. *GSWW*, Vol. IV, 514–15.

77. 关于臭名昭著的《政治委员令》的起源和执行详情，可参阅M. Broszat, et al., *Anatomie des SS-Staates*, Bd. 2, 143–55.

78. C. Bellamy, *Absolute War*, 25.

79. 由最高统帅部的法律部门起草，1941年5月13日颁发的《军事司法权令》（*Gerichtsbarkeitserlass*）"撤销军事法庭对东方战区敌方平民犯下的罪行的管辖权，要求'残酷地消灭'游击队员，并下达命令，不再需要起诉对平民犯下罪行的国防军士兵"。B. Wegner，"*The Road to Defeat: The German Campaigns in Russia 1941–43,*" in: *The Journal of Strategic Studies*, Vol. 13, No. 1, Mar 90, 108. 这道指令实际上剥夺了苏联公民的所有法律保护，而且起到"预防性赦免德国士兵针对苏联公民（无论是否身穿军装）所犯罪行"的作用。J. Foerster，"*Wehrmacht, Krieg und Holocaust,*" in: *Die Wehrmacht. Mythos und Realitaet*, R.–D. Mueller & H.–E. Volkmann (Hg.), 953.

80. Stefan Storz，"*Perfide Rechnung,*" in: *Der Zweite Weltkrieg*, S. Burgdorff & K. Wiegrefe (Hg.), 314.

81. H. Heer，"*How Amorality Became Normality. Reflections on the Mentality of German Soldiers on the Eastern Front,*" in: *War of Extermination. The German Military in World War II*, H. Heer & K. Naumann (eds.), 329, 333–34.

82. C. D. Winchester, *Hitler's War on Russia*, 55.

83. R. J. Kershaw, *War Without Garlands*, 141.

84. O. Bartov, *The Eastern Front, 1941–45, German Troops and the Barbarisation of Warfare*, 116.

85. BA-MA RH 27–18/24, 25.6.41，引自O. Bartov, *The Eastern Front, 1941–45, German Troops and the Barbarisation of Warfare*, 116–17。

86. BA-MA RH 27–18/175, 30.6.41， 引自O. Bartov, *The Eastern Front, 1941–45, German Troops and the Barbarisation of Warfare*, 117。

87. O. Bartov, *The Eastern Front, 1941–45, German Troops and the Barbarisation of Warfare*, 116.

88. S. Knappe, *Soldat*, 219–20.

89. Ibid., 220–21.

90. Ibid., 210–11.

91. R. J. Kershaw, *War Without Garlands*, 140. 第18装甲师下达命令：负伤的苏军俘虏"在任何情况下"都不应该获得与德国伤兵同样的照料和运送；相反，他们应以马拉大车运送。

92. C. Streit，"*Soviet Prisoners of War in the Hands of the Wehrmacht,*" in: *War of Extermination. The German Military in World War II*, H. Heer & K. Naumann (eds.), 83.

93. 引自*The War 1939–1945*, D. Flower & J. Reeves (eds.), 213–14。

94. C. Streit，"*Soviet Prisoners of War in the Hands of the Wehrmacht,*" in: *War of Extermination. The German Military in World War II*, H. Heer & K. Naumann (eds.), 82.

95. Ibid., 82.

96. Ibid., 82.

97. *Feldpostbrief*，"*Hans-Otto,*" 20.11.41 (Courtesy of Konrad Distler).

98. BA-MA N 813, *Tagebuch Muenchhausen*, ca. 15.8.41.

99. Ibid., ca. Sep 41.

100. G. R. Ueberschaer & W. Wette (Hg.)，"*Unternehmen Barbarossa.*" *Der deutsche Ueberfall auf die Sowjetunion 1941*, 21.

101. K. Gerbet (ed.), *GFM Fedor von Bock, The War Diary*, 290.

102. K. Reinhardt, *Moscow – The Turning Point*, 264.

103. Ibid., 264.

104. 参见C. Streit, *Keine Kameraden. Die Wehrmacht und die sowjetischen Kriegsgefangenen 1941-1945*, Stuttgart, 1978 (3rd revised edition, Bonn, 1991)。

105. 德国人1941年间俘虏的苏军士兵人数仍存在些疑问。陆军总司令部的官方数字是，截至1941年12月20日共俘虏3350639名苏军官兵[*Anlage 5 zu OKH/GenStdH/GenQu/Abt. I (Qu 2/Ⅲ), Nr. I /6562/41g.K. vom 25.12.1941*, 引自P. E. Schramm (Hg.), *Kriegstagebuch des OKW*, Bd. I , 1106.] 已故德国历史学家约阿希姆·霍夫曼提出的数字相当高，据他说，截至1941年12月31日，约380万苏联男女士兵落入德国人手中（*GSWW*, Vol. Ⅳ, 849.）。中央集团军群声称战争头六个月俘获1912376名苏军俘虏（*Heeresgruppe Mitte H 3/158 Gefangene und Beutemeldung, 4.1.1942*, 引自A. Seaton, *The Russo-German War 1941-45*, 208, f.n. 53）。20世纪90年代，俄罗斯一个国家委员会虽然承认缺乏准确数据，但认为1941年被俘的红军士兵约为200万，整个战争期间超过400万。对俄国人在战争期间被俘总数的估计不尽相同，从410万到570万不等。无论使用哪个数字，相关资料似乎一致认为55%～60%的苏联战俘死于囚禁期间，如果使用较高的被俘人员总数（570万），那么，约330万人死在战俘营里。E. Mawdsley, *Thunder in the East*, 103.另可参阅C. Streit, "*Soviet Prisoners of War in the Hands of the Wehrmacht,*" in: War of Extermination. The German Military in World War II , H. Heer & K. Naumann (eds.), 80-81， 施特赖特接受的是570万名被俘红军官兵这个数字。

106. 施特赖特明确反对这种观点："对苏战局的整体策划意味着大批俘虏是可以预料的，为俘虏提供食物也不是一项完全无法实现的任务。战俘大量死亡的根本原因不是俘虏的数量，而是这场战争在东方寻求的目标。国防军指挥部门积极参与了这些目标的制订，并且设计了实现这些目标的方法。"（C. Streit, "*Soviet Prisoners of War in the Hands of the Wehrmacht,*" in: War of Extermination. The German Military in World War II , H. Heer & K. Naumann (ed), 81）相反，修正主义历史学家海因茨·马根海姆认为，饿死战俘并不是德国的官方政策。德军1941年10月发起"台风"行动，攻往莫斯科期间65万名苏军战俘不得不遭受饥饿，对此，他正确地指出，战斗发生地已被（德国人和俄国人）劫掠一空，德国人正遭受严重的粮食短缺，根本无法为战俘提供足够的营养。H. Magenheimer, *Moskau 1941*, 153-54.

107. C. Bellamy, *Absolute War*, 23.

108. L. Yahil, *The Holocaust*, 250-51.

109. Korueck 等同于 Kommandant des rueckwaertigen Armeegebietes，即集团军后方地域指挥部（官）。每支集团军的后方地域部队都有个数字番号；这个术语适用于该部队及其指挥部。第582集团军后方地域指挥部负责的地域最广可达2.7万平方公里。T. J. Schulte, "*Korueck 582,*" in: War of Extermination. The German Military in World War II , H. Heer & K. Naumann (eds.), 316, 325, f.n. 1.

110. Ibid., 318.

111. Ibid., 318.

112. Ibid., 318.

113. Ibid., 318-19.

114. Ibid., 319.

115. 哈佩从战争伊始就为苏军伤兵提供急救和其他医疗服务。参见H. Haape, *Moscow Tram Stop*, 17–19。

116. B. Haering, *Embattled Witness*, 49–50.

117. 根据《海牙公约》和《日内瓦公约》，政委被确认为战俘，与军医、兽医、行政人员、军法官等具有同样的身份，他们和战斗士兵一同在军队里服役。德国军方认为，红军在1939—1940年的苏芬战争期间故意无视关于战俘待遇的《日内瓦公约》，《政治委员令》的酝酿受此影响很大。实际上，芬兰人1939年11月30日要求苏联遵守这些协议，但苏联政府对此未加理会。F. W. Seidler (Hg.), *Verbrechen an der Wehrmacht*, 18.

118. 引自F. W. Seidler (Hg.), *Verbrechen an der Wehrmacht*, 19。

119. G. Knopp, *Die Wehrmacht. Eine Bilanz*, 11.

120. W. Murray & A. R. Millett, *A War to Be Won*, 140. 历史学家克劳斯—于尔根·米勒写道："无法准确判定，究竟有多少政治委员和其他'政治上可疑的'战俘被俘后立即，或在战俘中转营（DULAG）遭到德国正规军战斗部队或其他部队处决……有充分的理由认定，（犯罪）指令的执行情况存在很大不同，但相关资料表明，绝大多数军方部队通常会'正确地'执行这道指令，至少在对苏战局头六个月期间是这样。"K.-J. Mueller, "The Brutalization of Warfare, Nazi Crimes and the Wehrmacht," in: *Barbarossa. The Axis and the Allies*, J. Erickson & D. Dilks (eds.), 230–31.

121. M. Stein, *Generalfeldmarschall Walter Model*, 252–53.

122. W. Murray & A. R. Millett, *A War to Be Won*, 140–41.

123. R. A. Hart, *Guderian*, 71. 无论博克最终是否沿他的指挥链传达了《政治委员令》，几乎可以肯定，中央集团军群所有高级战地指挥官（师级和师级以上）在对苏战争开始前都已获悉这道命令。

124. K.-J. Mueller, "The Brutalization of Warfare, Nazi Crimes and the Wehrmacht," in: *Barbarossa. The Axis and the Allies*, J. Erickson & D. Dilks (eds.), 231. 冯·阿尼姆的立场颇具讽刺意味，因为他的军长莱梅尔森将军强烈支持《政治委员令》。

125. K.-R. Woche, *Zwischen Pflicht und Gewissen*, 127.

126. K.-J. Mueller, "The Brutalization of Warfare, Nazi Crimes and the Wehrmacht," in: *Barbarossa. The Axis and the Allies*, J. Erickson & D. Dilks (eds.), 231.

127. K.-R. Woche, *Zwischen Pflicht und Gewissen*, 127–28; M Stein, *Generalfeldmarschall Walter Model*, 253.

128. G. Roberts, *Stalin's Wars*, 85.

129. F. W. Seidler, *Verbrechen an der Wehrmacht*, 20.

130. 东线陆军发起对苏战局时大约有310万名官兵，包括第一梯队力量和预备队。到1942年1月底，东线军队获得约50万名补充兵（包括归队的伤病员）。1942年2月到4月，数十万额外的补充兵（包括2月份的12.4万人和3月份的13.8万人）运到东线，另外还有调自德国和其他战区的新锐部队。*DRZW*, Bd. 4, *Der Angriff auf die Sowjetunion*, 650; B. Mueller-Hillebrand, Das Heer, Bd. Ⅲ, *Anlage 26*, "Ab- und Zugaenge an Personal im Winter 1941/42 an der Ostfront," 206.

131. BA-MA RH 27-3/167，引自M. Stein, *Generalfeldmarschall Walter Model*, 253。

132. Ibid., 253–54.

133. BA-MA RH 19 IV/226，引自M. Stein, *Generalfeldmarschall Walter Model*, 254。莫德尔1941年10月26日晋升为第41装甲军军长，1942年1月16日出任第9集团军司令。H. Grossmann, *Rshew. Eckpfeiler der Ostfront*, 130.

134. J. Loeffler, *Walther von Brauchitsch*, 234; L. Yahil, *The Holocaust*, 249.

135. M. Broszat, et al., *Anatomie des SS-Staates*, Bd. 2, 145.

136. 除了领导保安警察，海德里希还担任帝国中央保安总局局长（Reichssicherheitshauptamt）。该局包括保安处、盖世太保和刑事警察（Kripo），这就意味着海德里希完全控制着德国的秘密警察机器。1941年7月，海德里希接到戈林的命令，要求他找出"解决犹太人问题的整体方案"。I.C.B. Dear (ed.), *The Oxford Companion to World War II*, 415.

137. L. Yahil, *The Holocaust*, 249.

138. M. Broszat, et al., *Anatomie des SS-Staates*, Bd. 2, 297.

139. J. Huerter, *Hitlers Heerfuehrer*, 549. 据马塞尔·斯坦称，每个特别行动队编有660人。M. Stein, *Generalfeldmarschall Walter Model*, 237.

140. M. Stein, *Generalfeldmarschall Walter Model*, 241，参见网址 http://www.jewishvirtuallibrary.org。A. J. Muñoz & O. V. Romanko, *Hitler's White Russians*, 91.

141. G. Roberts, *Stalin's Wars*, 67.

142. L. Yahil, *The Holocaust*, 255-56; M. Broszat, et al., *Anatomie des SS-Staates*, Bd. 2, 162.

143. R. A. Hart, *Guderian*, 72.

144. R. A. Hart, *Guderian*, 72; M. Stein, *Generalfeldmarschall Walter Model*, 242.

145. D. Pohl, "*Brutale Praxis*," in: *Der 2. Weltkrieg*, S. Burgdorff & K. Wiegrefe (Hg.), 139-40; H. Heer, "*Killing Fields. The Wehrmacht and the Holocaust in Belorussia, 1941-42*," in: *War of Extermination*, H. Heer & K. Naumann (eds.), 57-58.

146. J. Huerter, *Hitlers Heerfuehrer*, 561.

147. 秘密战地警察隶属各集团军、装甲集群和前线后方的保安师，"根据保安处与陆军在对苏战局发起前达成的协议，秘密战地警察部队的任务仅仅是反间谍，但这个有限的任务很快扩大到消灭一切被视为对纳粹国家构成威胁的人"。A. J. Muñoz & O. V. Romanko, *Hitler's White Russians*, 98, 159-160.

148. M. Stein, *Generalfeldmarschall Walter Model*, 242. 陆军总司令部作战处的态势图表明，第286保安师在明斯克周围及东面行动到1941年7月11日。K.-J. Thies, *Der Ostfeldzug – Ein Lageatlas*, "Lage am 11.7.1941 abds., Heeresgruppe Mitte."

149. G. F. Nafziger, *German Order of Battle – Infantry*, 503.

150. H. Heer, "*Killing Fields. The Wehrmacht and the Holocaust in Belorussia, 1941-42*," in: *War of Extermination*, H. Heer & K. Naumann (eds.), 61.

151. M. Stein, *Generalfeldmarschall Walter Model*, 249.

152. J. Huerter, *Hitlers Heerfuehrer*, 553. 1941年10月发生在鲍里索夫的另一场大屠杀首次在中央集团军群司令部内造成普遍的恐慌，党卫队和白俄罗斯民兵在这起事件中屠杀了大约7000名犹太人。这场屠杀同样发生在集团军群司令部附近，实际上给博克司令部里一些年轻军官（冯·特雷斯科、冯·施拉布伦多夫、冯·格斯多夫等人）的集体良知造成强烈冲击，不可逆转地把他们推向反对希特勒的德国抵抗组织。Ibid., 563.

153. Ibid., 564–65.

154. Ibid., 564–65.

155. 1941年在中央集团军群后方地区活动的警察营包括：第32、第131、第307、第309、第316、第317、第322警察营，第11预备警察营和"中央"警察团（辖3个营）。总之，对苏战局头六个月在集团军群战线后方活动的警察营似乎不超过12个。参阅J. Huerter, *Hitlers Heerfuehrer*, 550–51; A. J. Muñoz & O.V. Romanko, *Hitler's White Russians*, 107–08, 123, 154, 158.

156. 例如，汉内斯·黑尔是一位深具影响力的德国历史学家，近年来一直致力于把整个德国国防军作为一个机构加以起诉，同时还包括在国防军服役的大约1700万军人中的绝大多数。黑尔在关于陆军支持白俄罗斯大屠杀的文章（首次发表于1995年）中所做的评论，体现出了他简单概括的倾向，比如"但两人都证实，屠杀犹太人时，可以指望德国国防军"，以及"除了士兵都没觉得屠杀有什么不好的事实外，如前所述，他们还喜欢把事情掌握在自己手中……"。参见H. Heer, "*Killing Fields. The Wehrmacht and the Holocaust in Belorussia, 1941–42,*" in: *War of Extermination*, H. Heer & K. Naumann (eds.), 55, 65.

157. 克里斯蒂安·哈特曼认为："德国占领者与苏联游击队的斗争是犯罪吗？从原则上说不是。根据国际法，一支占领军为实施自卫而打击非正规武装力量是合法的，在军事上同样合法。但在这种情况下，德国人的做法看上去很不一样。"（C. Hartmann, *Unternehmen Barbarossa*, 69.）还应当指出，根据1907年的《海牙公约》第1条款规定，游击战违反国际法；另外，处决游击队员是合法的，如果找不到犯罪者，而又怀疑整个村镇为罪犯提供保护的话，对平民采取严厉措施同样合法。参阅F. W. Seidler (Hg.), *Verbrechen der Wehrmacht*, 10.

158. K. Gerbet (ed.), *GFM Fedor von Bock, The War Diary*, 217–18.

159. T. C. Richter, "*Die Wehrmacht und der Partisanenkrieg in den besetzten Gebieten der Sowjetunion,*" in: *Die Wehrmacht. Mythos und Realitaet*, R.-D. Mueller & H.-E. Volkmann (Hg.), 839–40.

160. Ibid., 849, f.n. 85.

161. G. P. Megargee, *War of Annihilation*, 124. 当时，中央集团军群几个保安师获得2个正规步兵师和1个党卫队骑兵旅加强，另外还有党卫队、警察部队和当地辅助人员，但兵力依然不足。

162. G. F. Nafziger, *German Order of Battle – Infantry*, 499, 503–4, 506. 每个保安师还编有1个地区防御团（Landesschuetzen Regiment），配备大量轻机枪。这些部队同样由年龄较大、缺乏训练的人员组成。例如，第738地区防御营隶属第9集团军后方地域兵团，军官的年龄在40岁到50岁之间，该营下级军官的平均年龄接近40岁（前线部队下级军官的年龄很少超过30岁），而该营营长已年近60岁。这个营还有不少身体残疾的士兵。T. J. Schulte, "*Korueck 582,*" in: *War of Extermination. The German Military in World War II*, H. Heer & K. Naumann (eds.), 317.

163. T. C. Richter, "*Die Wehrmacht und der Partisanenkrieg in den besetzten Gebieten der Sowjetunion,*" in: *Die Wehrmacht. Mythos und Realitaet*, R.-D. Mueller & H.-E. Volkmann (Hg.), 849. 中央集团军群后方地域指挥官马克斯·冯·申肯多夫出生于1875年，1930年已退出现役。Ibid., 849, f.n. 87.

164. 哈尔德指的是装甲部队快速而又深入的挺进，这导致成千上万的红军散兵游勇滞留在后方的森林和沼泽中，对德军交通线构成威胁。

696

165. H.-A. Jacobsen (Hg.), *Generaloberst Halder Kriegstagebuch*, Bd. III, 32.

166. T. C. Richter, "*Die Wehrmacht und der Partisanenkrieg in den besetzten Gebieten der Sowjetunion*," in: *Die Wehrmacht. Mythos und Realitaet*, R.-D. Mueller & H.-E. Volkmann (Hg.), 843.

167. *OKW/WFSt/Abt.1 Nr. 441148/41 g. Kdos. Chefs., an Chef Heeresruestung und Befehlshaber des Ersatzheeres, 5.7.1941, gez. Keitel*，引自T. C. Richter, "*Die Wehrmacht und der Partisanenkrieg in den besetzten Gebieten der Sowjetunion*," in: *Die Wehrmacht. Mythos und Realitaet*, R.-D. Mueller & H.-E. Volkmann (Hg.), 843。

168. 引自C. Hartmann, *Unternehmen Barbarossa*, 70。

169. W. Hubatsch (Hg.), *Hitlers Weisungen fuer die Kriegfuehrung*, 144.

170. C. Hartmann, *Unternehmen Barbarossa*, 71.

171. E. F. Ziemke, *Stalingrad to Berlin*, 103. 时至今日，二战中的苏联游击运动仍是个神话。战争结束后，苏联当局竭力夸大游击运动的效力，而西方历史学界一直对苏联游击队的功效存有争议。

172. U. Klussmann, "*Gegenwelt im Wald*," in: *Der 2. Weltkrieg*, S. Burgdorff & K. Wiegrefe (Hg.), 134. 据克卢斯曼称，红军散兵游勇为1941年夏季建立的游击队奠定了基础。

173. A. J. Muñoz & O. V. Romanko, *Hitler's White Russians*, 18, 139-40. 几位作者也引用了1.2万人这个数字作为1941年8月活动在白俄罗斯的游击队员的人数。

174. Ibid., 140. 这些武器中，750枚手榴弹、1125支步枪、133挺机枪、124支冲锋枪、3门火炮缴自德国人之手，其他武器则由苏联当局提供。

175. Ibid., 140.

176. Ibid., 140.

177. Ibid., 162. 1941年秋季，庞大的维亚济马和布良斯克合围战结束后，这些地区庞大的森林地带也出现了游击队。

178. H. Heer, "*The Logic of the War of Extermination. The Wehrmacht and the Anti-Partisan War*," in: *War of Extermination. The German Military in World War III*, H. Heer & K. Naumann (eds.), 95; L. D. Grenkevich, *The Soviet Partisan Movement, 1941-1944*, 159.

179. H. Heer, "*The Logic of the War of Extermination. The Wehrmacht and the Anti-Partisan War*," in: *War of Extermination. The German Military in World War II*, H. Heer & K. Naumann (eds.),103.

180. *SS-Kav.Brig. Abschlussmeldung, 18.9.41*，引自H. Heer, "*The Logic of the War of Extermination. The Wehrmacht and the Anti-Partisan War*," in: *War of Extermination. The German Military in World War II*, H. Heer & K. Naumann (eds.), 104.党卫队骑兵旅第2骑兵团在普里皮亚季沼泽的这场行动的详细介绍（配有照片），可参阅M. Cueppers, *Wegbereiter der Shoah*, 151-65。

181. 平斯克是个大约有4万名居民的区域贸易中心，也是该地区最大的城镇，这里包括一个颇具传统色彩的犹太社区。M. Cueppers, *Wegbereiter der Shoah*, 152.

182. 这是一名屠杀参与者的陈述。R. B. Birn, "*Two Kinds of Reality. Case Studies on Anti-Partisan Warfare during the Eastern Campaign*," in: *From Peace to War*, B. Wegner (ed.), 279.

183. Ibid., 279–80. 他们唱的很可能是："以色列啊，你要听着！"

184. *Chef des OKW WFSt/Abt. L (IV/Qu), Nr. 002060/41 g. Kdos, 16.9.1941, Betr.: Kommunistische Aufstandsbewegung in den besetzten Gebieten*, in: P. E. Schramm (Hg.), *Kriegstagebuch des OKW*, Bd. I , 1068–69.

185. T. P. Mulligan, "*Reckoning the Cost of the People's War: The German Experience in the Central USSR*," in: *Russian History/Histoire Russe*, 9, Pt. 1 (1982), 32.

186. T. P. Mulligan, "*Reckoning the Cost of the People's War: The German Experience in the Central USSR*," in: *Russian History/Histoire Russe*, 9, Pt. 1 (1982), 32. 近期一份俄方资料引用了苏联的档案，估计1941年到1942年冬季前，仅在中央集团军群后方地域就有900个游击"支队和小组"，人数达4万。如果作者已把在维亚济马、布良斯克合围战（1941年秋季在莫斯科接近地）后逃入森林，最终加入游击队的数千名红军士兵计入其中，那么这个数字很可能是准确的。L. D. Grenkevich, *The Soviet Partisan Movement, 1941–1944*, 168.

187. U. Klussmann, "*Gegenwelt im Wald*," in: *Der 2. Weltkrieg*, S. Burgdorff & K. Wiegrefe (Hg.), 134; A. J. Muñoz & O. V. Romanko, *Hitler's White Russians*, 18, f.n. 18. 苏联红军1944年6月22日对德国中央集团军群发动夏季攻势前，已相当庞大的游击力量于6月19日至20日晚对德军后方地域的铁路、桥梁和其他交通线实施了至少10500起爆破，导致集团军群补给线中断数日。这是二战期间最大的破坏行动。T. C. Richter, "*Die Wehrmacht und der Partisanenkrieg in den besetzten Gebieten der Sowjetunion*," in: Die Wehrmacht. Mythos und Realitaet, R.-D. Mueller & H.-E. Volkmann (Hg.), 837.

188. A. Hillgruber, "*Die weltpolitischen Entscheidungen vom 22. Juni 1941 bis 11. Dezember 1941*," in: *Der Zweite Weltkrieg 1939–1945*, A. Hillgruber, 79.

189. 凯瑟琳·梅里戴尔写道："（俄国）农民最大的希望是苏维埃政权垮台。但1941年9月，他们获知德国人下令保留集体农庄。与战前的苏联当局一样，征服者只关心收集并运走农民的粮食的方便性。这是个不可逆转的错误。"C. Merridale, *Ivan's War*, 133–34.

190. BA-MA N 813, *Tagebuch Muenchhausen*, Aug. 41.

191. H. C. Verton, *In the Fire of the Eastern Front*, 111.

192. S. Hart, et al., *The German Soldier*, 133.

193. M. Stein, *Generalfeldmarschall Walter Model*, 141–42, f.n. 485. 盖伊·萨杰在他经典但不无可疑之处的东线回忆录中坚称，游击队员用斧子劈开被俘德国士兵的脸，以便拔出他们嘴里的金牙，伤员的头被塞入他们阵亡战友剖开的肚子，另一些人的生殖器则被割掉。但萨杰这部著作的真实性受到一些历史学家质疑，由于书中的某些错误之处，他们怀疑萨杰是否真的像他所说的那样在"大德意志"师服役过。G. Sajer, *The Forgotten Soldier*, 373.

194. S. Hart, et al., *The German Soldier*, 133. Gelb这个词的意思实际上是"黄色"，但它很可能接近于不会说德语的游击队员表述的Gold一词。

195. *GSWW*, Vol. IV, 668.

196. G. F. Nafziger, *German Order of Battle - Infantry*, 522; K. E. Bonn, et al., *Slaughterhouse. The Encyclopedia of the Eastern Front*, 245; K.-J. Thies, *Der Ostfeldzug - Ein Lageatlas*, "Lage

am 29.9.1941 abds., Heeresgruppe Mitte."

197. G. F. Nafziger, *German Order of Battle - Infantry*, 365–66; K. E. Bonn, et al., *Slaughterhouse. The Encyclopedia of the Eastern Front*, 255.

198. T. J. Schulte, "*Korueck 582*," in: *War of Extermination. The German Military in World War II*, H. Heer & K. Naumann (eds.), 315.

199. *GSWW*, Vol.IV, 583.

200. Ibid., 583.

201. A. Philippi & F. Heim, *Der Feldzug gegen Sowjetrussland*, 52.

202. G. F. Nafziger, *German Order of Battle - Infantry*, 238.

203. C. Hartmann, "*Wie verbrecherisch war die Wehrmacht?*," in: *Verbrechen der Wehrmacht*, C. Hartmann, et. al. (Hg.), 75. 哈特曼指出："（该师大部分）士兵（1941年12月前）很难接触到游击战。"

204. Ibid., 70.

205. 作为希特勒的坚定支持者，雷姆茨马一世1943年获得向国防军出售香烟的特权，近乎垄断。他还为戈林提供慷慨的捐赠，以便后者修建豪华私人庄园卡琳宫。F. W. Seidler (Hg.), *Verbrechen der Wehrmacht*, 13.

206. Ibid., 9.

207. 具体可见网址 http://www.verbrechen-der-wehrmacht.de；"*Die neue Wehrmachtsausstellung*"，见网址http://www.stern.de。

208. C. Hartmann, "*Verbrecherischer Krieg - verbrecherische Wehrmacht?*," in: *Vierteljahrshefte fuer Zeitgeschichte*, Sonderdruck, Heft 1/2004, 74, f.n. 416.

209. B. Musial, "*Bilder einer Ausstellung*," in: *Vierteljahrshefte fuer Zeitgeschichte*, 4. Heft, Oktober 1999, 563–64.

210. Ibid., 589.

211. 据海因茨·马根海姆说，"国防军犯罪展"的组织者经常不加批判地接受苏联人审判德国国防军士兵期间提出的指控。H. Magenheimer, *Moskau 1941*, 7.

212. 参见网址: http://www.verbrechen-der-wehrmacht.de；http://en.wikipedia.org。对展览会的其他批评可参阅F. W. Seidler (Hg.), *Verbrechen der Wehrmacht*, 8–14. 据塞德勒说："从1945年到1990年，对德国国防军的攻讦只是偶尔发生，而且大多针对的是个人，两德统一后，这种攻讦升级为针对整个德国国防军。"塞德勒还指出，到1996年年底，在一场正在进行的程序中，今天的俄罗斯司法体系已为5100多名原德国将士正式平反，因为他们不公正地被判定为犯有战争罪行或其他犯罪行为，并在苏联战俘营服刑。Ibid., 8, 14.

213. C. Hartmann, "*Verbrecherischer Krieg - verbrecherische Wehrmacht?*," in: *Vierteljahrshefte fuer Zeitgeschichte*, Sonderdruck, Heft 1/2004, 2.

214. "*Stichwort. Die neue Wehrmachtsausstellung*"，参见网址 http://www.stern.de。（委员会提出建议后，展览小组的工作得到了第二个专家组的支持，这是由以德国教授汉斯·莫姆森为首的11名学者组成的咨询委员会。该委员会2001年7月13日在汉堡召开首次会议，仔细检查新展览的内容，以确保其准确性。"*Neue Wehrmachtsausstellung zeigt Beteiligung der Truppen an Rasse- und Vernichtungskrieg*"，参见网址 http://www.wissenschaft.de。E-Mail, J. Foerster to C. Luther, 18 May 12.）

215. 例如可参阅2009年出版的C. Hartmann, *Wehrmacht im Ostkrieg. Front und militaerisches Hinterland 1941/42*。至于我对哈特曼所做分析的描述，主要依赖他的两篇文章：一是他刊登在 *Vierteljahrshefte fuer Zeitgeschichte* 上的长篇分析，本书已多次引用；二是他较为简短的叙述，"*Wie verbrecherisch war die Wehrmacht?,*" in: *Verbrechen der Wehrmacht*, C. Hartmann, et. al. (Hg.)。

216. C. Hartmann, "*Verbrecherischer Krieg - verbrecherische Wehrmacht?,*" in: *Vierteljahrshefte fuer Zeitgeschichte*, Sonderdruck, Heft 1/2004, 10.

217. 此时，东线陆军的整条战线从巴伦支海延伸到高加索山脉，长度超过3000公里，而德国及其轴心国盟友的主战线，从列宁格勒西面的芬兰湾延伸到高加索山区，长度稍稍超过2000公里。D. M. Glantz, *The Soviet-German War 1941-1945: Myths and Realities*, 5-6.

218. C. Hartmann, "*Verbrecherischer Krieg - verbrecherische Wehrmacht?,*" in: *Vierteljahrshefte fuer Zeitgeschichte*, Sonderdruck, Heft 1/2004, 7.

219. C. Hartmann, "*Wie verbrecherisch war die Wehrmacht?,*" in: *Verbrechen der Wehrmacht*, C. Hartmann, et. al. (Hg.), 71-72.

220. C. Hartmann, "*Verbrecherischer Krieg - verbrecherische Wehrmacht?,*" in: *Vierteljahrshefte fuer Zeitgeschichte*, Sonderdruck, Heft 1/2004, 9.

221. Ibid., 8.

222. Ibid., 71.

223. Ibid., 71.

224. C. Hartmann, "*Wie verbrecherisch war die Wehrmacht?,*" in: *Verbrechen der Wehrmacht*, C. Hartmann, et. al. (Hg.), 76.

225. Ibid., 72.

226. 哈特曼研究的这些兵团都隶属中央集团军群，包括第4装甲师，第45、第296步兵师，第221保安师，第580后方地域指挥部（后一个兵团最初分配给第4集团军）。

227. C. Luther, book review of C. Hartmann's *Wehrmacht im Ostkrieg. Front und militaerisches Hinterland 1941/42*, in: *The Journal of Military History*, Vol. 74, No. 1, Jan 10, 285-86.

228. A. M. de Zayas, *The Wehrmacht War Crimes Bureau*, ⅹⅳ.

229. A. M. de Zayas, *The Wehrmacht War Crimes Bureau*, ⅹⅳ, 13-14；另可参阅F. W. Seidler (Hg.), *Verbrechen der Wehrmacht*, 45-48。

230. 德国历史学家弗朗茨·W.塞德勒1997年出版的著作记录了300多起苏联人犯下的战争罪行，虽然也是从国防军战争罪行处的记录中收集的，但并不等同于该处自己所作的研究。参阅F. W. Seidler (Hg.), *Verbrechen der Wehrmacht*。

231. 1945年4月，美国陆军的档案收集组缴获了国防军战争罪行处残存的记录，这些记录最终被送回华盛顿，在那里作为机密文件保存多年。20世纪60年代中期，这些文件解密，并拍摄成微缩胶片，保存在美国国家档案馆现代军事文献部，以供研究人员使用。1968—1969年，这些原件（或者根据弗朗茨·塞德勒的说法，至少是部分原件）交还西德，存放在弗莱堡的德国联邦军事档案馆，这些文件"临时编为"226卷，每卷100—500页，涉及约8000个案例。联邦军事档案馆对这些文件的使用未加限制。A. M. de Zayas, *The Wehrmacht War Crimes Bureau*, ⅹⅲ−ⅹⅳ; F.W. Seidler (Hg.), *Verbrechen der Wehrmacht*, 48, 55.

232. A. M. de Zayas, *The Wehrmacht War Crimes Bureau*, ⅹⅵ−ⅹⅶ.

233. Ibid., ⅹⅶ

234. BA-MA RW 2/v. 145, 3.

235. H. Haape, *Moscow Tram Stop*, 9.

236. Ibid., 10.

237. Ogfr. E. G. Schaefer, PK 612 (mot.), "*Der Arzt mit dem Deutschen Kreuz,* " 19.2.1943; "*Besonders ausgezeichnet hat sich Oberarzt Dr. Haape,* " n.d.哈佩的团长1942年10月对这位军医和军人的表现所做的评价非常典型："他作为一名军医、军人和男子汉的表现同样非凡。他经验丰富，敢想敢做，有主见，充满活力和自己的想法。面对敌人时特别从容不迫……无法指望获得比他更好的军医了。""*Beurteilungen,* "in: *Nachlass Haape*.

238. H. Haape, *Moscow Tram Stop*, 10.

239. 除另作说明外，这里对哈佩1941年6月22日的经历所作的叙述都出自他的战争回忆录，*Moscow Tram Stop*, 16−32。

240. 哈佩也在他的日记中记录了这起不幸事件，称只有6架苏军"重型"轰炸机被击落，德军炮兵队列中的三名士兵"立即被（燃烧的俄国轰炸机的撞击）活活掩埋并彻底碳化，另有五人严重烧伤"。*Tagebuch Haape*, 23.6.41.

241. *Tagebuch Haape*, 22.6.41.

242. K.-R. Woche, *Zwischen Pflicht und Gewissen*, 203.

243. H. Hoth, *Panzer-Operationen*, 64.

244. *Tagebuch Kummer*, 14.7.41.

245. *Tagebuch Kreuter*, 17.7.41.

246. Intvw, Dr C. Luther with E.-M. Rhein, 8/9 Dec 06; Ltr, H. Schillke to C. Luther, 15 Mar 05; E. Wardin, "*Winterschlacht*" (unpublished memoir).

247. Ltr, H. Schillke to C. Luther, 15 Mar 05.

248. See, BA-MA RW 2/v. 145, 78-98; also, F. W. Seidler (Hg.), *Verbrechen an der Wehrmacht*, 279-327.

249. 当然，德国地面和空中力量也犯有攻击苏联医务人员、野战医院、医院列车等罪行。但从哈佩和其他德国军医的记述看，这些行为显然不是基于德国的官方政策。德国毕竟是《海牙公约》和《日内瓦公约》的签约国，与许多德国士兵一样，哈佩和其他德国军医都尽力遵守这些协议。

250. F. W. Seidler (Hg.), *Verbrechen an der Wehrmacht*, 32. 瓦尔特P-38手枪是一款9毫米口径、枪管后坐式半自动手枪。*Handbook on German Military Forces*, U.S. War Department, March 1945, 309.

251. F. W. Seidler (Hg.), *Verbrechen an der Wehrmacht*, 35-43. 塞德勒指出："苏联宣传者的仇恨以一种残暴的狂怒为特点。"苏联宣传者（例如伊利亚·爱伦堡）对德国士兵的诽谤包括：畜生、小偷、屠夫、大肆杀戮者、妇女杀手、罪犯、恶棍、野兽。

252. S. Courtois, et al., *The Black Book of Communism. Crimes, Terror, Repression*. Harvard University Press, Cambridge, MA, 1999.

253. I. Kershaw, *Hitler 1936–45: Nemesis*, 647.

254. R. Hinze, *Ostfront Drama 1944*, 15.

255. F. W. Seidler (Hg.), *Verbrechen an der Wehrmacht*, 44; A. M. de Zayas, *The Wehrmacht War Crimes Bureau*, 305, f.n. 11; R. Traub, "*Versklavt und vernichtet*," in: *Der Zweite Weltkrieg*, S. Burgdorff & K. Wiegrefe (Hg.), 169. 但据苏联官方资料称，他们只俘虏了大约240万名德国人，截至1956年，共356687人死于囚禁期间。A. Hilger, *Deutsche Kriegsgefangene in der Sowjetunion 1941–1956*, 71, 137.

256. A. M. de Zayas, *The Wehrmacht War Crimes Bureau*, 305, f.n. 11; F. W. Seidler (Hg.), *Verbrechen an der Wehrmacht*, 34; *GSWW*, Vol. Ⅳ, 914.

257. 1941年6月22日到1945年3月20日，共124万名德军将士被列为"在战斗中失踪"。毫无疑问，他们中的许多人要么刚一被俘就被处决，要么死在前往战俘营的途中。F. W. Seidler (Hg.), Verbrechen an der Wehrmacht, 44. 克里斯·贝拉米指出：德国战俘经常被集中起来，列队离开前线地域，然后在途中被枪杀。C. Bellamy, *Absolute War*, 29.

258. A. M. de Zayas, *The Wehrmacht War Crimes Bureau*, 165.

259. Ibid., 165.

260. A. Hilger, *Deutsche Kriegsgefangene in der Sowjetunion 1941–1956*, 57–62.

261. GSWW, Vol. Ⅳ, 914. 关于苏联处理战俘的法律架构，详情参阅A. Hilger, *Deutsche Kriegsgefangene in der Sowjetunion 1941–1956*.

262. A. M. de Zayas, *The Wehrmacht War Crimes Bureau*, 169.

263. A. Hilger, *Deutsche Kriegsgefangene in der Sowjetunion 1941–1956*, 60.

264. A. Werth, *Russia at War*, 162–65.

265. C. Bellamy, *Absolute War*, 29.

266. A. M. de Zayas, *The Wehrmacht War Crimes Bureau*, 162.

267. Ibid., 64.

268. N. von Below, *At Hitler's Side*, 112.

269. A. M. de Zayas, *The Wehrmacht War Crimes Bureau*, 167–68.

270. J. Hoffmann, *Stalins Vernichtungskrieg 1941–1945*, 218. 1941年6月22日后，红军宣传部门立即着手给德国军队"定罪"。他们从一开始就告诉红军士兵，德国人是"野蛮的法西斯""法西斯野兽""法西斯恶棍"。Ibid., 216.

271. BA-MA RW 2/v. 145, ca. 30.6.41.

272. Ibid., 27.–28.6.41.

273. Ibid., 28.6.41.

274. Ibid., 30.6.41.

275. Ibid., 30.6.41.

276. Ibid., ca. 15.8.41.

277. K.-R. Woche, *Zwischen Pflicht und Gewissen*, 128.

278. BA-MA MSg 1/1147: *Tagebuch Lemelsen*, 20.7.41.

279. W. Knecht, *Geschichte des Infanterie-Regiments 77*, 68–71; G. Barkhoff, *Ostfront 1941–1945*, Ein Soldatenleben, 22a.

280. Ltr, W. Vollmer to C. Luther, 1 Oct 06. 我在写作本书时，为获取红军战争罪行的信息和轶事询问过数十位德国东线老兵，但只有几个人回应了关于游击队的故事和对游击队的看法，他们对游击队的恐惧和仇恨似乎远甚于对苏联红军士兵。第3装甲师一位老兵指出："我还是很不愿意阐述游击队员的暴行，但有许多书籍可供您阅读，这样您就能充分了解他们犯下的可怕罪行了。"Ltr, L. Bauer to C. Luther, 9 Nov 08.

281. 引自F. W. Seidler (Hg.), *Verbrechen an der Wehrmacht*, 269。

282. G. Barkhoff, *Ostfront 1941–1945*, 17. Ein Soldatenleben, 18.

283. Ltr, H. Stockhoff to C. Luther, 12 Oct 07. 在1941年11月12日的一封军邮中，施托克霍夫描述了对上亚尔维茨奇的冲击，称他在步兵班里最好的朋友在这场战斗中阵亡。但在这封信里，他并没有特别提及对方使用了爆炸弹。Feldpost, H. Stockhoff, 12.11.41.

284. Ltr, H. Stu[- - -] to C. Luther, 25 Oct 07. 在1942年2月16日的一封信中，这名士兵写道："此时，俄国人正朝我们射击。我能听见子弹的嘶嘶声。敌人正用爆炸弹开火射击。这是个非常危险的东西。"Feldpost, H. Stu[- - -], 16.2.42.

285. BA-MA RW 2/v. 145.

286. Ibid.

第十章
进军 II：斯摩棱斯克合围战&转入阵地战
（1941 年 7 月 15 日—8 月 5 日）

"我们以上谈的是彻底的胜利，也就是说，不仅仅是赢得会战的胜利……要取得彻底的胜利，就需要进行包围进攻或进行变换正面的会战，这两种打法往往能取得决定性结果。"（卡尔·冯·克劳塞维茨）[1]

"任何一场大型会战的物质和士气影响都相当深远，经常会造成完全不同的情况，这是采取新措施的一个新基础。一切取决于正确掌握当前的情况。"（老毛奇元帅）[2]

"古德里安已发起进攻并取得突破……敌人的整体情况表明，他们匆匆集结起来的力量就是他们可用于对付我们的所有兵力……在这种情况下，前线显然已没有更多预备队，他们无法坚持太久……敌人正全力坚守，但也在试图突围。"（德国陆军总参谋长哈尔德，1941年7月11日）[3]

"我们在所有战线上都低估了敌人的军备数量和抵抗能力。元首对发生的延误非常紧张。"（卡尔－威廉·蒂洛，陆军总司令部作战处，1941年7月25日）[4]

"你会在广播中听到斯摩棱斯克周围的战斗。我那些值得骄傲的士兵在那里取得突破，胜利的旗帜高高飘扬。我们伫立在莫斯科外围，所有部队连成一根铁链，整个世界此前从没有见过这种情形。要不了多久，世界历史上的一起伟大事件就会发生。"（E.M.下士，第17装甲师，1941年7月28日）[5]

"我时常想起这个问题：不经过战斗，不打垮敌人，不经历战争、恶行、苦难、逆境，是否会有英雄和胜利者？当然不会！没有斗争就没有骄傲！战斗越困难，胜利越艰巨，为实现这种胜利投入的顽强、坚定和持之以恒更多，付出的努力更血腥，在此过程中收获的辉煌就更大，获得的幸福感和自豪感就更丰富更珍贵。这一点绝不仅限于军事胜利，同样适用于生活中的战斗。"（军医上尉汉斯·利罗夫，第6步兵师，1941年8月5日）[6]

在阿道夫·希特勒和德国最高统帅部看来，"巴巴罗萨"行动已经以"惊人的方式"发起了。[7] 到1941年7月10日，东线陆军四个实力强大的装甲集群已楔入苏联西部地区数百公里。南方集团军群击退苏联数个机械化军的猛烈反突击后，取得了350公里的突破。集团军群编成内的第1装甲集群早已突破1939年前设在苏联边境的斯大林防线，7月12日，两个德国装甲师伫立在基辅接近地的伊尔片河河畔。[8] 北方集团军群的前进速度更快，已取得500公里进展，在此过程中占领了立陶宛、拉脱维亚和爱沙尼亚大部。7月10日，该集团军群辖内第4装甲集群向列宁格勒展开最后的冲刺，没过几天，装甲集群先遣力量就在卢加河下游对岸建起了登陆场，此地距离列宁格勒郊区仅100公里。[9] 战线中央地段，由中央集团军群辖内诸集团军和装甲集群取得的进展最为惊人，他们攻入苏联境内已达600公里，席卷了白俄罗斯大部，并前出到西德维纳河与第聂伯河。[10]

取得这些领土收益的同时，德国国防军还粉碎了红军战略第一梯队。至少有28个苏军师遭歼灭，另外70个师的人员、武器、装备折损过半。[11] 德国军队的战役和战术优势至少给敌人造成了747870人的伤亡（这个人数相当于红军战前兵力的六分之一），并把10180辆坦克和3995架飞机从红军战斗序列中抹去。戴维·格兰茨指出："无论以何种标准看，德国军队取得的胜利都堪称惊人且史无前例。"[12]

接下来几天里，德军中路突击方向上，霍特、古德里安的坦克和摩托化步兵粉碎了红军沿西德维纳河—第聂伯河构设的防御（苏军战略第二梯队）并向东疾进 180 公里，到达斯摩棱斯克北面和南面。到 7 月 16 日，大半个斯摩棱斯克城已落入德国人手中，大股红军有生力量陷入该城北面和西面的包围圈。[13] 第二场大规模合围战（德国人希望这是一场具有决定性意义的合围）于 1941 年 8 月初到达高潮，苏军数个集团军灰飞烟灭，数十万红军官兵走进了中央集团军群的战俘营。

希特勒和他的主要军事顾问对这番惊人的胜利深感欣慰，到 1941 年 7 月中旬，他们相信东方战局现已获得胜利。希特勒此时做出的决策显然反映了这种观点。1941 年 7 月 14 日，国防军最高统帅部发布第 32 号元首令的补充规定（为"巴巴罗萨"行动后的战事加以准备），要求大幅度削减陆军规模（虽然装甲力量的规模会明显扩大），军备计划向空军和海军倾斜。[14] 这种优先级的调整会形成实力更强大的空军和海军力量，他们会被用于攻击英国，以及英国在大西洋上的航运，并给大英帝国在中东的地位构成威胁。历史学家格哈德·L. 魏因贝格指出："这是（希特勒）发动侵苏战争前始终如一的意图。在东方赢得胜利后，他认为实施这项计划的时机已经到来。"[15]

德国规划者设想了战胜苏联后应当首先实现的目标：（a）以一场规模庞大的钳形机动穿过高加索地区，取道利比亚和埃及进入中东，直至伊朗和伊拉克，尔后在阿富汗建立一个作战基地，从那里威胁印度；（b）穿过西班牙和直布罗陀进入西北非（达喀尔），从而建立一个堡垒抵抗美国；（c）夺取北大西洋上的亚速尔群岛，以此作为空军基地，以便远程轰炸机对美国东海岸实施打击。但无论这些目标和其他举措多么奇妙，它们都是把希特勒的欧洲大陆战争转为一场针对英美封锁的"世界闪电战"，其最终结果是德国赢得胜利，并夺得无可争议的全球霸权。[16]

1941 年 7 月 15 日，陆军总司令部作战处拟制了一份备忘录，除其他内容外，还要求：8 月初开始从苏联撤出大部分步兵师，在 1941 年 9 月把第一批机械化兵团撤回国内；苏联境内只保留 56 个师（34 个步兵师、12 个装甲师、6 个摩托化师、3 个山地师、1 个骑兵师），据守阿斯特拉罕—阿尔汉格尔斯克一线，并对乌拉尔地区实施惩罚性攻击，包括潜在的装甲力量突击，从而摧毁苏联在该地区的工业力量。陆军总司令部的这份文件还提到"高加索—伊朗战役集群"——由 2 个装甲师、1 个摩托化师、2 个山地师组成,该集群会攻入中东。[17]陆军总司令部作战处的卡尔－威廉·蒂洛上尉无疑也在处理同一份方案,他写于 1941 年 7 月 15 日的日记指出,德方计划集结一个"乌拉尔战役集群"(编有 1 个装甲军和 1 个山地军),以便"攻入伊拉克"[18]。

希特勒的过度自信在 1941 年 7 月 21 日再度显现出来,他向克罗地亚国防部长克瓦特尼克元帅保证,苏联军队基本已被歼灭,他们的一切激烈抵抗会在六周内停止。克瓦特尼克指出,俄国人有可能在乌拉尔以外地区组建新的军队,但希特勒对此只是付之一笑。[19]德国元首对胜利的信心也解释了他为何以惊人的坦率告诉克瓦特尼克,欧洲犹太人的最终命运会是什么。希特勒说犹太人是"人类的祸害",还说"倘若欧洲再也没有犹太人,欧洲国家的团结就不会受到干扰"。十天后,帝国元帅戈林以希特勒的名义命令党卫队全国副总指挥莱因哈德·海德里希拟制初步措施,从而"最终解决犹太人问题"[20]。

如果说希特勒和德国最高统帅部对俄国战局的结果充满信心,那么,在前线战场上,在苏联西部无边无际的森林、田野、草原,德军将士会更加理智些。1941 年 7 月 20 日,第 43 军军长海因里希将军在博布鲁伊斯克给妻子写下一封家书,提出了(与希特勒等人)截然不同的看法:

俄国人非常顽强,在政委的激励下拼死奋战。森林战尤为激烈。俄国人会在各处突然出现并开枪射击,伏击我们的队伍、个别的车辆、摩托车传令兵等。不管怎么说,这里的战事极其残酷,最严重的问题包括道路难以通行、空间广阔、森林无边无际、语言不通等。与目前的战斗相比,我们此前实施的所有战役都不过是小孩子的把戏。我方损失相当惨重,但俄国人的伤亡也非常、非常大。[21]

两天后,他又强调了自己的观点:

我们迄今为止经历过的战局根本无法同目前的战斗相提并论……我们的将士疲惫不堪。昨天,我看见马队的驭手躺在马匹前,睡得像个死人。永无止

境的行军、恶劣的道路状况（身处德国国内的人对此根本无法想象）、高度紧
张的神经（不仅是因为情况不断变化，还因为每个人都处在遭受伏击的危险
下），这些因素令人筋疲力尽，而在以往战局中从来没有过类似经历。另外，
没人知道这场战局还要持续多久。这是因为我们虽然取得了迄今为止的所有胜
利，可这里还是没有出现任何可预见的结局（至少暂时如此）。我们希望俄
国人的抵抗会在某一天崩溃，因为这里目前形成的局面肯定不能让他们在公园
里悠闲散步。恰恰相反，他们会发现自己处于一种棘手的境地……但总的说
来……"俄国人的抵抗意志已被摧毁" "这个国家希望驱逐布尔什维克领导
者"之类的说法毫无意义。我们目前形成的印象是，即便攻占莫斯科，这场战
争还是会在这个广袤国家纵深处的某个地方继续进行。[22]

　　事实正如下文所述：就在希特勒和他的顾问把注意力从战胜苏联转向征
服世界时，苏联人的抵抗明显加强，原本高速挺进的德国军队开始变得步履蹒
跚。的确如此，1941年7月最后两周，德军在东线大部分地区的进军步伐都
明显放缓。[23]北方集团军群艰难穿越复杂地形，他们认为朝列宁格勒的挺进会
受到自身力量无情分散和俄国人抵抗力有所恢复的严重妨碍。尽管8月初在乌
曼地区合围并歼灭了20多个红军师（俘虏10多万人）[24]，可南方集团军群还
是没能困住并消灭乌克兰西部的红军主力，而且一连数周都未能继续攻向基辅。
中央集团军群于7月第三周对苏军另一个（第三个）战略梯队的出现深感惊讶，
尽管这股敌军的实力较前两个梯队弱得多。"疾进中的德国军队与敌人发生交
战，适逢自己处于最虚弱的状态，特别是在步兵力量追上前进中的装甲和摩托
化部队之前。"[25]到7月底，博克集团军群的进展受到苏军沿整条战线施加的
压力的阻碍[26]，而集团军群主力正忙于消灭斯摩棱斯克包围圈，同时受到日益
增长的后勤问题和不断增加的人员伤亡的困扰。因此，陆军总司令部于7月
30日命令中央集团军群停止前进，以便获得休整补充。总之，德国人在1941
年7月阵亡6.3万人，这超过了对苏战局中的任何一个月——除了1942年12
月和1943年1月（斯大林格勒战役）。[27]

　　随着德国军队在东线的作战行动突然而又出人意料地陷入停顿，希特勒
与他的首席顾问变得越来越焦虑，也越来越不耐烦，因为这个方向的作战已不

再按计划进行。因此，他们现在开始怀疑自己对红军所作的基本假设——关于资源、战斗素质和再生能力。在这一方面，陆军总司令部作战处处长阿道夫·霍伊辛格上校写给他妻子的信件很有启发性。如前所述，对苏战局头几日里，霍伊辛格为"令人难以置信的"胜利欣喜若狂，并表示他希望"这场战局迅速结束"（6月25日时）。他认为德方在战场上取得的成功"难以想象"，并把它归功于本国领导层相对于其对手的"卓越优势"（6月27日时）。在他看来，一切正按计划顺利进行。[28]

可到了1941年7月中旬，霍伊辛格开始担心红军看似无穷无尽的人力资源。此后不久（7月22日时），他注意到部分上司（例如哈尔德）的紧张不安和心烦意乱，以及他们与"不断插手干涉的最高当局（即希特勒）"发生的冲突，他们（哈尔德等人）还就战局的后续方向问题劝谏元首。7月25日，霍伊辛格确信"俄国人再也无法继续下去"的时刻已然到来：没有接受过训练的苏军人员作为"纯粹的炮灰"投入战斗，"成千上万人"前赴后继地倒下——这种情况已经难以为继。但在几天后，霍伊辛格便换上完全不同的语气，承认"暂时还看不到"战争的结束。7月31日，他表示希望"接下来几周会给我们提供一幅清晰的画面"。霍伊辛格告诉妻子，他付出的努力"在整个战争期间前所未有"，因为"一个国家在遭到德国进攻后没有直接崩溃，这种情况还是首次出现"。最糟糕的是，他不得不应对上司紧张的神经，特别是哈尔德，他试图一晚只睡四个小时，结果被弄得疲惫不堪。至于霍伊辛格，他仍对敌人取之不尽的预备力量深感惊慌。[29]

由于德国"东方闪电战"强大的初步打击出人意料地没能导致红军和苏维埃政权屈服，德国人在1941年7月中旬首次在该战局的战略问题上发生争执（这件事）并不奇怪，这种争执加强了希特勒与他那些将领之间的分歧，而这种分歧源自"巴巴罗萨"行动前的规划阶段［参见本书第一章"对苏战争的军事准备（1940年7—12月）"一节］。德国军队现已深入苏联腹地，但胜利依然遥不可及，德国独裁者与主要军事规划人员对选择哪条战略路径能赢得最终胜利产生了分歧。元首很典型地把政治、经济因素与军事因素混合在一起，主张（就像他一贯做的那样）在两翼寻求决定性胜利：北面，穿过波罗的海诸国攻往列宁格勒并同芬兰人会合；南面，夺取乌克兰、顿巴斯，还有高加索及其石油。在希特勒看来，攻占莫斯科仍是个次要问题。而布劳希奇和哈尔德领导的陆军总参谋部——在博克、古德里安和其他前线将领支持下——依然坚信只有夺取莫斯科这个苏联政治神经中枢和主要铁路、工业中心，才能导致敌人崩溃。他们指出，直接攻往莫斯科也是歼灭红军残余力量的最佳办法，因为对方会被迫把大部分剩余资源用于保卫自己的首都。

这场争论持续数周，希特勒从设在东普鲁士的大本营下达了一系列（部分存在矛盾）的指令，直到1941年8月底才做出最终决定。在此期间，中央集团军群一直从事阵地战，同时沿其南翼实施了一些次要作战行动。但在1941年7月10日古德里安的装甲力量试图突破第聂伯河障碍并重新获得向东攻往莫斯科的作战自由时，这一切都尚未发生。

古德里安和霍特粉碎苏军河流线防御

第2装甲集群

1941年7月初，古德里安第2装甲集群在沿第聂伯河接近地实施的初步试探中遭遇苏军激烈而又有效的抵抗。第24装甲军在罗加乔夫的失利（莫德尔的第3装甲师于7月7日放弃脆弱的登陆场）使古德里安相信，他有必要重组麾下军力，并把进攻重点调整为突破苏军的河流线防御。7月9日晚，随着麾下3个装甲军进入集结地域，古德里安准备发起第二次尝试。由于时间紧迫（德方空中侦察报告苏军援兵正在赶来，"大批敌军"集结在戈梅利周围），古德里安决定不等各步兵军开抵就发起这场"决定性"行动。尽管这些步兵力量展开了令人疲惫不堪的强行军，可他们还是远远落在前线后方。[30]

古德里安打算实施的渡河行动是哈尔德策划的一个更大行动计划的组成部分[31]，该计划于1941年7月8日获得希特勒批准[32]。中央集团军群打算以第2、第3装甲集群为先锋（霍特形成左钳，古德里安构成右钳），通过一场雄心勃勃的合围夺取具有战略重要性的维捷布斯克—奥尔沙—斯摩棱斯克三角区（即"斯摩棱斯克门户"），包围并歼灭莫斯科以西苏军残余力量的主力。希特勒（可能还包括哈尔德）认为，待斯摩棱斯克周边之敌被歼，他们便能轻松"接管"直到伏尔加河上游的地域，不会再遇到激烈的抵抗。[33]哈尔德虽然预见到与苏军强大预备力量的艰巨斗争，但他没料到苏联最高统帅部正把5个新锐集团军匆匆集结在西德维纳河与第聂伯河后方，以此保卫斯摩棱斯克周围地域。这些集团军的出现令德国人深感意外，因为"根据'巴巴罗萨'计划的设想，这种情况不应该发生"[34]。

但7月9日时，铁木辛哥的西方面军"充其量只是些支离破碎的残部"[35]，这让古德里安能够把突击力量集结在几个关键渡河点，他计划在1941年7月10—11日以交错的方式强渡第聂伯河。古德里安有理由担心麾下各快速部队的状态，他们已持续不停地行军、战斗了16天之久，因而"故意牺牲集中原则，以装甲集群或辖内装甲军从事历时两天，没有设立主要突击方向的进攻"[36]。古德里安的最终目标是杰斯纳河畔的叶利尼亚与第聂伯河畔的多罗戈布日之间的狭窄陆桥，它能提供取道维亚济马和莫扎伊斯克，攻往莫斯科的最直接路线。古德里安手头掌握的资源包括约450辆可用坦克[37]和凯塞林第2航空队集结起来的空中力量。

随着重型榴弹炮和远程炮兵力量进入发射阵地，坦克驶入集结待命区，第2装甲集群终于在1941年7月10日拂晓强渡第聂伯河。第4装甲师和第10摩步师各突击群在莫吉廖夫以南约40公里的旧贝霍夫及其北面渡过该河[38]，一些"斯图卡"战机和莫尔德斯第51战斗机联队的战斗机会为他们提供支援。第4装甲师一名军官描述了当日早晨这场进攻的开始：

7月10日——清晨5点

炮兵投入全部力量开火射击。我们身后的树林里传出一种独特的嘶嘶声。我们趴在地上。炮火轰鸣（起初越来越响，随后渐渐消退）持续数分钟，压倒了战争里的其他一切声响。一发发炮弹拖着尾焰和硝烟飞向对岸。我们首次见识一种新式武器投入使用，这就是多管火箭炮。伴随着沉闷的巨响，火箭弹在对岸敌军阵地上爆炸，黑色的蘑菇云腾空而起。

一波波轰炸机向东飞去。俄国人的高射炮怒吼着给出回应。"斯图卡"编队在我们上空散开，一架架发起俯冲，打击敌人的野战工事和炮兵连。工兵迅速冲向河岸，把突击舟和浮桥投入第聂伯河微温的河水中。这段河面的宽度约为100米。[39]引擎已发动，舵手也已就位。截至目前，我（该军官）还没有射出一发步枪弹。[40]

战斗工兵忙着把浮桥固定在河上，不到一个小时，一座人行桥便架设就位，第一批步兵从桥上通过。门桥以较大的浮桥构设而成，第一批反坦克炮和步兵炮很快也渡到对岸。苏军炮兵开始炮击渡场时，德军第一批突击支队已进入对岸树林，变得杳无踪迹。经过四个小时的战斗，朗格曼第4装甲师和勒佩尔第10摩步师的士兵夺得一座规模相当可观的登陆场。[41] 强渡行动非常顺利。[42] 傍晚前，施韦彭堡第24装甲军的先遣力量已在第聂伯河对岸取得数公里进展，切断了从莫吉廖夫前往戈梅利的公路。[43]

次日（7月11日），苏军的第聂伯河防线在另两个地方被德军突破，这次发生在莫吉廖夫与奥尔沙之间——第47装甲军在科佩西，第46装甲军在什克洛夫渡过了第聂伯河。[44] 清晨6点10分，伴随着"美丽的朝阳"，古德里安离开他的指挥所（当时设在奥尔沙以西不到50公里的托洛钦，这也是1812年时拿破仑指挥部所在地）赶往科佩西，去视察博尔滕施泰因第29摩步师的渡河行动；与其同行者包括意大利派驻德国的武官埃菲西奥·马尔拉斯将军，他于昨晚赶到古德里安的指挥所 [①]：

由于我方（德军）行军纵队卷起遮天蔽日的尘埃，沿河岸驱车行进的旅程实在无法令人感到愉快。这种尘埃已持续数周，给人员、武器、引擎造成了严重影响——特别是坦克，汽缸被堵塞时，其运转效率亦会大打折扣。在第29摩托化步兵师设于科佩西附近的师部，我（古德里安）见到军长和师长，并听取了情况简报。第15和第71步兵团已渡过第聂伯河并到达科佩西东面的树林边缘。我们看着他们朝敌人的两个师攻击前进……在师部周边地域，敌人仅以弱小的扰乱火力射击，但他们也在这里埋设了地雷。我们清楚地看见我方步兵的前进和工兵的架桥行动，这些架桥工作就在我们站立处的下方进行。[45]

意大利武官告辞后，古德里安乘坐突击舟渡过第聂伯河，以便弄清麾下部队的后续进展。到下午3点左右，博尔滕施泰因的步兵在一个突击炮营、一

---

① 译注：同行的还有希特勒的空军副官冯·贝洛。

个高射炮连、若干反坦克和工兵部队支援下，已牢牢控制住登陆场。[46] 在此期间，冯·韦伯将军的第17装甲师在奥尔沙南面强渡第聂伯河的行动遭遇严重挫折。该师突击部队在东岸建立起的薄弱立足地点遭到敌军火力猛烈打击。由于寡不敌众，负责现场指挥的利希特上校决定放弃登陆场，把部队撤回西岸——古德里安完全支持这项决定。[47] 由第17装甲师第40步兵团老兵组织自行出版的团史详细阐述了这场失败的渡河行动：

1941年7月10日傍晚，第2营成员伫立在科恰诺沃周边地域，距离第聂伯河仅30公里左右，他们是"利希特"战斗群最靠前的一个营。在科恰诺沃以东4公里的一片森林里休息时，团部的命令送抵——次日拂晓（也就是7月11日），在乌斯季耶强渡第聂伯河。首先，"库诺"装甲战斗群必须肃清集结地域。更重要的是，团属摩托车排的侦察结果必须送抵。这样，第40步兵团第2营才能在21点开入集结地域。由于路况恶劣，加之数个渡口被炸毁，这场向前的调动只能缓慢进行。在第40步兵团第2营前方，坦克部队和第17摩托车营正进入集结地域。

7月11日清晨3点30分，第2营部分部队到达乌斯季耶西面一片森林，余部要到5点左右才能抵达。炮兵还没有做好射击准备，这就是进攻无法在6点按时发起的原因。行动推迟到7点30分，但就算在这个时间点也有些仓促。地形侦察和观测表明，渡口处的河面宽50～60米，但对岸非常陡峭。敌人安全地隐蔽在对岸森林中的阵地里。在森林与河岸之间的地带，我们发现了敌人的几个机枪阵地和步兵散兵坑。某些地段上，敌人仍在挖掘阵地。第27炮兵团第2营以两个炮兵连支援第2营的进攻，而第40步兵团第1营留在后方作为预备队。[48]

清晨7点30分，该营投入冲击，第6连居右、第7连居左。实施抵抗的红军在火炮和重型自动武器方面占有极大优势，从一开始就给进攻方造成严重损失，没等德军到达对岸，一些橡皮艇和组员就已退出行动。苏军重武器部署在俯瞰德军突击部队的高地上，以猛烈的侧射火力迅速打垮了第6连的挺进，该连距离河岸已不到100米。另外，德国人缺乏重武器，无法压制对方致命的侧射火力。尽管存在这些困难，第7连各个排还是在他们英勇的连长率领下，继续向前突击[49]：

在此过程中，第7连连长罗滕富塞尔少尉再次证明了自己的杰出军事技能和英勇无畏。他渡过第聂伯河，以1.5个排的兵力建起一座小型登陆场。战斗愈演愈烈，敌人试图粉碎第2营核心力量，遂以占尽优势的炮兵力量有条不紊地轰击乌斯季耶村，位于高地与第聂伯河之间的这个村庄起火燃烧。这导致各个连队之间越来越难以保持联系，前调预备队也很困难。电话线和无线电联络数次中断，好几名话务/报务员负伤……

虽然取得了上述初步成功，但危机逐渐加剧，继续战斗徒劳无益，这一点很快就变得明确无疑。炮兵即将耗尽弹药。敌人不存在这种困难，他们的武器在数量和口径方面都占有优势，这导致第2营的进攻陷入停滞，他们遭受到巨大损失，继续进攻不再具有合理性。第2营继续战斗，直到团部命令他们转入防御。由于无法加强罗滕富塞尔的登陆场，上级命令第7连的支队撤回第聂伯河西岸，以免被敌人彻底消灭。但这场后撤只能在夜间进行……

战斗过程中，指挥部人员和重武器不得不承受惨重损失。尽管步兵的战斗到傍晚时基本已告结束，可敌军的炮击强度丝毫没有减弱，并且一直持续到了深夜。敌人于7月11日至12日夜间实施的一场空袭造成第8连1人阵亡，11人负伤。河对岸的一些步兵和战斗工兵无法游过河来[50]，一等兵瓦格纳和中士瓦尔德纳驾驶渔船勇敢地来回摆渡，把他们运到西岸。虽然炮弹不断落下，机枪火力也很猛烈，但我方人员没有遭受损失。[51]

在这场失败的行动中，德军阵亡多人，包括英勇的罗滕富塞尔少尉。可正如第17装甲师7月13日的日训令明确指出的那样，他的牺牲并非毫无意义：

第2装甲集群司令古德里安大将在今天视察时，对我师过去几天取得的成就表达了最大的、毫无保留的赞赏和由衷感谢……通过无情的进攻，特别是第40步兵团获得加强的第2营于7月11日晨强渡第聂伯河，我师在我方战线上牵制住了大批敌军，从而使获得加强的第29摩步师在科佩西的突击相当轻松……我师为此付出的牺牲意义重大！我相信全师将士会以同样的奉献精神和主动性恪尽职守，直到赢得最终胜利。

签名：冯·韦伯[52]

第29摩步师展开行动时，位于莱梅尔森第47装甲军右侧的维廷霍夫第46装甲军也顺利渡过了第聂伯河。虽然遭到苏军猛烈炮火和反复空中突击的破坏，但获得"大德意志"步兵团摩托化步兵支援的沙尔第10装甲师[53]，在什克洛夫以南、莫吉廖夫以北约20公里处渡过第聂伯河。"大德意志"步兵团7月11日清晨的行动概述如下：

1941年7月10—11日的夜间很冷。天空渐渐放亮时，"大德意志"步兵团已在出发阵地做好准备。橡皮艇和摆渡器材前调，师属炮兵准备发射，但敌人的炮火也落在了我方集结地域。

清晨5点，"斯图卡"战机出现在第聂伯河上空并朝确定的目标投下炸弹。炮兵利用"斯图卡"的攻击确定自己的目标——弹药已获得分配！他们于5点15分展开炮火齐射。5点20分，"大德意志"步兵团的士兵把突击舟和橡皮艇推入河中。虽然俄国人的防御火力依然存在，但第一波突击力量还是于5点35分到达对岸。20分钟后传来的消息称，这些步兵已向前挺进约1公里。

"大德意志"步兵团第1营的对手是"斯大林的学生"，这些苏军士兵战斗得非常狂热。双方的损失都很惨重，不过"大德意志"步兵团依然奋勇向前。到6点20分，他们已把登陆场的纵深扩大到2公里。[54]

虽然苏军的猛烈炮火阻滞了德军搭设浮桥的努力，还导致他们起初无法向前运送架桥材料，但"大德意志"团的士兵还是继续拓宽他们的登陆场。为加强己方反炮兵火力，德军军属炮兵力量（加农炮和重型榴弹炮连）加入了这场炮兵对决。在这番火力掩护下，"大德意志"团设法把他们的重型步兵武器运过了河。[55]

"大德意志"团和第10装甲师作战地域北面，由党卫队地区总队长豪塞尔率领的党卫队"帝国"摩步师在什克洛夫附近发起了进攻。但在渡河前，这些党卫队掷弹兵需要先肃清第聂伯河西岸，于215高地上据守筑垒阵地的苏军。[56]直到7月11日中午，该师才真正打开通道并为渡河行动实施集结。虽然遇到了这些挑战，另外该地域的桥梁已在空袭中遭到破坏，但"帝国"师还是成功建起了登陆场。当日日终前，第46装甲军先遣力量已位于什克洛夫以东12公里处。[57]

通过 1941 年 7 月 10—11 日实施的作战行动，古德里安在奥尔沙与罗加乔夫之间的第聂伯河对岸建起一系列登陆场。这样一来，他的突击力量就突破斯大林防线并楔入了苏联第 13 与第 20 集团军的结合部。实际上，古德里安"导致铁木辛哥沿第聂伯河构设的防御彻底失效，这道防线从科佩西向南延伸到莫吉廖夫，再从莫吉廖夫南延到旧贝霍夫，结果铁木辛哥失去了对局势的掌握，他（古德里安）则迅速对苏方这一弱点加以利用"[58]。

征服第聂伯河防线后，第 2 装甲集群向东疾进，攻往斯摩棱斯克南面的开阔地域。7 月 13 日，第 47 装甲军第 17 装甲师攻占奥尔沙。当日 24 点前，该军辖内第 29 摩步师冲出位于科佩西的登陆场，距离斯摩棱斯克仅剩一半路程。南面，第 46 装甲军第 10 装甲师夺得戈尔基，朝东南方隆隆攻往索日河，第 24 装甲军编成内的第 4 装甲师和第 10 摩步师则离开旧贝霍夫，由两个装甲军实施的这场挺进把苏联第 13 集团军主力困在了莫吉廖夫及其周围。苏联第 13 集团军已把莫吉廖夫镇打造成一个坚不可摧的要塞，他们会在这里继续进行坚决抵抗。但古德里安并不打算为攻该镇耗费太多时间，这个任务最好留给冯·魏克斯将军第 2 集团军的步兵力量，该部已到达列津纳河，正以强行军向东赶来。[59] 事实证明，"英勇的莫吉廖夫"会坚守 17 天，直到 1941 年 7 月 27 日。[60]

在这些作战行动进行之际，霍特第 3 装甲集群的坦克也在中央集团军群北翼取得进展（参见本节"第 3 装甲集群"小节）。7 月 13 日夜幕降临前，第 2、第 3 装甲集群先遣力量（分别是第 29 摩步师和第 7 装甲师）从南面和北面迅速朝斯摩棱斯克汇聚，两部相隔仅 55 公里。苏军沿第聂伯河构设的防御彻底崩溃，铁木辛哥西方面军辖内各部正为自身生存而战，德国势不可挡的装甲大军对他们构成了合围的威胁。[61]

德国陆军总参谋部作战处写于 7 月 13 日的每日报告记录下了苏军对冯·克鲁格元帅第 4 装甲集群展开的"猛烈反突击"[62]，7 月 3 日以来，该集团军一直很难控制其麾下的霍特和古德里安装甲集群。这场反突击就是古德里安后来所说的"铁木辛哥攻势"，开始于写下报告那天（13 日），一直持续到 7 月 16 日。这位苏联元帅（铁木辛哥）的意图是切断、歼灭第 2 和第 3 装甲集群，并沿第聂伯河恢复西方面军的防御。但"从实际情况看，铁木辛哥的计划部分，甚至可以说完全不可行"[63]。投入进攻的寥寥几个苏军兵团中只有第 21 集团军成功遂行命令并取得一些战果。渡过第聂伯河时，他们暂时威胁到了德军位于别列津纳河畔博布鲁伊斯克的交通线。另外，苏联第13集团军部分部队给德军队列造成了些许混乱，趁机逃离了莫吉廖夫东面即将形成的包围圈。虽然取得一些微不足道的战果，加上不断感受到来自苏联大本营的压力，但铁木辛哥还是无法阻止德军装甲部队朝斯摩棱斯克挺进。[64]

在此期间，已彻底获得行动自由的古德里安命令他势不可当的装甲大军继续向东疾进，他无情地驱使着人员和战车，全然不顾几个装甲军敞开的侧翼。7月14日黄昏，博尔滕施泰因第29摩步师（隶属第47装甲军）从西南面逼近斯摩棱斯克，内林第18装甲师剩余的坦克紧随其后。另外，第10装甲师（隶属第46装甲军）几乎到达索日河，该师的最终目标是斯摩棱斯克东南方75公里处、杰斯纳河畔具有战略重要性的叶利尼亚镇。施韦彭堡第24装甲军在古德里安最右翼掩护第2装甲集群挺进。[65]德国空军也表现得很活跃，仅第2航空军在7月14日就出动885个架次[66]，斯摩棱斯克与莫斯科之间的铁路线于当日首次遭到轰炸[67]。

虽说古德里安急躁、高要求的领导风格是可以理解的（因为风险不可能更大了），但他有时也会因此将下属置于危险境地，内林将军在他发表于1961年的文章中说：

> 7月12日，第18装甲师的轮式车辆部队开始利用一座结构欠佳的军用桥梁渡河，而装甲部队不得不使用门桥（渡过河流）。这样一番行动，加上敌人的抵抗，导致我师发生延误。
>
> 我师的下一个目标是克拉斯内。那里的路况很糟糕——沙质地面遍布，罗索森卡地段还很潮湿，桥梁更是无法承受重负。虽然第17装甲师没能获得成功，但我们左侧的友军在科佩西与奥尔沙之间渡过了第聂伯河。尽管地面和空中侦察报告，配有坦克的强大敌军对我们脆弱的侧翼构成威胁，可军部命令不必投入掩护力量。迅速楔入敌军防御纵深的原则在这种情况下走得太远……结果，敌坦克于7月14日在多布伦附近成功摧毁我师大部分补给体系，缴获师里的文件，还差一点俘获师部人员，而师部警卫部队尚位于前方较远处。

尽管如此，我师还是按照命令在7月14日到达克拉斯内—古希诺周边地域。我师在这里的任务是为第29摩步师进攻斯摩棱斯克提供侧翼掩护，这导致了一场激烈的森林战，我师战力受损……虽然实现了预期目标，但部队成员疲惫不堪。坦克和汽车在劣质道路上损失较多，相关人员不得不对其实施检修，但各种车辆需要的许多零配件无处可得。总的来说，我们不远千里把补给物资从国内运到斯摩棱斯克，但无法确保相应部队都能获得。[68]

1941年7月15日黄昏，"获得出色领导的"[69]第29摩步师（该师士兵自豪地称本部队为"鹰隼"师）突击部队到达斯摩棱斯克南郊[70]，为肃清这座城市，他们会在这里进行历时三天的激烈战斗。同样是7月15日，中央集团军群庞大合围行动的北钳，也就是霍特的第3装甲集群，到达斯摩棱斯克东北方50公里的亚尔采沃，一举切断了该城的主要公路和铁路交通线。[71]当时有20个苏军师（包括2个机械化军残部）被困在处于形成过程中的包围圈里，这个口袋从斯摩棱斯克向西延伸到了奥尔沙。[72]

在德军另一场规模庞大的合围形成之际，古德里安装甲集群的损失越来越大，这是个不祥之兆。拜访霍特和古德里安装甲集群后，奥克斯纳上校于1941年7月11日向陆军总参谋长哈尔德汇报，称装甲部队的人员和物资均遭受惨重损失，目前这种极快的作战速度使所有人都疲惫不堪。[73]到1941年7月12日，第24装甲军辖内第3装甲师已筋疲力尽，师作战参谋不得不请求军预备队提供支援。[74]7月13日，施韦彭堡麾下另一个装甲师（第4装甲师）仅剩25辆可用坦克（接下来几天里，随着零配件和补充坦克到来，这种情况会有所改善）。[75]没过几天，第18装甲师战斗序列中的坦克也只剩12辆。[76]尽管战车和人员损失严重，可是运抵前线的补充力量寥寥无几。大约在同一时刻，第18装甲师的天主教神父写道：

救护车来来往往，卸下车上令人悲伤的货物，然后再次驶往前线。我在各个房间来回逡巡。任何话语都无济于事……这里或那里偶尔会出现一个疲惫的笑容。房屋后面一个阴暗的角落里摆放着死者，既有军官也有士兵。这个数字（死亡人数）不断增加。他们都是年轻人，刚刚成年。当然，我们师几乎完全由现役人员组成。[77]

很显然，中央集团军群装甲部队的实力正迅速下降。总的说来，博克整个集团军群开始受到"严重缺乏军事资源"的影响，这种情况在接下来几天甚至几周里会迫使"各危机点之间的部队疲于奔命，并引发指挥官之间越来越激烈的争执，但他们根本没有足够的资源应对由战争提出的、迅速增长的需求"。[78]

第 3 装甲集群

到 1941 年 7 月 10 日，霍特第 3 装甲集群已从边界线向苏联腹地深入 450 公里，此时正伫立在西德维纳河畔。他的两个装甲军在河对岸建起了登陆场——第 57 装甲军在装甲集群左翼的季斯纳（设立登陆场），而第 39 装甲军的登陆场位于维捷布斯克西面的乌拉和别申科维奇，该部在 7 月 9 日以一场大胆的侧翼迂回夺得维捷布斯克城。通过这些行动，霍特彻底粉碎了铁木辛哥沿西德维纳河构设的防御。接下来几天里，苏军积极展开行动，力图从德军手中夺回维捷布斯克地区。I.S. 科涅夫中将的第 19 集团军展开反突击，红军士兵从军列上卸下后立即投入战斗。在里希特霍芬第 8 航空军的大力支援下，第 39 装甲军血腥地击退了苏军的冲击。到 7 月 13 日日终时，科涅夫集团军已基本崩溃。[79]

尽管在对苏战局初期阶段表现出色，可第 3 装甲集群的官兵觉得他们付出的努力没有得到上级部门的充分肯定，由该集群呈交的一份报告清楚地体现了这一点。这份报告也反映了霍特的领导风格：

所有作战行动期间，甚至早在（该部位于）涅曼河之后，广大将士就对他们的成就似乎没有在集团军群和陆军总司令部的态势报告中获得充分肯定而感到遗憾。其中部分原因大概是装甲集群所提交报告的性质（导致了这一结果）。这些报告总是侧重于战斗的实际过程和对敌人的印象，客观而又清醒，言简而又意赅。只有这样才能让上级指挥部门掌握准确的情况。可如果那种以华丽辞藻写成的夸大其词的报告每天从其他地方送到上级部门——这种报告总是充满"最艰巨的战斗""敌人无比强大""我方占据优势"等夸张之词——并被上级部门采纳，那么，为了部队的利益，每个人都会逐渐被迫使用这种新风格，而不考虑它歪曲了实际情况。每场战斗都是困难的，因此，"最艰巨的战斗"这类说法只应在特殊情况下出现于报告之中。[80]

霍特手头有 500 多辆坦克[81]，他在 7 月 10 日之后的主要任务是以麾下实力最强大的兵团（施密特的第 39 装甲军[82]）从维捷布斯克向东进击，夺取斯摩棱斯克以北地域，尔后以强大的快速力量转向东南方，夺取该城东北面的军用公路——这场机动若能取得成功，德军就会切断正在斯摩棱斯克西面和北面奋战的红军部队的后撤路线[83]。因此，这番行动构成了中央集团军群庞大钳形机动的北钳（古德里安第 2 装甲集群担任南钳），而这场（钳形）机动的意图是沿德军进军的中央方向包围并歼灭苏军残余力量的主力。可要想完成这项任务，第 3 装甲集群就必须穿越布满沼泽、湖泊、森林的地域，这里的丘陵连绵起伏，一直延伸到斯摩棱斯克——与斯摩棱斯克以南地区相比，这里的地形并不利于坦克和机动车辆行动。

霍特装甲集群最左翼在 7 月 13 日之后的辅助任务是从季斯纳登陆场攻往涅韦尔城（由孔岑的第 57 装甲军执行），这个至关重要的交通枢纽（涅韦尔）位于北方集团军群与中央集团军群结合部。这场辅助突击是与莱布集团军群联合行动的组成部分，目的是肃清两个集团军群的内翼，困住、歼灭该地区的大批苏军部队。但孔岑装甲军往涅韦尔的调动导致霍特兵力分散，两个装甲军会朝不同方向发起进击，这场考虑不周的行动会给冯·博克元帅围歼斯摩棱斯克地域苏军部队的努力造成不利影响。不过，需要指出的是，第 57 装甲军分兵涅韦尔是希特勒和陆军总司令部做出的决定，而非霍特自己的主意。[84]

7 月 12 日，第 39 装甲军的坦克正在行进途中。施通普夫第 20 装甲师取道苏拉日攻往东北方的韦利日，丰克第 7 装甲师则冲向正东面的杰米多夫，他们分别前进约六七十公里，于次日到达这两个城镇。[85] 施密特的装甲力量"绕过 F. A. 叶尔沙科夫第 22 集团军沿西德维纳河布防的左翼，以及 P. A. 库罗奇金第 20 集团军位于维捷布斯克南面的右翼，同时把科涅夫第 19 集团军余部逐向东南方，M. F. 卢金第 16 集团军正在那里为保卫斯摩棱斯克缓慢集结"[86]。攻往杰米多夫期间，第 7 装甲师与苏军第 19 集团军步兵第 25 军的三个满编步兵师交战，该步兵军在鲁德尼亚镇（杰米多夫西南方不到 50 公里处）卸载，并在维捷布斯克东南 9 公里处占据防御阵地。据苏联方面的一份资料称，德国坦克逼近时，"步兵第 25 军成员四散奔逃，甚至没有进行战斗，因为他们非常害怕敌人的炮火"。后来，该军军长和军部一同被俘。[87]

7月14日傍晚，第7装甲师先遣部队已位于斯摩棱斯克北面仅35公里处，第20装甲师正逼近韦利日前方75公里的博尔村。[88] 丰克放弃了从北面冲击斯摩棱斯克的机会，而是继续向东挺进，于7月15日中午夺得斯摩棱斯克东北方44公里的杜霍夫希纳。该师在这里幸运地找到一条出色的"硬面道路"，利用这条道路攻往他们的最终目标。丰克组建了一个诸兵种合成战斗群，该部编有一个装甲营和一个摩托化步兵营，并以工兵、炮兵、高射炮部队加强。他派遣该战斗群迅速向南，完成赶往亚尔采沃镇最后的24公里路程：

在亚尔采沃附近，通往莫斯科的公路线和铁路线跨过沃皮河——这是第聂伯河的一条支流。该战斗群于7月15日20点30分拿下这个重要的城镇，随后立即以火力封锁了斯摩棱斯克与莫斯科之间的交通主动脉。这条公路（即"交通主动脉"）随即发生堵塞，四条车道上挤满了赶往西面和东面的苏军部队和车队。该战斗群旋即击退敌方多次反冲击中的第一次，并牢牢守住阵地。这是第7装甲师最辉煌的时刻。丰克的装甲兵攻入亚尔采沃，没过几个小时，莱梅尔森第47装甲军辖下的博尔滕施泰因第29摩步师便从南面冲入古老的斯摩棱斯克城，这表明古德里安的挺进同样迅速。就这样，截至7月15日日终，又一场庞大的合围正在形成。据估计（并在后来得到证实），铁木辛哥第16、第19、第20集团军的30万将士陷入了致命陷阱，且其中大多数人（当时）仍在遥远的西面进行战斗。[89]

当第7装甲师封锁从斯摩棱斯克通往莫斯科的军用公路时，第39装甲军辖内其他快速师（第20、第12装甲师，以及第20摩步师）开始围绕被困在斯摩棱斯克西面的苏军部队构成一道封锁线。7月15日日终前，施密特的几个师占据了一条约200公里长的弧形战线，从维捷布斯克前方一路延伸到亚尔采沃。但在徒步步兵师从西面抵达前，斯摩棱斯克包围圈仍很脆弱，很容易被苏军部队突破。第9和第2集团军辖内部队（分别是第5、第9军）此时正逼近这个发展中的包围圈的西部边缘。[90]

与此同时，孔岑第57装甲军于7月14日晨冲出维捷布斯克西北方约125公里的季斯纳登陆场，沿波洛茨克—涅韦尔公路攻往涅韦尔。担任先锋的是克

诺贝尔斯多夫第19装甲师，第14摩步师有一个团为其提供支援。虽然第19
装甲师当日的进展"受到难以形容的恶劣路况的严重影响"[91]，但他们还是竭
力赶往涅韦尔。夜幕降临前，他们已位于涅韦尔西南方大约15公里处。[92]第
19装甲师的摩托化炮兵团也参加了这场进军，他们很快就占据发射阵地，把
这座城市笼罩在毁灭性的火力之下：

> 发生一些小规模战斗后，我师继续朝东北方取得进展。一场不期而至的
> 暴雨终于缓解了由气温导致的不适，但缺点是它让道路彻底沦为泥沼，我们的
> 车辆陷入其中。（第19装甲师所属）炮兵团第2营（缺第4连）与"施密特"战
> 斗群（第27装甲团）并肩战斗。炮兵团第4连和"伊万特"战斗群（第74步兵
> 团）率先发起这场挺进，他们穿过了一路延伸到德里萨河河岸的丘陵地带。
> 在靠近涅韦尔的一座高地上，人们能把该城的情况尽收眼底，但只能通过两
> 座大型湖泊之间的一条狭窄地峡进入该城。苏军炮兵开火射击。炮兵团第1、
> 第3营的几个炮兵连，以及第816迫击炮营第1连把包括观测火力在内的所有炮
> 火集中于该城西北部和西部，结果火焰四起（在房屋、车辆、坦克上都能看
> 见）。一些步兵成功夺得至关重要的桥梁，敌人本已打算把它炸毁，这是一
> 场完美的突袭……
>
> 涅韦尔城内，燃烧的房屋逐渐坍塌。在此之后，这座城市给人一种荒凉
> 不堪的印象。[93]

克诺贝尔斯多夫的坦克和摩托化步兵在两天内前进68公里，一举粉碎
了苏军步兵第62军的防御，于7月15日傍晚前抵达涅韦尔郊区，并于次日
早晨从苏军坦克第48师手中夺得该城。此时，担任北方集团军群第16集团
军先遣力量的第12步兵师（隶属第2军）正从西北方赶往涅韦尔，准备同第
19装甲师会合，并在该城西面构成包围圈，困住苏联西方面军所辖的第22
集团军。[94]

德国陆军总司令部希望以第16集团军部分力量、第57装甲军、施特劳
斯第9集团军的步兵（目前行进在德里萨与波洛茨克之间，最终将到达西德维
纳河）实施向心突击，完成对苏联第22和第27集团军（后者隶属西北方面军，

目前也在涅韦尔地域）的合围。倘若这场行动取得成功，冯·莱布元帅就能在自己转身向北，与芬兰人携手夺取列宁格勒时消除他右翼遭受的威胁。就这样，"涅韦尔成了重要性被严重夸大的目标，像磁铁一般吸引了希特勒和陆军总司令部的注意力，而这就需要霍特第3装甲集群的部分力量协助解决问题"[95]。但从冯·博克元帅的角度看，"涅韦尔分兵"把己方急需的资源（特别是第57装甲军辖内第19装甲师）调离了中央集团军群在斯摩棱斯克实施作战行动的重点地域——霍特将军也持相同看法。[96]涅韦尔之战的结果是，深深吸引希特勒和陆军总司令部[97]、被两者寄予厚望的合围没能实现，苏联两个集团军很快就设法溜出了这个发展中的陷阱。

但总的说来，霍特装甲集群在1941年7月10—15日的作战行动进行得非常顺利。实际上，于7月15日夺得亚尔采沃后，丰克第7装甲师已伫立在距离莫斯科仅300公里处。此时,对苏战局才刚刚开始24天。[98]有趣的是,冯·克鲁格元帅（他至少通过第4装甲集团军司令部对霍特和古德里安装甲集群保持着一种名义上的控制，但后两位战地指挥官都不喜欢这种安排）作为这些行动的协调者，"似乎没有发挥太大影响"[99]。7月15日前后，博克乐观地认为："斯摩棱斯克的态势似乎让铁木辛哥遇到了麻烦。今天早上，我们截获了发给斯摩棱斯克地区苏军指挥员的无线电报：'您的沉默是可耻的，您什么时候才能明白？他们很担心您的健康。请立即提交您对整体态势的评估。'紧随其后的是一份要求不惜一切代价坚守斯摩棱斯克的电报。"[100]

但在装甲兵将领霍特看来（其南面的同僚古德里安持相同看法），由对苏战局提出的身心要求和不可替代的人员、装备的不断消耗（相关资源在"巴巴罗萨"行动开始时就严重不足）导致损失不断增加。历史学家戴维·斯塔赫尔认为，霍特在1941年7月13日装甲集群作战日志中所写的评论，"明确阐述棘手的困境削弱了德国陆军明显的胜利"：

在评估远期目标的进展时，霍特直言不讳地指出："实力的消耗大于（取得的）战果。"可随着苏联军队在几乎无法控制的混乱中踉跄后退，在战场上根本没有暂停喘息的可能。德军快速力量一路向前，他们虽然注意到自身力量的削弱，却根本无力改变什么。实际上，要是停止前进，德国人就会大声咒骂。可如果不停下来，他们同样会咒骂不已，尽管霍特还没有得出这样一种令人沮丧的结论。相反，这位装甲兵将领承认了这场战局造成的"严重损失"。但他又补充说，这些战损尚未超过先前西方战局中遭受的损失。在另一方面，他又指出体力消耗"非常大"，并为此强调炎热和尘埃制造的严酷作战条件。霍特还首次提出他那些部下的士气问题，谈到（造成这一问题的）诸多因素，诸如"贫瘠的广袤土地和敌人的顽强抵抗"等。另外，霍特评论了道路和桥梁情况[101]，并指出有关整个庞大作战地区的这样一个事实："敌人在各处实施抵抗。"最后，这位装甲兵将领总结了部下萌生的沮丧情绪：他们"不断产生这样一种念头，快速部队干吗要独自完成一切呢"[102]？

步兵集团军（波洛茨克要塞）

边境交战期间（最突出的是别洛斯托克—明斯克合围战），中央集团军群快速挺进的各装甲军经常把第 4 集团军（7 月 3 日后为第 2 集团军）[103] 和第 9 集团军的步兵甩在身后远达 200 ~ 300 公里。由于缺乏步兵支援，霍特和古德里安的坦克不得不在侧翼危险地暴露在外，交通线易受攻击的情况下从事战斗。随着 1941 年 7 月初红军在包围圈内有组织的抵抗逐渐崩溃，德军步兵师得以向东实施一系列残酷的强行军，力图赶上备受重压的己方装甲部队。最后者目前正赶往西德维纳河—第聂伯河一线并试图强渡两河。为加快前进速度，各步兵师把寥寥无几的机动车辆编入了先遣支队，在行军纵队主力前方挺进。

1941 年 7 月 10 日，马克西米利安·冯·魏克斯将军所辖第 2 集团军几个师的先遣支队已在鲍里索夫与博布鲁伊斯克之间到达别列津纳河，把他们与古德里安装甲集群（现已开始强渡第聂伯河）之间的距离缩短到 100 公里左右。但集团军步兵主力仍在前线后方 150 ~ 200 公里处。在中央集团军群左翼，施特劳斯第 9 集团军的先遣力量已到达波洛茨克东南面和西北面的西德维纳河河段（分别是第 5、第 23 军），而集团军主力也正逼近该河。[104]

进入 7 月中旬后，东进中的第 2、第 9 集团军在大多数情况下只进行了有限的交战，虽然他们的任务依然是肃清白俄罗斯庞大森林里无处不在的红军小股部队。一般来说，就像德军最高统帅部这段时期的每日秘密报告记录的那样，徒步步兵的挺进依然"按计划进行"[105]。尽管如此，这种从容不迫的前进令装甲部队（他们急切地等待着接替部队尽快抵达）和步兵部队的指挥官深感失望。第43军军长海因里希在7月11日写给妻子的信中谈到了他的受挫感，并大胆预测了德国步兵战后的未来：

我们又经历了两个行军日。这两天酷热难耐，飞扬的尘土难以言述，士兵们备受压力。一个团昨日行进54公里，另一个团跋涉了47公里。完成这样一场行军是可能的，可如果实现这种特殊成就前已经历数场30～40公里的行军，之后还要这样跋涉，那就真的太可怕了。而且没人能在夜间得到睡眠，相反，你必须在凌晨2—3点动身出发，一路跋涉到傍晚，有时甚至持续到22点。中午或许会有一场休息，但通常没有可用的水，而且要顶着炙热的阳光。偶尔发现一条可供洗澡的溪流是最令人兴奋的。每个人都把身上的衣服脱掉，然后跳入水中，哪怕它已污浊不堪。水就像黄金一样宝贵。

我们现在位于俄国腹地，今天的宿营地叫科佩尔……布尔什维克分子目前正沿第聂伯河战斗。我方军队已在某些地段渡过该河。这就意味着我们不得不继续行军，直到累趴下，因为我们总是在行军、行军、行军！我认为战争结束后会废除步兵这一兵种。人力与引擎之间的差距太大了。哈特穆特[106]正在第聂伯河畔战斗，愿上帝保佑他。[107]

1941年7月中旬，第31步兵师逼近莫吉廖夫南面的第聂伯河河段。年轻的反坦克兵埃里希·邦克少尉也在该师参加战斗。他的战后记述提供了关于德军步兵为何需要这么长时间才能赶至前线的深刻见解：

我不得不沿行进路线跟随卡车徒步跋涉一整天。整条道路是100米宽的开阔地带，没有任何硬质路面。说实话，人员、马匹、机动车辆沿这种道路向东行进是非常艰难的。只要出现河流，行进就必然发生耽搁，有时甚至在森林的入口处也是如此，这些入口非常狭窄，我们只有排成单路纵队才能通行，一部部车辆首尾相连。这不是行进，而是一种跋涉。上级部门不断提出要求，可他们必须知道的是，步兵军真的无法更快地前进了。只有全驱越野车辆适合在这里行驶，但这种车辆寥寥无几，步兵只装备有德国陆军的重型大车，而这些大车纯属负担，并给一切造成了耽搁。我们这些步兵师使用马匹拖曳火炮，遇到山脊时，大家不得不把马匹数量加倍，将一门门火炮和一辆辆弹药车依次拖上山。炮组人员甚至帮着推动车辆的辐条，以确保它们是前进的。[108]

　　相信本书读者完全理解德国步兵在吃力地穿越白俄罗斯的田野、森林、沼泽时经历的考验和磨难，因此我不需要在这里重复叙述了。但第45步兵师的例子可谓独一无二，值得我们进一步详述。6月29日，布列斯特－立托夫斯克要塞的战斗已告结束，该师伤亡1000多人，其中450多人阵亡或失踪。次日（即30日），该师建立起他们在苏联的第一座公墓并举行了庄严的仪式纪念阵亡战友。之后不久，第45步兵师一个摩托化先遣支队向东驶去，师主力于7月2日尾随其后。起初，部队沿"相对较好的"道路行军，没有与敌人发生过密接触，经科布林和安托波尔赶往平斯克，在这里进入普里皮亚季沼泽北部边缘，这片巨大的天然屏障把中央集团军群和南方集团军群的内翼分隔开来。少量红军部队从边境撤入沼泽地，对博克集团军群的侧翼和后方构成威胁，因此，必须追击并消灭这些敌军，这项任务最初属于第1骑兵师[109]，现在移交给了施利佩尔少将的第45步兵师[110]。

　　该师穿越令人生畏的普里皮亚季沼泽的行动始于7月6日并持续数周。[111]德军将士由西向东穿过整片沼泽地并始终保持战备状态。师里的神父鲁道夫·克舍普夫在他出版于1955年的第45步兵师师史中回忆道："因此，（相关行动）对人员、马匹、车辆和其他装备提出的要求，只有亲身经历过这一切的人才能给出正确的评价。"[112]

　　在这种永远潮湿、不卫生的空气中待了几天后，你会觉得自己已被打垮，你能体会到一些令人不适的症状——胸口发闷，呼吸困难，喉咙疼痛，但最糟糕的还是第一批痢疾和疟疾病症的出现。随着时间的推移，一种心理上的冷漠压倒了我们，这是一种凄凉感，它缺乏生存意志和活力。由蚊子造成的可怕折磨本应单独写上一章……蚊帐虽然分发给了部队，却只能提供聊胜于无的防护。

　　谈到"道路"——这纯属夸大其词，这里只有寥寥几条小径，最多只能承受当地的轻型马车，而不是军队的重型行军纵队。所以这不是"进军"，而是一场穿过40～50厘米深的沙子、深不见底的泥潭、茂密森林和杂草丛生的灌木丛的，不折不扣的痛苦跋涉。在某些地段，我们必须铺设长长的束柴路才能继续前行。机动车辆的引擎经历了难以想象的磨损，因为细细的沙尘无孔不入，划伤了活塞和气缸。另外，它们（机动车辆）的底盘在这种地形上也总是显得过低……

由马匹拖曳的火炮和马拉纵队只能吃力地穿过这些残破小径上的尘埃、沼泽和泥泞，这导致马匹疲惫至极。套着缰绳、瘫倒在地的马匹数量惊人，它们再也无力拖动火炮和辎重大车。道路上，死去的马匹随处可见，形成了一条可怜的尸链。（当时）真的有"大量"马匹死去，之后我们再也没有经历过这样的事情……

我们在这片地区只遇到寥寥几个居民地点。在此之前，我们完全无法想象他们的悲惨程度。这些男男女女穿着肮脏、原始的自制亚麻衣物，他们似乎完全不知道鞋子和袜子这些东西……

我们的行军主要在夜间和上午进行。各部队和纵队通常在午夜过后不久从森林中的宿营地动身出发，竭力在中午前到达目的地，目的是尽可能避开一天中最热的时刻和俄国人的侦察机。顺便说一句，第45步兵师的新名称是"第45SSS师"——施利佩尔（Schlieper）的沼泽（Swamp）、沙地（Sand）师。[113]

7月8日，在原苏波边境的大卫格罗杰克—图罗夫附近，第45步兵师先遣支队在遭遇苏军一股优势力量后损失惨重，被迫构设刺猬防御并等待本师主力赶到。该师于7月14日下午重新发起冲击，但被一场猛烈的雷雨阻挡在路上。这场大雨持续不停地肆虐了几个小时，雷击造成一些人员丧生，整片地区沦为难以通行的泥沼，一切作战行动戛然而止。次日（7月15日）拂晓后不久，第45步兵师再度发起进攻，中午时已摧毁图罗夫西面的苏军阵地并占领该镇。该地区的战斗持续了一周，直到苏军被彻底击败。在大卫格罗杰克附近，该师建造对苏战局中的第二座师属墓地，埋葬了师里的36名阵亡将士。[114]

斯摩棱斯克交战前夕，德国步兵沿中央路线突击方向的作战行动以施特劳斯第9集团军于1941年7月15日攻克波洛茨克要塞为标准到顶点。这座要塞位于波洛茨克筑垒地域，该筑垒地域是斯大林防线的组成部分，长112公里、纵深 4 公里，与西德维纳河相互平行。筑垒地域的修建工作始于 1931 年，在 1939 年获得加强，其用途是"掩护西德维纳河上游与第聂伯河上游之间的陆桥，封锁里加—莫斯科铁路线，保护维捷布斯克、奥尔沙、斯摩棱斯克的铁路枢纽"[115]。波洛茨克筑垒地域由 200 多座混凝土掩体组成，布满重武器、机枪、常规野战阵地和铁丝网障碍，其复杂的地形特点（苏联人非常善于把湖泊和沼泽纳入防御体系）也增加了防御阵地的强度。1941 年 7 月中旬，这些防御工事为苏联第 22 集团军提供了沿西德维纳河布置的最后一座防御堡垒。[116]

冯·博克元帅意识到苏联防御工事的强大，因而建议谨慎行事——宁可绕过波洛茨克以减少人员损失并节约宝贵的时间。[117]但施特劳斯的想法不同，他选择强攻要塞并为此大张旗鼓地投入两个军辖内的步兵师：弗尔斯特第 6 军从西德维纳河正西面和南面发起冲击，已在河北岸展开行动的舒伯特第 23 军从北面攻往波洛茨克。虽然这场进攻计划于 7 月 14 日发起，但实际行动被推迟一天，以便有更多时间实施战术侦察。[118]

为削弱苏军阵地，德国人会在展开进攻前实施一场令人印象深刻的炮火准备。第 6 军辖内第 6、第 26 步兵师配备的轻型和中型榴弹炮获得了统帅部炮兵力量加强，包括 210 毫米和 300 毫米重型榴弹炮，几个 88 毫米高射炮连也调拨给了这场进攻。为了以直射火力压制敌军堡垒，重型榴弹炮和 88 毫米高射炮会尽可能靠前部署。最后，里希特霍芬第 8 航空军的"斯图卡"战机将负责为地面部队提供空中支援。[119]

7 月 14 日至 15 日的夜间，由德军各步兵营和战斗工兵组成的突击群占据集结地域时，温度已低得令人有些不适。7 月 15 日拂晓后不久，德军炮兵开火射击。苏军也以炮火还击，但很快遭到德军重型火炮压制。6 点前不久，苏军阵地被烟幕弹发出的烟雾所笼罩。6 点整，奥勒布第 6 步兵师和魏斯第 26 步兵师的先遣部队投入行动。[120]

在第 6 步兵师突击地段，第 18 步兵团团长贝克尔上校亲自率领突击编队（一些士兵配备了火焰喷射器）。该师遂行冲击的另一个团（第 37 步兵团）以第 2 营两个步兵连和第 6 战斗工兵营的突击群向前挺进。两个团的战斗小组楔入苏军防御工事，开始有条不紊地消灭对方的堡垒阵地，并获得了己方炮兵灵活且有效的支援——无论苏军的抵抗在何处出现，他们都会集中火力予以压制。[121]

第6工兵营第2连的作战日志详细记录了该连突击群在支援第37步兵团的作战行动中发挥的作用：

为进攻敌人的堡垒防线，"塔滕霍斯特"突击群被分配给第37步兵团第6连，该连在左侧挺进，而"松德尔曼"突击群被调拨给第37步兵团第5连……冲出森林时，两个连遭遇隐蔽在树上的敌狙击手的猛烈火力，一时间无法前进。由于敌人的火力相当凶猛，"塔滕霍斯特"突击群放弃了逼近5号堡垒的首次尝试。突击群重新实施侦察，并在88毫米高射炮成功打击敌堡垒后，于9点30分再度发起冲击。为消灭盘踞在各座堡垒之间地域的敌人，突击群排长获得了一挺重机枪和第37步兵团第6连"罗尔夫斯迈尔"步兵小组的加强。

高高的芦苇为这场挺进提供了很好的掩护，但沼泽地带明显减慢了部队的前进速度。突击群接敌期间，佐默中校的步兵压制群[第6炮兵团的两个营和第42炮兵团的一个营（欠一个连）]朝要塞边缘前方投下猛烈火力，以此防范敌人的侧射火力，也使相邻的堡垒无法看清战场上的情况。9点50分，我方部队攻克5号堡垒并将其炸毁。在肃清堡垒两侧阵地的过程中，我们俘获了49名俘虏。

"松德尔曼"突击群暂时隶属第37步兵团第7连[122]，该突击群因为树上的一名敌狙击手而遭受些许伤亡……10点15分，突击群实施了对1号混凝土重型堡垒的冲击，这座堡垒就在列西内附近的前进路线右侧。进攻发起前，该部再次获得210毫米重型榴弹炮和88毫米高射炮的猛烈炮火支援。10点45分，这座掩体的射口被炸药包封锁，整座堡垒随后被肃清。

10点50分，"塔滕霍斯特"突击群夺得10号堡垒，它就在1号堡垒南面几百米处。昨日的侦察没有发现这座掩体，因而（该掩体）未遭到炮兵轰击。射击口和堡垒内部都被炸药包炸毁。（德方）突击群逼近的所有堡垒都被敌人放弃，到目前为止没被消灭的敌人……都成了俘虏。[123]

虽然存在苏军狙击手伏击、地图不足等困难[124]，但是到上午11点，第18和第37步兵团先遣部队已突破苏军堡垒线并着手从两翼和后方卷击剩余的敌军阵地。为发展胜利，第37步兵团团长亨尼克中校临时组建了一支小规模摩托化突击队，该部在下午早些时候穿过树林冲向波洛茨克。这支突击队以一场突袭夺得位于西德维纳河下方的部分波洛茨克镇区。尽管这场挺进大胆而又迅速，但突击队还是无法阻止敌人炸毁西德维纳河上令人垂涎的桥梁——迅速逼近的德军部队距离桥梁仅200米时，守军炸毁了波洛茨克镇内第三座，也是最后那座桥梁。[125]

在此期间，第26步兵师（隶属于第6军）的初步推进遭遇苏军堡垒阵地的激烈抵抗，遂行冲击的德军步兵遭到压制。第77步兵团团长赫茨施上校为部下寻找前进路线时被敌人的炮火击中，身负重伤的赫茨施在送往急救站途中不治身亡。为恢复进攻，德国人以重武器、火炮和88毫米高射炮猛烈开火，敌方暗堡很快陷入沉默。第77步兵团几个营再度向前冲去，追击被打败的敌人。[126]

渡过西德维纳河后，第23军辖下的第86步兵师（其先遣部队已于7月9日在季斯纳渡过该河）冲向波洛茨克北部，在下午3点前夺得该镇。[127]该师师长约阿希姆·维特赫夫特将军是最先进入这座城市的人员之一，他乘坐一辆装甲车隆隆驶入燃烧的波洛茨克镇，车上的20毫米高射炮不停开火射击。在下达于当日的一道日训令中，第23军军长对他的这些部下表示感谢：

军部，1941年7月15日

通过对坚韧而又顽强的敌人施以强有力的打击和从事艰巨的个人战斗，你们已打垮要塞的西北防线，并为我们的装甲力量创造了接敌途径。

你们冲击了60多座构造得极其坚固的堡垒。步兵、战斗工兵、炮兵、陆军高射炮兵都以大胆、英勇的方式投入战斗并相互竞争。

7月15日，我们的同志在西德维纳河南面也发起进攻，敌人的抵抗彻底崩溃。15点……第86步兵师先遣部队攻入波洛茨克。

将士们，你们已经最大限度地履行了自身职责，没有辜负任何人对你们的信任。你们应当得到元首最充分的赞誉和祖国的感谢。我要特别祝贺第86步兵师取得的决定性突破。我们付出的牺牲绝非徒劳。波洛茨克已在我们手中！现在已是充分发展我们取得的胜利并彻底消灭被击败之敌的时候了。

向最终胜利前进！

签名：舒伯特[128]

波洛茨克的陷落打乱了叶尔沙科夫第 22 集团军南翼的部署，并把该集团军切为两段——8 个步兵师中的 4 个处于被困在涅韦尔以西的危险下，另外 4 个则被切断、孤立在涅韦尔与波洛茨克之间。[129] 奥勒布第 6 步兵师为这场胜利付出的伤亡相对较小（11 人阵亡，36 人负伤），亨尼克中校则因为他在这场行动中发挥的特殊作用荣获骑士铁十字勋章。[130] 随着波洛茨克被德国人牢牢控制在手中，第 23 军渡过西德维纳河，开始追击被击败之敌。第 6 军负责梳理波洛茨克西面的森林并缴获了大批武器装备和大量弹药。[131]

当施特劳斯的步兵力量在波洛茨克击败苏联红军时，第 9 集团军辖内其他兵团（劳夫第 5 军和马特纳第 20 军）正匆匆赶往维捷布斯克，以加强施密特第 39 装甲军在斯摩棱斯克北面的包围圈。7 月 15 日，第 5 军第 5 步兵师一个先遣支队抵达维捷布斯克，而该师主力距离该城仅 15 公里。[132] 南面，魏克斯第 2 集团军庞大的作战地域内，第 53、第 12、第 9 军先遣力量终于在日洛宾（位于罗加乔夫南面）与奥尔沙之间到达第聂伯河，多达几个军的主力正逼近该河并靠近古德里安麾下那些装甲军。此外，第 2 集团军第二梯队步兵力量（第 43、第 13、第 7 军）正抵达别列津纳河。[133]

1941 年 7 月 15 日，第 35 步兵师（隶属于第 5 军）已在奥尔沙与维捷布斯克之间到达斯摩棱斯克门户。二等兵格哈德·博普是师属侦察营的一名无线电报务员，他对近期战斗造成的破坏深感震惊：

> 整条前进路线上满是（被击毁和损坏的）坦克、汽车和其他装备。弹坑、倒下的树木、烧焦的灌木丛——这一切都见证了我们"斯图卡"战机所造成的巨大破坏。我们中午时停下休息，17 点左右再度恢复行军。（行军路线）总是让我们穿越森林。我们不得不设法将一些车辆拖过深深的沙地，而步兵只是从我们身边经过（却不会停下做些什么）。[134]

7 月 15 日，第 23 步兵师（隶属第 7 军）距离前线尚远，当时正准备在鲍里索夫渡过别列津纳河。该师的一名营长——维尔纳·海涅曼少校在给妻子的信中写道：

暴风雨不期而至，这还是今天的首次。（我们）经别列津纳河与第聂伯河前往莫斯科方向，这完全是沿当年拿破仑走过的道路行进。这片地域！难以置信！我们付诸的努力前所未闻，营里的四个连队倒下的人员实在太多，加起来足足有一个连。可我们必须坚持下去，绝不能让布尔什维克分子获得时间实施重组。[135]

斯摩棱斯克合围战

斯摩棱斯克城位于可通航的第聂伯河的顶端，"恰到好处地坐落在一片河谷中，四周满是丘陵和平缓的耕种山坡"[136]。虽然曾属于白俄罗斯，但斯摩棱斯克及其17万居民[137]游离于白俄罗斯的政治边界外，他们的生活环境是"乳牛业乡村，玉米和亚麻地，还有点缀其中的林地和果园"[138]。这座古老的城市及其克里姆林宫① 和堡垒的城墙被第聂伯河分成两部分。据一份德方资料称，河岸以南是一座"可爱、浪漫的城市"[139]，包括著名的大教堂，其历史可以追溯到12世纪。这座城市的新区，包括一个火车站和若干工厂则位于河流北面。凭借漫长而又血腥的历史——她在中世纪是波兰人和立陶宛人常常展开争夺的一个"重要路口"；俄国人于17世纪将其夺取后，彼得大帝以此作为对付瑞典查理十二世的作战基地；拿破仑又在1812年8月把她攻占——斯摩棱斯克已经成了所有俄罗斯人珍视的历史象征物。[140]

1941年7月时，这座城市横跨德军通往莫斯科最直接的入侵路线，形成了维捷布斯克—奥尔沙—斯摩棱斯克战略三角区的一个点，以及西德维纳河与第聂伯河之间的狭窄陆桥，这使她成为冯·博克元帅中央集团军群无比垂涎的一个目标。对约瑟夫·斯大林来说，斯摩棱斯克的重要性同样显而易见，他决心坚守该城到最后一刻。如此一来，斯摩棱斯克地区未来几周的战斗变得极其激烈、残酷，因为俄国人和德国人都敏锐地意识到这场交战很可能决定战争的结局。正如1939年到1945年间曾在好几个战区进行战斗的一名德国炮兵回忆的那样："1941年7—8月间斯摩棱斯克周围的交战是我在整个战争里经历的最激烈、最致命的战斗。"[141]攻占斯摩棱斯克后不久，一位视察该城的德军将

---

① 编注："克里姆林"一词原指城市中心的堡垒，除莫斯科外，俄罗斯的诸多其他历史文化名城，如诺夫哥罗德、喀山、斯摩棱斯克等，亦有克里姆林宫。

领称其为"冒着烟的废墟堆",主要由"被烧毁的房屋废墟"组成。[142] 一名德国士兵在 1942 年春季给这座城市拍摄的一张航拍照片揭示了难以想象的、由一系列破坏构成的一幅怪诞的场景,见证了那里所发生战斗的残酷性。[143]

　　1941 年 7 月 16 日到 8 月 5 日这三周内,霍特和古德里安装甲集群都在三个方向上从事激烈战斗:沿着斯摩棱斯克包围圈抗击被围苏军绝望的突围,直到己方徒步步兵力量赶来接替;沿着斯摩棱斯克前方的"东部战线",面朝莫斯科抗击苏军不断发起的反冲击;守护他们暴露而又脆弱的侧翼,特别是第 2 装甲集群从罗斯拉夫利到克里切夫的南翼(进行战斗)。尽管德国空军提供了强有力的支援(7 月后三周里,平均每天出动 575 架次)[144],但两个装甲集群还是遭受前所未有的损失(受损最严重的是装甲掷弹兵),因为他们在这样一种环境下紧张地从事多项任务——补给线过度拉伸(而且逐渐迟钝)、战斗正面过度扩张、人员和物资日益衰竭。到 1941 年 7 月底,各装甲集群辖内部队要求撤出前线、休整补充的呼声已越来越高。[145]

　　这段时期的另一个特点是红军发起了一连串猛烈反突击。苏联人先是寻求粉碎德国机械化集团并重新夺回斯摩棱斯克。这番尝试失败后,他们又力图从即将覆灭的厄运中解救被围部队,并把他们向东转移到安全地带。虽然这些进攻的协同和执行欠佳,但它们还是协助阻挡住博克的"闪电战",并将其军力牵制在斯摩棱斯克,(进行相应作战花费的)时间远较博克本人、希特勒或德军最高统帅部预计的长。另外,红军的积极作战方式表明,苏联人的军力并不像德国人在斯摩棱斯克交战开始时想象的那样几近枯竭。1941 年 8 月 5 日,苏军在斯摩棱斯克包围圈内的抵抗终告崩溃,德国人虽然通过粉碎红军另一个重兵集团,再次取得令人印象深刻的战役性胜利,可他们没能实现撕裂苏军防线,肃清通往莫斯科的道路的主要目标。随胜利而来的不是决定性地攻入苏联纵深腹地——中央集团军群疲惫不堪、受损严重的部队突然发现自己陷入了一场战略僵局,因为己方的"闪电战"凝滞成了阵地战的第一阶段。

　　但在 1941 年 7 月中旬,斯摩棱斯克交战刚开始时,德国人可谓信心十足。陆军负责评估苏联军事情报的东线外军处忽略对方新锐预备队集团军集结在苏军防线后方的事实,对红军残余力量构成的威胁给出了极为乐观的分析:东线外军处估计,在中央集团军群当前战线前方,俄国人的可用军力只有 8～9 个步兵师，外加 2 ~ 3 个坦克师。尽管陆军总参谋长哈尔德认为这种分析至少在某种程度上说"过于乐观"，可是这些情报确实加强了他对即将到来的胜利不可动摇的信心。他认为，由于苏联人缺乏预备力量，只要在斯摩棱斯克粉碎红军的防御，博克的军队就会获得行动自由，从而完成向莫斯科的进军。[146] 至于博克，他的集团军群在 7 月 16 日向陆军总司令部报告，虽然俄国人还在顽强（尽管看上去有些零星）抵抗第 4 装甲集团军，但敌人似乎已不具备对德军装甲力量实施一场"连贯行动"的能力。[147]

第 2 装甲集群

1941 年 7 月 16 日，古德里安第 2 装甲集群沿一条长度超过 150 公里的宽大战线向前挺进，在追击被击败的铁木辛哥军队的过程中远远越过了第聂伯河。在装甲集群南翼，施韦彭堡第 24 装甲军先遣部队冲向东北方的克里切夫镇。面对苏军虚弱的抵抗，朗格曼第 4 装甲师一个战斗群于次日（7 月 17 日）攻克该镇，但敌人设法炸毁了索日河上的重要桥梁。[148] 7 月 17 日，从莫吉廖夫包围圈脱身的莫德尔第 3 装甲师也在克里切夫上方到达索日河。施韦彭堡麾下两个装甲师在这片区域待到了 7 月底，以掩护第 2 装甲集群南翼并抗击苏军通常很猛烈的冲击。[149]

古德里安集群中央地段，7 月 14 日上午，沙尔第 10 装甲师（隶属于维廷霍夫第 46 装甲军）的摩托车步兵攻入了索日河畔的姆斯季斯拉夫利（克里切夫以北约 35 公里），该师坦克于一小时后到达该镇。[150] 两天后的 7 月 16 日，该师沿索日河朝东北方前进，攻往 75 公里外的叶利尼亚，豪塞尔党卫队"帝国"师的摩托化步兵尾随其后。沙尔的坦克和装甲掷弹兵在这场挺进中没遇到太激烈的抵抗，倒是结构脆弱的桥梁制造了不少麻烦：

1941 年 7 月 16 日的这场进军并不像期望的那样轻松取得进展。装甲部队没能在清晨 4 点动身出发，他们不得不先与步兵和摩托车步兵一同击退俄国人的进攻，对方在德军计划出发前十分钟击中了他们的集结地域⋯⋯

装甲旅随后开始他们的进军行动，但姆斯季斯拉夫利东部出口的桥梁坍塌了，真正渡过河流的坦克寥寥无几。装甲兵试图在该镇西北出口渡河，然而那里的桥梁也被压塌了。只有一个装甲连设法从一片浅滩渡过索日河。最后，在10点30分，对桥梁进行临时修理后，摩托车步兵才得以渡过河去。

在此期间，整个第7装甲团第1营已通过一片（确定可以使用的）浅滩渡过索日河，因而能够与摩托车步兵一同前进……尽管如此，该师还是会遇到许多问题。他们必须沿进军路线修复桥梁，因为这些桥一座接一座地坍塌。师长赶到了姆斯季斯拉夫利，命令整个第49装甲工兵营全力修复姆斯季斯拉夫利的桥梁，并沿前进路线修理途中的那些桥。[151]

7月16日，第2装甲集群北翼，冯·韦伯第17装甲师和内林第18装甲师已在杜布罗夫诺与克拉斯内（斯摩棱斯克西南方向56公里）之间，沿奥尔沙东北面的第聂伯河河段占据了斯摩棱斯克包围圈南部边缘的拦截阵地。[152]在此期间，虽然苏军的顽强抵抗造成"不少伤亡"[153]，但博尔滕施泰因第29摩步师先遣部队早已于7月15日晚些时候到达斯摩棱斯克南部边缘。不过，古德里安装甲集群与霍特位于亚尔采沃的第7装甲师（隶属第39装甲军）仍然相距甚远，这就意味着斯摩棱斯克包围圈远没有被封闭。第3装甲集群在7月15日晚的作战日志里记录了他们的沮丧之情："不幸的是，尚未同第2装甲集群会合，就像在明斯克那样。"[154]

接下来几天（发生的事）会带来更强烈的受挫感并一路传到希特勒位于拉斯滕堡的大本营。因为古德里安没有像他本来该做的那样转向东北方，以第46装甲军封闭合围圈缺口；相反，他决定继续攻往叶利尼亚的高地[155]，其注意力完全集中在了保持攻往莫斯科的势头上。毫无疑问，这位顽固的装甲兵将领随意决定把封闭包围圈降为他这个装甲集群的次要任务——这意味着在斯摩棱斯克合围战中，数以万计的苏军官兵得以逃脱阵亡或被俘的厄运并在之后重新投入战斗。古德里安完全无视了冯·博克元帅、其顶头上司冯·克鲁格元帅、霍特将军的当务之急，最终导致斯摩棱斯克合围战充其量也只是一场不完整的胜利。

7月16日上午，博尔滕施泰因第29摩步师辖内部队攻入斯摩棱斯克，夺得金色圆顶的圣母升天大教堂和第聂伯河上至关重要的铁路桥。这个消息令博克深感欣慰。次日（7月17日）上午，日本驻柏林大使大岛浩将军赶到博克的司令部。自7月11日起，中央集团军群司令部就设在别列津纳河畔鲍里索夫镇一座废弃的疗养院[156]，位于明斯克东北方约 80 公里。大岛浩发现这位德国陆军元帅的情绪"几乎可以说是兴高采烈"。博克陪同访客视察前线，并在克鲁格第 4 装甲集团军司令部举办了午餐会。当晚返回司令部后，博克还命令魏克斯尽快让第 2 集团军各步兵师渡过第聂伯河。[157]

通过到达斯摩棱斯克——从对苏战局发起之日算起——古德里安装甲集群已在 25 天内取得约 600 公里进展，平均每天前进 24 公里。[158]虽然德军迅速夺得该城南端，苏军却在北岸实施了更积极的防御。因此，博尔滕施泰因的装甲掷弹兵在内林第 18 装甲师坦克力量的支援下，进行了数日残酷、代价高昂的巷战（经常是以刺刀和手榴弹，在近距离内展开逐屋逐房的厮杀[159]），才肃清卢金第 16 集团军步兵第 129 和第 151 师散布在城内的守军。战斗结束时，第 18 装甲师只剩 12 辆可用坦克，这反映出了"战斗的激烈程度和它对缺乏步兵师支援的德军装甲部队造成的影响"[160]。哪怕是在德国人占领斯摩棱斯克后，城内的小规模战斗也持续到了 7 月下旬。[161]中央集团军群完全清楚其快速力量面临的沉重压力，因而命令第 2、第 9 集团军各步兵师以最快速度前进，以替换装甲部队（进行作战）。可直到 7 月 25 日，第 9 军第 137 步兵师才在斯摩棱斯克接替第 29 摩步师。[162]

1941 年 7 月 17 日，古德里安荣膺骑士铁十字勋章橡叶饰，成为陆军第 5 位、整个国防军第 24 位获此殊荣者。[163]大约在同一时刻，古德里安跑去参观了斯摩棱斯克的圣母升天大教堂：

（大教堂）没有遭到损毁。但走入其中，访客会惊讶地发现这个礼拜场所的入口和左半部分已被改成"无神论博物馆"。门口伫立着一尊蜡像，这是个正在乞讨的乞丐。里面是真人大小的资产阶级蜡像，夸张的姿势表明这些人正在虐待、盘剥无产阶级。这些东西毫无美感可言。教堂右半部分被继续保留，用以举行宗教仪式。[164]俄国人试图在我军到来前把银质祭坛饰物和烛台埋藏到地里，可显然没来得及。不管怎么说，这批价值可观的宝物就堆放在地板中央。我下令去找一个可靠的俄国人，让他来负责这些宝贝的保管工作。很快，一名教堂司事被带到我面前，他是个蓄着花白胡须的老人。我通过翻译告诉他，让他把这些珍贵的物品拿走并加以保管。圣障上宝贵的镀金木雕完好无损。这座教堂后来怎样我就不知道了。但在当时，我们曾经不辞辛劳地跑去确定它没有遭受破坏。[165]

如前所述，被困在斯摩棱斯克地域的苏军部队是第16、第19、第20集团军主力。由于本国步兵还没有赶到战斗最前沿，中央集团军群的装甲和摩托化部队不得不以坦克、半履带车、车载步兵围绕被困苏军，设立一道封锁线。北面，施密特获得加强的第39装甲军（隶属第3装甲集群）沿包围圈北部边缘建起了一道相当牢固的防线。但在包围圈南部边缘，莱梅尔森第47装甲军被卷入激烈战斗，正以10个营兵力据守一道约100公里长的正面[166]，无法完成最后几公里路程，与斯摩棱斯克东北方、亚尔采沃附近的丰克第7装甲师（隶属第39装甲军）会合。这样就在沿第聂伯河的沼泽性河岸中留下了一条狭窄走廊，从包围圈向东延伸到亚尔采沃以南15公里的索洛维耶沃村[167]，包围圈里的苏军部队可以穿过这条走廊，向东逃到安全地带。

7月18日，盖尔第9军的步兵力量终于开始抵达包围圈南部边缘。因此，第17装甲师得以撤出奥尔沙东北方防线并部署到斯摩棱斯克以南地域，在这里打击向北攻往该城的苏军部队。随后的战斗中，第17装甲师师长冯·韦伯将军于7月19日被弹片炸成重伤，次日死在克拉斯内一所军医院里。[168]7月21日，冯·托马将军接掌该师。据古德里安说，冯·托马是"我们当中最具资历、经验最丰富的装甲指挥官。他一向以冷静著称，并在第一次世界大战和西班牙内战中展现出了非凡的勇气。现在，他会再次证明自己的能力"[169]。

冯·韦伯将军身负重伤时，莱梅尔森第47装甲军指挥所也突然遭到攻往斯摩棱斯克的苏军部队袭击。莱梅尔森在日记中描述了这起不幸的事件：

1941年7月20日，周日

持续四周的战斗！

昨天是个非常倒霉的日子，而且令人难以忘怀……敌人以一个师和重型炮兵部队从南面进攻斯摩棱斯克，我们的指挥所首当其冲。他们从南面对我们施压，随着战斗的继续，这种压力也出现在了东面。我们只得到一个警卫排和一个高射机枪连的薄弱保护，因而命令位于斯摩棱斯克的第29摩步师以一个摩托车步兵连提供支援。尽管如此，敌人还是越来越近，他们的"乌拉"呐喊声已经清晰可辨。军属通信营无线电连的一个战斗群遭到俄国人伏击，敌人以野蛮的方式屠杀了他们。我们后来发现18名弟兄，包括英勇的帕尔切费尔德少尉，被敌人用最残酷的方式杀害，他们中的大多数是因后脑中了一枪而毙命的。[170]

与此同时，包围圈里的苏军部队竭尽全力突破德军薄弱的封锁线，陆军总司令部作战处写于7月18日的每日报告称对方"展开了殊死的突围尝试"[171]。德军各装甲师长期缺乏步兵力量，从来没有打算遂行这样一种静态防御任务，因而遭受了极大损失。[172]历史学家罗伯特·J.克肖（2000年时，他是一名英国陆军上校）写道：

装甲部队不仅缺少匆匆组织防御警戒哨所需的时间，也欠缺实施步兵训练手册建议的那种纵深协同防御所需的专业知识。摩托化部队精通机动作战技艺，但这种经验并没有赋予他们选择防御阵地的眼光……在波兰或法国，摩托化部队通常被添加到主要以安全警戒哨围绕被困之敌仓促构建的、临时性的封锁线上。然而这种做法在俄国不起作用……

包围圈不仅存在诸多缺口，而且（这种缺口）保持着移动。由于红军部队不断尝试突围，德军装甲部队必须频繁调整阵地以保持同心压力，或是在吸收对方冲击时向后弯曲。"漂移的口袋"导致这种仓促防御的协调工作更趋复杂，在接纳因行军而疲惫不堪的步兵部队进入并构建合围对内正面时更是如此。[173]

古德里安的压力越来越大，他必须封闭包围圈，但他没有为完成这项任务而停止向叶利尼亚进攻并渡过杰斯纳河。冯·博克元帅于7月18日向冯·克鲁格元帅强调在亚尔采沃附近封闭包围圈的重要性，次日（19日）早晨，他再度致电第4装甲集团军司令部，接电话的是克鲁格的参谋长布卢门特里特上校，博克让他问古德里安"是否正在执行三天前关于在亚尔采沃附近与第3装甲集群会合的命令。要是没有，我（博克）就委派其他部队去执行这项命令"[174]。博克在日记中指出，这番交谈随后引起了一场争执：

我问道："那里的一切都在掌控中吗？比如为何'大德意志'步兵团仍在前线后方磨磨蹭蹭？"就在这时，克鲁格接过电话，称他在一旁听到了我们的谈话，并不得不因我指责（相应人员）指挥不力为装甲集群辩护几句——这引发了一场短暂的争执。[175]

实际上，古德里安一直在努力封闭包围圈，他正抽调部队赶往亚尔采沃东南方的多罗戈布日。7月18日，他命令内林严重受损的第18装甲师攻向多罗戈布日。当时，该师大多数坦克因战损无法使用，反坦克炮折损过半。该师辖内一个团在发起对苏战局时的兵力为2359人，到7月19日已损失1000人。[176]获知古德里安的意图后（也就是在步兵部队赶到前把第18装甲师调离包围圈南部边缘，"实际上……这就是打算拆东墙补西墙"）[177]，克鲁格立即撤销了前者这道命令。他甚至没有通知古德里安，两人之间的关系已变得如此紧张。[178]

古德里安在7月20—21日进行第二次尝试，派遣豪塞尔"帝国"师（隶属第46装甲军）部分部队向北赶往多罗戈布日。由党卫队掷弹兵组成的一个战斗群到达第聂伯河上游岸边，此时该部距离亚尔采沃的第7装甲师仅15公里。[179]可他们没能靠近目标——由于地形复杂，加之苏军实施了猛烈轰炸，这场进攻以失败告终。古德里安于7月23日视察了"帝国"师最前沿部队（由一级突击队中队长克林根贝格率领的摩托车手），以便对情况进行评估。这番视察使古德里安确信己方必须推迟进攻。他后来承认："攻往多罗戈布日的一切尝试都彻底失败了。"[180]不管怎样，尽管古德里安在战后很不诚实地宣称自己一直"急于"协助霍特封闭包围圈[181]，其真实行动却证明事实并非如此，特别是他把第10装甲师派往叶利尼亚的决定——沙尔的坦克和装甲掷弹兵于7月19—20日夺得该镇（详情参阅本书第十章"转入阵地战"一节"例二：叶利尼亚突出部的第46装甲军"小节）[182]。

此时，面对敌人施加的越来越大的压力，遏制斯摩棱斯克包围圈已经成为集团军群司令最关注的问题。博克的耐心渐渐耗尽，他在1941年7月20日的日记中透露："目前集团军群的战线上只有一个包围圈！而且存在漏洞！很不幸的是，到目前为止，我们还无法在斯摩棱斯克及其东面会合两个装甲集群的内翼，尽管我们为此努力了数日。"[183]他再次批评克鲁格和第4装甲集团军的指挥，认为他们没有对古德里安采取更强硬的立场，以确保包围圈的封闭，因而（相应行动）没有起到作用。第2装甲集群把夺取叶利尼亚视为一场重大胜利时，博克却对此不屑一顾："（这种胜利）必须加以扩大。"他立即向自己下属回复说，现在唯一重要的是"牢牢封闭斯摩棱斯克包围圈，并在东面设立掩护屏障"。为强调自己的观点，博克直接向第2装甲集群派去一名总参军官，彻底绕过克鲁格司令部。他还让自己的参谋长格赖芬贝格打电话给古德里安，进一步强调集团军群的指示。[184]

由于实力日趋枯竭的装甲和摩托化部队无法封闭包围圈，德国空军试图从空中完成这项（封闭）任务。"斯图卡"战机在漫长的昼间潜伏于战场上空，轰炸机编队则不分昼夜地投入行动，打击苏军纵队和战线后方的交通线，同时进行空中密接支援。[185]虽然德军战斗机、战斗轰炸机、轰炸机中队可以在昼间以巨大的破坏力实施打击，但由于战场上没有独特的地形特征，他们在夜间几乎无法精准识别目标。简言之，德国空军"缺乏全天候、全天时控制地面的能力"[186]。实际上，正如凯塞林元帅在战后承认的那样，他的第2航空队所能做的其实相当有限：

这些战斗导致了斯摩棱斯克周边的合围战（从7月中旬持续到8月初），这是一场重大胜利（俘虏30多万人）。但从另一方面看，它没能带来任何决定性胜利，换句话说，这只是一场"普通的胜利"。倘若斯摩棱斯克东面的缺口得以封闭，这场合围战也许就能取得决定性胜利。我本人和空军总司令下达的紧急命令没有得到执行。这个狭窄缺口的宽度只有几公里，其中段穿过一条小河谷，得到地面植被的遮蔽，这导致大批敌军在几天内逃脱，特别是在夜间。虽然密接支援战机在昼间以持续不断的打击大幅减少了敌人的逃离数量，但俄国人还是可以利用黄昏和夜间取得更大的成功。通过这种方式逃到后方的红军官兵，我估计超过10万人，他们后来成了苏军新建部队的骨干。[187]

古德里安和霍特装甲集群都无法完成最后一段路程，从而堵住亚尔采沃附近的缺口并封闭包围圈，这个事实说明德军快速兵团已经变得多么疲惫不堪。[188]大批步兵力量被调到集团军群南翼，在第2装甲集群的将士中"引发了严重的怨恨之情，他们觉得自己在承受了持续 30 天最激烈的战斗后被抛弃了"[189]。官兵的精神压力显而易见，这是身体疲惫、伤亡人数不可避免地增加、坦克支援力度下降，以及炮弹和其他弹药——在坚守战线的过程中，它们对抗击苏军的猛烈反冲击至关重要——的日益短缺共同造成的结果。

7 月 22 日，第 2 装甲集群军需长的作战日志指出，装甲集群的弹药"情况危急"，特别是施韦彭堡的第 24 装甲军。两天后（24 日），维廷霍夫第 46 装甲军的炮弹存量也到达"危急"程度，而莱梅尔森第 47 装甲军的弹药情况仅被视为"紧张"。[190] 这对前线将士来说意味着什么呢？也许位于叶利尼亚的沙尔第 10 装甲师的描述最为恰当，该部所需的弹药不得不通过卡车从后方 400 公里外的补给仓库运来。[191] 该师 7 月 21 日的作战日志指出："尽管军里付出一切努力，可接下来几天里，我们还是会面临坦克无油可用的窘境。弹药状况也很紧张……特别是炮兵炮弹，他们必须节约使用。"[192] 结果，该师不得不采取严厉措施，比如只允许炮兵实施直瞄射击。但在面对敌人持续不停的冲击时，这种规定只会加剧士兵的心理负担。

"消耗"也是一个影响力不断增长的因素。截至 1941 年 7 月 19 日，古德里安的军队仅军官就伤亡 830 人，某些部队的军官损失过半。总之，第 2 装甲集群的人员损失至少达到了 15228 人（含阵亡、负伤、失踪）。[193] 截至此时，装甲集群某些装甲师的战车损失相当惊人。第 4 装甲师装甲团在 7 月 22 日只剩 44 辆可用坦克，其油料、弹药和口粮（特别是面包）也常常出现短缺。[194] 同一天里，第 10 装甲师只有 9 辆坦克（5 辆 II 号、4 辆 III 号）具备充分的战斗能力，另外 66 辆中（25 辆 II 号、38 辆 III 号、3 辆 IV 号），许多缺少机油，致使发动机受损，只能执行有限的防御任务。[195] 如前所述，斯摩棱斯克陷落后，内林第 18 装甲师的战车基本损失殆尽。严重限制古德里安坦克力量恢复实力的一个事实是，第 2 装甲集群几乎没有获得新坦克和新引擎——这是因为希特勒和陆军总司令部把绝大多数新生产的装备交给了新组建的师，以便执行"巴巴罗萨"行动结束后的任务。截至 1941 年 7 月底，整个东线只获得了 45 部坦克用替换引擎。[196]

尽管人员和装备的持续损耗、严重的补给短缺、坦克组员和装甲掷弹兵身心压力的加剧导致危机迅速扩大，可是古德里安第 2 装甲集群战线上的战斗强度仍然有增无减。他们还是缺乏步兵支援（到7月21日，徒步步兵才刚开始到达该装甲集群所在地）[197]，其阵地——包括斯摩棱斯克包围圈南部边缘（第47装甲军）、叶利尼亚（第46装甲军），以及克里切夫到普罗波伊斯克的南翼（第24装甲军）——很大程度上仍存在许多漏洞。要不是德国空军配属的高射炮连以88毫米炮提供对地支援，古德里安各装甲军的困境恐怕会更加严重。[198]

在叶利尼亚，沙尔第10装甲师每天遭到红军持续不停的冲击，对方现在拥有坦克、火炮和空中力量。德国人和苏联人都清楚杰斯纳河畔这座小镇作为进攻莫斯科的潜在跳板的战略重要性，因此，双方在这里展开的厮杀可以说是整个战争期间最激烈的战斗（有关1941年7月底和8月初叶利尼亚的激战，详情参见下文"转入阵地战"一节）。7月21日到26日，战火沿叶利尼亚突出部肆虐之际，"大德意志"步兵团在罗斯拉夫利西北方不到30公里的鲁德尼亚周围击退了苏军强有力的冲击。"大德意志"补充兵旅旨在招募德国年轻人的一份战时出版物描述了这场战斗中的英勇事迹：

1941年7月11日，"大德意志"步兵团强渡第聂伯河……7月21日到26日这几天的战斗打得极为艰难，黑纳特中尉在此期间荣获骑士铁十字勋章。"大德意志"步兵团不得不以两个营掩护位于叶利尼亚附近的第46装甲军南翼，以及一座重要的机场。敌人凭借优势步兵和炮兵力量发起冲击，在一天内把第1营切断4～5次，所以这一侧的部队不得不后撤。尽管侧翼受到严重威胁，有时两翼遭到迂回，可黑纳特中尉还是坚守阵地，甚至伫立在最前线。几天后，装备和重武器弹药的消耗已相当严重，防线宽度缩减到150米，而敌人的炮火不断加剧。然而黑纳特中尉像一棵橡树那样伫立着，他所树立的榜样和他在任何情况下都能伸展出来的出色组织激励着全体官兵继续坚守。占据优势的俄国军队在近战中屡屡遭到痛击。

第6日对守军来说不啻地狱。俄国人以直射火力在极近距离内摧毁了我方防线上的一切遮蔽物，因而得以占领部分阵地。炮击期间，黑纳特中尉冲向己方的重武器（所在地），并督促剩下的德国守军奋战。他不停地射击，直到胳膊负伤，可即便如此他也没有屈服。他压制敌人达六小时之久，在此期间腿上又中两弹。最终，阵地守住了，敌人没有前进。

在长达六天的时间里，俄国人获得炮兵支援的两个师屡屡受挫，并付出了惨痛的代价。这场英勇斗争的结果是，大批红军部队越过机场，进入攻往叶利尼亚的德军装甲师右翼[199]，并继续冲向斯摩棱斯克的意图遭到粉碎。获得骑士铁十字勋章三个月后，卡尔·黑纳特中尉牺牲在布良斯克。他的上级在骑士铁十字勋章的颁奖建议中称，黑纳特是一位受到所有士兵钦佩，堪称榜样的德国军官。[200]

1941 年 7 月 23 日，"大德意志"步兵团被暂时编入内林第 18 装甲师。在斯摩棱斯克西南面的包围圈，该师终于迎来了接替部队。[201] 敌人沿第 18 装甲师防线施加了巨大压力，古德里安甚至一度担心该师会彻底崩溃。7 月 25 日，第 18 装甲师全力抗击苏军从罗斯拉夫利地域发起的猛烈冲击，并给出了令人不安的评价："到处都是敌人的新锐纵队和火炮。"[202] 该师次日（7 月 26 日）的作战日志中这样写道："（敌人的）炮火不断加剧，我方将士此前很少经历过这种程度的火力打击。"[203] 作战日志还质疑了官兵的士气，一名营军医则诊断出了集体战斗疲劳症：

全营所有人员……一种疲惫不堪的状态显而易见。原因是……严重的精神和神经紧张。官兵处在重型火炮猛烈轰击下……敌人朝他们冲来……突破他们的阵地，又在白刃战中被击退……这些将士日夜无法闭眼。食物只能在夜间几小时内提供。目前仍在部队服役的大批人员被炮兵火力活埋。那些获准休息几天的士兵……却发现自己置身于更恶劣的情况下……这对他们造成了特别严重的影响。这些人无动于衷、漠不关心，部分人员会发出哭喊，话语已经无法鼓舞他们。他们摄入的食物量少得不成比例。[204]

虽然军医给出令人震惊的诊断，但内林的装甲掷弹兵还是在本国空军的大力支援下继续坚守阵地，直到步兵部队开抵并带来深受欢迎的换防。[205] 他们在明显不利的情况下设法完成自己的任务，这一点突出体现了 1941 年的德国陆军无与伦比的纪律和专业精神。

随着第 5、第 8、第 9 军抵达，第 2 装甲集群所有装甲和摩托化部队（以及霍特第 3 装甲集群大部）到 7 月 25 日已撤离包围圈防线。因此，压缩并分割斯摩棱斯克包围圈的任务落到了后续步兵肩头。尽管取得了以上进展，斯摩棱斯克东面和亚尔采沃南面的缺口却依然没被合上，大批红军官兵从此处逃离。7 月 24 日晚，紧张不安、十分不耐烦的希特勒致电博克，询问"包围圈漏洞的情况"。博克元帅向他"汇报了所有细节，他（德国独裁者）静静地听着"。随后，希特勒对此的回应是就封闭包围圈的问题提出自己的建议。次日（7 月 25 日），国防军最高统帅部参谋长凯特尔元帅赶到博克的指挥部，继续商讨这个问题——希特勒在这方面似乎还有一些想法，因此派凯特尔代为转达。[206]

虽然德国独裁者越来越焦虑并密切关注这个问题，但斯摩棱斯克东面的狭窄走廊还是直到三天后才被彻底封闭。7 月 28 日 20 点 15 分，莱梅尔森第 47 装甲军向古德里安司令部报告，该军辖内第 17 装甲师与第 3 装甲集群第 20 摩步师（分别从南面和北面挺进）已在索洛维耶沃以南 11 公里，第聂伯河畔的拉奇诺村会合，终于封闭了包围圈。[207] 这真是个好消息，可对冯·托马第 17 装甲师来说还有一个坏消息：他们再次处于包围圈边缘，这次是正面朝西，位于斯摩棱斯克正东面的阵地。另外，包围圈的封闭状态持续了非常短的时间，因为殊死战斗的苏军部队在几天后设法重新打开了走廊，这令冯·博克元帅沮丧不已。

第 18 装甲师和"大德意志"步兵团在罗斯拉夫利西北面经历的激烈战斗是红军在斯摩棱斯克地区第一场大规模反攻的结果，铁木辛哥西方向总指挥部辖下的西方面军于 7 月 23 日发起这场反突击。为回应大本营下达于 7 月 20 日的"围歼敌斯摩棱斯克集团"的命令[208]并打破该城遭受的围困，铁木辛哥把几个大型战役集群（每个战役集群围绕一个集团军组建而成）集结在北起托罗佩茨、南至罗斯拉夫利的一道宽大弧形战线上，沿向心方向朝斯摩棱斯克发起一连串猛烈突击。虽然铁木辛哥投入主力打击霍特第 3 装甲集群（他认为该集群会对莫斯科构成最直接的威胁），但这些战役集群中最强大的一支——卡恰洛夫集群（以 V. I. 卡恰洛夫中将第 28 集团军为核心组建，辖步兵第 145、第 149 师，坦克第 104 师，并获得了强击航空兵第 209 团和歼击航空兵 239 团的支援）于 7 月 23 日早晨，从罗斯拉夫利地域向北攻往鲁德尼亚、波奇诺克和斯摩棱斯克。[209]

虽说卡恰洛夫集群辖内兵团训练不足，也缺乏足够的火炮和坦克支援，然而这场进攻还是对内林第18装甲师两翼，以及维廷霍夫位于叶利尼亚突出部的第46装甲军前沿阵地构成了合围威胁。有鉴于此，博克从盖尔第9军抽调了两个步兵师加强受威胁地段。7月27日，德军步兵在第18装甲师支援下重新夺回鲁德尼亚。但德军战斗群此时的实力过于薄弱，无法迫使卡恰洛夫的军队退回罗斯拉夫利。到7月29日，第18装甲师已撤入斯摩棱斯克东南方的森林舔舐伤口，并在那里休整补充到了1941年8月中旬。[210]

同陆军总司令部协商后，博克得出了"卡恰洛夫问题"的解决方案，他命令古德里安位于最南端的装甲军（第24装甲军）对进攻中的苏军战役集群的底部，也就是罗斯拉夫利这个重要路口和交通枢纽实施一场全面突击，尔后围歼卡恰洛夫集群，从而消除古德里安右翼遭受的严重威胁。7月27日，古德里安在参谋长利本施泰因上校的陪同下，从奥尔沙飞赴鲍里索夫的中央集团军群司令部。古德里安在那里向博克和陆军总司令布劳希奇阐述了他的进攻计划并得到博克批准。古德里安获得了实施这场进攻所需要的额外力量：辖有4个步兵师的第7军（在罗斯拉夫利北面行动的第9军已交给古德里安指挥）。[211]第2装甲集群获得明显扩充，其编成上升为一个满编集团军（古德里安集团军级集群），而克鲁格从7月3日起投入运作的第4装甲集团军司令部被直接撤销。令古德里安深感欣慰的是，他可以再次向冯·博克元帅直接汇报情况了。[212]

接下来几天里，古德里安完成了进攻准备。他在后来写道："特别是新调拨给我指挥的几个步兵军，他们到目前为止几乎没有与俄国人战斗过[213]，必须把我的进攻方法教给他们。他们从来没有同坦克如此密切地配合过，所以出现了一些必须解决的问题。"[214]不幸的是，古德里安所拥有的、与步兵相配合的坦克并不多，因为到7月25日，第2装甲集群的可用坦克总数已减至286辆（该集群在6月22日投入对苏战局时有930辆坦克可用，现在剩下三分之一）。这些坦克中包括4辆Ⅰ号和128辆Ⅱ号，这两款坦克（对当前的战争而言）早已过时。再减去19辆指挥坦克，古德里安的战斗序列中就只有97辆Ⅲ号和38辆Ⅳ号了，鉴于装甲集群承担的责任激增，这些数字可以说是少得惊人了。[215]

持续的战斗压力从现在开始折磨这位装甲兵将领，他渐渐意识到红军远没有被消灭。7 月 31 日，他在寄给妻子的信中写道："这场战斗比以往任何一场更加艰巨……还需要耗费一段时间。"[216] 当晚，古德里安在司令部为第 47 装甲军军长莱梅尔森、第 18 装甲师师长内林和第 29 摩步师作战参谋弗朗茨中校颁发骑士铁十字勋章。[217] 在两天前的 7 月 29 日，古德里安本人荣膺骑士铁十字勋章橡叶饰，希特勒的国防军副官长施蒙特上校亲自为这位装甲兵将领颁发了这枚勋章。[218]

次日晨（1941 年 8 月 1 日早晨），古德里安发动进攻。但在此之前，第 3 装甲师师长莫德尔将军也为几名部下颁发了骑士铁十字勋章，这些部下当中包括阿尔贝特·布莱希上士，他是莫德尔第 6 装甲团里一名年轻的坦克车长。

8 月 1 日晨，师长莫德尔中将来到前线。整个第 6 装甲团已在此集合。没过多久，第 3 装甲营营长施奈德-科斯塔尔斯基上尉、第 2 连的赖尼克中士得到了他们 7 月 9 日就已荣获的骑士铁十字勋章，布莱希上士站在师长面前，最后者（莫德尔）亲自颁发了这三枚勋章。

莫德尔为施奈德-科斯塔尔斯基和赖尼克送上骑士铁十字勋章后，这位身材瘦削、戴着单片眼镜的将军迈着轻快的步伐走近布莱希上士，待后者报到后，他伸手与布莱希相握。

莫德尔说道："布莱希上士，我高兴而又荣幸地为您颁发您在 7 月 24 日获得的骑士铁十字勋章。"

莫德尔将军接过副官递上的一个小盒子，从盒里取出这枚配有宽大的黑白红三色绶带的骑士铁十字勋章，把它挂在布莱希颈间，布莱希显得自豪又紧张。"我向您表示祝贺。您是我们师获得这种著名勋章的第十位成员。"

随后，莫德尔驱车返回师指挥所。这一次，这里没有举行庆祝仪式。该师将与第 4 装甲师一同……夺取奥斯捷尔河前方的克里切夫—罗斯拉夫利公路并攻占罗斯拉夫利。[219]

不久之后，施韦彭堡第 24 装甲军辖内第 3、第 4 装甲师在克里切夫冲出索日河登陆场，法尔姆巴歇尔第 7 军的步兵力量在装甲军左翼挺进。在勒尔策第 2 航空军 [220] 的 "斯图卡" 和其他战机的支援下 [221]，两个装甲师的初步打击在苏联第 13 集团军（位于卡恰洛夫左翼）的防御上撕开一个缺口，德军坦克和步兵 "犹如潮水般" 涌过这个缺口 [222]。德军坦克随后沿罗斯拉夫利公路转向东北方，第 3 装甲师 [223] 在公路上占据拦截阵地，第 4 装甲师径直攻往罗斯拉夫利。与此同时，法尔姆巴歇尔的步兵从西北面逼近该城，一个先遣支队切断了从罗斯拉夫利通往鲁德尼亚的铁路线。[224]

8 月 2 日，第 9 军（以第 292 步兵师为先锋，并获得了炮兵和深具破坏性的 150 毫米火箭炮强有力的支援）[225] 从鲁德尼亚周边地域向南攻往罗斯拉夫利。当日日终前，第 9、第 7 军的步兵已从北面和西面逼近该城，而朗格曼第 4 装甲师的坦克和装甲掷弹兵——尽管遭到苏联空军猛烈轰炸，但已经进入有效打击该城的距离内——就在罗斯拉夫利西南方 8 公里处。[226] 卡恰洛夫的左右两翼都遭到迂回，他的战役集群即将陷入合围。[227] 如此迅速的进展令博克深受鼓舞，他在日记中写道："对罗斯拉夫利的进攻进展顺利。敌人部署在那里的军力较少，我们的损失很轻微。令人遗憾的是，我们早就到了山穷水尽的地步，彻底补充各装甲师已刻不容缓。" [228]

次日晨（8 月 3 日早晨），这场交战到达顶点。第 23 步兵师（隶属第 7 军）的步兵从罗斯拉夫利城外的阵地敬畏地看着勒尔策的 "斯图卡" 中队以一个个突击波次猛烈打击这座城市。[229] 第 4 装甲师的 "埃贝巴赫" 战斗群（隶属第 35 装甲团）不顾侧面猛烈的反坦克炮、高射炮、炮兵火力，从南面包围罗斯拉夫利并冲入该城，于 10 点 45 分将其攻克。由于这场突击非常大胆，德国人还夺得了城内部分桥梁（虽然奥斯捷尔河上的大桥已被炸毁）。[230] 朗格曼迅速发展胜利，第 4 装甲师先遣部队朝东北方隆隆驶去，在罗斯拉夫利前方 17 公里、科萨基村东面、奥斯特里克河上一座被炸毁的桥梁处与第 9 军第 292 步兵师先遣力量会合（该部正沿泥泞的道路向南跋涉，这是一场突如其来的暴雨导致的结果）[231]，砰然关上了陷阱，困住卡恰洛夫不知所措、已被击败的军队。[232] 古德里安在麾下各突击军先遣部队之间来回奔波，他在战后的回忆录中叙述了这一刻的情形：

第 9 军在 8 月 2 日的表现不算太好。[233] 因此，我决定次日（8 月 3 日）还是同该军待在一起，以督促他们迅速前进，并确保进攻取得成功。我首先驱车赶到科瓦利附近的第292步兵师师部，再从那里前往第507步兵团。我在途中遇到该军军长，与他详细讨论了战斗控制问题。到达第507步兵团后，我跟随该团先遣步兵连徒步行进，通过这种以身作则的方式确保他们不会出现不必要的延误。通过望远镜，我能看见前方三公里处的莫斯科公路和罗斯拉夫利东北面的坦克。所有人员和车辆立即停止前进。我命令伴随步兵先遣力量的突击炮发射一发白色信号弹，这是我方部队事先商定的识别信号："我们在这里！"莫斯科公路上立即发出同样的回复信号。他们是第4装甲师第35装甲团的装甲兵。[234]

弗里茨·克勒参加了对罗斯拉夫利的进攻，他在日记中描述了这令人难忘的一天：

进攻发起时间定为6点30分，因此，我们准时出发。我们沿一条宽大战线向前挺进，大批重武器跟在身后。大约一小时后，我们遭到步枪火力射击，俄国人的一门火炮也以直射方式朝我们开火。我方炮兵予以还击，我们的步兵重武器投入作战后，俄国人的火炮迅速沉默下来。但我们的一辆坦克也倒了大霉，在中弹后起火燃烧。我们继续前进，俘虏约150名苏军士兵。另外，我们缴获了12～15门新型高射炮（可能是美国制造的）……在此期间，我们已到达罗斯拉夫利边缘。白色信号弹出现在左右两侧的空中。坦克和摩托车步兵很可能已经攻入敌军侧翼。我们甚至没有遭遇抵抗，很快就肃清了全城。我们只发现了一些零星的、相互孤立的红军士兵。但俄国人已在逃离前将油料库存付之一炬。不幸的是，城内几乎没有任何需要"（进行）组织"的东西。这种事情发生在法国会更好些。[235]

看见第4装甲师的识别信号后，古德里安跳上他的指挥车，朝前方的坦克驶去：

最后一些俄国人丢下武器，四散奔逃。莫斯科公路上，奥斯特里克河上的桥梁已被炸毁，第35装甲团第2连的人员从桥梁残存的横梁处爬过来迎接我。这个连一直由我的长子率领，他直到最近才调职。他深受部下爱戴，他们对他的信赖和感情因而传递到了他父亲（即古德里安）身上。现任连长克劳泽少尉向我汇报了他们的行动过程，我为全连人员的表现向他们表示祝贺。[236]

随着卡恰洛夫的军队（4个师及坦克兵团）[237] 被困在罗斯拉夫利北面，德国人在接下来两天里有条不紊地封闭并肃清了包围圈。38561名红军官兵被俘，获胜的德国军队还缴获或击毁250辆坦克和履带式车辆，以及613门各种类型火炮——这超过了卡恰洛夫集群最初军力编成的80%。卡恰洛夫将军本人在罗斯拉夫利以北16公里的斯塔林卡村附近阵亡。[238] 古德里安回忆道，这是"一场相当令人满意的重大胜利"[239]。但在这场长期被人遗忘的战斗结束七十多年后，历史学家戴维·斯塔赫尔提出了截然不同的看法：

虽然这番作战行动显然给苏军造成了另一场惨败，但事实上，这是中央集团军群为消灭战线上诸多麻烦点所能发起的唯一一场进攻，而且是规模较小的一次行动，在很大程度上说明博克的策略已告瘫痪。实际上，鉴于博克宽大战线遭受压力的程度和缺乏可用预备力量的情况，哈尔德认为博克进攻罗斯拉夫利的决定"粗心至极"。为实施这场行动付出的代价也发人深思。第4装甲师（该师一直休整到1941年7月底以恢复其坦克实力）发起进攻后仅仅两天，其坦克已损失近四分之一。施韦彭堡军（包括在南面战斗的第3装甲师）报告，该军辖内部队"除了进行必要的整补工作，还必须为将士提供四天休整时间，以消除他们的身心压力"。可由于局部冲击仍在继续，这一点（提供休整时间）无法实现……虽说罗斯拉夫利之战在战役层面仍是一场无可争议的胜利，但它说明了东线德军的局限性，同时也发出这样一个警告：德国的胜利依然遥不可及，不能对一项大规模进攻解决方案抱以长期乐观的态度。[240]

古德里安在8月头几日全神贯注于罗斯拉夫利的战事时，斯摩棱斯克地域的合围战正逐渐落下帷幕，自从1941年7月10—11日渡过第聂伯河后，德国人沿中央战线在斯摩棱斯克、莫吉廖夫、罗斯拉夫利和其他地点俘虏30多万名红军官兵，还缴获或摧毁了数以千计的坦克和火炮（有关斯摩棱斯克交战结果的详细讨论可参阅本节"斯摩棱斯克合围战的结局"小节）。[241] 北面，霍特第 3 装甲集群的坦克和装甲掷弹兵沿沃皮河被卷入激烈战斗。1941 年 8 月 1 日，据陆军总司令部作战处的每日报告称，该集群不得不投入最后的预备力量，以抗击苏军的无情冲击。[242]

第 3 装甲集群

到 1941 年 7 月中旬，赫尔曼·霍特的第 3 装甲集群已沿西德维纳河突破苏军防御并沿一道长约 200 公里的宽大战线迅速向东呈扇形展开。装甲集群右翼，丰克第 7 装甲师（隶属第 39 装甲军）于 7 月 15 日晚些时候夺得亚尔采沃镇，封锁了从斯摩棱斯克通往莫斯科的军用公路，与古德里安麾下第 47 装甲军从南面的挺进相配合，为另一场规模庞大的合围创造了条件。丰克的坦克和装甲掷弹兵朝西南方攻往斯摩棱斯克并在杜霍夫希纳和亚尔采沃占据拦截阵地时，第 39 装甲军辖内其他兵团也沿合围圈进入阵地，在斯摩棱斯克北面和西面形成包围圈北部边缘，就此完成了第 3 装甲集群的部署。[243]

在第 3 装甲集群左翼、遥远的西北方，孔岑实力薄弱的第 57 装甲军（第 19 装甲师和第 14 摩步师）掩护着霍特在斯摩棱斯克地域行动的军队的侧翼。7 月 14 日，克诺贝尔斯多夫第 19 装甲师遵照陆军总参谋长哈尔德的命令，开始攻往中央集团军群与北方集团军群结合部附近的涅韦尔，于 7 月 16 日晨夺得该镇。第 19 装甲师到达涅韦尔，再加上莱布集团军群和施特劳斯第 9 集团军步兵力量逼近（分别从西北面和西面朝该镇赶来），德军构成了把叶尔沙科夫第 22 集团军包围并歼灭在涅韦尔以西地域的威胁。

尽管第 3 装甲集群迅速取得进展，可是红军在西德维纳河后方的抵抗变得越来越顽强[244]，他们遂行的战斗更加积极、连贯、有效。另外，随着德军空中侦察发现红军新锐兵团沿主要公路和铁路向西调动，霍特和他的装甲集群很快意识到，敌人打算在斯摩棱斯克地区实施一场决定性抵抗——他们缴获的苏军作战命令证实了这样一种意图。[245] 不幸的是，由于孔岑军远在西北方，霍特沿主要方向（斯摩棱斯克）建立一个强大突击重点的努力也相应地受到影响。

复杂的地形（当地大量分布沼泽、湖泊、树林、起伏的丘陵，几乎没有条件良好的道路）导致霍特面临的挑战更加严峻，他的装甲集群不得不克服这种情况，在斯摩棱斯克上方（北方）展开作战行动：

斯摩棱斯克以北地域的街道和道路状况甚至比先前更加恶劣。结果，军队所有运动的速度均严重减缓。燃料和弹药的姗姗来迟给作战行动造成妨碍。但相关损失并不比西面更严重[246]，炎热和尘埃加剧了将士的体力消耗，广袤、萧条的乡村给人造成心理上的压力，快速部队几乎总是在得不到主力支援的情况下孤身奋战，这使全体将士萌生了休整几天的愿望[247]。

从积极的一面看，第3装甲集群的坦克和摩托化步兵再次获得了里希特霍芬第8航空军Bf-109、Bf-110、Ju-87"斯图卡"战机强有力的支援。斯摩棱斯克交战前夕，这些战机在装甲集群上空巡弋，第27战斗机联队的一个大队于48小时内取得36个击坠战果。[248]空中力量历史学家詹姆斯·S.科勒姆在他近期撰写的里希特霍芬传记中称，这位德国空军将领"表现出色"，他那些飞行员也在"斯摩棱斯克的宏大胜利中发挥了关键作用"。[249]

有利于装甲集群的一个事实是，虽然遭到无情消耗，身心也每天备受摧残，但将士们的士气依然高昂，取得最终胜利的信心毫无动摇。第7装甲师的坦克炮手卡尔·富克斯写给他妻子和孩子的信很能代表这段时期德军官兵的典型心态：

1941年7月15日

亲爱的宝贝，亲爱的小宝宝：

这是人员和装备休整的最后一天！[250]我感觉很好。你知道，在这样的一天里，你至少可以花点时间清理一切。这么长时间以来，我第一次好好洗了个澡。这是一种奇妙、清爽的感觉！我的整个身体都有一种重生感。但在此之前，我们不得不先把我们的坦克伺候好，进行清理和维修，使它恢复最佳状态。你无法想象灰尘和污垢给坦克车体和引擎造成的破坏。

我们目前驻扎在斯摩棱斯克城外，已突破敌人大肆吹嘘的斯大林防线。我认为这场战局会在8～10天内结束。没错，你可以为德国军人和我们取得的军事成就感到骄傲。

俄国俘虏看上去都很瘦弱。他们已经有好几天没吃过任何东西。他们也很高兴这场战争即将结束。一个来自乌克兰的家伙对自己被俘开心不已，在拥抱我的时候几乎使我喘不过气。我让他搭车，带着他行驶了几英里。[251]

第 19 装甲师攻陷涅韦尔，创造出包围并歼灭叶尔沙科夫第 22 集团军主力的两个选择。简言之，克诺贝尔斯多夫的坦克可以转身向北（就像哈尔德设想的那样），同北方集团军群相配合，包围苏军步兵第 51 军；或转身向南，困住苏军步兵第 62 军。但与前两者不同，霍特做出的选择是把第 19 装甲师进一步派往东北面，夺取涅韦尔前方 52 公里的大卢基。[252] 大卢基的战略重要性非常明显。[253] 另外，霍特确信第 57 装甲军可以迅速前出到别雷周边地域，从那里直接投入到第 3 装甲集群的主要任务中，协助歼灭斯摩棱斯克地域的苏联军队。取道大卢基赶往别雷会比穿过乌斯维亚特和韦利日更快些，因为大卢基这条路线虽然较长，但路况更好，反而能节省宝贵的时间。[254]

中央集团军群司令博克强烈反对这次行动，他担心该装甲军的实力太弱（"因为他们的技术装备严重受损"），无法孤军采取行动。[255] 正如这位陆军元帅指出的那样，他最不希望见到第 19 装甲师在大卢基遂行"徒劳无益的战斗"，从而削弱涅韦尔周边阵地。[256] 不幸的是，博克于 1941 年 7 月 20 日在日记中写下这句话时，对大卢基的突击已成事实。博克指责第 57 装甲军军长孔岑派"他的主要战斗力量（第 19 装甲师）"前往大卢基"违背了我的意愿"，他（博克）显然不知道这是霍特装甲集群下令实施的行动。[257]

1941 年 7 月 17 日，第 19 装甲师离开涅韦尔地域攻往大卢基，那是个重要的铁路中心。该师图片史的诸多照片中，有一张表现的是十余辆坦克停在集结地域，准备攻往大卢基——最显眼处的两辆轻型坦克挂满卷心菜，以此作为伪装。[258] 而该师的文字史（同一位作者，他是原第 19 装甲师的一名炮兵）则从清晰的人文视角描述了这场行动的发起，揭示了自古以来所有战争的共同点：

行进期间，一幅温馨舒适的场景出现在将士面前：丘陵、森林、大大小小的湖泊、绿色的草地、木制房屋构成的村庄、被粉刷成白色的教堂。这场挺进沿一条铺面道路穿过这片景观，经萨维诺和先科沃朝大卢基方向而去，一个轻型炮兵连随同摩托车步兵先遣支队前进。其他炮兵连和师主力尾随其后。

一份日记写道：

"在涅韦尔路线的出口处，右侧有一座满是白色斑点的山丘，还有一个形状长长的家禽饲养场。我方步兵令人钦佩地'自食其力'，这一点在进军大卢基途中表现了出来。军用道路左右两侧，燃烧的火坑尚存，这些火坑被用于烤鸡。行军队列开拔后，忙碌的'厨师'收拾好充当烤锅的轮毂或钢盔，把燃烧的柴火堆留给后方部队，以便他们继续从事烘烤活动。先遣部队每到一处都会升起新的火堆。通往大卢基的途中很快就散落下一堆堆白色的羽毛。"[259]

7月17日傍晚，第19装甲师先遣支队已位于大卢基以南仅20公里处，该师还同北方集团军群第2军在涅韦尔西北面的第12步兵师取得了联系[260]，但克诺贝尔斯多夫先遣力量于次日夺取大卢基的行动没能成功。7月19日，几个更重型的德军炮兵连开抵战场，在当日早晨实施弹幕射击，以此支援该师重新发起冲击。"施密特"战斗群和第27装甲团一部攻入这座约有5万名居民的城市，而"门克尔"战斗群前出到了铁路货运站。德国人切断大卢基东面的铁路线，缴获了大批储备物资和一火车新坦克，这些苏制坦克立即被投入使用。[261]

德国人在大卢基取得的成功非常短暂。7月18日到19日，施特劳斯第9集团军步兵力量逐渐加大对涅韦尔以西包围圈西部和南部边缘的压力。这样一来，他们就把苏军第22集团军辖内各步兵师推向了菲尔斯特第14摩步师装甲掷弹兵为封锁该镇构设的薄弱封锁线。到7月19日下午，这个倒霉的师（其技术装备已"彻底耗损"，人员也稀疏分散）等待着苏军的密集冲击。正如该师作战日志指出的那样，他们无力阻挡对方的进攻。[262]

这场进攻于7月19—20日夜间到来，博克在他的日记中颇具文采地写道："地狱之门敞开了。"[263]两三个苏军步兵师猛攻第14摩步师脆弱的封锁线。在火炮和第22集团军残余坦克强有力的支援下，红军步兵在多处突破德军防线。激烈的战斗在茂密、黑暗的森林中彻夜进行。次日晨，叶尔沙科夫陷入包围的各个师突破到大卢基南面的无人地带。由于孔岑装甲军没有其他部队可用，霍特别无选择，只得命令第19装甲师抽调一个战斗群向南拦截突围之敌——苏军的抵抗远较预期激烈，这个行动以失败告终。几小时后，红军对大卢基展开一场猛烈冲击，迫使克诺贝尔斯多夫于7月20—21日弃守该镇。随着苏军遭受重创的第22集团军逃离包围圈，霍特投入里希特霍芬第8航空军的"斯图卡"战机，力图给逃窜中的苏军队列造成一些额外破坏。[264]

霍特第3装甲集群向涅韦尔和大卢基最终毫无意义的"远征"[265]就此结束。撤离大卢基时，一些德国士兵产生了一种特别奇怪的挫败感：

> 1941年7月20日，撤离这座城市的行动逐渐开始，同时带离这里的食物储备，首先是屠宰场的腌熏香肠。"我们的每辆弹药车都弄到一台留声机，还有些仓促搞来的唱片。可令所有人失望的是，这不是我们想要的音乐唱片，而是编号1—90的斯大林演说。"[266]

一个月后，中央集团军群不得不重新夺回大卢基，在这段30天的过渡期中，大股苏军部队对博克左翼构成了威胁。霍特在战后所做的作战行动研究中为自己攻往大卢基的决定加以辩解，甚至暗示该镇本来可以守住。[267]可正如历史学家戴维·斯塔赫尔指出的那样：

> 霍特发起这样一场命运多舛的行动的决定表明，就连这些经验丰富的战地指挥官也已严重偏离关于其军队能完成些什么事的现实评估。克劳塞维茨曾就进攻的下降阶段发出警告，霍特这场进攻就是个典型的例子。克劳塞维茨写道："进攻力量的削弱是战略上的一个主要问题。在具体场合能否正确认识这个问题决定了进攻方能否正确判断他当时能做到些什么。"[268]

据戴维·格兰茨称："涅韦尔分兵根本就不应该发生，这是陆军总司令部糟糕策划的结果，分散了莱布和博克的力量。当时，他们没有任何预备力量可用于填补如此广阔的战线上必然出现的缺口。"[269]在一场与北方集团军群一起进行的徒劳的协同尝试中，第3装甲集群辖内第57装甲军开赴遥远的北面，导致了霍特沿斯摩棱斯克方向遂行行动的军力严重不足。格兰茨指出，涅韦尔地域的战斗"是德军最高统帅部犯下的一个严重错误，这个错误表明德国人对他们敞开的侧翼越来越紧张，越来越敏感。虽说这种综合征在希特勒身上表现得最为强烈，但陆军总司令部（人员）同样没有幸免"[270]。

撤离大卢基后,霍特终于东调第 57 装甲军(第 19 装甲师、第 14 摩步师),取道乌斯维亚特和韦利日赶往别雷地域。7 月 23 日到 26 日,该军开始沿霍特东部战线北翼占据阵地,面朝莫斯科方向。[271] 第 3 装甲集群的左翼肯定很重要,这一点毋庸置疑,但更重要的是霍特集结主力的中央地带,此地的战斗决定了斯摩棱斯克地域的命运。苏军混乱退向斯摩棱斯克之际,霍特开始收拢包围圈。尽管对方发起殊死的突围尝试,可他还是以哈佩第 12 装甲师和措恩第 20 摩步师压缩城市北面和西面的包围圈。[272] 7 月 17 日,第 9 集团军第 5 军的步兵力量与第 12 装甲师会合,着手占领包围圈西北角[273],从而接替了霍特装甲集群。与此同时,第 7 装甲师在亚尔采沃坚守阵地,抗击苏军从包围圈外部和内部发起的猛烈进攻,该师在报告中指出:

7 月 18 日,俄国人在下午投入约 80 辆坦克进攻我师阵地,紧随其后的是强大的步兵冲击。我方炮火导致敌人的进攻在我们步兵团前方崩溃。敌人当晚又投入大约 100 辆坦克重新发起冲击,但也被我方炮火所阻。30 辆被击毁的敌坦克仍在燃烧。与此同时,我们在黑夜中对公路和铁路上的敌军交通展开攻击。我们消灭敌人一个坦克排,爆炸持续了两个小时。敌人继续猛攻我师左翼,25 辆敌坦克中的一部分仍位于我们阵地前方。[274]

与古德里安第 2 装甲集群作战地域的情况一样,空中力量发挥了不可或缺的作用,协助霍特装甲集群粉碎苏军逃离日益收紧的包围圈的意图。比如第 8 航空军利用可同时为 9 架飞机快速加油的设备,于 7 月 23 日到 25 日间展开一连串空袭,阻滞了敌人在亚尔采沃附近的突围尝试,对方试图在多罗戈布日西面渡过沃皮河——"这种情况不仅危及陆军部队,还对航空军设在杜霍夫希纳东面的指挥所和几座机场构成了威胁"。第 99 高射炮团在这些进攻中为第 8 航空军提供支援。[275]

虽然霍特从北面成功封闭了斯摩棱斯克包围圈,但与南面的古德里安集群一样,第 3 装甲集群无法沿第聂伯河河岸堵住亚尔采沃南面的狭窄缺口,大批红军部队穿过这个缺口逃离包围圈。第 3 装甲集群在完成于 1942 年年初的一份报告中解释了他们没能做到这一点的原因:

第3装甲集群并不缺乏封闭这个缺口的意愿，尽管它位于己方作战地域外，应由第2装甲集群加以封锁。第7装甲师不可能做到这一点，该师首先要前出到军用公路，尔后继续挺进。该师正在西面和东面从事艰苦的防御作战，无法进一步向南进军，（强行）封闭缺口只会导致其防线更加薄弱。第20装甲师先是缺乏燃料，无法从弗罗尔向南进军，后来又忙于击退敌人从东面和东北面发起的进攻。第20摩步师和第12装甲师必须在杰米多夫两侧从北面封锁包围圈。第18摩步师的全部力量在别雷地域抗击敌军。因此，尽管装甲集群希望立即封闭缺口，可自身全部力量已投入战斗，无法为此抽调军力。[276]

随着第5、第8军后续步兵力量开抵，第3装甲集群终于得以把防线南延到亚尔采沃下方。[277]1941年7月28日，措恩第20摩步师与第2装甲集群第17装甲师在拉奇诺会合，封闭了斯摩棱斯克东面的走廊。[278]到7月26日，第5军已沿主战线北部边缘，接替据守拦截阵地的哈佩第12装甲师。另外，苏军第16、第19、第20集团军残部顽强守卫的包围圈遭到德军步兵和快速力量从各个方向发起的有条不紊的压缩，其存在范围缩小到了斯摩棱斯克正上方一小片地域。霍特装甲集群中此时仍在包围圈边缘行动的兵团是第20摩步师和第7装甲师，两个师都部署在包围圈东北角。[279]第20摩步师留在原地，抗击苏军最后的突围意图，直到斯摩棱斯克包围圈于8月初彻底覆灭。

斯摩棱斯克合围战开始后，霍特就试图在斯摩棱斯克东北面拼凑一道绵亘的"东部战线"，主要目的是掩护他的北部合围铁钳，抵御苏军从包围圈外发起的救援进攻。第3装甲集群的坦克和摩托化部队展开强行军，不时穿过复杂地形[280]，逐渐占据延伸约150公里的掩护阵地，这道防线从亚尔采沃沿沃皮河递延到别雷西南方，再从那里向西北方弯曲，直到梅扎河和西德维纳河上游。1941年7月23日，铁木辛哥元帅发动大规模反攻，猛烈打击第3装甲集群，霍特东部战线此时的战斗序列从右到左为：第7装甲师[281]、第12装甲师、第900教导旅、第20装甲师、第18摩步师、第19装甲师。第57装甲军辖内第14摩步师仍在后方的乌斯维亚特与韦利日之间，于7月25日前牢牢控制着霍特东部战线的左翼。[282]

当斯摩棱斯克包围圈里遭到重创的红军部队竭力逃脱覆灭的厄运时，铁木辛哥遵照大本营的命令集结麾下力量，准备发动战争期间红军的首次大规模反攻。投入进攻前，西方面军获得新成立的后备方面军（第24、第28、第29、第30集团军）整个第一梯队的加强。该方面军（后者）组建于1941年六七月间，负责为这场进攻提供所需的大部分兵力。[283] 红军总参谋长朱可夫集结起足以实施一场大规模打击的强大进攻力量，又制订了一份雄心勃勃的计划，打算沿300公里宽的战线同时对中央集团军群发起向心突击。这条战线北起托罗佩茨，穿过亚尔采沃，直到南面的罗斯拉夫利。这场进攻以五个战役集群遂行，除卡恰洛夫集群外（如前所述，该集群会从罗斯拉夫利打击古德里安第2装甲集群），其他战役集群都被用于冲击霍特装甲集群的东部战线。正如大本营和铁木辛哥的正式进攻令所述（后者的命令于7月21日下达），四个战役集群专用于打击德国第3装甲集群，他们的战斗序列大致如下：

1. 马斯连尼科夫集群（第29集团军——步兵第243、第252、第256师和第53、第82号装甲列车，由航空兵第31师提供支援）：从大卢基东北方的托罗佩茨地域发起进攻。

2. 霍缅科集群（第30集团军——步兵第242、第250、第251师，由强击航空兵第190团和歼击航空兵第122团提供支援）：实施主要突击，攻往杜霍夫希纳。

3. 罗科索夫斯基集群（坦克第101、第107师[284]，外加步兵第38师和反坦克炮兵第509团）：从亚尔采沃地域发起冲击，与霍缅科集群相配合。

4. 加里宁集群（第24集团军——步兵第89、第91、第166师）：同样攻往杜霍夫希纳，与罗科索夫斯基集群协同作战。[285]

遂行冲击的苏军各战役集群突破第3装甲集群的防御，朝斯摩棱斯克会聚之际，包围圈里的苏军部队应当在第20集团军司令员 P. A. 库罗奇金中将的统一指挥下夺回斯摩棱斯克并沿包围圈周边实施进攻，设法同西方面军挺进中的部队会合。作为新成立的西方向总指挥部司令员，铁木辛哥元帅负责全面指挥这场反攻，他对成功的前景持有一种"矛盾心态"。暂代西方面军司令员的

A. I. 叶廖缅科上将负责执行这场反攻，他后来把进攻计划描述为"完全不切实际"[286]。① 戴维·格兰茨评论道：

大本营的计划雄心勃勃，而最严重的缺陷在于进攻部队的情况。这些新的步兵师、坦克师几乎是在一夜之间匆匆组建而成的，主要由受过部分训练的预备役人员和基本没受过训练的应征兵组成，并辅以一批内务人民委员部军官和边防军战士。除罗科索夫斯基和卡恰洛夫外，这些集团军（集群）的指挥人员大多是内务人民委员部高级军官。不仅是人员缺乏训练，这些师也缺乏必要的时间从事排级、连级、营级演练，更不必说团级和师级演习了。因此，西方面军辖内各师各团无法投入诸如炮兵、工程兵这些专业兵种，与他们的步兵相配合。更糟糕的是，各个师的各级指挥层完全没有凝聚力。[287]

1941年7月23日，铁木辛哥这场反攻缓慢而又交错地启动了。各战役集群无法在进攻开始前彻底完成集结，因此只能以2～3个师向前挺进，而不是投入整个集团军。故此，苏军实施反攻的总兵力（包括卡恰洛夫集群）直到7月25日才达到20个师。另外，苏联大本营于7月23日对沿斯摩棱斯克—莫斯科方向展开行动的军队的指挥控制实施重组，以西方面军部分军力组建了中央方面军。[288]

在此期间，克诺贝尔斯多夫第19装甲师（隶属第57装甲军）沿尘土飞扬的道路从韦利日赶往东北面，尽管沿途不断遭到苏军轰炸机骚扰，可他们还是在7月23日到达伊利诺前方的西德维纳河。[289] 在坦克和第19炮兵团的支援下，第73和第74步兵团的装甲掷弹兵驱散了沿河岸高地掘壕据守的红军士兵。[290] 刚赢得这场小规模战术胜利，第19装甲师就遭到了苏军骑兵攻击：

苏军骑兵（哥萨克）突然出现在炮兵连阵地右翼，他们显然决定直接展开冲击。我方炮兵阵地设在隐蔽处，无法直接观察敌人的进攻。火炮不得不调

---

① 译注：叶廖缅科此时是中将。进攻计划由朱可夫制定，与他矛盾颇深的叶廖缅科战后给出这种评价完全在情理之中。

整方向。一个中型步兵炮排正好在变换阵地，他们立即在军用道路上展开，开炮轰击挥舞着马刀的哥萨克骑兵，从而让各炮兵连不受妨碍地调整方向并为击退这场进攻发挥自己的力量。我方坦克也投入战斗，在敌人付出惨重损失后，这场进攻以失败告终。残存之敌惊慌失措地策马逃离。据俘虏交代，（该部队）从火车上卸载时，上级告诉他们，此时的他们已位于德国边境，而他们看见的高大物体也不是真家伙，都只是些假坦克。[291]

次日（7月24日），第19装甲师再度开拔，这次是赶往东南面、杜霍夫希纳与别雷中途的博尔。虽然不断遭到苏军空袭，但他们还是在7月26日到达目的地。该师从博尔转向东北方，黄昏前，师先遣部队沿第3装甲集群东部战线部署就位，其阵地在别雷西南方大约20公里处，第20装甲师位于其右侧，第18摩步师在其左侧。[292]在第19装甲师的将士看来，虽然红军的抵抗有所加强，但莫斯科这个最终目标似乎已不再那么遥远：

地面景观再度发生变化。桦树林出现在军用道路左右两侧，行军路途多沙，甚至有些沼泽化。我们逼近别雷，距离莫斯科还有250公里。敌人的抵抗加强了：他们不断发起空袭，直到莫尔德斯的战斗机联队赶至并投下传单宣布他们的到来。从那一刻起，俄国人的战机再也没有出现过。[293]

在别雷镇外的阵地上，第19装甲师的装甲兵和装甲掷弹兵全力协助稳定霍特的东部战线，抗击铁木辛哥持续不断的进攻。对该师来说，7月28日是特别艰难的一天，他们朝别雷的挺进被苏军的一场进攻打断，产生了可怕的结果：

尔后朝别雷挺进……敌人的抵抗出现后，各炮兵连为部队的继续前进提供支援，必要时会实施观测射击，每个新行动都紧跟着上一个行动。以这种方式夺得几片森林后，苏军发起一场大规模进攻。此时，前卫部队中只有一个炮兵连做好了战斗准备，其他炮兵连仍在途中。结果，红军杀到一个前进急救站，在那里制造了一场可怕的血腥屠杀。他们肢解伤员，剜出德国士兵的眼睛，割掉他们的鼻子和耳朵。据后来抓获的俘虏交代，干出这些暴行的是一名政委。[294]

　　第19装甲师一位前进观测员的记述说明了德军炮兵不可或缺的贡献，他们能把通常都很脆弱的前线连接起来：

　　我的观测所设在最前沿一座高地上，前方的沼泽灌木丛延伸出去数公里。再往前是一道山脊，一个个村庄和一条条道路随之升起。道路上，敌方的交通运输相当繁忙。所以我能清晰地看到我师对别雷的进攻，而且能提交一些有用的观测报告。

　　我们原先认为沼泽地无法逾越，可敌人的逃兵已经证明事实并非如此。但就算这样，我们还是估计敌人不太可能从这个方向发起猛烈冲击。所以我首先致力于打击沼泽地另一端的敌人的补给交通……

　　更令我们担心的是俄国人突破我师右翼的尝试，其目的无疑是封锁我们西面的道路大弯曲部，从而动摇我们设在别雷的防线。有一天早上，俄国人确实成功突破我方防线（这道防线只以个别支撑点构成），并渗透到了我的观测所与炮兵发射阵地之间的森林里。

　　机枪火力在耳边响起时，我们才获悉整体的情况，俄国人试图冲击我方炮兵阵地。我立即通过电话与炮兵连军官取得联系，他向我通报了相关事态。在100米距离内，炮兵连的直射火力把俄国人炸成了碎片。我们随后派出突击部队，从两侧进入森林，彻底肃清敌人这场突破尝试。我们带回了许多俘虏和大量战利品。我们在这里消灭的是敌人一整个营。[295]

　　施通普夫第20装甲师（隶属第57装甲军）也在别雷南面展开行动。[296]该师目前缺乏坦克、战斗步兵，以及无可替代、经验丰富的军官。在这段时期，第20装甲师与苏军T-34和KV-1坦克展开殊死战斗，他们配备的轻型坦克[297]和37毫米、50毫米反坦克炮几乎发挥不了什么明显作用。7月24日上午，5辆T-34在米哈伊洛夫希纳附近突破第20装甲师装甲掷弹兵构设的薄弱防御，攻入了第21装甲团后方地域：

这当然会引起严重骚乱，可随着白昼的延长，我们得以拦截敌坦克并投入战斗。我方士兵从几米外对准敌坦克唯一的薄弱点（通风口）开火射击，从而引燃柴油发动机。我们就这样消灭了两辆敌坦克。出于某种未知的原因，第三辆敌坦克的车组人员爬了出来，丢弃了他们那头完好无损的钢铁巨兽。另外两辆T-34仓促逃离，但我们也付出了折损三辆坦克的代价。[298]

第20装甲师于次日（7月25日）再次证明，在1941年，即便受损严重的德国装甲师也占有战术优势，完全可以应对红军投向他们的一切技术装备。面对苏军的猛烈冲击，该师击毁60辆敌坦克，许多战果都是在近距离内取得的，包括18辆"重型"坦克（T-34、KV-1）。[299]

接下来几天里，第21装甲团（或者说是该团剩余的坦克）发挥了"救火队"的作用，多次救援该师位置分散、备受重压的各部队。由于德军据守主战线的力量极为薄弱，苏军小股步兵，甚至是单独的坦克经常会溜到德军战线后方，给德国人的补给纵队和辎重队造成严重破坏。有一次，德国士兵发现一辆T-34位于林地边缘，于是把汽油倒入坦克发动机舱后点火焚烧，一举摧毁了这辆敌坦克。第20装甲师的装甲兵和装甲掷弹兵突然发现自己卷入了一场360度的战事，不得不在前方、侧翼和后方从事战斗。红军士兵还经常对茂密的林地充分加以利用。苏军炮兵尤为致命，德国人甚至怀疑对方的炮火是由隐蔽在德军战线后方的敌观测员引导的。第20装甲师的赫尔穆特·迪特里军士在7月26日抱怨道："俄国炮兵一分钟都不曾停息。"[300]苏联空军也以打击德军炮兵和坦克集结地域的形式宣布了他们的存在。[301]

虽然施通普夫装甲师的实力渐渐耗尽，但该部仍然坚守不退，导致进攻中的苏军部队没能取得任何重大战果。实际上，尽管铁木辛哥元帅在大本营的反复督促下无情地驱使麾下部队向前挺进，可截至1941年7月底，这场反攻在霍特第3装甲集群整条战线上取得的进展依然非常有限。即便如此，红军的猛烈冲击还是进一步削弱了装甲集群已经受损的实力，在8月1日之前，霍特（和古德里安一样）已被迫投入最后的预备力量。[302]从更大的视角看，铁木辛哥这场反攻"实力虚弱而且缺乏协同，可还是导致博克的攻势在大多数地段戛然而止，并给他的军队造成了远比预期更重的伤亡，特别是配备给宝贵的装甲师和摩步师的装甲掷弹兵"[303]。

中央集团军群机械化部队迄今遭受的惨重损失，只要看看第 3 装甲集群的当前状况就能清晰感知。8 月 1 日，霍特告诉中央集团军群，他的军队"正变得日趋虚弱"[304]，并且"迫切要求"以步兵部队接替自己严重受损的各师[305]。同一天里，第 20 装甲师在作战日志中指出，其辖内各步兵团由于"持续不断的战斗"而"疲惫不堪"，军官的伤亡率高达 50%。[306] 斯摩棱斯克东北面的防御作战究竟给第 20 装甲师的战斗力造成多么严重的破坏，其实从该师摩托车营在 1941 年 7 月 30 日仅剩 20 名摩托车步兵这个事实就能看出。[307] 截至 7 月 21 日（也就是铁木辛哥发动反攻前），第 19 装甲师的人员损失达到 2045 人（包括 445 名阵亡者和 1381 名伤员）。[308] 施密特第 39 装甲军辖内各师摩托化步兵的实力降到了编制兵力的 30% ~ 40%。[309] 从 1941 年 6 月 22 日开始的战略性运动战已沦为一场无情的消耗战。

霍特装甲集群的技术装备情况同样令人担忧。[310] 截至 7 月 27 日，施密特装甲军只剩 23 辆可用的 IV 号坦克，而此时该军的坦克总数量是编制力量的 40%。一周前（7 月 21 日），第 7 装甲师报告，他们还有 118 辆坦克（该师在对苏战局开始时有 265 辆），超过了东线陆军任何一个装甲师。[311] 施密特在 7 月 29 日写给陆军总司令部保卢斯将军的信中提到，前几周"战斗异常艰巨"，他承认各个师受到严重影响，技术装备已"彻底耗尽"。[312] 孔岑第 57 装甲军的状态也好不到哪里去，第 20 装甲师的装甲团到 1941 年 7 月 31 日只剩 30 辆坦克，这大致相当于 1.5 个装甲连的编制力量。[313] 7 月 26 日，第 20 装甲师的赫尔穆特·迪特里在日记中草草写道："评估我们团（第 21 装甲团）的实力时，我们得出一个可悲的结论，本团的实力已经所剩无几……根本没有足够的力量组织个像样的支队。"[314]（关于霍特和古德里安装甲集群实力消耗的详情，可参阅本书第八章"装甲兵"一节"不可避免的结果——无情的消耗"小节）

7 月 29 日，希特勒从设在拉斯滕堡的大本营下达命令，把里希特霍芬第 8 航空军调离凯塞林第 2 航空队，以该军支援攻往列宁格勒的北方集团军群。此举进一步削弱了霍特装甲集群和整个博克集团军群掌握的火力。这道立即生效的命令使勒尔策第 2 航空军开始独自负责为博克过度拉伸、位置突出的 700 公里长战线提供空中支援。在对苏战局头几周，里希特霍芬的"斯图卡"、Bf-

109、Bf-110 战机在霍特各装甲军势如破竹的挺进中发挥了至关重要的作用。毋庸置疑的是，博克对这个决定困惑不已：

事实是，我们的士兵疲惫不堪，再加上军官伤亡严重，导致这些士兵没有展现出（当前形势）所需要的稳定性。在这种情况下，上级却下达命令，调离里希特霍芬的航空军。凯特尔问及此事时，我告诉他，此时下达这种命令完全不合时宜，凯塞林也认为此举"不可思议"。据说元首被告知的情况截然相反，我要求约德尔澄清这种误会，并向布劳希奇汇报。[315]

但博克的反对无济于事。8 月 3 日，里希特霍芬航空军转场到莱布集团军群战线后方的机场。[316] 历史学家理查德·马勒写道："北方集团军群作战地区迫切需要空中力量支援，特别是因为希特勒宣布 8 月 10 日会在该地区发起一场重大攻势。"[317] 第 8 航空军这场转隶不过是德国人被迫在东线来回抽调有限的资源，以应对目前紧急状况的另一个例子而已——此举纯属拆东墙补西墙。

虽说铁木辛哥攻势到 7 月 31 日"显然已告失败"[318]，但 8 月第一周里，西方面军各战役集群仍在猛攻博克集团军群[319]。诚如陆军总司令部作战处的每日报告指出的那样，苏军于 8 月 2 日和 3 日再度对第 3 装甲集群的东部战线发起猛烈冲击。[320] 第 20 装甲师的赫尔穆特·迪特里军士又一次在日记中抱怨了苏军炮火造成的破坏效果：

1941年8月1日
俄国人的炮火非常猛烈。

1941年8月2日
俄国人的炮火非常猛烈。

1941年8月5日
俄国人的炮火。

1941年8月7日

我们重新加入支队余部，他们待在我们最初的阵地上，就在我们连身后几英里处。我们本应该获得换防，可我们无法离开阵地，因为俄国人的炮火席卷了整条道路。[321]

幸运的是，施特劳斯第9集团军各步兵师从7月下旬开始到达第3装甲集群东部战线，他们会在这里越来越多地承受苏军的压力。到7月30日，第6和第106步兵师正沿霍特的战线进入阵地，前者（第6步兵师）在装甲集群最左翼（托罗佩茨以南）接替第14摩步师辖内部队，后者（第106步兵师）占据了与第20装甲师毗邻的阵地。[322] 截至8月5日，第9集团军第5、第8军开始接替第39和第57装甲军辖内兵团。[323] 接下来几天里，霍特麾下的装甲和摩托化师终于撤出前线，以享受短暂的坦克和车辆技术整修期，全体将士也得到了应得的休整。

斯摩棱斯克合围战的结局

在消灭斯摩棱斯克包围圈的战斗中，卡尔·阿尔门丁格少将的第5步兵师（隶属第5军）发挥了重要作用。该师某炮兵营一位不知名的士兵在日记中记录了他对战斗的深刻印象：

1941年7月22日

这里的战斗相当艰苦。我方步兵遭受到一些损失，第5炮兵团的两个连损失殆尽。某炮兵连只剩下四匹马和寥寥几人。敌人在这里采用一切手段从事战斗。就连妇女也在前线投身战斗。俄国步兵掘壕据守，并没有冲出他们的散兵坑。每一米进展都不得不通过近战赢得。我方步兵甚至同敌人展开了白刃战。阵亡者通常是被刺刀捅死的。俄国人一直坚守散兵坑，直到被刺刀杀死。

你在这里不得不格外小心。他们可能会高举双手从一个散兵坑走出来，另一个散兵坑里的人则对你开枪射击……沦为这种谋杀团伙受害者的每个德国士兵都令人遗憾。可上帝保佑，这场战争会消灭这帮恶棍，整个欧洲也会从俄国人的嗜血欲望中获救。[324]

1941年7月23日

当日的第一声问候是一阵猛烈的炮火。我们师发起进攻。我们必须向前挺进。敌人被一路击退。在一片小小的地域，约有60名俄国人死在这里，所以步兵向我做了汇报。但我方损失也很大：一辆大车从战场上带离19名阵亡者，他们被安葬在我们的观测所旁边。这些阵亡者都隶属第56步兵团第11连，其中包括凯勒少尉。我师几个步兵团的实力严重受损。第75步兵团一名军士告诉我，他们到目前为止已阵亡83人，还有240人负伤。当面之敌太过强大。我们师面对的是俄国人的三个师。进攻发生动摇。我们现在只控制着最前沿。[325]

1941年7月24日

变更阵地！我们动身出发，第28步兵师正在进驻。我们被调往左侧。我们的行军持续了一整天和半个夜晚。我们的行进路线始终围绕包围圈。天黑后，你能看见步兵射出的信号弹，意思是"我们在这里"。与此同时，我们终于弄清了发生了什么事。敌人在这里达成突破，我们被调来提供增援。[326]

1941年7月26日

自清晨6点起，包围圈再次封闭。我们师继续进攻，不断压缩敌人。我们再度遭遇猛烈的火力……白昼过去了，我们在夜间得以变更阵地。我们又一次遭遇敌人的火力袭击。我们把火炮挂上马车时，敌人的直射火力袭来。一名驭手和三名炮手身负重伤，两匹马被炸成碎片。[327]

1941年7月27日

在下一个炮兵阵地上，我们无须开炮射击。步兵依靠他们自身的火力向前挺进。过了一阵子，又该变更阵地了。我们越过某个高地，那里真是个可怕的地方。死者随处可见。重型高射炮和反坦克炮在这里与敌坦克展开激战。敌坦克已被消灭，可我们的高射炮和反坦克炮也遭受损失，一些勇敢的英雄被安葬在他们的火炮后方。为夺取这道山脊，我方付出的代价是300人阵亡。在我们的下一处阵地，各个连队再次以所有火炮开火射击。在夜间，一道炽热的光芒照亮了天空。[328]

1941年7月28日

俄国人以各种方式从事战斗，甚至采用非法手段。一名俄国战斗机飞行员今天被击落。他腹部中弹，因而被送到主急救站。他驾驶一架俄国战机，可上面涂有德军徽标。这名飞行员身穿德军少尉军装，声称自己是维也纳人。经过仔细核实，我方证明了他终究是个俄国人。[329]

1941年7月30日

我们师仍处在猛烈火力攻击下。由于位置过于靠前，炮兵不得不寻求步兵的火力掩护。我们位于通往莫斯科的公路左侧。当日中午变更了阵地。我们跨过公路，进入右侧的阵地。

在此期间，我们绕了一小段弯路。我询问斯摩棱斯克城内之敌是否已被肃清，却获悉这座城市落入德方手中已有一段时间。斯摩棱斯克位于公路左侧10公里，我们的车辆只需行驶25分钟即可到达。我们现在就在这里，但根本无法描述该城的模样。这是一座很大的城市，可早已没有一座完好的建筑……城外排列着一辆辆坦克，也包括德军的坦克。部署在这里的火炮和战机也很多。德国人在这里付出大量流血牺牲，许多墓地可资证明。一座大型建筑前方的花园里安葬着（第29摩步师）第15摩步团第7连的60名士兵。[330]

1941年7月31日

我们连在清晨5点进入阵地。这肯定是个糟糕的炮兵阵地。它距离前线太近，俄国人的机枪和步枪子弹呼啸着飞出森林，射入我方阵地。我们甚至不时遭到坦克的炮击。尽管如此，一切尚算顺利，我们没有遭受损失。我们当日并未向前推进。俄国人竭力在这里取得突破。潮水般的敌人向前涌来，但我方步兵会把他们射倒。到夜间，这里能听到伤员发出的惨叫和呻吟。[331]

1941年8月1日

次日晨，我们发起一场猛烈的进攻。"斯图卡"和驱逐机介入地面上的战斗。俄国人不得不仓促退却，我们取得了出色的进展。大批俄国士兵被俘，妇女和平民经常夹杂其中。夜间，我们再次变更了阵地。[332]

1941年8月2日

我不想更详细地描述在这里的战场和道路上见到的情形，因为对没有目睹或亲身经历这些事的人来说，这一切既不可信，也无法想象。直到现在，我们才知道一个人意味着什么。不计其数的尸体到处都是。四分五裂的残肢断臂并不难发现。有些人只是负了伤，但他们向前爬行时血流不止，身后拖着几米长的血迹。还有些人被烧焦烤糊。马匹的尸体残缺不全，浑身布满弹孔。汽车和坦克被烧得只剩一具铁壳。随着时间的流逝，你会习惯这种场面，但它散发出的气味令人难以忍受，其强大的效果往往使人不得不推迟用餐。[333]

到 1941 年 8 月 1 日，斯摩棱斯克包围圈已被实施合围的德国军队大幅压缩，可它"仍是中央集团军群内部的一根利刺"[334]。从冯·博克元帅当天的日记能够明显看出，因为麾下军队无法沿包围圈迅速结束清剿行动，他越来越感到沮丧：

斯摩棱斯克地区的战事仍未结束。我们在那里采取的行动似乎并没有给俄国人留下深刻印象，因为截获的一份苏军电报称，德国人的活动"很有限"。我再度致电（第9集团军司令）施特劳斯和第8军军长（海茨），又一次指出迅速肃清包围圈的战略重要性。第9集团军在下午的报告中称他们计划从包围圈撤出三个师，于是我发出一份电传电报，要求"在8月2日彻底歼灭斯摩棱斯克包围圈内之敌"[335]。

截至 8 月 1 日，逐渐漂移到了斯摩棱斯克正东面地域的包围圈[336] 的尺寸已缩小到由东至西 20 公里、由北至南 28 公里。从包围圈东北边缘起，沿顺时针方向据守防线的是德国第 20 摩步师（第 39 装甲军）、第 17 装甲师和第 29 摩步师（第 47 装甲军），以及第 28、第 8、第 5、第 35、第 129 步兵师（第 9 集团军）。[337] 仍在萎缩的包围圈里殊死战斗的是 15～20 个苏军师残部[338]，不到 10 万人。另外，被围红军的燃料和弹药即将耗尽。诚如西方面军 8 月 1 日时情报摘要指出的那样，倘若这些军人继续留在包围圈里，其结局必然是全军覆没。[339]

虽然由罗科索夫斯基指挥的战役集群（亚尔采沃集群）一再试图突破第39 装甲军防线并重新打开一条通往被围部队附近的走廊，可到目前为止该部一直没能做到这一点。不过，8 月 1 日晚些时候，德军沿包围圈东部边缘构设的脆弱防线终于在苏军从东西两面持续冲击的巨大压力下发生坍塌：苏军步兵第 44 军一部在索洛维耶沃村以南 11 公里处，从措恩第 20 摩步师几个支队手中成功夺回拉奇诺村的第聂伯河渡场（但没能攻占索洛维耶沃村渡场）。德国人于 7 月 28 日封闭包围圈，仅仅四天后苏军就再度打开一道小小的缺口（仅6 公里宽）。德军空中侦察报告，数千名红军士兵穿过这个缺口撤向了东面的己方战线。[340]

8 月 1 日 22 点，第 47 装甲军向古德里安集团军级集群汇报了一场意外：当晚早些时候，第 17 装甲师一支侦察巡逻队从南面而来，一直无法同位于拉奇诺的第 20 摩步师取得联系。相反，他们在村东面遭遇了敌军。该装甲军指出："看上去第 20 摩步师已撤离拉奇诺，敌人正从这里逃离包围圈。"[341]

8 月 2 日中午，中央集团军群作训处处长冯·特雷斯科中校与古德里安司令部的同僚拜尔莱因中校通话，要求第 17 装甲师把防线延伸到拉奇诺村，从而封闭缺口。拜尔莱因坚称该村（苏军已在这里架起一座跨过第聂伯河的桥梁）不在古德里安集团军级集群的作战区域内——也就是说，这个村庄的防务应由第 3 装甲集群第 20 摩步师负责。另外，复杂的地形导致第 17 装甲师"完全不可能"执行这样一项任务。拜尔莱因还很粗鲁地指出，第 20 摩步师当初放弃拉奇诺村"让人无法理解"，因此，这个问题必须由该师自行解决。[342]

当然，博克对包围圈再度出现缺口深感震惊。他不太关心拉奇诺村究竟是谁的防区，他在乎的只是再次封闭包围圈。8 月 2 日 14 点，博克给古德里安集团军级集群发去一份措辞严厉的电传电报：

据飞行员报告，俄国人正渡过第聂伯河向东逃窜。目前无法彻底弄清这种情况究竟发生在谁的作战地域内。

我必须要求第17装甲师和第20摩步师师长亲自负责，在他们的指挥地域内，甚至越过分界线，彻底阻止俄国人逃窜。[343]

就在德国人为谁该负责封闭缺口争吵不休时，包围圈里的苏军部队终于获得正式批准，全体向东突围。8月1日晚些时候，苏联大本营和西方面军"默许"突围行动，罗科索夫斯基的亚尔采沃集群从包围圈外发起进攻以提供支援。这场后撤虽然"最初被冠以向杜霍夫希纳'进攻'的名义，但实际上就是一场完全获得批准的退却"。简言之，铁木辛哥的庞大攻势失利后，苏军部队在拉奇诺取得了成功，苏联统帅部唯一的选择便是尽可能多地撤出包围圈里的部队，以便他们在斯摩棱斯克以外地区择日再战。[344]

德国第5、第8军的步兵力量继续压缩、分割包围圈之际[345]，红军部队在1941年8月2日至3日的那个夜晚"认真"展开了突围尝试。一些后撤中的红军部队力图打垮第20摩步师的连级支撑点，这些支撑点正面朝西，沿奥尔列亚河一线部署，从斯摩棱斯克东北方35公里的苏谢瓦村向东南方延伸到拉奇诺以北2公里、斯摩棱斯克以东35公里的巴别耶瓦村。另一些红军部队则试图冲开德军第17装甲师的拦截部队，"冒着交叉火力"向东穿过第聂伯河北面的走廊，然后在几个水深较浅的河段涉渡。苏军展开突围时，德军竭力以反复发起的空袭和猛烈炮击粉碎逃窜中的敌军队列。[346] 8月3日，卡尔·舍恩菲尔德军士在日记中记录了他对这场不公平的战斗的印象：

> 斯摩棱斯克包围圈变得越来越小，对被困其中的俄国人来说，他们的处境越来越糟糕。这一点可以从一直持续到周六晨的进攻中看出，第1连击退了这场进攻。俄国人试图渡过第聂伯河并把所有一切投入行动，竭力构设一座渡场，以此作为包围圈的出口。但我方炮兵和"斯图卡"战机足以确保对方无法实现这一点。下午晚些时候，敌人再度发起冲击。夜间，俄国人袭击了我们的反坦克炮部队（海斯阵亡了）。[347]

由于第20摩步师和第17装甲师都无法赶到拉奇诺，一些苏军部队得以利用两个师之间的狭窄缺口撤过第聂伯河。8月2日下午，古德里安集团军级集群在作战日志中写道，第17装甲师前出到村东面桥梁的努力因为沼泽和密集的雷区而宣告失败。次日（8月3日），博尔滕施泰因杰出的第29摩步师的一个步兵营，在一个炮兵连的支援下设法开到距拉奇诺桥梁两公里范围内，他们在这里遭遇敌军火力打击，没能更进一步。[348] 尽管第 20 摩步师在北面，第 29 摩步师在南面，两部距离拉奇诺村都不到两公里，可这些快速部队无法彻底封闭小小的缺口，这也从侧面说明了他们的进攻力量已萎缩到何种程度。

激烈抵抗的红军坚持到了最后一刻，德国人直到 1941 年 8 月 5 日才彻底歼灭包围圈里的敌方部队。陆军总司令部作战处在当天的每日报告中简洁地指出："斯摩棱斯克交战结束。由于实力衰竭，敌人沿（中央集团军群）整条东部战线展开的进攻已经减弱。"[349] 国防军最高统帅部则以更花哨的话语盛赞了这场胜利，称史无前例的空间、战斗激烈度和"对布尔什维克武装部队一连串无情的毁灭性打击，使伟大的斯摩棱斯克交战具有历史上独一无二的特点"[350]。当晚，冯·博克元帅发布一道日训令，祝贺德军赢得这场辉煌胜利：

> 随着被切断在斯摩棱斯克的若干俄国师的覆灭，历时三周的"第聂伯河、西德维纳河、斯摩棱斯克战役"以德国军队赢得又一场辉煌胜利而告终。据不完全统计，我军共俘获309110名俘虏，击毁或缴获3205辆坦克、3000门火炮和341架飞机。你们取得的这番功绩已成为历史的一部分！我对取得如此成就的一支军队深怀感激也深感骄傲。
>
> 元首万岁！
>
> 签名：陆军元帅冯·博克[351]

虽然无法确定究竟有多少红军官兵逃离斯摩棱斯克包围圈，但新的文件证据表明，陷入包围圈的三个苏联集团军（第16、第19、第20集团军）阵亡和被俘者多达 17 万。由于 1941 年 7 月中旬时身陷包围圈的红军官兵很可能超过 22 万，这就意味着在历时三周的斯摩棱斯克交战期间，大约有 5 万名苏军官兵以有组织的部队、小股团体，甚至是个人的形式逃脱。[352] 但逃离覆灭厄运的各红军师兵力只剩一两千人，某些师的人数甚至更少。红军坦克和火炮的损失同样具有毁灭性，尽管德国人很可能夸大了这些数字。实际上，到 8 月初，整个东线的苏联军队严重缺乏坦克、火炮和其他重武器——自战争爆发起，他们仅在中央战线就损失（被击毁或被缴获）近 6000 辆坦克。[353]

冯·博克元帅在鲍里索夫的司令部里极为满意地注视着斯摩棱斯克合围圈的结局[354]，并以一道日训令强调了这一点。虽然圆满结束这场交战耗费的时间较预期更长，麾下部队的伤亡也高于预计，但博克坚信自己的集团军群赢得了一场决定性胜利。他认为歼灭苏联西方面军主力的艰巨任务现在已经完成，待快速兵团获得短暂休整后，他就可以恢复向莫斯科势不可挡的进军——苏联首都就在东面300公里之外。

但涅韦尔、斯摩棱斯克、罗斯拉夫利历时三周的战斗"给铁木辛哥和苏联大本营留下的印象完全不同"[355]。虽说他们的军队在人员和装备方面遭受了可怕的损失，但他们挽救了被围诸集团军（第16、第19、第20、第22集团军）的部分力量，并重新建起一道绵亘防线——这道防线北起大卢基，向东南方延伸到斯摩棱斯克前方，然后转向西南方，直到戈梅利西面的第聂伯河河段。[356] 红军还给德国中央集团军群辖内部队造成了严重消耗，特别是德军装甲师和摩托化师的摩托化步兵。

最重要的是，虽然斯摩棱斯克交战并没有像苏联宣传部门所说的那样以胜利告终，但苏联军队领导层确实避免了他们的主力沿斯摩棱斯克—莫斯科方向的覆灭[357]，还首次减缓了德军"闪电战"的势头，暂时阻止了博克获得一直渴望的在莫斯科方向的作战自由。因此，苏联大本营确信，他们以越来越强大的反攻实施积极防御的策略正在奏效：

鉴于红军尚有大批未投入战斗的预备队集团军，加之德军实力显而易见地日趋衰弱，大本营决心继续以消耗战对付中央集团军群，并坚信最终能遏止对方，甚至可能歼灭博克集团军群。因此，德国人宣布斯摩棱斯克交战结束时，斯大林和他的大本营正忙于准备一场新的大规模反攻。他们确信，这样一场反攻足以代表斯摩棱斯克交战的第二阶段，也是最具决定性的阶段。[358]

德国空军轰炸莫斯科

希特勒决定夷平莫斯科

对苏战争开始后没几天，希特勒就宣称他希望以空袭的方式炸毁莫斯科和列宁格勒。到1941年7月中旬，他已经多次重申这种意图。1941年7月8

日中午，召开于拉斯滕堡的军事会议结束后，哈尔德在日记中写道：

> 元首做出不可动摇的决定，夷平莫斯科和列宁格勒，使之无法居住，从而减少我们在冬季不得不为居民提供食物的必要性。这些城市由德国空军加以摧毁。坦克不得用于此目的。"一场国家灾难会使布尔什维主义和俄国人的民族主义失去他们的中心。"[359]

六天后的7月14日，德国独裁者谈到了"轰炸"莫斯科，以此"打击布尔什维克的抵抗中心并阻止俄国政府机构有序撤离"的必要性。[360]另外，元首认为对苏联首都发动一场空中战役将有助于驳斥苏联宣传部门"德国人在俄国的地面攻势终于减弱"的说法。[361]希特勒这方面的想法在第33号元首令（"继续在东线进行战争"）中得到具体体现，这道指令于1941年7月19日由国防军最高统帅部签发，部分内容为：（3）……应尽快以第2航空队的轰炸机力量（暂时获得调自西线的轰炸机部队加强）空袭莫斯科，作为"对苏联空袭布加勒斯特和赫尔辛基的报复"。[362]

希特勒决定对莫斯科实施恐怖袭击之际适逢德国空军的资源日趋减少[363]，他们发现自己越来越难以完成为陆军提供战术支援，同时继续遏制苏军空中活动的主要任务。在这样一种紧张的作战环境下，对莫斯科展开战略空中战役的要求远远超出了德国空军的能力。另外，"进攻发起的时间显然是错误的，因为（正如1940年12月18日签发的'巴巴罗萨'方案概述的那样）德国空军的主要任务仍是全力支援地面部队，协助他们实现作战目标"[364]。

高级战地指挥官对即将到来的新任务缺乏热情。博克在7月20日指出，他"认为德国空军毫无保留地投入全部战斗力量粉碎敌人的预备队（比空袭莫斯科）更重要"[365]。第2航空队司令凯塞林元帅在回忆录中称，他认为一切次要任务都是对航空队有限资源的"有害分散"，最好暂时搁置，待主要目标完成后再实施。[366]虽然存有这种疑虑，但凯塞林和他的航空队司令部还是为这场进攻迅速筹备了轰炸机联队，以及必要的地面设施（例如无线电信标）和弹药。[367]

莫斯科的防空准备

德国空军准备实施恐怖袭击之际，苏联人大力加强了莫斯科的防空掩护。1941 年 7 月中旬，随着德军装甲先遣部队渡过第聂伯河到达斯摩棱斯克，莫斯科遭遇空袭一事基本成为定局。实际上，从战争首日开始，莫斯科就已实施灯火管制（这种管制一直持续到了 1945 年 4 月）[368]，而市政和军事当局立即着手采取各种其他防范措施。一位敏锐的观察者——伦敦《星期日泰晤士报》派驻莫斯科的记者亚历山大·沃斯，见证了这些措施的执行情况。另外，他还目睹了战争爆发后苏联首都的日常生活。沃斯从伦敦出发，途经"战时唯一的"迂回路线，于 7 月 3 日抵达莫斯科：

从表面上看，莫斯科似乎一切正常。街头人满为患，商店里的商品琳琅满目。这里似乎没发生任何类型的食物短缺，在马罗谢卡大街，我到达莫斯科后的第一天就走入一家大型食品店，大量糖果、糕点、果酱令我吃了一惊。市民们仍在随意购买商品，不需要任何配给券。在莫斯科，身穿夏装的年轻人看上去一点也不寒酸。大多数姑娘穿着白衬衫，小伙们身着白色、黄色或蓝色运动服，或是带有刺绣衣领的系扣衬衣。人们热切地看着墙上张贴的海报，这里的海报确实很多：一辆苏军坦克碾碎了一只巨大的螃蟹（它留着希特勒式的小胡子）；一名红军士兵用刺刀捅穿一只大老鼠的喉咙（老鼠长着一张希特勒的面孔），旁边写着"消灭法西斯害虫"……

每个人在各种场合都有可能被要求出示证件，为维持市内的秩序，这种做法是绝对必要的，特别是午夜宵禁后，这时就需要一份特别通行证。除俄语外的任何语言都会立即引起怀疑。

莫斯科的女民兵特别警惕。我记得我和让·查姆派诺伊斯[369]在日落时沿高尔基大街漫步，一名女民兵突然朝他喊道："您干吗要抽烟？"她命令他立即掐灭香烟，认为他可能正在给德国飞机发信号。

这一整天里，士兵沿各条街道行军，通常还唱着歌。Opolcheniye[370]运动进行得如火如荼。在7月头几天，成千上万人（包括许多上了年纪的人）自告奋勇地出现在上百个集合点（我居住的霍赫洛夫斯基大街对面就有一个），他们都拎着小包裹或手提箱。经过挑选后（有些人被拒绝了），他们就会被送往训练营。

除此之外，莫斯科的气氛似乎依然相当平静。在街道上仍能看见人们开着玩笑，放声大笑。但很明显，很少有人会公开谈论战争……

尽管如此，莫斯科还是进行了防空准备。7月9日，一些专用卡车沿电车线路行驶，分发一堆堆沙子。在那个星期，我写了一篇关于伦敦"闪电战"和英国防空措施的文章，《消息报》迅速刊登出来，读者为之津津乐道，甚至就使用水桶里的水扑灭燃烧弹的利弊发生争论，但我宣称这种做法是错误的。我所写的伦敦"闪电战"的故事得到广泛讨论，主要是因为《苏德互不侵犯条约》期间，苏联媒体并没有太多关注伦敦遭受的轰炸。

到7月第二周，德国实施空袭的前景引发了一场把儿童撤离莫斯科的大规模疏散。许多妇女也被敦促尽快离开，去集体农庄劳动。火车站挤满了获准离开莫斯科的市民。7月11日夜间，我在库尔斯克车站看见许多前往高尔基的妇女正在哭泣；她们中的许多人认为很长一段时间内无法回到莫斯科——据她们所知，德国人可能要来了。[371]

苏德战争爆发后，莫斯科城内及周边的防空力量（M. S. 格罗马金将军负责的莫斯科防空区）不断获得加强。[372]这些防御措施以一连串防御圈纵深配置。最外环距离莫斯科市区200多公里，由男女对空观察员、预警和通信勤务人员组成，他们的任务是"不分昼夜地观察从头顶飞过的所有飞机，确定其型号、航向和高度，并把这些信息汇报给莫斯科"[373]。但由于望远镜严重短缺，加之观察员起初无法准确区分敌我飞机，他们执行的任务会变得更加困难。[374]

位于对空情报哨后方的是克利莫夫上校歼击航空兵第6军的几个歼击机团，部署在距离莫斯科市区大约125公里处。该军有585架歼击机，最新型战机（170架米格-3、95架雅克-1、75架拉格-3）超过飞机总数的一半。[375]另外，新型双引擎佩-2轰炸机也是一款非常出色的夜间战斗机，可以"追踪空袭者返回敌基地，在对方降落时把它击落"[376]。

掩护莫斯科近接近地的是800余门高射炮，其中许多部署、隐蔽在城市周边大规模森林地带针叶林与白桦树之间的空地上。[377]数百具大型探照灯部署在围绕莫斯科的同心圆内，以确保高射炮和歼击机能在夜间投入战斗。较小型号的探照灯、高射炮、高射机枪部署在城内[378]，许多高射炮设在建筑物顶部。

100 多个拦阻气球是莫斯科防空区分层对空防御的最后一个组成部分，这些气球会每晚升入城市上方的空中，目的是迫使德国轰炸机飞得更高，并破坏对方获取目标的行动。[379]

最后，苏联人还采取细致的措施对整个城市加以伪装，其中一些"规模甚大、非常巧妙"，旨在欺骗飞越莫斯科克里姆林宫区的德国侦察机机组人员。[380]一位目睹莫斯科在战争头几日情况的观察者描述了苏联人实施的伪装措施：

因为墙壁上涂了颜色，克里姆林宫看上去就像一排住宅。红场上列宁的红黑色大理石陵墓覆以沙袋，被伪装得像一座农舍。莫扎瓦亚大街现在涂上了锯齿状线条，从空中望去就像一排屋顶。莫斯科大剧院覆盖着帆布，帆布上还画有假入口。克里姆林宫宫殿正面盖有伪装网，还插满绿色的树枝。克里姆林宫几座最高的塔楼上通常闪亮的五颗红星，现在都被披上了灰色伪装布。克里姆林宫教堂的金色圆顶被深色的木材封闭，另一些大型建筑漂亮的绿色屋顶现在被漆成了蓝色和棕色的丑陋混合色。

我在战争期间从来没有见过类似的情况，无论是在西班牙还是在法国。可我确信这种伪装欺骗不了任何人。在发生地面战斗的情况下，此举或许能达到目的，但肯定不会给飞越城市上空的德国轰炸机造成丝毫误导，令人眼花缭乱的探照灯光束和炮弹爆炸发出的火焰也无法做到这一点。[381]

工厂，特别是那些生产飞机和其他重要战争装备的工厂得到精心伪装，交通中心和交通指挥设施也"被覆以相当广泛的伪装"[382]。可不管怎样，莫斯科还是"很难抵御空袭"[383]。尽管存在一些（20 世纪）30 年代的主要建设项目，可城内 70% 的住宅楼仍是木制，工厂各个车间也使用易燃的橡胶材料和油毡纸覆顶。甚至在市中心的高尔基大街这些地方，一堆堆木柴、木制仓库和高度易燃的建筑物也随处可见。莫斯科实际上"就是个火绒箱"。因此，该城防空组织的主要任务便是确保空袭引发的火灾得到严密控制。所以，国防委员会在 1941 年 6 月 30 日成立后做出的第一项决定就是为莫斯科消防局增加消防车数量。[384]

德国空军的初步打击

为了对莫斯科展开一场轰炸机攻势，凯塞林第 2 航空队到 1941 年 7 月底已集结起如下轰炸机部队：勒尔策第 2 航空军第 2、第 3、第 53 轰炸机联队；刚刚从西线调来，隶属第 1 航空队（支援北方集团军群）的第 4 轰炸机联队（通常被用于布雷）；调自第 4 航空队（支援南方集团军群）的第 54、第 55 轰炸机联队；调自西线第 3 航空队的第 28 轰炸机联队，以及两个探路者大队——第 100 轰炸机大队和第 26 轰炸机联队第 3 大队。这八个轰炸机联队（或其部分力量）由数百架 He-111H、Ju-88A、Do-17Z 双引擎中型轰炸机组成，主要配备高爆弹和燃烧弹。[385]

德国空军于 1941 年 7 月 21 日至 22 日的那个夜晚对莫斯科发动首轮空袭，参加此次袭击的部队包括：第 2、第 3、第 53 轰炸机联队；第 4、第 55 轰炸机联队部分力量；第 100 轰炸机大队数架 He-111H。当晚，195 架轰炸机从明斯克、奥尔沙、维捷布斯克、恰塔洛夫斯卡周围的前进机场起飞[386]——大多数机场上的德国飞行员能听见附近斯摩棱斯克包围圈传来的激战声——朝东面 450 ~ 600 公里外的目的地飞去。由于德军的空中侦察发现苏联人在多罗戈布日沿通往莫斯科的直接路线部署了大量高射炮，轰炸机编队会在这里稍稍向南偏移，以避开地面火力威胁。[387]

这些轰炸机在 2000 ~ 4000 米高度向东飞行，机组人员执行任务时能见度非常好。距离莫斯科 30 公里时，它们被第一批探照灯笼罩。犹如手指般伸出的光束划破夜空，为苏军高射炮照亮了空中的敌机，这些高射炮喷吐出了一道弹幕。[388] 第 53 轰炸机联队一架轰炸机被附近炸开的一发炮弹的弹片击中，不得不紧急投放机载炸弹，然后朝地面俯冲（降到 300 米高度），以避开探照灯光束和猛烈的高射炮火。摆脱地面打击后，这架轰炸机悻悻返航，经过五个小时的飞行，最终平安到达斯摩棱斯克一座机场。[389]

许多轰炸机几乎是毫发无损地飞抵莫斯科上空的。突然间，整个城市变成一座"咆哮的火山"，一个接一个轻型、重型高射炮兵团朝空中入侵者开火射击。城内数百部探照灯雪亮的光柱使轰炸机机组人员目不能视物，难以找到目标。[390] 相关记述指出："德国轰炸机机组人员（在莫斯科）遭遇的防御堪比英国上空空战期间伦敦的防空。"[391]

记者亚历山大·沃斯在地面上目睹了这番令人眼花缭乱的场景，他在《战火中的苏联》一书中描述了这一幕：

最令人印象深刻的是庞大的防空弹幕，高射炮弹的弹片犹如冰雹般洒落在各条街道上，数十部探照灯照亮夜空，我在伦敦从未见过或听说过这种场面。消防值班工作的规模相当大。我后来听说许多消防值班人员受到了燃烧弹的严重伤害，有的是因为缺乏经验，但更多的是他们蛮干所致——这些年轻人起初竟然赤手捡起燃烧弹！[392]

德国空军的首次空袭持续了五个小时，飞抵莫斯科上空的 127 架轰炸机投下了 104 吨高爆弹和 4.6 万枚燃烧弹。[393] 可结果令人失望：与 1940—1941 年间的所有空军力量一样，德国空军无法在夜间以任何程度的集中方式投掷炸弹。另外，高爆弹和燃烧弹不仅散落在城市周围（而没有命中目标），其中至少有一部分也不适用于轰炸目标。第 55 轰炸机联队指挥官屈尔中校执行完任务返航后确信他的机组人员给主要目标克里姆林宫造成了严重破坏。虽然这名中校自豪地向第 2 航空军军长报告行动取得成功，但有关轰炸破坏的航拍照片很快表明，屈尔的 35 架 He-111 击中的是一座体育馆，其轮廓与克里姆林宫非常相似。不过，即便该联队装载的燃烧弹命中克里姆林宫，这些弹药也无法造成太大破坏；因为克里姆林宫的屋顶上铺有太多层 17 世纪的砖瓦，小型燃烧弹只会在这种建筑结构上被弹飞。[394] 很显然，在 1941 年，让武器与目标相匹配的技术仍处于起步阶段。

7 月 22 日晨，德国轰炸机在返回基地时已造成 130 人丧生、241 人重伤、421 人轻伤，他们投下的炸弹和燃烧弹还摧毁了 37 座建筑，引发 1166 起火灾。有 3 枚燃烧弹落入英国使馆，但由此引起的火灾被消防队扑灭了。作家罗德里克·布雷思韦特（1988—1992 年任英国驻莫斯科大使）称："以伦敦'闪电战'的标准看，这场空袭不过是被虫子叮了一口。"[395] 另一方面，虽然存在猛烈的防空火力和麻烦的苏军夜间歼击机，但实施空袭的德国各轰炸机联队只损失了一架飞机[396]，这说明"歼击机和高射炮不分青红皂白的打击效果很有限"[397]。在缺乏有效的雷达追踪设备和无线电通信的情况下，防御一方无能为力。

机翼和机身上涂有黑色铁十字徽标的轰炸机于 7 月 22—23 日夜间、7 月 23—24 日夜间再度折返，每次都以 100 多架携带高爆弹和燃烧弹的机队规模对莫斯科实施空袭。这些攻防战的结果再次令双方深感失望：德国轰炸机造成的破坏微乎其微，而苏军防空部队每次只击落了一架敌机。德国空军作战部长冯·瓦尔道少将在 7 月 24 日的日记中对这场轰炸机攻势持怀疑态度，在他看来，鉴于投入的力量相对较少，己方很难取得决定性战果。他在日记中写道："我希望（这场攻势）尽快结束。"[398]

不过，空袭仍在继续。随着苏联人不断增强防空力量，这项任务对德国轰炸机机组人员而言也更具挑战性。[399] 在第 4 轰炸机联队的战史中，一名前中队长描述了 1941 年 7 月 26—27 日夜间的空袭行动[400]：

这里的防御获得进一步加强，实现了（德方）机组人员在伦敦上空很少见到的密度和强度。他们围绕市中心 30～40 公里范围内布设了大约 500 部探照灯，由于刺目光束的严重影响，机组人员很难完成准确定位。各种口径的高射炮连射出精准、密集的高射炮火。飞机投下的炸弹再次在市区造成大火和爆炸。[401]

1941 年 8 月初，德国空军分别投入 66 架、58 架轰炸机对莫斯科实施第 14 次和第 15 次空袭；这些轰炸机从 1800～5800 米的高度接近目标，在 48 小时内投下 90 吨高爆弹和 8 万枚燃烧弹。第 55 轰炸机联队一名机组人员阐述了任务的强度：

我们沿莫斯科这口大锅的边缘飞行时，云层依然相当朦胧，数十道强大的光束从下方射来。红色首都的探照灯编成一张巨网，意图诱捕我们的 He-111。有那么几秒钟，白色的探照灯光束经过不停搜索，舔舐着轰炸机的机腹，但最终无法继续下去。

若干高射炮连的红军炮手架起一道铁幕障碍。但没关系！我们取得了突破！

现在我们位于市区上方。莫斯科已遭到猛烈打击。三片大火场是当晚大批高爆弹和数万枚燃烧弹制造出来的。

在其中一个火场，有八场大火正在肆虐。第一批重磅炸弹落在这里，直接命中了飞机制造厂中央和周围的辅助企业。

我们可以通过莫斯科河的两条大型环线确定自己的位置，这条河流从西南面而来，一直延伸到城市边缘。我们现在知道克里姆林宫在哪里了。

我们在空中盘旋，看着犹如巨大的黑色幽灵的拦阻气球朝我们袭来，快似闪电。我们观察着莫斯科上空其他轰炸机投下的燃烧弹和高爆弹的弹着点，直到米利乌斯中校瞄准他的目标。现在，我们也投下重型炸弹，燃烧弹紧随其后，给这座城市造成了新的破坏。

我们转向一条返航航线，但必须再次突破猛烈的高射炮弹幕。这些高射炮火针对的是我们，当然也可能是我方下一波轰炸机。[402]

1941年8月15日至16日夜间，德国空军对莫斯科实施第20次轰炸，但这次只有5架轰炸机投下11吨高爆弹。[403]不过，持续不断的空袭开始给莫斯科市民的神经造成伤害。另外，虽说德国轰炸机通常实施不分具体目标、相对随意的打击，但偶尔也会产生破坏性效果：

莫斯科水电站（MosGES）是莫斯科的主要发电站之一，也是轰炸机的重点打击目标，发电站周边地域已遭到严重破坏。附近的扎采普斯基市场被燃烧弹焚毁，周围许多公寓楼在这几个月里受到猛烈打击——窗户松动，内部空间暴露在外，成了麻雀和流浪猫的栖息地。7月27日，一枚高爆弹直接命中泽姆斯科伊大街上新建的一所学校，几乎把它彻底摧毁，有300多人被埋在下面的防空洞里。虽然火焰冲天，但救援人员还是设法把他们救了出来。一枚炸弹击中列宁图书馆对面的一座建筑，穿透四层楼板，在地下室上方爆炸。藏身地下室的人被困在废墟中，上方的残垣断壁发生了火灾。救援人员艰难地打开一条通道，耗费13个小时，救出了30名幸存者。

8月5日，一枚1000公斤重的炸弹落在尼基茨基大门旁、杰出的农业科学家季米里亚泽夫纪念碑对面，炸出一个30码宽、10码深的弹坑，给有轨电车线、地下设施和附近的建筑物造成严重破坏。雕像倒塌并损坏。警报响起时，一辆载有数袋面粉的电车停在广场上。爆炸导致面粉撒满整个广场，看上去就像被积雪覆盖……

莫斯科中央急救处的人员和车辆在7月的空袭中出动近400次，在8月超过100次，在10月超过200次。[404]

1941年8月20日，已完成23次空袭莫斯科任务的德国空军暂时停止了轰炸战役。中断数周后，轰炸在9月初重新启动，但他们投入的飞机数量已经非常少，致使这种空袭显得几乎有些微不足道。实际上，他们仅在7月下旬头三次空袭中出动了100多架轰炸机。8月10日至11日夜间以63架轰炸机实施空袭后，德国空军单次出动的飞机明显减少，最多的一次是1941年9月30日，只有16架。而在9月的12场空袭里，他们平均每次投入的轰炸机数量仅为7架。总之，德国人在1941年7月21日到9月30日间共对莫斯科实施35次空袭，其中只有9次投入50架或更多轰炸机，另有21场空袭由不到15架轰炸机执行[405]，这致使大多数空袭任务沦为扰乱性攻击。的确，德国空军在这30多场空袭中投下的高爆弹总量甚至远不及英国皇家空军在1944年对德国实施战略轰炸期间每晚平均投弹量的一半。[406]德国空军对莫斯科实施的空袭，最好的情况就是轰炸机的损失"仍在可接受范围内"[407]。

这场轰炸战役持续到了1942年4月[408]，战争结束后，凯塞林对轰炸效果给出了悲观的评估：

对莫斯科的空袭……令我非常焦虑。被击落的机组不得不被视为已经丧生；高射炮火力和探照灯刺眼的光束甚至给那些参加过空袭英国的飞行员留下了深刻印象。另外，随着时间的推移，苏军防空战斗机的出现次数不断增加，幸运的是他们只出现在昼间。（轰炸取得的）战果并不完全符合我的预期，原因如下：轰炸的目标大小不一（即目标大小会对"具体取得什么战果"造成影响）；我们的力量相当虚弱；由探照灯造成的影响令人不安；由于燃料负载增加，飞机携带炸弹的数量非常有限。[409]

虽说德国空军在 1941 年也为实施战略空袭进行过其他尝试（比如偶尔打击飞机制造厂和前线后方的其他工业设施）[410]，但唯一一场上升到持续战略空中战役层面的行动就是对莫斯科的轰炸攻势[411]。鉴于德国空军在这番努力中投入的轰炸机数量相对较少，加之德军双引擎轰炸机的能力极其有限，显而易见的结论就是：这些空袭的战略影响为零。德国历史学家霍斯特·布格曾这样强调，这些空袭执行得"无谓"而且"计划欠佳"——他说得没错。[412]

由于德国空军的轰炸机力量有限，"1941 年 7 月时有比莫斯科更重要的重心"[413]。苏联的整个后勤链起初很容易遭受攻击，而一旦系统性地破坏他们的坦克和飞机制造厂，便可以显著缓解整个东线德军地面力量承受的压力。对于一场独立战略空袭而言，另一些有价值的目标是："进出西伯利亚的铁路线、从北冰洋和里海进入苏联内陆的铁路线、图阿普谢的炼油厂、高加索山区和从里海畔的古里耶夫通往奥尔斯克的输油管、乌法和奥尔斯克生产航空燃料的裂化厂，以及格罗兹尼和巴库的油田。"[414]虽然专业飞行人员明白这一点，可上层人士显然忽略了德国空军前线将士的要求。

苏军轰炸柏林

针对德国空军对莫斯科的系统性空袭（从较小程度上讲还包括他们对列宁格勒的轰炸），苏联最高统帅部决定对柏林实施报复性空袭。这项任务最初被交给红旗波罗的海舰队水鱼雷第 1 航空兵团的一个大队。该航空兵团的 13 架 DB-3 中型轰炸机从爱沙尼亚海岸的萨列马岛起飞，于 1941 年 8 月 7 日至 8 日夜间轰炸柏林。据一份资料称，他们令"柏林防空部队措手不及，完成空袭后毫发无损地返回基地，但他们给柏林造成的破坏很轻微"[415]。而另一位作者的说法截然不同，他指出："似乎只有一架轰炸机到达德国首都上空，旋即被德国人毫不客气地击落了。"[416]

几天后，苏联远程轰炸航空兵投入行动。1941 年 8 月 11 日，航空兵第 81 师的伊尔-4 和佩-8 轰炸机从列宁格勒附近普希金的一座机场起飞，排成密集编队飞赴柏林。德国人的防空力量这次有所准备，击落了许多苏军轰炸机，还有一架轰炸机在喀琅施塔得附近被苏军防空火力和截击机击落。[417]

虽然此举只不过是一种象征性的挑战，但苏联人对柏林的夜间空袭一直持续到了 1941 年 9 月初，直到北方集团军群的挺进将苏联空军作战飞机击退到打击德国首都的航程之外。红军共对柏林实施了 10 次空袭，朝城内军事目标投下数百枚重型高爆弹。[418] 但红军机组人员对轰炸行动并不熟练，他们的飞机在航程和有效载荷方面也较差。[419] 相反的是，这些飞行员在没有歼击机掩护的情况下飞入柏林防空网的勇气和意愿确实值得称赞。

除空袭柏林外，1941 年 7 月 10 日到 9 月 30 日间，苏联远程轰炸航空兵和红旗波罗的海舰队、红旗黑海舰队的轰炸机还袭击了敌人在柯尼斯堡、但泽、赫尔辛基、华沙、普洛耶什蒂、布加勒斯特、苏利纳和另一些城市的工业设施。7 月 10 日到 30 日间，轰炸航空兵第 4 军的飞行员独自对普洛耶什蒂、康斯坦察、布加勒斯特的石油工业目标实施了 8 次空袭，据苏联方面的一份主要资料称，这些空袭使罗马尼亚石油工业的产能降低了 30%（至少暂时如此）。[420]

希特勒与陆军总司令部

德国历史学家于尔根·弗尔斯特在他近期的新著《纳粹政权下的德国国防军》中概括了对苏战局头几周给希特勒和陆军总司令部造成的影响：

在1941年6月22日之后取得的伟大战役胜利满足了德国人的期望。这些胜利在所有层面加大了德国国防军的高度自负。仅仅两周后，德国陆军和希特勒就认为东方战局已赢得胜利。可没过几天，事态就变得显而易见——歼灭第聂伯河—西德维纳河一线以西的"苏联红军主力"无法阻止布尔什维克政权继续发挥作用，德国低估了苏联这个对手。就连德国陆军总参谋部的"知识精英"在策划作战计划时也没有得到"冷静的专业精神"指导。有证据表明，不光是希特勒，就连"当时在全世界备受尊重的"德国陆军总参谋部也存在"不可预测，甚至是不理性的"因素。[421]1941年7—8月的前线实际情况迫使他们放弃过时的假设，而这些假设部分源自对敌人的意识形态看法。这个过程（特别是经历了头两周的狂喜后）令所有涉入其中的人深感痛苦，尽管"闪电战"失利的责任后来完全归咎于希特勒。[422]

希特勒和他的将领渐渐意识到这场"闪电战"无法打垮红色巨人，他们突然需要重新调整战局下一阶段的战略了。当然，现在的问题是，到底是以中央集团军群两个装甲集群合兵一处的力量继续攻往莫斯科，还是把博克的坦克和摩托化步兵转向侧翼目标，支援北方和南方集团军群——在北面攻往列宁格勒并同芬兰人会合，此外在南面进入乌克兰、顿巴斯工业区和高加索地区。希特勒与陆军总司令部之间的争论引发了东方战局的首次战略危机。弗尔斯特继续指出：

有关获胜之道的争论，其严重性反映了陆军总司令部逐渐意识到他们的策划原则存在缺陷，这场"闪电战"无法在1941年赢得胜利，德国军队不得不在1942年"被迫对红军新锐力量发起一场进攻，这会耗费更大代价和更多时间"[423]。但在冬季到来前使这场战局达到一个令人满意的最终状态——这一点仍有希望做到。新近发现的私人资料[424]和那些广为人知的档案文件表明，对东线战事进展"深感紧张"或"极不耐烦"的绝不仅仅是希特勒[425]。

狂喜让位于焦虑

尽管东线陆军赢得了一连串令人印象深刻的胜利，可到了1941年7月下旬，陆军总司令部较为精明的军官开始意识到，这场对苏战争远没有结束。就连哈尔德的得力助手、德国陆军负责作战事务的副总参谋长（第一军需长）保卢斯将军现在也受到一种"潜在不安"的困扰，其本人对战局最终结果的乐观态度亦有所减弱。另外，陆军总司令部的高级将领渐渐对他们的苏联对手产生了一种尊敬之情：虽然遭受显而易见的毁灭性挫败，但苏军继续狂热地从事战斗，并投入了越来越多的新锐力量。[426]

读者应该还记得，保卢斯将军是"巴巴罗萨"行动的主要策划者。1941年6月22日，他在审阅了德国军队跨过苏联边境的第一批乐观报告后预计这场"闪电战"会在6～8周内结束。可以肯定的是，他曾估计苏联人会在战局开始阶段实施顽强抵抗；但在之后，随着德国军队实施势不可挡的凌厉打击，红军会迅速分崩离析。可现在，保卢斯对自己的判断产生了怀疑。当年7月，在斯摩棱斯克城外与担任陆军少尉的儿子恩斯特见面时[427]，这位父亲暗示红军在兵力和装备方面的实力令自己"深感担忧"[428]。保卢斯的传记作者托尔斯滕·迪德里希评论道：

保卢斯很清楚即将出现的问题从何而来——不断延伸的补给线，以及为不断增加的"战斗消耗"提供足够的技术装备和人员补充。但与此同时，他一直谨慎对待自己的担心，从不过度强调他的忧虑。不过，一如他的性格，保卢斯始终保持低调，并对"闪电战"的预测持一种常见的论调，尤其是会避免对自己的计划产生怀疑。[429]

在距离希特勒"狼穴"大本营 20 公里、位于毛尔森林的陆军总司令部营地内，保卢斯、霍伊辛格、哈尔德和他们的军事人员不知疲倦地从事工作，努力应对着东线战争带来的不断升级、往往令人意想不到的挑战：

这些工作人员几乎每天都要到午夜前才上床休息。这种持续的高度压力消耗着总参人员的神经和精力。保卢斯在这些日子比平时更加勤奋，也更具有学究气。据副官回忆，他 8 点 30 分就坐在办公桌前，一直忙到深夜。副官和特别参谋待在一旁，他们都觉得自己没有满负荷工作，因为保卢斯喜欢一切都亲力亲为。他用铅笔以清晰易读的文字写出计划，有条不紊地斟酌每个字眼。他经常纠正自己所写的东西，但不是像后来那样涂抹，而是用橡皮擦去并重写。

这段紧张的时期给保卢斯本来就不太好的身体造成了一些影响。胃部不适迫使他按照一份特定食谱用餐。他的饭菜由一名厨师在他自己的厨房里准备。倘若无法做到这一点，他就会保持最严格的饮食控制。结果，他那高大的身材总会显得疲惫而又憔悴。他的健康状况和他的性格使他看上去严肃而又内省。他从容的气质掩饰了压力，而在更大的心理压力下，他面部的一侧会不受控制地发生抽搐。[430]

到 1941 年 7 月下旬，保卢斯的上司哈尔德将军也重新调整了他对"俄国熊"的评估。7 月 8 日，哈尔德向希特勒报告，在德国情报部门迄今为止识别出的 164 个苏军步兵师中，只有 46 个仍在主要战线上活动（89 个师"已被彻底或大半歼灭"），29 个识别出的坦克师里只有 9 个仍具战斗力。[431] 但在 7 月 23 日，他大幅度修改了红军战斗序列，称对方有 93 个师仍可从事战斗。哈尔德认为，敌人虽然遭到"决定性削弱"，但是并没有被"彻底粉碎"。由于德方认为苏方的人力资源取之不竭，哈尔德说："更有力的做法是，后续行动必须以破坏莫斯科周边军备生产地区为目标。"[432] 三天后的 7 月 26 日，在整个 1941 年夏季经常重演的一个场景中，哈尔德再次上调了他的估计："总体情况是：敌人的防御越来越激进；更多坦克和更多飞机；除先前列出的 10 个新师，据报又出现了 15 个新锐师。"[433]

虽然关于东线陆军所面临艰巨任务的一幅更清晰的画面已开始显现出来，但德国军事领导层仍固执地坚持他们越来越脆弱的信念：苏联即将崩溃。7 月底，陆军总参谋部发表了他们所做的研究，具体内容为一场以装甲力量突击深入乌拉尔地区，并且翻越高加索山区前出到伊朗和伊拉克边界的神奇远征。[434] 7 月 23 日的军事会议上，哈尔德甚至向希特勒保证，德国军队可以在 8 月底到达莫斯科和列宁格勒，10 月初可进抵顿河与伏尔加河，高加索石油区的巴库和巴统可以在 1941 年 11 月 1 日之前到达。[435] 历史学家杰弗里·梅加吉断言："实际上，哈尔德的吹嘘表明他既不清楚敌人的实力，也不了解己方后勤状况……到 7 月中旬，德军几乎完全停在了战前计划预测的地方，但他们为下一阶段作战行动所做的准备远较预期更慢。仅凭这一点，哈尔德的目标就会沦为纯粹的幻想。"[436]

至于元首本人，他现在对自己的军队在东线面临的困境深感烦恼。他的军事情报机构在准确评估红军规模和实力方面犯下了真正的灾难性错误，这使希特勒大为恼火。阿布维尔的一名上校在 1941 年 7 月 20 日惶恐不安地写道：

C（卡纳里斯）[437] 刚刚从元首大本营返回，他说那里的气氛非常紧张，因为对苏战局没有"按计划进行"，而且这一点日趋明显。这场战争与其说会像预期的那样（给苏联）造成内部崩溃，倒不如说会振兴布尔什维主义——这方面的迹象正成倍增加。C 特别提醒道，有人试图把阿布维尔列为罪魁祸首，因为我们没能准确汇报俄国军队的真实实力和战斗力。比如，据说元首已指出，要是他知道俄国超重型坦克的存在，他就不会发动这场战争。[438]

陆军总司令部作战处的蒂洛上尉在7月25日的日记中暗示，军事行动的意外延误使希特勒"非常紧张"[439]。7月28日，希特勒在同他的陆军副官格哈德·恩格尔少校、国防军副官长鲁道夫·施蒙特上校短暂散步时透露，东线战事使自己彻夜难眠，因为他为接下来该采取何种措施绞尽了脑汁。[440] 月底时，希特勒病倒了，他的空军副官尼古劳斯·冯·贝洛描述道：

他没有出现在餐厅，也没有出席每日态势讨论会：从他的模样就能明显看出他身体欠佳。莫雷尔医生说，这可能是一场轻微的中风。希特勒的心脏和血液循环都不太好，但莫雷尔说他有把握让元首很快恢复健康。过了几天，元首的身体状况得到明显改善。我们奉命对希特勒的健康状况严格保密。但他的健康危机有可能造成严重后果，这让我非常担心，所以我在7月30日把此事透露给了我弟弟。[441]

宣传部长戈培尔也在日记中记录下了元首大本营从6月底到7月初的气氛变化。他于8月1日写道："他们公开承认，对苏联军事实力的估计有些失误。布尔什维克展现出的抵抗力比我们的预期更强。最重要的是，他们获取物资的手段比我们认为的更多。"[442] 在三周前的7月9日，希特勒向戈培尔保证："东方战争基本上已获胜利。我们仍要进行一系列艰巨的战斗，但布尔什维克的武装部队再也无法从他们遭受的失败中恢复过来。"[443] 大约十天后的8月10日，戈培尔写道："仍需实施非常艰巨而又血腥的打击，直到苏联最终彻底崩溃。"[444]

大约在同一时间（8月初），陆军总司令部作战处处长霍伊辛格上校的副官冯·明希豪森上尉在他的日记中总结了随着时间和空间上的压力不可阻挡地降临，迅速占据陆军总司令部的新想法：

人们往往怀疑我们能否迅速击败俄国人并在秋季到来前的短暂时间内占领对方的主要工业区。即便在最好的情况下，我们也无法前出到伏尔加河。很有可能的是，在乌拉尔和西伯利亚地区工业体系的帮助下，一支新的军队会在来年春季出现！尽管这种情况很危险，但尚可预料。鉴于俄国人在此次战局中的大体性质，造成两线作战对整个战争进程来说才是最糟糕的结果！希望事情会变得（与此）不同！[445]

1941 年夏季，40 岁的赫尔穆特·施蒂夫中校也在陆军总参谋部作战处工作。这位聪明、富有洞察力的军官掌握了更全面的战略态势，后来因为参加反纳粹抵抗组织而被处决，他对军事事件的走向和陆军总参谋部的日益堕落越来越感到痛苦。1941 年 8 月 2 日，周六，他给妻子写了封长信，由于他在这封信中提出的见解较为深刻，特此摘抄如下：

亲爱的琳格：

……总的来讲，（战事的）整体发展可以说并没有在最大限度上满足所有期望——依我看，这些期望在某些方面高得离谱。我认为我们这次会进行一场两种世界观以及新旧观念之间的斗争，斗争的严重性会在这个过程中以完全不同的维度体现，这一点已得到充分确定。另外，我们不仅在对手的军事实力方面欺骗自己，还低估了对方的领导能力。我们的对手在这场生死斗争中投入的力量在任何情况下都可谓相当强大。除了别洛斯托克—明斯克合围战——由于出敌不意，相当数量的俄国军队在陷入合围后遭歼灭，我们彻底实现了目标——其他交战（除一些局部胜利外）仅仅会导致进一步的正面胶着。我们或许可以在各处保持优势，敌人也在此过程中遭受惨重损失，可我们一直寻求的重大战果尚未获得——（我甚至认为）不应对此抱有幻想……

我们的作战行动在中央战线停滞不前，敌人的反击固然是一大原因，但主要原因还是我方快速部队的自然耗损，毕竟他们已持续不停地战斗、前进了四周，现在急需休整，以便完成对车辆的维修，并补充他们高达30%的人员损失。为此，他们必须与敌人脱离接触，对方投入了一个个步兵师，展开持续不停的反突击，毫不放松。换防工作已部分实施，但另一部分只能在肃清斯摩棱斯克包围圈后进行，包围圈里的敌人抵抗得异常顽强，他们几乎是前仆后继地阵亡，因为他们更害怕他们的政委，而不是我们。如果没有敌政委，那么我们的传单就能发挥出色的效果，敌军官兵会成群结队地向我们投降。遗憾的是，这种情况很少见……

你可以想象最高层（即希特勒）的紧张不安。如果不是那么可悲的话，你也许会为这种奇怪的效果笑出声来！但所有人都在猜测今年能否实现那些雄心勃勃的目标。我担心这些目标无法实现，我们不得不在来年以陆军部分力量再次向前挺进。当然，其结果是我们的情况严重恶化，而且会给美国人（尽管他们所有的注意力都放在了日本人身上）介入战争或玩弄某种肮脏伎俩的机会，就如他们在冰岛所做的那样[446]，此举已被证明对我们在大西洋从事的战争具有致命性。

在这场战争中，我首次对我们能够完成受领的任务产生怀疑。倘若我们在东线的第二次打击[447]没能积极促进发展——在这方面还有一些希望，因为俄国人似乎仍指望以剩余的力量寻求一场决战，所以我们暂时不用担心一场两线战争会造成怎样的影响——如果这种希望没能实现，那么我们会丧失在其他战区的优势，这场战争的结局就真的会令人怀疑……

最高层这种紧张不安的一大产物便是我们的报告方式。在我看来这很糟糕。国防军的报告已沦为政治宣传的一种媒介，完全由他本人（希特勒）起草，通常会给他自己留下深刻印象，却毫不考虑对作战部队情绪和期望造成的影响——对他们来说，这是简要获知战争总体进展的唯一途径。更重要的是，它们以这样一种令人厌恶的方式夸大了所谓的成功，根本不是意识清醒的事实报告。其内容的真实性完全有理由加以怀疑。遗憾的是，在这个国家，现在就连正派的最后堡垒也沦为由堕落者或疯子领导的政治制度祭坛的祭品。此前我从来没有像在这场战争期间这般痛苦，当然，这场战局的进程也是前所未有的。[448]

"最高统帅部自信的外表的第一道裂缝"[449]出现在1941年8月6日，阿尔弗雷德·约德尔将军的副手、国防军最高统帅部国防处处长瓦利蒙特少将提交了一份"关于东方战局结束后继续战争的简要战略概述"。瓦利蒙特在这份文件中指出，军事领导层必须考虑东线军队在1941年无法达成作战目标（与目标相关的这条战线从南面的高加索产油区起，延伸到伏尔加河，再向北伸展到阿尔汉格尔斯克和摩尔曼斯克）的可能，一道敞开的战线必然会在来年继续存在。[450]

虽说德国人民很难接触到国防军最高统帅部的审议意见，但至少有部分民众敏锐地意识到了对苏战局与先前那些战争完全不同。8月8日，K. B. 夫人给她身处前线的亲人写了一封信：

通过每周新闻片，我们确实了解到东方发生的一些事情。相信我，这些纪录片给我们造成了极大的恐惧，我们很想闭上双眼，以免看见某些画面。现实会是怎样的呢？我认为它是我们永远无法想象的。在每周新闻片里看见我们的步兵列队行进时，我总是会想到你也像这样行军——总是冒着烈日骄阳和倾盆大雨前进。最近那里的降雨肯定很大，道路已变成不折不扣的泥潭。皮带扣必须扎紧，因为在俄国的这些污水坑里（东西掉了就）什么也找不到。相比之下，法国的美食会比较多。[451]

到8月11日，陆军总参谋部所做的对苏战局分析中的痛苦转变已告完成。哈尔德在当日日记中透露："总的说来，自昨日起，整条战线没有出现什么变化……"

我们目前正展开最后一次竭力尝试，以免我们的战线冻结在阵地战里。由于各集团军群被自然障碍（沼泽）隔开，最高统帅部改变态势的能力受到很大限制。我们已投入最后的预备力量。现在，所有重组都仅仅是在个别集团军群作战地域内调整军力。这需要时间，并消耗了人员的精力和装备。但结果造成了最高统帅部的急躁和恼怒，其愈发倾向于干涉琐碎的细节……

整体情况越来越清楚地表明，我们低估了俄国这个巨人，其一直怀着坚定的信念为战争加以准备，这正是极权国家的特点。这一点被运用于俄国人的组织结构、经济资源和交通体系，最重要的是应用到了他们严密的军事潜力方面。战争开始时，我们估计敌人有200个师。现在我们已数出360个师。以我们的标准看，这些师的确装备欠佳，他们的战术领导通常也很拙劣。可他们就是待在那里，如果我们粉碎他们十来个师，俄国人又会投入另外十来个。时间因素有利于他们，因为他们越来越靠近自己的资源，我们却越来越远离我方资源。因此，我方军队是沿一条庞大战线展开，没有任何纵深，遭到敌人持续不断的攻击。这些攻击有时候能取得成功，因为这些庞大的空间内必然存在许多缺口。[452]

　　在此期间，已彻底恢复健康的希特勒于 8 月 4 日前往鲍里索夫视察中央集团军群司令部，会晤他那些战地将领（有关鲍里索夫会议的详情参见下文第二个小节）。希特勒次日返回狼穴后告诉陆军总司令冯·布劳希奇元帅，他担心整条战线（的战事）存在沦为堑壕战的危险，就像 1914 年那样。[453]

　　8 月 7 日，希特勒再次病倒，这次是严重的痢疾。在这"至关重要的三周"，他因为"腹泻、胃痉挛、恶心、四肢酸痛、发冷、发烧而虚弱无力"。[454] 毫无疑问，东普鲁士大本营阴沉、压抑的气氛，以及每天持续数小时的形势讨论会使希特勒和他那些将领疲惫不堪，但最重要的是，对苏战争的可行性到底有多大，现在要打一个问号了。这一切给他的健康造成了严重影响，希特勒与他的将领就"巴巴罗萨"行动下一阶段的作战方案发生争执之时，也恰好是东方战局的紧要时刻。

莫斯科还是列宁格勒和乌克兰：希特勒与将领们的争执

　　1941 年 7 月中旬，随着德军突破第聂伯河障碍，以及新一轮大规模合围战在斯摩棱斯克北面和西面展开，希特勒意识到陆军总司令部已"设定一条攻往莫斯科的明确路线"[455]。但元首恪守他的战略愿景（就像最初在 1940 年 12 月的"巴巴罗萨"指令中提出的那样），仍认为苏联首都不太重要。因此，这位德国独裁者和军事统帅开始"大力"干预军事策划工作，这令布劳希奇、哈尔德和陆军总司令部的其他人员深感沮丧。[456]

　　1941 年 7 月 19 日，希特勒下达关于"继续在东线进行战争"的第 33 号元首令[457]，他在这道指令中规定，后续作战行动的重点从中央战线调整到两翼，列宁格勒和乌克兰至少暂时获得比莫斯科更高的优先级。该指令称，霍特第 3 装甲集群的快速部队歼灭苏军斯摩棱斯克集团后，应"切断莫斯科与列宁格勒之间的交通线"，掩护莱布北方集团军群的右翼攻往列宁格勒。[458] 另外，古德里安第 2 装甲集群应以强有力的一部攻往东南方，进入乌克兰，同伦德施泰特南方集团军群相配合。至于博克的中央集团军群，在斯摩棱斯克周边地域完成清剿行动后（指令认为这项行动"仍需要较长时间"），将仅以步兵力量继续攻往莫斯科。[459]

于 7 月 23 日颁布的第 33 号元首令补充规定不仅"充分阐明了这些要点"[460]，而且更进一步要求：霍特装甲集群暂时转隶北方集团军群（"以包围列宁格勒地域之敌"）；古德里安装甲力量与克莱斯特第 1 装甲集群（南方集团军群）展开一场联合推进，"占领哈尔科夫工业区，并向前挺进，渡过顿河（并进入高加索山区）"；步兵兵团负责夺取"乌克兰、克里木和直到顿河的俄国中部地区"。[461]

元首的新指令在陆军总司令部内部引起轩然大波，希特勒与陆军总参谋部就对苏战局核心作战理念的潜在冲突（可追溯到 1940 年底）突然公开爆发，这无可置疑地表明，最初的"巴巴罗萨"指令仅仅是"两种格格不入的作战思想之间的一种表面妥协"[462]。实际上，希特勒试图从政治、经济和军事因素错综交织这个角度——这使他得出结论，只有把德军进攻重点转向北面（列宁格勒和波罗的海地区）和南面（乌克兰、顿巴斯和高加索），才能取得决定性战果——解释他的决定时，他那些高级军事顾问却仍对莫斯科念念不忘，因为他们确信苏军正沿本国首都接近地集结主力，全力阻止莫斯科沦陷[463]，所以暴露在德军最后一场大规模围歼战的威胁下。哈尔德在战争结束后不久给盟军写的一份报告中称："这样一来，俄国军力的重心就摆在了中央集团军群面前……"

> 总参谋部提出了这样一种看法：我军必须以击败敌人的军事力量为作战目标。因此，下一个最迫切的任务是集中中央集团军群全部力量，击败铁木辛哥的军队，进军莫斯科，夺取敌人实施抵抗的这个神经中枢，并歼灭敌人的新锐兵团。由于季节变换在即，这场进攻的集结工作必须尽快完成。[464]

7 月 23 日晚，布劳希奇和哈尔德终于有机会向他们的统帅、第一次世界大战中的下士阿道夫·希特勒提出他们的反对意见了。[465]哈尔德发表讲话，首次强烈建议把莫斯科作为继续进攻的最佳选择。[466]但希特勒并没有被说服，实际上，哈尔德结束发言后，德国独裁者声称"他与陆军总司令部的分歧已经比以往更加清晰"[467]。虽然陆军总参谋长和布劳希奇也发表了意见，但这位独裁者固执己见：待斯摩棱斯克交战结束后，第 2、第 3 装甲集群的装甲力量就会调离中央集团军群，按照第 33 号元首令及其补充规定的要求攻往两翼。[468]然而布劳希奇和哈尔德在当日失败后并没有就此了事，相反，这只是"双方现在已公开化的冲突中的第一炮，这种冲突会演变成一场与战场上不断加剧的危机并行的指挥危机；哈尔德在战后指出，陆军总司令部公然反对元首的计划令希特勒深感恼怒，'其效果具有爆炸性'"[469]。

希特勒的新指令在传达到各战地指挥部后同样引起了惊人的反响。当然，这道新指令给冯·博克元帅的集团军群造成了最直接的影响，他对此愤怒不已，甚至建议解除自己的指挥权（这很可能是一种隐晦的辞职威胁）。他在7月24日的日记中发泄了胸中的愤慨：

当日上午，新指令的预先通知送抵，这道指令把我的集团军群拆分成三个部分：根据指示，我必须把包括古德里安装甲集群在内的一个军队集群派往东南方加入南方集团军群；没有坦克力量的一个集群攻往莫斯科；霍特装甲集群调往北面，转隶北方集团军群。

陆军总司令部召集各集团军群司令，于明天讨论这些新计划。我给布劳希奇发去一份报告，反对这项新作战部署，并建议称，如果他们坚持宣布这份行动计划，那么最好撤销中央集团军群司令部。但愿他们能正确解读我的"愤怒"。（相关指令）简直是在胡闹！倘若集团军群真被拆分成三个部分，集团军群司令部就真的没必要存在了。[470]

这位陆军元帅对新指令"深感愤慨"[471]源于两个因素。首先，他完全无法接受进攻重点偏离莫斯科的一切想法。1940年12月，博克在因为严重的胃病卧床休养期间，读到《新苏黎世报》刊登的一系列文章，其题为"法国是如何输掉战争的"。这些文章显然给博克留下了深刻印象，他指出："我发现（法国记者）莫鲁瓦对巴黎沦陷的看法非常有趣。他写道：'就在这一刻，我清楚地知道一切都结束了。丢失巴黎后，法国成了一具没有头颅的躯体。战争失败了！'"[472]可以想象，博克认为攻占莫斯科的意义与之类似，现在他却突然发现这种希望正从自己手中溜走。同样影响到博克态度的是对他声望的潜在打击。尽管他拥有军人的智慧，可这位陆军元帅是个虚荣的人：他已经忍受了在1940年法国战局中执行次要任务带来的愤懑。现在，明明自己距离莫斯科仅300公里，他的装甲力量却要调拨给莱布和伦德施泰特，这令他怒不可遏。

7月25日，国防军最高统帅部参谋长凯特尔元帅到访博克司令部，重申了希特勒的新作战计划。凯特尔称迅速封锁列宁格勒后，城内居民和守军会因为挨饿而被迫投降，为实现这一目标，霍特第3装甲集群必须北调；南面，为攻往哈尔科夫及其前方，南方集团军群需要古德里安的第2装甲集群。凯特尔继续表示，中央集团军群应以辖内两个步兵集团军沿军用道路继续攻往莫斯科；和列宁格勒一样，不必直接进攻苏联首都，可以把它包围，以饥饿的方式迫使其屈服；与此同时，博克集团军群应歼灭位于其南翼、戈梅利—莫济里周边地域的敌军集团。[473]

此后不久，仍在密谋彻底破坏希特勒最新指令的布劳希奇和哈尔德获得了一位非常重要的新支持者，这就是国防军最高统帅部作战局局长约德尔将军，他也是元首的首席军事顾问。这便意味着陆军总司令部、国防军最高统帅部的核心人物和大多数相关战地指挥官（博克、古德里安、霍特等），就反对希特勒的新指令达成了真正的共识。7月27日，约德尔建议希特勒，在斯摩棱斯克交战结束后立即进攻莫斯科。约德尔是个训练有素的炮兵将领，他的论点并不是基于夺取苏联首都的重要性，他只是认为只有在这里，在莫斯科接近地，德军才能逮住并击败红军残余的主力。[474]希特勒不为所动，除搬出其他理由外，他再次机械地重复了其本人现在已经很熟悉的论点：乌克兰和高加索地区深具经济重要性。[475]鉴于他目前面临的反对程度，德国独裁者依然如此顽固地坚持自己的信念，这一点"很了不起"。

在哈尔德看来，希特勒不断专横干涉[476]陆军总参谋部和他那些训练有素的军事专业人员专属领域内的事务，这种情况实在令人恼火。他在7月28日指出："元首下令执行的作战行动会导致莫斯科这个决定性方向上的军力分散和停滞。博克的力量会遭到严重削弱，再也无力发起进攻。"[477]他在随后写给妻子的信中表达了越来越强烈的沮丧之情：

他再次扮演统帅的角色并提出如此荒谬的想法，这是对我们迄今为止赢得的所有辉煌战果的质疑。俄国人在遭到战役打击时不会像法国人那样四散奔逃。在这个森林和沼泽占据半幅领土的国家，你必须一点点消灭他们。这很耗费时间，他（希特勒）的神经却受不了这个。每隔几天，我都不得不去那里。

用几个小时的空谈换来的结果是，只有一个人知道该如何从事这场战争。我处在绝望的边缘，因为我能准确预测到这些无稽之谈会在何处结束。要是我不相信上帝，也缺乏自信的话，我就会和布劳希奇一样，他已束手无策并躲在自己的军衔后面，以免暴露他内心的无助。[478]

戴维·斯塔赫尔评论道："这场战争本应该是对付一个拙劣的对手，确保欧洲霸权的决定性'闪电战'；可仅仅过了五周，战争提出的要求就压垮了德国陆军，德军指挥部门在内部斗争方面耗费的精力并不比在解决前线问题上少。"[479] 7月29日，陆军总司令部作战处处长霍伊辛格上校指出，他和哈尔德"不得不同许多阻力展开斗争，特别是反对元首的想法"[480]。这一切"预示着战争最终的结局不妙，但和'巴巴罗萨'行动的许多基本面一样，德军指挥部门不得不以艰难的方式吸取教训"[481]。

此时，前线令人不安的事态发展，特别是苏军于7月23日对中央集团军群发动猛烈而又广泛的反攻，迫使希特勒暂时调整他的计划。他在7月28日告诉布劳希奇，自己已经决定推迟第33a号指令（第33号元首令的补充规定）概述的针对列宁格勒和苏联南方的大规模行动。相反，希特勒坚称中央集团军群目前"最紧迫的任务"是歼灭戈梅利周围的敌军集团，从而肃清自身南翼。[482]希特勒突然改变的计划体现在1941年7月30日发布的第34号元首令中，这道指令在开头处写道：

最近几天的态势发展，强大的敌军出现在中央集团军群当面和翼侧，后勤补给情况，加之第2、第3装甲集群需要大约10天时间休整，迫使我们暂时推迟了[483]7月19日第33号指令和7月23日对该指令的补充规定中提出的后续任务和目标[484]。

第34号指令还规定：中央集团军群应当暂时停止向东挺进（其速度现已慢如蜗牛），并"利用合适的地形转入防御"；"一旦情况允许"，集团军群辖内两个装甲集群就应当撤出前线，"抓紧时间休整"。[485]当然，此时谁也没有料到，博克集团军群辖内各师一连两个月都没能恢复向莫斯科的进军。至于哈尔德，他继续充当一众将领的先锋，竭力把战局重心保留在通往莫斯科的道路上。他因这道新指令而深受鼓舞，因为它至少推迟了希特勒把霍特和古德里安装甲集群调离中央集团军群的命令[486]，并且为这位陆军总参谋长争取到了更多时间，以便影响元首的想法。哈尔德在日记中写道："这项决定把所有善于思考的军人从可怕的想象中解救出来，在最近几天，这些想象令我们深受其扰，因为元首的固执使东方战局最终陷入困境（这件事）变得迫在眉睫。我们终于时来运转了。"[487] 但哈尔德的欣慰之情没能保持太久，苏军在斯摩棱斯克以东规模庞大、出人意料的抵抗，加之德军越来越严重的后勤问题（特别是在中央地区），最终加强了希特勒原先基本上就不可动摇的决心：东线陆军应当把主要努力转向两翼。[488]

根据第 34 号指令，古德里安的装甲力量和魏克斯第 2 集团军会在 1941 年 8 月第二周向南攻往戈梅利及该城以东地域。这场新行动建立在古德里安近期在罗斯拉夫利赢得胜利的基础上，其目的是缓解中央集团军群纵深右翼遭受的压力，同时也有助于封闭博克集团军群与伦德施泰特南方集团军群之间日益扩大的缺口。[489] 如上所述，希特勒几天前飞赴东线，在博克司令部会晤他那些将领，并了解了他们对战事后续进程的看法。

希特勒视察中央集团军群（1941 年 8 月 4 日，鲍里索夫）

8 月 4 日晨，希特勒的私人飞行员汉斯·鲍尔驾驶"伊梅尔曼三号"（这是一架大型福克 - 沃尔夫 Fw-200"秃鹰"式四引擎运输机），带着元首、凯特尔元帅、约德尔将军和副官长施蒙特飞赴鲍里索夫的中央集团军群司令部。[490] 众人抵达后受到冯·博克元帅、集团军群参谋长汉斯·冯·格赖芬贝格少将、作训处长亨宁·冯·特雷斯科中校迎接。到场的还有霍特、古德里安和霍伊辛格上校——霍伊辛格此行无疑是来充当哈尔德将军的"耳目"。[491]

希特勒首先为博克麾下军队在东方"赢得前所未有的胜利"向他表示热烈祝贺。[492] 随后，他采取了一个不同寻常的举动，在另一个房间单独询问每一位将领（博克、霍特、古德里安），这使他得以逐一评估他们的意见，这种方式也能确保每个将领都不知道其他人说了些什么。这位独裁者期待自己的推论获得支持，但是这种支持在当日并没有出现，因为这些将领完全赞同哈尔德关于莫斯科的重要意义的立场。凯特尔非常反感这些将领的表现，认为这"显然是陆军总司令部精心策划的骗局"[493]。他在纽伦堡被处决前，还在回忆录中痛苦地叙述道：

> （希特勒）碰上了一堵拒绝的白墙……他们三个（博克、霍特、古德里安）都很清楚陆军总司令部的进攻计划，并且把它视为灵丹妙药；对中央集团军群的任何削弱都会危及该计划，而这个计划令他们热血沸腾……陆军总司令部、中央集团军群和坦克指挥官成功建起了一道统一战线，以此对付他们的元首。[494]

凯特尔继续不公正、不正确地指责这些将领"破坏希特勒伟大的战略性总体计划"[495]，他不认为博克和霍特——很可能还包括古德里安——是出自强烈的个人信念而支持进军莫斯科，他觉得他们不过是哈尔德和陆军总司令部的应声虫。从另一方面讲，冯·克鲁格元帅缺席这场会面也显得有些可疑：

> 中央集团军群唯一公开支持装甲力量南调的高级指挥官是克鲁格[496]，但他的指挥部近期因为第4装甲集团军撤编而变得多余。作为一名陆军元帅，克鲁格是中央集团军群排名第二的人物，很快会重新出任集团军司令。虽然陆军总司令部没有明确要求他出席会议，但克鲁格自对苏战局伊始就在最高指挥层级参加了这场战争，而且他很快会恢复指挥权，这就提出了一个陆军总司令部是否做出狡猾安排的问题。即便陆军总司令部没有采取积极措施把他排除在外（比如命令他留在自己的岗位上），人们还是会怀疑这里存在对他的消极偏见……不管怎样，希特勒的首选方案没能在鲍里索夫赢得支持。[497]

德国元首同这些将领单独会谈后，全体人员聚集在一起，前者（希特勒）开始发表讲话。他承认，决定战争后续进程的是占领对苏联生存"必不可少的"那些地区，在这方面，他按照优先次序列出了三个备选方案。他再次把首要目标列为列宁格勒（那里有生产重型坦克的"独家"工厂），同时需要夺取波罗的海沿岸并歼灭苏联波罗的海舰队；另外还要占领整个爱沙尼亚，以及波罗的海若干岛屿。排在第二位的是苏联南部，特别是乌克兰东部、哈尔科夫南面的顿巴斯（顿巴斯盆地）；这个重要地区构成了"苏联经济的整个基础"，占领该地区会促成苏联经济的"必然崩溃"。为实现后一个目标，德国独裁者正考虑从博克集团军群抽调"强大的力量"，向南进入乌克兰。[498]

至于莫斯科，它在元首计划中的优先级仍排在第三位。希特勒表示，在中央战线暂时保持防御可能才是恰当之举。博克对此提出异议，他认为立即攻往莫斯科能够打击敌军主力；对方正在中央集团军群前方疯狂集结他们手中的一切力量，因此这会引发一场"决战"。希特勒专注地聆听着，但拒不批准博克采取行动。[499]

会议随后转向其他"更具体的问题"。[500]古德里安在战后写道，会议做出了不撤离叶利尼亚突出部的决定，"因为现在还无法确定是否需要以该突出部作为进攻莫斯科的一个出发阵地"[501]。霍特和古德里安都抓住希特勒在场的机会提出紧急请求，要求从目前的军备生产中调拨新坦克和替换引擎[502]（"惊人的尘埃导致坦克引擎严重磨损"[503]）。两人坚称，要是没有新引擎，"大规模作战行动"的实施就不复可能。倘若这些要求获得满足，再加上获得短暂的休整，古德里安估计他的装甲集群可以在8月15日前再度投入重大作战行动。但更为谨慎的霍特暗示，他的装甲集群可以在8月20日前准备完毕。[504]

这些装甲兵将领的请求"显然令希特勒深受感动"，他立即批准从德国的仓库里为霍特和古德里安调拨400部新坦克引擎（一个月的产量），另外还有少量新坦克，总共是35辆。[505]除此之外，德国独裁者没有做出让步。他还坚持要求迄今尚未投入东线战斗的两个装甲师（第2、第5装甲师）继续留在德国国内，防范英国人有可能发起的登陆行动（比如在伊比利亚半岛或西非）。[506]古德里安抗议道，仅自己这个装甲集群就需要300部新坦克引擎，但希特勒并没有接受他的观点。这位独裁者声称，苏联的损失现在接近俄罗斯帝国在整个第一次世界大战期间的总损失，而这一切就发生在战争仅仅进行六周后。[507]另外，"在希特勒看来，他已非常慷慨，任何情况下，作战行动的胜利都主要依靠采用正确的战略战术，而不是为几辆坦克或零配件讨价还价"[508]。因此，第2装甲集群作战日志作者只能在1941年8月4日评论道（事后看来，这多少有点怯懦），就算元首不同意采取措施补充装甲部队的耗损，他们（本国高层）至少也"应该让将士们感觉自己没有被遗忘"[509]，这个引人注目的声明反映出了东线缺乏新武器和装备的危险程度，而希特勒只想把这些武器装备留给"日后的作战行动"。

会议结束后，霍伊辛格向哈尔德进行了详细汇报。哈尔德满意地获知希特勒已同意拨发新坦克引擎（用于 III 号坦克），他还指出，陆军总司令部实际上已批准发运这批坦克引擎，只是没让元首知道罢了（通过空运交付部队）！[510] 另一方面，关于这场战局该如何进行下去，希特勒在这个决定性问题上仍持固执态度，这是令人深感沮丧和担忧的根源。的确，德国独裁者仍把莫斯科的优先级排在列宁格勒和乌克兰之后，这个消息对哈尔德来说不啻一剂"苦药"。希特勒显然无法做出最终决定，这一点也让哈尔德深感不安。[511] 可是，由于希特勒在这段时期的战略观具有明显的连续性，他的脑海中很可能早就做出决定，听取自己那些高级战地将领的意见只是为了表现出尊重和圆滑。不管怎样，随着斯摩棱斯克交战落下帷幕，加之中央集团军群的装甲部队迫切需要休整，在当时下达一道坚定指令（的事情）似乎并不太紧迫。

两天后的 8 月 6 日，希特勒飞赴南方集团军群司令部，该司令部设在"沉闷的乌克兰城镇别尔季切夫"一座原苏联军校内。[512] 元首的随行人员中包括他的外交联络官瓦尔特·黑韦尔大使，黑韦尔在日记中写道："我们漫步在别尔季切夫。修道院的教堂已沦为废墟。敞开的棺木、处决、可怕的镇子；许多犹太人、古老的房屋、肥沃的土壤。这里非常热。我们返程时飞了三个小时。"[513] 黑韦尔显然没有注意到，南方集团军群司令冯·伦德施泰特元帅同样没能说服希特勒必须进军莫斯科。另外，元首的气象学家向他保证，中央地区的干燥天气会比南方更长久，这就为他提供了先攻往南方，晚些时候再解决莫斯科的另一个理由。[514]

山的另一边

"巴巴罗萨"行动刚一开始，苏联政治和军事领导层就执行了一项基于三大支柱的策略，力图阻止并击退希特勒的入侵军队。首先，苏联大本营积极回应德国军队最初的进攻，下令发起一连串反突击和重大反攻，并试图在时间、地点、目标方面协同相关行动。这些反击在战争首日就已展开，随着时间的推移，其强度和效力都有所增加。[515] 然而不幸的是，苏联大本营"严重高估己方军队的能力，而又低估德国军队的战斗力。结果，大本营赋予红军的任务完全不切实际，最终出现灾难性后果也不难预料"[516]。

另一方面，苏军在斯摩棱斯克出人意料的激烈抵抗，特别是铁木辛哥在7月23日发起的反攻令德国人深感惊讶——这阻滞了博克中央集团军群的挺进，并导致德军最高指挥机构发生了一场"指挥危机"。铁木辛哥在1941年8月初告诉共产国际领导人季米特洛夫："我们痛击了德寇，粉碎了他们几个师。他们不再直接朝我发起进攻，而是企图绕道而行。"[517] 虽说这番话明显有些夸大，但铁木辛哥的吹嘘还是反映了不少实情。

1941年6月底，由于己方军队显然无法把遂行机械化"闪电战"的德军突击力量逐过边境，红军总参谋长朱可夫将军精心打造了苏联抵抗策略的第二根支柱：沿莫斯科方向构设连贯的纵深防线，进一步阻滞并消耗德国侵略者。到7月中旬，六个苏联集团军（第24、第28、第29、第30、第31、第32集团军）已合并成为新组建的后备方面军，该部由内务人民委员部中将I.A.波格丹诺夫指挥，在西方面军身后担任第二梯队，任务是维持一道新的战略防线（奥斯塔什科夫—别雷—叶利尼亚—布良斯克）的存在，抗击敌人有可能朝莫斯科发起的突破。[518] 这个方面军里的数个集团军最终为铁木辛哥的反攻提供了大部分打击力量。

7月18日，斯大林组建莫扎伊斯克防线方面军，由内务人民委员部中将P.A.阿尔捷米耶夫指挥，进一步加强了苏联的防御。虽然该方面军辖内第32、第33、第34集团军各师的训练和装备欠佳，但他们还是沿苏联首都的直接接近地建起了第三道战略防线。最后，为进一步加强第二、第三道防线，大本营下令构设另外三道防线：纵深约300公里，以斯摩棱斯克与莫斯科中途的维亚济马地域为中心。[519] 当然，德国人只是模糊地意识到了苏联防御策略的这些和其他发展，而这会在未来几周和几个月里给他们造成严重后果。

苏联人的第三根，也是最后一根支柱（与另外两根支柱重叠，并为它们提供支援）是动员并集结庞大的新锐力量，首先拖缓德军的挺进，尔后在敌人最脆弱的时候（德国军队筋疲力尽，身处苏联纵深腹地，且位于脆弱补给线的末端）发起一场决定性反攻，彻底阻挡住对方。与德军统帅部不同，苏联大本营在斯摩棱斯克地域部队成功挡住敌人的挺进后，充分预料到这场战争会持续到 1942 年（如我们所见，德国人也开始对这场战争能在 1941 年结束产生怀疑）。为此，他们在 7 月底展开初步准备，从苏联东部调集冬装和相关装备。[520] 到 1941 年 8 月，苏联人不再担心他们的政治制度发生崩溃，也不再害怕军队遭遇彻底失败[521]——他们已动员并训练了数十个新师，以及步兵和坦克旅，到 1941 年 12 月，这些新锐力量会在莫斯科门前展开决定性的反攻。[522]（苏联动员工作的详情参见下文"红军的动员和兵力生成"小节）

苏联指挥结构的变化

苏联领导层为重组其最高统帅部机制而采取的初步措施已在本书第七章（"斯大林和苏联最高统帅部的应对"一节"苏联领导层立即采取的措施"小节）有所介绍，此处不再赘述。1941 年 7 月 10 日，根据斯大林的命令，苏方设立了三个战区级的多方面军战略指挥部，称其为"方向总指挥部"，目的是"统一控制沿单个战略方向行动的所有方面军和其他军队"。[523] 西北方向总指挥部最初由 K. E. 伏罗希洛夫负责，指挥北方面军、西北方面军、波罗的海舰队和北方舰队。西方向总指挥部由铁木辛哥负责，起初只编有西方面军（其他方面军是在后来加入）。西南方向总指挥部由 S. M. 布琼尼负责，编有西南方面军、南方面军和黑海舰队。[524]

虽说新的战略方向意味着"斯大林新的合理化指挥控制体系的基石"[525]，但这些方向总指挥部在实践中被证明毫无军事效用。最重要的是，这些指挥员是政治上可靠的同志，与苏联领袖的私人关系密切，正如历史学家埃文·莫兹利指出的那样："把伏罗希洛夫、铁木辛哥和布琼尼派往三个战略方向是内战期间骑兵第 1 集团军老兵集团的最后一次胜利……这三人没有一个成为完全胜任的指挥员。"[526] 不管怎么说，事实上，斯大林和大本营经常绕过三个方向总指挥部，直接给方面军或集团军司令员下达命令。这些方向总指挥部于 1942 年撤销。[527]

1941 年 7 月 10 日，统帅部大本营改组为总统帅部大本营，由斯大林直接掌管。四周后的 8 月 8 日，随着斯大林出任武装部队最高统帅，大本营更名为最高统帅部大本营。凭借对总参谋部的控制，大本营依然"负责军事战略和规划，以及大规模作战行动的准备和实施"[528]。

红军总参谋部在战争初期也进行了"多次改组"。[529]总参谋部根据大本营的决定展开工作,"拟制发给各部队的指令,给各方面军和集团军司令员分配战役和战略任务,核实(大本营)相关命令的执行情况,集结战略预备队,确保部队学习战争的经验教训和战时情况下的训练,并为他们提供充足的武器装备"[530]。斯大林拒不接受朱可夫关于西南方面军即将在乌克兰陷入合围的警告后,于7月29日以年迈体衰的鲍里斯·沙波什尼科夫元帅替代他,担任总参谋长。次日(7月30日),朱可夫出任新成立的预备队方面军司令员,该方面军以撤编的波格丹诺夫后备方面军为基础组建而成。[531]

与上述演变同时进行的是,所有权力都不可阻挡地集中到了苏联领袖手中,这个过程最终在1941年8月的第二周完成。此时的斯大林"在苏联政府担任所有最高职务"——国防委员会主席、国防人民委员、最高统帅,并且"直接掌管其他一切"。[532](另可参阅本书第七章"斯大林和苏联最高统帅部的应对"一节的"苏联领导层立即采取的措施"小节)著名英国历史学家约翰·基根指出:"这种自我提升意味着一些风险。有关失败的责难现在立即指向他本人。经过不到两个月的战争,苏联的情况就如此绝望,斯大林肯定已经承担起他无法承受的更大灾难的后果。只有胜利才能挽救他。"[533]

鉴于1941年该国政治制度的性质,可以说苏联国内所有权力机构(包括整个军事指挥结构)都完全听从于"铁人"[①]的意志。战争爆发后,苏联的政治或军事领导人很少有谁敢于独立思考或行事,更不必说直接挑战斯大林了。在这样一种环境下,这位苏联领袖至少可以确信,他的决定会完全按照自己的意愿迅速得到执行。尽管事实证明斯大林关于1941年夏季的军事决策深具灾难性(例如6月底他把军队撤出白俄罗斯的迟缓决定,以及在8月没能果断放弃基辅和乌克兰大部),但至少避免了瘫痪和政治内斗,而这一点恰恰是1941年7—8月间德国指挥机构的特点,主要就是因为希特勒无法控制他倔强而又不忠的陆军总参谋部。

---

① 译注:俄语"斯大林"的意思就是"铁人"。

红军的动员和兵力生成

按照苏联对其伟大卫国战争的解释，斯摩棱斯克交战始于德军渡过第聂伯河的1941年7月10日，直到1941年9月10日方告结束。此时，红军沿莫斯科方向展开的一连串反攻终于落下帷幕。而德国人的看法与之不同，他们认为最终消灭斯摩棱斯克包围圈后，这场交战便在8月5日告终。在这场历时63天的交战中，中央集团军群当面的红军部队每日损失了12063人、21辆坦克、147门火炮/迫击炮、14架飞机。[534] 整个东线上，红军在1941年第三季度共伤亡2744765人——也就是说在战争头三个月，他们平均每个月伤亡90万人。在这些损失中，约有75%（2067801人）属于不可归队减员（阵亡、被俘、失踪）。[535] 截至1941年9月30日，获胜的东线德军粉碎的苏军师数量达到了惊人的97个。[536]

为填补高昂的损失给红军战斗序列造成的巨大缺口，苏联军事当局竭力把大批新兵、武器和装备源源不断地运往前线，这主要是通过两种方式：一、从东部军区（远东军区、西伯利亚军区、高加索军区等）抽调现役部队；二、动员受过训练的预备役人员和新应征兵。如前所述（第七章"斯大林和苏联最高统帅部的应对"一节"苏联领导层立即采取的措施"小节），到1941年6月30日，苏联已召集530万受过训练的预备役人员，还在接下来几周和几个月出现了接连不断的动员波次。

大本营于6月底动员并投入8个新集团军，在7月组建了另外13个集团军，到8月又有14个新集团军。他们组建新师的数量同样引人注目。比如在1941年6—7月，大本营组建了156个新师，主要是通过征召预备役人员的方式。这些兵团在当年8月和9月被分配给各集团军，为阻滞德军的推进做出了贡献。[537] 8月，大本营又组建了78个步兵师（外加10个步兵旅和20个坦克旅），主要使用从高加索军区、乌拉尔军区、伏尔加河沿岸军区、西伯利亚军区征召的新兵，以及这些军区的少量预备役人员。这些兵团比6月和7月匆匆组建并立即投入战场的那些师装备得更好，而且获得了四个月的训练期，然后才被分配给各集团军，并在1941年12月投入反击，把德寇驱离莫斯科。[538] 尽管红军持续遭受惨重损失，但通过这种方式，其战斗序列到1941年8月31日已被扩充到450个师；他们在战争爆发时的总兵力约为540万人，而现在已多达690万人。[539]

当然，新动员的师（至少是于 1941 年夏季投入战斗的那些兵团）在战斗素质方面与战前组建、被德军初期进攻打垮的那些红军师显然不可相提并论。红军战地指挥员现在面临的"最艰巨的问题"是，许多新动员的士兵（包括下级指挥员）缺乏训练，这给接收他们的兵团的作战效力造成了破坏：

由于这些士兵大多是只受过部分训练的预备役人员或从未接受训练的应征兵，他们往往不知道如何使用最基本的武器，更不必说部队（团、旅）和分队（营、连、排、班）配备的重型和班组武器了。另外，对这些新兵实施的军事编组在战斗中缺乏效力和持久力，这是因为他们毫无凝聚力，而这种情况是他们只接受过几周作战演练和战斗演习的结果。因此，这些兵团、部队、分队无法遂行最基本的战斗，例如进攻、防御或其他基本类型的行动。更糟糕的是，新组建的师并没有获得编制规定的大多数重武器，例如重机枪、82 毫米迫击炮、反坦克炮、高射炮，以及工程兵器材和无线电台。[540]

虽然这些情况适用于沿西德维纳河及第聂伯河部署的第一波次新集团军（第 16、第 19、第 20、第 21、第 22 集团军），但用于描述在 6 月底、7 月和 8 月组建的番号 200 系列的步兵师其实更贴切。这些师随后被分配给番号为 25 以上和 30 系列的集团军，包括第 28、第 29、第 30、第 31、第 32、第 33、第 34 集团军。第 29 和第 30 集团军提交的战斗报告说明了许多集团军的悲惨状况。第 29 集团军在呈送于 8 月 12 日的一份报告中谈到了动员后的炮兵的状况：

第 29 集团军的炮兵力量极不完整：根本没有团属炮兵，45 毫米火炮的数量只有 50%，122 毫米师属榴弹炮只有 33%。另外，我们刚刚接收到 4 门 152 毫米榴弹炮（1938 年式）。军属炮兵共有 12 门 152 毫米加榴炮（1937 年式）。集团军炮兵部队的人员太过年轻，指挥和参谋人员没能正确展开工作，在过去 10 天才首次接受战斗洗礼。[541]

这份报告接着强调炮兵人员缺乏经验，他们在目标获取、反炮兵连火力、炮兵机动、与其他战斗兵种的协同、伪装和其他重要战斗功能方面表现拙劣。

和另一些新近动员的集团军一样，第 29 集团军别无选择，只能在战争的熔炉中学习如何从事战斗，但这份报告乐观地总结道："总的来说，集团军炮兵和迫击炮部队缺乏必要的训练，但正在战斗过程中刻苦学习；截至目前，他们已在掌握装备和射击技术方面取得很大进步。"[542]

7 月 27 日，第 30 集团军司令员 V. A. 霍缅科在呈交铁木辛哥西方向总指挥部的一份报告中，汇报了麾下部队的准备情况。该报告指出了许多不足之处，包括下级指挥员和参谋人员在命令传递方面不断发生问题、行军纪律糟糕、火力协同和支援混乱、后勤勤务效率低下、指挥和参谋人员违背最基本的战斗指挥程序。而在 8 月 5 日提交的一份详细报告中，霍缅科向西方面军司令部汇报了他的军队自动员以来遇到的许多问题。他概述了各个师被分配给集团军的混乱过程，以及让人摸不着头脑的调动和集结令。霍缅科称，分配给第 30 集团军的三个步兵师（第 242、第 250、第 251 师）不得不徒步开赴集结区，"尚未集结完毕就陆续调离集结地域"，因此，"他们没能实现齐装满员，没有做好战斗准备就匆匆投入了交战"。[543]

为阐明自己的观点，霍缅科介绍了在科洛姆纳市组建的步兵第 251 师的情况。徒步开赴第 30 集团军的这个师实力不足，"完全缺乏凝聚力"。他们到达时的情况如下：

1. 该师不得不徒步开赴集结区，而且缺少一些分队（炮兵、化学连等）。他们没有后勤保障机构，因为这些分队人员搭乘三列火车，直到 8 月初才到达该师作战地域。此外，到目前为止，部分人员仍未抵达。

2. 该师没能成功组建并集结任何后方勤务机构。

3. 该师部分部队和分队没有建立党和共青团组织。

4. 该师大部分人员是从预备力量动员而来的，全师只有约 400 名内务人民委员部部队官兵。

5. 由于组建仓促，马匹分配不当。炮兵的马匹落在后面。因此，直到炮兵团装上火车，相应部队才获得作为补充的炮兵马匹。

6. 仓促组建导致分队指挥员不认识自己的部下，战士也不认识他们的指挥员——这导致该师各部队纪律涣散。

步兵第251师这些和另一些实例造成了这样一个事实，该师毫无准备地投入战斗，执行所受领任务的情况很糟糕，并遭受到惨重损失。[544]

霍缅科补充道，步兵第250师的情况与之类似，而步兵第242师的战备状况稍好些。他随后详细列举了第30集团军的不足之处。[545]

这些细节不过是强调了现在应该非常明显的事实：尽管苏联的动员和兵力生成机制存在严重缺陷，可还是成功组建起了数量惊人的集团军、师、旅；这些新兵团缺乏训练、装备欠佳、获得的指挥领导通常也很拙劣，但他们迅速学会了作战技艺。到1941年7月底和8月初，这些兵团协助迫使德国中央集团军群（特别是其装甲和摩托化部队）到达了实力枯竭的边缘，他们为此亦付出了可怕的代价。可正如哈尔德在8月11日恼火指出的那样，只要德军粉碎敌方十来个新师，苏联人就会立即投入另外十来个师。因此，东线德军进展缓慢。

红军的整顿

1941年7月起，斯大林和苏联最高统帅部也在红军内部展开了一连串重大整顿，努力提升军队战斗力，提供更有效的后勤支援，并加强了纪律和士气。这些措施显然很有必要，因为虽然红军将士战斗得非常英勇，但他们的表现通常极不均衡。实际上，他们在大多数情况下没能达到斯大林及其将领的期望。罗科索夫斯基元帅后来在回忆录中谈到7月下旬的战斗时承认："令我非常遗憾的是，我对此没有保持沉默的权利，我多次遇到士兵中的懦夫、恐慌者、逃兵、为逃避战斗而自残者……士兵通过协商实施自残：两名士兵相互朝对方的手掌射击。"[546]

正如戴维·格兰茨所述，大本营"对红军的全面整顿，只是通过撤销那些基本已被德军歼灭或在德军猛攻期间证明自己全然无效的部队，证实德国军队对苏军结构造成的破坏。大本营的意图是组建规模更小、更具效力的作战力量，以便那些仍缺乏经验的指挥员在战斗中更有效地对其加以指挥"[547]。他们采取的初步改革措施如下：

1. 1941年7月15日，大本营下达指令，废除笨重的大型集团军，取而代之的是规模较小、更容易指挥的野战集团军，每个集团军最多编有5~6个师。

2. 这道指令还撤销了一年前刚组建的大型机械化军，并以规模较小、番号100系列的独立坦克师代替，他们的任务是为步兵提供支援。[548]摩托化师被改编为常规步兵师。

3. 动员过程提供了充足的兵力以填补新组建的各兵团，但没有足够数量的、合格的指挥人员在更高级别指挥部门担任参谋和指挥工作，大本营因而撤销了所有步兵军军部，由集团军直接指挥步兵军辖内各师。[549]

4. 7月15日相关指令还设想组建大批具备高度机动性的轻型骑兵部队，此类部队能够深入德军后方，扰乱敌军指挥控制，并打击对方的补给线。[550]

5. 最后，大本营还整顿、精简了严重受损的空军力量，撤销航空兵军军部，航空兵师的规模缩减为每个师辖2个团，每个航空兵团的战机数量也从60架减少到30架。[551]

必须强调的是，这些和另一些举措只是暂时性的"权宜之策"，在许多情况下是为减少红军指挥员的控制范围，使他们能够胜任指挥任务的必要之举。1942年春季，大本营开始撤销部队结构方面的这些变更，并重新组建了一支"更重型的"红军。[552]

"超级机密"与苏联人

"超级机密"是英国信号情报机构的代号，源于对截获德国无线电通信的破译，而这些无线电通信使用被称为恩尼格玛的高级密码机加密。德国人当然知道敌人正在监听他们的无线电通信，但他们绝对信赖恩尼格玛加密机，坚信通过这种机器发出的电报无法被破译。但1941年时，英国政府设在伦敦西北方80公里、布莱切利公园的代码暨加密学校就在破解恩尼格玛的某些密钥方面取得了重大进展，特别是德国空军使用的密钥。[553]

1941年4月，在谨慎保护消息来源的前提下，英国政府开始把"超级机密"的情报告知苏联人，试图提醒对方德国有可能入侵苏联，随后又发出了几次警告。[554]尽管存在风险，但德国人发起"巴巴罗萨"行动后，英国人继续向苏联人提供了此类情报。丘吉尔在此过程中是个"主要推动者",他不断询问某些破译的电报是否已告知苏联人,如果没有,那么为什么不告诉对方呢?通常情况下,这些情报首先会被发给派驻莫斯科的英国军事代表团,然后由他们转告苏方。[555]

杰出的英国历史学家马丁·吉尔伯特在他的《二战全史》中,以几个有趣的例子说明了苏德战争爆发头几周里,英国人如何把"超级机密"取得的情报告知苏联人:

1. 6月27日在布莱切利公园,英国密码专家破解了德国陆军在东线使用的恩尼格玛密码机密钥。这个密钥被称为"秃鹰",它使英国人能够读到德军每日下达的军事命令。次日,丘吉尔发出指示,英方应当让斯大林获得这些宝贵的情报,但情报来源继续保密。英国军事情报局的军官塞西尔·巴克利知道布莱切利公园的工作,他当时在英国驻莫斯科大使馆工作,奉命把有关德军举动和意图的情报转告苏联军事情报部门负责人。[556]

2. 7月初,英国情报部门通过德国陆军的恩尼格玛电报获悉,德国人已破解苏联空军在列宁格勒地区使用的无线电密码[557],并破译了苏联海军在波罗的海的电报。这个情报在7月7日被告知派驻莫斯科的英国军事代表团,他们应提醒苏联人保密工作中存在漏洞。[558]

3. 情报是生存的关键。7月9日,一群英国密码分析员破解了德国陆军在东线用于指导他们地空作战行动的密钥。[559]

4. 7月14日……英国军事情报局给派驻莫斯科的英国军事代表团发去一份绝密电报,要求他们立即把摘自几份恩尼格玛电报,关于德军部署和战斗序列详情的情报告知苏方。两天后,根据丘吉尔的专门指示,驻莫斯科的英国军事代表团获悉了德国人在斯摩棱斯克和戈梅利地域的意图,以及另一些来自德方绝密指令的消息,德国空军接到的命令是打击通往后方的铁路线,以此阻止红军后撤。[560]

5. 德国陆军发现他们遭遇的抵抗远较先前的预期更强。英国情报机构通过德国陆军发送的恩尼格玛电报获悉了这种情况。德国人受到伤亡程度的影响,计划放缓前进速度,而且已无法为前方的装甲兵团或后方的战略要地提供足够的空中掩护。7月17日,丘吉尔特地指示把这个情报告知斯大林。[561]

6. 9 月 9 日，布莱切利公园的英国密码专家破译了德军发起"台风"行动，进攻莫斯科的命令……经丘吉尔批准，英国情报机构于 9 月 20—25 日从伦敦向斯大林发出一连串警告，根据他们掌握的德军往来于东线的绝密电报内容，详细介绍了德军在莫斯科前线的意图和举动。这些情报包括德国人集结在斯摩棱斯克地区的空中、地面力量的位置和实力。[562]

虽说这些情报至少从理论上说对苏联人具有不可估量的价值，但实际情况非常复杂。首先，无论斯大林和苏联大本营是否已掌握德军战斗序列和 / 或①意图，他们往往也因为缺乏资源或红军的作战失败而无法抗击德军的行动。其次，由于斯大林对丘吉尔和英国人根深蒂固的怀疑，他从一开始就不愿意相信这些情报。即便斯大林完全相信，这也不意味着他会据此采取行动，或理解这些情报的弦外之意。[563] 事实上，德国人在 1941 年秋季发起"台风"行动攻往莫斯科时，这名苏联领袖和他的最高统帅部对此措手不及。归根结底，除非某些苏联档案获得公开，否则我们可能永远无法知道斯大林和他的统帅部将 1941 年夏季所获得"超级机密"情报作何用途。[564]

转入阵地战

随着第 34 号元首令的颁布，中央集团军群在 1941 年 7 月 30 日奉命停止前进。肃清斯摩棱斯克合围圈的行动临近尾声时，博克集团军群据守着一道拉伸的战线。这条长约 700 公里的战线从北面的大卢基以南向东延伸，以一个突起的巨大弧形绕过斯摩棱斯克，最终朝西南方折返第聂伯河（罗加乔夫—日洛宾西面），再从那里延伸到普里皮亚季沼泽北部边缘。博克目前掌握约 60 个师；但在这些师中，有 6 个师（包括 3 个保安师）位于遥远后方，另有 7 ~ 8 个师仍被牵制在斯摩棱斯克合围圈。实际上只有大约 40 个师直接部署在集团军群主战线上（另外几个师位于这些师身后），每个师的平均防御正面达到 15 ~ 20 公里，在某些情况下甚至超过了 20 公里。[565]

---

① 编注：原文为"and/or"，也就是说存在以下四种可能：斯大林及大本营已掌握两者（德军战斗序列和意图），对这两者都没有掌握，以及只掌握两者之一（在此情况下亦有两种可能）。

接下来的两个月时间里，博克遭到削弱的各个师被迫以严重拉伸的防御正面和不断减少的资源从事一场临时性防御战，经常处于不利的地形。由于战斗步兵长期短缺，德军的防御体系通常由一连串支撑点构成，而不是一道具有防御纵深的绵亘防线。[566] 德国步兵训练有素，也很擅长据守防线，然而并不适应东部恶劣条件的车辆和装备经常会给他们造成妨碍。就像第4装甲师一位军官战后回忆的那样："我们的装备在以往的战局中颇具效力，可在俄国常见的条件下似乎不够结实。俄国人的装备好像更耐用，而且不那么敏感。因此，无论谁弄到一支俄制冲锋枪，他都会留为已用。"[567] 一名意大利军官在首次测试苏制机枪后评价道："我喜欢这挺机枪，它设计简洁、易操作、火力强大。"[568] 相比之下，德制武器往往更复杂、更精密，也比更简单的苏制武器更容易发生故障。

在静态阵地战业已形成的情况下，出色的苏军炮兵逐渐彰显身手。在战争第一阶段，红军炮兵发挥的作用微不足道，一份德方报告（摘自第6步兵师的记录）指出："机动战期间，苏军炮兵的影响可以忽略不计，因此，我们没有遭受惨重损失。"[569] 但在散兵坑和掩体内，德国士兵现在经常遭到苏军远程炮兵的猛烈轰击，对方的炮弹库存似乎用之不尽，这使德国人在报告中得出结论："炮火对我方部队的强烈影响现在变得非常明显……显然，德国炮兵（在各个方面都）优越得多。即便如此，就敌军炮兵而言，德国士兵'也遭遇了他们最顽强的对手'。"[570] 可是，就算德国炮兵获得更出色的指挥，技术也更加娴熟，如果他们的火炮无法发射炮弹，这些优势便无从发挥。在这段时期，由于德军补给动脉过度拉伸，运抵前线的弹药往往被减缓为涓涓细流，这就削弱了德国军队有效还击雨点般袭向他们的敌方炮弹的能力。第9军军长赫尔曼·盖尔将军指出，在7月下旬，他麾下第263步兵师配备的36门轻型野战榴弹炮每天最多获得1000发炮弹（其他口径武器得到的弹药更少）。也就是说，弹药只够这些火炮每天以最快射速发射5分钟，要是以1分钟发射1发炮弹的射速实施炮击，每门火炮每天只能持续射击30分钟。盖尔写道："我们很快就知道，防御对方炮火的不是弹幕射击或炮兵对决……而是快速、深邃地挖掘散兵坑，这具有决定性意义，而且可以保命。"[571]

　　中央集团军群于 7 月 30 日报告，除"各段战线出现更强大的（苏军）炮兵"外，"敌空军的活动也有所加强"[572]。实际上，苏联空军的持续复苏是造成博克集团军群官兵惊恐不安的另一个原因，他们正竭力据守一条过度拉伸的防线，抵御红军新锐力量对其主战线各处反复发起的猛烈冲击。德国第 6 步兵师在这方面的经历极具代表性。战争头几周里，该师几乎没有发现苏联空军存在的迹象。但这种情况并不奇怪，因为在最初 72 小时的猛烈打击中幸免于难的红空军部队主要把注意力集中在德军装甲先遣力量上。7 月 26 日，第 6 步兵师逼近韦利日东北面的前线时，他们遭遇敌人"活跃的"空中行动，这是"自战局开始以来的第一次"。[573] 在接下来几天甚至几周里，第 6 步兵师不断遭到空袭，这些空袭有时候会给他们造成明显的影响。另外，到 1941 年 8 月初，红空军已在中央战线某些地段取得了空中优势。

　　在中央集团军群（当然也可以说是整个东线德军）面临的诸多挑战中，苏联新式武器造成的问题不容忽视，特别是 BM-13 "喀秋莎"多管火箭发射器和 T-34 坦克。这款火箭发射器于 1941 年 7 月，在中央集团军群对面首次亮相（相关描述参阅本书第四章"'巴巴罗萨'行动前夕的兵力编成和部署"一节），接下来几个月里它成了进攻和防御作战中的一款重要装备。正如本书第八章（"装甲兵"一节"T-34、KV 坦克和'斯大林管风琴'"小节）详细探讨的那样，T-34 坦克的突然出现令所有德国人深感震惊。不同部队在不同时间遭遇了 T-34。党卫队"帝国"师 7 月下旬在叶利尼亚突出部的激烈战斗中首度遇到这款坦克。党卫队掷弹兵惊恐地发现，37 毫米和 50 毫米反坦克炮对这头重达 30 吨的钢铁巨兽几乎毫无威胁。为击毁这些坦克，他们不得不使用"莫洛托夫鸡尾酒"近距离将其点燃。[574]

　　1941 年 7 月底和 8 月，中央集团军群防线上的情况真的可以用四面楚歌来形容，德军损耗率变得居高不下（有时甚至高得令人无法承受），主战线经常要依靠投入最后的少量预备队才能守住——这在当时并不奇怪。随着战场态势转入停滞，苏军的炮火齐射让年长的德国老兵想起了第一次世界大战中，德军各个师的实力逐渐耗尽的情形。第 9 军辖内第 137 步兵师在到达前线仅 3 ~ 4 天时就损失 850 人，第 263 步兵师折损 750 人，第 292 步兵师也伤亡了 300 人。[575] 德军 1941 年 9 月初撤离叶利尼亚登陆场时，有几个师已遭到重创，这严重削弱了博克集团军群的战斗力。[576]

为更好地说明1941年夏季沿中央集团军群战线进行的阵地战的特点，以及伴随这些防御作战的高昂损耗——博克麾下各师再也没能从这种损耗中彻底恢复过来（的情况），笔者选择了两个例子加以探讨。第一个例子是黑尔格·奥勒布中将的第6步兵师（隶属第9集团军第6军）在博克集团军群北翼梅扎河地域从事的作战行动；第二个例子更为人熟知，即装甲兵上将海因里希·冯·维廷霍夫–谢尔指挥的第46装甲军在据守莫斯科西南方300公里，具有战略重要性的叶利尼亚登陆场期间投入的血腥激战。

例一：梅扎河地段的第6步兵师

第6步兵师攻克波洛茨克要塞后 [详见第十章"第2装甲集群"一节"步兵集团军（波洛茨克要塞）"小节]，于7月18日晨跨过该师战斗工兵在要塞东南方17公里架起的154米长军用桥梁，继续向东挺进。[577] 虽然天气热得令人不适，各条道路也不过是深深的沙质小径，但第6步兵师1.5万名官兵还是步行穿过戈罗多克（7月20日）和基本已被夷为平地的韦利日（7月25日）并赶往东北方。第18步兵团第3营的海因里希·哈佩医生在战后描述了这场进军和所有人抱有的一个期望，这种期望加快了每个士兵的行军步伐：

我们经过两辆烧毁的装甲车和四座新建起的坟墓，这是一名中尉和三名士兵的墓地。履带式车辆留下的车辙印布满道路和田野，道路左侧一片小树林里约有60辆苏军坦克，面朝各个方向。许多坦克已损坏，但也有些完好无损的被丢弃在那里。这是在通往莫斯科的道路上发生的一起普通事件。不过这里现在剩下的仅仅是几座坟墓、几部烧毁的车辆和树林里的沉默。

我们的行军纵队对这幅战斗场景没什么兴趣，他们早已厌倦了这种破坏。他们想去莫斯科，那是他们唯一的目标。他们一直被告知，部队很会就会进军莫斯科。对所有人来说，这意味着结束行军，休息，再次恢复有条理的生活，兴奋，文明，女人，也许还会有放松纪律。谁知道呢，战争也可能就此结束！胜利！每个人都望向莫斯科，并没有看得更远。莫斯科就在道路的尽头。

我们于7月28日到达舒茨切湖, 在距离别雷镇10英里处宿营。我们在地图上测量了一番, (此地) 距离莫斯科还有180英里! 我们已从东普鲁士行进了600英里, 在五周多一点的时间内前进600英里。有四分之三的路途已完成, 剩下的四分之一仍需我们走完。我们最多只要两周, 哪怕逼近苏联首都时敌人加强抵抗……在8月底之前, 我们肯定能到达莫斯科。[578]

次日 (7月29日), 第6步兵师先遣部队终于抵达梅扎河与第3装甲集群前方。[579] 虽然该师在前进期间只遭遇零星抵抗, 但苏军于7月29日发起的空袭还是给该师两个步兵团 (第37、第58团) 造成了惨重损失。[580] 第58步兵团一名士兵如是描述他的连队到达梅扎河时的情形:

当日中午, 我们在卡纳特跨过工兵在梅扎河上架设的约100米长的桥梁。最后一段15公里的路程, 我们穿过了一片"尸林": 数百具肿胀的马匹尸体散落在森林里, 散发出腐烂的恶臭, 这是骑兵与坦克发生战斗的结果。

我们到达卡特科沃, 这座很有吸引力的小村庄坐落在一片起伏的乡村地带, 四周是田野和草地。我们能看见右侧一个更大的湖泊, 那是普特诺耶湖, 湖泊的北面和东面与一片茂密的大型林地接壤。[581]

到达前线后, 第6步兵师的任务是接替严重受损的第14摩步师 (隶属第57装甲军)。因此, 奥勒布将军首先驱车赶往第14摩步师师部, 与该师师长商讨相关事宜。由于第14摩步师处境艰难, 遭受了来自敌人的沉重压力, 奥勒布通过电台指示他的步兵于7月29日至30日的夜间接管防线, 比原定计划提前一天。这场换防进行得非常顺利。[582]

7月30日, 第6步兵师全体官兵接到"令人难以置信的命令"——就地挖掘阵地。哈佩医生和他的同僚被这道命令彻底惊呆:

接下来几天里, 整个中央集团军群停止前进。一百万将士听到了命令: "构设防御阵地。"……400英里长的前线顿时变得静止不动。装甲兵、工兵、炮兵、摩托化部队成员停留在原处等待着……

我们还没找出推行此举的原因所在。实际上，我们当时并不知道，整条庞大的中央战线都在执行这道命令……简直令人难以置信——相对于我们正在遂行的任务来说。诺伊霍夫（第18步兵团第3营营长）和希利曼斯（诺伊霍夫的副官）赶去参加团里召开的军官会议，营里每个人都相信，诺伊霍夫返回时肯定会带来消息：构设防线的命令肯定是有人弄错了。因为五周以来的日训令一直是："前进！前进！坚持下去！我们必须紧紧咬住逃窜之敌，无论对方在哪里停下，我们都得歼灭他们。决不能让敌人获得喘息之机。我们前进得越快，敌人就不得不更快地逃窜。莫斯科就在前方。全速赶往莫斯科！"

可现在……我们接到的命令是构设防御阵地。就连最年轻的新兵也认为这道命令毫无意义。

诺伊霍夫和希利曼斯回来了，所有军官聚在一起，急切期盼着听到有人犯了错误的消息。可诺伊霍夫没有给出解释。命令没有错。他径直走到一幅地图前，把营防线的各个地段分配给各连连长。[583]

第6步兵师据守的防线长达40公里[584]，至少从战前的情况来看，"不可能守住"这么长的防线[585]。但在苏联，如此宽大的防御正面会在接下来几年里变得司空见惯。这里的地形构成了一种额外障碍——这是一片沼泽地，几乎完全由茂密的林地构成。因此，该师只能依托瓦西列沃、希绍瓦、卡纳特这些小村落设立一系列支撑点，中间地带则以巡逻队和前哨形成的薄弱防御加以掩护。[586]

第6步兵师第18步兵团（以及支援炮兵、侦察营大部和1个战斗工兵连）据守师右翼，防线从瓦西列沃村向西北方延伸25公里，进入斯塔内以西地域，与梅扎河大致平行，这条河流向东流淌了6~8公里。[587]需要特别指出的是，该团第1营沿2公里长的防线掘壕据守，掩护希绍瓦村，该营防御阵地获得了2个炮兵连加强。第58步兵团部署在师左翼，防线也获得炮兵和1个战斗工兵连加强。该团最左翼同友邻的第26步兵师相连。第6步兵师无法使用第37步兵团大部，因为第6军把这股力量留作预备队，部署在了舒茨切湖西北面18公里处。[588]简言之，该师据守的主防线漫长而又薄弱，广阔的森林（哥萨克骑兵仍隐蔽其中）令德国守军深感不安。营副官希利曼斯抱怨道："不仅防线太长，林地也太多，这片地域很难防御。"[589]尽管如此，德军士兵还是全力挖掘阵地，就像以下记述披露的那样：

> 构设防御阵地的命令已下达。设立一道主防线……自对苏战局开始，我们还是首次面对这个术语和这项行动。我们在坚硬、干燥的地面上挖掘散兵坑，一直忙到深夜，这项工作一点也不算有趣。究竟是怎么回事？伊万完蛋了，不是吗？战争胜利了！

> 主防线：步兵连据守的防线长度已确定。左右两侧与友邻部队的连接得到确保，各步兵班被分配到他们的防御地段。接下来，每个步兵都要挖掘散兵坑，然后在一个散兵坑和下一个散兵坑之间挖掘匍匐壕，这些壕沟会被迅速扩展为交通壕。一个战壕体系正在构建中。对步兵来说，挖掘工作是永不停止的。火炮掩体精益求精。机枪阵地也得到扩大。[590]

7 月 31 日，德军和苏军都实施了积极的巡逻行动，而第 6 步兵师侦察营的阵地偶尔会遭到苏军一列装甲列车的扰乱射击。苏军强有力的巡逻队在科列尼多瓦对第 18 步兵团第 1 营一处前哨阵地发起的进攻被击退。次日（8 月 1 日），德军 5 号前哨再次遭到袭击，苏军投入 2 个骑兵中队，守军在遭受惨重伤亡后被迫撤到基斯洛瓦支撑点。第 6 步兵师当日的损失是：3 人阵亡，10 人负伤，1 人失踪。[591]

第 6 步兵师沿梅扎河实施防御作战遭遇的首次重大危机发生在 8 月 2 日，该师当面之敌以压倒性数量优势发起强有力的冲击。通过审讯苏军战俘掌握的情报，德国人获悉在梅扎河前方森林中，位于贝克尔上校第 18 步兵团对面的是苏军数个哥萨克骑兵团。当日上午，敌人强大的骑兵编队成功突袭第 18 步兵团第 3 连的 3 号前哨，该前哨设在德军主防线前方五公里的一个村庄里。获得茂密原始森林荫蔽的哥萨克骑兵包围了 3 号前哨，一举切断了德国人的后撤路线。在随后的混战中，19 名德国士兵沦为"一场残酷屠杀的受害者"[592]。海因里希·哈佩回忆道："一大群骑兵凭空出现，大声呐喊奇特的战斗口号。大多数德军士兵还没来得及使用他们的武器，就被哥萨克骑兵闪亮的马刀残忍砍倒。我们的许多士兵被对方致命的军刀从头到脚劈为两半，还有些人的脑袋被砍飞。"[593]

在这场屠杀中幸免于难并逃回德军防线的人寥寥无几，但一等兵马蒂亚斯就是其中之一。几天后，他在一封信中谈到自己对这番恐怖经历的想法和感受：

我非常震惊。在第1排，我们只有25人，而不是40人……我们失去了一些最好的同伴。同时，我们的巡逻队发现了11名失踪的战友，他们都遭到敌人卑劣的殴打，并被脑后一枪处决。俄国人掩埋了他们。我们重新掘出他们的遗体，并以适当的军礼安葬。师里的天主教神父（盖尔·冯·施韦彭堡男爵）发表了讲话。我们非常难过……现在只有6名战友下落不明，可能已被敌人俘虏。据当地居民称，俄国人把他们捆起来带走了。

没错，这就是战争！连里的军士长倒下时，我就在他身旁。我和我们的医务军士试图替他包扎，可配备美制弹匣式卡宾枪的俄国人就在距离我们不足15～20米处。连里就剩我们几个。要是那里没有灌木丛，我早就被打死了。子弹呼啸着从我身边和头顶掠过，我崩溃了五六次，但这样一种想法一次次使我振作起来："你绝不能落入俄国人手中！"好运解救了我！我对造物主感激涕零……

今天我们听到关于斯摩棱斯克的特别报道。太棒了！希望这种进展很快就能继续出现！[594]

苏军继续冲击第18步兵团，在下午早些时候设法绕过第1营第2连设在基斯洛瓦的阵地并向南渗透。指挥预备队营（第18步兵团第2营）的赫克上尉发挥主动性，派遣获得加强的第7连解决敌人的突破。德军步兵迅速前进，一举击退进攻方，重新夺回斯塔内村并恢复了主防线。[595]

下午晚些时候突然出现了对德国守军不利的转折。大批苏军猛烈冲击第1营设在希绍瓦的支撑点，虽然对方没能达成突破（部分原因是德军炮兵炮火规划周密），但遂行冲击的部分苏军部队还是成功溜过该营设在村庄西北部的防御，几乎渗透到炮兵团第8连发射阵地。炮弹耗尽后，这些炮兵作为步兵投入战斗，不顾一切地试图击退敌人。第3炮兵营营部人员也加入其中，用卡宾枪、冲锋枪、机枪、手榴弹为自己的生存而战。奥勒布将军搜罗起手中掌握的所有后方人员，亲自率领他们投入战斗。[596]

这场战斗的转折点出现在当日黄昏，奥勒布将军命令骑士铁十字勋章获得者、骑兵上尉格奥尔格·冯·伯泽拉格尔男爵率领他的骑兵中队打击敌军侧翼。伯泽拉格尔的骑兵在暮色中动身出发。原第6步兵师师长霍斯特·格罗斯曼在他撰写的该师师史中生动地描绘了这一幕：

19点30分左右，骑兵中队在昏暗的暮色中发起进攻。他们同第6炮兵团第3营商定，骑兵先遣部队以垂直向上发射的信号弹持续表明自己的身份。夜幕中，看着这些信号弹在第18步兵团第1营前方缓缓地从右向左飘移，克吕格尔炮兵营再度猛烈开火，炮弹落在第1营前方，这是个令人难忘的场景。22点前后，战斗平息下来，敌人被击退。骑兵中队在第18步兵团第1营前方设立刺猬阵地并在此过夜。[597]

苏军8月2日这场冲击由2个骑兵师遂行，每个师编有3个哥萨克团，配备包括重机枪在内的自动武器，以及76毫米火炮和45毫米反坦克炮。[598]他们撤离时，在德军防线前方留下约300具尸体。[599]据第6步兵师作战日志称，该师在当日这场血腥的战斗中伤亡65人，其中包括25名阵亡和失踪者。[600]伯泽拉格尔的哥哥也在这场战斗中阵亡，他在追击退却之敌时身负重伤，送到医护连后不久便离世了。[601]

1941年8月2日至3日的夜间，哈佩医生带着他的勤务兵德霍恩和另一群士兵隐蔽在第3营营部。这个指挥所设在一座低矮山丘的后方，从而避开了敌人的步枪和机枪火力。哈佩的两名医护人员仍留在附近一座农舍里，他和他的勤务兵没时间搭设帐篷，两人裹着毛毯躺在奔驰车旁边的地上。哈佩回忆道："这是个美好的夜晚。"

一轮明月安静地悬挂在空中，冷杉树的阴影投向我们。战斗声已经消失，只是偶尔还会传来机枪射击的咯咯声。晨雾从舒茨切湖腾起，早起的鸟儿开始叽叽喳喳，我们从瞌睡、僵硬、寒冷中醒来。德霍恩和我为了取暖而钻入奔驰车，我们默默地坐着，没有设法再睡上一会儿。苏军炮兵开火时，我们不由得想知道新的一天会出现些什么。[602]

第一轮炮弹落在他们身后很远处。但炮弹的炸点很快变得越来越近，这些炮弹落在右侧。突然，一发炮弹命中一棵巨大的树木，发出"震耳欲聋的爆炸声"，距离他们不到12米。这发炮弹把树木炸成碎片，弹片撒向睡在一旁的德国士兵，许多人惊醒过来并发出痛苦的惨叫。哈佩和他的勤务兵跳出汽车，朝呼救的士兵冲去。第二发炮弹落在5米开外，几乎使他们无法前行。由爆炸带来的冲击波犹如一只"强有力的手掌"，把哈佩抛入空中，再以可怕的力量把他狠狠摔在地上。[603] 哈佩在日记中记录了他与死神擦肩而过的经历并阐述了这场致命炮击造成的严重破坏：

我从未像今天早晨7点45分这般接近死亡。但除了一块小小的弹片划破鼻子外（伤势微不足道，我甚至没有加以包扎），我毫发无损……

德霍恩的胸部被撕裂，头颅严重破损，脑浆流了一地，当场阵亡。

雅各比少尉倒在地上，一块弹片伤及他的胸部，腹部也被弹片刺穿。他的右膝破碎，左脚实际上已被炸飞。他在撑了一个小时后死去。

我的司机……双腿被炸断。

另有四人重伤，一人轻伤……[604]

德霍恩这个"活泼的年轻勤务兵"的突然阵亡使哈佩深感悲痛。[605] 几天后的日记条目表明，他试图认真对待好友的罹难，德霍恩的临时墓地为我们提供了一个德国士兵在对苏战争中的标志性形象：

我今天再次伫立在德霍恩的墓地前。他是个好小伙，忠实履行自己的职责时死在我身旁。他血流不止而死，这一幕犹如一柄刺刀捅穿了我的心脏。他没有留下一句话。我不得不照料其他伤员。所有牺牲在这里的士兵中，他是我最亲爱的战友。

在道路的一个岔路口、森林中，伫立着一个桦木十字架，上面顶着一顶钢盔。围栏也用同样的木材制成，环绕着这片最终安息地的宁静空间，这里的装饰很简单。新摘的鲜花证明了战友对他的喜爱和怀念。十字架上不起眼地挂着一枚二级铁十字勋章，这是他因为勇敢和恪尽职守而获得的……

看着他的墓地，我的一连串回忆也被勾起——他一直伴随在我身边。圣诞节在法国，我们购物、包装礼物，我们在海边的经历和工作，然后是在东普鲁士，以及这场疯狂的对苏战争……这些回忆都是我们共同的经历。他是个好同志，小德霍恩！[606]

8月3日下午，第18和第58步兵团辖内部分部队，在炮兵、配备喷火器的战斗工兵、五辆III号坦克和数辆装甲侦察车支援下[607]着手肃清森林里的敌人，直到梅扎河河岸[608]。虽然这场行动基本上取得成功，但第58步兵团第9连在主战线前方据守前哨阵地的一个排被苏军当日发起的进攻彻底粉碎。20岁的上等列兵弗里茨·贝尔克隶属两个步兵班中的一个，这两个步兵班在几小时前奉命加强前哨阵地，随后遭到了冲击并被打垮。在战后未出版的记述中，他记录下了这场灾难（德国士兵莫名其妙的散漫行为造成了更大灾难），以及他参加的反冲击：

周日晨，天气非常炎热。我们躺在高高的杂草里，在炙热的阳光下打着瞌睡。没人想到挖掘阵地，没人安排不间断的巡逻以不断监视敌人，更没人派一支巡逻队跟踪敌人——我们只是奉命每隔两小时实施一次巡逻。"伊万能把我们怎么着？他们看见我们躺在这里，肯定会火速逃离。"第1排的战友也无所顾忌，他们把步枪和钢盔放在散兵坑里，自己待在阴凉处。一切都如此平静、祥和。

可是，骄者必败！12点，下一支巡逻队动身出发了。他们还没到达森林，伊万就以猛烈的火力发起进攻，并伴以令人不寒而栗的"乌拉"呐喊。他们迅速向前，把我们打得措手不及并攻入我方阵地——这是个出色的成就！第1排和反坦克炮立即被粉碎，俄国人取得突破。他们这场进攻完全集中于第1排阵地，根本没有注意到我们这两个步兵班。待在此地的两个小时里，我们只是躺在地上，享受着无所事事的时光，凝望着蓝天，并且再度回想起进军期间的艰辛。

我们前方没有发生任何情况，而在我们身后，成群结队的俄国人向前涌来，疯狂地开火射击……在我们看来，设法抵御兵力占绝对优势的敌人毫无意义，因为我们没有阵地，只有站起身才能利用有效射界！在最后一刻，我们得到了身下这片土地的掩护，穿过密集的弹雨，成功逃入森林。我们就这样退回了主防线，士气低落，沮丧不已。"德国士兵在俄国人面前逃跑，不可能！"我们觉得自己就像怯懦的胆小鬼，这也是营长冯·伊森多尔夫的反应。我们连第2、第3排奉命立即展开反冲击。在营长率领下，我们排在道路左侧行进，其他部队位于道路右侧。而在道路上，一群士兵正拖着两门轻型步兵炮前进。前哨前方，我们在灌木丛里与俄国人发生近距离接触，双方展开交火！

两门步兵炮直接朝茂密的灌木丛开火射击。几个怪异而又顽强的苏军支队就在前方30米处，因视界受限，他们对我们构成威胁。对方的武器发出的可怕咆哮告诉我们，我们面对的是一股优势之敌。灌木丛造成的跳弹呼啸掠过，一旦击中目标就会撕开一道很大的伤口。在我身旁的二等兵扬森的左脸颊被撕掉，上下颚之间也开了个大口子。

我们的损失不断增加！排长罗尔夫·布拉泽少尉胳膊中弹。没过多久，一颗子弹击中他的胸部，但他拒绝包扎，还派医护人员去照料其他伤员。他同样没有撤回后方，而是希望继续率领自己的排，直到第三颗致命的子弹击中了他。

我们的班长布勒霍斯特下士和利本德尔二等兵阵亡；排指挥组负责人帕尔迈尔中士被一颗子弹击中头部后身负重伤；营长冯·伊森多尔夫也负了伤。

我们趴在这片绿色地狱里，几乎无人领导，什么也看不见，但能听到前方的俄国伤员和我们身边己方伤员发出的惨叫。他们意识到自己处于极度无助的状态，寥寥无几的医护兵忙得不可开交，其他战友爱莫能助——他们必须不停地射击，一旦"大坝"崩溃，所有人都会被淹没。伴随负伤的痛苦和失血而来的是另一种恐惧，负伤者通常无法行走，一旦落入敌人手中就会被杀害。俄国人残酷对待俘虏，特别是虐待伤员的报告早已人尽皆知。

我们看见伊万出现在我们右后方，他们已突破我们的两个排，正到处乱跑。奇利希军士下令后撤。我们向左侧杀开一条血路退回己方主防线，但我们无法带上阵亡的战友。

我们第9连当日的损失是：18人阵亡、14人负伤、6人失踪（阵亡或负伤后被丢在后面），还丢掉了7挺轻机枪……

我们这个遭到重创的第9连现在只编有两个实力薄弱的排，正寻找适当的隐蔽地，以便为再度发起的反冲击担任预备队⋯⋯

　　夜幕降临后，我们找到了合适的地方。主防线设在一道程度轻微的反斜坡上，在后方数百米处，我们先为自己挖掘了散兵坑，再以交通壕连接这些散兵坑，然后构筑机枪、火炮阵地和掩体。[609]

　　虽然上等列兵贝尔克所说的第 9 连当日伤亡人数无法得到证实，但据霍斯特·格罗斯曼称，第 58 步兵团第 9 连第 1 排伤亡 23 人。[610] 第 6 步兵师作战日志记录，该师在 8 月 3 日阵亡 16 人、负伤 47 人、失踪 27 人——失踪者中的绝大多数无疑也在战斗中身亡了。[611]

　　第 6 步兵师的士兵在接下来几天里遭受的压力丝毫没有减弱。苏军继续冲击该师前哨阵地，通常投入数量占据优势的兵力，而德军突击队也展开了积极有力的行动。贝尔克写道："几乎每晚都有警报。俄国人一次次发起进攻，每次都在遭受惨重损失后被击退⋯⋯今天（1941 年 8 月 9 日），敌人四次冲击卡特科沃，先是投入三辆坦克，后来又投入两辆。两辆敌坦克被击毁，另外两辆严重受损。"[612] 红军士兵巧妙地利用森林和茂密的灌木丛作为掩护，一些支队在德国人寥寥无几的支撑点之间溜过，对德军后勤部队实施伏击。德军士兵的弹药和口粮不得不经由穿越茂密森林的寥寥几条小径运往前线。由于敌人的威胁无处不在，这种运输工作主要在夜间进行，而且需要重兵护卫。[613]

　　苏军炮兵现在变得更加活跃，红空军同样如此。实际上，随着德国空军全力投入战线其他地段，苏联空军迅速沿第 6 步兵师战线夺取了空中优势。[614] 但德军炮兵也取得一场重大成功，第 6 炮兵团第 3 营获得了一部专用电台，这使该营能够同空中炮兵观测员直接交谈。在他的帮助下，该营粉碎了数个苏军炮兵连，这些敌炮兵连一直在轰击营指挥所和第 18 步兵团指挥部周边地域并造成了一些人员伤亡。[615]

　　该师在这场静态防御战中遭遇的敌人里有许多狂热的"年轻党员"，也就是"斯大林近卫军"成员。这些机警而又顽强的战士获得了在德军战线后方活动，试图混入当地村民中的游击队员的支持。第 6 步兵师一名老兵回忆道："中间地带或主战线后方出现平民时，你永远无法确定他们是不是伪装的敌军士兵或间谍。"[616] 因此，该师在 8 月 8—9 日把主战线附近村庄的所有居民都疏散了。

这项工作由年长、经验丰富的军士执行，他们会把当地居民迁到后方大约 15 公里的各个村庄。[617] 这些村民"获准带上他们所能携带的所有财物，手提肩扛，或是用他们的马车运送"[618]。

哈佩在 8 月 14 日的日记中评论道："十多天来，我们一直在从事阵地战。我们构筑了常规战壕和掩体，我们被告知这一切是出于作战原因。一个新的合围圈即将形成，然后我们就会紧跟在敌人身后向东突击。"[619] 当然，哈佩和他的战友必须等待数周，那时机动战才能再次恢复。在此期间，他们沿主战线从事的日常工作是以持续保持警惕、休息和睡眠不足、口粮减少（补给线漫长而又脆弱所致）、很少有时间保持清洁卫生为特点的。恩斯特－马丁·莱茵中尉是第 18 步兵团一名连长，后来荣获骑士铁十字勋章，他在 8 月中旬的一封军邮中写道："我睡在冷杉枝制成、铺了半块帐篷布的床上。"他在信中还指出，此地凌晨时冷得令人有些不适：

凌晨 3 点左右通常会变得如此寒冷，如此潮湿，以至于你会冻得瑟瑟发抖，不得不来回跺脚，以此打发时间，直到 4 点或 5 点。我们不能盥洗，这会将我们暴露给敌人。我的胡子已经很浓密。正在进行的事件、不断变化的态势和持续保持战备的结果是，我平时的沉睡已变为打盹，听见风吹草动就会一跃而起……

此刻大家都很高兴。两个月以来，我们首次得到了人造黄油和牛肉香肠。过去几周里，我们一直靠罐头肉和面包过日子。[620]

虽然存在许多艰辛之处，但也有欣赏迷人的乡村风光、让人静心细想的时刻，第 37 步兵团第 2 营的军医汉斯·利罗夫在日记中写道：

我们驻扎在舒茨切湖附近，等待后续部署。玉米成熟了，黑麦穗的谷粒开始脱落。明天早上会组织收割者。要是收成被糟蹋的话，肯定会激起公愤。草地上鲜花盛开——蓝紫色的盛夏三叶草，白色的雏菊，蓝色的矢车菊，精致、馥郁的蓝色大麻。阳光灿烂的这一整天里，空气中也弥漫着忙碌的蜜蜂发出的嗡嗡声……

夜间出现了两架俄国飞机，但他们只是投下些非常愚蠢的传单，这些传单在我方士兵中引起了哄堂大笑……

现在有时间细想各种事情。所以我开始思考我的过去，我的婚姻，想想吉塞拉和有孩子的幸福。[621]

8月14日，第37步兵团转隶备受重压的第26步兵师并在其右翼占据主防线，该师位于第6步兵师西北面。[622] 接下来几天里，该团经历了艰巨、代价高昂的防御战，战斗力严重受损。8月18日前后起，苏军在坦克和火炮支援下，每天以连级或营级兵力遂行冲击。[623]

对第37步兵团的官兵们来说，8月26日非常平静。但团里在苏联战斗过的人永远都不会忘记次日——1941年8月27日。当日凌晨2点30分左右，苏军两个骑兵师（第243、第246师）在没有实施炮火准备的情况下对第37步兵团过度拉伸、防御稀疏的战线发起冲击，浓密的低雾荫蔽了他们的逼近。苏军利用初期达成的突然性迅速突破，前出到该团指挥所附近。待在第2营指挥所里的利罗夫记录了这场进攻的展开：

此时是凌晨2点。我无法入睡，于是走出防空洞。营长也醒着。夜晚的天空多云。活跃的空中活动开始了。炸弹落在团指挥所附近，敌机飞得很低，根本无法看见。这让我们紧张不安。浓雾笼罩着地面。能见度不超过20米。各连队报告，除了车辆的声响，敌人据守的森林没有出现特别情况，一切都很平静。

突然，我们右侧爆发出射击声和手榴弹爆炸声，同时接到电话："敌人在右侧突破了友邻营。"一波波俄国士兵冲了过来。我们营指挥所发出警报。所有人跳入各自的散兵坑。但四下里一片混乱，因为没人能在浓雾中识别出其他人。总是置身最危险处的营长召集起第9连一个排（该连隶属我们营），试图以一场反冲击支援友邻营。清晰可辨的"乌拉"声越来越近。尽管拂晓的曙光渐渐出现，可当前什么也看不见……我们紧张地聆听着，同时朝右侧望去，想通过战斗的声响弄清营长率领的反冲击已取得多大进展。可我们什么也听不清，听到的只是浓雾中数百人发出的"乌拉"声和机枪发出的吼叫。德军炮兵实施了弹幕射击，可没人能确定打击效果。

突然，第6连打来电话。里姆中尉紧张的求救声被大家听得清清楚楚："敌人刚刚从第6连旁边达成突破。"我们对此束手无策，因为没人知道真实情况如何。浓雾阻止了一切形式的侦察活动。电话线被炸断。那里对无线电监听没有任何反应。炮兵一次次实施弹幕射击。随后，我们的营长回来了。我们看不见他，但能听到他的声音。他出现时已累得气喘吁吁。他的右臂无力地垂在身侧。他率部发起的这场反冲击不啻杯水车薪。他伫立在一波波向前涌来的俄国人中间。跟随他的一个机枪组的三名组员很快中弹身亡。他率领排里的剩余人员设法退回到我们这里。俄国人随时可能从我们前方的浓雾中出现，但没人知道他们会从哪个方向而来，于是我们设立了环形防御阵地……

我帮忙把一门反坦克炮推入发射阵地，然后给营长包扎伤口。一发子弹干净利落地射穿了他的肩膀。刚刚完成包扎，一发炮弹就在我们待的这片洼地炸开。我的左大腿遭到狠狠一击。一块小小的弹片划破我的裤子，擦伤了我的皮肤。雾气仍未消散。"乌拉"声从我们身边席卷而过，渐行渐远。我们与团指挥所仍没有恢复联系。唯一的通信手段是（通过）炮兵（做出某种举动）……

我们知道这是一场事关生死的战斗，俄国人不会让任何人活着，就连伤员也会被他们以枪托或刺刀杀死。我们仍未联系上团部。现在已近7点，雾色仍未散去……里姆中尉阵亡。他打来电话时，俄国人已冲到他那座掩体门前。黑尔特少尉负伤……希尔德布兰德下士阵亡。没有团里的消息。空气中回荡着炮击和爆炸的轰鸣，步枪和机枪子弹呼啸着掠过我们头顶，这些子弹来自不可预知的方向，朝另一个不可预知的方向飞去。我取出我接到的密令，按照营长的命令拆封，随后加以销毁。这是我们所能采取的最后措施……

时间一小时一小时地流逝……在此期间我们接到报告，团长亨尼克中校阵亡。就在三天前，他因为波洛茨克的胜利荣获骑士铁十字勋章……博尔歇特少尉阵亡。海姆索特少尉阵亡。哈尔特少尉负伤。普雷莱上尉身负重伤。恩斯特曼中校也负了重伤，意识到自己被俄国人包围后，他举起手枪自杀身亡。

最后又传来泽豪森少尉阵亡的消息，他被一发子弹击中头部。[624]

当日下午，这场战斗终于发生逆转，开始对德国人有利。第 6 和第 26 步兵师以仓促集结的力量（包括战斗工兵、反坦克兵和一个配备双管 20 毫米机关炮的自行高射炮连，后者使用的是一款深具破坏性的武器）发起反冲击，歼灭或击退遂行冲击的苏军部队。第 6 步兵师作战日志记录了这场激战的性质和苏军最终被迫转入防御时所用的技能：

17 点，军部关于夺取敌支撑点的命令还没有送达，第 59 步兵团第 9 连和第 6 工兵营第 3 连就在第 6 反坦克营和第 46 高射炮营第 1 连的完美协同下，从东面展开突击，一举夺得敌人这些阵地。我们在大波尔克俘获 120 名俘虏，还清点出 150 具敌人的尸体。俄国人仅用短短几小时便在这里构筑起异常强大的阵地，随后实施了顽强抵抗。在为争夺这些地点展开的激烈战斗中，我方部队蒙受损失是无法避免的。[625]

18 点时，德军已通过殊死反冲击恢复了原先的主战线。战场上散落着大约 400 具苏军士兵的尸体。[626] 德方的损失同样高昂，仅第 37 步兵团就伤亡 348 人，共有 10 名军官、162 名军士和士兵阵亡，13 名军官、127 名军士和士兵负伤，36 名军士和士兵失踪。[627] 德国人在寻找阵亡战友时发现许多遗体遭到残酷肢解，这显然是他们毫不留情、不共戴天的敌人导致的。[628]

在当天的日训令当中，军长弗尔斯特将军感谢了他那些付出了重大牺牲的部下：

第 6 军将士们！今天，数量占据绝对优势的敌人在浓密的大雾掩护下发起进攻……各级指挥部人员在近战中坚守他们的指挥所，各炮兵连守卫他们的火炮发射阵地……全体官兵在这些战斗中的表现得到怎样的称赞都不为过……全军将士们！今天的战斗表明了一支英勇无畏的军队通过忠诚和自我牺牲能够取得多么卓越的成就。[629]

但弗尔斯特将军高贵的话语无法掩饰一个不可改变的事实：这样的损失正在摧毁东线（德国）陆军的战斗力，因而深具灾难性。

当晚下起了雨。昼间残酷战斗的生还者挤在他们的战壕和掩体里，不禁想要知道明天会发生什么。毫无疑问，有些人将通过流行的纸牌游戏消磨时间。而那些拥有一部收音机的幸运儿可能已在歌厅歌手拉勒·安德森的甜美音调中得到慰藉，她演唱的多愁善感的士兵歌曲《莉莉玛莲》会在贝尔格莱德武装部队电台每晚播音结束前的 9 点 57 分准时播出，并且传遍欧洲和北非战场。[630]军医利罗夫在日记中记录了当日的最后一个想法："这是艰难的一天，也就是8 月 27 日。我们都觉得自己离死亡更近了些。"经过近两周的战斗，利罗夫所在营（第 37 步兵团第 2 营）的规模现仅相当于一个加强连。[631]

第 37 步兵团的阵亡者被安葬在当地一个村庄边缘的一棵大树下，德国人在这里建起了另一座军人公墓。团长亨尼克中校的墓地设在一个高大的桦木十字架下，他那些部下的坟墓则排列在四周。阵亡将士都以一种庄严的条顿仪式下葬，这种仪式现已成为一种常规。[632]

例二：叶利尼亚突出部的第 46 装甲军

1941 年 7 月中旬，古德里安做出一个重大决定：突破敌人的第聂伯河防线后，他不是以第 46 装甲军转向东北方，赶去同霍特第 3 装甲集群先遣部队在斯摩棱斯克以外地区会合，而是派维廷霍夫的坦克和摩托化步兵向东疾进，在莫斯科以西 300 公里的叶利尼亚夺取杰斯纳河对岸的登陆场——第 46 装甲军于 7月 19—20 日完成这项任务。可这样一来，古德里安就放弃了围绕被困于斯摩棱斯克北面和西北面的苏军部队建立一道坚实封锁线的机会，导致成千上万名红军官兵逃离初期形成的包围圈，也使德军赢得的这场胜利令人失望地不够完整。

叶利尼亚位于斯摩棱斯克东南方 82 公里，靠近杰斯纳河源头，是苏联西部一座"典型的小镇"。[633]该镇或许很普通，但它具有几个突出特点，而这些特点无疑激发了古德里安的想象力。第一，该镇附近的杰斯纳河上有一座桥梁；第二，一条东西向主铁路线途径该地，为此设有一座火车站；第三，也是最重要的一点，该镇正东面的高地俯瞰着莫斯科最远端接近地。换句话说，叶利尼亚镇提供了一个至关重要的立足地，德国军队可以从这里一路攻往苏联首都。[634]因此，在德国人和苏联人看来，叶利尼亚及其周边地域就是孙子兵法中所说的"死地"——必须将其夺取或守住。

　　但德军占据的叶利尼亚登陆场很快暴露出了几个严重战术缺陷。这个突出部有三面遭到苏军强大（而且在不断加强的）部队的包围，而通往后方的交通线被忙于消灭斯摩棱斯克包围圈的德国军队堵住——该突出部与它最靠近的德军补给站相距450公里。[635] 从以上这些方面看，1941年7月底和8月初在这里战斗的第46装甲军快速兵团（先是第10装甲师，党卫队"帝国"师和"大德意志"步兵团很快加入其中）处于明显不利的状态。沙尔第10装甲师和豪塞尔"帝国"师疲惫不堪、兵力短缺，弹药（特别是炮弹）和燃料的供应也始终不足。另外，突出部内狭窄而又复杂的地形（德国人认为突出部内低矮的树木和灌木丛严重降低了能见度），"使他们的机动性和冲击力全然无法发挥"[636]。与德军所有装甲兵团一样，第10装甲师也缺乏战斗步兵，因而对于目前受领的阵地防御任务表现得相当不积极。

　　尽管存在这些挑战，第46装甲军的坦克兵和装甲掷弹兵还是不得不坚守突出部，抗击苏军持续不断的反突击（这些进攻获得了坦克、空中力量和大批火炮的支援），直到从后方徒步赶来的步兵兵团接替他们。可是，大多数德军指挥官认为坚守叶利尼亚周边阵地只是暂时的，一旦步兵力量肃清斯摩棱斯克包围圈并且可以用于其他任务，他们就会恢复向东进军。但正如1941年夏季战局里经常发生的那样，这种假设会很快被德国人无法控制的事件击碎。的确，在叶利尼亚，中央集团军群不可避免地陷入了一场历时八周的残酷血战，最终导致集团军群的10个师被"一个烈焰与钢铁的大釜"吞噬，与德国军队自1918年以来的任何经历都不同。[637]德国人之所以能守住突出部，至少要部分归功于凯塞林第2航空队"斯图卡"战机提供的卓有成效的空中密接支援。[638]

　　沙尔第10装甲师在1941年7月16日9点接到夺取叶利尼亚的命令，但由于雷阵雨、恶劣的路况、桥梁坍塌造成延误，他们直到7月19日才从波奇诺克以东阵地发起进攻，该镇位于斯摩棱斯克—罗斯拉夫利公路与姆斯季斯拉夫利—叶利尼亚公路的交叉口。[639] 13点12分，该师炮兵力量炮击苏军防御阵地；3分钟后，坦克隆隆驶出隐蔽地，朝叶利尼亚攻击前进。虽然遭遇苏军精心部署的远程炮火，横跨波奇诺克—叶利尼亚公路的一道又宽又深的防坦克壕（5米×10米）也导致了耽搁，但该师第7装甲团的坦克依然很快跨过通往叶利尼亚的铁路线。到14点30分,第一批德军坦克已冒着敌人猛烈的火力到达叶利尼亚西部和南部边缘。[640]

在先遣坦克掩护下,第10装甲师第69步兵团第一批步兵班攻入镇内。逐屋逐房的血腥争夺战随之而来,给交战双方均造成严重损失。据守该镇的苏军部队隶属第24集团军步兵第19师。猛烈的炮火轰击着前进中的装甲掷弹兵,双方为争夺火车站展开了激烈厮杀。德军步兵在各处都遇到苏军精心构设的野战阵地。15点15分,沙尔将军为加强进攻,把麾下另一个步兵团(第86步兵团)投入战斗。到18点,该团已逼近叶利尼亚。[641]

战斗来回拉锯,红军在傍晚发起一场反冲击,重新夺回一些失地。但德军第10摩托车营很快肃清了叶利尼亚东侧,一直推进到镇区外800米的公墓。随后,镇中心的教堂也被德军攻占。虽然取得了这些进展,但该师第10步兵旅在20点报告,这场进攻的进展还是非常缓慢:"到处是地雷,敌人非常顽强!"22点30分,第10步兵旅旅长菲舍尔上校报告,叶利尼亚镇终于落入了德方手中。[642]

但叶利尼亚镇内的局势远未得以确保,也谈不上稳定。苏军各步兵营一次次试图突入镇内,他们的炮兵也保持活跃。午夜前后,苏军把一个炮兵连调入第10摩托车营防线正前方的发射阵地,猛烈轰击房屋废墟。与此同时,苏方车队源源不断地把援兵运抵该镇。这个血腥的战斗日导致第69步兵团第2营伤亡60人,其他步兵营和摩托车营的损失同样严重。[643]

接下来两天里(7月20—21日),第10装甲师顶着敌人施加的沉重压力,力图扩大叶利尼亚登陆场。在苏军7月20日晨发起的一场冲击中,德国人击毁18辆坦克,其中10辆是被该师反坦克营一名下士击毁的。据苏军俘虏交代,上级部门已投入他们手中掌握的一切力量,试图夺回叶利尼亚。仿佛是为了证实他们的说法,红军在当日中午实施猛烈炮击,甚至投入210毫米口径的重型火炮,再度撕裂德军防线。下午3点左右,这场炮击已扩大为一场规模庞大的弹幕射击。苏军随后投入进攻,并且获得了坦克的强有力支援。但这场冲击又被德军击退,苏军这次损失了25辆坦克。毫不气馁的俄国人继续遂行进攻,结果依然被陷入困境的德军装甲掷弹兵击退,这些掷弹兵获得了第7装甲团剩下的少量坦克的支援。德国人当日共击毁50辆敌坦克,抓获700名俘虏。[644]

目前为止，第 10 装甲师大部分坦克已无法从事战斗。虽然该师在对苏战局头四周损失了一些坦克，可大多数战车是因为缺乏油料、零配件、替换引擎才无法开动的。7 月 20 日的战斗中，一些坦克在战场上出现故障，少量仍可使用的 IV 号坦克火炮复进机也出现问题。持续不停的战斗使坦克乘员疲惫不堪。根据沙尔将军的命令，夜幕降临后，这些坦克会撤出战斗，以便进行急需的维护和修理，只留下一个加强连充当最后的预备力量。[645]

次日晨（7 月 21 日），维廷霍夫将军从第 46 装甲军军部报告，尽管付出了最大的努力，第 10 装甲师仍然无法获得油料补给，炮兵也得不到炮弹补充，而这些都是该师急需的。实际上，油料在几天内都无法运抵，这导致第 7 装甲团大部在很长一段时间内无法投入战斗。[646] 截至 7 月 22 日，该团仅剩 5 辆 II 号坦克和 4 辆 III 号坦克充分具备战斗能力，另有 66 辆坦克只能在防御战中发挥有限作用，总共有 100 辆坦克急需整修。[647] 从较积极的一面看，党卫队"帝国"摩步师一部于 7 月 21 日晚到达叶利尼亚突出部，加强了备受重压的第 10 装甲师。[648] 豪塞尔的党卫队掷弹兵一直忙着从巴尔图季诺攻往多罗戈布日的高地，古德里安希望夺取这片地域，使之成为攻往莫斯科的另一处出发地区。[649] 可由于苏军对叶利尼亚施加强大的压力，上级还是决定把"帝国"师调入突出部，加强那里的守卫力量。[650]

古德里安第 2 装甲集群的作战日志生动地记录了接下来几天突出部内的战斗，以及第 46 装甲军几乎持续面对的危急状况：

1941 年 7 月 22 日

10 点 40 分：第 46 装甲军的补给情况由于恶劣的道路状况和敌人对叶利尼亚的猛烈冲击（这会造成弹药消耗居高不下）而恶化。该军报告：

100 毫米和 210 毫米榴弹炮炮弹严重短缺。

缺乏 100 立方米油料……

17 点：……第 46 装甲军——指挥所前出到斯特里吉诺……第 10 装甲师和党卫队"帝国"师正在进攻，以扩大叶利尼亚周边阵地。尚未掌握详细情况……

22 点 30 分：……第 10 装甲师——当日晨，敌人在猛烈炮火支援下以密集队列从东南面和东北面冲击叶利尼亚。敌人的进攻被击退，且（敌方）损失惨重。[651]

828

1941年7月23日

11点，第46装甲军报告：

敌人以师级兵力从东面进攻叶利尼亚附近地域。我军缺乏炮弹的状况越来越严重……

13点：……第10装甲师和党卫队"帝国"师扩大了他们设在叶利尼亚周围的阵地……敌人正从南面和西南面展开极其猛烈的冲击。已确认敌人在北面的集结地域。党卫队"帝国"师侦察营位于卡斯科瓦，面对优势之敌，该部不得不经加拉维察撤到格林卡火车站（叶利尼亚西北方20公里）。[652]

1941年7月24日

12点，第46装甲军报告：

叶利尼亚的局势非常紧张，敌人在三个方向反复发起冲击，并在东南面投入重型坦克。现在敌人还从多罗戈布日方向对我们展开进攻。我军迫切要求投入"大德意志"步兵团。可能的话，至少应当立即提供该团一个营。

为解决弹药短缺问题，正要求第17装甲师提供炮弹。

（第46装甲军报告完毕）

"大德意志"步兵团的换防和增援叶利尼亚前线，只能在第18装甲师一部（目前仍在斯摩棱斯克）和第5机枪营腾出，并由第4装甲集团军前调后实现。

14点50分，第46装甲军报告：

叶利尼亚左翼的态势相当危急。敌人从北面对乌沙科沃施加沉重压力。为稳定态势，我军要求要么立即投入"大德意志"步兵团一个营，要么派第17装甲师接管乌沙科沃—格林卡火车站地段……

17点：……第46装甲军——指挥所位于叶利尼亚以西4公里……第10装甲师和党卫队"帝国"师与实力强大的敌人展开激战，对方从东南面和东面遂行冲击，现在还从北面投入进攻。敌人的进攻获得重型火炮和坦克支援。该地段的态势相当危急。左翼不得不后撤到乌沙科沃以南—格林卡火车站一线。[653]

1941年7月25日

6点：……第46装甲军……党卫队"帝国"师——师防区在整个夜间遭到猛烈炮火轰击。据俘虏交代，敌人计划在今日（25日）11点发动一场大规模冲击。

但（第2装甲集群）无法为该军提供任何预备力量，因为"大德意志"步兵团仍被牵制在其他地段……

8点25分，第46装甲军报告：

由于炮弹的交付延误了一天，最后的弹药储备几乎已在夜间和凌晨耗尽，因为没能提供急需的"大德意志"步兵团一部和炮弹的缺乏，只能认为当前态势极度紧张……

23点[654]：……第46装甲军……敌人从博戈罗季茨科耶（叶利尼亚东北方12公里）和乌沙科沃方向再次猛烈进攻叶利尼亚周边地带。反冲击正在进行。

7月25日，在叶利尼亚周围的战斗中，我军击毁78辆敌坦克（包括8辆重型坦克），击落8架敌机。[655]

1941年7月26日

13点50分：一小时前，德国空军报告敌坦克集结在达季斯奇切瓦（叶利尼亚东北方13公里）。现在，（空军联络官）弗利沃又报告卡斯科瓦地域的40辆敌坦克正攻往叶利尼亚。

13点55分：为增援第46装甲军，对付这些敌坦克，第47装甲军辖内第611反坦克营转隶该军……

15点35分：第46装甲军防区的态势变得愈发危急。敌人成功突破第10装甲师步兵旅设在叶利尼亚南部的防线。那里没有可用于恢复态势的预备队……

17点30分：……第46装甲军——军指挥所变更位置。

叶利尼亚周围战斗的情况尤为紧张。该军一整天都遭到优势之敌在坦克和火炮支援下发起的进攻。

在利普尼亚，敌人达成渗透，这个缺口至今尚未封闭。敌人在铁路线以南遂行冲击期间，我方识别出他们11个炮兵连。极其猛烈的炮火给我方官兵造成持续不断的惨重损失。另外，敌轰炸机也造成了持续影响。由于炮火猛烈，许多伤员目前无法疏散。敌人从多罗戈布日方向展开的进攻导致北部防线部队实施局部后撤。

该军完全没有预备力量。炮兵弹药即将耗尽，没有更多炮弹可用于对抗敌炮兵。

由于缺乏油料，第10装甲师装甲旅已有数日无法行动。

该军也许能守住阵地，但肯定会为此付出重大牺牲。

由于"大德意志"步兵团的换防被耽搁，目前无法为该军提供预备力量。[656]

1941年7月27日

6点：……第46装甲军——夜间，第10装甲师和党卫队"帝国师"防区较为宁静……该军面临的形势有所缓解，因为运送弹药和油料的第一批车队于夜间到达，另外第611反坦克营和"大德意志"步兵团一部也已抵达……

17点：……第46装甲军……多亏第2空中密接支援指挥官联合力量的反复打击、炮弹的交付和"大德意志"步兵团主力开抵，该军在叶利尼亚的情况有所好转。

敌人的进攻仍在继续，但强度有所下降。敌军炮火一如既往地令人不适，并给我方造成了损失。[657]

1941年7月29日

10点35分：第46装甲军询问能否期待获得援兵，因为该军在防御战期间遭受了相当惨重的损失。

除第268步兵师外，（古德里安）集团军级集群目前不可能加强该军，但已（向中央集团军群）提出请求。在斯摩棱斯克腾出的第137步兵师必须在进攻罗斯拉夫利期间掩护第9军东翼，因而无法用于接防第46装甲军作战地域……

17点45分：……第46装甲军……在叶利尼亚周边地域，第10装甲师、党卫队"帝国"师、"大德意志"步兵团作战地段展开积极的巡逻活动。敌人此时已不再进攻，但（德方）发现他们在叶利尼亚北部恢复了炮兵活动。

第268步兵师——部分力量以卡车运往叶利尼亚，在夜间开始接替第10装甲师。[658]

1941年7月30日

6点：……第46装甲军，第10装甲师——第268步兵师第499步兵团在左翼接替该（装甲）师部分部队……

"大德意志"步兵团已悉数投入部署。

2点30分起，敌人沿该军整个防御地段以坦克、火炮、飞机展开进攻，某些冲击到现在仍在进行……

10点35分：（古德里安）集团军级集群情报参谋报告，被俘的一名苏军中尉飞行员交代如下：

根据上级指挥部门的命令，今天必须夺回叶利尼亚。他本人驾驶的战机和170架轰炸机为此被调到维亚济马。

已把这个消息告知空中密接支援指挥官。敌人在2点30分对第46装甲军的进攻证明了俘虏的交代真实可信……

17点45分：……第46装甲军……击退敌人以火炮和坦克对叶利尼亚发起的几次冲击，还肃清了对方的局部渗透。该军报告，敌人当日共发起13次冲击，敌炮兵连的数量在增加。

我们必须预料到敌人会在接下来几天展开进一步进攻，特别是对叶利尼亚的侧翼。[659]

1941年7月31日

6点：……第46装甲军——除了局部炮火，第268步兵师、第10装甲师和党卫队"帝国"师防区夜间都很安静……

17点45分：……第46装甲军……敌人在火炮和坦克强有力支援下，再次从东南面和北面进攻叶利尼亚突出部。敌人还对各指挥所和前线实施了空袭……

23点：……第46装甲军——军指挥所设在叶利尼亚以西4公里处。敌人从凌晨3点起就发起持续不停的冲击，他们从南面、东南面、东北面、北面展开的进攻甚至持续到了现在（21点），部分进攻获得坦克和猛烈炮火支援。我方炮兵因缺乏弹药而受到严重限制。

敌军炮火不断给我方人员和装备造成损失。

仅"大德意志"步兵团在7月28—30日就伤亡92人。第268步兵师第499步兵团在最初24小时内伤亡82人,其中30人阵亡。

第268步兵师接替第10装甲师的行动会在7月31日至8月1日的夜间完成。[660]

第10装甲师的换防工作顺利完成。8月1日,沙尔的装甲掷弹兵在叶利尼亚南面占据一道警戒线,这片较为宁静的地段掩护着突出部右翼。这道防线的长度约为30公里,从斯特拉吉纳的杰斯纳河河岸起,沿该镇南部边缘延伸,然后在杰斯纳河与斯特里亚纳河之间一片广阔沼泽地的边缘伸向西北方,再沿斯特里亚纳河西岸转向南面。这条防线的最南端是叶利尼亚西南偏南方30公里的希马科沃村。次日(8月2日),根据第46装甲军的命令,该师组建了一支战役预备队,该部编有1个步兵营和2个装甲连,外加战斗工兵连和反坦克连。作为军预备队,这股力量做好了准备,以便在接到通知后两小时内对突出部发生的任何危机进行干预。虽说这两项行动(作为警戒线和担任预备力量)无法避免,但它们还是打乱了德军整顿该师装甲团的努力,该团的大多数坦克仍然无法投入战斗,它们正在等待油料、零配件、新引擎运抵,同时也需要维修。[661]在此期间,红军继续冲击三面受困的登陆场,强度有增无减。第268步兵师报告,苏军士兵进攻时挥舞着红旗。第46装甲军于8月2日17点45分报告,据守突出部的某些连级部队已经只剩下60~70人。[662]

7月30日起,苏军对叶利尼亚的进攻改由刚刚出任红军预备队方面军司令员的朱可夫将军指挥。他麾下的主要力量是K.I.拉库京少将的第24集团军,该集团军编有9个步兵师、3个快速师、2个民兵师(主要由莫斯科的工人民兵组成)。接手方面军指挥工作后,朱可夫"严厉批评了"拉库京在先前进攻战役中的表现,准备对德军登陆场展开一场新的冲击。[663]

虽然叶利尼亚突出部对面的红军部队主要由近期动员、缺乏训练、装备低劣的步兵师组成[664],但他们配有大量火炮,这就让苏军获得了一支具有巨大杀伤力的战斗兵团,上文摘录的第2装甲集群作战日志也说明了这一点。另外几个例子同样证实了这种情况:8月1日,第46装甲军向中央集团军群报告,在该军每个步兵连据守的地段,5分钟内落下的炮弹平均多达200发,德军步兵只能无助地蜷缩在散兵坑里;8月2日,第268步兵师报告,某步兵营防区

1 小时内落下 300 ~ 400 发炮弹；8 月 3 日，苏军发起进攻期间，维廷霍夫军遭到 1550 发炮弹轰击，其中大多射自 152 毫米重型火炮。这种密集炮击很快便把 60 公里宽的突出部变为一片满是弹坑的废墟。[665]

获知这些报告后，哈尔德把苏军炮火形容为"令人难以忍受"，他焦虑地评论道："据守这座登陆场会给我们造成更大损失。"[666] 他们的确为此付出了高昂的代价——1941 年 7 月 22 日到 8 月 3 日，第 46 装甲军辖内部队为守卫叶利尼亚突出部伤亡 3615 人，毫无疑问，其中大多是苏军持续不断的猛烈炮火的受害者。[667] 当然，每天伤亡近 300 人这种情况从长远看是不可持续的。但是，"德军指挥部没人考虑过弃守叶利尼亚突出部，哈尔德仍希望以此作为跳板，向东发起后续行动；而希特勒则反对一切后撤，哪怕这样做在战术上较为有利"[668] 尽管如此，博克还是在 8 月 3 日告诉哈尔德，仅凭目前掌握的资源，他无法保证叶利尼亚不发生"崩溃"。[669] 在同一天，古德里安把最后的预备队（装甲集群司令部的警卫连）投入到了突出部内沸腾的战斗中。[670]

更多德军步兵力量开抵后，博克原先担心的灾难得以避免，到 8 月 8日，马特纳第 20 军（辖有第 15、第 268、第 292 步兵师）辖内各师已接替第 46 装甲军坚守叶利尼亚突出部的所有部队。[671] 另外，德国空军第 1 高射炮军的几个高炮连和他们深具毁灭性的 88 毫米炮也被调来加强防御。[672] 被接替后，党卫队"帝国"师和"大德意志"步兵团撤出前线，部署到了叶利尼亚西北方阵地上，掩护突出部北翼并替换第 17 装甲师和第 29 摩步师一部，这两股力量都隶属莱梅尔森第 47 装甲军。就在换防前的 8 月 9 日，托马第 17 装甲师多次遭到强大苏军部队攻击，莱梅尔森在次日的日记中记录了这场血腥的激战：

另外，俄国人昨日一整天以两个师和强大的炮兵力量猛攻第 17 装甲师，一波波敌军投入猛烈的密集冲击，但被我们的机枪和火炮火力打垮。敌人的尸体堆积如山。当然，对方沿该师 35 公里长的防线达成渗透一事无法避免，但这些突破都被我方装甲部队的反冲击消灭，原先的防线到昨晚仍完整地掌握在我们手中。[673]

1941 年 8 月 18—19 日，第 9 军辖内部队开抵前线换下党卫队"帝国"师和"大德意志"步兵团，终于使他们获得了急需的休整补充。在过去四周（截至 8 月 15 日），"帝国"师的党卫队掷弹兵共击退苏军 83 次进攻并发起 27 次反冲击。[674]

截至 8 月 23 日，第 10 装甲师辖内所有部队已把他们沿叶利尼亚西南方斯特里亚纳河构设的警戒线交给步兵部队并撤到战线后方斯摩棱斯克以南 40 ～ 50 公里的波奇诺克以西地域，以完成整补工作。[675] 在一周前的 8 月 15 日，该师装甲旅旅长冯·豪恩席尔德上校发布了一道特别日训令。他在这道训令中自豪地指出，通过该师维修人员、陆军补给部门、托德组织、德国空军、德国军备工业的共同努力，该师的可用战车数已增加到 160 辆。该训令写道："凭借这个令人自豪的数字，我们的实力居于东线所有装甲部队之首。古德里安大将委托我向你们转达他的无比喜悦和赞誉之情。"[676]

由于叶利尼亚突出部内德军防线发生崩溃的危险依然存在（第 20 军只有一个营担任预备队，且炮弹持续短缺）[677]，古德里安命令维廷霍夫和马特纳参加 8 月 14 日的会议。前一天晚上，这位装甲兵将领（最前者）与中央集团军群参谋长冯·格赖芬贝格将军讨论了放弃突出部、缩短德军防线的前景。但古德里安不愿这样做：这种后撤会使苏联人获得这场战争期间的首次重大胜利，他们肯定会对此大肆宣传。[678]

8 月 14 日的紧急会议"旨在决定叶利尼亚突出部的命运，并交换截然不同的意见"[679]。第 20 军军长马特纳将军认为应该放弃这处阵地，昨晚他向维廷霍夫"痛苦地抱怨"，他麾下的第 15 步兵师遭受的威胁尤为严重，仅在过去两天就损失了 35 名军官，坚守现有阵地"纯属发疯"。马特纳请求后撤，并辩称他那些严重受损的步兵师再也无法抵御敌人发起的一场果断突击。但第 46 装甲军军长维廷霍夫反对放弃突出部，他指出，一场后撤只会鼓舞敌人并促使他们加紧进攻。古德里安倾向于维廷霍夫的观点，但在缺乏明确优先作战事宜的情况下（希特勒仍与陆军总司令部就战局后续进程争论不休），他很难做出决定。[680]

至于中央集团军群司令冯·博克元帅，他现在也无法确定该如何行事。他在 8 月 15 日写道："难以确定坚守突出部是对是错。要是俄国人继续进攻，坚守突出部就是错误的；要是对方在可预见的未来停止进攻，坚守突出部就是正确的，因为叶利尼亚是日后攻往莫斯科的一块跳板，并且为斯摩棱斯克的公路和铁路枢纽提供了一定程度的保护。"[681] 博克前一天把这个问题呈交布劳希奇，陆军总司令（后者）答应尽快就"是否放弃叶利尼亚"做出决定。当晚（8月14日），博克收到回复："（布劳希奇的）决定充斥着许多'倘若''但是'之类的词语，并把决定权转交给了我（中央集团军群司令）。"[682] 博克不得不自行做出决定。

很可能是受到哈尔德的影响（他警告博克的参谋长不得放弃突出部）[683]，博克最终决定坚守叶利尼亚，而古德里安此时的想法突然发生一百八十度转变，他建议放弃突出部[684]! 博克询问古德里安，坚守突出部需要些什么，这位装甲兵将领建议大量增加叶利尼亚的弹药补给，同时投入"强大的空军力量"。虽然博克元帅无法保证大幅改善弹药供应情况（"在这方面已付出最大程度的努力"），但他确实同布劳希奇谈到把凯塞林麾下第2航空军（帝国元帅戈林没有与博克协商，突然把该航空军集结到南面的第2集团军作战地域，掩护集团军群南翼）调回叶利尼亚战线的问题。但博克这番尝试没有成功，第2航空军主力仍然留在南面。[685]

坚守突出部的决定意味着那里的战斗和死亡还要持续数周。当然，沿叶利尼亚（这是迄今为止东线陆军向东达成的最深突破）周边阵地坚守战壕和掩体的德国士兵对战地指挥官的争论一无所知，对拉斯滕堡和柏林最高指挥部门的担忧和焦虑也毫不知情。可如果说战斗变得越来越严酷（敌人更加顽强，更加坚定），那么，普通德国士兵的士气也依旧高昂，取得最终胜利的信心丝毫没有动摇。

1941年8月15日，第268步兵师的士兵汉斯－奥托（自8月1日起就投身叶利尼亚突出部这片杀戮场）写了封信给一个不知名的收信者：

> 在这14天里，我们这群人可以说是德国国防军中位于最前方的战斗力量。从上个月月底算起，我们一直是刺入俄国熊毛皮的一根利刺，对方用尽全力实施攻击。尽管他们投入强大的炮兵力量，可没能成功拔掉这根利刺，敌步兵遭受的惨重损失难以想象。我们据守的I镇[686]总有一天会成为这场战局中的一个重要地点。

没错，这些战斗非常艰巨，我们的队伍每天都遭受伤亡。但在这些战斗中，士兵也变得更加顽强，并证明自己完全能承受这种"钢铁风暴"，就像第一次世界大战期间的父辈。从那时起的许多庄严表述现在变得清晰无比。火炮持续不断的金属撞击，炮弹的隆隆爆炸，弹片发出的呼啸和嗡嗡声构成了它们自己的乐曲。这一切从早晨到夜晚，在前线任何一个地段都能清楚地听到，毫不停顿，也没有任何迹象表明它们会停下来休息片刻，此时的你宛如置身第一次世界大战的战斗中。

但我方人员变得非常顽强，还拥有令人钦佩的自信，要是俄国人以步兵和坦克发起进攻，等待他们的会是一场血腥的招待。一两辆敌坦克突破我方防线无关紧要，尽管我们的一门反坦克炮已被击毁，没有其他武器可以阻挡对方。这时，我们的步兵就会从散兵坑一跃而出，用手榴弹、莫洛托夫鸡尾酒或炸药包干掉敌坦克，这一过程平淡得就像和平时期进行的一场示威游行。

我们的士兵充分证明了自己，他们据守着一个制高点（125.6高地），俄国人一次次发起冲击。这里展现出了当前这场战争中的一种斗士精神，他们知道为何而战，必要时可为此献身。相比之下，那些愚蠢的炮火在敌人的一堆谎言、一支手枪或一挺机枪驱使下一次次向前涌来。[687]

注释

1. 引自H. Hoth, *Panzer-Operationen*, 110–11。

2. 引自H. Hoth, *Panzer-Operationen*, 69。

3. C. Burdick & H.-A. Jacobsen (eds.), *The Halder Diary 1939–1942*, 465.

4. BA-MA N 664/3, *Tagebuch Thilo*, 25.7.41.

5. 引自O. Buchbender & R. Sterz (Hg.), *Das Andere Gesicht des Krieges*, 75。

6. *Tagebuch Lierow*, 5.8.41.

7. D. M. Glantz, *Barbarossa*, 55.

8. *GSWW*, Vol. IV, 836; A. Seaton, *The Russo-German War*, 139, f.n. 20.

9. H. Magenheimer, *Moskau 1941*, 47; *DRZW*, Bd. 4, Beiheft, "*Frontveraenderungen der H.Gr. Mitte und Nord vom 6.7. bis 23.7.1941.*"

10. *GSWW*, Vol. IV, 836.

11. Ibid., 836.

12. D. M. Glantz, *Barbarossa*, 55. 苏联红军前线损失的详细分类可参阅Col.-Gen. G. F. Krivosheev (ed.), *Soviet Casualties and Combat Losses*, 110–13。

13. D. M. Glantz, *Barbarossa Derailed*, Vol. I, 248; K.-J. Thies, *Der Ostfeldzug – Ein Lageatlas*, "Lage am 16.7.1941 abds., Heeresgruppe Mitte."

14. 参阅W. Hubatsch (Hg.), *Hitlers Weisungen fuer die Kriegfuehrung*, 129–34, 136–39。正如这道补充令（32b）所述，德国空军获得了军工生产的最高优先权，会得到"大规模加强"；德国海军继续制造更多U艇，但不会发展大型水面舰队。

15. G. L. Weinberg, *A World at Arms*, 268.

16. A. Hillgruber, *Hitlers Strategie*, 541–43; A. Hillgruber, "*Die 'Endloesung' und das deutsche Ostimperium als Kernstueck des rassenideologischen Programms des Nationalsozialismus,*" in: *Hitler, Deutschland und die Maechte*, M. Funke (Hg.), 102.

17. 更多详情可参阅"*Vortragsnotiz ueber die Besetzung und Sicherung des russischen Raumes und ueber den Umbau des Heeres nach Abschluss Barbarossa,*" in: P. E. Schramm (Hg.), *Kriegstagebuch des OKW*, Bd. I, 1022–25。

18. BA-MA N 664/2, *Tagebuch Thilo*, 15.7.41.

19. G. R. Ueberschaer & W. Wette (Hg.), "*Unternehmen Barbarossa.*" *Der deutsche Ueberfall auf die Sowjetunion 1941*, 149.

20. A. Hillgruber, "*Die 'Endloesung' und das deutsche Ostimperium als Kernstueck des rassenideologischen Programms des Nationalsozialismus,*" in: *Hitler, Deutschland und die Maechte*, M. Funke (Hg.), 103.

21. J. Huerter, *Ein deutscher General an der Ostfront*, 69.

22. Ibid., 70.

23. 就连美国人也察觉到德军的前进速度明显放缓。1941年7月底，乔治·C. 马歇尔将军评论道："德国人目前在苏联似乎踢伤了脚趾，他们的军队停滞不前已超过一周之久。"1941年8月5日，美国驻莫斯科大使劳伦斯·斯坦哈特发电报给国务卿科德尔·赫尔，称"过去两周或更长时间里，德军主力朝莫斯科或列宁格勒方向的行动都没能取得显著进展……我没有发现苏联人的防御即将崩溃的任何迹象"。引自"*Operation Barbarossa and the American Controversy over Aid to the Soviet Union*,"R. Kirchubel, 18–19。

24. C. Luther, "*German Armoured Operations in the Ukraine, 1941. The Encirclement Battle of Uman*,"in: *The Army Quarterly and Defence Journal*, Vol. 108, No. 4, Oct 78, 464.

25. D. M. Glantz, B*arbarossa Derailed*, Vol. I, 248.

26. "*Tagesmeldungen der Operations-Abteilung des GenStdH*,"in: P. E. Schramm (Hg.), *Kriegstagebuch des OKW*, Bd. I, 547; K.-J. Thies, *Der Ostfeldzug – Ein Lageatlas*, "Lage am 30.7.1941 abds., Heeresgruppe Mitte."

27. R. Overmans, *Deutsche militaerische Verluste im Zweiten Weltkrieg*, 277.

28. G. Meyer, *Adolf Heusinger*, 151–52.

29. Ibid., 153–54.

30. H. Guderian, *Panzer Leader*, 167–68.

31. 哈尔德早在1941年6月29日就开始构思这场行动。参阅H.-A. Jacobsen (Hg.), *Generaloberst Halder Kriegstagebuch*, Bd. Ⅲ, 25–26。

32. H. Magenheimer, *Moskau 1941*, 48.

33. *GSWW*, Vol. Ⅳ, 533–34.

34. D. M. Glantz, *Barbarossa Derailed*, Vol. I, 128; H. Magenheimer, *Moskau 1941*, 49.

35. 铁木辛哥的各前线师——除其他不足外——还严重缺乏火炮和坦克。*GSWW*, Vol.Ⅳ, 865.

36. D. M. Glantz, *Barbarossa Derailed*, Vol. I, 92.

37. R. Kirchubel, *Operation Barbarossa 1941 (3), Army Group Center*, 54.

38. K.-J. Thies, *Der Ostfeldzug – Ein Lageatlas*, "Lage am 10.7.1941 abds., Heeresgruppe Mitte."

39. 据格兰茨称，第聂伯河"在贝霍夫的河面宽度从250英尺到300英尺不等，而且没有障碍物，（古德里安）唯一的问题是必须克服河东岸的沼泽草地和森林"。D. M. Glantz, *Barbarossa Derailed*, Vol. I, 93.[①]

40. H. Schaeufler (ed.), *Knight's Cross Panzers*, 81.

41. D. M. Glantz, *Barbarossa Derailed*, Vol. I, 94. 据格兰茨称，古德里安最终选择贝霍夫，而不是选择奥尔沙、莫吉廖夫或罗加乔夫这些更明显的目标是因为他没能粉碎罗加乔夫这个"硬核桃"，他打算的是绕过这些目标，或在必要时从侧翼迂回，将其包围后晚些时候加以消灭。Ibid., 93.

42. K. J. Walde, *Guderian*, 125.

43. "*Tagesmeldungen der Operations-Abteilung des GenStdH*,"in: P. E. Schramm (Hg.), *Kriegstagebuch des OKW*, Bd. I, 518; K.-J. Thies, *Der Ostfeldzug - Ein Lageatlas*, "Lage am

---

① 译注：格兰茨的原文是"（河面宽度）从250英尺到350英尺不等"。

10.7.1941 abds., Heeresgruppe Mitte.”

44. K.-J. Thies, *Der Ostfeldzug － Ein Lageatlas*, “Lage am 11.7.1941 abds., Heeresgruppe Mitte.”

45. H. Guderian, *Panzer Leader*, 171.

46. R. Kirchubel, *Hitler' s Panzer Armies*, 67.

47. H. Guderian, *Panzer Leader*, 171.

48. J. Dinglreiter, *Die Vierziger. Chronik des Regiments*, 44-45.

49. Ibid., 45.

50. 注意，这里提到的是负伤的德国士兵，他们自然无法游过第聂伯河。德国人的所有橡皮艇都被苏军的猛烈火力击毁。

51. J. Dinglreiter, *Die Vierziger. Chronik des Regiments*, 45.

52. Ibid., 46.

53. “大德意志”团是个加强步兵团。投入对苏战局时，该团5个营编有20个连，重武器部队包括辖3个连的第400炮兵营。H. Spaeter, *Die Geschichte des Panzerkorps “Grossdeutschland,”* 248.

54. A. Schick, *Die Geschichte der 10. Panzer-Division*, 300-01.

55. Ibid., 301.

56. 215高地争夺战显然发生在7月10日晚。Ibid., 302.

57. H. Guderian, *Panzer Leader*, 172; *“Tagesmeldungen der Operations-Abteilung des GenStdH,”* in: P. E. Schramm (Hg.), *Kriegstagebuch des OKW*, Bd. I , 519; K.-J. Thies, *Der Ostfeldzug － Ein Lageatlas*, “Lage am 11.7.1941 abds., Heeresgruppe Mitte”; A. Schick, *Die Geschichte der 10. Panzer-Division*, 302.

58. D. M. Glantz, *Barbarossa Derailed*, Vol. I , 99.

59. 1941年7月14日，第2集团军的先遣力量正逼近莫吉廖夫。K.-J. Thies, *Der Ostfeldzu - Ein Lageatlas*, “Lage am 14.7.1941 abds., Heeresgruppe Mitte.”

60. R. Kirchubel, *Hitler' s Panzer Armies*, 67. 古德里安把苏联第13集团军步兵第61军和机械化第20军包围在了莫吉廖夫。

61. D. M. Glantz, *Barbarossa Derailed*, Vol. I , 101; K.-J. Thies, *Der Ostfeldzug － Ein Lageatlas*, “Lage am 13.7.1941 abds., Heeresgruppe Mitte.”

62. *“Tagesmeldungen der Operations-Abteilung des GenStdH,”* in: P. E. Schramm (Hg.), *Kriegstagebuch des OKW*, Bd. I , 521.

63. D. M. Glantz, *Barbarossa Derailed*, Vol. I , 105.

64. D. M. Glantz, *Forgotten Battles*, Vol. I , 19.

65. K.-J. Thies, *Der Ostfeldzug － Ein Lageatlas*, “Lage am 14.7.1941 abds., Heeresgruppe Mitte.”

66. R. Kirchubel, *Operation Barbarossa 1941 (3), Army Group Center*, 56.

67. *GSWW*, Vol.IV, 770. 1941年7月中旬，陆军总参谋长哈尔德似乎对德国空军封锁苏联铁路线的作战行动非常满意。他在7月11日的日记中写道：“德国空军现在似乎成功破坏了敌人后方交通地域的铁路线。最令人满意的是，无法使用的铁路运输线数量不断增加，而且这种出色的（破坏）工作仍在继续。"C. Burdick & H.-A. Jacobsen (eds.), *The Halder Diary 1939-1942*, 466.

68. W. K. Nehring, *"Die 18. Panzerdivision 1941,"* in: *Deutscher Soldatenkalender 1961*, 197-98. 发生在多布伦的事件还导致第18装甲师一座野战医院遇袭并造成严重伤亡。参见本书第九章"不讲军人情谊：苏联红军的犯罪"一节"无视红十字会&攻击德国医务人员"小节。

69. H. Guderian, *Panzer Leader*, 174.

70. *"Tagesmeldungen der Operations-Abteilung des GenStdH,"* in: P. E. Schramm (Hg.), *Kriegstagebuch des OKW*, Bd. I, 524.

71. R. Kirchubel, *Operation Barbarossa 1941 (3), Army Group Center*, 56; K.-J. Thies, *Der Ostfeldzug – Ein Lageatlas*, "Lage am 15.7.1941 abds., Heeresgruppe Mitte."

72. D. M. Glantz, *Barbarossa Derailed*, Vol. I, 121.

73. 奥克斯纳上校还指出，红军获得出色的领导，"狂热而又坚决地从事战斗"。D. Stahel, *And the World held its Breath*, 156.

74. BA-MA RH 27-3/14, KTB 3. Pz.-Div., 12.7.41, 引自D. Stahel, *And the World held its Breath*, 157。

75. R. Michulec, *4. Panzer-Division*, 4; BA-MA RH 27-4/27, *KTB 4. Pz.-Div.*, 13.7.41, 引自D. Stahel, *And the World held its Breath*, 157. 正如斯塔赫尔指出的那样，红军"投入大量火炮和反坦克炮，给第4装甲师装甲团造成了极大损失"。

76. D. M. Glantz, *Barbarossa Derailed*, Vol. I, 121, 159.

77. S. Risse, *"Das IR 101 und der 2. Weltkrieg."*

78. D. Stahel, *And the World held its Breath*, 179.

79. D. M. Glantz, *Barbarossa*, 79; RH 21-3/732, *"Gefechtsberichte Russland 1941/42;"* K.-J. Thies, *Der Ostfeldzug – Ein Lageatlas*, "Lage am 10.7.1941 abds., Heeresgruppe Mitte."

80. RH 21-3/732, *"Gefechtsberichte Russland 1941/42."* 这里所说的"夸大其词的报告"是否指古德里安司令部提交的报告，这一点只能自行猜测了。

81. D. M. Glantz, *Barbarossa Derailed*, Vol. I, 113.

82. 施密特装甲军除编有第7、第20装甲师，第20摩步师外，还获得了第12装甲师和第18摩步师加强。K.-R. Woche, *Zwischen Pflicht und Gewissen,* 111；另可参阅RH 21-3/732, *"Gefechtsberichte Russland 1941/42"*。

83. K.-R. Woche, *Zwischen Pflicht und Gewissen*, 112; K. Mehner (Hg.), *Geheime Tagesberichte*, Bd. 3, 176; RH 21-3/732, *"Gefechtsberichte Russland 1941/42."*

84. 比如可参阅H 21-3/732, *"Gefechtsberichte Russland 1941/42"*。据这份报告称，第4装甲集团军司令冯·克鲁格元帅也强调了进军涅韦尔的重要性。

85. *GSWW*, Vol.IV, 534-35; R. Hinze, *Hitze, Frost und Pulverdampf*, 46.

86. D. M. Glantz, *Barbarossa Derailed*, Vol. I, 113.

87. Ibid., 113.

88. K.-J. Thies, *Der Ostfeldzug – Ein Lageatlas*, "Lage am 14.7.1941 abds., Heeresgruppe Mitte."

89. D. M. Glantz, *Barbarossa Derailed*, Vol. I , 113-15.

90. D. M. Glantz, *Barbarossa Derailed*, Vol. I , 115; K.-J. Thies, *Der Ostfeldzug – Ein Lageatlas*, "Lage am 15.7.1941 abds., Heeresgruppe Mitte; " "*Tagesmeldungen der Operations-Abteilung des GenStdH,*" in: P. E. Schramm (Hg.), *Kriegstagebuch des OKW, Bd. I , 524.*

91. BA-MA RH 24-57/2, *KTB 57. Pz.-Korps*, 14.7.41, 引自 D. Stahel, *And the World held its Breath*, 165。第57装甲军1941年7月14日的作战日志也写道： "在某些地方，车辆不得不靠人力推拉才能摆脱最深的沙地，这造成了几个小时的耽搁。"鉴于这种地形状况，再加上苏军的抵抗，该师迅速到达涅韦尔堪称奇迹。

92. "*Tagesmeldungen der Operations-Abteilung des GenStdH,*" in: P. E. Schramm (Hg.), *Kriegstagebuch des OKW*, Bd. I , 523; K.-J. Thies, *Der Ostfeldzug – Ein Lageatlas*, "Lage am 14.7.1941 abds., Heeresgruppe Mitte. "

93. R. Hinze, 19. *Infanterie- und Panzer-Division*, 152.

94. D. M. Glantz, *Barbarossa Derailed*, Vol. I , 116-17; K.-J. Thies, *Der Ostfeldzug – Ein Lageatlas*, "Lage am 15.7.1941 abds., Heeresgruppe Mitte."

95. D. M. Glantz, *Barbarossa Derailed*, Vol. I , 258.

96. 参阅 RH 21-3/732, "*Gefechtsberichte Russland 1941/42* "。

97. 陆军总司令部和哈尔德对涅韦尔作战行动的观点可参阅 C. Burdick & H.-A. Jacobsen (eds.), *The Halder Diary 1939-1942*, 467, 469-73。比如，哈尔德在1941年7月13日的日记中写道： "这个集团（涅韦尔—大卢基地域之敌）非常强大，应当以一场特别行动把它彻底歼灭。"

98. R.H.S. Stolfi, *German Panzers on the Offensive*, 18. 斯托尔费称，对苏战局开始时， "第7装甲师取得的一系列进展比二战中的任何一个师都更具戏剧性，也更有效"。Ibid., 16.

99. A. Seaton, *The Russo-German War*, 129.

100. K. Gerbet (ed.), *GFM Fedor von Bock, The War Diary*, 252.

101. 戴维·斯塔赫尔指出： "桥梁的规模和强度不足是苏联基础设施的另一个重要弱点，这给博克装甲力量的快速运动造成了不利影响。"D. Stahel, *And the World held its Breath*, 155. 原德军将领在战后所做的一项研究（详细报告苏联南方的情况，但也同整个苏联密切相关）表明，坚固的桥梁 "稀缺"，德军 "发现的一些木制桥梁承载力有限，小河和溪流的浅滩同样如此，木桥很容易被炸毁"。另外，坦克和其他重型履带式车辆使用这些木桥前，战斗工兵不得不先行将其加固。FMS P-039, B. Mueller-Hillebrand, et al., "*March and Traffic Control of Panzer Divisions with Special Attention to Conditions in the Soviet Union and in Africa,*" 36.

102. D. Stahel, *And the World held its Breath*, 162; H. Hoth, *Panzer-Operationen*, 92-93.

103. 读者应该还记得，1941年7月3日，冯·克鲁格元帅的第4集团军司令部被改为第4装甲集团军（司令部），指挥第2和第3装甲集群。同时，克鲁格麾下大部分步兵师转隶马克西米利安·冯·魏克斯将军和他的第2集团军司令部。

104. "*Tagesmeldungen der Operations-Abteilung des GenStdH,*" in: P. E. Schramm (Hg.), *Kriegstagebuch des OKW*, Bd. I , 518; K.-J. Thies, *Der Ostfeldzug – Ein Lageatlas*, "Lage am 10.7.1941 abds., Heeresgruppe Mitte. "

105. 参见K. Mehner (Hg.), *Geheime Tagesberichte*, Bd. 3, 176-86。

106. 哈特穆特·海因里希（生于1921年）在1941年7月15日夺取斯摩棱斯克的战斗中负伤。伤愈后，他于1941年11月下旬重返前线。J. Huerter, *Ein deutscher General an der Ostfront*, 177, f.n. 136.

107. Ibid., 67-68.

108. Dr E. Bunke, *Der Osten blieb unser Schicksal*, 289-90.

109. 库尔特·费尔特少将指挥的第1骑兵师作为骑行步兵而不是骑兵展开行动。艾伯特·西顿称："（该师）炮弹不足，在普里皮亚季沼泽的遮蔽地带难以找到合适的炮兵观测所。云层低矮，加之北面的战斗更加重要，两者导致第1骑兵师没能获得空中支援，如果不是敌人（反复发起的人海冲击）很容易被骑兵们的卡宾枪和机枪打垮，这场战斗的结果可能会很糟糕。"A. Seaton, *The Russo-German War*, 121. 第1骑兵师师史可参阅Dr F. M. v. Senger u. Etterlin jr., *Die 24. Panzer-Division vormals 1. Kavallerie-Division, 1939-1945*。另可参阅一部深具吸引力的个人记述：Hans Ludwig von Stockhausen, *Erinnerungen I : Ritter, Reiter*, Russen。

110. Dr R. Gschoepf, *Mein Weg mit der 45. Inf.-Div.*, 227-29. 第293步兵师也参加了扫荡普里皮亚季沼泽的行动。第45和第293步兵师此时都隶属第35军。*GSWW*, Vol.IV, 529.

111. 冯·潘维茨中校率领的第45步兵师摩托化先遣支队于7月3日到达平斯克，师主力于7月6日开抵，此时，潘维茨率领的部队已同伦德施泰特的南方集团军群（第6集团军第17军）取得联系。K.-J. Thies, *Der Ostfeldzug – Ein Lageatlas*, "Lage am [3./6.]7.1941 abds., Heeresgruppe Mitte."

112. Dr R. Gschoepf, *Mein Weg mit der 45. Inf.-Div.*, 229.

113. Ibid., 229, 232-34.

114. Ibid., 234-37.

115. D. M. Glantz, *Barbarossa Derailed*, Vol. I, 131, f.n. 35.

116. D. M. Glantz, *Barbarossa Derailed, Vol. I*, 116, 131-32 (f.n. 35); H. Grossmann, *Geschichte der 6. Infanterie-Division*, 49; E.-M. Rhein, *Das Infanterie-Regiment 18*, 67.

117. 博克在7月14日的日记中写道："早上我与施特劳斯交谈，他显然打算投入超强的兵力夺取波洛茨克。我提醒他不要这样做。如果首次冲击没能攻克波洛茨克，就应当以较少的兵力封锁它，然后一个堡垒接一个堡垒，慢慢地把它攻克，其他部队应当继续向东挺进。施特劳斯同意我的看法。"次日（7月15日）的日记写道："施特劳斯已采取行动，投入4~5个师冲击波洛茨克。我再次打电话给他，又把昨天的话复述一遍。他没有让步。因此，我不得不告诉他，要是进攻行动今天仍未奏效，他就应该只留一个师在波洛茨克，其他部队必须绕过这里继续向东前进。"K. Gerbet (ed.), *GFM Fedor von Bock, The War Diary*, 248-49.

118. H. Grossmann, *Geschichte der 6. Infanterie-Division*, 50.

119. H. Grossmann, *Geschichte der 6. Infanterie-Division*, 50; W. Knecht, *Geschichte des Infanterie-Regiments 77*, 62.

120. H. Grossmann, *Geschichte der 6. Infanterie-Division*, 50; W. Knecht, *Geschichte des Infanterie-Regiments 77*, 62.

121. H. Grossmann, *Geschichte der 6. Infanterie-Division*, 51.

122. 显然，第37步兵团现在已把第2营的第三个步兵连投入战斗。

123. 引自Dr H. Voss, *Das Pionier-Bataillon 6 im Feldzug gegen Russland 1941-1945*, 80-81 (unpublished manuscript)。

124. W. Buddenbohm, *Das Leben des Soldaten Wilhelm Buddenbohm*, 55.

125. Dr H. Voss, *Das Pionier-Bataillon 6 im Feldzug gegen Russland 1941-1945*, 81; H. Grossmann, *Geschichte der 6. Infanterie-Division*, 51-52.

126. W. Knecht, *Geschichte des Infanterie-Regiments 77*, 62-67.

127. K.-J. Thies, *Der Ostfeldzug－Ein Lageatlas*, "Lage am 15.7.1941 abds., Heeresgruppe Mitte；" "*Tagesmeldungen der Operations-Abteilung des GenStdH,*" in: P. E. Schramm (Hg.), *Kriegstagebuch des OKW*, Bd. Ⅰ, 524.

128. "*Der Ostfeldzug der 86. Rhein.-Westf. Inf.-Division, 28.6.41 - 4.11.43*" (unpublished manuscript).

129. D. M. Glantz, *Barbarossa Derailed*, Vol. Ⅰ, 116. 第22集团军辖下的步兵第174师一直在守卫波洛茨克。

130. H. Grossmann, *Geschichte der 6. Infanterie-Division*, 52.

131. K.-J. Thies, *Der Ostfeldzug－Ein Lageatlas*, "Lage am 16.7.1941 abds., Heeresgruppe Mitte."

132. "*Tagesmeldungen der Operations-Abteilung des GenStdH,*" in: P. E. Schramm (Hg.), *Kriegstagebuch des OKW*, Bd. Ⅰ, 524.

133. K.-J. Thies, *Der Ostfeldzug－Ein Lageatlas*, "Lage am 15.7.1941 abds., Heeresgruppe Mitte；" "*Tagesmeldungen der Operations-Abteilung des GenStdH,*" in: P. E. Schramm (Hg.), *Kriegstagebuch des OKW*, Bd. Ⅰ, 524.

134. G. Bopp, *Kriegstagebuch*, 90-91.

135. *Feldpost*, W. Heinemann, 15.7.41.

136. T. Plievier, *Moscow*, 226.

137. E. Mawdsley, *Thunder in the East*, 66.

138. A. Seaton, *The Battle for Moscow*, 45.

139. J. Dinglreiter, *Die Vierziger*, 47.

140. D. M. Glantz, *Barbarossa Derailed*, Vol. Ⅰ, 60.

141. F. Frisch & W. D. Jones, Jr., *Condemned to Live*, 74.

142. BA-MA MSg 1/1147: *Tagebuch Lemelsen*, 21.7.41.

143. K. Knoblauch, *Zwischen Metz und Moskau*, 168.

144. 1941年7月10日到31日，德国空军在中央战线出动12653个架次，其中许多架次致力于切断通入斯摩棱斯克的铁路线。R. Kirchubel, *Operation Barbarossa 1941 (3), Army Group Center*, 57.

145. D. Stahel, *And the World held its Breath*, 186.

146. Ibid., 173.

147. "*Tagesmeldungen der Operations-Abteilung des GenStdH,*" in: P. E. Schramm (Hg.), *Kriegstagebuch des OKW*, Bd. Ⅰ, 525.

148. H. Schaeufler (ed.), *Knight's Cross Panzers*, 89-90.

149. K.-J. Thies, *Der Ostfeldzug – Ein Lageatlas*, "Lage am 17.7.1941 abds., Heeresgruppe Mitte;" "*Tagesmeldungen der Operations-Abteilung des GenStdH*," in: P. E. Schramm (Hg.), *Kriegstagebuch des OKW*, Bd. I , 527.

150. A. Schick, *Die Geschichte der 10. Panzer-Division*, 310.

151. Ibid., 312-13. 给第10装甲师的进军造成妨碍的还包括恶劣的路况和严重磨损的坦克引擎——这导致油耗增加了一倍多。正常情况下可供部队行进100公里的汽油，现在只够行驶40公里。

152. H. Guderian, *Panzer Leader*, 176-77; K.-J. Thies, *Der Ostfeldzug – Ein Lageatlas*, "Lage am 16.7.1941 abds., Heeresgruppe Mitte;" J. Dinglreiter, *Die Vierziger. Chronik des Regiments*, 47.

153. H. Guderian, *Panzer Leader*, 175-76.

154. BA-MA Microfilm 59054, *KTB Panzergruppe 3*, 15.7.41，引自D. Stahel, *And the World held its Breath*, 174，另可参阅BA-MA RH 21-3/732, "*Gefechtsberichte Russland 1941/42*"。

155. D. Stahel, *And the World held its Breath*, 174-75. 斯塔赫尔指出："这个致命的决定再次表明，德军将领缺乏了解过度扩张的危险的能力。"

156. K. Gerbet (ed.), *GFM Fedor von Bock, The War Diary*, 246; K.-J. Thies, *Der Ostfeldzug – Ein Lageatlas*, "Lage am [10.-11.] 7.1941 abds., Heeresgruppe Mitte." 博克设在鲍里索夫镇的指挥部于1941年7月11日12点正式投入运作。博克在日记中写道："新营地设在一座机场旁。司令部受到了炸弹的迎接。我们的住处在一座疗养院里，其特点是每20个房间共用1个洗脸盆！"

157. A. W. Turney, *Disaster at Moscow*, 65.

158. J. Piekalkiewicz, *Die Schlacht um Moskau*, 88.

159. BA-MA MSg 1/1147: *Tagebuch Lemelsen*, 16.7.41.

160. D. M. Glantz, *Barbarossa Derailed*, Vol. I , 121, 159.

161. 海因茨·马根海姆说，德国人需要10天时间才能彻底肃清城内所有苏军士兵。H. Magenheimer, *Moskau 1941*, 50.

162. "*Tagesmeldungen der Operations-Abteilung des GenStdH*," in: P. E. Schramm (Hg.), *Kriegstagebuch des OKW*, Bd. I , 539; K.-J. Thies, *Der Ostfeldzug – Ein Lageatlas*, "Lage am 25.7.1941 abds., Heeresgruppe Mitte. "

163. H. Guderian, *Panzer Leader*, 178.

164. （作者）不是很清楚古德里安这番话的确切意思，可能是苏联人留下教堂部分空间继续开放，用于某些宗教仪式。第7装甲师的汉斯·冯·卢克上校在他的回忆录中称，1941年8月初，他参加了这座教堂二十多年来首次举办的正统弥撒。冯·博克元帅也在日记中指出，"一些教堂"此时被"恢复原状"（参见本书第九章'遭遇'苏维埃天堂'的人和文化"一节）。

165. H. Guderian, *Panzer Leader*, 180.

166. D. M. Glantz, *Barbarossa Derailed*, Vol. I , 249.

167. D. M. Glantz, *Barbarossa*, 82; D. M. Glantz, *Barbarossa Derailed*, Vol. I , 161.

168. 见网址 http://www.lexikon-der-wehrmacht.de。J. Dinglreiter, *Die Vierziger. Chronik des Regiments*, 47.

169. H. Guderian, *Panzer Leader*, 178, 180.

170. BA-MA MSg 1/1147: *Tagebuch Lemelsen*, 20.7.41.

171. "*Tagesmeldungen der Operations-Abteilung des GenStdH*," in: P. E. Schramm (Hg.), *Kriegstagebuch des OKW*, Bd. I , 528.

172. 发起对苏战局的6个月前，德国人推出一本装甲作战手册，其中有26页谈到"进攻"，而关于"防御"的内容只有2段。R. J. Kershaw, *War Without Garlands*, 95.

173. Ibid., 95.

174. K. Gerbet (ed.), *GFM Fedor von Bock, The War Diary*, 253-54.

175. Ibid., 254-55. 很显然，克鲁格在当日晨不想同博克说话，他起初指示布卢门特里特告诉博克，就说他（克鲁格）刚刚驱车离开，没办法接电话。在克鲁格终于加入这场交谈为古德里安辩解时，毫无疑问，他也是针对博克相当尖锐的质疑为自己辩护。

176. BA-MA RH 24-47/2, *KTB 47. Pz.-Korps*, 19.7.41，引自D. Stahel, *And the World held its Breath*, 177。

177. D. Stahel, *And the World held its Breath*, 177.

178. H. Guderian, *Panzer Leader*, 179.

179. "*Tagesmeldungen der Operations-Abteilung des GenStdH*," in: P. E. Schramm (Hg.), *Kriegstagebuch des OKW*, Bd. I , 531; K.-J. Thies, *Der Ostfeldzug – Ein Lageatlas*, "Lage am 20.7.1941 abds., Heeresgruppe Mitte."

180. H. Guderian, *Panzer Leader*, 181.

181. Ibid., 178-79.

182. "*Tagesmeldungen der Operations-Abteilung des GenStdH*," in: P. E. Schramm (Hg.), *Kriegstagebuch des OKW*, Bd. I , 531.

183. K. Gerbet (ed.), *GFM Fedor von Bock, The War Diary*, 256.

184. K. Gerbet (ed.), *GFM Fedor von Bock, The War Diary*, 255; D. Stahel, *And the World held its Breath*, 177-78.

185. C. Bergström & A. Mikhailov, *Black Cross Red Star,* Vol. I , 115.

186. A. Brookes, *Air War over Russia*, 42.

187. A. Kesselring, *Soldat Bis Zum Letzten Tag*, 123. 为凯塞林的说法提供补充的是航空兵上将保罗·戴希曼战后更全面的评述（1941年夏季他担任第2航空军参谋长）："对苏战局第一年的（主要）空中任务涉及在合围战期间的对地支援行动……德国空军在这些交战中的任务……是阻止被围的俄国军队穿过德军防线逃脱，并挫败俄国预备力量从外部发起进攻解救被围部队的意图。在这些行动中，包围圈地域的远端最初只由少量装甲部队和少数摩托化步兵加以封闭，他们必须阻止俄国人突围，直到徒步行进的德国步兵师开抵。合围初期，德军封锁线上存在很多缺口，倘若被围的苏军部队由一名积极能干的指挥员率领，他们便总是可以找到实施突围的地点……因此，阻止大股敌军逃离包围圈的任务落在了德国空军肩头。但这项任务完成得很不彻底，因为大片林地遮蔽了敌人的突围行动，从空中经常无法看到。另外，由于没有可用于定向的突出地形特征，空军无法在夜间采取适当的行动。结果，大批苏军部队逃离包围圈。"P. Deichmann, *German Air Force Operations in Support of the Army*. USAF Historical Study No. 163, 110.

846

188. 霍特在战后对第3装甲集群1941年夏季作战行动所做的研究中，为这场"混乱"指责古德里安："在第2装甲集群看来，坚守叶利尼亚的高地，以便日后继续向东攻击前进显然比封闭他们作战地域内的缺口更加重要。"H. Hoth, *Panzer Operationen*, 97.

189. D. Stahel, *And the World held its Breath*, 183.

190. BA-MA RH 21-2/819, *KTB der O.Qu.-Abt.*, 22.7.41, 引自D. Stahel, *And the World held its Breath*, 184。

191. H. Guderian, *Panzer Leader*, 181.

192. BA-MA RH 27-10/26a, *KTB 10. Pz.-Div.*, 21.7.41, 引自D. Stahel, *And the World held its Breath*, 184。绝望之余，第10装甲师考虑过使用缴获的俄国油料，但事实证明这些油料并不适用。A. Schick, *Die Geschichte der 10. Panzer-Division*, 322.

193. BA-MA RH 21-2/757, "*Verlustmeldungen*"，引自D. Stahel, *And the World held its Breath*, 183。到1941年7月25日，古德里安装甲集群的伤亡总数增加到了20271人，也就是说，该部平均每天折损近600人。损失中包括1023名军官（306人阵亡、690人负伤、27人失踪）。在这34天内，第2装甲集群获得的补充兵不到10000人。BA-MA RH 21-2/928, *KTB Panzergruppe 2*, 29.7.41.

194. H. Schaeufler (ed.), *Knight's Cross Panzers*, 99.

195. A. Schick, *Die Geschichte der 10. Panzer-Division*, 325.

196. BA-MA RH 21-2/928, *KTB Panzergruppe 2*, 28.7.41.

197. 有2个步兵师（第35、第268师）目前据守包围圈西南部边缘，而盖尔第9军辖内3个步兵师（第137、第263、第292师）已到达奥尔沙东面。K.-J. Thies, *Der Ostfeldzug – Ein Lageatlas*, "Lage am 21.7.1941 abds., Heeresgruppe Mitte."

198. R. J. Kershaw, *War Without Garlands*, 97.

199. 这里指的很可能是冯·托马将军的第17装甲师，该师这段时间正攻往叶利尼亚。K.-J. Thies, *Der Ostfeldzug – Ein Lageatlas*, "Lage am 26.7.1941 abds., Heeresgruppe Mitte."

200. "*Der Kampf gegen den Bolschewismus*," in: *Infanterie Division (mot.) Grossdeutschland ruft die Jugend des Grossdeutschen Reiches*, 22.

201. K.-J. Thies, *Der Ostfeldzug – Ein Lageatlas*, "Lage am 23.7.1941 abds., Heeresgruppe Mitte."

202. BA-MA RH 27-18/20, *KTB 18. Pz.-Div.*, 25.7.41,引自D. Stahel, *And the World held its Breath*, 204。

203. 下划线是原件所用。BA-MA RH 27-18/20, *KTB 18. Pz.-Div.*, 26.7.41, 引自D. Stahel, *And the World held its Breath*, 204。

204. BA-MA RH 27-18/26, 27.7.41, 引自O. Bartov, *Hitler's Army*, 21。

205. W. K. Nehring, "*Die 18. Panzerdivision 1941*," in: *Deutscher Soldatenkalender 1961*, 198.

206. K. Gerbet (ed.), *GFM Fedor von Bock, The War Diary*, 261-62.

207. BA-MA RH 21-2/928, *KTB Panzergruppe 2*, 28.7.41. 德国准官方二战史称（没有列出资料来源），斯摩棱斯克东面的缺口"直到7月24日才封闭"。（*GSWW*, Vol. IV, 536.）陆军总司令部作战处报告，这个缺口两天后（7月26日）才封闭["*Tagesmeldungen der Operations-Abteilung des*

GenStdH," in: P. E. Schramm (Hg.), *Kriegstagebuch des OKW*, Bd. Ⅰ, 540-41.]。但据第2装甲集群称，苏军部队1941年7月27日晚些时候仍在拉奇诺逃过第聂伯河。BA-MA RH 21-2/928, *KTB Panzergruppe 2*, 27.7.41.

208. E. Mawdsley, *Thunder in the East*, 69.

209. D. M. Glantz, *Forgotten Battles*, Vol. Ⅰ, 47-51; R. Kirchubel, *Hitler's Panzer Armies*, 69.

210. D. M. Glantz, *Barbarossa Derailed*, Vol. Ⅰ, 308; W. K. Nehring, "Die 18. Panzerdivision 1941," in: *Deutscher Soldatenkalender 1961*, 198; K.-J. Thies, *Der Ostfeldzug – Ein Lageatlas*, "Lage am 29.7.1941 abds.,Heeresgruppe Mitte."

211. H. Guderian, *Panzer Leader*, 182-83; K. J. Walde, *Guderian*, 126-27; K. Gerbet (ed.), *GFM Fedor von Bock, The War Diary*, 264. 为解救维廷霍夫在叶利尼亚突出部陷入困境的第46装甲军，古德里安还获得了编有2个步兵师的第20军。

212. 古德里安集团军级集群直接隶属中央集团军群，（这种隶属关系）于1941年7月28日中午生效。BA-MA RH 21-2/928, *KTB Panzergruppe 2*, 28.7.41.

213. 古德里安这种看法并不公正，这可能是他对步兵部队的一种含蓄批评。古德里安对徒步步兵1941年夏季的表现持批评态度，并质疑他们的进攻精神。

214. H. Guderian, *Panzer Leader*, 184.

215. BA-MA RH 21-2/928, *KTB Panzergruppe 2*, 29.7.41. 第2装甲集群在作战日志中指出，可用坦克数量"完全可以忽略不计"（下划线是原文所用），因为它们代表的是4个装甲师（第3、第4、第17、第18装甲师）可用坦克的全部数量。但这些数字中并不包括第10装甲师；截至1941年7月25日，由于缺乏油料和零配件，第10装甲师的整个装甲旅已撤出行动。

216. 引自K. Macksey, *Guderian*, 142。

217. BA-MA RH I 21-2/928, *KTB Panzergruppe 2*, 31.7.41.

218. Ibid., 29.7.41.

219. H.-J. Roell, *Oberleutnant Albert Blaich. Als Panzerkommandant in Ost und West*, 87-88.

220. 德国空军还为这场进攻提供了可用的高射炮部队。A. Kesselring, *Soldat Bis Zum Letzten Tag*, 125; *GSWW*, Vol. Ⅳ, 773. 第2装甲集群的作战日志指出，第2集团军把3个高射炮营借给了古德里安，以支援这场进攻。BA-MA RH 21-2/928, *KTB Panzergruppe 2*, 31.7.41.

221. 德国空军当日晨对罗斯拉夫利的首次空袭遭遇苏军猛烈的防空火力，返回基地的战机无不蒙受了战斗损伤。BA-MA RH 21-2/928, *KTB Panzergruppe 2*, 1.8.41.

222. D. M. Glantz, *Barbarossa Derailed*, Vol. Ⅰ, 309-11.

223. 第3装甲师攻向罗斯拉夫利时有103辆可用坦克，大概是古德里安此时5个装甲师中实力最强的那个。H.-J. Roell, *Oberleutnant Albert Blaich. Als Panzerkommandant in Ost und West*, 88.

224. K.-J. Thies, *Der Ostfeldzug – Ein Lageatlas*, "Lage am 1.8.1941 abds., Heeresgruppe Mitte."

225. P. Carell, *Unternehmen Barbarossa*, 94.

226. "Tagesmeldungen der Operations-Abteilung des GenStdH," in: P. E. Schramm (Hg.), *Kriegstagebuch des OKW*, Bd. Ⅰ, 552; BA-MA RH 21-2/928, *KTB Panzergruppe 2*, 2.8.41.

848

227. K.-J. Thies, *Der Ostfeldzug – Ein Lageatlas*, "Lage am 2.8.1941 abds., Heeresgruppe Mitte;" "*The Battle of Smolensk – Situation, 2300, 2 August 1941*," in: D. M. Glantz, A*tlas of the Battle of Smolensk, 7 July–10 September 1941*, 79.

228. K. Gerbet (ed.), *GFM Fedor von Bock, The War Diary*, 271.

229. M. Graf v. Nayhauss-Cormons, *Zwischen Gehorsam und Gewissen*, 169.

230. 施韦彭堡第24装甲军于10点45分报告，他们攻克了罗斯拉夫利。BA-MA RH 21-2/928, *KTB Panzergruppe 2*, 3.8.41; H. Schaeufler (ed.), *Knight's Cross Panzers*, 101.

231. 1941年7月下旬，德国军队在中央战线的行动经常会受到突如其来的倾盆大雨和雷阵雨的妨碍。比如陆军总司令部作战处的每日报告记录了7月21日到26日中央集团军群整条战线上的恶劣天气，以及集团军群作战地域的局部天气问题。虽然不太明显，但1941年8月时也偶尔出现持续降雨和雷阵雨。"*Tagesmeldungen der Operations-Abteilung des GenStdH*," in: P. E. Schramm (Hg.), *Kriegstagebuch des OKW*, Bd. I, 532-41; 550-603.

232. D. M. Glantz, *Barbarossa Derailed*, Vol. I, 316.

233. 卡尔·J. 瓦尔德在1976年出版的古德里安传记中批评了古德里安这句话，认为他的说法"没有道理"。实际上，尽管面临包括复杂地形在内的严峻挑战，可"（第9军）完成了人力所能做到的一切"。参见K. J. Walde, *Guderian*, 127-28。

234. H. Guderian, *Panzer Leader*, 188.

235. 引自H. Dollinger (Hg.), Kain, *wo ist dein Bruder?*, 92。

236. H. Guderian, *Panzer Leader*, 188.

237. *GSWW*, Vol. IV, 590.

238. D. M. Glantz, *Barbarossa Derailed*, Vol. I, 319, 326; "*Tagesmeldungen der Operations-Abteilung des GenStdH*," in: P. E. Schramm (Hg.), *Kriegstagebuch des OKW*, Bd. I, 561.

239. H. Guderian, *Panzer Leader*, 193.

240. D. Stahel, *And the World held its Breath*, 223-24.

241. BA-MA RH 20-4/337, *Die Kaempfe der 4. Armee im ersten Kriegsjahr gegen die Sowjets*; K. Gerbet (ed.), *GFM Fedor von Bock, The War Diary*, 273-74.

242. "*Tagesmeldungen der Operations-Abteilung des GenStdH*," in: P. E. Schramm (Hg.), *Kriegstagebuch des OKW*, Bd. I, 550.

243. K.-J. Thies, *Der Ostfeldzug – Ein Lageatlas*, "Lage am 16.7.1941 abds., Heeresgruppe Mitte."

244. G. Blumentritt, "*Moscow*," in: *The Fatal Decisions*, W. Richardson & S. Freidin (eds.), 50.

245. BA-MA RH 21-3/732, "*Gefechtsberichte Russland 1941/42.*"

246. 比如到1941年7月13日，第19装甲师和第14摩步师共损失163名军官、3422名军士和士兵。H. Hoth, *Panzer-Operationen*, 92.

247. BA-MA RH 21-3/732, "*Gefechtsberichte Russland 1941/42.*"

248. C. Bergström & A. Mikhailov, *Black Cross Red Star*, Vol. I, 90.

249. J. S. Corum, *Wolfram von Richthofen*, 269. 科勒姆指出，对苏战局伊始，里希特霍芬的

空军联络官"就与各步兵军和第3装甲集群各师一同行动，这才得以安排'斯图卡'战机的有效支援，藉此打垮苏军支撑点。地面部队请求空中力量提供支援，对地面目标施以打击的要求在大约两小时内可得到回应——以1941年的标准看，这是个令人印象深刻的表现。第3装甲集群的进展非常快，以至于原先的轰炸安全线制度不得不放弃，陆军采用对空信号板、信号弹和其他信号，以免发生友军火力误击事件。不幸的是，在德军部队快速挺进的混乱中，德国空军经常会犯下误炸友军的错误"。对苏战局期间，德国空军误袭友军一直是个长期存在的严重问题。可参阅"*Bombenwuerfe auf eigene Truppen. (Aus einem Bericht des Kommandierenden Generals des VII. Fliegerkorps von 16.2.42 an die Heeresgruppe Mitte*)."KDC。

250. 富克斯所在的装甲连肯定没有参加第7装甲师当日向亚尔采沃的戏剧性突击。

251. H. F. Richardson (ed.), *Your Loyal and Loving Son. The Letters of Tank Gunner Karl Fuchs, 1937-41*, 114.

252. BA-MA Microfilm 59054, *KTB Panzergruppe 3*, 17.7.41, 引自D. Stahel, *And the World held its Breath*, 172。

253. 据霍特称，把第57装甲军第19装甲师派往大卢基的决定是基于切断那里"快速铁路交通"的想法。H. Hoth, *Panzer-Operationen*, 99.

254. D. M. Glantz, *Barbarossa Derailed*, Vol. I, 262; BA-MA RH 21-3/732, "*Gefechtsberichte Russland 1941/42.*"

255. K. Gerbet (ed.), *GFM Fedor von Bock, The War Diary*, 247.

256. Ibid., 255.

257. K. Gerbet (ed.), *GFM Fedor von Bock, The War Diary*, 255. 博克似乎命令第19装甲师坚守涅韦尔，仅派侦察力量前往大卢基。但很可能由于通信不畅（这种情况在东线漫长的战线上并不罕见），第19装甲师动身出发，击溃途中的苏军部队，一路追击对方到大卢基后才接到博克的命令。D. M. Glantz, *Barbarossa Derailed*, Vol. I, 262; BA-MA RH 21-3/732, "*Gefechtsberichte Russland 1941/42.*"

258. R. Hinze, *Die 19. Panzer-Division. Bewaffnung, Einsaetze, Maenner*, 34.

259. R. Hinze, *19. Infanterie- und Panzer-Division*, 154-55.

260. "*Tagesmeldungen der Operations-Abteilung des GenStdH,*" in: P. E. Schramm (Hg.), *Kriegstagebuch des OKW*, Bd. I, 527.

261. R. Hinze, *19. Infanterie- und Panzer-Division*, 155-56; D. M. Glantz, *Barbarossa Derailed*, Vol. I, 262; "*Tagesmeldungen der Operations-Abteilung des GenStdH,*" in: P. E. Schramm (Hg.), *Kriegstagebuch des OKW*, Bd. I, 530.

262. BA-MA RH 26-14/10, *KTB 14. Inf.-Div. (mot.)*, 19.7.41, 引自D. Stahel, *And the World held its Breath*, 172。

263. K. Gerbet (ed.), *GFM Fedor von Bock, The War Diary*, 255.

264. BA-MA RH 21-3/732, "*Gefechtsberichte Russland 1941/42;*" D. M. Glantz, *Barbarossa Derailed*, Vol. I, 264; "*Tagesmeldungen der Operations-Abteilung des GenStdH,*" in: P. E. Schramm (Hg.), *Kriegstagebuch des OKW*, Bd. I, 531-33; K.-J. Thies, *Der Ostfeldzug - Ein Lageatlas*, "Lage am 21.7.1941 abds., Heeresgruppe Mitte."

265. *GSWW*, Vol. IV, 536.

266. R. Hinze, *19. Infanterie- und Panzer-Division*, 156.

267. H. Hoth, *Panzer-Operationen*, 99; 另可参阅D. Stahel, *And the World held its Breath*, 172。

268. D. Stahel, *And the World held its Breath*, 172.

269. D. M. Glantz, *Barbarossa Derailed*, Vol. I , 269.

270. Ibid., 269.

271. K.-J. Thies, *Der Ostfeldzug - Ein Lageatlas*, "Lage am [23.-26.]7.1941 abds., Heeresgruppe Mitte."

272. "*Tagesmeldungen der Operations-Abteilung des GenStdH*," in: P. E. Schramm (Hg.), *Kriegstagebuch des OKW*, Bd. I , 528-32.

273. "*Tagesmeldungen der Operations-Abteilung des GenStdH*," in: P. E. Schramm (Hg.), *Kriegstagebuch des OKW*, Bd. I , 527; K.-J. Thies, *Der Ostfeldzug - Ein Lageatlas*, "Lage am 17.7.1941 abds., Heeresgruppe Mitte."

274. 引自R. Kirchubel, *Hitler's Panzer Armies*, 101-02。

275. *GSWW*, Vol.IV, 770.

276. BA-MA RH 21-3/732, "*Gefechtsberichte Russland 1941/42.*"

277. BA-MA RH 21-3/732, "*Gefechtsberichte Russland 1941/42;*" H. v. Manteuffel, *Die 7. Panzer-Division. Bewaffnung, Einsaetze, Manner*, 65.

278. BA-MA RH 21-2/928, *KTB Panzergruppe 2*, 28.7.41.

279. K.-J. Thies, *Der Ostfeldzug - Ein Lageatlas*, "Lage am 26.7.1941 abds., Heeresgruppe Mitte."

280. 例如，第20装甲师于1941年7月15日到达杜霍夫希纳以北地域，他们为穿越复杂地形耗费了大量燃料。另外，该地域的许多小型木制桥梁因无法承受重型车辆而坍塌，不得不加以重建或修理，这给部队的行进造成了严重耽搁。R. Hinze, *Hitze, Frost und Pulverdampf*, 45.

281. 除封锁斯摩棱斯克包围圈外，第7装甲师还建起了一道正面朝东的防线。"*The Battle of Smolensk - Situation, 2300, 23 July 1941*," in: D. M. Glantz, *Atlas of the Battle of Smolensk, 7 July-10 September 1941*, 45.

282. K.-J. Thies, *Der Ostfeldzug - Ein Lageatlas*, "Lage am [23.-25.]7.1941 abds., Heeresgruppe Mitte."

283. D. Stahel, *And the World held its Breath*, 178-79.

284. 坦克第107师于7月23日20点转隶加里宁集群。D. M. Glantz, *Barbarossa Derailed*, Vol. I , 202.

285. Ibid., 196-204.

286. Ibid., 197.

287. Ibid., 196-97.

288. Ibid., 202.

289. "*Tagesmeldungen der Operations-Abteilung des GenStdH*," in: P. E. Schramm (Hg.), *Kriegstagebuch des OKW*, Bd. I , 536.

290. R. Hinze, *19. Infanterie- und Panzer-Division*, 158.

291. Ibid., 159.

292. R. Hinze, *19. Infanterie- und Panzer-Division*, 160; K.-J. Thies, *Der Ostfeldzug － Ein Lageatlas*, "Lage am 26.7.1941 abds., Heeresgruppe Mitte."

293. R. Hinze, *19. Infanterie- und Panzer-Division*, 160, 162.

294. Ibid., 162.

295. Ibid., 163-64.

296. 1941年7月24日，第20装甲师从施密特第39装甲军转隶孔岑第57装甲军。见网址 http://www. lexikon-der-wehrmacht.de。

297. 对苏战局开始时，第20装甲师有229辆坦克，但只有31辆配备短身管75毫米主炮的Ⅳ号中型坦克（参见附录3）。1941年7月23日，该师只剩1辆可用的Ⅳ号坦克，其他Ⅳ号不是在战斗中损毁，就是因缺乏替换引擎或零配件（例如负重轮）而丧失战斗力。可就连Ⅳ号也难以匹敌T-34或KV-1。R. Hinze, *Hitze, Frost und Pulverdampf*, 49.

298. Ibid., 49.

299. K. Mehner (Hg.), *Geheime Tagesberichte*, Bd. 3, 215.

300. *True to Type. A Selection from Letters and Diaries of German Soldiers and Civilians collected on the Soviet- German Front*, 15.（注意，文中称迪特里在第21装甲师服役。但这是不可能的，因为第21装甲师在1941年晚些时候才组建，尔后在北非投入战斗。之所以发生这种错误，很可能是因为迪特里服役于第21装甲团，该团隶属第20装甲师）

301. R. Hinze, Hitze, *Frost und Pulverdampf*, 52-55.

302. "*Tagesmeldungen der Operations-Abteilung des GenStdH,*" in: P. E. Schramm (Hg.), *Kriegstagebuch des OKW*, Bd. Ⅰ, 550.

303. D. M. Glantz, *Barbarossa Derailed*, Vol. Ⅰ, 222.

304. 陆军总司令部的哈尔德将军也对第3装甲集群的状况感到震惊。他在8月1日的日记中透露："霍特装甲集群的整条战线薄弱得令人不安。战线后方没有任何预备力量。"C. Burdick & H.-A. Jacobsen (eds.), *The Halder Diary 1939-1942*, 491.

305. BA-MA RH 21-3/47, *Anlagen zum KTB*, 引自D. Stahel, *And the World held its Breath*, 218。

306. BA-MA RH 27-20/2, *KTB 20. Pz.-Div.*, 1.8.41, 引自D. Stahel, *And the World held its Breath*, 218。

307. R. Hinze, *Hitze, Frost und Pulverdampf*, 56.

308. R. Hinze, *19. Infanterie- und Panzer-Division*, 169.

309. D. M. Glantz, *Barbarossa Derailed*, Vol. Ⅰ, 222.

310. 7月下旬同冯·博克元帅通信时，霍特报告，装甲集群约60%的坦克无法投入行动；可如果获得10天休整补充并得到所需的零配件，他相信可用坦克数量可以达到编制力量的60%～70%。"*Anlage 6: Schreiben des Befehlshabers der Pz.Gr.3 an den O.B. der H.Gr.Mitte zwischen 22. und 26. Juli 1941,*" in: H. Hoth, *Panzer-Operationen*, 158.

311. R. J. Kershaw, *War Without Garlands*, 98. 但1941年7月21日时，该师有96辆坦克都在维修中。

312. BA-MA N 372/22, *Schmidt an Paulus*, 29.7.41，引自J. Huerter, *Hitlers Heerfuehrer*, 290。

313. R. Hinze, *Hitze, Frost und Pulverdampf*, 56.

314. *True to Type. A Selection from Letters and Diaries of German Soldiers and Civilians collected on the Soviet-German Front*, 16.

315. K. Gerbet (ed.), *GFM Fedor von Bock, The War Diary*, 267.

316. *GSWW, Vol. IV,* 771; "Gefechtsquartiere des VIII. Fliegerkorps im Russland-Feldzug 1941," compiled by Hans Wilhelm Deichmann, KDC.

317. R. Muller, *The German Air War in Russia*, 55.

318. D. M. Glantz, *Barbarossa Derailed*, Vol. I, 222. 截至8月1日，缺乏足够火炮和坦克的苏军各战役集群只取得了些许进展——在某些地区仅为5~10公里。Ibid., 328.

319. 这场"斯摩棱斯克反攻"于1941年8月7日告终。D. M. Glantz, *Forgotten Battles*, Vol. I, 2, 47.

320. "*Tagesmeldungen der Operations-Abteilung des GenStdH,*" in: P. E. Schramm (Hg.), *Kriegstagebuch des OKW*, Bd. I, 552-53.

321. *True to Type. A Selection from Letters and Diaries of German Soldiers and Civilians collected on the Soviet-German Front*, 16-17.

322. "*Tagesmeldungen der Operations-Abteilung des GenStdH,*" in: P. E. Schramm (Hg.), *Kriegstagebuch des OKW*, Bd. I, 547; K.-J. Thies, *Der Ostfeldzug - Ein Lageatlas*, "Lage am 30.7.1941 abds., Heeresgruppe Mitte."

323. "*Tagesmeldungen der Operations-Abteilung des GenStdH,*" in: P. E. Schramm (Hg.), *Kriegstagebuch des OKW*, Bd. I, 556; K.-J. Thies, *Der Ostfeldzug - Ein Lageatlas*, "Lage am 5.8.1941 abds., Heeresgruppe Mitte."

324. *Tagebuch* (author unknown)，引自*Gefallen! … und umsonst - Erlebnisberichte deutscher Soldaten im Russlandkrieg 1941-1943*, Dr H. Duesel (Hg.), 20 (self-published manuscript).

325. Ibid., 20.

326. Ibid., 21.

327. Ibid., 21.

328. Ibid., 21.

329. Ibid., 22.

330. Ibid., 22.

331. Ibid., 23.

332. Ibid., 23.

333. Ibid., 23-24.

334. D. Stahel, *And the World held its Breath*, 218.

335. K. Gerbet (ed.), *GFM Fedor von Bock, The War Diary*, 270. 戴维·斯塔赫尔称："消灭斯摩棱斯克包围圈耗费的时间太长，导致博克和霍特对该地区的德军步兵缺乏劲头越来越不满。就连哈尔德也失去了耐心。"D. Stahel, *And the World held its Breath*, 218.

336. K.-J. Thies, *Der Ostfeldzug – Ein Lageatlas*, "Lage am 1.8.1941 abds., Heeresgruppe Mitte."

337. Ibid.

338. 8月2日，德国情报部门估计，苏军有15个步兵师和6个坦克师被困在包围圈里。K.-J. Thies, *Der Ostfeldzug – Ein Lageatlas*, "Lage am 2.8.1941 abds., Heeresgruppe Mitte."

339. D. M. Glantz, *Barbarossa Derailed*, Vol. I, 331.

340. D. M. Glantz, *Barbarossa Derailed*, Vol. I, 334; D. Stahel, *And the World held its Breath*, 221; BA-MA RH 21- 2/928, *KTB Panzergruppe 2*, 2.8.41.

341. BA-MA RH 21-2/928, *KTB Panzergruppe 2*, 1.8.41. 显然，拉奇诺村一直由第20摩步师一个步兵连据守。Ibid., 2.8.41.

342. Ibid., 2.8.41.

343. Ibid., 2.8.41. 这份电报无疑也发给了霍特第3装甲集群和施特劳斯第9集团军。

344. D. M. Glantz, *Barbarossa Derailed*, Vol. I, 334.

345. 1941年8月2日，第8、第5军辖内步兵师沿斯摩棱斯克—多罗戈布日公路穿过包围圈，把它分割成了两个较小的包围圈。"*Tagesmeldungen der Operations-Abteilung des GenStdH*," in: P. E. Schramm (Hg.), *Kriegstagebuch des OKW*, Bd. I, 552.

346. D. M. Glantz, *Barbarossa Derailed*, Vol. I, 336–39, 345; "*Tagesmeldungen der Operations-Abteilung des GenStdH*," in: P. E. Schramm (Hg.), *Kriegstagebuch des OKW*, Bd. I, 552.

347. 引自H. Dollinger (Hg.), *Kain, wo ist dein Bruder?*, 92。

348. BA-MA RH 21-2/928, *KTB Panzergruppe 2*, 2.-3.8.41.

349. "*Tagesmeldungen der Operations-Abteilung des GenStdH*," in: P. E. Schramm (Hg.), *Kriegstagebuch des OKW*, Bd. I, 556.

350. BA-MA RH 20-4/337, *Die Kaempfe der 4. Armee im ersten Kriegsjahr gegen die Sowjets*.

351. BA-MA RH 21-2/928, *KTB Panzergruppe 2*, 5.8.41; K. Gerbet (ed.), *GFM Fedor von Bock, The War Diary*, 273-74.

352. D. M. Glantz, *Barbarossa Derailed*, Vol. I, 358-59.

353. H. Magenheimer, *Moskau 1941*, 52. 俄罗斯G. F.克里沃舍耶夫上将等人在20世纪90年代出版的权威著作称，红军在斯摩棱斯克交战期间只损失了1348辆坦克（也就是不到博克和德军最高统帅部所称数字的一半），苏联战争史认为这场交战从1941年7月10日持续到了9月10日。这个数字加上西方面军在18天边境交战期间损失的4799辆坦克，就得出了截至1941年9月10日，抗击中央集团军群的苏联军队共损失6147辆坦克这个结论。Col.-Gen. G. F. Krivosheev (ed.), *Soviet Casualties and Combat Losses*, 260.

354. 对斯摩棱斯克交战的结局不太满意的是德国空军作战部长冯·瓦尔道少将，他在1941年8月14日的日记中写道："斯摩棱斯克合围战对苏联军队的破坏并没有达到预期程度。"瓦尔道把这种失败主要归咎于

"俄国对手异乎寻常的韧性、熟练的战术领导、对地形的了解"，这些原因使大批苏军官兵逃离包围圈。BA-MA RL 200/17, *Hoffmann von Waldau, Tagebuch*, 14.8.41.

355. D. M. Glantz, *Barbarossa Derailed*, Vol. I , 361.

356. K.-J. Thies, *Der Ostfeldzug – Ein Lageatlas*, "Lage am 5.8.1941 abds., Heeresgruppe Mitte."

357. H. Magenheimer, *Moskau 1941*, 52.

358. D. M. Glantz, *Barbarossa Derailed*, Vol. I , 361.

359. C. Burdick & H.-A. Jacobsen (eds.), *The Halder Diary 1939-1942*, 458; "*Hitlers Absicht, mit der deutschen Luftwaffe die russischen Staedte Moskau und Leningrad zu vernichten*," (*Aus der Lagebesprechung am 8.7.41, 12.30 Uhr bei Hitler. Auszug aus dem Tagebuch Halder. . .*), Gen. a.D. Plocher Sammlung, 4.5.1955, KDC.

360. P. E. Schramm (Hg.), *Kriegstagebuch des OKW*, Bd. I , 1022.

361. C. Burdick & H.-A. Jacobsen (eds.), *The Halder Diary 1939-1942*, 470.

362. W. Hubatsch (Hg.), *Hitlers Weisungen fuer die Kriegfuehrung*, 141.

363. 正如本书第八章（"空军士兵"一节）所述，多达1284架德国空军飞机在"巴巴罗萨"行动头四周里损毁或受伤。这个数字相当于1941年6月22日德国空军在整个东线投入战机总数的55%。"*Die deutschen Flugzeugverluste im ersten Monat (22.6.41-17.7.41) des Krieges gegen Russland. Nach einer Zusammenstellung der 6. Abteilung des Generalstabes der deutschen Luftwaffe*," KDC.

364. *GSWW*, Vol. IV, 811.

365. K. Gerbet (ed.), *GFM Fedor von Bock, The War Diary*, 257.

366. A. Kesselring, *Soldat Bis Zum Letzten Tag*, 119.

367. Ibid., 127.

368. R. Braithwaite, *Moscow 1941*, 190. 布雷思韦特写道："战前，莫斯科有2.6万盏路灯，现在增加到了26万盏。这些路灯的操作原先要在许多地方进行，全部开启或关闭需要一个半小时。因此，市政当局引入了一套中控系统，可以在一个地方关闭全市所有路灯……位于红场上的莫斯科国立百货商场，屋顶被漆成黑色，由于效果太过明显，这些玻璃不得不在战争结束后更换……无法关闭，通常在夜间发出灿烂光芒的高炉安装了特别设计的挡板。交通信号灯加以遮蔽，只有在近距离内才能看清。市内交通非常缓慢，夜间响起空袭警报时，交通会停顿下来。所有街道照明在同一时刻关闭。灯火管制由各工厂值班人员、国内防空组织（PVO）、自卫队、骑马的民警和军事巡逻队共同监管。夜间，空无一人的街道上传来的马蹄声留存在市民的记忆中。"

369. "哈瓦斯通讯社派驻莫斯科的记者于1941年加入'自由法国'。" A. Werth, *Russia at War*, 177.

370. 民兵或自卫队。

371. A. Werth, *Russia at War*, 175-78.

372. 莫斯科对空防御的准备工作始于1932年，于1933年着手修建人防工事。1938年起，"所有新建筑和办公室设计时都要配备一定比例的防空洞"。尽管采取了这些措施，"莫斯科的防空依然不足，斯贝托夫上校1941年3月的检查和德国Ju-52飞机当年5月飞赴莫斯科的闹剧表明，仍有许多工作需要完成"。R.

Braithwaite, *Moscow 1941*, 185–86.

373. Ibid., 186.

374. 作为一种一般性观察，对空情报哨"采用了发现敌机的视觉方法和确定敌机航向与目标的原始手段"。关于德国入侵前夕苏联对空防御的详情，以及对空情报哨的缺点，参阅D. M. Glantz, *Stumbling Colossus*, 168–74.

375. A. Brookes, *Air War over Russia*, 70–71.

376. R. Braithwaite, *Moscow 1941*, 186.

377. R. Braithwaite, *Moscow 1941*, 186; P. Gosztony, "*Die erste Entscheidungsschlacht des Russlandfeldzuges 1941/42 (II), Moskau in der Krise 1941 (I)*," in: *Oesterreichische Militaerische Zeitschrift*, Heft 2, 1967, p.105. 据戴维·格兰茨称，莫斯科是第二道防空地带的组成部分，获得了137个高射炮连的掩护。D. M. Glantz, *Stumbling Colossus*, 172.

378. 据安德鲁·布鲁克斯说，莫斯科城内和周边共部署了1044门高射炮和336挺高射机枪。A. Brookes, *Air War over Russia*, 71. 德国历史学家霍斯特·布格称，莫斯科的对空防御包括"约1000门火炮"。*GSWW*, Vol. IV, 810.

379. R. Braithwaite, *Moscow 1941*, 186; P. Gosztony, "*Die erste Entscheidungsschlacht des Russlandfeldzuges 1941/42 (II), Moskau in der Krise 1941 (I)*," in: *Oesterreichische Militaerische Zeitschrift*, Heft 2, 1967, p.105.

380. K. Uebe, *Russian Reactions to German Airpower in World War II*, USAF Historical Study No. 176, 39. 虽然这些计划"迅速得到执行，但（执行）速度并不足以阻止德军飞行员正确识别这座都市，他们在伪装工作的各个阶段都能见到这座城市"。Ibid., 39.

381. Ibid., 39–40.

382. Ibid., 40.

383. R. Braithwaite, *Moscow 1941*, 187.

384. Ibid., 187.

385. 由于资料中存在许多矛盾之处，这份战斗序列只表明大致情况。这里使用的相关资料包括：*GSWW*, Vol. IV, 809–10; R. Muller, *The German Air War in Russia*, 51; A. Brookes, *Air War over Russia*, 70; C. Bekker, *The Luftwaffe War Diaries*, 224; C. Bergström & A. Mikhailov, *Black Cross Red Star*, Vol. I , 263–65; F. Kurowski, *Balkenkreuz und Roter Stern*, 98–99; U. Balke, *Kampfgeschwader 100 "Wiking"*,83; K. Gundelach, *Kampfgeschwader "General Wever" 4*, 145–46。

386. 第100轰炸机大队是一个例外。他们刚从法国沙特尔（在那里执行打击英国的任务）赶来，因而在靠近布列斯特-立托夫斯克的泰雷斯波尔基地起飞（接近He-111的航程极限）。7月19日，该大队只有3架He-111H3做好准备，他们都参加了此次空袭。到7月26日，该大队可用轰炸机的数量增加到了10架。U. Balke, *Kampfgeschwader 100 "Wiking"*,83.

387. C. Bekker, *The Luftwaffe War Diaries*, 223; U. Balke, *Kampfgeschwader 100 "Wiking"*,83–84; A. Brookes, *Air War over Russia*, 70.

388. C. Bekker, *The Luftwaffe War Diaries*, 224; "*Der Luftkrieg im Osten gegen Russland*

1941. (Aus einer Studie der 8. Abteilung 1943/1944.)," KDC.

389. F. Kurowski, *Balkenkreuz und Roter Stern*, 101.

390. C. Bekker, *The Luftwaffe War Diaries*, 224; U. Balke, *Kampfgeschwader 100 "Wiking"*, 84; A. Brookes, *Air War over Russia*, 70.

391. U. Balke, *Kampfgeschwader 100 "Wiking"*, 84. 最让第4轰炸机联队担心的是拦阻气球，这些气球迫使该大队的战机在4000米高度投下炸弹。K. Gundelach, *Kampfgeschwader "General Wever"* 4, 146.

392. A. Werth, *Russia at War*, 182.

393. *GSWW*, Vol. IV, 809; "*Der Luftkrieg im Osten gegen Russland 1941. (Aus einer Studie der 8. Abteilung 1943/1944.),*" KDC.

394. F. Kurowski, *Balkenkreuz und Roter Stern*, 100. 执行完任务返航后，屈尔满腹狐疑地听取了第2航空军作训处长冯·克拉蒙上校（克拉蒙此时尚不知道屈尔的轰炸机完全错过了他们的目标）的解释——燃烧弹很难给克里姆林宫造成严重破坏。克拉蒙曾在莫斯科担任空军武官，对克里姆林宫屋顶厚厚的砖瓦层有所了解，因此，他的怀疑是合理的。

395. R. Braithwaite, *Moscow 1941*, 195.

396. *GSWW*, Vol. IV, 810; "*Der Luftkrieg im Osten gegen Russland 1941. (Aus einer Studie der 8. Abteilung 1943/1944.),*" KDC.

397. A. Brookes, *Air War over Russia*, 71.

398. BA-MA RL 200/17, *Hoffmann von Waldau, Tagebuch*, 24.7.41.

399. 第100轰炸机大队第1中队中队长兼飞行员汉斯格奥格·贝切尔少校回忆道："对莫斯科的夜间空袭是我在东线执行过的最艰巨的任务。高射炮火异常猛烈，苏军炮兵的精准度令人心惊胆寒。"贝切尔在战争中生还，在1940年到1945年间共飞行658个轰炸机架次（其中655个架次是飞He-111），超过了任何一名德军轰炸机飞行员。他执行的飞行任务大多发生在东线。C. Bergström & A. Mikhailov, *Black Cross Red Star*, Vol. I, 115; Ltr, H. Gaenshirt to C. Luther, 11 Jan 03.

400. 共有65架轰炸机参加了7月26日至27日这个夜间的空袭，在2400～5000米高度实施攻击，投下102吨高爆弹和7344枚燃烧弹。"*Einsatz gegen Moskau im Jahre 1941,*" compiled by H. Plocher, KDC.

401. K. Gundelach, *Kampfgeschwader "General Wever"* 4, 146.

402. 引自F. Kurowski, *Balkenkreuz und Roter Stern*, 102-03。

403. "*Einsatz gegen Moskau im Jahre 1941,*" compiled by H. Plocher, KDC.

404. R. Braithwaite, *Moscow 1941*, 195-96.

405. "*Einsatz gegen Moskau im Jahre 1941,*" compiled by H. Plocher, KDC.

406. *GSWW*, Vol. IV, 810.

407. *GSWW*, Vol. IV, 810. 苏联方面的资料（可靠性值得怀疑）称，截至1941年10月1日，德国人为空袭莫斯科付出的代价是折损173架轰炸机——110架被苏军歼击机击落，60架被高射炮火击落，还有3架敌机在与拦阻气球的钢索发生碰撞后坠毁。C. Bergström & A. Mikhailov, *Black Cross Red Star*, Vol. I, 121.

408. 德国空军共对莫斯科发起87场空袭（76场夜间、11场昼间），最后一场空袭发生在1942年4月5

日。据苏方资料称，德军轰炸战役共造成1088人丧生。*GSWW*, Vol. Ⅳ, 810; "*Der Luftkrieg im Osten gegen Russland 1941. (Aus einer Studie der 8. Abteilung 1943/1944.)*, "KDC.

409. A. Kesselring, *Soldat Bis Zum Letzten Tag*, 128.

410. 比如在1941年9月，第2航空队对沃罗涅日的飞机制造厂发起空袭，同时对布良斯克、图拉、阿列克申、卡卢加及其附近的工厂实施打击。10月，该航空队再次打击沃罗涅日的工厂，阿列克申、红军城、巴拉巴诺瓦、纳罗福明斯克的工业目标和图拉一家化工厂。1941年11月，他们空袭高尔基的坦克厂。12月，中央战线上的德国空军轰炸雷宾斯克的飞机厂和雷宾斯克附近的石油储存设施。*GSWW*, Vol. Ⅳ, 807-08.

411. 这里唯一需要提醒的是，是否应当把德国空军对列宁格勒的空袭视为持续战略空中战役的组成部分。不管怎样，从1941年9月下旬起，随着列宁格勒遭到围困，第1航空队"反复"打击该城"具有军事重要性的目标"，并获取了"出色战果"。参阅H. Plocher, *The German Air Force Versus Russia, 1941*, 150；另可参阅*GSWW*, Vol. Ⅳ, 777, 790。

412. *GSWW*, Vol. Ⅳ, 811.

413. A. Brookes, *Air War over Russia*, 71.

414. *GSWW*, Vol. Ⅳ, 813.

415. V. Hardesty, *Red Phoenix*, 26.

416. A. Brookes, *Air War over Russia*, 46. 遗憾的是，虽然苏联方面的一份重要资料确认了8月7日至8日这个夜间的空袭，以及执行这项任务的部队和机型，但没有提供更多细节。参阅M. N. Kozhevnikov, *The Command and Staff of the Soviet Army Air Force in the Great Patriotic War, 1941-1945*, 50。

417. V. Hardesty, *Red Phoenix*, 26; M. N. Kozhevnikov, *The Command and Staff of the Soviet Army Air Force in the Great Patriotic War, 1941-1945*, 50.

418. M. N. Kozhevnikov, *The Command and Staff of the Soviet Army Air Force in the Great Patriotic War, 1941-1945*, 50.

419. V. Hardesty, *Red Phoenix*, 27.

420. M. N. Kozhevnikov, *The Command and Staff of the Soviet Army Air Force in the Great Patriotic War, 1941-1945*, 50.

421. 因此，德国历史学家卡尔-海因茨·弗里泽尔描述了1940年5月希特勒与陆军总参谋部之间的分歧。参阅K.-H. Frieser, *Blitzkrieg-Legende*, 321。

422. J. Foerster, *Die Wehrmacht im NS-Staat*, 173-74.

423. BA-MA N 664/3, *Tagebuch Thilo*, 24.8.41.

424. 这里指的是蒂洛和明希豪森上尉的日记，本书这一章节也使用了这些资料。

425. J. Foerster, *Die Wehrmacht im NS-Staat*, 174.

426. T. Diedrich, *Paulus*, 182.

427. 虽然这里没有给出具体日期，但这场会面很可能发生在7月中旬后的某个日子，因为德军在1941年7月15—16日才到达斯摩棱斯克。

428. T. Diedrich, *Paulus*, 183.

429. Ibid., 183.

430. Ibid., 187.

431. C. Burdick & H.-A. Jacobsen (eds.), *The Halder Diary 1939-1942*, 457.

432. I. Kershaw, *Hitler 1936-45: Nemesis*, 409.

433. C. Burdick & H.-A. Jacobsen (eds.), *The Halder Diary 1939-1942*, 485.

434. 这方面的资料可参阅"*Erlaeuterung zur Karte 'Kraefteansatz fuer Unternehmen gegen Industrie-Gebiet am Ural'*",以及"*Operation aus Nordkaukasien ueber den Kaukasus und Nordwestiran zur Inbesitznahme der Paesse Rewanduz und Khanaqin an der iranisch-irakischen Grenze,*" in: P. E. Schramm (Hg.), *Kriegstagebuch des OKW*, Bd. I, 1037-40。第一份文件签发于1941年7月27日;第二份文件似乎也在同一时期签署。

435. BA-MA N 664/3, *Tagebuch Thilo*, 25.7.41; G. P. Megargee, *Inside Hitler's High Command*, 132. 但哈尔德的这些预测是否出自真心,这一点值得怀疑,因为他当时正竭力说服元首保持德军沿通往莫斯科的道路实施主要突击。历史学家戴维·斯塔赫尔指出:"哈尔德故意大谈特谈他宏伟的狂妄幻想,企图以此影响希特勒……当日晚些时候,希特勒重申了这些目标,哈尔德却在日记中以一种轻蔑、愤世嫉俗的语气对他大加讥讽:'我们进入潮湿的秋季时,他(希特勒)显然认为仅凭摩托化部队就能到达伏尔加河并进入高加索山区'。" D. Stahel, *And the World held its Breath*, 182.

436. G. P. Megargee, *Inside Hitler's High Command*, 132-33.

437. 海军上将威廉·卡纳里斯,阿布维尔负责人。

438. 引自D. Irving, *Hitler's War*, 286。

439. BA-MA N 664/3, *Tagebuch Thilo*, 25.7.41.

440. H. von Kotze (Hg.), *Heeresadjutant bei Hitler 1938-1943. Aufzeichnungen des Majors Engel*, 107.

441. N. von Below, *At Hitler's Side*, 109.

442. R. G. Reuth (Hg.), *Joseph Goebbels Tagebuecher*, Bd. 4, 1645.

443. Ibid., 1627.

444. 引自B. Musial, *Kampfplatz Deutschland*, 458。

445. BA-MA N 813, *Tagebuch Muenchhausen*, Aug 41.

446. 美国军队1941年7月7日在冰岛登陆。H. Muehleisen (Hg.), *Hellmuth Stieff. Briefe*, 221.

447. 这里指的是1941年7月19日发布的第33号元首令("继续在东线进行战争"),参见本章"希特勒与陆军总司令部"一节"莫斯科还是列宁格勒和乌克兰:希特勒与将领们的争执"小节。

448. H. Muehleisen (Hg.), *Hellmuth Stieff. Briefe*, 113-15. 凯特尔领导的国防军最高统帅部设有一个特别部门,由一名上校负责,专门准备国防军每日报告。虽然施蒂夫给出的希特勒亲自起草这些报告的说法很值得怀疑(尽管希特勒的确不时介入他们的工作),但他对这些报告的严厉批评显然是正确的。E-Mail, C. Nehring to C. Luther, 30 May 12.

449. G. P. Megargee, *Inside Hitler's High Command*, 133.

450. Ibid., 133.

451. O. Buchbender & R. Sterz (Hg.), *Das andere Gesicht des Krieges*, 76-77.

452. C. Burdick & H.-A. Jacobsen (eds.), *The Halder Diary 1939-1942*, 505-06.

453. Ibid., 497.

454. D. Irving (ed.), *Adolf Hitler: The Medical Diaries. The Private Diaries of Dr Theo Morell*, 82. 莫雷尔在8月7日的日记中写道："在元首大本营。下午1点30分，在地图室见到元首。他说他突然感到头晕，并伴有恶心和干呕，因而一直坐在那里。昨天他飞赴别尔季切夫（视察南方集团军群司令部），去时耗费三个小时，返程又是三个小时。最近他的状况看上去一直很糟糕，脸色苍白……在这五六个星期，大本营里的气氛令他身心俱疲。"Ibid., 84.

455. *GSWW*, Vol.IV, 571.

456. Ibid., 571.

457. 这道指令的英文版参阅H.R. Trevor-Roper (ed.), *Hitler's War Directives 1939–1945, 85–88*，德文版参阅W. Hubatsch (Hg.), *Hitlers Weisungen fuer die Kriegfuehrung 1939–1945*, 140-42。

458. 7月17日，"鉴于北方集团军群的情况"，希特勒再次萌生了派第3装甲集群赶往东北方，进入莱布集团军群作战地域的想法。霍特装甲集群负有三项使命：切断列宁格勒与莫斯科之间的交通线，（协同莱布的军队）歼灭北方集团军群当面之敌，为包围列宁格勒提供支援。"*Fuehrererwaegung am 17. Juli 1941,*" in: P. E. Schramm (Hg.), *Kriegstagebuch des OKW*, Bd. I, 1029.

459. H.R. Trevor-Roper (ed.), *Hitler's War Directives 1939–1945*, 85-87.

460. J. Keegan, *The Second World War*, 193.

461. H.R. Trevor-Roper (ed.), *Hitler's War Directives 1939–1945*, 89.

462. B. Wegner, "*The Road to Defeat: The German Campaigns in Russia 1941–43*," in: *The Journal of Strategic Studies*, Vol. 13, No. 1, Mar 90, 111.

463. 未来几周里，德国人的空中侦察会证实这种观点，苏军正在斯摩棱斯克与莫斯科之间集结强大的军力。J. Loeffler, *Walther von Brauchitsch*, 248.

464. 引自W. L. Shirer, *The Rise and Fall of the Third Reich*, 856。

465. P. E. Schramm (Hg.), *Kriegstagebuch des OKW*, Bd. I, 1034-35.

466. 关于哈尔德这番讲话的详情，可参阅*GSWW*, Vol. IV, 574-75，以及P. E. Schramm (Hg.), *Kriegstagebuch des OKW*, Bd. I, 1030-31.

467. D. Stahel, *And the World held its Breath*, 182.

468. *GSWW*, Vol. IV, 574-75; P. E. Schramm (Hg.), *Kriegstagebuch des OKW*, Bd. I, 1031.

469. D. Stahel, *And the World held its Breath*, 183.

470. K. Gerbet (ed.), *GFM Fedor von Bock, The War Diary*, 261.

471. 这句话出自D. Stahel, *And the World held its Breath*, 193。

472. K. Gerbet (ed.), *GFM Fedor von Bock, The War Diary*, 195.

473. "*Besprechung des Chefs OKW mit Oberbefehlshaber der Heeresgruppe Mitte am 25. Juli 1941,*" in: P. E. Schramm (Hg.), *Kriegstagebuch des OKW*, Bd. I, 1035-36.

474. B. Fugate & L. Dvoretsky, *Thunder on the Dnepr*, 317-18. 据两位作者称，约德尔此前一直赞同攻克斯摩棱斯克后，从中央集团军群抽调装甲力量北上，与北方集团军群相配合。但保卢斯在7月26日拜访莱布的司令部，装甲兵将领赫普纳、曼施泰因、莱因哈特一致指出列宁格勒南部接近地地形复杂（有许多湖泊、沼泽、密林），并不适合装甲部队展开，曼施泰因甚至建议把北方集团军群的装甲力量从列宁格勒调往莫斯科方向，很可能是在获知这些情况后，约德尔改变了自己的主张。

475. Ibid., 317.

476. 哈尔德战后回忆道："这种情况在以往的战局中相对少见，现在却每天都发生。希特勒甚至插手干涉作战行动细节。"F. Halder, *Hitler as War Lord*, 43.

477. 引自K. Assmann,"*The Battle for Moscow, Turning Point of the War,*"in: *Foreign Affairs*, Jan 50, 315。

478. 出自戴维·斯塔赫尔，D. Stahel, *And the World held its Breath*, 198。

479. Ibid., 198.

480. G. Meyer, *Adolf Heusinger*, 154.

481. D. Stahel, *And the World held its Breath*, 198.

482. B. Fugate & L. Dvoretsky, *Thunder on the Dnepr*, 318;"*Erwaegungen und Anordnungen des Fuehrers am 28. Juli 1941,*"in: P. E. Schramm (Hg.), *Kriegstagebuch des OKW*, Bd. I, 1040-41.

483. 由特雷弗-罗珀翻译的第34号指令中，"暂时"一词用斜体标出，而德文版的"vorerst"一词并未如此。参阅W. Hubatsch (Hg.), *Hitlers Weisungen fuer die Kriegfuehrung 1939-1945*, 145。

484. H.R. Trevor-Roper (ed.), *Hitler's War Directives 1939-1945*, 91.

485. Ibid., 91.

486. J. Loeffler, *Walther von Brauchitsch*, 248.

487. C. Burdick & H.-A. Jacobsen (eds.), *The Halder Diary 1939-1942*, 490.

488. 希特勒视察三个集团军群司令部期间（7月21日，北方集团军群；8月4日，中央集团军群；8月6日，南方集团军群），在每个地方都会重申他的决定，也就是把东线进攻重点转向列宁格勒和南方，尔后继续攻往莫斯科，从而确定了他的战略观的连续性。G. R. Ueberschaer & W. Wette (Hg.),"*Unternehmen Barbarossa.*"*Der deutsche Ueberfall auf die Sowjetunion 1941*, 153.

489. D. M. Glantz, *Barbarossa Derailed*, Vol. I, 326-28, 385-87; K.-J. Thies, *Der Ostfeldzug - Ein Lageatlas*,"Lage am [8.-21.] 8.1941 abds., Heeresgruppe Mitte."

490. C. G. Sweeting, *Hitler's Personal Pilot*, 166.

491."*Besprechung gelegentlich Anwesenheit des Fuehrers und Obersten Befehlshabers der Wehrmacht bei Heeresgruppe Mitte am 4. August 1941,*"in: P. E. Schramm (Hg.), *Kriegstagebuch des OKW*, Bd. I, 1041.

492. 博克在日记中指出："他（希特勒）就'前所未有的胜利'以一种非常友好的方式一再向我表示祝贺。"K. Gerbet (ed.), *GFM Fedor von Bock, The War Diary*, 272.

493. 这个词出自戴维·斯塔赫尔，D. Stahel, *And the World held its Breath*, 230。古德里安对此次会面的看法参阅H. Guderian, *Panzer Leader*, 189-90。

494. W. Gorlitz (ed.), *The Memoirs of Field-Marshal Wilhelm Keitel*, 150-51.

495. Ibid., 151.

496. 据冯·克鲁格元帅的参谋长京特·布卢门特里特说，元帅"倾向于希特勒的战略方针"。G. Blumentritt,"*Moscow,*"in: *The Fatal Decisions*, W. Richardson & S. Freidin (eds.), 51.

497. D. Stahel, *And the World held its Breath*, 230.

498. "*Besprechung gelegentlich Anwesenheit des Fuehrers und Obersten Befehlshabers der Wehrmacht bei Heeresgruppe Mitte am 4. August 1941*," in: P. E. Schramm (Hg.), *Kriegstagebuch des OKW*, Bd. I , 1042-43.

499. Ibid., 1043.

500. H. Guderian, *Panzer Leader*, 190.

501. Ibid., 190.

502. 正如戴维·格兰茨正确评论的那样，霍特和古德里安向希特勒请求调拨新坦克和替换引擎表明，元首对战争的"微观控制"已经达到多么惊人的程度。D. M. Glantz, *Barbarossa*, 84.

503. H. Guderian, *Panzer Leader*, 190.

504. "*Besprechung gelegentlich Anwesenheit des Fuehrers und Obersten Befehlshabers der Wehrmacht bei Heeresgruppe Mitte am 4. August 1941*," in: P. E. Schramm (Hg.), *Kriegstagebuch des OKW*, Bd. I , 1043; H. Guderian, *Panzer Leader*, 190; H. Hoth, *Panzer-Operationen*, 117. 但正如戴维·格兰茨指出的那样，鉴于迄今为止蒙受的损失，以及中央集团军群日益加剧的后勤问题，古德里安和霍特恐怕都"过于乐观了"。D. Glantz, *Barbarossa Derailed*, Vol. I , 306.

505. BA-MA RH 21-2/928, KTB Panzergruppe 2, 4.8.41; "*Besprechung gelegentlich Anwesenheit des Fuehrers und Obersten Befehlshabers der Wehrmacht bei Heeresgruppe Mitte am 4. August 1941*," in: P. E. Schramm (Hg.), *Kriegstagebuch des OKW*, Bd. I , 1042. 战争结束后，霍特和古德里安都声称他们没有收到任何新坦克，但古德里安装甲集群的作战日志记录了不同情况，表明确实有35辆新坦克运抵前线。更重要的是，在进攻莫斯科的"台风"行动发起前几周，中央集团军群从陆军仓库获得了数百辆补充坦克 [参见本书第十一章"中央集团军群的状况（1941年8—9月）"一节"持续损耗和部分重建"小节]。

506. "*Besprechung gelegentlich Anwesenheit des Fuehrers und Obersten Befehlshabers der Wehrmacht bei Heeresgruppe Mitte am 4. August 1941*," in: P. E. Schramm (Hg.), *Kriegstagebuch des OKW*, Bd. I , 1041-42.

507. Ibid., 1042.

508. D. Stahel, *And the World held its Breath*, 231.

509. BA-MA RH 21-2/928, *KTB Panzergruppe 2*, 4.8.41.

510. C. Burdick & H.-A. Jacobsen (eds.), *The Halder Diary 1939-1942*, 495.

511. D. Stahel, *And the World held its Breath*, 231.

512. D. Irving, *Hitler's War*, 298.

513. 引自D. Irving, *Hitler's War*, 298, f.n. 1。

514. D. Irving, *Hitler's War*, 298; *GSWW*, Vol. IV, 584; FMS T-6, A. Heusinger, "*Eastern Campaign, 1941-1942 (Strategic Survey),*" 82-83. 戴维·欧文指出，希特勒8月4日视察博克的司令部时，"还没有就如何从事战局下一阶段作战行动下定决心"。但欧文认为，希特勒8月6日视察伦德施泰特的南方集团军群司令部时，"几乎已下定决心，他要向东南方发起主要突击，攻往苏联产油区；在北面则是从卢加河登陆场攻往列宁格勒；莫斯科会留到最后"。

515. 历史学家丹尼斯·肖沃尔特评论道："近期获得的档案证据表明，红军根本没有在恐慌混乱中崩溃，战争刚一爆发，他们就以一种连贯的方式执行战前制定的计划，展开一连串反击，他们的计划是积极防御，并以一场决定性反攻结束战争。"D. Showalter, *Hitler's Panzers*, 162–63.

516. D. M. Glantz, *The Soviet-German War: Myths and Realities*, 18.

517. E. Mawdsley, *Thunder in the East*, 69.

518. *GSWW*, Vol. IV, 865–66.

519. *GSWW*, Vol. IV, 866; D. M. Glantz, *Barbarossa Derailed*, Vol. I, 151–53.

520. K. Reinhardt, *Moscow – The Turning Point*, 72.

521. Ibid., 72.

522. W. S. Dunn, Jr., *Stalin's Keys to Victory*, 74–80.

523. D. M. Glantz, *Barbarossa*, 61–62.

524. Ibid., 62.

525. Ibid., 61.

526. E. Mawdsley, *Thunder in the East*, 66. 布琼尼曾指挥整个骑兵第1集团军，伏罗希洛夫担任过该集团军军事委员会委员，而铁木辛哥在该集团军指挥过一个师。

527. E. Mawdsley, *Thunder in the East*, 66; D. M. Glantz & J. House, *When Titans Clashed*, 63; W. J. Spahr, *Zhukov*, 61. 斯帕尔称："斯大林的专业军事顾问反对（成立战略方向指挥部）。"

528. R. Roberts, *Stalin's Wars*, 95. 据约翰·基根说，红军总参谋部的职能"扩大到监督武装部队所有军种"，直到此时（1941年8月8日）才正式隶属最高统帅部大本营。J. Keegan, *The Second World War*, 190.

529. *GSWW*, Vol. IV, 837.

530. Ibid., 837.

531. *GSWW*, Vol. IV, 837; G. L. Weinberg, *A World at Arms*, 280.

532. J. Keegan, *The Second World War*, 190.

533. Ibid., 190.

534. Col.-Gen. G. F. Krivosheev (ed.), *Soviet Casualties and Combat Losses*, 116; 260.

535. Ibid., 101. 第三季度的伤亡人数也包括红军1941年6月22日到30日的损失。

536. W. S. Dunn, Jr., *Stalin's Keys to Victory*, 63.

537. Ibid., 63.

538. Ibid., 74, 77–80.

539. D. M. Glantz, *Barbarossa*, 68. 关于红军1941年6月到12月组建的新集团军，参阅"*Table 1, Red Army Wartime Mobilization, 1941,*" 69。

540. D. M. Glantz, *Barbarossa Derailed*, Vol. I, 143.

541. D. M. Glantz, *Red Army Ground Forces*, 39.

542. Ibid., 40.

543. Ibid., 40.

544. Ibid., 40–41.

545. Ibid., 41.

546. 引自D. M. Glantz, *Barbarossa Derailed*, Vol. I , 281。

547. Ibid., 142.

548. 由于红军在1941年夏季和秋季严重缺乏坦克，坦克旅成了这段时期他们组建的最大规模坦克部队，坦克旅的大举组建始于1941年8月。部分坦克旅只配备50辆新生产的坦克，并配以最低程度的维护和支援部队。W. S. Dunn, Jr., *Stalin's Keys to Victory*, 77; D. M. Glantz, *Barbarossa*, 65.

549. 1941年夏季的灾难性损失也导致步兵师编制严重缩水，特别是在自动武器方面。例如，每个步兵师配发的冲锋枪数量从1200支降到171支，机枪数量从558挺降到270挺。同时，步兵师的兵力也从14483人减少到了10859人。个别步兵连只剩6支冲锋枪和6挺机枪，步兵师的榴弹炮兵团调离，编入集团军属炮兵。W. S. Dunn, Jr., *Stalin's Keys to Victory*, 91.

550. 指令指出：“我们的军队有点低估骑兵的重要性。敌后方地域分布在绵延数百公里的林木茂密地区，鉴于前线的情况，敌人根本无法抵御我方的重大牵制性行动，红军骑兵部队对敌人广阔后方的突袭可以在破坏德军管理和补给方面发挥决定性作用，其结果是导致德国军队遭遇失败。”引自E. Mawdsley, *Thunder in the East*, 64.

551. 相关资料源自D. M. Glantz, *Barbarossa Derailed*, Vol. I , 142–43; G. Roberts, *Stalin's Wars*, 97; E. F. Ziemke & M. E. Bauer, *Moscow to Stalingrad*, 31; E. Mawdsley, *Thunder in the East*, 64–65。

552. D. M. Glantz, *Barbarossa*, 64.

553. I. C. B. Dear (ed.), *The Oxford Companion to World War II*, 108, 910.

554. 英国政府使用“超级机密”获取的情报提醒着苏联人留意“巴巴罗萨”行动，详情参阅约翰·萨默维尔的评论，收录在J. Rohwer & E. Jaeckel (Hg.), *Kriegswende Dezember 1941*, 220–221。

555. Ibid., 221.

556. M. Gilbert, *Second World War*, 203.

557. 通过对德国人“恩尼格玛”无线电通信的破译，英国发现德国破解了苏联的“一些”密码和加密方式。J. Rohwer & E. Jaeckel (Hg.), *Kriegswende Dezember 1941*, 221.

558. M. Gilbert, *Second World War*, 208.

559. Ibid., 209.

560. Ibid., 210.

561. Ibid., 213.

562. Ibid., 232, 237.

563. 在这方面应当指出的是，就连那些充分了解情报来源的英美指挥官也并不总是信赖或充分利用“超级机密”的情报。

564. 接下来几年里，斯大林继续从英国获得“超级机密”的情报。英国历史学家保罗·约翰逊写道：“在（英国人）谨慎控制（情报来源）的前提下，斯大林得到了关于东线德军作战部署和计划的极为详细的情报，这些情报都是英国人通过‘恩尼格玛/超级机密’情报系统获得的。1942年起，这些情报对东方战局起到重大而又直接的影响，帮助斯大林在1943年到1944年赢得了惊人的胜利，他本人也因此备受赞誉。”P. Johnson, *Modern Times*, 386.

565. K.-J. Thies, *Der Ostfeldzug – Ein Lageatlas*, “Lage am 30.7.1941 abds., Heeresgruppe

864

Mitte."

566. T. Wray, *Standing Fast: German Defensive Doctrine on the Russian Front*, 42.

567. 引自D. Stahel, *And the World held its Breath*, 199。

568. Ibid., 199.

569. 关于德国人对苏军炮兵的初期感受的一份详细报告，参见BA-MA RH 26-6/16，"*Erfahrungsbericht ueber russische Artillerie,*" Artillerie Regiment 78, 29.8.1941, in: *Anlagenband 1 zum KTB Nr. 5 der 6. Inf.-Div., Ia*。

570. Ibid.

571. H. Geyer, *Das IX. Armeekorps im Ostfeldzug 1941*, 98-99.

572. "*Tagesmeldungen der Operations-Abteilung des GenStdH,*" in: P. E. Schramm (Hg.), *Kriegstagebuch des OKW*, Bd. I, 547.

573. H. Grossmann, *Geschichte der 6. Infanterie-Division*, 54.

574. D. Stahel, *And the World held its Breath*, 203.

575. H. Geyer, *Das IX. Armeekorps im Ostfeldzug 1941*, 95, 97.

576. W. Murray & A. R. Millett, *A War to Be Won*, 128; T. Wray, *Standing Fast: German Defensive Doctrine on the Russian Front*, 47.

577. H. Grossmann, *Geschichte der 6. Infanterie-Division*, 53-54.

578. H. Haape, *Moscow Tram Stop*, 87-88.（注意，1941年7月28日时，第6步兵师实际上位于别雷以西约75公里处。参见K.-J. Thies, *Der Ostfeldzug - Ein Lageatlas*, "Lage am 28.7.1941 abds., Heeresgruppe Mitte"。但该师此时确实已从苏德边境向东行进了1000公里。）

579. H. Grossmann, *Geschichte der 6. Infanterie-Division*, 55; K.-J. Thies, *Der Ostfeldzug - Ein Lageatlas*, "Lage am 29.7.1941 abds., Heeresgruppe Mitte."

580. 汉斯·利罗夫医生在日记中指出，7月29日的空袭导致第37步兵团6人阵亡，15人负伤。战后一份记述称，第58步兵团一个连队当日阵亡4人，负伤18人，还损失15匹马，许多武器和车辆不是被毁就是受损。但这些数字无法得到确认。*Tagebuch Lierow*, 29.7.41; F. Belke, *Infanterist*, 35.

581. F. Belke, *Infanterist*, 35.

582. BA-MA RH 26-6/8, *KTB 6. Inf.-Div.*, 29.7.41; H. Grossmann, *Geschichte der 6. Infanterie-Division*, 55-56; "*Tagesmeldungen der Operations-Abteilung des GenStdH,*" in: P. E. Schramm (Hg.), *Kriegstagebuch des OKW*, Bd. I, 547.

583. H. Haape, *Moscow Tram Stop*, 89-90.

584. BA-MA RH 26-6/8, *KTB 6. Inf.-Div.*, 30.7.41.

585. H. Grossmann, *Geschichte der 6. Infanterie-Division*, 56.

586. BA-MA RH 26-6/8, *KTB 6. Inf.-Div.*, 30.7.41; H. Grossmann, *Geschichte der 6. Infanterie-Division*, 56; E.-M. Rhein, *Das Infanterie-Regiment 18*, 75.

587. E.-M. Rhein, *Das Infanterie-Regiment 18*, 75.

588. H. Grossmann, *Geschichte der 6. Infanterie-Division*, 56-57.

589. H. Haape, *Moscow Tram Stop*, 94.

590. F. Belke, *Infanterist*, 35–36.

591. BA-MA RH 26-6/8, *KTB 6. Inf.-Div.*, 31.7.–1.8.41; H. Grossmann, *Geschichte der 6. Infanterie-Division*, 56–57; E.-M. Rhein, *Das Infanterie-Regiment 18, 75*; "*Der Marschund Einsatzweg der Ⅲ./AR 6 vom 23.3.1941 bis 18.1.1942*，" compiled in Summer 1942 by Lt. Kleine, Ⅲ./AR 6.

592. E.-M. Rhein, *Das Infanterie-Regiment 18*, 75.

593. H. Haape, *Moscow Tram Stop*, 96.

594. 引自E.-M. Rhein, *Das Infanterie-Regiment 18*, 75–76。

595. Ibid., 76.

596. BA-MA RH 26-6/8, *KTB 6. Inf.-Div.*, 2.8.41; E.-M. Rhein, *Das Infanterie-Regiment 18*, 76; H. Grossmann, *Geschichte der 6. Infanterie-Division*, 57; H.-J. Dismer, *Artillerie-Offizier im Ⅱ. Weltkrieg*, 47; "*Der Marschund Einsatzweg der Ⅲ./AR 6 vom 23.3.1941 bis 18.1.1942*，" compiled in Summer 1942 by Lt. Kleine, Ⅲ./ AR 6.

597. H. Grossmann, *Geschichte der 6. Infanterie-Division*, 58. 参加1941年8月2日希绍瓦之战的部队还包括第6步兵师反坦克营一部、战斗工兵和第18步兵团第3营。BA-MA RH 26-6/8, *KTB 6. Inf.-Div.*, 2.8.41.

598. BA-MA RH 26-6/8, *KTB 6. Inf.-Div.*, 2.8.41. 第6步兵师作战日志指出，遂行冲击的敌军部队隶属骑兵第50和第53师。

599. H. Grossmann, *Geschichte der 6. Infanterie-Division*, 58.

600. BA-MA RH 26-6/8, *KTB 6. Inf.-Div.*, 2.8.41.

601. H. Haape, *Moscow Tram Stop*, 97. 骑兵上尉伯泽拉格尔的哥哥是一名中尉，也是德军骑兵在这场成功反冲击行动中的唯一阵亡者。BA-MA RH 26-6/8, *KTB 6. Inf.-Div.*, 2.8.41.

602. H. Haape, *Moscow Tram Stop*, 97–98.

603. H. Haape, *Moscow Tram Stop*, 98; *Tagebuch Haape*, 3.8.41.

604. *Tagebuch Haape*, 3.8.41.

605. H. Haape, *Moscow Tram Stop*, 17.

606. *Tagebuch Haape*, 14.8.41.

607. 奥勒布将军从第57装甲军第19装甲师借来5辆坦克，其中3辆被分配给第18步兵团，另外2辆配备第58步兵团。BA-MA RH 26-6/8, *KTB 6. Inf.-Div.*, 2.– 3.8.41.

608. H. Grossmann, *Geschichte der 6. Infanterie-Division*, 58; "*Der Marsch- und Einsatzweg der Ⅲ./AR 6 vom 23.3.1941 bis 18.1.1942*," compiled in Summer 1942 by Lt. Kleine, Ⅲ./AR 6.

609. F. Belke, *Infanterist*, 36–37.

610. H. Grossmann, *Geschichte der 6. Infanterie-Division*, 58.

611. BA-MA RH 26-6/8, *KTB 6. Inf.-Div.*, 3.8.41.

612. F. Belke, *Infanterist*, 37.

613. H. Grossmann, *Geschichte der 6. Infanterie-Division*, 58; E.-M. Rhein, *Das Infanterie-Regiment 18*, 77.

614. 实际上，到1941年8月11日，苏军已在德国第9集团军整条战线上方获得空中优势。"*Tagesmeldungen der Operations-Abteilung des GenStdH,*" in: P. E. Schramm (Hg.), *Kriegstagebuch des OKW*, Bd. I , 565.

615. H. Grossmann, *Geschichte der 6. Infanterie-Division*, 60; "*Der Marsch- und Einsatzweg der III ./AR 6 vom 23.3.1941 bis 18.1.1942,*" compiled in Summer 1942 by Lt. Kleine, III ./AR 6; H.-J. Dismer, *Artillerie-Offizier im II . Weltkrieg*, 48.

616. E.-M. Rhein, *Das Infanterie-Regiment 18*, 77.

617. E.-M. Rhein, *Das Infanterie-Regiment 18*, 77; "*Der Marsch- und Einsatzweg der III ./AR 6 vom 23.3.1941 bis 18.1.1942,*" compiled in Summer 1942 by Lt. Kleine, III ./AR 6; H. Haape, *Moscow Tram Stop*, 91.

618. H. Haape, *Moscow Tram Stop*, 91.

619. *Tagebuch Haape*, 14.8.41.

620. E.-M. Rhein, *Das Infanterie-Regiment 18*, 79-80.

621. *Tagebuch Lierow*, 5.8.41.

622. H. Grossmann, *Geschichte der 6. Infanterie-Division*, 59.

623. W. Buddenbohm, *Das Leben des Soldaten Wilhelm Buddenbohm*, 59.

624. *Tagebuch Lierow*, 27.8.41.

625. BA-MA RH 26-6/8, *KTB 6. Inf.-Div.*, 27.8.41.

626. H. Grossmann, *Geschichte der 6. Infanterie-Division*, 62-63; Dr H. Voss, *Das Pionier-Bataillon 6 im Feldzug gegen Russland 1941-1945*, 116; F. Belke, *Infanterist*, 39.

627. BA-MA RH 26-6/8, *KTB 6. Inf.-Div.*, 27.8.41.

628. H. Grossmann, *Geschichte der 6. Infanterie-Division*, 63; F. Belke, *Infanterist*, 39.

629. F. Belke, *Infanterist*, 40.

630. Dr E. Bunke, *Der Osten blieb unser Schicksal*, 619. 海因里希·哈佩在他的回忆录中称1941年8月1日首次听到这首歌曲："'莉莉玛莲'当晚进入我们的生活。营里的军官舒适地坐在一起听收音机。这是一台新收音机，我们调到贝尔格莱德广播电台。拉勒·安德森唱起她那首令人想家的士兵歌曲时，我们的交谈戛然而止。"H. Haape, *Moscow Tram Stop*, 93.

631. *Tagebuch Lierow*, 27.8.41.

632. H. Grossmann, *Geschichte der 6. Infanterie-Division*, 63.

633. J. Lucas, *Das Reich*, 60.

634. R. Kirchubel, *Hitler's Panzer Armies*, 70; T. Wray, *Standing Fast: German Defensive Doctrine on the Russian Front*, 39.

635. H. Guderian, *Panzer Leader*, 181. 由于前进补给仓库的物资存量较少，德军汽车队不得不往返于最靠近的铁路末端，距离叶利尼亚突出部足有750公里。*GSWW*, Vol.IV, 1126.

636. T. Wray, *Standing Fast: German Defensive Doctrine on the Russian Front*, 40.

637. B. Fugate & L. Dvoretsky, *Thunder on the Dnepr*, 170-71. 许多年长的德国军官会把他们在叶利尼亚的经历与1916年的凡尔登相比。

638. D. Glantz, *Barbarossa Derailed*, 407. 另可参阅H. Plocher, *The German Air Force Versus Russia, 1941*, 108–110。

639. 7月18日黄昏，第10装甲师先遣支队位于叶利尼亚以西10公里处。"*Tagesmeldungen der Operations-Abteilung des GenStdH*," in: P. E. Schramm (Hg.), *Kriegstagebuch des OKW*, Bd. I, 528; K.-J. Thies, *Der Ostfeldzug - Ein Lageatlas*, "Lage am 18.7.1941 abds., Heeresgruppe Mitte."

640. B. Fugate & L. Dvoretsky, *Thunder on the Dnepr*, 168–69; A. Schick, *Die Geschichte der 10. Panzer-Division*, 317–18.

641. B. Fugate & L. Dvoretsky, *Thunder on the Dnepr*, 168–69; A. Schick, *Die Geschichte der 10. Panzer-Division*, 318–19.

642. B. Fugate & L. Dvoretsky, *Thunder on the Dnepr*, 169; A. Schick, *Die Geschichte der 10. Panzer-Division*, 319–20.

643. A. Schick, *Die Geschichte der 10. Panzer-Division*, 320. 第10装甲师7月22日的作战日志写道："（恶劣的天气导致）缺乏空中侦察，这极大妨碍了我们对叶利尼亚的冲击，因为我们无法及时发现敌人的运动和他们的防御工事。"引自A. Schick, 325。

644. "*Tagesmeldungen der Operations-Abteilung des GenStdH*," in: P. E. Schramm (Hg.), *Kriegstagebuch des OKW*, Bd. I, 532; A. Schick, *Die Geschichte der 10. Panzer-Division*, 320–22.

645. A. Schick, *Die Geschichte der 10. Panzer-Division*, 321.

646. 令人震惊的是，该师急需的油料（约7000升）到8月2日仍没有运抵。Ibid., 334.

647. Ibid., 325.

648. A. Schick, *Die Geschichte der 10. Panzer-Division*, 323; K.-J. Thies, *Der Ostfeldzug - Ein Lageatlas*, "Lage am 21.7.1941 abds., Heeresgruppe Mitte."

649. B. Fugate & L. Dvoretsky, *Thunder on the Dnepr*, 168–69. 正如本章"斯摩棱斯克合围战"一节"第2装甲集群"小节所述，古德里安派"帝国"师部分力量攻往多罗戈布日，试图以此协助封闭斯摩棱斯克包围圈。可能更重要的是，至少在古德里安看来，夺取该镇能够支援向莫斯科的进军。

650. B. Fugate & L. Dvoretsky, *Thunder on the Dnepr*, 170; K.-J. Thies, *Der Ostfeldzug - Ein Lageatlas*, "Lage am [20.-21.7.]1941 abds., Heeresgruppe Mitte."

651. BA-MA RH 21-2/928, *KTB Panzergruppe 2*, 22.7.41.

652. Ibid., 23.7.41.

653. Ibid., 24.7.41.

654. 当日的最终整体态势报告会提供集团军和装甲军辖内所有部队的最新情况，通常在22点到24点间录入古德里安第2装甲集群的作战日志。

655. BA-MA RH 21-2/928, *KTB Panzergruppe 2*, 25.7.41.

656. Ibid., 26.7.41. "17点30分"后的所有条目都会反映第46装甲军提交报告时（17点30分）的情况。

657. Ibid., 27.7.41.

658. Ibid., 29.7.41. 读者应该还记得，古德里安装甲集群此时已暂时改称古德里安集团军级集群。

659. Ibid., 30.7.41.

660. Ibid., 31.7.41.

661. A. Schick, *Die Geschichte der 10. Panzer-Division*, 333-38; K.-J. Thies, *Der Ostfeldzug - Ein Lageatlas*, "Lage am 1.8.1941 abds., Heeresgruppe Mitte."

662. A. Schick, *Die Geschichte der 10. Panzer-Division*, 334; BA-MA 21-2/928, *KTB Panzergruppe 2*, 2.8.41.（注意，1941年8月2日时，第10步兵旅旅长沃尔夫冈·菲舍尔接替沙尔，担任第10装甲师师长。）

663. D. M. Glantz, *Barbarossa Derailed*, Vol. I, 535.

664. Ibid., 535.

665. D. Stahel, *And the World held its Breath*, 223.

666. Ibid., 223.

667. BA-MA RH 21-2/928, *KTB Panzergruppe 2*, 5.8.41.

668. D. Stahel, *And the World held its Breath*, 223.

669. T. Wray, *Standing Fast: German Defensive Doctrine on the Russian Front*, 40.

670. H. Guderian, *Panzer Leader*, 189.

671. K.-J. Thies, *Der Ostfeldzug - Ein Lageatlas*, "Lage am 8.8.1941 abds., Heeresgruppe Mitte." 8月6日晨，古德里安司令部下达第10号指令，为第20军分配了突出部内的作战地段。BA-MA RH 21-2/928, *Panzergruppe 2*, 6.8.41.

672. H. Plocher, *The German Air Force Versus Russia*, 1941, 116; *GSWW*, Vol.IV, 774-75. 原德国空军将领普洛歇尔称："在叶利尼亚突出部的激烈战斗中，第1高射炮军的几个连队一连四个多星期担当所有地面部队实施防御的坚强后盾。"

673. BA-MA MSg 1/1147: *Tagebuch Lemelsen*, 10.8.41.

674. D. M. Glantz, *Barbarossa Derailed*, Vol. I, 539-42; K.-J. Thies, *Der Ostfeldzug - Ein Lageatlas*, "Lage am 19.8.1941 abds., Heeresgruppe Mitte;" O. Weidinger, *Das Reich III*, 7.

675. A. Schick, Die Geschichte der 10. Panzer-Division, 343-45; K.-J. Thies, Der Ostfeldzug - Ein Lageatlas, "Lage am 23.8.1941 abds., Heeresgruppe Mitte."

676. A. Schick, *Die Geschichte der 10. Panzer-Division*, 342-43.

677. K. Gerbet (ed.), *GFM Fedor von Bock, The War Diary*, 281. 正如古德里安装甲集群的作战日志指出的那样，只要炮弹补给依然不足，凯塞林麾下第2航空队的"斯图卡"战机就必须为第20军和第46装甲军担任"飞行炮兵"。BA-MA RH 21-2/928, *Panzergruppe 2*, 13.8.41.

678. BA-MA RH 21-2/928, *Panzergruppe 2*, 13.8.41.

679. D. Stahel, *And the World held its Breath*, 261.

680. D. Stahel, *And the World held its Breath*, 261; BA-MA RH 21-2/928, *Panzergruppe 2*, 14.8.41.

681. K. Gerbet (ed.), *GFM Fedor von Bock, The War Diary*, 283.

682. Ibid., 282.

683. C. Burdick & H.-A. Jacobsen (eds.), *The Halder Diary 1939-1942*, 508. 哈尔德在8月14日

的日记中写道："我警告他（格赖芬贝格）不得放弃叶利尼亚。无论我方部队的状况多么糟糕，敌人（的状况）只会更糟。"

684. H. Guderian, *Panzer Leader*, 195. 古德里安回忆道："目前为止，装甲集群采取的一切措施都是以这样一种信念为基础：集团军群和陆军总司令部都把攻往莫斯科的行动视为决定性举措。尽管8月4日已在鲍里索夫召开会议，可我并没有放弃希望，希特勒最终会同意这种观点；至少在我看来，这种观点合乎情理，这显而易见。8月11日，我的希望破灭了。我的进攻计划——重点是穿过罗斯拉夫利攻往维亚济马，被陆军总司令部批驳为'不符合要求'。"计划遭否决后，古德里安于8月15日得出结论，坚守叶利尼亚突出部已经没有任何意义，只会成为"不断的伤亡的来源"。但古德里安这个观点也被否决了。Ibid., 194-95.

685. K. Gerbet (ed.), *GFM Fedor von Bock, The War Diary*, 281-82; T. Wray, *Standing Fast: German Defensive Doctrine on the Russian Front*, 40; H. Plocher, *The German Air Force Versus Russia, 1941*, 107-11. 在普洛歇尔看来，戈林的决定是正确的："第2航空军把重点置于叶利尼亚突出部，这充其量只能在前线相对较窄的一个地段取得一场战术防御胜利……相反，空军力量集中部署在戈梅利及其东部地域第2集团军和第2装甲集群的战线上能够确保中央集团军群右翼向前挺进，从而消除俄国人深深插入南方集团军群与中央集团军群之间的楔子。"

686. 这里很可能指的是叶利尼亚，德国人通常把它拼写为"Jelnja"。汉斯-奥托大概不知道如何拼写这个词。

687. Feldpostbrief, "*Hans-Otto*," 15.8.41.

莫斯科战役 & 冬季战局

1941 年 10 月—1942 年 3 月

准备前进的德国步兵

中央集团军群攻往莫斯科，一门150毫米中型榴弹炮投入战斗（1941年10月2日）

一门德军火炮为进攻莫斯科的"台风"行动提供支援（1941年10月2日）

"台风"行动发起时，Ju-87"斯图卡"俯冲轰炸机向东飞去（1941年10月2日）

苏军设在杰斯纳河附近的掩体，位于罗斯拉夫利东北方约 33 公里，这处阵地被德军第 197 步兵师攻克（1941 年 10 月 2 日）

德军坦克和步兵攻往莫斯科（1941 年 10 月初）

"台风"行动发起后，德军步兵预备队穿过苏军放弃的阵地

燃烧中的卡西洛沃村（1941年10月7日）

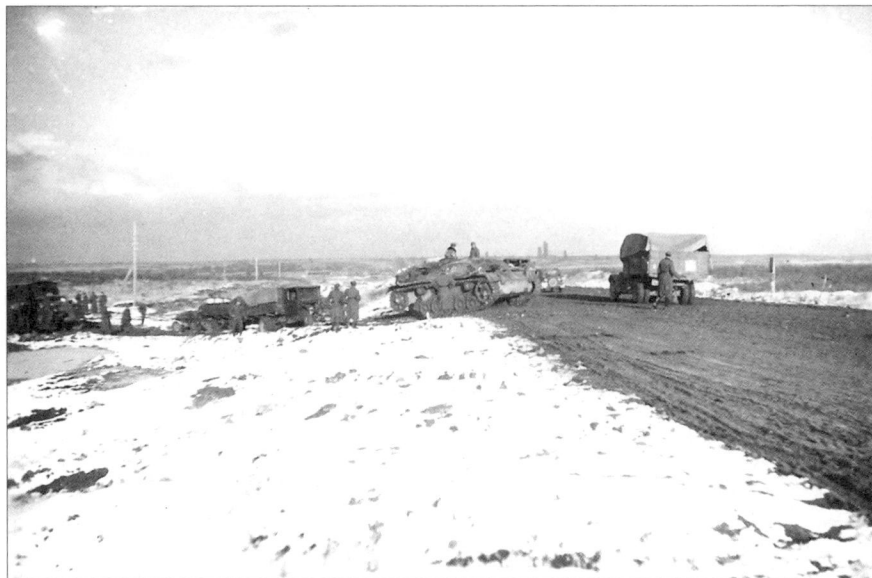

德军一辆突击炮和另一些车辆在维亚济马附近的公路上（1941 年 10 月 14 日）

维亚济马附近的公路（1941 年 10 月 14 日）

1941年10月中旬夺得加里宁后不久，当地德军指挥官开放教堂，为居民们提供宗教服务

俄国雨季期间，第5装甲师一支车队艰难地向前跋涉（1941年10月）

1941 年 10 月 20 日，梅尔克洛沃：在雨水浸透的道路上拖曳一门重型火炮需要一支庞大的马队

第聂伯河上蜿蜒的浮桥（1941 年 10 月 14 日）

德国的曳马在俄国雨季期间遭了大罪，许多马匹套着挽具倒地死去（1941年秋季）

陷入泥沼的德国补给卡车（1941年秋季）

德国人设法将一辆乘用车拖出泥沼（1941年秋季）

第 5 装甲师的补给车队（1941 年秋季）

纳拉河畔阵地内的 150 毫米中型野战榴弹炮连（1941 年 10 月）

莫斯科西南方 69 公里的一座村庄附近，德军一门多管火箭炮隐蔽在阵地内（1941 年 11 月）

中央战线上德军的一个团级指挥部（1941 年 10 月）

明斯克西南方 108 公里，苏军在小雅罗斯拉韦茨镇前方设立的障碍物和阵地（1941 年 10 月下旬）

燃烧的奥廖尔城（1941 年 11 月）

德军一个重机枪阵地（1941 年秋季）

第 129 步兵师第 427 步兵团的士兵们冒着零下 15 度的严寒，在没有冬装的情况下，以散开队形攻往伏尔加河水库（1941 年 11 月 15 日）

德军坦克从加里宁地区向南攻往莫斯科（1941 年秋季）

第 17 装甲师的坦克集结地（1941 年至 1942 年冬季）

第35步兵师第35炮兵团一个连队在莫斯科西北面的发射阵地内（1941年12月2日）

第35步兵师后撤中的一支队列，远处是高尔基村（1941年12月12日）

行进在中央战线的德军坦克（1941年12月14日）

斯捷潘科沃村外第35步兵师的一支队伍（1941年12月16日）

第 6 步兵师遭到重创的一个步兵营残部撤离莫斯科（1941 年 12 月）

撤离莫斯科的德军步兵队列（1941 年 12 月）

第 35 步兵师一部在沃洛科拉姆斯克附近后撤（1941 年 12 月 19 日）

第 35 步兵师在沃洛科拉姆斯克附近后撤的一支通信部队（1941 年 12 月 19 日）

第 292 步兵师第 292 通信营的车辆在阿连基诺附近（1941 年 12 月 22 日）

撤离莫斯科期间，第 129 步兵师依靠马匹拖曳的部队行进在道路上，机动车辆拥有先行权（1941 年 12 月）

罗曼诺沃的教堂里，第 129 步兵师第 427 步兵团阵亡的士兵；由于地面冻得硬如水泥，德国人无法安葬这些阵亡将士（1941 年至 1942 年冬季）

帕皮诺东面，德军第 129 步兵师的一座公墓（1941 年至 1942 年冬季）

苏联中部的一座德军公墓（1941 年至 1942 年冬季）

拖车牵引着一门德军火炮竭力穿过路上的冰雪

雪墙后发射阵地里的一门德军火炮（1941 年至 1942 年冬季）

东线某处，红军以步兵和坦克发起大规模进攻的血腥结局

莫斯科西面的德军阵地（1942 年 1 月）

第 17 装甲师一部朝博尔乔夫（奥廖尔北面）发起反冲击（1942 年 1 月）

1941 年至 1942 年冬季，中央战线上的一条"补给路线"；到 1942 年 1 月，雪墙会高达 1.8 米

德军重机枪组正在掩护卡卢加以西 81 公里的公路（1942 年 2 月）

奥廖尔附近，身穿冬季伪装服的德军士兵；右侧，两名士兵端着缴获的苏制冲锋枪瞄准目标（1941 年至 1942 年冬季）

东线某处，突击炮部队一名年轻的排长

东线某处的德军炮兵

冬季战局结束后，第2装甲师第38反坦克营一个反坦克排的残余人员（原先有30人）

补充照片

本书作者与瓦尔特·福尔默先生 2005 年 5 月在俄罗斯勒热夫的德国士兵公墓合影留念，他是原德军第106 步兵师的炮兵，也是"勒热夫战友会"成员。"勒热夫战友会"由第 6 步兵师第 18 步兵团的老兵们于 1992 年组建，目的是与昔日的苏联敌人寻求和解。自 1993 年以来，战友会一个代表团每年都会到访勒热夫，会晤苏联老兵，并为勒热夫民众提供慷慨的人道主义和经济援助

1941 年 12 月到 1943 年 3 月阵亡在勒热夫周围的 600 多名德国士兵的遗骸，2006 年终于安息在勒热夫的德国士兵公墓内。这座墓地 2002 年 9 月启用，"勒热夫战友会"多年的工作到达顶点

莫斯科郊外的高速公路上，人们可以看见这座雄伟的纪念碑，这是为纪念苏联 1941 年在莫斯科城外赢得的胜利而建造的

勒热夫周围仍有许多苏德士兵的墓地，照片中是 1941 年至 1942 年冬季阵亡的德国士兵的遗骸。为寻找身份牌和其他有价值的物品，俄国盗墓者挖掘、破坏了他们的墓地

从勒热夫通往莫斯科的公路，照片拍摄于 2005 年 5 月下旬

莫斯科郊外的森林地区，茂密、几乎有些原始的灌木丛，这里曾发生过惨烈、代价高昂的战斗

莫斯科西北方约 175 公里，伏尔加河畔斯塔里察镇郊外的修道院教堂，通过这张近期拍摄的照片，读者们也许能明白为何有那么多德国士兵会被俄国特别美丽的自然风光所吸引。"台风"行动发起后，德军于 1941 年 10 月夺得斯塔里察，撤离莫斯科期间弃守该镇

第十一章
"巴巴罗萨"失败——
东部"闪电战"的崩溃

"持剑来到俄国者，必将死于剑下。"（亚历山大·涅夫斯基，13世纪）

"基于冷静分析的战争寥寥无几。自欺欺人引发了大多数此类灾难。"
（美国陆军退役中校拉尔夫·彼得斯）[1]

"面对部署在边境缺乏准备的苏军部队，希特勒的军队取得了迅速而又惊人的胜利……这场攻势随后停滞不前，部分原因是苏联人顽强抵抗，但主要还是德国国防军固有的局限性所致。"（马克斯·布特）[2]

"借用克劳塞维茨对拿破仑的批评者所作的评论，--项计划成功的话就是大胆，失败的话则是鲁莽……希特勒显然希望红军在俄国西部的覆灭会导致斯大林政权的崩溃。他的主要误判——这种误判似乎得到了30年代中期俄国动荡不安的局势的佐证——和拿破仑一样，在政治方面。"（西奥多·罗普）[3]

"我们在这里快要发疯了。你根本无法想象（实际上，没来过这里或没待在这里的人完全无法想象）这里的情况。你在这里得不到任何东西。所有一切都脏透了。没错，这里的情况就是这样。"（汉斯·奥尔特，第12军第52军属通信营，1941年9月9日）[4]

"这场战争很可怕，但我们会赢得胜利，哪怕道路漫长而又艰险！——不仅如此，我们经历这些艰难困苦时，甚至会产生这样一种想法：我们为何要同俄国交战？！——与俄国的战争必然到来，我们必须感谢这场战争已经爆发，这是赢得胜利的唯一途径！经历这场可怕的战争是我们民族的命运！"（海因里希·哈佩，第6步兵师，1941年9月11日）[5]

古德里安集团军级集群和第2集团军——克里切夫 & 戈梅利

血腥的消耗战在叶利尼亚突出部，在冯·博克元帅中央集团军群的整条东部战线蔓延之际，古德里安集团军级集群正在继续实施"南倾"。1941年8月初在罗斯拉夫利取得胜利后，这项行动就开始了。卡恰洛夫集群（第28集团军）在罗斯拉夫利的覆灭虽说缓解了古德里安南翼遭受的威胁，但并没有解决这位装甲兵将领的所有问题。为了给计划中攻往莫斯科的行动提供一个真正敞开的侧翼，他首先要消灭集结在克里切夫（罗斯拉夫利西南方）周围的苏联军队——部署在那里的强大力量隶属红军新组建的中央方面军。[6]

8月第一周结束时，施韦彭堡第24装甲军辖内三个快速师（第3、第4装甲师，第10摩步师）进行了短暂休整，古德里安准备展开进攻。为了与古德里安集团军级集群的突击相配合，魏克斯第2集团军（其防线位于罗加乔夫对面和南部的第聂伯河以西地带，向东延伸到索日河，再沿索日河向东北方伸展到克里切夫）会发起一场规模更大的攻势以夺取戈梅利。若是完成了这些目标，古德里安和魏克斯就能消除大股敌军对博克集团军群右翼构成的威胁，从而实现希特勒1941年7月30日下达的第34号指令中的一个主要要求。这场联合进攻也有助于博克严重受阻的右翼向前延伸，封闭与伦德施泰特南方集团军群左翼之间越来越大的缺口。[7]

虽然泥泞的道路造成延误，导致部队进入集结地域的运动更趋复杂，但莫德尔第3装甲师和朗格曼第4装甲师还是在8月9日晨从克里切夫以东阵地出发向南发起突击，法尔姆巴歇尔第7军的步兵力量负责掩护第24装甲军左翼。虽然遭遇敌人顽强抵抗（包括反冲击）和恶劣天气造成的"极为糟糕的路况"[8]，第3装甲师的坦克和装甲掷弹兵仍然迅速向西挺进，于次日（8月10日）

攻占克利莫维奇镇，把 K. D. 戈卢别夫中将第 13 集团军几个师包围在了克里切夫东南面的一个口袋里。[9]

接下来 48~72 小时里，莫德尔装甲师在第 7 步兵师[10]和第 10 摩步师一部支援下，对这个小小的包围圈加以分割。克里切夫东南面，第 4 装甲师在科穆纳雷镇上方设立了一道封锁线，阻止苏军救援被围部队的一切努力。这场交战于 8 月 13 日结束：尽管多次实施突围，可戈卢别夫第 13 集团军被围部队还是全军覆没；1.6 万名红军官兵列队走入德军战俘营，德国人还击毁或缴获 76 门火炮、15 辆坦克，以及 1 辆装甲列车（被第 4 装甲师的坦克击毁）。[11]

这场小规模胜利也给施韦彭堡装甲军突击力量造成了明显损失。第 4 装甲师在 8 月 11 日报告，该部可用坦克减少至 64 辆，其中包括 25 辆 III 号和 8 辆 IV 号。[12]该师在 8 月 14 日晚的作战日志中评论道，近期的战斗"代价高昂，技术装备方面尤是如此"，另外人员"疲惫不堪""耗损与日俱增"。这份作战日志承认，俄国人的坦克，"特别是他们的重型坦克非常出色"。[13]

在此期间，魏克斯第 2 集团军攻往戈梅利。为支援该集团军挺进，陆军总司令部于 8 月 15 日命令古德里安以第 24 装甲军继续向南攻击前进，从据守该城的苏联第 21 集团军身后穿过。此时，施韦彭堡军的装甲力量在克利莫维奇和科穆纳雷地域逡巡，大致位于罗斯拉夫利与戈梅利中途、乌涅恰以北约 60 公里处，而乌涅恰是至关重要的戈梅利—布良斯克—莫斯科铁路线上一个重要铁路枢纽。[14]

后续行动迅速展开。次日（8 月 16 日），莫德尔第 3 装甲师先遣支队夺得乌涅恰以北 30 公里的姆格林交叉路口。8 月 17 日，莫德尔出色的装甲兵和装甲掷弹兵攻占乌涅恰，切断了重要的铁路线，期间遭遇的抵抗相当微弱。此时，古德里安已把莱梅尔森第 47 装甲军投入行动，派遣该军第 29 摩步师赶往布良斯克，沿杰斯纳河掩护他这个集团军级集群的侧翼，而第 17 装甲师赶去加强第 3 装甲师从乌涅恰向南发起的挺进。8 月 17 日黄昏，冯·托马第 17 装甲师先遣力量逼近乌涅恰以东 50 公里的波切普。他们继续向南疾进，到 8 月 21 日，有两个装甲军已到达波切普（第 17 装甲师）—斯塔罗杜布（第 3 装甲师）—克林齐（第 10 摩步师）—苏拉日（第 10 摩步师）一线。[15]通过这种方式，古德里安的迅速挺进"在叶廖缅科布良斯克方面军与叶夫列莫夫中央方面军之间的索日河南面冲出一个 115 公里宽、120 公里深的突出部，构成了把苏联中央方面军孤立、包围在戈梅利地域的威胁"[16]。

莱梅尔森将军无疑对部下的杰出表现深感欣慰，他在 8 月 22 日的日记中写下了自己的看法——德国军人远比他们顽强的苏联对手更加优秀：

> 总的来说，德国军人对苏联军队的优势变得越来越明显，尤其因为新出现的苏军师大多是近期组建的兵团，士兵缺乏训练，几乎没什么作战价值。他们从事战斗仅仅是出于对政委的恐惧。
>
> 我从师指挥所驱车穿过铺天盖地的尘埃，赶往波切普和鲁萨卡的教堂塔楼，那里为我提供了深入观察敌方地域的视野。教堂的情形很可怕，这里已遭到彻底破坏，和斯摩棱斯克一样，这座教堂里也有个无神论展馆，陈列着一些……照片。[17]

西面，由于兵力不足、天气恶劣、道路泥泞、炮弹欠缺，或许还因为"缺乏勇气"[18]，魏克斯第 2 集团军一再推迟进攻。到 8 月 12 日，他们终于投入行动。在博克看来，自苏联第 21 集团军 7 月中旬打击中央集团军群右翼，沿第聂伯河重新夺回日洛宾和罗加乔夫，并以一个骑兵军短暂威胁博布鲁伊斯克那一刻起，发起一场行动攻占戈梅利就变得"非常有必要了"。因此，古德里安在 8 月 8 日向南进军时，博克抓住机会，试图对戈梅利实施一场雄心勃勃的合围机动（古德里安从东北面赶来，魏克斯从西北面和西面压上），从而彻底歼灭索日河与第聂伯河之间的红军部队。[19]

8 月 12 日拂晓后不久，魏克斯发起突击，其左翼（第 12、第 13 军）获得强大炮火、"斯图卡"和轰炸机部队支援，在索日河与第聂伯河之间向南挺进，首日取得了出色进展。次日（8 月 13 日），第 2 集团军右翼的戈特哈德·海因里希第 43 军加入这场突击，在戈梅利西北面的第聂伯河东岸建起几座登陆场。由于苏联守军只实施了"局部抵抗"，魏克斯遂行突击的各个军在黄昏前已沿敌人的整条防线取得突破。但进攻方也为这场胜利付出了相应的代价，第 31 步兵师（隶属第 12 军）师长库尔特·卡尔姆科夫少将驱车赶去视察麾下各团，途中碾上苏军埋设的一颗地雷，他和他的副官当场身亡。[20]

到8月14日，魏克斯的步兵已把V. M. 戈尔多夫中将第21集团军步兵第63和第67军主力（至少六个步兵师）困在罗加乔夫东南面、第聂伯河东岸的一个包围圈内。苏军试图向南面和东南面突围，逃往戈梅利，迫使魏克斯投入强大的力量扼守包围圈。到8月17—18日，苏军被围部队遭到德国人反复打击，不是被歼灭就是举手投降，只有少量士兵设法逃脱。战斗中，苏军步兵第63军军长L. G.彼得罗夫斯基少将在斯克普尼亚村外阵亡。对他的英勇抵抗深表尊敬的德国人展现出了东线罕见的骑士精神，以最隆重的军礼安葬这位将军，并在他的墓地竖起十字架，还刻上了能够证明他英勇的铭文。[21]

随着包围圈内苏军的覆灭，魏克斯第2集团军一举肃清索日河与第聂伯河之间的所有敌军，实现了冯·博克元帅的一个关键目标。海因里希将军第43军在这场胜利中发挥了重要作用，他在8月18日的家书中满意地阐述了战斗结果。他对苏军的评价显然与上文引用的莱梅尔森日记存在相似之处，对东线战事独特之处和苏军步兵第63军军长阵亡的看法也很有趣：

这（戈梅利附近的失败）对俄国人而言是个沉重打击，他们现在只能以临时拼凑的部队、几乎没有任何凝聚力的师从事战斗，他们不得不把目前尚不清楚具体数量的火炮和车辆丢弃在森林里。从战役角度看，这意味着他们中央战线的南半部已告崩溃，这产生了深远影响。因此，我们可以满意地回顾过去10～12天里的作战行动。

在我看来，进行这些战斗并非易事。我们不得不克服极为严峻的形势，有时候承受的压力会达到最大值。这些行动也并不令人特别愉快，我们一次次孤身穿越乡村，只带着少量卫队，还要穿过长达一公里的森林，总是有可能遭遇俄国人。由于前线严重拉伸，兵力变得相当稀疏，友军和敌军经常会混杂在一起。

在八天前的一个关键时刻，我亲自接掌一个营的指挥权，当时一切都很混乱。两天前，俄国人动用两个重型炮兵连轰击我们的指挥所，其"猛烈"甚至达到这样一种程度：我们只有七人负伤，这堪称奇迹。我们都有许多事情要做，只能对迄今为止一切顺利心存感激。日后情况发生变化的可能性很大……

我的第一个对手是苏军步兵第66军军长，我们通过缴自敌人的一道命令获知，他在8月初被送上军事法庭。步兵第63军军长和他的两名政委在一次大规模突围尝试中拒不投降，结果被我方士兵击毙。

一场严重的危机隐约出现。崩溃开始加速。[22]

在第2航空队的"斯图卡"和轰炸机支援下，第2集团军迅速攻往戈梅利。贝伦多夫集群和施罗特第12军掩护集团军左翼，费尔伯第13军的步兵迅速到达戈梅利北郊。戈尔多夫绝望而又徒劳地试图守卫该镇，把工人营（据博克称，对方配备的不过是猎枪）投入巷战。8月19日15点，第2集团军报告夺得该镇。[23]

戈梅利的失陷迫使苏联第21集团军残部退往东面和东南面，但在后撤期间，他们遭到施韦彭堡第24装甲军和莱梅尔森第47装甲军辖内坦克和装甲掷弹兵的拦截，这两个快速军沿两道平行的南北向防线设立起了强大的拦截阵地——第一道防线从苏拉日延伸到克林齐（第10摩步师）；第二道防线位于更东面，从姆格林递延到斯塔罗杜布（第3、第4装甲师和第17装甲师一部）。[24]

随着戈梅利落入囊中，德国人现在可以满意地回顾前两周的激战了。8月9—21日，他们在克里切夫和戈梅利赢得的两场胜利共俘获7.8万名苏军官兵，缴获或摧毁144辆坦克、700门火炮、38架飞机和2辆装甲列车。[25] 在此过程中，苏联第13和第21集团军（也就是中央方面军）被击溃，而且大部分被歼灭。8月20日，魏克斯从集团军司令部下达了一道响亮的日训令：

第2集团军的将士们！

罗加乔夫—戈梅利地域的交战已告结束。

经过数日艰苦斗争，俄国第21集团军陷入重围，几乎被彻底歼灭。在一场持续数日的不间断进攻中，第2集团军突破了敌军防线并向南追击残敌。

虽然遭遇许多艰辛，但集团军将士再次展现出了粉碎一切抵抗的战斗精神。多亏你们顽强的战斗意志，敌人在昼间和夜间的多次突围意图均被挫败。

5万多名俘虏、400门火炮和不计其数的战争物资都昭示着这场合围战令人骄傲的战果，更不必说敌人高昂得令人难以置信的血腥伤亡……

谨向广大官兵表达我的衷心感谢。

为赢得这场决定性胜利而牺牲的那些同志永远被我铭记在心中。

每个士兵都为元首和祖国做出了英勇奉献，我对此深感自豪。

签名：冯·魏克斯男爵[26]

夺取戈梅利一事的确"影响深远"，不仅消除了中央集团军群南翼遭受的持续威胁，还"加速了第聂伯河与杰斯纳河以西整个苏军防御体系的崩溃"。[27]比如，戈梅利的失陷至少是基尔波诺斯上将的西南方面军在乌克兰实施大规模后撤的部分原因，特别是第5集团军撤离第聂伯河以西科罗斯坚周围的防御阵地——他们在那里的顽强抵抗导致南方集团军群向基辅的挺进延误了数周。这样一来，克莱斯特第1装甲集群便得以在8月下旬，从数个地段渡过第聂伯河。[28]

至于博克，他因近期赢得的胜利兴高采烈，认为恢复向莫斯科进军的条件已然成熟。8月19日，这位陆军元帅在日记中写下了自己的想法："当晚我再次提醒魏克斯，决不能浪费时间！因为现在有可能实现这样的愿望：第2集团军赢得胜利，第9集团军北翼预定进攻大卢基的行动（这场进攻即将发起）获得成功后，整个集团军群向东进攻！"[29]

海因里希将军没有那么热情，尽管他写于8月18日的信件乐观评价了近期的交战，但五天后（8月23日）写给妻子的信中，他又换上了更为严肃的语气：

虽然在各处遭遇惨败，但俄国人表现出了非凡的韧性。昨天，我读到红军一名被俘的集团军司令员的交代文件，他声称即便莫斯科陷落，他们还是会继续战斗。我也这样认为。只有俄国的体制从内部崩溃，这种情况才有可能发生变化。这种崩溃的条件真的已经形成了吗，在我看来这似乎很值得怀疑……

我们现在部署在集团军辖内的另一个地段，和其他师待在一起。我们目前深入俄国境内约200公里。这里的城镇都被彻底焚毁。我们宿营在荒凉的村庄内（你甚至没法说我们是"居住"）。我今天住在一所学校的教室里，因为学校通常是最干净的地方。所有房屋都污秽不堪。据当地居民说，他们的想法是尽量让一切显得丑陋而又贫困，这样就不会被当作富人而受到迫害……

这里的战争对我们来说代价高昂。真的有必要进行这场战争吗？[30]

第3装甲集群夺回大卢基

德军夺取并据守具有战略重要性的大卢基镇的第二次尝试始于1941年8月22日。这场进攻再次由孔岑第57装甲军担任先锋——施密特第39装甲军突然而又出人意料地转隶冯·莱布元帅的北方集团军群后，第57装甲军成了霍特手中唯一的快速军。8月14日，莱布报告说红军在他南翼集结（苏军在旧鲁萨以南的一场大规模攻势已突破第10军过度拉伸的防线），这可能导致（德军）包围列宁格勒的行动进一步拖延。事态的这种发展"令希特勒深感震惊"[31]，他立即介入，下令把重要的快速力量（1个装甲师和2个摩托化师）从中央集团军群调到北方集团军群。因此，施密特第39装甲军（第12装甲师，第18、第20摩步师）8月16日开始从斯摩棱斯克与杜霍夫希纳之间的休整地域向北调动，于8月24日到达莱布集团军群作战地域。[32]

希特勒把一整个装甲军调离中央集团军群的决定令哈尔德和博克沮丧而又愤怒，这道命令下达时，两人正希望为恢复向莫斯科的进军尽可能多地集结力量。哈尔德在日记中发泄了他对"希特勒针对所有区区小事"做出过度反应的怨恨，这些反应"破坏了战役规模上的一切策划并阻止了我方军力的集中"。[33]德国独裁者的命令传达到博克的司令部，这位陆军元帅必须交出三个宝贵的快速师，尽管该集团军群700公里长的战线所承受的压力与日俱增。惊愕的博克"疯狂地发作起来"[34]。在打给哈尔德的电话中，博克猛烈抨击这项决定，坚称抽调这三个师（顺便说一句，他们尚未完成整补）很可能严重削弱他的集团军群，从而导致发起主要进攻行动变得不复可能。[35]哈尔德也陷入绝望：他在日记中尖刻地指出，中央集团军群"迄今为止完成的一切都被浪费了"[36]，和博克一样，他担心中央集团军群"停顿不前的状态现在很可能已无法改变"[37]。

历史学家戴维·斯塔赫尔称："博克和哈尔德的结论暗示，这对德军东线作战行动来说是一场彻头彻尾的灾难。"

到1941年8月中旬，将战线继续向前推进已变得非常困难，他们也不可能维持一场可持续的长期防御。德国的军力相对他们受领的任务来说严重不足，每个人都负担过重，特别是因为苏军正计划发起更多进攻行动……长途跋涉和激烈战斗的艰辛耗尽了（德国）陆军的实力，导致许多部队严重耗损、补给不足，散布在苏联腹地的广阔空间。另外，战略方向的确定变得如此随意，以至于每天都在临时行事，完全没有内部指挥协议或共同的长远目标。[38]

值得注意的是，施密特装甲军离开中央集团军群作战地域前，所有军直部队（军属炮兵、战斗工兵等）都被剥夺，此举自然激怒了施密特，他向希特勒的陆军副官长施蒙特上校发出呼吁，要求立即把这些重要的部队归还给他。[39] 这不免让人想要知道，扣留这些部队是不是哈尔德或博克（甚至是他们俩联手）做出的一种抗议之举。不管怎样，两人手头显然有更要紧的事情，例如按照希特勒的明确指令，策划并执行集团军群北翼的新攻势。

在希特勒看来，大卢基和托罗佩茨的苏军支撑点，以及苏联人部署在那里的庞大军队集群对霍特第3装甲集群和施特劳斯第9集团军（施特劳斯病倒了，第9集团军自8月5日起暂由霍特指挥）左翼构成了实实在在的威胁。[40] 他在1941年8月12日下达的第34号元首令补充规定中命令："必须投入托罗佩茨以西的快速力量，尽快击败中央集团军群北翼之敌。"[41] 完成这项任务后，集团军群左翼应"尽可能向北挺进"，从而缓解北方集团军群右翼的压力，并使莱布有能力把更多步兵师调往列宁格勒（这仍是希特勒的主要优先目标）。[42]

与元首一样，博克也对集团军群最左翼的不稳定态势深感担忧。另外，博克和哈尔德最终都支持希特勒的决定，以第3装甲集群的快速力量发起一场突击，经大卢基攻往托罗佩茨[43]，但原因完全不同。简言之，两人都意识到，把强大的力量集中到中央集团军群左翼发起一场进攻有助于恢复向东的全面进军。实际上，陆军总司令部8月18日的一份备忘录列出了总参谋部进攻莫斯科的计划，并设想让大批部队从托罗佩茨周边地域展开一场雄心勃勃的合围机动[44]。

不管怎样，希特勒第34号元首令补充规定确实落实得很快。到1941年8月20日，博克已把第57装甲军第19和第20装甲师从第9集团军战线（别雷以西）后方的休整区调往乌斯维亚特东北面的集结地域。两个装甲师会在那里与几个步兵师合并，编成一个特别集群，隶属格奥尔格·施图梅将军指挥的第40装甲军军部。[45] 第19和第20装甲师左翼获得了第9集团军第23军掩护，特别集群编成内的步兵师为他们提供加强。这两个装甲师的进攻计划是从东面包围大卢基镇，围歼叶尔沙科夫第22集团军，最后把马斯连尼科夫第29集团军逐向东面并夺取托罗佩茨周边地域。"如果取得成功，这场进攻不仅能肃清中央集团军群左翼的苏军部队，还可以把北面德军部队与中央集团军群辖内斯摩棱斯克以东部队之间的战线拉直。"[46]

进攻大卢基的行动计划在8月21日晨发起，但恶劣的天气导致道路软化，还给德国空军的支援制造了麻烦，所以这场进攻不得不推迟24小时。[47] 次日（8月22日）清晨4点30分，德军炮兵开火射击。10分钟后，可怕的多管火箭发射器加入这场致命合奏，紧随其后的是尖啸的"斯图卡"俯冲轰炸机和光滑的Bf-109战斗机。德军这场进攻令对方猝不及防，因为苏联第22集团军刚刚展开一场大规模攻势，他们所做的部署为的是进攻，而不是防御，所以对突然袭来的钢铁飓风毫无准备。[48]

叶尔沙科夫步兵第62军和步兵第29军的先遣师从大卢基东南面向南冲击时，与德军隆隆向北的多个装甲楔子迎头相遇，提供支援的"斯图卡"战机在装甲队列前方实施轰炸和扫射。第19、第20装甲师在步兵支援下迅速取得进展。只用了几个小时，他们这场小型"闪电战"就"瘫痪并粉碎了"第22集团军几个主力突击群。夜幕降临时，第22集团军"处于极度震惊的状态"，德军强有力的打击还破坏了叶尔沙科夫集团军司令部与辖内三个步兵军之间的通信，并且一举切断从大卢基通往勒热夫的铁路线。[49]

德军继续扩大战果。8月23日，克诺贝尔斯多夫第19装甲师和施通普夫第20装甲师从东面奔向大卢基，而第23军辖内第86、第253步兵师从南面和西面攻往该镇。黄昏前，德军装甲先遣力量距离大卢基不到10公里，把苏军部队困在该镇东南面的一个包围圈已然形成。在更东面，施图梅麾下第110、第102、第256步兵师粉碎了苏军步兵第62军残部，缓缓向东攻往马斯连尼科夫第29集团军战线后方并朝托罗佩茨挺进，一个先遣支队离该城已不到20公里。[50]

整个 8 月 24 日,施图梅集群的坦克、装甲掷弹兵和步兵继续从东面压缩包围圈,第 23 军则在西面如法炮制。与此同时,德军突击部队的东翼继续攻往托罗佩茨。陷入重围的苏军部队在烈酒的刺激下,呼喊着"乌拉",一次次试图突破德军的钢铁防线,但收效甚微。第 20 装甲师第 59 步兵团的掷弹兵在166 高地掘壕据守,击退对方无数次突围尝试。俄国人在德军防线上打开的缺口被后者实施的反冲击迅速封闭。在一场引人注目的突袭中,德国人完好无损地夺得大卢基西南面洛瓦季河上的铁路桥。博克在与第 9 集团军参谋长韦克曼上校通话时获知,"战斗进行得犹如一场图上演习"[51]。

对第 19 装甲师的将士来说,8 月 24 日至 25 日这个夜间值得铭记。实际上,它会作为"长刀之夜"[52]载入该师师史——苏军顽强地实施突围,这个夜晚充斥着混乱不堪的战斗。第 19 装甲师一名炮兵在一份简短而又生动的报告中回忆了这场致命的混战:

> 突然,前方传来醉醺醺的喉咙发出的"乌拉"嘶喊声,这种可怕的呐喊响彻夜空。由于陈旧的两件套"贝尔塔"无线电台在夜间被紫外线干扰,前进观测员与炮兵发射阵地无法建立无线电联络。炮兵徒劳地等待实施拦阻射击的信号。信号灯亮起并投下了幽灵般的轮廓!尽管如此,哪怕前进观测员无法提出要求,各炮兵连还是射出了拦阻火力,他们不得不推断进攻中的俄国人处于拦阻火力区的某个地方。
>
> 每个人都有这样的印象,一场庞大的近距离混战正在前方肆虐,可什么都看不清。"乌拉"的呐喊声最终消退了。[53]

曾在第 19 装甲师炮兵团服役,并在东线参加战斗的军事历史学家罗尔夫·欣策描述了 8 月 24 日至 25 日夜间的这场战斗:

> 期待已久的拂晓到来前的那几个小时对炮兵连炮组人员来说相当诡异,因为没人知道己方部队与敌军之间的分界线在哪里。照明弹不时升起,一个个身影清晰可见,但无从分辨敌我。一群一群的红军士兵在各阵地间达成突破,或隐蔽在洼地里。直到自行高射炮拂晓时肃清残敌,敌人的明确情况才再次显现出来。

无法确定苏联第22集团军有多少人逃出包围圈。但穿过炮兵阵地并继续朝东北方逃窜的敌人显然寥寥无几，这可能是因为缺乏方向感和有效领导。他们中的一些人随后遭遇了坦克火力并被消灭。

步兵拂晓时进入原先的阵地并对其稍事改良……在8月25日的晨光下，昨晚战场上的情形展露无余。死伤者散布在最前沿阵地前方，以及这些阵地与炮兵阵地之间。一些尸体叠在一起，其中包括妇女和年轻人。伤者和死者必须加以清理，后者被埋葬……有过昨晚的经历后，（我们）加大了战斗区域的纵深并配备了预备力量。[54]

接下来36～48小时里，德军炮兵和第2航空军的"斯图卡"战机继续粉碎叶尔沙科夫第22集团军试图逃离日趋收缩的包围圈的部队。在此期间，彻底肃清包围圈的任务落在了德国第23军各步兵师肩头，第19、第20装甲师的坦克和装甲掷弹兵则在大卢基东面、东南面占据拦截阵地。[55]

截至8月26日，第23军第253步兵师已从西面夺得大卢基[56]，苏军在包围圈里的抵抗终告结束。次日的国防军公报宣布了这场战役的战果："经过数日艰苦战斗，苏联第22集团军大部在大卢基以东被歼。我军俘获3万余名俘虏，缴获400门火炮。敌人遭受的损失高得异乎寻常，4万多名死者证明了这一点。"[57]第9集团军作战日志作者兴奋地指出，战役结果"大大超出我们的期望……毫不夸张地说，这场胜利在毙敌数和完整性方面都是独一无二的"。为这番胜利做出决定性贡献的是"德国士兵杰出的进攻精神"[58]。

德国人的确给苏联第22集团军带来一场惨败，并在红军西方面军右翼撕开一个大缺口。戴维·格兰茨认为："希特勒以施图梅集群在西方面军右翼成功实施的这场行动，打破了在莫斯科和西方面军司令部弥漫的'毫无理由的乐观气氛'，同时给斯大林和铁木辛哥'宏大计划'的某些方面造成严重破坏。除了令两位苏联领导人猝不及防，还迫使他们在斯摩棱斯克交战的高潮到来时，大幅度修改原先的反攻计划。"[59]完成这项任务后，施图梅集群于8月26日撤编。[60]在三天后的8月29日，德军攻入托罗佩茨。[61]

冯·博克元帅也在8月26日的日记中记录下了大获全胜的大卢基合围战的战果，并且指出对苏战局开始以来，"本集团军群俘虏战俘的总数已超过80

万，还击毁 / 缴获了 6870 辆坦克、约 6500 门火炮和 774 架飞机"[62]。虽说德军赢得了重大胜利，但博克很清楚，这种有限的攻势（无论是在大卢基、克里切夫，还是在戈梅利）没能实现他沿斯摩棱斯克—莫斯科方向歼灭前方红军主力的目标，另外这些攻势并未充分缓解苏军沿中央集团军群广阔战线施加的压力。没过几天，博克就向哈尔德抱怨道，倘若对方继续遂行冲击，"从长远看"，第 9 集团军的防线肯定无法守住。[63]

1941 年 8 月 24 日，大卢基战役到达顶点时，博克闷闷不乐地评论道："这是本集团军群在这场战局中第七或第八次成功合围敌军。可我对此高兴不起来，因为我全身心投入的目标，即歼灭敌军主力已被放弃。"[64] 陆军总司令部和博克中央集团军群向莫斯科发起一场进攻的所有计划都被"放弃"，因为经过几周明显的犹豫不决后，希特勒终于对东线陆军后续作战的方向做出了裁决。

战略危机得到解决——希特勒战胜了他的将领

希特勒与他那些将领就对苏战局战略问题发生的争执一直延续到 1941 年 8 月，哈尔德加倍努力，力图争取元首支持中央集团军群迅速恢复向莫斯科进军。他再次依靠国防军最高统帅部作战局局长阿尔弗雷德·约德尔将军这位重要盟友。简言之，这些将领[65] 的理由基本如下：（a）红军主力集结在莫斯科周围，正等待德军即将发起的突击；（b）歼灭红军这股力量并夺取苏联首都（这是苏联的政治中心，也是一个重要的铁路枢纽和军备中心）对战局的结果有决定性影响；（c）北方和南方集团军群的实力足以完成他们受领的任务，不需要中央集团军群提供援助（这就意味着博克可以为一场决定性突击集结手中每一名士兵、每一门火炮和每一辆坦克）。在整理他们的论点时，哈尔德和约德尔都试图使之迎合他们估猜的希特勒的"心理状态"。例如，他们一致同意避免提及苏联西南方面军在基辅以北（中央集团军群南翼）集结强大军力的重要性。[66]

可是，这些将领在以"巧妙控制的信息"[67] 支持自己的立场，试图以此影响希特勒的想法的时候，也成功误导了他们自己。8 月 8 日，哈尔德在日记中称，苏联仅剩"有限的军力"支持后续作战行动——不出所料，这种评估是基于陆军总参谋部东线外军处很不准确的情报。另外，这位陆军总参谋长还自信地断言，苏联人即将达到后备人力资源的极限，因此"我们无须准备任何后续大规模动员"[68]。据德国情报部门称，在整个东线，尚具战斗能力的红军部队只有 60～65 个师，坦克师最多只剩 10 个。前线后方估计还有 40 个师正在组建，但这些师的领导力、武器和技术装备都不足。德方认为红军部队的士气和重要性正在下降，而且后勤短缺、营养不良、面对德国军队时的自卑感加剧了这些问题。[69]

希特勒做出决定（1941 年 8 月 12—21 日）

受到身边将领不断游说的推动，希特勒终于在 1941 年 8 月 12 日下达第 34 号指令（颁发于 7 月 30 日）的补充规定。他在这道第 34a 号指令中首次直截了当地指出[70]，莫斯科作为苏联的"政府、军备和交通中心"，会在"冬季到来前"被攻陷[71]。元首突然间对苏联首都产生兴趣，可无论哈尔德、约德尔和莫斯科方案的其他支持者从中得到怎样的安慰，它（这种安慰）都会被德国独裁者精心编排的附加条件冲淡。希特勒再次明确指出，在沿莫斯科方向发起任何新的进攻前，对列宁格勒展开的行动都必须获得令人满意的结果。换句话说，夺取列宁格勒和波罗的海地区，以及与芬兰人会合仍具有更高优先级。另外，中央集团军群"最重要的任务"是肃清敌军集团对其侧翼构成的威胁——这项任务自 8 月初古德里安进军罗斯拉夫利以来，已在集团军群南翼开启。实际上，"只有彻底消除我方侧翼的这些威胁，获得整补的装甲兵团才有可能处在一个宽大正面并以两翼的梯次配置继续进攻，打击为保卫莫斯科而集结起来的强大敌军"[72]。

因此，第 34a 号指令虽然提出了直接进军苏联首都的诱人前景，但"根本没有下达进攻莫斯科的命令"[73]。这种情况只会加剧布劳希奇、哈尔德、霍伊辛格和陆军总司令部其他人员的沮丧之情和焦虑感，他们在努力引领东线军队踏上胜利道路的同时，又被"这样一场胜利是否仍有可能实现"的疑虑所困扰。目前笼罩陆军总司令部毛尔森林大院（拉斯滕堡外围）的紧张气氛，以及战斗部队日益增大的压力，成了陆军总司令部作战处赫尔穆特·施蒂夫中校 1941 年 8 月 12 日写给妻子的信件的主题：

亲爱的，你埋怨我信写得太少（这是实情）。但事实上，我根本没心情写信。这场战争与以往任何一场完全不同。一种前所未有的紧张和不安笼罩着我们，这会导致你在可能的情况下希望避开所有人。这在某种程度上可能与战争的长度有关，所有人都厌倦透了。最重要的一种感觉是压抑感，我们尽管赢得了那些看似令人愉快的胜利，可目前正处于一场非常严重的危机中，当然，局外人对此毫不知情。冬季到来前（10月初）我们还剩多少时间呢？这深深困扰着我们。为避免陷入一场两线战争，有很多事情要做，我们甚至还没完成一半。

可是，前六周艰巨的战斗和为此付出的努力不仅导致部队疲惫不堪，实力遭到严重削弱，还造成了一场绝对必要的战役中断（这有利于敌人）。进一步说，还有更危险的后果，它们会导致上至集团军群的各级指挥部门身心俱疲，因而错失良机，许多问题只能得到马马虎虎的解决。

另一个令人不快的后果源自指挥层中一种过度敏感的个性，它一直延续到各师各团，慢慢导致了一种失控局面。指示和命令根本没有得到执行，因为每个人都认为自己比其他人更聪明，这让整个事业蒙受了巨大损失。这令我感到恶心。

我们日复一日地目睹并经历这些情况，一切都是从这里的最高层（即东普鲁士安格尔堡附近毛尔森林的陆军总司令部总部）开始的！你会慢慢产生一种怨气，所以你宁愿躲在自己的躯壳里。倘若这一切不立即发生某种改变，就会出现一场灾难。可怕的是，我们不得不看着这种情况继续发展下去。[74]

三天后的 8 月 15 日，在布劳希奇和约德尔参加的一场会议上，希特勒重申了列宁格勒的优先级，并规定对莫斯科的进攻必须等到北方集团军群的作战行动圆满结束。在此期间禁止博克朝苏联首都方向发动任何进攻。[75] 与此同时，希特勒命令霍特第 3 装甲集群抽调一个装甲军给北方集团军群。如前所述，这种战术举措的直接原因是旧鲁萨以南出现了一场局部危机。但从另一个角度说，以一个装甲军支援莱布集团军群与这位独裁者的基本战略构想"完全一致"。[76] 就像本章"第 3 装甲集群夺回大卢基"一节指出的那样，希特勒把三个快速师调离中央集团军群的冲动决定引发了陆军总司令部和中央集团军群的愤怒与绝望。

希特勒 8 月 15 日的命令促使哈尔德采取果断行动，因为把装甲力量调到北方集团军群并让博克集团军群放弃为进军莫斯科进行的改善出发阵地的作战行动"与他的计划不符"[77]。于是，哈尔德指示陆军总司令部作战处处长霍伊辛格上校拟制一份备忘录，汇总应该立即向莫斯科发起一场进攻的所有论据。布劳希奇于 8 月 18 日呈交元首的这份备忘录"比先前所有想法和草案都更清楚地表述了哈尔德的战略构想"[78]——其基本要点是，歼灭莫斯科周围的红军部队并征服该地区的工业资源仍应该是 10 月恶劣天气到来前德国军事行动的主要目标。哈尔德再次争辩道，另外两个集团军群（北方和南方）的实力足以实现各自的目标，不需要中央集团军群提供支援。该备忘录指出，中央集团军群可以及时集结 42 个步兵师、13 个机械化师和 1 个骑兵师，于 9 月初投入进攻。[79]

陆军总司令部这份备忘录得到了约德尔将军的副手、国防军最高统帅部国防处处长瓦尔特·瓦利蒙特少将当天（8 月 18 日）完成的一份类似文件的支持。这份"东方局势评估"在很大程度上概括了陆军总司令部提出的论点[80]，并在结尾处指出：

东线陆军的实力足以确保北方和南方集团军群以自身力量完成他们受领的任务，同时以中央集团军群对莫斯科发起决定性突击。一个关键条件是，应当拒绝诱人的局部胜利（例如让第 2 装甲集群向东南方挺进），在必要情况下，应当为取得全面胜利而接受局部危机。[81]

在此期间，戈培尔于 8 月 18 日来到拉斯滕堡郊外的"狼穴"看望希特勒。这位宣传部长见到他挚爱的元首时，被后者的状态惊呆了——希特勒不仅神经极度紧张（这是东方战局越来越大的压力所致），在这两周还一直受到痢疾的严重折磨，看上去"紧张不安、身体虚弱"[82]。戈培尔震惊地听到他（元首）正在考虑接受斯大林和平条件的前景，甚至认为一旦红军瓦解，布尔什维主义就不再对德国构成威胁。[83] 同时，希特勒充分认识到德国战略形势的严峻性，因为就在四天前，《大西洋宪章》的发布明确无误地表明，美国加入战争的步伐已经越来越紧迫。[84]

很可能是由于他健康状况不佳（此时他震惊地意识到德国情报部门严重低估了苏联军队的实际规模），希特勒继续从事对苏战局的决心被暂时削弱了[85]，同时他否决那些任性的将领和对后续作战目标做出最终决定的能力也受到了影响。不管怎样，正如约德尔 8 月 20 日告诉霍伊辛格的那样，希特勒固执地不愿进军莫斯科，一定程度上是因为一种根深蒂固的心理动机。约德尔指出，元首"本能地避免采取与拿破仑相同的进军路线"。另外，他对莫斯科有一种"恐惧感"，担心进攻这座城市会导致一场"同布尔什维主义的殊死斗争"。[86] 但历史学家戴维·斯塔赫尔精辟地评论道，就算希特勒"对这条路线持怀疑态度"，也不仅仅是因为与拿破仑存在相似之处：

> 博克强大的军力两次沿这个方向猛冲，歼灭大批苏联军队，但毫无结果，反而使自己陷入旷日持久的激烈交战……实际情况仍然是红军并没有像预期的那样，在初期交战中被歼灭。陆军总司令部重新攻往莫斯科的主张似乎只会加剧已出现过两次的失利，因而无法实现预期结果。希特勒也没有看出夺取莫斯科，从而赢得战争的可能性。但在南方，他看到了立即战胜苏联西南方面军，并使资源丰富的乌克兰东部为自己军队所用的前景。[87]

1941 年 8 月 21 日，希特勒与他那些将领之间历时五周的公开冲突，以及后续作战方向的不确定性突然告终。当日，这位独裁者针对陆军总司令部的备忘录下达了一道新命令（由约德尔根据他的指示起草），为战局下一阶段制定了一个明确方针。发给陆军总司令冯·布劳希奇元帅的这道命令彻底否决了陆军总司令部的反对意见。命令开头处明确指出，"陆军 8 月 18 日提出的关于东线作战如何继续的建议不符合我（希特勒）的意图"。接着他命令道：

> 1. 冬季到来前所要实现的最重要目标不是夺取莫斯科，而是占领克里木[88]和顿涅茨（顿巴斯）的工业及煤炭区，并切断俄国的高加索石油供应线。北路的任务是围困列宁格勒并同芬兰人会合。[89]

接下来一段，这道命令指出，应当立即以中央和南方集团军群的内翼展开一场"向心行动",充分利用中央集团军群前出到戈梅利—波切普一线形成的"极为有利的战役态势",合围基辅以东地域的苏联第5集团军——这会使伦德施泰特集团军群向东挺进,渡过第聂伯河,夺取罗斯托夫和哈尔科夫这些重要的工业区。[90]这份作战计划显而易见的讽刺性令人震惊:博克集团军群右翼(第2集团军和古德里安集团军级集群)在8月前三周的南进中已肃清集团军群南翼,并为进军莫斯科夺得了出发阵地;但这个成功的机动,以及南方集团军群对面的苏联西南方面军拙劣的部署,也为德军在乌克兰的戏剧性胜利创造了一个独特机会——希特勒现在会迅速抓住这个良机。

陆军总司令部的回应

希特勒的新命令在当晚晚些时候传达到陆军总司令部,用霍伊辛格的大白话来说,"犹如一颗炸弹"(wie eine Bombe)击中了他们。[91]在哈尔德看来,8月21日的"元首指令"对"这场战局的结果具有决定性影响"[92],这意味着(或者说其本人这样认为)他的计划和1941年成功结束这场战争的希望就此破灭。而希特勒的陆军副官恩格尔少校认为,这只是代表着"陆军的倒霉一天"[93]。

直到次日凌晨1点30分,陆军总司令部作战处处长霍伊辛格的副官冯·明希豪森上尉和陆军总司令部另外几名成员在军官食堂休息时,才接到希特勒这道指令的一份副本。上尉在日记中记录了自己和同僚的反应:

> 我们读到了这道命令,对此深感愤慨,因为我们立即看出它至关重要的意义,知道它会带来怎样的失望之情。这道命令由阿道夫·希特勒亲自签署……

> 该指令显然表明今年已不可能对莫斯科发起一场进攻!哈尔德大将在指令上写了段旁注:"这道命令意味着德国陆军的大部分军力在1941年至1942年的冬季不得不继续留在俄国,陆军(很可能还包括空军)不太可能实现计划中的作战意图。"所有人都被激怒了。"这很有可能意味着输掉战争!"[94]

但在陆军总司令部看来,希特勒颁发于8月21日的令人深感失望的指令不过是纳粹统治者经过数周的无所作为后,突然在一连串有目的的行动中打出的毁灭性"组合拳"中的第一招。因为次日送抵的第二份文件（由元首亲自口述）更加尖锐地拒绝了陆军总司令部的提议。在这份"充满私愤"、详细而又漫无目的的"反备忘录"中[95]，希特勒继续向他的将领讲述东方战局的"基本面"（das Grundsaetzliche）。虽然我们无须关注个中细节，但应当指出的是，文件中"包含对陆军领导层的激烈抨击，罪状是管理不善和没能提供足够的指导；相比之下，由戈林领导的德国空军就好得多"[96]。

陆军总参谋长哈尔德对此怒不可遏。希特勒第一道指令（给陆军总司令部）造成"毁灭性挫败"后，"这份反备忘录又把陆军的一切困境归咎于陆军总司令部，这种做法实在是太过分了"[97]。哈尔德在日记中再次记录下他最私密而又痛苦的想法：

> 我认为元首横加干涉造成的局面是陆军总司令部无法忍受的。应该受到指责的不是陆军总司令部，而是元首本人，正是他的一连串命令导致战局如此曲折，陆军总司令部目前正处于第四场胜利的战局中，而这些最新命令玷污了它的好名声。另外，陆军总司令受到的对待太不像话。我已建议他和我一同提出辞呈。[98]

但哈尔德和布劳希奇都没有辞职，因为布劳希奇劝告这位心烦意乱的同事，希特勒在任何情况下都不会接受他们的辞呈，所以他们什么都改变不了；另外，值此关键时刻，陆军最不希望见到的就是统帅部出现混乱。[99]布劳希奇选择留任，他拒绝反对希特勒8月21日的指令并再次推行进攻莫斯科的方案，尽管哈尔德和霍伊辛格一再劝说他这样做。[100]陆军总司令默认希特勒的新指令使哈尔德深感失望，他把布劳希奇的不作为视为一种背叛行径。[101]布劳希奇是个越来越软弱、越来越无能为力的总司令，现在已成为希特勒对陆军总参谋部表达蔑视的首选目标。因此，他（陆军总司令）缺乏直接面对这位独裁者的勇气，这一点不足为奇。

希特勒的新指令于8月22日传达到中央集团军群司令部时，博克正准备下达"整个集团军群恢复向东进攻"的命令。[102]对元首这项决定深感惊讶的博克致电哈尔德，称自己认为新行动"很不幸，因为首先这会给（中央集团军群）

向东的进攻制造问题"。这位陆军元帅在日记中称，挥师向南与伦德施泰特集团军群协同作战（由魏克斯第2集团军和古德里安集群"强有力的部队"执行）不过是一场"次要行动"。他带着显而易见的绝望情绪在日记里写道："我希望粉碎敌军，而且这股敌军的主力就在我的战线对面！"[103]

次日（8月23日），哈尔德飞赴博克设在鲍里索夫的司令部，于当天下午到达。博克召集古德里安参加会议，这场会议的表面目的是讨论如何执行希特勒的新进攻令。但三位将领还有一个更紧迫的任务，他们正酝酿一场"阴谋"，绝望地试图说服希特勒支持陆军进攻莫斯科的作战计划。古德里安在回忆录中称，会议期间"我们详细讨论了还能做些什么来改变希特勒'坚定不移的决心'，我们一致认为进攻基辅的新计划必然导致一场冬季战役，这样一场战役反过来会制造种种困难，陆军总司令部有充分的理由希望避免此事"[104]。古德里安继续向他的"同谋"解释为何他的军队无法继续向南挺进，除其他事宜外，他还提及这样一场挺进必然会伴随"道路和补给问题"，同时指出麾下第24装甲军处于疲惫状态，该军从对苏战局发起以来几乎一直持续不停地战斗。实际上，这位善变的装甲兵将领甚至把拟议中的行动视为一种"犯罪"。[105]

"反复商讨"[106]之后，博克建议古德里安陪同哈尔德返回元首大本营，他可以在那里付出最后的努力，设法改变希特勒的想法——古德里安作为一名前线将领，能够通过一种独特、强有力、令人信服的方式"在希特勒面前摆出相关事实"。博克元帅随即打电话给位于"狼穴"的施蒙特，请他安排古德里安与元首会面。当日下午晚些时候，古德里安与哈尔德同机返回东普鲁士，到达勒岑机场时天色已黑。[107]

8月23日的晚间会议上，古德里安与希特勒充满戏剧性地相遇了，其细节已众所周知，此处不再详述。简言之，古德里安在获准发言后，发表了"一通慷慨激昂的讲话，要求继续攻往莫斯科"[108]。对这位装甲先锋特别看重的希特勒静静地聆听着古德里安的发言，待他说完后，元首开始阐述自己的看法——他谈到夺取乌克兰的原材料和农产品对战争后续进程的绝对必要性，以及占领克里木的重要性（"这是苏联用于袭击罗马尼亚油田的一艘航空母舰"）。就在这时，希特勒做出了他臭名昭著的指责："我的将领对战争的经济方面一无所知。"[109]

古德里安默默地听着，克制着提出反对意见的冲动。毕竟希特勒身边围绕着国防军最高统帅部那些常客——凯特尔、约德尔、施蒙特等人，他们对元首所说的一切都点头称是，战争这一阶段的"元首神话"仍表现得很明显。另外，布劳希奇和哈尔德都没有陪同古德里安出席会议。这位装甲兵将领后来为自己没有反驳希特勒言辞激烈的反对意见辩解道："我当时并不认为同德国国家元首大闹一场是正确的做法，特别是在他被他那些顾问围绕的情况下。"[110] 尽管如此，古德里安还是设法争取到了希特勒的一项让步：他的装甲力量会整体投入南面支援伦德施泰特的作战行动，赢得基辅以东地域的交战后将重新回到莫斯科方向。但归根结底，古德里安还是"被希特勒的随从吓倒，最终导致哈尔德看重的计划彻底破产"[111]。

次日上午（8月24日），古德里安向陆军总参谋长哈尔德报告，自己没能说服希特勒，中央集团军群不得不执行进军乌克兰的命令。古德里安直接面对元首时明显的妥协态度激怒了哈尔德，他对古德里安大加申斥，古德里安则声称"哈尔德的神经现已彻底崩溃"[112]。哈尔德显然对古德里安竭力确保从一开始就以足够的兵力（即投入他的整个装甲力量）展开新的行动而动怒。另外，古德里安在鲍里索夫会议期间言辞尖锐地批评希特勒的新计划，可现在又发生一百八十度转变，这令哈尔德瞠目结舌。两人不欢而散，他们的关系因此事而受到打击，而且再也没有恢复。[113] 古德里安飞回了自己的司令部，奉命于8月25日攻往基辅。[114]

在此期间，赫尔穆特·施蒂夫在陆军总司令部作战处的岗位上继续关注陆军总参谋部的活动和前线发生的事件，他对战争方向越来越感到震惊，而且他自己也参与其中，头脑精明而又敏锐的他将此视为绝对的道德缺失。8月23日，在新的战争指令的直接影响下，他再次提笔给妻子写了封长信：

亲爱的小甜心！

非常感谢你8月16日、17日的来信和装有可爱蛋糕的小包裹。我和同事在例行的下午茶时间分享了这些蛋糕……

你的话对我很有用处，我觉得你是对的。我只是不再像你那样满怀希望。但这与战争形势的发展关系不大，而是同整体情况有关。有时候我对一切充满绝望之情，并对许多事情抱有一种真正的仇恨，我无法在信中用文字表述这一切。因而我们无助地置身于命运的怜悯之下，最终必然导致我们所有价值观的崩溃，可这一点被忽视了！

你告诉我，从另一个有利位置看待这一切对我有好处，我也想过这个问题。所以我会在9月初去一个装甲军待上一段时间（2~3周）。霍伊辛格已批准我的要求。[115]我怀疑这是否真的有帮助，因为我已对相关业务和全身心、无条件投入其中的意愿失去信心，不管这听上去是多么可悲。但随着时间的流逝，抵制这个越来越狂妄自大的人（即希特勒）的将领正不断增加。就在昨天，我们接到另一份书面文件[116]，这里面的语调极不明智，我只能说对此视若无睹的人落得怎样的下场都不为过。随着时间的推移，另一方当然会被说服，要是每个人都毫无异议地接受一切，他们就会为所欲为。至少我对某些人的敬重之情已严重下降。亲爱的——这简直是卑鄙无耻，毫无名誉可言！

最近几周里，整体情况还不错……中央战线上，在戈梅利的作战行动迅速而又成功地消除了博克集团军群南翼遭受的威胁。但（戈梅利交战的）结局再次受到（来自希特勒的）强制干预，没能利用这场胜利对付我们最危险的对手，以便将其消灭，从而在冬季到来前真正结束这场战局。在对时间和空间的完全误解中，这些军队现在朝一个毫无意义的方向前进，在任何可能的地方追逐其他小胜利，向基辅以北追击的结果是一场胜利落在我们头上……

这种血腥的外行主义居然得到以K（凯特尔）和J（约德尔）为代表的杰出人物的支持，天晓得，这可能会让我们输掉这场战争！因为我们现在不能再浪费任何时间，尤其是要把已遭到严重消耗的军队集结起来，而不是肆意挥霍军力。我们的血腥损失早就超过了30万人[117]，战斗力量降到了一半甚至更少。但补充兵要到几周后才能调来，因为相当低效的铁路线现在由于运载燃料、弹药、口粮而满负荷运作。现在你知道是什么烦恼令我无法释怀了！别让日子变得太孤独，至少你应该尽量过得开心些。[118]

卡尔－威廉·蒂洛上尉和施蒂夫中校在陆军总司令部的同一个部门工作，他也对希特勒干涉战役和战术细节，国防军最高统帅部和陆军总司令部领导层的反对行动集体失败感到痛苦。上尉在8月24日的日记中记录了他对希特勒不断加强对德国军官团的统治，以及战略前景不断恶化的坦率评价：

　　昨天，元首不顾陆军总司令部的反对，下达了一道命令，它很有可能给整个战局造成灾难性后果（就像元首在敦刻尔克命令装甲部队停止前进那样）……这道命令要求古德里安麾下的两个步兵军、两个装甲师、两个摩托化师在戈梅利投入作战。右翼位于切尔尼戈夫，对苏联第5集团军实施合围……

　　战争开始时，我们低估了俄国人，今天我们又高估了对方，每个缺口都会引起国防军最高统帅部严重的紧张情绪（Nervenkrisen）。

　　可悲的是，元首的圈子里再也没有谁提出反对意见（陆军总司令肯定不会）。他（希特勒）变得太过独裁，就连一些老人……也对此感到心寒（戈林已接连14天不在大本营，而且就是出于这个原因）。

　　倘若今年不夺取莫斯科，我们就得在这个冬季从事一场敌人所希望的阵地战（Stellungskrieg），这会使他们获得时间和调自莫斯科工业区的物资补充。德国空军和陆军的大批军力已投入东方，在没有充分防御的情况下，英国人可以轰炸德国西部和北部。到明年春季，我们不得不再次进攻红军的新锐力量，并为此付出更多鲜血和时间。[119]

　　如果说施蒂夫和蒂洛这些陆军总司令部的年轻的总参军官对事态的转变，以及他们上司明显缺乏勇气的表现[120]深感失望的话，那么，对于陆军总司令部内部运作一无所知的德军前线官兵则以一种不太复杂的方式，对突然而又令人惊讶的战略转变做出了回应。在中央集团军群的将士看来，莫斯科就是他们的目标，许多人相信夺取这座城市就能胜利结束这场战争。整个1941年夏季，沿前进路线竖立的路标上都写着"通往莫斯科"，这反映了德国士兵对苏联首都的痴迷。古德里安在回忆录中写道：

　　8月13日，我赶去视察罗斯拉夫利东面的杰斯纳河战线，它位于通往莫斯科的道路两侧。那些士兵都确信他们很快就会直接攻往俄国首都，已经竖起了许多写有"通往莫斯科"的路标。见到这一幕，我的心情非常沉重。我在前线与第137步兵师的官兵交谈，而他们只谈到了迅速恢复向东进军。[121]

据冯·博克元帅称，他那些将士只问了一个问题："我们何时进军莫斯科？我们可不想待在这里过冬。"[122] 一名下级军官写道："我们计算着公里数，计算着日子——莫斯科何时会出现在我们前方？"[123] 读者可能会想起海因里希·哈佩的热切希望（见第十章"转入阵地战"一节"例一：梅扎河地段的第6步兵师"小节）："我们的行军纵队……想去莫斯科，那是他们唯一的目标……在道路的尽头。"[124] 可至少就目前而言，向莫斯科的进军已被正式取消，德军将士对此失望而又困惑，甚至有些愤怒。毕竟他们已走完前往苏联首都的三分之二路程，即便战斗比预期更为艰巨（他们的队伍因耗损而变小），他们依然坚信德国国防军的优势和自己完成所受领任务的能力。士兵埃里希·蒙德指出，他那些战友"情绪激动"，无法理解为何不进军莫斯科：

> 莫斯科就在280公里外。士兵们希望在8月，最迟9月就进入苏联首都，然后彻底粉碎红军的抵抗。我们对上级调离装甲师，派他们去乌克兰夺取基辅非常愤怒。我们认为这是一个完全错误的策略。[125]

炮兵维尔纳·亚当奇克于1941年7月底获悉他的部队即将向北调往列宁格勒，当时就意识到对苏战局可能出现了严重问题。他在他的战争回忆录中解释道：

> 我有机会看到一幅俄国地图，上面显示斯摩棱斯克与列宁格勒之间的距离约为600公里。另一方面，我们距离莫斯科已不到400公里。我们确实在取得进展——来自斯摩棱斯克包围圈的俘虏每天都从我们身边经过。毫无疑问，在进军莫斯科途中，我们的当面之敌已被击败。而现在，我们似乎即将放弃到达莫斯科并结束这场战争的最佳机会。我的直觉告诉我大事不妙。我始终无法理解作战计划的这种变更。[126]

很难说亚当奇克的直觉准确无误。但鉴于东线德军目前面临的严重危机，人们也可以认为希特勒1941年8月下旬的决策同样反映出一种出色的直觉，至少与他的陆军总参谋部相比是这样。

分析 8 月 21 日的元首令

1941 年 7 月和 8 月历时五周，争夺德国指挥部门主导权的冲突最后以希特勒成为"无可争议的胜利者"而告终。[127] 他不仅再次战胜了"措森精神"（Geist von Zossen）[128]——也就是陆军总司令部，还选择了一种替代方案，在本书作者眼里，这种方案从战役和更广泛的战略角度来看都更为合理。从战役角度说，有几点可以支持希特勒的重大决定：

·尽管在克里切夫、戈梅利和大卢基赢得战术胜利，可中央集团军群的侧翼还是很容易遭受苏军从南北两面发起的攻击。因此，希特勒在恢复向莫斯科的全面进军前设法消除这些威胁的做法正确无误。[129]特别是在乌克兰，苏联强大的西南方面军对博克集团军群已然拉长的南翼构成了严重威胁，根据希特勒8月21日指令实施的基辅战役，会以一种戏剧性方式彻底消除这种威胁。[130]

·如果在1941年8月底或9月初进军莫斯科，不仅博克的侧翼容易遭受攻击，中央集团军群所能集结起来的军力（约56个师）也比他们10月2日发起"台风"行动时有所扩大的战斗序列（78个师）少得多。另外，8月时保卫莫斯科的苏联军队比9月底更强大，他们投入到了斯摩棱斯克北面和南面的攻势中。[131]

·1941年8月下旬，中央集团军群的后勤状况极度紧张[参见本章"中央集团军群的状况（1941年8—9月）"一节]，根本无法维持向莫斯科发起的进攻。集团军群据守东部战线，抗击苏军猛烈的反突击，对弹药（特别是炮弹）的需求巨大，严重减缓了为重新发起进攻所做的储备工作。直到这些反突击结束后（9月第2周），必要的储备工作才费力地重建起来，而这个过程直到月底才完成。另一方面，让古德里安装甲力量攻往基辅在后勤方面是可行的，并且很大程度上是因为德国的铁路末端在8月底延伸到了戈梅利。[132]

·苏联西南方面军（包括第5集团军）危险地靠前部署[133]，这是斯大林顽固地拒绝放弃基辅导致的，再加上博克集团军群南翼向南倾斜，克莱斯特第1装甲集群攻往第聂伯河，这已为另一场庞大的合围创造了战役先决条件——这次是在乌克兰东部，通过中央集团军群和南方集团军群的联合行动达成（此次合围）。"鉴于（集团军群的）后勤状况"，除古德里安集群和魏克斯第2集团军外，博克麾下其他部队都不参与此次行动。[134]

从（比战役更大的）战略角度看，希特勒的决定也比陆军总参谋部的计划具有更坚实的基础，后者长期接受的训练是在战役层面进行思考，而不是考虑战争与和平这种更大的问题，也就是说：

· 与陆军总司令部的布劳希奇、哈尔德、霍伊辛格不同，希特勒清醒地意识到，东方这场战争已无法在1941年胜利结束，这使他得出了比陆军总参谋部"更为现实的形势判断"[135]。即便他的战略意图最终落空，那也并非因为他的见解是错误的，而是因为他无法克服这样一个事实：到1941年8月底，对苏战争可能已告失败。

· 随着战争从"闪电战"转变为旷日持久的激烈斗争（英国仍没有被击败，美国参战的前景迫在眉睫），希特勒意识到资源已变得至关重要。现在最要紧的是夺取列宁格勒的工业区、乌克兰的粮食、顿巴斯的煤和其他矿产、高加索的石油，使其不会为苏联人所用。[136]

· 为夺取这些经济目标，希特勒需要加快速度，并为北方和南方的作战行动提供额外支援。实际上，这位德国独裁者凭借他卓越的战略眼光，"可能是第一个意识到整个战局处于危险之中的人，北方和南方集团军群并没有强大到足以完成他们受领的任务，所以需要援助"，而这种援助只能由中央集团军群快速力量来提供。[137]

可以肯定，其他军事历史学家对希特勒1941年8月21日的决定，以及该决定对"巴巴罗萨"行动的影响有截然不同的看法。这种（不同的）观点认为，虽说元首令给9月中旬的基辅合围战带来了惊人的胜利（被俘的苏军士兵超过65万[138]，比别洛斯托克—明斯克合围战和斯摩棱斯克合围战的俘虏总数还多出一倍），但德军在1941年8月没能进军莫斯科，这让德国丧失了在对苏战争中赢得胜利的唯一机会。原联邦国防军军官、历史学家迪特尔·奥塞认为，希特勒"不夺取莫斯科这个明显具有政治和军事重要性的目标"的决定，在作战方面导致"主要努力方向遭到削弱，力量朝两翼分散"，这意味着冬季到来前圆满结束这场战局的目标"被忽视了"，这个灾难性错误最终注定了"巴巴罗萨"行动的失败。[139]的确，已故历史学家西奥多·罗普称，希特勒"8月推迟向莫斯科进军是无可辩解的"[140]。

对进军莫斯科最直言不讳的支持者或许是已故的R. H. S. 斯托尔费，他曾在加利福尼亚州蒙特利的美国海军研究生学院担任名誉教授。他在2011年的著作《希特勒：超越邪恶和暴政》中重复了自己长期坚持的观点："倘若德国人在1941年8月攻占莫斯科，他们可能就会赢得这场战争。"

几乎可以肯定，希特勒把进攻莫斯科的行动推迟到10月时，德国人赢得胜利的机会便所剩无几……阿道夫·希特勒……以签署8月21日元首令的方式闯入历史，这是20世纪里最重要的一份政治–军事文件……希特勒的决定体现在一份简短的、共计五段文字的文件中，标志着德国在第二次世界大战中承受了无法弥补的损失，毫不夸张地说，陆军总司令部是从8月22日……开始执行（这道指令）的。[141]

斯托尔费还坚称，完全是希特勒的指令，而不是"红军采取的行动"阻止了中央集团军群沿莫斯科方向的挺进，夺取苏联首都会造成"彻底失败这种不可避免的结果"，因为"无法指望俄国农民支持一个无力保卫自己首都，正被粉碎的残暴政府"。[142]但在进一步审视后我们就会发现，这两个观点（在8月攻占莫斯科和希特勒的指令妨碍了中央集团军群的进军）其实都是站不住脚的。

首先，博克集团军群原先的快速挺进在斯摩棱斯克以东发生突然、旷日持久的停顿，这并非希特勒的作战指令所致。相反，这是因为：（a）博克的军队疲惫不堪（特别是他的快速力量急需休整补充）[143]；（b）后勤部门遭受沉重压力，即便正常运作也越来越无法满足前线军队的需求；（c）苏军在1941年7月下旬对中央集团军群发起一连串猛烈反击，而且一直持续到了9月初。单就（c）而言，斯托尔费和许多历史学家一样低估了斯大林、朱可夫、铁木辛哥在斯摩棱斯克为阻止德军挺进付出的努力，尽管他们在此过程中没能歼灭博克的军队。也就是说，苏军在斯摩棱斯克及其东面出人意料的顽强抵抗加强了希特勒遵循原定计划，在东线两翼寻求决定性战果的决心，最终粉碎了哈尔德和他那些陆军总司令部同僚的希望。[144]

其次，夺取莫斯科就能促成苏联"彻底失败"的假设很值得怀疑。[145]虽然希特勒和他的将领在战争开始时相信极其脆弱的苏联会在几周内崩溃，但在德国国防军实施一连串毁灭性打击后，这种情况并没有发生。与1940年时的法国人不同，无论遭受多少次打击，苏联人民及其武装力量都不接受失败，这个明显的事实不仅强调了苏联人民的集体意志，也表明这个国家拥有庞大的战略纵深——苏联能够承受这种灾难性打击并生存下来。因此，很难说苏联人在丢失首都后就会停止抵抗，尤其考虑到德国人的种族灭绝占领政策，截至1941年夏末，所有苏联人都已清楚这种政策，而这一点加强了他们的抵抗意志。即便博克在9月或秋季攻占莫斯科，鉴于其部队疲惫不堪、过度拉伸的状态，他能否在1941年至1942年这个寒冬（他的军队对此毫无准备）坚持下来，也很值得怀疑。[146]

最后，评估希特勒在此关键时期的决策时，有两个耐人寻味的问题值得我们关注：在8月21日指令发布前几周，希特勒真的因为犹豫不决而陷入瘫痪吗？如果事实果真如此，这又给1941年的战局造成了怎样的影响呢？已故的艾伯特·西顿在他全面叙述苏德战争的著作中写有题为"元首举棋不定"的一个章节。[147]而著名的英国历史学家约翰·基根在近期谈到了"19天间歇期"（8月4—24日），认为这很可能是让斯大林在1941年免遭失败的原因，其特点不仅仅是德军在所有战线进展缓慢，还包括一连串的想法（出现了）改变。[148]戴维·格兰茨说："这几乎是希特勒一生中第一次不知道怎么办才好。"[149]

当然，在与他那些将领进行长期斗争期间，希特勒有时候会被自己对正确前进路线的怀疑，以及自身的犹豫不决困扰。不管怎样，这种情况可以部分归结为他在这段时期健康状态不佳。但这段时期的军事行动频频出现延误和延期也是实情，因此，"应当把它视为战争中不可避免的摩擦的一部分"[150]。值得注意的是，在这种情况下，希特勒设法做出最终决定适逢魏克斯第2集团军和古德里安装甲力量结束他们在戈梅利赢得的胜利。换句话说，当这些军力可用于后续作战行动时，元首的"摇摆不定"状态结束了。[151]另一方面，这可能只是机缘巧合。不管怎么说，希特勒需要及时回复8月18日的陆军总司令部备忘录，因为这份备忘录是对他的战役计划的直接挑战。

更重要的是，只要粗略看看希特勒的讲话记录、命令和指示——可追溯到 1940 年 12 月 5 日，他首次获知陆军总司令部对苏战局的作战计划详情——我们就会发现，他的战略思想始终如一、不曾改变。比如他从来没有真正偏离 1940 年 12 月 8 日"巴巴罗萨"指令规定的战役概念，该指令要求中央集团军群在斯摩棱斯克停止前进，北调强大的快速力量，支援北路德军向列宁格勒进军，并歼灭盘踞在波罗的海地区的敌军。[152] 希特勒一再向他的将领说明，在他本人看来，莫斯科是次要，甚至仅仅排在第三位的目标，位于列宁格勒和波罗的海、乌克兰和顿巴斯地区之后。因此，本书作者认为，希特勒的想法并没有被犹豫不决所削弱，在整个 1941 年夏季战局中，他的想法始终保持了一种几乎毫无缝隙的连续性。当自身意图转换为行动的首次机会时，也就是中央集团军群的装甲和摩托化部队至少获得部分整顿，博克南翼的作战行动告一段落时，这位独裁者果断采取了行动。

归根结底，所谓的"犹豫不决"和希特勒最终做出的决定，其历史重要性被大多数苏德战争史著作严重夸大了。但这一点可以理解，因为战争结束后没多久，哈尔德、古德里安、曼施泰因、布卢门特里特这些前德军将领就刻意制造了神话：首先，希特勒在关键时刻"摇摆不定"；其次，他决定把博克的装甲力量投入乌克兰，而不是用于前往莫斯科，导致德国输掉了这场战局和整个战争。这些带有明显偏见和自我辩解色彩的看法在 20 世纪 40 年代末期首先被传达给英国军事历史学家利德尔·哈特。[153] 之后，这些观点成了西方历史学的主流。

就哈尔德而言，他的传记作者克里斯蒂安·哈特曼认为，这位陆军总参谋长把所有责任推给希特勒，无论其本人和德国军官团从中获得了怎样的心理安慰，他都逐渐相信了自己所说的话：

希特勒与陆军总司令部的这场拉锯战……旷日持久，偶尔有些曲折的过程，人们不应忽视争论的核心。问题不在于对这两种作战理念优缺点的进一步推测，更重要的是应该考虑到这场争论的重要性及其后果被大多数德国军方人士过度夸大了。[154]

正是因为哈尔德的这个例子，我们得以确立一个在心理上极具启发性的过程，他逐渐意识到对苏联军事潜力的明显误判，以及由此造成的关于东方战局的根本性错误概念，这些都发生在这场争论前，或者与之重叠。令人惊讶的是，哈尔德并没有在这方面进行自我批评。相反，他越来越倾向于把一切责任推给希特勒。

接下来几年，当这场战争的可怕后果终于彻底显现出来时，哈尔德早已彻底接受了这种主张——他现在真的相信是希特勒1941年8月21日的决定引发了这场灾难。[155]

作为希特勒那些将领率先做出的可疑叙述的一个清醒替代品，一些学者逐渐对1941年夏季希特勒与他那些将领之间的战略分歧提出了一种更符合实际的评价。在很大程度上，他们通过披露中央集团军群8月底遭到严重削弱，以及德军后勤工作的可悲境地，来表明实际情况根本不允许该集团军群在9月下旬前恢复对莫斯科的进军。实际上，正如马丁·范克勒韦尔德在评论"巴巴罗萨"行动后勤工作时分析的那样，如果说进攻莫斯科的行动"确实受到了延误，那也最多不超过一两周"[156]。而希特勒进攻苏联的结局并不取决于"这一两周时间"[157]。

中央集团军群的状况（1941年8—9月）

早在1941年8月7日，冯·博克元帅就对他这个集团军群的前景深表忧虑：

> 最右翼仍令我感到担忧……在集团军群战线其他地段，某些热点地带发生了小规模进攻，但其他地方相当平静，这使我们能够继续从前线撤离装甲和摩托化师。

> 尽管如此，形势还是相当紧张。哪怕我想抽调一个师组建预备队都不可能，如果部署在某集团军后方地域的一个师开抵前线，那么这个师就会从我手中被夺走！因此我写信给各集团军和装甲集群司令，让他们知道此类目光短浅的政策的后果，并要求他们在这个问题上明白事理。

> 情况如此糟糕，我方进攻部队的战斗力量还在缓慢减少（但俄国人的情况无疑更糟糕），我不知道该如何发起一场新的行动。[158]

持续损耗和部分重建

中央集团军群蒙受的损失当然很重，而且人员伤亡和技术装备的损耗持续不断。博克麾下各师每天伤亡约 3000 人（整个东线每日伤亡 7300 人，博克所部大概占 40%）[159]，其中包括大约 700 名阵亡者。军官的损失一直高得惊人，截至 1941 年 8 月，平均每天达到了 80 人左右（作为对比，在这段时期，整个东线的军官伤亡数每天略超过 200 人）。[160] 总之，到 8 月 31 日，东线陆军共阵亡 12.6 万人 [161]，总损失数（含阵亡、负伤、失踪）攀升到近 50 万人，而中央集团军群的阵亡数约为 5 万人。东线各步兵师的战斗兵力平均减少 40%，装甲部队甚至达到了 50%。[162]

后备军的补充人员正开抵前线 [163]，可他们的数量远远无法补足作战部队的损失。到当月月底，东线德军共缺员 25 万人。前景看来非常暗淡，哈尔德在 8 月 26 日的日记中写道："10 月 1 日之后我们的补充兵就会耗尽。" [164] 没过多久（9 月 1 日），陆军总司令部就承认："从目前兵员短缺的情况来看，伤亡人数再也无法得到弥补。" [165] 9 月 5 日，施蒂夫中校在给妻子的一封信中写道，前线的损失很快 "需要解散 15 个师，以便让其他师恢复实力" [166]。更为不祥的是，陆军总司令部的预备队师正在耗尽，截至 8 月 31 日，整个东线的 28 个预备队师中已有 21 个投入前线——10 个师交给南方集团军群（9 个步兵师和 1 个摩托化师），8 个步兵师调给中央集团军群，3 个步兵师划拨给北方集团军群。[167]

吕迪格·奥弗曼斯的准确分析指出，东线德军所有战斗兵种的阵亡人数在 9 月（51033 人）甚至高于 8 月（46066 人），这就使截至 1941 年 9 月 30 日的阵亡总数达到了 185198 人，其中绝大多数，大约是 17.4 万人（94%）属于地面部队——陆军（90%）和武装党卫队（4%）。这些阵亡人员中有 40% 隶属三个集团军群中规模最大的中央集团军群，这就说明在对苏战局的前 101 天，博克麾下各师阵亡约 7 万人，战斗步兵所占比例高得惊人。[168]

虽说步兵在人员损失方面通常 "独占鳌头"，但博克麾下第 2、第 3 装甲集群各装甲师的战车数量也在持续下降，这看起来相当危险。8 月，霍特和古德里安都试图把他们耗尽实力的装甲师撤出前线，可结果远远无法令人满意。首先，前线的苛刻要求往往导致装甲和摩托化部队的撤离发生延误，严重压缩了他们用于休整补充的时间，整顿工作因此中断。另外，零配件的交付出现令人沮丧的拖延，特别是急需的备用引擎——希特勒在 8 月 4 日的鲍里索夫会议上答应为两位装甲兵将领提供 400 台坦克引擎（古德里安当时认为这个数量"远远不够"）[169]——这给部队造成了额外的妨碍。实际上，中央集团军群在此时（8 月中旬）透露，第 2 和第 3 装甲集群只能得到 150 台 [170]，而且暂时无法交付 [171]。鉴于这种惨淡的境况，集团军群于 8 月 22 日得出结论："装甲部队太过疲惫并且耗损严重；除非获得彻底的休整和补充，否则他们无法执行大规模作战任务。" [172]

在如此艰难的情况下，装甲和摩托化部队尽其所能地完成了技术改装。尽管他们为之付出努力，可截至 9 月 4 日，中央集团军群只有 34% 的坦克处于战备状态。此时，古德里安已开始向南进入乌克兰。具体来说，霍特集群报告称，他们尚有 41% 的坦克可用，而古德里安集群的可用战车只有 25%。[173] 霍特的三个装甲师共有 320 辆可用坦克：第 7 装甲师有 130 辆，第 19 装甲师有 102 辆，第 20 装甲师有 88 辆；另有 196 辆坦克处于维修状态。相比之下，古德里安的四个装甲师只有 190 辆可用坦克：第 3 装甲师有 41 辆，第 4 装甲师有 49 辆，第 17 装甲师有 38 辆，第 18 装甲师有 62 辆。[174] 两个装甲集群共有 510 辆坦克，与之形成鲜明对比的是，1941 年 6 月 22 日投入"巴巴罗萨"行动时中央集团军群有 1800 多辆坦克。

对苏战局开始后，希特勒顽固地削弱了他的东线军队。一个明显的例证是，东线陆军四个装甲集群到 1941 年 8 月 31 日共损失 1488 辆战车，可他们仅从当年 7 月到 8 月生产的 815 辆坦克中获得了 96 辆补充坦克。[175] 不过，"台风"行动开始前，陆军仓库里还有 316 辆可用坦克（这超过 1941 年 9 月的总产量）[176]，而共计有 450 辆可用坦克的第 2、第 5 装甲师也从陆军总司令部预备队调到中央集团军群 [177]。坦克数量大幅增加、额外的装甲兵团从北方和南方集团军群调来，以及各装甲师维修部门持续开展修理工作，这些使中央集团军群有能力投入一股相当庞大的装甲力量，恢复向莫斯科的进攻。[178]

在讨论后勤问题之前，我们应当简要介绍一直支援中央集团军群的德国空军。1941 年夏末，这种支援仅仅由凯塞林元帅第 2 航空队辖下的勒尔策第 2 航空军提供。9 月 6 日时，该军只有 240 架可用战机（141 架轰炸机、55

架俯冲轰炸机、44架战斗机）。[179] 当然，一个实力有限的航空军明显无法完全覆盖博克集团军群的700公里战线。因此，该军的主要努力集中在中央集团军群的作战重点上——先是在集团军群南翼（戈梅利地域）行动，尔后支援古德里安在8月底和9月向乌克兰发起的突击。[180] 这就使博克的东部战线基本失去了空中掩护，并导致第9集团军在8月中旬数次抱怨苏联空军在其作战地域完全掌握了空中优势。[181] 直到9月下旬，里希特霍芬第8航空军（该军已"疲惫不堪、损耗严重"）才从北方集团军群作战地区调回，为"台风"行动提供支援。[182]

与地面部队一样，整个1941年夏季里，德国空军在东线遭受了可怕的耗损。截至9月6日，东线三个航空队的可用战机数量已降到960架（440架轰炸机、186架俯冲轰炸机、295架战斗机、39架远程战斗机）。[183] 与之形成鲜明对比的是，德国空军1941年6月22日在东线的可用战机数量约为2300架，仅凯塞林第2航空队就有近1000架战机。施蒂夫中校在9月5日的信中批评了空军实力的严重下降，他告诉妻子："东方战局消耗了德国空军太多实力，目前我们在东线各处都不再享有空中优势。另一方面，甚至在某些决定性地点，这种优势现在完全掌握在俄国人手中。"[184] 虽说施蒂夫可能夸大了德国空军目前的窘境，但他的基本观点还是可取的：惊人的消耗和不断拉长的战线都无情地削弱了德国空军的战斗力。

紧张的后勤状况

随着中央集团军群深入苏联腹地，跟随在先遣部队身后的德军后勤人员也数次分阶段挺进，前移到了第聂伯河补给区（Versorgungsbezirk Dnepr）的后勤仓库。[185] 截至1941年7月中旬，一系列仓库已东迁至波洛茨克—列佩利—鲍里索夫—博布鲁伊斯克。7月底，他们在奥尔沙建起一座仓库，8月初又在斯摩棱斯克建立一座——这两座仓库都设在通往莫斯科的主要路线上。南翼，德军8月中旬夺得戈梅利后，在这里建起了一个主要补给中心；北面，补给仓库于1941年9月前出到涅韦尔、维捷布斯克、托罗佩茨。德国人还在莫吉廖夫和罗斯拉夫利建立了补给基地，后者（设于罗斯拉夫利的那个）紧靠前线。[186]

然而，建造新仓库是一回事，在仓库里存满大量弹药、油料和零配件完全是另一回事——不仅需要满足当前作战需求，还要为日后的作战行动储备库存。德国军队1941年7月初前出到西德维纳河—第聂伯河一线，他们在很大程度上获得了中央集团军群大运输区的有效支持，但超出这个范围的作战行动主要还是靠战线后方的寥寥几条铁路线维系。面对这种境况，德军后勤人员给出了两个令人惊讶的肤浅假设：（a）渡过西德维纳河—第聂伯河后的作战行动主要是肃清红军在两河以西侥幸逃脱的红军残部；（b）他们（实施肃清的德军）基本可以依靠缴获的苏联铁路线、火车头和车厢，从而大幅降低把苏联轨距改为欧洲标准轨距的需求。可事实证明，这两个假设大错特错。

之后的作战过程表明，苏联人不仅成功保存了其庞大、完整（而且不断获得加强）的战斗力量，还炸毁了铁路线和关键铁路设施，并且在后撤期间把大多数火车头和车厢疏散一空。[187]因此，入侵者被迫开展大量工作，重新铺设了铁路线并使其恢复运行。[188]只是向前推移铁路末端的努力太过谨慎，无法缓解日益严重的物资短缺。到1941年8月16日，德国铁路部队（Eisenbahntruppen）的轨距转换工作已从奥尔沙推进到斯摩棱斯克。8月底，德国铁路在南方到达戈梅利，很快向东延伸到罗斯拉夫利；北面，一条标准轨距的铁路于9月穿过维捷布斯克，到达托罗佩茨。[189]

虽然铁路线的前移在一定程度上改善了补给情况，但火车日吞吐量仍无法满足集团军群的所有需求。8月时，冯·博克元帅每天需要24列补给火车，另外还需要6列火车为恢复进攻行动建立物资储备——也就是说，中央集团军群每天需要30列补给火车。但国防军运输勤务主任只能保证每天提供24列火车，实际情况其实更糟糕，中央集团军群当月分得的火车很少超过每天18列。[190]9月，"铁路运输能力同样无法满足需求"[191]。更要命的是游击运动日益扩大，游击队员逐渐以惊人的频率破坏铁路线、铁路设施和火车。德国第9集团军9月7日的作战日志记录了他们面对越来越猛烈的游击运动时的沮丧之情：

> 游击队的威胁目前在第9集团军作战地域也已达到惊人的程度。没有一天不出现有关伏击我方孤零零的一辆车或车队的事件，以及各种破坏行为（如切

断电话线）的报告。但最令人担心的是铁路线中断的情况不断加剧，这威胁到作战行动的顺利实施……集团军领导认识到了这种威胁并决心采取严厉措施（ist zu durchgreifende Massnahmen entschlossen）。[192]

铁路末端与前线部队之间的路程依靠大运输区的摩托化运输，对苏战局发起时，中央集团军群的运输能力为 2.5 万吨。但在一开始，前线部队对这些卡车运输团、营不断提出的要求就造成了令人担忧而且难以长期忍受的损失。在恶劣道路上 "对引擎的无情使用" 导致车辆状况 "迅速恶化" [193]；汽油和机油的消耗量远远高于战前的估计，而零配件（特别是轮胎）此时也很难获得。在这种情况下，实际运输能力迅速下降，已经远远低于预计（的剩余的运输能力）。实际上，经过数周战斗，集团军群的卡车损失了三分之一或是更多，车辆大修设备仍位于波兰（甚至被留在德国国内），尚未前运，这让情况进一步恶化。[194] 另外，陆军总司令部尽管认为进军莫斯科的行动具有决定性，可并没有付出全力集中中央集团军群后方所有可用的卡车。8 月下旬，他们甚至把 5000 吨运输能力调拨给南方集团军群，协助后者建立补给基地。[195]

到 1941 年 8 月和 9 月，中央集团军群（当然也包括整个东线陆军）辖内各兵团用于遂行一场现代机械化战争的物资即将耗尽，就连配发给士兵的个人物品也经常出现短缺。有关第 98 步兵师的例子说明了这一点，该师在 9 月下旬的兵力已降至 4000 人左右。

9 月 14 日，该师再次动身出发，离开普里皮亚季沼泽和南方集团军群冯·赖歇瑙的第 6 集团军，跟随古德里安向东北方的中央集团军群靠拢，准备对莫斯科发起进攻。起初，将士们为自己摆脱泥泞和沼泽而感到欣慰，看见一辆行驶的汽车时，他们甚至产生了一种再度回到欧洲（此处是指法国之类德军在发起侵苏战争前进攻的国家）的感觉。可这种兴奋之情没能持续多久，他们马上就要每天在深深的沙质小径上跋涉 25 英里，艰辛程度难以言述，大批跛行的马匹[196]和不断被抛弃的车载物品随处可见。现在还是 9 月，可很快就出现了绵绵阴雨和寒冷的东北风，用于过夜的住处虽然污秽不堪、蚊虫滋生，但在疲惫的步兵赶到前早已被摩托化部队占据。只要有个温暖的住处过夜，白天的一切就完全可以忍耐。可如果连这一点都无法得到满足，士兵便会陷入痛苦的深渊。

渐渐地，就连剃须刀、肥皂、牙膏、鞋油、针线这些最基本的必需品也出现短缺。9月23日出现了第一场霜降。降雨、寒冷、缺乏休息导致疾病频发，正常情况下应把病员送到医院，可由于缺乏运输能力，患病者不得不跟随队伍继续跋涉——这片地区因土匪猖獗而恶名昭著，决不能把任何人留下。日子一天又一天地过去，今天与昨天相比没什么两样。长长的队伍冒着倾盆大雨顺从而又默默无声地向前行进，除了马匹的鼻息、大车的嘎嘎作响和强风刮过小径两旁的冷杉时发出的咆哮，大家什么也听不见。[197]

相对来说，缺乏"最基本的必需品"还可以忍受，真正给中央集团军群将士造成麻烦的是弹药和油料的严重短缺。博克麾下各师炮弹和迫击炮弹的每日需求量非常大[198]，而在1941年7月底到9月的激烈防御作战中，这种需求还远高于平均水平[199]。8月1日，这些防御战刚一开始，博克就在与陆军军需总监的通话中抱怨道，先前有关人员只是把弹药短缺的情况描述为"严重"，但经过毫无改善的一周后，这已经"逐渐变成一场危机"。[200]8月初，陆军总司令部作战处的明希豪森上尉在日记中指出："补给问题正变得越来越严重……俄国人有许多火炮和大量炮弹，我们无法向前挺进。"[201]几天后，他又评论道，叶利尼亚突出部的炮弹"持续短缺"，遂行冲击的苏联军队却获得了堪称"奢侈"的补给。[202]

简而言之，炮弹短缺使博克无法以充足的火力弥补战略预备队的缺乏和他那些兵团的持续减员。[203]第26步兵师的情况可能就是典型。在该师炮兵团（第26炮兵团）的一份战后研究里，一位前德军将领回忆起了各种短缺造成的挫败：

我们的弹药供应严重不足。战前演习期间，预计主要作战行动的弹药消耗为每天一个基数。[204]对该炮兵团而言，这意味着轻型榴弹炮能获得8100发炮弹，中型榴弹炮会配发1800发炮弹。[205]可是，在8月22日和27日这种关键的日子，我们的轻型榴弹炮只射出3000发炮弹，中型榴弹炮只射出600发——约为三分之一个弹药基数，这让我们遭遇了严重困难。

　　弹药短缺迫使我方炮兵以非常被动的方式展开行动。我们没有足够的炮弹，无法满足步兵提出的直接火力支援和压制已确定的敌军集结地域的要求。特别要指出的是，因为持续遭受沉重压力，步兵提出的要求非常多。

　　一种积极的火力行为应该寻找并粉碎敌后方地域的有生力量，以及对方可能存在的宿营地、指挥部和类似设施，可我们缺乏必要的弹药。在当时的情况下，我方尤其需要沿这些战线实施一场积极的火力行为。另外，我们拥有实施这种火力打击所需要的信号和测量设备……然而弹药短缺……这种情况完全阻止了我们把德军D-201教学手册[206]中提出并在炮校里传授的现代领导原则转化为实践。我们被迫采用了很久之前的炮兵战术[207]。

　　雪上加霜的是，前线急需的弹药列车在华沙供水区"走失"，它们再次出现并重新上路时，好几天时间已经悄然逝去。[208] 同样糟糕的是，第9集团军在9月10日获知，整个东线只有15列火车运载量的150毫米中型野战榴弹炮炮弹可用，炮弹的正常补给估计要到10月中旬才能恢复。结果，第9集团军立即下令"最大限度地减少"炮弹消耗量，"以便为即将发起的作战行动储备足够的弹药"[209]。德国军事当局在对苏战局开始前那段时期大幅减少弹药产量，现在这个短视决策的恶果终于显现了。[210]

　　为解决不久前出现的弹药危机，弹药补给运输在8月初获得了优先权，但此举只能通过"急剧"削减燃料和口粮补给来实现。[211]8月21日，博克获知，"受物资和油料的影响"，古德里安可能无法继续攻往戈梅利。[212] 陆军军需总监瓦格纳将军在8月30日召开的一场会议上解释说，中央和南方集团军群都遭遇了一场"严重的燃料短缺"，由于铁路方面的严重问题，无法为部队提供补给。[213] 虽然前线急需物资，但复杂的地形和越来越频繁的恶劣天气导致燃油消耗量远远高于先前的计算，这就意味着需要准备比设想更多的油料列车。但是，仅在1941年9月就有120列已被核准的油料列车因为铁路运输问题无法到达前线。[214] 这已经不足为奇，第4集团军司令冯·克鲁格元帅就在9月中旬写道："集团军勉强度日，特别是在油料方面。"[215]

　　苏军反复发起顽强的反突击，德军铁路和公路的运力又越来越令人不满，二者的交互作用导致德国人为重新攻往莫斯科而储备物资的工作只能以一种令人泄气的缓慢速度进行。另外，只能通过削减正常生活开支来囤积这些储备物资，这迫使部队越来越多地选择就地取材。[216] 第2、第9集团军都于8月中旬报告，弹药库存仍在减少，无法为一场新的进攻做好准备，此外油料供应依然严重不足。[217] 直到9月15日，第2集团军才把补给状况描述为"安全"。即便在此时，物资库存的缓慢增加还是使德国人根本无法在10月初之前发起任何大规模进攻行动。与此同时，第4和第9集团军都认为他们的运输能力既无法满足当前需求，也不可能为计划中的全面进攻囤积物资。[218] 幸运的是，1941年9—10月间的任何一天里，斯摩棱斯克、戈梅利、罗斯拉夫利、维捷布斯克这些主要补给仓库都在很大程度上得到了补充，甚至能获得全力维持"台风"行动所需物资的三分之二。[219]

在承受红军持续数周的反突击后，中央集团军群的东部战线终于稳定下来，博克所部险象环生的后勤工作遭受的巨大压力于9月第二周得到部分缓解。瓦格纳在9月29日向哈尔德报告，为新进攻行动提供补给的情况"令人满意"（zufriedenstellend），一切部队"都已做好进攻准备"（zum Absprung … bereit）。[220] 他在写给妻子伊丽莎白的信中满怀信心地指出，数周的详尽准备会把中央集团军群"立即"（ohne weiteres）送到莫斯科。[221] 但除此之外，他"不敢多想"[222]，只是指出届时"冬季会降临，希望战争能（在那时）结束"[223]。

当然，瓦格纳的信心其实毫无根据。比如，截至9月26日（发起进攻的四天前），获得加强的中央集团军群有3个装甲集群和3个集团军（近80个师）需要获得补给，然而油料列车的到达"严重延误"。[224] 实际上，油料库存几乎不足以让博克的装甲力量再前进300公里——也就是前出到莫斯科城下。[225] 德国历史学家罗尔夫－迪特尔·米勒指出：

瓦格纳是在玩火，并准备承担行动中的一切风险，尽管"有些紧张"，可他对于补给范畴内的一切问题总是喜欢给出乐观的回答。虽说所有迹象都表明中央集团军群的实力并不足以实现其战役目标，但哈尔德仍为进军莫斯科而大声疾呼。瓦格纳不是那种因为担心补给的管理问题而反对他（哈尔德）的人。倘若发生一场危机，铁路总会是个理想的替罪羊，尤其因为它不在陆军总司令部的控制之下。[226]

虽然对"台风"行动后勤准备工作的详细探讨不在本书范畴内[227]，但我们必须明确这样一点：中央集团军群的后勤组织工作完全不足以应对即将发起的攻势所导致的迫切状况[228]。情况甚至比这更糟糕，因为就像本书所述，对苏战局开始几周后，该集团军群的后勤工作开始崩溃。因此，博克在7月到9月这段时期无法让他的进攻力量继续朝斯摩棱斯克前方挺进。实际上，早在1941年7月中旬，弹药和油料需求，以及铁路和公路网的严峻现实便已导致后勤补给无法支持部队立即攻往莫斯科。所以，哈尔德、博克、霍特、古德里安关于不久之后夺取这座城市的讨论"纯属学术研究"：

> 后勤方面的限制决定了博克的步兵集团军不得不停在斯摩棱斯克东面，只有部分装甲力量还能继续前进，但所冒风险极大。毫无疑问，这些现实反映出了"巴巴罗萨"计划最危险的弱点，具体而言就是关于维持战局所需要的后勤保障的计算，德国人先前以近乎不屑一顾的态度予以忽视——现在他们却觉察到了这种破坏性影响。[229]

阵地战在斯摩棱斯克东面持续

1941年8月下半月，中央集团军群位于斯摩棱斯克以东的战线由阿道夫·施特劳斯第9集团军和汉斯·冯·克鲁格获得恢复的第4集团军据守。[230] 希特勒做出北调霍特第3装甲集群，让古德里安集群穿过戈梅利继续进入乌克兰的决定后，两个步兵集团军在完全缺乏快速预备队的情况下，留在原地抗击红军持续不停的反突击。[231] 另外，苏联最高统帅部已注意到德军装甲部队调离第9和第4集团军，这种情况促使他们继续沿博克遭到猛烈冲击的东部战线施加巨大压力。

中央集团军群可用的空中力量日趋减少——苏联人同样对这种情况加以利用。如上所述 [本章 "中央集团军群的状况（1941年8—9月）" 一节 "持续损耗和部分重建" 小节]，他们在战线许多地段获得了空中优势，这是苏联空军初步复苏的一大体现。大约在此时，德国人发现苏联空军投入一种新式武器——第106步兵师第241步兵团在别雷西南面的战斗中首次遭遇了这种"令人讨厌的意外"：

夜间空袭令人不快。部队首次发现敌人使用了磷弹。第1营指挥所遭到这种炸弹的猛烈打击。整片森林起火燃烧,几乎没人知道该如何对付这些磷弹。这里没有水,可就算有也派不上什么用场。我们无能为力,只能用泥土覆盖燃烧或闷燃的磷弹,而这是一项危险的工作。[232]

红空军的行动越来越活跃,德国人突然发现自己成了可怕空袭的受害者,第6步兵师的泽夫克少尉在1941年9月写道:

今天早上8点,我带着两名士官和两名士兵骑车侦察道路……我骑着自行车穿过普列奇斯塔亚返回时,遭遇了敌人的低空空袭。三架轰炸机和两架战斗机在道路上方低低地飞来。轰炸机投下约20枚杀伤弹,战斗机以机枪火力扫射行军路线。我跳下自行车,隐蔽到一座房屋后面。现场一片混乱,司机和驭手可耻、不负责任地丢下了他们的车辆和马匹。马儿在道路上四散奔逃,被遗弃在路上的车辆发动机仍在运转。

在我右侧,有六枚炸弹落入一座菜园。弹片呼啸着掠过道路,粉碎了窗户玻璃和屋顶。有些房屋立即腾起火焰。平民的伤亡很大。几个身负重伤的俄国人从一座房屋里被抬出,其中几人缺胳膊少腿。在我旁边,一个抽泣的女人带着个光着身子、沾满鲜血的孩子逃出屋子。我之前一直很幸运,这是我首次遭遇低空空袭。现在我终于知道德国轰炸机和战斗机打击苏军行军纵队是怎样一种情形了。[233]

据守稀疏得有些危险的阵地时,德国步兵师通常会把三个步兵团悉数靠前部署,借此守卫他们过度拉伸的防线[234],并以本师所能拼凑起的局部预备队提供支援。防御体系由一连串排、连级支撑点构成,最强大的支撑点设在村庄及其周边,掩体和交通壕纵横交错。各支撑点之间的缺口——至少在理论上——会获得预有计划、随叫随到的火炮和迫击炮交织的火力掩护。[235]

在静态战争的常见情况下,炮兵发挥着主导作用,(苏德战争中)德国士兵的经历通常与他们父辈1914—1918年间的遭遇相似[236];另外,前线的艰辛(相较之前那场世界大战)不可避免的成倍增加,与父辈们年轻时相比,这种情况已变得更为普遍。1941 年 8 月下旬，第 9 集团军在作战日志中评论道，一种 "德国勇士" 在时长数周的防御战的严峻考验中诞生，"他们体现了一战期间光荣的德国战士的坚韧性和优越感。他们让敌坦克从身边隆隆驶过，然后在近战中打垮尾随其后的红军士兵"[237]。这种豪言壮语所体现的精神可以说是恩斯特·荣格的最佳传承，他在 1920 年出版的《钢铁风暴》一书中，大力美化了自己一战期间作为一名德国士兵在西线服役的经历。

过去几周里，士兵们挖掘更深的散兵坑，以提升自己的生存概率。天气越来越冷，各种昆虫开始苦苦折磨他们，在前线遭受的压力使他们几乎没时间考虑诸如个人卫生这种基本需求。渐渐地，他们开始接受这种特殊的原始生活方式。8 月 18 日，隶属中央集团军群、时年 21 岁的士兵哈拉尔德·亨利写道："'就连一条狗都无法这样生活下去' 的说法并没有被夸大，因为牲畜也不会在比这里更恶劣、更原始的生活条件下委曲求全。我们整日蹲伏在战壕里，挤在窄小的洞中，无助地暴露在骄阳暴雨下，并且试图（在这种环境中）睡上一会。"[238]

两天后的 8 月 20 日，第 197 步兵师的二等兵阿洛伊斯·朔伊尔在所属部队沿杰斯纳河构设的防御阵地，给他的妻子写信：

亲爱的妻子！

此时是上午10点。温暖的阳光再度出现，又一次晒干了我们在夜间被暴雨淋透的物品。几天来，我们一直待在高地上的一处阵地里，四周都是玉米地。目前我们据守着防御阵地……时间过得很慢，我们蜷缩在散兵坑内，等待后续命令，等待家里寄来的信件。这段寂静的时光不时会被俄国炮兵的钢铁问候打断。倘若弹着点靠得很近，我们就会更紧地贴在地上。事实已经多次证明，这种情况下步兵铲才是真正的救星。

我们的生活方式极其原始。要是我们几天没有洗漱剃须，这也毫不奇怪。但最令人不快的是，我们的口粮根本不够。尽管我们从菜地里弄到些萝卜和胡萝卜，可仍旧无法摆脱持续存在的饥饿感。我们甚至试过新的土豆，可它们还没成熟，我们的胃开始翻腾起来……

我最近遇到几位来自圣因格贝尔特的同志……每个人看上去都邋里邋遢，所有人只有一个愿望：尽快离开这个国家。就在这14天里，我还在这里见到了许多夸夸其谈的家伙，他们以为这里跟国内一样，但我想他们很快就会改掉这个毛病。[239]

1941 年 8 月 22 日，被派到第 251 步兵师第 459 步兵团团部（位于大卢基以西）的二级下士 "W. F."，在写给一位不知名收信人的军邮中呼应了朔伊尔的感想：

这个被大肆吹嘘的苏联真是让我受够了！这里的条件太过原始。我们的宣传绝对没有夸大，反而有些不充分。我们目前待在圣彼得堡与莫斯科之间的一个镇子外面，这两座城市仍处在俄国人控制下。虽然我所在部队的情况尚好，但我们团的损失很大。我们在这里遭到猛烈的炮火轰击，不得不日夜躲在散兵坑内以避开弹片。散兵坑里满是积水，虱子和其他害虫也悄然袭来。[240]

9 月初，第 6 步兵师的一等兵马蒂亚斯写信给他的家人，与大多数德国士兵一样，他对战争进程的放缓感到失望，并期盼战线再次向前推进：

这里发生了一场依托交通壕、散兵坑、地下掩体进行的堑壕战。天气寒冷多雨。我们的阵地里满是积水，所有壕壁都在坍塌，掩体内潮湿不堪。希望我们很快就可以再次向前挺进。最好是进行一场快速突击！在我们左右两侧，装甲部队已向前奔去，很快会完成另一场合围。列宁格勒也已陷入包围。有传言说同样的命运（被围）会降临在莫斯科，可我不太相信，因为官方还没有宣布这个消息。不管怎样，陷阱必须在 9 月触发，否则冬季很快便会到来，这场战争也会……陷入困境！[241]

虽然造成东线战争无比残酷的因素有很多，但双方士兵某些时候会找到缓解战壕中生存压力的办法，就像第 106 步兵师第 241 步兵团的士兵在 1941 年 9 月发现的那样：

一种虚假的宁静笼罩着前线。敌人就在几米开外。第241步兵团几个连队与敌人有时仅隔一片土豆地。土豆很重要，因为它们在9月这几周成了主要食物，原因是战地面包房已被烧毁，这里几乎没有任何面包——至少通常情况下没有。但除了面包，这里还有"免费送上门的"洋葱和黄瓜。

我方士兵同俄国人有些不成文的协议。比如有一名俄国士兵壮着胆子溜进土豆地，我们这边的枪炮会保持安静；作为回报，倘若一名德国士兵走入土豆地，俄国人也不会开枪动炮。但我方士兵都很小心，在进入土豆地前，他会用卡宾枪顶起钢盔，举过战壕边缘。要是没什么危险，他就可以安全走入田地。[242]

苏军"杜霍夫希纳攻势"

1941年8月17日，铁木辛哥西方面军发起了另一场大规模反攻（即"杜霍夫希纳攻势"）。8月21日，朱可夫增加该方面军的任务，夺取韦利日、杰米多夫、斯摩棱斯克也包含在内。月底时，这场攻势已蔓延到西方面军从托罗佩茨到亚尔采沃的整条战线上。[243]博克麾下实力虚弱的各师是幸运的，敌人在这场进攻中只是零零碎碎地投入兵力，这就减弱了他们的整体冲击力。另外，许多遂行突击的苏军兵团缺乏坦克、重武器、机枪。就算这样，红军还是在接下来几天赢得了"前所未有的战术性胜利"，并给中央集团军群造成了"真正的伤害"。[244]

从国防军最高统帅部战时日志简短的每日摘要可以看出，苏军的这场攻势对德国第9集团军防线施加的压力强大而又持久：

1941年8月17日

中央集团军群东部战线，敌人对……第9集团军发起孤立的进攻行动，这些进攻被击退。第161步兵师遭到敌人师级兵力冲击，只能投入最后的局部预备队予以抵抗。那里的主战线曾出现短暂后退。

1941年8月18日

第9集团军……东部战线上，敌人以连级到团级的兵力在几个地点遂行冲击。第8军（具体是第161步兵师）北翼，面对优势之敌的进攻，部队不得不撤到一处预有掩护的阵地。

1941年8月19日

优势之敌对第9集团军发起了无数次进攻，针对的是第8、第5、第6军防线。敌人达成局部突破，但这些突破大多被我方的反冲击肃清。

1941年8月20日

第9集团军作战地域的紧张态势仍然持续，特别是在第8军北翼和第5军正面。敌人继续进攻，再度取得数次局部突破，但这些突破在战斗中再次被肃清。为缓解第161步兵师北翼（昨日被敌人逼退）的压力，第7装甲师从弗罗尔西南地域攻入进犯之敌的北翼。这场进攻一直挺进到了马科夫亚西南面，但因夜幕降临而被迫中止。

1941年8月21日

敌人继续在第9集团军作战地域遂行进攻。局势依然紧张。第7装甲师对敌军北翼展开反突击（这股敌军已突破第161步兵师北翼），起到了一些缓解作用，但该师为此付出的代价相当高昂……

敌人对第5、第6军防线施以猛烈炮击并发起进攻，但都被我军反冲击击退，敌人损失惨重。不过我方的伤亡也是如此。

1941年8月22日

敌人围绕第9集团军实施进攻的强度有所减弱。他们投入大约两个师兵力，排成密集队形冲击第6步兵师与第26步兵师结合部。这场进攻被第6步兵师击退，敌人损失惨重；第26步兵师防区内的战斗仍在继续。敌人还冲击了第161步兵师防区。

1941年8月23日

敌人对第9集团军的进攻持续了一整天。第14摩步师发起反冲击后，成功收复第8军左翼的主防线。

第5、第6军作战地域内，敌人的进攻仍在继续。对方在火炮和坦克支援下展开的强大冲击被我军反冲击逼退或肃清。敌坦克和人员损失惨重。

1941年8月25日

敌人反复冲击……第9集团军防线。在第9集团军个别防御地段，主防线已经有条不紊地后撤到更有利的防御地带。

1941年8月27日

敌人沿……第9集团军东部战线，在数个地点发起冲击，并以至少一个师的兵力对第6军展开直接而又猛烈的进攻，深深楔入第26步兵师防区。该师投入最后的预备力量，肃清这场突破并恢复了主防线。可是，由于缺乏预备力量，特别是在第9集团军这一地段，紧张的局面还会再次出现。[245]

8月28日，苏军对德国第9集团军的猛烈突击暂时停止，但他们造成的破坏相当严重。比如赫尔曼·维尔克中将第161步兵师的几个营在与I. S. 科涅夫第19集团军的初期交战中遭到重创。到8月19日黄昏，该师战斗兵力只剩最初实力的25%[246]，用博克的话来说，该师"看上去已经到达难以为继的地步"。他在日记中思忖道："俄国人似乎注意到了第9集团军战线后方的摩托化师已被调离。"[247]事实上，他们确实知道。

国防军最高统帅部的每日作战摘要表明，德国人在资源条件允许时，频频对铁木辛哥的新攻势发起积极的反冲击，以封闭主防线上的缺口。这是德军的标准做法，虽然卓有成效，但是代价相当高昂。丰克获得加强的第7装甲师于8月20日投入反突击，目标是击溃苏军第19集团军。但他们立即卷入了一场历时两天的激战，在此期间德军装甲兵陷入一张"由半埋的坦克、密集分布的步兵和反坦克支撑点织成的死亡之网，而且处在苏军雨点般落下的炮弹和迫击炮弹的威胁下"[248]。科涅夫的部队击毁了第7装甲师三分之二的坦克，该师残余力量被迫后撤。苏军的胜利标志着他们在战争中首次阻挡住德军一场大规模坦克突击并击败了对方。[249]

虽然德国人守住了防线（不过某些地段稍有调整），并使遂行冲击的红军部队遭受了惊人损失，但第9集团军的伤亡也很大。实际上，在一段较长的时间内（1941年8月6—28日），该集团军辖内第5、第8军（共7个师）伤亡271名军官、8075名军士和士兵。其中56名军官、2019名军士和士兵阵亡，3名军官、366名军士和士兵失踪。在这三个星期里，两部（第5、第8军）共俘获4350名俘虏，击毁或缴获182辆苏军坦克。[250]

红军夺回叶利尼亚

在1941年8月下旬，克鲁格第4集团军（第7、第9、第12、第20军）掩护着中央集团军群约250公里长的战线。该集团军的阵地从斯摩棱斯克以东地域向东南方延伸，把叶利尼亚突出部包纳其中，然后沿杰斯纳河转向南面，最终到达布良斯克西南方约60公里、杰斯纳河西面的波切普。[251]截至目前，第4集团军辖内一些师已遭到严重削弱，以至于虽然战线后方修筑道路的工作急需工兵，但盖尔第9军还是把他们当作步兵使用，以掩护叶利尼亚突出部北翼。该军第137步兵师在8月20—30日的局部战斗中每天损失50多人，而毗邻的第263步兵师在8月20—27日间伤亡了1200人。[252]

克鲁格的部下与北面第9集团军的将士一样，他们很清楚苏联人的常规战役季节即将结束，也渴望再次向前挺进。第23步兵师的维尔纳·海涅曼少校在8月30日凌晨1点写给妻子的信中，记录下了第4集团军将士此时的期盼，但他的想法同样暴露出了对战局后续走向越来越强烈的不安：

我们此时位于战线最东面的阵地，没人知道何时才能再次向前推进。这场进军必须恢复，我们今年必须夺取莫斯科，这一点可以确定。俄国人的核心肯定已经发生动摇，但他们战斗得越来越顽强（他们现在毕竟是为俄罗斯，而不再是为布尔什维主义而战），他们的兵力多得令人难以置信。每天都有逃兵跑到我们这里，但这些逃兵导致我们的日常生活变得更加困难。最重要的是苏军政委知道这些人的勾当，并对大多数士兵保持着压力。[253]

当然，少校的评论可谓准确无误。经过一场历时几天的短暂休整，苏军当日（8 月 30 日）再度对第 4 集团军发起冲击。在海涅曼所属的第 7 军第 23 步兵师防区，进攻方沿杰斯纳河取得突破，在该师防线上冲开一道 8 ~ 10 公里深的缺口。次日第 10 装甲师在步兵支援下展开反突击，成功恢复了防线。[254]

最重要的是，红军于 8 月 30 日付出最后的努力，力图从马特纳第 20 军的步兵手中夺回叶利尼亚突出部，该军已在对方无情的冲击下坚守阵地数周，并为此付出了高昂代价。[255] 原中央集团军群参谋长汉斯·冯·格赖芬贝格将军在战后为美国陆军所做的一项研究中承认，那里的战斗 "极为严峻"。[256] 朱可夫预备队方面军再次投入拉库京第 24 集团军，该集团军最近获得 3 个师加强，实力达到了 10 个师（包括坦克第 102、第 105 师，以及摩托化第 103 师）。[257] 拉库京以两个突击群遂行进攻（一个在突出部南面，另一个在突出部北面），以 800 门火炮、迫击炮和多管火箭炮提供支援。另外，他所实施的这场冲击会与西方面军在北面（杜霍夫希纳）、布良斯克方面军在南面（罗斯拉夫利—新济布科夫）同时发起的攻势相配合。[258]

德国守军对苏军的进攻准备不足。由于战斗步兵长期短缺，他们的防御阵地通常只是孤零零的一道战壕线，而不是德国军事学说规定的具有纵深的多层弹性防御体系。兵力缺乏也使他们无法在主防线前方建立前沿阵地或前哨，没有足够的前向安全性。许多部队别无选择，只得放弃首选的反斜面防御阵地，尽管这种阵地可使他们避开敌人的观察和火力打击。[259] 克鲁格第 4 集团军 8 月 22 日从古德里安司令部手中接过叶利尼亚地区部队的控制权时，集团军参谋长京特·布卢门特里特上校对那里的情况深感震惊。他在战后写道："我说我们的防线较为薄弱，这只是一种轻描淡写的说法。每个师受领的防御正面近 20 英里宽。另外，由于这些师已在对苏战局中遭受严重伤亡，他们通常实力不足，而且根本没有战术预备队。"[260] 当时为美国陆军战斗研究中心工作的蒂莫西·雷少校对德军防御学说做过细致的研究，他用第 20 军第 78 步兵师这个例子强调了布卢门特里特的评论：

8 月 19 日，准备接替叶利尼亚突出部里的另一个师时，第 78 步兵师的军官实施了一场前进侦察，他们发现德军防线主要由一些互不相连的步兵散兵坑构成。这里也没有构筑后方阵地，由于地雷和铁丝网短缺，苏军进攻路线上只布设有少量障碍物。德军防线的位置不太有利，几乎完全暴露于敌人设在较高处的阵地下。因此，昼间的一切运动都会招来雨点般的炮弹和迫击炮弹。实际上，苏军的火力完全占据主导地位，德军伤员只能留在散兵坑里，夜幕降临后才能疏散。

尽管怀有良好的意愿，可是在8月22日占据防御地段后，第78步兵师领导层却发现无法改善防御情况。第238步兵团的一位营长指出，苏军火力的强度和精准度抹除了他们在昼间扩大战壕的一切努力。而在夜间，防范俄国人渗透的必要性使他们无法组织夜间工作队。另外，他们没有足够的预备力量加强受威胁地段。派遣部队据守12英里宽的防线后，整个第78步兵师剩下的预备力量已不到一个营。[261]

苏军第24集团军的猛烈冲击迅速突破德军前沿防御。尽管德国人反复发起殊死反冲击，但截至9月4日，拉库京的南北突击群都已深深迂回守军，对其构成合围威胁。让突出部的防御形势更加恶化的是，由于激烈的战斗目前正沿中央集团军群整条战线进行，他们（其余地段部队）无法增援突出部内陷入困境的守军。[262]

冯·博克元帅在两天前（9月2日）指出，叶利尼亚突出部里的几个师"正逐渐耗尽实力"。与克鲁格多次交流后，他决定放弃这个突出部。一如既往，博克的目光盯着莫斯科，他在解释自己的决定时称："最快要到9月下旬才能向东发起进攻！在此之前保存我们的实力至关重要，因为只有两个新锐师……正从后方被派往集团军群。"[263]

博克的这个决定让在叶利尼亚血腥地狱中殊死奋战的德军将士如释重负，第268步兵师的一等兵M. H. 在9月2日的一封信中描述了那里的情况：

我们经历了严峻的时期并为此付出重大代价。我们被困在这里已有五周，一直被俄国炮兵持续不断的炮击折磨。我不知道我们的神经还能支撑多久……我认为我们付出的牺牲已经足够重大。上级一再保证会送我们回家，可这种许诺从来没有兑现过。[264]

接到实施战斗后撤的命令后，马特纳麾下步兵师有条不紊地撤离突出部，退往乌斯特罗姆河与斯特里亚纳河之间预有准备的防御阵地，他们将在那里阻挡苏军的进一步推进。[265] 西北面，协助守卫突出部北翼的第9军第137步兵师会暂时撤到斯摩棱斯克东南面，在那里接受他们应得的休整，尽管一场倾盆大雨把各条道路变成一片片黏糊糊的泥沼，对人员、马匹、车辆、火炮的运动构成了巨大挑战。[266] 完成这场撤退后，第137步兵师师长弗里德里希·贝格曼中将于9月7日签发一道师部令，在开头处总结了该师近期的经历：

第137步兵师的将士们！

近三周最艰巨的战斗已告结束。在右侧地段沿一条21公里长的战线守卫叶利尼亚突出部的十九天里，我们击退敌人以各种部队和武器发起的进攻，具体情况如下：

一连六天，我们冒着敌人中等强度的炮火，每天击退敌连级兵力发起的10~15次冲击。

一连八天，我们顶着敌人约15个炮兵连的猛烈炮火，每天击退敌团级兵力发起的约20次冲击，在同一地段出现的冲击甚至多达4次。

一连五天，我们冒着敌人约30个炮兵连的最猛烈火力，从黎明到黄昏，沿整条防线击退敌人不间断的冲击，以及他们实施的数次夜袭。[267]

贝格曼的部队为这19天的战斗付出了高昂代价，该师的战斗减员多达1900人，平均每天达100人，而且这种战斗力的下降无法弥补。[268]

与此同时，经过更激烈的战斗，苏军步兵第19师于9月5日攻入备受摧残的叶利尼亚镇。在另外几个步兵师的支援下，该师于次日占领全镇。在苏联人看来，尽管叶利尼亚进攻战役的规模不大，可这是他们在战争中首次赢得真正的胜利。实际上，这是"苏军首度成功突破德国人预有准备的防御并重新夺回一片面积相当大的被占领土"[269]。从德方角度看，"撤离叶利尼亚是德国陆军在第二次世界大战中首次被迫实施战役后撤"[270]。但苏军为这番胜利付出了高昂代价：他们在这场战役中共投入103200人，伤亡31853人，其中10701人阵亡、被俘或失踪，21152人负伤。为表彰战斗中表现突出的部队，有四个红军步兵师（第100、第127、第153、第161师）成为首批获得"近卫"称号的兵团。[271]

如前所述，苏军的叶利尼亚进攻战役仅仅是他们席卷中央集团军群大部分战线的一场全面反攻的组成部分。9月1日，铁木辛哥以他的西方面军在杜霍夫希纳重新发起进攻，以三个集团军（第16、第19、第20集团军）遂行一场联合突击。两天前（8月30日），布良斯克方面军[272]在叶廖缅科将军（同僚称他为"苏联的古德里安"）指挥下展开行动，具体任务是猛攻向基辅挺进的古德里安[273]，同时打击德国第4集团军南翼。苏军的进攻再次对德军脆弱的主战线施加巨大压力，博克集团军群又开始了一段新的危机时期。这位陆军元帅以一种多少有些满不在乎的态度在日记中评论道："针对第9集团军，敌人在先前发起进攻的地点对斯摩棱斯克东面和北面展开了冲击。"[274]但在次日（9月2日），他以一种明显更为严肃的口气写道："今天，敌人在波切普和该镇正北面进攻第4集团军[275]最南翼，这种情况还是首次出现。如果他们继续下去，可能会把我们弄得一团糟！"[276]9月3日，为应对苏军坦克在第4集团军南翼（第12军）达成的"大纵深"突破，博克把手中唯一的预备队师（洛塔尔·伦杜利克少将的第52步兵师）交给克鲁格，但要求"只有在必要时"，才把该师投入战斗。[277]

1941年9月5日，身处东普鲁士陆军总司令部大院内的赫尔穆特·施蒂夫，对博克集团军群越来越岌岌可危的处境给出了阴郁的评论：

中央集团军群东部战线一连数日、数周卷入最激烈的防御战，其规模堪比第一次世界大战（仅在一个军的防区，敌人就集结起了300个炮兵连）。在此期间，我方主战线每天都遭到严重突破，各个师的战斗力量犹如阳光下的积雪那样迅速消融。这一切的悲哀之处便在于运输问题导致我方部队长期缺乏弹药。那里的情况危如累卵，因为我们没有更多预备力量。希望俄国人首先丧失势头，否则我们就有丢失斯摩棱斯克的危险。[278]

激战的消退 & 德方准备"台风"行动

事实证明，施蒂夫和他的总参同僚们很快就会暂时松一口气，因为红军这场攻势的确"丧失了势头"。应朱可夫的要求，苏联大本营于9月10日批准西方面军和预备队方面军停止沿杜霍夫希纳和叶利尼亚方向的进攻。两个方面军都在人员和装备方面遭受了巨大损失。而在南面，古德里安的装甲部队正在打垮叶廖缅科布良斯克方面军的突击力量，该方面军的攻势将在两天后陷入停顿。[279]

虽然苏军 8 月底和 9 月初的攻势给博克的军队带来了沉重压力，但遂行进攻的几个红军方面军也在进攻或防御作战中消耗了大批战斗力量。例如，除了朱可夫预备队方面军在叶利尼亚遭受惨重损失外，布良斯克方面军亦伤亡约 10 万人，还损失了 140 辆坦克——这相当于该方面军投入罗斯拉夫利—新济布科夫进攻战役的近 40% 兵力（共 261696 人）和超过半数坦克（共 259 辆）。[280] 更普遍的是，许多苏军步兵师的平均兵力现在减少到了 3000 人左右。[281] 就在德国人准备再次攻往莫斯科之际，这种损失严重削弱了红军战斗力，结果在 1941 年 10 月，"台风"行动的第一阶段，苏军蒙受了灾难性失败。[282]

持续数周的激烈战斗终于落下帷幕[283]，双方士兵又回归到了静态战争时期不那么重要的日常事务中去。他们执行常规巡逻，偶尔实施局部突袭，并且强化散兵坑和掩体以抵御突如其来的炮火急袭或空袭。数周以来，德军官兵首次有时间清理武器装备，搞搞个人卫生，并给家里的亲人写信。最重要的是，他们终于可以好好休息和睡觉了。

可随着 9 月越来越凉的日子逐渐消逝，一连串有目的的活动爆发开来，再次震颤了整条前线，中央集团军群久经沙场的老兵产生了一种实实在在的兴奋感。新部队、新武器、新装备不断运抵前线，各种传言闹得沸沸扬扬。第 106 步兵师第 241 步兵团的士兵也卷入了这场突如其来的骚动之中：

传言四起，可没人能说清楚究竟是怎么回事。部队和指挥所忙得不可开交。秘密命令已经下达，我们被要求展开广泛的侦察活动。挖掘战壕或改善阵地的工作在很大程度上被忽视了。我们在阵地上只做些最重要的事情。

用于无线电通信的新密码文件突然分发下来时，士兵们纷纷竖起耳朵。许多人马上明白过来，这只能意味着很快会向东发起一场进攻。[284]

1941 年 9 月 6 日，对北部（列宁格勒）和南部（乌克兰）正按计划进行的作战行动深感满意的希特勒下达第 35 号指令，命令中央集团军群"尽早（9月底）"向莫斯科发起进攻。[285] 十天后的 9 月 16 日，博克向麾下三个装甲集群下达实施"台风"行动的命令（古德里安集群从南方调回，第 4 装甲集群正从北方集团军群赶来）。[286] 9 月 24 日，博克在斯摩棱斯克的集团军群司令部与他那些集团军、装甲集群司令召开最后一次会议，他们一同仔细研究了作战计划和目标。[287]（博克在当日的日记中慨叹道："是时候了！"[288]）9 月 26 日，他为这场攻势下达了总攻令。[289] 这道命令的开头处写道："经过长时间的等待，集团军群将再次投入进攻。"9 月 27 日，这位陆军元帅把总攻发起时间定于 10 月 2 日清晨 5 点 30 分。[290]（他在日记中写道："这有点匆忙，可我们不能再浪费时间了。"[291]）此时，由近 200 万将士组成的 78 个师，在数百辆 / 架坦克、战机和数千门火炮的支援下，正为一场历史性的行动而集结，他们热切地期盼通过这场行动彻底击败苏联并让自己最终返回故土。

1941 年 9 月 24 日，第 6 步兵师已从别雷以西的阵地上被换下，稍稍向南调动。此时，第 9 集团军正为即将发起的进攻实施重组。[292] 尽管该师为重新向东挺进完成了准备，可正如海因里希·哈佩在 9 月 27 日日记中所写的那样，阵地战实际上有增无减：

> 阵地战已到达顶点！在某些地段，我们的战壕距离俄国人的阵地仅 80 米。每个人都蜷伏在地下。口粮、弹药和其他必需品只能在夜间交付。所以我们在这里过着犹如鼹鼠的生活。炮弹雨点般落下，整日震颤着我们小小的自制掩体。一座医疗掩体修筑在我睡觉的掩体旁，我可以在这里收容白天的伤员并为他们提供医疗救治。这些伤员将在夜间被送往主救护站。我们非常合理地希望，这种沉闷而又危险的混乱情况会很快结束。[293]

9 月 29 日，该师战斗工兵营开始执行一项危险任务：肃清德军在主战线前方布设的雷区。接着，重武器进入阵地。月底时，第 6 步兵师接到"台风"行动进攻令。[294] 泽夫克少尉在写日记时几乎捕捉到了师里每一个人此时的心情：

我们的中央集团军群即将发起一场重大的、具有决定性的行动。几天后，我们就会对莫斯科展开一场大规模攻势。到目前为止，我们的行军方向始终是莫斯科。我们最大的希望是保持这个方向并参加对莫斯科的进攻。几周以来，我们一直在这里遂行防御，这给我们造成一种不公平的内部再适应。但对我们来说重要的是，那个词很快就会再次出现：进攻！[295]

进攻发起前夕，第 9 集团军的二级下士赫尔穆特·帕布斯特惊讶地注意到了己方军队这场强大的集结：

某些新东西犹如马赛克碎片般被拼凑起来。有人看见坦克，这些涂成黄色的坦克原先用于非洲[296]，现在它们被调到了这里。还有人看见了突击炮。火箭炮部队的一名士兵不小心出现在这里。各种各样的特殊武器，还有大批各种口径的火炮都集中到了这一地区。它们像一场雷雨那样势不可挡地堆积起来。这是平静外表下的一股力量——即将展开的这场打击可能比我们迄今为止见到的所有行动都要庞大。[297]

帕布斯特继续写道："我们不知道这场进攻何时发起，我们只觉得平静的面纱变得越来越薄，气氛越来越紧张，时间越来越紧迫，只要一句话就能导致天崩地裂，届时所有集结起来的力量都会向前冲去。"[298]

侧翼的作战行动，"台风" & "巴巴罗萨" 行动的失败

希特勒于 1941 年 8 月 21 日做出决定后，德军的作战重点暂时调整到了东线两翼（也就是北方、南方集团军群作战地区），这带来 "一定程度的战略清晰度……它已经缺席数周"。

尽管如此，长期犹豫不决和内部纷争的严重影响还是以受损的神经和痛苦的私仇给高级指挥部门留下印记，反映出这是一支经历过重大逆转的军队。当然，指导战争的日常业务仍在继续，可这已不再是 "闪电战"，而是一场耐力战——在这样一场战争中，获得西方盟友支持的苏联已处于有利地位。[299]

列宁格勒和基辅合围圈

经历了明显的延误后，冯·莱布元帅的北方集团军群于8月10日，在里希特霍芬第8航空军的"斯图卡"和中型轰炸机的有效支援下，对列宁格勒发起一场总攻。[300] 尽管苏军顽强抵抗，可德军装甲部队还是在突破卢加河防线（这是列宁格勒的最外围防线，距离该城约100公里）后进入开阔地。8月20日，莱布右翼力量到达丘多沃，一举切断从列宁格勒向东南方延伸，通往莫斯科的主要铁路线。8月31日，德军切断了列宁格勒与东面的姆加之间的最后一条铁路线。[301]

此时，施密特第39装甲军的先遣力量距离列宁格勒只剩25公里。[302] 苏联人绝望地使用各种可用武器保卫列宁格勒：他们把涅瓦河舰队的舰炮投入战斗，以此轰击德国人。许多舰炮从舰艇上拆下后被设置在陆地上，"就连40年舰龄的'阿芙乐尔'号巡洋舰上的舰炮也被拆下，部署在普尔科沃高地的阵地里——这艘军舰曾在1917年11月炮击冬宫，逼迫临时政府的残余力量向布尔什维克投降"[303]。

9月3日，德国人首次使用远程重型火炮（240毫米）轰击列宁格勒。[304] 在激烈的战斗中，德军装甲和摩托化部队一路突破苏军的大规模同心防线（1000公里土木工事、645公里防坦克壕、600公里铁丝网、约5000个暗堡和火力点）。[305] 莱因哈特第41装甲军终于在9月5日到达列宁格勒郊区。[306] 三天后的9月8日，德国人攻占拉多加湖湖畔的施吕瑟尔堡，切断了列宁格勒与苏联其他地区最后的陆地连接。[307] 9月9日，德国空军开始不分昼夜地轰炸这座城市。[308] 9月10日，实力严重不足的第1装甲师在列宁格勒东南方10公里突破了苏军设在杜杰尔戈夫高地上的防御。从这个具有战术重要性的高地上，德国人可以清楚地俯瞰面前这座城市：熠熠生辉的圆顶和塔楼尽收眼底，港口内的舰艇清晰可辨——它们正朝位于身后的德军目标开炮射击。[309]

但进攻方无法更进一步。希特勒已命令莱布把麾下大部分装甲力量调拨给中央集团军群以支援最后者向莫斯科发起的突击，赫普纳第4装甲集群司令部、三个装甲军军部和数个装甲师很快就会赶去加入博克集团军群。[310] 另外，元首决定不夺取列宁格勒，而是将她团团围住，让城内军民挨饿，并以大规模空袭和炮击夷平城内所有房屋和建筑。[311] 9月5日，参加完元首召开的会议后，哈尔德在日记中这样写道:"列宁格勒:我们的目标已然实现,现在这里会成为一片'次要战区'。"[312] 这座人口近 300 万的城市所遭受的 900 天可怕围困就此开始。[313]

在此期间,格尔德·冯·伦德施泰特元帅的南方集团军群也一直在乌克兰挺进。他们在乌曼消灭了一个包围圈里的大批苏军部队。截至 8 月 8 日,克莱斯特第 1 装甲集群已歼灭 20 多个红军师,俘获 10.3 万名俘虏,还缴获858 门火炮和 317 辆坦克。[314] 随后,德军装甲部队继续攻往基洛夫和克里沃罗格(这是苏联欧洲部分的铁矿石中心),于 8 月 14 日攻占后一个目标。[315]利用克莱斯特取得的这番胜利,伦德施泰特亦着手肃清整个第聂伯河西岸的红军部队。虽然红军牢牢据守基辅突出部,但南方集团军群已在基辅上方(第6 集团军)、第聂伯罗彼得罗夫斯克(第 1 装甲集群)、别里斯拉夫(第 11集团军)和克列缅丘格(第 17 集团军)渡过第聂伯河,并在对岸建起了登陆场。[316]

伦德施泰特的军队努力扩大第聂伯河登陆场之际,古德里安第 2 装甲集群于 8 月 25 日,着手以第 24、第 47 装甲军从基辅东北方往南进军。[317] 到 9 月初,伦德施泰特集团军群和古德里安装甲集群的作战行动都构成了围歼 M. P. 基尔波诺斯上将西南方面军的威胁。西南方向总指挥部司令员 S. M. 布琼尼元帅(全面指挥西南方面军和南方面军)意识到危险迫在眉睫,于 9 月 9 日请求斯大林同意放弃基辅,把部队撤到不太暴露的位置。斯大林拒不批准这项要求。两天后(9月 11 日),布琼尼再次吁请从基辅"全面后撤",几小时后他被解除职务。[318] 斯大林决心保卫基辅,他打电话给基尔波诺斯:"未经大本营批准,不得弃守基辅,也不能炸毁桥梁。基辅过去是,现在是,将来也一定是苏联的。不得后撤。务必坚守,必要时抵抗到最后一兵一卒!(通话)结束!"[319]

9 月 9 日,施韦彭堡第 24 装甲军渡过谢伊姆河。次日,该军先遣力量、莫德尔杰出的第 3 装甲师夺得罗姆内镇和罗缅河上的两座桥梁,深深楔入了基辅东面的苏军后方。[320] 尽管叶廖缅科的布良斯克方面军作战英勇,苏联空军也反复攻击莫德尔排列在泥泞道路上的部队,可他们还是无法阻挡德军推进。9 月 12 日,第 1 装甲集群在调集必要的补给物资并建起一座合适的桥梁后,以第 48 装甲军冲出第 17 集团军设在克列缅丘格的登陆场,向北攻击前进。[321] 同一天内,应南方集团军群要求,博克指示古德里安赶往罗姆内西南方约 45 公里的洛赫维察镇，在那里同克莱斯特装甲集群的坦克力量会合。德军眼看就要再次赢得一场令人振奋的胜利。值此风口浪尖，博克司令部内的紧张气氛显而易见："中午传来消息，敌人的密集队列正穿过克列缅丘格与罗姆内之间200 多公里宽的缺口向东逃窜。紧接着，南方集团军群半小时内打来三个电话，询问我们是否已到达洛赫维察。"[322] 在接下来两天，古德里安和克莱斯特装甲集群的先遣部队分别朝对方的方向攻击前进。9 月 14 日晨，莫德尔以一个小股战斗群（含 2 名军官和 45 名士兵）向南发起一场大胆突袭。[323] 几小时后，该战斗群与克莱斯特麾下第 16 装甲师一个战斗工兵连都看见了对方发射的白色信号弹（这总是标志着德军部队的位置）。没过多久，古德里安指挥所接到一份简短的无线电报："1941 年 9 月 14 日 18 点 20 分，第 1、第 2 装甲集群已建立联系。"次日晨，第 3 装甲师与第 1 装甲集群第 9 装甲师在乌克兰中部的洛赫维察"建立了紧密的物理连接"[324]。陷入德军装甲铁钳合围，面临灭顶之灾的是苏联整个西南方面军。博克得意地宣布："基辅战役因而成为一场令人眼花缭乱的胜利。"[325]

9 月 17 日 23 点 40 分，苏联大本营给基尔波诺斯发去电报，称斯大林终于批准撤离基辅[326]，可对被困在庞大包围圈里的苏联军队来说，这道命令（的下达）为时已晚。9 月 19 日，基辅落入瓦尔特·冯·赖歇瑙元帅的第 6 集团军手中，德国士兵在城内城堡升起了德意志帝国的战旗。[327] 接下来几天里，第 1、第 2 装甲集群的坦克和装甲掷弹兵从东面挤压这个巨大的口袋[328]，第 17、第 6、第 2 集团军的步兵则分别从南面、西面和北面如法炮制。上方，德国空军的战斗机、俯冲轰炸机、轰炸机重创了包围圈里的苏联军队和车队，并有条不紊地阻断通入包围圈的铁路线，以阻挡苏军援兵开抵，同时破坏被围之敌的后撤路线。[329]

9 月 24 日，包围圈内的战斗宣告结束。第 3 装甲师的一名军医描述了他查看战场时的印象：

现场依然一片混乱。数以百计的货车、运兵车、坦克散落在战场上。车上的人通常在试图下车时被火焰吞噬——他们被活活烧死，像黑色的木乃伊那样挂在炮塔上。车辆周围有数千名死者。[330]

6个苏联集团军（第5、第21、第26、第27、第38、第40集团军）在这场庞大的合围战中被全部或部分歼灭，50个苏军师从红军战斗序列中抹去。[331] 总之，德国人宣称，中央集团军群与南方集团军群在1941年8月下旬发起的这场作战行动，共俘获665212名俘虏，缴获824辆坦克和3018门火炮——其中大多数俘虏（超过50万）直接来自基辅合围战。[332] 包围圈里的红军阵亡者包括基尔波诺斯本人：9月20日拂晓，这位将军率领1000来人的队伍在洛赫维察西南方约12公里处"遭遇伏击并陷入包围，腿部已在夜间负伤的基尔波诺斯被迫击炮弹片击中头部和胸部，不到两分钟就阵亡了"[333]。当然，战斗远非一边倒，许多德军部队在竭力粉碎红军激烈的突围尝试期间也遭受严重伤亡。对苏战局刚开始时就在布列斯特-立托夫斯克要塞蒙受可怕损失的第45步兵师在基辅以东的战斗中又折损40名军官、1200名军士和士兵。[334] 到9月15日，莫德尔第3装甲师的装甲团已经只剩下10辆可用坦克（1辆Ⅳ号、3辆Ⅲ号、6辆Ⅱ号坦克）。[335]

"台风"行动——进军莫斯科

尽管德国军队在列宁格勒和乌克兰赢得重大胜利，可在陆军总司令部和中央集团军群司令博克看来，东线两翼这些交战仅仅是次要行动。经过数周令人沮丧的无所作为后，（东线中部的）主要行动终于在1941年10月2日发起：拂晓时，博克庞大的打击力量——约175万名将士（超过72个师）和1400辆坦克，获得近4000门火炮支援[336]——冲出他们的集结地域，沿一条600公里宽的战线向前挺进；空中，凯塞林第2航空队一个个中队反复出动飞行架次，打击敌军前沿防线和后方关键目标。[337] 第5步兵师一位不知名的士兵在他的日记中描述了这场突击的发起：

几分钟后，手表指针指向6点。是时候了！整个前线立即咆哮起来，犹如天崩地裂。你再也不清楚自己在想些什么，耳中只回荡着数千门火炮的轰鸣。炮击持续不停。战机随之出现，我们已有很长一段时间没见过这种情形。一个个多达30架"斯图卡"组成的机群满载着炸弹，从我们上方掠过。它们很快就会告诉俄国人究竟发生了什么。第一批战机已折返，其他飞机继续从空中飞过。我方战机在整个空域巡弋。空中看不到俄国人的飞机，也没有炮弹朝我们落下……一个小时过去了。我方炮兵火力有所减弱。有些炮兵连已变更发射阵地，另一些则留在原处，为部队挺进提供掩护……"斯图卡"战机今天有许多工作要做，一个个中队不断朝敌人那里飞去。[338]

"台风"行动开始了。第6步兵师的军医汉斯·利罗夫在日记中写道，这是个"阳光明媚的美丽秋日"[339]，德军将士为他们能够再次向前挺进而激动不已。二级下士赫尔穆特·帕布斯特看着这场突击沿施特劳斯第9集团军的战线发起：

6点。我跳到一座防空洞上方。坦克！这些隆隆作响的钢铁巨兽朝敌人缓缓驶去。飞机！一个中队接着一个中队的战机沿途投下炸弹。中央集团军群已展开进攻。

6点10分。火箭炮发出第一轮齐射。这绝对值得一看。火箭弹留下一道黑色尾迹，一片乌云缓缓飘过。第二轮齐射响了起来！红色和黑色的火焰，弹体从锥形烟雾中显现出来。火箭弹被点燃时，你能清楚看见这东西像箭一样划破清晨的空气。我们此前从来没有见过这种武器。侦察机沿低空航线返回。战斗机在上空翱翔。

6点45分。机枪火力在我们前方响起。轮到步兵了。

8点20分。坦克从火炮阵地旁隆隆驶过。虽然已经过去100多辆，但是坦克仍在不断驶过。15分钟前的一片场地现在成了一条道路。我们右侧500码外，突击炮和摩托化步兵也毫不停顿地向前冲去。[340]

德军装甲部队在各突破地段享有巨大的局部优势，他们在苏军防线上撕开一个个硕大的缺口，朝东面的目标冲去——第3、第4装甲集群攻往维亚济马，第2装甲集群奔向布良斯克和奥廖尔。[341]受初期战果鼓舞，希特勒于次日（10月3日）乘专列返回柏林。在帝国总理府同工作人员共进午餐后，他乘车穿过大群欢呼的柏林市民，前往体育场，在那里就展开年度冬季援助运动发表了一场鼓舞性演说。实际上，这是他"一生中最激动人心的演说，完全是即兴式的"[342]。他惊叹德国国防军在苏联取得的成就："要是人们现在谈论起'闪电战'，那么就是这些将士所实现的。他们的成就犹如闪电，因为历史上还未曾有过这样的进军。"[343] 希特勒在热烈的掌声中宣布："敌人已被粉碎，再也站不起来了。"[344] 一小时后，专列把他送回东普鲁士大本营。德军在东方的胜利看似已成定局。

随着博克先遣力量强大的装甲铁钳深深楔入苏联腹地，他们迅速合围了苏联西方面军、预备队方面军、布良斯克方面军的防御力量。10月4日，哈尔德满意地评论道，这场攻势正以"一种堪称经典的模式发展"[345]。两天后，中央集团军群南翼，古德里安第2装甲集团军[346]的坦克俘获了布良斯克方面军司令部（但没捉住叶廖缅科，他设法逃脱了），还夺得布良斯克镇和杰斯纳河上的桥梁。他们继续前进，10月8日，古德里安的装甲力量同魏克斯第2集团军在布良斯克东北面的日兹德拉附近会合，困住苏联三个集团军不知所措的防御力量。[347] 北面，10月7日上午，莱因哈特[348]第3装甲集群与赫普纳第4装甲集群先遣部队（分别为第7和第10装甲师）在维亚济马会合，困住了苏联另外四个集团军和第五个集团军部分力量[349]。

不到一周时间，博克的步兵集团军和装甲力量便已在苏军中央防线撕开一个300公里宽的缺口。受这一战果的鼓舞，陆军总司令部于10月7日命令博克向莫斯科追击残敌。战争态势的这种戏剧性发展深深吸引了希特勒，他当天连饭都没吃，约德尔则把当日称为"整个对俄战争中最关键的一天"，并把它与1866年普奥战争中决定性的克尼格雷茨战役相提并论。次日（10月8日），约德尔重复了他得意扬扬的结论："毫不夸张地说，我们已最终赢得这场战争。"[350] 10月9日，帝国新闻主管奥托·迪特里希博士向全世界宣布（这无疑得到了希特勒的首肯），随着红军"被粉碎"在莫斯科门前，"东方战事大局已定"[351]。

10月6日，秋雨沿着中央集团军群南部地域到来。当晚还降下第一场小雪，但它"没能留存多久"[352]。接下来两天里，降雨蔓延到集团军群战线其他地段，把未铺砌的道路变得一片泥泞，"明显延缓了进攻速度"[353]。10月9日，集团军群作战日志作者指出："恶劣的天气和路况，深不见底的泥泞，再加上燃料供应问题导致装甲部队此时根本无法离开主要道路，实施越野机动。"[354] 由于结冰、能见度差、跑道潮湿，德国空军的战斗飞行架次从10月6—7日的1400个急剧下降到了10月9日的139个。[355] 恶劣的天气还会扰乱补给物资的运送并妨碍伤员疏散。

虽然速度较慢，但德国人还是在向前挺进，这是因为俄国雨季最具破坏性的影响——也就是"Rasputitsa"（字面意思是"无路可走的时期"）[356]——尚未发挥威力。10月10日，赫普纳第4装甲集群先遣力量到达红军莫扎伊斯克防线西部边缘，仅遭到对方零零碎碎的抵抗。[357]莫扎伊斯克防线以几个最强大的同心防御圈环绕着苏联首都，这里布满火炮发射阵地、防坦克障碍物、"龙牙"和铁丝网。这道防线由北向南延伸数百公里，掩护着沃洛科拉姆斯克、莫扎伊斯克、卡卢加镇。[358]10月5日，斯大林命令西面的部队撤往该防线，但他的大部分军队被困在维亚济马和布良斯克包围圈内，最初可用于守卫这些重要地点的只有军校学员、歼击营、民兵、内务人民委员部部队和警察。[359]

德军杀入这些筑垒防御地带，10月11日夺得梅登，次日攻占卡卢加。到10月13日，莫扎伊斯克防线已在数个地段遭到突破。随之而来的是爆发于博罗季诺周围这片拿破仑时期旧战场上激烈、代价高昂的战斗，第4装甲集群先遣力量（党卫队"帝国"师和第10装甲师）有条不紊地把决心坚守到底的守军驱离战壕和混凝土掩体，这些工事获得了包括自动喷火器在内的大批强大"障碍物"的掩护。[360]集团军群北翼，施特劳斯第9集团军夺得伏尔加河畔的勒热夫，而莱因哈特第3装甲集群的坦克和装甲掷弹兵经过艰苦战斗后攻占加里宁（都是在10月15日之前）。加里宁是伏尔加河上游的一个主要河港，这座拥有近25万居民的重要工业城市位于莫斯科西北方150公里处，是苏军防御阵地的一个重要支撑点。[361]南面，古德里安麾下第24装甲军于10月12日到达姆岑斯克，而他这个装甲集团军的右翼已经逼近库尔斯克。[362]

此时是1941年10月中旬，在取得辉煌的初步胜利后，莫斯科现在似乎是个成熟待摘的果实。确实，已被斯大林从列宁格勒前线召回，接掌莫斯科防御的朱可夫后来回忆，10月10日到20日是红军最危急的时刻，因为在这段时期，通往苏联首都的道路（对敌人）敞开着。[363]但三个重叠因素共同打破了德军的突击势头，并且挫败了他们夺取苏联首都的计划。首先，在维亚济马和布良斯克形成包围圈后，德国陆军总司令部认为阻挡在博克集团军群与莫斯科之间的敌军已寥寥无几，因而把第9集团军和第3装甲集群北调（如上所述，他们攻往勒热夫和加里宁），这种奇怪的机动明显削弱了德军朝莫斯科的主要突击；南面，第2装甲集团军部分力量攻往库尔斯克，无法为主要突击提供任何支援。其次，苏军在包围圈里的抵抗相当顽强，牵制住德军数十个师，从而导致这些军力一时无法加入追击行动。[364] 红军的突围尝试给封锁包围圈的某些德军兵团造成惨重伤亡。第 7 装甲师师长在 10 月 18 日写给博克的一封信中告诉这位陆军元帅，10 月 11—12 日间，他的师损失 1000 人，甚至有一整个营在维亚济马北面的阵地上"彻底消耗殆尽"[365]。数天后（10 月 27 日），第 23 步兵师的营长维尔纳·海涅曼少校在一封信中生动描述了维亚济马合围圈之战的惨烈程度：

> 10 月 10—15 日发生在维亚济马包围圈的事件令人紧张无比。10 月 10 日，我们营打击了俄国人后撤中的一个师，仅这一天，我们就俘获 7000 名俘虏。可我们犹如一座座孤零零的小岛，漂浮在敌军占有百倍优势的后方地域，所有补给和通信都被切断，我们被困在大片森林中，四面八方都是殊死奋战的俄国人——这段日子无比艰辛。

> 我们确实困住了对方……可上级让我们完全依靠自己，这是一种可怕的压力。我和我的营孤身奋战了六天，一连数日无法同团部取得联系。他们在后方搓着手满意地说道："太棒了！包围圈困住敌人 6 个集团军，有 50 多万俘虏！"可他们知道这意味着什么吗？每个俄国人都持有武器，无论如何都打算突出包围圈，返回他们的战线。我们薄弱的封锁线数十次遭到突破，不是在这里就是在那里，我们才是被包围者。天啊，森林中的这些夜晚，在刺骨的霜冻和降雪中度过的冰冷夜晚！[366]

但导致德国人最终没能夺得莫斯科的最重要因素是天气的戏剧性变化。到 10 月中旬，"无路可走的时期"（Rasputitsa）已逐渐造成灾难性影响，博克麾下装甲和摩托化师的前进速度慢如蜗牛。10 月 12 日，古德里安装甲集团军对难以想象的困难大加抱怨，因为他们现在的前进速度仅为每小时 1 公里。[367] 博克 10 月 16 日的日记称，克鲁格第 4 集团军"在泥泞的道路上进展缓慢"[368]。随着补给线在紧张的情况下发生崩溃，德军急需的燃料和弹药不得不通过空运交付。坦克从前线折返，以便把火炮和载有弹药的卡车从深及车轴的泥泞里拖出。士兵的军装和军靴迅速损坏，有些部队一连数日得不到面包供应，被迫就地取材，利用当地尚未被苏联人破坏的食物供应维生。[369] 马匹也遭了大罪，这种压力导致许多马匹倒下并死去。博克惊愕地指出："在某些情况下，需要多达24匹马才能把一门火炮拖过淤泥和泥泞。"[370]

10月16日，第47装甲军军长莱梅尔森将军记录下了他对徒步步兵艰难跋涉的印象。这些负重前行的徒步跋涉者令他深感钦佩，他们坚韧地承受不断加剧的困难，这种情况在东线陆军中非常普遍：

> 冒着细雨和纷飞的雪花，我们沿这条可怕的车辙路线折返卡拉切夫，穿过满是积水的洼地和车辙印。途中，我们遇到步兵师几个连队，他们也参加了这场合围。这些可怜的士兵疲惫地跋涉在泥泞中，肩膀上披着帐篷布，纷飞的雨雪落在上面。他们随后占据阵地，在湿漉漉的森林里挖掘散兵坑并睡在里面，冰冷潮湿的夜晚把他们冻得瑟瑟发抖。除了在行军和战斗中取得的成就，德国士兵在这里也展现出一种沉默的英雄主义。这一切都是他们从华沙日复一日地跋涉1000多公里后实现的。这对我方士兵提出的体力要求甚至远远超过上一次世界大战。夜幕降临后，我返回自己的住处，虽然冻得要命，但借助温暖的房间和一杯伏特加，我还是能迅速暖和过来，可我为自己感到无比羞愧。[371]

德国人丧失"他们最大的优势，也就是机动性"后，苏联红军得以"与停滞不前的德军坦克和步兵展开更平等的战斗"。[372] 更重要的是，博克这场攻势的突然停顿使朱可夫获得了宝贵的时间，着手沿苏联首都接近地重新建立一道绵亘防线。10月中旬，朱可夫开始沿摇摇欲坠的莫扎伊斯克防线集结手头可用的一切兵团和支队，这些力量最初不超过14个步兵师、16个坦克旅和40个步兵团——共9万人左右。[373] 但在接下来的日子里，有更多部队逐渐开抵该地域，"对此毫无防备的德国人很快遭遇敌军首批援兵，后者所代表的是调自红军庞大战略预备力量的大批增援部队"[374]。

10月20日，苏军在维亚济马包围圈内的抵抗宣告结束。[375] 几天后（10月23日），布良斯克的战斗也落下帷幕。[376] 两场合围基本歼灭了苏联西方面军和预备队方面军并重创布良斯克方面军。据戴维·格兰茨说，三个方面军折损7个集团军、64个师、11个坦克旅、50个配属炮兵团（这三个方面军共有15

个集团军、95 个师、15 个坦克旅和 62 个配属炮兵团）。技术装备的损失也很惨重，多达 6000 门火炮/迫击炮和 830 辆坦克。最重要的是，红军在这些战斗中损失约 100 万人，其中 68.8 万人被德军俘虏。"无论以何种标准看，战役结果都确实深具灾难性。"[377] 博克在一道日训令中谈到维亚济马和布良斯克合围战的结果，并对他那些将士大加称赞："你们也光荣地赢得这场艰巨的战役，从而立下了对苏战局中最伟大的赫赫战功。"[378]

1941 年 10 月的最后几天里，中央集团军群各个疲惫的兵团在竭力对抗苏军不断加强的抵抗、日趋严重的补给问题和恶劣的气候条件。低云、阵雪、结冰的危险给德国空军的作战行动造成严重妨碍：10 月 26 日，里希特霍芬第 8 航空军因为天气恶劣而停飞。[379] 10 月 27 日，第 4 集团军第 5 军的步兵夺得莫斯科西北方略超过 100 公里处的沃洛科拉姆斯克。[380] 10 月 29 日，古德里安先遣坦克力量距离图拉仅 4 公里，这个重要的武器制造中心位于苏联首都南面约 160 公里处。但由于苏军的反坦克和对空防御体系十分强大，德军通过突袭夺取图拉的企图以失败告终。[381] 在同一天，第 43 军军长海因里希将军向古德里安汇报，他麾下部队的补给状况不佳：他们自 10 月 20 日以来便一直没得到面包供应。[382]

到 10 月底，中央集团军群已暂时停在莫扎伊斯克防线及其东面，他们的阵地从加里宁起，穿过沃洛科拉姆斯克、纳罗福明斯克、奥卡河畔的阿列克辛，直到图拉郊区。自"台风"行动发起以来，博克麾下各师已向莫斯科挺进 230 ~ 260 公里[383]，而第 4 集团军和第 4 装甲集群辖内部队距离苏联首都只剩 50 ~ 75 公里[384]。10 月 31 日，博克承认集团军群的损失"已相当严重"，军官的惨重伤亡导致 20 多个营目前由少尉指挥。[385] 次日（11 月 1 日），他在日记中表达了自己的受挫感：

克鲁格再度谈到进攻的可能性。[386] 他说如果他现在驱使部队继续向前，或许能取得几公里进展，但随后会因为火炮和摩托化武器陷入泥泞而再次停滞不前。我告诉他，这对我们毫无益处。当然，我们必须警惕敌人削弱我军的意图，并立即对其施以打击。不过总的说来，他的集团军必须遵照命令，彻底做好一旦冷空气降临就发起进攻的准备。目前的情况有利于敌人，可令人遗憾的是，我们没有其他解决办法。

眼下的情况令人绝望，我甚至嫉妒地望向克里木，那里的友军在阳光明媚的天气下跨过草原的干燥地面，俄国人四散奔逃。若非陷在齐藤深的泥泞中，我们也能取得相同的进展。

格赖芬贝格再次向陆军总司令部简要汇报了我们的艰难处境。[387]

"台风"行动丧失势头后，博克遭到严重削弱的各个师[388]位于一条近1000公里长、日趋薄弱的补给线的末端，"巴巴罗萨"行动已到达顶点。古德里安回忆道，11月7日，"我方部队首次出现严重冻伤的情况"[389]。到11月中旬，中央集团军群因冻伤造成的减员已攀升至每天400人。[390]集团军群面临的困难越来越多，而雪上加霜的是，凯塞林第2航空队司令部和辖内大部分空中力量现在也调离中央集团军群，赶赴地中海战区，博克所部的空中支援目前完全依靠里希特霍芬实力不足的第8航空军。[391]显然，现在应该停止行动，建立一道强大的冬季防线，并为来年春季恢复进攻集结力量。可相反的是，经过一场敷衍了事的辩论，德国人决定重新囤积弹药和燃料，待一场永久性霜冻降临后（冻结的道路可供部队通行）就对莫斯科发起最后的冲刺。

重新展开进攻是个严重错误的决策，其主要的背后推动者是中央集团军群的博克和陆军总司令部的哈尔德。[392]另外，德国陆军总参谋长依然顽固地认为红军已处于崩溃边缘，直到11月第二周都还在考虑莫斯科以外数百公里的目标。[393]令人惊讶的是，希特勒与德军将领此时做出的这项决定毫无关系。实际上，在1941年10月和11月，这位独裁者没有干预陆军总司令部的任何作战决策，而是摆出一副置身事外的姿态。[394]英国历史学家伊恩·克肖在他颇具洞察力的希特勒传记中指出："倘若希特勒在这个阶段更加果断地拒绝哈尔德的提议，或许就能避免未来几周发生的灾难。可结果是希特勒举棋不定、犹豫不决、缺乏明确想法，任由陆军总司令部做出了灾难性的错误判断。"[395]

中央集团军群囤积物资的速度缓慢得令人焦急。博克于11月14日指出："各集团军纷纷抱怨所有方面的补给物资都严重短缺——口粮、弹药、燃料、冬装。由于运送补给物资的火车数量有限，无法就此给出任何改善措施。当然，这也导致了进攻准备工作严重受阻。"[396]博克焦虑不安时，朱可夫正忙着沿莫斯科接近地加强树林和村庄内的防御。苏军防御工事得到扩展，纵深也被加大。

11月头两周，部署在首都周围的苏军部队又增加了10万名士兵、300辆坦克、2000门火炮和更多反坦克炮。相比之下，中央集团军群在这段时期根本没得到任何援兵。另外，苏联人还把1138架战机（大多是新机型）部署在莫斯科附近的机场[397]，与使用简陋的前进机场的德国空军不同，大多数苏军航空兵中队使用的是设备精良的永备机场。

在1941年11月15日这个"阴冷多雾的早晨"，伴随着洒向田野和树林的"暗红色阳光"[398]，中央集团军群发起"台风"行动的最后一击。作战计划构想的是以装甲力量对莫斯科实施一场钳形合围，第2装甲集团军形成进攻之南翼，第3和第4装甲集群则构成北翼。尽管缩短的白昼、低垂的云层、偶尔飘落的雪花限制了德军的空中掩护，可是博克的坦克（现在被漆成白色，与覆盖了一层浅浅干雪的地面景观融为一体）起初取得了惊人的出色进展。虽说德国士兵很不习惯零下10～20度的低温，但坦克现在至少可以在冰冻的地面上穿越田野。但德国人"不安地意识到，现在还不是俄国真正的冬天——到那时，战斗会完全不同"[399]。那时他们的冬装仍储存在华沙与斯摩棱斯克之间的仓库里，甚至已经落灰。

第9集团军作战地域，第3、第4装甲集群的坦克11月18日在伏尔加河水库南面达成突破，打开了进攻莫斯科—加里宁—列宁格勒铁路线上的克林和索尔涅奇诺戈尔斯克的通道。随着战事的发展，德军似乎会在斯摩棱斯克—莫斯科公路以北一条宽大战线上取得突破。右翼，古德里安的装甲力量穿过图拉，攻往卡希拉和科洛姆纳。[400]取得这些初步战果后，哈尔德和博克"深信最后的努力会粉碎当面之敌，胜利属于坚持到最后的那一方"[401]。11月21日，博克把手中仅剩的一个预备队师投入战斗，看上去是受到了他有关1914年马恩河战役的记忆影响——小毛奇当时没有把最后几个营投入战斗，这才与胜利失之交臂。[402]

虽说博克或许对即将赢得胜利深信不疑，但在这段艰难时期的另一些时刻，他也对未来可能会发生什么深感困惑。当然，他无法对麾下各师摇摇欲坠的境况视而不见。11月21日，博克在一篇长长的日记中描述了军队的可悲情况：

我从格扎茨克驱车前往第7军。[403] 该军军长显然受到激烈战斗的影响，描述了麾下各师的凄惨状态，并声称这些师正耗尽实力。

军官的损失尤为严重。许多少尉担任营长，一名中尉甚至在指挥一个团，该团的战斗兵力只剩250人。寒冷的天气中，部队缺乏住处。简而言之，在他（第7军军长）看来，他这个军已无能为力。我鼓励了他，随后告诉他我现在不会要求该部从事重大作战行动……

整个进攻太过薄弱，缺乏纵深。从作战师的数量和编制表可以看出，我方兵力比例并不比过去更糟糕。可实际情况是，部队战斗力量减少（许多连队只剩20～30人），军官损失惨重，官兵疲惫不堪，再加上寒冷的天气，这一切描绘出了一幅截然不同的画面。尽管困难重重，我们仍有可能切断伊斯特拉水库西面的几个敌军师。可我们能否更进一步，这一点是值得怀疑的。[404]

除了人员损失严重（从"台风"行动发起到1941年11月15日，德方伤亡已多达87455人）[405]，宝贵的战车遭受的损耗也在不断增加。比如第2装甲集团军的可用坦克数从10月16日的248辆降到11月23日的38辆。在同一时期，第3装甲集群的坦克数也从259辆降到77辆。[406] 进攻中的德军部队还遭到苏联空军的猛烈打击，而且对方已取得空中优势。第2装甲集团军11月24日的作战日志这样写道："敌人的空中活动相当活跃。由轰炸机和低空飞行的战机实施的攻击给我们造成伤亡。官兵对我方战机的缺阵感到遗憾。"[407]

尽管如此，中央集团军群的步兵、坦克和装甲掷弹兵（至少是集团军群剩余的力量）仍然竭力向前冲杀，跨过下一条小溪或河流，穿过黑暗、茂密的森林，进入覆盖着新雪的城镇和村庄。经过艰苦战斗，第7装甲师（隶属第3装甲集群）于11月23日下午夺得克林。在其右侧，第2装甲师（隶属第4装甲集群）攻占索尔涅奇诺戈尔斯克。[408] 在距离莫斯科不到40公里的伊斯特拉镇，德军与一个西伯利亚师和近期调自远东的其他苏军部队激战数日。激烈的交火席卷了伊斯特拉大教堂（伊斯特拉河西面）和聚集在周围、由一道坚固的五米高城墙环绕的六座大型宗教建筑，直到党卫队"帝国"师和第10装甲师于11月26日最终占领该镇。[409] 第7装甲师一个战斗群在11月28日清晨发起一场大胆突袭，在亚赫罗马的莫斯科—伏尔加河运河对岸夺得一座登陆场（距离克里姆林宫不到 35 公里）。次日，苏军新组建的突击第 1 集团军发起一场猛烈反突击，迫使德国人放弃这座登陆场。南面，第 2 装甲师剩余的坦克和装甲掷弹兵于 11 月 30 日攻占红波利亚纳镇，莫斯科已在他们的炮火射程内。与此同时，博克集团军群南翼，古德里安装甲集团军几乎已包围图拉，目前正向北进击，距离卡希拉仅 15 公里。[410]

到 11 月底，中央集团军群自 "台风" 行动开始以来的累计伤亡已增加到 120996 人。[411] 就连哈尔德也在清醒思考的时刻被迫承认，德国再也不会拥有 1941 年 6 月的东线陆军那般强大的军队了。[412]12 月 1 日，博克给陆军总司令部发去一份措辞沮丧的电传电报，概述了他这个集团军群的危急情况。他在电报中指出，自己的军队不再具备 "实施大规模合围机动" 的实力，因此，在大多数情况下，他当会 "利用每一个战术机会实施正面突击"。他坚称进一步进攻只会导致 "更加血腥的战斗"，而且 "很难产生战略影响"，另外，"正如过去 14 天的战斗表明的那样，集团军群当面之敌 '正在崩溃' 的主张纯属幻想……所以进攻似乎没有任何意义或目的，尤其是当前各部队的实力即将耗尽"。现在这位患有严重胃疼挛的陆军元帅打算停止进攻，把他的集团军群撤到一道更短、更利于防御的战线上。[413]

但希特勒和陆军总司令部都不打算采取这样一种重大举措，这可能意味着 "巴巴罗萨" 行动的最终失败。更确切地说，他们低估了中央集团军群面临的困境，而且高估了对手面对的困难。所以，德军继续进攻，尽管到目前为止这些进攻基本已沦为一连串脱节的战术行动，完全没有战役效果。具有潜在战略价值的最终进攻开始于 12 月 1 日晨，克鲁格第 4 集团军在掩护莫斯科的苏军防御正中央展开行动，从纳罗福明斯克两侧渡过纳拉河，目标是明斯克—莫斯科公路，这是通往苏联首都最短的路线。第 4 集团军的突击在纳罗福明斯克北面冲破苏联第 33 集团军防线，企图包围北面的苏联第 5 集团军。朱可夫迅速对这场危机做出回应，把所有预备力量投入战斗。冰天雪地中，德国步兵 "在积雪中喊叫着他们再也无法坚持下去"[414]，一群群 T-34 坦克在一个个村庄里与德军突击炮展开角逐。德国人再次遭受惨重损失，许多伤亡是疲惫或身体暴露在外造成的冻伤所致。德军第 15 步兵师一个步兵团在一天内损失 8 名连长和 160 名士兵。[415]12 月 2—3 日间，克鲁格的进攻在戈利齐诺铁路镇附近的森林带停滞不前,他担心麾下部队陷入包围,因而主动命令他们撤到纳拉河后方。[416]

1941 年 12 月 5 日时,古德里安的前进指挥所设于图拉南面列夫·托尔斯泰伯爵的故居,当地气温突然暴跌到摄氏零下 35 度。[417] 车辆无法启动,引擎在运转时冻结,火炮炮膛被冻住,坦克炮塔无法转动,机枪发生卡滞,炮火出现异常(火药的燃烧似乎不太均匀),无线电台失效。[418] 中央集团军群因霜冻止步不前时,其战斗力已到达终点,整个攻势停顿下来,博克麾下支离破碎的各个师在他们所到达的位置就地转入防御。[419] 从 11 月 15 日算起,他们已取得 80 ~ 110 公里进展,并到达"苏联首都门前"[420]。莱因哈特第 3 装甲集群和赫普纳第 4 装甲集群距离莫斯科郊区仅 25 ~ 30 公里,横跨列宁格勒、皮亚季茨科耶、沃洛科拉姆斯克公路。中央地段,第 4 集团军与苏联首都只隔 40 公里。南面,古德里安的挺进被苏军猛烈的反突击阻挡在卡希拉以南。[421] 另外,虽然这位装甲兵将领与他那些步兵同甘共苦,一同向前徒步跋涉,可他没能攻克图拉[422],他手头寥寥无几的坦克几乎已耗尽燃料[423]。

陆军总司令部作战处的东线态势图表明德国军队已经紧邻莫斯科:博克麾下 20 多个师距离苏联首都不到 75 公里,其中许多师甚至靠得更近。[424] 最接近莫斯科的德军军官实际上已能通过他们的望远镜看见城内的尖塔,或望见城内的探照灯光束和正在对付偶尔盘旋在上空的少量德国轰炸机的高射炮火。但经过五个半月持续不断的战斗,实力严重受损的德国东线陆军再也无力继续前进。"巴巴罗萨"行动以失败告终。

两天前的 12 月 3 日,第 5 装甲师的二级下士卡尔·R 给位于德国的家人写了封信:

随着隆冬的到来,这里已非常寒冷,雪下得越来越大。我想我们很快就无法以坦克从事更多作战行动了,因为在这片林木茂密的地域,我们的行动非常艰难。另外,我们也没有太多坦克了。我们现在距离莫斯科 25 公里,可越是靠近就越艰难。俄国人在这里部署了精锐力量并占据精心构设的阵地。我们遇到许多英制坦克,但危险性不及俄国人的重型坦克。苏军坦克不但在装甲,而且在武器方面优于我方坦克。好吧,我想报纸上肯定会说我们拥有世界上最精良的武器，那就随它去吧。我们很难对付敌人的重型坦克，我方手头的大口径高射炮寥寥无几，而这是唯一能提供帮助的武器。我们在今天获知，我们会获得山地兵和步兵的支援。这很好，因为我们剩下的步兵不多了。[425]

红军反攻 & 德军撤离莫斯科

德国人在掩体和防空洞里度过了一个相对平静的冬季，同时为来年春季恢复进攻重整军力的计划于 1941 年 12 月 5—6 日突然被颠覆——红军冒着摄氏零下 30 度的酷寒对中央集团军群危险地暴露在外的侧翼发动了反攻。[426]德国军队猝不及防——德军情报部门没有发现大批苏军预备力量的集结。[427]为保住重要的交通线，实力严重损耗的各德军师仓促后撤，以免陷入重围并惨遭歼灭。经过五个多月的不停战斗，德军步兵师各个步兵连通常只能拼凑起 20 ~ 25 名战斗兵员，各装甲师剩余的坦克也屈指可数，机动性所剩无几。负担过重的后勤体系现已崩溃，而这就意味着运抵前线的食物、燃料、武器、弹药将少之又少。

到 1941 年 12 月中旬，中央集团军群的整条战线都爆发了战斗，斯大林和他的将领扩大了冬季反攻的范围，他们遭受威胁的侧翼现在摆脱了德军最直接的威胁。随着记忆中最寒冷冬季天气的到来[428]，前线的战斗呈现出一种新特点。德国人不再据守一道绵亘防线，相反，他们开始依托要塞式的重要城镇和村庄，并守卫少量公路和铁路线，这是调动、运送部队和补给物资时仅有的交通动脉。苏军滑雪部队可谓实施渗透战的高手，他们在德军各支撑点（这些支撑点通常已陷入包围）之间溜过，进入对方支离破碎的防线后方、积雪覆盖的地域。如前所述，酷寒天气给德国人的武器造成严重破坏，在大多数情况下，这些武器的机械加工比苏制武器更精密，但其设计宗旨并不是用于这种酷寒天气。冻伤比战斗行动造成的伤亡更多，而可怕的严寒、疲惫、缺乏食物导致的疾病也产生了越来越多的减员。负伤的德国士兵甚至因为轻微伤势导致的休克而丧生，还有些伤员冻死在撤往后方急救站的途中。德军士兵希望得到将军们的正确领导，却未能如愿以偿，一场信任危机在前线蔓延开来。

这段时期的照片和新闻纪录片提供了后撤过程中有关德军士兵的惊人画面，根据他们的外表，我们完全无法看出这就是 1941 年 6 月 22 日满怀信心地冲过苏德边境的那些自豪的勇士。他们获得的冬季装备少得可怜，从头到脚裹着他们能弄到的形形色色的男女衣物或破布，看上去更像是一群群四处劫掠的吉普赛人。海因里希·哈佩医生讲述了第6步兵师残部1941年12月底仓促撤离加里宁西南部的惨状：

后撤中的士兵在火焰的映衬下踉跄而行。部队组织"焦土"特别行动队执行希特勒的命令，而这道命令是从斯大林的早期政策中学来的。但我们远比俄国人干得更彻底。建筑物、整个村庄、故障车辆和有可能为敌人所用的一切都付之一炬，腾起的火焰把夜晚照得通亮。什么都不给红军留下——什么都没留下！火焰舔舐着我们的脚步，部队不分昼夜地跋涉，偶尔短暂停下，因为我们知道，集团军已撤离加里宁，而我们是后卫力量，我们与遂行追击的俄国人之间已不存在其他部队。

12月29日晚，我们在捷尔皮洛沃渡过伏尔加河。我们彻夜行军，在次日白天和夜间同样如此，身后的俄国人紧追不舍。如果说敌人是驱使我们不停跋涉的马刺，那么，严寒就是不断挥舞的马鞭。我们像木乃伊那样裹得严严实实，只有双眼暴露在外，可寒冷还是无情而又悄然地钻入我们的躯体、我们的血液、我们的大脑。就连太阳似乎也发射出一种冷酷的寒意。夜间，在燃烧的村庄上方，血红色的天空仅仅暗示着一种对温暖的嘲弄。

很长一段时间里，萎靡的灰色队列不停走向斯塔里察，每个人只会感受到走在自己前面的那个人。[429]

12月31日黄昏，哈佩和他的行军队列到达斯塔里察，发现这里已燃起大火——"这表明我们的焦土行动队已投入行动，这座城镇里的我方人员正在撤离"。[430] 哈佩发现城内还有数百名伤员，他立即着手组织疏散工作，团长贝克尔上校部署了薄弱的力量以掩护斯塔里察接近地：

借助斯塔里察燃烧的建筑物发出的亮光，我们征用了在已成废墟的城内所能找到的每一部车辆。留在城里的少数士兵不肯交出他们的车辆时，我们干脆拔出手枪威逼。夜间爆发了某种恐慌，这些后方地域部队首次感觉到红军已近在咫尺，他们惊慌失措地四散奔逃。每辆卡车、雪橇、用以牵引火炮和步兵炮的马车上都挤满伤员。我们通常不敢触碰的重伤员已做好准备，我们给他们裹上毛毯，将其放在颠簸的火炮牵引马车上。骨头断裂的伤员坐在马车上，或骑在无人驾驭的驮马背上。我们为伤势最重的伤员注射了吗啡，座位和担架都很简陋，但这些伤员还是很高兴能抓住这个机会逃离被红军俘虏的厄运。到当晚11点，只剩200名轻伤员仍留在城内的伤员收容站，其他人都已赶往勒热夫。倘若俄国人发起突袭，我们可以把这200名伤员带离。在必要的情况下，他们中的许多人可以和我们一同行军。我们不会把任何一个伤员丢给俄国人。

在此期间，贝克尔上校的冷静平息了城内的恐慌情绪，获知己方部队已设立一道薄弱防线阻挡苏军追兵后，仍在城内的后方地域部队开始执行斯塔里察的疏散工作。要是他们知道掩护部队的实力是多么薄弱，他们可能会爆发出十倍于前的恐慌。[431]

但追击中的苏军也面临着自己的难题。他们的进攻慢慢向前推进时[432]，领导不力、战术欠佳、作战控制拙劣等问题立即显现了出来。遂行反攻的许多苏联集团军由缺乏训练、装备拙劣的预备役人员组成，经历了夏季和秋季灾难性的人员和装备损失后，他们现在严重缺乏火炮和坦克这类重武器。[433] 相反，红军这场进攻获得己方空军大力推动，他们在战场上和德军战线后方完全享有空中优势。长期以来的一个传说是，因获悉日本帝国决定进军东南亚和太平洋，而不是在中国东北打击苏联脆弱的后方，以此支援"巴巴罗萨"行动，所以苏联人从中亚、外高加索地区和远东抽调了精锐力量，突然到达的这股军力把德军阻挡在莫斯科门前，随后把他们击退。但实际情况是，虽然这些精锐部队的表现确实与1941年秋季（那些红军）不同，但他们的数量太少，无法从根本上改变战场上的力量对比。

这场规模庞大的冬季斗争的最初转折点出现于1941年12月中旬。首先，希特勒在12月16日下达了有名的、迄今为止仍存有争议的"停止后撤令"[434]，迫使中央集团军群摇摇欲坠的各兵团原地坚守，哪怕面临被包围的威胁也不得继续退却[435]。其次，在三天后的12月19日，希特勒接受了瓦尔特·冯·布劳希奇元帅这位患病、筋疲力尽、意志消沉的陆军总司令的辞呈，亲自承担起作战指挥工作。最后，从这一刻起，他开始解除疲惫、患病、丧失斗志的前线将领的职务——古德里安也在其中[436]，并以更有效的指挥官接替他们[437]。简言之，这些大胆的举措反映出了希特勒直接掌管东线战事的钢铁意志和决心[438]：它们开始提振士气，并填补了领导层的空白，协助阻止了中央集团军群支离破碎的残部发生瓦解。

中央战线这场反攻取得的初步战果令约瑟夫·斯大林深受鼓舞，他决定从北起拉多加湖、南至黑海的漫长战线上发起一场总攻，大幅升级这场攻势。换句话说，苏联最高统帅部违背了他们的明智判断，奉命追求一个过于雄心勃勃、不切实际的进攻计划，这是因为越来越不耐烦的斯大林现在决定沿 2000 多公里长的整个东线打垮敌人。该计划于 1942 年 1 月初付诸实施，其不可避免的结果是相关努力的致命分散，红军没有把资源集中在决定性的中央方向，彻底包围并歼灭莫斯科城外的德国军队。

在目前由汉斯·冯·克鲁格元帅指挥[439]的中央集团军群看来，这场危机于 1942 年 1 月中下旬到达顶点，红军沿莫斯科南面和北面两个主要方向挺进的合围铁钳在空降兵和游击队（他们在德军战线后方广阔的森林地区展开活动）支援下，力图在古老的维亚济马小镇取得会合，这是位于中央集团军群主防线深远后方的一个重要交通枢纽，在莫斯科西南偏西方 150 多公里处。严寒和深深的积雪给红军和德军的行动造成严重妨碍，莫斯科西北地区 1942 年 1 月的平均温度是华氏零下 32 度。1942 年 1 月 26 日，该地区的温度创下了整个苏德战争期间的最低纪录：华氏零下 63 度。[440]

1942 年 1 月 15 日，由于苏军施加的压力越来越大，希特勒终于同意了哈尔德和克鲁格一再提出的请求，批准中央集团军群把第 4 集团军、第 3 和第 4 装甲集团军[441]撤到莫斯科以西 150 多公里、尤赫诺夫—格扎茨克—祖布佐夫—勒热夫一线的冬季防御阵地，其目的是缩短德军防线，以腾出力量组建急需的预备队[442]。Ju-88 飞行员彼得·施塔尔中士描述了德国空军机组人员 1942 年 1 月 17 日飞越积雪覆盖的战场时见到的后撤士兵的惨状：

我们见到一幅凄惨的画面：我方士兵的长长队列吃力地朝后方踉跄而行。到处都能见到遗弃的车辆，有些已被积雪半埋，还有些是刚刚丢弃的。我们从低空飞过一支支队列和一群群士兵时，他们显然因为疲惫而麻木呆滞，根本没有理会我们。我们飞过一个个燃烧的村庄。追逐我方部队的敌军无法使用这些村庄作为宿营地。一股股黑色的烟柱沿整个地平线升起。这是一场无情的战争。[443]

到1月底，虽说中央集团军群的几个集团军几乎被困在一个巨大的口袋里，但苏军的铁钳还是没能合拢。另外，克鲁格在几个关键地点发起反突击，在此过程中包围并最终歼灭了楔入德军后方地域的几个苏联集团军和战役集群。从德国、法国和其他地区抽调的援兵终于开抵前线[444]，德国空军也再度活跃起来。在此期间，红军始终没能粉碎德国人在关键城镇设立的主要支撑点，亦无法长时间切断主要公路和铁路交通，这就使食物、燃料、弹药、冬装这些基本补给物资如涓涓细流般运送给了德国守军。

到1942年2月，中央集团军群和整个东线陆军基本上渡过难关。尽管经历了极其艰巨、血腥的战斗和许多局部危机，不过他们依然占据上风。1942年2月12日，东部战线开始稳定下来，德国陆军总司令部针对冬季后的作战行动下达了一道重要指令，并在这道指令中承认，"由于全体将士无与伦比的成就和坚韧"，最严重的危机已然过去，红军停止了进攻。[445]确实，尽管红军把德国人向西逼退150～400公里[446]，解放了60座城市和数百个村镇，可是斯大林这场反攻没有实现任何一个主要目标。为德国东线陆军这场防御战的胜利做出决定性贡献的是：（a）部队里尚存的少量下级军官和军士，其韧性、经验、战斗技能和面对人类弱点时的冷酷无情使他们得以集结起实力已经耗尽的部队残部，并率领这些人投入战斗[447]；（b）德国人把剩余的重武器（火炮、高射炮、坦克、突击炮）部署在防线关键地段，对战术事件造成的影响与它们寥寥无几的数量完全不成比例。

尽管取得了令人瞩目的防御成功，可德国国防军再也无法从1941年失败的对苏战局中恢复过来了。整个纳粹德国同样如此。希特勒和他的将领孤注一掷，企图抢在苏联人发挥其人力和武器生产的资源优势前，以一场"闪电战"式的压倒性打击粉碎对方。到1941年12月中旬，苏联人依然没有被击败并开始复苏，再加上美国人的参战，德国人发现自己陷入了一场消耗战，而他们要对付的同盟阵营拥有全世界约75%的人力和物力资源。[448]

"巴巴罗萨"折戟——希特勒的对苏"闪电战"为何会失败？

德国国防军1941年的对苏战局在规模、目标、战术和战役成就方面堪称无与伦比。三个德国集团军群中最庞大的中央集团军群沿中央方向挺进，经过三个多星期的战斗后到达斯摩棱斯克（距离边境600多公里），他们创造的纪录就连2003年进军巴格达的美国军队也无法与之媲美。[449]到1941年11月底，德国东线陆军"已完成军事史上最庞大的持续攻势"[450]，他们向前挺进约1000公里，到达莫斯科门前，包围了列宁格勒，占领了高加索地区的门户罗斯托夫，同时给苏军造成数百万人伤亡，并且击毁数以万计的坦克、火炮和飞机。同样令人印象深刻的是，希特勒的军队还使苏联丧失了大约40%的人口和35%的生产力。[451]

虽然取得了史无前例的成就，但"巴巴罗萨"行动还是以失败告终，遂行进攻的德国军队没能实现任何一个主要目标。1941年6月的德军可以说处在训练、经验、技能的巅峰，经过五个月持续不断的战斗，东线陆军的战斗力受损严重。到1941年年底，德国人（陆军、武装党卫队、空军）在东线的阵亡人数已达30.2万[452]，而负伤者是阵亡者的2～3倍——他们再也没能从这种损失中完全恢复过来。可以肯定的是，德国国防军仍然是个极度致命的工具，1942年春季获得部分恢复后，他们再度投入进攻，可由于自身整体实力十分虚弱，这种进攻只能在苏联南方战区展开。结果与以前非常相似，过度拉伸的德军迎来又一次失败，这次是发生在斯大林格勒血腥的废墟中。

德国军队为何会在苏联遭遇败绩？胜利与失败之间是否像不止一位军事历史学家[453]所说的那样仅隔一线？或者说，德国坚信可以通过一场短暂的"闪电战"彻底粉碎苏联，并视之为唯一可行的获胜之道，这种想法是否纯属幻想？经过十余年来透彻的历史研究，笔者得出结论，尽管德国人在1941年夏季和秋季取得蔚为壮观的战役性胜利，可"巴巴罗萨"行动从一开始就是一项注定要失败的事业。

正如本书一再强调的那样，德国入侵苏联时实力严重不足。德国军事规划者粗心、自大地低估了对苏战争中前所未有的挑战，他们从一开始就没有为东线陆军配备赢得胜利所需的资源。对苏战局开始后，东线陆军只获得少量预备队和人员、装备补充，这是因为希特勒和他的统帅部确信己方即将赢得胜利,并开始为帝国征服世界的下一阶段加以准备。人们只能猜测,倘若德国工业(基本上仍处在和平时期的经济下,并没有充分发挥产能)在1940年7月到1941年6月这段时期的每个月哪怕多生产50~60辆中型坦克,在未来的战争中会发生什么。多生产的600~720辆坦克本来可以为东线陆军配备第五个装甲集群,从而解决德军1941年夏季面临的许多战役困境。相反,德国工业实际上勉强保持着每月200辆坦克的产量。[454] 这仅仅是德国人错失为东方战争大力提高产能的良机的一个例子,但这或许就是他们最大的错误。

本书详细谈到的另外两个问题是德国陆军后勤体系和情报收集机构的严重缺陷。虽然补给和运输方面不得不克服的挑战超乎想象[455],但德国陆军军需总监领导的后勤人员对在该领域能做些什么始终抱有一种轻率、过于乐观的假设。陆军补给体系从一开始就表明无力维系深入苏联腹地超过500公里的挺进,可他们认为这个问题无关紧要,因为没等补给发生问题,对苏战局便会宣告结束。可正如我们所知的那样,中央集团军群从1941年8月就开始出现严重的后勤短缺,此时距离他们投入战争仅过去六周。接下来几周和几个月里,补给问题只会成倍加剧,直到整个后勤体系彻底崩溃。总的来说,德军后勤在1941年夏季和秋季的决定性失败是造成"巴巴罗萨"行动功败垂成的直接原因,然而德国人并没有充分认识到这一点。

陆军总司令部东线外军处战前收集的关于红军数量和能力的情报大多谈不上准确,入侵行动发起后没过几天,许多身处苏联前线的德军指挥官便震惊地发现了这一点。另外,该部门的不准确预测一直持续到了当年年底。德国陆军总参谋部主要侧重于作战问题,对情报工作明显表现出一种根深蒂固的偏见[456],他们在情报收集方面投入的人力和物力资源严重不足。此外,他们知道或认为自己知道的东西往往会受到种族和意识形态偏见的严重扭曲。总之,"德国军队高层对不符合他们计划和预想的一切情报都不感兴趣"[457]。这种文化偏见的"受害者"之一是希特勒本人,正如我们所知,前线战斗揭示了苏联红军的真实规模和实力,并且很快就让德国独裁者吃尽了苦头。

"巴巴罗萨"行动最终失败的一个主要原因是对苏战局的主要策划者和执行者对作战问题和解决方案的过度痴迷。实际上,哈尔德领导的陆军总参谋部经常表现得好像胜利的关键仅仅是确定正确的作战方式,而没有考虑火力、后勤、摩擦或共同构成战役计算的其他重要组成部分。通过他们对克劳塞维茨（更重要的是对施利芬）的研究，德国军官开始依赖推崇机动和合围，并将一场歼灭战作为顶点的概念，他们将之视为解决德国政治—军事问题的唯一可行的办法。证明这种学说存在不足之处的最佳例子莫过于德军 1941 年以一连串合围（别洛斯托克—明斯克、斯摩棱斯克、基辅、维亚济马、布良斯克）赢得的巨大胜利，这些胜利远远没能歼灭红军，也没有导致看似脆弱的苏维埃政权土崩瓦解。换句话说，这些辉煌的战役性胜利的累计失败凸显了"巴巴罗萨"行动方案的概念性破产——它坚持以一系列雄心勃勃的合围战粉碎苏联。

令德国人深感沮丧的是，1941 年的对苏战局表明：要想击败苏联人，除了战场上明智的作战行动，他们显然还需要另一些东西，特别是鉴于其国家及军队惊人的实力、弹性和再生能力。到 1941 年年底，德国军队的猛烈打击已歼灭数十个苏联集团军（200 多个师），红军的损失多达 450 万人，包括 300 万不可归队减员（阵亡、被俘或失踪）。[458] 但就算遭受这种不可思议的损失，到 1941 年 12 月 31 日，红军的实力反而增长到 592 个师（8 月 1 日为 401 个师，9 月 1 日为 450 个师），总兵力从 6 月 22 日的 540 万左右攀升到 8 月 31 日的 690 万，到 1941 年 12 月 31 日更是多达 800 万。这种惊人的增长是苏联公认的繁复，然而非常多产的动员体系带来的。1941 年 6 月到 12 月，这个体系组建了 50 多个新集团军，共约 285 个步兵师、88 个骑兵师、12 个重建的坦克师、174 个步兵旅、93 个坦克旅。[459] 历史学家小沃尔特·S. 邓恩说：

> 其他国家在损失一支军队后就会认输投降，更别说损失两支（军队），可苏联人带着第三支军队卷土重来并击退了德军……挡住德国人的不是天气，而是苏军的一个个师。苏联人之所以能在1941年年末挡住德军，实际原因是他们从1941年9月开始在人员和武器装备方面进行了令人难以置信的动员，这种动员创造了一支全新的红军。苏联人在短短几个月里组建并投入战斗的新师的数量甚至多过美国在整个战争期间组建的师。[460]

实际上，正如已故德国历史学家安德烈亚斯·希尔格鲁贝尔近 30 年前评论的那样，从军事角度看，具有"决定性"[461]的是苏联在 1941 年后六个月动员数百万训练有素的预备役人员并把他们投入战斗，以此弥补自身巨大损失的能力。20 世纪 30 年代，斯大林通过他的五年计划和本国社会的总动员，已把苏联打造成一个"军事化强国"[462]。这个历史事实才是红军阻止，然后击败1941 年德军"闪电战"的重要原因。[463] 自 1942 年起，从英国和美国持续运往苏联的战争物资和补给会进一步扭转局势，使之对苏方有利。[464]

但苏联在 1941 年实施的前所未有的军事动员仅仅反映出了红军最终得以在莫斯科门前阻挡住德国人背后一个更重要的现象——这种现象或许可以更准确地被描述为希特勒的帝国与斯大林的苏联之间一种完全不对称的努力。简言之，苏联人民在最大意义上更努力地从事战争。与德国独裁者不同，斯大林能够"榨取苏联民众的最后一丝潜力"：

> 德国人直到1943年年底才想起全面战争。而苏联政府从一开始就要求本国人民付出巨大的牺牲。14岁的男孩、妇女和残疾人在各个工厂每天工作10个小时，每周要干6~7天，以代替参军入伍的男人。每一盎司人力和工业能力都致力于赢得战争，除了最基本的必需品，民用经济完全停止。相反，哪怕到最后一刻，德国人拥有私人女仆的比例都始终居于二战期间所有国家之首。德国工业基本上没有雇佣本国妇女，各个工厂只开一班。一些青少年在防空部队兼职，但中学依然开放。另一方面，德国人继续制造家具这类奢侈品和另一些民用产品，并从被占领的国家获取更多不必要的产品。[465]

前线苏军士兵得到的奢侈品寥寥无几，并受到严厉纪律处分的约束。武器短缺时，他们会赤手空拳地投入进攻（随时准备捡起阵亡或负伤的同志丢下的步枪或机枪）。红军政委站在遂行进攻的士兵身后，随时准备枪毙丧失勇气并企图退却的"伊万"。在战场上遭遇败绩的苏军将领会被斯大林立即撤职，有时甚至会被处决。另外，随着相关指令的下达，任何一个被敌人俘虏的士兵都会被苏联人视为叛徒。

斯大林之所以能对苏联军民采取这种政策并提出这样的要求，是因为他到 1941 年已彻底统治苏联及其人民，这个国家的运作完全是他个人意志的单一体现。历史学家康斯坦丁·普列沙科夫认为："在斯大林统治下的苏联，国家行为抵消了一切——无法通行的道路、损坏的坦克、无知的将军、短缺的食物。只要这种统治能够操纵其人民，它就是高效的，而且能承受几乎一切挑战，哪怕经济摇摇欲坠，军队战斗力低下。（1941 年）6 月 22 日和接下来的 10 天提供了这方面的可怕证据。"[466] 通过这种希特勒自愧弗如的方式，斯大林无情地驱使他的士兵、他的人民、他的国家赢取胜利，在此过程中他们付出了巨大的牺牲。[467]

以上分析引出一个有趣的问题：能否确定"巴巴罗萨"行动失败的准确时刻，或者说，粉碎苏联的机会彻底消失发生在何时？在笔者看来，关键性转折点出现在 1941 年 8 月，中央集团军群攻往莫斯科的行动在历时三周的斯摩棱斯克交战期间中断。德军"闪电战"看似势不可挡的势头首次被红军越来越有效的抵抗打破。此后，苏联武装部队和整个国家渐渐稳定下来，最终崩溃的可能性越来越小。雅各布·基普在他对斯摩棱斯克交战所做的研究中总结道："在斯摩棱斯克交战结束后，很明显，苏德战争会是一场漫长的斗争，而不是一场'闪电战'。"[468] 这场战争沦为一场消耗战——于是，占据主导地位的不是战术或战役方面的聪明才智，当然也不是战场上的勇气，而是生产、工业产能、物力、人力储备的残酷计算。[469]

德国人入侵苏联时就知道自己只有一个"击败苏联巨人的短暂机会之窗"[470]，但到 1941 年 8 月中旬，随着德军初期打击行动的失利影响到相关决策，这个机会之窗亦砰然关闭。从那时起，德国东线陆军便深深陷入苏联境内，实力不断遭到消耗，注定会败给数量方面占据绝对优势的俄国人，而且后者很快会与拥有强大工业和军事力量的美国人并肩作战。戴维·斯塔赫尔评论道："事实证明迅速战胜苏联的希望超出了德国军队的实力时，德国人仍有可能采用赢得战争的长期解决方案，但这种选择的成功前景被立即排除了。"[471] 简言之，在纯粹由兵力、坦克、飞机数量主导的战略环境下，德国人毫无胜算。

原始统计数据证明了这一点：德国工业体系在 1941 年共生产 5200 辆坦克、11776 架飞机、7000 门火炮（37 毫米及更大口径）。相比之下，苏方在 1941 年上半年生产了 1800 辆现代化坦克、3950 架飞机、15600 门火炮和迫击炮。可令人惊讶的是，尽管失去重要的生产中心、工业设施大规模向东疏散，苏方在 1941 年下半年的生产还是实现了增长，这种增长甚至极其显著。的确，苏联工人在这段时期又生产出了4740辆坦克、8000架飞机、55500门火炮和迫击炮。换句话说，在战争第一年（对苏方来说这是最具灾难性的一年），苏联在所有重要军备类别方面的生产都优于德国。当然，如果考虑到英国和美国的工业产出，这种差距还会继续明显拉大。[472]

最后，在流行的"假设"历史领域，人们可能会问——德国有没有切实可行的办法在1941年夏季赢得这场对苏战局？克劳塞维茨通过1812年的亲身经历了解到，只能"通过俄国自身的弱点和内部异议的影响"征服这个国家。[473]因此，如果德国人废除集体农庄并把土地交还苏联农民会怎样？在德国入侵苏联的最初几周的确有许多"自愿合作者"，可到当年秋季苏联民众迅速对侵略者产生了敌对情绪：

政委莫斯克温注意到，农民的情绪发生了同样的转变。1941年8月下旬，这位政委已趋于彻底绝望。他意识到，枪杀犹太人不会让农民感到不安，因为他们把共产主义带来的大多数麻烦归咎于犹太人。他们的反犹主义与"对上帝的狂热信仰"紧密相连，德国侵略者明智地在各处放任这种信念。有些人甚至自愿成为法西斯主义的本地代理人（警察）。但从本质上说，促使他们这般行事的是生存，而非政治需要。莫斯克温指出："每次战斗结束后，他们都会匆匆赶到战场，从尸体上搜罗他们所能找到的一切。"这些农民最期盼的是结束苏维埃政权。可在1941年9月，他们获知德国人已下令保留集体农庄。同战前的苏联当局一样，征服者只关心征收并运送农民的粮食的便利性。这是个不可逆转的错误。莫斯克温在9月30日写道："当地居民的情绪发生了急剧变化。"前线传来的消息仍令他作呕。和身边所有人一样，他迫切需要得到建议。但他摆脱了廉价地背叛祖国的危险。[474]

正如希特勒在1941年7月16日的一场臭名昭著的政策会议上表述的那样，受到傲慢和种族主义蒙蔽的德国元首和他那些东方总督寻求的仅仅是瓜分苏联这块"大蛋糕"——首先是"统治"它，其次是"管理"它，然后是"利用"它。[475]东线陆军将领很少对此提出抱怨，哪怕德国凶残的占领政策只会激起抵抗，并给他们已经负担过重的军队造成额外压力。

为圆满结束本书的记述，最后指出一点，恪尽职守的德国东线将士也因为阿道夫·希特勒和他的军事领导层无法设想己方死亡率的极限而遭受困苦并流血牺牲。学者弗雷德里克·W.卡根指出：

> 明智的指挥官总是会制订普通士兵能够完成的计划。他们知道，要是指望每个士兵都成为英雄，每个军官都是天才，那么自己肯定会失望的。战争永远不可能干净利落，总是会发生意外。敌人会在决定事态如何发展方面发挥他们的影响。因此，完善的计划会建立在一个误差幅度内：进攻时投入较所需兵力更多的军队；保留大批预备力量；预料到更大的摩擦；为敌人发起更激烈的抵抗做好准备。[476]

卡根严厉批评了美国 2006 年的军事政策，但他这番话也概述了阿道夫·希特勒和德国陆军总参谋部在 1941 年夏季失败的"巴巴罗萨"冒险中犯下的致命错误。所以，以此作为"巴巴罗萨"行动的墓志铭再合适不过了。

注释

1. R. Peters, "*Does Iran want War,*" at: http://www.nypost.com , 9 Apr 06.

2. M. Boot, *War Made New*, 236.

3. T. Ropp, *War in the Modern World*, 333.

4. 引自K. Latzel, *Deutsche Soldaten － nationalsozialistischer Krieg?*, 53。

5. *Tagebuch Haape*, 11.9.41.

6. 苏联大本营于1941年7月23日组建中央方面军。由F. I.库兹涅佐夫上将指挥的这个方面军编有第13和第21集团军，任务是掩护戈梅利和索日河地区。1941年8月7日，M. G.叶夫列莫夫中将接替库兹涅佐夫，担任该方面军司令员。D. M. Glantz, *Barbarossa*, 85–86.

7. D. M. Glantz, *Barbarossa Derailed*, Vol. I , 384–85; K.–J. Thies, *Der Ostfeldzug － Ein Lageatlas*, "Lage am [6.–8.]8.1941 abds., Heeresgruppe Mitte."

8. 恶劣的路况导致油耗增加了75%，并造成第24装甲军的燃料供应趋于紧张。BA-MA RH 21-2/928, *KTB Panzergruppe 2*, 9.8.41.

9. BA-MA RH 21-2/928, *KTB Panzergruppe 2*, 9.–10.8.41; D. M. Glantz, *Barbarossa Derailed,* Vol. I , 387; K.–J.Thies, *Der Ostfeldzug － Ein Lageatlas*, "Lage am [9.–10.]8.1941 abds., Heeresgruppe Mitte;" "*Tagesmeldungen der Operations–Abteilung des GenStdH,*" in: P. E. Schramm (Hg.), *Kriegstagebuch des OKW*, Bd. I , 562–64.

10. 第7步兵师于1941年7月31日从第7军转隶第24装甲军。参见网址 http://www.lexikon-der-wehrmacht.de。

11. BA-MA RH 21-2/928, *KTB Panzergruppe 2*, 13.8.41; "*Tagesmeldungen der Operations–Abteilung des GenStdH,* " in: P. E. Schramm (Hg.), *Kriegstagebuch des OKW*, Bd. I , 565–68; K.–J. Thies, *Der Ostfeldzug － Ein Lageatlas*, "Lage am 12.8.1941 abds., Heeresgruppe Mitte."

12. BA-MA RH 27-4/10, *KTB 4. Pz.–Div.*, 11.8.41, 引自D. Stahel, *And the World held its Breath*, 257–58.

13. Ibid., 258.

14. P. Carell, *Hitler Moves East*, 108; "*Tagesmeldungen der Operations–Abteilung des GenStdH,* " in: P. E. Schramm (Hg.), *Kriegstagebuch des OKW*, Bd. I , 572; K.–J. Thies, *Der Ostfeldzug － Ein Lageatlas*, "Lage am 15.8.1941 abds., Heeresgruppe Mitte. "

15. P. Carell, *Hitler Moves East*, 108; "*Tagesmeldungen der Operations–Abteilung des GenStdH,* " in: P. E. Schramm (Hg.), *Kriegstagebuch des OKW*, Bd. I , 573–83; K.–J. Thies, *Der Ostfeldzug － Ein Lageatlas*, "Lage am [15.– 21.]8.1941 abds., Heeresgruppe Mitte. "

16. D. M. Glantz, *Barbarossa Derailed*, Vol. I , 397.

17. BA-MA MSg 1/1147: *Tagebuch Lemelsen*, 22.8.41.

18. D. M. Glantz, *Barbarossa Derailed*, Vol. I , 385.

19. Ibid., 387.

20. A. Bollmann & H. Floerke, *Das Infanterie–Regiment 12*, 101; "*Tagesmeldungen der*

Operations-Abteilung des GenStdH," in: P. E. Schramm (Hg.), *Kriegstagebuch des OKW*, Bd. I, 567–69; K.-J. Thies, *Der Ostfeldzug – Ein Lageatlas*, "Lage am 13.8.1941 abds., Heeresgruppe Mitte."

21. D. M. Glantz, *Barbarossa Derailed*, Vol. I, 390; "*Tagesmeldungen der Operations-Abteilung des GenStdH*," in: P. E. Schramm (Hg.), *Kriegstagebuch des OKW*, Bd. I, 575; K.-J. Thies, *Der Ostfeldzug – Ein Lageatlas*, "Lage am 14.8.1941 abds., Heeresgruppe Mitte;" A. Bollmann & H. Floerke, *Das Infanterie-Regiment 12*, 102.

22. J. Huerter, *Ein deutscher General an der Ostfront*, 74–75.

23. "*Tagesmeldungen der Operations-Abteilung des GenStdH*," in: P. E. Schramm (Hg.), *Kriegstagebuch des OKW*, Bd. I, 579; K.-J. Thies, *Der Ostfeldzug – Ein Lageatlas*, "Lage am 19.8.1941 abds., Heeresgruppe Mitte;" K. Gerbet (ed.), *GFM Fedor von Bock, The War Diary*, 286.

24. K.-J. Thies, *Der Ostfeldzug – Ein Lageatlas*, "Lage am 20.8.1941 abds., Heeresgruppe Mitte;" D. M. Glantz, *Barbarossa Derailed*, Vol. I, 399–401; BA-MA RH 21-2/928, *KTB Panzergruppe 2*, 19.–20.8.41.

25. K. Mehner (Hg.), *Geheime Tagesberichte*, Bd. 3, 288; K. Gerbet (ed.), *GFM Fedor von Bock, The War Diary*, 287.

26. A. Bollmann & H. Floerke, *Das Infanterie-Regiment 12*, 102–03.

27. D. M. Glantz, *Barbarossa Derailed*, Vol., I, 401–03.

28. Ibid., 403, 548.

29. K. Gerbet (ed.), *GFM Fedor von Bock, The War Diary*, 287.

30. J. Huerter, *Ein deutscher General an der Ostfront*, 76.

31. *GSWW*, Vol.IV, 590.

32. *GSWW*, Vol.IV, 590; K.-R. Woche, *Zwischen Pflicht und Gewissen*, 116; D. Stahel, *And the World held its Breath*, 263; *OKW Nr. 441 386/41 g.K. Chefs. WFSt/L (I Op.)*, 15.8.41, in: P. E. Schramm (Hg.), *Kriegstagebuch des OKW*, Bd. I, 1045; K.-J. Thies, *Der Ostfeldzug – Ein Lageatlas*, "Lage am 15.8.1941 abds., Heeresgruppe Mitte."

33. C. Burdick & H.-A. Jacobsen (eds.), *The Halder Diary 1939–1942*, 508. 哈尔德起初认为旧鲁萨以南发生的事情"无关紧要"，但在莱布麾下的第10军看来情况并非如此；哈尔德也很快获悉对该军遂行打击的是十余个苏军师，包括数个骑兵师。尽管如此，他还是认为抽调第39装甲军"是个严重的错误，我们会为此付出沉重代价"。Ibid., 510–11.

34. D. Stahel, *And the World held its Breath*, 263.

35. K. Gerbet (ed.), *GFM Fedor von Bock, The War Diary*, 283–84; D. Stahel, *And the World held its Breath*, 263.

36. C. Burdick & H.-A. Jacobsen (eds.), *The Halder Diary 1939–1942*, 510.

37. 这句话出自戴维·斯塔赫尔。D. Stahel, *And the World held its Breath*, 264.

38. Ibid., 264.

39. N. von Below, *Als Hitlers Adjutant*, 289. 施密特这番呼吁的结果不明。

40. H. Hoth, *Panzer-Operationen*, 118.

41. H. R. Trevor-Roper (ed.), "*Hitler's War Directives 1939-1945*," 94.

42. Ibid., 94.

43. *DRZW*, Bd. 4, 503-04.

44. 参见 "*Vorschlag fuer Fortfuehrung der Operationen der Heeresgruppe Mitte im Zusammenhang mit den Operationen der Heeresgruppe Sued und Nord*," ObdH, H.Qu. OKH, 18.8.41, in: P. E. Schramm (Hg.), *Kriegstagebuch des OKW*, Bd. I, 1055-59。

45. 第57装甲军于1941年8月18日转隶施图梅集群。"*Tagesmeldungen der Operations-Abteilung des GenStdH*," in: P. E. Schramm (Hg.), *Kriegstagebuch des OKW*, Bd. I, 577; K.-J. Thies, *Der Ostfeldzug - Ein Lageatlas*, "Lage am 20.8.1941 abds., Heeresgruppe Mitte;" D. M. Glantz, *Barbarossa Derailed*, Vol. I, 551.

46. D. M. Glantz, *Barbarossa Derailed*, Vol. IV, 551.

47. R. Hinze, *Hitze, Frost und Pulverdampf*, 61.

48. Ibid., 61.

49. D. M. Glantz, *Barbarossa Derailed*, Vol. IV, 556-57; R. Hinze, Hitze, *Frost und Pulverdampf*, 61-62; "*Tagesmeldungen der Operations-Abteilung des GenStdH*," in: P. E. Schramm (Hg.), *Kriegstagebuch des OKW*, Bd. I, 585.

50. "*Tagesmeldungen der Operations-Abteilung des GenStdH*," in: P. E. Schramm (Hg.), *Kriegstagebuch des OKW*, Bd. I, 586-87; K.-J. Thies, *Der Ostfeldzug - Ein Lageatlas*, "Lage am 23.8.1941 abds., Heeresgruppe Mitte;" D. M. Glantz, *Barbarossa Derailed*, Vol. I, 559.

51. "*Tagesmeldungen der Operations-Abteilung des GenStdH*," in: P. E. Schramm (Hg.), *Kriegstagebuch des OKW*, Bd. I, 588-89; R. Hinze, *Hitze, Frost und Pulverdampf*, 63-64; K. Gerbet (ed.), *GFM Fedor von Bock, The War Diary*, 292.

52. R. Hinze, *19. Infanterie- und Panzer-Division*, 180.

53. 引自R. Hinze, *19. Infanterie- und Panzer-Division*, 178。

54. Ibid., 182-83.

55. D. M. Glantz, *Barbarossa Derailed*, Vol. I, 572; "*Tagesmeldungen der Operations-Abteilung des GenStdH*," in: P. E. Schramm (Hg.), *Kriegstagebuch des OKW*, Bd. I, 591.

56. K. Mehner (Hg.), *Geheime Tagesberichte*, Bd. 3, 300.

57. 引自R. Hinze, *19. Infanterie- und Panzer-Division*, 185。

58. BA-MA RH 20-9/16, *KTB AOK 9*, 26.8.41.

59. D. M. Glantz, *Barbarossa Derailed*, Vol. I, 573.（请注意，按照苏联人对"伟大卫国战争"的理解，斯摩棱斯克交战持续了整整两个月——1941年7月10日到9月10日。）

60. "*Tagesmeldungen der Operations-Abteilung des GenStdH*," in: P. E. Schramm (Hg.), *Kriegstagebuch des OKW*, Bd. I, 591.

61. Ibid., 599.

62. K. Gerbet (ed.), *GFM Fedor von Bock, The War Diary*, 294.

63. Ibid., 295.

64. Ibid., 292.

65. 1941年8月10日，在哈尔德敦促下，约德尔向希特勒作了汇报，力图把这位独裁者引到陆军总司令部的作战目标上。约德尔的"谈话要点"事先得到了哈尔德耳提面命。*GSWW*, Vol.Ⅳ, 585. 另可参阅"*Lagebeurteilung zur Lagenkarte vom 10.8. abends durch OKW/WFSt. Abt. L,*" in: P. E. Schramm (Hg.), *Kriegstagebuch des OKW*, Bd. Ⅰ, 1043–44; and, C. Burdick & H.-A. Jacobsen (eds.), *The Halder Diary 1939–1942*, 500。

66. *GSWW*, Vol.Ⅳ, 585–88.

67. D. Stahel, *And the World held its Breath*, 253.

68. C. Burdick & H.-A. Jacobsen (eds.), *The Halder Diary 1939–1942*, 503.

69. *GSWW*, Vol.Ⅳ, 586.

70. I. Kershaw, *Hitler 1936–45: Nemesis*, 411.

71. H.R. Trevor-Roper (ed.), *Hitler's War Directives 1939–1945*, 94.

72. Ibid., 94.

73. D. Stahel, *And the World held its Breath*, 267.

74. H. Muehleisen (Hg.), *Hellmuth Stieff. Briefe*, 119.

75. *OKW Nr. 441 386/41 g.K. Chefs, WFSt/L (I Op.)*, 15.8.41, in: P. E. Schramm (Hg.), *Kriegstagebuch des OKW*, Bd. Ⅰ, 1045.

76. K. Assmann, "*The Battle for Moscow, Turning Point of the War,*" in: *Foreign Affairs*, Jan 50, 316.

77. *GSWW*, Vol.Ⅳ, 590.

78. Ibid., 591.

79. 鉴于东线陆军紧张的补给情况和迅速下降的战斗力，这两种假设很值得怀疑。"*Vorschlag fuer Fortfuehrung der Operation der Heeresgruppe Mitte im Zusammenhang mit den Operationen der Heeresgruppe Sued und Nord,*" ObdH, H.Qu. OKH, 18.8.41, in: P. E. Schramm (Hg.), *Kriegstagebuch des OKW*, Bd. Ⅰ, 1055–59; J. Loeffler, *Walther von Brauchitsch*, 248–49; *GSWW*, Vol. Ⅳ, 591; I. Kershaw, *Hitler 1936–45: Nemesis*, 412.

80. 正如霍伊辛格在战争结束后不久所写的那样，瓦利蒙特为约德尔的武装部队作战局所写的这份局势评估"完全赞成"陆军总司令部提交的备忘录。FMS T-6, A. Heusinger, "*Eastern Campaign,1941–1942 (Strategic Survey),*" 92.

81. "*Beurteilung der Ostlage durch OKW/WFSt/Abt. L am 18. August 1941,*" in: P. E. Schramm (Hg.), *Kriegstagebuch des OKW*, Bd. Ⅰ, 1054–55.

82. R. G. Reuth, *Hitler. Eine politische Biographie*, 532.

83. I. Kershaw, *Hitler 1936–45: Nemesis*, 411–12.

84. R. G. Reuth, *Hitler. Eine politische Biographie*, 532.

85. 伊恩·克肖写道："尽管希特勒的抑郁症越来越严重，可他过去几年里的健康状态一直很好——鉴于其饮食习惯和生活方式，这一点出人意料。不过，他现在在一个关键时刻病倒了。"另外，这段时期的心电图检查表明这位独裁者患有 "快速发展的冠状动脉硬化"。I. Kershaw, *Hitler 1936-45: Nemesis*, 411-12.

86. A. Heusinger, *Befehl im Widerstreit*, 133.

87. D. Stahel, *And the World held its Breath*, 253-54.

88. 占领克里木半岛长期以来都是希特勒的重要目标，他担心苏联空军利用这座半岛作为集结待命区，对罗马尼亚的油田实施轰炸，而这些油田对德国从事战争至关重要。

89. "*Wehrmachts-Fuehrungsstab/L, Nr. 441412/41 g.Kdos. Chef, 21. August 1941,*" in: P. E. Schramm (Hg.), *Kriegstagebuch des OKW*, Bd. Ⅰ, 1062-63.

90. Ibid., 1062.

91. G. Meyer, *Adolf Heusinger*, 156. 据英国历史学家戴维·欧文称，哈尔德 "真的哭了起来……因为他认为希特勒正在抛弃今年的主要机会，布劳希奇轻微的心脏病首度发作，他的副官在许多个夜晚听见他在睡梦中与希特勒争吵"。D. Irving, *Hitler' s War*, 306.

92. C. Burdick & H.-A. Jacobsen (eds.), *The Halder Diary 1939-1942*, 514.

93. H. von Kotze (Hg.), *Heeresadjutant bei Hitler 1938-1943. Aufzeichnungen des Majors Engel*, 110.

94. BA-MA N 813, *Tagebuch Muenchhausen*, ca. 22.8.41. 明希豪森在他的日记中同样称这道新指令 "犹如落下的一颗炸弹"。

95. F. Halder, *Hitler as War Lord*, 46.

96. D. Stahel, *And the World held its Breath*, 284. 希特勒这份反备忘录可参阅 "*Studie, FHQu, den 22. August 1941,*" in: P. E. Schramm (Hg.), *Kriegstagebuch des OKW*, Bd. Ⅰ, 1063-68。

97. D. Stahel, *And the World held its Breath*, 284.

98. C. Burdick & H.-A. Jacobsen (eds.), *The Halder Diary 1939-1942*, 515.

99. C. Burdick & H.-A. Jacobsen (eds.), *The Halder Diary 1939-1942*, 515; J. Loeffler, *Walther von Brauchitsch*, 249; G. R. Ueberschaer, *Generaloberst Franz Halder*, 66.

100. 明希豪森上尉在日记中指出： "（8月22日）一整天里，哈尔德和霍伊辛格都再次做布劳希奇的工作，要求他把陆军总司令部的不同意见明确无误地转告元首。" 但他们的努力纯属徒劳，因为布劳希奇元帅拒绝这样做。他问霍伊辛格： "再次向元首说明一切的目的何在？" 失望的霍伊辛格回答道： "天哪，难道我们必须把我们的一生安排得做任何事情都必须有个目的吗？" BA-MA N 813, *Tagebuch Muenchhausen*, ca. 22.8.41.

101. D. Stahel, *And the World held its Breath*, 285. 对哈尔德此时所作所为的分析，可参阅C. Hartmann, *Halder. Generalstabschef Hitlers 1938-1942*, 282-84。

102. K. Gerbet (ed.), *GFM Fedor von Bock, The War Diary*, 288.

103. Ibid., 289.

104. H. Guderian, *Panzer Leader*, 198.

105. H. Guderian, *Panzer Leader*, 198; K. Gerbet (ed.), *GFM Fedor von Bock, The War Diary*, 291.

106. H. Guderian, *Panzer Leader*, 198.

107. H. Guderian, *Panzer Leader*, 198-99; K. Gerbet (ed.), *GFM Fedor von Bock, The War Diary*, 291.

988

108. J. Keegan, *The Second World War*, 195. 基根简洁而又准确地描述了古德里安1941年8月23日与希特勒的会面。

109. H. Guderian, *Panzer Leader*, 199-200.

110. Ibid., 200.

111. D. Stahel, *And the World held its Breath*, 289.

112. H. Guderian, *Panzer Leader*, 202.

113. R. A. Hart, *Guderian*, 75.

114. H. Guderian, *Panzer Leader*, 202. 不过，古德里安在8月23日的"狼穴"会议上不愿同希特勒发生公开冲突——对此还有另一种解释：1941年8月，古德里安被悄然视为无用的陆军总司令布劳希奇的替代者；一群高级官员与他接洽时，古德里安表示自己愿意接受这个职务。因此，他改变自己的立场也就不难理解了。K. Macksey, *Guderian*, 145; R. A. Hart, *Guderian*, 76.

115. 结果是，1941年9月24日，施蒂夫被调到第4集团军担任作训处长。H. Muehleisen (Hg.), *Hellmuth Stieff. Briefe*, 23.

116. 这里指的是希特勒1941年8月22日的反备忘录。

117. 德国陆军总司令部再次严重低估了己方军队的损失。截至1941年8月31日，德军在东线的阵亡数多达134165人（其中有90%属于地面部队），而负伤与阵亡人数的比例很可能达到3比1。R. Overmans, *Deutsche militaerische Verluste im Zweiten Weltkrieg*, 277.

118. H. Muehleisen (Hg.), *Hellmuth Stieff. Briefe*, 121-23.

119. BA-MA N 664/3, *Tagebuch Thilo*, 24.8.41.

120. 正如明希豪森上尉在日记中以显而易见的厌恶之情慨叹的那样："信仰的勇气恰恰是这些人缺乏的！" BA-MA N 813, *Tagebuch Muenchhausen*, ca. 22.8.41.

121. H. Guderian, *Panzer Leader*, 195. 装甲炮兵弗朗茨·弗里施回忆道："我很高兴地看见装甲部队沿伸出斯摩棱斯克的道路竖起了几块路标，上面写着'通往莫斯科'。" F. Frisch & W. D. Jones, Jr., *Condemned to Live*, 74.

122. BA-MA RH 19 II /386, *KTB H.Gr.Mitte*, 23.8.41, 引自D. Stahel, *And the World held its Breath*, 286。

123. A. Stahlberg, *Bounden Duty*, 169.

124. H. Haape, *Moscow Tram Stop*, 88.

125. 引自D. Stahel, *And the World held its Breath*, 287。

126. W. Adamczyk, *FEUER! An Artilleryman's Life on the Eastern Front*, 143.

127. D. Stahel, *And the World held its Breath*, 291.

128. G. Meyer, *Adolf Heusinger*, 157.

129. 奥地利历史学家海因茨·马根海姆支持这种观点，他认为"希特勒发布于1941年7月和8月颇具争议的指令实际上不能称之为错误"。H. Magenheimer, *Hitler's War*, 89.

130. 德国历史学家克劳斯·莱因哈特指出，倘若博克在8月底恢复进攻，苏联最高统帅部显然就会用西南方面军强大的军力打击中央集团军群侧翼。K. Reinhardt, *Moscow – The Turning Point*, 76, f.n. 19.

131. D. M. Glantz, *Barbarossa*, 135.

132. M. van Creveld, *Supplying War*, 169–70.

133. 正如范克勒韦尔德正确指出的那样，德国人把集结在基辅的敌军统称为第5集团军，实际上，部署在那里的是西南方面军的六个集团军。M. van Creveld, *Supplying War*, 169. 另可参阅A. Seaton, *The Russo-German War*, 147。

134. M. van Creveld, *Supplying War*, 169.

135. *GSWW*, Vol. IV, 1252; G. Meyer, *Adolf Heusinger*, 157.

136. E. Mawdsley, *Thunder in the East*, 70. 莫兹利评论道："倘若在1941年赢得这场战争，那么，苏联的资源就无关紧要。"但希特勒在1941年8月底显然得出了截然不同的结论。

137. D. M. Glantz, *Barbarossa Derailed*, Vol. I, 138–39.

138. GSWW, Vol. IV, 604, f.n. 252.

139. D. Ose, "*Smolensk: Reflections on a Battle,*" in: *Initial Period of War on the Eastern Front*, D. M. Glantz (ed.), 352–53.

140. T. Ropp, *War in the Modern World*, 338. 罗普还把基辅合围战称为"希特勒最大的胜利，可能也是他最大的失误"。Ibid., 335.

141. R.H.S. Stolfi, *Hitler. Beyond Evil and Tyranny*, 445.

142. Ibid., 444–48.

143. 斯托尔费在他的分析中继续指出，博克停止向莫斯科的进军也是因为他那些装甲师需要整补。Ibid., 448.

144. 正如本书第一章"对苏战争的军事准备（1940年7—12月）"一节讨论的那样，哈尔德把赌注压在这样一种假设上，即中央集团军群沿明斯克—斯摩棱斯克方向不可阻挡的突击势头，会推翻希特勒要求博克在斯摩棱斯克停止前进、把他（后者）的装甲力量从中路调到南北两翼的意图。博克丧失前进势头后，哈尔德的计划也宣告破灭。

145. 就像铁木辛哥元帅向苏联国防委员会保证的那样："倘若德国人成功夺取莫斯科，这虽然会令我们深感失望，但绝不会打乱我们的大战略；仅凭这一点，他们就无法赢得战争。"引自R. Kirchubel, *Operation Barbarossa 1941 (3), Army Group Center*, 90。

146. A. Seaton, *The Battle of Moscow*, 287.

147. A. Seaton, *The Russo-German War 1941–45*, Chapter 9.

148. J. Keegan, *The Second World War*, 194. 基根还批评陆军总司令部、博克、古德里安"仍然在闪烁其词"。

149. D. M. Glantz, *Barbarossa Derailed*, Vol. I, 306.

150. T. Ropp, *War in the Modern World*, 338.

151. 读者应该还记得，1941年7月下旬，希特勒坚持认为中央集团军群"最紧迫的任务"是歼灭戈梅利周围的强大敌军，从而确保自身南翼的安全（参见本书第十章"希特勒与陆军总司令部"一节"莫斯科还是列宁格勒和乌克兰：希特勒与将领们的争执"小节）。他充分意识到，此举是古德里安挥师向南进入乌克兰至关重要的先决条件。

152. 正如书中所述，1941年8月15日，希特勒派第3装甲集群第39装甲军支援北方集团军群攻往列宁格勒。9月初，该集群的另一个装甲军（第57装甲军）也在与北方集团军群配合行动。"*Tagesmeldungen*

der Operations-Abteilung des GenStdH, " in: P. E. Schramm (Hg.), *Kriegstagebuch des OKW*, Bd. Ⅰ, 612.

153. 利德尔·哈特无疑受到他与原德军将领交谈的影响，其得出的结论是："希特勒在俄国的这场豪赌之所以失败，还是因为他不够大胆。他在关键阶段动摇不定了数周，浪费了他再也没能重新获得的时间……希特勒原本指望在（德军）到达第聂伯河之前歼灭红军主力。这个目标没能实现（而且就差一点）之后，他就拿不定主意该做些什么。等到他最终决定攻往莫斯科已为时过晚，德军无法在冬季到来前赢得胜利。"B. H. Liddell Hart, *The German Generals Talk*, 139.

154. 比如哈尔德在其对希特勒的军事敏锐性（或者说缺乏这种特性）所做的简短研究中，认为本国元首1941年8月21日的指令"标志着东方战局的最终转折点，希特勒的决定迫使陆军总司令部放弃了迄今为止遵循的针对俄国政权中心的明确路线，取而代之的是一个不太重要，充其量只能导致一条已然屈服的次要战线加速崩溃的行动。这种胜利不得不以无法弥补的时间和军力作为代价……鲁莽地无视基辅战役对已然过载的引擎提出的要求并遂行这场战役后，希特勒下令朝莫斯科方向发起一场进攻……可现在为时已晚——这部引擎已经报废"。F. Halder, *Hitler as War Lord*, 47.

155. C. Hartmann, *Halder Generalstabschef Hitlers*, 284.

156. M. van Creveld, *Supplying War*, 176.

157. 海因茨·马根海姆在他对莫斯科战役的记述中坚持认为，只要"台风行动"提早一周发起（大约是在1941年9月25日），德军装甲先遣力量就能在俄国雨季到来前成功包围莫斯科，但这个雨季导致他们的挺进戛然而止。另外，他认为被浪费的这一周对战役结局深具致命性，并暗示夺取苏联首都很可能会为德国赢得这场战争（参见H. Magenheimer, *Moskau 1941*, 227-28）。诚然，倘若多获得天气良好的一周，博克或许就已经包围莫斯科，但这样一场战役胜利无法改变"巴巴罗萨"行动和希特勒对苏战争失败的最终命运。

158. K. Gerbet (ed.), *GFM Fedor von Bock, The War Diary*, 275-76.

159. 每日伤亡总数出自哈尔德的日记，参见C. Burdick & H.-A. Jacobsen (eds.), *The Halder Diary 1939-1942*, 521，以及K. Assmann, "*The Battle for Moscow, Turning Point of the War*," in: *Foreign Affairs*, Jan 50, 325。

160. FMS P-190, R. Hofmann & A. Toppe, "*Verbrauchs- und Verschleisssaetze waehrend der Operationen der deutschen Heeresgruppe Mitte vom 22.6.41 - 31.12.41*," 73. 截至1941年8月31日，军官的伤亡数超过1.4万人，平均每日伤亡略超过200人，几乎相当于1个典型德国步兵师编制表中518名军官的40%。R. J. Kershaw, *War Without Garlands*, 172.

161. "12.6万人"这个数据来自吕迪格·奥弗曼斯博士的说法，参见R. Overmans, *Deutsche militaerische Verluste im Zweiten Weltkrieg*, 277。

162. D. Stahel, *And the World held its Breath*, 279.

163. 每个行进营编有约1000名士兵。从1941年8月中旬起到当年10月，中央集团军群共获得154个行进营。此时后备军里训练有素的补充兵已彻底耗尽。FMS P-190, R. Hofmann & A. Toppe, "*Verbrauchs-und Verschleisssaetze waehrend der Operationen der deutschen Heeresgruppe Mitte vom 22.6.41 - 31.12.41*," 68-69.

164. 引自K. Reinhardt, *Moscow - The Turning Point*, 67, f.n. 26。

165. Ibid., 67–68, f.n. 26.

166. H. Muehleisen (Hg.), *Hellmuth Stieff. Briefe*, 126–27. 施蒂夫在这封信中还写道："整体局势（不光是我这样看）已迅速变得对我方不利，虽说我们当然不会输掉战争，可我们也再没有办法打赢了。"

167. G. E. Blau, *The German Campaign in Russia － Planning and Operations (1940-1942,)*, Department of the Army Pamphlet No. 20-261a, 71–72. 据布劳称，"巴巴罗萨"行动起时，陆军总司令部预备队共有24个师，但在对苏战局前夕，陆军总司令部官方战斗序列列出了28个师。OKH Gen St d H/Op.Abt.（Ⅲ），"*Kriegsgliederung Barbarossa,*" Stand 18.6.41, in: K. Mehner (Hg.), *Geheime Tagesberichte,* Bd. 3; P. E. Schramm (Hg.), *Kriegstagebuch des OKW*, Bd.Ⅰ.

168. R. Overmans, *Deutsche militaerische Verluste im Zweiten Weltkrieg*, 277.

169. H. Guderian, *Panzer Leader*, 190. 古德里安在他的回忆录中错误地指出，希特勒答应为整个东线提供300台坦克备用引擎，然而实际数字为400台，而且是专门供给霍特和古德里安。

170. 1941年8月22日，古德里安集团军级集群的番号已被撤销，古德里安的指挥部再次改为"第2装甲集群"。"*Tagesmeldungen der Operations-Abteilung des GenStdH,*" in: P. E. Schramm (Hg.), *Kriegstagebuch des OKW*, Bd.Ⅰ, 585.

171. D. Stahel, *And the World held its Breath*, 259.

172. BA-MA RH 19 Ⅱ/386, *KTB H.Gr.Mitte*, 22.8.41, 引自D. Stahel, *And the World held its Breath*, 279。

173. 与这些数字形成对比的是第1装甲集群（南方集团军群）53%的可用战车数和第4装甲集群（北方集团军群）70%的可用坦克数。B. Mueller-Hillebrand, *Das Heer 1933-1945*, Bd.Ⅲ, 20. 虽然各装甲集群到1941年9月初无疑遭受了严重消耗，但必须记住这一点："指望前线部队在战斗期间提交准确的损失和行动报告肯定是不现实的。一辆最初被认为报销的坦克很可能在不久后获得修复；待它再次损坏时，又会被作为损失第二次上报上去……因此，经常存在人为主观地操纵损失、修理，从而使可用坦克数量发生变化的诱惑，以便尽可能多地获得补给份额。"*GSWW*, Vol.Ⅳ, 1128–30.

174. 没有第2装甲集群处于维修状态的坦克数量。此时，先前调拨给该装甲集群第46装甲军的第10装甲师已暂时转隶冯·克鲁格元帅的第4集团军，该师拥有159辆可用坦克。B. Mueller-Hillebrand, *Das Heer 1933-1945*, Bd.Ⅲ, 205.

175. *GSWW*, Vol.Ⅳ, 1127.

176. 虽然不清楚这些坦克是否尽数交给了博克集团军群，但至少其中绝大多数如此。Ibid., 1131.

177. *GSWW*, Vol.Ⅳ, 1131. 据托马斯·L.延茨称，1941年9月12日，陆军总司令部"扎根"预备队的126辆坦克（包括71辆Ⅲ号），"准备作为补充坦克拨发"。陆军总司令部还要求从马格德堡和维也纳的军械仓库调拨另外181辆坦克（包括95辆Ⅲ号）。这些补充坦克于1941年9—10月间运抵前线。T. L. Jentz (ed.), *Panzer Truppen*, 205.

178. "台风"行动起时，有三个装甲集群被分配给中央集团军群，以便该部朝莫斯科展开一场总攻。这使得第2装甲集群的可用坦克比例提升到50%，第3装甲集群达到70%～80%，第4装甲集群为100%。B. Mueller-Hillebrand, *Das Heer 1933-1945*, Bd.Ⅲ, 20.

179. C. Burdick & H.-A. Jacobsen (eds.), *The Halder Diary 1939-1942*, 529.

180. 1941年8月底，第2航空军还在大卢基域参加了中央集团军群北翼的进攻行动。*GSWW*, Vol.Ⅳ,

773-74, 783-85.

181. "*Tagesmeldungen der Operations-Abteilung des GenStdH,*" in: P. E. Schramm (Hg.), *Kriegstagebuch des OKW*, Bd. I , 565-68.

182. J. S. Corum, *Wolfram von Richthofen*, 274.

183. C. Burdick & H.-A. Jacobsen (eds.), *The Halder Diary 1939-1942*, 529.

184. H. Muehleisen (Hg.), *Hellmuth Stieff. Briefe*, 127.

185. 第聂伯河补给区于1941年7月中旬设立, 旨在支援装甲部队向莫斯科挺进。*GSWW*, Vol. IV, 1125-26; FMS P-190, R. Hofmann & A. Toppe, "*Verbrauchs- und Verschleisssaetze waehrend der Operationen der deutschen Heeresgruppe Mitte vom 22.6.41 – 31.12.41,*" 84-85.

186. *GSWW*, Vol. IV, 1126-31; FMS P-190, R. Hofmann & A. Toppe, "*Verbrauchs- und Verschleisssaetze waehrend der Operationen der deutschen Heeresgruppe Mitte vom 22.6.41 – 31.12.41,*" 85-87; R. Kirchubel, *Operation Barbarossa 1941 (3), Army Group Center*, 68.

187. 8月2日, 德国国防军运输勤务主任格尔克告诉哈尔德, 德方所缴获苏联火车头和车厢的数量"少得可怜", 这导致为东线陆军提供补给的工作严重受阻。D. Stahel, *And the World held its Breath*, 226.

188. 关于这个主题的更多详情, 可参阅本书第七章"食物、燃料、弹药——中央集团军群的补给"一节。

189. R. J. Kershaw, *War without Garlands*, 168; M. van Creveld, *Supplying War*, 170; A. Seaton, *The Russo-German War*, 175; K. Reinhardt, *Moscow – The Turning Point*, 62.

190. *GSWW*, Vol. IV, 1130.

191. K. Schueler, "*The Eastern Campaign as a Transportation and Supply Problem,*" in: *From Peace to War*, B. Wegner (ed.), 213. 当然, 这些问题并不仅仅发生在中央集团军群。北方集团军群每天至少需要18列补给火车, 但1941年9月平均每天只得到15列; 南方集团军群每天至少需要24列火车, 但平均每天只获得了14列。Ibid., 213, f.n. 8.

192. BA-MA RH 20-9/16, *KTB AOK 9*, 7.9.41. 第9集团军后勤处长温迪施少将也在日记中记录了苏联游击队活动的影响。他在1941年9月1日写道: "游击队最近炸毁多条铁路线, 造成我方超过一天半的延误。必须采取清剿措施。要么以一个步兵师遂行扫荡, 要么从国内抽调特种部队。情况只有到我们占领莫斯科后才会好转, 因为届时他们会群龙无首。但不彻底的措施起不到作用。"FMS P-201, Generalmajor Windisch, "*Personal Diary Notes of the G-4 of the German 9th Army,*" 38.

193. M. van Creveld, *Supplying War*, 157.

194. Ibid., 155.

195. *GSWW*, Vol. IV, 1130.

196. 截至9月27日, 第98步兵师已损失1320匹马。该师从法国开赴苏联前线, 直到1941年7月底才经历首次战斗。M. Gareis, *Kampf und Ende der 98. Infanterie-Division*, 128.

197. A. Seaton, *The Russo-German War*, 174. 另可参阅M. Gareis, *Kampf und Ende der 98. Infanterie-Division*, 125-30。

198. 1941年6月22日到12月31日间, 中央集团军群消耗了207500吨各种类型和口径的弹药, 平均每天消耗1075吨。一份权威的德方主要资料称, 如果补给和运输体系运作得更有效, 那么这段时期的炮弹消耗量还会增加25%。FMS P-190, R. Hofmann & A. Toppe, "*Verbrauchs- und Verschleisssaetze*

waehrend der Operationen der deutschen Heeresgruppe Mitte vom 22.6.41 – 31.12.41," 96–97.

199. 来自格哈德·多纳特（1944—1945年间，他在陆军总参谋部担任军需总监的副官）的确切数字指出，大多数情况下，防御作战的炮弹消耗量高于进攻行动。例如1941年夏季，轻型和重型榴弹炮的平均月消耗量在进攻中为2.2和2.0个基数，在防御中为2.0~2.5和2.25~2.75个基数；210毫米榴弹炮的炮弹消耗量在进攻中为1.9个基数，在防御中达到了2.0~5.0个基数。G. Donat, *Der Munitionsverbrauch im Zweiten Weltkrieg*, 33–34.

200. BA-MA RH 19 Ⅱ/386, *KTB H.Gr.Mitte*, 1.8.41, 引自D. Stahel, *And the World held its Breath*, 226。

201. BA-MA N 813, *Tagebuch Muenchhausen*, ca. early Aug 41.

202. BA-MA N 813, *Tagebuch Muenchhausen*, 12.–15.8.41. 古德里安8月14日晨与博克商讨态势时，前者告诉他的上司，其本人认为继续坚守叶利尼亚突出部的重要先决条件是大幅增加弹药供应量。K. Gerbet (ed.), *GFM Fedor von Bock, The War Diary*, 281.

203. D. Stahel, *And the World held its Breath*, 226.

204. 由于查询不到德文原文，不清楚作者这里指的是不是一个弹药基数，正常情况下，一个弹药基数可保证4~5天的作战行动。FMS P-190, R. Hofmann & A. Toppe, "*Verbrauchs- und Verschleisssaetze waehrend der Operationen der deutschen Heeresgruppe Mitte vom 22.6.41 – 31.12.41*," 94.

205. 按照编制表，一个德国步兵师拥有36门轻型榴弹炮和12门中型榴弹炮。更多详情可参阅本书第三章"徒步步兵"一节。

206. "*Studie ueber Gliederung und Feuerleitung starker Artillerie*," 1 Jan 1939. (Berlin: Reichsdruckerei: 1941).

207. FMS D-221, G. Grassmann, "*An Artillery Regiment on the Road to Moscow (22 June to December 1941)*," 14–15.

208. *GSWW*, Vol. Ⅳ, 1126.

209. FMS P-201, Generalmajor Windisch, "*Personal Diary Notes of the G-4 of the German 9th Army*," 59. 到1941年8月下旬，中型野战火炮由于磨损也导致了一些损失；（第9）集团军指出，火炮发射时炮管出现爆炸的事故有所增加。Ibid., 20.

210. 参见本书第三章"陆军兵力编成"一节。德国1941年间的炮弹最大产量出现在2月，价值6910万帝国马克；直到1942年春季，相应生产才会再次达到这个水平。G. Donat, *Der Munitionsverbrauch im Zweiten Weltkrieg*, 7.

211. *GSWW*, Vol.Ⅳ, 1126.

212. K. Gerbet (ed.), *GFM Fedor von Bock, The War Diary*, 288.

213. 但瓦格纳还宣称，如果更大规模地削减工业、国内驻军和被占领土上的油料消耗，想要完成1941年作战行动所需要的油料储备工作还是能做到的；此外，他得出结论，到1942年1月，补给物资就会耗尽，因此"必须夺取新的油田"。希特勒在1942年向南进军、夺取高加索油田的最终决定无疑也受到了这种思想的影响。K. Reinhardt, *Moscow – The Turning Point*, 151.

214. Ibid., 152.

215. M. van Creveld, *Supplying War*, 170–71. 据范克勒韦尔德说，机油同样供不应求；实际上，这标志着"整个运输系统的瓶颈"。

216. Ibid., 171.

217. Ibid., 168–69.

218. *GSWW*, Vol. IV, 1130.

219. A. Tooze, *The Wages of Destruction*, 492.

220. K. Schueler, *Logistik im Russlandfeldzug*, 408.

221. E. Wagner (Hg.), *Der General-Quartiermeister*, 203.

222. *GSWW*, Vol. IV, 1132.

223. E. Wagner (Hg.), *Der General-Quartiermeister*, 203.

224. *GSWW*, Vol. IV, 1132. 铁路吞吐量不足和游击队日趋加剧的活动都给油料列车的到达造成了妨碍。参见K. Schueler, *Logistik im Russlandfeldzug*, 406–07。

225. *GSWW*, Vol. IV, 1132.

226. Ibid., 1132–33.

227. 发起"台风"行动需要规模庞大的后勤准备工作，关于这方面的出色见解可参阅FMS P-201, Generalmajor Windisch, "*Personal Diary Notes of the G-4 of the German 9th Army.*"比如温迪施在1941年9月30日指出，有400支冲锋枪、250挺机枪、80门轻型和50门中型迫击炮、35门37毫米反坦克炮、13门50毫米反坦克炮被分配给第9集团军辖内各师，以弥补武器装备的不足，士兵们还获得了防毒气器材。Ibid., 94.

228. 据克劳斯·许勒尔说，"在'台风'行动发起时，中央集团军群并没有掌握一个满足新攻势需求的补给基础，因为运输体系在特定情况下无法完成任务"。K. Schueler, *Logistik im Russlandfeldzug*, 403.

229. D. M. Glantz, *Barbarossa Derailed*, Vol. I, 141.

230. 8月22日中午12点，第4集团军恢复建制，由冯·克鲁格元帅指挥，辖第7、第9、第20军。到8月26日，克鲁格麾下还编有第12军。"*Tagesmeldungen der Operations-Abteilung des GenStdH*,"in: P. E. Schramm (Hg.), *Kriegstagebuch des OKW*, Bd. I, 584, 593.

231. 例如可参阅K.-J. Thies, *Der Ostfeldzug – Ein Lageatlas*, "Lage am 22.8.1941 abds., Heeresgruppe Mitte"。

232. A. Meyer, *Infanterie-Regiment 241*, 11. 第6步兵师一名军官在1941年9月下旬某一天的日记中记录下了苏军使用磷弹的另一起事件。"*KTB Soeffker*," 23.9.41, in: Rundbrief Nr. 50, *Traditionsverband Inf. Rgt. 37*, Dec. 93, 15.

233. "*KTB Soeffker*,"27.9.41, in: Rundbrief Nr. 50, *Traditionsverband Inf. Rgt. 37*, Dec. 93, 18.

234. 第9集团军辖内各师的防御正面通常超过20公里。T. Wray, *Standing Fast: German Defensive Doctrine on the Russian Front*, 42.

235. D. M. Glantz, *Barbarossa Derailed*, Vol. I, 437–38. 对中央集团军群1941年7—9月这段时期的防御作战所进行的深入研究，可参阅T. Wray, *Standing Fast: German Defensive Doctrine on the Russian Front*, 39–48。比如雷指出，"从8月11日起，苏军沿第9集团军防线遂行的冲击几乎在每天都造成了局部危机"，以及"德军部队在中央战线的战斗中被迫采用的临时性举措导致了惨重伤亡"。Ibid.,

42, 47.

236. 第9集团军在1941年9月初称，随着时间的推移，苏军集中起来的炮火越来越猛烈。正如集团军作战日志作者指出的那样："在集团军整条东部战线上，敌炮兵不分昼夜地轰击我方防线，此等强度只有第一次世界大战期间的密集炮火能够相提并论。"不幸的是，德国人对付苏联炮兵"最有效的手段"（即空中力量），却因为"俄国人明显的空中优势"而无法动用。BA-MA RH 20-9/16, *KTB AOK 9*, 9.9.41.

237. Ibid., 27.8.41.

238. W. Baehr, et al. (Hg.), *Kriegsbriefe Gefallener Studenten*, 74. 亨利于1941年12月22日阵亡在莫斯科西北面。Ibid., 68.

239. G. Scheuer (Hg.), *Briefe aus Russland. Feldpostbriefe des Gefreiten Alois Scheuer 1941-1942*, 32-33. 数周以来，朔伊尔一直非常担心他们即将出生的第二个孩子。他在这封写给妻子的信中还写道："亲爱的弗里德兴，对你来说伟大而又艰难的时刻越来越近了。令人遗憾的是，我对此深感歉意，我们不得不接受这样一个事实：届时我无法回家陪在你身边。因此，我更加担心你，并希望尽我所能地减轻你的一些负担。我每天都向我们的上帝为你祈祷，希望你健康平安，让我们得到一个健健康康的孩子。"Ibid., 33.

240. 引自O. Buchbender & R. Sterz (Hg.), *Das andere Gesicht des Krieges*, 79。

241. 引自E.-M. Rhein, *Das Infanterie-Regiment 18*, 82-83。

242. A. Meyer, *Infanterie-Regiment 241*, 14-16.

243. D. M. Glantz, *Forgotten Battles*, Vol. I, 77.

244. D. M. Glantz, *Barbarossa Derailed*, Vol. I, 579.

245. P. E. Schramm (Hg.), *Kriegstagebuch des OKW*, Bd. I, 469-79. 苏军8月27日的进攻也重创了第6步兵师第37步兵团，详情参阅本书第十章"转入阵地战"一节"例一：梅扎河地段的第6步兵师"小节。

246. D. M. Glantz, *Barbarossa Derailed*, Vol. I, 481-82. 截至8月19日，第161步兵师还在苏军的突击中损失9门轻型和6门中型榴弹炮。FMS P-201, Generalmajor Windisch, "*Personal Diary Notes of the G-4 of the German 9th Army*," 18.

247. K. Gerbet (ed.), *GFM Fedor von Bock, The War Diary*, 287.

248. D. M. Glantz, *Barbarossa Derailed*, Vol. I, 485.

249. Ibid., 528.

250. K. Mehner (Hg.), *Geheime Tagesberichte*, Bd. 3, 314.

251. K.-J. Thies, *Der Ostfeldzug – Ein Lageatlas*, "Lage am 31.8.1941 abds., Heeresgruppe Mitte."

252. H. Geyer, *Das IX. Armeekorps im Ostfeldzug 1941*, 122.

253. *Feldpost*, W. Heinemann, 30.8.41.

254. "*Tagesmeldungen der Operations-Abteilung des GenStdH*," in: P. E. Schramm (Hg.), *Kriegstagebuch des OKW*, Bd. I, 601; K.-J. Thies, *Der Ostfeldzug – Ein Lageatlas*, "Lage am 31.8.1941 abds., Heeresgruppe Mitte." 苏军这场进攻虽然发生在叶利尼亚突出部以南20~25公里处，但在战术上无疑同他们对（叶利尼亚）突出部的进攻有关。

255. 1941年8月30日，部署在突出部内的德国军队是第20军第268、第292、第78步兵师

（从右到左）。K.-J. Thies, *Der Ostfeldzug – Ein Lageatlas*, "Lage am 30.8.1941 abds., Heeresgruppe Mitte."

256. FMS T-28, H. v. Greiffenberg, *Battle of Moscow (1941-1942)*, 7.

257. D. M. Glantz, *Barbarossa*, 89. 如前所述（第十章"转入阵地战"一节"例二：叶利尼亚突出部的第46装甲军"小节），拉库京集团军在1941年7月30日编有14个师（9个步兵师、3个快速师、2个民兵师）。但在1941年8月，其编成与许多苏联集团军一样，发生了很大变动。E-Mail, D. Glantz to C. Luther, 6 Jun 12.

258. D. Stahel, *And the World held its Breath*, 274.

259. T. Wray, *Standing Fast: German Defensive Doctrine on the Russian Front*, 44. 在1986年为美国陆军所做的这项研究中，雷详细探讨了从第一次世界大战到1943年年初的东线战事，以及德军防御学说的发展和实施。据雷说："1941年时，德国陆军的防御作战学说几乎与德意志帝国陆军在第一次世界大战最后几年采用的学说相同。德国军队1917年和1918年在西线实践的学说，也就是纵深弹性防御，到'巴巴罗萨'行动发起时也仅仅是稍有修改和更新。"Ibid., 1.

260. G. Blumentritt, "*Moscow*," in: *The Fatal Decisions*, W. Richardson & S. Freidin (eds.), 52.

261. T. Wray, *Standing Fast: German Defensive Doctrine on the Russian Front*, 44-45.

262. D. M. Glantz, *Barbarossa*, 89.

263. K. Gerbet (ed.), *GFM Fedor von Bock, The War Diary*, 302.

264. 引自O. Buchbender & R. Sterz (Hg.), *Das andere Gesicht des Krieges*, 79-80。

265. D. M. Glantz, *Barbarossa*, 89. 陆军总司令部作战处1941年9月5日的每日报告指出，第20军和第9军右翼的后撤"正按计划进行"。"*Tagesmeldungen der Operations-Abteilung des GenStdH*," in: P. E. Schramm (Hg.), *Kriegstagebuch des OKW*, Bd. I, 614.

266. W. Meyer-Detring, *137. Infanterie-Division im Mittelabschnitt der Ostfront*, 75.

267. Ibid., 63.

268. Ibid., 73.

269. D. M. Glantz, *Barbarossa*, 90.

270. T. Wray, *Standing Fast: German Defensive Doctrine on the Russian Front*, 47.

271. E. Mawdsley, *Thunder in the East*, 72. 这四个师的番号被改为近卫步兵第1、第2、第3、第4师。

272. 为填补预备队方面军与中央方面军之间的缺口，苏联大本营于1941年8月14日组建布良斯克方面军，该部受领的任务是阻止古德里安向南挺进。8月26日，大本营撤销中央方面军，把该方面军辖内兵团划拨给布良斯克方面军，后者此时编有第3、第13、第21、第50集团军。D. M. Glantz, *Barbarossa Derailed*, Vol. I, 393; D. M. Glantz, *Forgotten Battles*, Vol. I, 89.

273. D. M. Glantz, *Forgotten Battles*, Vol. I, 88.

274. K. Gerbet (ed.), *GFM Fedor von Bock, The War Diary*, 300.

275. 注意，博克在日记中错误地写为"第9集团军"，但他显然指的是克鲁格第4集团军。另可参阅"*Tagesmeldungen der Operations-Abteilung des GenStdH*," in: P. E. Schramm (Hg.), *Kriegstagebuch des OKW*, Bd. I, 607.

276. K. Gerbet (ed.), *GFM Fedor von Bock, The War Diary*, 301.

277. Ibid., 302.

278. H. Muehleisen (Hg.), *Hellmuth Stieff. Briefe*, 128.

279. D. M. Glantz, *Barbarossa*, 89, 94.

280. Ibid., 95.

281. R. Kirchubel, *Operation Barbarossa 1941 (3), Army Group Center*, 54.

282. 俄罗斯官方数据称，在7月10日到9月10日（也就是俄国人所说的"斯摩棱斯克交战"期间），沿中央方向展开行动的四个方面军（西方面军、中央方面军、预备队方面军、布良斯克方面军）共伤亡759974人，其中有486171人为不可归队减员（大多是在斯摩棱斯克包围圈和其他合围战中被俘）。另外，这几个方面军还损失1348辆坦克、9290门火炮和迫击炮、903架飞机。Col.-Gen. G. F. Krivosheev (ed.), *Soviet Casualties and Combat Losses*, 116, 260.

283. 比如第9集团军在9月11日的作战日志中评论道，前线出现了"某种程度的松弛"，在9月14日又写道，集团军作战地域"明显的平静"仍在持续。BA-MA RH 20-9/16, *KTB AOK 9*, 11./14.9.41.

284. A. Meyer, *Infanterie-Regiment 241*, 14.

285. H.R. Trevor-Roper (ed.), *Hitler's War Directives 1939-1945*, 96-98.

286. R. Kirchubel, *Operation Barbarossa 1941 (3), Army Group Center*, 66.

287. 布劳希奇、哈尔德、第2航空队司令凯塞林也参加了1941年9月24日的会议。K. Gerbet (ed.), *GFM Fedor von Bock, The War Diary*, 317-18; K. Reinhardt, *Moscow – The Turning Point*, 58-59.

288. K. Gerbet (ed.), *GFM Fedor von Bock, The War Diary*, 318.

289. G. R. Ueberschaer & W. Wette (Hg.), *"Unternehmen Barbarossa." Der deutsche Ueberfall auf die Sowjetunion 1941*, 155; K. Reinhardt, *Moscow – The Turning Point*, 59; K. Gerbet (ed.), *GFM Fedor von Bock, The War Diary*, 319.

290. 古德里安第2装甲集群实际上提前两天，也就是在9月30日发起进攻。K. Reinhardt, *Moscow – The Turning Point*, 59.

291. K. Gerbet (ed.), *GFM Fedor von Bock, The War Diary*, 319. 德国人此时非常清楚，恶劣的天气即将到来，他们的时间已然不多。同一天里，陆军总司令部作战处的蒂洛上尉在日记中写道："中央集团军群和南方集团军群正与冬季赛跑，先期到达的'恶劣天气'会把一切行动阻挡在泥泞中6～8周。"（BA-MA N 664/3, *Tagebuch Thilo*, 27.9.41.）德国第9集团军预见到了即将到来的"恶劣天气"（即秋天的雨季，也就是所谓Rasputitsa）会造成怎样的影响，因为8月底和9月初的一段暴雨期打乱了作战行动，并给官兵的士气造成"近乎瘫痪"的影响。集团军作战日志指出："我们首次充分认识到，在俄国这种艰巨条件下，作战行动究竟在多大程度上取决于天气。"BA-MA RH 20-9/16, *KTB AOK 9*, 2.9.41.

292. *KTB 6. Inf.-Div.*, 22.-24.9.41, 引自Rundbrief Nr. 50, *Traditionsverband Inf.Rgt. 37*, Dec. 93, 14-17; K.-J. Thies, *Der Ostfeldzug – Ein Lageatlas*, "Lage am [22./24.]9.1941 abds., Heeresgruppe Mitte."

293. *Tagebuch Haape*, 27.9.41.

294. H. Grossmann, *Geschichte der 6. Infanterie-Division*, 66-67.

295. "*KTB Soeffker*," 23.9.41, in: *Rundbrief Nr. 50, Traditionsverband Inf.Rgt. 37*, Dec. 93, 15–16.

296. 这里指的是第5装甲师，作为陆军总司令部预备队的组成部分，该师在被分配给"台风"行动前一直指定用于北非。参见网址 www.lexikon-der-wehrmacht.de。

297. H. Pabst, *The Outermost Frontier*, 26.

298. Ibid., 26.

299. D. Stahel, *And the World held its Breath*, 290.

300. *GSWW*, Vol. IV, 635.

301. *GSWW*, Vol. IV, 636–37; E. Mawdsley, *Thunder in the East*, 84.

302. K. Mehner (Hg.), *Geheime Tagesberichte*, Bd. 3, 310.

303. M. Gilbert, *Second World War*, 228.

304. P. E. Schramm (Hg.), *Kriegstagebuch des OKW*, Bd. I, 612.

305. R. J. Kershaw, *War Without Garlands*, 124; J. Erickson, *The Road to Stalingrad*, 192.

306. E. Bauer, *Der Panzerkrieg*, 130.

307. *GSWW*, Vol. IV, 641; J. Erickson, *The Road to Stalingrad*, 191.

308. D. Irving, *Hitler's War*, 313.

309. R. J. Kershaw, *War Without Garlands*, 124–25.

310. H. Guderian, *Panzer Leader*, 220.

311. 第8航空军军长里希特霍芬在日记中写道："施蒙特上校今天下午向军队高级将领阐述了元首对这些问题的看法……列宁格勒会被'犁上一遍'。"引自D. Irving, *Hitler's War*, 313.

312. C. Burdick & H.-A. Jacobsen (eds.), *The Halder Diary 1939–1942*, 524.

313. Murray & A. R. Millett, *A War to Be Won*, 130.

314. "*Tagesmeldungen der Operations-Abteilung des GenStdH*," in: P. E. Schramm (Hg.), *Kriegstagebuch des OKW*, Bd. I, 560.

315. "*Tagesmeldungen der Operations-Abteilung des GenStdH*," in: P. E. Schramm (Hg.), *Kriegstagebuch des OKW*, Bd. I, 570; E. M. Howell, *The Soviet Partisan Movement (Department of the Army Pamphlet 20–244)*, 29.

316. "*Tagesmeldungen der Operations-Abteilung des GenStdH*," in: P. E. Schramm (Hg.), *Kriegstagebuch des OKW*, Bd. I, 589–605; *GSWW*, Vol. IV, 597–601.

317. 读者应该还记得，希特勒在8月23日召开于"狼穴"的会议上向古德里安保证，会让后者的装甲集群以整体的形式向南挺进。尽管如此，第46装甲军还是被调离古德里安的战斗序列，留在罗斯拉夫利–斯摩棱斯克地域，在克鲁格第4集团军身后担任预备队。古德里安在回忆录中称，这是个"令人深感失望"的决定。H. Guderian, *Panzer Leader*, 203.

318. M. Gilbert, *Second World War*, 232–33.

319. R. J. Kershaw, *War Without Garlands*, 155.

320. H. Guderian, *Panzer Leader*, 213–14; "*Tagesmeldungen der Operations-Abteilung des GenStdH*," in: P. E. Schramm (Hg.), *Kriegstagebuch des OKW*, Bd. I, 625.

321. *GSWW*, Vol. IV, 602.

322. K. Gerbet (ed.), *GFM Fedor von Bock, The War Diary*, 310–11.

323. W. Haupt, *Army Group Center*, 74.

324. R. J. Kershaw, *War Without Garlands*, 157.

325. K. Gerbet (ed.), *GFM Fedor von Bock, The War Diary*, 313.

326. J. Erickson, *The Road to Stalingrad*, 209.

327. "*Tagesmeldungen der Operations-Abteilung des GenStdH*," in: P. E. Schramm (Hg.), *Kriegstagebuch des OKW*, Bd. I, 646. 据希特勒东普鲁士大本营里的一位目击者称，攻占基辅"在狼穴引发了巨大的喜悦"。M. Vogt (Hg.), *Herbst 1941 im "Fuehrerhauptquartier,"* 29.

328. 这个包围圈"是个巨大的三角形，边长500公里，面积达135500平方公里"。R. J. Kershaw, *War Without Garlands*, 157.

329. A. Kesselring, *Soldat Bis Zum Letzten Tag*, 126–27.

330. 引自R. J. Kershaw, *War Without Garlands*, 162。

331. Ibid., 162.

332. "*Tagesmeldungen der Operations-Abteilung des GenStdH*," in: P. E. Schramm (Hg.), *Kriegstagebuch des OKW*, Bd. I, 661.

333. J. Erickson, *Road to Stalingrad*, 209–10.

334. Dr R. Gschoepf, *Mein Weg mit der 45. Inf.-Div.*, 264.

335. H. Guderian, *Panzer Leader*, 219.

336. H. Magenheimer, *Moskau 1941*, 120. 为"台风"行动实施集结后，中央集团军群编有约78个师（包括14个装甲师和8个摩托化师），但其中4个保安师和2个步兵师在集团军群后方地域活动。关于博克的完整战斗序列可参阅BA-MA RH 19 II /120，*KTB H.Gr.Mitte*, 2.10.41，以及*GSWW*, Vol. IV, 668–69。

337. 里希特霍芬第8航空军已被调回中央集团军群，为"台风"行动提供支援。该航空军的各个中队当日（10月2日）平均执行4个飞行架次，有些中队甚至多达6个架次。BA-MA RL 8/49，"VIII. Fl.K.,Einsatz Russland," 2.10.41.

338. *Tagebuch*（作者不明），引自*Gefallen! … und umsonst – Erlebnisberichte deutscher Soldaten im Russlandkrieg 1941-1943*, Dr H. Duesel (Hg.), 39。

339. *Tagebuch Lierow*, 2.10.41.

340. H. Pabst, *The Outermost Frontier*, 27.

341. 如前所述，虽然这场全面挺进开始于10月2日，但应古德里安的要求，第2装甲集群提前了两天（9月30日）发起冲击："在第2装甲集群的进攻行动所要穿越的那些地区，当地根本没有碎石铺面的道路可用；我希望充分利用这几天的晴朗天气，以便我们在泥泞期到来前驶上奥廖尔周围状况良好的道路，并夺取奥廖尔—布良斯克这条横向道路，这样，我就可以获得一条不错的补给路线。"H. Guderian, *Panzer Leader*, 224–25.

342. D. Irving, *Hitler's War*, 319.

343. 引自D. Irving, *Hitler's War*, 320。希特勒这番演说的全文可参阅M. Domarus, *Hitler – Reden und Proklamationen 1932-1945*, Bd. II, 1758–67。

344. "*Dieser Gegner ist bereits gebrochen und wird sich nie mehr erheben.*" H.-A. Jacobsen, Der Zweite Weltkrieg in Chronik, 38.

345. C. Burdick & H.-A. Jacobsen (eds.), *The Halder Diary 1939-1942*, 546.

346. 1941年10月6日，古德里安司令部（的级别）从装甲集群升级为第2装甲集团军。"*Tagesmeldungen der Operations-Abteilung des GenStdH,*" in: P. E. Schramm (Hg.), *Kriegstagebuch des OKW*, Bd. I, 682.

347. D. M. Glantz, *Barbarossa*, 148-49; H. Guderian, *Panzer Leader*, 233.

348. 迄今为止一直指挥第41装甲军的装甲兵上将格奥尔格-汉斯·莱因哈特，于1941年10月5日接手指挥第3装甲集群。霍特被调到南方集团军群，指挥第17集团军。参见网址 http://www.lexikon-der-wehrmacht.de。

349. K.-J. Thies, *Der Ostfeldzug – Ein Lageatlas*, "Lage am 6.10.1941 abds., Heeresgruppe Mitte; " "*Tagesmeldungen der Operations-Abteilung des GenStdH,*" in: P. E. Schramm (Hg.), *Kriegstagebuch des OKW*, Bd. I, 684; D. M. Glantz, *Barbarossa*, 149.

350. 引自D. Irving, *Hitler's War*, 321-22。

351. M. Domarus, *Hitler – Reden und Proklamationen 1932-1945*, Bd. II, 1767. 可以从阿尔弗雷德·罗森贝格派驻东普鲁士元首大本营的私人代表维尔纳·克彭提交的一份详细报告中捕捉到"狼穴"此时（1941年10月8—9日）的兴奋之情。1941年7月，希特勒任命罗森贝格为东方占领区事务部部长。参见M. Vogt (Hg.), *Herbst 1941 im "Fuehrerhauptquartier,*" 69-71。

352. H. Guderian, *Panzer Leader*, 233.

353. K. Reinhardt, *Moscow – The Turning Point*, 88.

354. BA-MA RH 19 II/120, *KTB H.Gr.Mitte*, 9.10.41.

355. R. Kirchubel, *Operation Barbarossa 1941 (3), Army Group Center*, 75; K. Reinhardt, *Moscow – The Turning Point,* 88. 关于德国空军支援"台风"行动的出色叙述，可参阅H. Plocher, *The German Air Force Versus Russia, 1941*, 225-48。

356. R. Overy, *Russia's War*, 113.

357. E. Mawdsley, *Thunder in the East*, 96.

358. 关于苏军掩护莫斯科的防线，可参阅H. Magenheimer, *Moskau 1941*, 126-27。苏联人早在1941年7月就开始修筑莫扎伊斯克防线，但截至1941年10月中旬，这道防线只完成了40%～50%。

359. E. Mawdsley, *Thunder in the East*, 95.

360. R. J. Kershaw, *War Without Garlands*, 189-90.

361. K. Reinhardt, *Moscow – The Turning Point*, 91; "*Tagesmeldungen der Operations-Abteilung des GenStdH,*" in: P. E. Schramm (Hg.), *Kriegstagebuch des OKW*, Bd. I, 695-702; K.-J. Thies, *Der Ostfeldzug – Ein Lageatlas*, "Lage am 13.10.1941 abds., Heeresgruppe Mitte;" A. Seaton, *The Battle for Moscow*, 107. 德国人直到10月17日才彻底肃清加里宁城内之敌。接下来几周里，苏军反复尝试夺回该城，但没能成功。在1941年10—11月间的36天内，德守加里宁及其周边地域的德军第36摩步师共击退苏军3次团级兵力、16次营级兵力、28次连级兵力和5次坦克进攻。这座城市最后在1941年12月苏军对中央集团军群的全面反攻期间被红军夺回。"*Vorstoss und Kampf um Kalinin der 36.*"

Inf.Div. (mot.)," bearbeitet durch 36. Inf.Div. (mot.), Abteilung Ic, Nov 41.

362. *GSWW*, Vol.Ⅳ, 677.

363. E. Mawdsley, *Thunder in the East*, 105. 1941年10月5日，斯大林命令朱可夫返回莫斯科。Ibid., 95.

364. 据格兰茨称，博克被迫投入48个师（超过他总兵力的半数），在7～14天内粉碎红军在两个包围圈内的抵抗，因而"丧失了利用莫斯科西面防御空虚（而采取相应手段）的良机"。D. M. Glantz, *Barbarossa*, 158.

365. K. Reinhardt, *Moscow - The Turning Point*, 110–11, f.n. 45.

366. *Feldpost*, W. Heinemann, 27.10.41.

367. *GSWW*, Vol. Ⅳ, 676–77.

368. K. Gerbet (ed.), *GFM Fedor von Bock, The War Diary*, 334. 德军在斯摩棱斯克与维亚济马之间公路的运动也经常被后撤的苏军打乱，他们在公路上大量埋设配有延时引信的重型炮弹，炮弹的爆炸会造成8～10米深、直径达25米的巨大弹坑。M. Vogt (Hg.), *Herbst 1941 im "Fuehrerhauptquartier,"* 88.

369. CMH Publication 104-6: "*Effects of Climate on Combat in European Russia,*" 36–37.

370. K. Gerbet (ed.), *GFM Fedor von Bock, The War Diary*, 340.

371. BA–MA MSg 1/1148: *Tagebuch Lemelsen*, 16.10.41.

372. D. M. Glantz, *Barbarossa*, 158.

373. A. Seaton, *The Russo-German War*, 184–85.

374. D. M. Glantz, *Barbarossa*, 158. 已故德国历史学家约希姆·霍夫曼称，到1941年10月底，"已证明至少有调自苏联内地的13个步兵师和5个坦克旅加入到了莫斯科西面的防线"，在这些援兵的帮助下，苏军防线暂时稳定下来。*GSWW*, Vol. Ⅳ, 893.

375. *GSWW*, Vol. Ⅳ, 891.

376. K. Reinhardt, *Moscow - The Turning Point*, 108, f.n. 16.

377. D. M. Glantz, *Barbarossa*, 153.

378. BA–MA RH 19 Ⅱ/120, *KTB H.Gr.Mitte*, 19.10.41; K. Gerbet (ed.), *GFM Fedor von Bock, The War Diary*, 336. 博克认为苏军共损失8个集团军，包括73个步兵和骑兵师，13个坦克师和坦克旅，以及"大量集团军属炮兵部队"。据德方估计，其战利品总数为1277辆坦克、4378门火炮、1009门反坦克炮和高射炮、87架飞机，另外抓了673098名俘虏。

379. BA–MA RL 8/49, "*Ⅷ. Fl.K., Einsatz Russland,*" 26.10.41. 10月30日，第8航空军的作战行动受到"雨夹雪这种灾难性天气"的妨碍，"由于情况紧迫，只有'斯图卡'战机可以出动，他们在100米高度上飞行，全力阻止苏军以坦克力量对第110步兵师侧翼发起的反突击"。Ibid., 30.10.41.

380. "*Tagesmeldungen der Operations-Abteilung des GenStdH,*" in: P. E. Schramm (Hg.), *Kriegstagebuch des OKW*, Bd. Ⅰ, 727.

381. H. Guderian, *Panzer Leader*, 244.

382. Ibid., 244.

383. R. J. Kershaw, *War Without Garlands*, 195. 1941年10月2—15日，中央集团军群的平均前进速度为16公里/每日，第3装甲集群1941年10月11—15日的平均速度为30公里/每日，而第2装甲集群1941年

9月30日—10月2日的速度高达60公里/每日。但在10月下半月，他们的平均速度下降到了5.3公里/每日。K. Reinhardt, *Moscow – The Turning Point*, 132, f.n. 1.

384. K.-J. Thies, *Der Ostfeldzug – Ein Lageatlas*, "Lage am 2.11.1941 abds., Heeresgruppe Mitte."

385. K. Gerbet (ed.), *GFM Fedor von Bock, The War Diary*, 347.

386. 由于敌人施加的沉重压力——某些情况下甚至会在第4集团军战线上达成局部突破，克鲁格集团军到10月26日基本已停止前进。"*Tagesmeldungen der Operations-Abteilung des GenStdH*," in: P. E. Schramm (Hg.), *Kriegstagebuch des OKW*, Bd. Ⅰ, 725.

387. K. Gerbet (ed.), *GFM Fedor von Bock, The War Diary*, 347-48.

388. 1941年10月1日至17日，中央集团军群的伤亡约为5万人，坦克的损失也很严重。比如在10月16日，第2装甲集团军没有一个装甲师的可用坦克超过82辆（第3装甲师），而第4装甲师在姆岑斯克与苏军T-34坦克的激战中损失惨重，目前仅剩38辆可用战车。该装甲集团军编成内的第9装甲师当日只剩下23辆可用坦克。K. Reinhardt, *Moscow – The Turning Point*, 92; BA-MA RH 19 Ⅱ/123, "*Zahl der bei den Panzer-Divisionen vorhandenen Panzer*," 16.10.41.

389. H. Guderian, *Panzer Leader*, 246.

390. A. Seaton, *The Battle for Moscow*, 201.

391. W. Murray, *Strategy for Defeat*, 87.

392. 德国历史学家约翰内斯·许尔特认为，德国人的"灾难"并非始于苏军1941年12月的冬季攻势，相反，这是当年11月恢复"台风"行动的"致命决定"所致。许尔特写道："鲁莽地命令对莫斯科发起最后的进攻，这种决定是令人费解的。这不仅仅是哈尔德的责任，还应该归咎于博克，因为这位东线陆军中最重要的指挥官比陆军总参谋长更了解前线实际情况。"J. Huerter, *Hitlers Heerfuehrer*, 302, 307.

393. 例如，在11月13日召开于奥尔沙的高级将领会议上（此时的温度为华氏零下8度），哈尔德试图让古德里安装甲集团军夺取莫斯科以东约400公里的高尔基这个目标，从而切断苏联首都与东面的交通联系。但那些反对哈尔德的计划会给重新对莫斯科发起直接进攻的决定造成妨碍。伊恩·克肖写道："这项决定获得通过，尽管他们充分认识到了无法解决的后勤问题，以及在近乎北极的气候条件下，得不到任何补给而向前挺进的巨大危险。"I. Kershaw, *Hitler 1936-45: Nemesis*, 437-38.

394. J. Huerter, Hitlers Heerfuehrer, 315. 据许尔特说，希特勒没有干预陆军总司令部的作战决策（也就是由哈尔德主导的行动），而是"听天由命地"等待着东方作战行动的结局。直到1941年11月30日，南方集团军群在罗斯托夫遭遇局部逆转后，希特勒才重新大力干预。Ibid., 310.

395. I. Kershaw, Hitler 1936-45: Nemesis, 438.

396. K. Gerbet (ed.), *GFM Fedor von Bock, The War Diary*, 357.

397. *GSWW*, Vol. Ⅳ, 893-94.

398. J. Erickson, *Road to Stalingrad*, 257.

399. E. F. Ziemke & M. E. Bauer, *Moscow to Stalingrad*, 51.

400. *GSWW*, Vol. Ⅳ, 693.

401. Ibid., 695.

402. *GSWW*, Vol. Ⅳ, 696; K. Gerbet (ed.), *GFM Fedor von Bock, The War Diary*, 366.

403. 法尔姆巴歇尔的第7军在莫扎伊斯克东面横跨斯摩棱斯克—莫斯科公路从事战斗，距离莫斯科郊区约50公里。K.-J. Thies, *Der Ostfeldzug - Ein Lageatlas*, "Lage am 23.11.1941 abds., Heeresgruppe Mitte."

404. K. Gerbet (ed.), *GFM Fedor von Bock, The War Diary*, 366.

405. K. Reinhardt, *Moscow - The Turning Point*, 203, f.n. 19.

406. W. Haupt, *Sturm auf Moskau*, 223.

407. 引自K. Reinhardt, *Moscow - The Turning Point*, 234-35, f.n. 84。

408. "*Tagesmeldungen der Operations-Abteilung des GenStdH*," in: P. E. Schramm (Hg.), *Kriegstagebuch des OKW*, Bd. I, 773; K.-J. Thies, *Der Ostfeldzug - Ein Lageatlas*, "Lage am 23.11.1941 abds., Heeresgruppe Mitte."

409. R. J. Kershaw, *War Without Garlands*, 210.

410. R. J. Kershaw, *War Without Garlands*, 206-07; D. M. Glantz, *Barbarossa*, 172; H. v. Manteuffel, *Die 7. Panzer- Division. Bewaffnung, Einsaetze, Maenner*, 89; "*Tagesmeldungen der Operations-Abteilung des GenStdH*," in: P. E. Schramm (Hg.), *Kriegstagebuch des OKW*, Bd. I, 785; K.-J. Thies, *Der Ostfeldzug - Ein Lageatlas*, "Lage am 28.11.1941 abds., Heeresgruppe Mitte."

411. K. Reinhardt, *Moscow - The Turning Point*, 249, f.n. 2.

412. C. Burdick & H.-A. Jacobsen (eds.), *The Halder Diary 1939-1942*, 562.

413. K. Gerbet (ed.), *GFM Fedor von Bock, The War Diary*, 375-76. 博克这份电传电报的德文版收录于R. Hofmann, "*Die Schlacht von Moskau 1941*," in: *Entscheidungsschlachten des zweiten Weltkrieges*, H.-A. Jacobsen & J. Rohwer (Hg.), 163。

414. J. Erickson, *Road to Stalingrad*, 266.

415. "*Tagesmeldungen der Operations-Abteilung des GenStdH*," in: P. E. Schramm (Hg.), *Kriegstagebuch des OKW*, Bd. I, 790.

416. J. Erickson, *Road to Stalingrad*, 266-67; A. Seaton, *The Russo-German War*, 207-08; G. Blumentritt, "*Die Ueberwindung der Krise vor Moskau im Winter 1941-42, dargestellt an der 4. Armee*," in: *Wehr-Wissenschaftliche Rundschau*, Mar. 54, 109.

417. BA-MA RH 21-2/244, *KTB Panzer AOK 2*, 5.12.41.

418. BA-MA RH 21-2/244, *KTB Panzer AOK 2*, 5.12.41; D. Irving, *Hitler's War*, 350.

419. K. Reinhardt, *Moscow - The Turning Point*, 228.

420. D. M. Glantz, *Barbarossa*, 177.

421. *GSWW*, Vol. IV, 698.

422. R. Kirchubel, *Hitler's Panzer Armies*, 81.

423. BA-MA RH 21-2/244, *KTB Panzer AOK 2*, 4.-5.12.41. 1941年11月底，古德里安的第4装甲师只剩21辆可用坦克和18门火炮。到12月3日，他麾下的第10摩步师仅剩下7门火炮。R. Kirchubel, *Hitler's Panzer Armies*, 81; BA-MA RH 21-2/244, *KTB Panzer AOK 2*, 5.12.41.

424. K.-J. Thies, *Der Ostfeldzug - Ein Lageatlas*, "Lage am 6.12.1941 abds.,

Heeresgruppe Mitte."

425. *Uffz. Karl R.* (35 672), Collection BfZ.

426. 古德里安的传记作者拉塞尔·A.哈特指出："在种族和意识形态方面，古德里安与其他德军高级将领对苏联人的能力不屑一顾，他们低估了苏军冬季反攻的规模、范围和猛烈度。"R. A. Hart, *Guderian*, 77.

427. 1941年12月4日，东线外军处的情报评估得出的结论是，中央集团军群当面之敌"目前"无法在未获得大量援兵的情况下发动一场大规模进攻。*GSWW*, Vol. IV, 702.

428. R. H. S. 斯托尔费指出，1941—1942年的冬季"可能是这25年来东方最寒冷的冬天"。R.H.S. Stolfi, "*Chance in History: The Russian Winter of 1941-1942*," in: *History*, Jun. 80, 222.

429. H. Haape, *Moscow Tram Stop*, 286.

430. Ibid., 287-88.

431. Ibid., 289.

432. 1941年12月6—25日，红军西方面军的平均每日前进速度为4～15公里。H. S. Orenstein (trans.), *Soviet Documents on Use of War Experience*, Vol. III, 15.

433. 苏德战争爆发时，红军拥有33200门火炮，在之后6个月的战事中损失24440门。E. Mawdsley, *Thunder in the East*, 194.

434. 据戴维·欧文称，希特勒的"'停止后撤令'于当日中午12点10分，由哈尔德通过电话传达给博克"。D. Irving, *Hitler's War*, 357.

435. 包括古德里安在内的许多前线将领都反对这道"停止后撤令"，他们认为应当实施一场退却。可正如古德里安的传记作者拉塞尔·A.哈特指出的那样："鉴于德国陆军机动性欠佳（缺乏运输工具和冬季装备所致），唯一可行的举措就是像希特勒要求的那样，在筑垒村庄构设刺猬防御，以此抵御苏军的冲击。德军部队在任何时候实施的阻滞后撤都很难在不遭受严重损失的情况下摆脱敌人，尤其是因为缺乏运输工具和燃料而不得不放弃重武器。"（R. A. Hart, *Guderian*, 80.）德军装甲兵将领瓦尔特·K.内林在战后对德军装甲力量所做的研究中写道："希特勒的干预很可能避免了军队的一场恐慌和解体。"W. K. Nehring, *Die Geschichte der deutschen Panzerwaffe*, 238.

436. 古德里安显然已经疲惫不堪、神经紧张，按照其本人的意愿，希特勒于1941年12月26日正式解除了他的指挥权。在之前几周里，古德里安"太过倾向于让无力实施这种行动的部队后撤……另外，他也不是个卓有成效的防御型指挥官。他没有接受过防御训练，对此毫无研究，并把防御作战视为一种劣势"。R. A. Hart, *Guderian*, 79.

437. 在1941—1942年的冬季，有30多名军师级指挥官被希特勒解除职务。J. Keegan, *The Second World War*, 206.

438. 1942年2月20日，约瑟夫·戈培尔在他的日记中写道："元首告诉我，他刚刚结束三周最紧张的工作。大部分时间他都站在地图室里，从清晨到深夜，这使他双脚发肿。"R. G. Reuth (Hg.), *Joseph Goebbels Tagebuecher,* Bd IV, 1735.

439. 因疲惫不堪和再次患病，冯·博克元帅要求并获准暂时休假。他于1941年12月19日上午离开中央集团军群。K. Gerbet (ed.), *GFM Fedor von Bock, The War Diary*, 397-99.

440. Peter G. Tsouras (ed.), *Fighting in Hell*, 172.

441. 1942年1月1日，第3、第4装甲集群改称（相应番号）装甲集团军。GSWW, Vol. Ⅳ, 726, f.n. 630.

442. H. Magenheimer, *Moskau 1941*, 219; GSWW, Vol. Ⅳ, 728–29.

443. 引自C. Bergström & A. Mikhailov, *Black Cross Red Star*, Vol. Ⅱ, 45–46。

444. 虽然中央集团军群没有在1941年12月获得新师，但确实得到由运输机运抵的一些步兵营。1942年1月，该集团军群获得4个新师。1942年2月，该部又获得5个新师。在同一时期，红军也得到了大幅增强。R. Hofmann, "*Schlacht von Moskau 1941*," in: *Entscheidungsschlachten des zweiten Weltkrieges*, H.–A. Jacobsen & J. Rohwer (Hg.), 181.

445. OKH GenStdH/Op.Abt. (Ia), Nr 420053/42 g.Kdos./Chefs, "*Weisung fuer die Kampffuehrung im Osten nach Abschluss des Winters*," in: P. E. Schramm (Hg.), *KTB OKW*, Bd. Ⅰ, 1093. 同一天里，由克鲁格提交的态势报告并没有提及迫在眉睫的危机，这是数周以来的第一次。Ziemke & Bauer, Moscow to Stalingrad, 171–72.

446. A. S. Knjaz'kov, "*Die sowjetische Strategie im Jahre 1942*," in: *Stalingrad. Ereignis – Wirkung – Symbol*, J. Foerster (Hg.), 39.

447. 他们的确是残部！第6步兵师第18步兵团的1个营，在1941年6月满怀信心地进入苏联时的兵力为800人左右，到冬季结束时只剩28人。此外，这种损失并不罕见。H. Haape, *Moscow Tram Stop*, 359.

448. H.–A. Jacobsen (Hg.), *Halder Kriegstagebuch*, Bd. Ⅲ, viii.

449. M. van Creveld, *The Changing Face of War*, 130–31.

450. R. E. Dupuy & T. N. Dupuy, *The Encyclopedia of Military History*, 1080.

451. D. M. Glantz, *Barbarossa*, 210.

452. R. Overmans, *Deutsche militaerische Verluste im Zweiten Weltkrieg*, 277.

453. 例如可参阅R.H.S. Stolfi, *Hitler's Panzers East – World War Ⅱ Reinterpreted*。

454. D. Stahel, *And the World held its Breath*, 81; E. Bauer, *Der Panzerkrieg*, 113.

455. 罗尔夫-迪特尔·米勒指出："（德方）不得不解决的补给任务问题超出了所有历史先例。"GSWW, Vol. Ⅳ, 1107.

456. 对这个问题和整个德国情报机构的深入探讨，可参阅G.P. Megargee, *Inside Hitler's High Command*, 102–16。

457. Ibid., 115–16.

458. Col.–Gen. G. F. Krivosheev (ed.), *Soviet Casualties and Combat Losses*, 101; D. M. Glantz, *Barbarossa*, 68, 210.

459. D. M. Glantz, *Barbarossa*, 68.

460. W. S. Dunn, Jr., *Stalin's Keys to Victory*, 4.

461. A. Hillgruber, "*Die weltpolitischen Entscheidungen vom 22. Juni 1941 bis 11. Dezember 1941*," in: *Nationalsozialistische Diktatur 1933–1945*, K. D. Bracher, et al., (Hg.), 441–42.

462. D. Stahel, *And the World held its Breath*, 297.

463. 考虑到德国陆军总司令部发起"巴巴罗萨"行动时只有28个师的预备队，外加补充军的30多万名补充兵，人们可能会对德国东线陆军1941年沿三个进军方向穿过苏联欧洲地区期间，面对红军源源不断的新锐集团军时所取得的成就感到震惊。

464. 到1941年年底，从西半球（即美国、加拿大和拉丁美洲）运到苏联的援助物资（武器、装备、原材料）已达360700吨。这些物资中的3.7%经波斯湾（伊朗）运送，53.6%经远东（符拉迪沃斯托克）运抵，42.7%取道苏联北部（摩尔曼斯克、阿尔汉格尔斯克）。其他援助物资从英国发运。R. Kirchubel, "*Operation Barbarossa and the American Controversy over Aid to the Soviet Union*," 28. 在1941年秋季，美国和英国的武器装备（坦克、飞机等）开始出现在了德军东线将士的日记和书信中。

465. W. S. Dunn, Jr., *Hitler' s Nemesis*, xvii– xviii.

466. C. Pleshakov, *Stalin' s Folly*, 273.

467. 戴维·格兰茨指出："在整个1941年，斯大林加紧了对红军将士的控制，下达一道道指令，要求他们在受到申斥、逮捕乃至处决的情况下也要绝对服从命令。"D. M. Glantz, *Barbarossa*, 209.

468. 引自D. Stahel, *And the World held its Breath*, 292。

469. 对德国而言，斯摩棱斯克交战的另一个负面结果可能是它对日本战略决策的影响。中央集团军群这场挺进的突然放缓可能使日本最终决定不介入德国的对苏战争，而是进军太平洋和东南亚。不管怎样，到1941年8月9日，日本已明确决定不参加"巴巴罗萨"行动。关于这个有趣问题的详细探讨，可参阅A. Hillgruber, "*Die Bedeutung der Schlacht von Smolensk in der Zweiten Julihaelfte 1941 fuer den Ausgang des Ostkrieges*," in: A. Hillgruber, *Die Zerstoerung Europas*, 296-312。

470. D. Stahel, *And the World held its Breath*, 280.

471. Ibid., 293.

472. Ibid., 293.

473. T. Ropp, *War in the Modern World*, 333. 据罗普说，希特勒的"主要误判——但这种误判似乎得到了（20世纪）30年代中期俄国动荡不安这一状况的支持——和拿破仑一样，是在政治方面"。

474. C. Merridale, *Ivan' s War*, 133–34.

475. I. Kershaw, *Hitler 1936–45: Nemesis*, 405.

476. F. W. Kagan, "*A Strategy for Heroes – What' s wrong with the 2006 Quadrennial Defense Review*," in: *The Weekly Standard*, 20 Feb 06.

中央集团军群战斗序列
（1941 年 6 月 21 日）[1]

集团军群指挥官

总司令：冯·博克元帅

参谋长：冯·格赖芬贝格少将

作训处长：总参中校冯·特雷斯科

集团军群预备队

第 53 军

军长：步兵上将魏森贝格

参谋长：总参上校韦格尔

第293步兵师[2]：冯·奥伯尼茨中将

第 102 集团军群后方地域 [3]

指挥官：步兵上将冯·申肯多夫

参谋长：总参上校吕贝萨门

第 2 装甲集群（隶属第 4 集团军）[4]

司令：古德里安大将

参谋长：总参上校冯·利本施泰因

作训处长：总参中校拜尔莱因

第 46 装甲军 [5]

军长：装甲兵上将海因里希·冯·维廷霍夫－谢尔

参谋长：总参中校冯·德·布尔格

武装党卫队"帝国"摩托化师：党卫队地区总队长豪塞尔

第10装甲师：沙尔少将

"大德意志"摩托化步兵团：冯·施托克豪森上校

第 47 装甲军

军长：装甲兵上将约阿希姆·莱梅尔森

参谋长：总参上校巴姆勒

第18装甲师：内林少将

第17装甲师：阿尼姆中将

第29摩托化步兵师：冯·博尔滕施泰因少将

第167步兵师：舍恩哈尔中将

第 12 军

军长：步兵上将瓦尔特·施罗特

参谋长：总参中校冯·瓦尔登堡

第34步兵师：贝伦多夫中将

第45步兵师：施利佩尔少将

第31步兵师：卡尔穆科夫少将

第 24 装甲军

军长：装甲兵上将莱奥·迪特里希·盖尔·冯·施韦彭堡男爵

参谋长：总参上校席林

第1骑兵师：费尔特少将

第267步兵师：冯·瓦赫特少将

第4装甲师：冯·朗格曼男爵少将

第3装甲师：莫德尔中将

第10摩托化步兵师：勒佩尔中将

装甲集群可用部队 [6]

第255步兵师：韦策尔中将

第 4 集团军

司令：冯·克鲁格元帅

参谋长：总参上校布卢门特里特

作训处长：总参中校齐策维茨

第 13 军

军长：步兵上将汉斯·费尔伯

参谋长：总参上校霍夫曼

第78步兵师：加伦坎普中将

第17步兵师：洛赫中将

第 7 军

军长：炮兵上将威廉·法尔姆巴歇尔

参谋长：总参上校克雷布斯

第7步兵师：冯·加布伦茨中将

第258步兵师：亨里齐少将

第268步兵师：施特劳贝少将

第23步兵师：黑尔米希少将

第221保安师[7]：普夫卢格拜尔中将

第 9 军

军长：步兵上将赫尔曼·盖尔

参谋长：总参中校冯·林施托夫

第292步兵师：德默尔少将

第137步兵师：贝格曼中将

第263步兵师：黑克尔少将

第 43 军

军长：步兵上将戈特哈德·海因里希

参谋长：总参上校舒尔茨

第131步兵师：迈尔-比尔多夫少将

第134步兵师：冯·科兴豪森中将

第252步兵师：冯·伯姆-本青中将

集团军可用部队

第286保安师：米勒中将

第 9 集团军

司令：阿道夫·施特劳斯大将

参谋长：总参上校韦克曼

作训处长：总参中校布劳罗克

第 8 军

军长：炮兵上将海茨

参谋长：总参上校施泰因梅茨

第8步兵师：赫内少将

第28步兵师：辛恩胡贝尔中将

第161步兵师：维尔克少将

第 20 军

军长：步兵上将马特纳

参谋长：总参上校福格尔

第162步兵师：弗兰克中将

第256步兵师：考夫曼中将

第 42 军（后担任陆军总司令部预备队）

军长：工兵上将孔策

参谋长：总参上校齐格勒

第87步兵师：冯·施图德尼茨中将

第102步兵师：安萨特少将

第129步兵师：里陶少将

集团军可用部队

第403保安师：冯·迪特富特少将

第 3 装甲集群（隶属第 9 集团军）[8]

司令：霍特大将

参谋长：总参上校冯·许纳斯多夫

作训处长：总参少校瓦格纳

第 6 军

军长：工兵上将奥托-威廉·弗尔斯特

参谋长：总参中校德根

第6步兵师：奥勒布中将

第26步兵师：魏斯少将

第 39 装甲军

军长：装甲兵上将鲁道夫·施密特

参谋长：总参上校希尔德布兰德

第7装甲师：冯·丰克少将

第20装甲师：施通普夫中将

第20摩托化步兵师：措恩少将

第14摩托化步兵师：菲尔斯特少将

第 5 军

军长：步兵上将劳夫

参谋长：总参上校施密特

第5步兵师：阿尔门丁格少将

第35步兵师：菲舍尔·冯·魏克施塔尔中将

第 57 装甲军

军长：装甲兵上将阿道夫·孔岑

参谋长：总参上校范戈赫尔

第12装甲师：哈佩少将

第19装甲师：冯·克诺贝尔斯多夫中将

第18摩托化步兵师：赫尔莱恩少将

注释

[1] 汇编自：W. Keilig, *Das Deutsche Heer*, Bd. I, Abschnitt 34, S. 7–13; K. Mehner (Hg.), *Geheime Tagesberichte*, Bd. 3。

[2] 第53军只编有这一个师。

[3] 这支部队负责集团军群后方地域的安全。

[4] 古德里安装甲集群在最初的进攻行动中隶属第4集团军。

[5] 截至1941年6月，装甲军的正式番号仍是摩托化军（虽然某些兵团已使用"装甲军"这个称谓）。换句话说，第46装甲军的番号应当是第46摩托化军。对苏战局开始后不久，这些军的番号正式改为装甲军。

[6] 显然，第2装甲集群在需要时可以使用这个师，但该师并不隶属第2装甲集群。

[7] Sicherungs-Division，也就是用于保卫后方地域的师。

[8] 霍特装甲集群在最初的进攻行动中隶属第9集团军。

第 292 步兵师的编制、人员、武器和装备（1941 年 6 月 21 日）

第 292 步兵师可以说是"巴巴罗萨"行动前夕德国步兵师中的典型。该师是第八波次动员师，1940 年 2 月组建于第二军区设在格罗斯邦的部队训练场，具备完整的战斗力。东方战局开始时，第 292 步兵师隶属冯·克鲁格元帅第 4 集团军辖内的第 9 军。1941 年夏季和秋季，该师参与了东线中央地区的重大作战行动，包括在斯摩棱斯克东面叶利尼亚实施的激烈防御作战。此外，该师也参加了进攻莫斯科的"台风"行动。第 292 步兵师在东线一直战斗到 1945 年年初，最终覆灭于海利根贝尔合围战，残部并入其他部队。

战斗兵力 [2]

军官：269人

文职官员[3]：7人

军士[4]：1553人

士兵：9712人

总兵力（领取口粮的数字）[5]

军官：358人

文职官员：85人

军士：2196人

士兵：12510人

马匹：5729匹

编有：

第 292（摩托化）测绘支队

第 507 步兵团
1个通信排
1个工兵排（3挺轻机枪）
1个团属军乐队
3个步兵营，每个营辖：
　·3个步兵连（每个连有9挺轻机枪、2挺重机枪、3门轻型迫击炮）
　·1个重武器连（8挺重机枪和6门中型迫击炮）
第13步兵炮连（2门中型步兵炮、6门轻型步兵炮）
第14（摩托化）反坦克连（12门轻型反坦克炮、4挺轻机枪）
1个骑兵侦察排
1个轻型步兵补给纵队

第 508 步兵团
（与第507步兵团相同）

第 509 步兵团
（与第507步兵团相同，但没有团属军乐队）

第 292 反坦克营
1个（摩托化）通信排
3个（摩托化）反坦克连（每个连配备12门轻型反坦克炮、6挺轻机枪）

第 292 自行车中队
1个自行车中队（12挺轻机枪）
1个反坦克排（3门轻型反坦克炮、1挺轻机枪）

第 292 炮兵团
4个炮兵营，各辖3个连：
第1、第2、第3营的每个连配备4门轻型野战榴弹炮、2挺轻机枪
第4营的每个连配备4门中型野战榴弹炮、2挺轻机枪

第 292 补充兵营

辖3个连

第 292 通信营

1个（摩托化）无线电连

1个（摩托化）电话连

1个（摩托化）通信补给连

第 292 战斗工兵营

2个战斗工兵连（每个连配备9挺轻机枪）

2个（摩托化）战斗工兵连（每个连配备9挺轻机枪）

1个（摩托化）桥梁架设纵队

1个（摩托化）工兵补给纵队

第 292 师属补给部队

数个（摩托化）灯光纵队

轻型（摩托化）燃料纵队

（摩托化）维修排

补给连

师属行政部门

战地面包房

（摩托化）屠宰支队

医护连

（摩托化）医护连

野战医院

2个救护车连

兽医连

（摩托化）宪兵部队

（摩托化）战地邮局

可用武器总数 [6]

轻机枪：384挺

重机枪：108挺

轻型反坦克步枪：93支

轻型迫击炮：79门

中型迫击炮：53门

轻型步兵炮：18门

中型步兵炮：6门

轻型反坦克炮：43门

中型反坦克炮：6门

轻型野战榴弹炮：36门

中型野战榴弹炮：12门

注释

[1] 本附录的资料来源包括：BA-MA finding guide (292 ID); BA-MA 26-292/7, "*Gefechts-und Verpflegungsstaerken, 292. Inf. Division*"; W. Haupt, *Die deutschen Infanterie-Divisionen*, 27-28; G. F. Nafziger, *The German Order of Battle. Infantry in World War II* , 279-80; *German Military Dictionary*, originally published by U.S. War Department, 1944。

[2] 战斗兵力不包括后勤人员、医护人员和师属辎重队人员。

[3] 武装部队的文职官员也有名义上的军衔并身着军装，他们被列为战斗人员。

[4] 包括下士、中士等士官。

[5] 总兵力包括所有军方人员和马匹，这个数字由各师在每个月1日、11日和21日提交。

[6] 这些数字直接摘自该师作战日志。G. F. 纳夫齐格提供的数字略有不同，据他说，该师还有2300支手枪、800支冲锋枪、13541支Kar98K步枪。

中央集团军群各装甲师的坦克力量
（1941 年 6 月 21 日）

为实施"巴巴罗萨"行动，德国陆军集中了大约 3350 辆坦克（外加 250 辆突击炮）。其中 1900 多辆（超过总数的一半）分配给冯·博克元帅中央集团军群的 9 个装甲师。5 个装甲师（13 个装甲营）隶属古德里安将军的第 2 装甲集群，4 个装甲师（12 个装甲营）分配给赫尔曼·霍特将军的第 3 装甲集群。另外，投入对苏战局的 11 个突击炮营，博克集团军群获得 6 个。以下是两个装甲集群坦克力量的详情。

第 2 装甲集群

总兵力和坦克数：

205000人[2]

994辆坦克（包括57辆指挥坦克）

5个装甲师

13个装甲营

第 3 装甲师（第 6 装甲团）

58辆 II 号坦克

29辆 III 号坦克（37毫米主炮）

81辆 III 号坦克（50毫米主炮）

32辆 IV 号坦克

15辆指挥坦克[3]

共：215辆坦克

第 4 装甲师（第 35 装甲团）

44辆 II 号坦克

31辆 III 号坦克（37毫米主炮）

74辆 III 号坦克（50毫米主炮）

20辆 IV 号坦克

8辆指挥坦克

共：177辆坦克

第 10 装甲师（第 7 装甲团）

45辆 II 号坦克

105辆 III 号坦克（50毫米主炮）

20辆 IV 号坦克

12辆指挥坦克

共：182辆坦克

第 17 装甲师（第 39 装甲团）

12辆 I 号坦克

44辆 II 号坦克

106辆 III 号坦克（50毫米主炮）

30辆 IV 号坦克

10辆指挥坦克

共：202辆坦克

第 18 装甲师（第 18 装甲团）[4]

6辆 I 号坦克

50辆 II 号坦克

99辆 III 号坦克（37毫米主炮）

15辆 III 号坦克（50毫米主炮）

36辆 IV 号坦克

12辆指挥坦克

共：218辆坦克

第 3 装甲集群

总兵力和坦克数：

150000人[5]

942辆坦克（包括36辆指挥坦克）

4个装甲师

12个装甲营

第 7 装甲师（第 25 装甲团）

53辆 II 号坦克

167辆Pz 38（t）坦克

30辆IV 号坦克

15辆指挥坦克

共：265辆坦克

第 12 装甲师（第 29 装甲团）

40辆 I 号坦克

33辆 II 号坦克

109辆Pz 38（t）坦克

30辆IV 号坦克

8辆指挥坦克

共：220辆坦克

第 19 装甲师（第 27 装甲团）

42辆 I 号坦克

35辆 II 号坦克

110 辆 Pz 38（t）坦克

30辆IV 号坦克

11辆指挥坦克

共：228辆坦克

第 20 装甲师（第 21 装甲团）

44辆 I 号坦克

31辆 II 号坦克

121辆Pz 38（t）坦克

31辆Ⅳ号坦克

2辆指挥坦克

共：229辆坦克

注释

[1] 资料来源：G. F. Nafziger, *The German Order of Battle. Panzers and Artillery*； T. L. Jentz, *Panzer Truppen*； BAMA RH 19 Ⅱ/123, *Anlagen zum KTB H.Gr.Mitte*； W. Paul, *Geschichte der 18. Panzer Division*。

[2] 包括配备给装甲集群的空军和陆军直属部队。这个数字指的是"人头数"（Kopfstaerke），因而包含永久或暂时分配给装甲集群的所有人员（包括战斗和勤务保障人员）。

[3] 即Panzer Befehlswagen，这些车辆配备通信设备，但没有安装任何作战武器。

[4] 第18装甲师第1营配备80辆特种潜水坦克，用于在入侵发起时泅渡布格河。该师还有一个喷火坦克营（第100喷火装甲营）。

[5] 参见注释2。

附录 4
苏联西方面军战斗序列
（1941 年 6 月 22 日）[1]

★西方面军司令员：D. G. 巴甫洛夫大将

第 3 集团军

☆司令员：V. I. 库兹涅佐夫中将

步兵第 4 军

步兵第27师

步兵第56师

步兵第85师

机械化第 11 军（414 辆坦克）

＊军长：D. K. 莫斯托文科少将

坦克第29师

坦克第33师

摩托化第204师

摩托车第16团

其他配属部队

第68筑垒地域（格罗德诺）

反坦克炮兵第7旅

军属炮兵第152、第444团

独立高射炮兵第16营

第 4 集团军

☆司令员：A. A. 科罗布科夫中将

步兵第 28 军

＊军长：V. S. 波波夫少将

步兵第6师

步兵第42师

步兵第49师

步兵第75师

机械化第 14 军（518 辆坦克）

＊军长：S. I. 奥博林少将

坦克第22师

坦克第30师

摩托化第205师

摩托车第20团

其他配属部队

第62筑垒地域（布列斯特-立托夫斯克）

军属炮兵第447、第445、第462团

大威力榴弹炮兵第120团

独立高射炮兵第12团

第 10 集团军

☆司令员：K.D.戈卢别夫中将

步兵第 1 军

＊军长：F. D. 鲁布谢夫少将

步兵第2师

步兵第8师

步兵第 5 军
＊军长：A. V. 加莫夫少将

步兵第13师

步兵第85师

步兵第113师

骑兵第 6 军
＊军长：I. S. 尼基京少将

骑兵第6师

骑兵第36师

步兵第155师

机械化第 6 军（1131 辆坦克）
＊军长：M. G. 哈茨基列维奇少将

坦克第4师

坦克第7师

摩托化第29师

摩托车第4团

机械化第 13 军（282 辆坦克）
＊军长：P. N. 阿赫柳斯金少将

坦克第25师

坦克第31师

摩托化第208师

摩托车第18团

其他配属部队
第66筑垒地域（奥索维茨）

反坦克炮兵第6旅

军属炮兵第130、第156、第262、第315团

加农炮兵第311团

榴弹炮兵第124、第375团

独立高射炮兵第38、第71营

第 13 集团军
☆司令员：P. M. 菲拉托夫中将
（只有后方战地司令部）

方面军直属部队

步兵第 2 军
*军长：A. N. 叶尔马科夫少将
步兵第100师
步兵第161师

步兵第 21 军
*军长：V. B. 鲍里索夫少将
步兵第17师
步兵第24师
步兵第37师

步兵第 44 军
*军长：V. A. 尤什克维奇少将
步兵第64师
步兵第108师

步兵第 47 军
*军长：S. I. 波韦特京少将
步兵第50师
步兵第55师
步兵第121师
步兵第143师

空降兵第 4 军
*军长：A. S. 扎多夫少将

空降兵第7旅

空降兵第8旅

空降兵第214旅

机械化第 17 军（63 辆坦克）

＊军长：M. P. 彼得罗夫少将

坦克第27师

坦克第36师

摩托化第209师

摩托车第22团

机械化第 20 军（94 辆坦克）

＊军长：A. G. 尼基京少将

坦克第26师

坦克第38师

摩托化第210师

摩托车第24团

其他配属部队

第58筑垒地域（谢别日）

第61筑垒地域（波洛茨克）

第63筑垒地域（明斯克—斯卢茨克）

第64筑垒地域（扎姆布罗夫）

第65筑垒地域（莫济里）

反坦克炮兵第8旅

加农炮兵第293、第611团

榴弹炮兵第360团

大威力榴弹炮兵第5、第318、第612团

军属炮兵第29、第49、第56、第151、第467、第587团

独立特别威力炮兵第32营

独立迫击炮兵第24营

独立高射炮兵第86营

防空部队第4、第7旅[2]

巴拉诺维奇、科布林、戈梅利、维捷布斯克、斯摩棱斯克旅级防空地域

工程兵第10、第23、第33团

舟桥兵第34、第35团

独立工兵第275营

歼击航空兵第43师

歼击航空兵第59、第60师（均在组建中）

轰炸航空兵第12、第13师

混成航空兵第9、第10、第11师

歼击航空兵第184团

侦察航空兵第313、第314团

注释

[1] 资料来源：D. M. Glantz, *Barbarossa*, 247；D. M. Glantz, *Red Army Ground Forces*, 21, 51；D. M. Glantz (ed.), *Atlas and Operational Summary. The Border Battles*, 32-33；H. Seidler, *Images of War. Operation Barbarossa*, 172-73。关于机械化军的坦克数量，我使用的是格兰茨《红军地面力量》第21页的详细表格。另一些资料提供的数字（包括格兰茨本人的某些著作）往往略有些不同。

[2] 即PVO，国防人民委员部1941年2月14日下令在苏联建立起一个新的国家防空体系。D. M. Glantz, *Red Army Ground Forces*, 33.

德国士兵对苏制武器的评价

　　我对德军 1941—1942 年沿东线中央地带的军事行动做了十余年的研究，其间曾向大力支持我这番努力的数十位老兵提过许多问题。其中一个问题是："您认为苏联人的哪种武器最有效？"虽然这很难说是个科学的调查，但它还是提供了一个独特的机会，使我得以了解老兵们的顽强苏联对手使用的主要武器。希望这些记录能为广大读者和认真的研究人员提供关于第二次世界大战期间东线的战斗性质的有用见解。

　　当然，这些老兵回答我的时候都已 80 多岁，甚至 90 多岁了，时间和年龄给他们的精神敏锐度造成了一定的影响。可正如本书前言指出的那样："有些人的记忆较为模糊，而另一些人……一辈子都清晰透彻……悲剧和耻辱似乎会受到最严重的侵蚀，通常却具有最不堪承受的准确性。"[1] 原东线老兵的回答提供了令人着迷的观点，他们对红军武器装备的效力的看法是多样化的，甚至矛盾的，这令我感到震惊。令人遗憾的是，许多曾为我提供过无私帮助的老兵已经离世，向他们提出这类问题并了解相关看法的机会无可挽回地消失了。老兵们的部分回答 [2] 如下：

　　R. 阿德勒（第14摩步师）：最大的威胁是他们的火炮，总是异常猛烈！我们不太害怕"斯大林管风琴"，这种武器的口径一直在增加。[3] 火箭弹的外壳不太厚，所以破片效应欠佳，但半个弹体那么大的弹片落在周围就已足够了。火箭弹的爆炸掀起大量泥土，最重要的是它的爆炸声震耳欲聋！你能看见来袭的火箭弹，接下来明智的做法是：不能像躲避炮弹那样趴在地上，而应当做好准备，把扑面而来的泥土和沙子往上踢。"斯大林管风琴"一开始给我们造成了很大的损失，因为每个人都本能地趴在战壕里，结果被掀起的泥土覆盖，窒息而死！[4]

O.贝泽（第110步兵师）：我确实也遇到过"斯大林管风琴"。这种火箭炮很不准确，所以并不特别让人害怕。反正我很少遭遇这款武器。[5]

L.鲍尔（第3装甲师）：当然，T-34的首次出现令人大吃一惊，首先是因为我们安装在Ⅲ号和Ⅵ号坦克上的主炮对它几乎没什么影响。那时候，我们的Ⅲ号坦克配备的仍是50毫米短身管主炮，250～300米的距离上直接命中敌坦克没什么击穿率。从1942年起，我们开始获得所谓的41式穿甲弹，具有极高的速度。1942年春季，我们得到改款的Ⅲ号坦克，配有50毫米长身管主炮，这使我们得以在最远500米的距离上击毁T-34坦克。可即便如此，有时候仍会在非常近的距离内发生坦克战。在这种坦克对坦克的角逐中，我和我的Ⅲ号坦克被苏军一辆KV-1撞击数次，随后被击毁。后来，随着Ⅳ号坦克和长身管75毫米主炮（L48）的出现，我们的所有问题迎刃而解。我们总是能在远达800～1000米的距离击毁对方的T-34。起初，我方人员确定这一点的确需要些时间，因为T-34总是笼罩着一种非同寻常的神秘感。"斯大林管风琴"对坦克的威胁较小，只是在偶然情况下击毁坦克。但事实多次证明，如果火力非常密集，火箭炮就会给步兵造成令其沮丧的影响。[6]

K.拜姆迪克（第2装甲师）：我们并不觉得"斯大林管风琴"很危险，我们可以远离这种武器……但俄国步兵确实是个危险的对手。[7]

F.贝尔克（第6步兵师）：苏军炮兵强大而又出色，弹药消耗量很大。许多迫击炮部署在最前线。它们对蜷伏在散兵坑（准备实施反坦克防御）和战壕中的步兵影响不大，直接命中的情况很少见。通常说来，他们的炮火掠过我方主战线落在后面，也许是认为我军强大的预备队和指挥部人员待在后方。可那里没有人。"斯大林管风琴"有无数弹着点，通常不会造成什么影响。它对经历战争第三个年头的老兵的士气没有任何影响。德国步兵害怕的不是阵亡，而是负伤后落入敌人手中，被刺刀捅死，或者遭到殴打和屠杀。在步兵看来，步枪的精准射击影响最大。[8]

W. 贝格尔特（第56步兵师）： "斯大林管风琴"是一款令人畏惧的武器，另外还有5~6种不同的迫击炮，以及全能型的T-34坦克。[9]

W. 迪克（第26步兵师）： （苏军武器的）影响在每种情况下各有不同。例如，在猛烈的拦截火力中，"斯大林管风琴"地狱般的咆哮给许多士兵造成一种紧张的压力。T-34坦克起初令人畏惧。后来，我们放这些坦克通过，然后阻止或击毙随行的敌步兵。我们在反坦克炮的协助下击毁许多达成突破的敌坦克，剩下的坦克便退了回去。[10]

W. 多韦（第86步兵师）： 作为一支反坦克部队，我们非常熟悉KV-1和T-34坦克。这两款坦克都配备76.2毫米长身管主炮。T-34特别令人畏惧……依我看，"斯大林管风琴"在1941年至1942年冬季莫斯科城外和勒热夫周围的战斗中没有起到重要作用。只是在1943—1944年，奥廖尔和库尔斯克周围，以及中央战线其他地段的作战行动中，我们才发现射速极快的"斯大林管风琴"……造成了重大影响。[11]

H. 埃芬（第26步兵师）： 对德军配备的37毫米反坦克炮来说，装有76毫米主炮的T-34坦克近乎坚不可摧。但"斯大林管风琴"是个更令人不快的意外。它射出32枚嚎叫的火箭弹，就连最优秀的士兵也为之胆寒。[12]

P. 福尔格（第252步兵师）： 苏军精锐部队装备精良，他们的冲锋枪哪怕是在脏兮兮的状况下也能开火射击，我们的武器却不是这样。但他们的机枪仍是水冷的，就像第一次世界大战中那样，这是一种原始的武器。依我看，"斯大林管风琴"是一款邪恶的武器，因为它能同时发射大量火箭弹。最要命的是，这种武器发出令人不快的嚎叫，覆盖大片地域。冬季在莫斯科郊外，它夺走了许多前线士兵的生命。[13]

H. 弗兰策（第263步兵师）： "斯大林管风琴"真正发挥作用的部分是它反复发出的剧烈轰鸣，它的爆炸和破片效应并不理想……我经常趴在弹着区，但毫发无损！坦克对我们步兵来说并不特别危险，除非敌坦克上载有步兵。但在这种情况下，我们以机枪发射曳光弹，敌步兵就会四散奔逃。在莫斯科郊外，我们对付的敌坦克较少（通常是T-34），我们的反坦克炮和88毫米高射炮干得非常漂亮。1942年1月，我用一枚磁性空心装药地雷干掉了一辆T-34。172毫米口径的火炮非常危险，破片效应相当厉害。120毫米口径的迫击炮和Ratsch-Bumm①（我不清楚它的口径）直接命中时也很有效，它们让我损失了许多马匹。[14]

A. 冯·加恩（第252步兵师）： 1941年11月底，我们首次见识到"斯大林管风琴"。这款武器并不那么可怕，但对士气有影响。你永远不知道第一枚火箭弹是在火箭发射器最远射程还是最近射程处爆炸，或者说自己是否趴在齐射火力中间。直到1944年，火箭弹的破片效应依然微不足道。T-34坦克，或之前的KV-1、KV-2坦克更令人不快。[15]

A. 加斯曼（第106步兵师）： 我们这片地域的战斗打响时，几乎可以说每个俄国人都配备了一门迫击炮，而我们的弹药配给少得可怜，特别是炮弹。即便有机会狠狠打击俄国人，可出于上述原因，我们也无力这样做。从黎明到黄昏，我们一直遭到敌军炮火的打击，主要是迫击炮火力。夜间，我们必须砍伐树木……以便为临时掩体铺设掩护。[16]

---

① 编注：这是一组拟声词，相当于"哧——砰"，用来形容炮弹初速之高。

R. 格林（第58步兵师）：俄国人的武器远远优于我们。T-34只需几炮就能干掉我们的坦克……唯一能对付T-34坦克的武器是我们的88毫米高射炮。可这种火炮太重，除了部署在坚固的道路上，没法用于其他地方……"斯大林管风琴"对士气的影响更大，但它的准确性很差。俄国人的机枪很优秀，似乎总是在射击，而我们的机枪天寒地冻时经常卡住。就连俄国人的卡车似乎也总是能在气温低于零摄氏度时正常开动。而我们的车辆不得不在夜间每隔两小时启动一次，以此保持温度。即便如此，早上无法启动车辆的情况仍时有发生……俄国人的迫击炮机动性很强，特别令人不快。没等我方炮兵射出第一轮防御火力，敌人的这些迫击炮已在另一处阵地开火射击了。[17]

A. 古滕孔斯特（第35步兵师）：1941年11月的"斯大林管风琴"，1941年12月到1942年1月的T-34坦克对我们是巨大的威胁，主要因为我们没有对付它们的武器。只有88毫米高射炮能干掉T-34，但步兵师没有这种火炮。[18]

K. 亨佩尔（第258步兵师）："斯大林管风琴"首次投入使用时，我们对这种武器的效力深感畏惧。后来（1941年12月），配备滑雪装备和冲锋枪的苏军西伯利亚部队迅速而又压倒性地超越了我们。他们的冬季装备（外套、毡靴、手套、皮帽）和不惧严寒的武器经受住了零下摄氏40度的低温考验。[19]

W. 孔茨（第87步兵师）："斯大林管风琴"很可怕。特别是因为德国士兵一直被告知，我们拥有最好的武器。[20]

K. H. 迈尔（第30步兵师）：当时（1941年），我们还没有遇到俄国人的T-34坦克，而且在我们的防线上，我也没有面对过"斯大林管风琴"。俄国人的76.2毫米师属火炮，也就是所谓的Ratsch-Bumm，非常危险。我方士兵之所以这样称呼它，是因为它与105毫米、125毫米、150毫米火炮相比，发射与炮弹命中目标之间几乎没有任何间隔——这就是你很难隐蔽的原因。[21]

A. 迈尔（第106步兵师）：苏军部队使用的武器，除了机枪还有轻型迫击炮。俄国人当中流传的一个说法是，每个德国士兵都获得了铁十字勋章，而每个苏军士兵都有一门轻型迫击炮……关于"斯大林管风琴"的效果，存在相互矛盾的说法。它对士气的影响大于爆炸效应，因为火箭弹的投射数量令人心惊胆寒。而相反的例子是，苏军火箭弹对顿涅茨河的袭击，几乎没给我方士兵构建的冰屋造成任何破坏。[22]

R. 默比乌斯（第292步兵师）："斯大林管风琴"对士气的影响更大。起初确实令人畏惧……但在我看来，实际效果并不大。不过，36枚火箭弹落在周围，你当然会紧张万分。习惯这种情况后，敌人发射火箭弹时，你可以粗略估计弹着区，然后采取恰当的隐蔽措施。"坦克恐慌"更令人不快，起初，它确实导致整个部队惊慌失措……俄国人的机枪在某种程度上具有优越性：它不如我们的机枪那般精确，但因为结构简单，所以对污垢不太敏感。我们的机枪，要是弹链沾上沙子就会立即卡壳。[23]

H. 门尼希（第12高射炮团）："斯大林管风琴"的效果很好，特别是对士气的影响很大。它不仅是一款令人印象深刻的大威力武器，声音也很吓人——"斯大林管风琴"开火时，"地狱之门就此敞开"。[但(门尼希)不记得所谓的Ratsch-Bumm。他确实接触过苏军T-34坦克，他曾使用高射炮对付过这些坦克，但他现在无法详细回忆那些战斗。门尼希记得的只是T-34坦克"看上去很奇特（unheimlich），因为它们太原始了"。][24]

G. 米勒-沃尔夫拉姆（第71高射炮营）：红军士兵的武器很拙劣，他们只有简单的机枪，但至少在冬季，这些武器由于简单、易操作而优于德制武器。[米勒-沃尔夫拉姆的部队直到1942年夏季才首次遭遇T-34坦克或"斯大林管风琴"……他还讲述了从1943年起用高射炮对付苏军飞机的经历，主要打击对方的伊尔-2强击机，但德军高射炮"几乎不可能将其击落"[25]。米勒-沃尔夫拉姆还把他们在法国以高射炮打击敌机和敌坦克的战果与东线的此类战斗进行对比。在东线，他们击落的敌机更多，因为20毫米高射炮对付敌坦克（特别是T-34）毫无胜算。][26]

H.W.尼尔曼（第6装甲师）：只经历过2～3次"斯大林管风琴"的轰击。火箭弹声音响亮，但破片效应并不好。你在建筑物内可以躲避"斯大林管风琴"的杀伤。1941年到1942年冬季，T-34的炮火有时候会射入我方士兵御寒的房屋，造成严重损失。俄国人的迫击炮火取得了巨大的成功。[27]

E.M.莱茵（第6步兵师）：T-34非常适合俄国的环境。苏军炮兵很集中。"斯大林管风琴"覆盖大片地域，但不太准确。倘若部队得到充分隐蔽，基本不用担心这种武器。[28]

W.舍费尔-克内特（第11装甲师）：我们在莫斯科郊外首次遭遇"斯大林管风琴"的火力。这种武器的效果和我们的火箭炮差不多……此前我曾写信告诉您，1941年12月5日至6日的夜晚，我们用一门105毫米加农炮（射程可达20公里）轰击克里姆林宫，次日晨突然遭到对方"斯大林管风琴"的还击。这是一种令人恐惧的武器，因为它的威力很大。之后的整个对苏战争期间，我们在战斗中经常遇到这款武器。[29]

H.席尔克（第8装甲师）：关于武器的危险性，我必须说它们都很危险，而且代表一种巨大的威胁。我曾多次趴在"斯大林管风琴"的火力散布带。这片宽大的弹片散布带，直径约50米。大约50枚小型火箭弹（和我们的迫击炮弹类似）落在弹着区，造成许多伤亡。以我为例，有一次我的后背、水壶、餐具、帐篷布、军装上满是弹片划出来的小洞，和炮弹的效果差不多……T-34，俄国人在整个战争期间大量投入这种坦克，型号不断更新，这是我们真正害怕的武器，因为它拥有强大的火力和出色的越野机动性，甚至能穿越沼泽地带。[30]

H.施托克霍夫（第6步兵师）：最大的危险来自"斯大林管风琴"和T-34坦克，特别是它们对士气影响显著，甚至对坦克兵来说同样如此。前进期间与"斯大林管风琴"和T-34发生的接触较少，而在防御战期间这种情况就比较多。[31]

F. 施特里尼茨（第7机枪营）：我们投入战斗期间（1942年第一季度），敌人使用诸如"斯大林管风琴"和T-34坦克这些新式武器，对我们士气的影响并不大。与附近防线的情况不同，我们这片地段占据主导地位的是手榴弹、刺刀、狙击手。[32]

H. S（第6步兵师）：……"斯大林管风琴"是一款危险的武器。作为一名摩托车传令兵，我和汉海德中士几次遭遇这款武器的猛烈轰击。为什么我们幸运地毫发无损呢？我认为是仁慈的上帝在庇护我们，或是一位神圣守护天使在险境中与我们同在，并引导我们……我们的37毫米反坦克炮射出的穿甲弹无法击穿T-34坦克。我们后来获得了新式炮弹，这种炮弹从前部装填，并以一个威力强大的药筒发射。我们用这种炮弹在格里季诺击毁了许多敌坦克……Ratsch-Bumm也是一种危险的武器，等你听见这种火炮的发射声，炮弹已命中目标，因此它被称作Ratsch-Bumm。1941年到1942年的冬末，我们获得了75毫米反坦克炮，利用这种火炮，我们可以对付任何一款敌坦克。[33]

O. 特罗茨希（第5装甲师）：在装甲板和主炮方面最危险的是T-34坦克。我们没有对付它的手段。"斯大林管风琴"对士气的影响大于它的破坏效果，但你会习惯它的。俄国人配备弹鼓的冲锋枪也很棒。[34]

K. G. 菲尔科恩（第23步兵师）：我偶尔经历过"斯大林管风琴"的洗礼，但这种情况的确不太多见。这种武器会发出剧烈的噪音，因而在心理上非常有效，实际破坏效果并不太好，因为它对目标的打击很不精确。我记得德国士兵曾这样说过："大惊小怪。"（这是德国当时非常流行的一部音乐剧的名称。）[35]

W. 福尔默（第106步兵师）：我有过两次趴在"斯大林管风琴"炮火中的经历。它对士气有影响。T-34坦克是一款出人意料的武器，我们的炮兵击毁了许多这种坦克。俄国人的迫击炮是一种强有力的武器。[36]

W. 维尔纳（第252步兵师）：我应该专门提到过T-34坦克。"斯大林管风琴"对士气影响很大。它射出的火箭弹在空中发出喧嚣，就像摆放鞋盒的几个架子突然倒塌。这些火箭弹落在地上，造成的覆盖效果大于穿透效力。[37]

H. 韦克塞尔（第31步兵师）：作为反坦克部队的一名士兵，我认为T-34坦克为俄国人赢得最终胜利发挥了具有决定性的重要作用。"斯大林管风琴"也很危险（我经常亲身体验它的威力），但与苏军炮兵的效力相比，"斯大林管风琴"并不特别令人印象深刻。[38]

E. 维利希（第112步兵师）：狙击手，"斯大林管风琴"。[39]

注释

[1] J. Foer, "Remember This," in: National Geographic, 44, 53.

[2] 除尾注另有说明外，以下所有条目都直接译自作者收到的原东线老兵的回复，绝大多数回复出自1941—1942年间曾在中央集团军群服役的德国老兵。

[3] 战后初期所做的一项研究中，原中央集团军群参谋长汉斯·冯·格赖芬贝格将军指出，这种多管火箭炮的价值"仅限于它对士气的影响"，参见FMS T-28, H. v. Greiffenberg, *Battle of Moscow (1941-1942)*, 11。但老兵的回答表明，他们对这种武器的看法差异很大。

[4] Ltr, 24 Nov 04.

[5] Ltr, 28 Feb 06.

[6] Ltr, 9 Nov 08.

[7] Ltr, 11 Apr 07.

[8] Ltr, 30 Jul 05.

[9] Ltr, 16 Feb 03.

[10] Ltr, 14 Apr 04.

[11] Ltr, 4 May 04.

[12] Ltr, 14 Jan 06.

[13] Ltr, 9 Nov 02.

[14] Ltr, 8 Mar 05. Ratsch-Bumm是德国士兵称呼苏军出色的76.2毫米野炮的俚语，这种火炮的初速很快，弹道平直："初速如此之快（每秒1000米），以至于德军士兵还没听到射击声，炮弹已飞至。"A. von Kageneck, *La guerre à l'Est*, 60. 据荷兰的武装党卫队志愿者昂德里克·C.弗尔通说，苏军这款武器"把我们吓坏了"。H. C. Verton, *In the Fire of the Eastern Front*, 101; entries for K. H. Mayer and "*H. S.*" in this appendix.

[15] Ltr, 17 Oct 02.

[16] Ltr, 7 Apr 06.（加斯曼描述的是1941年7月底到9月底实施防御作战的经历。）

[17] E-Mail, 26 Jan 05 and 6 Feb 05. 格林所在的师隶属北方集团军群。

[18] Ltr, 28 Jul 04.

[19] Ltr, n.d.

[20] Ltr, 3 Nov 04.

[21] Ltr, 29 Jul 04.

[22] Ltr, n.d.

[23] Ltr, n.d.

[24] Unheimlich这个词也可译为"邪恶"。E-Mail with atch, P. Steinkamp to C. Luther, 8 Feb 05.（这封电邮总结了彼得·施泰因坎普代表本书作者对赫恩·门尼希所做的采访。）

[25] G.米勒-沃尔夫拉姆服役的高射炮部队配备的是20毫米高射炮。

[26] Telephone Intvw, P. Steinkamp with G. Mueller-Wolfram, 9 Nov 04.（彼得·施泰因坎普代表本书作者进行了这番电话访谈。）

[27] Ltr, 3 Dec 02.

[28] Intvw, Dr C. Luther with E.-M. Rhein, 8/9 Dec 06.

[29] Ltr, 10 Dec 03.

[30] Ltr, 15 Mar 05.（席尔克先生当年在北方集团军群服役。）

[31] Ltr, 4 Apr 05.

[32] Ltr, 26 Feb 07.

[33] Ltr, n.d.

[34] Ltr, 12 Jan 09.

[35] Ltr, Jan 04.

[36] Ltr, n.d.

[37] Ltr, 28 Nov 02.

[38] Ltr, 8 Feb 06.

[39] Ltr, 17 Jan 06.

参考文献

档案资料

一、空军历史研究部（AFHRA，麦克斯韦空军基地）

1. 卡尔斯鲁厄文件集（KDC）[1]

"Angriff auf Brest-Litovsk am 28.6.1941." Aus Lagebericht Nr. 660 vom 30.6.41 des Ob.d.L.Fuehrungsstab lc.

"Berichte aus Russland Sommer 1941." (Hauptmann Herbert Pabst. Staffelkapitaen und Gruppenkommandeur in einer Sturzkampfgruppe) (KDC: G/VI/3d).

"Bombenwuerfe auf eigene Truppen." (Aus einem Bericht des Kommandierenden Generals des VII. Fliegerkorps von 16.2.42 an die Heeresgruppe Mitte).

"Die deutschen Flugzeugverluste im ersten Monat (22.6.41 - 17.7.41) des Krieges gegen Russland." Nach einer Zusammenstellung der 6. Abteilung des Generalstabes der deutschen Luftwaffe. (KDC: G/VI/3a).

"Der Luftkrieg im Osten gegen Russland 1941." Aus einer Studie der 8. Abteilung. 1943/1944. (KDC:G/VI/3a).

"Die Unterstuetzung des Heeres im Osten 1941 durch die deutsche Luftwaffe." Aus einer Studie der 8. Abt./Chef Genst. d. Lw. (KDC: G/VI/3d).

"Das II. Fliegerkorps im Einsatz gegen Russland vom 22.6.41 - 15.11.41." (KDC: G/VI/3b).

"Einsatz gegen Moskau im Jahre 1941." Zusammengestellt von Gen.a.D. Hermann Plocher.

"Erste Kaempfe vom 22.6. bis ca. 3.7.41." (Lothar v. Heinemann, Oberst i.G.a.D.).

"Gefechtsquartiere des VII. Fliegerkorps im Russland-Feldzug 1941." Aufgestellt von Hans Wilhelm Deichmann.

"Generalkommando VII. Fliegerkorps. Operationsabschnitt: Erste Kaempfe vom 22.6. bis ca. 3.7.1941 (Doppelschlacht von Bialystok und Minsk)." (Lothar v. Heinemann, Oberst i.G.a.D.) (KDC: G/VI/3a).

"Hitlers Absicht, mit der deutschen Luftwaffe die russischen Staedte Moskau und Leningrad zu vernichten," (Aus der Lagebesprechung am 8.7.41, 12.30 Uhr bei Hitler. Auszug aus dem Tagebuch Halder…) (Gen. a.D. Plocher Sammlung).

"Ueberblick ueber den deutschen Luftkrieg gegen Russland." (KDC).

2. 美国空军历史研究：

Deichmann, Paul. *German Air Force Operations in Support of the Army* (No. 163, 1962).

Plocher, Hermann. *The German Air Force Versus Russia, 1941* (No. 153, 1965).

Schwabedissen, Walter. *The Russian Air Force in the Eyes of German Commanders* (No. 175, 1960).

Suchenwirth, Richard. *Command and Leadership in the German Air Force* (No. 174, 1969).

—. *Historical Turning Points in the German Air Force War Effort* (No. 189).

Uebe, Klaus. *Russian Reactions to German Airpower in World War II* (No. 176, 1964).

二、当代史图书馆（BfZ，斯图加特）

1941年夏季和秋季隶属中央集团军群的德国士兵的战地信件，包括：

Gefr. Heinz B. (05 854) (23 ID)

Sold. S.K. (16 120 C) (78 ID)

Wm. Josef L. (22 633 C) (129 ID)

Lt. Joachim H. (18 967) (131 ID)

Hptm. Herbert S. (00 401) (292 ID)

Slg. Sterz (04 650) (296 ID)

Uffz. Karl R. (35 672) (5 PD)

Oblt. Richard D. (35 232) (7 PD)

三、联邦军事档案馆（BA-MA，弗莱堡）

MSg 1/1147 & 1/1148: Tagebuch Gen. Lemelsen ("Russlandfeldzug" Band I: 6. Jun – 8. Okt 41 & Band II: 10. Okt 41 – 24. Apr 42)

N 19/9: Nachlass Maximilian Freiherr von Weichs (Ostfeldzug 1941/42)

N 664/2/3: Tagebuch Karl-Wilhelm Thilo (Op.Abt. des Heeres)

N 813: Tagebuch Georg Heino Freiherr von Muenchhausen 1941 (Op.Abt. des Heeres)

RH 19 II/120: KTB Hr.Gr.Mitte (Okt 41)

RH 19 II/123: Anlagen zum KTB H.Gr.Mitte

RH 19 II/128: Anlagen zum KTB H.Gr.Mitte

RH 20-4/188: "Die Kaempfe der 4. Armee."

RH 20-4/192: "Gefechtsbericht ueber die Wegnahme von Brest Litowsk."

RH 20-4/337: "Kaempfe der 4. Armee im ersten Kriegsjahr gegen den Sowjet Union" (22.6.41– 22.6.42)

RH 20-4/1199: KTB AOK 4 (22.6.-1.7.41)[2]

RH 20-9/16: KTB AOK 9 (25.8.-17.9.41)

RH 21-2/244: KTB Pz.AOK 2 (Dez 41)

RH 21-2/927: KTB Pz.AOK 2 (22.6.41- 1.7.41)

RH 21-2/928: KTB Pz.AOK 2 / Pz.Gr. 2 (22.7.-20.8.41)

RH 21–3/788: KTB Pz.Gr. 3 (22.6.–1.7.41)

RH 21–3/43,732: Anlagen zum KTB Pz.AOK 3 (22.6.–1.7.41 & Gefechtsberichte Russland 41/42)

RH 26–6/8: KTB 6. ID (22.6.–1.7.41) (29.7–27.8.41)

RH 26–6/16: Anlagenband 1 zum KTB Nr. 5 der 6. Inf.–Div., Ia.

RH 26–29/6: KTB 29. ID (mot.) (22.6.–1.7.41)

RH 26–29/15: Anlagen zum KTB 29. ID (mot.) (22.6.–1.7.41)

RH 26–45/20: KTB 45. ID (22.6.–1.7.41)

RH 26–78/26: KTB 78. ID (22.6.–1.7.41)

RH 26–129/3: KTB 129. ID (22.6.–1.7.41)

RH 26–137/4: KTB 137. ID (22.6.–1.7.41)

RH 26–137/5: Anlagen zum KTB 137. ID (22.6.–1.7.41)

RH 26–256/12: KTB 256. ID (22.6.–1.7.41)

RH 26–292/7: KTB 292. ID (22.6.–1.7.41)

RH 27–3/14: KTB 3. PD (22.6.–1.7.41)

RH 27–7/46: KTB 7. PD (22.6.–1.7.41)

RH 27–18/20: KTB 18. PD (22.6.–1.7.41)

RH 27–18/34: Anlagen zum KTB 18. PD (22.6.–1.7.41)

RH 27–18/69: Gefechts– u. Kampfstaerken (10.41–3.42); *Gefechtskalendar* (18. PD) (20.10–13.12.41)

RL 2/1185: "Verluste lt. Meldungen des GQM, 6. Abt."

RL 8/49: "VIII. Fl.K., Einsatz Russland – Mittelabschnitt", (Sep 41 – Jan 42) (H.W. Deichmann)

RL 200/17: Tagebuch General von Waldau (Jun – Dez 41)

RW 2/ v. 145,149,153: Wehrmacht–Untersuchungsstelle: "Kriegsverbrechen der russischen Wehrmacht 1941/42"

四、柏林军邮档案馆

Becker, Klaus (Flak Einheit / Hr.Gr.Mitte)

Neuser, Uffz Walter (AR 59/23. ID)

Sartorio, H. (Pz.Pion.Btl. 98/18. PD)

五、胡佛图书馆（斯坦福大学）

Die Sowjet–Union. Gegebenheiten und Moeglichkeiten des Ostraumes. Tornisterschrift des OKW (Berlin, 1943, Heft 72).

Diewerge, Wolfgang (Hg.). *Deutsche Soldaten sehen die Sowjet–Union. Feldpostbriefe aus dem Osten* (Berlin, 1941).

Wittek, Erhard (Hg.). *Die Soldatische Tat. Berichte von Mitkaempfern des Heeres. Der Kampf im Osten 1941/42* (Berlin, 1943).

六、代特莫尔德国家和公民身份档案馆

D 107/56 Nr. 4: "Aus Briefen des Adjutanten Inf.Rgt. 18, Oberleutnant Juerg von Kalckreuth." (6 ID).

七、当代历史研究所（IfZ，慕尼黑 / 柏林）

MS 506: "Feldzug gegen Russland im Rahmen der 2. Panzer-Armee, 20.6.–4.12.1941." Feldpostbriefe und Tagebuchnotizen Uffz. Robert Rupp.

八、国家档案和记录管理局（NARA）

Record Group 242-GAP-286B-4: "German troops in Russia, 1941" (photographs).

九、美国陆军军事历史研究所（卡莱尔兵营）

Foreign Military Studies (FMS) prepared by former Wehrmacht officers in late 1940s and 1950s for the U.S. Army in Europe:

D-034: "Diseases of Men and Horses Experienced by the Troops in Russia." Dr Erich Rendulic. 1947.

D-035: "The effect of extreme cold on weapons, wheeled vehicles and track vehicles." Dr Erich Rendulic. 1947.

D-098: "Horse Diseases during the Eastern Campaign (1941–45)." Dr Maximilian Betzler. 1947.

D-187: "The Capture of Smolensk by the 71st Motorized Infantry Regiment on 15 July 1941." Genlt. Wilh. Thomas. 1947.

D-221: "An Artillery Regiment on the Road to Moscow (22 June to December 1941)." Genmaj. Gerhard Grassmann. 1947.

D-247: "German Preparations for the Attack against Russia (The German Build-up East of Warsaw)." Genlt. Curt Cuno. 1947.

P-039: "March and Traffic Control of Panzer Divisions with Special Attention to Conditions in the Soviet Union and in Africa." Genmaj. Burkhart Mueller-Hillebrand, et al. 1949.

P-052: "Combat in Russian Forests and Swamps." Gen. Hans von Greiffenberg. 1951.

P-190: "Verbrauchs- u. Verschleisssaetze waehrend der Operationen der deutschen Heeresgruppe Mitte vom 22.6.41 – 31.12.41." Gen. Rudolf Hofmann & Genmaj. Alfred Toppe. 1953.

P-201: "Personal Diary Notes of the G-4 of the German Ninth Army, 1 Aug 1941 to 31 Jan 1942." Genmaj. Josef Windisch. 1953.

T-6: "Eastern Campaign, 1941–42. (Strategic Survey)." Genlt. Adolf Heusinger. 1947.

T-28: "Battle of Moscow (1941–1942)." Gen. Hans von Greiffenberg, et al., n.d.

T-34: "Terrain Factors in the Russian Campaign." Gen. Karl Allmendinger, et al. 1950.

一手资料（书籍、未出版的回忆录 / 手稿、杂项）

Adamczyk, Werner. *Feuer! An Artilleryman's Life on the Eastern Front* (Wilmington, 1992).

Alvermann, H.-G., *"Erlebnisbericht,"* in: *"Jahresbrief 2007,"* *Traditions-Verband der 110. Infanterie-Division* (courtesy of Horst Paul).

Andres, Kurt Werner. *"Panzersoldaten im Russlandfeldzug 1941 bis 1945.*

Tagebuchaufzeichnungen und Erlebnisberichte" (unpublished manuscript; courtesy of author).

Assmann, Kurt. *Deutsche Schicksalsjahre. Historische Bilder aus dem zweiten Weltkrieg und seiner Vorgeschichte* (Wiesbaden, 1951).

Baehr, Walter, and Hans W. Baehr (Hg.). *Kriegsbriefe Gefallener Studenten, 1939–1945* (Tuebingen & Stuttgart, 1952).

Balke, Ulf. *Kampfgeschwader 100 "Wiking"* (Stuttgart, 1981).

Barkhoff, Guenther. *Ostfront 1941–1945. Ein Soldatenleben* (unpublished memoir; courtesy of author).

Baumann, Hans. *Die 35. Infanterie-Division im 2. Weltkrieg 1939–1945* (Karlsruhe, 1964).

Baur, Hans. *Mit Maechtigen zwischen Himmel und Erde* (Oldendorf, 1971).

Beinhauer, Oblt. *Eugen (Hg.). Artillerie im Osten* (Berlin, 1943).

Belke, Friedrich–August. *Infanterist* (unpublished memoir; courtesy of author).

Below, Nicolaus von. *At Hitler's Side. The Memoirs of Hitler's Luftwaffe Adjutant 1937–1945* (London, 2001).

Bidermann, Gottlob Herbert. *In Deadly Combat. A German Soldier's Memoir of the Eastern Front. Translated and edited by Derek S. Zumbro* (Lawrence, 2000).

Boeselager, Philipp Freiherr von. *Valkyrie. The Story of the Plot to Kill Hitler, by its Last Member* (New York, 2009).

Bollmann, Albert, and Hermann Floerke. *Das Infanterie-Regiment 12 (3. Folge von 1933–1945). Sein Kriegsschicksal im Verbande der 31. (Loewen-) Division* (Goettingen, 1975).

Bopp, Gerhard. *Kriegstagebuch. Aufzeichnungen waehrend des II. Weltkrieges, 1940–1943* (Hamburg, 2005).

Boucsein, Heinrich. *Halten oder Sterben. Die hessisch-thueringische 129. Infanterie-Division im Russlandfeldzug und Ostpreussen 1941–1945* (Potsdam, 1999).

Bub, Emil. *"Ein verlorenes Jahrzehnt. Tagebuchaufzeichnungen Emil Bub"* (unpublished diary; courtesy of R. Gehrmann).

Buchbender, Ortwin, and Reinhold Sterz (Hg.). *Das andere Gesicht des Krieges. Deutsche Feldpostbriefe 1939–1945* (Munich, 1982).

Buddenbohm, Wilfried. *Das Leben des Soldaten Wilhelm Buddenbohm und der Weg des Osnabruecker Infanterieregimentes I.R. 37 von 1939 bis 1943* (self–published, ca. 2004).

Buecheler Heinrich. *Hoepner. Ein deutsches Soldatenschicksal des Zwanzigsten Jahrhunderts* (Herford, 1980).

Bunke, Dr Erich. *Der Osten blieb unser Schicksal 1939–1944. Panzerjaeger im 2. Weltkrieg* (selfpublished, 1991; courtesy of author).

Burdick, Charles, and Hans–Adolf Jacobsen (eds.). *The Halder Diary 1939–1942* (Novato, 1988).

Chertok, Boris. *Rockets and People, Vol. I* (Washington D.C., 2005).

"Conversations with a Stuka Pilot." Conference Featuring Paul–Werner Hozzel, Brig.–General (Ret.), German Air Force, at the National War College, Nov 78. Battelle Columbus Laboratories, Columbus, Ohio.

Deck, Josef. *Der Weg der 1000 Toten. Ein Leben in Krieg und Frieden* (Karlsruhe, 1978).

"Der Marsch- und Einsatzweg der III./AR 6 vom 23.3.1941 bis 18.1.1942 ," compiled in

Summer 1942 by Lt. Kleine, III./AR 6 (courtesy of H.–J. Dismer).

"*Der Ostfeldzug der 86. Rhein.–Westf. Inf.–Division, 28.6.41 – 4.11.43, dargestellt aufgrund von Tagebuchnotizen, Karten, Fotos, Briefen und unvergessenen und unvergesslichen Eindruecken und Erlebnissen*" (unpublished manuscript, ca. 1962, author(s) unknown; courtesy of Ernst Meinecke)

Dicke, Dr Werner. *Memoiren* (unpublished memoir; courtesy of author).

Dinglreiter, Obstlt. a.D. Joseph. *Die Vierziger. Chronik des Regiments. Kameradschaft Regiment 40* (Hg.) (Augsburg, n.d.).

Dismer, Hans–Joachim. *Artillerie–Offizier im II. Weltkrieg. Vom Beobachter bis zur Kriegsakademie* (self–published, 1992).

Dollinger, Hans (Hg.). *Kain, wo ist dein Bruder? Was der Mensch im Zweiten Weltkrieg erleiden musste – dokumentiert in Tagebuechern und Briefen* (Munich, 1983).

Domarus, Max. *Hitler. Reden und Proklamationen 1932–1945*, Bd. II: *Untergang* (1939–1945) (Wuerzburg, 1963).

Drabkin, Artem, and Oleg Sheremet. *T–34 in Action. Soviet Tank Troops in WWII* (Mechanicsburg, 2006).

Duesel, Dr Hans H. (Hg.). *Gefallen! ··· und umsonst – Erlebnisberichte deutscher Soldaten im Russlandkrieg 1941–1945* (self–published; Bad Aibling, 1993).

Flannery, Harry W. *Assignment to Berlin* (New York, 1942).

Franze, Herbert. *Kriegskamerad Pferd. Sie dienten treu, litten und starben – wofuer?* (Berlin, 2001).

Freitag, August. *Aufzeichnungen aus Krieg und Gefangenschaft (1941–1949). Eingeleitet und annotiert von Karl Sattler* (Bochum, 1997).

Freter, Hermann. *Fla nach Vorn*, Bd. I (Eigenverlag der Fla–Kameradschaft, 1971).

Frisch, Franz A.P., and Wilbur D. Jones, Jr. *Condemned to Live. A Panzer Artilleryman's Five–Front War* (Shippensburg, 2000).

Frontschau Nr. 2, "*Russischer Stellungsbau,*" in: *Die Frontschau* (distributed by International Historic Films).

Frontschau Nr. 3, "*Vormarsch,*" in: *Die Frontschau* (distributed by International Historic Films).

Frontschau Nr. 5/6, in: *Die Frontschau* (distributed by International Historic Films).

Garden, David, and Kenneth Andrew (eds.). *The War Diaries of a Panzer Soldier. Erich Hager with the 17th Panzer Division on the Russian Front 1941–1945* (Atglen, 2010).

Gareis, Martin. *Kampf und Ende der Fraenkisch – Sudetendeutschen 98. Infanterie–Division* (Doerfler Zeitgeschichte, n.d.; first published, 1956).

Gerbet, Klaus (ed.). *Generalfeldmarschall Fedor von Bock. The War Diary 1939–1945* (Atglen, 1996).

German Infantry Weapons. Special Series, No 14 MIS 461, Military Intelligence Service, U.S. War Dept., 25 May 43.

Gersdorff, Rudolf–Christoph Frhr. v. *Soldat im Untergang* (Frankfurt, 1977).

Geschichte der 3. Panzer–Division Berlin–Brandenburg 1935–1945. Traditionsverband der Division (Hg.) (Berlin, 1967).

Geschichte einer Transportflieger–Gruppe im II. Weltkrieg. Kameradschaft ehemaliger Transportflieger (Hg.) (1989).

Geyer, Hermann. *Das IX. Armeekorps im Ostfeldzug 1941* (Neckargemuend, 1969).

Gorbachevsky, Boris. *Through the Maelstrom. A Red Army Soldier's War on the Eastern Front, 1942–1945. Translated and edited by Stuart Britton.* (Lawrence, 2008).

Gorlitz, Walter (ed.). *The Memoirs of Field-Marshal Wilhelm Keitel. Chief of the German High Command 1938–1945* (New York, 1966).

Grossmann, Horst. *Die Geschichte der rheinisch-westfaelischen 6. Infanterie-Division 1939–1945* (Doerfler Zeitgeschichte, n.d.; first published, 1958).

—. *Rshew. Eckpfeiler der Ostfront* (Bad Nauheim, 1962).

Gschoepf, Dr Rudolf. *Mein Weg mit der 45. Inf.-Div.* (Nuernberg, 2002; first published, 1955).

Guderian, Heinz. *Erinnerungen eines Soldaten* (Heidelberg, 1951).

—. *Panzer Leader* (New York, 1952).

—. *Achtung-Panzer! The Development of Armoured Forces, Their Tactics and Operational Potential.* (C. Duffy, trans.) (London, 1992).

Guenther, Helmut. *Hot Motors, Cold Feet. A Memoir of Service with the Motorcycle Battalion of SS-Division "Reich" 1940–1941* (Winnipeg, 2004).

Gundelach, Karl. *Kampfgeschwader "General Wever" 4* (Stuttgart, 1978).

Gutenkunst, Alfred. *Geschichte der 3. Kompanie des Infanterie-Regiments 109 im Krieg 1939–1945* (self-published, 1985, 1991).

Haape, Heinrich. *Nachlass. Tagebuch, Feldpostbriefe, and other personal items* (courtesy of his son, Johannes Haape).

Haape, Heinrich (in association with Dennis Henshaw). *Moscow Tram Stop. A Doctor's Experiences with the German Spearhead in Russia* (London, 1957).

Haering, Bernard. *Embattled Witness. Memories of a Time of War* (New York, 1976).

Hahn, Lt. Jochen. *"Feldzug gegen Russland"* (collection of field post letters; courtesy of R. Mobius).

Halder, Franz. *Hitler as War Lord* (London, 1950).

Hammer, Ingrid, and Susanne zur Nieden (Hg.). *Sehr selten habe ich geweint. Briefe und Tagebuecher aus dem Zweiten Weltkrieg von Menschen aus Berlin* (Zurich, 1992).

Handbook on German Military Forces (1990, Baton Rouge). Originally published by U.S. War Department as TM-E 30–451 (March 1945).

Heinemann, Werner. *Pflicht und Schuldigkeit. Betrachtungen eines Frontoffiziers im Zweiten Weltkrieg* (Berlin, 2010).

—. *Feldpostbriefe* (collection of unpublished field post letters; courtesy of his daughter, Birgit Heinemann).

Heusinger, Adolf. *Befehl im Widerstreit. Schicksalsstunden der deutschen Armee 1923–1945* (Tuebingen, 1950).

Hinze, Rolf. *Die 19. Panzer-Division. Bewaffnung, Einsaetze, Maenner. Einsatz 1941–1945 in Russland* (Doerfler Zeitgeschichte, n.d.).

—. *19. Infanterie- und Panzer-Division. Divisionsgeschichte aus der Sicht eines Artilleristen.* (6. Auflage, Dusseldorf, 1997).

—. *Hitze, Frost und Pulverdampf. Der Schicksalsweg der 20. Panzer-Division* (6. Auflage, 1996).

History of the Great Patriotic War of the Soviet Union 1941–1945. Vol. II: *Repulse by the Soviet People of the Treacherous Attack by Fascist Germany on the USSR, Creating Conditions for a Radical Turn in the War (June 1941 – November 1942)* (Moscow, 1961) (Note:

Unedited translation distributed by the Office of the Chief of Military History, United States Army, Washington D.C.).

Hossbach, Friedrich. *Infanterie im Ostfeldzug 1941/42* (Osterode, 1951).

Hoth, Hermann. *Panzer-Operationen. Die Panzergruppe 3 und der operative Gedanke der deutschen Fuehrung Sommer 1941* (Heidelberg, 1956).

Hubatsch, Walther. *Hitlers Weisungen fuer die Kriegsfuehrung 1939-1945* (Frankfurt, 1962).

Huerter, Johannes. *Ein deutscher General an der Ostfront. Die Briefe und Tagebuecher des Gotthard Heinrici 1941/42* (Erfurt, 2001).

Humburg, Martin. *Das Gesicht des Krieges. Feldpostbriefe von Wehrmachtssoldaten aus der Sowjetunion 1941-1944* (Wiesbaden, 1998).

Irving, David (ed.). *Adolf Hitler: The Medical Diaries. The Private Diaries of Dr Theo Morell* (London, 1983).

Jacobsen, Hans-Adolf (Hg.). *1939-1945. Der Zweite Weltkrieg in Chronik und Dokumenten* (Darmstadt, 1959).

—, (Hg.). *Generaloberst Halder Kriegstagebuch. Taegliche Aufzeichnungen des Chefs des Generalstabes des Heeres 1939-1942*, Bd. II : *Von der geplanten Landung in England bis zum Beginn des Ostfeldzuges* (1.7.1940 - 21.6.1941) (Stuttgart, 1963).

—, (Hg.). *Generaloberst Halder Kriegstagebuch. Taegliche Aufzeichnungen des Chefs des Generalstabes des Heeres 1939-1942*, Bd. III : *Der Russlandfeldzug bis zum Marsch auf Stalingrad (22.6.1941 - 24.9.1942)* (Stuttgart, 1964).

Jakubowski, Ofw., *Tagebuch I./I.R. 509 - I./I.R. 507* (courtesy of R. Moebius).

Kageneck, August von, *La guerre à l' Est. Histoire d' un régiment allemand 1941-1944* (1998, 2002).

Keilig, Wolf. *Das Deutsche Heer 1939-1945*, Bd. I & II (Bad Nauheim, from 1956).

Kempowski, Walter. *Das Echolot. Barbarossa '41. Ein kollektives Tagebuch* (Munich, 2002).

Kesselring, Albert. *Soldat Bis Zum Letzten Tag* (Bonn, 1953).

—. *The Memoirs of Field-Marshal Kesselring* (Novato, 1989).

Knappe, Siegfried (with Ted Brusaw). *Soldat. Reflections of a German Soldier, 1936-1949* (New York, 1992).

Knecht, Wolfgang. *Geschichte des Infanterie-Regiments 77 1936-1945* (1964).

Knoblauch, Karl. *Zwischen Metz und Moskau. Als Soldat der 95. Infanteriedivision in Frankreich und als Fernaufklaerer mit der 4. (F)/14 in Russland* (Wuerzburg, 2007).

—. *Kampf und Untergang der 95. Infanteriedivision. Chronik einer Infanteriedivision von 1939-1945 in Frankreich und an der Ostfront* (Wuerzburg, 2008).

Knoke, Heinz. *I flew for the Fuehrer* (1953).

Kotze, Hildegard von (Hg.). *Heeresadjutant bei Hitler 1938-1943. Aufzeichnungen des Major Engel* (Stuttgart, 1974).

Kozhevnikov, M.N. *The Command and Staff of the Soviet Army Air Force in the Great Patriotic War 1941-1945* (Moscow, 1977).

Krehl, Eberhard. *Erinnerungen eines 85 Jahre alten Mannes. Unteroffizier beim Stab Ari.-Kdr. 121 der Panzertruppen* (self-published, 1997; courtesy of author).

Kreuter, Lt. Georg. *Persoenliches Tagebuch* (unpublished diary; courtesy of Klaus Schumann).

Kuhnert, Max. *Will We See Tomorrow? A German Cavalryman at War, 1939–1942* (London, 1993).

Kummer, Oblt. *Kurt, Tagebuch* (unpublished diary; courtesy of C. Nehring).

Lang, Major a.D. Friedrich. *Aufzeichnungen aus der Sturzkampffliegerei. Christian Heine* (Hg.) (2002.)

Lierow, Dr Hans. *Persoenliches Tagebuch* (unpublished diary; courtesy of his son, Dr Med. Konrad Lierow–Mueller).

Luck, Hans von. *Panzer Commander. The Memoirs of Colonel Hans von Luck* (New York, 1989).

Manteuffel, Hasso von. *Die 7. Panzer–Division 1935–1945. Die "Gespenster–Division"* (Friedberg, 1978).

—. *Die 7. Panzer–Division. Bewaffnung, Einsaetze, Maenner* (Doerfler Zeitgeschichte, n.d.).

Martin, Helmut. *Weit war der Weg. An der Rollbahn 1941–1945* (Munich, 2002).

Mehner, Kurt (Hg.). *Die Geheimen Tagesberichte der Deutschen Wehrmachtfuehrung im Zweiten Weltkrieg 1939–1945*, Bd. 3: 1. *Maerz 1941 – 31. Oktober 1941* (Osnabrueck, 1992).

Meier–Welcker, Hans. *Aufzeichnungen eines Generalstabsoffiziers 1939–1942* (Freiburg, 1982).

Mellenthin, F.W. von. *German Generals of World War II* (Norman, 1977).

Meyer, August. *Infanterie–Regiment Grenadier–Regiment 241, 1940–1944* (Bonn-Beuel, 1999).

Meyer–Detring, Wilhelm. *Die 137. Infanterie–Division im Mittelabschnitt der Ostfront* (Doerfler Zeitgeschichte, n.d.; first published, Verlag der Kameradschaft 137. I.D., 1962)

Miethe, Marianne. *Memoiren 1921–1945* (unpublished memoir; courtesy of author).

Moebius, Ingo (unter Mitarbeit von Christian Konrad). *Ueber Moskau ins Kurland. Ritterkreuztraeger Georg Bleher erzaehlt* (self–published by I. Moebius; Chemnitz, 2008).

Moeller, Johannes. *Gratwanderung am Rande des Geschehens 1937–1945* (self-published, ca. 1991).

Moltke, Helmuth James von. *Letters to Freya 1939–1945*. Edited and translated by Beate Ruhm von Oppen. (New York, 1990).

Mueller–Hillebrand, Burkhart. *Das Heer 1933–1945*, Bd. II : *Die Blitzfeldzuege 1939–1941. Das Heer im Kriege bis zum Beginn des Feldzuges gegen die Sowjetunion im Juni 1941 (Frankfurt, 1956).*

—. *Das Heer 1933–1945*, Bd. III : *Der Zweifrontenkrieg. Das Heer vom Beginn des Feldzuges gegen die Sowjetunion bis zum Kriegsende* (Frankfurt, 1969).

Mueller–Hillebrand, Burkhart, et al. "*German Tank Maintenance in World War II*." CMH Publication 104–7 (1982).

Muehleisen, Horst (Hg.). *Hellmuth Stieff Briefe* (Berlin, 1991).

Mulcahy, Robert. *The Experiences of a World War II German Panzer Commander O.H. 2314 (Rolf Hertenstein)* (Cal State U. Fullerton, Oral History Program, Feb 92).

Nebe, Friedrich. *Erinnerungen* (self–published by Karlfriedrich Nebe, 2006).

Nehring, Walther K. *Die Geschichte der deutschen Panzerwaffe 1916–1945* (Stuttgart, 2000).

Neumann, Joachim. *Die 4. Panzer–Division 1938–1943. Bericht und Betrachtung zu *zwei Blitzfeldzuegen und zwei Jahren Krieg in Russland* (self–published, Bonn, 1985).

Nitz, Guenther. *Die 292. Infanterie–Division* (Berlin, 1957).

Oehmichen, Hermann, and Martin Mann. *Der Weg der 87. Infanterie–Division* (self–published by division, 1969).

Orenstein, Harold S. (trans.). *Soviet Documents on the Use of War Experience*, Vol.1: *The Initial Period of the War 1941* (London, 1991).

—, (trans.). *Soviet Documents on the Use of War Experience,* Vol. 3: *Military Operations 1941 and 1942* (London, 1993).

Pabst, Helmut. *The Outermost Frontier* (London, 1958).

Pagel, Horst. *From the Other Side. A Collection of Personal WWII Stories* (unpublished manuscript; courtesy of author).

Peeters, Dieter. *Vermisst in Stalingrad. Als einfacher Soldat ueberlebte ich Kessel und Todeslager 1941–1949* (Berlin, 2005).

Perau, Josef. *Priester im Heere Hitlers. Erinnerungen 1940–1945* (Essen, 1962).

Prueller, Wilhelm. *Diary of a German Soldier* (New York, 1963).

Raus, Erhard. *Panzer Operations. The Eastern Front Memoir of General Raus, 1941–1945. Edited and translated by Steven H. Newton.* (2003).

Reuth, Ralf Georg (Hg.). *Joseph Goebbels. Tagebuecher 1924–1945*, Bd. 4: *1940–1942* (Munich, 1992).

Rhein, Ernst–Martin. *Das Rheinisch–Westfaelische Infanterie–/Grenadier–Regiment 18 1921–1945* (self–published, 1993).

Richardson, Horst Fuchs (ed. & trans.). *Your Loyal and Loving Son. The Letters of Tank Gunner Karl Fuchs, 1937–41* (Washington D.C., 1987).

Risse, S. *"Das IR 101 und der 2. Weltkrieg"* (unpublished report; courtesy of Klaus Schumann).

Rudel, Hans Ulrich. *Stuka Pilot* (Bantam edition, New York, 1979).

Rundbrief No. 50, Traditionsverband Inf.Rgt. 37/184/474 (Osnabrueck, December 1993; courtesy of G. Wegmann).

Sajer, Guy. *The Forgotten Soldier* (Washington D.C., 1971).

Schaeufler, Hans (ed.). *Knight's Cross Panzers. The German 35th Panzer Regiment in WWII* (Mechanicsburg, 2010).

Scheuer, Guenter (Hg.). *Briefe aus Russland. Feldpostbriefe des Gefreiten Alois Scheuer 1941–1942* (St. Ingbert, n.d.).

Scheurig, Bodo. *Henning von Tresckow. Ein Preusse gegen Hitler* (Frankfurt, 1987).

Schlabrendorff, Fabian von. *Offiziere gegen Hitler* (Frankfurt, 1959).

Schramm, Percy E. (Hg.). *Kriegstagebuch des Oberkommandos der Wehrmacht (Wehrmachtfuehrungsstab) 1940–1945*, Bd. I: *1. August 1940 – 31. December 1941, zusammengestellt und erlaeutert von Hans–Adolf Jacobsen* (Frankfurt, 1965).

—. *Hitler als militaerischer Fuehrer. Erkenntnisse und Erfahrungen aus dem Kriegstagebuch des Oberkommandos der Wehrmacht* (Frankfurt, 1962).

Schrodek, Gustav W. *Die 11. Panzer–Division. "Gespenster–Division" 1940–1945* (Doerfler Zeitgeschichte, n.d.).

Schroeder, Christa. *Er war mein Chef. Aus dem Nachlass der Sekretaerin von Adolf Hitler* (Munich, 1985).

Schulze, Guenter A. *"General der Panzertruppe a.D. Walther K. Nehring. Der persoenliche Ordonnanzoffizier berichtet von der Vormarschzeit in Russland 1941–1942"* (unpublished manuscript; courtesy of author).

Selder, Emanuel, Der Krieg der Infanterie. *Dargestellt in der Chronik des Infanterie-Regiments 62 (7. Infanterie-Division) 1935–1945. Teil* IV: *Unternehmen Barbarossa* – *Der Russlandkrieg und Teil V: Angriff auf Moskau* – *ab 1.10.1941* (Landshut, 1985).

Shtemenko, S. M. *The Soviet General Staff at War 1941–1945*, Book One (Moscow, 1985).

"*Small Unit Actions during the German Campaign in Russia,*" Dept. of Army Pamphlet No. 20–269 (Washington D.C., 1953).

Spaeter, Helmuth. *Die Geschichte des Panzerkorps Grossdeutschland*, Bd. I (Duisburg-Ruhrort, 1958).

Speer, Albert. *Erinnerungen* (Berlin, 1969).

Stahlberg, Alexander. *Bounden Duty. The Memoirs of a German Officer 1932–45* (London, 1990).

Steinhoff, Johannes, and Peter Pechel and Dennis Showalter. *Voices from the Third Reich. An Oral History* (Washington D.C., 1989).

Tauber, Peter (Hg.). *Laeusejagd und Rohrkrepierer. Willi Loewer, an den Fronten des Zweiten Weltkrieges* (Norderstedt, 2004).

Thies, Klaus–Juergen. *Der Zweite Weltkrieg im Kartenbild*, Bd. 5: Teil 1.1: *Der Ostfeldzug Heeresgruppe Mitte 21.6.1941* – *6.12.1941. Ein Lageatlas der Operationsabteilung des Generalstabes des Heeres* (Bissendorf, 2001).

Trevor–Roper, H. R. *Hitler's War Directives 1939–1945* (London, 1964).

True to Type. A selection from Letters and Diaries of German Soldiers and Civilians (London). No reference to an editor or date of publication.

Tsouras, Peter G. (ed.). *Fighting in Hell. The German Ordeal on the Eastern Front* (New York, 1995).

Vassiltchikov, Marie. *Berlin Diaries, 1940–1945* (New York, 1987).

Verton, Hendrik C. *In the Fire of the Eastern Front. The Experiences of a Dutch Waffen-SS Volunteer on the Eastern Front 1941–45* (Great Britain, 2007).

Vetter, Fritz. *Die 78. Infanterie– und Sturm–Division 1938–1945* (Doerfler Zeitgeschichte, n.d.).

Vierkorn, Karl–Gottfried. "*Barbarossa* – *Feldzug gegen die Sowjet Union 1941. Meine Erinnerungen,*" 16–17 (unpublished memoir; courtesy of author).

—. *Feldpostbriefe* (unpublished field post letters; courtesy of author).

Vogt, Martin (Hg.). *Herbst 1941 im "Fuehrerhauptquartier." Berichte Werner Koeppens an seinen Minister Alfred Rosenberg* (Koblenz, 2002).

"*Vorstoss und Kampf um Kalinin der 36. Inf.Div. (mot.),*" bearbeitet durch 36. Inf.Div. (mot.) Abteilung Ic, Nov 41 (courtesy of Juergen Foerster).

Voss, Dr Hellmuth. *Das Pionier–Bataillon 6 im Feldzug gegen Russland 1941–1945* (unpublished manuscript).

Wagner, Elisabeth (Hg.). *Der General–Quartiermeister. Briefe und Tagebuchaufzeichnungen des Generalquartiermeisters des Heeres General der Artillerie Eduard Wagner* (Munich, 1963).

Wagner, Erwin. *Tage wie Jahre. Vom Westwall bis Moskau 1939–1949* (Munich, 1997).

Wagner, Ray (ed.). *The Soviet Air Force in World War* II. (The Official History, originally published by the Ministry of Defense of the USSR.) Translated by Leland Fetzer (Garden City, 1973).

　　Wardin, Eberhard, *"Winterschlacht"* (unpublished memoir; courtesy of author).

　　Warlimont, Walter. *Inside Hitler's Headquarters 1939–45* (New York, 1964).

　　Weidinger, Otto. *Das Reich Ⅲ 1941–1943. 2 SS Panzer Division Das Reich* (Winnipeg, 2002).

　　Werth, Alexander. *Russia at War 1941–1945* (New York, 1964).

　　Wessler, Wilhelm. *"Meine Erlebnisse mit der russischen Bevoelkerung in Rshew"* (unpublished manuscript; courtesy of author).

　　—. *Tagebuch* (unpublished diary; courtesy of author).

　　Wijers, Hans (Hg.). *Chronik der Sturmgeschuetzabteilung 210. Tagebuchaufzeichnungen und Erinnerungen von ehem. Angehoerigen* (1997, 2003).

　　Will, Otto. *Tagebuch eines Ostfront–Kaempfers. Mit der 5. Panzerdivision im Einsatz 1941–1945* (Selent, 2010).

　　Zhukov, Georgi K., et al. *Battles Hitler Lost and the Soviet Marshalls who Won them* (New York, 1986).

　　Zirk, Georg. *Red Griffins over Russia. World War Ⅱ over Russia – as seen from the cockpit of a Heinkel 111 bomber, 1941–1945* (Mesa, 1987).

二手资料（书籍）

　　Aaken, Wolf van. *Hexenkessel Ostfront. Von Smolensk nach Breslau* (Rastatt, 1964).

　　Axell, Albert. *Russia's Heroes 1941–45* (New York, 2001).

　　Barker, Lt.-Col. A. J. *Stuka Ju–87* (Englewood Cliffs, 1983).

　　Barnett, Correlli (ed.). *Hitler's Generals* (New York, 1989).

　　Bartov, Omer. *Hitler's Army. Soldiers, Nazis, and War in the Third Reich* (New York, 1991).

　　—. *The Eastern Front, 1941–45, German Troops and the Barbarisation of Warfare* (New York, 1985).

　　Battistelli, Pier Paolo. *Panzer Divisions: The Eastern Front 1941–43* (Oxford, 2008).

　　Bauer, Eddy. *Der Panzerkrieg. Die wichtigsten Panzeroperationen des zweiten Weltkrieges in Europa und Afrika*, Bd. I: *Vorstoss und Rueckzug der deutschen Panzerverbaende* (Bonn, 1965).

　　Beevor, Antony. *The Mystery of Olga Chekhova* (New York, 2004).

　　Bekker, Cajus. *The Luftwaffe War Diaries* (London, 1966).

　　Bellamy, Chris. *Absolute War. Soviet Russia in the Second World War* (New York, 2007).

　　Bergström, Christer, and Andrey Mikhailov. *Black Cross Red Star. Air War over the Eastern Front*. Vol. I: *Operation Barbarossa 1941* (Pacifica, 2000).

　　Besymenski, Lew. *Die Schlacht um Moskau 1941* (Cologne, 1981)

　　Blau, George E. *The German Campaign in Russia – Planning and Operations (1940–1942)* (Washington D.C., 1955).

　　Boatner, Mark M. *Biographical Dictionary of World War Ⅱ* (Novato, 1996).

　　Boog, Horst, et al. *Germany and the Second World War*, Vol. Ⅳ: *The Attack on the Soviet*

Union (Oxford, 1998).

Boog, Horst, et al. *Das Deutsche Reich und der Zweite Weltkrieg*, Bd. 4: *Der Angriff auf die Sowjetunion* (Stuttgart, 1983).

Boot, Max. *War Made New. Technology, Warfare, and the Course of History, 1500 to Today* (New York, 2006).

Braithwaite, Rodric. *Moscow 1941. A City and its People at War* (London, 2006).

Brookes, Andrew. *Air War over Russia* (Great Britain, 2003).

Broszat, Martin, and Hans-Adolf Jacobsen and Helmut Krausnick. *Anatomie des SS-Staates*, Bd. 2 (Freiburg, 1965).

Brown, Captain Eric. *Wings of the Luftwaffe. Flying German Aircraft of the Second World War*. Edited by William Green and Gordon Swanborough. (London, 1977).

Buchner, Alex. *The German Infantry Handbook 1939–1945. Organization, Uniforms, Weapons, Equipment, Operations* (Atglen, 1991).

Burgdorff, Stephan, and Klaus Wiegrefe (Hg.). *Der 2. Weltkrieg. Wendepunkt der deutschen Geschichte* (Munich, 2005).

Byers, Michael. *War Law. Understanding International Law and Armed Conflict* (New York, 2005).

Calvocoressi, Peter, and Guy Wint. *Total War. Causes and Courses of the Second World War* (New York, 1972).

Carell, Paul. *Hitler Moves East 1941–1943* (Boston, 1964).

—. *Unternehmen Barbarossa. Der Marsch nach Russland* (Berlin, 1963).

Chandler, David G. *The Campaigns of Napoleon. The Mind and Method of History's Greatest Soldier* (New York, 1966).

Citino, Robert M. *The German Way of War. From the Thirty Years' War to the Third Reich* (Lawrence, 2005).

Cooper, Matthew. *The German Air Force 1933–1945. An Anatomy of Failure* (London, 1981).

Corum, James S. Wolfram von Richthofen. *Master of the German Air War* (Lawrence, 2008).

Courtois, Stéphane, et al. *The Black Book of Communism. Crimes, Terror, Repression* (Cambridge, 1999).

Creveld, Martin van. *Supplying War. Logistics from Wallenstein to Patton* (Cambridge, 1977).

—. *The Changing Face of War. Lessons of Combat from the Marne to Iraq* (New York, 2006).

—. *Fighting Power. German Military Performance, 1914–1945.* Submitted to: Office of Net Assessment, Department of Defense (Washington D.C., 1980).

Cueppers, Martin. *Wegbereiter der Shoah. Die Waffen-SS, der Kommandostab Reichsfuehrer SS und die Judenvernichtung 1939–1945* (Darmstadt, 2005).

Dahm, Volker, et al. (Hg.). *Die toedliche Utopie. Bilder, Texte, Dokumente, Daten zum Dritten Reich* (Munich, 2008).

Dear, I.C.B. (ed.). *The Oxford Guide to World War II* (Oxford, 1995).

—. (ed.). *The Oxford Companion to World War II* (New York, 2001).

de Zayas, Alfred M. *The Wehrmacht War Crimes Bureau, 1939–1945* (Lincoln, 1989).

Diedrich, Torsten. *Paulus. Das Trauma von Stalingrad. Eine Biographie* (Paderhorn,

2008).

DiNardo, R. L. *Germany's Panzer Arm in WWII* (Mechanicsburg, 1997).

—. *Mechanized Juggernaut or Military Anachronism? Horses and the German Army of World War II* (New York, 1991).

Donat, Gerhard. *Der Munitionsverbrauch im Zweiten Weltkrieg im operativen und taktischen Rahmen* (Osnabruck, 1992).

Dunn, Walter S., Jr. *Hitler's Nemesis. The Red Army, 1930–45* (Mechanicsburg, 1994).

—. *Stalin's Keys to Victory. The Rebirth of the Red Army* (Westport, 2006).

Dupuy, R. Ernest, and Trevor N. Dupuy. *The Encyclopedia of Military History – from 3500 B.C. to the present* (New York, 1986).

Erickson, John. *The Road to Stalingrad. Stalin's War with Germany* (New Haven, 1975).

Erickson, John, and David Dilks, (eds.). *Barbarossa. The Axis and the Allies* (Edinburgh, 1994).

Faerber, Mathias. *Zweiter Weltkrieg in Bildern* (Munich, 1988).

Ferguson, Niall. *The War of the World. Twentieth–Century Conflict and the Descent of the West* (New York, 2006).

Foedrowitz, Michael. *Stalin Organs. Russian Rocket Launchers* (Atglen, 1994).

Foerster, Juergen (Hg.). *Stalingrad. Ereignis – Wirkung – Symbol* (Munich, 1992).

—. *Die Wehrmacht im NS–Staat. Eine strukturgeschichtliche Analyse* (Munich, 2007).

Forty, George. *German Infantryman at War 1939–1945* (Great Britain, 2002).

Fritz, Stephen G. Frontsoldaten. *The German Soldier in World War II* (Lexington, 1995).

Fugate, Bryan, and Lev Dvoretsky. *Thunder on the Dnepr. Zhukov – Stalin and the Defeat of Hitler's Blitzkrieg* (Novato, 1997).

Funke, Manfred (Hg.). *Hitler, Deutschland und die Maechte. Materialien zur Aussenpolitik des Dritten Reiches* (Duesseldorf, 1978).

Fussell, Paul. *Wartime. Understanding and Behavior in the Second World War* (New York, 1989).

Gilbert, Martin. *Second World War* (Toronto, 1989).

Glantz, David M. *Barbarossa. Hitler's Invasion of Russia 1941* (Charleston, 2001).

—. *Barbarossa Derailed. The Battle for Smolensk 10 July – 10 September 1941*, Vol. I: *The German Advance to Smolensk, the Encirclement Battle, and the First and Second Soviet Counteroffensives, 10 July – 24 August 1941* (Solihull, England, 2010).

—. Stumbling Colossus. *The Red Army on the Eve of World War* (Lawrence, 1998).

—. *Zhukov's Greatest Defeat. The Red Army's Epic Disaster in Operation Mars, 1942* (Lawrence, 1999).

—. *Red Army Ground Forces in June 1941* (self–published, 1997).

—. *Forgotten Battles of the Soviet–German War (1941–1945)*. Vol. II: *The Summer–Fall Campaign (22 June – 4 December 1941)* (self–published, 1999).

—. *Atlas and Operational Summary. The Border Battles 22 June – 1 July 1941* (self–published, 2003).

—. *Atlas of the Battle of Smolensk 7 July – 10 September 1941* (self–published, 2001).

—. *Red Army Weapons and Equipment (1941–1945)* (self–published, 2004).

—. *The Soviet–German War 1941–1945: Myths and Realities: A Survey Essay* (self–published, n.d.).

—. *Colossus Reborn. The Red Army at War, 1941–1943* (Lawrence, 2005).

—. *The Military Strategy of the Soviet Union. A History* (London, 1992).

—, (ed.). *The Initial Period of War on the Eastern Front 22 June – August 1941* (London, 1993).

Glantz, David M., and Jonathan House. *When Titans Clashed. How the Red Army Stopped Hitler* (Lawrence, 1995).

Goette, Franz, and Herbert Peiler. *Die 29. Falke-Division 1936-1945* (Doerfler Zeitgeschichte, n.d.)

Gorodetsky, Gabriel. *Grand Delusion. Stalin and the German Invasion of Russia* (New Haven, 1999).

Green, William. *War Planes of the Second World War. Fighters*, Vol. I (Garden City, 1960).

Grenkevich, Leonid D. *The Soviet Partisan Movement 1941-1944* (London, 1999).

Griehl, Manfred. *German Bombers over Russia* (London, 2000).

Hardesty, Von. *Red Phoenix. The Rise of Soviet Air Power, 1941-1945* (Washington D.C., 1982).

Hart, B.H. Liddell. *The German Generals Talk* (New York, 1948).

Hart, Russell A. Guderian. *Panzer Pioneer or Myth Maker?* (Washington D.C., 2006).

Hart, Dr S., and Dr R. Hart and Dr M. Hughes. *The German Soldier in World War II* (Osceola, 2000).

Hartmann, Christian. Halder. *Generalstabschef Hitlers 1938-1942* (Paderborn, 1991).

—. *Wehrmacht im Ostkrieg. Front und militaerisches Hinterland 1941/42* (Munich, 2009).

—. *Unternehmen Barbarossa. Der deutsche Krieg im Osten 1941-1945* (Munich, 2011).

Hartmann, Christian, and Johannes Huerter and Ulrike Jureit (Hg.). *Verbrechen der Wehrmacht, Bilanz einer Debatte* (Munich, 2005).

Haupt, Werner, *Die deutschen Infanterie-Divisionen 1-50. Infanterie-, Jaeger-, Volksgrenadier-Divisionen 1921-1945* (Doerfler Zeitgeschichte, n.d.; first published, 1991).

—. *Sturm auf Moskau 1941. Der Angriff – Die Schlacht – Der Rueckschlag* (Friedberg, 1990).

—. *Army Group Center. The Wehrmacht in Russia 1941-1945* (Atglen, 1997).

Heer, Hannes, and Klaus Naumann. *War of Extermination. The German Military in World War II, 1941-1944* (New York, 2000).

Higham, Robin, and Stephen J. Harris (eds.). *Why Air Forces Fail. The Anatomy of Defeat* (Lexington, 2006).

Hilger, Andreas. *Deutsche Kriegsgefangene in der Sowjetunion 1941-1956. Kriegsgefangenenpolitik, Lageralltag und Erinnerung* (Essen, 2000).

Hillgruber, Andreas. *Deutsche Grossmacht- und Weltpolitik im 19. und 20. Jahrhundert* (Duesseldorf, 1977).

—. *Hitlers Strategie. Politik und Kriegfuehrung 1940-1941* (Munich, 1982).

—. *Der Zweite Weltkrieg 1939-1945. Kriegsziele und Strategie der grossen Maechte* (Stuttgart, 1982).

Hinterhuber, Hans H. *Wettbewerbsstrategie* (Berlin, 1990).

Hinze, Rolf. *Der Zusammenbruch der Heeresgruppe Mitte im Osten 1944* (Stuttgart, 1980).

—. *Das Ostfront-Drama 1944. Rueckzugskaempfe Heeresgruppe Mitte* (Stuttgart, 1997).

Hoffmann, Joachim. *Stalins Vernichtungskrieg 1941-1945* (Munich, 1996).

Hoffmann, Peter. *The History of the German Resistance 1933–1945* (Cambridge, 1977).

Hogg, Ian V. *Armoured Fighting Vehicles* (2000).

Howell, Edgar M. *The Soviet Partisan Movement: 1941–44. Dept. of Army Pamphlet 20–244.* (Washington D.C., 1956).

Hoyt, Edwin P. *Stalin's War. Tragedy and Triumph 1941–1945* (New York, 2003).

Hubatsch, Walther. *Deutschland im Weltkrieg 1914–1918* (Frankfurt, 1966).

Huerter, Johannes. *Hitlers Heerfuehrer. Die deutschen Oberbefehlshaber im Krieg gegen die Sowjetunion 1941/42* (Munich, 2006).

Irving, David. *Hitler's War* (New York, 1977).

Jentz, Thomas L. (ed.). *Panzer Truppen. The Complete Guide to the Creation & Combat Employment of Germany's Tank Force 1933–1942* (Atglen, 1996).

Johnson, Aaron L. *Hitler's Military Headquarters. Organization, Structures, Security and Personnel* (San Jose, 1999).

Johnson, Paul. *Modern Times. The World from the Twenties to the Nineties* (New York, 1991).

Keegan, John. *The Second World War* (New York, 1989).

Kershaw, Ian. *Hitler 1936–1945: Nemesis* (New York, 2000).

—. Fateful Choices. *Ten Decisions that Changed the World, 1940–1941* (New York, 2007).

Kershaw, Robert J. *War Without Garlands. Operation Barbarossa 1941/42* (New York, 2000).

Kirchubel, Robert. *Operation Barbarossa 1941 (3). Army Group Center* (New York, 2007).

—. *Hitler's Panzer Armies on the Eastern Front* (Great Britain, 2009).

Knopp, Guido. *Die Wehrmacht. Eine Bilanz* (Munich, 2007).

Kohl, Paul. *"Ich wundere mich, dass ich noch lebe."* Sowjetische Augenzeugen berichten (Guetersloh, 1990).

Krier, Leon (ed.). *Albert Speer. Architecture 1932–1942* (1985).

Krivosheev, Col.–Gen. G. F. (ed.). *Soviet Casualties and Combat Losses in the Twentieth Century* (London, 1997).

Kurowski, Franz. *Balkenkreuz und Roter Stern. Der Luftkrieg ueber Russland 1941 – 1944* (Friedberg, 1984).

—. (Hg.). *Hasso von Manteuffel. Panzerkampf im Zweiten Weltkrieg* (Schnellbach, 2005).

Latzel, Klaus. *Deutsche Soldaten – nationalsozialistischer Krieg? Kriegserlebnis – Kriegserfahrung 1939–1945* (Paderborn, 1998).

Leach, Barry A. *German Strategy Against Russia 1939–1941* (Oxford, 1973).

Lewis, S. J. *Forgotten Legions. German Army Infantry Policy 1918–1941* (New York, 1985).

Loeffler, Juergen. *Walther von Brauchitsch (1881–1948). Eine politische Biographie* (Frankfurt, 2001).

Lucas, James. *War on the Eastern Front. The German Soldier in Russia, 1941–1945* (London, 1979).

—. *Hitler's Enforcers. Leaders of the German War Machine 1939–1945* (London, 1996).

—. *Das Reich. The Military Role of the 2nd SS Division* (London, 1991).

Luther, Craig, and Hugh Page Taylor, (eds.). *For Germany. The Otto Skorzeny Memoirs*

(San Jose, 2005).

Luttichau, Charles v. P. *The Road to Moscow. The Campaign in Russia - 1941* (unpublished manuscript).

Luttwak, Edward N. Strategy. *The Logic of War and Peace* (Cambridge, 2001).

Macksey, Kenneth. *Guderian. Panzer General* (London, 1975).

Magenheimer, Heinz. *Moskau 1941. Entscheidungsschlacht im Osten* (Selent, 2009).

—. *Hitler's War. Germany's Key Strategic Decisions 1940–1945* (New York, 1998).

Mason, Chris. *Personal Effects of the German Soldier in World War II* (Atglen, 2006).

Mawdsley, Evan. *Thunder in the East. The Nazi–Soviet War 1941–1945* (London, 2005).

Megargee, Geoffrey P. *Inside Hitler's High Command* (Lawrence, 2000).

—. *War of Annihilation. Combat and Genocide on the Eastern Front, 1941* (Lanham, 2006).

Merridale, Catherine. *Ivan's War. Life and Death in the Red Army, 1939–1945* (New York, 2006).

Meyer, Georg. *Adolf Heusinger. Dienst eines deutschen Soldaten 1915 bis 1964* (Hamburg, 2001).

Michulec, Robert. *4. Panzer-Division on the Eastern Front (1) 1941–1943* (Hong Kong, 1999).

Mitcham, Samuel W., Jr. *Hitler's Field Marshals and Their Battles* (New York, 2001).

Mitcham, Samuel W., Jr., and Gene Mueller. *Hitler's Commanders. Officers of the Wehrmacht, the Luftwaffe, the Kriegsmarine, and the Waffen–SS* (New York, 2000).

Montefiore, Simon Sebag. *Stalin. The Court of the Red Tsar* (New York, 2004).

Moorhouse, Roger. *Berlin at War* (New York, 2010).

Mosier, John. *Cross of Iron. The Rise and Fall of the German War Machine, 1918–1945* (New York, 2006).

—. *Deathride. Hitler vs. Stalin: The Eastern Front, 1941–1945* (New York, 2010).

Mueller, Rolf–Dieter. *Der letzte deutsche Krieg 1939–1945* (Stuttgart, 2005).

Mueller, Rolf–Dieter, and Gerd R. Ueberschaer. *Hitler's War in the East. A Critical Assessment* (New York, 2002).

Muller, Richard. *The German Air War in Russia* (Baltimore, 1992).

Muñoz, Antonio J., and Dr Oleg V. Romanko. *Hitler's White Russians: Collaboration, Extermination and Anti–Partisan Warfare in Byelorussia, 1941–1944* (Bayside, 2003).

Murray, Williamson. *Strategy for Defeat. The Luftwaffe 1933–1945* (Maxwell Air Force Base, 1983).

Musial, Bogdan. *Kampfplatz Deutschland. Stalins Kriegsplaene gegen den Westen* (Berlin, 2008).

Nafziger, George F. *The German Order of Battle. Infantry in World War II* (London, 2000).

—. *The German Order of Battle. Panzers and Artillery in World War II* (London, 1995).

Naumann, Andreas. *Freispruch fuer die Deutsche Wehrmacht. "Unternehmen Barbarossa" erneut auf dem Pruefstand* (Tuebingen, 2005).

Nayhauss–Cormons, Mainhardt Graf von. *Zwischen Gehorsam und Gewissen. Richard von Weizsaecker und das Infanterie–Regiment 9* (Bergisch Gladbach, 1994).

Necker, Wilhelm. *The German Army of Today* (Reprinted in Great Britain, 1973; first published in London, 1943).

Newton, Steven H. *Hitler's Commander. Field Marshal Walther Model - Hitler's Favorite General* (2006).

Overmans, Ruediger. *Deutsche militaerische Verluste im Zweiten Weltkrieg* (Munich, 2004).

Overy, Richard. *Russia's War. Blood Upon the Snow* (New York, 1997).

Paret, Peter (ed.). *Makers of Modern Strategy. From Machiavelli to the Nuclear Age* (Princeton, 1986).

Paul, Wolfgang. *Panzer-General Walther K. Nehring. Eine Biographie* (Stuttgart, 2002).

—. *Geschichte der 18. Panzer Division 1940-1943. Streiflichter aus 4 Kriegsjahren* (ca. 1975).

Philippi, Alfred, and Ferdinand Heim. *Der Feldzug gegen Sowjetrussland 1941 bis 1945. Ein operativer Ueberblick* (Stuttgart, 1962).

Piekalkiewicz, Janusz. *Die Schlacht um Moskau. Die erfrorene Offensive* (Augsburg, 1998).

—. *Die Deutsche Reichsbahn im Zweiten Weltkrieg* (Stuttgart, 1979).

Pleshakov, Constantine. *Stalin's Folly. The Tragic first Ten Days of World War II on the Eastern Front* (Boston, 2005).

Plievier, Theodor. *Moscow* (New York, 1953).

Pottgiesser, Hans. *Die Deutsche Reichsbahn im Ostfeldzug 1939-1944* (Neckargemuend, 1960).

Pressfield, Steven. *The Afghan Campaign* (New York, 2006).

Prien, Jochen, et al. *Die Jagdfliegerverbaende der Deutschen Luftwaffe 1934 bis 1945*, Teil 6/1: *Unternehmen "Barbarossa," Einsatz im Osten 22.6. bis 5.12.1941* (2003).

Putney, Diane T. (ed.). *ULTRA and the Army Air Forces in World War II*. An Interview with *Associate Justice of the U.S. Supreme Court Lewis F. Powell, Jr.* (Washington D.C., 1987).

Rass, Christoph. *"Menschenmaterial:" Deutsche Soldaten an der Ostfront. Innenansichten einer Infanteriedivision 1939-1945* (Paderborn, 2003).

Reinhardt, Klaus. *Moscow - The Turning Point. The Failure of Hitler's Strategy in the Winter of 1941-42* (Oxford, 1992).

—. *Die Wende vor Moskau. Das Scheitern der Strategie Hitlers im Winter 1941/42* (Stuttgart, 1972).

Reuth, Ralf Georg. *Goebbels. Eine Biographie* (Munich, 1990).

—. *Hitler. Eine politische Biographie* (Munich, 2003).

Roberts, Geoffrey. *Stalin's Wars. From World War to Cold War, 1939-1953* (New Haven, 2006).

Roell, Hans-Joachim. *Oberleutnant Albert Blaich. Als Panzerkommandant in Ost und West* (Wuerzburg, 2009).

Rohwer, Juergen, and Eberhard Jaeckel (Hg.). *Kriegswende Dezember 1941. Referate und Diskussionsbeitraege des internationalen historischen Symposiums in Stuttgart vom 17. bis 19. September 1981* (Koblenz, 1984).

Ropp, Theodore. *War in the Modern World* (New York, 1959).

Rottman, Gordon L. *Soviet Field Fortifications 1941-45* (New York, 2007).

Sáiz, Agustín. *Deutsche Soldaten. Uniforms, Equipment & Personal Items of the German Soldier 1939-45* (Philadelphia, 2008).

Schick, Albert. *Die 10. Panzer-Division 1939-1943* (Cologne, 1993).

Schneider, Russ. *Siege: A Novel of the Eastern Front, 1942* (Garden City, 2003).

Schneider, Wolfgang. *Panzer Tactics. German Small-Unit Armor Tactics in World War II* (Mechanicsburg, 2000).

Schneider-Janessen, Karlheinz. *Arzt im Krieg. Wie deutsche und russische Aerzte den zweiten Weltkrieg erlebten* (Frankfurt, 1993).

Schroeder, Hans Joachim. *Die gestohlenen Jahre. Erzaehlgeschichten und Geschichtserzaehlung im Interview: Der Zweite Weltkrieg aus der Sicht ehemaliger Mannschaftssoldaten* (Tuebingen, 1992).

Schueler, Klaus A. Friedrich. *Logistik im Russlandfeldzug. Die Rolle der Eisenbahn bei Planung, Vorbereitung und Durchfuehrung des deutschen Angriffs auf die Sowjetunion bis zur Krise vor Moskau im Winter 1941/42* (Frankfurt, 1987).

Scutts, Jerry. *Luftwaffe Bomber Units 1939-41* (London, 1978).

Seaton, Albert. *The Russo-German War 1941-1945* (London, 1971).

—. *The Battle for Moscow 1941-1942* (New York, 1971).

—. *The German Army 1933-45* (New York, 1982).

Seidler, Franz W. (Hg.). *Verbrechen an der Wehrmacht. Kriegsgreuel der Roten Armee 1941/42* (Selent, 1997).

Seidler, Hans. *Images of War. Operation Barbarossa. Hitler's Invasion of Russia. Rare Photographs from Wartime Archives* (Great Britain, 2010).

Shay, Jonathan. *Achilles in Vietnam. Combat Trauma and the Undoing of Character* (New York, 1994).

—. *Odysseus in America. Combat Trauma and the Trials of Homecoming* (New York, 2002).

Shirer, William L. *The Rise and Fall of the Third Reich. A History of Nazi Germany* (New York, 1960).

Shores, Christopher. *Luftwaffe Fighter Units Russia 1941-45* (London, 1978).

Showalter, Dennis. *Hitler's Panzers. The Lightning Attacks that Revolutionized Warfare* (New York, 2009).

Slaughterhouse. *The Encyclopedia of the Eastern Front* (Garden City, 2002).

Snyder, Louis L. *Encyclopedia of the Third Reich* (Great Britain, 1998).

Spahr, William J. Zhukov. *The Rise & Fall of a Great Captain* (Novato, 1993).

Stahel, David. *And the World held its Breath. The German Strategic Crisis in the Summer of 1941 and the Failure of Operation Barbarossa. Manuscript published under the title of Operation Barbarossa and Germany's Defeat in the East* (Cambridge, 2009).

Stedman, Robert. *Kampfflieger: Bomber Crewmen of the Luftwaffe 1939-45* (New York, 2005).

Steiger, Rudolf. *Armour Tactics in the Second World War. Panzer Army Campaigns of 1939-41 in German War Diaries* (New York, 1990).

Stein, Marcel. *Generalfeldmarschall Walter Model. Legende und Wirklichkeit* (Bissendorf, 2001).

Stolfi, R.H.S. *German Panzers on the Offensive. Russian Front, North Africa 1941-1942* (Atglen, 2003).

—. *Hitler. Beyond Evil and Tyranny* (Amherst, 2011).

Sweeting, C. G. *Hitler's Personal Pilot. The Life and Times of Hans Baur* (Washington D.C., 2000).

Taylor, Brian. *Barbarossa to Berlin. A Chronology of the Campaigns on the Eastern Front 1941 to 1945*. Vol. I : *The Long Drive East, 22 June 1941 to 18 November 1942* (Staplehurst, 2003).

Telpuchowski, Boris S. *Die sowjetische Geschichte des Grossen Vaterlaendischen Krieges, 1941–1945* (Frankfurt, 1961).

Tessin, Georg. *Verbaende und Truppen der deutschen Wehrmacht und Waffen–SS im Zweiten Weltkrieg 1939–1945*, Bd. I : *Die Waffengattungen - Gesamtuebersicht* (Osnabrueck, 1977).

—. *Verbaende und Truppen der deutschen Wehrmacht und Waffen–SS im Zweiten Weltkrieg 1939–1945*, Bd. II : *Die Landstreitkraefte 1–5* (Osnabrueck, 1973).

The Rise and Fall of the German Air Force 1933–1945 (Public Record Office, 2001) (Reproduction of Air Ministry Pamphlet No. 248, 1948).

Tolstoy, Leo. *War and Peace. Translated by Constance Garnett.* (Modern Library Paperback Edition, New York, 2002).

Tooze, Adam. T*he Wages of Destruction. The Making and Breaking of the Nazi Economy (New York, 2006).*

Turney, Alfred W. *Disaster at Moscow: Von Bock's Campaigns 1941–1942* (1970).

Ueberschaer, Gerd R. *Generaloberst Franz Halder. Generalstabschef, Gegner und Gefangener Hitlers* (Goettingen, 1991).

—, (Hg.). *Hitlers militaerische Elite*, Bd. 2: *Vom Kriegsbeginn bis zum Weltkriegsende* (Darmstadt, 1998).

Ueberschaer, Gerd R., and Wolfram Wette (Hg.). *"Unternehmen Barbarossa."* Der *deutsche Ueberfall auf die Sowjetunion 1941* (Paderborn, 1984).

Volkogonov, Dmitri. *Stalin. Triumph and Tragedy* (New York, 1988).

Walde, Karl J. *Guderian* (Frankfurt, 1976).

Wallach, Jehuda L. *The Dogma of the Battle of Annihilation. The Theories of Clausewitz and Schlieffen and Their Impact on the German Conduct of Two World Wars* (Westport, 1986).

Weal, John. *Bf 109 Aces of the Russian Front* (Oxford, 2001).

—. *Jagdgeschwader 51 "Moelders"* (Oxford, 2006).

Weber, Thomas. *Hitler's First War. Adolf Hitler, the Men of the List Regiment, and the First World War* (Oxford, 2010).

Wegner, Bernd (Hg.). *Zwei Wege nach Moskau. Vom Hitler–Stalin–Pakt zum "Unternehmen Barbarossa"* (Munich, 1991).

—, (ed.). *From Peace to War. Germany, Soviet Russia and the World, 1939–1941* (Providence, 1997).

Weinberg, Gerhard L. *A World at Arms. A Global History of World War II* (Cambridge, 1994).

Weiss, Hermann (Hg.). *Biographisches Lexikon zum Dritten Reich* (Frankfurt, 2002).

Westwood, David. *German Infantryman (2) Eastern Front 1941–43* (Oxford, 2003).

Westwood, J. N. *A History of Russian Railways* (London, 1964).

Wette, Wolfram. *The Wehrmacht. History, Myth, Reality* (Cambridge, 2006).

Wetzig, Sonja. *Die Stalin–Linie 1941. Bollwerk aus Beton und Stahl* (Doerfler Zeitgeschichte, n.d.).

Winchester, Charles D. *Hitler's War on Russia* (New York, 2007).

Woche, Klaus–R. Zwischen Pflicht und Gewissen. *Generaloberst Rudolf Schmidt 1886–1957* (Berlin–Potsdam, 2002).

Wray, Major Timothy A. *Standing Fast: German Defensive Doctrine on the Russian Front during World War II. Prewar to March 1943* (Fort Leavenworth, 1986).

Wright, Jonathan. *Germany and the Origins of the Second World War* (New York, 2007).

Yahil, Leni. *The Holocaust. The Fate of European Jewry, 1932–1945* (Oxford, 1990).

Zabecki, David T. (ed.). *World War II in Europe. An Encyclopedia* (New York, 1999).

Zamoyski, Adam. *Moscow 1812. Napoleon's Fatal March* (New York, 2004).

Ziemke, Earl F. *The Red Army, 1918–1941: From Vanguard of World Revolution to US Ally* (London, 2004).

—. *Stalingrad to Berlin: The German Defeat in the East* (New York, 1985).

Ziemke, Earl F., and Magna E. Bauer. *Moscow to Stalingrad: Decision in the East* (New York, 1988).

文章和论文

Arazi, Doron. "*Sigint and 'Blitzkrieg.' German Military Radio Intelligence in Operation 'Barbarossa,'*" in: *From Peace to War. Germany, Soviet Russia and the World, 1939–1941*. Edited by Bernd Wegner (Providence, 1997).

Assmann, Vice Admiral Kurt. "*The Battle for Moscow. The Turning Point of the War*," in: *Foreign Affairs*, Jan 50.

Bartov, Omer. "*A View from Below. Survival, Cohesion, and Brutality on the Eastern Front*," in: *From Peace to War. Germany, Soviet Russia and the World, 1939–1941*. Edited by Bernd Wegner (Providence, 1997).

—. "*Von unten betrachtet: Ueberleben, Zusammenhalt und Brutalitaet an der Ostfront*," in: *Zwei Wege nach Moskau, Vom Hitler–Stalin–Pakt zum "Unternehmen Barbarossa."* Bernd Wegner (Hg.) (Munich, 1991).

Birn, Ruth Bettina. "*Two Kinds of Reality? Case Studies on Anti–Partisan Warfare during the Eastern Campaign*," in: *From Peace to War. Germany, Soviet Russia and the World, 1939–1941*. Edited by Bernd Wegner (Providence, 1997).

Boog, Horst. "*Higher Command and Leadership in the German Luftwaffe, 1935–1945*," in: *Air Power and Warfare. The Proceedings of the 8th Military History Symposium USAF Academy 18–20 October 1978*. Edited by Col. Alfred F. Hurley and Robert C. Ehrhart (1979).

Blumentritt, Guenther. "*Moscow*," in: *The Fatal Decisions*. Edited by William Richardson and Seymour Freidin (London, 1956).

—. "*Die Ueberwindung der Krise vor Moskau im Winter 1941–42, dargestellt an der 4. Armee*," in: *Wehr–Wissenschaftliche Rundschau*, 4. Jahrgang, Mar 54.

Corum, James S. "*The Luftwaffe's Army Support Doctrine, 1918–1941*," in: *The Journal of Military History* 59 (Jan 95).

"*Der Waldkampf*," in: *Allgemeine Schweizerische Militaer Zeitschrift*, Okt 49 (Heft 10), Nov 49 (Heft 11) (No author listed).

Dollwet, Joachim. "*Menschen im Krieg, Bejahung – und Widerstand? Eindruecke und Auszuege aus der Sammlung von Feldpostbriefen des Zweiten Weltkrieges im Landeshauptarchiv Koblenz*," in: *Jahrbuch fuer westdeutsche Landesgeschichte*, 13.

Jahrgang, 1987. F. J. Heyen, et al. (Hg.) (Koblenz, 1987).

Donat, Hans v. *"Eisenbahn-Pioniere,"* II., abschliessender Teil, in: *Deutsches Soldatenjahrbuch 1966* (Munich, 1966).

Erickson, John. *"Barbarossa June 1941: Who Attacked Whom?"* in: *History Today*, July 2001.

Foer, Joshua. *"Remember This. In the Archives of the Brain, Our Lives Linger or Disappear, "* in: *National Geographic*, Nov 07.

Foerster, Juergen, and Evan Mawdsley. *"Hitler and Stalin in Perspective: Secret Speeches on the Eve of Barbarossa,"* in: *War in History*, 2004 11 (1).

Frieser, Karl-Heinz. *"Die deutschen Blitzkriege: Operativer Triumph - strategische Tragoedie,"* in: *Die Wehrmacht. Mythos und Realitaet*. Rolf-Dieter Mueller & Hans-Erich Volkmann (Hg.) (Munich 1999).

Gorodetsky, Gabriel. *"Stalin and Hitler's Attack on the Soviet Union,"* in: *From Peace to War.*

Germany, Soviet Russia and the World, 1939-1941. Edited by Bernd Wegner (Providence, 1997).

Gosztony, Peter. *"Die erste Entscheidungsschlacht des Russlandfeldzuges 1941/42 (II), Moskau in der Krise 1941 (I) ,"* in: *Oesterreichische Militaerische Zeitschrift*, Heft 2, 1967.

Hartmann, Christian. *"Verbrecherischer Krieg - verbrecherische Wehrmacht?,"* in: *Vierteljahrshefte fuer Zeitgeschichte*, Sonderdruck aus Heft 1/2004.

Heer, Hannes. *"The Logic of the War of Extermination. The Wehrmacht and the Anti-Partisan War,"* in: *War of Extermination. The German Military in World War II, 1941-1944.* Edited by Hannes Heer and Klaus Naumann (New York, 2000).

—. *"Killing Fields. The Wehrmacht and the Holocaust in Belorussia, 1941-42"*, in: *War of Extermination. The German Military in World War II, 1941-1944.* Edited by Hannes Heer and Klaus Naumann (New York, 2000).

Hillgruber, Andreas. *"Die Bedeutung der Schlacht von Smolensk in der Zweiten Julihaelfte 1941 fuer den Ausgang des Ostkrieges,"* in: *Die Zerstoerung Europas. Beitraege zur Weltkriegsepoche 1914 bis 1945*, Hillgruber, Andreas (Frankfurt, 1988).

—. *"Die weltpolitischen Entscheidungen vom 22. Juni 1941 bis 11. Dezember 1941,"* in: *Der Zweite Weltkrieg 1939-1945. Kriegsziele und Strategie der grossen Maechte*, Hillgruber, Andreas (Stuttgart, 1982).

—. *"Das Russland-Bild der fuehrenden deutschen Militaers vor Beginn des Angriffs auf die Sowjetunion,"* in: *Die Zerstoerung Europas. Beitraege zur Weltkriegsepoche 1914 bis 1945*, Hillgruber, Andreas (Frankfurt, 1988).

—. *"Die 'Endloesung' und das deutsche Ostimperium als Kernstueck des rassenideologischen Programms des Nationalsozialismus,"* in: *Hitler, Deutschland und die Maechte. Materialien zur Aussenpolitik des Dritten Reiches*. Manfred Funke (Hg.) (Duesseldorf, 1978).

—. *"Der Faktor Amerika in Hitlers Strategie 1938-1941,"* in: *Deutsche Grossmacht- und Weltpolitik im 19. und 20. Jahrhundert*, Hillgruber, Andreas (Duesseldorf, 1977).

Hoffmann, Joachim. *"The Soviet Union's Offensive Preparations in 1941,"* in: *From Peace to War. Germany, Soviet Russia and the World, 1939-1941.* Edited by Bernd Wegner (Providence, 1997).

Hofmann, Rudolf. *"Die Schlacht von Moskau 1941,"* in: *Entscheidungsschlachten des zweiten Weltkrieges*. Hans-Adolf Jacobsen & Juergen Rohwer (Hg.) (Frankfurt, 1960).

Holborn, Hajo. *"The Prusso-German School: Moltke and the Rise of the General Staff,"* in: *Makers of Modern Strategy from Machiavelli to the Nuclear Age*. Edited by Peter Paret (Princeton, 1986).

Huerter, Johannes. *"Keine Straffreiheit. Sexualverbrechen von Wehrmachtsangehoerigen 1939 bis 1945",* in: *Frankfurter Allgemeine Zeitung*, 13 Sep 05.

"Infanterie Division (mot.) Grossdeutschland ruft die Jugend des Grossdeutschen Reiches!" (Cottbus, ca. 1942).

Kagan, Frederick W. *"A Strategy for Heroes - What's wrong with the 2006 Quadrennial Defense Review,"* in: *The Weekly Standard*, 20 Feb 06.

Kirchubel, Robert. *"Operation Barbarossa and the American Controversy over aid to the Soviet Union"* (unpublished research paper, n.d.; courtesy of author).

Kiršin, Jurij J. *"Die sowjetischen Streitkraefte am Vorabend des Grossen Vaterlaendischen Krieges,"* in: *Zwei Wege nach Moskau, Vom Hitler-Stalin-Pakt zum "Unternehmen Barbarossa."* Bernd Wegner (Hg.) (Munich, 1991).

Knoch, Peter. *"Feldpost - eine unentdeckte historische Quellengattung,"* in: *Geschichtsdidaktik*, Vol. 11, No. 2 (1986).

Kroener, Bernhard R. *"The 'Frozen Blitzkrieg.' German Strategic Planning against the Soviet Union and the Causes of its Failure,"* in: *From Peace to War. Germany, Soviet Russia and the World, 1939-1941*. Edited by Bernd Wegner (Providence, 1997).

Latzel, Klaus. *"Feldpostbriefe: Ueberlegungen zur Aussagekraft einer Quelle,"* in: *Verbrechen der Wehrmacht, Bilanz einer Debatte*. Christian Hartmann, Johannes Huerter & Ulrike Jureit (Hg.) (Munich, 2005).

Loganathan, Maj. *"Failure of Logistics in 'Operation Barbarossa' and its Relevance Today,"* in: *Pointer. Journal of the Singapore Armed Forces*, Vol. 24, Apr–Jun 98.

Luther, Craig. *"German Armoured Operations in the Ukraine 1941. The Encirclement Battle of Uman,"* in: *The Army Quarterly and Defence Journal*, Vol. 108, Oct 78.

Magenheimer, Heinz. *"Krieg zweier Angreifer,"* in: *Junge Freiheit*, 20 Jun 08.

Mawdsley, Evan. *"Crossing the Rubicon: Soviet Plans for Offensive War in 1940-1941,"* in: *The International History Review*, xxv, 4: Dec 03.

Mikoyan, S. A., *"Barbarossa and the Soviet Leadership",* in: *Barbarossa, The Axis and the Allies*. Edited by John Erickson and David Dilks (Edinburgh, 1994).

Mulligan, Timothy P. *"Reckoning the Cost of People's War: The German Experience in the Central USSR,"* in: *Russian History/Histoire Russe*, 9, Pt. 1, 1982.

Murray, Williamson. *"May 1940: Contingency and fragility of the German RMA,"* in: *The dynamics of military revolution 1300-2050*. Edited by MacGregor Knox and Williamson Murray (Cambridge, 2001).

Musial, Bogdan. *"Bilder einer Ausstellung. Kritische Anmerkungen zur Wanderausstellung 'Vernichtungskrieg. Verbrechen der Wehrmacht 1941 bis 1944,'"* in: *Vierteljahrshefte fuer Zeitgeschichte*, 47. Jahrgang, Okt 99.

Naumann, Klaus. *"The 'Unblemished' Wehrmacht. The Social History of a Myth,"* in: *War of Extermination. The German Military in World War II, 1941-1944*. Edited by Hannes Heer and Klaus Naumann (New York, 2000).

Nehring, Walther K. *"Die 18. Panzerdivision 1941 im Rahmen der Panzergruppe Guderian,"* in: *Deutscher Soldatenkalender 1961* (Munich-Lochhausen).

Opitz, Alfred. *"Die Stimmung in der Truppe am Vorabend des Ueberfalls auf die Sowjetunion,"* in: *Der Krieg des kleinen Mannes. Eine Militaergeschichte von unten.* Wolfram Wette (Hg.) (Munich, 1992).

Paret, Peter. *"Clausewitz,"* in: *Makers of Modern Strategy. From Machiavelli to the Nuclear Age.* Edited by Peter Paret (Princeton, 1986).

Ratley, Major Lonnie O. *"A Lesson of History: The Luftwaffe and Barbarossa,"* in: *Air University Review,* Mar–Apr 83.

Record, Jeffrey. *"Appeasement Reconsidered: Investigating the Mythology of the 1930s,"* internet site at: www.StrategicStudiesInstitute.army.mil., Aug 05.

Reinhardt, Klaus. *"Das Scheitern des deutschen Blitzkriegskonzepts vor Moskau,"* in: *Kriegswende Dezember 1941. Referate und Diskussionsbeitraege des internationalen historischen Symposiums in Stuttgart vom 17. bis 19. September 1981.* Juergen Rohwer & Eberhard Jaeckel (Hg.) (Koblenz, 1984).

Richter, Timm C. *"Die Wehrmacht und der Partisanenkrieg in den besetzten Gebieten der Sowjetunion,"* in: *Die Wehrmacht. Mythos und Realitaet.* Rolf–Dieter Mueller & Hans–Erich Volkmann (Hg.) (Munich, 1999).

Rothenberg, Gunther E. *"Moltke, Schlieffen, and the Doctrine of Strategic Envelopment,"* in: *Makers of Modern Strategy from Machiavelli to the Nuclear Age.* Edited by Peter Paret (Princeton, 1986).

Schroeder, Hans Joachim. *"Erfahrungen deutscher Mannschaftssoldaten waehrend der ersten Phase des Russlandkrieges,"* in: *Zwei Wege nach Moskau, Vom Hitler–Stalin–Pakt zum "Unternehmen Barbarossa."* Bernd Wegner (Hg.) (Munich, 1991).

Schueler, Klaus. *"The Eastern Campaign as a Transportation and Supply Problem,"* in: *From Peace to War. Germany, Soviet Russia and the World, 1939–1941.* Edited by Bernd Wegner (Providence, 1997).

Schulte, Theo J. *"Korueck 582,"* in: *War of Extermination. The German Military in World War II, 1941–1944.* Edited by Hannes Heer and Klaus Naumann (New York, 2000).

Seidler, Franz W. *"Hilfstruppen. Von russischen Hiwis zu den Ostlegionen",* in: *Deutsche Militaerzeitschrift,* Nr. 37.

Showalter, Dennis E. *"The Prusso–German RMA, 1840–1871,"* in: *The dynamics of military revolution 1300–2050.* Edited by MacGregor Knox and Williamson Murray (Cambridge, 2001).

"Snapshots from History. Logistics Vignettes," in: *Air Force Journal of Logistics,* Vol. XXXIV, 2010.

Stolfi, Russell H.S. *"Chance in History: The Russian Winter of 1941–1942,"* in: *History,* Vol. 65, No. 214, Jun 80.

Streit, Christian. *"Soviet Prisoners of War in the Hands of the Wehrmacht,"* in: *War of Extermination. The German Military in World War II, 1941–1944.* Edited by Hannes Heer and Klaus Naumann (New York, 2000).

Thomas, David. *"Foreign Armies East and German Military Intelligence in Russia 1941–45,"* in: *Journal of Contemporary History,* Vol. 22 (1987).

Ulrich, Andreas. *"Hitler's Drugged Soldiers,"* in: *Spiegel Online,* May 05.

Volkogonov, Dmitri. *"The German Attack, the Soviet Response, Sunday, 22 June 1941,"* in: *Barbarossa. The Axis and the Allies.* Edited by John Erickson and David Dilks (Edinburgh, 1994).

—. *"Stalin as Supreme Commander,"* in: *From Peace to War. Germany, Soviet Russia and the World, 1939-1941*. Edited by Bernd Wegner (Providence, 1997).

Wegner, Bernd. "*The Road to Defeat: The German Campaigns in Russia 1941-43,*" in: *The Journal of Strategic Studies*, Vol. 13, No. 1, Mar 90.

Wildermuth, David. "*Handlungsspielraeume im Vernichtungskrieg.*" Research paper presented at the German Studies Association (GSA) Conference, Oct 07.

Yingling, Lt.-Col. Paul. "*A failure of Generalship,*" in: *Armed Forces Journal*, May 07.

Zhukov, Georgi K. "*The War Begins: June 22, 1941,*" in: *Battles Hitler Lost and the Soviet Marshalls who Won them* (New York, 1986).

—. "*The Beginning of the War,*" in: *Soviet Generals Recall World War II*. Edited by Igor Vitukhin (New York, 1981).

德国老兵们提供的帮助 [3]

此处列出的是1941—1942年间在俄国前线[4]参加过战斗的德国老兵的名字，他们在本书的写作过程中为作者提供了许多资料。这些资料包括：由其完成的问卷调查、军邮、私人日记、部队史、照片和其他具有历史价值的物品。

H.-O. (268 ID)

H. S. (6 ID)

R. Adler [14 ID (mot.)]

K. Andres (20 PD)

O. Baese (110 ID)

H. Baetcher, (K.Gr. 100)

G. Barkhoff (26 ID)

L. Bauer (3 PD)

K. Beimdieke (2 PD)

F.-A. Belke (6 ID)

W. Bergelt (56 ID)

P. F. Boeselager (86 ID)

H. Boucsein (129 ID)

H. Bruenger (86 ID)

E. Bub (Flak Abtl. 303)

Dr E. Bunke (31 ID)

Dr W. Dicke (26 ID)

H.-J. Dismer (6 ID)

W. Dowe (86 ID)

H. Effing (26 ID)

P. Folger (252 ID)

H. Franze (263 ID)

E. Fritze (6 PD)

A. von Garn (252 ID)

A. Gassmann (106 ID)

R. Grimm (58 ID)

A. Gutenkunst (35 ID)

H. Haape (6 ID)

J. Hahn (292 ID)

W. Heinemann (23 ID)

K. Hempel (258 ID)

L. Hoyer (95 ID)

Ofw. Jakubowski (292 ID)

E. Krehl (ARKO 121)

G. Kreuter (18 PD)

E. Krombholz [3.(H)/21(Pz)]

K. Kummer (18 PD)

W. Kunz (87 ID)

H. Lierow (6 ID)

W. Loewer (129 ID)

K. H. Mayer (30 ID)

E. Meinecke (86 ID)

A. Meyer (106 ID)

R. Moebius (292 ID)

H. Moennich (12 Flak Rgt.)

G. Mueller–Wolfram (71 Flak Abtl.)

E. Nebe (6 ID)

H. W. Niermann (6 PD)

H. Pagel (RAD/Flak)

E.–M. Rhein (6 ID)

G. Richter (2 PD)

Obstlt. Ringenberg (6 ID)

S. Risse (18 PD)

W. Schaefer–Kehnert (11 PD)

H. Schillke (8 PD)

G. Schulze (18 PD)

H. Stockhoff (6 ID)

F. Strienitz (7 MG Btl.)

O. Trotsch (5 PD)

K.–G. Vierkorn (23 ID)

W. Vollmer (106 ID)

H. Voss (6 ID)

E. Wagemann (23 ID)

E. Wardin (9./537 HNR)

W. Werner (252 ID)

W. Wessler (6 ID)

H. Wexel (31 ID)

O. Will (5 PD)

E. Willich (112 ID)

G. Zirk (4 & 55 KG)

网站

http://www.dd-wast.de

http://www.feldgrau.com

http://www.foreignaffairs.org

http://hco.hagen.de/barbarossa

http://www.history.army.mil

http://www.iremember.ru

http://www.jewishvirtuallibrary.org

http://www.lexikon-der-wehrmacht.de

http://www.lonesentry.com

http://www.nypost.com

http://www.redstate.com

http://www.shtetlinks.jewishgen.org

http://www.stern.de

http://www.StrategicStudiesInstitute.army.mil

http://www.verbrechen-der-wehrmacht.de

http://en.wikipedia.org

http://www.WorldRailFans.org

注释

[1] 这些研究报告是德国空军在战争期间撰写，或原德国空军军官在50年代中期为美国空军编写的。

[2] 各集团军、装甲集群和师包括起迄日期在内的作战日志（KTB），表示本书作者查询的部分内容，而不是这些作战日志本身涵盖的总时间段，这个总时间段通常会更大。

[3] 老兵（和他们的家人）提供的许多重要资料列在"一手资料"类别里。

[4] 这些老兵中的绝大多数，1941—1942年间在中央集团军群服役。

古德里安
传世经典

"闪击战" "坦克战" 理念原著 / 启发性、革命性震惊世界

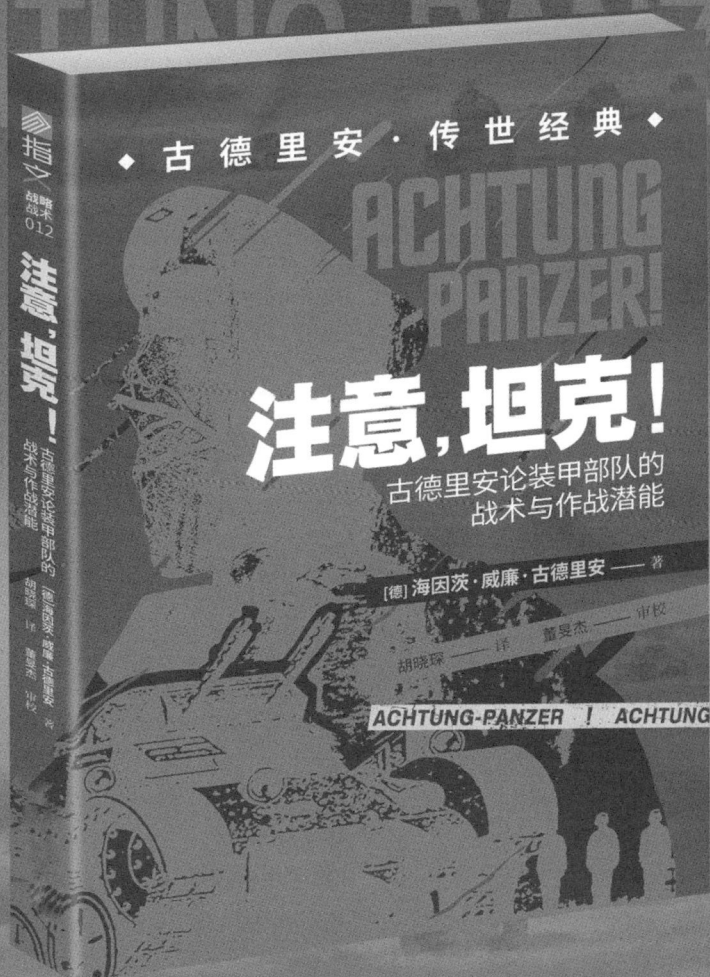

ACHTUNG PANZER!

◆ 古德里安·传世经典 ◆

ACHTUNG PANZER!

指文
战略战术
012

注意，坦克！
古德里安论装甲部队的
战术与作战潜能

注意，坦克！
古德里安论装甲部队的
战术与作战潜能

[德] 海因茨·威廉·古德里安 —— 著

胡晓琛 —— 译　　董旻杰 —— 审校

ACHTUNG-PANZER ! ACHTUNG

德国战争
的神话与现实

德国联邦国防部出品
解密德军百年制胜之道

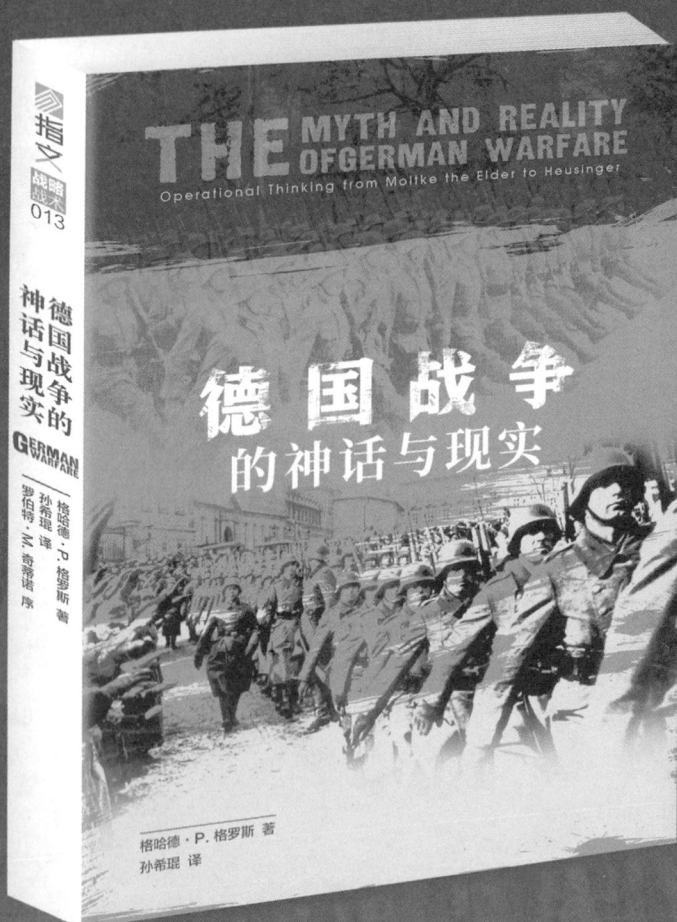

THE MYTH AND REALITY OF GERMAN WARFARE
Operational Thinking from Moltke the Elder to Heusinger

指文
战略
战术
013

德国战争的
神话
与现
实的

GERMAN
WARFARE

格哈德·P.格罗斯 著
孙希琨 译
罗伯特·M.奇蒂诺 序

德国战争
的神话与现实

格哈德·P.格罗斯 著
孙希琨 译